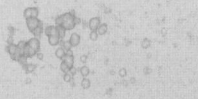

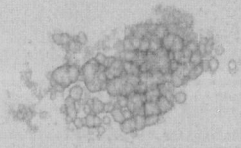

台湾光复六十五周年暨抗战史实学术研讨会论文集

中国社会科学院台湾史研究中心　主编

中国社会科学院近代史研究所台湾史研究室　编辑

九州出版社 JIUZHOUPRESS｜全国百佳图书出版单位

图书在版编目（ＣＩＰ）数据

台湾光复六十五周年暨抗战史实学术研讨会论文集 /
中国社会科学院台湾史研究中心主编. -- 北京：九州出
版社，2011.11
ISBN 978 - 7 - 5108 - 1257 - 6

Ⅰ.①台… Ⅱ.①中… Ⅲ.①抗日斗争—台湾省—学
术会议—文集 Ⅳ.①K264.307 - 53

中国版本图书馆 CIP 数据核字（2011）第 238751 号

台湾光复六十五周年暨抗战史实学术研讨会论文集

作　　者	中国社会科学院台湾史研究中心　主编
出版发行	九州出版社
出 版 人	徐尚定
地　　址	北京市西城区阜外大街甲 35 号（100037）
发行电话	（010）68992190/2/3/5/6
网　　址	www.jiuzhoupress.com
电子信箱	jiuzhou@ jiuzhoupress.com
印　　刷	三河市东方印刷有限公司
开　　本	787 毫米×1092 毫米　16 开
印　　张	40.5
字　　数	1059 千字
版　　次	2012 年 11 月第 1 版
印　　次	2012 年 11 月第 1 次印刷
书　　号	ISBN 978 - 7 - 5108 - 1257 - 6
定　　价	98.00 元

目　　录

大陆部分

臺湾香港部分

日本部分

大陆部分

大胡流合

光复前后闽台往来关系历史变迁

陈榕三

台湾居民中祖籍福建的约占 80% 以上，闽台之间长期以来有着密切的各种往来联系。1895 年，台湾沦为日本殖民地。从此，台湾及澎湖列岛的航运与贸易，全被日本统治者所控制与垄断，闽台关系进入一个被破坏的复杂时期，直到光复后才开始全面恢复。

一、日本占领台湾并逐步控制台闽贸易

从 1895—1945 年的 50 年，是台湾历史发展进程中的一个极其关键的时期，即通常所说的日据时代，此间一方面是中国国家主权在台岛的丧失，日本殖民化的逐步加深，而另一方面是台湾经济发展从封建落后的停滞状态转变为近代资本主义时代的相对发展阶段。

日据时期台湾经济建设的初步发展。首先出现台湾殖民地经济的畸形发展、人口的激增、现代交通运输网络的形成；其次，经济发展的非新兴性和殖民地色彩浓厚，人为地排斥两岸传统交往。

福建、台湾一衣带水，隔海相望。自古以来，闽台两地就有密切的人缘、地缘和血缘关系，闽台贸易关系源远流长。1895 年甲午中日战争以后，日本如愿以偿占领台湾，开始了对台湾长达五十年的殖民统治。

日本强盗式的占领台湾，随后调整两岸经贸政策，使台湾在贸易上转向日本。这些具体行动的执行并非偶然，而是日本自明治维新以来确定的对外侵略扩张的大陆政策在台湾的具体施行。在这种政策指导下，日据时期闽台经贸经历了过渡性时期殖民性时期和战时经贸时期。闽台经贸状况整体衰微，日台经贸易逐渐上涨。

由于此时期中国大陆政局不稳，军阀混战，始终没有形成一个真正独立统一的国家。经济势力弱势不振，闽台贸易始终围绕着日本殖民政策的需要运行，呈现出不对等的关系。

闽台地处中国东南沿海，属边疆区域，开发较晚。但近代以降闽台贸易增长迅速。日据台时期闽台区间贸易骤变为国际贸易。国际贸易仍无法抹煞闽台贸易的互补性。该地域的边疆区域贸易生命力由此可见一斑。

在清代前期闽台间物资交流中，台湾主要提供的是农副产品。

闽省沿海一带大都缺粮，加上"闽省内地水陆官兵五十三营，与驻防旗兵不下十万。岁征粮米，惟延平、建宁、邵武、汀州、兴化五府产米之区给米外，尚有赢余以济他府；福州、福宁、泉州、漳州四府兵多米少，协济尤不足，则半给折色；督标、金、厦、漳镇、铜山、云霄、龙岩、南澳诸营有全折者。雍正间，先后题请半支本色，于台湾额征供粟内拨运，谓之兵米兵谷。又增给戍台兵眷米，亦以台谷运给，谓之眷米眷谷。"[1]

《厦门志》云："台运内地兵眷米谷，每岁八万五千二百九十七石，有闰之年八万九千五百九十五石。乾隆十一年巡抚周学健奏定分配商船运赴各仓。此商运台谷所由来也。""台郡产米之区，故令征收本色，运给内营兵食，原以台地之有余，济内营之不足。""商船运谷虽以养兵，其端亦原于正供，台地产谷之区，颇艰银货，故昔人因地定赋，有供粟而无地丁，虽有匀丁杂税，为数无几，而漳泉福州兵民繁庶，产谷不足，故以有易无，运台谷以济各郡

之兵糈，发帑银以给全台之兵饷，各得其所，民间便之久矣。"[2]

清代后期的《闽政领要》也云：台湾"其种植者稻、粟而外，更有栽种糖蔗、番薯、芝麻、落花生、绿豆等项，以资民用。丰收之岁，所产米、粟除供台澎等处民食外，其余粟石运至内地，接济漳、泉民食。""至台北一路出产米谷，泉、漳地方终岁民食，仰赖于彼艋舺各船赴北略贩运。"[3]

就台湾输闽商品而言，当日本对台湾贸易之统制尚未奏效时，一方面，日本产布帛开始输台，另一方面，台湾米被迫输日，茶亦由于日人变更其输出路线而不复如从前之经由福建转口。

于第一次世界大战前后，日本产布帛却代之跃起而为历年台湾输闽最主要商品，同时海产物输闽数字亦开始激增，其地位仅次于布帛类，皆因在第一次世界大战期间，日本乘机夺得英国对华之贸易地位，对闽贸易即以台湾为日货之转口地。

此外如煤炭、火柴、砂糖等物输闽量亦相继剧减，亦与第一次世界大战之发生有密切关系。凡此等变动亦可谓为日本对台湾贸易统制获得成功之表现。[4]

上述详细情形如下：

自台输闽之商品

米

米为台湾主要且大宗农产，历年输供岛外者为数甚多。远在日本占据台湾之前，福建每年不足之米即大部取自台湾，日本占据台湾初期，其对闽输出仍不稍衰，故台湾有"福建谷仓"之称，自后即趋剧减，迄1911年（明治四十四年）11年间，竟减少至其十分之一以下，据1907年（明治四十年）统计，台米输闽仅值131358日元。1912年，日本大正以后，台米输闽益减少至毫不重要之地位。1932年（昭和七年）起在台湾贸易年表（前台湾总督府编）上，已无台米输闽数字。

茶

茶，与米同为台湾主要农产，而在对外贸易上，其历年来所占地位尤为重要，台茶计分包种茶及乌龙茶等种种，其主要市场，前者为北美洲，后者为南洋一带，然二者之输出路线自始即取道厦门转口，因而成为台湾对闽贸易中之重要商品，在日本占领台湾最初数年间，合计二者输闽总额年达1000万余斤，价值四五百万日元，其中乌龙茶之输出额占其十分之九。嗣后乌龙茶外销数量突减，直至无台茶输闽数字

布　帛

福建在台湾布帛类输出之地位上极为重要，1926年（昭和元年）全部布帛类对外输出总值600万余日元。输往福建者即占460万余日元，约合总值四分之三，在历年布帛类之输出中，有十分之八九为棉织物，次为绢织物，复次为毛织物，麻织物及其他布帛制品之数量则甚微。唯在西元1937年中日战争前数年间，毛织物及绢织物急起直迫。尤以绢织物之输出量在最后2年竟远超过棉织物，此系绢织物中日本人造绢勃兴之故。在1936年间，仅人造绢一物即占对闽贸易总值四分之一，成为台湾输闽最主要之商品。

海产物

台湾海产物输闽以干鱼及卤鱼为主，余如干贝类等亦颇重要，就干鱼、卤鱼中观察，则前者以鳕、蚬子为主，卤鱼中以鲑、鲭、鳇为主。

当其输出兴盛时，每年均占台湾对闽输出额四分之一强，合布帛类约占对闽输出总值五分之三。就台湾海产物对外贸易而言，其所占位置尤为重要，当西元1929年（昭和四年）台湾海产物输出总额4692320元，对闽输出额即占其63%。嗣后外销数量突减，直至无输闽

数字

糖

糖为台湾最大宗产物，其重要尤在茶、米之上。早在日本占据台湾以前，糖已有大量出口，台糖于中日战争前最后10年，输闽数额约占台湾输闽总额十分之一，列为台湾对闽之一大输出品。

台糖之种类甚多，大别之有所谓含蜜糖与分蜜糖之分，前者俗称乌糖，属于粗制品，后者属于精制品，如赤砂、白糖、砂糖等，福建所缺者为精制糖，输闽台糖即以此为多。嗣后外销数量突减，直至无输闽数字。

煤 炭

台湾煤炭藏量甚丰然开采颇迟，其有显明进展始于1917年（大正六年），煤炭输闽总值231885日元，大正十年增至512011日元，大正末年达，808805日元，昭和年间，煤炭输闽数额日趋低减，最后输出额较诸前时最高额竟减少至数分。

火 柴

台湾输闽火柴多系日货转口，第一次世界大战后翌年，日本火柴输台数字开始激增，同时台湾输闽商品中亦开始出现火柴之项目，1917年（大正六年），其总值竟达1049861日元。

总而言之，台湾火柴输闽固不见重要，然在若干年间却为一大宗商品，且此物系由日本转口者，其对台闽贸易之意义特殊，实颇值一提。

苎 蔴

苎蔴为台湾土产，然而历年以来，在台闽贸易上却一直保持其稳健之地位，当日本占据台湾初期，其唯一输出地仅为福建，每年输出价值为四五十万日元，此数字几连续保持30年之久，迨1929年（昭和四年），始随台闽贸易之衰退而表现出未曾有之惨落，此后其地位虽微不足道，然在台闽贸易史上却有其重要之一页。[5]

19世纪末，福建成为日本的势力范围。1929年国民政府逐步收回关税主权，2月1日实施进口新税则，大幅度地提高了关税税率，日本人则纵容走私分子以台湾和福建沿海众多岛屿为基地，组织走私集团，走私高税物品，形成30年代福建沿海走私高潮。走私物资以进口白糖、煤油、毛料，出口以中药材和白银为主。卸货地点有福建连江的黄歧、马祖，福建福清的高山、海口，福建惠安的秀涂、崇武等上百处，其中福清的高山是最为著名的走私巢窟。在走私猖獗时期，来往于闽台之间的走私船每天达数十艘，从海上走私出口的银元平均每月四五百万元之多[6]。

二、闽台贸易也发生了根本性的逆转

自台湾被日本割占后，海峡两岸的经济关系发生了根本性的逆转。在贸易方面，台湾已丧失了单独与中国大陆通商的资格，沦为中日两国商品贸易的转口地，且两岸间贸易变成多以"走私"的方式进行，闽台尤其如此。日据时期的闽台经济关系实际已成为当时中日关系的一种特殊体现。

但即使在海峡两岸关系紧张的时期，闽台民间的海上贸易（"走私"）也没有停止，这种民间直接贸易在日据初期发展很快。

在光绪二十七年（1901年），闽海关还报告称：两岸民船运输贸易量很大，并且十分繁荣。开往台湾的民船，时称"台湾船"，约有70艘，它们运进食糖、樟木、牛皮、煤、鹿皮和西药，运走原木、原木板、纸张、笋和柴火。每艘载货价值约2万元。[7]

20世纪初台湾和福建民间贸易往来仍频繁，福建的木材、茶叶、杂货、药材输入台湾，回载台湾大米、白糖、香蕉、樟脑等。上述货物已形成福州—基隆、平潭—新竹、厦门—高雄、东山—高雄、东山—台南、东山—澎湖等主要航线，不定期往来于上述航线货轮有 10 多艘。随着两岸官方贸易萎缩，民间往来货物从零星发展到大宗。当时台湾市面上随时可见到大陆蔬菜、杂货、鲜鱼等。[8]

在技术熟练的勇敢的船员们的操纵下，当时福建帆船仍来往于沿海从事航运贸易，并越过海峡到台湾。他们怀着令人钦佩的精神，以异常的速度，运载着可获厚利的货物，其中最引人注目的船只是小电船，它体型小，速度快，装有电机驱动装置，制作简陋、外观粗糙，乘坐不舒服，但能在任何气候下航行前往台湾。民船船员生活极不稳定，有时靠正当航运谋生，有时则以"走私"为业。[9]

当时福州是福建对台湾贸易的重要港口，位处闽江的出海口，广阔的闽江流域拥有重要的经济腹地闽北，福州港成为其重要的贸易集散地。其主要输入贸易品有纺织品、棉丝、石油、砂糖、海产品以及磷、锡、铅等矿石原料，人参及杂货；输出的产品亦以木材、纸、烟草、笋、茶、陶瓷器等为主。后期台湾输入福州各港的贸易品主要为香蕉、砂糖、咸鱼、石油、丝棉布、麻、石炭、铜及其他杂货。[10]

而作为输台的主要商品地的闽北，与台湾经济文化联系密切，两地除架木为屋，种谷为食外，共同的民间信仰和文化教育使得闽北纸、书籍也成为输台的商品。

闽北造纸资源丰富，唐宋以来，闽北各地盛行以竹为原料手工抄造土纸。清朝郭柏巷《闽产录异》载："延建邵汀皆产纸"。本世纪初至中叶，闽北私营纸槽数千张，业者数万人。建阳的"建阳扣"、邵武的毛边纸、南平的"玉扣纸"皆为大宗商品。其中用于祭祀焚烧的礼拜纸、迷信纸、冥纸，是台湾民间祭祀的上乘用纸，以故乡之纸，祭闽人之先祖，这或许是闽台两地特有的习俗。

宋代的闽北，文风鼎盛，名人辈出，以朱熹为代表的诸多名儒著书立说，讲学教授，用于教学之典籍多在建阳雕版印刷。尤其是建阳书坊、麻沙两地刻书作坊多达数十家，所刻之"建本"，与浙江临安（今浙江杭州）之"浙本"、四川成都之"蜀本"鼎足而立，成为我国三大印刷中心之一。建阳因此被誉为"图书之府"。

台湾教育深受闽学文化的影响，"建本"图书多有输入台湾，成为士人学子教读的必备之书。据考证，台湾图书馆朱熹所撰《楚辞集注》、《楚辞辩证》、《楚辞后语》存本，就是元天历三年（1330 年）建阳书坊陈忠甫刻坊所刻。

茶叶是闽北输台的大宗商品，也是台湾茶叶起源之所在。台湾产茶的历史已有 200 多年，但许多品种及加工技术是从福建传入的。台湾的"青心乌龙"和"冻顶乌龙"则源自闽北。台湾茶叶界认为，这是台湾乌龙茶的起源，也是台湾人工栽茶的开始。

台湾的冻顶乌龙则源出武夷山。《武夷奇茗》载，清咸丰年间（1851—1861 年）台湾南投县鹿谷乡林凤池赴闽乡试，闽省林氏宗亲邀请其到武夷山游览，林凤池从武夷山带回乌龙茶苗 36 株，繁殖成今日"冻顶乌龙"。

历史上闽北所产之茶统称为"建茶"。闽北乌龙茶传入台湾后，茶叶种植面积扩大，仅青心乌龙栽种面积就占台湾茶叶面积的60%以上，成为闽台贸易的看家商品。《台海使槎录》中，就有闽北茶叶过台湾的记载："海船多漳泉商贾。贸易于漳州则载丝线、漳、剪绒、纸料、烟、布、革席、砖瓦、小杉料……泉州则载瓷器、纸张；兴化则载杉板、砖瓦；福州则载大小杉料、干笋、香菇；建宁（今建瓯）则载茶……"，可见"建茶"在台湾具有相当的吸引力。[11]

但闽台双方货运贸易商品项目，在台湾光复前前后颇多变动。就福建输台商品而言，历年固以木材为最主要，自始至终其地位亦最稳定，在日本占领台湾初期，福建布帛输台数额亦属可观，其后此项商品却绝迹不复出现。

据闽海关资料，当时福建输台之重要商品及其变迁摘要如下：

木　材

木材乃闽北大宗产品，在全国木材产量上亦占颇重要地位，台湾亦有岛产木材，然合于一般建筑用者甚少，是以远在日本占据台湾以前，台湾之建筑木材即多取自闽北，尤其"福杉"为多，其时闽北木材输入额年占台湾木材总输入额十分之九。1929年（昭和四年）经济恐慌前夕，台湾木材自日本以外各地输入额2943675日元，闽材输入额达2808738日元，占输台总额60%。

纸

纸在闽北输台商品中之位置仅次于木材，占日本以外各地输台纸量之首位。闽北纸工业并不发达，其输台纸类仅限于唐纸及礼拜纸二种，前者乃作墨笔书写用，后者作为祭祀焚烧用，此二种用途原为我国所特有，台人因多系闽人后裔，旧有习俗始终保持，故台湾自被日本占据后，对唐纸及礼拜纸之需用仍不稍衰。

在日本明治年间，中国唐纸输台，平均年约25万日元，三分之二来自闽北，第一次世界大战后，闽北输台唐纸激增，迄西元1921年（大正十年）台输入达241682日元，嗣后唐纸之输入量趋跌，然在日本昭和以前数年间，台每年输入量仍在10万日元以上。

布帛类

布帛原为台湾输入最重要商品，然在日本占据台湾初期，来自闽北之中国棉布却系台湾布帛输入之一大来源，至于麻织物一项之输入，则一向均仰给于闽北。

中国棉布，既为台湾住民之主要衣料，在1897年至1898年（明治三十年及三十一年）两年中，年输入达100万日元以上。嗣后，因日本布帛输入激增，故输入即告减少。

烟　草

福建输台烟草有二类，一为烟草丝，一为烟草叶，前者乃半制品，原系闽北输台重要商品，在日本占领台湾初期，其输入量仍甚可观。在1898年（明治三十一年），台湾烟草丝总输入额1357906日元，其大部分即来自闽北，然3年后此物输入竟濒于绝迹。盖日人已在台湾进行制造，对于输入之商品，则以提高关税而阻止之。[12]

盖因民间贸易需要，在抗日战争前，福州港除了太安、乾泰、和安、共和、常安、刘正记等几家民间轮船航业公司外，还有其他民营航商也纷纷制造木质小型海船，仍时断时续地行驶于台湾海峡及闽台各港。当时福州港民营沿海大小轮船共有79艘12736吨位。其中，除了6艘千吨级钢质大船外，其余多是300吨级左右的木质小船。

除了福州港、厦门港与宁德、三都澳港与台湾有直接的民间贸易外，泉州地区的秀涂、獭窟、崇武、蚶江、深沪、安海、东石、洛阳，龙溪地区的石码，惠安的崇武等港，亦有与台湾的台北、基隆、新竹、台中、鹿港、新营、布袋嘴、台南、高雄等地进行民间海上交通贸易。

随着闽台海运与贸易的增加，位于九龙江出海口的龙海对台湾的民间航运与贸易业务也日益扩大，当时，龙海行驶台湾的三支大桅杆的木帆船、载重在50吨至70吨的共有110多艘，运载去台的货物有纸箔（花金）、杉木、红糖、红料（砖、瓦）、陶器（大缸）、瓷瓶等，运回的货物有白糖、糖水、樟脑、面粉、生油等[13]。

三、光复前后闽台交通历史变迁

福建是祖国大陆距台湾最近省份，地缘关系最密切。闽台仅隔不宽的海峡，最窄之处

（台湾新竹与海潭岛之间）仅为130km，厦门港—高雄港306km，福州港—基隆港276km，湄洲湾港—台中港196km。福建台湾港口远则朝发夕至，近则朝发午至，一天可以往返。

雍乾时期，台湾与福建一省的贸易的商船，亦有千艘。贸易商船有"糖船、横洋船，材坚而巨大者可载六七千石。"由于台湾同大陆的通商贸易经营获利丰厚，台湾海商往返大陆一次，"获利数千金"，使台湾海峡出现了"舳舻相望，络绎于途"的盛况。仅台湾府治一地，即有贸易商行二十余家，商船一千多只。[14]

乾隆末年，台湾与大陆的贸易达到了鼎盛的阶段，仅粮食一项，"台本产各地，福、漳、泉三府民食仰，商运常百万，江、浙、天津亦至"如此巨额的粮食贩运，即使全部使用运转量达三千石的横洋船，每年仅往返台湾与大陆之间的运粮船只，亦当需有五百艘次左右，这其中还不包括无从计数的走私粮食的"编港船"。连横的《台湾通史》指出："雍乾之间，商务大盛，帆樯相接。"

19世纪60年代台湾诸港开放为通商口岸后，外国轮船开始驶入，往来闽台各口岸间，促进了闽台两岸海上交通的发展。同治六年（1867年），先有英商德忌利士公司的"台湾"号轮船，行驶台湾、厦门之间，但因船小，不久撤走。同治十年（1871年），该公司则以"爹利士"、"科摩沙"、"海龙"和"海门"等4艘轮船，分别行使香港、汕头、厦门至台湾的安平和淡水两线。

继则光绪七年（1881年），福建船政局"官轮商雇"的"永保"、"琛航"两艘轮船，亦循环往来于福州、厦门至台湾淡水、安平之间。及至光绪二十年（1894年），又有国营招商局两艘轮船，兼航厦门至台湾之间。此外，还有不定期外轮常川航行于福建、台湾各港口之间。如台湾南部的打狗（今高雄）港，1869年只有1艘轮船到港，1871年增加为10艘，到了1876年达到41艘。"厦岛乃南、北、台、澎船只往来贸易之所。"

《厦门志》记载："厦门商船对渡台湾鹿耳门，向来千余号。"又记载："厦门通商重地，岁往台湾及南北洋贸易者以发计。"厦门口岸的富商为对台贸易专门建造"横洋船"。"横洋船者，由厦门对渡台湾鹿耳门，涉黑水洋，黑水南北流甚险，船则东西横渡，故谓之横洋。船身梁头二丈以上，往来贸易，配运台谷，以充内地兵糈"；"横洋船亦有自台湾载糖至天津贸易者，其船较大，谓之糖船，统谓之透北船。"

闽省沿海许多港湾均有专门经营台湾与沿海各地贸易的商船。如：《同安县志》记载：该县所属港口，有"顺字大商船共五只，领给关牌县照，前往奉天、天津、浙江、广东、台湾等处贸易，俱各赴关征税。"《马巷厅志》记载："乾隆四十一年奉文，据陈坑、刘五店、澳头、大小嶝四澳归厅管理稽查，各设澳甲一名，其大商船梁头一丈以上者领给关牌厅照，前往奉天、天津、浙江、广东、台湾等处贸易，各赴关征税，编马巷厅新字号。"闽省沿海还有许多"小商船户"，"住居滨海，行船为活，自备资本赴台。"

1895年后，闽台交通航运，因有日本统治者干扰和破坏，虽由于闽台之间长期的联系，两岸人民之间的互相往来，互通有无的关系仍然继续存在，但不断减少。

据记载：1895年至1940年的43年间（缺1928、1929、1930年）以闽台主要口岸——厦门出入台湾人数统计为：出口共计32，4803万人次；入口共计42，2916万人次，平均每年与台湾往来的旅客为17，388人次。仅为光复前的五分一不到。[15]

两岸通航情况如下：

（1）福州与台湾商船交通

福州与台湾之间的汽船定期航行，始于明治三十八年（1905年）四月大阪商船公司开航的三角线，该航线是以一只汽船回航于福州、厦门、淡水之间。明治四十二年（1909年）

一月停航后，福州、台湾间的直达航线一时中断。明治四十四年（1911年）四月该公司开辟了高雄、上海航线，明治四十五年（1912年）四月改为高雄、大连线，一直到光复。同时，基隆与福州间也有直达航线，但该航线所使用的船只时常变更，后因只有2只船（湖北丸和基隆丸），两星期才来回一次，而且又因气候及其他事故，经常未能按时航行，两地间的交通目前颇为不便。

此外，大正五年（1919年）九月，台湾的石田洋行以海顺丸（254吨）航行于基隆（或淡水）与福州之间，运送来自台湾的邮件，多少方便一些，但后因该航线被废止，福州与外洋之间的交通又变得很不方便了，不过大阪商船公司的高雄、大连线可以把基隆中转站的杂货输入该港，又可从当地装运以木材为主的货物输往中国北部和台湾。此外，三井物产公司的临时船只也有从台湾输入煤炭，还有台湾籍民的帆船也有不少是航行于基隆及其他各港口之间的。

（2）厦门与台湾商船交通

因传统关系，厦门与台湾之间的交通，较之福州与台湾之间的交通更为便利，当时厦门与台湾间从事交通的大阪商船公司的航线如下：

一、香港、基隆线，一周两次，天草丸（2526吨）、开城丸（2084吨）。往航：香港、汕头、厦门、淡水，返航：淡水、基隆、厦门、汕头、香港。

二、广东、高雄线，两周一次，苏州丸（1085吨）。往航：广东、香港、汕头、厦门、安平及高雄；返航：安平及高雄，厦门、汕头、香港、广东。

也就是说，厦门、基隆间1个月连续有10次航班，比起基隆、福州间往返仅二周一次可说是天壤之别。即一天可有3只大阪商船公司的汽船陆续进港。其他厦门、台湾间每旬有一次城津丸的自由航行，但该船很少从厦门转航福州再从福州返航台湾。

而据1911年~1942年台湾总督府指定闽台航路表，闽台之间平均每月有吨位1000至4363吨级的班轮5艘至8艘、航行9.5次至12次，每船规定乘客50~120人次。[16]

通信方面：

日本占领台湾后，两地邮件先是由英国太古洋行运送。1896年6月，旧总督府与厦门邮局及香港邮局缔约，同年8月1日起，指定淡水及打狗两局与厦门局及香港局间交换普通邮件。1898年7月小包邮件之交换，亦开始办理。关于香港之小包，则指定淡水、安平两局为对厦门及香港之交换局。光绪二十五年（1899年）4月，两地邮件改由日本大阪商船会社运送。

台湾官办邮政，始于清康熙二十二年（1683年）统一台湾后。参照大陆旧制创办铺递以传递军书与县治公文。

民国5年（1916年）9月，台湾的石田洋行以海顺丸航行于基隆（或淡水）与福州之间，沿用大陆旧制创办铺递来运送台湾的邮件。

民国16年由基隆、福州线（每月4次）运送。因新航路之陆续开办，随之邮件路线亦日广。以1927年言，有基隆、福州线（每月4次）等5线，迄1935年度，计增基隆、厦门线（每月3次）等7线。

据《台湾省通志·经济志·交通篇》记载：民国二十三年（1934年）四月至民国二十四年三月，福州发往台湾信件计2257件。同期台湾发往福州信件2269件。

厦门发信5150件，收信5109件，合计10259件。[17]

1889年（光绪二十五年、日明治三十二年）十月间，日据台湾时代的大稻埕电信局收买经由台湾淡水—福州川石山间海底线，与我川石山东部扩张电信公司电信局通报，同时公布："该海底线限用于台湾之收发电报，但遇长崎—上海间海底线不通时，日本与外国间之收发电报，及遇大滨—基隆间海底线发生障碍致与日本国通信断绝时，发收该线路各地之电报，得使用之。"并自是年十一月六日起开始使用该线路通报。

光绪三十一年（日明治三十八年）九月间，长崎—上海间海底线一号、二号线不通，日本本国与外国间无法发收电报，乃经川石山，由台湾居间接转，利用冲绳线以达于日本。

又淡水—川石山线，嗣后改为台北—川石山线，迄中日战争爆发时即告断绝。唯在战争期间，台北—厦门间仍能以海底电线维持通信。[18]

抗日战争期间（1938～1945年），厦门被驻台日军占领，福州两次沦陷。日军并以飞机、军舰进袭，封锁福建沿海。依据民国35年（1945年）福建省政府《沦陷损失调查》记载："自抗战以来，福建船舶被劫被毁或停航损失者，福州沿海及闽江下游包括林森（今闽侯）、长乐、连江等三县，计有轮船102艘，大小木帆船870艘，渔船102艘；厦门沿海及九龙江下游（包括海澄、漳浦、云霄、诏安、东山）等五县，计有轮船100艘左右，木帆船1260艘，渔船470艘"。[19]闽台航运被迫中断。

抗战胜利后，福州发往台湾省的邮件，则利用海军军舰和商船运递。由于舰船以及轮船航班不定期，福州发往台湾的邮件，有时由上海转运，或由福州—台北航线班机运邮。

台湾行政长官公署交通处成立后，即以从日本投降接收的小轮，组成"台交船队"，在闽台两岸航行。民国35年（1946年），国营招商局也在厦门接收了日伪轮船10艘和汽艇3艘，开辟了厦门至台湾等航线。

据当时《交通部广州航政局福州办事处榕台线运量月报表》统计：仅该单位自1947年9月～1948年11月，每月往返运输旅客人次均在二百余人到六百余人，航次高达13艘次。

而在民用航空方面，1947年6月14日"中国航空公司"开辟的"台南厦门线"起航，逢周一、六两日往返一次。1948年3月14日起"中国航空公司"增辟台北至厦门航线，每逢星期日飞行一次[20]。

另据《三十八年台湾松山机场民航往返闽台旅客统计》载：4月份入境人数为4条航线共423人次、出境人数为3条航线共379人次。8月份入境人数为6条航线共1322人次、出境人数为7条航线共771人次。[21]

台湾光复后闽台电讯情况：

厦门、台湾间电讯已于民国三十四年十二月二十七日起每日下午5时至8时直达通报，此后无须发由永安电台轮递，当更快捷。[22]

另外，厦门台北的无线电话业务于1948年7月10日起，将原定每天上午7至8时的通话营业时间，更改为每天下午2至4时，多延长一个钟头的通话时间。

至1948年12月15日，厦门电信局除已开放的厦门、台北间无线长途电话外，再行开放厦门至台南无线长途电话。[23]

1949年1月至8月福州至台湾航空邮运重量为：信函及明信片经"中国航空公司、中央航空公司"托运的有2407.4公斤；包裹也达到1013.86公斤。[24]

至此，闽台人民交往关系开始恢复。

（作者单位：福建社会科学院现代台湾研究所）

注　释：

[1]　乾隆《福建通志》卷七十四。
[2]　周凯：《厦门志》卷十五。

［3］《闽台关系档案资料》第 166 页。

［4］《台湾史纲要》第 138 页。

［5］《闽台关系档案资料》第 482 页。

［6］《清史稿》卷二百二十四。

［7］《清史稿》卷二百四十四。

［8］《台湾省通志》经济志、交通篇，载自《闽台关系档案资料》第 223 页。

［9］《闽台关系档案资料》第 148 页。

［10］《闽台关系档案资料》第 79 页，1993 年版。

［11］《福建省志·经济志》卷 18。

［12］《闽台关系档案资料》第 412 页。

［13］《福建航运史》第 427 页，1994 年版。

［14］乾隆《福建通志》卷七十四《艺文》。

［15］《近代厦门经济概况》鹭江出版社 1990 年 6 月版。

［16］《台湾交通史》台湾研究丛刊第三十七种，1955 年 10 月、《台湾省通志》经济志、交通篇。

［17］《台湾省通志》经济志、交通篇，载自《闽台关系档案资料》第 445 页。

［18］《台湾省通志》经济志、交通篇，载自《闽台关系档案资料》第 443 页。

［19］福建省档案局：《福州等十二县市沦陷损失调查》卷号 3、7、27 号。

［20］厦门《江声报》三十七年三月十二日。

［21］据《台湾省政府交通处统计手册》。

［22］《江声报》1945 年 12 月 29 日讯。

［23］《闽台关系档案资料》经济章·邮电篇第 446 至 447 页。

［24］《闽台关系档案资料》第 348 页。

试论台胞在大陆的抗日活动及其对台湾前途命运的思考
——兼评所谓日据时期台湾人的"台独"运动

陈小冲*

1895 年腐败的清政府在甲午战争中失败，被迫签订了不平等的《马关条约》，将台湾割让给了日本，台湾从此沦为日本的殖民地长达半个世纪。不屈的台湾人民在岛内开展武装斗争及非暴力政治抵抗运动的同时，也有一部分人跨海来到大陆，在祖国开展了一系列的抗日活动，从而客观上形成了海峡两岸台湾人抗日斗争相互呼应的局面。不过，台胞在大陆的抗日活动由于其特殊的身份和复杂的时空环境，而呈现出与岛内不同的若干特点；且其对于台湾前途命运的思考，也烙上了鲜明的时代印记。本文即拟以全方位的视角检视台胞在大陆的抗日活动，并着重就其对台湾前途命运的思考进行分析，以揭示所谓日据时期台湾人主张"台独"论调的真相，提醒人们充分关注异族统治下台湾同胞不屈抗争、爱国爱台的浓烈情怀。

一、在大陆的台湾人及其抗日组织

日据时期在大陆的台湾人，大致可分为以下几种类型：

第一、为虎作伥的台籍浪人。1895 年日本占据台湾，依据《马关条约》台湾人有两年的所谓国籍选择期，两年后仍留在台湾者被"酌视为日本臣民"，因此其身份的真正变化是在1897 年 5 月 8 日之后。[1] 延续着晚清时期两岸人员往来的惯性，割台后不少台湾人到了大陆，他们当中的一些人很快发现自己身份的变化，而这种变化对其政治经济各个方面的利益有着很大的"好处"。譬如因为成了外籍而不必受苛捐杂税的困扰；作奸犯科也不必担心中国官方的惩罚，因为有领事裁判权的保护；甚至连台湾人的身份证件都是值钱的东西，能够以此入干股，"渡华旅券"能够做大价钱的买卖，等等。这等"待遇"是以往作为普通台湾人不敢想象的天上掉下的"馅饼"。受此诱惑加上日本殖民者的策略性安排，割台初期前来大陆的少部分台湾人摇身一变成了钻法律空子、仰日人之鼻息而鱼肉原乡民众的人，其中部分籍民凭借治外法权藐视中国官府，或经营妓院、赌场及鸦片馆等非法行当，或组织黑社会横行一方，甚至配合日本驻华机构破坏大陆反日爱国风潮甘当日本帝国主义侵略中国的走卒，被大陆民众斥为"台湾呆狗"。他们主要分布在厦门、福州、汕头一带。这些人破坏了两岸人民的感情，影响十分恶劣。

第二、学生、医生、会社职员及其他有正当职业者。1920 年代，日据后出生成长的台湾新一代知识分子逐渐形成，他们在接受初等、中等教育之后，进一步的受教育途径却受到了极大的限制。首先是岛内的高等教育并不发达，除了总督府医学校、高等商业学校、农林专门学校等少数几所专科院校外，综合性大学尚未建立（台北帝国大学设于 1928 年），加上教育不平等状况及民族歧视政策，一部分台湾青年学子便来到祖国大陆求学。这部分人在 1920 年代逐渐占据在大陆台湾人的主流。由于日本殖民者不希望台湾人接触新思想以防政治觉醒，所以台湾青年学医者甚多，他们不少也回到大陆悬壶济世。再则尽管日本殖民当局实施两岸分离政策，但两岸经贸往来仍无法阻挡，一批会社职员也来到了大陆。上述台湾人主要分布东南及华南一带，至于其他职业者则以散在的方式生活在大陆各个地方。

第三就是短期到大陆游历、经商、探亲访友的台湾人。

毫无疑问，最早在大陆从事抗日活动的是日据初期坚持抗战的台湾义士，譬如简大狮、林少猫、林李成等等，在岛内抗日形势恶劣的时候曾潜回大陆避难休整，谋求支援，并得到大陆民众资金、弹药甚至人员的援助。[2]本文着重论述的1920—1945年间在大陆从事抗日活动的为上述三种类型中的第二类台湾人，其中抗战之前以学生为主要力量，抗战爆发后则发展为在大陆各界台胞的联合抗日运动。下表为战前台胞在大陆的主要抗日团体状况：

表一　　1920年代在大陆主要台胞抗日团体

名称	地点	年代	主要参与者	主要活动
北京台湾青年会	北京	1922年1月	蔡惠茹、林松寿、林焕坤、刘锦堂、郑明禄、黄兆耀、陈江栋	与岛内文化协会及台湾议会设置请愿运动密切联系，抗议"治警事件"。
韩台革命同志会	北京	1922年	张钟玲、洪炎秋、李金钟、吕茂宗、杨克培	参加中国国民党。
上海台湾青年会	上海	1923年10月12日	谢清廉、施文杞、许乃昌、许水、游金水、李孝顺、林鹏飞	支持台湾议会设置请愿运动，参加上海民众反帝运动。
上海自治会	上海	1924年5月	由上海青年自治会及旅沪台籍人士组成	着重对祖国方面的宣传语联络，促进祖国人民认识台湾。
台韩同志会	上海	1924年6月29日	由上海台湾青年会、台湾自治会部分会员联合韩国若干人士组成	散布传单、发表宣言。
台湾尚志社	厦门	1923年6月20日	李思祯	发表宣言、抗议台湾"治警事件"。
闽南台湾学生联合会	厦门	1924年4月25日	李思祯、郭丙辛、王庆勳、翁泽生、洪朝宗、许植亭、江万里、萧文安	发刊《共鸣》杂志，编演新剧，激发台胞抗日情绪。
厦门中国台湾同志会	厦门	1925年	林茂锋、郭丙辛。	发刊《台湾新青年》。
中台同志会	南京	1926年3月21日	吴丽水、李振芳、蓝焕呈	召开反对台湾始政纪念日大会。
广东台湾革命青年团	广东	1926年12月19日	谢文达、张月澄、张深切、林文腾、洪绍潭、郭德金	出刊《台湾先锋》。参加国耻纪念日的示威游行，发表抗日文稿。

资料来源：秦孝仪：《国民革命与台湾》，台北：台湾近代中国出版社1980年版，第31—32页。

上表可见，台胞在大陆抗日的主要活动地点为北京、上海、南京、厦门和广东。北京是中国文化的重镇，五四运动的发祥地，诸多高等院校林立，青年学生的政治活动历来蓬勃发展的，台湾青年学子在此活动自是理所当然。上海是旧中国的十里洋场，各国租界和黄浦江列强的战舰炮口是帝国主义侵略中国活生生的写照，反帝爱国运动有着悠久的传统。厦门是与台湾关系最密切的大陆城市，且不说历史上闽南就是大多数台胞的原乡，即便割台后来到厦门的台湾人相对于其他地方也一直都是人数最多的，台湾进步青年学生掀起的抗日热潮，使得厦门成为台胞在大陆早期抗日斗争发展较显著的地方之一。广东是 1920 年代中国革命的热土，孙中山的革命策源地，北伐的起点，为进步台湾青年心向往之的地方。另一现象是同在日本殖民统治下的韩国反日人士与台湾抗日斗争达成了一定程度的连接，这是作为帝国主义压迫下两个弱小民族人民向共同敌人发起的抵抗斗争。

1937 年"七七卢沟桥事变"全面抗战爆发后，中华民族面临生死存亡的关键时刻，中国与日本的关系随之发生了深刻的变化。此时的台湾人陷入了尴尬的境地，一方是所谓名分和法律上的"国家"——日本，另一方是祖先庐墓所在之地——中国；而日本殖民者对台湾人在这场与其祖国进行的战争中究竟会站在哪一边也没有把握，随之发生的诸多事件也证实了日本人的担忧，譬如台湾军极密资料曾揭示："事变爆发当时，一部分本岛人中间由于民族的偏见，依然视中国为祖国，过分的相信中国的实力，受宣传的迷惑，反国家的或反军队的言论和行动在各地流传，民心动摇。"甚至在某公学校进行的问卷调查中，台湾学生家长"相当多的人希望台湾回归到中国的怀抱"。[3] 这不能不引起日本殖民者的高度警惕。因此 1937 年台湾岛内掀起的皇民化运动浪潮，一个重要目标就是为了以强制措施彻底同化台湾人、改变台湾人对祖国的向心力。在大陆，台湾人则面临着选边站的问题。战争爆发后在大陆的台湾人大部分都撤退回了台湾，留下的一部分由于政府的不信任出于防患未然的需要，被强制集中到福建北部山区崇安县监视居住；另一部分则属于抗日分子，他们组织了各类抗日组织，支持祖国抗战。如厦门当局的档案中记载部分台湾人"有爱国思想不忘祖国"者，要求回复中国国籍，还有游振煌等人组织了台湾抗日复土总同盟等。[4] 除了各地小的台湾人抗日团体外，抗战爆发后较为著名的在大陆台湾人抗日团体主要有：

台湾革命青年大同盟、中华青年复土血魂团、抗日复土大同盟、台湾革命党、台湾革命民族总同盟、台湾独立革命党、台湾国民革命党。

不过，分散的抗日活动不利于力量的凝聚和在大陆台湾抗日民众的团结，为了集中抗日力量并实施统一指导，1940 年 3 月，各地抗日台湾人士聚集重庆，商讨成立了"台湾革命团体联合会"。1941 年 2 月 10 日，由台湾革命民族总同盟、台湾独立革命党、台湾国民革命党、台湾青年革命党和台湾革命党五团体联合组成台湾革命同盟会，全大陆台湾人抗日力量实现了真正大联合。[5]

二、台胞在大陆的抗日活动

台胞在大陆抗日活动的发展与台湾岛内反抗日本殖民统治、争取民族民主权益的斗争遥相呼应，同时也与大陆人民的反帝爱国斗争密切相连。

北京台湾青年会章程为"疏通会员意志，奖励研究中国文化为目的"。[6] 他们积极支持台湾岛内文化协会和议会设置请愿运动，抗议日本殖民者镇压民众的"治警事件"。此外还敦聘蔡元培、梁启超、胡适等著名人士为名誉会员，以求扩大影响力。[7] 在《华北台湾人大会宣言》中，他们痛斥"惨虐无道、悖逆天理之日本总督政治"，号召台湾人民及全世界被压迫弱小劳苦民众"援助我们内政运动的台湾诸先锋，并解放全世界被压迫劳苦人类同胞"。[8]

上海台湾青年会针对台湾岛内总督府御用绅士组织有力者大会对抗民族运动的情况，痛斥其"求勋章，望特权"，为总督府"饲养"的"走狗"。并大声呼吁"在华台胞"全力声讨。[9]1924年又针对"治警事件"，向日本国内政界、台湾岛内各界寄出决议文，予以强烈抗争。同年9月的国耻纪念大会上，他们表示"台湾人今已经觉醒，愿与祖国诸君握手、团结，打到共同之敌——日本帝国主义。"继而开展反对所谓台湾始政纪念日活动，称"台湾人受日本统治，陷为亡国之民，实属最大耻辱。"[10]

台湾自治协会与台湾青年会成员相互交叉，斗争中也互相呼应支持，且政治色彩更为鲜明。其成立宣言称：相对于菲律宾、印度甚至朝鲜争取"民族独立"运动，"我等台湾人望尘莫及"，"一任供为牛马饲料"。"我台湾同胞，牺牲许多生命，流过不少血泪，回顾过去苦难，无力主张正义"。因此号召"愿我台湾人坚持根本的民族自觉，愿我亲爱之中国同胞，帮助我等之自治运动。"[11]主张海峡两岸应共同反抗日本侵略，否则"将不免陷入与我等同为亡国奴隶之命运"，"恐中华民国四字，或随而消灭"。[12]

台韩同志会的组织为类似于秘密结社的组织形式，倾向于采取暴力斗争。其规约称"以完成台韩独立，建立自由联邦，为唯一目的"。入会手续严格——"血印誓书"，纪律严明——"凡我同志须绝对服从干部命令，不许丝毫反抗"。[13]具体的反抗活动有诸如散发传单鼓动反日斗争，揭露段祺瑞卖国行径等，并发布《警告对日市民外交大会》、《须注视日本之对华政策》等文告，言辞十分激烈。

创建于厦门的台湾尚志社，刊行《尚志厦门号》杂志，其宗旨在促进台人民族觉醒，抨击日本在台殖民暴政。他们揭露"总督握有立法、行政大权，行独裁统治"，"视岛民如奴隶，滥用权威与官权"，"近有以台湾议会请愿团事，拘禁许多无辜岛民；以阴险手段，妨害合法请愿运动"。高呼"反对台湾总督府历代之压迫政策"、"反对总督府对议会请愿者之不法拘束"。[14]

闽南台湾学生联合会是厦门台湾学生的联合组织，他们猛烈抨击日本殖民者在台湾的残暴统治，称："日本是专制君主国，领台以来，于兹三十年。剥夺我们开垦的土地、森林、陆产、海产，及人民应受的权利。用着恶毒的经济政策，加以魔鬼一样的手段，使我们精神、物质都受压迫。"在所刊发的《台湾通讯》中细述台湾民众割台后的抵抗事迹，对于议会设置请愿运动中台人坚忍不拔的意志大加赞赏，称其"有如火如荼之势"、"不屈不挠"，"台胞的反日感情，日见增加"。批判总督府的镇压为"贼子狼心"，"恶劣的手段，无过于此"。[15]

南京中台同志会是部分祖国意识较为强烈的台湾人和大陆人士共同组成的反日爱国团体，为两岸同胞面对共同敌人齐心奋起抗争的典型事例。其成立宣言中写道："在历史上看台湾之灭亡，此灭亡即中国民众开始受控制于帝国主义之日。中国完全屈服于日本之日，亦即台湾民众被剥削于日本帝国主义之时。故中台两地民众，实有共生共死之关系，而日本帝国主义者，又同时为两地民众之公敌；故两民众，自然有同样之要求，更进一步，两地民众应相联合，立于同一战线上，对共同之敌，作一大进攻。"[16]因此，该会的使命就在于建立海峡两岸中国人的反日统一战线，对抗共同敌人，谋求民族解放。中台同志会的主要公开活动为对两个中国近现代史的重要日子的纪念，一是袁世凯卖国二十一条的"国耻纪念日"，一是6月17日所谓台湾始政纪念日的"台耻纪念日"，中台同志会的参加者将这两大活动视为国恨家仇不可忘却的记忆和情感宣泄。

广东台湾革命青年团前身为广东台湾学生联合会，以联络台湾学生感情为号召以避日人侦探之耳目。他们先后刊发《一个台湾人告诉中国同胞书》、《勿忘台湾》等文章和出版物，宣传台湾遭受侵略的惨痛历史，号召革命。[17]1927 年 4 月出版的机关刊物《台湾先锋》热情宣传台湾，同情祖国，鼓吹革命。大陆政界、学界著名人士亦积极评价台湾青年学生的祖国意识和爱国热情，称："台湾民众，是中国的民众；台湾民众的团结，就是中国民众的力量；台湾民众爱祖国的热忱，确是革命精神的发挥。"[18]广东台湾青年学生目睹当地国民革命斗争轰轰烈烈开展，为浓厚的革命氛围所感染，认为台湾民众要获得解放，非从事祖国革命及组织开展台湾革命运动不可。他们喊出的口号是："打到日本帝国主义！"、"中国民族联合起来！"、"台湾革命成功万岁！"、"中国革命成功万岁！" 等等。[19]

1932 年，受九一八事变的刺激，台籍青年刘邦汉、林云连、余文兴等，在丘念台的指导下与大陆学生联合成立台湾民主党，从事反日爱国斗争。其组织在广州、汕头、潮州、惠州等地均有所发展，并获得部分国民党地方党部的支持。他们举办演讲会、散发传单，宣传台湾及大陆革命运动，发表《为台湾革命运动警告我四亿同胞》、《抗日救国救同胞》等文宣，刊发《台湾革命运动》（后改名为《台湾》、《研究日本》）刊物，揭露日本国内政治黑暗及其对外侵略野心。其党员宣誓语揭示了党的反日爱国宗旨："为我大汉民族争光，为我台胞争自由"，"团结台胞四百万汉民族，打到日本帝国主义"。[20]

1937 年七七事变后中国人民奋起全面抗战，台胞在大陆的抗日活动也进入了一个新的阶段。在祖国的东南沿海地区出现了一支直接参与抗战的台湾人抗日武装团体——台湾义勇队及其下属台湾少年团。原黄埔二期学员李友邦征得福建当局的同意，在被集中于闽北的台湾籍民中挑选愿意参加抗战的台湾人，组建台湾义勇队，开赴浙江金华前线。台义队隶属国民政府军委会政治部，同时也得到了中国共产党的积极关注和支持。严格来说，台义队主要是一支宣传队伍，他们的主要任务是对敌政治、医务诊疗、生产报国和宣慰军民。他们利用自身精通日语的优势，开展阵前对日军喊话，对敌广播；同时队员多学医出身，于是组织台湾医院，为军队及地方民众提供医疗服务；又利用熟悉药品、樟脑生产的条件，进行自力更生生产前线急需物资；台湾少年团则在军队和驻地巡回演出，宣传抗战、鼓动民心士气，收到良好效果。

1940 年 3 月，在大陆台胞各抗日团体联合在陪都重庆成立台湾革命团体联合会，1941 年 2 月 10 日正式改名为台湾革命同盟会，台胞在大陆抗日活动进入了新高潮。随着日本帝国主义发动太平洋战争，中国对日正式宣战，台湾归还中国开始列入日程。台湾革命同盟会更积极联络各地台胞，宣传台湾作为祖国领土的历史和现状，进行收复台湾准备工作，并协助军方对敌斗争。譬如定 1942 年 4 月 5 日为台湾日，联合重庆文化界 17 团体发起复台宣传大会，各大报纸同时刊登《台湾光复运动专刊》，台湾问题由此受到后方民众的空前关注。[21]针对部分美国媒体将台湾列为战后国际共管区域的论调，台湾革命同盟会群起反对，指出："台湾土地原为中国之领土，且系郑成功筚路蓝缕开辟者，台湾人民百分之九十五为中国人，若以土地人民而论，台湾之归还中国，应无疑义。""不问有何种堂皇的理由，与任何种惑人的口实，都无非是帝国主义的再生。""我们代表台湾人向全世界宣言，我们决定归回中华民国，要求台湾归回其祖国。"[22]表达了对祖国的忠诚和对所谓的国际共管论的强烈不满。此外，他们还创办了《台湾民声报》作为台湾革命同盟会的机关报，其发刊词中称："台湾是我们的家乡，她有今日的繁荣瑰丽，完全赖我们祖先……所以台湾的光复，我们台湾同胞，尤其矢志于台湾革命的同志，义不容辞，应该挺身出来分担这项义务和责任。"《台湾民声报》的主要任务是："唤起台胞爱护国族的情绪"，"暴露敌寇罪行"，"报导台湾一般动态"，"吁请祖国人士正视台湾民众所追求的理想和目标" 和 "请国际人士加以了解和同情（台湾人的反抗斗争）"。[23]在中国政府为收复台湾做准备的台湾调查委员会中，也有不少台湾革命同盟会的台籍人士参与其中，为台湾光复及战后接收、建设等等各个方面提出了有益的设想和建议，不少为政府所接受和采纳。

综上所述，台胞在大陆的抗日活动总体上以1937年的七七事变为标志分为前后两个时期。七七事变之前主要的斗争方向：一是揭露日本殖民者在台湾实施的总督专制统治和对台湾资源的攫取，抨击殖民暴政；二是支持岛内的非暴力政治抵抗运动，发起对"治警事件"的声援。三是特别针对日本殖民者每年举办的所谓始政纪年日活动予以坚决的反对，认为这是日本侵略的烙印，是台湾耻辱的象征，称之为"台耻日"，此为在大陆台胞抗日活动的一个鲜明特点。七七事变之后，抗击日本侵略，维护民族尊严和祖国独立自由，乃至收复祖国宝岛台湾，成为他们的共同追求。无论是台湾义勇队在前线的战斗，还是台湾革命同盟会在后方的团结、呐喊，他们的共同心声正如《台湾民声报》发刊词所言："我们秉承先人遗志，多年流亡在外，奔走呼号，历经艰危，不断苦斗，其惟一愿望也是为挣脱日本帝国主义的羁绊，重投祖国怀抱，而使六百万台胞出水火而登衽席。"[24]经过八年抗战血与火的洗礼，终于达成了两岸中国人的共同目标——打倒日本帝国主义，收复祖国领土台湾。

与此同时，海峡两岸人民在抗日斗争中也是相互支持的。我们知道，近代中国积贫积弱，长期遭受列强的侵略。清王朝的腐败无能使得台湾被迫割让，辛亥革命后的中国仍然陷于军阀割据混战的乱局，日本对华二十一条带来的民族危机，使得人们意识到日本帝国主义乃中国最大的威胁，接踵而来的九一八事变和七七事变，使得日本帝国主义与中华民族的矛盾成为中国社会的主要矛盾，团结抗日成为历史赋予包括台胞在内的每个中国人的神圣责任。因此，我们在大陆台胞的抗日斗争中，经常可以看到其对两岸中国人的如下急切呼吁："中国同胞啊！要振作须从台湾做起。台湾是清朝割让予日本为殖民地的。台湾人要洗恨说（雪）耻，正在争取独立，要先建设自治议会。中国同胞有爱国思想者，当然也要负起援助台湾的义务。""台湾同胞啊！倭奴的凶焰，有进无退。在对岸厦门的台湾同胞，也要受暴日的压迫，我们已被迫到无容身之地了，应该快和中国同胞协力，来雪恨报仇。"又如广东台湾革命青年团号召："祖国现在已进入革命发展的时期，我台胞应认清时潮，急起直追，来参加祖国的革命"，同时呼吁"希望绝对不要忘记一八九五年甲午战争所失去的台湾！""中国民众团结起来援助台湾革命！"[25]由此看来，两岸同胞的抗日斗争既各自蓬勃展开，又相互呼应支援，它们一同壮大了抗日斗争的声势，达成了两岸中国人共同抗日的有机结合。

最后，台胞抗日团体针对日本帝国主义分化瓦解台湾民众与大陆民众感情的图谋进行揭露和批判，号召两岸人民团结对敌。上文提到，日据时期有不少台湾籍民来到大陆，其中不乏违法犯罪、扰乱所在地社会秩序而引起大陆民众强烈不满的情形发生。厦门中国台湾同志会指出，这完全是日本帝国主义离间两岸人民感情的阴谋："日本自领有台湾以来，限制台湾人回祖国；连亲戚间也不得往来妨害同胞间的相爱互助。更有侵略福建的恶劣手段；即利用台湾人中的败类，于厦门开娼寮、设赌场、卖阿片、紊乱社会。无恶不作。"他们强烈呼吁："在厦台湾人同胞啊！我们台湾人并不是日本人。日本人是我们的仇敌。应该排斥，不该亲近。""我们要明白自己的地位，我们无时无所，莫不备受日本人的压迫。所以要卧薪尝胆，准备报仇雪耻。在厦须求正业，岂可受日本人恶用。"[26]李友邦领导的台湾义勇队也对于部分台籍浪人恶行带来的负面影响进行了积极的"消毒"工作，他们揭露日本帝国主义"强迫利诱得一部分无知识的浪人、刑事犯、杀人犯，这些民族败类到汕头、厦门、福州来，做他们的工具、傀儡，来实施挑拨离间中台间感情的诡计。"[27]并且一针见血地指出"日本人的目的在消灭祖国对于台湾的心"。[28]在台湾义勇队的消毒工作及其自身抗日斗争影响下，大陆民众对台湾人的观感有了一定积极的改善，从大声呼唤"勿以台胞多为坏人，而忽略台湾革命者在抗战中所起的作用"，发展到"勿以台胞多好人，而忽略台籍浪民之破坏行动"。[29]显然，大陆民众已经逐渐将台籍浪人与台湾抗日人士区隔开来，并对台胞抗日斗争给予了积极的正面评价。

三、台胞对于台湾前途命运的思考

台胞在大陆的抗日活动，除了声援大陆民众反帝爱国运动，对抗共同的敌人——日本帝国主义之外，更为关注的无疑是台湾本身。在此过程中，不可避免地要面对台湾的前途命运问题。换句话说，在大陆台胞所进行的抗日活动是在为了一个什么样的台湾而奋斗？在他们的理想中台湾的未来究竟应当走一条什么样的道路？

大陆台胞抗日团体对于台湾前途命运的思考，有着历史发展变化的过程，请看台胞抗日团体的相关言论：

1925 年 5 月台湾自治会：

菲律宾，印度，正在运动独立，企图脱离宗主国。然而我等台湾同胞，尚未具一点抗暴实力。与我等在同一命运上之朝鲜人，犹得于国境外自由区域内，高唱恢复祖国之歌；揭扬民族独立之旗。我等台湾人望尘莫及。

倘有参加世界弱少民族解放运动，获得自由，解放束缚，建设自由平等天国之希望；则我等台湾遗民，必不惜抛多数生命，溅多量鲜血；进随不愿为亡国奴隶之菲律宾，及印度诸同志之后以前进。[30]

1925 年 6 月台湾自治会：

（日本）外戴中日亲善假面具，内心包藏侵略野望……诸君快醒！快醒！诸君须从有名无实之经济绝交梦中清醒！快以实力，开始爱国运动。同时来帮忙我等亡国台湾同胞之自主独立运动。[31]

由上观之，台湾自治会的斗争目标瞄准了菲律宾、印度及同在日本殖民统治下的朝鲜民族独立运动，对台湾不能如朝鲜"高唱恢复祖国之歌，揭扬民族独立之旗"而顿足慨叹，并将台湾的抗日斗争定位为"自主独立运动"。

1925 年 4 月厦门中国台湾同志会：

我们信奉民族终须独立……中国同胞啊！要振作须从台湾做起。台湾是清朝割让给日本为殖民地的。台湾人要洗恨说（雪）耻，正在争取独立，要先建设台湾议会。中国同胞有爱国思想者，当然也有负起援助台湾的义务。[32]

1930 年 6 月厦门闽南台湾学生联合会：

台湾解放运动的目的是要求台湾独立、否认日本帝国主义的存在。换言之，必须要求台湾解放运动颠覆帝国主义的统治。今日吾等在迎接六、一七纪念时应更加汲汲于颠覆帝国主义，同时预防叛逆的反动。海外的吾等青年应尽最大的努力来从事反帝爱国运动。妨害反帝运动的都是叛逆者。总之，我等今日纪念六·一七必须有颠覆日本帝国主义的觉悟。然后将"始政纪念日"改成"独立纪念日"。[33]

与北京的台湾自治会不同，厦门的台湾人学生抗日团体毫不掩饰地提出了台湾独立的主张。台湾自治会倾向于支持岛内自治运动——议会设置请愿运动，虽意欲效仿亚洲其他国家的独立运动，但还是较隐晦地表达"自主独立"的指向。厦门闽南台湾学生联合会由于成立之初就受到左翼人士的深度参与，因而更具激进色彩，"争取独立"、设立"独立纪念日"等口号旗帜鲜明，对此日本人亦称该团体"策划台湾的民族独立运动"。[34]

1926年6月南京中台同志会：

台湾被吞并于日本帝国主义以后，日本帝国主义遂用其一切恶毒手段，向台湾民众。行其贪欲无厌之剥削……凡一切人类间不平等待遇，均使台湾人尝之饱矣。于此时期，台湾人唯一愿望，在于奔走脱离日本帝国主义羁绊，是极自然之现象。[35]

显然，脱离日本殖民统治是台湾民众的迫切要求。但脱离之后的台湾应该往何处去？在中台同志会的人们看来，台湾被割让虽是缘于清王朝的腐败无能，但也给了台湾人被抛弃的感觉，这种弃民之痛是一种历史的伤痕。又由于左翼青年对军阀混战、贫弱腐败的政局下政府的不信任，认为台湾民众有其犹豫和选择的空间，也就是所谓的"自决"问题的提出。这在大陆台胞抗日团体中是较为独特的。

1932年3月台湾民主党：

本党根据民族自主精神，推翻异民族日本帝国主义者统治，以建设台湾民族之民主国为目的。[36]

1933年10月台湾民主党：

……为我大汉民族争光荣；为我台湾同胞争自由。基于民族自主精神，创立台湾民主党。团结台湾四百万汉民族，打倒日本帝国主义，推翻日政府，建设台湾民主独立国。[37]

毫无疑问，台湾民主党的"建设台湾民主独立国"的主张在当时在大陆台湾人抗日团体中是较为特立独行的，尽管诸如厦门台湾学生联合会也提出过"台湾独立成功万岁"的口号，但以成立独立国为号召，还是不多见的。

从以上我们列举的在大陆台湾人抗日团体就台湾前途命运的诉求来看，尽管口号、主张各有不同，但以所有可能的方式谋求摆脱日本帝国主义的殖民统治、使台湾人民获得独立自由则是其不变的宗旨所在。以历史发展的脉络而言，他们的主张有着从模糊、隐晦朝逐渐明晰方向发展的趋势。换句话说，到了1930年代初，谋求台湾独立已经成为在大陆台胞抗日团体近乎一致的政治诉求。

那么这个时期台胞抗日团体提出的台湾独立的内涵究竟是什么呢？其实从上引史料我们已经很容易看到，1920—30年代在大陆台湾人抗日团体所主张的"台湾独立"，是针对日本帝国主义的，是要脱离日本在台湾的殖民统治而独立，是殖民地人民反抗和摆脱殖民宗主国统治的正义斗争。无论是"独立"口号还是"建设台湾民主独立国"的设想，都是针对日本的，与现在针对台湾人的祖国中国而叫嚣的"台独"论调风马牛不相及，这是应予特别注意的。依此逻辑，台湾独立本身就不可能是在大陆台湾人抗日团体的最终诉求，历史事实也正是如此。请看中台同志会的下述言论：

> 本会工作之第一步，即在唤醒两地民众实际要求事项之意识，使对本会抱有将来之希望。首先使中台内地民众，完全摆脱日本帝国主义之羁绊；然后使中台两地民众，再发生密接之政治关系。[38]

也就是说，在台湾人抗日团体看来台湾的前途命运应当遵循如下的路径前行：首先是脱离日本殖民统治，然后是与祖国的再结合。时代的特性和复杂的社会历史背景决定了在大陆的台胞抗日团体对于台湾前途的如此特殊设计方式，对此台湾义勇队总队长李友邦在一篇题为《台湾要独立也要归返祖国》的文章中作了十分透彻的阐述，特摘引如下：

> 首先，我们应知道，台湾曾是中国之一省，台湾五百多万人，除掉二十万的生番而外，都是从福建、广东过去的中国人；但是，我们也应知道，一八九五年满清曾正式地在大压力之下，不得已把台湾割让给日本帝国主义了。
> 这样的事实，决定了台湾革命目的的两面性，就是，一方面，他要求独立；同时，另一方面，他要求返归祖国。
> 要求独立和要求返归祖国不是冲突的吗？是不冲突的。
> 什么是台湾的独立呢？台湾的独立，是在国家关系上，脱离外族（日本）的统治，是对现在正统治着台湾的统治者而言。作为被压迫于日本帝国主义者之下的台湾民族，他是要对其统治者斗争，以争取能够自己处理自己，自己决定自己的前途的权利，被锁紧地压迫在日本帝国主义的铁蹄下的台湾民众，迫切地需要的是这个。
> 但"回唐山去啊？"从前是，现在也还是台湾五百万民众的口头禅。"唐山"指的就是中国，要归回中国的热情，除了少数丧心病狂的作日本帝国主义的走狗的败类而外，这已成为一般台湾民众的要求，所以台湾要归返中国。
> 因此，在对日本的关系上，台湾和朝鲜完全一样；在对中国的关系上，台湾和朝鲜又稍有不同。同时在对日本的关系上，台湾与祖国内部的任何一省都不同；在对祖国政府的关系上，又都彼此有异；这样的事实造成了台湾革命的复杂性，他第一，必须以台湾作为日本帝国主义的殖民地而向他争取独立；第二，他又须以台湾作为中国之一部分，而且适应着全民的要求要归返祖国。
> 所以这两个目的，是同时为台湾革命所具有，他不能缺掉第一个，因为《马关条约》以后，祖国政府已不得不把台湾认为日本所有，所以台湾革命已不得不成为台湾五百万民众自己的事，而祖国政府不能是主动的，除非他提出"收复台湾"的口号。既然由台湾五百万民众方面出发，所以他首先必须作争取独立的斗争。同时又不能缺掉第二个。在前清割让台湾的时候，台湾五百万民众不得不由中国的政治机构脱离而又不愿屈服于日本帝国主义者，所以，在一八九五年曾一度有民主国之成立。以后，在祖国抗战胜利而台湾独立革命成功时，祖国当是一个崭新的三民主义的国家，台湾民众归返祖国的要求，当可以得到。故同时，台湾革命者又以归返祖国作为其革命目标之一。……所以我们说，台湾（要）独立又要归返

祖国。[39]

概而言之，台湾问题的历史原点乃由于1895年不平等《马关条约》导致台湾被迫割让并沦为日本殖民地，尽管《马关条约》是日本侵略中国强迫签订的不平等条约，但在当时的历史条件下，它是日本占据台湾的法律依据，是"有效"的。正如李友邦所言，除非中国政府提出收复台湾的口号，否则台湾要想脱离自身的殖民地地位就只能靠台湾民众自己，中国就只能在道义上或秘密渠道上予以支持。这样一来，台湾革命首先就是脱离日本帝国主义，然后才能依据台湾民众的爱国热情和民族感情，踏上回归祖国的道路。这就是台湾前途命运的二阶段论：台湾需要先独立，然后回归祖国。由此可见，在大陆台胞抗日团体的"台湾独立论"，与"台湾回归祖国论"非但是不矛盾不冲突的，而且是有机结合的一个整体，对于这样一种既矛盾又统一的关系，台胞抗日人士黄玉斋在当时就有过精辟的分析，他说：

台湾独立派 这派发达很早，如本书前面所讲的，说他是"台湾独立派"亦可；说他是"台湾光复派"也无不可！我们所谓台湾人，个个都是中国人。总而言之，所谓"台湾独立派"舍去极端自主外，都是要做中国的一省呀！最近极端独立派的论调是说："现在中国内受军阀横行，外受列强压迫，几乎自身不能顾了，焉能顾及我们台湾呢？"他们的结论还是：现在应该台民治台民，将来还是做中国的一部分！[40]

显然，台湾独立是台湾革命者现当时要做的头一件事，回归祖国是获得独立自由后的台湾民众将来要做的第二件事，这就是"台湾独立派"也是"台湾光复派"，台湾要"独立"也要"回归"祖国的辩证统一关系。直到1941年12月9日中国正式对日宣战，公告废除包括《马关条约》在内的所有不平等条约，台湾主权归属中国的地位确定后，上述台湾回归二阶段论中的第一个阶段——台湾独立才失去了存在的基础，而与第二阶段——回归祖国合二为一，因为李友邦所提到的跳过台湾独立阶段的前提条件——"除非它（祖国）提出收复台湾"已经变成为现实。正是顺应这一历史变化，台湾义勇队随后提出了"保卫祖国、收复台湾"的响亮口号。[41]打倒日本帝国主义、收复祖国领土台湾，便从此真正成了在大陆台胞抗日团体的唯一选择。

1980年代以来台湾岛内及海外的台湾史研究中，一部分"台独"理论者出于意识形态的需要，对台湾史进行了偏离历史事实的解读。其中一个流行的论调即是：由于日本的殖民统治、外来文化的强力渗透及日本殖民者推行的将台湾与大陆相分离的政策，促使台湾开始走向了"脱中国化"的轨道。他们声称日据时期台湾人与祖国的关系是建立在想象的基础上的，甚至有人进一步说"台湾与中国的关系不是想象的（imagined）共同体而是幻想（imaginry）的共同体"。[42]还有人找到一些资料显示日据时期部分从事反抗日本殖民统治活动的台湾人曾经提出"台湾独立"的主张，便如获至宝地、武断地认为台湾人追求"独立"的历史可以追溯到1920年代。[43]事实上，这种与历史事实不符的观点逐渐被态度严谨的学者所驳斥，譬如陈翠莲教授透过对台湾人祖国游记的分析，指出当时台湾人对祖国的了解并不缺乏，而血浓于水的民族感情自发地促使着他们为落后的祖国进行着竭尽所能的辩护。[44]本文揭示的台湾人在大陆的抗日斗争历史更明确地告诉世人，日据时期台湾人开展的所谓"台湾独立"运动实际上是殖民地人民反抗和谋求摆脱殖民宗主国统治的正义斗争，是针对日本殖民者的，并且所谓的"台湾独立"仅仅是走向与祖国相结合的一个步骤而已。这些都与当今某些人针对台湾人祖国中国的"台独"叫嚣风马牛不相及。此间台湾民众为人们展示的更多的是强烈的民族意识、祖国情怀而不是相反,这对于一些急于想为"台独史观"寻找历史依据的人来说是恐怕是件具有讽刺意味的事。

(作者单位:厦门大学台湾研究院历史研究所)

注 释:

  *   作者为厦门大学台湾研究院历史研究所所长、副教授。本文为教育部人文社会科学重点研究基地重大项目"台湾史与'台独史观'批判"(10JJDGJW020),国台办 2010 宣传品项目成果。

[1] 参阅陈小冲:《试论日本据台与闽粤移民之中挫——以清国人入境台湾条例为中心》,《台湾研究集刊》2009 年第 3 期。

[2] 参阅陈小冲:《日据初期台湾抗日运动与总督府的对岸经营》,《台湾研究集刊》1990年第 4 期。

[3] 参阅陈小冲:《七七事变与台湾人》,《台湾研究》1996 年第 2 期。

[4] 厦门市档案局、厦门市档案馆编:《近代台湾涉外档案史料》,厦门:厦门大学出版社1997 年版,第 164 页。

[5] 有学者将台湾光复团亦列入其中,称为六团体(参阅李云汉:《抗战期间台湾革命同盟会的组织与活动》,收入魏永竹主编:《抗战与台湾光复史料辑要》,台北:台湾省文献委员会 1995 年版,第 33 页注释 2)。不过我们看到的档案史料记载均为五团体,如中央组织部函,当事人谢南光的备忘录等(参阅福建省档案馆编:《台湾义勇队档案》,福州:海峡文艺出版社 2007 年版,第 245 页)。故仍应以五团体为宜。

[6] 《北京台湾青年会会章》,王晓波编:《台胞抗日文献选新编》,台北:海峡学术出版社1998 年版,第 271 页。

[7] 魏永竹主编:《抗战与台湾光复史料辑要》,台北:台湾省文献委员会 1995 年版,第 144 页。

[8] 《华北台湾人大会宣言》,王晓波编:《台胞抗日文献选新编》,台北:海峡学术出版社1998 年版,第 274—175 页。

[9] 《在华台胞反全岛有力者大会檄文》,同上,第 281 页。

[10] 魏永竹主编:《抗战与台湾光复史料辑要》,台北:台湾省文献委员会 1995 年版,第148—149 页。

[11]《台湾自治协会宣言》,王晓波编:《台胞抗日文献选新编》,台北:海峡学术出版社1998 年版,第 279—280 页。

[12]魏永竹主编:《抗战与台湾光复史料辑要》,台北:台湾省文献委员会 1995 年版,第150—151 页。

[13]《台韩同志会规约》,王晓波编:《台胞抗日文献选新编》,台北:海峡学术出版社 1998年版,第 285 页。

[14] 同上,第 287 页。

[15] 魏永竹主编:《抗战与台湾光复史料辑要》,台北:台湾省文献委员会 1995 年版,第155,157—158 页。

[16] 魏永竹主编:《抗战与台湾光复史料辑要》,台北:台湾省文献委员会 1995 年版,第

160—161 页。

[17] 同上，第 163 页。

[18] 同上，第 166 页。

[19] 同上，第 167 页。

[20] 李云汉：《国民革命与台湾光复的历史渊源》，台北：幼狮文化事业公司 1980 年版，第 88—91 页。

[21] 参阅吕芳上：《抗战时期在大陆的台湾抗日团体及其活动》，收入魏永竹主编：《抗战与台湾光复史料辑要》，台北：台湾省文献委员会 1995 年版，第 4 页。

[22] 同上，第 6 页。

[23] 同上，第 7 页。

[24] 同上，第 6 页。

[25] 王晓波编：《台胞抗日文献选新编》，台北：海峡学术出版社 1998 年版，第 298，299，304 页。

[26] 王晓波编：《台胞抗日文献选新编》，台北：海峡学术出版社 1998 年版，第 296—297 页。

[27] 恒作：《日寇对待汕厦台胞之今昔》，《台湾先锋》第九期（1941 年 8 月 5 日）。

[28] 李自修：《漫然写到台湾复省运动》，《台湾先锋》第十期（1942 年 12 月 25 日）。

[29] 王坪：《闽台之间》，《台湾先锋》第 6 期（1941 年 1 月 15 日）。

[30] 王晓波编：《台胞抗日文献选新编》，台北：海峡学术出版社 1998 年版，第 279 页。

[31] 同上，第 283—284 页。

[32] 王晓波编：《台胞抗日文献选新编》，台北：海峡学术出版社 1998 年版，第 298 页。

[33] 《台湾社会运动史》第三册共产主义运动，台北：创造出版社 1989 年版，第 370 页。

[34] 同上，第 360 页。

[35] 王晓波编：《台胞抗日文献选新编》，台北：海峡学术出版社 1998 年版，第 300 页。

[36] 同上，第 315 页。

[37] 同上，第 317 页。

[38] 王晓波编：《台胞抗日文献选新编》，台北：海峡学术出版社 1998 年版，第 302 页。

[39] 李友邦：《台湾要独立也要归返中国》，《台湾先锋》第一期（1940 年 4 月 15 日）。

[40] 汉人：《台湾革命史》，收入黄玉斋：《台湾抗日史论》，台北：海峡学术出版社 1999 年版，第 332 页。

[41] 《三民主义青年团中央团部台湾义勇队分团部团员大会宣言》，《台湾青年》第八期（1943 年 3 月 11 日），转引自魏永竹主编：《抗战与台湾光复史料辑要》，台北：台湾省文献委员会 1995 年版，第 243 页。

[42] 荆子馨：《成为日本人——殖民地台湾与认同政治》，台北：麦田出版社 2006 年版，第 113 页。

[43] 卢修一：《日据时期台湾共产党史》，台北：自立晚报出版社 1985 年版，序。

[44] 陈翠莲：《台湾人的抵抗与认同——1920～1950》，台北：远流出版公司 2008 年版，第 221 页。

光复初期台湾化肥工业的接收与重建（1945—1949）

程朝云

二战结束后，台湾重回祖国怀抱，台湾经济也经历了一次转型。日据时期，殖民政府将台湾纳入日本经济圈，并在台湾建立起由日本资本主导的垄断产业模式，在资金与技术方面均过度依赖日本。进入 1930 年代后，台湾作为南进基地，被纳入日本战时经济体系，殖民政府在台湾推行以军需工业为核心的工业化建设，着力利用海外原料建立重工业及国防工业[1]。光复后，台湾经济事业由国民政府资源委员会和台湾省行政长官公署负责接收。资委会是国民政府属下一个专门负责工业建设的机构，其前身是国防设计委员会[2]，抗战时期，积极在后方设立与发展国营工矿业；而台湾行政长官陈仪，也是国家社会主义的拥趸，日人遗留下来的台湾工矿企业，在接收后因此以国营、国省合营或省营的方式，陆续转为公营。其中规模较大的工矿企业，多由资委会接办，台湾经济纳入国民政府整体经济框架下[3]。在此过渡时期，台湾化肥工业也经历了一个接收与恢复重建的过程。在此过程中，台湾化肥工业面临什么样的问题，资委会和台湾省府的各自考量等，都是值得关注的问题。藉由对光复初期化肥工业接收与重建过程的探讨，不仅可以加深对该时期台湾经济发展情形的了解，由于二战后还是全球化肥工业的大发展时期[4]，化肥工业发展关系到农业生产，关系到粮食问题的解决，因此从化肥工业发展的角度，也有探讨的必要。

一、日据时期的化肥工业

世界化肥工业的历史，可以追溯到 19 世纪中叶，英、德、美等国开始生产磷肥、钾肥；19 世纪末、20 世纪初，又有氮肥工业的出现。在亚洲，日本于 19 世纪末开始生产磷肥过磷酸钙，到 20 世纪初，其化肥产品扩及副产硫酸铵、氰氨基化钙等氮肥。一战后，日本化肥企业自欧洲购买技术，已可采用最新的合成法制造硫酸铵，氮肥产量，大幅提升，到太平洋战争爆发前，最高年产量达 124 万公吨，大体上已可供应本国需求[5]。

台湾从 1901 年开始，自日本输入化学肥料，并免费配给蔗农施用，其后，化肥输入数量，逐年增加[6]。日据时期，台湾农业在殖民政府"农业台湾"的政策下，得到极大发展，化肥的大量施用是重要原因之一。1930 年代，台湾农作物化肥施用量每年都在 30 万吨以上[7]，台湾农民对化肥的施用，已非常接受。但当时台湾所施用的化肥，绝大部分都自日本进口。本地化肥企业在 1930 年代台湾工业化开始前，仅台湾肥料株式会社基隆工场一家。该厂 1920 年开始建设，次年完成，是一家磷肥生产企业，主要产品过磷酸钙。过磷酸钙在化学肥料中所占地位非常重要，而其制造方法，同硫酸铵和氰氨基化钙等氮肥生产相比，极为简单，工厂的设立也较为容易[8]，这或许是日人首先在台湾设立过磷酸钙工厂的原因。基隆工场战前生产的产品除过磷酸钙外，还包括硫酸和各种配合肥料，计每年可生产浓硫酸 800 公吨，过磷酸钙 16,000 公吨，各种配合肥料 20,000 公吨[9]。

自台湾基隆工场之后，台湾有十多年未有其他化肥工厂的设立，直到 1935 年 5 月，台湾电化株式会社在基隆设厂，生产氰氮化钙（氰氨基化钙的俗称）。氰氮化钙作为氮肥的一种，在施用时较之硫酸铵，无论施肥时间、场所、方法上，都必须加以注意，且属迟效性，一般农家并不十分欢迎，日本本土生产额一直不太高，战前最高产量为1937年的32万公吨[10]。当时日本本土已有较多用最新的合成法生产硫酸铵的厂家，硫酸铵产量在1932—1936年间，平均年产量为58万余公吨，1937—1941年间，平均年产量更达100万公吨以上[11]。而且氰氮化钙的制造成本较硫酸铵为高，生产所需的煤焦，台湾蕴藏也不富，但日人仍在台湾设立氰氮化钙生产企业，应是考虑到生产氰氮化钙的设备费用较低，建厂所需时间较短[12]，也就是前期投入不会过多。同时，氰氮化钙生产企业不仅可以制造氮肥，还可生产铁合金、电石、电极等产品，这与殖民政府着力发展军需工业的意图也相吻合。

台湾电化基隆工场位于基隆市外木山，占地165,290平方公尺，于1937年7月建成投产。其重要设备，包括6,000启罗瓦特弧热电炉2座，每座日产电石40公吨；液化空气机1座，每小时可产氮气1,000立方公尺，氧气250立方公尺；氰氮化钙炉12座，每座日产氰氮化钙3.5公吨；石灰窑1座，每日可产石灰70公吨；另外在苏澳设有办事处一所，办理石灰石矿的开采事宜，该处有柴油动力钻石机1部，每日可开采石灰石100公吨。战前该厂以一座电炉制造矽铁，另一座制造电石，再以之制造氰氮化钙，最大年产可达15,800公吨[13]。光复后受中央银行和资委会委托、来台考察工矿企业的美国人S. Trone博士，曾评价该厂就生产与交通来说，是选在了错误的地点，其所在地形使各生产单位之间很难形成有机的联系，生产成本因此大为提高，在修复后缺少进一步扩产的价值[14]。

1937年5月，台湾电化在台北县罗东镇创建罗东分厂，该厂占地面积668平方公尺，战前产品包括电石、锰铁和矽铁，电石的最大年产量为3,000公吨。该厂重要设备，包括2座石灰窑，平均每座可日制石灰6公吨；1,200启罗瓦特弧热电炉2座，每座每日可产电石8公吨；1,500KVA变压器2只；压碎机2座；及制造电极的机件1套。

1939年8月，台湾肥料株式会社在高雄再建一家工厂，仍以过磷酸钙为主产品。该厂占地总面积为74,082.62平方公尺，战前磷肥的日产量为60公吨。其重要设备，包括硫铁矿炉1座，硫酸矿石混合机2座，溶解桶一只，浓酸器2座，硫酸塔6座，除尘器1座，捧磨机1台，鼓风机4台，电器吸尘器1座，及150KVA变压器3只，30KVA变压器2只。战时一直维持生产，直到1944年遭轰炸后被迫停产。

战时日人在台湾还计划兴建两家氮肥生产企业。台湾有机合成株式会社设在新竹，占地面积约363,638平方公尺，该厂就交通来说选址非常合理，而且布局精心，厂房也设计、建造得很好[15]。该厂原计划生产电石，以电石制造乙炔，再以乙炔进而合成各种有机化合物，只是到光复前都未建设完成。一些重要设备在从日本运台途中沉没，已经配备的仅有1套制造电极的设备；石灰窑10座，每座每日可制石灰10公吨；弧热电炉2座，每座每日可制电石40公吨。厂房中电石制造部分，大体还算完备，而有机合成部分，无论厂房和各项机件，均付阙如[16]，有人因而认为该厂基本上就是一具空骨架[17]。台湾窒素株式会社则因战事影响，未照原计划建筑完成。

截至光复前夕，台湾共有化肥企业四家：台湾肥料株式会社、台湾电化株式会社、台湾有机合成株式会社和台湾窒素株式会社。台湾肥料株式会社有基隆、高雄两肥料工场，而台湾电化也拥有两家工场，分别为基隆总厂和罗东分厂。由于台湾有机合成和台湾窒素一直没有完成建厂，日据时期真正生产化肥的企业仅前两家，其主要化肥产品分别为过磷酸钙（磷肥）和氰氮化钙（氮肥），光复以前最高年产量为1939年的33,858公吨，较之同时期台湾化肥的施用量，仍仅及十分之一。

表一　日据时期台湾历年化肥产量

单位：公吨

年次	氰氮化钙	过磷酸钙	合计
1935	——	17,421	17,421
1936	2,675	22,522	25,197
1937	6,126	24,771	30,897
1938	7,206	20,014	27,220
1939	11,538	22,320	33,858
1940	11,420	21,785	33,205
1941	12,647	17,482	30,129
1942	10,163	18,077	28,240
1943	6,017	25,449	31,466
1944	54	——	54
1945		400	400

（资料来源："台湾地区历年化学肥料生产数量表"，台湾省政府研究发展考核委员会编印：《本省化学肥料供应情形之检讨与改进》，1975 年版，第 54 页。）

二战后期，受美军战机轰炸，台湾仅有的一点肥料工业损毁严重。拥有生产能力的两家化肥企业，在战争中均不同程度受损。台湾肥料下属高雄工场 1944 年遭受轰炸而被迫停工，轰炸中厂房被毁 80%，机器损毁 40%。基隆工场在 1945 年 6 月遭到轰炸，厂房损失过半，重要设备也受损严重，制造过磷酸钙的设备几乎完全损毁。台湾电化基隆总厂在轰炸中库房、厂房均损毁严重，设备方面也不同程度受损；罗东分厂则侥幸未遭损毁[18]。台湾化肥生产能力严重受损，到光复前夕，生产已经陷于停顿。

日据时期台湾肥料工业，正如光复后资委会台湾工矿事业考察团成员潘履洁所说，存在设备落后、效率低微的问题[19]。同日本本土发达的化肥工业相比，殖民政府对台湾化肥工业发展显然不够积极。美国人 S. Trone 博士甚而认为，出于殖民政策考虑，日本并不打算在台湾建立化肥工业，而是让台湾依赖日本产化肥的进口，从而廉价换取台湾的农产品，台湾少量的化肥生产可能不过是为了消耗廉价的水电[20]。尽管日据时期台湾化肥工业仅处于起步阶段，不可与欧美日等发达资本主义国家的化肥工业同日而语。但是，化肥工业需要技术、资金，以及相关的化学、电力等工业的支持，在二战结束前，全球化肥生产主要限于欧美日等发达资本主义国家，中国大陆在 1949 年以前，仅有两个小规模的氮肥厂和两个副产硫酸铵的车间，产品只有硫酸铵一种，1949 年的氮肥产量（N）约为 6000 吨[21]。检视资委会抗战时期在大陆举办的工矿事业，也几乎看不到化肥工业的身影。因此，与同时期的大陆相比，台湾化肥工业这一点基础也算难能可贵，而这也成为光复后资委会决定接办化肥工业的重要原因。

二、光复初期化肥工业的接收与台肥公司成立

光复后，新成立的台湾行政长官公署代表国民政府接收台湾，同时，根据 1945 年 10 月

行政院颁布的《收复区敌伪产业处理办法》，凡与资委会经营的事业性质相同的工矿事业，经敌伪产业处理局审议，呈行政院核定后，得由资源委员会接办，所以包括化肥工业在内的台湾工矿企业，主要由资委会负责接收。1945年9月，国民政府经济部与战时生产局即成立了台湾区特派员办公处，由资委会工业处处长包可永出任该处特派员。1945年10月，行政院成立收复区全国性事业接收委员会，时任经济部长兼资委会主任的翁文灏主持该会工作，台湾区特派员办公处即转隶该会[22]。包可永在任台湾区特派员的同时，亦出任台湾行政长官公署工矿处处长，中央与地方的双重身份，使其利于开展接收工作，而台湾工矿企业的接收则主要在其特派员职责内。包可永将台湾工矿业划分为五组，即糖、电、石油、重工业和轻工业，分别由沈镇南、刘晋钰、沈觐泰（后改为金开英）、汤元吉、谢惠负责主持；重工业组又分为铝、金铜、煤、水泥、肥料、机械，其中肥料部分由汤元吉负责。对于接收工作的大方针，为了尽可能不使经营及生产中断，包可永决定采取先监理再接管的办法，在监理阶段，各企业仍由原来的主持人（日人）负责经营，一切照常，但资委会派去的监理人，可以对该负责人下达命令[23]。台湾肥料企业各工厂自1945年11月起，即先后由台湾区特派员办公处所设的肥料监理委员会派员监督。监理阶段自1945年11月至1946年2月，1946年3月，转而进入接管阶段，肥料监理委员会也改为接管委员会。

台湾工矿事业接收工作以监理阶段作为过渡，一方面与当时资委会派往台湾的人员严重不足有关，在1945年内，接收工矿业的专门委员不到30人，专员也不过数十人，而当时台湾工矿企业，却有800余家[24]；另一方面，当时资委会对台湾工矿企业的了解尚属有限。1945年12月，资委会派遣一个考察团前往台湾，在台湾进行为时一个月的工矿企业考察工作。考察结束后，考察团提供了一份台湾工矿企业考察报告，向资委会提出工矿企业接管与组织的意见。根据该报告，台湾工矿业发展的重要性依次为：糖业和电业，是将来工矿业发展的核心；与糖业有关的副产品化学工业及辅助工业，以及由电业推及的电化电冶工业次之；"如有余力，再发展其他工业"。同时该报告书还建议："发展台湾工业，宜以适应当地天然资源及原料供给条件为原则，不必应有尽有，尽量建设。一方面纠正重工业过度发展，致与轻工业失却平衡之错误，一方面不必使台湾自给自足，树立经济割据之条件。"[25]依照考察团提供的意见，化肥工业作为重化工业的一支，其重要性较糖业、电业等为低。考察团在商定接管方案时，就曾对是否接管酸碱与肥料工业存在争议。重点考察食盐电解与肥料工业的潘履洁以设备陈旧为由，认为不必接管；而季树农等人赞同主管肥料接收工作的汤元吉的意见，认为肥料工业不仅关系到农业，而且关系到糖业，所以必须接管[26]。考察团最终提交的报告，采纳了后一种观点，认为包括肥料在内的化学工业虽然设备陈旧，但与大陆比较，仍属先进，且规模也都超过大陆化工厂；同时台湾电化工业已有相当基础，如果不继续维持，不免功亏一篑，因此主张对肥料工业在内的化学工业仍应接办[27]。

然而，考察团对台湾肥料工业的重要性显然认识不足，其同意接办化肥工业，糖业对化肥的紧迫需求有很大的影响。而且，尽管原则上主张台湾化学工业应该接办，但对汤元吉提出的有关肥料工业整理的意见（参见表二），考察团曾有不同看法，提出应将氮肥工厂（台湾电化和台湾有机合成二家）停顿，并将现有生产氮肥的电炉，用于制造铁合金。其理由一方面因为台湾农民并不习惯施用氮肥，而台湾制造氮肥的现有设备又规模太小，即使复工，产量相对台湾的肥料需求量，太过微不足道；另一方面，则显然认为铁合金的生产在"轻重缓急"方面，优先于氮肥生产[28]。这段意见最后虽被删去，但足可看出考察团对台湾化肥工业的一种认知。

考察团的态度与台湾行政长官公署对肥料工业的重视，形成鲜明对比。潘履洁在台考察肥料工业期间，即得知"台湾省署鉴于该省需要肥料之急，已拨款台币一千六百万元，由夏之骅等设计恢复"[29]，台湾行政长官公署的施政报告也显示，肥料企业尚处于监理阶段时，即已筹划修复，并于 1946 年 2 月间，拨给台湾肥料株式会社基隆工场修复费台币 1，218 万元[30]。台湾省署对化肥工业如此重视，源于当时台湾正面临严重的化肥短缺，以及由此造成的粮食产量下降、食粮短缺等一系列问题。日据时期台湾农业生产已形成对化肥的依赖，最重要的两项农产品稻米和甘蔗的产量，均与化肥施用量息息相关，1920 年代中期开始不断扩大种植面积的蓬莱米，如果没有化肥的配合，其产量将不如在来米[31]。1938 年是光复前台湾各种肥料消费量最高的年份，同时也是日据时期台湾稻米单位面积产量最高的一年[32]。日据后期，由于生产与运输的原因，肥料进口量已逐年下降，消费量也随之减少，1945 年贩卖肥料消费量仅 2.6 万吨，不及 1938 年贩卖肥料消费量（64.9 万吨）的零头[33]，1945 年台湾农作物产量大幅下降，肥料短缺即是很重要的原因。光复后，台湾省行政长官公署农林处曾先后向英、美、加拿大、日本及国内各省接洽肥料输入事宜。1946 年，联合国善后救济总署优先分配给台湾 12,000 吨硫酸铔，台湾省行政长官公署又派专家前往美国、加拿大采购，并自美国洽购化肥 20 万吨[34]。但一方面二战结束不久，化肥短缺是全球现象，化肥进口非常不易；另一方面，进口化肥价格不菲，48，000 吨氰化胺（cyanamide），其价值即在 450 万至 500 万美元之间[35]，在外汇不足的情况下，台湾省署难堪此项重负，所以在订购 20 万吨肥料后，行政长官陈仪即为购买下一单化肥之费用何从出而发愁[36]。鉴于台湾对化肥的迫切需求，行政长官公署在化肥工业的接收与恢复问题上，自然更为积极。而考察团，乃至资委会，显然不是聚焦于台湾一地来考虑化肥工业的发展问题。两者的分歧，在是否在台增设硫酸铔厂的问题上，表现尤为突出。

表二　光复初期台湾肥料工业各厂现状及整理办法

事业名称	资本额（日元）	现状		整理办法	
		主要设备损坏程度	生产情形	汤元吉意见	潘履洁意见
台湾肥料株式会社高雄厂基隆厂	200 万	厂房全毁，盐酸设备毁 30%，肥料制造设备毁 60%。	停顿	补充设备，全部修复	损坏太重，修复费用浩大，不如另建新厂
台湾电化株式会社高雄厂基隆厂	200 万	厂房损失 20%，机械设备微损，其余均完整。	已部分开工，月产电石 1，100 吨。	补充设备，全部恢复	设备太旧，不值得接办。
台湾有机合成株式会社	600 万	厂房毁 20%，重要器材自日运台途中炸沉	建厂尚未完成	补充设备，完成建厂	
台湾窒素株式会社	100 万	——	因受战事影响，未照原计划建筑完成	已有设备拆迁他厂，该厂拟不予完成	

（资料来源：〈各厂现状及整理办法〉，陈云林主编：《馆藏民国台湾档案汇编》第 79 卷，第 138 页。）

　　如前节所述，以合成法制造硫酸铔（学名硫酸铵），代表了更新的氮肥生产技术，而且"若用电解水法取铔气，则可省去煤焦之消耗。此法在普通情况下成本较高，但在水电过剩之台湾未必不经济"[37]。所以行政长官公署曾计划增设硫酸铔厂，并以年产 15 万吨为目标[38]。汤元吉在提出表二中有关各肥料企业整理意见的同时，也曾向资委会建议在台湾增设硫酸铔厂。但考察团认为，虽然大陆和台湾都迫切需要肥料，硫酸铔厂的增设，"自属急不容缓，殆无异疑"，但对设厂的地址，则主张放在大陆，而不是台湾，其理由在于：一，台湾本地硫磺产量很少，无法满足较大规模的硫酸钾厂的需求，如果在台湾设厂，原料必须从大陆运去，不如由大陆运去成品；二、台湾设厂，有廉价电力的优势，但大陆的四川龙溪河等地也有同样的优势；三、"国内经济允宜平衡发展，不必拘泥于某一地之自给自足，以免形成将来经济割据之可能局面。"[39]在肥料工业的布局设计问题上，考察团的报告再次显示出要将台湾经济纳入中国整体经济体系的意图。

在考察团提出报告后不久，资委会经反复商议，制定了接管台湾工矿企业的具体方案，决定资委会共接管包括电力、金铜矿、石油、炼铝、机械及造船、酸碱、肥料、水泥和糖业在内的十个工业部门[40]。1946年3月28日，钱昌照带着这一方案赴台，与台湾行政长官陈仪当面洽商。当考察团首次在台北与陈仪洽谈时，陈仪原说台湾所有企业尽先由资委会挑选接办，不要的留给省方处理[41]。但当真正面对资委会的接管方案时，陈仪并不认同。因上述企业若全归资委会接管，台湾省府的经济利益将大受影响[42]。资委会鉴于有些企业有少许民股，有些企业涉及土地、交通、资金等与省方息息相关的复杂问题，为了取得省方协调一致，资委会做出让步[43]。1946年4月5日，钱昌照召开会议，宣布将台湾各工矿企业分为国营、国省合营及省营三大类[44]。次日，资委会与台湾省行政长官公署签订合作大纲，规定除石油、炼铝、金铜三项由资委会独办外，糖业、电力、制碱、纸业、肥料、水泥、机械造船各项，由会省双方合作经营[45]。

1946年5月1日，资委会接办的十项事业，均改组成立公司。台湾肥料有限公司（以下简称台肥公司或台肥。初成立时全称为"台湾肥料制造有限公司"，1947年1月台肥第一次董监事联席会议上，按汤元吉提议，删去"制造"二字。）于焉成立。除原台湾窒素公司外，日据时期三家化肥企业所属五家工厂，均置于台肥公司之下，成为其下辖五厂：第一厂即为原台湾电化株式会社基隆总厂；原电化株式会社之罗东分厂，计划作为第四厂，暂时仍列第一厂之下，为第一厂罗东分厂；原台湾肥料株式会社的基隆、高雄二工场，分别成为第二厂、第三厂；台湾有机合成株式会社新竹厂则成为台肥公司第五厂。另于上海设办事处，负责采购器材和业务联络。根据《合办台湾省工矿事业合作大纲》的规定，台肥公司股权按会六省四的原则划分，台肥公司原定资本总额为台币40,004,000万元，由资委会出资六成，台湾省行政长官公署出资四成，除原接收各会社的资产作价6,000万元外，其余由会省双方按比例摊拨，接收前各会社的台湾人股份，则包括在台湾省的四成之内[46]。经营管理方面，按照公司章程，公司设董事会于南京，由7人组成，其中会方指派4人，并以其中一人为董事长，当时分别为洪中、吴兆洪、孙拯、汤元吉，洪中为董事长；省方指派3人，分别为丘念台、严家淦、赵连芳。另设监察人2人，会、省双方各派一人，当时分别为蔡同玙、任显群[47]。又于台北设公司本部，作为管理各厂的总机构，对于各厂业务统筹，资金运用与调拨，以及大宗原料、材料的采购等事宜，都集中由公司办理[48]。经董事会任命汤元吉为公司总经理，其下设协理三人，分别由李国柱、夏之骅、蔡常义担任，其主要经营管理人员均为会方背景。

三、台肥各厂的修复与重建

由于台湾肥料企业除台湾电化罗东分厂外，战时都不同程度受损，加上交通、原料等问题，各厂在光复前陆续停产。行政长官公署和资委会接收上述企业后，就将修复各厂在轰炸中受损的厂房、设备，使战前具有生产能力的四家工厂先后复工生产，作为化肥工业恢复重建的第一步。

在资委会正式决定接办台湾化肥工业前，台湾行政长官公署已开始筹划修复肥料工厂，以便恢复化肥生产。1945年12月底，行政长官公署划拨台币250万元，用以修复台湾电化株式会社基隆工场（第一厂），使该厂于次年3月首先恢复电石生产。1946年2月，又划拨台币1218万元，用于台湾肥料株式会社基隆工场（第二厂）厂房设备的修复；该会社高雄工场（第三厂）损坏相对较轻，行政长官公署也于2月间拨给修复费台币688.4万元，用于修复各项工事[49]。

台肥公司成立后，对下属各厂，分派专门人员，负责主持规划工作，继续修复、复工等事宜。第一厂自1946年3月电石部分恢复生产后，6月底，液化空气机也修理完竣，从7月开始恢复氰氮化钙的生产。第二厂制造硫酸的设备损毁较轻，稍作修理后，即于1946年8月间开始制造硫酸；其制造过磷酸钙的设备，损毁严重，至10月份修理完成，重新开始生产，平均月产过磷酸钙670公吨。第三厂亦自1946年2月开始修复工作，同年11月，大致修理完成，重新生产过磷酸钙，平均月产磷肥1500公吨。第四厂（第一厂罗东分厂）战争中未遭轰炸，接收后于1946年1月开始恢复生产，平均月产电石90公吨[50]。至于第五厂，因战前尚未建设完成，各项设备均未配备，自1946年6月1日台肥公司正式接收后，仅利用原有的300K.V.A变压器，添修小电石炉和制造电极的设备，以及石灰窑10座，进行小规模地试验生产[51]。

截至1946年底，台肥各厂的修复与重建计划第一步完成。这段时间完成的修复工程，主要是厂房与设备修复，生产能力方面，则"修复"有限，更多是求其重新开工生产而已。以台肥第二厂为例，该厂共有三个生产车间：硫酸工场、磷肥工场和配合肥料工场，硫酸工场在1945年6月19日遭到轰炸以后，房屋设备毁损约90%，机电设备毁损约40%，接收后自1946年3月至8月完成修复，但生产能力，至1946年底，仅大约恢复到战前正常水平的三成；磷肥工场在轰炸中，房屋完全损毁，机电设备损毁约60%，1946年5月到10月完成修复工作，而生产能力，年底前仅恢复到战前正常水平的五成；配合肥料工厂在轰炸中房屋完全损毁，机电设备损毁约75%，自1946年6月至12月厂房与设备修复完成，但直至年底仍未恢复生产[52]。台肥各厂生产能力的恢复，一方面受制于生产设备尚未完全修复，因某些设备的修复需要补充零件、材料，而这些往往需要自美国或日本进口，在岛内或大陆均难以获得，如磷肥厂修复所需的耐酸器材，就不得不向善后救济分署请求由美国供给[53]，截至1946年底，台肥第二厂的肥料工场还有一部分机械在继续装置改善中，硫酸工场的古老华塔（GLOVERTOWER），也尚未彻底修理，以致该厂的产量未能达到预期[54]。另一方面，则受制于原料的供给，日据时期，台湾磷肥企业所需磷矿石来自印尼和圣诞岛，二战末期，因运输等原因，来源断绝，接收后，不得不一方面向越南采购，另一方面拟采购江苏海州的磷矿石代替。氮肥厂所需的原料，虽然岛内可以供应，但光复初期，铁道运输拥挤不堪，原料供应因此时断时停，氰氮化钙的生产也因此受到影响[55]。

完成第一步的复工生产后，台肥公司各工厂制定了相应的扩产计划，以恢复产能，提高化肥产量。1947年1月台肥公司第一次董监联席会议确定各厂1947年度扩产计划如下：

第一厂，拟将原有设备予以改进，需要添置液化空气机设备2套，氮化炉120只，共需美金230万元，和台币4000万元。预计到1948年度完成，可以月产氰氮化钙3000吨，年产36000吨；

第二厂，原拟添置50吨接触法硫酸设备1套，以提高硫酸产量，供给第二、三两厂，使第二、第三厂的磷肥产量，分部增加到年产3万吨和4万吨。但因为经费无着，该项扩充计划，1947年度很难实现，只能就原有机器设备，加以修整，并添建仓库及员工住宅宿舍等，约需台币 1000 万元；

第三厂，1947 年度拟添建码头，员工住宅宿舍，加上修整机器设备，共需台币 2000 万元。

第四厂，修理机械及添建少量房屋，约需台币 800 万元。

第五厂，在公司创设之初，曾计划购置电炉、变压器、液化空气设备、氧化炉等，以及其他附属设备，配合原有机械，改制氰氮化钙。但因外汇无着，该项扩充计划难以实现，1947 年度仍拟试验生产电极电石，需要添建房舍及修理机械等费用，约台币 2200 万元。

除上述五厂的扩充计划外，台肥公司还计划以联总援助的美金 450 万元内之 220 万元，在高雄创设一家新厂，专门制造过磷酸钙。为推动该计划的实现，台肥公司还打算派协理李国柱前往美国，从事接洽联络[56]。

按上述扩产计划，台肥各厂 1947 年度原拟生产氰氮化钙 11,000 公吨，过磷酸钙 38,500 公吨[57]，而实际产量为第一厂生产氰氮化钙 8,003 公吨，第二、第三两厂分别生产过磷酸钙 4,286 公吨和 4,919 公吨[58]，合计 9,205 公吨，与预计产量均有差距，尤以磷肥产量，相差很大。其间原因，除了台肥公司在制订计划方面缺乏经验，所定计划过高外[59]，一是设备方面的改进、添加未能按计划进行，二是磷肥厂家的原料发生问题。该年不仅磷砂来源不畅，来自海州的磷矿品质过低，更是导致磷肥生产远未达预计目标的主要原因。日据时期台湾所用磷矿主要来自印尼和圣诞岛，光复后，因这部分的来源断绝，台肥公司转而向江苏海州采购磷矿，资委会还专门成立锦屏磷矿公司，负责开采，以资供应。但与印尼矿相比，海州矿品质较低，如就含磷（P_2O_5）量来说，印尼矿为 40%，海州矿仅为 20%；碳酸钙含量，印尼矿为 6%，海州矿仅 2%；海州矿中铝铁含量较印尼矿高，则进一步降低了海州矿的品质。由于光复后磷肥厂家储存的印尼矿逐渐用完，随着海州矿使用量的增加，以第三厂为例，其生产的过磷酸钙中所含纯磷的比例由开始的 18%，不断递减为 16%、14%、12% 和 8%。为提高产品品质，台肥公司不得不添加昂贵的骨粉[60]。从 1948 年起，台肥公司一方面督促锦屏磷矿公司提高品质，另一方面向越南设法搜购品质较高的磷砂，同时又由资委会洽商经济部，将西沙群岛的磷矿先行划作国家保留区，以便将来开采利用[61]，从而多方努力解决原料问题。

设备方面，从 1947 年开始，台肥公司得到联总的援助。该年联总拨交台肥公司一批价值 40 万美金的器材，其中大部分是制造氰氮化钙的设备。台肥公司将之装设于第一厂，配合该厂另一座弧热电炉，于 1948 年开始建造新的氰氮化钙生产车间。第二厂也得到联总拨来的铅板，用以换修腐蚀不堪使用的硫酸铅室。而第五厂也于 1948 年自美国购得 8,000KVA 变压器 3 座，以装备大电炉，用于将来生产氰氮化钙。其他两厂则限于财力，只能从事零星修配，暂维原有生产能力[62]。第一、第二两厂的设备更新、扩充计划陆续于 1949 年完成，并开始运转。在此基础上，该年台肥公司继续扩充各厂，第一厂为配合新的氮肥制造设备，增建仓库，添置煤矿开采设备，扩充炼焦设备，改善与兴建运输道路；第二厂在换修铅室后，硫酸产量有所增加，但磷肥产量提高不明显，所以于 1949 年开始，除将原有设备继续整修、维持生产外，并拟增建日产 50 公吨的接触式硫酸设备一套，为配合该计划，还需增建厂房，扩充供电设备，制酸设备的安装工作，预计 1950 年上半年能全部完成；第五厂则致力于补充拟生产氰氮化钙的大电炉所缺的零件，并添建采矿、炼焦、液化以及其他什项设备等，主要厂房及仓库预计当年内建造完成，机件安装工作，则计划于 1950 年上半年内全部完成，从 1950 年下半年起制造氰氮化钙[63]。

上述一系列修复与扩产计划使台湾化肥产量逐年提高，1948 年超过了日据时期最高水平。更多扩产计划的效果要在多年后才能显现出来，如第一和第五厂的氮肥生产，就曾被预计在1951—1952年左右达到66,000公吨，计第一厂产能提高到30,000公吨，第五厂产能为36,000公吨[64]，而实际情形也大致如此。（参见表三）

表三　光复初期历年化学肥料产量

单位：公吨

年份	硫酸铔	氰氮化钙	过磷酸钙	熔磷	合计
1946	——	3,204	1,639		4,483
1947	——	8,003	9,205		17,208
1948	——	10,030	28,299		38,329
1949	——	14,010	31,830		45,840
1950	——	20,885	37,790		58,675
1951	4,952	47,582	54,151	3,697	110,382
1952	5,732	68,070	62,065	12,664	148,531

（资料来源："台湾地区历年化学肥料生产数量表"，台湾省政府研究发展考核委员会编印：《本省化学肥料供应情形之检讨与改进》，1975年版，第54—55页。）

从上述台肥各厂的恢复与扩产计划的制订和实行情况来看，光复初期台湾化肥工业的恢复与重建工作着实不易，原料来源不足、品质不高，设备进口不易是最显著的问题，在其背后还有资金与技术等问题。作为台肥公司大股东的资委会，曾针对台湾化肥工业存在的原料、设备等问题，多方设法协调，并在人才、技术方面，为台湾化肥工业的恢复重建提供帮助。在日人遣返后，台湾化肥企业如其他工矿业一样，中高级管理与技术人才缺乏，资委会一方面安排延揽大陆人士来台工作，另一方面培养台湾籍工程技术人员。在技术改进方面，资委会曾多次邀请外籍专家来台考察，并提供相关意见，1947年，资委会根据美国人Stover意见，建议台肥公司利用花莲港所产蛇纹石，试制含镁磷肥，即电熔磷肥项目[65]。资金方面，光复初期台湾化肥工业所需资金主要来自省内，台湾省政当局鉴于省内对化肥的需求，一直将化肥工业置于重要位置，在资金方面，尽量给予支持，从1946、1947年度台肥公司创业经费的划拨来看，台湾省方每年度均足额划拨。资委会相对来说，则未能给予资金方面的有效支持，对其应承担的六成部分，1946年应拨台币3,000万元，分1946、1947两年划拨到账，1947年应拨的6000万元，则在该年决算时仍未拨付，不得不由台肥公司向台湾银行透借，拨交各厂应用[66]。在产品销售方面，光复初期台肥公司生产的化肥，主要由台糖公司配售蔗农施用，少量销售粮食局或农会、合作社，配售农民施用，肥料企业基本不必为市场发愁，相对减轻了肥料企业的压力[67]。相比较而言，省方对化肥工业的发展更为积极，支持力度也更大，但化肥工业发展是一项需要大量资金投入，以及设备和技术等条件支持的产业，仅凭台湾省内的条件是不够的。资委会因主观上局限于顾及全国产业均衡发展，客观上受内战环境下的经济发展乱局影响，对台湾化肥工业发展无法提供足够的资金与外汇支持。种种条件的限制，使光复初期台湾化肥工业总体上以恢复产能为主，扩产计划进行有限。特别是接收之初即提出来的硫酸铔厂设立计划，在光复初期一直未能付诸实施，直到获得美援资金的优先支持后，省营高雄硫酸铔有限公司才于 1950 年设立[68]。台湾化肥工业也在获得美援支持后，在 1950 年代进入快速发展期，1960 年，台湾化肥产量不仅实现了自给自足，并有余额外销日本[69]。

结语

台湾化肥工业从日据时期开始萌芽，受殖民政策的影响，当时的化肥工业基础还很薄弱，日据末期又因美机轰炸受损严重。光复以后，国民政府资源委员会和台湾行政长官公署对化肥工业进行了接收，并将日据时期的化肥企业合并为会省合营的台湾肥料有限公司，在此基础上着手进行一系列的恢复与重建工作。在接收与恢复化肥工业的过程中，台湾省方鉴于本地农业生产对化肥的迫切需求，对化肥工业发展态度积极，并从资金方面尽量予以支持；资委会作为台肥公司最大股东，受限于全国整体工业布局的考量，以及客观方面国民政府财政经济的困窘，对台湾肥料工业发展的重要性认识相对不足，并在资金方面缺乏足够的支持，更多从技术、人才以及设备和原料的采购等方面，对台湾肥料工业提供支持。化肥工业是一项需要大量资金投入的产业，所需设备均须进口，更使其依赖外汇的调配，同时原料、设备问题的解决，还受限于交通运输等外部环境。这些问题当时的台湾省方和资委会均无力根本解决，因此光复初期的台湾化肥工业发展极为不易，其工作集中于厂房、设备的修复，以及产能的恢复，大规模的扩产工作，难有余力进行。要到 1950 年代获得美援支持后，台湾化肥工业才真正进入事业发展期。但光复初期在台湾化肥工业发展史上仍然是一个关键的过渡时期，该时期的接收与恢复重建工作，使台湾化肥工业得以延续，并为 1950、1960 年代台湾化肥工业大发展奠定基础，进而对战后台湾农业生产的迅猛发展，做出重要贡献。

（作者单位：中国社会科学院近代史研究所台湾史研究室）

注释：

[1] 吴若予：《战后台湾公营事业之政经分析》，台北：业强出版社，1992 年版，第 31—32 页；张宗汉：《光复前台湾之工业化》，台北：联经出版事业公司，1980 年版，第 250 页。

[2] 薛毅：《国民政府资源委员会研究》，北京：社科文献出版社，2005 年版，第 1 页。

[3] 关于国民政府收回台湾后台湾工矿业的状况，目前研究多集中于资委会的接收工作，并对此多给予肯定评价，如薛毅《资源委员会接管台湾工矿企业略论》（《史学月刊》2004 年第 10 期）、白纯《资源委员会与光复初期的台湾经济》（《台湾研究》2002 年第 3 期）、程玉凤《资源委员会对台湾糖业的接收与重建（1945—1949）》（《国史馆馆刊》复刊第 24 期，1998 年），另郑友揆等著《旧中国的资源委员会——史实与评价》（上海社会科学出版社，1991 年版），以及薛毅著《国民政府资源委员会研究》（北京：社科文献出版社，2005 年版），也都有专门的章节介绍资委会接收台湾工矿企业的经过。也有学者强调接收过程中代表中央的资委会与台湾省行政长官公署的矛盾冲突，如陈翠莲《"大中国"与"小台湾"的经济矛盾——以资源委员会与台湾省行政长官公署的资源争夺为例》（载张炎宪、陈美蓉、杨雅惠编：《二二八事件研究论文集》，台北：吴三连基金会，1998 年版，第 51—77 页）。洪绍洋有关这一时期台湾造船公司的研究，则通过个案，探讨光复初期台湾造船公司所面临的人才、资金以及其他经营

管理方面的具体问题，对于有些台湾学者批评资委会大量任用大陆人士、不用台籍人士的观点，从实证角度有所辩护，参见洪绍洋《战后初期台湾造船公司的接收与经营（1945—1950）》（《台湾史研究》第 14 卷第 3 期，2007 年）。

[4] 中国农业科学院土壤肥料研究所：《中国化肥区划》，北京：中国农业科技出版社，1986 年版，第 1 页。

[5] 中村健次郎、斋藤辰雄著，于景让等译：《日本肥料工业》，台湾肥料有限公司丛刊第19 种，1952 年版，第 9 页。

[6] 台湾省政府研究发展考核委员会编印：《本省化学肥料供应情形之检讨与改进》，1975年，第 1 页。

[7] 〈台湾肥料有限公司暨所属各厂概况（1948 年 8 月）〉，陈云林主编：《馆藏民国台湾档案汇编》，第 269 卷，北京：九州出版社，2007 年，第 83 页。

[8] 中村健次郎、斋藤辰雄著，于景让等译：《日本肥料工业》，第 12 页。

[9] 台湾肥料制造股份有限公司编印：〈台湾肥料工业概况〉（1946 年 9 月），陈云林主编：《馆藏民国台湾档案汇编》，第 132 卷，第 127 页。

[10] 中村健次郎、斋藤辰雄著，于景让等译：《日本肥料工业》，第 10 页。

[11] 同上，第 9 页。

[12] 潘履洁：〈台湾酸碱肥料工业视察报告〉，陈云林主编：《馆藏民国台湾档案汇编》第79 卷，第 189 页。

[13] 〈台湾肥料工业概况〉，《馆藏民国台湾档案汇编》，第 132 卷，第 127 页。

[14] 'The Taiwan Fertilizer Company', from S. Trone to Dr. Wong Wen Hao, Chairman of National Resources Commission, January 6th, 1948。美国国务院机密档案 Formosa：Internal Affairs, 1945–1949，中国社会科学院近代史所图书馆馆藏，缩微胶卷 D–39，第一卷。

[15] 同上。

[16] 台湾肥料制造股份有限公司编印：〈台湾肥料工业概况〉（1946 年 9 月），陈云林主编：《馆藏民国台湾档案汇编》，第 132 卷，第 127—129 页。

[17] 'The Taiwan Fertilizer Company', from S. Trone to Dr. Wong Wen Hao, 中国社会科学院近代史所图书馆馆藏缩微胶卷 D–39，第一卷。

[18] 同上。

[19] 潘履洁：〈台湾酸碱肥料工业视察报告〉，《馆藏民国台湾档案汇编》第 79 卷，第189—190 页。

[20] 'The Taiwan Fertilizer Company', from S. Trone to Dr. Wong Wen Hao, 中国社会科学院近代史所图书馆馆藏缩微胶卷 D–39，第一卷。

[21] 中国农业科学院土壤肥料研究所：《中国化肥区划》，第 2 页。

[22] 薛毅：《国民政府资源委员会研究》，第 352 页、371 页。

[23] 严演存：《接收台湾工矿事业回忆》，载（台湾）《传记文学》第 51 卷第 2 期，1987 年 8 月。

[24] 同上。

[25] 资源委员会经济研究室编拟：〈台湾工矿事业考察总报告〉（1946 年 2 月 1 日），《馆藏民国台湾档案汇编》第 79 卷，第 89 页。

[26] 曹立瀛：〈台湾工矿事业考察团纪要〉，载全国政协文史资料研究委员会工商经济组编：《回忆国民党政府资源委员会》，北京：中国文史出版社，1988 年版，第 215 页。

[27] 〈台湾工矿事业考察总报告〉，《馆藏民国台湾档案汇编》第 79 卷，第 139 页。

［28］同上，第 140 页。

［29］潘履洁：〈台湾酸碱肥料工业视察报告〉，同上，第 188 页。

［30］〈台湾省行政长官公署施政报告：肥料工业工作简报〉（1946 年 5 月），陈鸣钟、陈兴唐主编：《台湾光复和光复后五年省情》（下），南京出版社，1989 年版，第 122 页。

［31］矢内原忠雄著，周宪文译：《日本帝国主义下之台湾》，帕米尔书店，1985 年版，第 60 页。

［32］该年肥料消费量为 64.8 万公吨，单位面积米产量为每公顷 2，242 公斤。前者依据台湾省行政长官公署统计室编印：《台湾省统计要览》（第一期），1946 版，第 75 页，后者根据台湾省政府农林处统计室编印：《台湾农业年报》，1947 年版，第 20 页的数字计算所得。

［33］台湾省政府农林处编印：《台湾农业年报》，1947 年版，第 213 页。贩卖肥料消费量，即为从市场上购得之肥料的消费量，包括动物质肥料、植物质肥料、化肥和调和肥。

［34］台湾省行政长官公署统计室编印：《台湾省统计要览》第 1 期，1946 年，第 75 页。

［35］'The Taiwan Fertilizer Company', from S. Trone to Dr. Wong Wen Hao.

［36］1946 年 12 月 25 日陈仪在台湾省参议会第一届第二次大会闭幕式上的讲话，陈鸣钟、陈兴唐主编：《台湾光复和光复后五年省情》（上），第 321 页。

［37］潘履洁：〈台湾酸碱肥料工业视察报告〉，《馆藏民国台湾档案汇编》第 79 卷，第 189 页。

［38］〈台湾省行政长官公输施政报告：肥料工业工作简报〉，《台湾光复和光复后五年省情》（下），第 122 页。

［39］〈台湾工矿事业考察总报告〉，同上，第 140—141 页。

［40］〈钱昌照在沪向宋子文建议接办台湾工矿事业的经营方式〉，中国第二历史档案馆馆藏资委会档案，第 5685 卷；转引自薛毅：《国民政府资源委员会研究》，第 377 页。

［41］曹立瀛：〈台湾工矿事业考察团纪要〉，《回忆国民党政府资源委员会》，第 220 页。

［42］薛毅：《国民政府资源委员会研究》，第 377 页。

［43］曹立瀛：〈台湾工矿事业考察团纪要〉，《回忆国民党政府资源委员会》，第 221 页。

［44］严演存：《接收台湾工矿事业回忆》

［45］参见〈经济部资源委员会、台湾省行政长官公署合办台湾省工矿事业合作大纲〉（1946 年 4 月 6 日），《台湾光复和光复后五年省情》（下），第 99—100 页。

［46］〈台湾肥料有限公司暨所属各厂概况〉，《馆藏民国台湾档案汇编》第 269 卷，第 78 - 79 页。

［47］〈台肥有限公司概况〉（1950 年 12 月），薛月顺主编：《资源委员会档案史料汇编 光复时期台湾经济建设》（中），台北："国史馆"，1995 年，第 296 页。

［48］〈台湾肥料公司三十五年度决算报告：营业报告书〉，《馆藏民国台湾档案汇编》第 89 卷，第 316 页。

［49］〈台湾省行政长官公输施政报告：肥料工业工作简报〉（1946 年 5 月），《台湾光复和光复后五年省情》（下），第 121 页。

［50］〈台湾肥料有限公司第一次董监联席会议纪录〉（1947 年 1 月 4 日），《馆藏民国台湾档案汇编》第 189 卷，第 369 页；台湾肥料制造股份有限公司编印：〈台湾肥料工业概况〉，《馆藏民国台湾档案汇编》第 132 卷，第 127—129 页。

［51］〈台湾肥料公司三十五年度决算报告：营业报告书〉，《馆藏民国台湾档案汇编》第 89 卷，第 315 页。

［52］〈台湾肥料制造股份有限公司第二厂概况〉（1946 年 12 月），《馆藏民国台湾档案汇编》第 158 卷，第 249—257 页。

［53］〈台湾省行政长官公输施政报告：肥料工业工作简报〉，《台湾光复和光复后五年省情》（下），第 122 页。

［54］〈台湾肥料公司三十五年度决算报告：营业报告书〉，《馆藏民国台湾档案汇编》第 89 卷，第 315 页。

［55］〈台湾省行政长官公输施政报告：肥料工业工作简报〉，《台湾光复和光复后五年省情》（下），第 122 页。

［56］〈台湾肥料有限公司第一次董监联席会议纪录〉（1947 年 1 月 4 日），《馆藏民国台湾档案汇编》第 189 卷，第 369—385 页。

［57］'The Taiwan Fertilizer Company', from S. Trone to Dr. Wong Wen Hao。

［58］〈台湾肥料有限公司三十六年度决算报告〉，《馆藏民国台湾档案汇编》第 282 卷，第 268–269 页。

［59］'The Taiwan Fertilizer Company', from S. Trone to Dr. Wong Wen Hao。

［60］同上。

［61］〈台湾肥料有限公司三十六年度决算报告〉，《馆藏民国台湾档案汇编》第 282 卷，第 270 页。

［62］〈台湾肥料有限公司三十七年度工作报告〉，《馆藏民国台湾档案汇编》，第 282 卷，第 304 页；〈台湾肥料有限公司第三次董监联席会议纪录〉（1949 年 2 月 7 日），同前，第 230 页、第 245 页。

［63］〈台湾肥料有限公司第三次董监联席会议纪录〉（1949 年 2 月 7 日），同上，第 244—245 页。

［64］'The Taiwan Fertilizer Company', from S. Trone to Dr. Wong Wen Hao。

［65］〈汤元吉致资委会化工组电报〉（36 业化字第 678 号，1947 年 6 月 12 日），《馆藏民国台湾档案汇编》第 141 卷，第 176—178 页。

［66］〈台湾肥料有限公司三十六年度创业经费决算〉，《馆藏民国台湾档案汇编》第 243 卷，第 318 页；〈台湾肥料有限公司三十六年度决算报告〉，第 199 卷，第 162 页；〈台湾肥料有效公司三十六年度创业经费决算书〉，第 199 卷，第 218 页、第 220 页。

［67］台湾省政府研究发展考核委员会编印：《本省化学肥料供应情形之检讨与改进》，第 30—31 页。

［68］该公司的成立主要得益于美援的支持，参见孟祥瀚：《台湾区生产事业管理委员会与政府迁台初期的经济发展，1949—1953》，台湾师范大学历史学系博士论文，2000 年，附件 1—3。

［69］台湾省政府研究发展考核委员会编印：《本省化学肥料供应情形之检讨与改进》，第 24 页。

红白之变
——蔡孝乾红白人生研究之三

杜继东

关于蔡孝乾（1908—1982）留学上海及参加台湾共产党前后的经历，笔者已撰写两篇论文予以考述。[1]本文是蔡孝乾研究系列论文的第三篇，重点考察他加入中国共产党后的红色生涯和在台湾被国民党当局逮捕后背叛中共、由红而白的人生巨变。

一、红都瑞金

漳州是闽南重镇，在当时是福建第二大城。漳州地处九龙江入海口，向东不远是厦门港，向西不远是广东省大埔县。1932年4月14日，红军一、五军团共同向驻守漳州的国民党张贞所部四十九师发动进攻，19日，张贞所部王祖清旅和杨逢年旅被击溃，张贞率余部连夜烧毁弹药库，撤离漳州，经彰浦、云霄向诏安方向撤退。20日，红军正式占领漳州。此役红军共消灭张贞4个团，俘获1674人，缴获飞机两架，机枪、步枪、山炮、迫击炮等若干。[2]此外，红军还在漳州筹得100多万元现款和大量布匹、粮食、食盐等，并扩大队伍900多人，使一军团达到16000多人，五军团达到6600多人。[3]

红军的这次行动使蔡孝乾的职业生涯出现了一次大的转折，正如他自己所说："红军占领漳州，带给我的是一种根本性的变化。这，不仅是属于实际生活方面的，而且也是属于意识形态方面的。从那天起，我就成为所谓'红色战士'的一员了。"[4]引介蔡孝乾加入红军的是两年前曾以"巡视员"身份与他联系过的中共地下党员李文堂（实际身份是"中华全国总工会中央苏区执行局委员"），李设法找到当时正在漳州的蔡，邀请蔡到江西苏区工作。通过李文堂的介绍，蔡孝乾认识了红一军团政治部主任罗荣桓，遂进入政治部工作，接手原由罗荣桓主编的《红色战士报》。与他一同参加红军的还有台湾学生沈乙庚[5]、林飘萍、施碧晨、沈存荐和余晓阳等5人。蔡在编辑《红色战士报》时，还曾带领几个"红小鬼"到漳州城南40里的径口村进行宣传鼓动工作，在那里见到了他的父亲。他的父亲是1928年秋从台湾来到径口村，替台湾人李山火管理农场的。[6]

1932年6月3日，罗荣桓告诉蔡孝乾，时在汀州担任中共苏区中央局组织部长的任弼时来电要蔡孝乾随红军入江西苏区担任新职务。任与蔡有师生之谊，1924年蔡在上海大学读书时，任弼时曾担任俄文教员。当时任弼时只有20岁，是全校41名教师中最年轻的一个。[7]1928年台共在上海成立时，任弼时负责共产国际东方部的联络工作，知道蔡是台共领导人之一。[8]

6月中旬，蔡孝乾、与蔡一同教过书的台湾人施至善一家，以及几个台湾学生抵达福建汀州，见了中共苏区中央局书记周恩来，还有任弼时。[9]周恩来交给蔡两本书，一本是列宁的《马克思主义的三个来源和三个组成部分》，一本是日本共产党领导人佐野学的《国家论》[10]，要蔡尽快翻译出来，交由苏区中央局出版。关于蔡和其他台湾青年的工作，周恩来和任弼时决定由中华苏维埃临时中央政府人民委员会副主席项英负责安排。蔡孝乾对周恩来印象很好，在回忆录中说："后来，我在与周恩来不断的接触中，都能深深地感到他确实是个学识广博，思考缜密的人。"[11]

蔡孝乾一行抵达"红都"瑞金后见到了项英。蔡孝乾被暂时安排在徐特立任代理人民委员的中央教育部工作，任小学教科书的编审委员，后又兼任列宁师范学校的教师，讲授"社会学、土地问题"等课程。[12] 列宁师范学校有200多名学生，大部分是高小毕业生，其中有40多名女生。学生从十五六岁的少年到30多岁的中年人都有，水平参差不齐。[13]

1932年6月23日，蔡孝乾（改名为蔡乾）、施至善（化名施红光）等人参加了苏区"反帝总同盟"（又称"反帝拥苏总同盟"）第一次代表大会，并入选由25人组成的大会主席团。这次大会是在中共苏区中央局的直接领导下召开的，有三个重要议程：（1）中共苏区中央局书记周恩来作《目前国际形势和苏区反帝运动的任务》的报告；（2）讨论并通过《反帝斗争纲领》；（3）选举"苏区反帝总同盟"领导机构。大会的主要目的，是要在苏区掀起反帝高潮，动员苏区群众参加红军作战。[14] 在此次会议上，邓颖超、顾作霖、陈寿昌、王盛荣、张爱萍、张华、蔡孝乾和施至善等35人被选为总同盟执行委员。[15] 总同盟执行委员会随后举行第一次会议，蔡孝乾被选举为总同盟主任，张华为组织部长，张爱萍为宣传部长。[16]

反帝拥苏总同盟是一个群众团体，在"瑞金、湘赣、江西等地都有省盟。同盟的主要工作对象是红军战士和广大青少年、儿童，宣传和动员他们反对日本帝国主义对中国的侵略，反对蒋介石对苏区的进攻，拥护苏联。"[17]

总同盟的主旨显然来源于原有的反帝大同盟。例如，1931年中共江西临时省委拟定的反帝大同盟章程规定，大同盟以反帝国主义及其走狗，拥护苏维埃政权，联合苏联及全世界被压迫民族、被剥削阶级，争取民族解放为宗旨。大同盟的经常工作是："调查帝国主义在苏区内的各种组织与势力，向群众宣传帝国主义的残暴与罪恶，提高群众反帝国主义的热情，领导一切反帝国主义的斗争。"[18]

1932年8月1日，反帝拥苏总同盟创办《反帝战线》，是8开的铅印本，每期4版。[19]

在此后2年零4个月的时间里，蔡孝乾一直主持苏区反帝总同盟的工作。他的工作可分为两个阶段，第一个阶段是1932年6月总同盟成立到1933年1月中共中央由上海迁至苏区为止，主要是整顿各级反帝同盟，建立经常性的会议制度，到长汀、宁化和上杭等县视察。第二阶段是中共中央迁入苏区至1934年10月中央红军长征为止，主要是加强宣传，配合"扩红"（扩大红军）和"查田"（检查分田）运动，响应"世界反帝大同盟"执行委员会的号召，展开"反战"（反对法西斯主义战争）和"拥苏"（拥护苏联）的工作。[20]

1933年7月，总同盟在瑞金郊外召开了"苏区御侮救国代表会议"，毛泽东在会上作了重要讲话。为了加强宣传，总同盟还出版了《反帝画报》（半月刊）。[21]

1933年7、8月间，中央苏区反帝拥苏总同盟编辑出版了《反帝拥苏通讯》，是16开的油印本。[22]

1933年8月12日，中央苏区在瑞金召开江西、福建两省十七县经济建设大会，毛泽东在会上作题为《粉碎五次"围剿"与苏维埃经济建设任务》的报告，着重说明经济建设对支持革命战争、发展红色区域的重大作用，指出经济建设的目的是为着粉碎敌人的军事"围剿"和经济封锁，以保障红军的物质供给，争取革命战争的胜利。[23] 蔡孝乾应邀参加大会，并在会上作了《苏区反帝运动概况》的报告。[24]

跟蔡孝乾一起工作过的有毛泽东的弟弟毛泽覃和后来担任中共中央总书记的胡耀邦。胡耀邦是1933年8月担任总同盟青年部部长的，以后又兼任宣传部部长。[25] 蔡孝乾回忆说，虽然他与毛泽覃在"反帝同盟"里共事"只有半年光景",但他们之间建立了深厚的友谊。蔡孝乾、毛泽覃和胡耀邦三个人,"常常谈到深夜"。有时,"毛泽东的年轻漂亮的妻子贺子珍差遣她的妹子贺怡(毛泽覃之妻)送些炒辣椒或鸡蛋来给毛泽覃",毛总是把送来的东西拿出来请蔡孝乾和胡耀邦共享。[26]

1933年9月18日,即"九·一八"事件两周年纪念日,反帝拥苏总同盟在瑞金举办反帝宣传展览会,"内容有国画,有墙报、统计、纪事、相片等",国画有黄亚光、沈乙庚等人的作品。这次展览会"不仅对于反帝国主义的宣传有绝大的意义,并且对于苏维埃文化上,对发扬革命艺术的立场上,都具有很大的意义"。[27]

蔡孝乾还担任工农美术社筹委会负责人,征集"革命的美术作品,如图画、雕刻、相片、艺术化的墙报等"。该会于12月11日广州暴动6周年纪念日举行成立大会,并举办了第一次工农美术展览会。[28]

1934年1月22日,中华苏维埃共和国第二次全国苏维埃代表大会在瑞金郊外沙洲坝召开,大会由中华苏维埃国家主席毛泽东主持,到会正式代表共700多人,旁听的有1500多人。大会选举毛泽东、朱德、张国焘、项英、周恩来、邓发、王稼穑、蔡畅、何长工、徐特立、梁柏台、胡德兰、刘国珠、张云仙、谭余保,以及鄂豫皖苏区代表,上海、东北四省、陕西、河南、东江、香港、厦门、四川、山东、朝鲜、爪哇、台湾、安南等地代表共75人为主席团成员。[29]其中,蔡孝乾是台湾代表,毕士狄是朝鲜代表,洪水是安南代表,张然和是爪哇代表。毛泽东的报告用专节阐述了苏维埃的民族政策。他声称:"争取一切被压迫的少数民族环绕于苏维埃的周围,增加反帝国主义与反国民党的革命力量,使一切被压迫民族得到自由与解放,是苏维埃民族政策的出发点。"他还指出,苏维埃宪法大纲第15条规定:"中国苏维埃政权对于凡因革命行动受到反动统治迫害的中国各民族以及世界各国的革命战士,给以托庇苏维埃区域的权利,并且帮助他们重新恢复斗争的力量,直到这些民族与国家的革命运动得到完全胜利为止。"从这个意义上说,"苏区的许多高丽、台湾与安南革命同志的寄居,第一次全苏大会高丽代表的出席,这次大会的几位高丽、台湾、安南与爪哇的代表出席,都证明了苏维埃这一宣言的真实。"[30]2月1日,大会选举新的中央执行委员会,选出第二届中央执行委员175人,候补中央执行委员35人,蔡孝乾、毕士狄、洪水、张然和均被推选为中央执行委员。[31]

1934年7月15日,中共在《红色中华》上发表《中华苏维埃共和国政府、中国工农红军革命军事委员会为中国工农红军北上抗日宣言》。第二天,中共中央宣传部长潘汉年召见蔡孝乾,要他和毕士狄以台湾代表和朝鲜代表的名义共同发表宣言,拥护红军北上抗日。因毕士狄在前线,宣言便由蔡孝乾独自起草。[32]

8月1日,反帝拥苏总同盟还在全苏大会场举办了一场反帝展览,主要内容有:(1)"苏联社会主义建设的情形";(2)"全世界、全中国革命斗争";(3)"帝国主义怎样瓜分中国的?"(4)"法西斯蒂如何凶恶残暴?"[33]

蔡孝乾把宣言起草好后,于8月8日以他和毕士狄两人的名义发表,内容如下:

全中国、全苏区的民众们!

万恶的国民党出卖了半个中国,现在更进一步的进行着出卖整个中国,亡国的惨祸就在面前,亡国奴的耻辱将悬在每个中国人的头上!当这时候,即当全国民众热望红军北上抗日如大旱望雨的时候,苏维埃中央政府和红军革命军事委员会派出了抗日先遣队,并且发表了北上抗日宣言,抗日先遣队已经渡过了闽江,占领了水口,现在正向着日本帝国主义在福建的根据地福州城挺进!

全中国全苏区民众们!这样还不明白吗?国民党是一切帝国主义瓜分中国的帮手,是有史以来最大的卖国贼!只有苏维埃才能对日宣战,只有工农红军才能真正去抗日,只有苏维埃和红军才能领率全中国的武装民众去打日本!

全中国全苏区民众们!我们曾做过日本帝国主义宰割下的奴隶,我们是亡国奴,我们被日本帝国主义剥削得干干净净,已无田地财产,又无家可归,我们在白区还要受国民党法西斯蒂的摧残与压迫,我们忍不住这种痛苦,坚决到苏区来了。我们在苏维埃政权下,和中国劳苦群众一样的享受一切的自由与权利。我们坚信:苏维埃和红军一定能够战胜日本及一切帝国主义,能够解放全中国劳苦民众,并且帮助我们韩台民族去推翻日本帝国主义的统治!

全国白区的民众们!你们不愿意做亡国奴罢!那么应该立即一致团结起来,进行神圣的民族革命战争,发展反日反国民党的游击战争,实行没收日货,组织慰劳团去慰劳抗日红军,大规模的募捐,作为抗日经费,踊跃加入抗日先遣队去!为收复失地,为中国独立解放而战!

全中国的白军弟兄们!把枪口向卖国贼汉奸放,同红军联合起来打日本去!开到北方去救你们的家乡、父母妻子弟兄姐妹,快快觉悟起来,有几十万红军等着与你们联合,有四万万同胞热望着你们大胆地干起来,并且有了我们韩国台湾民族将用民众的武装暴动,来响应你们的神圣的抗日战争!

全苏区的民众们!紧急动员起来,争取秋收的全部胜利来拥护红军北上抗日!迅速的完成六十万石谷子给苏维埃红军北上抗日!动员一切力量一切经费帮助抗日的主力红军,更加紧一切动员工作,彻底粉碎五次"围剿",争取大举与日本帝国主义直接作战!

打倒日本帝国主义!

打倒卖国贼国民党!

拥护红军北上抗日!

中、韩、台民族抗日联合战线万岁!

台湾民族代表蔡乾

在苏区　　　　　　　　　　　　　同启[34]

韩国民族代表比士梯

二、长　征

1934 年 9 月,中央红军决定撤离苏区,9 月下旬。蔡孝乾接到通知随军西行。据斯诺记载,蔡孝乾的妻子也是台湾人,未随军长征,而是留在了江西。[35]蔡在回忆录中没有明确讲过自己在苏区结婚的事,但有条材料似可说明,他的妻子可能是刘月蟾。1934 年 1 月瞿秋白从上海到瑞金后,蔡孝乾曾去看望过上海大学教过他课的这位老师。蔡记述:"以前他有严重的肺病,脸色很不好,现在看起来,身体比以前好得多,精神也很好。当我介绍月蟾与他认识时,他就慈祥地问这个、问那个。"[36]

10 月 12 日,蔡孝乾与罗梓铭、刘群先、陈云洲到红军总政治部报到,接待他们的是总政治部代主任李富春。蔡孝乾、罗梓铭、陈云洲被分配到中央纵队政治部工作,刘群先被分配到总卫生部工作。中央纵队是临时编成的庞大队伍,包括中共中央各部会、苏维埃中央政府、革命军事委员会各部、红军总司令部、野战总医院、兵工厂、被服厂、印刷厂、造币厂,以及红军大学和由两个步兵学校学员组成的干部团、政治保卫局的警卫团等,共有

15000 多人。

14 日，蔡孝乾一行来到集合地点宽田，中央纵队在这里被分为两个梯队：第一梯队包括红军大学、两个步兵学校和政治保卫局的警卫团；第二梯队包括兵工厂、印刷厂、造币厂、野战总医院以及一个由医生、护士和担架队（有 120 副担架）组成的医疗队。中央纵队的代号是"红星"，总指挥是叶剑英。

10 月 16 日黄昏，中央纵队从宽田出发，艰难地突破四道封锁线，于 11 月 29 日渡过湘江，之后进入广西境内的瑶族居住区。有一天，部队在一个名叫尖顶的瑶族村庄宿营，正当蔡孝乾和罗梓铭吃过饭后准备睡觉时，外面突然有人喊叫失火了。他们跑到房外看到，他们所住房屋下方的几栋房子着火了。这些房子在半山坡上，都是木头造的，房顶盖的是树皮，且许多房子是彼此连接的，一旦着火，即成燎原之势。由工兵营组成的救火队很快赶到现场，一边找水救火，一边阻断火的蔓延路径，经过一个多小时的努力，才把火扑灭。检查火灾情况，发现共有 10 多栋房子被烧毁了。第二天早晨，中央纵队政治部利用部队出发前的短暂时间召开一个紧急会议，一方面追查头天晚上的失火原因，另一方面要求各单位加强防火工作。会议决定纵队各连队指定一个排为救火排，各大队组织一个救火队，每到一处，先找水源，做好防火准备工作。

第三天，部队前往龙胜县龙平镇。在行军途中，蔡孝乾、罗梓铭和陈云洲三人曾分别到各大队去检查部队纪律，布置防火工作。尽管如此，到龙平的当晚，镇上还是有四五处发生了火灾。因各部队已有准备，大火很快被扑灭了。政治保卫局经过严密调查，发现大火是龙胜县政府派到红军中冒充运输员的特务人员放的。红军抓到三个人，其中一个逃跑了，另外两个被就地枪毙了。

12 月中旬，部队进入贵州，经过苗族聚居区，沿黄平、施秉、瓮安前进，逼近乌江天险。12 月 31 日，当中央纵队抵达乌江南岸的渡江地点时，蔡孝乾和罗梓铭到江边一个小村庄做群众工作。他们把江边看到的情况和向群众打听到的消息反映到纵队司令部，作为渡江作战准备工作的参考。

1935 年 1 月 3 日，中央纵队渡过乌江，赶到乌江北岸 40 里的猪场宿营，整顿队伍，整理仪容，于 5 日抵达遵义。1 月 6—8 日，中共在遵义召开了具有历史意义的中央政治局扩大会议，即著名的遵义会议，毛泽东重回权力核心。

1 月 6 日，蔡孝乾和罗梓铭来到遵义县立第三中学，召集了遵义各界代表会议，与会代表包括工人、农民、学生、商人、摊贩、小工等五六十人。会议讨论了召开遵义各界民众大会，成立革命委员会和红军之友社，以及救济贫民等事宜。1 月 7 日，遵义各界民众大会在县立第三中学操场召开，毛泽东和朱德都出席并讲话。大会通过了遵义革命委员会的成员名单，罗梓铭被选举为革委会主席。大会还宣布成立红军之友社。

大会之后，革委会正式在县立第三中学办公，蔡孝乾和罗梓铭都从中央纵队政治部来到革委会，蔡孝乾的任务是协助罗梓铭处理革委会的日常工作，其中最要紧的是"没收征发委员会"的工作，即把"打土豪"没收来的粮食、衣服、药品、食盐等物资分发给市内民众和郊区的农民。

在部队离开遵义前的晚上，蔡孝乾和罗梓铭被安排到野战总医院干部休养连休养。休养连连长是何长工（后来由毕士狄接替），指导员是罗明，休养员共 20 多位，包括老弱病残的高级干部，如徐特立、董必武和谢觉哉"三老"，以及作家成仿吾和上海老工人朱琪等，加上特务员、勤务员、饲养员、担架员等共五六十人。桐梓是遵义之后红军攻占的另一重镇，王家烈就是从这里发迹的。他在桐梓的别墅富丽豪华，被分配给干部休养连当驻地。

到云南边境的扎西时，贺子珍、邓颖超、蔡畅、刘群先、廖施光、杨厚增等也陆续加入了休养队伍。

4 月中旬，部队在由赤诚镇向定番行进途中，曾遭到国民党军飞机的轰炸。蔡孝乾躲在一棵松树下，侥幸未被炸中，但休养连的部分人员被炸死或炸伤了。有的手足被炸断，脸上满是鲜血；有的头被炸破；有的被炸得骨肉碎裂；有些人的肢体被炸飞，挂在树上。这种惨烈的场面，给很少上前线的蔡孝乾留下了刻骨铭心的印象。

1935 年 5 月初红军渡过金沙江后，军委召开直属部队干部会议，决定加强各部队的政治工作。蔡孝乾和罗梓铭被调到红三军团政治部，徐特立和成仿吾被调到军委干部团去担任政治教官，毕士狄被调到军委干部团担任陈赓的参谋长。蔡孝乾和罗梓铭到红三军团后，红三军团政治部主任袁国平告诉他们，他们的主要任务是负责少数民族的争取工作，具体工作由政治部地方工作部部长郭滴人安排。蔡孝乾曾回顾说："我是一个政治工作人员，我的主要工作是居民工作。在番民区域，我的工作是搞给养和资材。"[37]

之后，蔡孝乾随部队强渡大渡河，翻越夹金山，在大维与张国焘的红四方面军会合。6 月中旬，红一方面军主力来到卓克基、梭磨、马塘、黑水和芦花地区。中共中央军委在芦花和毛儿盖分别设立筹粮委员会，领导筹粮工作。蔡孝乾和红三军团地方工作部的同事于 7 月初抵达黑水和芦花地区，进行紧张的筹粮工作达 40 天之久。这个地区都是信奉喇嘛教的藏民，以青稞为主粮。当时青稞尚未成熟，筹粮极为不易，好在蔡孝乾等人打听到一种"找窖"[38]的窍门，才顺利筹集到足够的粮食。蔡孝乾还奉命与欧阳武率领几名战士和十几个藏族青年从芦花到波罗子运粮。

8 月中旬，蔡孝乾随红三军团先头部队从芦花到毛儿盖，准备过草地。蔡孝乾本来以为，"在草地行军，既没有居民，也不要搞给养"，他可能会"闲着"。但政治部主任袁国平却把他叫去说："刚才由十团交来一班番民，要你带他们，在草地行军好好地照顾他们的生活。"他没有想到，正是"番民"在过草地时救了他一命。事情是这样的，有一天，部队来到一条水流湍急的河边，因马匹少，绝大多数人只能徒步过河。因水流特别急，有两个战士不幸被冲走牺牲了。指挥员想出一个办法，把所有的绑带集中起来，结成一根绳索，由两岸的人拉紧，让官兵们抓着绳索过河。因绳索不太结实，一次只能过 5 个人。等到蔡孝乾过河时，他负责照顾的 8 个"番民"都跟着他进了水，致使绳索被扯歪，蔡孝乾忽然脚底踩空，被水淹没。就在这千钧一发之际，他身后一个名叫密西尔的"番民"把他紧紧抓住，一直把他搀扶到对岸。蔡孝乾深情地说："密西尔是我的救命恩人，我是永远忘不了他的。"他庆幸自己"没有被水淹死"，发出了这样的感慨："只要我和我的队伍在一起，我便感觉我是幸福的。虽然我的身体是衰弱的，但我还能走路，我还能工作，我只要一息尚存，我总是和我们的队伍一起的。"[39]

走出草地后，蔡孝乾跟随部队经腊子口、岷山、甘南草原，于 1935 年底抵达陕北，成为走完长征路的唯一一位台湾人。

三、红都延安

中央红军抵达陕北后，与刘志丹的军队会合，渐次开展各项军政工作，在陕北扎下根来，并四处用兵，创建陕甘宁边区。蔡孝乾在延安也达到了他革命生涯的一个新高度。

对于蔡孝乾在延安的经历，目前知之不详，笔者只能根据有限的资料做下述梳理。

蔡孝乾抵达延安后，再改名为蔡前。斯诺曾记述，蔡前于 1936 年 4 月被任命为"省苏维埃政府内务部长"[40]。

1936年9月，蔡前被调任为中共中央白军工作委员会（周恩来任书记，专管对国民党军的渗透和瓦解工作）下属的北线工作委员会书记。其工作对象是高桂滋和高双城。[41]高桂滋是陕西定边人，早年加入同盟会，毕业于陕西讲武学堂，时任国民党陆军第八十四师师长，驻榆林一带。高双城是陕西渭南人，时任国民党军第八十六师师长，驻绥德、米脂一带。

1937年9月，蔡前调任八路军总政治部（主任任弼时）敌军工作部部长，负责对日军的政治工作及日俘的教育工作。他随康克清等人赴山西八路军总部，曾与从延安去山西抗日前线采访的美国新闻记者尼姆·威尔斯同行。威尔斯写道："我们沿途不能耽搁，因为有几名红军指挥员和康克清急于在最后一批部队开赴山西前赶到位于云阳的彭德怀总部。其中一位年青的台湾人蔡前曾任苏区反帝大同盟主席和中央苏维埃政府内务人民委员。"[42]

作为敌军工作部部长，蔡前具有日语好及对日本人比较了解等优势。他根据自己的经验和各部队汇报上来的信息，于1938年1月7日至30日撰写《敌军工作怎样做》一文，对八路军的敌军（包括日军和伪军）工作提出指导性意见。蔡前首先指出，"敌军工作是抗日战争中政治工作的重要的一环"，中国要争取抗战的胜利，"除用军事力量给敌军以严重打击外，还应在政治上动摇和瓦解敌军"。但是，从平型关战役及其他战斗的情况来看，敌军"宁死不缴枪"，表现出"相当的顽强性"，主要原因在于：（1）日本军部对士兵进行了军国主义、法西斯主义教育；（2）由于言语不通，敌军很难了解我方的宣传；（3）我方一些部队不严格执行俘房政策，甚至杀俘房，加上日军总部的夸大宣传，使日军"对我军恐怖心因之增加"。针对这些情况，我军应采取如下办法：（1）向敌军士兵揭露日本军部的欺骗宣传，"指出日本对中国的侵略战争只有军阀财阀升官发财，士兵只有白白送死"；（2）让我军官兵学会一些简单的日语，在火线上向敌军喊话，并在"敌军可能占领的地方普遍地涂写瓦解敌军的标语"；（3）"不杀俘房，优待俘房，医治敌军伤兵"。[43]

蔡前列举了火线上喊话的"仅有"的9句日语：（1）日本士兵弟兄；（2）缴枪不杀你；（3）反对侵略战争；（4）打倒日本帝国主义；（5）打死法西斯官长；（6）不杀中国弟兄；（7）我们不杀日本士兵；（8）我们的敌人是日本军阀；（9）要求回国去。"这九句口号两天可以学会"，要让战士们克服"日语不容易学"的"成见"，让他们"深刻了解到对敌军士兵喊话，从政治上动摇和瓦解敌人，是减少不必要的损失，争取抗战胜利的必要条件之一"。蔡前接着阐述了八路军的俘房政策："对于俘房，不论官兵，我们不杀他，俘房的物品，除武器及军用品外，概不没收其财物。不能侮辱和打骂或讥笑"俘房。对于俘房，"应给予可能限度的优待，应使他们穿得暖吃得饱"；新来的俘房须立即清查，"如有官长，务须立即分开，不要使士兵尝到官长的坏的影响"；要派懂得日语的人员"经常与俘房谈话，进行耐心的教育"；要找一些"进步的日文书"让俘房们"轮流阅读"。但是，蔡前同时也提醒说："处理俘房必须慎重，我们优待他，用友爱去接近他，但我们应提高自己的警觉性，免得发生意外，特别应注意预防个别敌探的活动。"[44]

蔡前还指出，"敌军工作的对象"，除日军外，还"应该是包括伪满军、蒙军及各地伪组织的武装在内"，他们都是"受日寇的欺骗和压迫来参加作战的"，我们应提出以下口号来争取他们：（1）"中国人不打中国人，蒙军不打中军，中蒙联合打日本"；（2）"不做汉奸，不当亡国奴"；（3）"调转枪口，杀死压迫我们的日本军官"；（4）"民族自决，满蒙平等，蒙人的事蒙人自己管"；（5）"'剿灭共党'是日寇以华制华的毒辣政策"；（6）"打倒共同敌人——日本帝国主义"。对于伪军，"必须有针对着他们的具体情形的宣传品"；对于伪满军、蒙军官长，"依然采用争取的方式。不是著名的汉奸而仍有部分群众的官长，不应立即提出打倒他的口号"。[45]

蔡前提出，"必须在部队中和民众中广泛的宣传解说，造成一种热烈的空气，使敌军工作成为一种群众运动"，具体办法是：（1）在部队中进行解释与教育，使每个战士都明确认识到争取俘虏的重要性；（2）"经过我们的战士向居民宣传解说"；（3）在各种大会、集会上向群众解说。[46]

蔡前还总结了敌军工作的经验和教训，着重强调了让战士们学习简单的日语，在火线上用日语喊话瓦解日本士兵战斗意志的重要性，以及大量印刷宣传品让日本士兵了解我军相关政策重要性。在战场上发现日军伤兵，"应尽可能抬回来，给予医治和亲切地看护"，并加以必要的教育。此外，"战场上敌军遗弃的文件，必须尽量捡回"，把其中有用的东西翻译出来，"供给指挥首长及全国友军做参考"。[47]

1938 年 12 月，蔡前任八路军民运部部长（后黄镇接任）兼敌工部部长。后因中共"保护干部"政策，考虑前线危险太大，而蔡的身份极为特殊，遂将他调回延安。

1939 年 8 月，蔡前发表长文，对日军的政治特性进行了深入分析。他认为日军的政治特性主要有如下表现：（1）野蛮性，烧杀、奸淫、劫掠，无恶不作；（2）顽强性，被我军"包围而陷入绝望时，仍顽强抵抗，宁死不缴枪"；（3）怯懦性，"差不多每人身上都藏有迷信的'护身符'或'千人针'之类的东西"；（4）特务工作"特别活跃"，其军官"大都具有特务工作的知识和手腕"；（5）官兵"尖锐对立"，（6）有特殊的政治工作方式方法。

蔡前重点分析了导致日本士兵具有"顽强性"的因素：（1）日本的军国主义教育和欺骗；（2）日本的武士道传统；（3）"狭隘的民族骄傲的自尊心"；（4）由于"民族隔阂，彼此语言不通"，加上"日本统治阶级的无耻欺骗"，日本士兵不了解我军的俘虏政策，也不接受我方的宣传；（5）我军个别部队不严格执行俘虏政策，有"侮辱甚至残杀俘虏"之举，增加了敌军的恐惧感。

针对日军的上述特点，我们应该采取如下措施与之斗争：（1）加强抗战军队中的政治工作；（2）加强抗战军事力量，自力更生，转弱为强，"给敌军以有力的打击，逼使敌军陷入无法施展其野蛮兽行的境地"，从根本上"消灭敌人的野蛮性"；（3）加强对敌军的宣传工作，严格执行俘虏政策，让战士们学习日语口号以瓦解敌军，以应付敌军士兵的顽强性；（4）针对敌军的怯懦性，加强宣传工作，着眼于"诱发日本士兵思乡念妻厌战，促进其战斗情绪的低落，而陷于更怯懦的境地"；（5）针对敌军内部官兵对立的事实，"制作富有刺激性的宣传品"，"启发日本士兵的阶级觉悟，号召他们起来反对官长压迫，反对侵略战争"。

蔡前在文末满怀信心地指出，"在中日战争转入相持阶段中，以至在我国转入反攻的阶段中，敌国的困难更增加，敌国人民的反战运动更加剧烈，而敌军士兵的反战情绪也必随着增长。在日本军队中既无完善的政治机关的保障，又无'理直气壮'的宣传教育的内容，因此敌军的瓦解和哗变，势必变成浪潮。"在这种情况下，"我们应该抱着不挠不倦，百折不回的精神，抱着坚毅的信心，努力工作，虚心研究工作中的经验教训，克服工作中的缺点弱点，创造新的工作经验，胜利一定是我们的。"[48]

1941 年 6 月 17 日，延安成立了有 20 余名社员的"台湾独立先锋社"，蔡前被推举为负责人。

1941 年 10 月 15 日，蔡前发表《台湾的今昔》一文，简要回顾了台湾的历史，介绍了台湾的地理、人口、物产、语言、工业，以及日本帝国主义侵占台湾以后采取的殖民政策和对台湾人民的压迫、剥削等情况。他指出："在日寇铁蹄下的台湾人民，虽然他们在孤岛中很难获得外援，但他们从未停止过对统治者的斗争。"而且，台湾人民的斗争是有希望的，因为"临时成立的东方各民族反法西斯同盟，必予台湾民族以莫大的兴奋和鼓励。这样伟大的力量，将推动台湾民族为推翻日本法西斯统治而奋斗到底。"[49]

1941年10月26日晚，来自日本、犹太、印度、荷印、菲律宾、马来亚、缅甸、泰国、越南、朝鲜等国的代表和台湾及蒙、回、藏、苗、满、汉等国内各民族的代表共130余人及延安各界代表2000余人，在延安召开东方各民族反法西斯代表大会。大会推举斯大林、罗斯福、丘吉尔、蒋介石、毛泽东等20余人为名誉主席团成员，朱德、林伯渠、吴玉章、高岗、蔡前等数十人为大会主席团成员。[50]

《解放日报》社论对大会给予极高的评价，称赞这个大会"在全世界是一个具有伟大历史意义的事件。它不仅表示着东方各民族之反对日本法西斯共同斗争中的团结一致，同时最初用战斗的号召描画出整个东方所有民族自由独立、光明幸福的远大的前途。"这个大会"将奠定东方各民族团结的政治的组织的基础，将东方各民族的反侵略斗争和解放运动推上一个历史的新阶段。"[51]

在10月29日的会议上，蔡前作为台湾代表向大会作了报告。当天作报告的还有越南代表黄振光、藏族代表桑悦喜、蒙古族代表乌兰夫、回族代表马寅、东北代表于炳然、荷印代表阿里阿罕。[52]

1941年12月7日，日军偷袭珍珠港，太平洋战争全面爆发，蔡前对此给予高度重视，于12月16日写成《日寇如何开始进攻英美》一文。他指出："此次日寇以狡诈手段袭击英美在太平洋各海军根据地之目的，主要有二：一为打击英美之舰队，以除去日本与英美海军实力对比的悬隔；一为夺取西太平洋的制海权，以造成占领新加坡及荷印等有利之条件。"他还预计："从日寇方面说来，新加坡是它的战略目的地，剧烈的战斗还在后面，新加坡的攻防战是决定太平洋战争第一阶段的战局的关键。"[53]

1942年初，蔡前继续发表文章对太平洋战局进行分析。他认为一个月来太平洋战争的主要特点，"在于攫取海空军根据地的斗争。在这一斗争中，日寇是处在进攻的地位。这是由太平洋之战略形势和日寇之战略目的所规定的。在目前阶段，日寇战略目的主要是占领新加坡和荷属东印度。一个月来日寇对于关岛、威克岛、香港、澳门、槟榔屿、吉尔贝特群岛等处的袭占，以及在菲律宾岛、马来亚、英属婆罗洲、新几内亚等的登陆作战，都是为了贯彻这一战略目的。"由于太平洋战火已经燃烧到荷属东印度和新几内亚，"战争已由西太平洋发展到南太平洋"，所以，"海空军根据地的攻防战还可能继续下去。"[54]2月28日，他又发表文章对日寇在太平洋战争中的政治攻势作了论述。他认为，在太平洋战争中，"日寇的政治攻势，始终是和她的军事攻势密切的配合着，而且已经获得了部分的成功"。日寇的政治攻势主要表现在：（1）在太平洋战争爆发之前，日寇曾派遣"大批第五纵队入南洋各地去活动"，扶持泰国、缅甸、菲律宾等地的亲日分子进行政治活动；（2）想方设法离间同盟国之间的团结；（3）挑拨英美与其属地之间的关系。蔡前分析说，日寇的政治攻势之所以取得部分成功，"一方面是由于日寇在南洋各民族中的特务工作有着悠久的历史和较深的基础，而英美过去在南洋的政策可以为其利用作欺骗宣传攻击的目标；另一方面是由于日寇在军事上的暂时胜利。"但是，蔡前最后明确指出："不管日寇之政治攻势如何地猖獗，胜利总是属于正义方面的。"[55]

1942年6月，蔡前出版了一本关于台湾历史和现状的书，他在该书序言中说："我们研究台湾，不只是要了解台湾本身的情形，而且还要了解日寇一般的统治殖民地的方针和政策，同时还要学习台湾民众与日寇斗争的经验与教训"。[56]

该书共分七章，第一章简述台湾地理概况、人种、人口以及物产；第二章追述日据前的台湾历史；第三章回顾日本帝国主义在台湾48年的殖民统治；第四章揭露日本帝国主义在台湾的经济掠夺；第五章勾勒台湾农民和工人的现况；第六章讲述台湾人民的反抗斗争；第七章是结论。

由于资料限制，该书关于台湾地理和历史的描述颇为简略，但对于日本帝国主义侵占台湾，蔡前提出了自己的看法。例如，他从经济方面分析日本帝国主义向外扩张并对华发动侵略战争的原因，认为日本资本主义在1890年代得到发展，但因其国内市场狭小且缺乏经济资源，使其"从发展的第一天起，就具备着露骨的侵略性"。他称赞"台湾民主国在东方历史上"是"具有伟大意义的创举"。[57]

蔡前把日本对台湾48年的殖民统治分为三个时期：（一）1895—1918年，是以"武力统治"为主的时期；（二）1919—1932年，是"同化主义"或"日本延长主义"的时期；（三）1933—1942年，是"战争与法西斯军部统治"的时期。[58]在第一个时期，日本对台湾"是用武力的恐怖政策，镇压台湾人的反抗"。这个时期的台湾总督都是日本陆军将领，"这就指明了日本军部与殖民地统治的密切关系"。在第二个时期，因日本资产阶级在政治舞台上占据了主导地位，日本国内民主力量不断增长，加上国际形势的影响，日本当局不得不对殖民政策加以调整，转而实行所谓的"日本延长主义"。蔡前一针见血地指出："所谓'日本延长主义'者，即是在政治上、经济上以及文化上完全同化于日本。美其名曰'一视同仁'，其实质是同化主义。"蔡前注意到，第一个时期以武力为主，第二个时期则以"文化"为主，故又称为"文化政治"，台湾总督也由武官改为文官。在第三个时期，由于日本国内矛盾的增长和国际政治形势的紧张，日本政府发动侵略战争，殖民当局在台湾的政策亦随之发生变化，对台湾人民的反抗斗争进行残酷镇压，并在台湾加强"军事设备"，"加紧对台湾青年的军事训练"，使台湾复现军人统治的局面。[59]

蔡前指出，这三个时期日本的殖民统治虽然在形式和制度上有些区别，"然而在其实质上，无论任何时期，仍然是总督的独裁政治"。[60]

日本占领台湾后，立即开始对台湾进行经济掠夺。蔡前指出，其中"最残酷、最无慈悲者，为对台湾人民的土地掠夺"。[61]其次是实行残酷的经济垄断，这表现在：（1）把台湾当作"日本原料及粮食的供给地"；（2）把台湾当作"日本商品的贩卖市场"；（3）把台湾当作"日本金融资本家投资的市场"；（4）"日本财阀、资本家对台湾产业的独占和日本政府的专卖独占"。[62]"总括起来说，作为殖民地台湾的经济，是完全隶属于日本政府及其金融资本家的垄断和支配之下，而成为日本资本主义经济的附庸。"[63]

蔡前在结论中指出："目前台湾革命的任务是推翻日本帝国主义统治的民族独立运动。太平洋战争爆发后，台湾的民族独立运动已经成为东方各民族反法西斯斗争的一支力量。台湾民众具备着斗争的优良传统，我们相信，在东方各民族反法西斯斗争中，台湾民众必将和过去一样现出其英勇的战斗姿态，并且获得最后胜利。"[64]

1943年，蔡孝乾从太行山根据地返回延安，曾去看望瑞金时期的老朋友王观澜。王因"长期在贫瘠的农村中，工作劳累，积劳成疾"，病倒在延安国际医院（又称白求恩医院）。[65]

1945年4月23日至6月11日，中国共产党第七次全国代表大会在延安举行。在瑞金被选为中央执行委员的蔡前未能获得中央委员或候补中央委员的资格。

四、重返台湾

无论在内战还是抗战期间，周恩来亲自领导下的敌后情报工作都发挥了巨大的作用。台湾作为一个战略要地，当然也在周恩来的视野之中。早在1940年代初，周就多次派出骨干人员赴台秘密发展组织，扩大力量，为将来的地下工作奠定基础。

1945年8月抗战胜利后，周恩来亲自找蔡孝乾谈话，要他担任中共台湾省工作委员会书记，赴台主抓秘密工作。中共华东局在上海设立华东局对台工作联络站，负责人为刘晓，后来中共中央又在香港设立台湾工作小组香港联络站，负责与岛内的蔡孝乾联络并帮助地下党在台湾开展各项工作。

据《安全局机密文件》记载，蔡孝乾于1945年9月从延安出发，长途跋涉3个多月，于12月抵达江苏淮安，见到中共华东局书记张鼎丞、组织部长曾山，以及预定来台的张志忠[66]等人。

1946年2月，蔡孝乾率张志忠等人先到上海与中共华东局的地下党员会合，在上海学习了1个月的时间。在上海期间，蔡孝乾与一姓马的女工结婚。

当年的上海台湾同乡会理事长李伟光医师回忆说，蔡孝乾到上海后，"我安排他住在我的疗养院，蔡介绍张执一和我联系。从此，张执一一直领导我在上海的地下党工作。"[67]张执一是湖北汉阳人，1929年加入中共，1945年8月受中共华中局派遣到上海，担任中共上海市委委员及行动委员会书记，准备组织武装起义，配合新四军进攻上海。不久中共中央调整战略部署，停止起义，张留沪从事统一战线工作。据张执一回忆："约在1946年夏秋之交，中央来电指示成立上海局，指定刘晓、刘长胜、钱瑛、刘少文同志为上海局委员。刘晓任书记，主持全面工作，刘长胜任副书记，主要分管上海工作。""在上海局领导下，设有台湾工作委员会，书记蔡乾（又名蔡前），一九四八年我又派钱柏生为副书记（一九五〇年被捕，详情不悉）。一九四六年秋冬之交到一九四九年底，我曾代表上海局四次前往台湾检查与布置工作。"[68]后来，张执一曾担任中共中央统战部副部长。

1946的4月，张志忠率领首批干部先行搭船返回台湾开展前期工作。张志忠是战后最先登陆台湾的中共党员之一。

1946年7月，蔡孝乾乘船抵达台湾，正式成立中国共产党台湾省工作委员会，并担任书记，张志忠担任委员兼武工部长，领导海山、桃园、新竹等地区的工作（后交由陈福星领导）。[69]陈泽生任副书记兼组织部长（领导台南、高雄、屏东地区的工作），洪幼樵任宣传部长（领导台中、南投等地区的工作）。当时，蔡孝乾化名老郑，陈化名老钱，洪化名老刘，张化名老吴，加上华东局派遣来台的福建人林英杰，成为中共在台的"五巨头"。蔡到台湾后，先是住在台北市青田街，后来迁居泉州街。

台湾省工作委员会的任务是：（1）搜集台湾境内的军政情报；（2）策反动摇的军政人员；（3）建立地下组织；（4）发展党组织；（5）开展秘密政治宣传；（6）在台东偏僻山区建立武装根据地，利用山区的天然条件，发展游击力量。[70]

由于蔡孝乾已离开台湾将近20年，对战后台湾的政治和社会情况颇为生疏，只好侧重于联络原台共干部，以发展组织。他派人联络谢雪红、简吉、陈福星、张伯显、廖瑞发、林梁材等原台共干部，先后建立了基隆、台北、新竹、台中、嘉义、台南、高雄等地区的"党支部"，同时秘密发刊《光明日报》、《青年自由报》等，作为展开地下工作的有力工具。据有关资料显示，从台湾省工委成立到1947年"二·二八"事件爆发前夕的数月内，发展的新党员已有70余人。

虽然力量还比较弱小，但中共地下党还是在轰轰烈烈的"二·二八"事件中积极开展工作，力争有所作为。

据当时的学生领袖陈炳基回忆，李中志是"地下党指派的台北地区武装起义总指挥"，曾策划在台北举行武装起义，并制定了"作战计划"，但因组织工作不到位而流产。中共台湾省工作委员会书记蔡孝乾亦与闻其事。[71]苏新也曾撰文说，处理委员会的王添灯、林日高等人都是按地下党的方针、指示进行斗争的。而且，当时苏新等人"始终与地下党的负责人保持着密切的联系"。苏新、廖瑞发、萧友山等几个人，"实际上就是王添灯和林日高的参谋部。当时，王添灯的发言、提案、广播稿都是我们给他准备的。遇到重大问题或意思不甚一致的时候，都经联络员萧友山请示廖瑞发（又名廖烟，旧台共），再由他请示蔡前的。"[72]

蔡孝乾还到台中进行活动。据杨逵晚年回忆："在处理委员会控制台中好几天时，台共负责人蔡孝乾来找我，他对局势很有把握，要办人民日报，并要我负责。我说这是不可能的，台中局势维持不了多久，一旦国民党大军开来，乌合之众随即会散去。"杨逵建议办流动性的周刊或半月刊，并发表《从速组织下乡工作队》一文，"呼吁大家到乡下去，扩大控制面"。过了几天，蔡孝乾对杨说，国民党的军队已被接收，改成"二七部队"，为什么不能办日报？杨认为大陆地阔有可能，台湾太小不可能。蔡说如果不能办日报，就去山上组织游击部队。杨说台湾环境也不允许。两人话不投机。[73]

但是，蔡孝乾在台中却没有去找谢雪红。据杨克煌回忆，事件发生前，蔡孝乾曾派林英杰与谢雪红联系，但事件发生后，谢雪红等人却找不到林英杰，故而发出了这样的疑问："此时，党的领导在哪儿？党的方针如何？党的指示是什么呢？"[74]

3月3日早晨，谢雪红和杨克煌决定成立"中部地区治安委员会作战本部"，组建了一支武装力量。但3月4日下午李松乔到作战本部找到谢雪红，说地下党（台工委）要他们把武装指挥权移交给处理委员会。他说："台工委的意见认为武装斗争已基本结束了，要进入政治斗争的阶段，如我们再掌握武装斗争的领导权，这对于团结各阶层人士、搞好统一战线的工作不利。"谢雪红表示不同意。过了两个小时，李松乔又来找谢雪红说："这是蔡乾的命令啊！不服从就要犯错误……我不能眼睁睁地看着老同志犯错误啊！"听到这是蔡孝乾的命令，谢雪红只得服从，但她和杨克煌不无怨言："蔡乾他人早就在台中，但却不同我们联系，也不给我们协助，而第一次来联系就是提出要我们把武装领导权移交出去。"[75]

3月8日晚8时，蔡孝乾来到谢雪红所在的大华酒家，"这是他回台第一次来会见谢雪红的"。谢雪红就移交武装力量领导权之事质问蔡孝乾，蔡说此事已经过去了，现在不要再提起了。蔡还说："我们决定最近要召开一个全省武装力量的会议，成立一个全省的武装领导机构，你们也要准备参加。"谢还同蔡谈及台中"二七部队"的问题，蔡指示说："局势变化时，二七部队就转移到埔里山里去。"[76]

因国民党调派军队到台湾进行镇压，"二·二八"事件很快被平息，中共地下党未能发挥更大的作用。

关于以蔡孝乾为首的中共地下党在"二·二八"事件中的作用，苏新有一个整体的评价，可作为一家之言，录此存照："当时的地下党的领导是很得力的，方针、政策也是很正确的。"虽然"中共在台湾开始建党还不到一年，又没多少党员，工人农民还没有组织起来，在工人农民中间还没有扎根"，但是，地下党"在毫无准备的情况下，看到台湾人民起来以后，勇敢地站出来，果断地决定武装斗争，并且把所有力量都投入了这场斗争，在短短的一个星期内，组织了那么多的武装力量，最后还召开了全省性的武装斗争的会议，有组织地展开了武装进攻，这是很宝贵的。"[77]

1947年3月20日，延安发表社论，鼓励台湾人民起来进行武装反抗。[78]中共华东局随后也向台湾省工委发出工作指示，内容包括重新吸收优秀分子、确立完整组织、确保兵源财源，以及占领台湾山区，以深山为根据地，在山区建立解放区和游击区等原则。蔡孝乾认为，只要能建立山区武装基地，其他问题都可以获得解决，便全力朝这个方向努力。[79]

据蔡孝乾讲，"二·二八"事件后，他领导下的省工委"经三四个月的整理组织，又成立新竹、台中、台南、高雄等县工委会，学生方面单独成立学委会，指导全省学运，至三十七年（1948年）六月，全省党员已达三百名左右。"[80]

1948年6月，中共华东局在香港主持召开"台湾工作干部会议"，全面检讨中共在台湾省的各项工作。会议由刘晓主持，章汉夫担任记录。参加会议的有来自台湾的蔡孝乾、张志忠、洪幼樵等地下党员，有在香港的谢雪红等人，还有来自上海的李伟光等。会议批判了廖文毅等"台独"分子的"托管运动"，厘清了台湾地下党的领导权问题。谢雪红还对蔡孝乾在"二·二八"事件中放弃武装斗争的做法提出了批评。会议形成的《决议文》提出了台湾工作的方针："准备群众力量，扩大党的基础，以'反美'、'反蒋'、'反官僚资本统治'、'台人治台'、'要求地方自治'，来号召团结台湾各阶层人民并进而与内地来台湾的基本群众（包括军队），结成广泛的爱国民主统一战线，准备在全国解放战争达到全面胜利关头，武装起义解放台湾，完成台湾人民民主自治运动。"[81]

蔡孝乾返回台湾后，根据香港会议《决议文》的精神，着手开展武装斗争的准备工作。1949年5月上旬，蔡孝乾准备在北部深山建立解放区和游击区，他联络陈本江、陈义农、许希宽等人，到他台北市泉州街的住宅开会讨论。陈本江是一位大学教授，他从厦门中学毕业后，进入日本早稻田大学攻读经济学，学成后一度在北京大学任教。陈义农和许希宽则原本都是木工。"他们这些人，对于实施共产制度的'远景'，都怀抱着绮丽的幻想，也因此一心期待'祖国'早日'解放'台湾。"[82]

关于武装斗争的据点，有人提议七星山，有人提议后山三峡地区，有人认为观音山最适合。由于蔡孝乾对这些地区的地理环境都不熟悉，无法当场做出决议。最后，他指示大家分头找寻适当的地点，等备妥详细资料和地图再开会决定。6月中旬，他们再度聚会讨论。陈本江提出一份以台北县石碇乡鹿窟村为中心的地图，强调这个地方形势险要，向北经玉桂岭、坪林，进入姑婆寮、倒吊岭；向南可以由三峡通达新竹、苗栗的山区，进可攻，退可守，东南可以控制基隆沿海侧背，西边可以威胁台北地区，是建立武装基地的最佳地点。最后，陈本江的提议获得支持，地下党决定在鹿窟村建立根据地。

"鹿窟武装基地"就是在这样的背景下诞生的。这是一个位于基隆和台北之间的小村庄，十分贫困落后，大部分村民都是文盲。除少数人工垦殖的茶园之外，几乎都是荒山，村民只有靠山吃山，以砍柴、伐木来供给基本生活的需要。地下党后来陆续在树林三角埔、桃园、苗栗、新竹竹南、台中、云林二仑、台南麻豆、台南下营、高雄燕巢等地建立了类似的基地，鹿窟是其中规模最大、人员最多的一个。[83]

蔡孝乾自香港返台后，台湾省工委的组织发展迅速，至1949年底，所属党员已达1300多人。在蔡孝乾的领导下，省工委发动了彰化永靖乡的农民减租斗争、台北机务段员工运动，以及1949年三四月间的台大与师范学院（师大前身）的学生运动等。

蔡孝乾虽然远在台湾，但也许是为了掩护他，中共仍以蔡乾之名授予他一些正式职务。

1949 年 9 月 30 日，中国人民政治协商会议第一届全体会议在最后一日选举出了第一届中国人民政治协商会议全国委员会。根据 29 日通过的选举方法，全国委员会是用协商确定的整个名单付表决的方法选举的。候选人名单包括 180 人，此外留出 18 名空额，以便将来容纳新解放地区的适当代表人物。谢雪红和蔡乾作为台湾代表入选政协全国委员会。[84] 在 12 月召开的中央人民政府委员会第四次会议上，蔡乾被正式任命为中国人民政治协商会议全国委员会委员，谢雪红则被正式任命为台湾民主自治同盟主席。[85] 在 1950 年 6 月召开的中国人民政治协商会议第一届全国委员会第二次会议上，蔡乾的名字出现于请假缺席的 30 人名单上。[86] 蔡乾还以台盟盟员的身份被任命为华东军政委员会委员。直到 1952 年 11 月，当中共确认蔡孝乾在台湾变节后，方免去他的华东军政委员会委员之职。[87]

五、被捕变节

1949 年 8 月下旬，台湾"国防部保密局"通过侦破基隆市工委会支部案，得知台湾省工委会的线索，于是竭尽全力追查这一中共地下组织。10 月 31 日，高雄市工作委员会也被侦破，书记陈泽民、委员朱子慧被捕；11 月 5—7 日，高雄市工作委员会所属工、农、学运各支部人员谢添火、庄识宰等 18 人，蔡国智、丁开任等 8 人，梁清泉、何玉麟等 9 人也先后被捕入狱。陈泽民被捕后变节，供出了蔡孝乾和中共地下党的一些情况。保密局的人还从陈泽民口中套出了蔡孝乾在台北的一个住址，于 11 月中旬开始派张清杉蹲守。

与此同时，保密局成功"说服"被捕的基隆中学图书馆管理员戴芷芳"转向"，戴供出台北市前大同中学女教员季沄与蔡孝乾有组织上的联系。保密局顺着这条线，于 1949 年 12 月将季沄和她的丈夫张志忠逮捕。

1950 年 1 月 29 日，蔡孝乾在台北市泉州街 20 巷 16 号被国民党情治人员逮捕。[88] 被捕时，蔡孝乾相当镇静，因为"在他心里，总认为中国共产党很快就会将奄奄一息的国民党赶入海中，而在解放台湾的任务上，居功最大的，无疑地便将是蔡孝乾本人。他一直无法相信自己竟会落入国民党手中这件事"。负责办案的谷正文看到蔡孝乾时，发现他穿着"笔挺的高级西服，搭配着一条花色鲜明的领带"，身上有一股长征干部特有的傲气。不过，谷正文也同时认定，蔡孝乾"很注重物质生活，这种人，如果能充分满足他的物质欲求，慢慢地，就可以主宰他，到那个时候，他什么话都会说"。[89]

一星期后，蔡孝乾乘隙脱逃。保密局的人根据蔡孝乾记事本上的名单，逮捕了"国防部"参谋次长吴石中将，进而逮捕了中共华东局派到台湾的联络员朱谌之，吴石的亲密朋友"联勤总部第四兵站总监"陈宝仓中将、亲信随员聂曦上校等人。1950 年 6 月 10 日，他们一起在台北街头被枪杀。

谷正文探悉蔡孝乾有时会在台北中山市场中共党员黄天家中落脚，乃派员在黄天家中蹲守，将黄天抓获。据谷正文口述，黄天"是一名死硬派的老台共，是我所遇见过立场最坚定的一个，因此，他成为我这个采用智取原则办案的人仅一、两次使用暴力逼供的受害者"[90]。经过暴力刑讯，黄天供出蔡孝乾躲在嘉义粪箕湖林医生家中。2 月 27 日，蔡孝乾在嘉义再次被捕。蔡孝乾二次被捕后受尽酷刑，据说特务割开他的腿部，撒上食盐逼供。[91] 在情治人员的威逼利诱下，蔡孝乾变节投降，将省工委秘密和盘托出，还供出省工委宣传部长洪幼樵即将乘"四川"号轮船悄悄离台。3 月 4 日晚，洪幼樵在基隆码头被诱捕，他进入保密局汽车时，还以为是地下党派车营救他出险境。[92]

蔡孝乾的变节，使中共在台湾的地下党组织遭到毁灭性的打击，大量党员被逮捕，有些被处死刑，有些被判处有期徒刑，台湾进入白色恐怖时代。据说，从 1950 年到 1957 年左右，台湾当局侦破的一连串的中共地下党案件，"大部分直接或间接与蔡孝乾有关"[93]。

蔡孝乾在监狱里曾受到陈泽民和张志忠等人的批评。如张志忠"一一数落了蔡孝乾如何诱奸十四岁的小姨子，如何侵吞一万美金的经费，如何四处炫耀其共党负责人的身份，以及生活是如何地糜烂，天天在波丽露西餐厅（位于民生东路，是当时最有名、最时髦的西餐厅）吃早点，在山水亭（位于延平北路，为著名餐馆）吃饭，在永乐町看戏。"[94]

由于变节后内心的自责和狱友的责难，蔡孝乾的精神出了问题，每天写自首书，"手稿竟堆了有半人高"。经医生诊断，蔡孝乾患了"幻想症"，曾被送到台大医院精神病房治疗数月。[95]

蔡孝乾被捕后，"其妻及内弟等人乃及时辗转潜返中国大陆"，妻妹马雯鹃则受牵连"被逮捕送往绿岛新生训导处进行思想改造，不久回送情报局"。[96]

1950年6月1日，蔡孝乾在"中央日报"发表了一份公开声明，并在"中央电台"宣读，对仍在台湾活动的中共地下党人造成严重的打击。他说："我是蔡孝乾，也就是蔡乾，在中共有二十多年的历史，也是中共极少数的台湾高级干部之一。今日中共许多党的老干部，不是我熟悉的朋友，就是我当年共患难生死的同伴……我曾经是苏区时代的中央执行委员，参加过两万五千里长征，也曾是中华苏维埃政府的内务部长。后来调任第十八集团军总政治部的敌工部长，抗日战争结束后，我是中共台湾省工作委员会的书记，党在台湾的实际负责人……四年以来，我们在台湾，工作不能说不努力，对党也没有叛离，中共中央对我们的支持也是热切而有利的，虽然台湾的工作环境十分恶劣。"他还说："最后，我要向台湾同胞，尤其是向尚未自首的中共党员们说明，中国共产党是一个组织严峻的集团，对党员的控制，是一贯使用严格的纪律，我在中共党内二十五年，期间不知受了多少痛苦和折磨，也不知受了多少压迫和欺凌，但是我是没有任何办法反抗的。"[97]

蔡孝乾还拟订"匪谍及附匪分子自首办法"，于1950年9月17日公布，呼吁地下党员向当局投降。

1951年10月9日，蔡孝乾又在报刊发表"告匪谍书"，其中有谓："自去年十月政府公布'自首办法'后，大多数被匪帮欺骗而走入歧途的人，都能认清政府的宽大政策，而勇敢的同政府诚恳自首"，"政府宽大为怀"，不但给予他们"新生赎罪的机会，而且保障了原来的职业"。然而"还有少数执迷不觉悟的份子"没有自首，"在政府严密的追捕下，过着悲惨的流浪生活"。"政府为了要挽救这些未及自首者"，"一再公布《匪谍及附匪分子自首办法》，一再地表示宽大为怀，只要匪谍分子坦白自首，政府绝不究既往，不但保障自首者生命之安全，并在'自首办法'中确切的规定：'保障其原有之职务或职业暨私人之财产。'""我以一个曾经是匪帮在台湾的最高负责人，而获得新生自赎的身份，对那些少数仍被匪蒙蔽而未及自首者殊觉遗憾。"一年多来，"响应政府号召，坦白向政府自首者相继而来，这些自首者都获得新生自赎的机会：有的立即恢复自由，并保持了原来的职业；有的经过一个短时期的教育后，即回到家乡，与父母兄弟妻子团圆，过着快乐的生活。""以本人来说，我曾负责全省匪帮领导之责，罪尤可诛，然政府并不究既往，宽大为怀，而予以新生自赎之机会，生活上待遇优厚，并给予适当的工作，胜任愉快。我很感谢政府对我的宽宥，并感谢曾经鼓励我自首的亲戚和朋友们。"反观"匪帮统治的大陆"，则"灾荒频仍，饿莩载道；加以韩战送死，清算斗争，大批屠杀，整个大陆，民不聊生，民怨沸腾，到处开展着游击战争，可见匪帮日暮途穷，其最后覆灭，为期不远。"因此，"我真诚的希望至今天还在徬徨中的匪谍附匪分子，勿再执迷，勿再疑虑，迅速把握机会，立即遵照政府所公布的'自首办法'，并向政府所指示的地点投降自首，走向光明道路"。[98]

后来，蔡孝乾、陈泽民、洪幼樵、许效兰等"自新"的高级干部，都被台湾当局安置在士林芝山岩情报局，"担任匪情研究工作"。蔡孝乾"支领少将薪水，其他人分别列阶支薪"。后来，蔡孝乾升任"匪情研究室"少将衔副主任兼"司法行政部"调查局副局长。情报局为他们在芝山岩附近兴建住宅，蔡孝乾便长住于士林，"并且和马雯鹃共筑爱巢，产下爱情的结晶——蔡艾安"[99]。

1960 年，蔡孝乾在台湾"匪情研究"杂志上陆续发表了 7 篇论述毛泽东军事思想的专题论文，于 12 月汇编为《毛泽东军事思想研究》，出版单行本。叶翔之曾称赞说，蔡孝乾"一九五一年抛弃共党投效国家，参加反共斗争行列。近二十年来，蔡先生始终致力中共问题的研究，著作颇多，尤以《毛泽东军事思想研究》一书，已译成数国文字，在国际上极获好评。"[100]

1965 年，蔡孝乾又撰写了几篇有关毛泽东人民战争理论及战略战术指导原则的专题论文，发表在"匪情研究"杂志上，后汇编为《论析毛泽东人民战争》的小册子，于 1966 年出版。1971 年，蔡将两本小册子合并，取名《毛泽东军事思想和人民战争之研究》，由中共研究杂志社出版。[101]

1960 年代末，蔡孝乾以"江西苏区回忆"和"红军西窜回忆"为主题，撰写了 24 篇文章，连续刊载于台湾《中共研究》杂志，"这一工作是在国防研究院讲座，也是《中共研究》杂志社项乃光将军鼓励和督促之下完成的"[102]。后来，这些文章汇编成册，题名为"江西苏区·红军西窜回忆"，由《中共研究》杂志社于 1970 年出版。

1982 年初，蔡孝乾罹患急病，于 10 月终告不治，"以致没有留下较为宝贵的历史遗物，但他在五〇年代主控台湾的历史洪流，难怪迄今一直被历史学家引为传奇人物"[103]。

蔡孝乾之背叛，让笔者想到了他在台湾赞美牺牲的台湾共产党同志们的一席话。他说："'九一八'事变后，日政府用更残酷的手段来镇压台湾革命运动。台湾党接连遭受了几次的大摧残，大部分党员被捕入狱。台湾党在台湾革命斗争中尽了她先进党应有的责任。在最凶恶的日本统治者的毒辣手段下，台湾党失去了一部分最优秀的干部，其中有农民领袖台湾农民组合委员长赵港同志，台湾党创立者及组织者翁泽生同志，台湾党行动委员会委员洪朝宗同志，他们入狱以后，在日本警察用最残酷的肉刑和最卑鄙的劝诱手段下，毫不动摇地坚持了党的立场和表现了共产主义者崇高的气节。他们最后遭受日本政府的迫害，在狱中牺牲了。"[104]

蔡氏的赞美与背叛，使我们对他的评价变得十分不易。在此，我想引用两段话作为本文的结束语。一段是负责蔡孝乾案的谷正文的话："我认为，共产党在台湾的地下工作之所以失败，除了组织成员过于乐观，以致行迹过于暴露之外，它的领导人蔡孝乾的浮奢个性更是一个严重的致命伤。假如当初共产党派来台湾领导地下活动的人有几分周恩来或罗荣桓的才气，那么，历史的演变恐怕就大不相同了。"[105]另一段是老台共党员苏新的话："不要因为蔡前后来（一九五一年以后）叛变了，就不敢提他的名字。以前正确的就是正确的，以后叛变是以后的事情。对于历史事件必须保存原来的真面目，不能按照自己的利益、爱好、恩怨来加以篡改。至于因为嫉妒，故意抹杀别人，歪曲历史，那就更加恶劣了。"[106]

（作者单位：中国社会科学院近代史研究所）

注释：

[1] 杜继东：《留学上海——蔡孝乾红白人生研究之一》，中国社会科学院台湾史研究中心编：《林献堂 蒋渭水——台湾历史人物及其时代学术研讨会论文集》，北京，台海出版社 2009 年版，第 698—723 页；《台共风云——蔡孝乾红白人生研究之二》，中国社会科学院台湾史研究中心主编：《日据时期台湾殖民地史学术研讨会论文集》，北京，九州出版社 2010 年版，第 117—132 页。

[2] 孔永松、林天乙、戴金生：《中央革命根据地史要》，南昌，江西人民出版社 1985 年版，第 284 页。

[3] 马齐彬、黄少群、刘文军：《中央革命根据地史》，北京，人民出版社 1986 年版，第 353—354 页。

[4] 蔡孝乾：《江西苏区·红军西窜回忆》，台北，中共研究杂志社 1970 年版，第 13 页。

[5] 沈在中央苏区曾担任蓝衫团学校的专职教员。这个学校是工农剧社总社下属的一所专门培养戏剧演员和"工农艺术干部"的学校，成立于 1933 年 4 月，团长由蓝衫团团长李伯钊兼任。施英、施月娥、施月霞、施月仙等也是专职教员。1934 年 4 月，蓝衫团学校改为高尔基戏剧学校。参见江西省文化厅革命文化史料征集工作委员会、福建省文化厅革命文化史料征集工作委员会编：《中央苏区革命文化史料汇编》，江西人民出版社 1994 年版，第 249—250 页。施英、施月娥、施月霞、施月仙是当时有名的"施家四姊妹"，她们"活泼伶俐，能跳能唱"。参见赵品三《关于中央革命根据地话剧工作的回忆》，田汉等编：《中国话剧运动五十年史料集》第 1 辑，北京，中国戏剧出版社 1958 年版，第 187 页。

[6] 蔡孝乾：《江西苏区·红军西窜回忆》，第 19—20 页。

[7] 中共中央文献研究室编：《任弼时传》，北京，中央文献出版社、人民出版社 1994 年版，第 52 页。

[8] 蔡孝乾：《江西苏区·红军西窜回忆》，第 22 页。

[9] 任弼时于 1931 年 3 月由上海抵达中央苏区，担任苏区中央局组织部长。1933 年 5 月到湘苏区任省委书记兼省军区政治委员。参见柳建辉、郑雅茹编著《任弼时与中国青年》，沈阳，辽宁人民出版社 1994 年版，第 221、226 页。

[10] 蔡孝乾：《江西苏区·红军西窜回忆》，第 51 页。

[11] 蔡孝乾：《江西苏区·红军西窜回忆》，第 53 页。

[12] [美] 埃德加·斯诺著，吴博铨译：《红色中华散记（1936—1945）》，南京，江苏人民出版社 1991 年版，第 119 页。

[13] 蔡孝乾：《江西苏区·红军西窜回忆》，第 80 页。

[14] 蔡孝乾：《江西苏区·红军西窜回忆》，第 84 页。

[15] 蔡孝乾：《江西苏区·红军西窜回忆》，第 85 页。

[16] 蔡孝乾：《江西苏区·红军西窜回忆》，第 86 页。

[17] 唐非：《胡耀邦传》第 1 卷，北京，人民出版社、中共党史出版社 2005 年版，第 33 页。

[18] 中共江西临时省委：《反帝大同盟章程》，江西省档案馆、中共江西省委党校党史教研室选编：《中央革命根据地史料选编》下册，南昌，江西人民出版社 1982 年版，第 734 页。

[19] 《中央苏区革命文化史料汇编》，江西人民出版社 1994 年版，第 400 页。

[20] 蔡孝乾：《江西苏区·红军西窜回忆》，第 88—89 页。

[21] 蔡孝乾：《江西苏区·红军西窜回忆》，第88—89页。

[22]《中央苏区革命文化史料汇编》，第400页。

[23] 逄先知主编：《毛泽东年谱（1893—1949）》上册，北京，中央文献出版社2005年版，第408页。

[24] 蔡孝乾：《江西苏区·红军西窜回忆》，第86页。

[25] 唐非：《胡耀邦传》第1卷，北京，第33页。

[26] 蔡孝乾：《江西苏区·红军西窜回忆》，第92页。

[27] 德新：《"九·一八"反帝宣传展览的进行》，《红色中华》第109期，1933年9月15日，转引自《中央苏区革命文化史料汇编》，第279页。

[28] 工农美术社筹委会：《征求革命美术作品启事》，1933年11月26日在《红星报》，转引自《中央苏区革命文化史料汇编》，第292页。

[29]《中华苏维埃共和国第二次全国苏维埃代表大会开幕典礼》，江西省档案馆、中共江西省委党校党史教研室选编：《中央革命根据地史料选编》下册，第286页。

[30] 毛泽东：《中华苏维埃共和国中央执行委员会与人民委员会对第二次全国苏维埃代表大会的报告》（1934年1月），中国人民解放军政治学院党史教研室编：《中共党史参考资料》第6册，南昌，江西人民出版社1982年版，第533—534页。

[31] 蔡孝乾：《江西苏区·红军西窜回忆》，第151页。

[32] 蔡孝乾：《江西苏区·红军西窜回忆》，第192—193页。

[33] 反帝拥苏总同盟：《反帝宣传展览会于"八一"节开幕》，《红色中华》第220期，1934年7月28日。转引自《中央苏区革命文化史料汇编》，第310页。

[34] 中共福建省委党史研究室、中共浙江省委党史研究室、中共安徽省委党史工作委员会、中共江西省委党史资料征集委员会编：《中国工农红军北上抗日先遣队》，北京，中共党史出版社1990年版，第157—158页。

[35] [美]埃德加·斯诺著，奚博铨译：《红色中华散记（1936—1945）》，第119页。

[36] 蔡孝乾：《江西苏区·红军西窜回忆》，第160页。以下内容均源自蔡孝乾《江西苏区·红军西窜回忆》有关章节，恕不一一注明。

[37] 蔡前：《草地》，1942年11月4日《解放日报》，第4版。

[38] 红军到来之前，藏民把粮食、炊具和其他贵重物品都藏在窑洞或密室里。"找窖"就是找这些窑洞和密室。

[39] 蔡前：《草地》，1942年11月4日《解放日报》，第4版。

[40] [美]埃德加·斯诺著，奚博铨译：《红色中华散记（1936—1945）》，第119页。

[41] 蔡孝乾：《江西苏区·红军西窜回忆》，第54页。

[42] [美]尼姆·威尔斯著，陶宜、徐复译：《续西行漫记》，北京，生活·读书·新知三联书店1991年版，第251页。

[43] 蔡前：《敌军工作怎样做》，《前线》周刊第5期，1938年2月25日，第11页。

[44] 蔡前：《敌军工作怎样做》，《前线》周刊第5期，1938年2月25日，第13—14页。

[45] 蔡前：《敌军工作怎样做》，《前线》周刊第5期，1938年2月25日，第14—15页。

[46] 蔡前：《敌军工作怎样做》，《前线》周刊第5期，1938年2月25日，第16—16页。

[47] 蔡前：《敌军工作怎样做》，《前线》周刊第5期，1938年2月25日，第16—17页。

[48] 蔡前：《日本军队的政治特性》，《八路军军政杂志》第8期，1938年2月25日，第87—93页。

[49] 蔡前：《台湾的今昔》，1941 年 10 月 23 日《解放日报》，第 3 版。

[50] 《东方各民族反法西斯大会开幕》，1941 年 10 月 27 日《解放日报》，第 3 版。

[51] 《庆祝东方各民族反法西斯大会开幕》，1941 年 10 月 27 日《解放日报》，第 1 版。

[52] 《东方反法西斯大会上毛泽东同志号召各民族加强团结》，1941 年 10 月 31 日《解放日报》，第 3 版。

[53] 蔡前：《日寇如何开始进攻英美》，1941 年 12 月 20 日《解放日报》，第 4 版。

[54] 蔡前：《太平洋海空军根据地攻防战》，1942 年 1 月 8 日《解放日报》，第 2 版。

[55] 蔡前：《日寇在太平洋战争中的政治攻势》，1942 年 2 月 28 日《解放日报》，第 4 版。

[56] 蔡前：《日本帝国主义的殖民地台湾》，延安，新华书店 1942 年 6 月版，第 2 页。

[57] 蔡前：《日本帝国主义的殖民地台湾》，第 12 页。

[58] 蔡前：《日本帝国主义的殖民地台湾》，第 14 页。

[59] 蔡前：《日本帝国主义的殖民地台湾》，第 14—18 页。

[60] 蔡前：《日本帝国主义的殖民地台湾》，第 14 页。

[61] 蔡前：《日本帝国主义的殖民地台湾》，第 21 页。

[62] 蔡前：《日本帝国主义的殖民地台湾》，第 23—24 页。

[63] 蔡前：《日本帝国主义的殖民地台湾》，第 26 页。

[64] 蔡前：《日本帝国主义的殖民地台湾》，第 47 页。

[65] 蔡孝乾：《江西苏区·红军西窜回忆》，第 105 页。

[66] 张志忠，台湾北港人，本名张梗，日据时代前往大陆，日本投降后与蔡孝乾一起回台湾发展组织，"二·二八"事件期间在嘉义负责武装斗争工作。当时他负责攻占嘉义飞机场，由于形势不利，写信向蔡孝乾求援。因火车全部停驶，他特别请求一位火车司机开火车到台中找杨逵，让杨逵把信转交给蔡孝乾，但司机没有找到杨逵，信未转到。杨逵口述、何响录音整理：《二二八事件前后》，陈芳明编：《杨逵的文学生涯》，台北，台湾出版社 1988 年版，第 170—171 页。

[67] 蔡子民整理：《李伟光自述——一个台湾知识分子的革命道路》（下），《台声》总第 28 期，1986 年 11 月，第 45 页。

[68] 张执一：《在敌人心脏里——我所知道的中共中央上海局》，中国人民政治协商会议全国委员会文史资料研究委员会编：《革命史资料》第 5 辑，文史资料出版社 1981 年版，第 17、21 页。

[69] 李敖审定：《安全局机密文件：历年办理匪案汇编》（上），台北，李敖出版社 1991 年版，第 12 页。

[70] 江南：《蒋经国传》，洛杉矶，美国论坛报 1984 年版，第 179 页。

[71] 参阅蓝博洲《来自北京景山东街西老胡同的见证——战后台湾学运领袖陈炳基的脚踪》、《从高雄苓雅寮到北京——延平大学学生领袖叶纪东的脚踪》，蓝博洲：《沉尸·流亡·二二八》，台北，时报文化出版企业有限公司 1991 年版，第 69—96、17—35 页。

[72] 苏新：《关于"二·二八"事件处理委员会》，《台湾与世界》1987 年 3 月号，收入《未归的台共斗魂——苏新自传与文集》，台北，时报文化出版企业有限公司 1993 年版，第 194、195 页。

[73] 杨逵口述、何响录音整理：《二二八事件前后》，陈芳明编：《杨逵的文学生涯》，第 165—166 页。

[74] 杨克煌遗稿，杨翠华整理：《我的回忆·台魂泪（二）》，台北，杨翠华 2005 年版，第

278 页。

[75] 杨克煌遗稿，杨翠华整理：《我的回忆·台魂泪（二）》，第 301 页。

[76] 杨克煌遗稿，杨翠华整理：《我的回忆·台魂泪（二）》，第 310 页。

[77] 苏新：《关于"二·二八"事件处理委员会》，《台湾与世界》1987 年 3 月号，收入《未归的台共斗魂——苏新自传与文集》，第 198 页。

[78] 《台湾自治运动》，1947 年 3 月 20 日《解放日报》，第 1 版。

[79] 林树枝：《出土政治冤案》第 2 辑《良心犯的血泪史》，台北，前卫出版社 1989 年版，第 22 页。

[80] 陈芳明：《谢雪红评传——落土不凋的雨夜花》，台北，前卫出版社 1991 年版，第 437 页。

[81] 陈芳明：《谢雪红评传——落土不凋的雨夜花》，第 442 页。

[82] 林树枝：《出土政治冤案》第 2 辑《良心犯的血泪史》，第 23 页。

[83] 林树枝：《出土政治冤案》第 2 辑《良心犯的血泪史》，第 22 页。

[84] 《人民政协第一届全体会议选出全国委员会委员》，1949 年 10 月 1 日《人民日报》，第 1 版。

[85] 《中央人民政府委员会第四次会议通过的二十七项任命名单（之二）》，1949 年 12 月 5 日《人民日报》，第 2 版。

[86] 《会议出席人名单》，1950 年 6 月 15 日《人民日报》，第 1 版。

[87] 《中央人民政府委员会第十九次会议通过的免职事项》，1952 年 11 月 17 日《人民日报》，第 2 版。

[88] 《台湾省工作委员会等人案》，台湾省文献委员会编：《台湾地区戒严时期五〇年代政治案件史料汇编（二）个案资料》，南投，台湾省文献委员会 1998 年版，第 60 页。按：谷正文则回忆说，蔡孝乾是 1950 年 1 月 1 日深夜回到泉州街 26 号的住处时被张清杉逮捕的，时间和地点略有不同。谷正文口述，许俊荣、黄志明、公小颖整理：《白色恐怖秘密档案》，台北，独家出版社 1995 年版，第 83 页。

[89] 谷正文口述，许俊荣、黄志明、公小颖整理：《白色恐怖秘密档案》，第 83、84、85 页。

[90] 谷正文口述，许俊荣、黄志明、公小颖整理：《白色恐怖秘密档案》，第 128 页。

[91] 谢聪敏：《台湾抵抗运动与华人世界》，陈芳明编：《二二八事件学术论文集》，台北，前卫出版社 1989 年版，第 60 页。

[92] 洪幼樵是客家人，被捕变节后任台湾情报局研究员，著作甚丰，1990 年死于癌症。

[93] 林树枝：《出土政治冤案》第 2 辑《良心犯的血泪史》，第 30 页。

[94] 谷正文口述，许俊荣、黄志明、公小颖整理：《白色恐怖秘密档案》，第 139 页。

[95] 谷正文口述，许俊荣、黄志明、公小颖整理：《白色恐怖秘密档案》，第 140 页。

[96] 李宣锋、魏永竹访问：《当事人蔡孝乾家属马雯鹃暨蔡艾安访谈记录》，台湾省文献委员会编：《台湾地区戒严时期五〇年代政治案件史料汇编（二）个案资料》，第 63 页。按：谷正文回忆说，蔡孝乾的妻子到台湾不久就病死了，"于是他和同居一室的小姨子渐渐发生恋情。"谷正文口述，许俊荣、黄志明、公小颖整理：《白色恐怖秘密档案》，第 128 页。

[97] 《共匪台省书记蔡孝乾向大陆同胞广播表示忏悔》，1950 年 6 月 1 日《中央日报》，第 3 版。

[98] 《前已自首的匪帮在台最高负责人蔡孝乾发表告匪谍书》，1951 年 10 月 9 日《中央日报》，第 1 版。

[99] 李宣锋、魏永竹访问：《当事人蔡孝乾家属马雯鹃暨蔡艾安访谈记录》，台湾省文献委员会编：《台湾地区戒严时期五〇年代政治案件史料汇编（二）个案资料》，第 63 页。

［100］叶翔之:《序》,蔡孝乾:《江西苏区·红军西窜回忆》。

［101］蔡孝乾:《毛泽东军事思想和人民战争之研究》,台北,中共研究杂志社1971年版,"弁言",第1—2页。

［102］蔡孝乾:《自序》,蔡孝乾:《江西苏区·红军西窜回忆》。

［103］李宣锋、魏永竹访问:《当事人蔡孝乾家属马雯鹃暨蔡艾安访谈记录》,台湾省文献委员会编:《台湾地区戒严时期五〇年代政治案件史料汇编（二）个案资料》,第63页。

［104］蔡前:《日本帝国主义的殖民地台湾》,第42页。

［105］谷正文口述,许俊荣、黄志明、公小颖整理:《白色恐怖秘密档案》,第85页。

［106］苏新:《关于"二·二八事件处理委员会"》,《台湾与世界》1987年3月号,收入《未归的台共斗魂——苏新自传与文集》,第195页。

台湾光复前国民党对台胞的宣传及其缺失
——以中央电台对台广播为例

冯　琳

一、引　言

日本自明治维新后，"不甘处岛国之境"，形成以战争手段侵略和吞并中国、朝鲜等周边大陆国家以图扩张的大陆政策。1894 至 1895 年的甲午战争是日本对该政策的初步实施。因其失败，清廷被迫割让台湾、澎湖，使其成为日本殖民地。如果说丢失台湾是没落清王朝的腐败所致，那么不久后，取而代之的中华民国政府则给人以另一番感觉。尽管国民政府仍存在种种劣根性，不可否认的是其在外交政策和作为上较之清廷的积极与睿智，体现之一就是在收复台湾方面的努力。珍珠港事件爆发后，国民党当局发表对日宣战文，将中日之间所订条约全部废止，将对日清算追溯到甲午战争，使台湾地位等同于东北四省和后来的沦陷区。1943 年，借开罗会议之机，蒋介石促使美英两国支持中国在战后收回台湾。中国人民用坚持抗战的鲜血和卓越贡献换来英美对中国的重视，而国民政府通过外交努力，使台湾在战后的归属有了国际法的保障。[1] 从这些举措看，台湾光复前，在收复台湾的外交策略上国民党当局似乎无可厚非，而在接收作为方面其表现也差强人意。这方面的研究已有不少，[2] 但国民党对台宣传情况及其得失是一个研究不很充分的薄弱点[3]。本文为此项不足而作，从中央电台对台广播入手，考察在对台胞宣传方面，国民党所为如何？其中缺失又在何处？

二、收复台湾立场的确定

对于日本的侵略野心，早在孙中山时期就有清楚认识。据蒋介石介绍，"恢复高（高丽，即朝鲜）台（台湾），巩固中华"就是孙中山生前定下的基本对策。[4] 民国以降，国民党军政要员不乏具有鲜明民族主义情结者，反对包括日本在内的列强侵略中国的言论多有发表。但在孙中山时代和民国初期，在收复台湾的力量不具备的情况下，需要借用国外力量来解决国内问题，不宜本末倒置。加上有《马关条约》的束缚，1930 年代以前，尚无对于收复台湾的官方表态。但，至迟在日本侵略东三省后，蒋介石就开始认真考虑收回台湾问题，曾定下于 1942 年中秋节"恢复东三省，解放朝鲜，收回台湾、琉球"的目标。[5] 1934 年 4 月，蒋介石公开表态："不仅是东四省的失地我们要收复，而且朝鲜、台湾、琉球……这些地方都是我们旧有领土，一尺一寸都要由我们手里收回"[6]。由于当时中日之间尚未进入全面对抗阶段，两国国力悬殊，国民政府面临内忧外患，蒋介石的表态仅被当作减缓抗日派所施加的压力之举，未上升为国策。

卢沟桥事变后，随着中日之间进入全面对抗状态，收复台湾等失地成为国民政府公开宣讲的目标，复台立场逐渐确定。1938 年 4 月 1 日，蒋介石在国民党临时全国代表大会讲道："台湾是我们中国的领土，在地势上说，（朝鲜、台湾）都是我们中国安危存亡所关的生命线……为要达成我们国民革命……必须针对日本积极侵略的阴谋，以解放高丽（朝鲜）、台湾的人民为我们的职志。"[7]太平洋战争的发生，给国民党政府带来更多胜利的希望，于是由"自卫"状态进入"宣战"状态。并昭告中外，所有条约、协定、合同涉及中日间之关系者，一律废止，[8]否定了《马关条约》和日本占领台湾的合法性。1942年4月，国民党在陪都重庆掀起一场运动，孙科、陈立夫、冯玉祥等军政要人纷纷行动，或举行演说，或撰写文章表达对台湾的收复立场。《新华日报》、《中央日报》、《大公报》等纷纷出版"台湾光复专刊"，呼吁台湾同胞精诚团结、为收复台湾而努力。11月3日，外交部长宋子文在记者会上，进一步阐明战后恢复领土以甲午战前状态为目标，中国应收回东北四省、台湾及琉球，朝鲜必须独立。[9]在国民党的执政理念中，收复台湾的立场被完全确立。

正因为这一立场的存在，在1943年的开罗会议中，中方才明确提出对台湾的主权恢复诉求，并对英方修正案含糊其辞的说法进行有力反驳，最终促成台湾于战后应归还中国之事获得国际认同和国际法的肯定。1943年11月22—26日，中国、美国、英国三国政府首脑在开罗举行会谈。《开罗宣言》经斯大林同意后，于1943年12月1日公布于世。宣言声明：对日作战的目的在于制止并惩罚日本侵略；剥夺日本自第一次世界大战开始后在太平洋地区所夺得或占领之一切岛屿；日本攫取的中国的领土，如满洲（中国东北）、台湾、澎湖列岛等归还中国；在相当期间，使朝鲜自由独立。[10]

三、抗战后期国民党对台广播的加强

在台湾问题日益凸显、收复台湾的立场越来越鲜明之际，国民党开始加强对台宣传，其中重要一项就是利用广播的宣传。"中国国民党中央执行委员会无线广播电台"于1928年8月在南京始建，简称"中央广播电台"。建立之初，功率仅500瓦特，每日播音两个小时，以后逐步增至5个半小时，且采取分割播音办法，每日波音数次，听众限于电波所及的东南各省。这时，节目多为传递官方消息、贯彻政令方面的内容，没有专门的对台广播。随着抗战的推进和宣传抗战必要性的提高，中央电台在被迫迁移与变革的曲折历程中，呈发展之势。1943年前后，国民党拥有广播电台大小共计14座，合计电力145930瓦特。[11]这样的规模和功率，在战事频仍、经费拮据的情况下，依中国当时实力，已属不易。且国民党多次将增设电台、加强电力列入计划，虽因经费浩大，器材不易输入，未达预定计划的十分之一，却也显示了对此项工作的重视。[12]抗战后期，广播节目趋于多样化，对台广播成为常设节目。

自1943年4月起，国民党中央宣传部聘用在大陆参加抗战的台湾人柯台山[13]每周在中央电台用闽南语对台湾广播一次，由该部对敌宣传委员会成员提供广播稿。对台广播时间原规定为每周五下午九时。[14]不过，从一些广播稿所标示时间看，实际播送时间并未按此规定执行。如1943年11月3日、1944年11月24日的对台广播是下午五时半进行的。[15]日期也比较随机，周几都有，并非都是周五。且未按每周都播的规定，经常有重大事件发生时，便以速件、最速件呈报，核准即播。对台广播的内容大致有以下几项：

1. 对日本压迫台胞事实的揭露

对日本压榨、压迫台胞事实的揭露是对台广播的一项重要内容，如1943年1月2日，国民党中央宣传部对敌宣传委员会根据密报摘录日本压迫事实，并附密报原件，作为广播主稿素材使用，指示"多多宣传（不怕重复）"。[16]从密报内容判断，[17]该密报书于1942年。文中对日本侵华以来，特别是太平洋战争以来，日本对台湾变本加厉的政治压迫、经济剥削、军事奴役和宗教麻醉四个方面的压迫事实进行揭露，内容详尽。其中介绍了1942年日本在台

实行的"台湾特别志愿兵"制度的情况，指出这是日本为进一步加强"以台制台"的军事法西斯手段和准备后备兵员的需要。密报提到，1942年2月中旬的《台湾日日新报》报道，自该制度实施以来，至1942年2月15日，志愿兵就达2万余人，写血书表志愿决心者约占四分之一。密报称，实际上志愿兵并非真的志愿，而是被迫的。且由于服兵役年龄只有17岁的下限，而无上限，一些年迈老人也随时有被迫书写血制志愿书的可能，并以台南州某市七十老翁兒于天被征作军事通译为例，进行揭露。[18]

1943年5月12日的广播稿《日本帝国主义怎样剥削台湾同胞》，以若干具体实例说明日本对台胞的剥削。例如，当时台胞每年生产额已达12亿元，按全台600万人口来分，每人平均可得200元，实际每人每年仅得50元。指出，日本对待殖民地人民，"是开始剥夺他们的财产（要钱），继而奴隶他们（要人力），再继而消灭他们（要命）。"呼吁台胞宁为玉碎，不为瓦全，打倒日本帝国主义。[19]

2. 日本的困境与内在矛盾

一些广播稿揭示了日本的困境和内在矛盾，说明日本的失败是必然结果，以鼓舞士气民心。

1943年5月21日的对台广播稿《日寇＜国家总动员计划＞的礁石》，指出日本于昭和十八年提出七项动员计划，重点在增加生产力与将生产力"战力化"，即一方面是物资与人力动员，一方面是钱力与运输力的动员。但实际上该计划行不通，如物力动员方面，日本的铁远远无法满足需要。全日本本土只有5600万吨的藏量，占世界0.31%。战前主要靠从中国、印度与英国输入，日本自身产额仅占需求量的三十分之一。战争中，对铁需求日增，而运输力不足，即便能从占领地掠得，亦难以运达。通过分析，得出结论："日寇各种动员计划本身不可克服的弱点，将把其整个'国家总动员计划'搁在礁石上"[20]

1943年5月7日的广播稿《日寇当前的难题》则指出，日寇当前最大问题是经济问题，运输力不足是其中的致命伤。只要盟国加强海洋潜艇战，并轰炸日本本土，破坏其军需生产，其失败就不远了。[21]

1943年8月13日广播稿《日寇战争思想的分析》，分析日本战争思想，指出日寇作战目的不仅在吞并东亚，还在征服世界；日寇不会主动中途停止战争；日本战争思想是一贯的，要得到远东和平，就要对其战争思想进行彻底改造。该广播稿还对战后处置问题进行了思考，提出要在战后合理处理日本的问题，防止其发动次一战争，以免"赢得战争而输给和平"。并进而指出废除日本天皇制度，以根绝日本的穷兵黷武战争思想，才是追本清源的办法。[22]

1943年6月21日广播稿《日寇思想战的失败》指出，日寇思想战失败表现在两方面：其一，在华日军战斗意志的日益低落；其二，日本始终无法抑制倭军民的战斗意志，无法收揽倭民心。[23]

1943年10月22日广播稿《日寇的台湾殖民政策及其内在的矛盾》，指出抗日战争加深了日本在台湾殖民政策的内在矛盾，日本帝国主义会在不久的将来退出台湾。[24]

3. 胜利曙光的展现

发表战讯、分析战局，展示胜利曙光是1943年以后国民党中央电台对台广播中最常见的，也是分量最多的部分。如通报3月初我远征军在缅北的重大胜利，通报日寇在我沿海交通已被断绝，并说明这些进展的意义。[25]

此时的对台广播充分发挥了作为宣传工具的鼓舞人心的作用，将战况发展或具体事件背后的意义和一些军事家乐观的观察和推测也都加以说明。如，1944年3月3日对台广播稿：

《盟国海军袭击马里亚纳的意义》，介绍了上个月美国军事进程的重大意义。指出，美国在很短时间里，在有一定距离的不同地点取得几场大的胜利，证明出令人吃惊的军事实力。据推测，袭击马里亚纳的航母就有10艘，主力舰8艘。[26] 又如1945年8月9日广播了一些剪报内容，介绍了6日在广岛投下的原子弹对日所造成的破坏和伤亡情况。并称军事观察家相信，盟国在考虑对日发出新的促降公告，否则将以原子弹力量使其消灭。[27]

对于战争重大突破的消息发布及评论，也是一项重要内容。如1945年8月7日的对台广播，对中英美合攻日本进行了评论。指出，中英美三国对日公告发表之后，英美两国将以全力对日作战的声明也随后发表。"中英美三国已密切联系，动员所有力量来合攻敌寇了"，盟军解决了德国，移师东来，"绝对有把握赢得胜利"。[28]

4. 台胞抗战的重要性

国民党面向台湾的广播也有对台胞抗战重要性的肯定和褒扬。

1943年8月31日中央宣传部对敌宣传委员会发文（对字第327号）《太平洋战事与台湾》，指出台湾位于太平洋重要战略地位，"台湾既然是位置于太平洋中之一重要战略地点，故太平洋所发出的一波一浪都足以波动及台湾。固此我台湾同胞对于太平洋的任何事变之发生，都应有负有直接间接的责任。"[29] 希望台胞认清其重要性，若有盟军登陆之日，应争先援助。

1944年3月14日的对台广播稿《太平洋战争的现势》，则指出美国在太平洋战场取得优势，日本要扭转战局，唯有依靠海军孤注一掷，但显然他们缺乏这样做的勇气。"日本侵略主义的崩溃就在我们的面前。台湾的同胞们，你们应该注视太平洋战局的进展，准备内应，消灭日寇，这是当前我台湾同胞应有的准备和使命。"[30]

1944年7月22日的对台广播稿《盟军对敌（倭）国包围战的开始》，分析战局，指出"中太平洋战争的顺利及其积极的发展迟早就会达到台湾本土，台湾同胞应认识台湾这次在日寇利用为南进的据点，积极武装后成为盟国海空军所注目的一个重要攻击地点，进攻日寇本土必以台湾为先"。[31] 呼吁台胞及时醒悟，参加祖国的抗日，与盟国联合起来，打击日本。

四、宣传缺失之我见

对台广播关于胜利讯息的播报，关于日本侵略政策即将坍台的分析，关于世界有利局势的展示，无疑都具有鼓舞士气民心的作用，对渴望回归的台胞带来莫大安慰。广播中关于祖国和盟国战讯的传达，使台胞更清楚地掌握祖国抗战动态，以作出配合。如1945年2月8日，广播介绍了战局战况，指出：盟军即将迫近日本本土，呼吁"请准备吧！准备响应盟军将来的进攻，准备奋勇杀敌报国，清算五十年的血债吧！"[32] 其中亦充满祖国对台胞的关切表达和激情呼唤，如1944年7月7日广播云："台湾的同胞们：你们在日寇的压迫下过着痛苦的生活已经长年累月，祖国的父老们无时不在关怀你们"，[33] 又如1943年11月3日广播云："祖国每一个同胞都在怀念你们，希望大家从速反省，大家团结起来，打击日军，恢复我们的失地与自由。"[34] 这些关切之语及呼唤之声对台胞民心有一定召唤作用。这些是广播所体现的对台宣传之"得"。

好处显而易见，不过，笔者想从光复前的对台广播重点谈一下国民党宣传之"失"究竟在何处，揭示对台接收"软件"准备的不足之处。从国民党中央电台对台广播内容所反映出的对台宣传缺失主要有以下几点：

1. 缺乏祖国意识和历史认同感的强化

日本统治台湾的政策大致分三个时期：从 1895 年至一战，日本倾向于暴力镇压，台湾民众的反抗形式多为武装斗争；一战后，日本以台湾为基地，推行"南图北进"，以怀柔手段对待台湾民众；二战开始后，日本在台实行"皇民化运动"的同化政策，台湾民众或反战或到大陆组织团体参加抗战。[35]台湾光复前的几年，日本殖民者除在政治上实施总督专制、经济上掌握台湾金融命脉和工农业之外，更为重要的变化是，越发倾向于文化和教育上的同化与灌输。加上台湾被日本统治年代已比较久远，不可否认，部分中青年台胞对祖国的认同感越来越淡漠，有些人甚至已经认为自己是日本人。1942 年 1 月初，日军占领马尼拉，当时台湾第一大报《台湾日日新报》以大量篇幅报道了这场胜利。5 日，报称数以万计的青年学生在台北、台中、嘉义等地挥舞着日本国旗，高唱日本歌曲，高呼"万岁"。[36]甚至到光复已五年之久时，国民党中央还在会议中指出：台胞年在 45 岁以上或尚在小学、初中学习的青少年学生对祖国尚有相当怀念或了解，至 20 至 35 岁的青壮年因对祖国无从认识，且受日本教育的误导，对日本有下意识的依恋。[37]

不但台湾有不少人已缺乏对祖国大陆的认同感，当时大陆也有民众认为台湾是"外国"。台湾义勇队在大陆活动时，就遇到被一些大陆台胞看做"外国人"的误会。[38]尽管国民党当局在重要场合一向严正表示台湾属于中国，应在战后归还中国，却忽略了利用国家机器和党机器对民众的日常舆论导向和观念灌输。国民党官方也将筹设台湾党部当做推进"海外党务"的一项重要措施，[39]而未将其作为本土特殊区域党务进行操作。虽然当时台湾由日本进行事实上的统治，筹设该地党部的经费需以外汇支持，这是事实，但倘若在党内仍将其作为"国内"领土对待，亦会彰显执政党对待国土的原则性和收复失地决心，从而对党众产生心理上的暗示与激励效应，无形中起到宣传作用。这是国民党的策略失误。

国民党对大陆民众和党员的宣传弱点同样表现在对台宣传工作中。在抗战后期的中央对台广播中，鲜有宣讲台湾历史及其与大陆关系的稿件。在 1943 年 1 月至 1945 年 2 月国民党中央宣传部对敌宣传委员会中央电台对台湾广播稿中，有 34 篇广播稿和 1 篇提供素材的广播主稿。其中仅 1 篇指出台湾自古是中国故土的历史，还有 1 篇提到割让台澎的历史，其余均为战讯战况通报或日德困境分析，讲述日本如何剥削台胞，追溯先烈抗争史，呼吁台胞配合打击日寇等。在国民党中央执行委员会宣传部编审组编的 1945 年 6、8 月份对台闽南语播稿 21 篇中，有关军事进程或战争重大消息 14 篇，国际战争形势评论 1 篇，处理战后问题的新闻、书告 5 篇，国民政府的国际政策与建国方针 1 篇，没有 1 篇介绍台湾与大陆的血脉关系和历史渊源。

在台湾已被日本占据近 50 年之久、一些人祖国意识和历史认同感已相当淡薄的情况下，在 56 篇文稿中仅有一篇追溯了台湾与祖国的历史关系，这样的力度显然是不够的。而且，就是这样一篇广播稿所讲历史也是不全面不详细的。它仅从明朝崇祯年间郑芝龙率数万福建饥民入台湾垦荒开始讲起，未提及宋朝对澎湖的治理和元代澎湖巡检司的设置，更未提及早至三国时期和隋朝的探险和管理以及考古发现中的密切关系。这篇广播稿的作者认识到："这一段宝贵的历史，我们的敌人自然不愿意提起，使我们的台湾同胞知道。恐怕在我们的台湾同胞中，忘记这段历史的人亦不少数，甚至在祖国的同胞中知道而重视这段历史的人亦不很多，这不能不算是极遗憾的一回事。"[40]可惜，未能深入挖掘、展开阐述；可惜，其他撰稿人未有如此清醒认识；更为可惜的是，国民党当局未能在对台宣传工作中强调这样的认识。

2. 忽视对错误言论倾向的驳斥与纠正

"台独"是近年来对台湾政治和两岸关系产生重大影响的一种言论，若追溯起来，可溯及至二战以前。但，大体而言，战前的"台独"大多为台湾民族运动性质，本质上对抗的主要是日本帝国主义；而战后的"台独"，所要对抗的是国民政府（后来转变为中共政权）。二战后期虽未形成当下所指的分裂祖国的"台独"运动，但已出现具有此类目的的言论，其源头来自美国。当时，美国部分政客在台湾问题上炮制"托管论"，并暗中推波助澜。国际托管是二战后期美国基于自身利益而制造出来的，是其远东战略的一部分。太平洋战争引发一些美国政客对作为远东日本战略要地的台湾的觊觎。美国国防部专门设立远东战略小组，考虑如何将台湾纳入掌控范围。该小组成员之一、当时美国驻台湾领事馆的海军情报官柯乔治，指出：台湾可临时由联军托管，在此期间，台湾人民以公民投票决定他们的政治命运。[41]开罗宣言发布后，为免与其产生直接冲突，该战略小组回避"托管"二字，提出较隐晦却有同样实质的计划，即：美军自太平洋攻占台湾，战后由台湾"民族自决"，成立"共和国"。

"托管论"无疑是荒谬的，此处不驳。在接收台湾之前，国民党对以此种言论为代表的错误论调虽有一定警觉，曾在某些场合驳斥美国部分人士妄图染指台湾的设想，反对战后台湾由国际共管的言论。但这样的警觉在对台广播中没有体现，笔者从该时期对台广播稿中，没有发现对这些论调有针对性的驳斥或纠正。这就造成对台宣传的一个缺失，没有唤起台湾民众对此类错误论调的警惕，使其对酝酿中的"台独"倾向缺乏防范。

3. 缺少祖国情况的介绍和对重建困难的预期

日本殖民台湾时期，不但使台湾与大陆消息隔绝，还进行了适应自己统治的、扭曲历史的教育和宣传。台湾调查委员会[42]主委陈仪曾向时任教育部长的陈立夫指出，几乎半数台湾人接受着日语教育，五十岁以下者对于中国文化及三民主义等大多没有了解的机会，对这些感到"茫然"。[43]实际上，令其茫然的不止是祖国文化、三民主义，还包括当时中国的实力、与日本的差距、战争中的牺牲等其他方方面面的东西。广播是光复前台湾民众了解大陆的重要途径，国民党却没有好好利用这个途径向台胞介绍阔别已久的祖国的情况，造成台湾民众对祖国状况的无知。他们只能从祖辈、父辈那里听到一点对遥远过去的回忆，或从日本的宣教中获得一些扭曲与不确的概念，不能建立对祖国较为具体正确的认知。

广播中也缺失对重建困难的预期。虽然在当时宣讲困难似乎为时尚早，不利于鼓舞士气迎接光复，但是从后来的事实看，提早为战后工作埋下一些伏笔应该是明智的先见。因为光复前没有让台胞做出这样的心理准备，战后初期又大肆为抗战胜利的丰功伟绩和国际场合大国形象的树立歌功颂德，导致台湾民众心理预期过高，与后来重建中遭遇的种种难以走出的困境形成鲜明落差，这使台胞无法适应和接受，成为"二二八事件"诱因之一。[44]

4. 缺乏亲和力

当时对台广播稿很多都以"台湾同胞，现在所要讲的题目是：×××"之类的话语开头[45]，讲军事战况，讲政治，讲国际形势，内容宏大，但枯燥无味，几乎没有一篇是贴近民众日常生活的。1945年6月、8月的闽南语广播，内容无一例外地是战讯发表，均有这样的开场白："亲爱的台湾台胞们：现在向你们报告新闻消息，请大家细心听讲"之类的话语[46]。面目亲和、以情动人的宣传或说教，是国民党历来不善运用的弱项。林彪率领的官兵作战英勇威猛，国民党人很多都认为是其战术"残忍"，甚至包括曾是国民党军官的著名历史学家黄仁宇。而杨奎松从韩国翰林大学亚洲文化研究所编文献资料看到了20封朝鲜战争时期美军缴获的中国志愿军的家书，这些家书几乎都在讲共产党如何照顾穷人，鼓励亲人为国立功。杨认为这是对士兵精神鼓舞的有效途径。[47]当时的国民党电台若间或运用召唤亲人、赞颂祖国的家书等材料作为广播内容，可能会给台胞心理以更为温暖的感觉。

5. 缺乏针对特殊地区与人群的宣传

国民党对台广播还有一个缺失就是没有顾及到台湾特殊地区与人群的特殊性。台湾地形多样、民族情况复杂。地形有台地[48]、平原、山地、盆地和丘陵五种。山地多平地少，山地面积约占全岛的三分之二，东中部大部分地区是高山和丘陵，山高水急。岛内少数民族有雅美、排湾、卑南、鲁凯、阿美、邹、布农、赛夏、泰雅、邵等。山地各族群有各自方言，不但平地人不懂，各族群间也不相通。[49]种种资料显示，光复前后一段时间内，国民党当局缺少对这些特殊地区与人群的关注。当时，台湾调查委员会的一种观点就是应将台湾视同内地一省，并称这里无特殊宗教与习俗。从座谈会记录中，我们又看到，这种观点有人附和而无人反对。[50]当时台湾所谓"蕃族"虽然人数只有15万，却不能完全将其忽略。尤其在收复问题上，倘若兼顾到这些人加以得当宣传，应能树立更为亲善、亲和的形象，博得更多人心理上的认可。而国民党中央电台对台广播一以化之、大而论之，缺少对台湾特殊性，特别是山地、离岛这些特殊地区和不同民族的特殊心理的考虑。

相对于大陆来说，台湾面积小、人口少，这些特殊地区与人群的特殊性在这种情况下显得更具影响力。遗憾的是，直到国民党退台以后，也未能及时调整思维、做出有效反应。在1950年代初的国民党改造运动中，山地、离岛恰恰是其根基最为薄弱、改造最无效之处。[51]

五、结　语

国民党丢失大陆的一个重要原因就是民心的失却。而在收复台湾前夕，对台胞民心的"接收"准备也是很不足的。当时最主要的准备工作来自台湾调查委员会。该会聘用一些台籍人士，搜集、编译有关台湾的资料，训练人才，制定接管计划，为接收做准备。但因为事实上只有一年多的时间完成这些工作，仓促间难以细致考察台湾民众心理实态。在一定程度上，这种仓促感是国民党对自身实力缺乏信心所致。辛亥以来，国民政府一直在对"弱国无外交"的局面纠结、奋争，竭力改变。在二战局势出现转机之前，国民党政府对收复台湾失地之事毫无把握，因而未曾及早做出准备。因台湾尚在日本之手又相隔海峡，交通不便，台调会所据资料不是来自实地调查，而是来自书籍杂志。[52]其中的台籍人士亦均属长期客居大陆者。由于离开台湾已久，实际上对当时台胞心理是隔阂的。最重要的调查准备机构都未能提供切实详尽的资料，尤其是关于民众所思所想的资料，国民党无从了解台湾真实情况，更无法拟订相应宣传对策。从该会工作纲要及计划中看不到有关民心考察及应对的内容。[53]它所拟定接管计划纲要内容涉及内政、外交、军事、财政、金融、工矿商业、教育文化、交通、农业、社会、粮食、司法、卫生、土地等方面，[54]貌似无所不包，实际上却忽略了对台胞民情民意的考量。

对已失却50年的台湾宝岛的接收实际上是个浩大工程，其中不但要有诸多"硬件"方面的考虑，更需有细致的"软件"方面的设计。这个"软件"不仅包括一系列规则制度和人事的变更，还要包括正确意识的树立与引导、错误思想的防微杜渐以及有害情绪的疏导与防范。虽言当时国民党面临抗日战争、对付中共等事，头绪繁多，但这似乎不足以为其忽略台胞民心之事开脱。平心而论，忽略民心其实是国民党宣传中一个通病。这与国民党领导层的腐朽与政策失当有关。由于对当时台胞民心缺乏调查研究，国民党对台宣传给人以大而无当、空而无物之感。台湾部分民众祖国意识淡薄、对正确的台湾历史缺乏了解，部分民众被国际托管等错误观念误导，部分民众渴望回归但缺少对困难的预期，部分民众渴望更多来自亲人的召唤，部分民众情况特殊需要有针对性的关怀……这些在国民党中央电台的对台广播中都没有被很好地顾及。

此间的对台广播是国民党对台宣传政策失误的一个表现。国民党当局在收复台湾的外交策略上做出了积极的应对，而在接收准备，特别是接收前对台胞民心的聚拢方面，表现得有失消极。国民党不了解台胞民心，没有在台湾光复前成功地进行民心"接收"的准备，这是导致光复后很快就浮现出种种危机的一个内在原因。光复后国民政府在台湾的施政不合民意，不到两年便爆发了一场足以改变历史的冲突事件，其影响至今尚存。

（作者单位：中国社会科学院台湾史研究中心）

注　释：

[1]　参见褚静涛：《论国民政府收复台湾策略》，《江海学刊》2005 年第 2 期，第 147—152 页。

[2]　如左双文：《国民政府与台湾光复》（《历史研究》1996 年第 5 期），褚静涛：《蒋介石与台湾收复》（《中国边疆史地研究》2000 年第 3 期），褚静涛：《国民政府收复台湾考论》（《南京大学学报》2000 年第 6 期），白纯：《战后台湾光复过程中的受降与军事接收问题述略》（《军事历史研究》2002 年第 2 期），季云飞：《陈仪与台湾教育事业之接收和重建》（《江苏行政学院学报》2004 年第 5 期）等。

[3]　有关该文所涉及的广播宣传方面，有汪学起、是翰生：《国民党中央广播电台史实简编》（中国社会科学院新闻研究所《新闻研究资料》编辑部编辑：《新闻研究资料》总第四十一辑），胡耀亭：《抗战时期国民党国际广播电台节目的构成及其特色》（《中国广播》，2005 年 11 期），李佳佳：《回旋历史的声音（中篇）——第二次世界大战中的中外广播 国民党中央广播电台的抗战宣传》（《中国广播》，2005 年 11 期）等。写作者一般为新闻、传媒界研究人员，侧重点在电台变迁的史实重构与宣传要点等方面。

[4]　蒋介石：《对日抗战与本党前途》，林泉编：《中国国民党临时全国代表大会史料专辑（上）》，台北：国民党党史会 1991 年出版，第 374 页。

[5]　《蒋介石日记》，1932 年 9 月 13 日。

[6]　《日本之声明与吾人救国要道》（1943 年 4 月 23 日出席抚州北路剿匪总司令部扩大纪念周训词），秦孝仪主编：《先总统蒋公思想言论总集》卷 12，台北：中国国民党中央委员会党史委员会 1984 年 10 月版，第 199 页。

[7]　蒋介石：《对日抗战与本党前途》，林泉编：《中国国民党临时全国代表大会史料专辑（上）》，台北：国民党党史会出版，近代中国 1991 年发行，第 374 页。

[8]　谭合成、江山主编：《世纪档案 影响 20 世纪中国历史进程的 100 篇文章 1895—1995》，中国档案出版社 1996 年版，第 270 页。

[9]　《外交部长宋子文在重庆国际宣传处记者招待会答问》，重庆《中央日报》，1942 年 11 月 4 日。

[10] 上海大公报社编：《国际重要文献》，上海：大公报出版委员会 1951 年 03 月版，第 7 页。

[11] 《十一中全会中央执行委员会常务委员会党务报告》（1942 年 11 月—1943 年 9 月），《中国国民党党务发展史料——中央常务委员会党务报告》，台北：党史会编，1995 年 12 月初版，第 585 页。

[12] 《十一中全会中央执行委员会常务委员会党务报告》（1942 年 11 月—1943 年 9 月），《中国国民党党务发展史料——中央常务委员会党务报告》，台北：党史会编，1995 年 12 月初版，第 585 页。

[13] 柯台山，台南人。1923 年负笈日本时，在白咏华等国民党人协助指导下，与留日同学共十一人发起成立"北京语研究会"，誓为祖国收复台湾而奋斗。是年，台、日间参加者有 240 名。1924 年毕业返台，而后赴大陆负责联络，曾辗转湖南等地，等待时机。1939 年抵达重庆。适逢柯康德等组织志愿队，抵达广州，欲参加抗战。经设法与柯台山取得联络，促其请求中央推展台湾工作，领导台胞抗敌。此后，柯台山展开宣讲，为台胞请命，并参加中央训练团第五期受训。1940 年 1 月结业后，留在国民党中央党部工作。（许雪姬访问、曾金兰纪录，《柯台山先生访问纪录》，台北：中研院近史所，1997 年 6 月。）

[14] 罗克典签呈，《国民党中央宣传部中央电台＜对台湾广播稿＞（1943 年 4 月—1944 年 11 月）》，中国第二历史档案馆、海峡两岸文化交流中心编：《馆藏民国时期台湾档案汇编》，册 16，九州出版社 2007 年出版，第 2 页。（以下注释仅注明册 16，而未详注出处者，均出自此书。）

[15] 1943 年 11 月 3 日对台广播稿，册 16，第 90 页；1944 年 11 月 24 日对台广播稿，《国民党中央宣传部对敌宣传委员会中央电台对台湾广播存稿（1943 年 1 月—1945 年 2 月）》，中国第二历史档案馆、海峡两岸文化交流中心编：《馆藏民国时期台湾档案汇编》，册 14，九州出版社 2007 年出版，第 216 页。（以下注释仅注明册 14，而未详注出处者，均出自此书。）

[16] 《广播主稿》，册 14，第 57 页。

[17] 如提到台湾特别志愿兵役制度实施于"本年二月一日"，而该种志愿兵的正式申请时间是 1942 年 2 月 1 日至 3 月 10 日，可知密报写于 1942 年。

[18] 《广播主稿》附件，册 14，第 72—75 页。

[19] 《日本帝国主义怎样剥削台湾同胞》（1943 年 5 月 12 日对台广播稿），册 16，九州出版社 2007 年出版，第 27、33、34 页。

[20] 《日寇"国家总动员计划"的礁石》（1943 年 5 月 21 日对台广播稿），册 14，第 85—86、95 页。

[21] 《日寇当前的难题》（1943 年 5 月 7 日对台广播稿），册 16，第 19、25 页。

[22] 《日寇战争思想的分析》（1943 年 8 月 13 日对台广播稿），册 14，第 101—102 页。

[23] 《日寇思想战的失败》（1943 年 6 月 21 日对台广播稿），册 16，第 45—46 页。

[24] 《日寇的台湾殖民政策及其内在的矛盾》（1943 年 10 月 22 日对台广播稿），册 14，第 111—118 页。

[25] 1943 年 3 月 15 日对台广播稿，册 14，第 77—80 页。

[26] 《盟国海军袭击马里亚纳的意义》（1944 年 3 月 3 日对台广播稿），册 14，第 142—143 页。

[27] 1945 年 8 月 9 日对台广播稿,《国民党中央执行委员会宣传部编审组编 1945 年 6、8 月份台语播稿汇存》,中国第二历史档案馆、海峡两岸文化交流中心编:《馆藏民国时期台湾档案汇编》,册 33,九州出版社 2007 年出版,第 251—254 页。(以下注释仅注明册 33,而未详注出处者,均出自此书。)

[28]《中、英、美三国合攻日本(评论)》(1945 年 8 月 7 日对台广播稿),册 33,第 246—250 页。

[29]《太平洋战事与台湾》(1943 年 8 月 31 日中央宣传部对敌宣传委员会发文),册 14,第 119 页。

[30]《太平洋战争的现势》(1944 年 3 月 14 日对台广播稿),册 14,第 161 页。

[31]《盟军对敌(倭)国包围战的开始》(1944 年 7 月 22 日对台广播稿),册 14,190 页。

[32] 1945 年 2 月 8 日对台广播稿,册 14,第 237 页。

[33]《日寇崩溃与台湾解放》(1944 年 7 月 7 日对台广播稿),册 14,第 181 页。

[34] 1943 年 11 月 3 日对台广播稿,册 16,第 98 页。

[35] 吕芳上:《台湾革命同盟会与台湾光复运动(1940 - 1945)》,高纯淑编:《中国国民党党史论文选集》第五册,台北:近代中国 1994 年版,第 452 - 453 页。

[36] 1942 年 1 月 5 日,〈くまこう陥落萬歲! きのみ全島旗の波〉,《台湾日日新报》,第 4 版。

[37]《中央改造委员会第 164 次会议纪录》,1951 年 7 月 2 日,台北:党史馆藏中央改造委员会档案"会议类",档号:6.41/249。

[38] 蔡人龙:《我们是外国人吗?》,《台湾先锋》第六期,合订本下卷,第 81 - 82。

[39]《国防最高委员会秘书厅密函》(1941 年 3 月 19 日),中国第二历史档案馆、海峡两岸文化交流中心编:《馆藏民国时期台湾档案汇编》,册 11,九州出版社 2007 年出版,第 72 页。

[40]《中国抗战与台湾》(1943 年 4 月 16 日对台广播稿),册 16,第 3 页。

[41] [美] 柯乔治:《被出卖的台湾》,陈荣成译,台北:前卫出版社 1991 年版,第 20 页。

[42] 1944 年 4 月 17 日在《马关条约》签订 49 周年之际,国民政府在国防最高委员会中央设计局下特别设置台湾调查委员会(简称:台调会),由陈仪出任主任委员,筹划接收台湾事宜。

[43]《陈仪致陈立夫函》(1944 年 5 月 10 日),第二历史档案馆:《抗战胜利前国民党政府接收台湾准备工作档案史料选》,《民国档案史料》1989 年第 3 期,第 21 页。

[44] 参见白纯:《简析抗战时期的台湾调查委员会》,《江海学刊》2005 年第 1 期,第 156 - 157 页。

[45] 如 1943 年 10 月 22 日对台广播稿:《日寇的台湾殖民政策及其内在的矛盾》,8 月 31 日中央宣传部对敌宣传委员会签发的对台广播稿:《太平洋战事与台湾》,1944 年 3 月 14 日对台广播稿:《太平洋战争的现势》等。分别见册 14,第 111、119、156 页。

[46] 如 1945 年 6 月 2 日、5 日、7 日、9 日、12 日、14 日、16 日、19 日、21 日、23 日等日播出的广播稿,见册 33,第 195—237 页。

[47] 详见杨奎松:《共军在战场上为何打"疯"了》,《同舟共进》月刊 2008 年第 5 期,第 16—18 页。

[48] Terrace,沿河谷两岸或海岸隆起的呈带状分布的阶梯状地貌。

[49] 柯芹:《认识环境,改造环境——献给本省山地党务辅导委员会》,《台湾党务》第十

四期，1951 年 8 月 1 日，第 6 页。

[50]《台湾调查委员会第一次座谈会纪录》（1945 年 7 月 13 日），第二历史档案馆：《抗战胜利前国民党政府接收台湾准备工作档案史料选》，《民国档案史料》1989 年第 3 期，第 3—6 页。

[51] 参见笔者的博士论文：《1950 年代初中国国民党改造运动研究——侧重于下层与实际问题》，中国社会科学院研究生院 2006 级。

[52]《台湾调查委员会座谈会记录》（1944 年 7 月 21），《台湾光复和光复后五年省情》（上），南京出版社 1989 年版，第 19 页。

[53] 参看《台湾调查委员会 1944 年度工作纲要草案（1944 年 4 月）》，中国第二历史档案馆、海峡两岸文化交流中心编：《馆藏民国时期台湾档案汇编》，册 22，九州出版社 2007 年出版，第 395—400 页；《台湾调查委员会 1945 年度工作计划（1944 年 6 月）》，同上，第 402—405 页。

[54] 参看《台湾接管计划纲要草案》，中国第二历史档案馆、海峡两岸文化交流中心编：《馆藏民国时期台湾档案汇编》，册 24，九州出版社 2007 年出版，第 292—310 页。

乙未台湾抗日将领的战略战术研究

关 伟 关 捷

1895 年 4 月 17 日（光绪二十一年三月二十三日），中国被迫与日本签订《马关条约》，割台成为事实后，台湾各阶层各民族即展开不同规模及各种形式的抗日斗争，既有文争，也有武斗，其武斗为主要斗争。这一斗争从 5 月 25 日（五月二日）台湾人民决意奉清抗日，成立台湾民主国，开始反割台运动，到 10 月 21 日（九月四日），日军侵入台南，乙未武装斗争基本结束。斗争时间仅 5 个月，但台湾各次武装斗争的将领具有一定的指挥作战本领，懂得并运用一定的战略战术，均在斗争中给日本侵略军以沉重打击。本文对乙未年台湾抗日将领所指挥的各次战斗加以考察[1]，探讨各将领所运用的战略战术，总结抗日斗争的历史经验教训，对振奋民族精神，增强民族自信心，无疑是有价值的。

一、乙未年日军侵入台湾，台湾抗日将领确立抗日、驱逐日本侵略者为总战略任务

作为指挥员，必须先认清自己的战略任务。因为战略是对战争全局的策划和指导，它依据敌对双方的军事、政治、经济、自然环境等因素，并照顾战争全局的各方面、各阶级之间的关系，规定军事力量的准备与运用。既包括武装力量的建设、国防工程设施、军事装备与军事物资的生产、储备，也涵盖战争动员，基本作战方向的确定，战区的划分，作战方针和作战指导原则的制定等[2]。因此当日本帝国主义发动侵略中国台湾伊始，台湾抗日将领便承担起反抗日本帝国主义侵略，驱逐日本侵略者的战略任务。

台湾人民的抗日斗争贯穿于日本殖民统治台湾 50 年。在这 50 年中，随着台湾历史的发展，各个阶段的战略任务均有区别。日军侵入台湾初期，是台湾各阶层各民族开展抗日斗争的第一阶段。这阶段，清军与义军并肩作战，时间达 5 个月。

台湾抗日斗争的总战略任务是历史时代赋予的。日本为实现将台湾全岛和澎湖列岛"并入日本版图"的战略目标，进行了充分准备。1894 年日本发动中日甲午战争后，于 1895 年 3 月 6 日，日本就在宇品港组建由比志岛义辉为支队长的后备步兵第一联队。9 日，支队与停泊在佐世堡的"松岛"、"桥立"、"吉野"等舰混成舰队会合，遂于 15 日开始了进犯澎湖列岛的行程。即是说中国谈判代表李鸿章等尚未到达马关，日军已开始了新的进犯。3 月 20 日中日双方代表在春帆楼谈判，日本为加大谈判筹码，于 3 月 23 日派兵进攻澎湖，26 日侵占澎湖。遂一面封锁台湾与大陆的联系，并造成武装占领的既成事实和为攻占台湾作战略准备；一面于马公城设立"澎湖列岛行政厅"，对澎湖列岛实行殖民统治。马关谈判第七天李鸿章被刺后，日本虽应允休战 3 周，却不包括台湾。

日本急于占领台湾，在双方尚未换约和办理交割台湾手续的情况下，便急不可待地于 5 月 10 日任命桦山资纪为台湾总督兼军务司令官率兵南下，直扑台湾；5 月 25 日在台湾民主国成立[3]一日，桦山资纪率办理公使水野遵等 300 余人自宇品港乘"横滨丸"向台湾进发；北白川宫能久亲王统率的陆军精锐部队近卫师团约 1.5 万人，由海军中将有地品之允和少将东乡平八郎等率领的海军常备舰队共 11 艘军舰，运送至台湾北部海面。然而，此时台湾民主国没有像样的舰艇，无力控制制海权，况且清军和义军连粮饷、枪械弹药也得不到充足

供应。

台湾军民抗日武装的指挥者正是依据日军侵入台湾，台湾沦于生死存亡的严重局势，而确立抗日斗争的战略任务。与全国上下一致呼吁反割台斗争的同时，深感切腹之痛的台湾军民更加义愤填膺，不分士农工商，不分民族，不分男女老幼，全台沸腾。绅士丘逢甲血书"抗倭守土"，"义与（台湾）存亡"，"誓死守御"[4]。台湾一些文人学士满怀对祖国和故土的赤诚与热爱，直谏朝廷，毅然表示，宁肝脑涂地，也"誓不与倭人俱生"，将"舍死忘生，为国家效命"[5]。表现出台湾各界人民爱国的赤诚之心。受全国反割台舆论的精神激励，曾任驻法参赞的陈季同特意于5月中旬赶到台北，向台湾绅民首倡"民政独立，遥奉正朔，拒敌人"的策略[6]，此议得到丘逢甲等台湾绅民响应[7]，一面请唐景崧出面摄台政事，一面致电总署以及北洋大臣李鸿章、代南洋大臣张之洞、闽浙总督边宝泉等，申明"台湾属倭，万民不服"[8]，将"公议自立"，但"恭奉正朔"[9]。《台民布告》更明确表示：日本割台，"台民惟集万众御之，愿人人战死而失台，决不愿拱手而让台。"[10]表现出决心赶走侵略者的英雄气概。

从通电、谕事、布告的内容，可以看出台湾军民之所以确立战略总任务为反抗日本侵略，驱逐日本侵略者，完全是针对局势急遽变化而做出的。这一战略总任务成为日据台湾50年，台湾军民为之长期奋斗的目标。

二、台湾北部抗日将领的战略战术

台湾民主国，由巡抚唐景崧任总统，改巡抚衙门为总统府，刘永福负责军事的"台湾民主国大将军"。设布政总理内务衙门、总理各国事务衙门外，特设军务衙门（系改营务处而设）3个机构，负责国防行政事务[11]。

台湾民主国成立时，全台约有军队百余营[12]，33000人[13]。驻台北地区约13000人，占39%。鉴于北部战略地位重要，战局紧急，唐景崧亲自担任北部总指挥，他主要采取守战，即"知不可胜，则守"[14]。这是防御作战原则，唐景崧知己之力不足以战胜敌人而采取防御。唐景崧正是依据日本陆海军之强大，将强弱不等的所部各营军力，重新部署如下：基隆由记名提督张兆连驻守，基隆厅通判孙道义协防，兵力为7营。狮球岭由胡友胜驻防，兵力4营，新募奥勇1000人（约3营）。三貂岭由记名提督徐邦道驻守，兵4营。台北由义军统领丘逢甲巡守。金包里以统领陈国柱驻防，兵1营。瑞芳由副将吴国华、统领胡连胜、包干臣和陈柱波分兵把守，兵7营（其中新募约4营）。澳底由记名提督曾喜照的4营驻守。沪尾（淡水）由郧阳总兵綦高会的新募湘勇约4营、记名总兵廖得胜、海坛协副将余致廷分别驻扎。八里垒由署都司黄宗河驻守，兵1营。大嵙崁由记名提督余清胜的4营驻守[15]。桃园一带由提督余得胜驻防[16]。当时台湾炮台设施，北部有7处：沪尾2处、基隆4处、狮球岭1处。各类大炮虽久已不用，有的业已生锈，但稍事整修，仍可任战。并非如戴维逊（J. W. Davidson）所断言"都是朽烂生锈的"不堪使用[17]。

确如唐景崧所观察的，当时双方力量是敌强我弱。5月25日台湾民主国成立之日上午9时，日海军东乡平八郎少将即亲率浪速、高千穗等巡洋舰抵达淡水，翌日"高千穗"等舰又潜至三貂湾（亦称三貂岭或三貂角，今归澳底）一带侦察后，桦山资纪于5月27日下午2时率各类人员乘"横滨丸"、"胆振丸"、"仁川丸"往台湾，近卫师团长北白川宫能久亲王中将则于同日下午5时30分抵达钓鱼岛南5里待命。届时日本陆军主力为近卫师团，混成支队辅之，近卫师团辖两步兵旅团、一独立联队、三独立大队，官兵约15000人；混成支队辖步兵三大队、炮兵一中队，官长号称6000余人（该部在进犯澎湖时伤亡惨重，抵基隆时仅

3000 余人）。陆军军械均为现代化装备，如村田式连发枪、骑枪、司比瑟式单发枪，子弹依兵种不同，每人配备 15—70 发不等。炮兵配备了山炮、野炮、机关炮，各配备 140 余发炮弹，射程分别为 3000—5000 米。海军主力为常务舰队，海军中将有地品之允任司令长官，军舰除旗舰"松岛"外，有一、二、三级巡洋舰 5 艘，海防舰 2 艘，通报船、巡洋舰、代用舰各 1 艘以及运输船 3 艘等计 31 艘，连同汽艇、短艇共 233 艘。其装备，军舰多配备由法、英两国制造之速射炮。吨位最高的为"吉野"舰 4267 吨，速力最快的亦属"吉野"为 22.5 节。

日本陆海军准备停当后，旗舰"松岛"首先于 5 月 29 日上午 10 时 58 分驶抵澳底海面。可是台湾抗日指挥者只顾基隆、沪尾，忽略了澳底，仅有记名提督曾喜照的 4 营，兵分扎于乌石顶、蚊仔湾等 6 处，虽守军采取雷战办法，即在澳底一带埋没地雷[18]，但兵力显然甚弱。这就给日军以可乘之机。日军采用声东击西战术，海军以炮击基隆港，实为掩护日军在澳底一带登陆。当日下午 13 时 30 分，日军先锋队开始上岸，清守军采取阻击战术，但终因不敌而退。

这天唐景崧就任台湾民主国总统仅 4 天，当获悉日军已在澳底登陆消息，立即采取补救措施：命令以三貂岭为第一防线，急调沪尾防军 3 营、威远军 2 营赶赴三貂岭协防。另派营长李文忠率锐字军 2 营，赴援基隆海岸。5 月 30 日，唐景崧又派建字营等驻于八堵、暖暖街以作战防部署。但实际三貂岭守军只 1 营新兵，要隘很快失守。三貂岭虽失，唐景崧并未失去信心，命吴国华、杨连珍和李文忠分别统率所部分三路展开规复作战。吴国华率先带 700 名粤勇赶到时，三貂岭已被日军严密封锁，粤勇无能为力。唐景崧仍不死心，再派胡连胜、陈国柱、陈得胜和包干臣 4 营官各率粤勇百余人增援。5 月 31 日晨，唐景崧命刑部主事、督办全台营务处内部督办大臣俞明震率 69 人亲赴前线督师。当日下午吴国华军在小楚坑[19]，与日骑兵侦察队展开遭遇战。吴军采取伏战，即伏于竹子林中，待敌出现时，冲出猛击日军，正因为清军的主动出击，击毙日军 1 人，将敌人击退。吴国华见敌人较少，乃采取追战、进战，进战，即《左传·宣公十二年》所称之"见可则进"。系指"凡与敌战，若审知敌人有可胜之理，则宜速进兵捣之，无有不胜。"[20]追击中，得简淡水台协左营从旁夹击，击毙日少尉西村邦正。为彻底消灭日骑兵，俞明震又命包干臣率兵助战。俞还制定了三路反攻、以收复三貂岭的计划。然而尚未等此战术实施，日军已开始了大规模出击，致使反攻之策胎死腹中。

6 月 1 日晨 5 时，日军扑瑞芳，守军徐天赐等挥军迎战，交战至 11 时，日军伤亡惨重而逃入一小村中负隅顽抗。抗日军武器窳劣，无法摧坚克锐，在相持数小时后，退回瑞芳。在日军进攻瑞芳时，双方展开激战。张兆连"亲打冲锋，拼死一战"[21]击毙日军甚多，在多次追击日军时，张兆连不幸负伤。陈得胜等 130 余人中弹阵亡。瑞芳遂陷。

6 月 3 日，北部抗日军侦知日陆海军将总攻基隆，张兆连会同俞明震，重新部署防区。社寮，除原张正玉铭军定海正营 1 营，增派徐邦道铭军前营助之；八斗子，除原守将林传仅领铭军建字营 1 营，再增调陈学才防军左营助之；海口，除原守将陈华廷铭军正营 1 营，增调沈万田防军右营助之；田寮，由陶廷梁铭军定海左营守御，再着李文忠守之；暖暖街，由胡连胜广勇防御，着调包干臣助之；仙洞，原为曾兰亭铭军定海左营防守，再调杨连珍威远军右营助之；刘燕炮兵仍置于基隆、八斗子间之山上；俞明震率湘勇 64 名与之合营，并令吴国华所部策应[22]。部署始定，日军即先行攻占暖暖街，直逼基隆近郊。日舰先炮击，抗日军针锋相对，开炮还击。日陆军迫近基隆市，守城军刘燕部以炮还击，但因火力不济而炮台失守。沈万田、杨连珍部在车站南侧高地与日军激战 1 时多，毙伤日军 10 余人，遂凭堡垒、民房与日军巷战。下午 5 时许，日军陆、舰炮同时向西、东炮台猛轰，致弹药库着火而失守，基隆各抗日军向狮球岭转进。6 月 4 日，日军近卫师团本部进驻基隆。此后，日军以基隆为指挥中心，进犯狮球岭。狮球岭为台北之要冲，地势险峻，守军却是新募广勇，未经训练，曾有人建议调回战将林朝栋"以守为战，事犹可为"[23]，却不为唐景崧接受。当日军总攻时，抗日军 20 余营，居高临下，先以炮轰击，阻挡日军前进。形势尚好之时，发生台勇与广勇误会，互相射杀事件，其后果是两抗日军大乱，纷纷溃退。日军乘火力减弱之机，占领狮球岭。

当基隆危急时，俞明震请唐景崧亲临八堵前线指挥。八堵战略地位重要，为台北城屏障，却被唐景崧拒绝。俞明震也失去耐心离走。唐景崧潜回大陆。从 6 月 5 日始，台北群龙无首，秩序紊乱。7 日晨，日军在辜显荣等人协助下，兵不血刃地进入台北城。此时留台清兵与抗日军各部，有的沿金山滨海，有的沿淡水东岸，向沪尾集结。6 月 8 日，日军追击抗日军。翌日晨，一部日军在沪尾街遭数百抗日军遥射。日海军炮轰炮台，台上已无守军。同日下午日军入城。至此台湾北部抗日斗争结束。

台湾民主国将领组织指挥的台湾北部抗日斗争虽然结束，它却留给人们许多经验教训。抗战开始，唐景崧曾积极部署各支抗日军，抗日军将领承担起同日本侵略者战斗，以实现驱逐日军出台湾的战略任务；以朴素的作战艺术同敌人进行阻击战、进战、遭遇战、伏战、突战，取得一定战绩。但是终因指挥者多未经正规训练，缺乏实战经验，而一次次失败。日军指挥官无不经过正规军事教育，有的在大陆辽东半岛、山东半岛同中国军队作过战，有实战经验。抗日军在缺乏统一指挥情况下，互不统属，各自为战，偶有配合、助战，甚至出现内部误会之事。再加上抗日军不仅枪械不足，且枪炮陈旧，极少速射枪炮，更无海军协同。台湾军民一方的这些弱点，却是日军一方的强点。台湾北部的抗日斗争虽然失败了，但台湾广大官兵的战斗精神，一直影响着后人前仆后继地展开抗日斗争。

三、台湾中南部抗日将领的战略战术

军事指挥员必须掌握、运用战争策略与战术原则和方法。策略是战略的一部分，为实现战略任务，即取得一定的局部斗争的胜利而采取的手段。策略具有极大的作战灵活性，在战略原则许可的范围内，它随着政治、军事形势、敌我力量对比的变化而相应的变换。

台湾北部沦于日军之手后，整个台湾局势岌岌可危。台湾军民面对更严峻的形势。富有反抗侵略和爱国精神的台湾人民，仍不畏艰难，决心继续以赶走日本侵略者作为战略总任务。中南部地区的抗日战局逐渐形成，并秣马厉兵，以迎战日军的入侵。

6 月 17 日台湾总督桦山资纪举行"始政式"后第三天，日军开始南进，9 月 4 日日军侵占台南，乙未抗战结束。

刘永福是抗法名将，率黑旗军协防台湾后，誓与日军血战到底。在唐景崧、林朝栋等清政府官员相继逃回大陆后，台湾民众推举著名的爱国将领刘永福为首领。为了抗击日军的侵略，刘永福以台南为中心，南北调兵驻防。任命郎中陈鸣锵为筹防局长，以其子刘成良知州统福军守旗后炮台，记名提督陈罗统翊安军及黄金龙军防备四草湖海口，台湾镇标中军游击李英统镇海军、永字防军及道标卫队等扼守喜树庄及白沙苍庄，都司柯壬贵统武毅右军等扼守安平港。以副将袁锡中统镇海后军防后山卑南诸路，参将吴世添统练军驻台湾府城，是为台南内地之防。其勇营则总兵谭少宗之福字前军，总兵李惟义之新楚军，总兵杨泗洪之镇海中军，副将吴光中之忠字防军都司邱启表之台南防军，守备王德标之福字七星旗队、知县忠满之忠靖营、知县刘光明之福字左右军，其义民军则有兵部主事许南英之台南团练营、吴汤

兴之新竹义军、林得谦之十八堡义军，生员李清泉、谢鹏翀之五段团练。

这时，台湾抗日队伍由三支组成：第一支以吴汤兴、徐骧为首的台湾人民自发组织起来的民团；第二支为刘永福统领的黑旗军；第三支是台湾知府黎景嵩等组织的新楚军和爱国绅士募集的乡勇。作为军务总办的刘永福统领这些抗日义军，团结一致，共同奋斗，经历了4个多月的艰苦奋斗，沉重地打击了日本侵略者，是中华民族反对外来侵略者的重要组成部分。

台北失陷后，台湾中南部抗日斗争大体分为三个阶段：第一阶段为1895年6月—8月，从台北失守到8月初，这一时期中日双方主要是围绕着争夺新竹而展开的。第二阶段为1895年8月初—9月下旬，这一时期中日双方主要是围绕台中地区而展开。第三阶段为1895年9月下旬—10月下旬，这一时期中日双方主要是围绕台南地区而展开。

（一）在1895年6月台北失守至8月初，中日双方主要围绕争夺新竹而展开战斗。新竹是由台北通往台南地区的重要门户之一，因而成为日军与义军必争之地。

6月10日，吴汤兴、姜绍祖、胡嘉猷等率领各路义军齐集新竹，共商"拟袭台北"之计。吴汤兴被推为抗日义军首领。12日，吴汤兴发布布告："义之所在，誓不向夷……精壮子弟，须修枪炮戈矛，速来听点，约期剿办倭奴。"[24]即确定了号召台湾民众起来，坚决抗击日本侵略的战略目标。

鉴于吴汤兴等将领指挥义军，随着形势的变化在台中抗战中而不断调整对敌斗争策略，运用灵活的战略战术——阻战、夜战、声战、隐战、伏战、守战、围战、备战较为突出。

阻战，即阻击战，以防御手段阻敌之增援、逃跑或进攻。6月14、15日吴汤兴的义军在大湖口、凤山溪一带阻击日军侦察队，"弹无虚发"[25]。6月21日，日古川中尉率搜索骑兵向大湖口右侧高地进犯，刚至山谷即遭到义军顽强的阻击。7月13日日军运粮队从三角涌出发，前行约2000米左右时，十五六名义军出现在日军运粮队的右前方加以阻击。遂埋伏在左岸高地上的五六百名义军向日军猛烈射击，日军寸步难行。7月15日当日菊池中尉率队向大斜崁方面寻找坂城支队的下落途中，义军奋勇阻击，仅短暂交火，日军即败逃[26]。7月22日，自龙潭陂向三角涌进发的日林支队，遭到"挥舞刀枪"的义军阻击。日人也不得不承认义军"真是太顽强了"[27]。

夜战，《孙子兵法·军争篇》称"夜战多火鼓"[28]。弱势的义军以夜间近战攻敌，出奇制胜。声战，即"张虚声也"[29]。6月16日入夜，义军彻夜伴随敲锣打鼓进击，致日军彻夜难眠。6月21日晨，日军增援大湖口的两小队猛攻时，义军"占据有利地形，鸣铜锣，吹笙笛，顽强抵抗。"[30]

隐战、伏战，即隐藏伏击敌人。6月22日，日军自大湖口向新竹方向进军，沿途不断遭到隐藏在树林中义军的射击。新竹县城被日军占领后，日军痛感局势难以稳定，就连已经占领的一些地方也经常遭义军袭击。6月25日，即北白川能久发布"南征"令的第二天，日军近卫骑兵大队长涩谷在明所率一个中队及一个骑兵小队护送粮食去新竹，到达北部的头亭溪时，突然遭到埋伏在树林中义军的猛烈射击。日军南行约2000米时又遭到七八十名义军的袭击，日骑兵和步兵均毫无办法[31]。7月13日晨，日军樱井茂夫特务曹长带运粮队前行不久，义军又突然出现，并向日军发起攻击。就在双方相互射击之时，义军首领苏力令埋伏在左岸高地上的五六百名义军向日军猛烈射击。义军以交叉火力使日军寸步难行。樱井茂夫见状，将35名士兵分为两部分，自己率领一部分抵抗左岸义军，命令军曹江桥勇次郎率领另一部分抵抗右岸的义军。双方激战达3时多，樱井茂夫被义军击毙，日军运粮队只剩下24人。日军感到寡不敌众，决定"冲出一条血路"，却被刀劈、枪击15人，5人重伤自尽，未负伤的 4 人仓皇向森林处奔去，慌不择路，竟掉进池塘。18 时许，暴雨突至。一名日军以恶劣的天气作掩护，在河中漂流 6 个小时后，与其他部队会合。另 3 名日军中有两名回到桃子园兵站，另外一人失踪。14 日晨，山根信成自中坜亲率其他部队进犯龙潭陂。5 时，藤冈大尉率领的第三中队作为先头部队刚到龙潭陂东端，即被埋伏在竹林里家屋中义军的射击，日军被迫暂停进军。这时，松崎大尉率领 1 个小队作为先锋冲向龙潭陂南端，但遭到义军顽强抵抗。

守战，《孙子兵法·形篇》曰："不可胜者，守也"[32]。即指"知己者也，知己有未胜之理，则我且固守，待敌有可胜之理，则出兵以击之，无有不胜。"[33]新竹被日军占领后，台北——新竹间的抗日义军主要首领之一胡嘉猷，以安平为根据地，不断袭击日军，严重地威胁着占领区的日军，使其难以抽兵南进。为了解除义军威胁，稳固后方，日军从 6 月 28 日进攻安平。胡嘉猷、黄娘盛等首领指挥二三百名义军采取守战，只坚守在事先构筑的防御阵地中。他们在土堆上设置了两层栅栏，墙下有沟壕，墙上有枪眼用以阻击日军。日军无计可施，只好放弃对安平的进攻。7 月 1 日，日军又对安平发动第二次进攻。义军仍"以家屋为阵地，周围有土垒、堡垒或竹林围绕，加之四周全是水田，敌军（义军）只从墙壁上的枪眼里向外射击，易守难攻。"[34]日军还采取炮兵、工兵、步兵联合起来从中坜出发，三木一少佐将队伍分为两队，向安平进发。5 时 35 分开始，日炮兵在第一阵地向义军进行炮击。胡嘉猷"以旧式大炮还击，沉着奋战，日军乃不利。"[35]日军随即以更猛烈的炮火轰击义军阵地，并烧毁道路两边的民房。义军固守不退，坚决进行还击。日军记载："若是普通的敌人，见轰然炮击、猛烈爆破、沛然弹雨，必然畏惧，但这次敌军却凶悍地誓死作战，依然于侧面进行防御。"[36]此战日军死伤达 40 余人，义军伤亡 10 余人[37]。二次进攻安平激战中，水井被日军炮弹摧毁，义军饮用水发生严重困难。胡嘉猷决定放弃安平，退守龙潭陂。

围战，兵法称"围师必缺"[38]。即是说"凡围战之道，围其四面，须开一角，使敌战不坚，则城可拔，军可破。"[39]但实战中多是围死敌人而不使一人漏网。台湾义军采取围战的一例，是聚集在台北——新竹之间抗日义军的又一位主要首领江国辉，在大嵙崁重创南侵的日军。7 月 13 日坊城少佐率所部主力自三角涌宿营地出发，行进中不断遭到义军的阻击，行动缓慢。为了阻击日军的进攻，江国辉率大嵙崁义民阻击于分水岭，苏力父子率三角涌义民进围福德坑，黄晓潭等率众起自乌涂窟，四乡义民亦各率子弟军参战。双方战至翌日凌晨，义军才暂时停止进攻。

7 月 14 日拂晓，日营水中尉率第五中队继续向大嵙崁前进。该地山谷相连，凸凹不平，且义军筑有堡垒。日军于天明至娘子坑，义军"包围如昨，进行猛烈射击，兵数比昨天大见增加，而且追蹑益急"。[40]义军的围困与勇敢战斗，不仅造成日军伤亡增多，运送困难，更令日军担心的是后勤补给问题。日军仅以携带之粮食充饥，"身体疲劳，已经拿不动枪了"[41]。日军几次企图冲破义军包围，以便与其他队伍取得联系，均告失败，他们不得不与义军对峙。据此，义军采取了一个更为有效的办法，即围而不打，以便困死日军。坊城少佐无奈决定：当日 18 时，令各中队各选一名士兵，计 5 人改穿当地居民服装，分别向龙潭陂、中坜突围[42]。突围的日军有一名到达龙潭陂，二名到达中坜，他们向山根信成报告了坊城支队被义军围困的消息。

可是，山根所派寻找坊城支队的部队，不仅毫无结果，还在大嵙崁附近绝壁屹立，深草丛生之地遭义军之阻击，双方短暂停交火后，日军败回驻地。直到山根信成率领部队占领大姑陷河左岸阵地的 17 日晨，在松崎大尉的接应下，狼狈不堪的坊城少佐才率领其部队突出义军的包围，与山根信成率领的部队会合。突围日军于当晚 12 时到达中坜兵站部。18 日，日军返回了桃仔园。

备战，有书曰"有备不败"[43]。刘基论称"凡出师征讨，行则备其邀截，止则御其掩袭，营则防其偷盗，风则恐其火攻。若此设备，有胜而不败。"[44]义军的多数首领做到了平时备战，临战时进一步加强战备。大嵙崁战斗之后，日军基本上控制了新竹的后路。这对义军收回新竹困难更大了。又加被台湾民主国任命为台湾知府的黎景嵩，盲目乐观，心胸狭窄，更感到困难重重。虽然如此，为抵抗日本的侵略，黎景嵩还是作了四方面准备。

首当筹饷购械。黎景嵩对台湾府库内仅存"旧枪约四千杆，子药仅足敷用；储银仅七千余两，不敷一月之饷"，甚为忧虑。急集乡绅会议，设筹饷项。中路"抄封官田数万亩，可纳银三万余两，除本年已缴外，尚可缴万余两。上忙钱粮，饬令七折缴府充作军需，亦可得三四千两。"[45]并成立筹防局，令绅士施菼等驻局中筹款。

次为招募义勇。为了增加兵力以抵抗日军的进犯，黎景嵩命副将杨载云招募已被弃用的湘勇千人，就地募外（出）江勇千人。同时又"饬署台湾县知县募勇五百人，署苗栗县知县李烇募勇千人，署云林县知县罗汝泽募勇千五百人。此数营，皆就地而募，团勇不计土客，各勇近七千人，共成营十四。"[46]黎景嵩将所募之义勇皆命为"新楚"。新楚军"营制、营规一依湘、楚旧章，约略变通。其勇虽为新募，颇娴规制，鼓以忠义，气皆奋兴。将官则有副将杨再（载）云，尤为得力。"杨载云将自己的兵力驻扎在新竹以南，"乃与水仙岺、二重埔之姜绍祖、徐泰轩、钟石妹，以及头份之吴汤兴、徐骧，安平镇之胡阿锦、黄娘盛等部相呼应。"[47]由于杨载云率义勇多次给予日军以打击，"统领之名大震于中路，敌人闻之，皆有惧心。数月以来，台中、台南赖以安堵如故者，再云力也。"[48]

三做必要的军事部署。为了有效地防御日军的进犯，黎景嵩还作了必要的军事部署。鉴于头份位于新竹、苗栗交界处，是日军进入台中地区的重要关隘，特命杨载云率领新招募的义勇驻守头份抵抗日军的进攻；命梁翊招募当地人为义勇千余人为游击之师，驻新港、苗栗一带；令彰化县罗树勋、副将廖世英接替辞职的屯防统领郑荣，统领其兵勇，驻府城八卦山。并将城中巨型大炮移到山巅，"驻台安之"。此时吴汤兴统辖的新竹、苗栗义军已发展到6个营，除1个营随身听遣外，其余徐骧、邱国霖、张兆麟、陈超亮和黄景岳5营驻防于北埔、尖笔山一带、三环水流东、深井及苗栗[49]。

四征集粮饷。仅靠苗栗县的钱粮作为整个义军的粮饷，差额太大。为"共图恢复，力扫倭氛"，黎景嵩拟向"绅富人等"借款办法，"暂济眉急"[50]。由于台湾民众的踊跃捐献，义军的粮饷得以维持。

义军虽先后组织三次规复新竹的20多次战斗均以失利告终，但战斗中不仅歼灭了一定数量的日军，更重要的是义军、民众的抵抗，拖住日军50余天，延缓了日军的南下，配合并支持了其他地区的抗日斗争[51]。

（二）1895年8月初—9月下旬，中日双方主要是围绕台中地区而展开斗争。围绕日军开始实施第二期作战计划，主要发生了尖笔山、苗栗之战、大甲溪、八卦山、彰化等地的争夺战。在这些战斗中义军根据赶走日本侵略者的总战略任务，虽继续采取灵活的战略战术同日军进行战斗，却因日军的极为强大，屡屡退却。只在9月初举行一些反攻战斗。

尖笔山、苗栗之战。尖笔山位于苗栗镇北方，新竹失守后，这里成为义军第一道防线的前哨据点。集结在这一地区的义军主要有吴汤兴、徐骧、李惟义、傅德星、邱国霖、张兆麟、陈起亮、杨载云、黄景岳、陈登波等各部，总兵力达约7000人左右。而日军兵力达1万余人，并有海军配合作战。义军的人数上处于劣势，又加内部矛盾，义军的战斗意志涣散了，抗日力量大为削弱。

阻击战，仍是义军坚持对日军大肆进犯的战斗方法。在铜锣寨以北的高地上的横岗台构筑堡垒，阻挡日军的前进。8月1日，日军尖兵在三合水攻击义军的阵地，躲在暗处的义军立即向日军开枪，击毙伤日军3人。由于义军的阻击，日军不得不丢下被击毙的士兵狼狈逃回。8月2日，日军开始向新埔发起进攻。义军利用民宅墙上的枪眼，向日军进行猛烈射击，以阻挡日军的前进，日军的炮兵则利用榴霰弹进行轰击。即使遭到日军的多路进攻，义军仍以抬枪射击日炮兵阵地[52]。但义军不抵，退出新埔。

8月6日，日军出动军队"扫荡"活动在新竹和尖笔山之间的义军。当日军主力刚刚到达这个村庄附近的山麓时，突然遭到义军的猛烈射击。7日凌晨1时，日褶泽少佐率领右翼部队开始渡九芎林河，义军突然向日军发起攻击。日军凭借先进的装备，以猛烈的火力，逼使义军撤离该地区。

抄袭战。日军在平定了新竹到尖笔山之间的义军后，于8月8日开始对尖笔山的进攻。黎明时分，日军分左右两翼向枕头山和鸡卵面山的义军阵地发起攻击。徐骧率领500名义军奋起抗击进攻枕头山的日军；吴汤兴率部迎击进攻鸡卵面山的日军。义军抵挡不住日军猛烈的炮火，被迫撤退。遂有日军左翼的内藤支队到达。守卫尖笔山的徐骧义军利用熟悉地理环境的优势，巧妙地躲避日军的炮火，抄袭敌人后路，给日军以较大的杀伤。

8月10日，日军又向义军之一的新楚军的大本营头份发动了进攻。当时，日军凭借人数上的优势"四面环攻"，徐骧等率领众义军将士奋力抵抗。又加前新楚军统帅杨载云的奋力抵抗，大挫日军。不幸不避铳火的杨载云身中数铳而阵亡[53]。头份庄、尖笔山失陷后，义军首领吴汤兴等退守苗栗布防，这里便成为义军北面的最大据点。8月11日下午，日褶泽少佐带领小山中尉、特务曹长以及下士等14人，向义军布防的村庄前沿进发。义军发现日军的侦察兵之后，立即对日军展开攻击。除从正面追击日军外，义军还向左侧派出部队，试图包围日军的侦察兵。义军的意图被发现，包围日军侦察兵的计划落空。8月13日日军的左翼支队、主力以及师团前卫部队开始进攻苗栗。上午10时，日军的炮兵开始向义军阵地进行轰击，掩护陆军向义军阵地前进。高地上的义军则以抬枪和步枪向日军进行猛烈射击。在日军猛烈炮击下，义军被迫向苗栗方向撤退。很快日军占领了义军的第一、二、三堡垒，并放火烧毁了义军的哨所。但是义军凭借有利地形，打退日军的数次冲锋。战至14时，日军的左翼突击队已进至距义军大约100米的地方进行射击，并向义军发起攻击。吴彭年见伤亡惨重，便下令撤退至大甲。苗栗失陷。

大甲溪、八卦山、彰化等地的争夺战。吴彭年自苗栗退往彰化之时，刘永福告"先行死守"[54]，待援。8月22日，近卫师团占领了大甲后开始结筏，以便迅速渡过大甲溪。吴彭年率领的守军埋伏在大甲溪的南岸。日军刚渡过大甲溪到达南岸，守军以突然袭击的方式，向日军猛烈开火。日军猝不及防，急忙下水向北岸败逃。当日军回渡到溪中间时，隐藏在北岸竹林中的徐骧率领守军突然杀出。前后受敌的日军不能兼顾，纷纷落水，伤亡惨重。这次战斗，日军"死亡无算，积尸盈于水面，水为之不流，日军之气大挫。"[55]8月23日，日军集结主力部队，再次猛攻大甲。汤人贵黑旗军福字先锋营正面迎敌；袁锦清营与徐骧率领的部分义军左右包抄，进攻日军两侧，战斗异常激烈。日军受到黑旗军和义军的几面围攻，不抵而退。日军大队进犯，扼守大甲溪袁锦清率领50余名守军，担负起掩护守军撤退的任务。袁锦清率队与日军冲杀。但由于双方兵力相差悬殊，袁锦清及其所部全部壮烈殉国。徐骧率守军经过殊死搏斗，突出重围，退守八卦山。日军趁势渡过大甲溪。日军遂全力进犯台中。守军将领陈尚志会同当地的义军千余人迎敌，双方激战长达一昼夜。最后，守军力竭而败。台中被日军占领。

日军占领台中后，便倾全力进攻台湾府城——彰化。义军在彰化城东的八卦山与日军激战。这次激战是台湾人民抗日斗争史上一次大会战，也是近代中国人民反帝斗争史上壮丽的一页。8月27日黎明，日军人偷袭八卦山。炮台守军发现日军进攻后，由吴汤兴、徐骧等率部用简陋的装备与日军展开血战。不幸吴汤兴中弹牺牲，八卦山守军伤亡殆尽。徐骧率领20余人拼死突围方得脱险。同日上午7时20分日军占领八卦山[56]。一些守军陆续进入彰化城。日军在山上架起大炮，向彰化城猛轰，城内大乱。日军收买汉奸乘乱打开城门放日军进城。彰化失守后，面对守军无将领统领的窘境，刘永福任命杨泗洪为指挥，统领守军抵抗日军的进犯。杨泗洪"乃训有众，励其忠义之气，激以夷狄之辱，垂泪而道，士皆奋发，慷慨启行。"[57]刘永福还派人联络附近的简精华、黄荣邦、林义成等义军首领，共同抗敌。

9月初，杨泗洪率领黑旗军和义军800多人北上御敌。9月3日，杨泗洪率领黑旗军将驻扎在大莆林街的两支日军包围起来，并在距日军约300米时，发起攻击。双方激战1时许，黑旗军不支而退。

9月4日，黑旗军在他里雾附近再次狙击日军运输队，日军除两个人逃回外，其余悉数被歼。9月6日凌晨，在日军行将"撤退"之时，黑旗军和义军再次对大莆林发动进攻。激战中杨泗洪伤重牺牲。

在形势开始发生变化之时，黑旗军和各路义军决定冒险反攻彰化。9月23—25日，义军联合起来反攻彰化。但由于义军武器窳劣，没有重炮，难以打破城墙。24日，义军首领黄荣邦率队进攻，不幸中弹牺牲。9月25日，林小猫也身负重伤。从此，义军再没反攻彰化。

（三）1895年9月下旬—10月下旬，这一时期中日双方战斗主要是围绕台南地区展开。义军反攻彰化失败后，台湾人民的反割台斗争也进入了最后阶段。从9月末10月初开始，日军分兵进攻嘉义。

台南义军主要采取阻击战术。10月4日，王德标率领义军在西螺溪、中浮洲为迎击日军的前卫部队，在河的左岸长达1500米的战线上修筑了掩体，进行防御，并对实施侦察任务的日军骑兵进行阻击，使其无法继续前进。在日军渡河之际，义军冒着炮火从左右两翼再次杀向敌军，"千田大队长陷于被包围的境地。"[58]当义军又受到日军的两面夹击之时，被迫退到云林。10月7日，日军先头部队到达他里雾以北1000米的地方，遭到王德标、林义成率领义军2000余人的狙击。战斗中，义军将士虽奋勇抵抗，终因实力不济，不得不撤往大莆林。另支日军渡过东螺溪河后，在到达第一个村庄时，遭到义军阻击。10月8日8时50分，日军前卫部队到达内林以西400米处时，再次遭到义军的阻击。日军在林仔头村还受到该村居民的步枪狙击[59]。与此同时，日军右翼支队到达西螺溪后，在渡河之际，遭到事先埋伏的义军的袭击。在日军进入土库庄时，突然遭到埋伏在该地的义军首领王玉山率领之福字军和义军的阻击。

台南的重大战役是嘉义保卫战。嘉义的重要地理位置成为台南的防御阵地。为守卫嘉义，刘永福派兵在云林、树仔脚、西螺街三处阻挡日军。10月9日9时30分，日军从三面炮击嘉义。很快北门被日军炸毁，日军乘机进入嘉义城。东门黑旗军仍然以抬枪向日军进行抗击。日军工兵部队排除黑旗军地雷后，从东门进入城内。黑旗军立即与日军展开巷战，但终因实力不济而被迫撤退。嘉义城沦于敌手。

最后是台南保卫战。义军仍实施伏击战术。10月10日，日军第四混成旅团在3艘军舰和19艘运输船配合下向布袋嘴实施进攻。11日8时30分，日军占领布袋嘴。日军在南侵途中不断遭到义军的反抗。日军从盐水港出发不久，即遭到林碧玉率领的义民的伏击。在与日军的搏斗中，林碧玉胸部被日军的子弹洞穿，壮烈牺牲。10月12日，日军向布袋嘴以北地区派出侦察兵进行侦察，结果遭到义军的袭击。10月13日上午7时，日军一中队到达东石南面的河乘筏过河时，突然遭到义军的包围和袭击，双方立即发生战斗。战斗进行的十分激烈，持续时间长达 7 个多小时。15 日 4 时 40 分，日军 5 舰抵达打狗港（高雄）外，立即开始炮击打狗港炮台，义军也予以还击。但炮台被破坏，守将刘成良无力坚守，率部退回台南。14 时 18 分，日军占领了打狗港。16 日，日军占领凤山县城。10 月 18 日，乃木希典率领部队开始向台南进犯。日军从凤山出发向台南进犯时，沿途不断遭到义军的伏击。19 日早晨 5 时，一支日军行至二层溪时，遭到潜伏在甘蔗地里的郑清所率义军的伏击[60]。日前卫部队和主力刚抵达距霄泷 2000 米的地方，立即遭到霄泷北面山上义军的袭击。义军还利用有宽 3.6 米、深 3 米的水濠，濠内外又有三层篱笆的霄泷村阻击日军的进犯。日军进入霄泷村后，其尖兵立即遭到义军四面八方的射击，日军伤亡甚重。

霄泷村失守后，曾文溪成为台南府城北路的最后一道防线。刘永福在左岸高地构筑工事，在右岸埋设 39 个地雷，并于各处设有陷阱，涉渡点水下还附设了水雷。刘永福还命令总兵柏正材统军至曾文溪，兼统王德标七星队以及其他各路义军，其中徐骧统领的义军。黑旗军和义军的兵力达到 4000 余人[61]。

徐骧率领的义军和刘永福率领的黑旗军面临的严重问题是饷匮械乏，"内无余粮，外无援兵"[62]。抗日将领虽知道与日军继续抵抗的结局，但守卫台南地区的黑旗军和徐骧等所率各路义军，依然进行顽强的抵抗。黑旗军和义军同日军作战，力量虽相差悬殊，徐骧仍率义军与敌拼搏在前，并持刀站立城头高呼："丈夫为国死，可无憾。"[63] 不幸中炮殉国。曾文溪被日军占领后，刘永福曾设想退守内山坚持斗争。最后刘永福在无援助情况下，拒不向日军投降，而应两广总督谭钟麟的敦促而内渡。值得一提的是，刘永福内渡之前，还做了种种抵抗的安排。"令军士带干粮以备战。各处虚张旗帜，夜间止三、四巡更，连营数十，柝声相闻。海外见之，误以为真。港边要隘，多埋地雷，对岸造竹桥，设旱雷以伏之。"[64]

10 月 21 日，日军前卫部队第十六联队进入台南。台湾民众的 4 个月保台运动宣告结束。

四、台湾抗日将领指挥对日斗争的基本经验

台湾抗日将领所指挥的乙未年抗日战争，既有有组织性的斗争，也有自发性、广泛性和多样性的斗争。台湾抗日军民在曲折、艰难的 5 个月斗争中，不屈不挠，不怕牺牲的斗争精神，体现了中华民族之魂[65]。抗日将领指挥的对敌斗争，有许多值得总结、汲取的宝贵经验。

第一，台湾乙未抗日将领明确抗日斗争的性质，提出对日斗争的总战略目标，采取灵活的战术，是台湾军民坚持抗日斗争，不断予敌人以打击的重要原因。日本割占中国领土台湾，是侵略、强盗行为，台湾军民掀起抗击日军进犯，决心赶走侵略者，是反殖民侵略的战争。因而在台的各军，包括东北的奉军、敌忾军、镇东军、齐字军、吉字军等；关内的铭军、毅军、亲庆军、湘军、嵩武军等[66]，以及黑旗军、新楚军和爱国绅士募集的乡勇，还有庞大的义军，为了对付共同的敌人，有过协作与配合。抗战中采取了一些朴素的战术，如阻击战、进战、遭遇战、伏战、突战、夜战、声战、隐战、伏战、守战、围战、备战等，取得一定战绩。同时，也正是军队营制杂乱，将领素质不一，没有指挥系统，不能始终团结对敌，往往各自为战，因而抗日军一个个被日军击败。

第二，抗日将领注意军事部署，大力展开阻击战，使日军快速占领全台计划破产。乙未抗战伊始，唐景崧即按各军强弱对台北地区进行了军事部署；张兆连对基隆的防御加以部署；刘永福以"南北联成一气"[67]为筹防原则，对台南加以防多部署外，还从行政方面加以部署[68]，对扼制日军进犯均起了积极作用。隐蔽设伏，阻击、袭击敌人是乙未台湾军民抗日斗争的常用的战斗方法，多数情况下予敌以痛击。

第三，抗日将领不屈不挠的战斗意志，视死如归的牺牲精神，对鼓舞台湾广大军民熔铸

光照千秋的民族魂立下了不朽丰碑。许多抗日将领以"驱逐倭奴"[69]，打败侵略者为己任，在艰难的战斗中，抱定"万死不辞"[70]，"为国捐躯，死而无愧"[71]的决心，每战争先，勇敢战斗。姜绍祖、袁锦清、杨载云、吴汤兴、吴彭年、林鸿贵、李仕高、沈福山、杨泗洪、黄荣邦、林碧玉、徐骧等将领战死沙场，他们的英灵永彪史册。

第四，抗日将领十分关注军队的后勤保障，却在无援的情况下屡次失败。后勤保障往往是战争决胜的关键。台北城失后，城中兵工厂、火药厂、弹药库尽毁，致使中南部抗战失去武器供应。同时，后勤补给困难。特别是为筹措粮饷，解决医药等，抗日将领与地方官时常发生龃龉，甚至激起民众不满，造成抗日形势愈趋不利。清廷放弃对台湾军民抗日物资的供应，更使抗日将领陷于无能为力之境地，否则，抗日斗争会坚持的更长些，对日军的打击会更大些。

正是台湾乙未抗日将领的作战指挥，与广大军民凝聚成巨大的力量，坚持战斗5个月之久，付出巨大牺牲，激励台湾人民与日本统治当局斗争50年，终于迎来了台湾光复的伟大胜利。抗战胜利65周年后的今天，回首往事，无限感慨；展望未来，充满信心。中华民族的复兴大业前景辉煌。

（作者单位：大连民族学院东北少数民族研究院）

注 释：

［1］ 日军全面占领台湾后，台湾民众坚持的长期斗争，待另文阐述。

［2］ 关捷：《东北抗日将领指挥作战艺术研究》，《社会科学战线》2010年第8期。

［3］ 一说5月24日独立，见《John w. Foster总税务司Sir Robert Hart的报告书之要目》文献称"五月二十四日台湾独立被宣告了"载黄昭堂作、廖为智译：《台湾民主国之研究》，财政法人现代学术研究基金会出版，稻乡出版社经销1993年版，第122页。

［4］ 《署台湾巡抚唐景崧奉邱逢甲率全台绅民与台共存亡电》（光绪二十一年三月二十四日、1895年4月18日），清宫中电报档，藏中央第一档案馆。

［5］ 《户部主事叶题雁等呈文、翰林院庶吉士李清琦、台湾安平县举人汪春源、嘉义县举人罗秀惠、淡水县举人黄宗县鼎等呈文》（光绪二十一年四月初四日、1895年4月28日），《清光绪朝中日交涉史料》（3032）。

［6］ 欧阳英、陈衍纂修：《闽侯县志·陈季同传》，民国二十二年（1933）刻本。

［7］ 参见黄秀政：《台湾割让与乙未抗日运动》，台湾商务印书馆1982年版，第130页。

［8］ 《全台绅民电禀总理衙门等》，蔡尔康等编：《中东战争始末·朝警记十二》，《中日战争》丛刊（一），上海人民出版社1957年版，第204页。

［9］ 《台湾民主国总统前署台湾巡抚布政使唐景崧谕事》，《中东战争始末·朝警记十二·台湾自主文牍（卷四，第59—60页）》，《中日战争》丛刊（一），上海人民出版1957年版，第202页。

［10］《台民布告》，《中东战争始末》，《中日战争》丛刊（一），上海人民出版社1957年版，第202页。

［11］胡傅：《台湾日记与禀启》，台湾银行经济研究室编：《台湾文献丛刊》第71种，1960年版。

［12］据王国璠：《台湾抗日史》记载"北路的守备为总统唐景崧，步兵七十四营、要塞炮兵三队十二哨"，见台北市文献委员会1981年发行，第212—217页。

[13] 据日本参谋本部编纂:《明治二十七八年日清战史》第七卷,附录第百七《台湾二於ケル清国兵ノ推算》,明治二十八年(1895)五月中旬大总督府陆军参谋部调查。

[14] 刘基:《百战奇略·守战》,远方出版社 2006 年版,第 77 页。

[15] 分别见廖汉臣:《台湾民主国在台北》,《台南文化》第二卷第三期,1952 年,第 22—23 页;王国璠:《台湾抗日史》,台北市文献委员会 1981 年发行,第 212—217 页。

[16] 分别见廖汉臣:《台湾民主国在台北》,《台南文化》第二卷第三期,1952 年,第 22 页;吴德功《让台记》,收入《割台三记》与台湾银行经济研究室编:《台湾文献丛刊》第 57 种,第 39 页。

[17] 见苏启恒译《纽约先锋报》《The New York Herald》记者 J. W. Davidson 著:《台湾之过去与现在》,《台湾研究丛刊》第 107 种,1972 年,第 202 页。

[18]《日清战争实记选译》,《中日战争》丛刊续编,第 8 册,中华书局 1994 年版,第 485 页。

[19] 一说"小粗坑",见黄秀政:《台湾割让与乙未抗日运动》,台湾商务印书馆 1982 年版,第 154 页。

[20] 刘基:《百战奇略·守战》,远方出版社 2006 年版,第 119 页。

[21] 俞明震:《台湾八日记》,见左舜生辑:《中国近百年史资料续编》,中华书局 1933 年版,第 304 页。

[22] 王国璠:《台湾抗日史》,台北市文献委员会 1981 年发行,第 234 页。

[23] 俞明震:《台湾八日记》,见左舜生辑:《中国近百年史资料续编》,中华书局 1933 年版,第 305—306 页。

[24]《日清战争实记》,第 34 编,第 9 页。

[25] 俞明震:《台湾八日记》,《中日战争》丛刊(六),第 377 页。

[26] 关捷等主编:《中日甲午战争全史》第四卷战后篇,吉林人民出版社 2005 年版,第 321 页。

[27]《日清战争实记选译》,《中日战争》丛刊续编,第 8 册,第 550 页。

[28]《孙子兵法·军争篇》,上海古籍出版社 2006 年版。

[29] 刘基:《百战奇略·声战》,远方出版社 2006 年版,第 158 页。

[30]《日清战争实记选译》,《中日战争》丛刊续编,第 8 册,第 521 页。

[31]《日清战争实记选译》,《中日战争》丛刊续编,第 8 册,第 528 页。

[32]《孙子兵法·形篇》,上海古籍出版社 2006 年版。

[33] 刘基:《百战奇略·守战》,远方出版社 2006 年版,第 158 页。

[34]《日清战争实记选译》,《中日战争》丛刊续编,第 8 册,第 536 页。

[35]《胡嘉猷传》,《中日战争》丛刊续编,第 12 册,第 476 页。

[36]《日清战争实记选译》,《中日战争》丛刊续编,第 8 册,第 529 页。

[37] 关捷等主编:《中日甲午战争全史》第四卷战后篇,吉林人民出版社 2005 年版,第 312 页。

[38]《孙子兵法·军争篇》,上海古籍出版社 2006 年版。

[39] 刘基:《百战奇略·守战》,远方出版社 2006 年版,第 156 页。

[40]《台湾抗战日方资料》,《中日战争》丛刊(六),第 473 页。

[41]《日清战争实记选译》,《中日战争》丛刊续编,第 8 册,第 544 页。

[42]《日清战争实记选译》,《中日战争》丛刊续编,第 8 册,第 544 页。

[43]《左传·宣公十二年》，山西古籍出版社2004年版。

[44] 刘基：《百战奇略·备战》，远方出版社2006年版，第55页。

[45] 思痛子撰：《台海思痛录》，《中日战争》丛刊续编，第12册，第111页。

[46] 思痛子撰：《台海思痛录》，《中日战争》丛刊续编，第12册，第111页。

[47]《杨再云传》，《中日战争》丛刊续编，第12册，第451页。

[48] 思痛子撰：《台海思痛录》，《中日战争》丛刊续编，第12册，第111页。

[49] 关捷等主编：《中日甲午战争全史》第四卷战后篇，吉林人民出版社2005年版，第326页。

[50]《黎景嵩布告》，《台湾文献》第九卷第三期。

[51] 关捷等主编：《中日甲午战争全史》第四卷战后篇，吉林人民出版社2005年版，第333页。

[52]《日清战争实记选译》，《中日战争》丛刊续编，第8册，第558页。

[53]《日清战争实记选译》，《中日战争》丛刊续编，第12册，第83页。

[54] 吴德功：《让台记》，《中日战争》丛刊续编，第12册，第449页。

[55] 江山渊：《徐骧传》，《中日战争》丛刊续编，第12册，第470页。

[56]《攻陷台湾地方电报》民第二十二号，陈泽编：《台湾前期武装抗日运动有关档案》，台湾省文献委员会1977年，第122页。

[57] 臧增庆：《清故记名提督署台湾镇总兵官殉难杨公神道碑铭》，《中日战争》丛刊续编，第12册，第453页。

[58]《日清战争实记选译》，《中日战争》丛刊续编，第8册，第609页。

[59]《日清战争实记选译》，《中日战争》丛刊续编，第8册，第614页。

[60] 洪弃父：《台湾占记》，《中日战争》丛刊（六），上海人民出版社1957年版，第347页。

[61] 关捷等主编：《中日甲午战争全史》第四卷战后篇，吉林人民出版社2005年版，第415页。

[62] 江山渊：《徐骧传》，《中日战争》丛刊续编，第12册，第472页

[63] 连横：《徐骧传》，《台湾通史》，下册，商务印书馆1983年版，第724页。

[64] 吴德功：《让台记》，《中日战争》丛刊续编，第12册，第96页。

[65] 关捷：《少数民族中华魂》，《大连民族学院学报》2005年第六期，第24—27页。

[66] 黄秀政：《台湾割让与乙未抗日运动》，台湾商务印书馆1982年版，第276页。

[67] 黄秀政：《台湾割让与乙未抗日运动》，台湾商务印书馆1982年版，第193页。

[68]《潘焜呈报刘永福近况》台北官秘发第10号附报告，陈泽编：《台湾前期武装抗日运动有关档案》，台湾省文献委员会1977年，第122页。

[69]《林大北》，关捷等主编：《中日甲午战争全史》第六卷人物篇，吉林人民出版社2005年版，第260页。

[70]《刘永福等盟约书》，《中日战争》丛刊（六），上海人民出版社1957年版，第451页。

[71] 陈伟芳：《台湾乙未战纪》，广西人民出版社1981年版，第99页。

论"台日协定"签订的前因后果

郝祥满

台湾的国际地位问题历来都是一个敏感的问题，台湾地位如何确定也是一个关系台湾政权存亡的不断被提起的问题。从 1945 年台湾光复到 1952 年"日台条约"的签订，台湾经历一个动荡的转折的历史时期，也是一个荣耀与屈辱、欢欣与无奈交错的过程，但却是一个影响深远的时段。该条约是一个台日双方彼此利用和被利用的结果，对于中华民族来说却是一个无奈的苦果，两岸都为此付出了巨大的牺牲。

一、台湾光复国民党政权对台湾控制的不稳定

为了争取中国人民的支持，使美国早日取得对日本战争的胜利，罗斯福支持中国收复台湾。出于战后进一步控制日本，防止日本东山再起的目标，出于对抗来自反法西斯盟国苏联潜在威胁的需要，美国也以协助中国光复台湾来推进与中国的结盟关系。

根据《开罗宣言》和《波茨坦公告》的宗旨。1945 年 8 月日本宣布投降，1945 年 10 月 25 日，中国战区台湾省受降仪式在台北市公会堂举行。国民政府台湾省行政长官公署主任兼台湾省警备司令陈仪主持了受降仪式，接受了原日本台湾总督兼日军驻台湾第 10 方面军司令官安藤利吉呈递的投降书。中国光复台湾，台湾重新纳入中国版图。

此后，10 月 25 日被定为"台湾光复节"。

台湾的光复的确得到了美国的协助，中国陆军第 70 军和第 62 军就是在美国军舰的协助下于 9 月 17 日和 22 日先后在基隆、高雄登陆的。但在美国控制日本之后，美国开始有人对支持国民党光复台湾表示后悔之意，在 1947 年"二二八"事件后，建议美国政府借此介入争端，"托管"台湾，因此炮制了"台湾地位未定"。他们甚至还以对日和约尚未签订、台湾遗留的问题有待对日和约之后的解决为借口。

被日本从中国分割并作为日本殖民地的台湾，理应回归对日宣战的中国，并作为新中国的一部分参与对日本战争的全面媾和，台湾的归属决不能成为对日和会上讨论的问题。

从 1945 年到 1947 年，美国曾考虑召开全面对日和平会议。此时美国的国际战略目标是削弱军国主义日本，扶植一个较强大的中国，以防止日本的东山再起和报复；进而以亲美的中国遏制苏联的扩张，而此时的国民党政权给美国以强势的印象。

但是从 1948 年开始，西欧和东亚中国朝鲜的局势发生了变化，影响了全面媾和会议的召开。尤其是在中国境内国共两党战争的转变，影响了对日全面媾和会议的顺利召开。

到 1948 年底，国民党在中国大陆败相已露，有撤离到台湾的打算。1948 年 11 月，美国国家安全会议要求联合参谋部检讨：如果台湾及包括澎湖在内的邻近诸岛，落入易为克里姆林宫所属意共党政权控制之下，则台湾对美国的国家安全保障具有何种重要战略意义？因为当时美军已不可能在中国大陆设置对苏联战争计划中所预定的战略性据点。

1949 年 10 月 1 日，中华人民共和国宣告成立后，苏联当日即予以承认。

对此，美国军方当机立断，联合参谋部决定采取"围堵政策"，即以冲绳为亚洲战略据点的中心，由阿留申至菲律宾为岛屿防线连锁网，并以此岛屿防线之"岛屿防卫战略"作为

"亚洲防卫战略"之骨架，防御共产主义势力的扩散。

而美国白宫此时尚处于观望、犹豫之中。中华人民共和国于 1949 年 10 月 1 日宣告成立后，12 月 7 日，国民党政府下达命令，宣布台北为临时首都。10 日，蒋介石蒋经国父子抵达台北。美国虽然也声明"中华民国是中国唯一的合法政府"，并于 1950 年元月将所有外交机构由大陆撤出。1950 年 1 月 5 日，杜鲁门总统却发表的声明说："不干涉台湾现状，亦不提供援助台湾之中国军队。"[1]

美国政府这一申明用心良苦，暗示美国要袖手旁观中国内战，此举意在引诱中国共产党和苏联保持距离。美国政府当时出版的《白皮书》中还将大陆"赤化"的责任归咎于国民党的倒行逆施与蒋介石的昏庸无能，当然也暗示国民党在台湾的治理也不当，曾经协助国民党光复台湾的美国，一度考虑不再协助国民党退守台湾了，其中也有争取台湾反蒋人士好感的意图。可惜大陆方面没有体察美国政府的良苦用心，有些操之过急。

二、战后日本在美国战略中地位的变化

由于从 1949 年底到 1950 年 2 月，毛泽东率领我国党政代表团对苏联进行了长达两个月的访问。并且在毛泽东的电召下，1950 年 1 月 20 日，周恩来总理兼外长率领中国政府代表团参加了中苏领导人会谈。1 月 22 日条约会谈开始，并很快于 2 月 14 日正式签字《中苏友好同盟互助条约》。目标明指日本，映射美国。例如第一条宣布：

> 第一条、缔约国双方保证共同尽力采取一切必要的措施，以期制止日本或其他直接间接在侵略行为上与日本相勾结的任何国家之重新侵略与破坏和平。一旦缔约国任何一方受到日本或与日本同盟的国家之侵略，另一方即尽其全力给与军事或其他援助。[2]

从全球来看，由于美苏冷战的激化，1947 年"杜鲁门主义"的宣布，伦敦外长会议的破裂、柏林危机的爆发，更由于 1950 年 6 月朝鲜战争的爆发，全球两大社会阵营对立态势的形成。也由于美国财政的支持却换取国民党的腐败，加之 1947 年"二二八"事件的影响等，美国感觉到无法扶持国民党及遏制共产主义的蔓延了。

西欧、东亚大陆、台湾岛等的一系列变局，促使美国的亲日人士鼓吹扶持日本，让日本协助美国对抗苏联，首先，美国军方开始改变对日本的占领政策。日本对于美国战略地位的提升，同时朝鲜战争的"特需"等因素也引导日本依赖美国。日本面对美国的拉拢和中苏的警告，日本的决策者心理上的天平倾斜了，美日相互利用慢慢开始了。

有关台湾地位的舆论和美国相关决策的变化，决定一些日本政治家认定可以抛开中国结束战争状态，包括台湾的国民党蒋介石政权，和大陆毛泽东领导的共产党国家。毕竟中苏两国名义上针对日本的军事同盟，也使日本很震动。它的作用不是威慑日本脱离美国，而是促使日本向美国一边倒。

"台湾地位未定"论因此浮出水面。日本对于这一谬论显然是很感兴趣的，只不过在 1945 年至 1955 年这十年之间不敢主动谈及而已。

1951 年，已经承认中华人民共和国的英国拒绝接纳台湾参加旧金山和平会议，也可以理解为一种"台湾地位未定"思想的表达，这一表达显然刺激了台湾当局。

出于早日结束战争状态，排挤中国，最大限度地逃避战争责任的目的，1951 年 8 月 18 日，日本首相吉田茂亲自组织并带领日本全权代表团，出席了片面的旧金山和平会议。9 月 8 日，吉田茂在"对日和平条约"即"旧金山和约"上签字。

"旧金山和约"与《日美安保条约》的签订，使日美协调最终达成，日本的外交基调也确立起来了。

同样作为仆从国，对美国来说，日本的地位和作用高于台湾的"中华民国"，这也决定了台湾在台日关系中的定位。

三、旧金山和会被抛弃拉响了台湾国际地位的警报

虽然日本在所谓的"独自判断"下选择了和台湾缔结所谓的"和平条约"，但吉田茂政府实际上并不急于和谈，观望一段时间对日本更为有利。但蒋介石和他的国民政府等不及。

蒋急于使自己和自己领导的政府得到国际上的承认，因为"台湾地位未定"之剑已经悬他的头上，而这一问题又必然与日本牵扯到一起，所以蒋介石急于与日本和谈，也好不给部分美国亲日人士"地位未定"的借口。

日本与台湾对话的态度发生了变化，不再像5年前那样恭顺了，而是绵里藏针，甚至是软中露硬。信夫清三郎根据首相吉田茂当时的各种言论就断定，"即使战败之后，他仍然抱着大日本帝国时代的大国意识，早就在梦想作为亚洲的大国来领导亚洲之日的到来"。[3]

1951年11月17日，日本政府与蒋介石台湾当局协商后，在"国民政府"的同意下，在台湾设立了日本政府的海外代理机构。吉田茂在致杜勒斯的信这认为："这是在多边和约生效前日本可以与其他国家建立关系的最高形式。"[4]

"旧金山和约"与《日美安保条约》签订后，日本便在美国的指使下着手与蒋介石谈判签约。在旧金山和会期间，美国国务卿杜勒斯曾公开宣称：日本将来对中国的态度由日本自己根据和约规定的行使主权和独立的地位来决定。当然，这绝不是杜勒斯的真意。1951年12月10日，美国政府派杜勒斯来到日本，和吉田茂具体密谈对台和约问题。

考虑到蒋介石在台湾势力派中的牢固地位，美国不得不继续推行援蒋反共的对华政策，在国际上只承认"中华民国"台湾当局而不承认中华人民共和国，所以也要求日本和美国保持立场一致。吉田茂也明白，"美国担心日本独立后有接近北京政府的可能性"[5]，以此断绝日本的后路。实际上，在中华人民共和国统一大陆而且力量不断强大，蒋介石集团仅占据台湾和澎湖列岛的形势下，吉田政府对和蒋介石政府谈判并签订和约的确有所顾虑。而且当时中日两国人民都强烈反对日蒋之间签订和约，吉田茂本人自己也想先采取观望政策，无奈美国政府不断对日施加压力。杜勒斯亲自来到日本与吉田密谈，并告诉吉田茂："日本必须同台湾政府缔结和约，如果日本的意见和美国的意见不同，美国即不得不重新考虑对日本的态度。"并扬言如果日本政府不同"中华民国"签订和约，"美国国会上院就不会批准旧金山对日和约。"同时杜勒斯向吉田茂保证："国民政府（指蒋介石政府）作为中国的合法政权已被美国和其他国家所承认，台湾是远东的军事战略基地，日本政府同国民政府进行谈判，是最符合日本利益的。"[6]在同杜勒斯的谈话中，吉田茂感到美国一时不会抛弃台湾，并且可能扶持蒋介石政权，加上美国海军的第七舰队已经进驻台湾海峡，台湾政权还能维持一时。日本无法长期观望。

另一方面，此时的台湾政权在国际上日益孤立，正在到处寻求国际支持，此时与台湾政权谈判签约，不仅可以趁火打劫蒋介石，而且又能取得美国的信任，尽快批准"旧金山和约"与《日美安全保障条约》，并在美国的支持下维护住天皇制的完整，可谓一石二鸟。于是吉田向杜勒斯表示，愿意接受美国的建议。然而，杜勒斯要求狡猾的吉田茂作出书面保证，逃避来自中日双方的指责。于是就抛出了所谓的《吉田书简》，不仅可以投石问路，观察中日两国民众的反应，也可以敲山震虎，给蒋介石领导的台湾政权

以压力。

1951 年 12 月 28 日，杜勒斯把一封内容为日本政府愿意同"中华民国"签订和约的信交给了吉田茂，要他签字后送回自己。于是美日双方以此信为基础进行了多次磋商之后，吉田茂于 12 月 24 日给杜勒斯写了一封信，表明日本愿意与台湾的蒋介石政权缔结外交关系。1952 年 1 月 16 日，《吉田书简》在东京和华盛顿同时发表。

美国虽然要求日本与台湾当局进行媾和谈判，却支持日本方面在文本上暧昧地表述台湾地位，隐射其"未定"。因为在旧金山和约中只规定，日本放弃它在台湾和澎湖列岛的权利和特权，而没有明确声明这些是中国的领土。杜勒斯在要求吉田茂的同时也要求蒋介石，同日本签订的双边"和约"中，有关台湾归属问题的条款要同旧金山对日和约一致。[7]

四、日本地位的改变影响其对"台日协定"姿态

在美国居间协调之下，1952 年 2 月，吉田茂派代表赴台湾与蒋介石的代表谈判。台湾与日本的谈判从 2 月 19 日在台北开始，前后费时 70 余日，直到 4 月 28 日才达成协议签字。谈判如此艰难，只因日本政府对外态度的转变。当初在接收台湾事宜的谈判桌上，日本人低三下四；而如今，台湾有求于日本，恳求日本的国际承认，战胜国的架子抬不起来，日本的架子也就自然摆出来了。

台湾迫不及待地缔结台日条约，是想借此促进台美条约的签订，为台湾的安全寻求最有力的保障。

在日蒋谈判之初，台湾当局对日本方面提出了三个原则条件，即：1）双边条约的名称必须是和平条约；2）原则上必须和旧金山对日条约同一内容；3）至迟在旧金山对日和约生效前达成协议签字。"日本必须承认中华民国政府对中国全部领土之主权。"[8]

日本吉田茂政府本来就想在两岸之间观望，自然不愿依从蒋介石政府的意图和要求来签订条约。吉田茂在战前曾历任日本驻济南、天津、奉天等地的领事、总领事，对中国文化非常熟悉，在同台湾谈判签约之时，他自然考虑到将来处理与中华人民共和国中央人民政府的关系问题，不希望这个条约将来影响到日本与中共大陆可能发展的关系。不过，他这一远虑并非出自他对中国的友好，而是出于日本的国家利益和长远利益而考虑。吉田在其致杜勒斯的书简中也表明：从终久上考虑希望同中国大陆结成全面的政治关系，从眼前现实上考虑须同台湾建立正常关系、缔结条约。

日本代表在谈判的一开始便避免正面答复台北的条件，先马马虎虎的派了交涉全权代表河田烈一行人马于 2 月 17 日到了台北。结果，2 月 19 日，双方全权代表初会面的头一天，便在全权代表的资格上出了问题。"中华民国外交部长"叶公超是受命为签订和平条约的首席全权代表，而河田烈则是缔订复交条约的首席全权代表，两者资格不同，台湾方面便拒绝交换全权委任状。于是，日本代表请示本国政府，回电是："河田烈是授予可以缔结和平条约的全权代表"，台湾方面也就迁就地接受了这个"下马威"。也就是说：交涉第一回合台湾政府就不得不做出迁就的姿态了。

进入交涉本题时，台湾"中华民国"坚持：双边条约的名称应该是作为结束中日两国战争的"和平条约"，而且要日本政府，在承认"中华民国政府"为代表中国的正统政府的认识上缔订这部和平条约，并提出了与"旧金山和约"体例大体相同的 21 条草案。

日本方面则提议："此次商订之中日合约，系做为将来中日两国全面外交关系之准备，希望在现实的立场上签订，而且和约的内容简单一点"[9]。经过一段议论之后，日本表示对于条约的名称无所固执。不过，在条约本文上双方的争执就不是那么简单了。

日本方面对于承认"中华民国政府"为代表中国的正统政府一节表示踌躇，而这是台湾方面要求的缔约的首要目的之一。日本由于无法回避这一议题，日本代表最后耍了一个花枪，表示愿意承认现在的"中华民国政府"是代表"中华民国"的正统政府，其实暗含不代表整个中国之意，尽管日本的表述不明不白，台湾方面代表又是迁就地认可了。

台湾方面的代表提出了全文 21 条的和约草案，其内容大致和旧金山对日和约相同，似乎要补上未参加旧金山和会的遗憾。但是，日本方面的对案则只是简略的 6 条。日本代表一上场的态度就是想把这部条约尽量简化而迅速解决它。双方条文上的主要争点有三：

第 1 是赔款问题。台湾当局要求赔款，日本方面认为"中国在战争中所受损害，只能适用于中国大陆，现在台湾的忠厚民国无权做此要求。"[10]

第 2 是台湾的权益问题，台湾当局在对日和约中享有与其他反法西斯同盟国家同等的受益权，而日本拒绝承认。

第 3 是条约的"适用范围"问题。此台湾地位的确立，最为关键，争论也较为激烈。在《吉田书简》中，日本方面对于这个问题是以"适用于现在在中华民国政府控制下或将来在其控制下全部领土"来表达。[11]而台湾当局则认为，"或"字有二者择一之意，要求改为正"及"字。日本坚持不接受台湾的修改意见，因而双方僵持不下，后来还是美国"驻中华民国大使"居间协调，双方才通过会商同意在交换照会中，对于"或"字取得"了解"，并在同意纪录中明记，"'或'字可以解释为'及'字之意"。[12]其实这就是一种变相的"地位未定"的表述。

日本方面在谈判中绵里藏针，前前后后累施伎俩，如在全权代表资格问题上模糊不清；在条约的字里行间卖弄技巧。使得蒋介石政府不得不自找台阶，拐弯抹角地让步。例如上面提及的第 1 点"赔偿问题"，台湾当局最后表示将旧金山和约第 14 条所规定的"劳役赔偿"予以自动放弃，因此在条约中未见有赔偿的字眼，这种无奈的让步可以说是史无前例的。

五、日本与台湾协定中暧昧态度与险恶用心

日本在"台日协定"中采取了暧昧的措辞，隐含了日本"台湾地位未定论"的阴谋，条约适用范围的规定："适用于现在在中华民国控制下或将来在其控制下之全部领土"，也可以做双重理解，可以各自表述。

日本方面这种虚拟的承认，看起来是相信台湾控制的领土将会扩大，但也可以让日本在其认为有利的时机做"台湾地位未定"的解释；台湾方面接受这一暧昧的表述，是看重它可以做日本支持台湾反攻大陆来宣传。

日本方面这样表述是有考虑的，从 1951 年 9 月来台湾的日本谈判代表冈崎胜男，"日本深恐贵国（中华民国）签订双边和约之后，会引起大陆之中国人民仇视日本"、"我国现在之政策为慢慢等待时机……"等表述看[13]，日本方面不急于与台湾谈判。尤其是日本首相吉田茂考虑到将来有可能和有必要与中华人民共和国建立外交关系，所以，在同台湾方面交涉的过程中坚持己见。10 月 19 日他甚至在参议院会议上公开发言："日本现在有选择媾和对手之权力，当行使此项权利时，必须考虑客观的环境及中国之情势，中国与日本将来之关系不应轻率的决定"，以此来威胁台湾当局。

最后日本执意要在条约中写明：承认"现在的"中华民国政府是代表中华民国的正统政府，而且，现在签订的条约只能适用于"中华民国现在统治下及将来可能控制的领域之内"。[14] 总之，"日台条约"的签订对台湾来说，得到的只是领土权上，国际承认上的不明不白的表态，而不得不放弃了为中国人民的感情所无法接受的赔款要求。

对吉田茂来说，利用中华人民共和国的存在，为日本国在同台湾谈判中获得极大的利益，同时也为将来与大陆中华人民共和国建立外交关系留下一条后路，为同中华人民共和国的谈判埋下了伏笔。当然，吉田和他的政府的这种考虑，并非出自对新中国的感情，讲究务实、追求实利的吉田，尽管骨子里敌视共产主义和中华人民共和国，但是在利益面他前可以控制自己的感情，不表露得过于强烈。

台湾方面极力主张与昔日的敌国日本签订和约的合理性。1952年，台湾发表了张群撰写的《中日关系与美国》一书，认为：日本的军国主义完全消灭了，以美国为共同的盟主，中（蒋介石台湾当局）日为反共而协同起来。

1952年4月28日，即《对日和约》、《日美安全保障条约》和《日美行政协定》生效的同一天，日本和台湾蒋介石集团签订了《日本国和中华民国之间的和平条约》（即"日蒋条约"），并建立了所谓的"外交关系"。1952年6月7日，"中日和平条约"在日本众议院以多数赞成获得批准。7月5日，参议院以104票赞成，38票反对获得通过。这反映了当时的吉田内阁大多数人选择"中华民国"签订所谓的"和平条约"。

六、日台协定对1972年中日建交谈判的影响

早在1952年《吉田书简》发表时，中华人民共和国政府副外长章汉夫便就此发表声明，指出它是"又一次对中华人民共和国最严重、最露骨的挑衅行为。""日本吉田政府这一无耻行为，是和全日本爱国人民争取与中华人民共和国结束战争状态，恢复和平关系的愿望，绝对不能相容。"[15] 随后"日台条约"的谈判和签订更是激起了中华人民共和国的愤慨。

"日台条约"的签订首先使中日关系（日本与大陆的关系）走向完全对立。

"日台条约"的签订表明了日本在对外政策上、在对中国的态度上与美国的同步性、协调性。这也是日本政府向中国、向美国、向世界的表态：日本今后将和美国联合反对共产主义国家。日本同台湾当局签订的所谓和平条约，无视新中国的存在，不承认中华人民共和国为代表中国的唯一合法政府这一实事，无论吉田茂及其他日本政府的决策者如何借口国际形势的影响，借口美国的压力，其表露出日本缺乏对侵略中国的战争责任的反省精神。"日台条约"的签订也说明日本政府敢于置中国人民的感情而不顾，在中国犯下了滔天罪行之后，又阴谋策划两个中国，再次伤害中国人民的感情。无论日本政府在口头上如何向世界人民、向中国人民表白自己爱好和平，"日台条约"证明在行为上日本政府确确实实犯下了侵犯中国主权的罪行。日蒋媾和是吉田内阁追随美国敌视中国的一次最严重的行为。它使中日关系走向倒退，一时断绝了两国政府可能的对话渠道。

"日台条约"的签订成为日本推行"两个中国"政策的开端，其实日本既不承认台湾当局代表全中国，也不承认中华人民共和国代表全中国，当然也不敢明确表示台湾当局为一个地方政府，而是给予有限度的承认。

"日台条约"的签订激起了中国政府和人民以及广大友好的日本人民的强烈反对。1952年5月5日，中华人民共和国外交部长周恩来声明，中国方面认为：

美国政府强令日本吉田政府和在台湾的中国国民党反动残余集团缔结所谓"和平条约"，显然是企图用这个所谓"和约"，把它所一手培植的两个走狗联合起来，妄图藉此构成对我中华人民共和国的军事威胁。而日本政府于接受了敌视中苏、出卖日本民族利益的美制单独

对日和约之后，竟敢公然进一步依照其美国主子的命令，与早为中国人民所一致弃绝的台湾蒋介石残余集团勾搭一起，甚至狂妄无耻地说他们所订的"条约"应"适用于现在在中华民国控制下或将来在其控制下之全部领土"。

等等行为表明，日本政对于1931年以来对中国的侵略行为"毫无悔过之心"。甚至有可能协助蒋政权"反攻大陆"，恢复重建"大东亚共荣圈"。"这就是说，日本自1931年九一八事变以来对中国人民实行侵略战争的状态，不仅没有结束，反而在美国政府的扶持之下，有准备进行新的侵略战争的危险。"[16]

"日台条约"使中华人民共和国政府对与敌视新中国的日本吉田政府共同重建和平失去了信心。对日外交工作于是不得不转向争取日本民众，警告日本民众留意，日美军事上的勾结只能给包括日本在内的亚洲人民带来不安的因素。为此特别号召日本民众："只要中国、苏联和亚洲一切爱好和平的国家和人民包括日本人民在内团结一致，把维护和平的事业担当起来，那就一定能够制止美国在远东的战争阴谋，保障远东和世界的和平安全。"为了争取不愿再战的日本民众，周恩来在该申明最后表示：

中国人民早就表示，（即使在吉田政府的反动统治之下的）现在仍然表示：愿意与日本人民和平相处、友好团结、互通贸易、互相尊重民族独立和国家主权，以保障远东和平。因为只有这样，才是对于中日两个国家和人民都有利益的。

……中国人民深知：在美国占领下的以日本吉田政府为首的反动集团不能代表日本人民。……我国坚持一切占领军队必须撤离日本；对于美国所宣布生效的非法单独对日和约是绝对不承认的，对公开侮辱并敌视中国人民的吉田、蒋介石"和约"是坚决反对的。[17]

从此，中国政府和人民在周恩来等同志的领导下展开了与日本民间友好人士的友好往来，实行了"民间外交"、"以民促官"的方式。但这是一个艰难的历程，直到1972年美国总统尼克斯访华，中日官方的直接交流才成为可能。至此，"日台条约"的签订依然成为中日建交谈判的重要障碍。

经过中华人民共和国与日本双方艰苦"舌战"后的妥协，1972年9月中日共同声明发表之后，日本声明终止"日台条约"，对台湾地位的再次确认，对台湾当局来说，在某种意义上还是一种"台湾地位未定论"。在风云变幻的国际环境下，依赖外国的台湾当局随时都会被外国抛弃。台湾地位的最终确定决定于海峡两岸的中国人。

（作者单位：湖北大学历史文化学院）

注 释

[1] 林金茎：《战后中日关系之实证研究》，财团法人中日关系研究会，1984版，第74页。

[2] 林金茎著：《战后中日关系之实证研究》，第77—78页。

[3] 【日】信夫清三郎：《日本外交史》，商务印书馆1992年版，第787页。

[4] 田桓主编：《战后中日关系文献集1945—1970》，中国社会科学出版社1996年版，第117页。

[5] 【日】田中明彦著：《中日关系1945—1990》，东京大学出版会1991年版，第37页。

[6] 【日】田中明彦著：《中日关系1945—1990》，第37页。

［7］　参见资中筠、何迪编《美台关系四十年》，人民出版社 1991 年版，第 64 页。

［8］　林金茎：《战后中日关系之实证研究》，第 117 页。

［9］　林金茎：《战后中日关系之实证研究》，第 121 页。

［10］司马桑敦著：《中日关系二十五年》，联合报社出版 1978 版，第 6 页。

［11］林金茎：《战后中日关系之实证研究》，第 121 页。

［12］林金茎：《战后中日关系之实证研究》，第 121 页。

［13］林金茎：《战后中日关系之实证研究》，第 118 页。

［14］司马桑敦著：《中日关系二十五年》，联合报社出版 1978 版。

［15］世界知识社编辑：《日本问题文件汇编》，世界知识社 1955 年版，第 90—91 页。

［16］世界知识社编辑：《日本问题文件汇编》，第 95—96 页。

［17］《日本问题文件汇编》，第 96 页。

日本殖民统治对台湾民众"国家认同"的影响

景　艳　徐宏亮

1895 年，甲午战争结束后，日本政府强迫中国签订了丧权辱国的《马关条约》，台湾被割让。此后，日本对台湾进行了长达半个世纪的殖民统治，从政治、经济、文化等各个方面对台湾社会的演变发展产生了深远影响。如今，当我们面对台湾同胞时，他们一些特殊的心理诉求和敏感复杂的国家认同意识，总能隐隐约约透过岁月的沧桑，追寻到那沉重的半个世纪所留下的历史伤痕。

清华大学国际问题研究所博士生赖奕佑在《中国评论》月刊九月号发表专文《如何认识台湾对日观的发展变化》。他基本否认了日本殖民统治对日情感的影响。我想，假如日本皇民化教育到今天还影响着台湾人国家认同的话，那么就不能说台湾人对日本的情感与日本皇民化统治无关。

作者云："如果台湾人对日本的情感与亲日、媚日的行为是来自于日本皇民化运动的影响的话，那么这样的观点就无法解释在台湾未受殖民统治经验的外省族群喜欢日本偶像的比例高过本省族群的比例。""在冷战结构下，台湾不只依赖与日本及美国的政治、军事关系，在经济上更是成为相互依赖的依存关系。这种政治、经济关系的建立才能重新催化台湾对日本记忆的重新解读。"

这里两个立论值得推敲。文章引述了 2010 年 3 月发表的"台湾民众对日本观感之研究"中的调查数据。据台湾中央社 3 月 23 日的报道，这是日本交流协会委托尼尔森营销研究顾问股份有限公司所做的民调，主题是"除了台湾之外，你最喜欢的国家（地区）"，民调结果显示有 52% 的受访者表示最喜欢日本，同时，也有 33% 的受访者认为中国大陆是台湾今后最应亲近的。[1] 作者称："在台湾未受殖民统治经验的外省族群喜欢日本偶像的比例高过本省族群的比例"，以此来作为台湾人对日本的情感与亲日媚日行为的佐证。笔者以为是不合适的，喜欢日本偶像和喜欢日本是两个不同的概念，喜欢日本和喜欢作日本人又是两个不同层面的问题。

作者的另一个观点是在冷战结构下，政治经济关系的建立才能重新催化台湾对日本记忆的重新解读。看起来实在是有点费解。台日政治经济关系从来就没有断裂过，只是程度发生过变化，这与冷战结构并无必然关系。日据初期几年间，台湾仍以中国大陆作为主要的贸易对象，1899 年从日本进口额超越大陆进口额，到 1937 年，台湾对外贸易关系里，对日出口占出口总额的 93.2%，自日本进口占进口总额的 86.3%，美国学者格来顿齐夫称"此数字于其他殖民地历史上，可谓绝无超越者。"[2] 台湾光复后的五十年代初到 1960 年，日本是台湾第一大贸易伙伴，之后被美国取代成为第二大贸易伙伴，而现在，日本是台湾第二大贸易伙伴，台湾是日本第四大贸易伙伴。[3] 台湾《经济日报》7 月刊文转述"财政部统计长"林丽贞的话："大陆与香港仍是台湾贸易依存度最高的国家或地区，累计 2010 年 1—6 月，对大陆及香港出口 567.5 亿美元，比 2009 年上半年大幅成长 61.9%，为历年同期新高，更占所有出口金额的 43%。"[4] 倘以政治经济关系而论，除去日本半个世纪的殖民统治，不管是过去还是现在，两岸关系都密于台日关系，毋庸置疑。

那么，日本殖民统治对台湾民众的国家认同到底有没有影响？影响又及哪些方面？

一、"台湾独立运动"的兴起源于日本殖民统治

有人把台湾独立的萌芽从"台湾民主国"的成立起算，在台共 1928 和 1931 年的政治大纲中，也都曾提出了"台湾独立"、建立"台湾共和国"的主张，但这些主张恰恰是为了对抗日本殖民统治，要以独立的身份回归祖国的明证。"当时的历史条件下，日本占据台湾有着不平等的《马关条约》为护符，中国是不能公开提出对台湾的领土主权要求的，中国大陆和台湾的革命者充其量只能期待台湾尽早摆脱日本的殖民统治实现独立自由，这就是他们接受日共提供的政治大纲中出现台湾独立、建设台湾共和国主张的根由所在。"[5]这种独立的诉求和今天通常所说的"台独"呈现的是两个完全不 的内涵和意义。

从另一方面来说，日本的殖民统治，施行的"皇民化"教育人为地阻隔了中华文化在台湾官方传播，加上台湾地处祖国边陲，不断受到多种外来文化的冲击，在日本殖民者的强权统治下和日本文化的侵蚀下，台湾的"台独"思潮和"日本情结"得以产生。

为把台湾民众转化为顺民，实现在台湾的长久统治，日本殖民当局从二十世纪三十年代下半期起在全岛掀起所谓"皇民化运动"。一是通过出版发行《台湾时报》、《皇民化读本》一类的期刊书籍，以及演出"皇民化剧目"等等，大肆进行"皇民化"舆论宣传；二是"鼓励"台湾人民改取日本姓名，企图以此消灭台湾人民的"祖先认同"感；三是在学校强制推行日语教育，试图通过改变具有民族凝聚力作用的语言工具，使台湾人民特别是年轻一代成为只爱日本天皇的"忠良臣民"；四是通过强制台湾人民的生活习俗日本化，使其在"体会日本人的心境"之后，"在不知不觉中感受皇民意识，并达到这一境界"；五是通过拆除中国传统的庙宇及改建、新建日本神社等方式，强制台湾人民改变宗教信仰。[6]

另外，还通过法律手段强制台湾与大陆隔离。日本在殖民统治台湾期间曾长期推行"去中国化"的"隔离政策"，例如 1904 年 9 月 24 日颁布《支那劳动者取缔规则》，严禁大陆工人赴台；1921 年 3 月 30 日制定《有关南部支那领事馆之裁判法律》，取缔住在中国南部的台湾人；1923 年 1 月 30 日颁布《有关加入外国之政治结社之件》，禁止台湾人加入中国国民党及其他政党；1938 年 9 月 16 日又颁布《满洲国及中华民国渡航证明规则》，限制台湾人到大陆各地参加抗日运动等，其目的就是为了使台湾永远脱离祖国大陆。[7]

应该承认，当时大多数台湾民众积极参加了反抗日本殖民同化政策与奴化教育的斗争，不忘汉民族意识是当时台湾民众思想的主流。但是，亦不可否认的是相当一部分台湾民众在日本长期的皇民化教育的毒害下，或屈从于现实利益的诱惑或压力而形成了甘当二等公民与媚日的情结。他们以"皇民"自居，以做"皇民"为荣，成为"台独"势力的重要组成部分。

即使在台湾光复后，也有不少的"恋日族"、"媚日族"美化日本对台湾的殖民统治，他们对日本感情深厚，不耻于公开为殖民叫好，同时极端贬低中国的历史和文化。[8]公然声称"支那人"不应再"占有"台湾，叫嚣"宁做富家犬，不为穷国奴"。这种被"皇民化"的台湾人虽然是少数，但他们对以后"台湾意识"发展成为与"中国意识"相对立的"台独意识"，产生了不可忽视的作用。

也正是因为日本侵占并殖民统治台湾长达半个世纪，使得台湾与大陆的发展轨道由交集变为分行，这种政治、经济、社会、文化发展的不一致，造成了台湾光复之后，彼此理解、认知与感受的一些差距，"二二八事件"的爆发与之有很大关系。

二、"台独"理论的构建与日本关系密切

1. 《旧金山和约》成为"台独"人士寻求独立的理论依据。1943 年的《开罗宣言》和 1945 年的《波茨坦公告》都庄严宣告，在打败日本军国主义势力之后，日本通过侵略掠夺的中国领土，如台湾、澎湖等岛屿都要归还中国。但《旧金山和约》却篡改了上述国际文件的精神，提出"日本放弃对台湾、澎湖列岛、南沙及西沙群岛的一切权利和要求。"[9] 只字不提这些领土的归属问题，成为后来所谓"台湾地位未定论"的重要托辞，进而成为"台独"人士鼓吹"公投决定台湾前途"，寻求台湾独立的"金字招牌"。在民进党执政时期，《旧金山和约》被列入中学教科书，在"台独"史观教育中起到了非常坏的作用。

2. 美国抛出"台湾地位未定论"也因日本的殖民占领而起。二战后，美国的对台政策发生了剧烈变化，美国当初同意将台湾交还中国的一个基本前提，是台湾掌握在一个亲西方的中国政府手中。但到 1949 年初，随着中国共产党在国共内战中的胜利前景越来越明朗，美国对台政策开始发生变化，为了防止台湾落入中共之手，美国开始就台湾地位问题大做文章。当时有两种可能的选择：一是承认台湾已归属中国的现实地位，将台湾的国民党政府作为中国政府而继续支持，阻止中共占领台湾；二是否认台湾已归属中国的现行地位，不承认它现已是中国的领土，从而把它排除于中国的内战范围之外，防止中共占领。随着国民党军队在大陆的节节败退，美国政府对是否继续扶持国民党政权发生动摇：有限的援助无济于事，全面卷入又力不从心。如何将台湾置于中共的控制之外，重新解释台湾现行地位便成为美国决策者着重考虑的问题，因为美国深知台湾已经归还中国，要对一个主权国家的一部分再行干预或托管出去，无论从国际法还是从道义角度来讲，都是不恰当的。[10]

由于各种原因，当时盟国与日本间的战后和约尚未缔结，美国便抓住这一点大做文章，强调"从法律上来说，台湾是在盟国占领下的日本领土"。其逻辑是：二战之前，国际上公认台湾是日本领土，战后，在台湾的日本军队是根据盟国的总第一号命令向中国军队投降的，中国据此在台湾建立了军事管理机构和行政机构。中国和日本间尚未签订和约，由此可以说台湾的归属并没有所谓的"法律依据"，从法律上说，台湾的地位并没有发生变化，它仍是一块由盟军占领了的日本领土，其最后归属有待和平条约而定。至于美国在战后中国收复台湾过程中所起作用，美国官方称之为"促进并认可了中国人对该岛屿的事实上的占领"。其目的是摧毁中国对台湾行使主权的法律根基。1950 年 6 月 27 日，美国政府借朝鲜战争爆发之机，公然派遣美第七舰队侵入台湾海峡，为了给自己的侵略行径开脱，杜鲁门公开抛出了曾在美国决策层密谋已久的"台湾地位未定论"，声明称："我已经命令第七舰队阻止对台湾的任何进攻……台湾未来地位的决定必须等待太平洋安全的恢复，对日和约的签订或经由联合国的考虑。"至此，美国关于台湾地位的"未定论"，便正式以总统声明的形式公开兜售。[11]

3. 战后"日台条约"的签订，实为双重承认，为分化两岸主权认同埋下伏笔。1952 年，4 月 28 日，日台"和平条约"在台北签订。在适用范围问题上，条约规定"和约适用于现时国民政府管治下之领土或将来归入国民政府管治之领土。"虽然后来日本迫于国民党当局的强烈坚持，作出"或将来"可以解释为"及将来"的口头承诺，但实质上，使用"或"字表明日本对台湾给予的是"限定承认"，即认为台湾是不包含大陆在内的"正统政府"，实际上主张同台湾的媾和是一种"有限媾和"。这使日本政府同新中国的交往留有余地，因此希望同大陆、台湾双方都保持一定的关系。[12] 而且这种政策力图分化中国的整体实力，将中国一分为二，使中国处于分裂的局面，实为坚持"一中一台"的"两个中国"的政策，可谓

阴险至极。这也成为很多"台独"分子用来鼓吹"台湾地位未定"的一个所谓法理依据。

三、日本殖民统治对台湾人民的国家认同造成了心态游离

1. "弃儿心态"到"自主心态"。在我们分析台湾人国家认同观的时候,不能离开台湾屡受外强侵略觊觎的历史。1840 年,台湾被清政府割让给日本造成了一部分台湾人萌生了"亚细亚孤儿"的弃儿心态。"台湾人被祖国抛弃","台湾人曾经是二等公民"、"台湾人祖祖辈辈受人欺侮,没有办法掌握自己的命运",这种对祖国的尤怨在日本殖民统治时期进一步强化。日本的政治压迫、经济剥削和民族歧视政策,使台湾人民从一系列不平等的待遇和生活体验中,逐渐感受到了压迫民族与被压迫民族间本质的不同,在"内地人(日本人)"与"本岛人(台湾人)"间政治经济不平等的鸿沟中,加深了"非我族类"的排异性,自发地凝聚为浓烈的台湾意识。

到了上世纪一十年代,在世界范围内民族自决浪潮的冲击下,一部分台湾先进知识分子在民族运动中发展出台湾地方自治和设置台湾议会的政治诉求,在这里台湾意识从自发走向了自觉。可以说,日据时期的台湾意识已经不仅仅是一种地方意识,而且是包含有民族反抗喻义的政治意识。[13]

光复后,国民政府的不当治理,让一部分人萌生了强烈的"出头天"意识,"台湾人凭什么总要受外来人的统治","台湾人应该自己当家作主"。这种掺杂着悲情又怀有怨气的潜意识成为煽动省籍冲突,对抗统一的最佳宣传员。就像 1989 年,威尼斯影展获奖台湾影片《悲情城市》中的台词:"本岛人,众人骑,众人吃,无人疼",在台湾引起很大反响,这种反响的背后便是一种共鸣,在选举中往往经由"选票"所表达。

2. 回归母体的向往与希望破灭时的悖离。台湾的割让是被动的,台湾人在内心里是不甘而抗拒的。据记载,台湾被割让时是中国比较富裕、发展较快的省份,台湾人内心是存有一份身为中国人的骄傲的。这由黄白成的一段话就能明白地体现出来:"中国——对世界人类有很大的贡献,所以世界各国都很羡慕,那么倘要问日本如何对中国人轻蔑起来?可以答复是在日清战争中国战败而来的。自此以来,日本人竟蔑视中国人为清国奴。我到琉球、日本旅行,每听到这种侮辱时,就想到我们的祖国是中国,中国本来是强国,是大国,道德发达很早的国家,这种感想很强烈,而且每一次都加强这种精神。"[14]

也正是这样一种情感,让日本殖民统治下的台湾人越发地保留着一份对祖国的怀念与向往。就绝大多数普通台湾民众来说,他们一方面追随民族主义者研习汉文,自愿参加各类讲习班、研究会,阅读汉文报纸书籍;另一方面在日语普及运动的影响下,又不能不参与日语学习。根据日本总督府文教局的统计,1932 年台湾的日语普及程度仅约 23%,到了 1937 年达 38%,1938 年到达 50%,1942 年更达 59%。[15]不过,在殖民统治的特殊历史环境和统治机器的高压下,台湾人被动地掌握了日语,这丝毫不代表他们在思想上也认同了日本,相反,祖国在他们的心目中始终占据着主要的位置。他们的心情,由台中庄遂性的一番话表露无疑:"我在国外和异民族相处时,我心安理得地当一个中国人,在国内和国人相处时,则我心安理得地当一个台湾人。并以能心安理得地当一个'中国的台湾人'而觉骄傲。"[16]难怪日人称:"(台湾人)表面上虽说是日本国民,但由于历史的原因,大部分人却并未怀有这种心理。"[17]也正是因为这样的心态,才有了 1945 年台湾光复时,台湾人对来自祖国的接受大员与军队的夹道欢迎。

没有想到的是满心的欢喜为随之而来的强烈失望所代替。"二·二八事件"的爆发,击碎了很多台湾民众对"祖国家园"的美好梦想,他们再一次沦为找不到家园的"精神弃儿"。

有学者曾经描述说："台湾光复了，台胞对分别50年后来台的国民党是茫然无所知的，当看到'祖国一批人到了以后的那种野蛮落伍，没有教养，活像一群土匪，大小官吏，五子登科'的现象时，又不免与日本'讲法制，军容强盛，秩序井然有序'形成了巨大的反差，于是便生出了'祖国美梦的破裂'，渴望的情绪一转而成为失望，于是民众心理出现了一些偏差。"所谓"狗走了，猪来了"，一些曾经为台湾回归祖国而不懈努力的人最终成为最为绝望的人，甚至感叹"为自己血液里流着中国人的血而悲哀。"[18]

再加上蒋氏父子在"反共复国"的高压统治时期，从"反共第一"发展到反对祖国大陆的一切，封锁祖国大陆的一切，丑化祖国大陆的一切。在台湾人民的心目中，祖国大陆成了恐怖的"匪区"，在两岸的长期隔绝下，年轻一代"只知有岛不知有国"，"台湾就是他们心中的中国"，台湾当局的这种政权"就是中国的正统政权"。而"中国大陆是一个比台湾还要可怕的地方，中国共产党的统治比中国国民党更恶劣"。这样一种由希望到失望乃至于绝望的心路历程，成为一些台湾人悖离乃至敌视祖国大陆的心理基础。[19]

3. 台湾人的日本情愫与中国情感的纠葛。从心理学的角度来说，一个人容易对熟悉的人产生较浓的情感，或憎恶或喜欢。台湾与日本间的关系就是这样，日据五十年，不仅是催生了台湾人的"日本情愫"，日本人也有所谓的"台湾情结"，这种交织了复杂历史记忆的爱恨情仇成为了台湾人在对祖国失望时抗拒中国认同的另一种情感支撑。

1949年国民政府撤退台湾后，为了巩固自己的"政权"，蒋介石实行了高压集权统治，利用掌控着的宣传机器。一方面极力宣扬中国大陆的抗战记忆及国军功绩，一方面有意无意地忽略或抹煞台湾民众在日据时期的抗战功绩。一些讲日语、保留着许多日本习俗的台湾本省人甚至被贴上日本共犯的标签，成为抹不掉的一种原罪，并被深深烙在广大台湾民众的记忆深处。

在这一段的时期，由于接收台湾的国民党政府的表现失当，不只导致其后的省籍冲突，也使台湾人的对日情感有了一个重要的转变。日本殖民统治下的台湾，生活上、教育上都受到不平等的待遇与不被信任感，这种累积的不满，使得台湾人对日本的观感是负面的印象。但是战后台湾在国民党"亚殖民化式"的统治中，以及被视为日本共犯的歧视中，台湾人所产生心理上的幻灭，使得台湾人在战后将过去殖民者日本视为"恶"的这种想法，也因而逐渐转变而成为一种与外省人区别的象征。[20]他们开始回忆甚至怀念日本人殖民统治台湾期间对台湾的建设投入，包括工业化水准、民主教育水平、法制建构等等，这种由"恶"向"有功"的认知转化，成为日本部分传媒为过去殖民台湾的恶行脱罪的理由，甚至成了后来台湾社会中对中国母体的轻视，不以作中国人为荣这一心理的依据。即使在今天，台湾社会上层也有一些所谓"精英"竟然认为应当感谢日本的殖民统治，说日本人帮助台湾实现了现代化，台湾社会在日据时期虽然没有民族尊严，但秩序井然，是殖民化保证了其优裕的生活。如1994年，部分"台独"分子居然在台湾桃园机场打出一面"台湾共和国"旗，上印一朵菊花图案。日本以菊花为皇家标识，日本的皇家菊花是九瓣，而这面"国旗"上的菊花只有八瓣，暗含臣服于日本之意。1995年，《马关条约》签订一百周年之际，吕秀莲竟率百余"台独"分子前往当年《马关条约》的缔结地——日本下关春帆楼，公然宣称：《马关条约》使台湾"终能脱离中国"，这是"不幸中之大幸"。[21]可见，日本的皇民化教育不可避免地成了后来台湾社会中产生"台湾人不是中国人"这一奴化思想的重要原因。

四、日本殖民统治造就了一批"台独推动者"

日本殖民统治造就了一批对台湾民众国家认同影响重大的政治人物。这些人到现在还在台湾政坛发挥着重要的影响。这其中最典型的代表莫过于李登辉以及民进党中的一些要员。

不能否认的是，日本的"皇民化"确实在部分年轻人心中产生了投射效应。在当时的年轻一代人的心中，中国已经逐步成为"他者"，成为心中淡忘的名词。李登辉曾说："自己22 岁以前是日本人，光复后才是中国人。"这句话正代表了当时很多一大批年轻人的基本认知，即使以后改变了看法，日本始终对他们来说，却有着纠葛于心的复杂情结。这也造成了李登辉、陈水扁之流主政台湾期间，利用手中的权力从政治、文化教育、对外交往等等各方面对台湾社会进行了"去中国化"的改造。如炮制"两国论"、"一边一国论"，"冻省"、废"国大"，停止"国统会"功能运作，修改教科书，把"大陆"称"中国"，扶植"独派"势力，"公投入宪"，严重混淆了台湾人的国家认同，甚至对其后任者的施政政策造成了难以逆转的影响。危害尤其之大的是对年轻一代的毒害。台湾统联副主席、台湾大学哲学系教授王晓波说，现在台湾社会的独立空气还没有到达鼎盛的阶段，因为那些在李登辉、民进党任内接受学校教育的青少年还没有到达权力的顶峰。这些"独潮"随时可能卷土而来，影响整个社会的舆论风气。

五、"台独"实践由日本因素引导而深化

一般认为，日本和美国是"台独"运动的幕后黑手。但是，日本在台湾问题上的介入之心比美国来得还要大得多。除了地缘近渊源深之外，还有其舍弃不了的战略考虑。因为台湾正处于中国大陆进出太平洋的出海口，台湾海峡扼制着日本海上运输的生命线。

从另一方面来看，其中也有日本难以割舍的情感因素，这点从《海角七号》影片中流露出来的暧昧因素可见一斑。相对于台湾人的日本情愫，相当日本人也有台湾情结。

日本殖民统治台湾长达 51 年，利用双方经济结构的互补性，日本不仅解决了因农业人口城市化而产生的粮食短缺问题，还使台湾成了日本的食品、轻工业品的主要供应地和工业产品的主要销售地之一，大大推动了日本的近代化进程。

由于对台湾的长期统治，许多日本人曾经在台湾居住过，甚至在台湾还有亲属，因此他们对台湾有一定的感情，对国内政治倾向也有相当影响。有人观察到这么一个现象，在日本殖民时代，为了反抗日本的高压殖民手段，一部分知识分子跑到日本，一部分知识分子跑向中国大陆。后来为了反抗蒋氏政权的威权统治，仍然是一部分知识分子跑到日本，一部分知识分子跑向中国大陆。早在上个世纪 60 年代初，周恩来就曾经针对日本右翼势力的"台湾情结"问题指出："日本有一部分人对台湾有感情"，这是一种"殖民主义的感情，今天日本仍有一部分人抱有这种殖民主义的思想，希望台湾从属于日本，认为台湾既然没有直接在中华人民共和国管辖之下，就应该仍然回到日本的手里。"[22] 正是在这一"殖民主义感情"——"台湾情结"的驱动下，日本右翼势力无论在中日复交前还是复交后，都明显流露出对以往殖民统治下的台湾有一种难舍难分的眷恋。这种眷恋构成了现实中对台湾政治、经济、外交上的拉拢，甚至是对"台独"势力或明或暗的扶持以及对两岸统一的防范戒备。

像安倍晋三到台湾，并赴忠烈祠敬花，在外界看来其明显的政治意图在于借机表达对台湾的关切，意在赢得民众好感，核心是担心两岸因为钓鱼岛事件而走近。

没有共同的历史生活经验，即使共享一样的历史文化资源，也会产生观念的异化。五十年的殖民统治造成了两岸不同的历史境遇，才有了两岸不同的集体认知，两岸对历史认知的各执一词，才带来了今天一系列困扰两岸的难题。因此，两岸关系的跨越，需要感性的消融、理性的化解和现实的铺垫。

首先，应该建立在互相尊重容忍对方历史记忆空间的基础上加强沟通交流。不要在历

史遗留问题上纠缠，不能简单地把对日的仇恨情绪套用在台湾人情感上，不能一相情愿地期待台湾人要仇视日本，不能片面地期待台湾人民在被殖民统治的五十年中仍然保持着对祖国的一往情深。唯有同情的理解才能建构心灵契合的桥梁，只有共同的历史记忆才能彼此更好地融合。日本殖民统治带给两岸同胞的鸿沟需要彼此生活的拉近，一个有着越来越多共同体验的两岸交流，带来的正是这样一个契机，应继续朝这样的方向前行。

其次，必须在台湾已经光复，两岸终将统一的框架下定位两岸的现实与未来。我们应当注意到这样一个现实，就是两岸经贸关系、人员往来越来越密切，但是并没有随之带来政治的融合，支持统一比例的上升。有学者指出，台湾当前的悲哀在于，"蓝"的不敢理直气壮地讲统一，"绿"的也只敢遮遮掩掩的骗"独立"，而一般的民众又都被统"独"这个假命题所迷惑，随着政治人物的魔杖而起舞。这样的"维持现状"并不利于两岸关系长久稳定的发展，只有在"终极统一论"的价值观下来重构两岸关系的走向，在台湾确立不自绝于中国未来的普遍的价值观，这需要主政者的智慧与仁爱。

第三，营造两岸"同辱"、"共荣"的纽带与氛围。"人同此心，心同此理"。要理性分析和积极引导台湾民众对"一个中国"认同的冷却、疏远乃至敌视的消极心理，将"台湾意识"与"中国意识"融合、统一起来。"以礼相待、以礼相让"，主动营造两岸"同辱"、"共荣"的纽带与氛围。使台湾民众实实在在认识到"中国主体意识"与"台湾主体意识"不仅仅是并行不悖，而且前者是后者实现的先决条件。

第四，集中精力提升自己的软硬实力。这是最为关键的一点。现在，之所以有人对日本过去的殖民统治念念不忘，认为它是最有良心的统治，其实很大的一个原因是日本人确实在有些方面做得比较好，比当时的国民党政权展现了更多的先进性。马英九先生提到的《孟子梁惠王下篇三》中的古人智慧，除了仁与智以外，更重要的是实力。有台湾人说，假如中国强大如美国、自由民主如英国、品质细节如德日，还怕两岸不统一吗？所谓"见贤思齐"，中国人仍有许多需要学习和把握的地方。

总之，"台独"从来就是一个伪命题。这一百年来充满坎坷与伤痛的民族，经过半个多世纪的分裂、猜忌和对峙，一定能运用民族的智慧彻底破解"台独"魔咒，实现民族的和解、共赢与统一。

（作者单位：海峡之声广播电台编辑部；中国华艺广播公司华广网）

注 释

[1]　2010 年 3 月 24 日，《环球时报》。

[2]　AJ. 格来顿齐夫：《台湾经济展望》，联华银行经济研究室编译，生活书店，1945，第137 页。

[3]　台湾《中央日报》2010 年 2 月 4 日《马英九对日新希望，洽谈自由贸易协定》。

[4]　中华人民共和国商务部官方网站，2010 年 7 月 12 日。

[5]　参阅程文腾《关于台湾人的抗日与台湾人意识》，收入许南村编《史明台湾史论的虚构》，人间出版社，台北，1994。

[6]　猪木正道著，江培柱等译：《吉田茂的执政生涯》，中国对外翻译出版公司，1986年版。

[7]　吉田茂：《激荡的百年史——我们的果断措施和奇迹般的转变》，世界知识出版社，

1980 年版。

[8] 钟兆云：《日据时期台湾"皇民化运动"的遗患和破除》，福州大学学报，2006，1。

[9] 刘天纯等著：《日本对华政策与中日关系》，北京，人民出版社，2004 年版，第 219 页。

[10] 日本历史学研究会编，金锋等译：《太平洋战争史，第五卷，旧金山对日和约》，商务印书馆，1963 年版。

[11] 信夫清三郎编，天津社会科学院日本问题研究所译：《日本外交史》下册，商务印书馆，1980 年版。

[12]《人民日报》，1972 年 7 月 9 日，转引自刘天纯等著，《日本对华政策与中日关系》，北京人民出版社，2004 年版，第 237 页。

[13]《日本殖民统治台湾五十年史》之《民族运动中的阶级斗争问题》陈小冲著，社会科学文献出版社。

[14]《台湾社会运动史》，稻乡出版社，台北，1988，第 283 页。

[15]《日本统治时代的台湾》，第 567 页。

[16] 叶荣钟：《台湾人物群像》，帕米尔书店，台北，1985，第 152 页。

[17] 松井石根：《台湾统治四十年的回顾》，《东洋》（特辑号）昭和 10，第 113 页。

[18] 李涛，杨建新：《关于台湾意识历史考察及文化渊源的思考》，山西社会主义学院学报，2001.1。

[19] 张少宁黎良华：《论"台独"所依赖的心理基础与文化基础》，广西社会主义学院学报，2005.8。

[20] 李衣云：《解析"哈日现象"：历史、记忆与大众文化》，第 104—105 页。

[21] 胡菊人：《马关条约困惑》，东方日报，1995—04—22。

[22] 猪木正道著，江培柱等译：《吉田茂的执政生涯》，中国对外翻译出版公司，1986 年版。

台湾民众党的鸦片反对运动

李 理

甲午战争后，各列强加紧了对中国的瓜分，使中国人民开始觉醒，变法自强成为社会的潮流，禁烟运动也包括在其中。同时，国际社会也普遍认识到鸦片的危害性，连续召开几次国际鸦片会议，并成立了国际鸦片咨询委员会，规定各缔约国每年须向国际联盟提出统计年报，以掌握世界鸦片及毒品制造、分配、消费的情况，并对各国取缔鸦片进行监督。在这几次鸦片会议上，日本与英国都成为批判的对象。日本为了洗刷污名，挽回国际声望，在1924年11月召开的国际阿片会议上，签订了鸦片限制条约，该条约在1928年底生效。而该条约即主要针对其殖民地台湾。故台湾总督府于1928年12月28日，以律令第三号，修订了"阿片令"。新修订的"阿片令"，原则上"不准吸食鸦片"，并禁止开设阿片烟馆。如果单纯从字面上看，这比较旧的"阿片令"，确实有相当的进步。但在新"阿片令"第二条"不准吸食鸦片"下，却有一项说明："但本令施行前之阿片瘾者、由总督特许吸食而吸食、政府发售之阿片烟膏者不在此限。"[1]这个新"阿片令"暴露了总督府鸦片政策的诸多破绽，特别是高达25000人的新吸食特许申请，使台湾民众认识到新"阿片令"，仅为绝世人之口，并没有打破"渐禁主义"政策。于是民众将台湾总督府上告至国际联盟，并引导台湾人民进行了大规模的反对运动。本文仅对民众党及台湾人民的鸦片反对运动进行具体论述。

一、台湾民众党的鸦片反对运动

日本国内严格禁止鸦片烟的吸食，而对殖民地台湾，却以"渐禁"为借口，实施鸦片专卖制度。这种民族差别待遇，在日本据台初期，台湾人民就以降笔会的形式，进行了大规模的反对运动，而伴随着新的民族民主运动的转型，鸦片的反对运动也转入新的形式。

自1921年开始的台湾议会设置请愿运动，是以民族民主运动的方式，向日本殖民统治者争取基本权力，其中自然涉及总督府的鸦片政策。1923年"治警事件"审判中，蔡培火以台湾民众的立场，对总督府的鸦片政策，进行了无情的揭露："总督府对同化政策或自己声明的政策，全无诚意执行。譬如，鸦片问题，声明采取渐禁主义，时至今日，吸烟人数却没有减少，无照的密吸者全岛到处都是，这岂不等于公开的欺骗！"[2]另外，在台湾设置请愿第六运动的筹备理由书中，也特别加上批判台湾鸦片政策的部分："为图每年600万元之鸦片专卖收入，竟不恤以国际所禁止之鸦片毒害消耗台人的心身，漠视国际之道义。"[3]

1927年7月成立的台湾民众党，是公开反对鸦片专卖制度的政党，在其政纲"台政改革的建议"第八条"严禁鸦片"中，明确提出："在今日的文明国已有禁酒的国家，台湾改隶以来已阅三十余年，竟仍公然准许吸食比酒有几十倍毒害之阿片，实系人道上之重大问题，且为文明国之一大耻辱。是故由文明国之体面抑或由国民学保健上均应速予禁绝者也。"[4]

1929年7月，该党向首相滨口及松田拓务大臣提出的"台湾政治改革建议书"中，严禁鸦片吸食也成为其重要的项目。另外，9月，对来台继任的新总督石塚所提出的"台政改革建议书"中，也将"严禁鸦片"列入其中。

1929年9月，台湾民众党领袖蒋渭水的医学校同学及密友，台湾人第一位医学博士杜聪明，向台湾总督府提出"设置鸦片治疗医院建议书"。杜聪明为台湾第一位医学博士。自1926年代表总督府出席世界麻药教育大会后，便致力于鸦片的药理研究，并在药理学上获得戒除鸦片的实践经验，且对鸦片瘾者的治疗有相当的信心，因而向总督府提出设置鸦片瘾者治疗医院，主张对鸦片吸食者采取医学上的治疗，以期完全矫治。[5]

台湾民众党的领袖蒋渭水本身为医生，另外通过杜聪明的研究，深知鸦片完全可以利用现在医学戒除。而1929年12月18日总督府石井警务局长的"新鸦片特许方针"声明，使台湾大量密吸者的存在事实昭告于天下，特别是总督府不但不援引法律进行处罚，还允许二万多人申请新的特许牌照，其利用渐禁制度，专事谋取经济收益的目的昭然若揭。蒋渭水认为这是良好的反对契机，便开始策划进行大规模的反对运动。

首先，向日本拓务大臣发电报

民众党首先将反对意见，直接发电给日本拓务大臣，陈述民众党的反对意见："台湾政府新特许阿片政策，使很多台湾人陷于毒害之中，这不仅仅是人道上的问题，更有损于帝国的名誉，切望早日断然实行严禁。"[6]

其次，向岛内日刊报纸投稿反对新鸦片吸食特许

20日，民众党即向岛内各大日刊报纸投稿："吾党站在人道立场，为打倒不可忽视的毒害人民的鸦片制度，素尽全力，然而当局却于最近重新发下吸食许可。作为阻止运动之一环。曾经呈上抗议书与拓殖大臣。另外对总督府亦呈上同样抗议书。兹决定于同月22日在全岛各地同时举办反对鸦片政策演说会。"[7]

第三，给日本内地报纸打电报

21日，民众党又拍电报给大阪每日、时事国民、万朝报、东京日日新等报社，明确提出"阿片问题在台湾统治上及国际观瞻上极不适宜，台湾民众党表示反对。"[8]

第四，向警务局长提交抗议文

民众党在进行一系列抗议的同时，还要求台湾总督府取消其声明，并于22日向警务局长直接提交了抗议文，其内容如下：

在台湾的鸦片公卖与吸食许可，和在葡领澳门征税而准许赌博之榨取政策，同出一辙。均系遗留污名与罪恶于人类历史者。虽然自明治四十一年以来，台湾政府已放弃阿片吸食之特许。但放任密吸食者而不取缔，藉以消极防止公卖收入之减少。在昭和之今日，尤其是紧缩内阁之时代，此等超奢侈品之阿片公然重新准许其吸食，实系无法了解之怪事。此举不但是人道上之大问题，且系违悖国际信义。是故吾党对台湾当局推行此一卑劣之政策，表明最大之遗憾与绝对之反对。

按阁下在声明书中谓'对此等秘密吸食者临以改正令下之严刑于人道之基础上认有未便'伪装出自慈悲心之处，事实纯系掩饰收入主义的藉辞。盖准许其吸食，使其浪费金钱，毁损心身，较之改正令下之刑罚，不知道有几十倍之残酷。何况此种瘾癖原可由医疗或自己之克制摄生可得治疗者乎。实际上常见入狱之瘾者自然的断瘾，出狱时身体丰满者为数不少，然而改正令之严刑亦可视同一种强制治疗。

声明中又言'事实上仅依刑罚而期矫正此等全部瘾者，实属不可能，且欲全部执行矫正处分，亦有困难。'如此说法，若非自认无能，便是一种遁词而已。吾党不信，能将匪徒消灭无遗，能将生番讨伐净尽，且能将任何微细之违法事件检举出来之警察万能的台湾政府，独对（禁）鸦片（烟）无能为力。由此观之，政府心地之不纯与缺乏诚意昭然若揭。在弹丸孤岛之台湾，欲扑灭阿片之吸食易如反掌，且亦不须临之以严刑峻法。若规定一定之年限废

止制造鸦片，瘾者知其非禁不可，是自然发生戒断之决心，或就医治疗，或自己节制，以渐减之方法矫正。届满一定年限虽废止阿片之制造亦不至发生任何困难。一面对鸦片走私严加防遏，台湾孤立海中此事甚易奏效。政府置此简便之鸦片吸食消灭法不用，可见政府全无消灭之诚意，而反用各种理由以掩饰其贪图公卖收益之用心。政府一面格于国际联盟绝对禁止之条约，不得不用严罚制度以资粉饰，一面又推行新特许制度以图增加公卖的收入；缘此吾党对总督府此种卑劣之政策，表示绝对反对，而对直接责任者之阁下严重抗议其非也。阁下果有一片爱护岛民之诚心，则必须立即停止阿片吸食之新特许，我当披沥忠诚特为劝告。[9]

第五，召开反对鸦片特许之演讲会

民众党在22日还在台北市有明街召开反对演讲会，由张晴川、陈木荣、曾得志及江明标等同志，分别发表了《关于阿片吸食特许》、《金解禁与阿片》、《阿片吸食是文明人的耻辱》等演说。另外，当日还在汐止、基隆、桃园等地的民众党支部，召开同题目之演讲会。[10]

第六，打电报给国际联盟

总督府当局对民众党的抗议置若罔闻，民众党人义愤填膺，把抗议文修改为声明书，再次分送给日本各重要报社，并电报上海的"中华国民拒毒会"，要求声援，并打电报给国际联盟。

1930年1月2日，民众党以四百万台湾人之名义，打电报将日本政府提告到国际联盟本部，电文内容如下："日本政府此次对台湾人特许鸦片吸食，不但为人道上之问题，并且违背国际条约，对其政策之推行，希速采取阻止之法，四百万台湾人代表台湾民众党。"[11]

从以上民众党一系列的抗议内容来看，该党认为鸦片对人体有害，使国民元气大失，而总督府在台湾一再允许新的吸食者，只是将鸦片作为一种财政收入的手段，这严重违反国际正义，更使日本有失国际信义，故最终将其上告至国际联盟。

二、台湾各界的反对声援

民众党给国联发电后，马上得到了回复："二日发寄国际联盟的电报，于四日午前八时，已经确实配达了。"[12]这个消息在11日的《台湾民报》发表后，很快又传来国际联盟即将派员，到台进行调查之消息。这些变化使一些秘密吸食者意识到，总督府的鸦片政策会有一个巨大的变化，以后可能不会再有新的特许，故申请者大量涌现，连"日日新报"都以《鸦片吸食申请意外之多》[13]进行了报道。这也使鸦片的反对运动，开始向社会其他阶层发展。

首先、蔡培火向总督府提出议案。

蔡培火，号峰山，云林北港人。《台湾民报》编辑兼发行人，1923年加入文化协会，协助推动"台湾议会设置请愿运动"。后曾因违反《治安警察法》遭逮捕，与蒋渭水一同被判刑四个月（治警事件）。1927年文化协会分裂，与蒋渭水共同组建台湾民众党。蔡培火于一月八日访问石井警务局长，对于新特许当局之真意进行了质问，并提出如下消灭阿片之方案：

第一案

一、组织官民合同审查会

（一）组织——官吏三分之一，民间三分之二，其中一半由医师选任。

（二）新特许固无论旧特许者亦一律由审查会审查决定是否准予吸食。

二、不准新特许者，附与强制治疗。

三、组织教化机关（解烟会），宣传消灭阿片。

第二案

一、声明禁绝年限（最长不超过十年）。

二、十年间每一年减少吸食量一成，俾能如期消灭。

三、由民间组织禁烟委员会，监督其实绩并监视政府之阿片制造与发售。[14]

从蔡培火的二案分析来看，有意让民间组织渗透到鸦片审查委员会及监查机构，并不再允许新的吸食特许者，期望通过有计划的教化，在十年间将鸦片完全禁绝。据说蔡氏希望第一案能够实现，但在日本人独揽大权的情况下，不可能让台湾人分享其行政权，故总督府两案都不采择。

其次，各地医师公会的反对陈情。

民众党除组织党内人员，以政党组织及个人方式，来反对总督府的新鸦片许可，也发动党员中属于各地方医师公会的分子，利用医生在台湾社会特殊的地位，由内部促进各地方医师团体的鸦片新吸食特许反对运动。医师会由专家的立场，其对鸦片的发言更为有力，对普通民众也更有说服力，对于总督府的打击更加沉重。

高雄医师公会于 1929 年 12 月 22 日，向总督府提出陈情书："本会认为，此次如在台湾实施新阿片吸食特许制度，将违反国际上人道上的德义，且从社会卫生事业上考察，也非常有害，在本制度实施之际，本会会员一致愿闻政府有何特别解释、怎样实施。"[15]

继高雄医师会后，台南、嘉义、屏东、彰化等各地医师会群起响应。

台南医师会首先于 1930 年 1 月 14 日，给总督府提出自己建议书，其内容如下：

一、给发新特许牌照，严限于由医学立场上，非准许吸食阿片必有生命危险，戒烟绝对不可能者，譬如：

（一）密吸食者患有重症肺结核、喘息、糖尿病等痼疾者。

（二）高龄者而身体异常衰弱者。

不适合前记条件者，如若断禁现象显著者，全部送矫正所，进行强制治疗。

二、对现已领有牌照者加以严格之检查，除符合上述条件者以外，可以矫正解瘾者悉令强制治疗。

三、由政府设置公共阿片吸食所，使持有牌照者在同所吸食，不准其在它处吸食，违者与密吸食同罪。

四、废止阿片承销商、零售商与前举公共阿片吸食所同由政府直接经营之。[16]

各地医师会的建议书，基本都对总督府的新特许制度提出异议，并要求总督府尽快对吸食者实施矫正，并采取尽可能的措施，尽快实现鸦片吸食的断决。

这里值得注意的是，向总督府提出"设置鸦片治疗医院建议书"杜聪明博士所在的台北医师会，竟然没有提出意见，令人不可思议。实际上台北医师会于 1 月 24 日召开了大会，提出建议书："本会依照学术见解，认为若给予鸦片瘾者适当之治疗，并非不能治愈之症，今总督府又有新的吸食特许，这在保健卫生上非常有害，本会希望总督府宜加倍审慎处理。"[17]并在建议理由书中，提出如下解决意见：

一、在各学校设置鸦片毒害相关科目。

二、为促成一般民众的自觉，彻底宣传阿片毒害。

三、政府明确表明阿片吸食特许制度的存续期限。

四、援助民间有志者的解瘾会及解瘾院。

五、增设更生院的同时，各官立医院设戒烟专门科。

六、限定特许者一定年限，努力争取治疗戒除。

七、本医师会将为阿片的禁绝尽充分努力。[18]

从以上内容上看，台北医师会提出了非常具体的建议，并愿意为民众戒除烟瘾而尽自己的力量。此份建议书本预于 27 号提交给总督府。但由于台北医专校长堀内次雄认为，意见书的内容不妥："鉴于反对蒋渭水的人日益增加，如若我医师会提出建议案，将会认为我会为蒋渭水一派民进党之爪牙。"[19]由于堀内出面劝解，有碍于师生情面，医师会以十六对三之比例，将决议书收回。

第三、如水会的反对。

如水会系台北中产知识阶级研究时事问题的社交团体，其会员散在各地方。该会属于稳健派并无政治色彩，当局素以另眼看待，故该会的反对颇令当局失色。1930 年 1 月 26 日，该会提出建白书于总督，提出："阿片的吸食，将损害国民体质，消耗其元气，减少其活动力，小至招来家破人亡之惨祸，大至引起民族衰颓，影响到国家前途命运，故在国策上、在国民保健上，基于人道主义，理应早日严禁国民吸食阿片。"[20]其提出的主张内容如下：

一、严限因禁断阿片吸食而有生命危险之密吸食者，在十年以内特准其吸食，除此以外依行政处分收容于矫正所矫正其瘾癖。

二、对现在公认的吸食者采取与前条同样之措置。

三、对依前二项既得吸食特许者，应其瘾癖之程度，在其期限内递减其吸食分量。

四、为彻底的根绝阿片之害，政府对于阿片烟膏之制造发售应划定一定年限。

（一）限十年以内每年递减阿片烟膏之制造发售，期限届满绝对禁止制造发售。

（二）为唤起民众自觉，每年公表阿片烟膏之制造发售及其它一切事情。

（三）官员共同组织禁烟促进会，以妥善处理在前项期限内促进吸食之绝灭。

五、为期今后十年以内绝灭阿片之吸食起见严重取缔密吸者。[21]

第四、日本新民会的响应。

在台湾各地一片反对声波中，日本台湾留学生所组织的新民会，也与台湾民众常相呼应，发刊《台湾阿片问题》小册子，送中央各界，使台湾鸦片问题政治化。该书分"过去阿片政策、现在阿片吸食追认之问题、将来之阿片政策"三部分。

新民会认为，过去台湾的鸦片渐禁政策，早在其确立之时，其根据就非常薄弱。而其确立后即追加高达十七万的吸食者，与其主张自相矛盾，其政策已经自杀。特别是总督府的渐禁方针，是依靠吸食特许者死亡这样的自然力量，来实现鸦片的绝灭，这是典型的自由放任主义。既往鸦片政策中的无为无策、自由放任、矛盾冲撞，都是总督府被鸦片收入所羁绊造成的。[22]

对于此次鸦片的追加认可，新民会认为，石井警务局长声明追加鸦片吸食者，是基于鸦片收入上的考虑，是欺瞒的渐禁主义策略的重复。而这种政策，与国内与国际的大情势都相悖逆。而大批密吸食者的出现，是当局管理上的责任。这种吸食追加认可的方针，对内将诱发密吸食者的出现，对外也违反国际鸦片条约的精神。[23]

为此新民会提出，总督府必须将鸦片的收入主义，还原为鸦片绝灭主义；在总督府内设立解烟局，谋求鸦片行政的组织化；对此次二万七千名申请吸食特许者，进行严格的诊断淘汰；对此次申请吸食之二万人，及以前吸食之二万七千人，依照行政手续，进行强制治疗，以戒除其烟瘾。[24]

新民会还提出了"三年禁烟事业"，其具体内容如下：

第一期解烟事业

一、解烟局、解烟院的设立

二、旧瘾者（从来的特许吸食者）之整理淘汰。

三、新瘾者二万余人的强制治疗。

（以上所要一切经费由阿片公卖收入拨付）

第二期解烟事业

一、前期中未能除瘾者继续治疗。

二、以六十岁为标准，将旧瘾者分为两批，对未满六十岁者加以强制治疗。

第三期解烟事业

一、绝对废止阿片烟膏之制造。

二、对残存阿片瘾者加以强制治疗。

除上列方法以外并行下列间接方法：

一、严厉取缔阿片密吸食及走私。

二、降低阿片烟膏之品质。

三、递减每日的吸食量。[25]

三、国联调查团赴台及总督府的对策

国际联盟回复消息给民众党，决定派员来台进行调查。同时，由各地医师会积极地响应，接连向总督府提出意见书，使鸦片新特许的反对运动，达到前所未有的高潮。民众党为了获得国际联盟的接见，多次打电报给其调查委员，要求给予直接会面机会。国际联盟方面，也善意给予回复，并安排具体见面事宜。

日本外务省接到此等消息后，非常震惊，提出阁议讨论对策，拓务省方面也十分忧虑。日本国际鸦片联盟协会，特别召开紧急委员会议，对台湾总督府回京之总务长官加以责问。由于总务长官的答辩没有诚意，使阿片委员会的会长阪谷男爵非常不满，直接向首相、拓相及外相等进行交涉。

由于民众党向国际联盟的提告，使台湾的鸦片问题，由台湾岛内，开始转向日本本土，并演变成为政治与国际问题，日本政府被迫也派出拓务省的栋居事务官，来台进行实地调查，这使台湾总督府十分被动。

总督府为扭转尴尬的局面，马上组织《台湾日日新报》、《台南新报》、《台湾新闻》等御用报纸，连日刊载歌颂鸦片政策成功的记事，来为总督府的鸦片政策，进行辩护与赞美；同时，将台湾民众党中曾经申领鸦片吸食特许牌照的党员姓名，登载御用报纸上，藉以批判民众党没有资格代表台湾四百万民众。特别卑劣的是，总督府竟然利用御用报纸，以蒋渭水蓄养小妾为由，对其进行人身攻击。[26]甚至出现欲袭击蒋渭水之事件。[27]

总督府在媒介上进行反击的同时，迅速决定成立鸦片矫正所，以示总督府新鸦片令的"解烟为是"，并在日日新等报纸上进行宣传。令人可笑的是，总督府在1930年1月13日宣布成立鸦片矫正所，但在1月23日就连续发表了《鸦片瘾者矫正取得非常好的成绩》、《鸦片瘾者入更生院治疗矫正成绩佳良》、《鸦片政策的一大更新——值得向世界炫耀》[28]等文章进行宣传。

试问如果那么快就能取得良好的戒除成果，以总督府的治理能力，台湾早该禁绝鸦片，为什么真到民众党控诉到国际联盟后，台湾才成立鸦片矫正所，即使这样，鸦片制度也一直到日本终止台湾统治前才被废除，这其中所藏不可告人之目的昭然若揭。

总督府还寻找借口打击民众党支持者。民众党基隆支部的书记杨元丁，因分放反对吸食鸦片的传单，在1929年元旦夜被逮捕，后被送至台北地方法院，公审法庭只草草问讯，即判决罚金百元。因时反对鸦片吸食特许运动日渐高涨，检察官对判决不服，要求上诉。但台湾高等法院在二审中，以"曲解当局苦心，且无悔改之意。"判处其四个月的徒刑。杨元丁不服上诉，最后仍然维持二审判决。[29]此事件从另一层面，反映了当时总督府对民众党反对运动的厌恶程度。

另外，总督府还极力阻止台湾民众党与调查委员会面，其情形从林献堂日记中可窥见一斑："猪俣警务部长命巡查来请余会见，余约以四时余往其宿舍。如预定之时间，成龙与余同往。猪俣表示对不住之意，然后陈其意见，谓国际联盟委员将于三月一日与民众党会见，总督府干部其为挂虑，因此事有关统治，故他以个人资格托余劝告渭水等勿会见委员，如何？余谓会见之事已决定，若不如约，恐委员误解，而亦有失民众党面目。他谓委员廿六日将抵台中，欲托森翻译官劝委员勿与之会见。余曰若委员自发的不欲会见就可以，万一委员欲会见，将如何？他谓若欲会见，请余选择稳健之人。余曰万一无稳健之人，非余自往不可。他闻余欲往，不敢表示赞成。谈论一时余，他谓俟廿六日森氏劝告后，即通知余也。"[30]

从林献堂日记中可以分析看出，总督府极力反对蒋渭水等会见国际联盟调查委员，曾多方劝阻，但最终没有成功。故总督府又请求性格温和的林献堂，与蒋渭水等一同参见调查委员，以防不测发生："猪俣氏本朝（2月25日）以电话来请余，四时成龙同余往会之，他谓使国际委员不与渭水等会见之事不可能，请余为代表与委员会见，庶不失国家之体面。余本以顾全双方面目为念，乃慨然许之。"[31]

总督府虽然请到林献堂参加会见，但仍然担心激进的蒋渭水，会做出有伤总督府体面之事，故由石井警备局长亲自与林献堂会见，以阻止蒋渭水与国际联盟调查委员会面："成龙为通翻，访石井警务局长，告以明日会委员之人数。他力言使渭水勿往。余谓若渭水不往，世间之人定必种种猜疑攻击。他言渭水会见时必将内政以告委员。余谓渭水会见反对阿片新特许是不能免，若将内政以告委员，必无其事。他谓打电报往日内瓦国际联盟以反对总督府，明日对委员而反不言，那有此事？余曰渭水是有理解之人，决不无因而乱攻击，况将内政以告国际委员殊不合体统。"[32]

另外，当国际联盟调查委员于2月19日抵台之际，总督府更是调动台北市的保正周清桂等十几人，向调查委员提出了联名陈情书，谓"此次新颁之增发鸦片吸食特许，为我等期盼已久之事，且常谋请愿以求早日促成。"[33]另外，总督府还集结了四百多名违法吸食者，连署陈情书，递交给调查委员，以示新特许制是因需而设。

总督府的再三阻挠，虽未能阻止国际联盟委员接见民众党，但总督府的高压与怀柔，还是起了很大的作用，就连林献堂也劝告蒋渭水，应采取更为妥当的言行："渭水同到高义阁，余问一日会见委员之事，他谓不提出书类，亦不以猛烈攻击总督府，余心稍安。……渭水虽言不猛烈攻击，总是反对新特许，一步亦不能让，欲托委员忠告总督府，勿再特许。……余亦劝其不可着眼区区于台湾，须以全世界断绝阿片，以讬其尽力，自然台湾亦在其中矣。"[34]

从国际联盟调查委员与蒋渭水等的会见记录，亦可看出蒋氏似乎接受了林献堂的劝告。"国际联盟于二月十九日特派极东阿片调查委员拾余名莅台，迨至三月一日假台湾铁道旅馆与民众党领袖蒋先烈等三名会见。互相介绍就席后，调查委员长命秘书关房门开口便说：'我要听诸君意见之前，先要说一句话：就是我们在轮船航海中曾接看贵党的欢迎电报深为感动。希望贵党代表讲述对于阿片问题的意见。'"[35]

蒋渭水代表民众党发言："这次贵调查委员各位，不辞劳苦而来调查亚洲各地的阿片状况，不胜感谢，我们表示热烈欢迎。阿片的害毒已蔓延到了全世界，人类受其害毒的不知道有几千万人了。我们专程来访是希望贵委员各位，努力能得及早灭绝世界的阿片，罂粟栽培国使之不栽培，吸食阿片的国民使之急速断烟，如能早一日实行，则几千万人早一日得救。至于台湾的阿片问题向来政府是采取渐禁政策。一八九九年当初特许全岛的阿片吸食者十六万九千人，至一九〇七年再特许一万五千人，现今特许者尚存二万五千余人，而这次又发现二万八千余人的密吸食者，因此亦可见禁绝之难了。我们一贯主张严禁主义，要实行严禁须要严重取缔秘密输入及密吸食者。"[36]同时，蒋渭水还代表民众党提出四点要求，内容如下：

第一、须要禁止罂粟栽培国绝灭栽培罂粟。
第二、吸食阿片须以最短期间严禁吸食。
第三、各国须设救治机关以救治现在的阿片瘾者。
第四、各国在教育宣传方面须要极力宣传阿片的毒害。[37]

调查委员们十分理解，告知会将此意见作成文书，提交给国际联盟，并表示："诸位所讲的话我们都十分理解。"[38]

国际联盟调查委员会见台湾民众党，是出于民众党的提告，而进行的工作性质的会见，究竟其对日本及台湾鸦片政策的影响，还未可知。尽管这样，总督府为了消解民众党的影响，派出由"御用三巨头"为首的所谓"台湾人会代表"，会见国际联盟的调查委员，陈情赞美总督府的鸦片政策，以弱化抵消台湾民众党的主张。

总督府还在3月2日调查委员离台之际，在《台湾日日新报》上登载了历史学家连横所写的《讴歌新鸦片政策论》[39]，来对抗台湾民众党。即是辩称鸦片有益的意见书。其中最令人不耻的言论如下："台湾人之吸食阿片，为勤劳也，非懒散也……我先民之得尽力开垦，前茅后劲，再接再厉，以造成今日之基础者，非受阿片之效乎？"另外连横还辩称："鸦片不仅无害，甚至还被称为长寿膏，是有益的。"[40]

连横的文章一经发表后，全台舆论哗然，盖当时台湾人民正藉鸦片特许问题，与总督府当局进行斗争，骤见此文为虎作伥，众怒不可遏，顿时连横成为众矢之的。连横如此媚日之举，连当时林献堂都看不下去。3月6日，林献堂在日记上这样写道，"3日（按：应是2日）连雅堂曾在《台日》报上发表一篇，说荷兰时代阿片即入台湾，当时我先民移殖于台湾也，台湾有一种瘴疠之气，触者辄死，若吸阿片者则不死，台湾得以开辟至于今日之盛，皆阿片之力也。故吸阿片者为勤劳也，非懒惰也；为进取也，非退步也。末云仅发给新特许二万五千人，又何议论沸腾若是？昨日槐庭来书，痛骂其无耻、无气节，一味巴结趋媚，请余与幼春、锡祺商量，将他除枥社社员之名义。余四时余往商之幼春，他亦表赞成。"[41] 连横最后被枥社除名，在众叛亲离的情况下，最后不得不离开台湾。

国际联盟调查委员一经离开，台湾的反对声浪都开始平息。总督府对发动此次运动的民众党，也一改以前对一般反对运动的个别取缔政策，从根本上完全禁止结社。这样，台湾民众党在次年（1931）2月18日被迫解散。

小　结

综上所述，由于台湾民众党及台湾人民的反对，使台湾鸦片问题，不但引起日本政界的关注，也使台湾阿片问题导入国际视野，使台湾总督府处于前所未有的尴尬境地。总督府一向以渐禁制度引以自豪，并在国际鸦片会议上进行宣传。但却由台湾的内部民众组织，将其上告给国际联盟，使鸦片问题在沉寂了三十年后，再次成为石破天惊的大问题。总督府过去采取的渐禁政策，名义上是限制鸦片的吸食，实际上是一种依赖自然力量的消极放任政策，对于吸者之瘾癖没有有效的治疗措施。由于此次民众党及台湾人民的反对，总督府在公布新阿片令的同时，编定四十万元预算用以设立"更生院"，以推行吸食者的矫治工作。虽然最后新的吸食者还是取得了许可，但由此事使台湾的鸦片问题不敢再事因循。特别是国际联盟派员来台对鸦片问题进行调查，意味着台湾的鸦片问题，将受到国际的监视与评判，总督府一手遮天为所欲为的局面将结束，这对于总督府在心理上的打击是重大的。同时，总督府对国际联盟鸦片委员会，对台湾鸦片问题的关心程度究竟如何，非常担忧，也促成总督府此后积极地对鸦片瘾者进行治疗。

（作者单位：中国社会科学院近代史研究所台湾史研究室）

注 释：

[1] 《台湾阿片令改正律令案》，日本国立公文书馆藏档（简称：JACAR）：A01200587400。
[2] 叶荣钟著，《日据下台湾政治社会运动史》（上），台北，晨星出版社，2000年，第270页。
[3] 叶荣钟著，《日据下台湾政治社会运动史》（上），第145页。
[4] 叶荣钟著，《日据下台湾政治社会运动史》（下），第445页。
[5] 杜聪明著，《回忆录》，台北，龙文出版社，1989年，第124页。
[6] 《阿片吸食特许及矫正处分に関する民情》，台北，台湾总督府，昭和五年，第4页。
[7] 《台湾社会运动史》第二册，台北，海峡学术出版社，2006年，第198页。
[8] 《台湾社会运动史》第二册，第199页。
[9] 《日据下台湾政治社会运动史》（下），第页452—453。
[10] 《阿片吸食特许及矫正处分に関する民情》，第12页。
[11] 《台湾总督府员警沿革志》第二编，台北，南天书局，1995年，第466页。
[12] 《民党反对阿片发给国联电报有回电已配达了》，《台湾民报》，1929年1月11日。
[13] 《意外に多い阿片吸食届》，《台湾日日新报》，昭和五年1月17日
[14] 《日据下台湾政治社会运动史》（下），第460页。
[15] 《阿片吸食特许及矫正处分に関する民情》，第2页。
[16] 《新阿片令に関し台南医师の建议》，《台湾日日新报》，昭和五年1月19日。

［17］《阿片吸食特许及矫正处分に関する民情》，第 4 页。

［18］《阿片吸食特许及矫正处分に関する民情》，第 5 页。

［19］《阿片吸食特许及矫正处分に関する民情》，第 6 页。

［20］《阿片吸食特许及矫正处分に関する民情》，第 6 页。

［21］《阿片吸食特许及矫正处分に関する民情》，第 6 页。

［22］杨肇嘉编辑，《台湾阿片问题》，东京，新民会发行，昭和五年，第 3—13 页。

［23］杨肇嘉编辑，《台湾阿片问题》，第 15—25 页。

［24］杨肇嘉编辑，《台湾阿片问题》，第 29—35 页。

［25］杨肇嘉编辑，《台湾阿片问题》，第 35—36 页。

［26］《人道はりする资格ない蒋君の行状》、《蒋氏求见阿片委员 委员以蒋蓄妾非之》，《台湾日日新报》，昭和五年 3 月 1 日。

［27］《风传狙击反对阿片特许之蒋渭水》，《台湾日日新报》，昭和五年 2 月 23 日。

［28］《台湾日日新报》，昭和五年 1 月 23 日。

［29］《台湾民报》，昭和五年 1 月 25 日。转引自：刘明修著，李明峻译，《台湾统治与鸦片问题》，台北：前卫出版社，2008 年第 197 页。

［30］林献堂著，《灌园先生日记》（三），台北，中研院台湾史研究所筹备处，2001 年，第 63 页。

［31］林献堂著，《灌园先生日记》（三），第 65 页。

［32］林献堂著，《灌园先生日记》（三），第 66 页。

［33］《台湾民报》，昭和五年 3 月 1 日。转引自：刘明修著，李明峻译，《台湾统治与鸦片问题》，第 199 页。

［34］林献堂著，《灌园先生日记》（三），第 67 页。

［35］《民众党代表访问国际聪明阿片调查委员》，《蒋渭水全集》，台北，海峡学术出版社，2005 年，第 272 页。

［36］《民众党代表访问国际聪明阿片调查委员》，《蒋渭水全集》，第 272—273 页。

［37］《民众党代表访问国际聪明阿片调查委员》，《蒋渭水全集》，第 273 页

［38］《民众党代表访问国际聪明阿片调查委员》，《蒋渭水全集》，第 273 页

［39］《讴歌新鸦片政策论》，《台湾日日新报》，昭和五年 3 月 2 日。

［40］《讴歌新鸦片政策论》，《台湾日日新报》，昭和五年 3 月 2 日。

［41］林献堂著，《灌园先生日记》（三），第 76 页。

台湾作家许地山抗日爱国思想与活动述论

李 鑫

2010 年是中国人民抗日战争胜利 65 周年，中国人民抗日战争纪念馆对展览进行了全面改造，在"台胞抗战"这部分展厅里，陈列了抗战时期台湾作家许地山佩戴过的一条围巾，这条围巾是由许地山的女儿许燕吉捐赠给我馆的，我们将它作为重点文物进行展示。许地山作为中国现代文学史上的重要人物，不仅在文学、宗教学上有着深厚的造诣，抗战时期，他还是一位坚定的抗战救亡战士，以知识分子特有的方式在文化战线上参与着抗战，他的抗日爱国思想及活动值得我们研究、纪念。

一、许地山生平

许地山（1893—1941），原名赞堃，号地山，小名叔丑，笔名落华生。中国现代著名作家、学者。许地山出生于台南的一个爱国志士家庭，后因台湾被割让，全家舍家弃产，迁回大陆，定居福建龙溪（今漳州市），过着贫困的生活。中学毕业后，迫于生计，许地山不得不较早地进入社会，19 岁时，他到福建漳州省立师范学校做教员，翌年离家远赴缅甸仰光中学任教，在那里工作三年。1916 年在漳州的省立二师附小教书。

1917 年许地山考入燕京大学。五四运动期间，作为学生代表之一，积极参加反帝反封建的斗争。1919 年 11 月，许地山与瞿秋白、郑振铎等人联合主办进步刊物——《新社会》旬刊。1920 年，许地山从燕京大学文学院毕业，获得文学士学位后，入燕京大学神学院研读。1921 年，与郑振铎、沈雁冰、叶圣陶等 12 人在北京发起成立"文学研究会"。1922 年从燕京大学神学院毕业，留校任教。1923 年与冰心、吴文藻、梁实秋等一路赴美国留学，入哥伦比亚大学哲学系，获得硕士学位后赴英国牛津大学研读宗教史、哲学、民俗学等。1926 年回国取道印度，在罗奈城印度大学作短期逗留，继续佛学和梵文的研究。回国后，许地山在燕京大学执教，并在北京大学、清华大学、北京师范大学兼课，同时致力于文学创作。1930 年升为燕京大学教授，[1]1935 年一二·九运动后，许地山因积极支持抗日救亡运动，与当时的燕京大学教务长司徒雷登意见不合，被辞退。[2]后经胡适等友人举荐，任香港大学教授，举家迁往香港。全国抗战爆发后，许地山任中华全国文艺界抗敌协会香港分会常务理事，为抗日救国事业奔走呼号，后因劳累过度而病逝，终年 48 岁。

许地山的著述大致分为文学和学术两大类。其文学作品风格独树一帜。1921 年"文学研究会"成立后许地山用"落花生"笔名在该研究会刊物《小说月报》发表第一篇小说《命命鸟》，此后又发表小说《商人妇》、《换巢鸾凤》、《黄昏后》等，很快享誉文坛。早年作品集《缀网劳蛛》取材独特，充满异域情调和宗教色彩，散文集《空山灵雨》充满哲学、宗教和浪漫的气息，其中《落花生》一文脍炙人口，明确表达了作者的人生态度："人要做有用的人，不要作伟大、体面的人"[3]。20 年代末以后，许地山所创作的文学作品转向了现实主义，短篇小说集《危巢坠简》尖锐讽刺腐恶官吏，同情被压迫民众。后期的优秀作品《春桃》批判封建伦理和礼教，《铁鱼底鳃》痛心抗战期间爱国志士的报国无门，皆是现实主义小说的杰作。《杂感集》、《国学与国粹》等作品深切关注国家民族的命运和文化发展情况，展现出作者深厚的学术修养和强烈的社会责任感。其学术著作主要有：《印度文学》、《道学史》（上）、《达衷集》等；译著有《二十夜问》、《太阳底下降》、《孟加拉民间故事》等。

二、抗战时期作品的爱国思想

抗日战争时期，许地山以笔为缨，坚持写作，撰写了大量的小说、杂文及学术文章。其中小说《铁鱼底鳃》、剧本《女国士》，热烈深沉地歌颂了爱国主义精神，塑造了他理想中的正面人物形象，杂文《七七感言》、《青年节对青年讲话》、《中国思想中对战争的态度》等，宣传抗战、民主，反对投降、独裁，这些作品最能反映出许地山的抗日爱国思想，从中可以看到，作者用笔自觉地为民族解放斗争服务，是作者爱国主义思想在创作中的体现。

小说《铁鱼底鳃》是许地山表达知识分子崇高的爱国主义精神的代表作。这篇小说以抗日战争中的逃难生活作为背景，刻画了一爱国的老科学家的悲剧形象。主人公姓雷，是中国最早到外国学制大炮的留学生，回国以后，他决心把自己的技术贡献给祖国，他希望我国有自己的兵舰，潜水艇，不受外国的欺侮。由于国内没有铸炮的兵工厂，他学无所用，只得另谋职业，当过教员、织袜厂经理……可是，他始终怀着用自己专长报效祖国的热忱，他的家就像一间工作室，布满设计图纸和各式工具、模型，他成年累月"除掉做轮子、一安管、打铜、锉铁之外，没有别的嗜好，烟不抽，茶也不常喝"，始终醉心于研制先进武器"铁鱼底鳃"，殚精竭虑地设计一张御敌的"铁鱼"图，为此，他不计地位和收入，隐瞒自己学历考进外国海军船坞当工人，以便到潜艇上去工作，学习有关的知识，积累有关的资料。终于，他的研究有所成就，他四处奔走吁求当局、工厂来制造"铁鱼"去抗战，可是虽然军备落后到处挨打的中国急需大量先进武器装备，但"从来他所画的图样，献给军事当局，就没有一样被采用过"。为了防止"铁鱼底鳃"的图纸落入洋人之手，他连忙辞掉船坞工作，失去了只差一年就能得到的养老金，只依靠海外的一个寡妇儿媳的微薄供给，继续研究。付出了这样的代价，他并不后悔——"没有把我自己的画的图样献给他们的理由，自己民族的利益得放在头里"。这位"性格板直"，人称"戆雷"的发明家，只能寄希望于自己"能活到国家感觉需要而信得过我的那一天来到"。在日本侵略者的炮火威胁下，这位年过七旬的老人仍然不肯出国投奔亲人，而要向内地逃难，他痴心地盼望着有一天他的发明得以为祖国效力。在不断地躲空袭和艰难的逃难途中，他只随身带着那铁鱼的设计图和一小箱模型，视它们如生命一般。就在逃难的途中，他失手把自己制作的铁鳃模型掉落海里，心中痛苦万分，便也纵身跳进了大海。小说以动人心魄的艺术力量，表现了知识分子报国无门、科研成果横遭扼杀的悲剧。作者正是要通过塑造这样一个悲剧形象，来揭露和抨击当时政治的腐败，抒发自己的爱国义愤。许地山借笔下人物之口抨击反动当局："现在当局的，许多是无勇无谋，贪权好利的一流人物，不做石敬瑭献十六州，已经可以被人称为爱国了"，指出"越逃，灾难越发随在后头，若回转过去，站住了，什么都可以抵挡得住"，并呼吁"现在就要从预备救难进到临场救难的工作"。[4]作品在揭露当局的投降路线、动员全民抗战方面起到了积极的作用，具有强烈的战斗性。郁达夫在悼念许地山的文章中曾称赞道："象这样坚实细致的小说，不但是在中国的小说界不可多得，也很少有可以和他比并的作品。"[5]

《女国士》是许地山在《大公报》上发表的独幕剧本。抗战爆发后，香港大学女生同学会为了募捐账济灾民，准备排演一些戏剧，作巡回义演。她们没有剧本，恳请许地山帮助编写剧本，许地山为同学们的爱国热情所感动，立刻抽出时间，赶写出一篇《女国士》，采用唐朝薛仁贵从军的故事，老调翻新，着重写"柳氏劝夫投军"，塑造了一个深明大义，劝夫杀敌上战场的妇女形象。这是与当时抗日战争的政治形势直接相关的作品，演出后，极大地鼓舞了群众的抗战决心。[6]

全面抗战爆发两年后，许地山发表的《七七感言》，可以说是针砭时弊、揭露政治黑暗的一篇檄文，体现了许地山抗日爱国思想。在许地山看来，"抗战两年来的御日工作可以说对得人住，对得祖宗天地住"，但是"对于打狗轰猫这种清理家内的工作却令人有点不满意"，国内的"人狗、人猫，多如牛毛"，他将这些民族败类归类："在御敌工作吃紧的期间……发出类乎向敌乞怜的猎声，或不站在自己的岗位，而去指东摘西的，是吠家狗"，"甘心引狼入宅，吞噬家人的是引盗狗"，投机钻营、大发国难财，"只求个人富裕的"是"饕餮猫"，具有特殊才干却不为国出力的是"懒惰猫"。许地山认为在战场上御敌固然重要，但清理内部的工作同样重要："虽有英勇的国士在疆场上与狼奋斗着"，若不把这些民族败类除掉就"不能脱离畜道在家里横行"，"我们要加紧做打狗轰猫的工作"，"一方面要摧毁拜群的猫狗，一方面要扶植有为的男女，使他们成为优越的人类"，"此后我们一部分的精神应贯注在整理内部，使我们的威力更加充实"。许地山认为如果做到了这些，"就使那些比狼百倍厉害的野兽来侵犯我们，我们也可以应付得来"，"我们应当在各方面加紧工作，才不辜负两年来为这共同理想而牺牲的将士和民众。"[7]

1941 年 5 月许地山去世前发表在《大公报》上的《青年节对青年讲话》，站在民族存亡的高度对青年在抗日救国、拯救民族危亡中应承担的责任提出了殷切的希望，他总结了"亡国民族的特征"以警示国人，同时提醒青年"不要想着亡了国是和古时换了一个朝代一样，现代的亡国现象，决不是换朝代，是种族上被烙上奴隶的铁印，子子孙孙永远挣扎不起来。"[8]

作为一名知识分子，以笔为缨是许地山参与抗战的重要方式，他对祖国危难和人民疾苦的关怀心和对丑恶社会现象的痛恨通过他的文学作品表达出来，他的小说、剧本、杂文都体现了他的抗日爱国思想：反对当局的投降路线、提倡动员全民抗战；揭露政治的腐败与黑暗，认为清理民族败类的工作与战场御敌一样重要；站在民族存亡的高度，认为只有克服了民族性格中的劣根性，才能防止被异族消灭、奴役。

三、抗战时期的爱国活动

全面抗战爆发时，许地山在香港大学任教授，他深深意识到在祖国危难之际自己肩负的责任，遂"毅然闯出书斋，投入抗日救亡运动"，日夜奔忙，把整个身心、全部热情，无保留地贡献给民族解放大业，最终为之献身。据他的夫人周俟松回忆，抗战时期许地山"除去在香港大学授课外，还主持香港文协，在群众集会上做主席，演讲，甚至黑夜里还要去深水埗的小破楼上偷偷地给几个十七八岁的流亡青年补课；另外，还要从事于写作，一天到晚忙个不歇"[9]，"差不多的人都认识他、了解他，并且尊敬他，因为在当时他是一个主要抗日救国的人物。"[10]

1938 年 3 月 27 日，抗战时期规模最大、影响最广的抗战文艺社团"中华全国文艺界抗敌协会"在武汉成立，许地山被选为理事。《中华全国文艺界抗敌协会发起旨趣》称："我们应该把分散的各个战友的力量，团结起来，象前线将士用他们的枪一样，用我们的笔，来发动民众，捍卫祖国，粉碎寇敌，争取胜利。"在成立大会上通过的《中华全国文艺界抗敌协会宣言》则明确提出其任务是："对国内，我们必须喊出民族的危亡，宣布暴日的罪状，造成全民族严肃的抗战情绪生活，以求持久的抵抗，争取最后胜利。对世界，我们必须揭露日本的野心与暴行，引起全人类的正义感，以共同制裁侵略者。"[11]这些宣言鼓励着许地山深入现实斗争，投入到火热的抗日文艺战场。

为了团结在港文艺界工作者从事抗战救亡工作和抗日文艺运动，1939 年 3 月许地山与楼适夷、戴望舒等人积极组织筹备了"中华全国文艺界抗敌协会香港分会"，许地山亲任理事兼总务。"文协"香港分会作为香港文艺界抗日民族统一战线组织，它从成立之时开始，就带领组织香港文艺界开展一系列活动，呼应祖国内地的抗战文艺主潮，发挥了团结全港文艺界工作者从事抗战救亡工作和抗日文艺运动的核心作用。该分会通过其活动将祖国内地抗日文学及抗战文艺运动延伸到香港，进而使得香港抗战文学运动完全汇入中国抗战文学的主潮中。另外，其会刊之一《中国作家》把中国抗战时期的文学作品，翻译成英文发表、出版，使海外同情中国抗战的朋友更能了解中国当时的情况，使战时的香港文坛成为中国抗战文学通往世界的桥梁。这些成绩许地山作为"文协"重要发起人之一，功不可没，据回忆："那时候，文协周围的青年团体有四、五个……刊行的副刊及其他刊物不下十余种……所有这些工作，地山先生除了生病几乎无不参加。"[12]

除了在"文协"中参与抗日活动，许地山的爱国行为几乎无处不在。他为了"启发昏蒙和摧灭奴性"，曾不辞劳苦地考察、研究香港和九龙的历史，证明香港自古以来便是中国的领土。他这样深情地写道："太平山上有蟾蜍石，土人相信那石向着山顶进行。若石蟾蜍上到山顶，香港便要归还中国了。我们都希望有那一天！"[13]还在卢沟桥事变发生不久，中国福利会曾在香港筹措了一批药物，准备送往共产党领导的延安抗日根据地。许地山闻讯后极为兴奋，同香港大学一位名叫法兰斯的外国教授相约，共同往延安送药，借此机会，对革命圣地进行实地考察，可惜的是，他们向学校请假时，因故未能获准，致使此行未能实现。[14]皖南事变发生后，他还与张一麐"联名致电蒋介石，呼吁息争共同御敌"。[15]并在香港文化界关于皖南事变的宣言书上签名抗议。

抗战时期许地山尽自己所能保护来香港的抗日人士。抗战爆发以后，国内一大批文化人士辗转来到香港，这批文化人士大都在国内公开或秘密地从事抗战宣传工作，许地山夫妇以他们的便利条件，为他们提供尽可能的帮助，让他们住在家中，或帮助他们解决各种困难或以钱财周济相助。据许夫人周俟松回忆，当时作为中共地下工作者的女作家杨刚同志经常住在许家，他们一起生活、学习，亲如家人。生活书店的邹韬奋先生也常到许家落脚。邹在港一方面主持上海各界救国会的工作，一方面主编《大众生活周刊》和《生活周刊》，许地山保证了他的工作安全，为其提供了生活上的方便，解除了他的后顾之忧，使其全力以赴地投身于民族抗战的宣传中。梁漱溟先生当时只身一人，在香港办中国民主同盟的《光明报》，生活不便，许让梁住在他们家中。[16]

许地山还为保存民族文化尽心尽力。1937 年著名画家徐悲鸿来到香港为募捐抗日经费而举办画展，并拟定从香港再转赴新加坡等地再行此举，他的民族精神使许地山深受感动，他不遗余力地支持徐悲鸿的义举，徐悲鸿就是在许夫人的鼎力相助下，才高价从一位外国人手中买回一幅珍贵的中国名画，保护了民族的宝贵文物。那几年，王济远、高剑父、关良、林风眠等著名画家，都在困难时刻得到过许地山的无私帮助。[17]我国著名文学史家、藏书家郑振铎先生抗战后留居上海从事进步文化活动，"八一三"的战火使他几十年苦心收藏的各种版本的书籍大半焚毁，为保存那些在上海买下的、幸存下来的、三千多部元、明善本书，他打算将这些书暂时找人保管，可是在战乱年代，许多人都不敢担当此事，许地山得知此事后，一口答应，欣然表示：想尽千方百计也要保护好祖国的这批文化遗产。后来郑振铎在《悼许地山先生》一文中写道："这些书，是国家的无价之宝，……这种勇敢负责的行为，保存民族文化的功绩，不仅我个人感激他而已。"[18]

许地山还曾协助宋庆龄等人组织抗日后援中国同盟会，积极投身战时儿童福利事业。他常劝妻子"不要只顾教育自己的孩子，应当到社会上去教育大家的孩子"[19]，并亲自为孩子们写童话，如《萤灯》、《桃金娘》。他逝世后，很快的第一个送来鲜花花圈放在遗体旁的是宋庆龄同志。因他经常参加儿童福利会活动，与宋庆龄同志时有接触。[20]

1941 年 8 月 4 日，许地山由于积劳成疾，猝然病逝。郑振铎在悼念他的文章中，痛切指出："大家都认为他的死乃是抗日救国运动的一个大损失，乃是中国现代文学的一个大损失。"

四、许地山成为抗日爱国战士的原因

爱国是不需要理由的。但是一个优秀人物的成长，往往决定于很多因素，时代的影响、本人的努力固然重要，童年的家庭教育和青年时代的环境熏陶也往往会注定他的性格和人生的价值取向。许地山正是这样一个典型的例子。

许地山成为坚定的抗日爱国战士，与父亲的影响是分不开的。其父许南英为晚清进士，人称"窥园先生"，是人们所爱戴的抗日民族英雄。许地山诞生的第二年，中日爆发了甲午战争，许地山的父亲担任了"团练局"统领，与丘逢甲、刘永福一起投入抗日斗争，扼守台南。1895 年，清政府同日本签订丧权辱国的《马关条约》，将台湾割让日本。许南英先生激于民族大义，宁死不愿当遗民，率部奋力抵抗日寇的入侵，但由于寡不敌众，又无救援，终于失败。许南英舍弃了在台湾 300 年的家产，将私蓄现金悉数散给部下，1896 年 6 月携全家，在当地渔民的保护下，迁徙大陆。这一段饱含血泪、充满屈辱的历史，使许南英先生悲愤无比，抒写了大量诗词来寄托他的爱国思乡之情。辛亥革命后，日本帝国主义为了巩固其永久统治，对出走的台湾士绅，多方拉拢，他们宣称只要南英先生回台，就给官做，并发还私产。面对敌人的诱降，南英先生断然拒绝，并作诗以答。诗曰："他生或去来观化，今生不愿作遗民。"[21]后来许南英流亡苏门答腊，1918 年含恨而逝。许南英把这种不甘当亡国奴的爱国思想以实际行动灌输给幼小的许地山，是影响他一生的精神导师。幼年在随父逃难途中，许地山在轮船上爬绳跌下，左臂脱臼，接骨不正，以至长期活动不自如，留下了难以磨灭的印记。稍长，他即将这一切来龙去脉弄得十分清楚，并且经常给同伴们讲述日寇侵略中国的罪行，讲述自己的父亲如何因抗日而被日寇追捕，台湾渔民又怎样以一叶竹筏帮他全家逃离虎口的往事……[22]1933 年，许地山自费印刷了父亲的诗集《窥园留草》，并且亲自为此书撰写了《窥园先生诗传》，不久，他带着《窥园留草》印本，冒险来到日本统治下的台湾。他将这些诗集分送故乡亲友，以激励人们不忘国耻。但由于此书有强烈的反日爱国思想，几遭日寇抄没。后经托人交涉，才免遭灾祸。可见许地山对父亲的感情至深，受父亲的影响之大。

青年时代的环境熏陶也是促使许地山日后成为抗日爱国战士的原因。许地山是在国仇家恨中度过了他的青少年时代。1917 年他来到北京考入燕京大学，当时李大钊、陈独秀创办了《新青年》，加之俄国十月革命爆发，新知识风起云涌，许地山接触了进步思想，进一步提升了自己的精神境界。1919 年五四运动时，为了反对曹汝霖、章宗祥等的卖国行为，他参加游行示威，高呼"外争国权，内惩国贼"、"取消二十一条"等口号[23]，参加了"火烧赵家楼的义举"，被推选为几所学校的学生代表[24]，经常组织会议，讨论社会问题。这一期间，许地山接触了很多思想进步的人士，如瞿秋白、郑振铎、耿济之等，他们志趣相投、互相影响，常聚在一起彻夜交谈[25]。1919 年许地山与郑振铎、瞿秋白等人合编了《新社会》旬刊，这个刊物除了介绍科学知识、提高青年修养之外，重点讨论社会革命和宣传反帝反封建思想。可以说，五四精神对许地山影响也是深远的，他始终忠于五四精神，永葆爱国精神和是

非观念，因此在抗日救亡的高潮中，他能够走出书斋，走上街头，以百倍热情宣传抗日，并创作小说表达知识分子的爱国情感。

知识分子忧国忧民的爱国情结和社会责任感也是促使许地山走上抗日道路的内在原因。中国的知识分子历来都有爱国主义的光荣传统，这种爱国情节和社会责任感已逐渐地积淀为影响知识分子思想及行为的内在因素，成了许多中国知识分子根植心底的一种价值取向。近代中国知识分子亲眼目睹了鸦片战争、列强进犯、国人的饥寒交迫，使得他们中一批人敢于反抗强权与专制，有走出象牙塔的勇敢决心，有拯救民族危亡的强烈愿望，能够自愿地担负起拯救民族、振兴中华的重担。他们为了拯救中国，不懈努力，在革命中常常起到先锋和桥梁的作用，辛亥革命、五四运动都明显地表现了这一点。正如毛泽东所说"在中国的民主革命运动中，知识分子是首先觉悟的成分。"[26] 当日寇侵华，大片国土沦丧，中华民族面临亡国灭种的危险时，广大不愿做亡国奴的中国知识分子"忧国忧民"的爱国主义情感，上升为一种自觉的行动，更加认清了自己对于国家民族的神圣使命，国家兴亡，匹夫有责，必须拿起文化武器，开辟文化战场以配合军事战场。许地山正是这类知识分子的一个典型，他历来是个具有爱国、民主思想的知识分子、作家，把人民的幸福看做自己的责任，"人生的目的在于人人能够得到安居乐业"[27]，对祖国危难和人民疾苦的关怀，对丑恶社会现象的痛恨，使他不可能只躲在书斋里去做一个静默的学者。爱国主义促使他既能够积极参与抗日救亡活动，又能够以笔为枪直指民族败类。

总之，在中国现代文学史上，许地山无疑是一位有卓越成就和杰出贡献的进步作家，同时也是一位正直的民主主义战士和坚强的爱国主义者。在抗日战争中，许地山以自己的方式，在文化战线上参与着抗战，积极奔走呼号，参与了大量的救亡活动，同时以文学创作抨击政治黑暗、动员全民抗战。许地山先生作为一位坚定的抗日爱国战士，值得后人永远纪念。

（作者单位：中国人民抗日战争纪念馆编辑研究部）

注 释：

[1] 许地山生平参考周俟松《许地山年表》，《台港与海外华文文学评论和研究》1992年02期。
[2] 参考周俟松、边一吉《许地山传略及作品》，《新文学史料》1980.5
[3] 《落花生》，《许地山散文》浙江文艺出版社2007年10月版，第78页。
[4] 《铁鱼底鳃》，《中国现代文学百家——许地山代表作》，华夏出版社2008年10月版，第145—153页。
[5] 郁达夫《敬悼许地山先生》（花城出版社、三联书店香港分店：《郁达夫文集》四卷）
[6] 宋益乔著《追求终极的灵魂——许地山传》，海峡文艺出版社1989年3月版，第177页。
[7] 《七七感言》，《许地山散文》浙江文艺出版社2007年10月版，第204、205页。
[8] 《青年节对青年讲话》，《中国现代文学百家——许地山代表作》，华夏出版社2008年10月版，第297页。
[9] 周俟松、边一吉《许地山传略及作品》，《新文学史料》1980.5
[10] 周俟松《回忆许地山》，《新文学史料》1980.5

［11］ 文天行等编：《中华全国文艺界抗敌协会史料选编》，四川省社会科学院出版社 1983 年版，第 17 页、12 页。

［12］ 周俟枯《许地山传略》，转引自鲍霁《台湾作家许地山的创作道路》，《云南师范大学学报》（哲学社会科学版）1981 年第 1 期。

［13］ 许地山《史地探略》，转引自王盛《许地山先生的三种精神》，《世界华文文学论坛》2004 年第 3 期。

［14］ 宋益乔著《追求终极的灵魂——许地山传》，海峡文艺出版社 1989 年 3 月版，第 183 页。

［15］ 周俟松、边一吉《许地山传略及作品》，《新文学史料》1980.5

［16］ 倪占贤《许地山与香港》，《新文学史料》2001.4

［17］ 倪占贤《许地山与香港》，《新文学史料》2001.4

［18］ 倪占贤《许地山与香港》，《新文学史料》2001.4

［19］ 周俟松《回忆许地山》，《新文学史料》1980.5

［20］ 周俟松《回忆许地山》，《新文学史料》1980.5

［21］ 周埃松《随地山台湾行》，《许地山选集》海峡文艺出版社 1985 版，第 713 页。

［22］ 周俟松、王盛《许地山与他的父亲》，《新文学史料》1985.11

［23］ 周俟松、王盛《许地山与他的父亲》，《新文学史料》1985.11

［24］ 周俟松《许地山年表》，《台港与海外华文文学评论和研究》1992 年 02 期。

［25］ 周俟松《许地山年表》，《台港与海外华文文学评论和研究》1992 年 02 期。

［26］《毛泽东选集》2 卷，人民出版社 1991 年版，559 页。

［27］《造成伟大民族的条件》，《中国现代文学百家——许地山代表作》，华夏出版社 2008 年 10 月版，第 267 页。

冒籍：清代台湾的科举移民

李祖基

清康熙中叶至嘉庆年间是大陆闽粤两地向台湾移民的高峰期，迁台移民中既有因天灾人祸、土地人口压力而不得不渡台谋生的生存型移民，也有在原籍衣食无忧而为了寻求更多发展机会的发展型移民。在发展型移民中，以求取功名为目的而赴台冒籍应试的科举移民占了相当的一部分。

一、清初台湾学额的设置与漳、泉移民在台冒考

康熙二十二年夏，施琅征台，郑克塽投降。第二年，清政府采纳施琅等人的建议，将台湾收入版图，在派官设治之后，也开始在台湾推行与内地相同的科举考试制度，设立府、县学，开科取士。康熙二十五年经福建督、抚题准入学定额，台湾府学岁进文武童各二十名，科进文童二十名，廪膳二十名，增广如之。岁贡一年贡一人。台湾、凤山、诸罗各县县学岁进文武童各十二名，科进文童十二名，廪膳十名，增广如之。岁贡二年贡一人。并以台厦道兼理学政，主持相关的科举考试。[1]由于台湾土地新辟，文教初开，二十六年，礼部又允准福建陆路提督张云翼之题请，照甘肃、宁夏例，为台湾生员参加乡试设立保障名额，规定台湾一府三县生员于闽省乡试中另编字号，中额一名。[2]雍正元年又议准新设立的彰化县学"岁进文武童各八名，科进文童八名"。[3]雍正十三年，经福建巡抚卢焯奏准，乡试中，台湾举人的保障名额又增加一名，共计两名。[4]另按照定例，台湾府额定举人二名，乡试应录送科举人数二百名。乾隆八年，巡台御史熊学鹏以"台湾孤悬海外，与内地不同"为由，奏请增加台湾府录送科举的人数，"以示鼓励"。经礼部议复，允准台湾录送科举，可在定额二百名外，"择其文理清通者，酌量宽余录送；而内地不可援以为例"。[5]

清初台湾一府三县的汉人总数不过三万余人，与台湾府、县各学所设进学名额相比，显然是人少额多。[6]而乡试中设定的保障名额对于有志于科举的士子而言更是十分有利。无怪乎康熙三十一年由泉州知府升任台厦道的高拱乾会觉得台湾"读书之子，特设台额，获登贤书，较内地之人多额少者，其难易不同"。[7]

然而，清初台湾草莱初辟，文化教育比较落后，读书的人并不多。大部分的人"非商贾则农耳，以士世其业者，十不得一焉。儿童五六岁亦尝令就学，稍长而贫，易而为农矣、商与工矣，或吏胥而卒伍矣，卒业于学者，十不得一焉"。[8]由于读书人少而学额相对就比较多，录取的比例较大，这就给"人多额少"而屡困科闱的内地学子提供了一个获取功名的机会。康熙五十六年成书的《诸罗县志》记道："此邦视学之途为迂而无用。内郡不得志于有司者，群问渡而东焉。科、岁两试，此邦人拱手而让之"；"诸罗建学三十年，掇科多内地寄籍者。庠序之士，泉、漳居半，兴、福次之，土著寥寥矣"。[9]

雍正五年，闽浙总督高其倬也指出："台湾府、县各学所有生童岁、科二试，历来俱系台湾道考试。向因台地新辟，读书者少，多系泉、漳各处之人应试"。[10]

这种情形一直延续到乾隆年间，并无多大改观。乾隆初年，台湾道尹士俍在其编纂的《台湾志略》中记道："台地旧日郡邑之中颇知读书，乡僻鲜能力学，其作为文章，又多因陋

就简，无甚色泽。故每逢应试，他郡之人得以冒籍侥倖"。[11]

乾隆二十九年，御史李宜青在巡视台湾之后的奏报中也指出："台湾四县应试，多福、兴、泉、漳四府之人，稍通文墨，不得志本籍，则指同姓在台居住者认为弟侄，公然赴考；教官不及问，廪保互结不暇详，至窃取一衿，辄褰裳以归。是按名为台之士，实则台地无其人"。[12]

从现存的族谱资料中，我们仍可以发现不少屡困科场的漳、泉学子东渡台湾冒籍应考的事例。如泉州府晋江县石壁乡的林宏训，屡试不中，于三十五岁时，"往游东宁，蒙学道吴昌祚取入诸罗学第五名"；[13]其族弟宏礼也是"屡试晋水，久困莫售"，爰喟然叹曰："何不遨游东宁，聊托一试？"于是"登堂拜别，羁迹台湾，凡御史观风月课，以逮府、县两试，其夺矛试艺，几于累牍"，最后终于如愿以偿，"由文宗吴昌祚岁取入泮"。[14]另一位族人林际则之父亲早年在籍亦致志于举子业，"学既有成，蒙本邑考取第二，而竟不遇于督学"，也辞别其母"往东宁，幸逢督学张湄观风取入海东超等第一名，岁试取进彰化县学第一名，科试又蒙冠军，遂食饩于彰化邑"。[15]

泉州府晋江县湖中乡的张士箱于康熙四十一年冒籍进永春学，后因遭人检举揭发而被除名。于是，他就转而东渡台湾，另谋发展。张士箱抵台之初，寄籍凤山县。次年入凤山县学，后拨入台湾府学成为府学生员。康熙四十八年补增生，五十二年补廪生，雍正十年成为岁贡生。[16]

另外，泉州府南安县诗山霞宅村的陈慰萱"多学能文，壮时累困科场，中年始游东都，志在掇藻荣归"，"同治甲子补壬戌科岁试，丁道台取进嘉义县学第七名"；[17]另一位陈氏族人陈宝璋"甫弱冠列本邑前茅，未获见售宗匠，而功名念急，遂买棹东游"，后蒙张道宪取进台湾县学第七名。[18]

漳州府也有不少类似的例子。

如南靖县书洋乡的刘益显，少年苦读，后往台湾，于乾隆二十三年科试时，考取台湾府学第一名。[19]据现存谱牒资料粗略统计，清代单单南靖一县科举移民到台湾求学进泮登第的，就有25人，其中冒籍应试者自然不在少数。[20]

另原籍福州的陈开夫，生于康熙五年，"少游台郡，补弟子员，食廪饩"。[21]

当然，并不是每位来台冒籍应试的大陆学子都可以如愿以偿顺利获取功名。不过，清初的台湾是一个新开发的地区，各种发展的机会远较内地为多，那些问渡而东又不得志于台地有司者，还可以找到其他的谋生途径。《诸罗县志》载："内地稍通笔墨而无籍者，皆以台为渊薮，或训蒙草地或充吏胥。辍八比未久者，科、岁犹与童子试。其奸猾而穷无依者，并为讼师"。[22]

二、粤民在台应试的规定与粤籍科举移民

清代台湾粤籍移民以潮、汕及嘉应州为最多，其入台时间略迟于漳、泉二府的闽南人。因系"隔省流寓"，最初粤民未能获准在台应试，当然也就没有科举移民。乾隆六年，经巡台御史杨二酉奏请，准许粤童另编字号，在台应试。乾隆三十六年，发生了一起粤籍童生在台冒考而被查处的案件。

（一）粤籍移民在台应试的规定

台湾统一之后，福建水师提督施琅曾"严禁粤中惠、潮之民，不许渡台"。[23]所以，当时文献所载皆称台湾多漳、泉人，未见有提到粤籍移民的。[24]康熙三十五年施琅去世后，"渐驰其禁，惠、潮民乃得渡越"。[25]康熙五十六年周钟瑄所修的《诸罗县志》中开始有不少粤籍移民的身影："佃田者，多内地依山之犷悍无赖下贫触法亡命，潮人尤多，厥名曰'客'；多者千人、少亦数百，号曰'客庄'"。[26]五十九年成书的《台湾县志》也记载："客庄，潮人所居之庄也。北路自诸罗山以上、南路自淡水溪而下，类皆潮人聚集以耕，名曰'客人'，故庄亦称'客庄'。每庄至数百人，少者亦百余，漳、泉之人不与焉，以其不同类也"。[27]雍正初年，蓝鼎元在与台厦道吴昌祚《论治台湾事宜书》中也说："广东饶平、程乡、大埔、平远等县之人，赴台佣雇佃田，谓之'客子'，每村落聚居千人或数百人，谓之'客庄'"。[28]凤山县是当时粤籍移民较为集中的地区，康熙后期，镇平、平远、嘉应州、大埔等州、县粤籍移民已在下淡水溪流域分十三大庄、六十四小庄，列屋聚廛，别成村落，后来还组成万余人的"六堆"义民组织，协助清军镇压朱一贵起义。[29]

虽然闽浙总督高其倬在雍正五年就奏准现住台地之人只要有田有屋，入籍既定取具里邻结状，即准予送考；而且粤民在台，年久入籍者，台属四邑均有户册可稽，其父兄虽只事耕耘，而子弟多有志诵读。然因高其倬原疏内并未声明闽、粤一体字样，遂以粤人为隔省流寓，恐占闽童地步，故攻揭惟严，一直不许在台就试。[30]既然粤籍移民无法在台参加科举考试，自然也就不会有冒籍的现象出现。

对于"粤民之精通文艺者，格于成例，奋进末由"，兼理学政的巡台汉御史杨二酉殊觉可惜，遂于乾隆五年上疏奏请敕谕闽省督、抚，令台湾府县"详查粤民见居台地有田产家室编入户口册籍者，准其另编字号，即附各该县府应考，送学臣汇试取进数名，附入台湾府学管辖。……再台籍生员乡试，向编'台'字号，额中二名。今粤人既入台籍，应否一体编入'台'字号，或另编字号，作何取中之处，伏祈敕部议覆"。[31]礼部在奉旨议复杨二酉奏疏时称："更定籍贯以及编号、加额、入学、取中等事，俱关考试大典，理宜详慎。今粤民入籍台郡，应先将见在居住台郡例合考试者，确查人数多寡，并与该处士子是否彼此相安，不至将来有滋事之处，逐一查核，据实题明，始可将应否另编字号，及廪增乡试如何酌定之处，分晰定议"。[32]

据台湾府转饬台湾、凤山、诸罗及彰化四县确查，"台湾县考送粤童共一百一十七名，凤山县考送粤童共四百四十四名，诸罗县考送粤童共五十三名，彰化县考送粤童共九十八名"。[33]闽浙总督德沛认为粤民流寓台属四邑，年久入籍堪以应试者共有七百余名，人数已多，相应准其一体与试，遂于乾隆六年四月奏请"于岁、科两试，将粤童另编新字号应试，四邑通校，共取进八名，附入府学。俟应试数次后取进人数渐多，再将廪、增并出贡之处题请定议。其乡试，暂附闽省生员内；数科后数满百名，另编字号取中一名"。同年七月，经礼部议准施行。[34]

（二）粤籍童生在台冒考

伴随着粤童可以另编字号，在台应试，粤民在台冒籍科考的行为也开始出现了。乾隆三十二年台湾科试，发生了粤籍童生梁谟、谢荣、赖济及刘麟游等冒籍应试的案件。

梁谟、谢荣、赖济均籍隶嘉应州，梁谟于乾隆二十三年七月内由厦门私渡过台。谢荣有叔谢朝瑞，赖济有表兄邓允敏，各在台生理。谢、赖二人于乾隆二十七、八年先后由厦门偷渡前往，俱在台训蒙。适乾隆三十二年台郡科试，梁谟等以粤民入籍台湾，有编列新字号考试定例，遂起意冒考，各浼赖钦书、林元辰认保，赴台湾道衙门考试。与嘉应州人伍逢捷、冯徽烈、镇平县人刘麟游、吴明、大埔县人黄驷，一共八人，均取入台湾府学。赖、梁、谢三人先后于乾隆三十三年、三十五年赴省乡试，不第，各回粤。后州民梁达五等与梁谟因控争祖遗尝租，究出梁谟等私渡台湾，冒考入学等情。两广总督李侍尧、广东巡抚德保当即饬司提犯赴省讯究。李侍尧等认为，"梁谟等均系粤省俊秀，不思在籍肄业，以期进取，胆敢违禁偷渡，冒考行险侥倖，实属不安本分之徒。若仅照偷渡、冒考各本例问拟重杖，不足示惩"，遂将梁谟、谢荣、赖济三人均"比照越渡缘边关塞律，各杖一百，徒三年"。[35]同时咨会福建督、抚，查明梁谟等人入学年份，斥革除名；其同考入学之伍逢捷等是否系入籍应考之人，与失察偷渡、滥准收考应参各该地方官，均由闽省就近详查明确，分别办理。[36]

福建巡抚余文仪接到咨文后即行委台郡各县提齐应审人犯，会同质讯。经查刘麟游、黄驷、伍逢捷、冯徽烈，均系粤民。刘麟游之祖刘尔爵、父刘俊升先后于康、雍年间来台，在凤山县垦耕，嗣因回籍身故。刘麟游于乾隆二十七年领照来台，其在台虽有产业，但本身入籍年例不符，且坟墓、家属俱在内地。黄驷之祖黄应岐于康熙年间来台，住彰化县地方，乾隆二年垦耕张振万即张达京田业。乾隆十二年，其父黄元莹带伊来台。十四年，其父将应分之业典与胞弟黄秀锡，旋即回籍身故，黄驷即住居台地。吴明之祖吴从周、父吴子贤，于康熙年间来彰化县垦耕官庄田五甲，年输粮银六两零，户名吴启汉，入籍台地，生长吴明。伍逢捷本姓李名嗣长，自幼依寓母家伍姓抚养，未从其姓。乾隆三十二年四月，甫来凤山地方，旋往诸罗县，冒顶伍逢捷姓名。冯徽烈之祖冯玉魁、父冯若纪于康熙、雍正年间寄寓凤山县，父祖回籍身故。冯徽烈于三十年来台。乾隆三十二年十二月内，台郡科试生童，刘麟游、冯徽烈冒入凤山县籍。刘麟游浼生员刘朝东认保，冯徽烈浼已故生员林魁章认保。伍逢捷冒诸罗县籍，浼生员张东汉认保。吴明、黄驷入彰化县籍，浼生员廖新、黄培骅认保。同梁谟、赖济、谢荣赴前台湾道张珽衙门应试，均蒙取进，拨入府学。[37]

最后审讯结果，除吴明系在台生长，坟墓、家族、产业均在台地，并非冒籍，同保结之生员廖新，应毋庸议外，刘麟游在台虽有产业，但本身入籍年例不符，且坟墓、家属俱在内地；黄驷，祖在台耕种，随父至台虽已二十余年，但田产已典与胞叔承管；俱非入籍既定之人，与入籍二十年以上之例不符，应照冒考例，各杖八十，革去衣顶。李嗣长顶名冒考，俟提到另结。冯徽烈与保结赖济、冯徽烈之生员林魁章，已经病故，毋庸置疑。保结梁谟、谢荣之生员赖钦书，保结刘麟游之生员刘朝东，保结黄驷之生员黄培骅，保结伍逢捷之生员张东汉，虽并无受贿，但不遵照定例，确查来历，冒昧混保，均照冒保例杖八十，各革去衣顶。另与本案相关的官员，如原台湾县知县赵爱、原凤山县知县谭垣、原诸罗县知县陶浚、原彰化县知县韩琮以及原台湾府知府邹应元等，均照混行收考降一级调用例，降一级调用。[38]

这是目前笔者从档案史料中见到的唯一一件在台冒籍应考而被查处的案例。此案中，乾隆三十二年台湾府学取进的粤籍全部八名生员中，冒籍应考者竟然占了七名，其比例之高，远超一般人的想象。虽然不能说每次考试都是如此情形，但一叶知秋，可以断定，直至乾隆中叶大陆人士在台冒籍应考的现象仍然十分普遍，未有减少迹象。另此案中的刘麟游，其祖父康熙四十六年就到台湾，住在凤山县坤仔头庄，向施姓业户垦田七甲零。雍正年间，其父也来台帮耕。乾隆元年，祖父因年老回籍，到七年死了。其父是二十九年死在台湾，后搬运骸骨回籍。其祖、父在台置有产业，已经年久，并不是偷渡冒籍。只是其本身是二十七年来台，家眷现在内地，与例稍有不符，其被查处多少有点"冤枉"的感觉。其在供词中称"总是粤人，在台应试，原是客籍，但要实有产业，就算有根底入籍的了，大家都许考试，从不攻击，所以里管族邻都肯出结，就是地方官也无从查察的"。[39]这与乾隆二十九年巡台御史李宜青在奏疏中所说的"福、兴、泉、漳四府之人，稍通文墨，不得志本籍，则指同姓在台居住者认为弟侄，公然赴考；教官不及问，廪保互结不暇详"的情形其实是十分相似的。若不是因为梁谟中式后回籍与梁达五等控争祖遗尝租，这一粤籍移民冒考的案件也不会被究出。

三、官方与民间对台湾科举移民的态度

冒籍考试属于违法行为，法令有明文禁止，相关官员对此也负有稽查之责。不过，由于各自所处地位以及考虑问题角度不同，台湾地方官员与福建督、抚两者之间对科举移民的态度有着明显的差异。而台湾本地学子则是冒籍应试的直接受害者，所以，台湾民间对科举移民一直是予以坚决反对的。

（一）地方官员对冒籍的态度与措施

对于冒籍考试的行为，最初台湾地方官员态度暧昧，有的甚至持默许、鼓励的态度。如康熙年间诸罗县令周钟瑄在论及该县学额大多为内地寄籍者所占时就公开提倡："寄籍不必杜，藉其博雅宏通，为土著之切磋可也"；"内地寄籍者隆其礼，土著未入庠序者复其身"。[40]说得明白一点，就是要借吸引大陆科举移民来提升当地文化教育的水平。乾隆初年，台湾道尹士俍也认为只要能使台湾风气渐开，家塾党庠，课诵不辍，人才奋兴，则冒籍之弊，将不禁自息。[41]又据《续修台湾县志》记载，时邑试多冒籍，台湾府城宁南坊食饩生刘应罴"欲清之，偕众上舍生以状请于台湾道"。然而，台湾道故畏事，阅状后不但不给予支持，反而指责秀才家不务安静，而轻构衅。[42]从这一事例可以看出台湾地方官员对于清查冒籍应试显然是十分消极的。

尽管科举移民冒籍应试在一定条件下可能有助于提升台湾地方的文化教育水平，但其毕竟是一种违反考试条例的行为，不能不引起相关方面，如福建省督、抚及巡台御史等高层官员的关注。乡试中另编字号，设立保障名额本来是对台湾士子的一种鼓励，但"中式者皆系内地冒籍之人，本籍并无一人中式"，[43]显然已经大失原来立法之本意。康熙三十七年，闽浙总督郭世隆于是奏准撤去另号，通省一体匀中。[44]这种釜底抽薪的办法固然可以有效遏止乡试中的冒籍行为，但也等于断绝了真正已经入籍台湾的士人中举之路，在此后三十一年十二科乡试中，台地再无中举者，可谓是利弊参半。另外这一措施并无法触动内地学子冒籍在台湾参加岁、科两试，考取生员的行为。

雍正五年七月初八日，浙闽总督高其倬上《台湾各学寄籍诸生宜归本籍折》，从疏导、堵禁及清理等方面三管齐下，对存在已久、饱受诟病的台湾冒籍考试与科举移民问题提出综合性的治理意见。[45]疏上之后得到雍正皇帝的肯定与支持。同年经礼部议准："台湾岁、科两试，饬令该地方官查明现住台地置有田产入籍既定之人，取具邻里结状，方许送考。如有冒籍台地入学者察出，将该地方官题参议处，本童照冒籍例治罪。至从前已经冒籍进学之文武诸生，限两月内具呈自首；该地方官会同教官逐一查明，俱令改归原籍考试。如过期不行呈首，一经发觉，黜革治罪"。[46]

台湾地属新辟，原无土著，居民均为从闽、粤两地陆续迁徙而来。[47]如完全按照《学政全书》的规定："凡入籍二十年以上，坟墓、田宅确有印册可据者，方准考试"，在执行上确实有较大难度。所以《会典》仅规定"查明现住台地置有田产入籍既定之人，取具邻里结状"，即准与考，对入籍的年限和时间不作要求，这是新政策中疏导的一面。其次，对于今后如有冒籍台地入学者被查出，除了本童照冒籍例治罪外，还要将相关的地方官题参议处，这是一项比较严厉的堵禁措施。其三，则是对从前冒籍进学的诸生进行清理，限期让其自首，查明后改归原籍。如过期不行自首，一经发觉，黜革治罪。此次台湾冒籍生员改归本籍的行动还带动了福建全省各府、县对冒籍生员的大清理。[48]

在对台湾冒籍生员进行清理之后，雍正七年，巡察台湾兼理学政御史夏之芳与福建巡抚刘世明奏称台湾"今冒籍者俱已改归本籍，海外诵读之士竞切观光；请仍照旧例另编字号，于闽

省中额内取中一名，以示鼓励"。经礼部议准，恢复了台湾府在福建乡试中的保障名额。[49]

另巡台御史对清查台湾冒籍也颇为尽力。乾隆六年，张湄巡察台湾时，主岁、科两试，"严稽冒籍，校士公明"。[50]

乾隆二十八年，满御史永庆、汉御史李宜青巡台时，"面谕道、府、县严禁冒籍"。[51]

（二）台湾民间对冒籍的态度

台湾学政原由台湾道兼管，雍正五年，上谕将学政交与派往台湾巡察之汉御史管理，永着为例。[52]在巡台御史的整顿与努力之下，台湾文风蔚起，各学宫、书院均有学租、义田以为师生膏火之资。凡文理通顺者，即赴书院肄业，观摩砥砺。而且随着土地开发的进展，经济的繁荣以及大陆移民在台定居人数的增加，到乾隆中期，台湾地方文化教育事业与以往相比已经有了较为长足的进步。当地学子对学额为冒籍所占，而土著进取为艰的情形甚为不满，开始对冒籍行为进行抵制与斗争。乾隆二十年，诸罗县文庙竣工落成之际，阖邑绅士针对普遍的冒籍行为，自发订立了《严禁冒籍应考条例》，并在文庙前立碑明示，规定："一、过继最易给□，嗣后以娶妻为入籍已定者，准与试。一、新娶限□年，户册可凭，为入籍已定，方得与试。一、内地搬眷限□年，户册可凭，为入籍已定，方得与试。一、过县迁移，限三年，户册可凭，为入籍已定，方得与试。"[53]同时公议将庙外圹地甲余，璞佃耕作，年收税银，充作清厘冒籍顶考的公费。每年议举二人，专司收税公用，上下轮流，不得混冒。[54]

又元记派下韩姓三房为鼓励族中子孙立志读书，联捷科甲而设立"捷记"书田，在《书田约字》中规定，自取进生员起，文武一体，历年每名准分一份，收作乡试诸费；举人则准分两份，收作会试诸费；进士则准分三份，收作殿试诸费；《约字》中还特别规定："一切军功捐纳及监生、俦生并冒籍越考虽至出仕，亦不得与分"。[55]从中也可看出台湾民间对冒籍的不屑与抵制。

自雍正五年，高其倬奏请台湾各学寄籍诸生宜归本籍之后，对台湾冒籍现象进行了大清理，立法非不严密，但日久渐至废弛，冒籍的现象又卷土重来，愈演愈烈。自乾隆癸酉（十八年）至壬午（二十七年）凡五科乡试，共额中十名内，惟癸酉科中式谢居仁一名系凤山人，余俱属内地。[56]这种情形理所当然引起台湾民众，尤其是士绅的极大不满。乾隆二十八年，满御史永庆、汉御史李宜青至台巡察时，"台地绅士以额中虚冒其名，联名进词，愿撤去另号，一体匀中"。[57]此事对二位巡台御史震动甚大，当即"面谕道、府、县严禁冒籍"。[58]回京后李宜青又在《条陈台湾事宜折》中提出考校生童应首严冒籍及枪手顶替等弊。二十九年，经部议复准，勅下福建"督、抚及台湾道转饬地方官查明的系入籍二十年以上，并无原籍可归者，方准考试；如有冒籍赴考者，除将本童及廪保照例治罪外，地方官一并查参议处。至现在已经冒籍入学各生，亦应照乾隆二十一年清查顺天冒籍之例，勒限一年，改归原籍。如地方官奉行不力，该督抚即行指明参处"。[59]

冒籍与考直接损害了台湾本地士子的切身利益，所以他们是冒籍行为最为坚决的反对者。如上文提到台湾府城宁南坊食饩生刘应黑偕众上舍生上书台湾道，要求清查冒籍，虽未得到台湾道的采纳，但此后刘应黑"食饩十余年，不与保结事"，[60]以自己的行为对冒籍应试进行抵制。

四、结　语

冒籍应试这种古代科场作弊的行为，不仅在台湾，在全国其他地方也广泛存在[61]。当今边远地区屡禁不止的高考移民实际上就是古代冒籍应试的延续和翻版。清代前期台湾是一个典型的移民社会，此一时期的科举移民是在特定的社会历史条件下出现的一种特殊的现象，这一现象反映了海峡两岸人民之间除了地缘、血缘的关系之外，在文化教育等方面也有极为密切的关系。其他地区的科举冒籍者在中式之后，一般都回到原籍，与冒籍的地方没有任何关系。而闽粤内地赴台的科举移民则有较大的不同，其中固然有人"窃取一衿，辄骞裳以归"，但也有不少人中式后留下来，在台湾定居，上文提到广东的刘麟游、黄骢以及福建泉州的张士箱等即属此一类型。科举移民在一定程度上提高了台湾地方人口的文化素质，改善了台湾地区人口的文化结构。有的科举移民及其后代甚至还参与当时台湾的土地开发和文教设施的建设，在促进当地社会经济的繁荣和文化教育事业的发展中作出自己的贡献。[62]这也是台湾地方官员为何会对冒籍持默许、甚至鼓励态度，而不肯对科举移民进行有效查禁的主要原因了。

不过，冒籍毕竟是一种违反科场法规的作弊行为，官方对其进行查禁，理所应当，但这在清代前期台湾移民社会中仅是一种被动的、治标的做法，当然成效不彰。真正积极的、治本的做法应该是增加当地的文教设施，发展当地的文教事业，培养更多的文化人才，提高社会民众的文化水平和竞争能力。这样才能做到"冒籍之弊，不禁自息"。

实际上，随着土地开发的深入，商业经济的繁荣，到嘉庆年间台湾地方的文化教育已经有了较大的发展，人文日盛。台湾府属四县应考文童，册报多至三千余人，较之内地大中各县应试童生，不相上下。有志于应乡试者，不下千百余人。[63]道光以后，台湾文风更盛，新的书院纷纷设立。光绪初年，台湾北部的淡水、噶玛兰两厅，岁、科童试厅考时，童生人数分别多达六、七百人和四、五百人。[64]自咸丰元年至光绪二十年，全台中举人者106人，中进士者21人。甚至出现了同一家族父子或兄弟皆有功名者。与此同时，冒籍的科举移民则渐少，很难在文献记载中再觅其踪影了。

（作者单位：厦门大学台湾研究院）

注 释：

[1] 范咸：《重修台湾府志》卷八学校，《台湾府志三种》（中），北京：中华书局影印，1985年。
[2] 高拱乾：《台湾府志》卷之十艺文，《台湾府志三种》（上），北京：中华书局影印，1985年。
[3] 范咸：《重修台湾府志》卷八学校，《台湾府志三种》（中）。
[4] 《清世宗实录选辑》，台北：台湾大通书局，1984年，第51页；尹士俍：《台湾志略》，李祖基点校，北京：九州出版社，2003年，第42页。
[5] 《清高宗实录选辑》，台北：台湾大通书局，1984年，第32页。
[6] 蒋毓英：《台湾府志》卷之七户口记载：台湾府"实在民口三万二百二十九。男子一万六千二百七十四；妇女一万三千九百五十五"。《台湾府志三种》（上），北京：中华书局影印，1985年。
[7] 《初至台湾晓谕兵民示》，高拱乾：《台湾府志》卷之十艺文，《台湾府志三种》（上）。
[8] 周钟瑄：《诸罗县志》卷五学校志，台北：台湾大通书局，1984年。
[9] 周钟瑄：《诸罗县志》卷五学校志。
[10] 浙闽总督高其倬：《奏闻台湾各学寄籍诸生宜归本籍折》，《雍正硃批奏折选辑》，台北：台湾大通书局，1984年，第144—145页。
[11] 尹士俍：《台湾志略》，第42页。

[12] 道光《福建通志台湾府》，台北：台湾大通书局，1984 年，第 8—9 页。

[13] 《玉山林氏宗谱》，庄为玑、王连茂编《闽台关系族谱资料选编》，福州：福建人民出版社，1984 年，第 31 页。

[14] 《玉山林氏宗谱》，庄为玑、王连茂编《闽台关系族谱资料选编》，第 31 页。按：吴昌祚，正黄旗人，雍正二年任台厦道，六年升山东按察使。故林宏训、林宏礼二人渡台照冒籍应试应在雍正二年至六年间。

[15] 《玉山林氏宗谱》，庄为玑、王连茂编《闽台关系族谱资料选编》，第 440 页。

[16] 尹章义撰述《台湾鉴湖张氏族谱》，张士箱家族拓展史研纂委员会印行，1985 年，第 27 页、第 110—111 页。

[17] 《武荣诗山霞宅陈氏族谱》，庄为玑、王连茂编《闽台关系族谱资料选编》，第 242 页。

[18] 《武荣诗山霞宅陈氏族谱》，庄为玑、王连茂编《闽台关系族谱资料选编》，第 251 页。

[19] 林嘉书：《南靖与台湾》，香港：华星出版社，1993 年，第 22 页。

[20] 林嘉书：《南靖与台湾》，第 20—22 页。

[21] 《颖川陈氏族谱》，庄为玑、王连茂编《闽台关系族谱资料选编》，第 447 页。

[22] 周钟瑄：《诸罗县志》卷八风俗志。

[23] 黄叔璥：《台海使槎录》，台北：台湾大通书局，1984 年，第 92 页。

[24] 李祖基：《施琅与清初大陆移民渡台政策》，[台]《历史》月刊 2000 年第十期。

[25] 黄叔璥：《台海使槎录》，第 92 页。

[26] 周钟瑄：《诸罗县志》卷八风俗志汉俗。

[27] 陈文达：《台湾县志》舆地志一，风俗，杂俗，台北：台湾大通书局，1984 年。

[28] 蓝鼎元：《鹿洲全集》，蒋炳钊等点校，厦门：厦门大学出版社，1995 年，第 49 页。

[29] 王瑛曾：《重修凤山县志》卷十人物志，义民，台北：台湾大通书局，1984 年。

[30] 《闽浙总督德沛题本》，《台案汇录丙集》，台北：台湾大通书局，1984 年，第 209—214 页。

[31] 《闽浙总督德沛题本》，《台案汇录丙集》，第 209—214 页。

[32] 《闽浙总督德沛题本》，《台案汇录丙集》，第 209—214 页。

[33] 《闽浙总督德沛题本》，《台案汇录丙集》，第 209—214 页。

[34] 《清高宗实录选辑》，第 24 页。

[35] 《两广总督李侍尧等为查明粤省偷渡童生冒考事奏折》，乾隆三十六年八月二十四日，《历史档案》2000 年第 4 期。

[36] 《两广总督李侍尧等为查明粤省偷渡童生冒考事奏折》，乾隆三十六年八月二十四日，《历史档案》2000 年第 4 期。

[37] 《吏部题本》，《台案汇录丙集》，第 214—218 页。

[38] 《吏部题本》，《台案汇录丙集》，第 214—218 页。其中原台湾县知县赵爱因已病故，免予追究。

[39] 《吏部题本》，《台案汇录丙集》，第 214—218 页。

[40] 周钟瑄：《诸罗县志》卷五学校志。

[41] 尹士俍：《台湾志略》，第 42 页。

[42] 郑兼才、谢金銮纂修《续修台湾县志》卷三学志，台北：台湾大通书局，1984 年。

[43] 《陈台湾学校事宜疏》，夏之芳：《奏疏稿略》，乾隆丁丑年刻本，第 10—13 页。

[44] 朱仕玠：《小琉球漫记》，台北：台湾大通书局，1984 年，第 51 页。

[45] 浙闽总督高其倬：《奏闻台湾各学寄籍诸生宜归本籍折》，《雍正朱批奏折选辑》，第

144—145 页。

[46] 《清会典台湾事例》，台北：台湾大通书局，1984 年，第 98 页。

[47] 本文所指不包括平埔族、高山族居民。

[48] 雍正八年议准：福建省各郡、县冒籍生员，照台湾改归之例，该地方官会同教官以部文到日，限两月内许其自首，改归原籍，以便就近稽察。过期不首，黜革治罪。其廪、增改归者，俱改为候廪、候增；俟改归后考居优等，准其与原籍诸生一体按名次帮补，仍照原食饩年分挨次出贡。见《清会典台湾事例》，第 98—99 页。

[49] 《陈台湾学校事宜疏》，夏之芳：《奏疏稿略》，乾隆丁丑年刻本，第 10—13 页；余文仪：《续修台湾府志》，台北：台湾大通书局，1984 年，第 458 页；《清世宗实录选辑》，第 30—31 页。

[50] 范咸：《重修台湾志府》卷三职官。

[51] 朱仕玠：《小琉球漫记》，第 51 页。

[52] 《清世宗实录选辑》，第 20 页。

[53] 《台湾南部碑文集成》，台北：台湾大通书局，1984 年，第 384—385 页。其中"□"系字迹风化，无法辨认者。

[54] 《台湾南部碑文集成》，台北：台湾大通书局，1984 年，第 384—385 页。

[55] 《台湾私法物权编》，台北：台湾大通书局，1984 年，第 1670—1674 页。

[56] 朱仕玠：《小琉球漫记》，第 51 页。

[57] 朱仕玠：《小琉球漫记》，第 51 页。

[58] 朱仕玠：《小琉球漫记》，第 51 页。

[59] 《台案汇录丙集》，第 319—320 页；《清会典台湾事例》，第 99 页。

[60] 郑兼才、谢金銮纂修《续修台湾县志》卷三学志。

[61] 参见中国第一历史档案馆编《乾嘉时期科举冒籍史料》，《历史档案》2000 年第 4 期。

[62] 张士箱于康熙四十一年冒籍入永春学被发现而遭除名之后，转而东渡赴台寄籍凤山。次年入凤山县学，后拨入台湾府学，成为府学生员。康熙四十八年补增生，五十二年补廪生，雍正十年成为岁贡生。乾隆二年出任漳州司训。其儿子也颇有建树。长子方高自幼随其赴台，二十岁进诸罗县学，后为府学廪生、贡生，乾隆三年出任福建建宁县学训导。康熙五十九年，台南孔庙重建工程告竣，方高与其父的名字双双铭刻于《重建府学大成殿记》；次子方升二十一岁进台湾县学，后拨入府学，二十三岁成为廪生，二十八岁即成为拔贡生；三子方远曾获得"由贡生即用分县"的资格；四子方大二十一岁入台湾县学，因乡试不第，在彰化县捐纳出贡。虽未出仕，但热心参与文教公益事业，如捐资倡修彰化文庙，鼎建白沙书院，重修彰化县学等等。乾隆二十五年至三十五年的十年间，张士箱的孙子及曾孙共有六人相继考中举人，科名鼎盛，冠甲全台，传为佳话。张士箱家族除了从事举业之外，还在台湾参与土地开发，修建水利工程，在台湾中部和北部拥有大片田园，在台湾和泉州两地都创置了庞大的家业，成为大陆科举移民中最成功的例子。参见尹章义：《张士箱家族移民发展史（一七〇二—一九八三）》，台湾省文献委员会，2001 年；王连茂、叶恩典：《张士箱家族及其家庭文件概述》，《张士箱家族文件汇编》，福建人民出版社 1999 年，第 1—72 页。

[63] 闽浙总督阿林保等奏（嘉庆十二年），据《礼部奏折》，《台案汇录丙集》，第 219—221 页。

[64] 沈葆桢：《台北宜建一府三县折》，光绪元年六月十八日，《福建台湾奏折》，台北：台湾大通书局，1984 年，第 55—59 页。

关于国民政府准备收复台湾的几个问题

廖大伟

关于国民政府与收复台湾，学术界成果颇丰。本文就几个还不甚明确的问题进行讨论，以求赐教。

一、表示要收复台湾及开展对台工作并不等于在做复台准备

1941 年 12 月 8 日，珍珠港事件爆发。次日，国民政府主席林森代表中国政府正式对日宣战："兹特正式对日宣战，昭告中外，所有一切条约、协定、合同，有涉及中日间之关系者，一律废止。"[1]

1943 年初，《大公报》发表题为《中国必须收复台湾——台湾是中国的老沦陷区》的文章，呼吁"中央对台湾问题最好即作具体的措置，以沦陷省区待遇台湾"。台湾革命青年团、闽粤台湾归侨协会等组织也各电呈国民政府及国防最高委员会，请求正式宣布台湾为中国沦陷省区，策励光复。这些电文，蒋介石读后深有感触。是年初，大公报社评《中国必收复台湾，台湾是中国的老沦陷区》论曰："就台湾的国防地理论，它是中国东南海疆的屏障，它与海南岛是中国监视海疆得意对眼睛，谁愿意让人拆去屏障，谁愿意让人挖去眼睛？"文章以有力的论据和激扬的情绪表明，战后中国一定要收复台湾，这是具有远见和卓识的。

1938 年 4 月 1 日蒋介石在国民党临时全国代表大会上提出要"解放"台湾，收复失土。[2]但真正收复工作的准备则始于《开罗宣言》发表之后。在此之前它只能算是一个目标，属于有追求而无具体计划，有表示而欠切实行事，而在此之后复台工作才真正进入准备阶段。

诚然，1940 年 3 月 30 日蒋介石曾致电国民党中央组织部长朱家骅及陈立夫、王芃生等："查汪逆傀儡登场在即，我方对倭亟宜加大打击，赞助日本、台湾、朝鲜的各项革命运动，使其鼓动敌国人民群起革命如罢工等等，以骚扰敌之后方，减其侵略势力，即希兄等负责约同日韩台在渝之革命首领，会商筹划推动为要。"[3]其后经朱家骅等人奉命筹划，于 1941 年 2 月在香港成立了以台籍人士翁俊明为主任的直属国民党中央组织部的台湾党部筹备处，并于 1943 年 4 月升格为直属台湾党部。但是这只属于一般性的对台工作，并非真正意义上的复台准备。因为蒋电主旨是要开展和加强敌国及敌占区的"革命运动"，而"革命运动"就当时而言即在台湾地区"敌军中发展组织，提倡反战反正，暗杀日本高级军官"，"在台湾各地从事秘密活动，创立组织，宣传三民主义，恢复我国固有道德，增进人民爱护祖国之心，挠乱地方秩序，相机发动革命与罢工怠工等等"。[4]

显然这一事例不能证明此前已有复台之切实准备，相反 1942 年夏秋之交国民政府对复台问题尚还处于茫然无措、应对不明的状态。1942 年元月台湾革命同盟会中央执行委员会主席团首席张邦杰上呈收复台湾意见书，提出将复台定为"国策"、台湾设省等五项要求，[5]内政部核复意见是"台湾孤悬海外，现在我军尚未达到收复该地阶段，所请宣布为行省一层，在目前抗战局势上是否需要，应请钧院核夺"，[6]而行政院又将意见转陈给最高国防委员会，最后原建议"奉批缓议"，问题不了了之。[7]而外交部对将复台定为"国策"的核复更加显

得谨小慎微,认为"为避免他国无谓之疑虑起见,此时似不宜对外宣布",因为收复台湾虽存可能但目前还不能确定,"故我国如可能收复台湾",还"请各友邦对我此项正当之要求予以积极之支持"。[8]政府应对不过如此,复台是否已有准备则可想而知。

其实这无可非议,因为自身实力不济。当时中国要实现复台,确实离不开国际社会支持和帮助,特别需要美苏英等大国的明确认同。条件与行事,当然互相依存,有因果关系,行事取决于条件,具体条件决定具体行事,条件成熟才能确定具体的行事方向。太平洋战争爆发后,中国战场的重要性陡然凸显,中国抗战的价值与贡献暨国家形象与地位也迅速提升。不久美国总统罗斯福致电蒋介石,建议成立包括泰国、越南在内的中国战区,请蒋介石出任战区统帅。1942年元旦,中、美、英、苏领衔签署了《联合国家共同宣言》,中国成了反法西斯同盟中的四强。蒋介石日记写道:"二十六国共同宣言发表后,中、美、英、苏已成为反侵略之中心,于是我国遂列为四强之一;再自我允任中国战区最高统帅之后,越南、泰国亦划入本地区内,国家之声誉及地位,实为有史以来空前未有之提高。"[9]1943年初反法西斯战争已操胜算,但台湾问题国际上仍有不同声音。[10]此时蒋介石派宋美龄出访美国,希望罗斯福总统支持中国收复的要求。1943年2月罗斯福向中国驻美大使魏道明表示:"日寇所有岛屿,除其本国外,均应就同盟国警备立场支配之,台湾当然归还中国,将来太平洋警备权自应以中、美为主体,在南太平洋由澳洲及新西兰辅助。"[11]1943年11月蒋介石作为中国国民政府主席兼军事委员会委员长出席了中美英三国首脑会议。会议期间中方提交了日本侵占的中国领土"应归还中国"的正式方案,获得了美英两国的赞同。11月26日三国签署《开罗宣言》,《开罗宣言》表示日本窃取的中国东北四省、台湾、澎湖列岛等当"归还中国"。[12]《开罗宣言》在获得斯大林的认可后于12月1日正式发表,从此台湾及东北、澎湖群岛等地的回归终于有了国际保障和法律依据,中国复台条件已经成熟,中国复台已成定局。正是在这样的背景条件下,国民政府复台准备才正式开始启动。[13]

二、复台准备工作何时启动

复台准备工作之启动,当以蒋介石下令张厉生对复台工作进行研究并具文呈报为标志。1943年11月28日蒋介石离开开罗回国,不久便下令行政院秘书长张厉生研究并拟具复台工作要点及相关问题。

1944年7月27日蒋介石致电国民政府军事委员会参事室主任王世杰:"前饬据行政院张秘书长呈拟收复台湾政治准备工作要点前来,经指复,关于将来台湾克复后军事及行政之负责管理问题应根据开罗会议时我方所提出之原建议先后向美英商洽在案。"[14]电文显示:1.蒋曾下令行政院秘书长张厉生拟呈报告;2.该报告系"收复台湾政治准备工作要点"及"关于将来台湾克复后军事及行政之负责管理问题";3.张等已完成报告并已上呈蒋介石。值得注意的是,蒋介石给张厉生的这份命令是目前所能查到国民政府最高当局明确表示要进行复台准备的最早文字记载,它标志着国民政府复台工作正式启动。

那么蒋介石究竟何时下令,目前笔者因资料所限不能确定具体日期,但至少在1944年3月15日之前则可以断定。因为1944年6月2日蒋介石在回复张厉生的电文中有"三月十五日569号呈复遵拟收复台湾政治准备工作要点已悉"这句话,[15]这就意味着蒋令之下是在1944年3月15日之前。张等建议:

(1)收复台湾时第一步办法,依盟军所采用之方式,自为军政府之组织,此项军政府似应由我国主持,目前拟即由行政院令饬外交部相机与英美等国商洽于收复台湾时,由我国前往组织军政府之具体办法，俾便将来实施。（2）台湾收复后，我国自应于该地恢复以前省的组织，惟在目前似应先成立一过渡性之机构，称为"台湾设省筹备委员会"（如台湾将来之政治组织与内地之省政府不尽相同，则可改称为"收复台湾筹备委员会"），以为准备。[16]

对此两项蒋介石批复："关于将来台湾克复后军事及行政之负责管理问题可根据开罗会议时我方提出之原建议，先向美国商洽，俟有相当结果，再与英国商洽。"[17]而设立一机构为将来之准备自为必要，但"暂时不必另设"，就以"现在中央设计局业已设置台湾调查委员会"为基础，"稍加充实，多多罗致台湾有关人士，并派有关党政机关负责人参加，即足以担负调查与筹备之责"。[18]显然，蒋介石给张厉生的这道命令直接带来的是复台准备工作的设计和始进，其直接成果之一便是由台调会为职能机构，负责复台准备工作的开展。台调会"组织规程"反映其任务、规模、一般工作流程和主任人选级别，故照录如下：

第一条　中央设计局依照组织大纲第十三条规定设台湾调查委员会（以下简称本会）。

第二条　本会之任务如左：一、搜集有关台湾之资料；二、调查台湾之实际状况；三、研究有关台湾问题之意见及方案；四、编辑有关台湾之资料刊物。

第三条　本会设主任委员一人，委员七至十一人，由总裁派任之。

第四条　本会设驻会委员二至三人，由主任委员就委员中指定，常川驻会办公。

第五条　本会设专门委员、专任委员各四至五人，由主任委员遴选请派。

第六条　本会得酌设干事、助理干事、录事。

第七条　本会得聘任兼任委员及专员，办理各机关之联系或特约工作。

第八条　本会各级专任人员照局章支给薪俸，兼任人员照局章支给研究费。

第九条　本会委员会议每两个月举行一次，必要时得举行临时会议。

第十条　本会办事细则另定之。

第十一　本规程自核定之日施行。[19]

该机构由党政工作委员会考核委员会主任委员兼代理陆军大学校长陈仪任主任委员，沈仲九、王芃生、钱宗起、周一鹤、夏涛声为委员。9月25日，蒋介石又将台调会委员名额增至11人，增派台籍人士黄朝琴、游弥坚、丘念台、谢南光、李友邦为委员。蒋很重视台调会，台调会也很努力，工作也颇具成效。[20]1945年4月7日，蒋又批准由台调会和党政军各机关主管人员每月开一次联席会议，会商接收事宜。

三、复台准备工作进行中的台湾定位问题

时至1945年初，日本仍不想放弃台湾。1月14日徐永昌日记："大战研究会李立柏电，（根据）敌情判断，倭寇以持久战确保本土及台湾之目的，似有在菲律宾及中南半岛方面逐次抵抗，整复大陆交通线，夺取我西南各空军基地，加强沿海防御，以阻止盟军之登陆。"[21]但到了1945年5月，日本已作求和试探，其开出的求和条件是："一、不改变日皇权威及日本自身统治权。二、盟方不在日本驻兵。三、日本得有一部分军队及有限度之工业。四、日本放弃满洲、朝鲜、台湾、中国及南洋占领区。"这一情报于"五月二十七日得自上海瑞士领馆"。[22]

在台湾收复在望而各项复台准备工作紧锣密鼓地进行时，台湾该如何定位，未来的台湾该实行何种行政体制，当时还颇有争议。台湾设省，张厉生已经建议，也得到蒋介石的认可。尤其经蒋介石"修正核定"于 1945 年 3 月 24 日正式下达的《台湾接管计划纲要》已正式规定台湾地方政制为行省,"接管时正式成立省政府,下设县(市)","接管后之省政府,应由中央政府以委托行使之方式,赋以较大之权利"。[23]

但是台湾设省,该省未来究竟是像西藏那样实行高度自治,还是同内地行省一视同仁,或者介于两者之间先作一个过渡。1945 年 7 月 13 日台调会就《计划纲要》进行座谈,其中设计委员朱代杰汇报其小组讨论情况时表示:"本组对于纲要的讨论,先注重对台湾的态度。对台湾可分三种态度:一、看作特殊区,如蒙古、西藏、新疆等。二、视同各省。三、折中,既不与蒙古等一样,也不与各省完全一样,在两者之间。本组主张采取第三种态度,因为台湾既不似朝鲜,亦不类新疆、蒙古等,但如完全视同行省,在条件上亦有不同。"他强调:"本组以为,台湾收复以后,不能与各省采同一办法,但应逐渐与各省趋于一致。"[24]而委员沈仲九认为"朱委员所说态度问题,感觉非常重要",但其"所说的第一种态度,本人不赞同,本人主张第二种态度,至于第三种态度,也可以说是第二种态度的另一种说法,因为它是实行第二种说法的一种过程,一种手段,其目的仍是第二种态度。"他提出的理由有三条,一是"台湾现在有三种民族,一是蕃人,二是日本人,但是人数都很少,三是台湾人,人数最多。所谓台湾人,实则就是闽广人(详情请林忠同志报告),所以台湾民族与各省一样,与蒙古、西藏、新疆等地之特殊民族完全两样"。二是"台湾在满清被日人占领以前本已成为一省,设有巡抚"。三是"台湾不象蒙古、新疆、西藏等地有特殊的宗教势力及风俗习惯"。所以结论是"台湾应当作为内地一省看待,所不同者,台湾被日人统治四十九年,初收复时,一切设施不能与各省完全一样,但希望其与内地不同的时间尽量缩短"。[25]显然,在此问题上彼此都看到了台湾地区的特殊性,因为台湾有被日本占领过,所不同的是究竟与内地省同样看待而注意到其特殊性,还是因为有其特殊性一开始就特别对待。

1945 年 7 月 21 日台调会第二次座谈会上主任委员陈仪表示 1935"本人曾到台湾去看过,觉得交通、农业、工业各部门都比内地强。我们收复台湾以后,一切都要比以前做得好。日本人做得好的地方,必须做下去,而且做得更好,日本人不好之处,必须彻底革除。……能够这样做,收复才有意义,决心收复也即为此。"这番话虽未涉及台湾定位问题,但强调台湾确实不同于内地,言下之意所有的一切必须着眼台湾的未来,所有的工作必须符合台湾的实际。[26]委员黄朝琴认为,台湾从前就已设省,"所以收复后必须改省",但是"台湾离开祖国将近五十年,政治经济建设以及风土习惯和祖国相差很远。希望台湾收复以后,五六年内以维持原状为目的,不以实验的名义,而以实验的方式来治理"。将来台湾的制度,"必须以单行法制定,不必与各省强同",因为"如果台湾治理不好,日本人必用以宣传,说我国的政治不如他,而期待了几十年的台胞,亦会感觉非常失望"。他还直言不讳地说:"行政机构有考虑的必要,日本在台湾的制度很好,原有的总督府只须名称取消,改为省政府,原有的总督府的机构不予变更,内地各省政府的机构太多,于台湾人不习惯,五十年来台湾的系统都是一体化,如遽加变更 使台人无所适从。台湾首长的权限应扩大,台湾总督之下,有总务长官,是总督府的幕僚长,代总督处理例行公事,现在各省秘书长的地位太小,似应提高。省长必须是强有力者,而亦必有职权大的幕僚长。"对黄委员所提出的台湾省制要特别,委员谢南光表示赞同,并认为这是"我们台胞同志一致的要求"。[27]大体说来,台调会的意见是台湾与内地要有所区别。

1945 年 7 月 26 日美英中三国发表《促令日本投降之波茨坦公告》,宣布"开罗宣言之条件必将实施,而日本之主权必将限于本州岛岛、北海道、九州岛岛、四国及吾人所决定其它小岛之内"。[28]8 月 14 日日本政府宣布接受《波茨坦公告》,次日日本天皇广播投降诏书。

1945 年 8 月 25 日蒋介石在最高国防委员会与国民党中央常委会联席会议上讲话，大意是朝鲜"须使其独立自由"，"外蒙允其独立，西藏使其高度自治"，但东北、台湾必须收回。香港虽然暂不派兵，但香港问题"仍属未了之事件"。[29]

1945 年 9 月 4 日《台湾省行政长官公署组织大纲》公布，规定台湾省行政长官隶属于行政院，行政长官于其职权范围内得发署令并得制定台湾省单行条例及规章，行政长官受中央委托办理中央行政，对在台湾之中央各机关有指挥监督之权，行政长官公署设秘书、民政等九个处，另设秘书长一人，辅佐行政长官综理政务，并监督各处及其他专设机关事务。[30]比较而言，台湾省行政长官公署的权力比内地省政府权力大，再加上台湾可以制定单行条例和规章，台湾的行政体制和地区定位显然采纳了台调会中台籍人士的主流观点，即照顾到台湾地区的特殊性。

（作者单位：东华大学历史研究所）

注 释：

［1］《国民政府对日宣战文》，张瑞成编《抗战时期收复台湾之重要言论》（《中国现代史史料丛编》第 3 集），台北近代中国出版社，1990 年版，第 2—3 页。

［2］《蒋介石在中国国民党临时全国代表大会讲词》，张瑞成编《抗战时期收复台湾之重要言论》（《中国现代史史料丛编》第 3 集），台北近代中国出版社，1990 年版，第 1—2 页。

［3］《台湾党务——策动日韩台革命运动》，"朱家骅档案"，台湾中研院近代史研究所档案馆藏，全宗号 301，宗号 30，册号 1。

［4］《台湾党务——策动日韩台革命运动》，"朱家骅档案"，全宗号 301，宗号 30，册号 2。

［5］《内政部致行政院签呈稿》（1942 年 2 月 14 日）暨附件《台湾革命同盟会中央执行委员会致行政院呈》，《民国档案》2006 年第 1 期，第 36 页。

［6］《内政部致行政院签呈稿》（1942 年 2 月 14 日），《民国档案》2006 年第 1 期，第 36 页。

［7］《行政院秘书处致内政部公函》（1942 年 9 月 10 日），《民国档案》2006 年第 1 期，第 36 页。

［8］《外交部致内政部公函》（1942 年 3 月 6 日），《民国档案》2006 年第 1 期，第 36 页。

［9］（日）古屋奎二：《蒋总统秘录》第 13 册，台湾中央日报社 1977 年版，第 15 页。

［10］诸静涛《美国与二·二八事件》，王建朗、栾景河主编《近代中国、东亚与世界》，社会科学文献出版社 2008 年版，第 866 页。

［11］《宋子文答记者问》，陈志奇编《中华民国外交史料汇编》，台湾渤海堂文化事业有限公司，1996 年版，第 5700 页。

［12］《宋子文答记者问》，陈志奇编《中华民国外交史料汇编》，第 6037 页。

［13］主要研究成果有：左双文《国民政府与台湾光复》，《历史研究》1996 年第 5 期；诸静涛《蒋介石与台湾收复》，《中国边疆史地研究》2000 年第 9 期；李新丽《国民政府收复台湾准备工作之述评》，《南京政治学院学报》2004 年第 2 期；左双文《关于国民政府与台湾光复问题的一点补充》，《抗日战争研究》2005 年第 2 期。

［14］《蒋介石致王世杰电》（1944 年 7 月 27 日），《民国档案》2007 年第 2 期，第 7 页。

［15］《抄巴冬侍秘丙字第二二八二一号代电》（1944 年 6 月 2 日），《民国档案》2007 年第 2

期，第 7 页。

[16]《行政院秘书处签呈》(1944 年 3 月 15 日)，陈鸣钟、陈兴唐主编《台湾光复和光复后五年省情》(上)，南京出版社 1989 年版，第 1 页。

[17]《蒋介石复电》(1944 年 6 月 2 日)，《台湾光复和光复后五年省情》(上)，第 2—3 页。

[18]《抄巳冬侍秘丙字第二二八二一号代电》(1944 年 6 月 2 日)，《民国档案》2007 年第 2 期，第 7 页。

[19]《中央设计局台湾调查委员会组织规程》(1944 年 4 月)，《抗战胜利前国民党政府接收台湾准备工作档案史料选》，《民国档案》1989 年第 3 期，第 20 页。

[20] 详见骆威《国民政府台湾调查委员会述论》，《抗日战争研究》1998 年第 4 期；李新丽《国民政府收复台湾准备工作之述评》，《南京政治学院学报》2004 年第 2 期；白纯《简析抗战时期的台湾调查委员会》，《江海学刊》2005 年第 1 期等。

[21]《徐永昌日记》第 8 册，台北，台湾中研院近代史所 1991 年版，第 9 页。

[22]《徐永昌日记》第 8 册，第 115—116 页。

[23]《台湾接管计划纲要》(1945 年 3 月 24 日)，《抗战胜利前国民党政府接收台湾准备工作档案史料选》，《民国档案》1989 年第 3 期，第 30—31 页。

[24]《台湾调查委员会第一次座谈会纪录》(1945 年 7 月 13 日)，《抗战胜利前国民党政府接收台湾准备工作档案史料选》，《民国档案》1989 年第 3 期，第 22—23 页。

[25]《台湾调查委员会第一次座谈会纪录》(1945 年 7 月 13 日)，《抗战胜利前国民党政府接收台湾准备工作档案史料选》，《民国档案》1989 年第 3 期，第 23 页。

[26]《台湾调查委员会第二次座谈会纪录》(1945 年 7 月 21 日)，《抗战胜利前国民党政府接收台湾准备工作档案史料选》，《民国档案》1989 年第 3 期，第 26 页。

[27]《台湾调查委员会第二次座谈会纪录》(1945 年 7 月 21 日)，《抗战胜利前国民党政府接收台湾准备工作档案史料选》，《民国档案》1989 年第 3 期，第 26 页。

[28] 又称美英中三国政府领袖公告，见《中央日报》1945 年 7 月 28 日。

[29]《徐永昌日记》第 8 册，第 155 页。

[30]《台湾省行政公署组织大纲》(1945 年 9 月 4 日)，《台湾光复和光复后五年省情》(上)，第 113—114 页。

战后中（台）美日关系研究
——以"吉田书简"、"日台合约"为中心

林晓光

所谓"吉田书简"系指 1951 年 12 月 24 日日本首相吉田茂致美国政府的一封公开信。信中表明日本政府将与台湾当局订立和约并建交的政策方针，宣称"日台和约"不仅适用于台湾当局所控制的各个岛屿，也适用于"将来进入其统治下的一切领土"，公开追随美国政府干涉中国内政。这一文件规定了战后日本政府对中国和台湾的基本政策方针，导致中日关系长达 20 多年的非正常状态，不仅干扰了中日友好关系的正常发展，也不利于东亚以及亚太地区的和平与稳定。

一

1950 年前后，亚太地区形势发生的巨大变化：中国人民革命的胜利冲破了帝国主义的东方战线，极大地改变了世界格局的力量对比；《中苏友好互助同盟条约》的签署将中苏两国联在一起，形成横跨欧亚大陆的强大社会主义阵营；朝鲜战争的爆发使亚太形势为之一变；美国为遏制以中、苏为首的社会主义力量，改变对日政策，加紧对日媾和，力图使日本作为"不沉的航空母舰"，成为美国包围欧亚大陆的弧形战线的主要基点；改变了战后美国的亚太地区战略的基本构想和整体安排。

1949 年 5 月，美国政府将对日媾和问题提上外交议事日程。9 月，国务卿艾奇逊与英国外交大臣贝文达成一致意见：即使苏联不参加，也将开始对日媾和。10 月，国务院欲与国防部共同商讨对日媾和方案。国防部为长期占领日本，反对尽快对日媾和，以为时尚早加以拒绝。国务院即单独制订了对日媾和草案，主张为促使日本经济恢复，允许日本与中国进行少量非军事物资贸易。但国防部为"防止共产主义渗透"，反对任何中日贸易。驻日美军司令麦克阿瑟 9 月 2 日声明：应严禁日本与共产主义中国进行贸易[1]。两大外交决策机构之间的意见分歧，使美国政府迟迟拿不出对日政策方案。

朝鲜战争的爆发促使国务院与国防部消除意见分歧，就对日媾和问题迅速达成一致。1950 年 9 月，美国政府起草了"对日媾和七原则"（对日宽大媾和，放弃战争赔偿、保障日本安全、对日本经济不加限制等）送交远东委员会各成员国，并于 10 月 27 日公开发表。总统杜鲁门指示国务院立即就对日媾和问题与有关国家展开协商，以便尽快召开和会、订立和约，使日本早日重返国际社会。1951 年 1 月，国务卿杜勒斯先后访问日本、英国、澳大利亚、新西兰，通报对日媾和政策构想。3 月，美国拟定对日和约方案分送苏、英、澳、加等 15 国，试图排斥中国、让到了台湾的国民党政府参加对日和约及和会的准备工作。但英国支持中国参加对日和会[2]。为弥合意见分歧，美国特使杜勒斯几度访英，最后于 6 月 19 日与英国外交大臣莫里斯达成谅解：①对日和会不邀请中国或台湾参加；②对日和约生效后，由恢复了国家主权的日本在中国和台湾之间选择缔结和约的对象[3]。美英谅解加快了对日媾和进程。7 月 13 日，美英同时公布对日和约草案，17 日、20 日将草案分别送交日本和有关国家，并发出参会邀请信。8 月 15 日公布和约"定本"。把坚持 8 年抗日战争，付出巨大民族牺牲，

为世界反法西斯战争的胜利做出了重大贡献的中国人民排除在对日和会之外，不仅是对中国人民的侮辱，也是对历史的嘲弄，对国际法的践踏。当天，周恩来总理代表中国政府发表严正声明：决不接受排除中国的美、英方案、"杜—莫谅解"与对日和会[4]。9月4日，对日和会在旧金山召开。8日，缔结对日和约。苏联出于中苏同盟和本国利益的需要，拒签对日和约。1952年4月28日，《旧金山和约》生效。日本恢复了法律意义上的国家主权和国际地位，重返国际社会。

针对美国政府策划的片面对日媾和，周总理代表中国政府于1949年12月4日发表声明，谴责美国政府蓄意破坏四大国一致的原则，公然违反盟国共同对日作战之目的，背弃一系列国际协议，无视中国人民利益和日本人民愿望；他指出，对日和约必须以《开罗宣言》、《雅尔塔协定》、《波茨坦公告》及远东委员会批准的对日基本政策为基础；中华人民共和国是代表中国人民的唯一合法政府，必须参加对日和约的准备、拟制与签订，没有中国参加起草、准备和缔结的对日和约是非法的、片面的、无效的[5]。声明揭露美国企图通过片面对日媾和控制日本、遏制中国、称霸亚太的阴谋，要求对日和约必须遵循国际法准则，必须尊重反法西斯战争奠定的国际政治格局。1951年初，苏联表明关于对日和会的态度。5月22日，周总理代表中国政府宣布：支持苏联政府关于由中、苏、英、美四大国准备和起草对日和约的主张，强调必须通过对日和约这样严肃的国际文件，防止日本军国主义复活[6]。9月18日，周总理代表中国政府郑重宣告：中国人民在击败日本帝国主义的伟大战争中，经历时间最久，遭受牺牲最大，所作贡献最多；美国政府强行签订、没有中华人民共和国参加的片面的对日和约是非法的、无效的[7]。中国政府多次表明了中国在对日媾和问题上的原则立场。

在台湾的国民政府一直积极谋求参加对日和会。台湾在1951年1月正式宣布同意美国的对日媾和政策，试图代表中国出席和会、签订和约，以此在国际社会维系"正统政府"的法权和地位。台湾驻美"大使"顾维钧按蒋介石的意思多次与杜勒斯就对日媾和交换意见，提出：日本在对台和约中只需按《波茨坦公告》所规定之投降条件，宣布放弃对中国领土的侵占，不必明确将该领土交与哪一方[8]。意在通过对中国领土主权的模糊处理，使日本选择与台湾缔结和约，4月27日，蒋介石亲自规定"对日媾和三原则"：①不能损害中华民国作为联合国一员的地位；②不能削弱国民政府对台湾的统治权；③有利于巩固台、澎、金、马作为"反攻大陆"的基地[9]。核心是维护台湾当局的国际地位、正统权力，准备"反攻大陆"。力图以模糊的法律用语掩盖其统治和政令不出台、澎、金、马的事实，维护国民政府的"正统地位"，并为将来反攻大陆埋下伏笔。

美英经过协调，均不再支持台湾参加对日和会。1951年6月15日，杜勒斯约见顾维钧通报了"杜—莫谅解"。蒋介石即令"外长"叶公超向美、英提出抗议，并于18日发表声明称："中华民国参加对日和约之权利决不容疑；民国政府只能以平等地位参加对日和约，任何含有歧视性之条件均不接受。任何违反中华民国上述严正立场而订立之对日和约，不但在法律上、道义上丧失其力量，即在盟国共同作战之历史上也永留不可洗涤之错误。此种丧失真实性之对日和约，不但使第二次世界大战不能获得真正结束，且将加速远东局势之混乱，更种下世界未来之无穷祸患。"[10]但国民政府迁台后缺乏国际政治的主体法权和行为能力，能否参加对日媾和完全仰仗美国的支持与否。美国政府警告台湾不要坚持参加对日和会，以免不能如期签订对日和约；同时保证让日本与台湾媾和。因此，尽管台湾竭力反对，却不得不屈从于美国的压力。

二

日本政府在选择订立和约的对象时，受到国内外各种因素的影响，力图在中国与台湾之间搞"等距离外交",试图利用中国尚未完全统一的政治现实,左右逢源、从中渔利。

1. 国内政治环境。日本国内各界为恢复经济,要求与新中国进行贸易,主张实现包括中国的全面媾和。1949年春,留日华侨总会和中国研究会成立中日友好协会筹备会。5月,在东京工业俱乐部举行日中贸易恳谈会,成立"中国贸易促进会"。6月,进口中国大豆的36家企业成立了"日中贸易协会"。7月,东京中小企业协议会决定参加日中贸易活动。各行业工会联合举行自主贸易劳动者大会,主张与共产国家进行贸易。1950年1月,知识界和经济学家组成的"和平问题恳谈会"发表声明,要求与包括中国的亚洲各国开展自由贸易以迅速恢复经济。因为排除中国的片面媾和,必然恶化对华关系,妨碍中日贸易,延迟日本经济自立。经济安定本部调查课长大来佐武郎认为:"如果不能从中国进口原料,要想制造能在世界市场上销售的金属制品是很困难的。"经济学家大内兵卫强调:"日本无论如何也要避免阻碍与亚洲各国贸易的媾和条约"[11]。在日本国内形成了要求对华贸易的强大呼声。强有力的民间声音推动了国会内主张对华贸易的力量增强。

1949年5月24日,国会众参两院议员组成"促进日中贸易议员联盟",并在12月4日开始的第七届国会上提出"促进日中贸易决议案",获得参议院多数赞成,但在众院却"审议未了"。国会各在野党(除日共外)组成"在野党外交对策协议会",认为"对中国贸易不可缺",主张"和平、永久中立、全面媾和"。当时,主张恢复对华贸易的自由党在众议院拥有占总数62%的288席,但在参议院却只有占总数26%的61席。1950年6月参议院大选期间,媾和问题成为各党争论的焦点。参议院大选后,自由党获得77席,社会党从42席增加到62席,分别占议席总数的31%、25%。社会党强调:日本70%的原料、25%的食物、80%的船运依赖于外国,"如果忽视与中国政府及其它亚洲国家的贸易,只是依赖以特定国家为中心的特定阵营的经济,是难以达到经济自立的"[12]。国内政治力量的对比和经济贸易界的呼声,对主张"早期媾和"的吉田茂政府形成巨大压力。

2. 政府决策过程。1951年2月,吉田首相表示:首要的是把中国从俄国手中夺回来,使中国成为自由国家阵营的伙伴。由于地缘、人种、语言、文化和贸易上的古老联系,日本最适任担任突破竹幕、与中国接触的角色[13]。其对华政策主要是:不直接对抗,建立经济、文化联系,离间中苏同盟,维护日本利益。吉田认为:"同台湾友好,促进彼此经济关系,乃我之宿愿。但想避免因加深这种关系而导致否认北京政府"。因为"中共政权到现在为止虽然看来似乎和苏联保持亲密关系,但中国民族在本质上却存在和苏联人不能相容之处,文化、国民性、政治情况都不相同的中苏两国,必将形成互不相容的状态。因此我不想使日本同中共政权的关系彻底恶化"[14]。10月25日,内阁官房长官冈崎胜男会见台湾驻日代表董显光时表示:《旧金山和约》被批准生效之前,日本政府无权进行任何外交行为,究竟何时、与谁缔结和约,还要再研究。日本尊重中华民国政府,但遗憾的是其统治权仅及于台湾[15]。日本政府不想过早明确签订和约对象及其适用范围的模糊态度和有意滞后的决策,显然是企图利用中国尚未统一的现状,左右逢源,谋取经济实惠。

吉田首相多次表示:日台关系尽管不错,贸易往来也有所增加,但无论如何不宜公开否认北京政权,冒使中日关系无可挽回的巨大风险,否则日本的国家利益将首先受到冲击。由于中苏之间在文化、政情和国民性等方面的差别较大,所以不会长期结盟,应通过日中接触,离间中苏关系,把中国导向西方世界,不宜与中国直接对立[16]。这一思想成为其对华政策的指导性理念。10月底,吉田首相在国会宣布:①对中共政权问题,尽管有意识形态的差别,但从现实外交考虑,进行自主决定是很自然的;②现在对中共关系主要着眼于通商贸易,如中方同意日方在上海设立海外事务所,日方欢迎中方在日设立类似机构,以利于通商贸易；③如中方今后 3 年内提出按《旧金山和约》对日订立和约，日方愿与之谈判；④日本政府已具备选择谈判对手之权利，至于如何行使这一权利，将考虑国际环境、中国形势及其将来与日本之关系，不拟草率作出决定[17]。试图在对中国的政策上采取"双轨制"，力图保持选择权和"中立地位"，利用中国尚未统一的局面，最大限度地谋求本国利益。但这一政策并不符合美国孤立、遏制和封锁新中国的方针。在美国控制日本外交、日本外交追随美国的情况下，日本无法自主制定对外政策，只能服从美国的对华政策和亚太战略。

蒋介石闻知"吉田发言"既惊且怒，命叶公超立即约见美国驻台湾公使兰钦，宣称"吉田发言"已构成对自由世界之挑衅行为，如任其发展，则《旧金山和约》将完全失败。美国应竭力设法促成日台早日和谈，并立即采取必要措施[18]。台湾的对日关系之所以一再求助于美国，就在于无法以独立自主的外交行为能力实现自身的利益目标。11 月 5 日，美国国务院答复台湾"外交部"：①美国事先并不知晓"吉田发言"；②美国反对日本与中共改善关系的意图，反对中日交换海外代表；③美国对日台和谈的立场不变，将继续为日台和约的早日缔结而努力[19]。日本政府迫于美国政府的压力，于 1951 年 11 月 17 日在台湾设立海外事务所，作为日台正式"建交"前的"外交代表机构"，但仍未明确表示出将与台湾进行和约谈判的政策意向。

为对日施加更大压力，美国国务卿杜勒斯于 1951 年 12 月 10 日亲抵东京与吉田首相会谈。杜勒斯强调："台湾的国民政府作为中国的合法政府得到美国及其他国家的承认，台湾又处于远东军事战略要冲，北京政权则被联合国指为侵略国家，因此同台湾缔结和约并进行谈判符合日本的最大利益"。他威胁说：美国国会正在审议《旧金山和约》，如不能确认日本与台湾订立和约，国会将难以批准《旧金山和约》。吉田首相表示原则上不反对美方意见，但主张应给中国同自由国家接触，使共产党控制下的民众得到接触自由阵营空气的机会；应信任日本，让日本作为自由国家先导，扩大对华接触[20]。日本不急于在中、台之间作出选择，匆忙地与其中任何一方订约或建交，要尽可能与中、台均保持非官方的通商贸易关系；待国际社会解决"中国代表权"问题后，再遵从国际社会的选择。其潜台词是：既然日本为了自由世界的战略利益而放弃中国市场，那么美国就应对日提供更多补偿。试图以对中国的政策作为对美讨价还价的一张王牌。杜勒斯见日方不肯让步，遂于 12 月 18 日将草拟好的一封信送交吉田，内容有：①日本政府希望与中华民国建立全面的政治和平及通商关系，准备与之缔结恢复正常关系的条约；②该条约适用于中华民国现在统治或将来进入其统治下的一切领土；③日本政府无意与中共政权签定双边条约，并将遵照联合国决议对中共政权采取措施；④中苏同盟实际上是针对日本的军事同盟；⑤中共支持图谋以暴力推翻日本宪法制度及现政府的日共。并要求此信由吉田首相签名后作为日方正式立场，实际上是压日本全盘接受美国的对华政策。此信经吉田首相署名后于 12 月 24 日送交美方[21]。1952 年 1 月 16 日，美日两国同时公布"吉田书简"。日本政府最终在美国政府的高压之下选择与台湾媾和。

3. 日本为何选择台湾当局。首先，美国政府的压力。美国出于反共、遏制中国的亚太战略，排除中国参加对日媾和，要求日本在《旧金山和约》订立之前不得自主决定媾和对象，警告台湾不要坚持参加对日和会，同时保证将力促日本"独立"后与台湾订立和约，一手包办了对日媾和的原则、内容和全过程。旧金山和会一结束，美国立即推动日台媾和。1951 年 9 月 12 日，美国 56 名国会议员联名上书总统称"如果日本承认北京政权并与其进行两国间接触，将违背美日两国国民最佳利益"[22]。杜勒斯更是多次亲往东京当面施压，最后甚至采取美方"代书和草拟"、再由日方签署承认的方式，迫使日本政府接受美国规定的媾和对象。

其次，国际冷战环境。东西方冷战对抗使意识形态成为影响对外政策选择和国家利益认定的重要因素。日本既然选择了投靠美国、站在西方阵营的基本立场，则与反共的台湾媾和不仅符合其意识形态和价值观念，也符合日本依赖于美国的现实利益。

第三，国际政治格局。当时世界上有26个国家承认新中国，有47个国家（其中14国是在新中国成立之后）承认台湾当局。这一国际政治现实对于力图重返国际社会、恢复国家主权的日本政府并非毫无影响，至少使日本为其放弃中国、选择台湾找到一个顺应国际社会大多数的借口。

第四，联合国的因素。朝鲜战争爆发后，美国操纵联合国通过决议谴责中国"侵略"。战后日本奉行"以联合国为中心"的外交方针，其对外政策选择必然受到联合国决议的影响和约束。日本政府也正是以"遵守联合国决议"为由，为其对台媾和的政策行为进行辩护。

第五，《中苏友好同盟互助条约》的现实存在。该约明文规定："缔约国双方保证共同尽力采取一切必要措施，以制止日本或其它直接间接在侵略行为上与日本相勾结的任何国家之重新侵略与破坏和平。一旦缔约国任何一方受到日本或与日本同盟的国家之侵袭，因而处于战争状态时，缔约国另一方即尽其全力给予军事及其援助"。这一约是新中国"对苏一边倒"政策的法律表现，符合当时中国的国家利益和社会主义阵营的集团利益。但在客观上被日本政府所利用，作为拒绝与中国订立和约的借口。吉田茂明确表示：这一约是针对日本的，只要该约不废除，日本政府就"只能同国民政府签订和约"，"除此之外，别无他策"[23]。

最后，吉田茂内阁的外交决策模式。外交官出身的吉田茂在战后日本政治与经济复苏的关键时刻，4任首相、3兼外相，一直主导日本政府的外交决策。外务省曾制订"全面媾和"的A案，被吉田首相批评为"外务省历来只以观察客观形势为主，而不能针对形势考虑对策"后，又拟定了以驻日美军保障日本安全的B案，以加强北太平洋地区局势稳定为主的C案和片面媾和的D案，交由首相定夺。说明战后初期外务省只是为最高决策层收集背景资料、提出政策预案，在外交决策过程中的参与作用和程度都有限；而在野党和经济界也影响不大；使得对华政策的决定过程缺乏科学性和透明度，吉田茂得以独断专行搞"秘密外交"和"黑箱作业"，充分发挥首相的最高决策权。[24]

日本政府最终选择与台湾签订和约，给中日关系的正常发展在法律、政治和外交上设置了毋庸讳言的障碍；特别是承担日台和约适用于"将来进入中华民国统治下的一切领土"的义务，实际上支持台湾"反攻大陆"，公然干涉中国内政，当然遭到中国人民的强烈反对。1952年1月23日，中国副外长章汉夫代表中国政府发表声明："吉田书简"是战败的日本反动政府同美帝国主义相勾结，复活日本军国主义，再次对中国人民准备侵略战争的证据，是片面的旧金山和约所继续的、对中华人民共和国最严重、最露骨的战争挑衅行为[25]，严厉抨击了美日台敌视新中国的政策。

三

台湾无望参加对日和会，转而谋求代表中国签订对日和约。但缺乏作为国际政治行为主体单独对日进行外交谈判的行为能力，只好依靠美国对日施压。美国政府完成对日媾和之后，试图通过与各国分别订立双边安全条约，构成亚太地区战略体系和安全网络。这就必须使日本与台、韩签订和约，结束战争状态，故将撮合日台和约作为其远东政策的重要内容，对日、台双方施加压力，使之互相让步，尽快签订和约。台湾为早日达成对日和约，被迫在谈判过程中做出了重大让步。

1. 条约还是和约。蒋介石的"对日媾和三原则"意在维持其治权的"法统"、"正统"和作为"联合国一员"的国际地位。日本政府为"尽快取得美国及西方集团的信赖"，力图迫使台湾作出最大让步，在"吉田书简所允许的范围内缔约"[26]，故提出与台湾订立的只是恢复"国交"的普通条约，而不是终止战争状态的和约，意在模糊和约性质，降低其法律地位，淡化其政治影响。台湾坚持作为"合法正统政府，且为盟国及联合国一员，日方必须尊重'中国政府'此种地位，否则和谈无法进行"，"中国对日本所订立者，必须为和平条约"，是"代替《旧金山和约》的"，并拟定仿照《旧金山和约》的"日台和约草案"22条[27]。蒋介石之所以重视这一问题，是因为名称、性质、内容关系到在台湾之国民政府的"法统"和"正统"能否得到国际社会承认的根本问题。

2. 对日索赔。按国际法，日本军国主义发动侵略战争，给各国人民造成了惨重损失，各国于法、于理、于情都有权要求日本进行赔偿。加害者对被害者给予赔偿，也是承担战争责任，反省侵略罪行的必要条件之一。台湾本应依据国际法规定的请求权提出对日索赔，但却"以德报怨"，放弃了对日索赔。美国为早日构成亚太地区战略体系，尽快将日本拉入西方阵营，不希望因为赔偿而过分削弱日本的现存国力和经济恢复能力，其"对日媾和七原则"之一即"一切当事国放弃1945年9月2日以前之战争行为所产生的请求权"[28]。1950年10月，杜勒斯谈到赔款问题时说："与其美国援助日本，日本向各国支付赔款，不如美国直接援助有关各国"，提出了"以美援代替日本赔偿"的处理模式[29]。顾维钧认为：日本侵略者给中国人民带来了莫大损失，完全放弃赔偿有违中国人民的感情。我们将在不给日本造成过重负担的前提下提出索赔，可以本着宽大与合作的态度讨论减少赔款数额的问题[30]。表明了台湾当局不放弃对日索赔，但准备灵活处理的原则态度和基本立场。

美国出于战略和经济两方面的考虑，坚持要台湾放弃对日索赔，台湾当局为争取美国的经济援助和政治支持只能退让。1950年11月1日，台湾"外交部"正式发表声明：有条件放弃对日索赔。条件是：①有权对日索赔之国家均须放弃对日请求权；②如有任何一国坚持对日索赔，则台湾也将恢复请求权[31]。1951年1月22日，顾维钧代表台湾正式接受美国的"对日媾和七原则"，并解释说：赔偿固然是对日媾和的基本问题，但美国已提出"对日媾和七原则"，即使正面反对也未必能使美方改变政策，没有美国支持，台湾根本无法获得赔偿；由于英国承认并支持新中国参加对日媾和，所以台湾能否参加对日媾和完全取决于美国，如坚持对日索赔，将因触怒美国而被排斥于对日媾和之外，使国际地位蒙受更大打击[32]。杜勒斯对此表示"充分理解"[33]。4月24日，台湾向美国国务院递交一份备忘录表示：鉴于不是所有国家都赞同放弃对日索赔，将保留进一步发表意见的权利。仍坚持有条件放弃对日索赔的立场。

放弃对日索赔是因为处于风雨飘摇之中的国民政府在台湾立足未稳，急需美国的经济援助和政治支持，否则无法维持偏安之局，既不能、也不敢拂逆美国旨意。如坚持对日索赔而与美国闹僵，不仅不能参加对日媾和，还可能影响美国对台政策，使偏安一隅都成为问题。蒋介石当时所考虑的一是如何维持政权，二是反共的需要。他认为："赤色帝国主义虎视眈眈之际，如果削弱日本，则绝对无法获得亚洲的和平与安全"，因而"中华民国打算放弃赔偿请求权"[34]。因此，反共和维系统治等政治利益的考虑，是蒋介石放弃对日索赔的主要原因，并非纯粹道义动机的"以德报怨"。

3. 和约的适用范围。台湾以"正统政府"自居，无视其政令不出台、澎、金、马等中国沿海岛屿的事实，要代表中国订立对日和约，规定和约适用于"全部中国领土"，以便通过国际性法律文件维护其"法统的延续性"，并为将来反攻大陆制造"法律依据"。1951年7月，杜勒斯对顾维钧谈到：日台缔结和约自然是合理合法的，但要说和约也能在中国大陆生效则纯属虚妄，美、日都不认为台湾当局有在大陆实施该约之能力。顾要求美国提供合作，杜明确提出：如没有关于和约适用范围的事先协议，则日台和谈毫无意义，解决这一问题是和谈的前提[35]。7月11日，叶公超向美驻台公使兰钦递交备忘录：①国民政府作为"正统政府"之法的依据；②国民政府参加对日和会之法的依据；③准备尽早与日本缔结宽大和约，对实质性条款也将采取合作态度[36]。但并未明确美国政府关注的和约适用范围。美国国务院因此于31日指示驻台"公使馆"与台交涉，要求日台在正式会谈开始前就和约的适用范围达成协议[37]。8月8日，叶公超会见兰钦，提出如在多边对日和约生效之前未能得到日本对台缔约的确切承诺，则台湾将不接受对日和谈中的所有技术性问题[38]。台湾的政策目标是："代表中国"参加对日媾和，以便在国际社会继续保持其"正统地位"和"法统延续"。为此要求美国对日施压，以保证日台之间能谈判缔约。

美国政府基于亚太战略的安排，既要支持日台订立和约，以构成遏制中国的反共防线，又不愿因支持和约适用于中国大陆而卷入海峡两岸之间可能发生的正面冲突，对台湾采取说服与施压的两手策略。1951年8月23日，美国国务院向台"外交部"递交备忘录：①多边的对日和约缔结后，将尽最大努力促使日台缔结和约；②台湾不得要求对多边对日和约进行重大修正；③日台应尽快就和约适用范围达成协议；④如台湾接受关于和约适用范围的限制，美国将发挥最大影响力推动日台和谈[39]。9月17日，兰钦表示：美国不能强要日本缔结还未商定适用范围的和约，如台湾想在多边对日和约生效之前缔结日台和约，就必须首先解决和约的适用范围问题[40]，并出示国务院训令：如不讨论适用范围，就不可能在多边对日和约生效之前缔结日台和约[41]。利用台湾当局急于得到美国对日台和约背书的心情，以迫使台湾接受对和约适用范围的限制作为先决条件，将日、台都纳入美国的亚太战略框架。其战略意图和策略考虑是：虽然朝鲜战争爆发后中国人民志愿军入朝参战，与美军刀兵相见，但中美两国在法律上并未进入战争状态，美国对华"遏制战略"的政策手法侧重于包围、封锁，而不是直接军事进攻，不希望由于日台和约适用于"全中国"、鼓舞蒋介石"反攻大陆"，而被牵进与中国的大规模地面战争。所以竭力主张日台和约仅适用于双方实际控制的地区。台湾迫于美国压力，同意日台和约不明确规定适用范围及于"全中国"；但又不甘心就此放弃"代表中国"的立场和"反攻大陆"的意图，要求在订立和约时以附件或其它形式作出某种规定。9月28日，顾维钧将台湾关于日台和约适用范围的两个方案交美国国务院。A、日台和约签字时，由中华民国全权代表声明本约适用于中华民国一切领土，一旦大陆地区被置于中华民国政府有效控制之下，即在该地区实施本约。B、日台互换和约批准书时，在附件中明确规定本约适用于目前在中华民国政府统治下以及今后将进入其统治下的一切领土。[42]美国选择了B案，同时要求台湾确认：①无论何时，日台和约只适用于双方实际控制下的领土；②日台和约签字生效时，关于和约适用范围的协议同时签字生效。台湾要求美国说服日本在接受B案的基础上展开和约谈判。

此后，关于"日台和约"适用范围的交涉从美、台之间转向美、日之间。

4. 最惠国待遇问题。台湾的"日台和约草案"第21条称"倘若日本国与任何其他国家成立媾和协定或处理战争要求之协议，而给予该国较本约规定为大之利益时，则该项利益应同样给予中华民国"[43]。意在通过享有最惠国待遇来保证与盟国相同的国际地位。日方答复说：台湾之国际地位与其他盟国未尽相同，且非《旧金山和约》签字国，不应享有该约第26条所规定的最惠国条款之待遇[44]。这显然是狡辩。因为《旧金山和约》第25条明确规定"盟国"即指"曾与日本作战之国家"，中国人民抵抗日本军国主义侵略长达14年，是最重要的对日作战之国；中国之所以未能参加对日媾和、未能成为《旧金山和约》签字国，是因为美国的阻挠；没有中国人民参加的对日和约本身就是非法的、片面的，有否在和约上签字不能作为衡量盟国的标准；因此中国当然享有对日作战同盟国的国际地位。尽管台湾屡次强调以最惠国待遇条款为前提，但面对日方强硬态度步步退让，连被视为保障性条款的第21条也不断降低规格，从正文转入议定书，又从标志盟国地位的最惠国待遇变为一般性双边互惠条款，"凡可让步者，均已让步"[45]。

5. 劳务补偿问题。《旧金山和约》第14条规定日本应对遭受其侵略的国家给予"劳务补偿"，放弃对日索赔权的台湾据此对日提出劳务补偿要求。日方拒绝的理由是：①"此条之适用问题与中国大陆有关，目前欲加以规定，尚非其时"；②"中国之利益已在旧金山和约内予以适当顾及，此处无须重提"；③日本海外资产的70%—80%在中国，"极大部分均系数十年之辛苦经营积聚而成，以此等善良人民之私有财产皆悉数充作赔偿"，尚无国际先例[46]。这纯属狡辩：①台湾固然不能代表中国人民，也不能决定与中国大陆有关的事务，但日方既然已选择台湾作为媾和对象，再以"与中国大陆有关"为由回避承担义务，完全是自相矛盾的。②在法理上，台湾非《旧金山和约》签字方，既不受该约之约束，其利益也不可能得到该约之保护，当然应另外订约规定其权益。③日本在华资产大多基于侵略特权和不平等条约的保护而掠夺中国人民所得，按《旧金山和约》规定属于没收之列，与赔偿无关。日方坚持拒绝承担劳务补偿义务。台湾退而求其次，提出可以放弃劳务补偿要求，但应在和约中写明日方承认有劳务补偿义务，愿给予"中国劳务补偿"，"中国政府"基于宽大精神予以放弃。可是就连这一"面子方案"也为日方所拒。最后在"协议书"中台湾表示"自动放弃根据旧金山和约第14条甲项第一款日本所应供应之服务利益"[47]，因日本军国主义侵略而遭受最大牺牲的中国人民连《旧金山和约》所规定的劳务补偿也未能得到。

6. 敌伪财产问题。所谓敌伪财产即伪"满洲国"和"汪伪政权"在日本的财产。台湾的"对日和约草案"第13条要求"凡在1939年9月18日以后，被认为由中国之伪政权如'满洲国'及'汪精卫政权'者所保管或属于该伪政权在日本之财产、权利或利益，均应视为中华民国之财产、权利及利益"。台湾坚持对敌伪财产的所有权，除经济考虑之外，更重要的是政治和法权的考虑，即通过收回敌伪财产显示"法统延续"和"正统地位"。无论台湾当局意图如何，中国人民的合法权利理应得到承认和保障。但日方借口《旧金山和约》对此并未作出规定，要求删除此条，并以推翻日台交涉成果相威胁；最后以和约附件无需国会通过为理由，使该条款从正文改为议定书，又从议定书改为同意记录[48]。中国人民的合法权利就这样越改越淡，未能得到保障和实现。

四

蒋介石得悉"吉田书简"后，认为"日台和约"谈判在即，指示"外交部"：①为对日和谈选定全权代表；②要求美国派高级官员参加日台和谈；③必须在多边对日和约正式生效前缔结日台和约[49]。1952年1月18日，叶公超声称"对日媾和应从速实现"，"中国政府现准备随时与日本政府开始商洽，使和约早观其成"。他约见日驻台海外事务所所长木村四郎，要求日本政府尽快派代表来台进行和谈。又会见兰钦表示"正依照与《旧金山和约》大致相同之条款准备双边和约草稿"，要求美国政府"视需要情形随时居间斡旋"，重申"中日和约应在《旧金山和约》生效之前予以签署"[50]。1月31日，吉田首相通知台驻日代表团团长何世礼：日本政府将派前藏相河田烈为全权代表赴台谈判。蒋介石任命叶公超为台湾全权代表，并提出"对日和谈三原则"：①中华民国须保持与对日作战各盟国之平等地位；②日台和约应与《旧金山和约》基本一致；③日本政府须承认中华民国政府对于全部中国领土的主权[51]。2月17日，河田一行抵台。由于河田的全权证书是为恢复"国交"而缔结"双边条约"，与叶公超之缔结"两国间和约"的谈判资格不一致，因此台湾在 18 日的预备会议上对河田的代表资格提出疑问，不肯交换全权证书和开始谈判。日方解释说："双边条约"可以理解为"两国间和约"，河田"拥有签订任何名称之条约的权力"，提出双方应从现实出发不要拘泥于"条约"或"和约"的概念之争，和约内容也应尽量简单一些。台方坚持必须是"和约"，必须承认"中华民国"的"正统地位"，否则就不能进入实质性谈判[52]。双方做出妥协后才开始了非正式谈判。

非正式谈判一经开始即陷入僵局，日、台因和约适用范围的文字表述而发生了激烈争执。台方指出：和约适用于"现在中华民国统治及将来进入其统治下的领土"的日文表述为"又"，有汉语"或"和英文"or"之意，会被理解为二者选一，应改为日文的"及"，才与汉语"以及"和英文"and which"意思相当。河田就此报告内阁请求定夺。吉田首相明确指示外务省：日台和约的文字表述只能以"吉田书简"的"又"为准，台湾现实统治权不及大陆，不应使用"及"字[53]。台湾认为：美、台早已商定使用"以及"和"and which"，日文本与中、英文本之差异，可能是"吉田书简"从英文转译时产生笔误，应按照台湾的 B 案原文，改用与中、英文一致的"及"。河田提出，英文原词即"or"，故译成日文的"又"；鉴于转译过程已无法查证，只能听从政府训令，"纵有错误，也应坚持原意"；如果改动，等于直指首相失误，对一国首相有失尊重，也可能在日本国会引起反对意见，给批准和约带来困难；可否在书面文件上保留"又"和"or"的写法，在换文中解释为"及"、"以及"和"and which"[54]。但这一妥协方案被日本外务省否决。台湾当局也坚持 B 案是起码要求，决不再行退让。直到 4 月 13 日的第 12 次非正式会谈，双方仍各持己见、争执不下。蒋介石见所定之签约时间表难以实现，即要求美国出面。美国惟恐日台因一词之争而导致谈判破裂，再次对日施压。4 月 14 日，兰钦发表讲话明确表示：美、台商定之 B 案英文本是"and which"，并报告国务院说："and which"乃蒋介石亲定之原文，很难说服台方再做让步[55]，敦促政府出面压日方妥协。24 日，河田拜请国民党元老张群出面斡旋。张表示：日方在谈判中态度强硬，丝毫不肯退让，一如二战前的对华外交。如日方坚持不让，台方将考虑是否有必要继续谈下去。美国的压力和台湾的强硬迫使日方不得不软化立场。26 日，河田电告外务省：台湾得到美国支持，态度强硬。如不能按期缔结日台和约，日方在政治上恐有很大损失[56]。吉田首相只好接受河田的妥协方案。27 日，外务省电告河田：同意"又"理解为"及"。日方在词义上的让步和台方在实质问题上的妥协使"和约"最终达成。4 月 28 日下午 3 时，在《旧金山和约》生效之前 7 小时 30 分，日台代表缔结"和约"，并在备忘录中明确规定"又"具有"及"、"以及"和"and which"的意思[57]。

经过 2 个多月的 18 次非正式会谈和 3 次正式会谈，"日台和约"（包括条约一份、议定书、备忘录各一份、换文二份）终于签订，双方宣布正式结束战争状态，恢复"外交关系"。6 月 7 日和 7 月 5 日，日本国会众、参两院分别批准"日台和约"。8 月 2 日，张群访。8 月 5 日，蒋介石签署"日台和约"，双方交换了批准书。8 月 9 日，日本前外相芳泽谦吉被任命为首任驻台"大使"。8 月 16 日，董显光被任命为台湾驻日"大使"。台北的日本海外事务所和东京的台湾驻日代表团分别改成大使馆，台湾在横滨、大阪和长崎分别设立了总领事馆或领事馆。

围绕台湾问题的中、美、日关系以及战后东亚国际政治格局由此形成。

（作者单位：中共中央党史研究室、中共中央党校国际战略研究中心）

注 释：

[1] 渡边昭夫等：《旧金山媾和》，东京大学出版会 1986 年，103 页。

[2] 英国政府于 1950 年 1 月 6 日正式承认中华人民共和国政府。

[3] Foreign Relations of the United States, 1951 年，vol. vi, p1134。

[4] 关南等：《战后日本政治》，北京，航空工业出版社 1988 年，162—163 页。

[5] 《当代中国外交》，北京，社会科学出版社 1987 年，195—196 页。

[6] 关南等：《战后日本政治》，北京，航空工业出版社 1988 年，158 页。

[7] 《当代中国外交》，北京，社会科学出版社 1987 年，195—196 页。

[8] 《顾维钧回忆录》，北京，中华书局 1989 年，第 9 卷 224 页。

[9] 国民党中央党史会：《中华民国重要史料初编》第 7 编《战后中国》713—714 页。

[10] 张其昀：《先总统蒋公全集》，台北，中国文化大学出版部 1984 年，第 3 卷 3348 页。

[11] 渡边昭夫等：《旧金山媾和》，第 90—93 页。

[12] 酒田正敏：《中国贸易不可缺论的意义》，渡边昭夫：《围绕旧金山和约的决策过程》，东京，有斐阁 1983 年，第 57—58 页。

[13] 猪木正道：《吉田茂的执政生涯》，中国对外翻译出版公司 1986 年，第 351 页。

[14] 吉田茂：《回想十年》新潮社 1958 年，第 3 卷 43 页。

[15] 《中国外交史料丛编（8）旧金山和约与中日和约的关系》，第 170 页。

[16] 吉田茂：《回想十年》第 3 卷 75 页。

[17] 外务省《日中关系基本资料集》东京，1970 年，35—37 页。

[18] 古屋奎二：《蒋介石秘录》台北，1975 年，第 4 卷 497 页。

[19] 《中国外交史料丛编（8）旧金山和约与中日和约的关系》，第 175—176 页。

[20] 吉田茂：《回想十年》第 3 卷 72—73 页。

[21] Foreign Relations of the United States, 1951 年，vol. vi, p1120。

[22] Foreign Relations of the United States, 1951 年，vol. Vi, p1241。

[23] 吉田茂：《激荡的百年史》，北京，世界知识出版社 1980 年，第 75 页。

[24] 猪木正道：《吉田茂的执政生涯》，中国对外翻译出版公 1986 年，第 351 页。

[25] 《当代中国外交》社会科学出版社 1987 年，195—196 页。

[26] 吉泽清次郎编《日本外交史》第 28 卷，鹿岛研究所出版会 1975 年，206 页。

[27] 台湾外交研究会：《中日外交史料丛编（9）中华民国对日和约》，台北，1964 年，第 23 页。

[28] Foreign Relations of the United States, 1951 年，vol. vi, p1120.

[29] 台湾外交研究会：《中国外交史料丛编（8）旧金山和约与中日和约的关系》1966 年，第 7 页。

[30] 《中国外交史料丛编（8）旧金山和约与中日和约的关系》第 61—63 页。

[31] 《顾维钧回忆录》，第 9 卷 224 页。

[32] 《中华民国重要史料初编》第 7 编《战后中国》713—714 页。

[33] 《顾维钧回忆录》，第 9 卷 224 页.

[34] 林金茎：《战后中日关系之实证研究》，台北，中日关系研究会 1984 年，第 45 页。

[35] 《顾维钧回忆录》，第 9 卷 224—225 页。

[36] 《中国外交史料丛编（8）旧金山和约与中日和约的关系》，第 61—63 页。

［37］《中国外交史料丛编（8）旧金山和约与中日和约的关系》，第 145—146 页。

［38］《中国外交史料丛编（8）旧金山和约与中日和约的关系》，第 145—146 页。

［39］《中国外交史料丛编（8）旧金山和约与中日和约的关系》，第 151 页。

［40］《中国外交史料丛编（8）旧金山和约与中日和约的关系》，第 156—157 页。

［41］《中国外交史料丛编（8）旧金山和约与中日和约的关系》，第 167 页

［42］《顾维钧回忆录》，第 9 卷 244—245 页。

［43］《中日外交史料丛编（9）中华民国对日和约》，第 31 页。

［44］《中日外交史料丛编（9）中华民国对日和约》，第 44 页。

［45］刘彦：《中国外交史》下，台湾三民书局 1979 年，第 917 页。

［46］《中日外交史料丛编（9）中华民国对日和约》，第 90—91 页。

［47］《中日外交史料丛编（9）中华民国对日和约》，第 337 页。

［48］余河青：《中日和平条约研究》，台湾嘉新公司文化基金会 1972 年，第 54 页。

［49］《中国外交史料丛编（8）旧金山和约与中日和约的关系》，第 181 页。

［50］《中国外交史料丛编（8）旧金山和约与中日和约的关系》，第 187 页。

［51］林金茎：《战后中日关系之实证研究》，117 页。

［52］渡边昭夫：《战后日本的对外政策》，东京，有斐阁 1985 年，74 页。

［53］外务省《日中关系基本资料集》，东京，1970 年，105 页。

［54］《中华民国重要史料初编》第 7 编《战后中国》997—999 页。

［55］Foreign Relations of the United States, 1951 年, vol. vi, p1362。

［56］外务省《日中关系基本资料集》，东京，1970 年，150 页。

［57］《中华民国重要史料初编》第 7 编《战后中国》1055—1060 页。

抗战前后中国各界对台湾的关注与筹划收复台湾

王玉强　陈景彦

一、抗战开始前中国社会各界对于台湾的关注

抗战开始前由于中国内乱不已，各种政治力量对台湾的政治命运关注较少，也很少台湾与中国所开展的政治革命联系在一起。以国民党为例。国民党成立以后，曾试图在台湾也同步发起民族解放运动。"民国十五六年，中国国民党中央党部在广东时，曾派员到台湾做党务活动，因不成功而中断。"[1]随后南京国民政府的建立，其对台湾的关注主要由驻台北总领事馆负责收集台湾信息并对外发布。驻台北总领事馆收集并由南京国民政府外交部公报对外发布台湾的信息多集中于经济贸易方面。比如 1931 年发布的《台湾十年来实施酒专卖制度》，1932 年发布的《台湾华侨调查报告》、《台湾盐业》、《台湾樟脑专卖概况》、《台湾全岛林产额与东台湾海岸造林五年计划》、《台湾的风俗与人种》、《日关税改正与台湾贸易品新旧税率比较观》、《台湾茶业之过去与本年之危机》，1934 年发布的《最近台湾对华南贸易概况》、《本年上半期台湾对华贸易概况》、《去年台湾茶输出概况》、《台湾红茶大发展之新纪录》、《昭和八年台湾贸易之回顾》、《本年上半期台湾主要贸易品之消长》、《台湾茶业生产调查》。其他年份的南京国民政府外交部关于台湾的公报大体也都是集中于介绍台湾的经济贸易情况。从中可以看出，南京国民政府建立以后，更多的时候是将台湾视为与中国本土有密切经济贸易关系而加以关注，很少注意历史上情感上政治上台湾与大陆的特殊关系，也很少为处于日本高压统治下的台湾民众的悲惨遭遇向日本交涉抗议。

与国民政府不同的是，其他社会各界对于台湾的关切要积极得多。经常有各种文章见诸报刊介绍台湾岛内风土人情。即便"中国现在的光景，自顾还有些来不及"的情况下，也对台湾给予关注和同情。因为"台湾人今日所受底压迫，是住在中国本部底同胞所给底，换一句话说，他们是中国同胞遭送他们到异族统治底下去受苦底"，因此"我们不要忘记汉族底子孙有一部分已做了别族底奴隶，做了所谓被征服的劣等民族，做了亡国奴！这一部分中底最大部分便是台湾人！羞耻和悲愤应当常存在住在中国底任何国民底心里"。[2]

抗战前中国社会各界除了努力介绍台湾人文地理风俗以外，还注目于台湾对日本殖民统治的抗争。但以往台湾民众对于日本统治的抗争大多属于经济抗争，比如因为日本剥夺台湾人茶园和耕地而造成的台湾北埔事变和林杞埔事变。台湾反对日本统治的抗争众多，以至于日本人经常说台湾"三年一小变，五年一大变"，但其中很少有政治意义上的抗争。这一时期的台湾民众经济抗争也被称之为"民族经济革命时代"，[3]此后，台湾民众的抗争进入"启蒙时代"，即成立文化协会进行文化抗争，坚持台湾的文化和教育权利，组织和教育民众，促使台湾民众觉醒，争取台湾民众的政治经济社会自由和平等。

但随着大陆政治革命的展开，也带动了台湾民众的政治抗争，同时也使台湾和大陆之间的关系密切起来，比如 1913 年的罗福星起义。罗福星曾在大陆开展革命工作，与黄兴、孙中山交情深厚，在起义前组织了共和联络会。这次起义被高度评价为"日本自占领台湾以

来，虽有北埔之乱与林杞埔之变，然皆不过受巫觋之煽惑，固未有关于政治也。若夫此次新竹之役，则纯粹为革命之运动，而情事之重大。"[4]随后，台湾岛内的革命力量渐渐从关心大陆的革命形势到参与到大陆革命行动中去。第一次革命失败后，孙中山通过台湾去日本，台湾社会中的积极力量极力谋求与孙中山会面，后来面对袁世凯的倒行逆施，台湾甚至组织暗杀团远赴北京企图暗杀袁世凯。

这些来自台湾的革命力量成为抗战前中国社会各界认识台湾的重要途径和象征符号，开始改变在台湾与大陆隔绝状况下台湾经常被大陆所遗忘的尴尬局面。来自台湾的革命力量日渐加强，1924年在李友邦等人组织下在广州成立了台湾独立革命党，以"从事民族革命，打倒日本帝国主义"为号召，引导台湾民众组织各种力量反抗日本的统治。正是因为台湾民众的日渐觉醒，使得大陆各界相信台湾是"时时刻刻威武不屈时时刻刻在反抗中讨生活"。[5]

这也促使中国社会各界开始支持台湾摆脱日本帝国主义的殖民统治。比如抗战前经常有言论提到帮助台湾革命打倒日本帝国主义。大陆各界从对台湾政治现状的密切关注到号召支持台湾革命打倒帝国主义，意味着抗战前对台湾的关注已经有了很大进步。

中国社会各界对于台湾的关注和支持还体现在当台湾革命力量在方针政策上存在较大分歧的时候给予告诫和提醒。面对文化协会、民众党的冲突以及文化协会、地方自治同盟的冲突，东方问题研究会就告诫道，"吾人敬告台湾的革命民众：在台湾民族革命的现阶段，妥协投降于帝国主义而从事虚伪的自治运动，是找不着出路的，但在另一方面呆板地应用阶级斗争的理论，而忽略了各被压迫阶级反帝斗争中联合战线的必要，也是犯着幼稚病，同样是找不着出路。"[6]

从中可以看出，在中国内乱不已，而各种政治势力的政治构想中对于台湾的政治规划不完整甚至有缺失的时候，中国社会各界努力关注台湾，给予台湾民众以同情和声援，同时也提醒中国本土民众台湾对于中国的意义所在。

二、抗战开始后中国社会各界关于收复台湾的主张

自"九·一八事变"后日本侵占中国东北，由此中国开始了长达十四年艰苦卓绝的抗战。抗战的开始更加使得中国社会各界以各种视角关注台湾。比如，"九·一八事变"后日本对东北施行殖民统治，对此很多人持有乐观态度，"以为日本帝国主义决难达到其目的"，但林云谷以日本对台湾成功的殖民统治为例，告诫中国民众东北即将成为日本新殖民地的危险。[7]

而随着"七·七事变"日本开始了全面侵华，随后收复台湾开始成为抗战的目标所在。其中在大陆的台湾革命力量敏锐地认识到抗战将使得台湾最终摆脱日本的殖民统治，为此积极组织台湾民众参加抗战。其中，台湾独立革命党关于组织台湾民众参加抗战上提出如下策略，"第一，要统一台湾的各种党派，造成一条民族战线，一致对付日本帝国主义。第二，要联合中国和朝鲜的抗日力量，以包围日本帝国主义。第三，要连（原文如此）和日本国内的人民大众，共同作反日本法西斯的斗争。"[8]随后，1938年台湾义勇队成立，积极组织在台湾岛内发动暴动，发展游击队，同时号召在华台胞参加祖国抗战。1938年9月18日成立的台湾民族革命同盟会，其纲领规定："（二）本同盟认为台湾革命乃中国革命之一环，中国抗战成功之日，即台湾各民族争得自由解放之时，故必须发动台湾各民族参加中国抗战。"[9]台湾民族革命同盟会在组织宣传和动员台湾民众参加抗战上起到了重要作用。在如何具体利用台湾力量进行抗战上，以及如何组织台湾岛内一般民众参加抗战上，号召台湾岛内民众"拒绝缴纳赋税，不替日本人做间谍。反对抽抓壮丁来华作战，或为挑夫。已被抽抓来华壮丁，

应定即组织哗变。参加并扩大阿里山的游击队。组织义勇队来华参加祖国抗战。拒绝来华开垦，及破坏台湾生产和交通"。[10]

抗战爆发后，当权人物纷纷发表抗战收复台湾的言论。蒋介石于1938年4月1日在中国国民党临时全国代表大会上致辞，"为要达成我们国民革命的使命，遏止野心国家扰乱东亚的企图，必须针对着日本积极侵略的阴谋，以解放高丽台湾的人民为我们的职志，这是总理生前常对一般同志讲的。"[11]而随着中国在1941年12月9日对日正式宣战，"兹特正式对日宣战，昭告中外，所有一切条约协定合同，有涉及中日间关系者，一律废止，特此布告。"[12]通过宣告中日间存在的条约以及各种协定的无效，意味着在法律意义上可以名正言顺地收复台湾。所以，1942年11月3日，外交部长宋子文在接受采访时宣布，"中国应收回东北四省、台湾及琉球，朝鲜必须独立。"[13]另外，孙科在陪都重庆举行的台湾光复运动宣传大会上发表演讲，"（对于以前没有收复台湾）我们不但是感觉惭愧，而且感觉是对不住台湾的同胞，今天经过了五年英勇的抗战，我们却可以肯定地对台湾同胞说：'你们的解放已经在目前了，再过两年，我们一定能打倒我们的敌人，把他们驱逐出东亚大陆之外，到那个时候，你们一定可以回到祖国的怀抱中来。'"[14]收复台湾成为抗战的最终目标之一，收复台湾成为中国的国策。

围绕收复台湾这一抗战最终目标，各界人物组织力量，通过各种形式，向党政军民宣传收复台湾对于中国的意义。比如冯玉祥在演讲中讲道，"所以收复台湾，不仅是六百万台湾同胞的责任，不仅是全中国四万万五千万同胞的责任，而且是二十六个同盟国家共同的责任"，[15]李友邦探讨收复台湾与实现远东和平的关系，"不难明白日本之占台湾，则其侵华已有据点，南进亦已有踏足石的道理，他对我们祖国的独立与远东的和平可说休戚相关，关系甚巨……那末我们就得收复南海出入之门户，海防线上之根据地——台湾。"[16]

甚至关于如何攻击在台湾的日军以及如何解决收复后的台湾问题，当时中国社会已经有了很多议论。在军事上如何收复台湾，"一、援助台籍革命同志：要光复台湾，就要靠台湾革命同志。……对台湾的革命团体，要充分的予以援助，尤须以军火和经济的援助……二、对在华的台湾革命同盟会的种种要求，如要求添设台籍参政员等，要予以接受，使能在参政中表现台籍的民意，而鼓励台胞起来反抗日寇。……三、鼓励台湾民众：台湾民众因受制于倭寇，……我们对这种人要藉着宣传力量（如广播宣传、文字、传单宣传等）与他们以鼓励，务必使他们积极地参加光复工作。四、进攻台湾：在将来同盟国渐占优势。敌寇即将崩溃之时，我陆空军可配合英美强大之海军，直捣台湾，驱逐日寇。"[17]在收复台湾后开展工作上要注意台湾的特殊问题。"台湾由于遭受日寇半世纪的同化统治，其民众思想方面便成了特殊问题。……我们应该怎样展开文化消毒运动，方克启导与拯救其麻醉的思想。再者，今日的台湾在日寇统治五十年后……已真正进入殖民地资本主义社会的状态，经我们收复后，对于复员机构的设立及其施行的工作，都是需要详细研讨的"。[18]

有关抗战胜利后台湾的归属问题，中国社会各界一直担心台湾被美国所占领。为此《福建文化季刊》在1941年发表《美国公文书中关于占领台湾的计划》一文，详细列举了美国以往培里公使、帕刻公使、柏尔提督以及李仙得等人关于占领台湾的企图，[19]以此警戒国人注意美国在抗战后台湾归属问题上的动向。随后，在1942年美国有舆论对于抗战胜利后台湾的处理主张，"台湾应划归国际共管，台湾不宜划为中国领土，台湾居民亦不得投票，要求归还中国"。美国的此种舆论遭到了中国的激烈反对，《大公报》甚至专门组织力量予以驳斥。正是在中国社会各界不断宣传抗战收复台湾，才促使国民政府在抗战中加以考虑筹划收复台湾的具体工作。但在开罗会议之前，国民政府对于收复或者接收台湾只是做了一些初步的准备。

三、国民政府接收台湾体制的形成

在开罗会议之前，国民政府对于如何接收台湾只是作了一些初步的准备。

首先是组织台湾革命力量和筹建台湾党部。抗战开始以后，为了更好地组织内地台胞，以及团结如台湾独立革命党、民主总联盟、台湾国民党、台湾青年党等革命团体，1941 年国民党将上述团体改组为台湾革命同盟会。后来国民党又组织台湾党部筹备处，以翁俊明为筹备主任，刘启光为秘书，筹备处设于香港，香港沦陷后，迁至广东。此后，为了进一步加强革命同盟会的力量，1942 年为革命同盟会举办党务干部训练班，江西省党部主任委员梁栋为总指挥，翁俊明为班主任，参加学员达 60 人。1943 年，国民党中央为了进一步加强对台工作，将台湾党务筹备处改组为直属党部，任命翁俊明为主任委员，林忠、丘念台、郭天乙、谢东闵等人为委员，林忠兼书记长，党部迁于福建漳州，派员驻台湾岛内，分负督导责任，并在东南要港，设立交通联络站为岛内外工作联系之枢纽。此后，台湾党部成为国民党负责对台工作的重要组成部分，在接收台湾的策划上起到了重要的作用。

其次是培养人才。国民政府为了更好地利用福建与台湾地理习俗等各方面相近的优势，"中央有鉴于此，特于本年于闽设立海疆学校，内暂设民政教育等系，以造就建设台湾之干部人才，并闻明年将次第增设新闻、党务、政治、经济等系，并以能操福建语者为原则。且在重庆中央警官学校内亦设有台湾警察干部讲习班"。[20] 国民参政会参政员陈霆锐等还提出"请政府加强培植法律人才以备将来收复失地及割让地后之用"的议案，希望政府培植法律人才用于"割让地如台湾、琉球等地"的治理。[21] 开罗会议后，培训接收人才的工作进一步加快。例如中央训练团举办台湾行政干部训练班，四联总处办理银行训练班，渝闽两地举办警察干部训练班。从 1944 年 10 月至 1945 年 10 月 5 日，培训接收台湾的工作人员达到千余人。

另外，关于收复后台湾政治制度的规划，也做了一些准备。福建省临时参议会提出"为增强台胞内向心理从速恢复台湾省制之建议案"，"陈参议员村牧提：拟请中央恢复台湾省制案"。[22] 声援参加抗战以来台湾革命力量一直要求的台湾复省运动。

1943 年开罗宣言声明"在使日本所窃取于中国之领土，例如东北四省、台湾、澎湖群岛等，归还中华民国"之后，国民政府对于收复台湾的筹划明显加速，由此基本上形成了接收台湾的体制。

开罗会议后蒋介石积极准备收回工作，1944 年 4 月 17 日在中央设计局内创立台湾调查委员会，并派陈仪为主任委员，夏涛声、谢南光等为委员，以为收复台湾准备。"重要工作计有，一 草拟接管计划，二 翻译台湾法令 三 研究具体问题 俾获合理解决。"[23]

考虑到台湾特殊的政治情况，国民参政会建议成立台湾接收委员会以取代台湾调查委员会。"台湾及澎湖列岛系我国旧时失地，在克复时不能援新占领地之例设立军政府，又因其非新沦陷省份，未有省政府之组织，台湾之接收，显为两种不同政治体制之交替，故应先设立接收委员会，准备交替时期处理一切政务。……改组扩充台湾调查委员会为台湾接收委员会。"[24] 而行政院秘书厅对于收复后台湾的政治管理方式建议，"台湾收复后，我国自应于该地恢复以前行省的组织，惟在目前似应先成立一过渡性之机构，称为'台湾设省筹备委员会'。"[25] 但蒋介石对此回应，"所拟关于行政院设'台湾设省筹备委员会'一节，查现在中央设计局业已设置台湾调查委员会，如稍加充实，多多罗致台湾有关人士，并派有关党政机关负责人参加，即足以担负调查与筹备之责，暂不必另设机构"。[26]这样中央设计局台湾调查委员会事实上成为筹划接收台湾的主要负责机构，开展诸如训练管理干部，制订接管台湾计划纲要等工作。随后，负责国民党党部事务的陈果夫为此致函台湾调查委员会要求国民党直属台湾党部派员参加台湾的接收筹划工作，进一步确立起台湾调查委员会在筹划接收台湾上的主导地位。

关于接收台湾的工作方针，台湾调查委员会主任委员陈仪在1944年《台湾前途展望》一文中明确提到，"要以三民主义来治理台湾，与敌人的殖民政策，恰恰相反。这一基本方针，我们必须确切把握住。"具体而言，"在政治上要尽力推行地方自治，实行宪政，以实现民权主义；在经济上要实行平均地权，节制资本，一切设施，须为人民谋福利，并提高其生活水平，以实现民生主义；在教育上须一扫奴化主义，使台湾同胞恢复其固有的民族意识，国家观念，并普及教育机会，提高文化水平。"[27]中央设计局台湾调查委员会依陈仪上述方针拟定了《台湾接管计划纲要草案》。

《台湾接管计划纲要草案》随后经国民政府各机构修改形成《台湾接管计划纲要》，阐明国民政府接收台湾的通则以及涵盖内政、外交、军事、财政、金融、工矿企业、教育文化、交通、农业、社会、粮食、司法、水利、卫生以及土地等方面的接收实施办法。在通则中规定，"台湾接管后一切设施：以实行国父遗教，秉承总裁训示，力谋台民福利，铲除敌人势力为目的。接管后之政治设施：消极方面，当注意扫除敌国势力，肃清反叛，革除旧染，安定秩序；积极方面，当注重强化行政机关，增强工作效率，预备实施宪政，建立民权基础。接管后之经济措施：以根绝敌人对台民之经济榨取，维持原有生产能力，勿使停顿衰退为原则，但其所得利益，应用以提高台民生活。接管后之文化设施，应增强民族意识，廓清奴化思想，普及教育机会，提高文化水准。"[28]

在负责接收台湾的机构上，不论是在《草案》中还是在《纲要》中均规定"以台湾为省，接管时正式成立省政府"，但日本战败投降以后，国民政府公布《台湾省行政长官公署组织大纲》，实际上是由台湾省行政长官公署负责管理台湾省。其组织大纲规定，"台湾省行政长官隶属于行政院，依据法令综理台湾省政务。""行政长官得受中央委托办理中央行政，对于台湾省之中央各机关有指挥监督之权。"[29]。但台湾省行政长官公署是一种暂时性的组织，并非永久性制度，目的在于接管之初，求得事权统一，待接收完成以后，决定成立正式省政府。

四、结　语

日本统治台湾以后，使得台湾与大陆处于一种隔绝状态，加之，中国内乱不已，所以中国各派政治力量都很少对台湾政治命运进行规划，甚至孤悬海外的台湾有时候处于一种被遗忘的角落中。但中国社会各界还是努力介绍台湾的人文地理风俗，关心受日本帝国主义殖民压迫的台湾民众，从而与台湾维系了一种情感上关系。这其中台湾岛内革命力量开始将台湾政治命运与大陆政治命运连在一起，开始参与大陆的政治革命，这些来自台湾的力量是成为中国民众认识台湾的途径与象征符号，也支撑着中国社会各界持续关注台湾。

抗战后在各方面的促使下收复台湾成为抗战的最终目标，由此中国社会各界在抗战中以前所未有的规模和效率关心台湾的收复问题，不断促使国民政府准备收复台湾。开罗会议后，随着台湾回归中国得到国际社会的支持，国民政府开始具体着手准备接收台湾。并最终形成以中央设计局台湾调查委员会为主导机构筹划接收台湾的准备工作，最终制订《台湾接管计划纲要》，有力地保证了日本投降后有序地接受台湾。不过，从国民政府对于台湾接收准备来看，实际上是在开罗会议之后才提上日程，因而准备时间并不充分，而且对于日本统治下台湾岛内的研究也有所不足，这导致在接受过程中出现很多失误之处。

（作者单位：吉林大学东北亚研究院）

注 释：

[1]《台湾年鉴》，台湾新生报社，1937年版，B52页。

[2]《日本帝国主义铁蹄下的台湾》序，《新东方》，1930年第3期，第127页。

[3] 伍雪峰：《台湾革命运动》，《时事月报》，1922年第6卷，第37页。

[4] 章锡琛：《台湾之革命运动》，《东方杂志》，1913年第10卷第7号，第46页。

[5] 杨浩然：《日本治下之台湾》，《南洋研究》，1928年第3期，第74页。

[6]《敬告台湾革命民众》，《新东方》，1931年第10期，第168页。

[7] 林云谷：《四十年来日本统治下的台湾》，《民族杂志》，1935年第3卷，第661—663页。

[8] 张一之：《台湾义勇队是怎样组织起来的》，《战幹》，1939年第2卷第5期，第5页。

[9] 谢南光：《中国抗战与台湾革命》，《中国青年》，1939年第一卷第4号，第20页。

[10] 艾华森：《台湾接近了新生》，《热流》，1939年特辑第2期，第78页。

[11] 张瑞成编辑：《抗战时期收复台湾之重要言论》，国民党党史会出版，1990年版，第2页。

[12] 张瑞成编辑：《抗战时期收复台湾之重要言论》，国民党党史会出版，1990年版，第2页。

[13]《外交部长宋子文在重庆国际宣传处记者招待会答问》，《中央日报》，1942年11月4日。

[14] 台湾革命同盟会编：《台湾问题言论集》，国际问题研究所出版，1943年版，第18页。

[15] 台湾革命同盟会编：《台湾问题言论集》，国际问题研究所出版，1943年版，第16页。

[16] 台湾革命同盟会编：《台湾问题言论集》，国际问题研究所出版，1943年版，第57页。

[17] 刘峙：《怎样解放台湾同胞——为光复台湾运动而作》，《中央日报》，1942年6月17日福建版第四版。

[18] 林家楠：《泛论光复台湾》，《热流》，1939年特辑第2期，第62页。

[19] 林希谦：《美国公文书中关于占领台湾的计划》，《福建文化季刊》，第1卷第1期，第1—7页。

[20] 吴敏熊：《光复台湾与福建人的责任》，《热流》，1939年特辑第2期，第57页。

[21] 张瑞成编辑：《光复台湾之筹划与受降接收》，国民党党史会出版，1990年版，第5—6页。

[22] 张瑞成编辑：《光复台湾之筹划与受降接收》，国民党党史会出版，1990年版，第7页。

[23]《台湾年鉴》，台湾新生报社，1937年版，F39页。

[24] 张瑞成编辑：《光复台湾之筹划与受降接收》，国民党党史会出版，1990年版，第10—11页。

[25] 张瑞成编辑：《光复台湾之筹划与受降接收》，国民党党史会出版，1990年版，第41页。

[26] 张瑞成编辑：《光复台湾之筹划与受降接收》，国民党党史会出版，1990年版，第43页。

[27] 陈仪：《台湾前途的展望》，《东南海》，1944年第1卷第6期，第7页。

[28] 张瑞成编辑：《光复台湾之筹划与受降接收》，国民党党史会出版，1990年版，第109页。

[29] 张瑞成编辑：《光复台湾之筹划与受降接收》，国民党党史会出版，1990年版，第150页。

1950 年代联合国中国代表权问题

汪小平

中国是联合国的创始国，在联合国筹设过程，中国共产党曾经于 1945 年 4 月派董必武与会。[1]中共国共内战之前就赞成战后联合国在国际事务中的作用，毛泽东在七次全国党代会上发表《论联合政府》，曾言：

中国共产党对于保障战后国际和平与安全的机构之建立，完全同意敦巴顿橡树林会议所作的建议和克里米亚会议对这个问题所作的决定。中国共产党欢迎旧金山联合国代表大会。中国共产党已经派遣自己的代表加入中国代表团出席旧金山会议，借以表达中国人民的意志。[2]

1949 年中华人民共和国成立后，联合国席位理应由中华人民共和国继承，但因退居台湾的国民党当局得到美国的支持，继续把持联合国席位，并以代表全中国自称，致使产生了所谓联合国中国代表权问题。联合国中国代表权问题客观上是因为海峡两岸对峙形势所产生，但其产生和演变联系到诸多 1950 年代的许多重大历史事件，也联系到冷战与中美关系这两个时代主题。因而，联合国中国代表权问题对理解该问题产生的缘由以及理解新中国的外交政策都是十分丰富的解读题材。

一、美国对华政策与问题的缘起

1949 年秋，国共内战胜负已决，美国尽管已经确信中共将取得胜利，并开始实行放弃蒋政权，从中国内战脱身的策略。由此，美国国务院在 8 月 15 日发表《白皮书》，表明美国已经准备与蒋介石断绝关系。但是，美国并未完全放弃其反共立场，除了不直接出兵，美国支持多方反共力量，多种手段围堵新中国。其中，包括不给予新中国外交承认和反对新中国取代国民党在联合国里的代表权。早在 1949 年 9 月，美驻南京公使琼斯在回答美国国务院如何咨询"如何对待新中国的问题上"，给美国国务院的报告中提到：

不给新政权以援助，不对她的"安逸"作出贡献，设法运用潜在的武器对付她：例如经济制裁、台湾、对日政策、外交承认、侨汇、联合国席位等。[3]

该报告为当时的美国国务卿艾奇逊（Dean Acheson）所肯定，这是美国首次提到要以联合国代表权问题围堵新中国的政策。此后，美国一直在外交承认上给新中国出难题，试图联合英法等西方阵营拖延对新中国的外交承认。联合国代表权问题事实上也是外交承认问题的一环。[4]此前，1949 年 5 月，艾奇逊就指示，联系中国问题提出承认一个新政权的三项条件：一、事实上控制该国领土和行政机构，包括维持公共次序；二、有能力愿意履行国际义务；其掌权得到本国人民的普遍接受。随着中国革命的胜利，其中关键的第二条，也就是是否愿意"履行国际义务"成了美国手中一张可用的牌。美国企图以外交承认为砝码，逼中国"履行国际义务"，以便取得其战略利益。为此，该月，美国驻华大使司徒雷登就"外交承认"，曾试图访问北京，试探可能性。[5]

1949 年 10 月 1 日，中华人民共和国成立。1949 年 12 月，国民党败退至台湾。此前，美国曾设想过多种手段"防卫"台湾，但除了出兵外，无一可行。[6]美国中央情报局估计：如果没有美国的军事占领或控制，台湾"大约将于 1950 年底处于中国共产党控制之下。"[7]此时，美国预想国民党政权即将"消失"。因此在 12 月底，第四届联合国大会即将到来，美国国务院就代表权问题制定了一个应付方案，指出：如果安理会讨论中国席位问题，只要美国还承认国民党政权，就将投票反对以共产党政权替代国民党政权的席位；但是，这个问题应该视为程序问题，不使用否决权，也反对国民党代表使用否决权。如果出现美国尚未承认共产党政权之前，国民党政权已经消失，则届时再议。该方案主要是以拖延战术反对新中国取得代表权，其时，美国估计在第四届联合国安理会会议上，美国的立场可能多一票。在 1950 年 1 月间，美国估计在这个问题上可能会是少数，美国将听任多数决议。[8]

另一方面，中共在建国之初就反对西方阵营以"外交承认"为砝码的外交关系，反对外国干涉中国内政。1949 年 1 月，毛泽东在审阅中共中央关于外交问题时，指示"不允许任何外国及联合国干涉中国内政"，指出："外交关系。凡属被国民党政府所承认的资本主义国家的大使馆、公使馆、领事馆及其所属的外交机关和外交人员，在人民共和国和这些国家建立正式外交关系以前我们一概不予承认，只把他们当作外国侨民待遇，但应予以切实保护，对于这些国家的武官，应与外交人员同样看待，但对美国武官，因其直接援助国民党打内战，则应派兵监视，不得给以自由。"[9]其时，国民党正寻求外国调节国共内战。毛泽东为防止美国可能借联合国之名干涉内战，故作反对联合国干涉的表示。4 月，毛泽东在获悉美国可能承认新中国时，指示"如果美英断绝同国民党的关系可考虑和它们建立外交关系"，指出："我方对美英侨民，以及一切外国侨民及各国大使、公使、领事等外交人员，首先是美英外交人员应着重教育部队予以保护。现美国方面托人请求和我方建立外交关系，英国亦极力想和我们做生意，我们认为如果美国及英国能断绝和国民党的关系，我们可以考虑和它们建立外交关系的问题。"[10]5 月，司徒雷登就外交承认问题试探性的与中共进行接触，当时中共代表方面有言"空言无补，需要美首先做更多有益于中国人民的事。"等话语。毛泽东获悉后，立即指示就此问题参与谈话的黄华注意几个问题，指出："空言无补，需要美首先做更多有益于中国人民的事。这样说法有毛病，应根据李涛声明表示任何外国不得干涉中国内政，过去美国用帮助国民党打内战的方法干涉中国内政，此项政策必须停止。"毛泽东又解释道，"现在是要求美国停止援助国民党，割断和国民党残余力量的联系，并永远不要干涉中国内政的问题，而不是要求美国做什么'有益于中国人民的事'，更不是要求美国做什么'更多有益于中国人民的事'。照此语的文字说来，似乎美国政府已经做了若干有益于中国人民的事，只是数量上做得少了一点，有要求它'更多地做一些的必要'，故不妥当"。[11]可见，毛泽东当时根本不考虑会就外交承认问题做交易或让步。司徒雷登访问北京的事，也因种种原因并未成行。此后，中共就外交关系问题与英国、缅甸、印度等非社会主义国家谈判时，其根本立场就是要"遵守平等、互利及互相尊重领土主权"，拒绝以外交承认做交易，要求这些国家彻底与国民党断绝关系，以此作为外交承认的第一步。当时，国共内战的形势变化很快，中共也无暇顾及联合国问题。

此后，中共的外交政策逐步确立起"另起炉灶"和"一边倒"的外交政策。新中国成立后，苏联随即予以承认。1949 年 12 月，毛泽东访问苏联，准备于苏联缔结《中苏友好同盟条约》。就在毛泽东访问苏联期间，第四届联大召开。

二、冷战逻辑与问题初现

1949 年 11 月 15 日第四届联合国大会召开前夕，周恩来致电联合国秘书长赖伊（Trygve Lie），声明：

中华人民共和国中央人民政府业于十月一日正式成立。中央人民政府毛泽东主席于政府成立之日，即郑重向全世界宣言：只有有中华人民共和国中央人民政府才是代表中华人民共和国全体人民的唯一合法政府。现在，中华人民共和国中央人民政府已基本解放了全中国的土地和人民，且已得到全中国人民的热烈欢迎和拥护。而国民党反动派政府已流亡溃散，其残余力量不久即将消灭，它已经散失了代表中国人民的任何法律与事实的根据。

因此目前以代表中国人民名义参加联合国组织并出席本届联合国大会的所谓"中国国民政府代表团"已经变成了一小堆流亡分子的御用工具，没有代表中国人民的任何资格。我谨代表中华人民共和国中央人民政府正式要求联合国，根据联合国宪章的原则与精神，立即取消"中国国民政府表团"继续代表中国人民参加联合国的一切权利，以符合中国人民的愿望。[12]

同时，周恩来也以类似的声明致电联合国大会主席罗幕洛（Carlos Romulo）要求联合国否认国民党蒋廷黻代表团合法性。

这是新中国政府首次透过正式声明的方式向国际社会表达继承联合国席位的合法性和正当性。11 月 22 日，联合国秘书处将电文转给各个会员国，并提交讨论。在周恩来发表声明之后，苏联立即响应，23 日，苏联代表维辛斯基（Andrey Yanuaryevich Vyshinsky）在关于禁用原子能的问题的大会发言中，表示支持周恩来的声明，否认蒋廷黻代表的合法性。[13]

其时，国民党经过酝酿，准备向联合国提交"控苏案"，指责苏联违反《中苏友好条约》，侵略中国。周恩来的声明与此事有关，苏联要求中国否定蒋廷黻的代表权，其也有意在阻止蒋廷黻的"控苏案"。11 月 25 日，蒋廷黻在第一委员会上正式提出了"控苏案"，除了长篇背景介绍外，该案要求大会裁定"各个会员国对中共所建立之任何政府，不给予外交上的承认"。[14]当日，维辛斯基指责蒋廷黻的发言为诽谤，并再次声明否认蒋廷黻代表团的合法性，称其代表团为冒牌的代表团。[15]29 日，举行的联合国安全理事会上，苏联代表马力克（Jacob Alexandrovich Malik）率先否认国民党代表团的法律地位，认为国民党无权代表中国，亦无权代表中国人民发言。国民党方面，蒋廷黻则发言反驳，声称中共是苏联"傀儡"，无权代表中国。[16]这是联合国第一次就中国代表权问题产生交锋。

1950 年 1 月 7 日，苏俄外长维辛斯基向正在苏联访问的毛泽东提出建议："中国外交部给联合国安理会发一个声明，否认前国民党政府代表蒋廷黻继续为安理会中国代表的合法地位。"并表示"如在中国发了声明后，蒋廷黻仍留在安理会为中国代表，苏联将拒绝出席安理会。"当天毛泽东两次致电国内，要求将他所拟就的声明即刻发出。[17]1 月 8 日周恩来遂致电联合国大会主席罗幕洛、秘书长赖伊并转承各安理会成员国，要求安理会将国民党代表开除。[18]此时美国国务卿艾奇逊与驻联合国代表奥斯汀达成共识："一、美国对苏联提案不应施任何影响也不促其早日投票；二、美国对其将投反对票但并非否决权；三、国务院认为美国代表应发表声明，表明安理会即便在苏联代表拒绝参与的情况下，仍能够而且继续其正常运作。"[19]有了美国的支持下，在 1 月 13 日安理会表决苏联提案时，只有苏联、南斯拉夫及印度赞成，苏联代表马力克宣布退出安理会会议。当日，维辛斯基与毛泽东谈到联合国问题是，建议中国进一步采取行动，建议考虑向联合国派遣代表团，毛泽东接受建议。随后，电示刘少奇，要求中央考虑派遣代表团问题。[20]这是新中国方面首次思考就联合国代表权问题如何因应的具体策略。1月18日，毛泽东决定以张闻天为代表团团长。[21]19日，周恩来正式向联合国发出任命张闻天为出席联合国首席代表的照会。[22]

其时，联合国已被冷战阴影所笼罩，美苏双方在联合国内针锋相对。美国起先并不赞成"控苏案"，按照《白皮书》的说法，国民党的失败责任不在美国而是自己，美国准备从中国脱身。但是到了1949年底，美国国内保守舆论反弹，认为国民党失败美国负有责任，指责美国当局的反共不力。因此，美国决策层改变对"控苏案"的态度，任由国民党提案。[23]其时，美国国务院一直在散布中苏不和的言论。等到12月6日，毛泽东访问苏联。艾奇逊亲知布置，散布苏联侵略中国东北的谣言，试图给中苏关系制造摩擦。[24]其目的显然与安抚国内保守力量的需要有关。1月19日，毛泽东以胡乔木的名义发表《驳斥艾奇逊的无耻造谣》，表明美国的分化策略毫无效果。[25]美国的这一举动与国民党酝酿的"控苏案"几乎同步。这两起事件都与冷战的大背景有关，而联合国中国代表权问题争议初现，就深陷冷战逻辑之中。

1月20日，赖伊就中国派遣代表团一事发言道，联合国是否接受代表团由联合国各个机构决定。[26]赖伊担心苏联因退出联合国后会瘫痪联合国的运行，因此专门着手处理代表权问题，所谓"联合国代表权问题之相关法律"备忘录因此而生。此一备忘录于3月8日公布，要点大约有：一、反对将代表权与会员国承认问题并同考虑，强调会籍普遍化；二、会员国代表问题应依据有效统治原则来解决；三、代表权问题，应由各机构审查后投票决定国代表的全权证书是否有效。[27]赖伊的主张实际上对中国恢复联合国席位有利，当时新中国刚成立，与各国的外交关系建立谈判刚刚开始。

1950年6月25日，朝鲜战争爆发。联合国方面则在美国的挟持下，7月7日作出了组成联合国军的决定。美国同时宣布第七舰队开往台湾海峡，"防守"台湾。美国政策的转变对中国代表权问题带来更多变数。

组成联合国军的决议是在苏联代表缺席的情况下作出的，而国民党代表则在安理会上支持美国的决议。因此美国意识到国民党当局留在联合国对其有利，故而美国国务卿艾奇逊致电驻联合国代表奥斯汀，明确地提出："鉴于韩国的局势，国务院认为此刻在安理会提出中国代表权问题是不可取的。一旦发现有可能提出此一问题的迹象，应向各国代表表达美国的观点。此外，你可以直接指出在韩国冲突期间，美国更不愿意中国代表权的变更。"[28]

到了8月，苏联结束其抗议国民党的行动，按惯例担任安理会主席，在会中随即要求国民党代表退出安理会，美国方面则游说反对，在投票表决中，以八票对三票否决苏联的提议。至此，在第五届大会开会前夕，所有在安理会有关中国代表权的投票都已结束。在此期间，蒋廷黻为反对苏联提案，指责中共以物质援助北朝鲜，要求不要讨论"中共"入会问题。[29]

8月26日，周恩来致电赖伊，宣布中国已任命张闻天为出席第五届联大的首席代表，李一氓为副代表，并说明国民党仍留在联合国是违背了联合国宪章。[30]9月17日，周恩来再次致电联合国要求驱逐国民党代表团，否则一切有关中国的决议均属无效。[31]面对中国的外交宣示，美国当即展开阻挠的准备工作，于9月19日联合国大会开幕前，美国代表团先与赖伊达成共识"应当找到一些办法来继续保留'中华民国'的席位，并暂缓做出有关中共代表权的提议。"[32]。19日，第五届联合国大会正式举行，有关中国代表权的一共有四项草案：一为印度提出应接纳中华人民共和国取代国民党的草案；二为苏联所提的驱逐国民党的草案；

三为苏联提出的接纳中共代表中国案；四为加拿大所提，建议大会设置特别委员会处理中国代表权案。随后澳大利亚代表针对加拿大提出修正案，也获加拿大接受。[33]联大讨论后，分歧严重，毫无结果。19 日当天，人民日报发表社论《联合国第五届大会和它的前途》，社论总结了中国要求参与联合国，驱逐国民党代表全部过程，指出在美国霸占和操控联合国的情况下，联合国所作的决议中国概不承认。并且告诫国际社会，如果联合国继续排拒中国，联合国就会成为美国国务院和国防部的办事处，那么联合国的宪章精神也将被美帝国主义所毁灭。[34]

1950 年 10 月 8 日，中国正式决定派遣志愿军入朝。此前的 9 月 29 日联合国安理会第507 次会议中以 7 比 3 通过《台湾遭受武装侵犯之控诉》（Complaint of armed invasion of Taiwan）决议案，会中开始考虑中国是否应列席。[35]10 月 17 日周恩来致电赖伊，要求派代表参加相关会议之讨论。24 日，周恩来致电表示中国已任命伍修权为大使衔特派代表，乔冠华为顾问，共九人出席会议讨论。[36]11 月 8 日安理会正式通过邀请中共列席讨论有关朝鲜战争的相关会议。24 日，中国代表团等人抵达美国。27 日，代表团参与了联合国第一委员会的讨论。伍修权在 28 日下午会议中正式发表代表中国立场的演说，内容开头便控诉美国"武装京略中国领土台湾"，紧接着针对美国发布的"台湾地位未定、或由美国托管或中立化"等说法逐一驳斥，并反驳美国代表奥斯汀未曾侵略中国领土的说法："好得很，那么，美国的第七舰队和第十三航空队跑到哪里去了呢？莫非是跑到火星上去了？不是的，美国的第七舰队和第十三航空队并未跑到别的地方，它们是在台湾。那么，莫非是你们说的第七舰队和第十三航空队根本不是美国的武装力量吧？不！第七舰队和第十三航空队确实是美国的第七舰队和第十三航空队，那么问题是在哪里呢？世界上的行动，还有比侵略别国领土更甚的侵略行动吗？"[37]这是新中国代表在联合国中的首次亮相，这对于过去只能发表声明表明立场来说，这次亮相十分鲜明的向国际社会表明了中国的态度。联合国邀请中国代表团出席，使得国民党当局十分紧张。担心美国鉴于中国出兵朝鲜，寻求与中共和谈，从而"有意予中共联合国代表权"。[38]

根据联大 9 月 9 日建议特别委员会处理中国代表权问题，12 月 25 日特别委员会经过讨论也毫无结果，故而建议适当时机再议。此后经过一年，联合国大会第五届常会虽于 1951年 11 月 5 日才闭幕，中国代表权归属问题并无有效的解决，也无任何有效建议。

三、缓议案出台

联合国五届常会任命的特别委员会，在 11 月 5 日的报告中，表示无法对于中国代表权争议有任何的建议。这种结果自然引起苏联等国的不满，并在次日的总务委员会再度提出将此案列入议程讨论。[39]11 月 10 日总务委员会讨论苏联提案，泰国代表提议于第六届常会开会期间，不讨论该项问题，所持的理由主要为："一、第大等国所组成的特别委员会已说明此议案目前无法解决，且不适当。"苏联、波兰表示反对，英国则表示韩战期间不宜讨论该项富刺激性之议题。泰国提案交付表决，14 个投票国中，苏联及波兰反对、南斯拉夫弃权，11比 2 通过泰国的建议，第六届大会不予讨论相关议题。

1952 年 11 月 13 日第六届联合国大会全体会议，苏联代表发言反对前日于总务委员会泰国提出的缓议案，并再度提出将中国代表权议题列入议程。与会各国纷纷发言，但仍无定案。大会遂举行投票，表决结果 37 国赞成泰国缓议案，11 国反对、4 国弃权，确定第六届常会开会期间，不讨论中国代表权问题。[40]此议案即为联合国中国代表权问题缓议案的开端。

第七届联合国大会召开，苏联改变其提案策略，于全权证书审查委员会会议时，延续瑞典代表的建议，提请大会建议"中华民国"的全权证书无效。美国代表认为该委员会无权决定此重大问题，主张在第七届常会期间暂缓审议"中华民国"代表及准许中华人民共和国进入联合国的任何提案。[41]经过各国辩论之后，此案交付表决，结果以六比三通过。10月25日联合国大会召开，苏联再度否定对全权证书审查委员会报告，经过大会辩论，主席皮尔逊（Lester Bowles Pearson）接受苏联请求，将全权证书审查委员会报告分段表决，第一段以35对5票通过、第二段以42对9票通过，全案最终以42对7票获得通过，成为大会 A/RES/609（VII）决议案。[42]此后，自第八届至十五届，直到1961年美国提出"重要问题案"之前，苏联与印度相继提出中国代表权归属问题案（Question of the Representation of China in the General Assembly），但都因美国提出缓议案阻挠而得不到任何表决。

四、新中国对联合中国代表权问题策略

新中国之初的外交方针是"另起炉灶"、和"一边倒"，因此在联合国问题上，与外交承认一样，起初并不积极寻求联合国承认与接纳。1950初发生的联合国代表权的争议，等于是向联合国提交"备案"，其配合苏联行动的目的要远多于自身的切身需要。但是，朝鲜战争爆发后，形势发生了变化。美国利用联合国组成联合国军，把战火烧到鸭绿江。美国又于1952年通过谴责"中共侵略"的决议，还通对中朝进行经济封锁的决议。两项决议使得新中国的国际环境堪忧。同时，国民党则利用联合国这个平台频频对中共进行攻击，指责其为苏联的"伪政权"。如此这般，对于还处于巩固内政，发展经济的新中国来说是，都是一个极大的不稳定因素。

因此，1953年7月朝鲜战争结束后，第二年春，中国同意参加于1954年4月召开由美国等西方国家发起的、并邀请中国参加的日内瓦会议。中国同意参加表明其时准备外交出击，推行积极的外交政策，以便改善国际环境。日内瓦会议是新中国首次参与大型国际会议，这次会议在中国的积极斡旋下，实现了中南半岛的停火。[43]这表明，中国在解决国际争端问题上有不可缺的角色。会后，周恩来表示"那些试图阻挠这次会议取得成功的西方国家，也不得不提出赞誉"。并表示此次会议"为新中国重返联合国打下了良好的基础。"[44]

但是，因为台湾问题的存在，美中之间的冲突不断。从1954年7月起，中国领导人开始考虑解决台湾问题。毛泽东给远在日内瓦的谈判的周恩来指示："在朝鲜战争结束之后我们没有及时（约迟了半年时间）地向全国人民提出这个任务，没有及时地根据这个任务在军事方面、外交方面和宣传方面采取必要措施和进行有效的工作，这是不妥当的，如果我们现在还不提出这个任务，还不进行工作，那我们将犯一个严重的政治错误。"[45]其后不久，海峡两岸就发生第一次台海危机，接着就有了中美之间的"华沙会谈"。谈不拢，1958年又再次发生了第二次台海危机，继续"华沙会谈"，还是谈不拢，主要问题还是在台湾问题上。

而每次冲突，与朝鲜战争时候如出一辙，美国往往借联合国名义干涉中国。

因此，从1950年代中期开始，中国开始积极摆脱西方干扰，拓展与第三世界新兴国家间的外交环境，而不急于解决在联合国代表权问题。1955年4月28日至5月2日于印尼万隆召开亚非会议，中国受邀并同意参与会议。此一亚非会议的成员中仅有印度、缅甸、印尼、巴基斯坦、北越和阿富汗和中国有外交关系，其余22个国家多是反共国家。中国参与此会，其目的在于消除外界对新中国外交政策的误解，并拓展外交关系。周恩来在会上积极宣传中国与印度提出的"和平共处五项原则"，不以意识形态作为建立外交关系的依据，释放善意，消除误解。中国在大会上的行动得到了普遍响应，形象也大为改观，获得极大成功。[46]在会上，周恩来就联合国代表权问题作了补充发言，指出："去年，科伦坡五国总理会议，还有亚非其他国家，都曾经支持中华人民共和国在联合国的地位。而且，中国在联合国所受的不公正待遇，也可以在这里提出批评。但是，我们并没有这样做。因为这样一来，就很容易使我们的会议陷入对这些问题的争论而得不到解决。"[47]

亚非会议结束一年后，1956 年 9 月 30 日毛泽东与印尼总统苏加诺举行会谈，完整提出中共在当时对于联合国中国代表权问题的看法。会议开始，苏加诺表示支持中国进入联合国。毛泽东表示感谢，并反问苏加诺："你认为中国进入联合国，是早一点好还是迟一点好？"苏加诺回答："越早，对联合国越好"。毛泽东却说："我们曾经想过另外一方面，不参加也不坏。"即使要参与也是"慢一点好"。毛泽东解释，西方国家在承认中国问题上，小看中国，并无打算断绝与国民党的关系。因此，"慢一点"，"最好再等五六年。六年之后，我们的第二个五年计划就完成了。最好是等十一年，那时候我们的第三个五年计划就完成了"。会谈中毛泽东完全拒绝苏加诺关于以"两个中国"名义进入联合国的设想。毛泽东意思很明确，中国之所以想"慢一点"进入联合国是希望国力增强后，能够获得更加平等的谈判地位，而并不打算妥协留有余地进入联合国。[48]其时，中共领导层经意识到，联合国此时还是在美国等西方阵营把持之下，匆忙进入联合国意味着可能留有隐患。此后，毛泽东在不同的场合分别表达了"慢一点"进入联合国的打算。在 1957 年 1 月，毛泽东在省市自治区党委书记会议上讲话，谈到中美中苏关系时，指出"我们也不急于进联合国，就同我们不急于跟美国建交一样。"[49]1960 年，毛泽东在和斯诺的谈话中再次表达了这一观点。[50]值得注意的是，毛泽东几乎每次提到联合国代表权问题时，都要与中美关系相提并论。可见，中共领导层在考虑联合国问题时，首要考虑美国的态度，美国态度不转变，联合国中国代表权问题就不会得到合理的解决，所谓"慢一点"就是要等美国转变态度。

1960 年后，大量的新兴国家纷纷独立并加入联合国，摆脱美国等西方阵营把持联合国的局面，这使得联合国中国代表权问题进入了一个新的阶段。

1950 年 7—8 月，时任国务院顾问的凯南向国务卿艾奇逊建议，把中国在联合国的席位问题与朝鲜停战联系在一起，以促进中苏矛盾。这是因为在 1950 年 7 月 10 日，印度政府提出一个解决朝鲜问题的方案，即承认中国加入联合国，由安理会采取行动恢复朝鲜半岛的原状。中国赞成印度的建议，而苏联反对后一点建议。凯南因此认为，如果美国赞同印度的建议，就会使苏联处于困境，它或者参加安理会（苏联代表一度在安理会宣布，在国民党代表被驱逐出安理会之前，苏联代表不参加安理会的工作）讨论结束朝鲜战争问题，或者继续不参加安理会会议而同中国人民作对。[51]

(作者单位：中国社科院近代史研究所)

注释：

[1] 邓野：《旧金山会议中国代表团组成问题》，历史研究，1994 年第三期，第 170—173 页。

[2] 毛泽东：《目前的国际形势和中国共产党外交政策的基本原则》（1945 年 4 月 24 日），中华人民共和国外交部、中共中央文献研究室编：《毛泽东外交文选》，1994 年，第 41—45 页。

[3] Department of State, U. S. A. Foreign Relations of United States,（以下简称 FRUS），1949 Ⅷ, P519—520。

［4］ 资中筠：《战后美国对华政策的缘起与发展（1945—1950）》，重庆出版社，1987 年，第 267—270 页码。

［5］ ［美］唐耐心：《艰难的抉择—美国在承认新中国问题上争论（1949—1950 年）》，复旦大学出版社 2000 年版，第 2 页。

［6］ 参见陶文钊主编：《中美关系史，1949—1972》，上海人民出版社 1999 年版。

［7］ The Consel General at Taipei（Macdonald）to the Scretary of State，Oct. 10，1949，FRUS，1948，Vol 7，pp398.

［8］ FRUS，1949Ⅸ，p258—260.

［9］ 中华人民共和国外交部 中共中央文献研究室编：《毛泽东外交文选》，中央文献出版社、世界知识出版社 1994 年，第 77 页。

［10］《毛泽东外交文选》，第 83 页。

［11］《毛泽东外交文选》，第 84 页。

［12］《人民日报》，1949 年 11 月 16 日。

［13］《人民日报》，1949 年 11 月 27 日。

［14］《蒋廷黻于 1945 年 11 月 25 日在第一委员会上发表之声明》，驻联合国"中国代表团"编：《中国向联合国控诉苏联》，第 51 页。

［15］《人民日报》，1949 年 11 月 29 日。

［16］ 见陶文钊：《美国、赖伊与中国在联合国的代表权——写在中国恢复在联合国的席位二十五周年之前》，《美国研究》，1996 年第 4 期，第 31 页。

［17］ 毛泽东：《关于照发拟就的致联合国声明的电报》，《建国以来毛泽东文稿》（第一册），1993 年，第 219 页。

［18］《人民日报》，1950 年 1 月 9 日，第一版。

［19］ 陶文钊主编：《中美关系史（1949—1972）》，中卷，上海人民出版社，1999 年第 83—86 页。

［20］《毛泽东外交文选》，第 125 页。

［21］《建国以来毛泽东文稿》（第一册），第 242 页。

［22］ 人民日报，1950 年 5 月 20 日。

［23］ 参见萧道中：《冷战与中华民国外交："控苏案"研究，1946—1952》，（台）辅仁历史学报，2006 年，第十七期。

［24］ 可参见《毛泽东外交文选》，第 126 页。

［25］《毛泽东外交文选》，第 126 页。

［26］（台）《中央日报》，1950 年 1 月 21 日。

［27］ 张有溢：《联合国中国代表权问题的演变始末》，台湾大学政治学研究所硕士论文，1975 年 5 月，第 25—30 页。

［28］ The Secretary of the State to the United States Representative at the United Nations（Austin），Washington，June 29，1950—1 p. m.，in The U. S. Dep. of State，ed. FRUS，1950，Harry S. TrumanAdministration vol. II，The United Nations；The Western Hemisphere，pp. 249—250.

［29］ 中央日报，8 月 4 日。

［30］ 世界知识出版社编辑：《中华人民共和国对外关系文件集》，世界知识出版社，1957 年，第 137 页。

［31］人民日报，1950 年 9 月 18 日。

［32］The United States Representative at the United Nations（Austin）to the Secretary of the State，NewYork，September 6，1950—9 p. m. ，in The U. S. Department of State，ed. ，FRUS，1950，Harry S. Truman Administration vol. II，The United Nations；The Western Hemisphere，pp. 268—269.

［33］张有溢：《中国代表权问题的演变始末》，第 31—34 页。

［34］《人民日报》，1950 年 10 月 19 日。

［35］联合国孜全理事会第 S/RES/87 号文件

［36］卢弘：《新中国派赴联合国的第一个付表团（上）》，《纵横》，期 8（1998 年），第 15 页。

［37］《人民日报》，1950 年 11 月 30 日。

［38］《"驻美大使"顾维钧密总统电蒋中正，美国有意予中共联合国代表权》，《蒋中正总统档案》，王正华主编：《中华民国与联合国史料汇编：中国代表权》，台北国史馆，2001 年，第 44 页。

［39］United Nations，Rules of Procedure of the General Assembly（New York：United Nations，2006），1951，pp. 35—37.

［40］台湾《中央日报》，1951 年 12 月 8 日，第 1 版。

［41］"中华民国外交部条例司"编：《中华民国出席联合国大会第七届常会付表团报告书》，1953 年 9 月，第 124 页。

［42］联合国大会第 A/RES/609（VII）文件。

［43］参见陶文钊主编：《中美关系史（1949—1972)》，中卷。

［44］张树德：《中国重返联合国纪实》，第 194 页。

［45］参见裴坚章主编：《中华人民共和国外交史》（1949—1956)，世界知识出版社，1996 年，第 337 页。

［46］参见陶文钊主编：《中美关系史（1949—1972)》，中卷。

［47］周恩来：《在亚非会议全体会议上的发言》（1955 年 4 月 19 日），中共中央文献研究室编：《周恩来外交文选》，页 121—122 。

［48］《毛泽东外交文选》，第 263—274 页。

［49］《毛泽东外交文选》，第 281 页。

［50］《毛泽东外交文选》，第 453 页。

［51］George F. Kenn an，M emoirs 1925 ∀ 1950，pp. 491—492.

日据时期台湾少数民族武装抗日斗争探析

王　键

　　2010 年是台湾光复暨抗战胜利 65 周年。1895 年日本帝国主义发动甲午战争，以武力抢夺我国宝岛台湾，并实施了近五十年的殖民地统治，由此写下了中国近代史上最耻辱的一页，也造成海峡两岸人民共同的悲情。在日本统治时期，为捍卫中华民族的尊严，保卫自己的家园，台湾汉族人民（包括台湾少数民族）与祖国人民一道奋起反抗、誓死抵抗，直至 1945 年迎来中华民族全面抗战的胜利，台湾始得光复。

　　在整个中华民族抗日战争史上，台湾少数民族[1]的抗日斗争占有重要的地位。从 1895 年至台湾光复，先后有 65 万台湾同胞捐躯殉国，其中台湾少数民族的抗日斗争则是最惨烈最悲壮的一部分。在日据时期，台湾少数民族从未间断过对日本统治的反抗斗争。以往的研究通常侧重于台湾同胞整体或以汉族为主的抗日斗争，而无意中忽略了台湾少数民族的抗日史实，更没能深入参考汉族与少数民族联合抗日的具体史实[2]。本文选取台湾少数民族抗日斗争的片段，拟对台湾少数民族抗日斗争的辉煌过程与历史意义进行深入考析，以此强调台湾少数民族的抗日斗争是中华民族抗日斗争史不可或缺的重要组成部分。

一、台湾总督府对台湾少数民族的残酷镇压与统治策略

　　台湾是中国领土不可分割的一部分，具有非常重要的战略地位，岛内蕴藏着丰富的经济资源，历来是列强觊觎的目标。1895 年日本占据台湾后，即设立殖民统治机构——台湾总督府，桦山资纪海军大将为首任总督，通过颁发《匪徒惩罚令》、《治安警维持法》等法规，总督集立法、行政、军事大权于一身，掌握了人民的生杀予夺权，成为台湾殖民地政治的一大特色[3]。随后，为尽快实现对日本提供财政资源和经济资源的既定战略目标，总督府加快了掠夺台湾岛内资源的步伐，以武力征服居住山区少数民族的军事行动更为频繁。其实，日据之前，日本就是台湾砂糖的主要进口国，台湾岛内还藏有丰富的樟脑资源，是当时世界最大的樟脑产区，台湾蔗糖、稻米与樟脑等物产是日本觊觎已久的掠夺对象。因之，日据之后，总督府即刻推动日本资本独占蔗糖业，并实施樟脑专营，完全控制了台湾的经济资源，至 1904 年日俄战争前实现了所谓的"财政独立"。总督府无休止掠夺岛内山区土地与森林资源，成为台湾少数民族与日本殖民者发生冲突的直接原因。

　　日本殖民者进入台湾后，不甘沦为异族奴役的台湾人民，掀起了英勇卓绝的抗日斗争。其中少数民族的抗日斗争尤为激烈，台湾少数民族的抗日斗争是中华民族抗日斗争的重要排组成部分。史料记载，早在三万年前，处于更新晚期的大陆与台湾是连为一体的[4]，台湾早期住民大部分从大陆直接移居，成为今天岛内泰雅、赛夏、布农等少数民族的祖先；之外，还有少部分是从南洋群岛移居来的南岛语族，就是现在的鲁凯、排湾、雅美、阿美、卑南等的祖先。这样"由于移民到达的时代不同、地理环境不同、生产水平不同，于是就形成了不同的族群"[5]。根据史籍记载，台湾少数民族是中国最后一支脱离石器时代的原始部族。直至十九世纪 50 年代以后，才因为对外接触而全面进入铁器时代，而且台湾少数民族族类众

多，有多个语言相异、习俗不同的族群。台湾少数民族并非是一个单一的民族，而是由不同的民族组合而成的，目前以"高山族"成为中国 56 个民族之一。台湾少数民族的分类较为困难，语言往往被看做是识别一个民族的最重要标志之一，台湾少数民族之间语言互异，"包括方言在内，就有 40 种以上"[6]。经过长期的共同开垦，居住在台湾的汉族同胞与少数民族同胞早就形成一体，早有学者认为，中国文化是汉族和各少数民族文化数千年来互动、交流、融合的结果，台湾少数民族也曾将他们的血统和文化注入汉族的血脉之中，中国文化因为少数民族的存在而得到丰富[7]。1895 年台湾少数民族人口已达到 14 多万人。根据美国学者的研究，在日据台湾之前，"构成台湾全部人口的土著部族只占总人口的 3% －4%，台湾岛在各方面已经中国化"[8]。

1895 年 9 月 29 日，侵台日军由基隆东南的澳底登陆，他们首先面对汉族人民的武装抵抗，这是当时岛内抵制日军入侵的主要力量。台湾少数民族虽处于较为原始的生活状态，与汉族几近隔绝，仅拥有猎枪、弓箭等原始武器，但此刻他们与汉族同胞携手合作抵抗共同的敌人。为防止汉族人民与少数民族人民的联合抗日，狡猾的日军遂采取了分化瓦解的手段，即对汉族武装抗日以剿为主，而对少数民族则以所谓的"抚"为主。1895 年 5 月 27 日，首任台湾总督桦山资纪在驶往台湾的"横滨号"军舰上，发表所谓"治台方针"，并首次提及对台湾少数民族的统治理念。他称："惟台湾乃是帝国的新版图，未浴皇化之地。加上，东部由蒙昧顽愚之蕃族割据。故今日入临该土者，虽须以爱育抚孚为旨，使其悦归我皇覆载之仁，但亦要恩威并行，使在所人民不得生起狎侮之心。"[9]1895 年 8 月 26 日，在血腥镇压台湾同胞反抗之过程中，桦山资纪总督又发布对少数民族采取"绥抚"的"训示"[10]称："生蕃之性，虽极为蒙昧愚鲁，但亦保固有之风，其一旦心中怀有对我恶感，终日无途挽回其心。……若欲拓殖本岛，非先驯服生蕃，……本总督专以'绥抚'为主，欲以后日收其效果。……各官亦须体谅此意，训诫部下决不得有误接遇生蕃之途"[11]。桦山的训示除了有意分离和牵制汉族和少数民族联合抗日的政治意图外，另外还有欲以"驯服"的方式来掠夺山地资源的意图[12]。实际上，总督府采取的是"分而治之、各个击破"的策略，这是殖民者的一贯伎俩。

在初步镇压平地汉族人民武装抗日斗争后，总督府随即实施其蓄谋已久的"理番政策"。按照桦山总督的意图，总督府首任民政局长水野遵拟订侵掠少数民族居住之"番地"[13]的建议书——《台湾行政一斑》，指出："今后樟脑之制造，山林之经营，林野之开垦，农产之增殖，以至日本人之移住，矿山之开发等，无一不涉及番地，台湾将来事业，尽在蕃番地。今欲在番地经营事业，首先必须使番人服从我政府"[14]。水野遵的"番地治理"理念，就是日本殖民者欲全面镇压台湾少数民族、掠夺经济资源的本质。总督府"理番政策"的核心内容，是把少数民族同胞作为当时台湾最低等的人种对待，"恩威并施"成为总督府统治少数民族的主要策略。实际上，"威加之有余，而恩加之殊少"。

台湾不仅盛产蔗糖、稻米等农产品，在广大少数民族同胞世代居住的山区，蕴藏着煤、金等矿产资源，还有丰富的樟脑、森林等。均成为日本殖民者的掠夺对象。除了经济掠夺以外，日本殖民者还对少数民族进行了残酷的政治压迫，以高压、武力逼迫，企图征服少数民族归顺。为了打破少数民族原有的社会结构，日本殖民者不惜一切手段，意图将少数民族灭族，对敢于抗拒的少数民族，更是进行了野蛮的镇压。如此，对少数民族进行政治压迫、开发并掠夺山区资源成为总督府"理番政策"的重要内容。

台湾总督府早期实施之"理番政策"大致分为三个阶段：1895—1901 年为第一阶段，集中兵力镇压平地汉族人民的武装抗日斗争，对居住在"番地"之少数民族则采取虚伪之"怀柔政策"，以便将台湾人民分而治之、各个击破；第二阶段，1901—1909 年，平地汉族武装抗日斗争被残酷镇压后，总督府腾出手来对山区少数民族采取攻势，一方面大力推进隘勇线[15]，扩充警察权势和保甲制度。另一方面加紧"番地调查"，颁布多项法令，剥夺少数民族的资源所有权[16]，加紧在山区修筑道路，驻屯兵力，围困少数民族，引进日本资本，加快掠夺樟脑、森林及矿产资源等资源的步伐。第三阶段是 1910—1915 年。1910 年公布《番务监督规划》，并强力推行"五年讨番计划"[17]，以军队配合警察，进一步增设隘勇线，开展枪支弹药收缴行动[18]，对于敢于抗拒的少数民族采取残酷之武力镇压与杀戮[19]。据台湾总督府公布资料显示，至 1920 年，日军讨伐"生番"138 次，杀死少数民族同胞 7080 人，杀伤 4123 人。在整个日据时期，一共发动了 160 余次所谓的"讨番战役"，对少数民族实施"杀光、抢光、烧光"的"三光"政策，少数民族同胞遭逢了近乎灭绝的打击。日本殖民者的种种野蛮行径，加深了台湾少数民族的抗日意识。面对日本殖民者的灭绝侵吞，少数民族同胞展开了如火如荼的抗日斗争。

在少数民族的英勇不屈的坚决抗拒下，总督府的"理番政策"宣告失败。但继续对少数民族同胞采取军事镇压与政治欺压的歧视政策。日本殖民者把少数民族同胞作为当时台湾最低等的人种对待，总督府施行的各项公私法律，如刑法、民法等，在所谓的"番地"并不适用。依据总督府的解释就是，"番人"的文化程度低，还不能在公法或私法上享有"人"的待遇。因此，"蕃人"不能适用"人"所适用的法规[20]。总督府民政局长水野遵在《台湾行政一斑》中就明确地把山地"番人"列入"殖产"（农林）的项目下[21]，而与作为"地方行政"对象的汉人统治[22]完全分开。这是依所谓的文明史观将"文明"和"野蛮"加以区分的观点，把台湾人民分为"文明"的汉人和"野蛮未开化"的"番人"。对待汉人，台湾总督府司法部拟定了简易的《殖民地法》实施统治[23]。但"番人"则完全排除在"法制"的范畴之外。这充分显示出日本殖民者否定台湾少数民族的基本人格和其尊严，而偏重掠夺山区资源的基本事实[24]。

为实施对台湾少数民族的统治，总督府充分利用警察这一暴力机器，1903 年成立"蕃地事务调查委员会"，1906 年又设立"蕃务课"，将少数民族事务归日本警察管理；建立了遍及"番地"各个角落的警察网络，形成名副其实的警察社会，警察制度成为台湾总督府专职独裁统治的有力支柱。为掠夺资源之便，1933 年总督府公布"全台高砂族集体移住十年计划"，强迫少数民族迁离世代居住地，为日本移民台湾提供土地。如在 1908 年 12 月 13 日发生"太鲁阁族七脚川社事变"[25]，而七脚川社被强制没收的土地，便成为岛内最早的日本移民村——吉野村的土地来源[26]。

1937 年推行"皇民化运动"；1938 年 2 月，台湾总督府逼迫少数民族与汉族同胞改日本姓氏[27]。同年 5 月，总督府理番课在台北对管辖下的"高砂族"取日式姓名[28]。1939 年居住在旗山、屏东二郡的少数民族被迫迁居山麓。太平洋战争爆发后，由于日军战线过长，兵力更显不足，1942 年台湾总督府实施志愿兵制度，强房少数民族同胞编成"高砂义勇队"，远赴南洋等地作战，充当日本军国主义的炮灰[29]。总之，在日本占据时期，日本殖民者在台湾岛内实施了残酷的血腥屠杀与殖民统治，台湾少数民族遭受到空前的巨大苦难。

二、台湾少数民族的武装抗日活动概貌

台湾少数民族的抗日斗争贯穿着整个日据时期，在 1895 年日军占据当初爆发之"乙未保台之战"中，就有不少的少数民族同胞自发联合汉族同胞，投入到抗击日军登陆的战斗当中，打响了台湾少数民族抗日斗争的第一枪。随着日军逐渐占领整个台湾及其殖民地行政区划的确立[30]，台湾少数民族的生存状况日益严峻，因之，其抗日斗争也日趋激烈。少数民族的抗战虽然有一定的局限性，但仍然给予日本以很大的打击。为镇压台湾少数民族的反抗，总督府数十次出动日本军警进行讨伐，有记录的就达 27 次之多，其中兵力规模超过千人的至少有 10 次[31]。

日据时期台湾少数民族的武装抗日斗争可分为两个阶段，第一阶段（1895 - 1930 年）亦即日据前期。这一阶段的前半期（1895—1915 年），少数民族同胞主要追随汉族同胞的抗日力量，进行了一系列较为零星的小规模抵抗活动。如协助刘永福黑旗军伏击侵台日军、联合蔡清琳发动"北埔抗日暴动"等[32]。据不完全统计，从 1895 年到 1915 年，共发生起义三十多起，其中规模较大的有十二起。这些斗争具有较为鲜明的台湾少数民族抗日的早期特点；后半期（1915—1930 年）斗争的形式则主要以少数民族自发斗争为主，有代表性的有大嵙崁泰雅人武装抗日、北势泰雅人起义、花莲太鲁阁人起义、雾社赛德克人起义等，斗争声势与规模逐渐扩大。其中以 1930 年雾社赛德克人起义为少数民族抗日斗争的最高峰。第二阶段（1930—1945 年）亦即日据后期，自雾社起义失败后，大规模武装起义暂时告一段落，除了继续零星的武装抗拒斗争外，少数民族的抗日斗争形式主要是协助汉族同胞，在武装及非武装两条战线上与台湾总督府进行顽强的抗争。由此可见，少数民族的武装抗日斗争主要集中在第一阶段，非武装与武装抗争交织是第二阶段的特色。

日据初始，台湾少数民族与汉族共同对侵犯日军进行了浴血抵抗。1896 年 6 月，日军制造云林大屠杀事件[33]，幸存汉族同胞在起义首领柯铁率领下转移至山区坚持抗战，得到了少数民族同胞的掩护与支持。其后，汉族与少数民族的联合抗日风起云涌，如恒春排湾人阿乳芒社等 19 社与汉族林少猫部下庐陈联合抗日等。总督府采取分离歧俩进行破坏，先安抚 16 社，对不愿与其妥协的 3 社进行惩罚性武力攻击。接着台东平原的卑南人与汉族同胞联合抗日，总督府接到密报后，赶紧派驻日本军警，采取"严命刑罚"的镇压政策[34]。

大嵙崁泰雅人抗日起义。大嵙崁位于台湾西北部（今桃园县大溪镇），泰雅人世代居住在此。大嵙崁是台湾最内陆的河港，也是日本殖民者最早侵入的地区之一。大嵙崁有丰富的樟脑等资源，熬制樟脑等是大嵙崁泰雅族的主要经济来源。台湾总督府为了彻底掠夺樟脑资源，成立了专门控制樟脑熬制和贸易的"番地事业所"与"脑寮"，由日本警察统一管辖，剥夺了泰雅人对樟脑资源的拥有权。总督府的措施严重威胁泰雅族同胞的生存。因此，泰雅族同胞被迫拿起武器，掀起了武装抗日斗争。

1900 年 6 月，大嵙崁泰雅同胞发起突袭，将斗争的矛头直接指向威胁其生存的"番地事业所"及"脑寮"，总督府派遣军警予以镇压，但遭到猛烈抵抗。台湾总督府随后命令驻守新竹、桃园、宜兰三厅的日本军警 5000 多人，分三路围攻大嵙崁。在历时五个月当中，日军使尽各种手段，仍无法使泰雅族同胞屈服。总督府又增遣驻守新竹的日本军警 2000 多人进犯，在泰雅人同胞的坚决打击下，日军死亡 100 多人。总督府只得下令大量架设铁刺电网，构建围堵防御工事，封锁大嵙崁泰雅同胞的活动，企图以长期围困来逼迫泰雅同胞屈服。

1907 年 3 月，总督府在深坑、桃园同时大规模构筑隘勇线，深感危机的泰雅同胞奋起反抗，形成北部深坑、桃园、新竹各厅泰雅人联合起来抗日的高潮，也有汉族同胞加入。汉族与少数民族在保卫共同利益的旗帜下，联合武装抗日，对日本殖民者形成巨大威胁。为镇压如此大规模的联合武装抗日，总督府出动南投厅、台中厅的日本军警进行镇压[35]。经过 40

多天的交战，日军无法取胜。至 10 月、11 月期间，又发生汉族与少数民族联合作战的"大嵙崁抗日起义"和"北埔抗日暴动"。在"大嵙崁抗日起义"中，汉族同胞树起"去日复清"、"大谷王"等旗帜，与大嵙崁泰雅同胞联合作战，共约 400 人袭击新隘勇线，杀死日本警察 17 名[36]。11 月 14 日，汉族蔡清琳等发动"北埔抗日暴动"，五指山泰雅总头目（清政府时期所封）赵明政、马利可湾人头目黄得明闻讯也率众参加[37]。他们树起"安民"旗帜，与赛夏大隘社、十八儿社联合，共约 100 多人，袭击北埔支厅，歼灭日本军警 57 名[38]，狠狠打击了日本殖民者的嚣张气焰[39]。1908 年埔里支厅泰雅 26 社毅然起义，坚决抗击日本殖民者的入侵。

1910 年 1 月 29 日，在桃园等地发生泰雅三番抗日起义[40]，他们袭击宜兰厅叭哩沙支厅九芎湖"番地事业所"，杀死日本警察 8 名、杀伤 3 名[41]。同年 4 月再次发起联合行动，阻止总督府修筑叭哩沙支厅圆山至中央山脉的道路[42]。泰雅人三番的英勇斗争，获得所有被隘勇线威胁的泰雅人以及所谓"归顺番"的线外同族支持[43]。三番还联合南投厅沙拉马奥社、司加耶武社等同胞共同抗击日军，致使总督府筑路工程被迫停工[44]。总督府深恐泰雅人的抗日斗争波及全台，并为镇压汉族与少数民族的联合抗日，5 月，总督府出动宜兰厅 1814 名日本警察，发动对大嵙崁泰雅人的讨伐[45]。后紧急增调台北、桃园、台中、南投各厅 684 名警察（其中隘勇 600 人）赴宜兰增援。总督府实施"以番制番"策略，由日本警察胁迫部分部落，使其作为"友番"协助攻击抗日同胞[46]7 月，总督府再度发起镇压，派出大批日本军警，以速射炮、山炮、迫击炮、机关炮等轰击泰雅族三番的根据地。当时，为支援同族同胞的抗日活动，雾社泰雅人还发起武装斗争，进行呼应。

1912 年 8 月，一场持久的暴风雨将日军设立的电力系统摧毁，电网失效，交通瘫痪，大嵙崁泰雅同胞趁机对日军发动反击，总督府紧急从新竹、宜兰、南投等地调兵增援，这场战斗经过 50 多天的苦战，最终以大嵙崁泰雅同胞歼敌 500 多人而告结束。此后的日军只能重新增设警戒线，继续加大对泰雅的经济封锁与军事围堵。

北势泰雅人抗日起义。北势泰雅人居住在在台湾雪山大安溪上游流域。为防止少数民族的武装抗日，台湾总督府拟强行收缴台湾少数民族赖以生存的猎枪及弹药的强制措施，北势泰雅人靠打猎谋生，他们坚决进行了抵抗。总督府乃调集大批日本军警实施镇压。面对残暴凶恶的日本军警，北势泰雅人同胞并不畏惧，还主动出击，1911 年 3 月 12 日，突袭大湖厅松永警察所，给日本殖民者以沉重的打击。随后，总督府加大了对北势泰雅人的攻击力度，调集日本军警 1300 多人，于同年 4 月 4 日发起进攻，并配以大炮轰击，造成大量泰雅人同胞死亡。但在泰雅人同胞的顽强抗击下，日本殖民者无法取胜。1912 年 1 月，总督府再次增调日本军警 4000 余人进行围攻。然而，北势泰雅同胞"设伏于险要山地中。当日本军警进入伏击圈后，他们发动突然袭击，消灭了大量敌人"[47]。经过一个多月的激战，泰雅同胞凭借地理位置的优势，击退了日军的多次进攻。1920 年 1 月，爆发石加禄社的抗日起义，北势泰雅同胞立即响应，南势泰雅族部落也加入其中，他们与石加禄起义军共同袭击日本军警，起义规模极其浩大。台湾总督府从台北、台中、高雄等地调集大量兵力予以镇压，但起义民众英勇顽强，给予日本方面沉重的打击。面对泰雅同胞的顽强抵抗，总督府也束手无策，只能通过设立路障、通电铁网来围困泰雅族同胞。

花莲太鲁阁人抗日事件。太鲁阁位于今台湾花莲附近，海拔较高，多高山峡谷，太鲁阁同胞世代居住在此。太鲁阁同胞的抗日武装起义发起时间早，持续时间长，是台湾中东部最为重要的抗日群体之一。1896 年 1 月，太鲁阁同胞袭击日军花莲港驻屯守备队的新城监视所，杀死日军 13 人。同年 11 月，太鲁阁同胞再次袭击当地日军，并予以全部歼灭。台湾总督府大为震惊，随即于次年 1 月派遣驻花莲港的日军前往镇压，但太鲁阁同胞充分依靠险峻的地理形势与其对峙，并给予日军以沉重的打击，总督府随后又从吉隆和台北增调兵力，进行了更大规模的围剿，但结果还是被太鲁阁同胞所击退。自此太鲁阁地区便成为总督府征服台湾少数民族的首要进攻目标。

经过长期军事准备，1914 年，佐久间佐马太总督[48]亲率 2 万余名日本军警发起对太鲁阁人的全面攻击，此役为总督府"五年理蕃计划"之最高潮，日军分两路进攻太鲁阁[49]。太鲁阁同胞同日军激战 90 余天，打死打伤日本军警 364 人，佐久间总督也被击伤（一说为山区坠崖受伤），数月后死亡。太鲁阁同胞英勇抗击日本侵略军的围剿袭击，日军死伤高达 2200 人，总督府对太鲁阁人的武力讨伐又一次遭到沉重打击。

花莲大分山布农人抗日事件。台湾总督府在 1914 年镇压泰雅人和太鲁阁人的反抗之后，于 1915 年起强行收缴居住在花莲大分山地区布农人、邹人同胞的枪械。在达荷阿雷及阿日曼西肯兄弟[50]的领导下，大分社布农人奋起抵抗，5 月 17 日，56 名布农同胞袭击日本警察所，杀死 12 名日本警察，这就是"大分事件"[51]。事件爆发后，即遭台湾总督府残酷镇压，不仅大批屠杀起义者，还以武力逼迫大分地区所有布农同胞迁移他处，但遭到布农同胞的顽强抵抗。由于大分山地形险峻，总督府始终无法"征服"坚持抗日的布农同胞。直至 1933 年 5 月，迫于生计的拉荷阿雷带领 80 余名布农族同胞才正式向日本殖民者"归顺"，持续 18 年的"大分事件"才告结束。总督府将大分社称为"全岛最后归顺番"。

布农同胞长期坚持抗日斗争，对日本殖民者形成极大的威胁。1914 年 1 月 8 日，日本警察在花莲鹿雾无端杀死 21 名布农人，史称雾鹿事件。1 月 9 日，愤怒的布农同胞杀死 12 名日本警察，以示报复。是年 12 月 6 日，鹿雾、利稻两社布农同胞攻击新武路警察驻在所，杀死日本警察 2 人，抢夺枪支 40 支，弹药近 400 发，史称"新武路事件"。12 月 18 日，鹿雾、利稻两社布农同胞再次攻击新武路临时警察驻在所，杀死日本警察 3 人，杀伤 2 人，并烧毁警察驻在所。12 月 20 日，鹿雾、Hbis 社布农族同胞 14 人远赴花莲清水警察驻在所夺走 8 支枪支，弹药 1 百多发，并杀死日本警察 1 名，史称清水事件。1915 年 3 月 5 日，鹿雾社与上宝来溪头社之布农同胞联合袭击高雄厅上宝来驻在所，杀死日本警察 1 名，重伤 2 名，史称六龟里事件。1915 年 5 月 12 日，在库西帕南社（八通关古道下方）同胞的引导下，攻击库西帕南驻在所，杀死日本警察 11 名。1915 年 11 月 18 日，袭击马里散流域袭击六龟支厅，杀死日本警察 2 名。等等。

1916 年，为反抗日本殖民者的苛刻压榨，南投丹大社布农人袭击丹大警察驻在所，此为第一次丹大事件。1917 年，花莲港厅施武社与丹大社、巴洛博社等社的布农族同胞联合对驻守丹大的日本警察驻在所发起攻击。总督府由集集方面调援军警，封锁山地，断绝生活物资，起义最终失败。

新竹塞夏人武装起义。新竹厅苗栗南庄社是岛内樟脑树木最多的林区，也是塞夏人的聚居地，他们是少数民族中人数最少的一支。总督府在这里设立樟脑专营机构，以巧取豪夺方式掠夺并垄断樟脑产业，严重影响了塞夏人民的正常生活。1902 年 7 月 6 日，为争取生存权利，拥有清朝六品军功和监生荣衔的赛夏族首领日阿拐联络东河社、大隘社及鹿扬社泰雅人，以及客家汉族同胞联合发动起义，袭击南庄支厅的日本警察。但由于事前计划泄密，总督府得以提前调集千余名日本军警镇压，此次起义并没有达到预期的目的，在坚持了三个月顽强抗争之后，最终以日阿拐的病亡、起义被镇压而告结束[52]。

这次起义虽以塞夏同胞的失败为结果，但它却表现出塞夏同胞不屈不挠，英勇奋斗的精神。另外，在本次事件中塞夏人不仅仅联合了一向以抗日为光荣传统的泰雅同胞，更为难得的是，他们还联合汉族同胞共同举事抗日，这表明，在中华民族团结抗战的旗帜下，台湾少数民族的斗争并不孤立。

日据前期台湾少数民族的抗日斗争，虽然在总督府的强力镇压下多以失败而告终，但这些起义同样给予日本殖民者以沉重的打击，彰显了中华儿女不畏强暴的英雄气概，为日本殖民势力敲响了丧钟，也为后来更大规模的少数民族抗日活动，打下了坚实的基础。面临台湾总督府对台湾实施的严酷统治，台湾少数民族同胞掀起了一浪高过一浪的抗日起义，用鲜血和生命保卫着自己生存的权力。在大规模抗日斗争转入低潮以后，日本殖民者并没有减轻对少数民族的掠夺与压榨，反而变本加厉，而台湾少数民族也继续奋起反抗，最终爆发了日据时期台湾少数民族最大规模的抗日斗争——雾社赛德克人起义。

1930年台湾少数民族抗日的高潮——雾社赛德克人起义。雾社位台湾中部山区，日据当时属于台中州能高郡（今南投县仁爱乡）。由于经常云雾笼罩，咫尺难辨，故名"雾社"。雾社一带世代居住着塞德克[53]同胞，计有马赫坡社（今庐山温泉区）、荷歌社（今春阳部落）、塔洛湾社（今庐山附近）、波亚伦社、斯克社、罗多夫社（今清境农场）、巴兰社、塔卡南社、土冈社、西袍社、卡兹库社等11社[54]，共有500多户、2000多人口。

塞德克同胞彪悍善战，日据之初就与日本殖民者进行过顽强抗争，协助过徐骧、刘永福领导的汉族抗日义军，以及柯铁领导的铁国山抗日义军。1897年以深堀安一郎大尉为首的总督府铁路勘探队一行15人闯入雾社地区，为保卫家园，雾社赛德克人将其全部杀死。台湾总督府遂实施报复措施，在雾社周围增修隘勇线，实施全面的经济封锁，严格雾社同胞取得盐、铁、布、枪弹等物资。1902年总督府调遣200多日本军警在人止关与赛德克同胞发生激战，双方死伤惨重，这就是著名的"人止关之役"。这场战役日本殖民者并未取得完全胜利。之后，总督府继续对雾社地区实施严密封锁。进入1906年，在濒临灭亡的情形下，雾社部分部落被迫"归顺"。总督府即在雾社境内设置隘勇线和警察驻在所，逐渐雾社地区。从此时开始，赛德克同胞沦为日本殖民者残酷掠夺森林资源的奴隶。1907年总督府推动"第一次五年理藩计划"，至1910年整个雾社地区为总督府控制。

雾社起义的起因，是基于总督府对塞德克人无休止的欺辱与残酷掠夺，如总督府强迫塞德克同胞在马赫坡社等地砍伐巨木，以作兴修日式神社之用。塞德克人主要靠狩猎与农耕为生，视森林为圣地，视巨木为守护神，砍伐家园的巨树使塞德克同胞感到无比愤慨。而且，日本警察为使树木完好，不允许将树木拖地而走，竟用枪口和鞭子迫使塞德克族同胞肩扛手抬。伐木地带山高路险，沉重的劳役更使他们无法忍受，对日本殖民者的强烈愤恨达到了极点。一日，日本警察竟残酷打死5名伐木的塞德克同胞，为求得生存权，走投无路的塞德克同胞开始酝酿武装起义。

1930年10月7日，在雾社塞德克同胞的一场婚礼上，日本警察吉村克己对塞德克同胞肆意欺辱，成为引发起义的直接诱因。10月27日，是所谓的"台湾神社祭日"[55]。凌晨3时，在雾社首领莫拿鲁道的率领下，塞德克起义民众分数路袭击驻守雾社的日本警察驻在所，切断电话线，破坏桥梁。随后他们对正在雾社小学举办运动会的日本人发动袭击，杀死134人、杀伤215人。次日，台湾总督府立即组织1900多名军警进行镇压。日本政府还从本土派出多艘军舰和十几架飞机增兵台湾。在大炮和飞机的支持下，4000多名日本军警对雾社起义民众进行了残酷杀戮。雾社起义民众与敌人进行了殊死的搏斗，至11月3日，雾社各社相继沦陷，起义民众完全退入山中，大部分退至马赫坡、塔罗湾两溪溪谷，利用悬崖绝壁的有利地势继续抵抗。野蛮的日军竟以飞机投掷违反《海牙国际公约》的"糜烂性毒气弹"（路易斯毒气弹）800多枚，致使起义民众死亡惨重[56]。12月，雾社塞德克人起义失败。

在日军的残酷屠杀下，参加起义的马赫坡等6社抗日民众1236人，有343人战死，290人自缢，举族仅剩49%人口。尽管如此，日本殖民者还要对他们斩尽杀绝。先将6社起事者10余人以主谋的罪名全部处决。雾社6社幸存者被强制迁居至罗得夫、西巴岛西社等"保护蕃收容所"，由日本警察严密看管[57]。4月25日深夜，日本警察指使与雾社有历史积怨的道泽社[58]对雾社6社幸存者发起残酷杀戮，被杀死及自杀者共216人。经此屠杀后，雾社6社仅剩298人。此次袭击事件被称作第二次雾社事件[59]。之后，日本殖民者再强迫298名残存者迁至埔里北面的川中岛（今南投县仁爱乡清流部落）进行拘禁，至1937年6社残众只剩下230人，6社族人几近灭绝[60]。

三、台湾少数民族抗日斗争的特点与历史意义

在异常残酷的战斗环境中，台湾少数民族同胞表现出了与其民族特性相关的斗争特点。这些特点中即是其自身民族特性所决定的，也是与当时特殊的环境有着密切联系的。这些特点中既有正面的积极因素，也有其历史的局限性，对整个台湾抗日斗争的过程与结果产生了重要的影响。台湾少数民族抗日斗争的特点如下：

第一，台湾少数民族抗战斗争的时间早，持续时间长。台湾少数民族抗战的多数斗争是在日本殖民者的压迫和逼迫下（强设隘勇线、侵占番地与抢夺资源等）的自卫行为。总督府掠夺少数民族的资源，作为进一步侵略扩张的资本，总督府侵占少数民族传统生活区域、夺取少数民族赖以维生的资源，因而激起少数民族反抗斗争是必然的。少数民族对日本统治者的反抗斗争就是反抗殖民掠夺、捍卫民族生存权的正义斗争。在面对生存危机的时候，台湾少数民族奋起反抗，他们的抗日斗争虽然还谈不到其中蕴含多么高尚的政治觉悟，但其在斗争中表现出来的不畏强敌，前仆后继，英勇向前的品质是值得后人所称道的，随着斗争的深入，少数民族的斗争策略更加具体，斗争的方向也更加明确。

第二，汉族与少数民族联合抗日的事例很多，而且越是规模大的抗日事件越呈现此特点，即使一般的抗日行动在其背后也经常见到汉人通事的"影子"，说明少数民族的抗日斗争是中日两个民族的对决，虽然此间有不少"以番制番"、"以汉制番"和"以番制汉"的因素，但这是部分受到日本帝国主义挑唆、威逼和利诱的行为[61]。在岛内抗日斗争战场上，汉族与少数民族相互支持、相互配合，经过艰苦卓绝的团结抗战，最终赢得胜利。汉族抗日武装起到了中流砥柱的作用，少数民族的抗日斗争实与有力，也发挥了非常重要的作用，二者缺一不可。

第三，台湾少数民族抗战是孤弱不屈的极其惨烈的民族殊死战。日本帝国主义侵占台湾的时候，台湾少数民族生活在相对封闭的深山区域，因此他们的对日斗争近乎孤弱的但也是不屈的，他们仅以弓箭猎枪就敢于迎战持有现代兵器且为数众多的日本军警。他们的抗日战争很少得到外援，悲壮的呐喊也不被外界知悉。面对凶恶的殖民者，宁可战死也不投降。这充分说明了少数民族反抗日本殖民者的不屈精神。日本殖民者为镇压少数民族同胞，不惜动用包括毒气炸弹在内的武器肆无忌惮地杀戮他们。在日本殖民者的严密封锁下，世界上少有人了解并关注他们悲惨的遭遇，然而他们就是在这样孤弱无援坚苦卓绝的情况下，为了保卫家乡捍卫尊严奋起反抗，甚至在失败之后以自尽来抗拒日本殖民者强权统治。这种宁死不屈的民族情操，足以体现中华民族百折不挠的大无畏精神。任何一个有血性的民族面对来自外部的蛮横侵略，都会自觉地拿起武器投入到保卫自己家园的斗争中去。作为中华民族的一个

重要分支，生性纯朴的台湾少数民族在遭受到日本侵略势力残酷的侵略和压榨的同时，毅然掀起一系列反侵略反压迫的抗日斗争。这些斗争充满了血与泪，却彰显出台湾少数民族同胞不畏强敌，誓死保家的民族精神与英勇气概。

1945年，包括台湾少数民族同胞在内的两岸中华儿女，经过长期的浴血奋战，取得了抗日战争与台湾光复的伟大胜利。作为这一胜利的成果，台湾同胞终于摆脱了长达50年的日本殖民统治，回到祖国的怀抱。在中华民族抗日战争史上，两岸同胞血脉相承、命运相同、休戚与共，是抗战胜利与台湾光复昭示的历史事实。台湾光复的历史告诉我们，这一胜利的取得是台湾少数民族同胞和汉族同胞同仇敌忾、休戚与共、共同奋战所取得的，台湾少数民族抗日斗争是反抗外来侵略的正义斗争，是中华民族反侵略斗争史、台湾民众抗日史上光辉的一页，具有深远的历史意义：

第一、台湾少数民族抗战是保卫疆土、反抗殖民掠夺的正义之战，具有昭示中华民族奋起的历史意义。日据伊始，侵台军政开支等均仰赖日本国家支撑。为尽快掠夺台湾之经济资源，日本加紧了对台湾的所谓"开发"，台湾对日本的经济贡献逐步加大。特别是台湾山区丰富的樟脑资源，已逐渐跃居台湾总督府财政收入的主要部分。因此日本殖民者更加紧了以武力征服世代居住山区的少数民族的军事行动。日本殖民者的掠夺行径成为台湾少数民族和日本殖民者发生武装冲突的直接原因。日本帝国主义以奴役台湾人民而搜刮到的资源，作为进一步侵略扩张的资本。它侵占台湾少数民族传统生活领域、夺取少数民族赖以维生的资源。因而激起少数民族反抗斗争是必然的。少数民族对日本侵略者的战争就是反抗殖民掠夺、捍卫民族生存权的正义战争。台湾少数民族在日本殖民统治下的椎心泣血的经历，是台湾人民也整个中华民族最为惨痛的历史记忆之一。

第二、台湾少数民族抗战是捍卫台湾疆域的正义之战，具有呼唤中华民族团结抗战的历史意义。台湾少数民族是中国最后一支脱离石器时代的原始部族。直至十九世纪50年代以后，才因为对外接触而全面进入铁器时代，而且台湾少数民族族类众多，有多个语言相异、习俗不同的族群。当时他们每一族的人口、少至数百人、多不过五万人，所拥有的武器只是弓箭、刀矛以及简陋的猎枪。而日本却是连续击败清朝与俄国、军力雄霸东亚的近代化军事强权。日本以优良之兵器与兵力的优势来攻击刚脱离石器时代的少数民族部族，其恃强凌弱一目了然。反观台湾少数民族以弓箭、刀矛、猎枪迎战武装到牙齿的侵略者，致使敌人在相当长的时间里闻风丧胆、如临大敌，其勇气足以令后人敬仰。

第三，包括台湾少数民族抗战在内的抗日战争是改变中华民族历史命运的一场战争。这种命运的改变，首先得益于中华民族的觉醒。抗日战争使中华民族付出了惨痛的代价与重大的牺牲，但同时也对中华民族的觉醒和团结起了极大的召唤、促进作用。日本军国主义的残暴，使两岸同胞认识到，中华民族要复兴，一定要驱逐日本帝国主义的侵略势力，实现台湾光复，两岸统一。台湾少数民族的坚持抗战，成为中华民族抗日战争的重要组成部分，并且与汉族同胞一道，共同赢得了抗日战争的伟大胜利，台湾得以光复，并与大陆同胞团聚一家，这是自鸦片战争以来中华民族对入侵外敌的第一次完全的胜利；1840年起就以"落后与内乱"著称，并受尽列强欺凌和宰割的中华民族，真正地得以扬眉吐气。而这个胜利最重大的历史意义，则是奠定了中国近代化进程顺利展开的必备前提，中国由此迎来一次民族复兴的大好机遇。六十五年后的今天，在纪念与评价台湾光复六十五周年的伟大胜利、估量台湾少数民族抗日斗争的历史意义时，除了痛憾与感伤，我们更应该把握现在，放眼未来，这样才是对台湾少数民族抗战最有意义的纪念。

日据时期台湾少数民族抗日斗争史略一览

	事件之时间	事件之名称	事件之地点	抗日族群
1	1896 年	新城事件	花莲新城乡	太鲁阁
2	1898 年	麦巴莱社之役	新竹五峰乡	泰雅
3	1900 年	北蕃骚乱事件	台北三峡镇、桃园大溪乡、新竹关西镇	泰雅
4	1901 年	大南势社之役	苗栗大湖乡	泰雅
5	1902 年	南庄事件	苗栗南庄乡	赛夏 + 泰雅
6	1902 年	马拉邦事件	苗栗泰安乡	泰雅
7	1903 年	多纳社之役	高雄茂林乡	鲁凯
8	1903 年	南澳之役	宜兰南澳乡	泰雅
9	1904 年	南澳蕃骚动事件	宜兰南澳乡	泰雅
10	1904 年	万山社之役	高雄茂林乡	鲁凯
11	1904 年	梢来社之役	台中和平乡	泰雅
12	1905 年	南邹事件	高雄六龟乡	邹
13	1905 年	威里事件	花莲秀林乡	太鲁阁
14	1906 年	大豹社之役	台北三峡镇	泰雅
15	1906 年	郡大社之役	南投信义乡	布农
16	1907 年	威里社之役	花莲秀林乡	太鲁阁
17	1907 年	北埔事件	新竹北埔镇	赛夏
18	1908 年	南澳之役	宜兰南澳乡	泰雅
19	1908 年	七脚川事件	花莲吉安乡	阿美
20	1909 年	头前溪之役	新竹尖石乡、五峰乡	泰雅
21	1909 年	芃芃山事件	宜兰大同乡	泰雅
22	1910 年	泰雅科崁群反抗事件	桃园复兴乡	泰雅
23	1910 年	尖石前山之役	新竹尖石乡、五峰乡	泰雅

	事件之时间	事件之名称	事件之地点	抗日族群
24	1910 年	马典古鲁事件	台东海端乡	布农
25	1910 年	阿冷社之役	台中和平乡	泰雅
26	1910 年	大安溪之役	苗栗泰安乡	泰雅
27	1911 年	李栋山事件	新竹尖石乡	泰雅
28	1911 年	成广澳事件	台东成功镇	阿美
29	1911 年	马巴阿拉之役	南投仁爱乡	泰雅
30	1911 年	北港溪之役	南投仁爱乡	泰雅
31	1912 年	太田山事件	新竹尖石乡	泰雅
32	1912 年	马力观之役	新竹尖石乡	泰雅
33	1912 年	罗布沟之役	苗栗泰安乡	泰雅
34	1912 年	卡纳奇之役	新竹尖石乡	泰雅
35	1913 年	大甲溪之役	台中和平乡	泰雅
36	1913 年	霞喀罗之役	新竹五峰乡	泰雅
37	1913 年	海瑞事件	台东海端乡	布农
38	1914 年	太鲁阁战争	花莲秀林乡	太鲁阁
39	1914 年	浸水营事件	屏东春日乡	排湾
40	1914 年	四林格事件	屏东恒春镇	排湾
41	1914 年	雾鹿事件	台东海端乡	布农
42	1914 年	新武·清水事件	台东、花莲	布农
43	1914 年	六龟里事件	高雄桃源乡	布农
44	1914 年	大分事件	花莲卓溪乡	布农
45	1915 年	第二次六龟里事件	高雄六龟乡	布农
46	1915 年	柯西帕南事件	花莲卓溪乡	布农
47	1915 年	阿桑来嘎事件	花莲卓溪乡	布农
48	1916 年	总督府封锁布农族	台东、花莲	布农
49	1917 年	丹大事件	南投信义乡	布农
50	1917 年	第一次霞喀罗事件	新竹五峰乡	泰雅
51	1917 年	开辟霞喀罗道路	新竹五峰乡	泰雅

	事件之时间	事件之名称	事件之地点	抗日族群
52	1919 年	八通关筑路事件	花莲卓溪乡	布农
53	1919 年	开辟海瑞理蕃道路	台东、高雄	布农
54	1919 年	萨拉茅之役	台中和平乡	泰雅
55	1920 年	第一次霞喀罗事件	新竹、苗栗	泰雅
56	1921 年	八通关道竣工	花莲卓溪乡、南投信义乡	布农
57	1921 年	托西佑惨案	花莲玉里	布农
58	1921 年	第一次逢阪事件	台东海端乡	布农
59	1923 年	总督府轰炸玉穗乡	高雄桃源乡	布农
60	1928 年	郡大社逃脱事件	南投郡大溪	布农
61	1930 年	开辟关山越岭路	南投仁爱乡	布农
62	1930 年	雾社事件	台东新武乡	赛德克
63	1931 年	第二次雾社事件	南投仁爱乡	赛德克
64	1931 年	大关山事件	高雄桃源乡	布农
65	1931 年	总督府秘密处决拉马达·星星	高雄桃源乡	布农
66	1933 年	第二次逢阪事件	台东海端乡	布农

资料来源：中华全国台湾同胞联谊会、台湾原住民出版社合编：《台湾少数民族抗日史实图片集》，北京：2010 年印行，第 232 – 234 页。

（作者单位：中国社会科学院近代史研究所）

注　释：

[1] 有关台湾少数民族的名称与族类，迄今有着不同的解读与统计。明清时期，台湾少数民族被称为"东番"、"土著"、"熟番"、"生番"、"化番"等。日据时期把少数民族称为"蕃族"；1923 年改称"高砂族"，也有日本学者把"生番"称为"高砂族"；把"熟番"称为"平埔族"。日据时期确定岛内的台湾少数民族有 9 个；光复初期，台湾省主管公署把高砂族改称"高山族"，或"高山同胞"。1947 年台湾省政府通令高山族改称"山地同胞"，在山地的称为"山地山胞"，在平地称为"平地山胞"。1953 年 4 月 10 日，台湾大学人类学系确定 9 族名称，尽量采用旧名称，除邹族外，族名限用二字；1954 年 3 月，台湾当局公布 9 族名称（阿美、泰雅、赛夏、布农、曹、鲁凯、排湾、卑南、雅美）；1994 年 7 月 28 日，台湾"国民大会"临时会议表决，将"山胞"

正名为"原住民"。之后，岛内出现少数民族的"正名化"，种类增加，2008 年台湾当局确认并公布 14 个少数民族；2009 年 12 月，中华全国台湾同胞联谊会在北京民族文化宫举办《台湾少数民族历史文化展》，展示的台湾少数民族为 14 个：阿美、塞夏、泰雅、布农、塞德克、卑南、鲁凯、排湾、邹、噶玛兰、撒奇来雅、雅美（达悟）、邵、太鲁阁。这亦是大陆第一次公开举行的涉及 14 个台湾少数民族的文化活动。

[2] 近年来两岸有关台湾抗日斗争史的代表性著述有：薛军力、徐鲁航《台湾人民抗日斗争史》（北京燕山出版社 1997 年）；王晓波《台湾抗日五十年史》（台湾正中书局 1997 年）；翁佳音《台湾汉人武装抗日史研究（1895—1902）》（台湾稻乡出版社 2007 年）；安然《台湾民众抗日史》（台海出版社 2003 年）；中华全国台湾同胞联谊会编：《台湾同胞抗日 50 年纪实》（中国妇女出版社 1998 年）等。大陆学界描述台湾少数民族抗日斗争的论文，有刘兴民、郑郦君《台湾原住民的抗日斗争》（《中国矿业大学学报》，2005 年第 3 期）；徐博东等《台湾原住民的惨烈抗日史》（《北京日报·理论周刊》，2005 年 6 月 27 日）以及刘子福《日据时期台湾原住民抗日斗争研究》（《大连理工大学硕士论文》，2007 年 6 月）等，学术专著尚未见到。

[3] 陈孔立：《台湾历史纲要》，北京，九州出版社，1997 年版，第 338 页。

[4] 1971 年，台湾台南县左镇乡发现人类右顶骨残片化石；1974 年又在相同地点发现人类左顶骨残片化石。经考古专家研究，确认属于晚期智人，即现代人，其年代距今大约 3 万年，被命名为"左镇人"。这是至今发现的台湾最早的住民。考古学家认为，在 3 万年前更新世晚期，台湾与大陆相连，"左镇人"是从大陆东南经过长途跋涉达到台湾的。

[5] 史式：《台湾先住民的历史介绍》，载《历史教学》，2000 年第 1 期。

[6] 张崇根：《台湾世居少数民族研究》，北京，民族出版社，2001 年版，第 11 页。

[7] 孙大川：《久久酒一次》，台北，张老师文化事业公司，1994 年版。引自朱双一：《从政治抗争到文化扎根》，载《厦门大学学报》，2001 年第 2 期。

[8] （美）安·约·格拉德：《真相：日本殖民地时代之日本与朝鲜》，陈文寿译，香港，社会科学出版社有限公司，2006 年版，第 49 页。

[9] （日）伊能嘉矩：《理番志稿》第三篇上卷，台北，总督府民政部理番课，1918 年印行，第 2 页。

[10] 这是台湾总督府首次为"理蕃"政策所显示的第一号声明。见藤井志津枝：《日治时期台湾总督府理番政策》，台北，文英堂，1997 年版，第 4 页。

[11] （日）高滨三郎：《台湾统治概史》，东京，新行社，1936 年版，第 52—52 页。

[12] （日）藤井志津枝：《日治时期台湾总督府理番政策》，台北，文英堂，1997 年版，第 5 页。

[13] 番地特指台湾山区少数民族居住的区域，他们的部落生活组织称为番社。台湾山区的少数民族一般以土地、民族为别，自然划分村社，社与社之间各自为政，互不隶属。

[14] （日）伊能嘉矩：《台湾番政志》（二），温吉编译，台湾研究丛书译文本第 4 种，南投，台湾省文献委员会，1957 年印行，第 630 页。

[15] 日据时期台湾总督府为切断少数民族山地同胞与汉族人民联系而设置的警戒隘勇线。最长时达 400 多公里，多建于山地与平地之间。线路内侧数百米内的草木要砍除，隘路要口建隘寮，由木石构成，围以木栅、掩体或通高压电铁丝网，附近埋有地雷，还配有一至数门火炮。隘勇由征集来的少数民族山地同胞或平埔族同胞充任。一日里

（四公里）隘路设隘寮 8 至 12 座，最多时达 1898 座。隘寮与隘寮之间有电话联系。隘勇线是总督府对少数民族山地同胞的一种侮辱性措施，是"以台制台"的阴险手段，因而经常遭到少数民族山地同胞的袭击和破坏。

[16] 如在 1896 年 9 月，台湾总督府公布《台湾矿业规则》，将岛内所有矿产均收归总督府，并转手由日本资本经营。引自《台湾之土匪》，第 14—16 页。转引自许世楷：《日本统治下之台湾》，东京，东京大学出版会，1972 年版，90 页。

[17] 总督府推行的"讨番政策"，分为前后两期，前期始于 1906 年止于 1910 年。在这期间将山地同胞一步一步赶入内山去，美其名曰开垦抚"番"，因此也叫做隘勇线的前进发展时期。后期始于 1910 年止于 1915 年，前后五年讨伐全岛山地同胞，故亦叫做五年讨伐时代（钟孝上：《台湾先民奋斗史》（下），台北，台湾自立报社，1982 年版，第 304—305 页）总督府"理番政策"，呈现了外来异族政权的日本人和台湾少数民族"番人"展开激战的情势。总督府于 1911 年 4 月 5 日沿用"明治 28 年敕令 115 号"（即甲午战争时的敕令），宣布凡是对"番匪"讨伐有功者，与参加战争同等论功行赏（伊能嘉矩：《理番志稿》第四篇，台北，总督府民政部理番课，1918 年，第 1 页。）。可见总督府把第二次五年讨番计划，与日军在中国大陆北方展开军事行动同等看待，所以此乃日本帝国主义政府对台湾少数民族的战争行为。见刘兴民、郑郦君：《台湾原住民的抗日斗争》，载《中国矿业大学学报》，2005 年第 3 期。

[18] 据不完全统计，1902 年至 1939 年间共收缴少数民族同胞枪支 28900 余支，子弹 49000 余发。其中在所谓"五年讨番计划"期间收缴的就有 22958 支。

[19] 在 1910—1915 年"五年理番"时期，日本殖民地者对少数民族同胞实施了野蛮的大屠杀，被杀害的少数民族同胞人数不计其数。1661 年郑成功收复台湾，大陆移民大量涌入，汉族与少数民族之间的相互通婚同化加速，少数民族的数量相对减少，在台湾总人口的比例也大幅降低。但是，台湾少数民族的绝对减少，却是在日本占据时期。

[20] 戚嘉林：《台湾史》（增订本），台北，海峡学术出版社，2008 年版，第 280—281 页。

[21] 陈锦荣编译：《日本据台初期重要档案》，南投，台湾省文献委员会，1978 年印行，第 143—151 页。

[22] 陈锦荣编译：《日本据台初期重要档案》，南投，台湾省文献委员会，1978 年印行，第 130—132 页。

[23] 陈锦荣编译：《日本据台初期重要档案》，南投，台湾省文献委员会，1978 年印行，第 156—157 页；（日）山边健太郎：《现代史资料（21）台湾（1）》，东京，みすず书房，1971 年版，第 5—7 页。

[24] 藤井志津枝：《日治时期台湾总督府理番政策》，台北，文英堂，1997 年版，第 6 页。

[25] 主要居民为阿美人的七脚川社被总督府用来作为围堵太鲁阁人的基地，由于七脚川社阿美同胞不堪忍受日本警察的欺凌，奋起反抗，他们联合木瓜溪一带的太鲁阁同胞，袭击了木瓜溪觅卓兰隘勇线和警察派出所，总督府闻讯立即派 384 名警察及步炮兵前往镇压。总督府警察本署署长兼警务课长大津麟平决定对七脚川社实施"灭族"的血腥镇压手段。之后，对残存的 291 名阿美族阿美同胞强制迁移他处。引自（日）伊能嘉矩：《理番志稿》第二篇，台北，总督府民政部理番课，1918 年印行，第 636—637 页。

[26] 日本学者矢内原忠雄认为，台湾不像其他殖民地，日本并没有采取极端的没收土地或强制分割共有地的行为。（参阅矢内原忠雄：《帝國主義下の臺灣》，东京，岩波书店，

1988 年版，第 25 页）。但事实上，台湾总督府在推行日本移民进入台湾东部进行开发的过程中，不论是官营移民村或私营移民村等都有大量圈占少数民族土地的现象。其中，吉野村的土地更是总督府强制七脚川社太鲁阁人搬迁所无偿得到的土地。台湾光复后，吉野村更名为"吉安"。

[27] 近藤正已：《创氏改名和改姓名》，载《台湾风物》，44 卷第 1 期。

[28] 薛军力、徐鲁航：《台湾人民抗日斗争史》，北京，燕山出版社，1997 年版，第 197 页。

[29] 1945 年日本战败后，日本政府不顾台湾少数民族的感受，也未征求遗属意见，就擅自把战死的少数民族亡灵供奉到了罪恶的靖国神社，这对台湾少数民族同胞而言是莫大的侮辱。作为受害者的台湾少数民族战死者在日本殖民者的欺骗与强制下失去了宝贵的生命，而且死后还要接着被利用，他们的灵魂流落在异国他乡，难以安息。这是台湾少数民族之痛，也是整个中华民族之痛。

[30] 日据时期台湾殖民地行政区域的变迁可分做三个时期，即县制时期（1895—1900 年）、厅制时期（1901—1919 年）与州制时期（1920—1945 年）。1895 年 6 月，台湾总督府将台湾全岛划为三县一厅，即台北、台中、台南三县及澎湖厅，但除台北县外未见实施。同年 8 月 6 日，台湾总督府设一县（台北县）、二支部（台湾民政支部及台南民政支部）。1896 年 3 月，台湾总督府又将台湾重新划分为三县一厅，即台北、台中、台南三县及澎湖厅，各县下设四支厅，共为十二支厅。即：台北县下设基隆、淡水、宜兰、新竹支厅；台中县下设苗栗、彰化、云林、埔里社支厅；台南厅下设嘉义、凤山、恒春、台东支厅。1896 年 6 月 2 日，总督府依照地理形势重新划分台北县、宜兰县、新竹县、台中县、嘉义县、台南县、台东县、澎湖厅的七县一厅。1897 年 6 月 10 日，台湾总督府重新修订行政区域，改全台为六县三厅制，即台北、桃园、新竹、台中、台南、高雄六县和台东、宜兰、澎湖三厅。1898 年 6 月 20 日，台湾总督府决定实施三县四厅制。1901 年 11 月，总督府又决定废除县制、办务署而设置厅制。将全台分为二十厅，厅下设支厅。1909 年 10 月 15 日，总督府改二十厅为十二厅。1920 年 10 月，台湾总督府再次改革地方制度，撤销台湾西部十厅，改设台北、新竹、台中、台南、高雄五州，保留台东、花莲港二厅，即五州二厅制。1926 年 7 月 1 日，台湾总督府将五州二厅改为五州三厅制（台北、新竹、台中、台南、高雄五州和台东、花莲港、澎湖三厅）。至 1945 年日本战败投降，台湾基本维持了五州三厅制的殖民地行政区划。

[31] 根据台湾学者蔡仁坚的统计，日据时期台湾较大的抗日事件有 39 次，其中汉族的反抗 27 次，少数民族的反抗 12 次（蔡仁坚《初论台湾人反抗性格的形成》，载《台湾史研究会论文集》，1988 年）；大陆学者陈碧笙则列举了 25 次（陈碧笙：《台湾地方史》，北京，中国社会科学出版社，1982 年，第 228—231 页）；日本学者则举出 30 次（伊能嘉矩：《台湾番政志》（二），温吉编译，台湾省文献委员会，1957 年，第 764—783 页）等。

[32] 薛军力、徐鲁航《台湾人民抗日斗争史》，北京，燕山出版社，1997 年版，第 129 页。

[33] 1896 年，民族英雄柯铁在云林建立抗日根据地，号称"铁国山"，他们经常袭击侵台日军。因之，1896 年 6 月，大批日军对云林地区实施扫荡，持续了 5 天时间，实行了惨无人道的屠村手段。无辜被杀民众达 3 万余人。见台湾省文献委员会编印：《台湾前期武装抗日运动有关档案》，南投，1972 年，第 102—105 页。

[34] （日）藤井志津枝：《台湾原住民史》，南投，台湾省文献委员会，2001 年印行，第 15 页。

[35] （日）藤井志津枝：《台湾原住民史》，南投，台湾省文献委员会，2001 年印行，第 547 页。

[36] （日）藤井志津枝：《台湾原住民史》，南投，台湾省文献委员会，2001 年印行，第 560—562 页。

[37] 台湾省文献委员会编印：《台湾省通志稿·革命志·抗日篇》，台北，台湾海峡学术出版社，2002 年版，第 80 页。

[38] （日）山边健太郎：《现代史资料（22）·台湾（2）》，东京，みすず书屋，1971 年版，第 23—25 页。

[39] 在日本殖民者的残酷镇压下，起义最终失败，蔡清琳等 90 余名抗日民众被杀；至 12 月中，共有 100 余名民众被捕，9 人被判死刑，其余被判处各种刑罚。参见薛军力、徐鲁航：《台湾人民抗日斗争史》，北京，燕山出版社，1997 年版，第 129 页。

[40] 三番即桃园厅大料崁番、新竹厅马里可万番与宜兰厅溪头番。

[41] （日）伊能嘉矩：《理番志稿》第三篇上卷，台北，总督府民政部理番课，1918 年，第 51—53 页。

[42] （日）伊能嘉矩：《理番志稿》第三篇上卷，台北，总督府民政部理番课，1918 年，第 63—64 页。

[43] （日）小林德治：《佐久间左马太》，台北，台湾总督府警务局内财团法人台湾救国团，1933 年印行，第 566 页。

[44] （日）伊能嘉矩：《理番志稿》第三篇上卷，台北，总督府民政部理番课，1918 年，第 107—111 页。

[45] （日）伊能嘉矩：《理番志稿》第三篇下卷，台北，总督府民政部理番课，1918 年，第 547—553 页。

[46] （日）伊能嘉矩：《理番志稿》第三篇下卷，台北，总督府民政部理番课，1918 年，第 553—554 页。

[47] 安然：《台湾民众抗日史》，北京，台海出版社，2003 年版，第 196 页。

[48] 佐久间左马太（1844 年 11 月 19 日—1915 年 8 月 5 日）：陆军大将，第 5 任台湾总督（1906 年 4 月 11 日—1915 年 4 月 30 日）。以师团长的身份参加甲午战争，并率兵攻占威海卫。1898 年 9 月晋升陆军大将。1906 年出任台湾总督。1915 年 8 月 5 日去世。担任台湾总督达九年，是台湾总督中任期最久的。

[49] 这是人类史上发生在三千米高山的罕见战例，也是日本军国主义以机枪大炮的绝对优势对处于原始弱势的太鲁阁族同胞的强势侵犯。

[50] 出身于台湾花莲县卓溪乡的布农学者余明德则以为，依照布农人的生活习俗，有关达荷阿雷及阿日曼西肯兄弟的史料记载并不属实，应该是达荷阿雷夫妻俩。见余明德：《布农族 Dahu Ali 发动大分事件说的迷途》，台湾政治大学民族学系硕士论文。

[51] （日）伊能嘉矩：《理番志稿》第三篇下卷，台北，总督府民政部理番课，1918 年，第 6—10 页。

[52] 有关日阿拐的起义情况，参见林修澈编：《日阿拐家藏古文书》，台湾苗栗市，苗县文化局，2007 年印行，第 16 页。台湾总督府警务局编：《台湾总督府警察沿革志第二编·领台以后の治安状况》，台北，1938 年印行，419—429 页。

[53] 赛德克（Seediq），赛德克原本被列为泰雅人分支，2008 年 4 月 23 日，由泰雅分出，成为台湾官方承认的第 14 个台湾少数民族。

[54] 其中，马赫坡社、荷歌社、塔洛湾社、波亚伦社、斯克社、罗多夫社 6 社为发起雾社事件之"起义番社"。

[55] 1895 年 10 月 27 日，侵台日军近卫师团长北白川宫能久亲王遭受台湾抗日义军袭击，重创而死。为纪念这个侵略头目，台湾总督府定这一天为"台湾神社祭日"。

[56] 日军投掷毒气炸弹的野蛮行径，遭到全世界正义力量的强烈谴责。但日本陆军大臣宇垣一成竟公开为其罪行辩护。见《日本帝国国会议事录》。

[57] 雾社起义失败后，总督府并没有像过去一样设立临时法庭对参加起义的志士进行所谓的审判。反而以"雾社事件"发生山民居住地，山民"未习惯于法律秩序之管束"为由，宣布对参加起义的但已经投降的山民一律不逮捕、不公审。其中的缘由主要有二，一是参加起义的高山族主要领导人大多自杀或战死，真正被俘和投降的义军人数极少，日本人再设临时法庭进行审判已经失去"警示作用"；二是日本人不愿像过去一样再因审判事件引起来自其他方面的掣肘。事实上，此时的日本殖民当局已经制定好借刀杀人的计谋。引自安然：《台湾民众抗日史》，北京，台海出版社，2003 年版，第 208 页。

[58] 在现有之台湾史料中，道泽社又称陶珠亚社、陶兹阿社、塔乌查社等，其族类与赛德克族属于同族。

[59] 戴国辉：《雾社事件之始末》，台北，台湾远流出版事业公司，2002 年版，第 30—31 页。

[60] 现在的雾社已重新建为"大同村"，是台湾岛内重要的历史遗迹，为纪念起义志士的英雄业绩，建起了"褒义坊"和"雾社起义殉难纪念碑"。

[61] 刘兴民、郑郦君：《台湾原住民的抗日斗争》，载《中国矿业大学学报》，2005 年第 3 期。

台湾同胞在福建等地的抗日活动

许维勤

日本通过甲午战争割占台湾后，岛内抗日活动始终没有中断。与此同时，旅居大陆的台胞依托祖国人民的支持，也以各种方式开展抗日活动，与岛内抗日斗争相呼应。据福建档案资料记载，20世纪20年代初，旅居厦门及附近地区的台民人数有五六千人，旅居福州的也有一千多人，其中在厦、泉、漳中高等学校就读的台湾学生有二百多人[1]。厦门作为台民在内地居留最集中的地方，也是台胞在大陆从事反日活动最活跃的地方，有案可查的早期台胞抗日组织有"台湾尚志社"、"台湾新青年社"、"中国台湾同志会"等；而在其他省份的类似团体有北京的"台湾青年团"，上海"台湾青年会"、"台湾自治协会"，南京"中台同志会"，广州"广东台湾学生联合会"（后改名"台湾革命青年团"）、"台湾民主党"等。本文重点就抗战时期台湾在福建等地的抗日活动及其相关问题作些论述。

一、关于台胞抗日理念的辨析

1937年中国全面抗战爆发后，在大陆的台湾人更加活跃，各地台胞纷纷成立抗日团体，支援祖国抗击日本侵略者，如"台湾国民党"、"台湾青年党"、"民主总同盟"、"台湾独立革命党"、"台湾革命青年大同盟"、"夏鼓中华青年复土血魂团"、"抗日复土大同盟"、"台湾义勇队"、"少年团"、"台湾青年医疗队"、"台湾青年战地服务队"等等[2]。

"台湾独立革命党"是个什么样的党？它所宣扬的"台湾独立"是个什么样的理念？笔者检索了许多资料，都没有找到该党成立时的确切记载，只在1939年5月6日台湾义勇队筹备委员会提交的《筹组台湾义勇队前闽浙粤等地台胞情形》报告中，追述"台湾独立革命党十三年在广东成立，十数年来，都在台湾本部和中国做着反日工作……"[3]，但查1924年以后活跃于广东的台胞反日组织，主要是广东台湾学生联合会和台湾革命青年团；另，该党于1940年4月15日"再刊"的刊物《台湾先锋》第一期中有《台湾独立革命党党章》，并标明"民国二十七年九月修正"（1938年），却未说明创党日期。该党章所表述的建党宗旨为："团结台湾民族，驱除日本帝国主义在台湾一切势力；在国家关系上，脱离其统治，而返归祖国，以共同建立三民主义之新国家。"[4]根据这种以"返归祖国"为最终目标的"台湾独立"理念和以"再刊"《台湾先锋》为党刊的线索，我们可以追溯该党的前身。

《台湾先锋》"发刊词"说："《台湾先锋》与其说是创刊，毋宁说是复刊，远在祖国大革命开始之时，《台湾先锋》便已在广州与祖国人士及一切爱好正义者见面了，然而不久，以各种原因停了版。现在，我们再度以《台湾先锋》呈现于大众面前，而又恰在可以说是祖国第一次大革命的继续与扩大的抗战中出现……"从这些话中可以知道，《台湾先锋》最早是前述成立于1926年12月的广东台湾学生联合会、继而于1927年改名为台湾革命青年团的机关刊物。这个团体在国共合作的背景中曾表现出"对革命的旺盛热情"，其成员兼有三民主义者和共产主义者，思想倾向于左派。1927年4月12日国民党实行所谓"清党"后，共产党和左派人士遭到残酷迫害，台湾革命青年团起初并未受到冲击，后来因为该团体掩护许多革命者，引起国民党当局注意，遂于6月中旬解散。日本政府趁此机会，透过各种渠道在各地展开罗网，大肆侦查、逮捕参与台湾革命青年团的台湾青年。在台湾总督府的内部立案中，称之为"广东事件"。曾担任台湾革命青年团宣传部长的张深切，返回台湾后就被殖民当局逮捕入狱。

根据张深切后来回忆，台湾革命青年团成立后，就提出了"台湾独立"的口号。他说："革命青年团成立后，时常开会讨论台湾的革命方式，逐渐趋近于独立运动的倾向，不久就把过去的妥协思想都完全肃清。"所谓"过去的妥协思想"，是指他们在岛内时参加的"议会设置请愿运动"。那是台湾岛内的民族主义者为了争取民族自治，又不敢根本触及日本殖民统治体制的一种"合法"的改良主义运动，这一运动在台湾知识分子中影响很大，内渡大陆的知识青年大部分都曾参与这一运动。但在大陆，他们已不必顾忌殖民当局的迫害，加上大陆反帝反封建的民主革命理论的影响，他们的思想越来越趋向于激进，因此，"革命青年团，把这种议会请愿的消极理论，完全加以清算，重新建立了台湾独立革命的旗帜，毅然向日本帝国主义者公开宣战。一方面吁请世界的同情，积极地援助中国的革命，一方面实际地协力中国革命而求台湾的解放。"[5]

由此看来，广东台湾学生联合会和台湾革命青年团是最早建立"台湾独立"理论的团体。在这个团体中，有一个人非常活跃，那就是李友邦。而李友邦就是后来台湾独立革命党的主席。据张深切回忆，当初成立台湾革命青年团时，本来是要组建"台湾革命党"的，因没能组成党所以才先组"团"，团成立后，又曾筹备改组为革命党，但因国民党"清党"和日本政府的检举，才烟消云散[6]。由此可以推知，台湾独立革命党是李友邦等人在中国抗战全面爆发、国共两党重新合作的新的历史条件下，为继续当年建立党团理想而重新组建的，台湾革命青年团就是这个党的前身，而该党党章所谓"修正"，当是修改当年台湾革命青年团的章程而来，连同党刊《台湾先锋》和"台湾独立"理念，都与当年的团体一脉相承。

在战后的"台独"逆流中，曾经有人津津乐道在20年代就已经出现"台湾独立"理念和组织。其实，这只不过是一种抽除特定历史背景，蓄意曲解前人概念的伎俩，或者是基于对历史知识缺乏而产生的无知。台湾独立革命党所揭橥的"台湾独立"理念，在它的党章中已经很清楚地表明，其真实的涵义是"在国家关系上，脱离其（指日本）统治，而返归祖国。"在同期《台湾先锋》，还刊登有该党主席李友邦的《台湾要独立也要归返中国》一文，对当时历史条件下为什么要实行"台湾独立"，做进一步的阐发。

李友邦首先从台湾曾经是中国之一省和台湾在1895年被清政府不得已地割让给日本这两个基本事实出发，认为这"决定了台湾革命目的的两面性，就是，一方面，他要求独立，同时，另一方面，他要求返归祖国。"这两个方面是否相冲突？李友邦认为并不冲突，因为"台湾的独立，是在国家关系上，脱离外族（日本）的统治，是对现在正统治着台湾的统治者而言。作为被压迫于日本帝国主义者之下的台湾民族，他是要向其统治者斗争，以争取能够自己处理自己，自己决定自己的前途的权利，被锁紧地压迫在日本帝国主义的铁蹄下的台湾民众，迫切地需要的是这个。但'回长山去啊！'从前是、现在也还是台湾五百万民众的口头禅，'长山'指的就是中国，要归回中国的热情，除了少数丧心病狂的作日本帝国主义的走狗的败类而外，这已成为一般台湾民众的要求，所以台湾要归返中国。"

李友邦鲜明强调，这两个目的是同时地为台湾革命所具有，缺一不可。

"他不能缺掉第一个，因为马关条约以后，祖国政府已不得不把台湾承认为日本所有，所以台湾革命已不得不成为台湾五百万民众自己的事，而祖国政府不能是主动的，除非他提出'收复台湾'的口号，既然由台湾五百万民众方面出发，所以他首先必须作争取独立的斗争。同时又不能缺掉第二个，在前清割让台湾的时候，台湾五百万民众不得不由中国的政治机构脱离而又不愿屈服于日本帝国主义者，所以在 1895 年曾一度有台湾民主共和国之成立，以后在祖国抗战胜利而台湾独立革命成功时，祖国当是一个崭新的三民主义的国家，台湾民众返归祖国的要求，当可以得到。故同时，台湾革命者又以归返祖国作为其革命目的之一。"

李友邦还基于台湾民众已有其特殊的政治生活、经济生活和文化生活的现实，很有预见性地指出，"至于（台湾）以何种形式归返中国，那不是现在的问题"，因为"第一，归返祖国必须在已获得独立之后，而现在仍是艰苦地作斗争的时候；第二，历史发展的条件将要规定台湾怎样归回祖国的形式。"[7]

显而易见，这些论述中的"台湾独立"，严格地是限定于从日本殖民统治之下争取独立，而不是抽象的；同时，这种独立是与争取回归祖国相并列的，二者关系绝不可割裂。同样，其中所用到的"台湾民族"概念，也是严格地相对于异族统治才提出来的，其真实意义是指台湾人民具有自己的民族性，绝不能接受异族的同化；而从返回到祖国意义上而言，便是融为中华民族大家庭的一部分，绝不含有还存在一个不同于中华民族的"台湾民族"的意思。在 20 世纪 20—30 年代，在大陆从事抗日爱国活动的台湾有志之士所组织的许多团体（包括台湾共产党），对于"台湾独立"、"台湾民族"等概念的运用，都是基于与上述相似的意思，正因为如此，他们才会得到大陆爱国人士和各党派的支持和呼应。

二、李友邦的台湾义勇队与福建

李友邦，又名李肇基，台北人，1906 年生，1918 年入台湾师范学校就读，曾参加台湾文化协会，从事文化启蒙的宣传活动，形成强烈的民族意识。1924 年，李友邦与林木顺、李添进等同学，乘夜袭击台北新起街警察派出所，被日警追捕，他连夜内渡逃往上海。当时，孙中山在广州领导国民革命，创办黄埔军校。李友邦前往应考，被招为黄埔二期学员。在广州期间，他积极参加广东台湾学生联合会和台湾革命青年团活动，多次往返于东京、台湾、上海、杭州等地，奔走联络革命志士，曾经动员了王万得等一批台湾青年回祖国参加革命。

笔者所见大多数研究李友邦的著述，都认为李友邦在广州期间就组织了"台湾独立革命党"，但笔者认为这一说法并不可靠。李友邦在广州期间只是个 20 岁刚出头的活跃青年，在广东台湾学生联合会和台湾革命青年团中的职位并不高，即使他有单独建党的想法，号召力也不足，那么，所谓"建党"，当是指他已经加入的组织而言。据张深切回忆，当时的确曾准备组建台湾革命党，但后来因各种原因没有组建成。以张深切的直接当事人身份，他的说法应该是比较可靠的，李友邦建党应该是后来的事情。台湾革命青年团解散后，李友邦即往上海，被日本侦探逮捕关押，后因"证据不足"释放。1932 年他在杭州国立艺术专科学校担任日语教师期间，又因支持学生爱国行动，被国民党特务机关逮捕，直到 1937 年抗日战争全面爆发后，因有黄埔同学的保释才出狱。

出狱后李友邦依然秉持欲救台湾应先救中国，欲求台湾民族运动成功，必先求得中国抗战胜利的信念，热情投入全民族的抗日事业。他积极联络台湾同志，于 1938 年 9 月，以当年在广州的台湾革命青年团为基础，建立起台湾独立革命党。10 月，他受到"朝鲜义勇队"的启发，萌生了组织"台湾义勇队"的想法。

当时散据在大陆各地的台湾人不少，闽南一带最为集中。抗战爆发后，大多数台胞以"籍民"关系，撤回台湾，但也有许多人表示自己本来就是中国人，"现大战迫在眉睫，如蒙祖国不弃，渠等决参加战地服务，能死于祖国者幸也"[8]，坚持留在大陆。然而，出于防范心理，国民党福建省政府主席陈仪还是以"关怀"为名，下令将居留于闽南一带的数百名台胞，内迁安置于闽北崇安，成立"台民垦殖所"，从事垦荒劳动。李友邦得知这一讯息，决定从这些台民中组织义勇队。为了便于取得国民政府军事委员会的批准，李友邦以"台湾独立革命党"的名义，来建立这支武装。根据担任台湾独立革命党总部秘书的张毕来（中共地下党员）回忆：重建的台湾独立革命党"其实是虚的，它的活动只是学习，由李友邦对党员讲台湾革命问题。"之所以要成立这么一个党，主要目的，在于在它的名义下成立一支主要由台湾人组成的抗日武装队伍，那就是"台湾义勇队"[9]。

李友邦先是通过国民党浙江省政府主席黄绍竑的介绍，取得陈仪和国民党福建省党部主任陈肇英的许可，于1938年11月来到崇安，在"台民垦殖所"进行动员，立即获得台胞的热烈响应，很快报名组建了一支300人的队伍。该年底，李友邦在桂林得到国民党军事委员会政治部秘书长贺衷寒原则同意成立义勇队的承诺。次年初，李友邦再赴福建，将第一批队员带到浙江金华，其余留在福建继续接受短期训练。2月22日，"台湾义勇队"和"台湾义勇队少年团"正式成立，李友邦任义勇队队长和少年团团长。后来，李友邦又找黄绍竑开了个介绍信找陈诚，到重庆后没见到陈诚，却见到"三青团"中央团部处长康泽，康泽要求台湾义勇队成立"三民主义青年团"，于是，获得军事委员会的正式批准，李友邦被授予少将军衔，编列于国民党浙江军事当局领导下的武装序列。

台湾义勇队成立后主要开展哪些工作？《台湾先锋》再刊第一期登有李友邦《我们的工作》一文，介绍该队成立第一年里的工作：（一）对敌政治工作。利用队员都会日语、了解日方内部情形和日兵心理的优势，派员到各前线和后方开展瓦解日军的工作。（二）后方生产工作。台湾义勇队员中，有很多人掌握樟脑和各种药品生产技术，他们把这些技术力量分派到各后方生产基地，帮助解决生产难题，为缓解因敌人封锁而造成药品供应紧张，起到重要的作用。当时闽北崇安就设有樟脑制造厂。（三）医疗工作。队员中原先业医者甚多，他们便以医术为抗战和民众服务，如在金华队本部设有医疗所，在浙南某地设有儿童保育院，在敌后某地设有野战医院，还组织4个巡回医疗队，出入偏僻乡村，边为穷苦同胞义务治病，边宣传抗战。（四）台湾少年团之组织。义勇队对少年团工作非常重视，因为队中青少年甚多，而他们也认识到抗战的持久性，所以对后备力量的培养更是加意培育、训练。李友邦还在文章的最后说明，我们为什么要这样苦干？因为："（一）在日本帝国主义者统治之下的人们，只有艰苦奋斗，才能生存；（二）要能帮助中国同胞，打倒日本帝国主义以后，台湾人才能得到解放。"[10]

台湾义勇队活动范围遍及闽浙赣皖，在艰苦的斗争环境中，队伍不断壮大。1942年5月浙赣战役后，台湾义勇队转战福建，10月进驻龙岩。在龙岩，李友邦着重抓队伍整编和训练——整编成3个区队、9个分队，总人数达380多人；开办干部训练班，提高队伍的军事、思想素质和技术能力。1943年，由先后结业的干训班成员组成的3个工作组，被派到闽南一带从事抗日巡回宣传活动，以"保卫祖国，收复台湾"为号召，对发动闽南一带台胞积极抗日，起了很大作用。此外，李友邦还亲自率领少年团及部分队员，从龙岩出发，抵龙溪、同安、晋江等地开展公演募捐，募集抗日文化事业基金10万余元。义勇队除了主办《台湾先锋》，还曾创办《新港》、《台湾青年》周刊等。

台湾义勇队在军事上也进行过几次有影响的行动。1943年6月17日，日本人在厦门举办占领台湾47周年的所谓"始政"纪念活动，台湾义勇队在日军所设"兴亚院"投掷手榴弹，并在市区散发抗日传单；6月30日，在厦门虎头山炸了日本海军油库及附属设施，毙伤日伪军数十人；7月1日，在厦门日伪政府成立3周年的庆祝会场上，投掷多枚手榴弹，当场炸死日伪军数十人，给日伪军的心理造成极大震撼。他们还曾配合漳州抗日武装，进行一次袭击日军战斗，毙伤日伪军 100 多人。

由于义勇队的名声越来越大，各地台胞不断加入这支队伍。1943 年 11 月，台湾义勇队升格为"台湾义勇总队"，李友邦升为中将总队长，直属国民政府军事委员会政治部。总队下设 4 个支队，分布遍及前线、后方、敌后、根据地，声势大振。一直到抗战胜利，这支队伍都活跃在闽西、闽南一带。

三、福建是台胞投奔祖国抗战的重要出发点

福建是大多数台胞的故乡。全国抗战爆发时，居留厦门的台民有一万多人，居留福州的也有两千余人。基于中日交战状态，福建省国民党政府通知日本方面，尽快撤回领事机构和在闽台民，绝大多数台民撤回，但也有一部分"逃匿不归"。据当时媒体报道，仅厦门一地，"逃港者不下 3000 人，逃匿不归者千余人"[11]。这些逃匿者有各种原因，但基于宁愿留在祖国或逃往它处，也不受日本殖民统治的心理的人，占了很大一部分。其中还有不少人想留下来参加祖国抗日，如居留晋江石狮的医生周燕福等人，不仅坚持留在祖国，还积极购买救国公债，踊跃参加献金运动。他们通过媒体表明心声："台人原系中国人，清政府将台湾割让日本后，数十年台民即惨受亡国痛苦，故回中国流浪各地，因有冷血者甘为虎伥，作拍卖祖国之汉奸，致引起祖国同胞恶感，此所谓'好人被歹人累'也。渠等亟望祖国一日强盛，则台民一日得瞻天日……"，他们表示，"除非将来中国政府派队强迫驱逐出境，则若辈决不离此地。"[12]

留在大陆的台湾同胞，许多人都自愿参加了各种抗日活动。除了参加台湾义勇队，一些人还就地参加抗日组织。日军占领厦门后，厦门台胞抗日活动更加活跃。1939 年夏，日军在南普陀寺举行所谓超度阵亡将士的道场，还强迫厦门民众前往烧香礼拜。道场活动中，突然出现"杀尽日寇汉奸"等传单标语，标语联署"厦门中国青年复土血魂团"、"台湾革命大同盟"。从这个联署可以看出，台湾同胞已与大陆抗日组织携手对敌。这两个组织后来又多次联手，进行突袭和刺杀行动。厦门陆军特务机关情报部长田村丰崇，日本"兴亚院"特派员、华南情报部长、厦门全闽新日报社社长泽重信，先后被刺杀。

除了原先居留内地的台胞参加抗日，还有许多台湾爱国志士，千方百计偷渡内地，投奔祖国抗日队伍。由于台胞只会讲闽南话、客家话和日语，他们大都选择从福建登陆，然后再到各地寻找机会，投身抗日事业。为了避免各种嫌疑和不必要的麻烦，他们有时干脆自称"福建人"，以取得信任。如，曾从事日俘管理工作、后在郭沫若领导下从事抗战活动的台胞康大川就自述："1938 年我大学毕业，得到大陆同学的协助，一起从日本直接奔回祖国大陆参加抗日战争。由于我是台湾人，没有任何一个单位肯于接受我参加抗日斗争。同学提醒我，不要再说自己是台湾人，改以自己的祖籍地福建作为籍贯。这一做法果然起了作用，我被录取为（十九路军六十师）政治工作队队员……"

福建省委党史研究室钟兆云《落日——闽台抗战纪实》一书（鹭江出版社 2005 年 6 月出版），采撷了众多当事人资料，其中仅述及以内渡厦门为起点，然后奔赴祖国抗日战线的台胞就有不少，兹引述如下：

杨诚，早年回大陆在厦门集美学校读书，"九·一八"事变后参加抗日学生运动，1934 年入北京大学，"七·七"事变后赴延安，加入中国共产党，曾任归国华侨救国联合会主任、延安外语学院英语系党支部书记等职。

蔡啸，1934 年内渡厦门，曾应征国民党中央军，但因其台湾人身份，被疑为日本间谍而遭监禁。出狱后，得知新四军二支队成立，他又前往龙岩白沙，遇新四军政治部副主任邓子

恢，遂被吸收为新四军。

沈扶，1930 年内渡厦门，抗战爆发后辗转香港，再赴延安，从事日本有关资料研究和翻译工作，同时兼做日本战俘的管理教育工作。

刘伯文，1930 年内渡厦门，以福建籍考入中央陆军军官学校（即黄埔军校）第八期，次年以"九·一八"事变爆发，刘伯文与另三名来自台湾的学生联名上书校长蒋介石，要求上前线报国，因尚在受训期而未获准。四人不肯罢休，私下离校前往察哈尔投奔冯玉祥部，但又被校方召回。受训结束后，刘伯文因学业突出，留校执教。南京沦陷后，他随校西迁，执教多年，仅骑兵中下级士尉官，就带出 2000 多名，大多数都开赴抗日前线。

李纯青，少年时代就要求父亲送他回大陆读书，1929 年毕业于厦门集美师范后到上海读大学，1933 年回厦门，同年 8 月参加中国共产党，1935 年潜回台湾补习日语，1936 年赴日本留学，全面抗战爆发后回国，先是由范长江介绍进上海《大公报》，后转到香港《大公报》。他凭着对日本的深入了解和精深的学识，以笔为矛，撰写了大量剖析日本、宣传抗战的文章和著作，成为《大公报》的著名记者。

宋斐如，青年时代回大陆，后到北京大学任教，"九·一八"事变后，辞去北大教职，到主张抗日救国的冯玉祥将军处任职，深受冯玉祥信任。冯玉祥下野后，宋斐如东渡日本，进东京帝大研究院深造，后回国。抗战期间，他创办《战时日本》刊物，又曾主笔《广西日报》，发表了大量有见地、有号召力的抗日文章，后来到了重庆，时与李纯青、谢南光等聚会，纵论国事，希望抗战早胜，台湾早日光复。

郑约，早年在台湾参加文化协会，宣传抗日救台湾，1930 年前后遭到日本警察缉捕，潜回闽南祖家。"九·一八"事变后，郑约与几名抗日分子秘密抵厦门，参与向日本领事馆投掷炸弹、散发传单等活动。1936 年，他将妻儿都从台湾召回厦门团聚，后来流亡泉州、南安、永春等地，最终参加李友邦的台湾义勇队，并被任命为义勇队驻闽南办事处主任，其长子未满 18 岁也参加了台湾义勇队。

以上都是可以找到名姓和事迹的台胞参加祖国抗战的例子，在这个名单的背后，是更多的默默无闻的台湾同胞，从福建走上抗日战场。他们中有许多人甚至为祖国抗战事业献出了生命。

有的文章概括了台湾同胞回祖国参加抗战的三个特点。一是这些台胞大都有显赫的学历和较好的家庭背景，他们牺牲优越的生活条件和工作机会回祖国抗战，完全是出于爱国热情的驱动。"总体而言，他们可以说是那个时代台湾人菁英中的菁英。他们归返祖国投入抗日战争的行动，如实反映了那个时代的台湾人民心声"。二是他们不是个别的单一个人事件，而是许许多多的台胞菁英，不约而同，前赴后继地投入抗日大业。由此可见当时抗日台胞投奔祖国，参加抗日战争的信念，是何等的坚强。三是他们分别加入了不同的政党，"如果依地理位置的角度来看，如果抗日台胞是先回到祖国华南，则大体上是加入中国国民党。如果抗日台胞是先回到祖国华北，则多是加入中国共产党。"[13] 这个概括很符合实际。

四、台胞在福建人民积极配合下力促国民政府收复台湾

"收复台湾"的口号，是由国民党内部酝酿良久之后而逐渐产生的。然而，在光复台湾的过程中，台湾爱国志士和福建有关方面所表现出来的巨大热情和积极配合，对于促进国民政府收回台湾，也起了重大作用。

在祖国抗战全面爆发前，台胞在大陆的抗日组织，受岛内派系的影响，比较分散且各自

行动。全面抗战爆发后，台胞深受鼓舞，认识到从此台湾与祖国有了一致的敌人，应该团结奋战；同时，祖国方面也更加清楚地看到台民爱国热情之可用，从而在组织上和物质上予以更有力的支持。1938年9月18日，一部分台湾抗日团体合并成立"台湾民族革命总同盟"（领导人谢南光），另一部分则于1939年并入李友邦领导的台湾独立革命党。1940年3月29日，台湾独立革命党与台湾民族革命总同盟在重庆联合成立"台湾革命团体联合会"。1941年2月10日，在容纳了更多团体以后，又在重庆整合为统一的"台湾革命同盟会"，形成了大陆台胞的抗日革命联合阵线。

总体而言，在抗日战争的前半段，大陆的台湾抗日革命组织，在祖国抗日与台湾抗日两者关系的认识上，仍停普遍留于以往的观念，认为他们目前只是"帮助祖国抗战"，而他们自身还有更根本的革命任务，那就是靠台湾自己的力量，推翻日本在台湾的殖民统治，争取民族独立和解放；在完成这一任务过程中，祖国政府同样也只能"帮助"他们而不可能是"主动"的（但也有一些台籍志士较早就有依靠祖国"光复台湾"的观念，如1939年12月柯台山在重庆就已提出反对不切实际的台湾独立或台湾自治的想法，认为"惟有努力光复运动一途"[14]，才是根本出路）。所以，当时他们较常用的口号是："保卫祖国，解放台湾"。

太平洋战争爆发和中国政府正式对日宣战后，这种观念发生了根本转变。1941年12月9日，国民政府在正式对日宣战中宣布"所有一切条约协定合同，有涉及中日间之关系者，一律废止。"这就是宣布，中国政府不承认《马关条约》的合法性，"收复台湾"将作为中国抗日战争的重要目标。这一宣告，给台湾抗日革命团体以极大鼓舞，因为这意味着，中国将直接通过这场全民族的战争，收回台湾主权；在大陆的台胞，无需经由独立的民族解放运动途径，而只要直接参加祖国抗战，争取最后胜利，便可以实现台湾归返中国的目标。在这种背景下，大陆台湾抗日组织更加活跃。1942年3月，台湾革命同盟会举行第二届代表大会，发表宣言称："太平洋战争爆发，在中国抗日战事上划了一个新阶段；同时在台湾革命史上亦划了一个新阶段。祖国向倭寇正式宣战，马关条约已告失效，台湾已与其他沦陷区相同，站在祖国省群中，站在祖国疆域上，吾台革命已不复孤立，吾台六百万同胞，已与祖国四万万五千万同胞混为一体，破镜重圆。祖国的命运，亦即台湾的命运，祖国存则台湾亦存，祖国战胜则台湾光复，否则沉沦。"[15]接着，李友邦的台湾义勇队将口号改为："保卫祖国，收复台湾"。

从此，台湾抗日革命团体的重点工作，转入积极促进国民政府收复台湾，概括起来，这些活动涵盖建党、建政、建军各方面。

建党方面，台湾革命同盟会第二届代表大会后，该组织开始逐步与中国国民党发生统属关系。不久国民党成立中央直属台湾党部，同样以台籍人士为主干，进驻漳州，以台湾革命同盟会为外围组织，但因人事原因，二者并不协调。后来"台湾调查委员会"成立，台湾革命同盟会主要骨干，大都参加了台调会工作。台湾光复后，二者人员逐步统合，迁往台北。

建政方面，台湾抗日爱国人士最早提出台湾重新建省的主张，在《台湾革命同盟会第二届大会宣言》中，他们大声疾呼：

在情在理在势，祖国都应早定收复台湾大计。其中最重要的一着，就是应该设立台湾省政府，正式承认台湾为沦陷省区。台湾设省，则在台湾的同胞相信祖国决心收复台湾，将起而抗日，将连袂而起；台湾设省，则国内潜伏的台湾力量，可以表面化而用为恢复台湾的生力部队；台湾设省，则战争结束时，同盟国家不能视台湾为日本殖民地。无论国内国际乃至台湾省内的观念，将因此完全一变，而台湾的光复工作可以事半而功倍。目前增设台籍参政员，使台湾民情得以上达，尤为急不容缓的措施。

该宣言还提到建军的问题："台湾在历史与地理上，具有特殊性质，与普通沦陷省份略有不同。在国军实行收复时，必须台湾武力的配合，故设立台湾光复军及组训干部，也是收复台湾的一种重要准备工作。"[16]

这些主张和建议，尽管在当时没有得到直接采纳，但都是一些富有前瞻性的问题，后来大多被摆上议事日程。而在当时提出这些问题，更富有实际意义的是，在全国上下掀起了一股收复台湾的舆论热潮。

1942年4月间，以纪念台湾被割让47周年为契机，陪都重庆展开了一场声势浩大的光复台湾宣传运动。4月5日，以在渝各国际文化团体的名义，举行"台湾光复运动宣传大会"，由司法院副院长覃振主持，孙科出席并作《解放已在眼前了》的讲演。4月17日为《马关条约》签字日，重庆再一次举行纪念大会，章渊若代表国民党中央执行委员会秘书处吴铁城发表《我们应如何认识台湾》的演词。《台湾先锋》第十期，为此推出"台湾光复运动"特辑，刊登了国民党军政要人冯玉祥《我们要赶紧收复台湾》、孙科《解放已在眼前了》、陈立夫《率土之滨》、陈仪《台湾必须光复》、梁寒操《清算的时候到了》、马超俊《我怀台湾》、康泽《光复台湾》等文章和演说词。

这场宣传运动的影响迅速扩及全国，被李友邦称为"台湾革命史上可大书特书的一页"[17]，从此，光复台湾成为全国人民的共识，成为国民政府不能不完成的一项历史任务，也成为国际社会不能不重视和承认的一种主权国家和人民的意志。1942年至1943年间，反法西斯的盟国中，曾经出现所谓战后台湾划归"国际共管"的议论，当时同设于福州的台湾革命青年团和闽粤台湾归侨协会，立即发表《为战后台湾问题联合声明》，向中外严正指出"战后处理台湾问题，除将台湾之领土主权完全归还中国外，任何维持现状或变更现状之办法，均为台湾人民所反对。"[18]与此同时，李友邦和台湾革命同盟会也都撰文和发表声明，抗议这股国际逆流。这种发自台胞的声明，对国民政府在国际交涉中坚持收回台湾主权的立场，起了有力的敦促作用。

福建与台湾的特殊渊源关系，决定了福建在台湾光复中的特殊地位。从国民政府正式对日宣战开始，福建人士就对战后台湾收复问题予以关切。1942年12月，国民政府福建省主席陈仪在《台湾先锋》发表文章，指出"台湾之受非人待遇，非彼等所自取，实为晚清昏聩政策所造成。简言之，台湾今日的恶劣环境，实祖国所给予的。'解铃还须系铃人'，所以我们四万万五千万同胞，皆负有拯台湾于水火的责任。今台湾革命运动日益展开，其总代表台湾革命同盟，积极推进光复运动，要求祖国增设台湾籍参政员，要求设立台湾省政府俾便争取台湾内向，诚属适时适切。……于此，热望我国及同盟国家，对于台湾革命问题，多家关注，并积极予以援助，使台湾得及早解放……"[19]。

福建省临时参议会成立之初，就极为关切复台问题，参议员纷纷提案要求做好复台准备。1944年4月，陈村牧等8名参议员联名提《拟请中央恢复台湾省制案》，着重从闽台历史上的建置关系，陈述"台湾为我国东南屏障，清初原属本省之一府，光绪十一年因防列强觊觎改为行省，设三府一州十一县六厅，甲午战后割让于日……现距胜利之期不远，亟应从速恢复台湾省制，以正视听，并坚定台胞内向之心。办法：建议中央依东北四省例，在陪都或本省设立临时台湾省政府，以号召台胞并策划收复接管等准备。"国民政府行政院收到此提案后，于7月7日批复福建省政府："关于收复台湾，中央正做整个筹划，仰即转知该省临时参议会。"[20]1944 年 12 月，在福建临时参议会第二届第三次大会上，副会长林希谦发表讲话表示："关于台湾收复后的复员及一切的措施，中央固然筹之已熟，可是闽台原属一家，我们福建人士，对于台湾的一切，实负有'兄弟相扶持'的先天义务，同时中央亦正需要我们福建人士作更进一步的帮助。"[21]

上述可见，福建人士在促进国民政府收复台湾方面，是与台湾同胞同声共息的；尤其在恢复台湾行政建置方面，闽台人士的共识高度默契。后来在台湾接收过程中，福建起了不可替代的作用，重建后的台湾行政和公共事业系统，深深地留下了福建的印记。

（作者单位：福建省社会科学院）

注 释：

［1］ 福建省档案馆等编：《闽台关系档案资料》第 4 页、第 14 页，鹭江出版社 1993 年版。

［2］ 宋龙江：《台湾春秋》第 83 页，台湾省新闻处 1969 年。另，何应钦在《八年抗战与台湾光复》一书中也提到上述团体，台湾，黎明文化事业公司 1984 年第九版，第 111 页。

［3］ 福建省档案馆编：《台湾义勇队档案》第 98 页，海峡文艺出版社 2007 年。

［4］ 纪念李友邦先生历史资料丛刊①《台湾先锋》第 88 页，台北，人间出版社 1991 年。

［5］ 张深切：《广东台湾独立革命史略》第 9—10 页，中央书局 1948 年。

［6］ 张深切：《里程碑》第 220 页，圣工出版社 1961 年。

［7］ 上引均见李友邦：《台湾要独立也要归返中国》，载再刊《台湾先锋》月刊第一期，1940 年 4 月 15 日。

［8］ 福建省档案馆等编：《闽台关系档案资料》第 77 页。

［9］ 张毕来：《台湾义勇队》，载《革命史资料》第八辑，第 63 页，文史资料出版社 1982 年。

［10］ 再刊《台湾先锋》月刊第一期，1940 年 4 月 15 日。

［11］ 见《江声报》1937 年 8 月 26 日。

［12］ 见《江声报》1937 年 8 月 6 日。

［13］ 上引资料见"铁血网·铁血论坛" http://bbs. tiexue. net/bbs - 73. html. 文章提交者：刘玉章。

［14］ 张瑞成编：《台籍志士在祖国的复台努力》第 86—87 页，台北，近代中国出版社 1990 年版。

［15］ 再刊《台湾先锋》月刊第十期，1942 年 12 月 25 日。

［16］ 再刊《台湾先锋》月刊第十期，1942 年 12 月 25 日。

［17］ 李友邦：《台湾革命运动》第 25 页，台北，人间出版社 1991 年 9 月版。

［18］ 福建省档案馆等编：《闽台关系档案资料》第 178 页。

［19］ 再刊《台湾先锋》月刊第十期，1942 年 12 月 25 日。

［20］ 福建省档案馆等编：《闽台关系档案资料》第 382—383 页。

［21］ 同上第 383 页。

台湾省编译馆设立的几个问题

杨彦杰

设立台湾省编译馆是战后台湾社会文化重建的一个重要内容，目的是为了在台湾消除日本殖民统治的影响，重建中华文化，因此它对于战后台湾历史的发展具有积极的意义。可惜这个台湾省编译馆设立的时间并不长，从 1946 年 6 月许寿裳抵台，到 1947 年 5 月因二二八事件的影响被撤销，前后不到一年。关于台湾省编译馆设立的缘起、目的、工作内容及其影响，黄英哲先生已有相当完整的研究。[1] 本文拟根据笔者参与整理台湾省编译馆档案所得认识，结合台湾所藏相关档案，以及大陆出版的民国档案、《许寿裳日记》等资料，对以往一些尚未深入讨论的重大问题作些探讨，主要有三个方面：（一）台湾省编译馆组织规划的设定；（二）人员问题；（三）许寿裳与陈仪的关系。

一、台湾省编译馆组织规划的设定

台湾省编译馆的设立是由陈仪提出的。早在 1944 年陈仪受命主持台湾调查委员会时，就已经在《台湾接管计划纲要》中提到要"概予销毁"日本统治时期一切诋毁歪曲历史的书刊、影片等，并"专设编译机关，编辑教科参考及必要之书籍图表"。[2] 1945 年 8 月 29 日陈仪就任台湾省行政长官公署行政长官，10 月 24 日赴台，25 日接收台湾，此后即着手进行台湾的政治、经济、文化建设。1946 年 5 月 1 日陈仪致许寿裳电报说："为促进台胞心理建设，拟专设编译机构编印大量书报，盼兄来此主持。希电复。"[3] 以此为标志，台湾省编译馆的筹设正式提到了议事日程。

许寿裳是陈仪留学日本时的同乡好友，与鲁迅关系深厚，在中国文坛享有盛誉。当许寿裳接到陈仪电报时，他在南京的中央考试院考选委员会任专门委员。5 月 6 日，许寿裳经侄女帮忙得悉电报内容后即给陈仪回复，表示他愿意赴台，并就编译馆的设置提出一些具体问题希望能得到明示。[4] 5 月 13 日，陈仪给许寿裳写了一封长信，详细谈了编译馆设立的目的、工作任务、隶属关系、待遇等，其中有关编译馆的工作任务主要有五项：

> 第一要编的是中小学文史教本（国定本、审定本，全不适用）；第二要编的是中小学教师的参考读物，如中学教师、小学教师等月刊；第三为宣达三民主义与政令，须编适于公务员及民众阅读的小册；第四一般的参考书如辞典等。这是就台湾的应急工作而言。此外……我常有"译名著五百部"的志愿。我以为中国必须如以前的翻译佛经一样，将西洋名著翻译五六百部过来，使研究任何一科的学生，有该科一二十本名著可读。

他认为上述五项工作"为台湾，为全国，都有意义"，希望许寿裳"化五年工夫来完成他"。[5]

陈仪的回信为编译馆的工作定下了基调，也是许寿裳应邀赴台前后思考编译馆工作的基本指导思想。

5 月 25 日许寿裳收到陈仪回信，此后他就开始了赴台前的准备。他在《日记》中写道：5 月 27 日晴热，"航快复公洽（即陈仪）……照相，为身份证用也。"28 日，"信百川，托查示国立编译馆组织及工作"。6月2日，附世瑛三万元"嘱买皮箱"。16日，"得国立编译馆郑康宁信附组织条例及工作概况"。20日，"得柏如寄来公务员行为要领、妇女课本、战时民众训练教材三种"等。[6] 由此可见，许寿裳在行前除了准备一些必要的生活用品及其他事务之外，另一个重点是在考虑编译馆的设置以及如何开展工作。6月18日，许寿裳从南京抵达上海，与家人团聚。[7] 25日，从上海飞抵台北。

许寿裳到台湾之前，对编译馆的工作已经有了一些设想。我们在整理档案时发现有一份他携带到台的材料。该材料无题目，主要内容是关于编译馆的"经费及人事"，以及工作安排两部分。关于经费及人事，重点是经费要充足，人员要精干，多数人员向馆外特约兼任。工作方面提及六项，具体内容如下：

1、小学教科书

2、中学教科书

以上二项各设编辑委员会，决定编辑方针并供给教材资料，或由馆内人员编辑，或特约馆外人员编辑之。最后经过各该委员会之审查修正，务期适合当地需要。

3、中学教师参考用书

特约专家编辑或由馆内人员编辑之，应分科担任。暂定：（a）语文、（b）史地、（c）数、理、化、生物、（d）公民、（e）体育、（f）艺术。

4、字典

斟酌当地需要，暂定中日字典、日华字典及国语字典，以上每种字典之编辑，各设主任一人及助理编辑若干人。

5、推行政令及训练公民之书本

组设一委员会以决定编辑方针及内容。

6、专门书之译著

搜罗台湾现有之特殊研究及资料（如语文、史地、政治经济、教育、自然科学、农业、工业等）或加整理综合，或就原著翻译。此类书籍之编纂，不独可供台湾施政之参考，且必为一般学术界所需要。[8]

以上一、二两项其实可以合并，这样共有五项。这五项任务与5月13日陈仪的回信相比较，其内容是基本一致的，即包括中小学教材、教学参考书、社会读物、字典、名著翻译等。但值得注意的是，名著翻译已经把重点放在台湾研究方面，要"搜罗台湾现有之特殊研究及资料"加以综合整理或翻译，并认为"此类书籍之编纂，不独可供台湾施政之参考，且必为一般学术界所需要"。而许寿裳带往台湾的这份材料就写在上海"合资会社祥昌洋行"用纸的背面，字迹判断似他人所为。可见许寿裳在抵达台湾之前，就已经有了在编译馆开展台湾研究的设想。而他的这个思想显然是通过与友人交谈得来的，极有可能在上海形成了书面意见。[9]

7月2日，台湾《工商日报》刊登许寿裳抵台的消息，同时也报道了他对记者谈话的要点："许氏顷告中央社记者称，该馆工作拟以下列五种为中心，即①编制中小国语历史教科书，②编制中小学教师参考书，③编制一般读物，④职〔编〕制字典，⑤选译世界名著。此外并拟与台大合作，从事台湾与其资源之研究，正各方延揽人才中，其盼本省贤达通力协助。"[10] 从许寿裳对记者谈话的内容看，与上述他在大陆考虑的五个工作重点没有区别，而且对台湾研究的思路更为清晰，首次提到拟与台大合作从事此项研究。这是许寿裳刚到台湾时对编译馆工作的基本思路。

许寿裳抵达台湾后，6月27日上午即安排屠健峰、朱际镒两人起草编译馆组织大纲。至7月初，组织大纲及经费预算已编制完成，3日托长官公署秘书蒋授谦将这两份材料呈给陈仪。次日，陈仪给许寿裳回信，表示已经将组织大纲及预算"交法制委员会及会计处审查"。[11]细查此时提交的《台湾省编译馆组织大纲草案》，在机构设置方面提出"本馆设教材、丛书、译著、台湾研究、南洋研究五组，及资料、办公二室"，[12]已经和前面设想的五个工作重点有很大不同，其中最凸显的是这时将台湾研究、南洋研究都列入了工作重点，并各自设组，此前陈仪提到的要编制教学参考书、一般读物、辞典等都没有专门机构了，只提设立"丛书组"。陈仪对此没有过多发表意见，只是对许寿裳说"惟丛书组弟意不必单独成一组"，其余交给法制委员会考虑。[13]值得注意的是，许寿裳刚到台湾才一星期，此时他已经把台湾研究、南洋研究都列入了工作重点。他的这个思想究竟是怎么形成的？

查《许寿裳日记》，在他刚到台湾的最初几天，与他密切接触的有李季谷、沈从九（即沈仲九）、陈达夫、戴伸甫、周宪文、章锡琛、吴克刚、范允臧、马廷英等人，其中不乏文人并热心向他建言献策者。如《日记》6月27日载："下午季谷来。锡琛偕吴克刚来，邀饮现代周刊社，晤范允臧、陈达夫。"7月11日载："晚至现代周刊社谈，达夫、锡琛、克刚、廷英谈台湾研究，最好与大学合作趁日本专家未回国前。"18日，"（沈仲九）又云台湾目录宜趁早编制，《台湾研究丛书》至少须有百册。"[14]陈达夫时任台湾省博物馆馆长、吴克刚是省图书馆馆长、马廷英海洋研究所所长、李季谷台湾师院院长、周宪文法商学院院长、范允臧为长官公署教育处处长、沈仲九当时亦在长官公署任职。这些人大都来自浙江、安徽等省。他们跟随陈仪到台湾，任职于文教部门或原先就有文教背景，因此对日据时期的台湾研究、南洋研究多有了解。而台湾大学在日据时期称"台北帝国大学"，自1928年创校以来就一直在史学科开设南洋史学讲座，成为该大学有名的特色学科，为南洋史、台湾史研究积累了大量资料并培养了人才。[15]因此，许寿裳到台湾以后很快就受到这些大陆学者的影响，并且准确了解了台湾的学术积累及其特色，从而认为应该有分析地接受日本人留下的文化遗产，并把它们发扬光大。这是许寿裳对编译馆工作第二阶段的思考。

7月23日，法制委员会将修改后的组织规程送达编译馆。次日，编译馆回复。8月2日，台湾省行政长官公署正式公布《台湾省编译馆组织规程》，有关编译馆的机构设置、工作方针、目标任务等都最后确定下来。[16]这份正式公布的文件，规定台湾省编译馆设"四组二室"，即学校教材组、社会读物组、名著编译组、台湾研究组和资料室、秘书室，把此前许寿裳考虑的南洋研究组取消，并把丛书组改成社会读物组。此后编译馆的机构设置就一直照此延续下来，尽管1947年2月还有一次修订，但基本架构不变。[17]

由此可见，台湾省编译馆组织架构和工作任务的确定，是经过多方磨合的结果。从陈仪5月13日回信直至最后公布的《组织规程》，其间经历了一系列变化。陈仪最早的考虑是编制教科书、教学参考书、社会读物、辞典、名著翻译等五个方面，许寿裳在抵台前已经考虑要把名著翻译重点放在台湾方面。而抵台后组织草拟《大纲》更提出要专设台湾研究、南洋研究两个组，最后南洋研究没有被接受，而台湾研究成为编译馆的一项任务就此确定下来。战后，在台湾开展台湾研究可以说是从编译馆开始的。而这个研究方向的提出显然与许寿裳在上海、台北所接触的一批大陆学者文人有很密切关系。这是日本殖民统治结束以后，继续在台湾开展台湾研究的转折点，对以后影响甚远。

二、编译馆的人员问题

要设立一个学术机构，首先第一位是人才。而当时台湾刚刚光复，大陆仍在战乱之中，这对于台湾省编译馆聚拢人才、开展各项工作是很大的挑战，也是编译馆存在期间最大的问题。

台湾省编译馆从 1946 年 8 月 2 日长官公署公布《组织规程》，8 月 7 日正式启用关防起，可以说宣告正式成立。编译馆早期的人员多数从原来的台湾省教育处教材编辑委员会和编审室过来。据一份造于 8 月 28 日以前的"台湾省编译馆职员一览"表，[18] 上面共有 36 人，其中除了许寿裳之外，有编纂（相当于大学教授）7 人、编审（相当于大学副教授）9 人、干事（相当于大学讲师）4 人、助理干事（相当于大学助教）2 人，其余是一般的工作人员。而在七个编纂中，王鹤清、朱文叔、郑桓来自教育处教材编辑委员会，杨云萍、姜琦、沈其达则是长官公署参议，仅有谢似颜是从上海邀约来的。而在九个编审中，洪鎏、缪天华、林万燕、林子青、张逊之、邵元照、杨肃等七人都是来自教材编辑委员会。可见早期编译馆的人员绝大多数都是在台湾就近调集的，这些人大都于 1945 年底或次年初从浙江等省赴台。[19]

许寿裳到台湾前后，就一直在邀约大陆学者赴台，共同参与编译馆的工作。如 6 月 28 日许寿裳抵台第三天，就致电傅溥、张一清、戴君仁、马孝焱、邹谦、何士骥等人，邀请他们任编译馆编纂或编审。[20] 7 月 1 日，又致电罗根泽、吴世昌、唐士毅等人。[21] 而在此前后，许寿裳经常给大陆友人写信、发电报，相关记载屡见于《日记》中。[22] 至 7 月底，许寿裳一共发了四批邀请，其中编纂、编审共计 24 人，详见下页表 1。

当时，许寿裳邀约的人员以编纂为重点。按照 8 月 2 日长官公署公布的《组织规程》，台湾省编译馆设有编纂 10—15 人，而发出邀约的就达 16 人，如果加上已经在台湾教材编辑委员会或在公署任参事的学者王鹤清、朱文叔、郑桓、杨云萍、姜绮、沈其达等 6 人，这样高达 22 人。这些人大都有留学日本的背景，从战后设立台湾省编译馆的目的和任务来说，挑选此类人才为完成当时赋予的任务是有其合理的考虑。

至于编审方面，至 7 月底拟邀约的才 8 人，而《组织规程》设定 25－30 人，如果加上原教材编辑委员会还有一些可用人员，差距仍然很大。这些人有的是经过友人推荐的，如谢未之为程柏如所荐、高光远为莫大元推荐；8 月以后，朱文叔又推荐叶作舟和赵英若、张盟同推荐夏禹勋、吴觉农推荐朱毅如等，这些人也相继被邀约了。[23] 但很明显，许寿裳对编审（副高）这一层人才了解较少，因此合适人才的物色需要一段时间，这也是邀约人员时编纂与编审人数倒挂的一个内在因素。

表 1　许寿裳邀约大陆学者一览表（1946 年 6 月－7 月）

拟任职务	姓名	原单位任职	通讯地
编　纂	邹　谦	湖南大学教授	长沙
	李霁野	国立女师英文系主任	安徽
	傅　溥	中央军校数理主任	成都
	张一清	中央干部学校秘书	重庆
	何士骥	西北师范学院教授	兰州
	吴世昌	中央大学教授	南京
	罗根泽	中央大学教授	南京
	朱云影	军委会政治部研究室	南京
	林砺儒	桂林师院教育长	桂林
	顾福漕	军委会办公厅机要室秘书	南京

拟任职务	姓名	原单位任职	通讯地
编纂	章微颖	重庆师范学校教授	重庆
	戴君仁		
	程祥荣		
	方光焘		
	谢似颜		上海
	周学普		
编审	谢未之	中正大学副教授	南昌
	马襟光	中央研究院院长室文牍	绍兴
	周建人	前商务印书馆编辑	上海
	杨琼玖	北平大学图书馆馆员	上海
	许志修	福州中学专任教员兼国文学科主任	福州
	高光远	福建教育厅督学、省教育广播电台台长	福州
	齐植朵	四川大学副教授	成都
	陆易	中央训练委员会干训团专员兼教官	

资料来源:《台湾省编译馆呈准发放邀约人员安旅费拟稿》,编号 153;《台湾省编译馆编纂旅费发放拟稿》,编号 157;《台湾省编译馆编审旅费发放拟稿》,编号 158;并参照《日记》相关记载整理。

更为重要的,这时邀请赴台的这些专业人员,有的人因为工作放不下,有的是家庭原因,不能应命的很多。据统计,在表上邀约的 16 个编纂中,最后在编译馆任职的才 8 人;[24] 而邀约的 8 个编审中,到馆的才 2 人,[25] 可见比例之低。有的已经答应,可是因工作关系一拖再拖,至二二八事件发生时人还在大陆,最后决定不来。[26] 有的是因为工作、家庭拖累等,自夏至冬,行期一再后延,以致无法成行。[27] 至于确定要来而且已经成行的,也是由于大陆战乱、交通困难等因素,辗转奔波,受尽煎熬,其间的困苦实非笔墨可以形容。如傅溥,他在 7 月间就从成都启程,7 月底或 8 月初已到达重庆,可是轮船一等就是三个多星期,8 月23 日他致许寿裳的信说:

晚抵陪都后,曾连上二缄,报告候船情形,想已早邀洞鉴。台湾工矿处所包定拖轮,第一次试航时将机器烧坏,经十日工夫修好后,再试、三试结果均欠佳。刻闻工矿处决定放弃该轮,另包他轮,大约本月底可以决定开行日期。交通困难至于此极,殊非始料所及……晚抵此已逾三周,社会服务处房租一加再加,为减轻负担计,刻已移寓青年馆 307 号。[28]

至 9 月下旬,傅溥经武汉、南京抵达上海,22 日又上许寿裳云:

晚抵汉后,曾奉上一缄,想已早承察及。其后,换登长清拖驳到京,后乘京沪特快车,业于日昨叨福安全抵沪。台湾银行台省通讯处已去接洽过,据云赴台工作人员安旅费已奉命停发，须自费前往，俟到达后再由供职机关自行报销，并出原电作证。上海物价极高，费用过巨，幸有友人通融，否则将进退维谷矣。晚对购票手续如打鼠疫针等均已完成，只待台湾银行代购船票，静候起程。[29]

至 10 月 6 日，傅溥才抵达台北，"行李尽湿透"。[30]这也是较早邀约抵达台湾的一个编纂。

再如编审谢未之（即谢康），他是从江西启程的，本来路途不算太远，可是水上交通一票难求，至 10 月 8 日人还在南昌，于是致信许寿裳说他准备改道陆路，携带家眷经福建再乘船赴台：

兹奉接廿三日电，致悉种切。江轮委实困难。浔沪两地，旅用昂贵，候船日期不能预计。兹决取道南城、光泽、建阳、南平，赴福州搭轮前来。车票经已预洽，今午率眷前赴南昌，准双十节启程。此行沿途经过八九县地，亦须候车。到达福州时再电奉闻。[31]

由于邀约人员迟迟未到，因此编译馆工作实受很大影响。1946 年 10 月，编译馆在编制 1947 年度工作计划时，一开头便说：本馆成立不及半年，"其间邀约人员远道来台，交通多阻，稽延颇久。是以工作人员，仅及编制名额之半数，尤其各组室主任及编纂多人，迟未能到，影响工作进展甚巨。"[32]

其实除了人员没有到齐很难全面开展工作之外，已到任的一些人员如何稳定尽可能发挥作用也是一个很大问题。我们在档案中发现，在比较早到任的七个编纂中，有两人是长期驻上海的，其中朱文叔兼学校教材组主任，从 7 月 16 日起就离开台北，专门在上海购书，至 9 月 22 日致信许寿裳提出辞职没有再回来。[33]不过，他为编译馆是尽了很多心力的。[34]另一个是沈其达，他也是长期"驻沪公干"。[35]加上有的人身体不好，如编审张逊之患胃病，自 9 月中旬回上海治疗就一直没有返回。[36]这样，编译馆本来很少的人员就更加捉襟见肘了。

在有限人员中，很多职位往往需要有人暂兼，有的甚至出现空缺只好临时找人替代。如编译馆秘书室主任是个很重要的职位，最早由编纂王鹤清兼任。至 11 月 5 日，王鹤清由于感到压力很大难以胜任，向许寿裳提出拟调往台糖总公司任职，[37]许慰留后，11 月 11 日又上书请辞，许寿裳最后只好同意，"复以不能维絷，至怅！当如命准辞，惟留职停薪，仍盼早日回馆。"[38]余缺由刚抵台的傅溥兼任。傅溥接手还不到一个月即诽谤缠身，无奈之下，12 月 6 日他又给许寿裳写了一封长信请辞，[39]编译馆秘书室主任只好改由文书股长杨肃编审代理。至 1947 年 3 月编纂章微颖抵台后，才由章微颖兼任秘书室主任一职。[40]

至于其他的行政后勤岗位，出现岗位空缺、不断换人的现象就更加普遍。如会计一职，最早由周正中担任，至 9 月 27 日周正中调去当人事管理员，会计由陆伟成接替。至 10 月 7 日才十天，陆伟成又辞职，许寿裳只好给公署会计长写信，希望赶快物色合适人选。[41]后来陈守榕接任会计，至 1947 年 2 月初又换成叶皋孙。[42]又如庶务股长，最早由编审邵元照兼任，至 10 月间改由干事廉新生接替，次年 2 月又换成出纳李圣堃担任。人员的更迭就像走马灯一样。1947 年 1 月 17 日许寿裳写信给还在大陆的章微颖说：

嘱托代觅庶务人员同来，未知已有眉目否？因庶务人员甚需要，又会计人员亦相需甚亟，均请物色……弟因去夏只身来台，并未携带一人，至今事务方面，还是感到不方便（庶务、会计均嫌不得力，甚以为苦）。不得已，故以此相烦，务希设法，拜托拜托。[43]

许寿裳作为馆长，要开展编译馆的各项工作需要有一支好队伍，不仅要有专业人才，而且要有后勤辅助人员，以保证馆务工作能正常运转。尤其是编译馆刚设立的时候，办公场所、职员宿舍、交通车、家具……各项工作纷至沓来，在在需要人手办理。而此时可用的人员缺乏，有的人素质又不高，[44]直至1947年1月还在因为人的问题"感到不方便"，"甚以为苦"。

至4月间，编译馆又造了一份"职员一览"表，此时在编的人员已基本满额，编纂15人、编审20人，其他编辑、助理编辑、辅助人员近50人，各组（室）、课的负责人也都配齐。[45]可见在此前的一段时间内，尤其是1月份以后在人员调配方面有了较大进展，可是这时离编译馆被撤销已经很近了。

三、许寿裳与陈仪的关系

许寿裳是陈仪请来的，而陈仪是台湾省行政长官。因此，许寿裳与陈仪的关系也是编译馆设立期间的一个重要问题。

从总的说，陈仪对许寿裳的工作是支持的。这不仅因为陈、许两人原来关系就很好，而且更重要的是，陈仪认为设立编译馆对战后台湾民众的"心理改造"非常重要。5月13日他给许寿裳写信说：

台湾经过日本五十一年的统治，文化情况与各省两样。多数人民说的是日本话，看的是日本文，国语固然不懂，国文一样不通；对于世界与中国情形，也多茫然。所以治台的重要工作，是心理改造。而目前最感困难的，是改造心理的工具——语言文字——须先改造。各省所出书籍报纸，因为国文程度的关系，多不适用。台湾的书报，在二三年内，必须另外编印专适用于台湾人的。[46]

许寿裳抵达台湾后，就马上去进谒陈仪。此后有关编译馆的机构设置以及工作中的重大问题，许寿裳经常去见陈仪或者给他写信，两人时常见面，互动密切。8月2日《台湾省编译馆组织规程》公布后，许寿裳立即根据《规程》设定的四组考虑工作，并形成了一份《台湾省编译馆的设立》呈给陈仪。[47]9月3日陈仪给许寿裳回信，表示看过附来的材料，"设计甚好，请即照此进行。在进行过程中，如发现有需要补充或修正之处，将来再行斟酌损益可也。"[48]随后，大约在年底以前，陈仪又针对编译馆的工作做了更具体的指示，其中特别强调编辑教材的重要性：

编译馆虽分四组，虽然四组工作都重要，但在明年，尤其在上半年，希望特别注重中小学教科书一类。过去教育处所编中小学教本，据一般试用的结果，多半嫌太深，教学都觉困难，希编译馆就已编各书检讨一下，或修改，或另编，务使适合于国语国文程度尚不及各省学生的本省学生，此种新教本望于暑假前编竣，俾暑假后可以应用。一面望编教本的参考书或教学法以供教员之用。至于编辑人员，各学校教员中如有富有教学经验及编辑能力的，亦可请其参加。

对于其他组的工作，如社会读物组，要求"先以本省人为对象，文字须浅显，字数不要多"。名著翻译组的工作，"最好先集中力量于一件事，译述大学生及研究人员必须研读的专科学术名著，可先请各科专门学者选定各科必读名著若干种，然后汇编一应译名著目录，斟酌人力、财力、有系统的逐渐译述，但已有译本的可缓译"。陈仪的这些指示还用《台（卅五）字第一四八〇号通知》的文件形式发给编译馆。[49]

此时，虽然编译馆的人员尚未到齐，但是编辑教材以及其他各项工作均已陆续展开。1947年1月，许寿裳又根据陈仪的指示详细制订了编译馆四组的工作，尤其是学校教材组拟编的中小学、师范、职校等教材多达200多册，大都拟在6月至迟年底前完成，其他各组也都订有详细计划，拟出版"光复文库"、《台湾学报》等，并最终形成了《台湾省编译馆工作概况》。[50]1月18日是许寿裳的农历生日。这天上午8点前许寿裳就到编译馆，"九时陈长官来"。[51]陈仪在许寿裳生日当天到编译馆视察，可见他们两人的情谊非同一般。而许寿裳也将形成的工作计划（即《台湾省编译馆工作概况》）签章呈给陈仪。

在人员调集方面，陈仪也给许寿裳尽可能的支持。为了开展台湾研究，需要把一些日本学者先留下来，以利工作。1946 年 10 月中旬，当许寿裳听说日籍人员即将遣送回国，即给公署去函，要求暂留编译馆拟用学者：

> 顷闻遣送日籍人员回国，即在本月十四日集中。本馆留用人员，系学术研究性质，其工作应令作一结束，至少须有一、二旬方能竣事。拟请将本馆留用日籍人员共十人，列第二批遣送，实为公便。[52]

在此之前，许寿裳还于 9 月 17 日到公署见陈仪，"以发旅费汇沪及留用浅井二事相商，均得批准。"[53]许寿裳在陈仪支持下先后共留用了十余名日籍人员，其中有语言学家浅井惠伦、考古学家国直分一、民俗学家池田敏雄、画家立石铁臣，以及竹下万吉、片濑弘、宫田弥太郎、宫田金弥、白木千鹤子、大崎百百子[54]、竹下律子等。1947 年 3 月 7 日在公署送达的核定职务加给名单中，还有素木得一（昆虫学）、樋口末广等人。[55]这些人大都于 1946 年 9 月以后陆续进入编译馆，至次年 4 月已相续离开。[56]不过，在那时编制的最后一份"职员一览"表中，仍有国直分一、立石铁臣、大崎百百子、竹下律子等四人留在馆内。[57]

在其他行政事务方面，许寿裳也经常找陈仪，希望他帮助解决一些具体困难。如 1946 年 10 月，由于馆舍不足等问题日益突出，25 日，许寿裳即给陈仪写信，其《日记》载：

> 夜作上公洽私函，力陈种种困难：（一）本馆宿舍、（二）职员宿舍、（三）宿舍家具、（四）交通车及小汽车、（五）宴会请柬。请其婉告主管人员，对于本馆工作之特殊性质加以认识，本馆事务现状之特别困难，加以了解，切弗漠视。

第二天早上许寿裳又去见陈仪，并把信呈上。当天"傍晚允臧来，谓奉长官命，商参议会房屋"。[58]可见陈仪很快就着手处理了。

当然，许寿裳主持编译馆工作，他所碰到的各种困难实非陈仪一过问就能解决。有的是当时客观存在的困难，如房屋、交通等；有的涉及制度、主管人员的作为等，这类问题不仅陈仪难以处理，有时他的看法也不见得与许寿裳一致。1946 年 11 月 4 日，许寿裳在《日记》中写道："四日（星一）小雨……访公洽，为职务加给只限于教育部认可之教授、副教授，为留用谷河事未蒙许可，颇有疑本馆组织不健全之意。"[59]当时台湾省行政长官公署正在考虑各单位的人员职务加给问题，许寿裳希望馆内聘任的专业人员都有机会，而陈仪不肯，包括不同意再增聘日籍人员，"颇有疑本馆组织不健全之意"。

其实，早在 1946 年 7 月 13 日，朱文叔给许寿裳写信就提到了学校教材组延聘人员有其特殊性，"因所知国内现编教科书人才，虽积经验而成专家，而学历经历皆不甚高"，因此建议是否能在待遇方面"破格提高"。[60]许寿裳也多次声明编译馆的编纂等同于大学教授、编审等同于副教授……对这些专业人员要有足够的尊重并给予相应待遇。9 月 11 日，[61]他甚至上一份签呈给公署，希望所有专业人员均由本馆遴聘，核定薪额。《签呈》说：

> 案查本馆为学术研究机关，所有应邀来馆之人员，胥属专门学者，过去大多在国内大学或文化机关担任重要职务。因非公务人员，故于资历学历及离职等各项证件，多半不甚注

意。如依本省一般公务员例严格执行，则往往既多周折，又费时间，殊违钧长爱护学者之至意。且本馆组织系仿照国立编译馆成例，编纂相当于大学教授，编审相当于副教授，干事相当于专职讲师，助理干事相当于助教。在本馆预算案中，业有明白说明。兹拟呈请钧署特准本馆比照专科以上学校例，所有编纂、编审、干事、助理干事一律由本馆遴聘，依照其学术上的地位，核定薪额，以不超过预算规定为限，仍行册报钧署备核。是否可行？理合陈述缘由，仰祈鉴核示遵，实为公便。[62]

公署人事室对此不敢造次，但有自己的看法，他们给陈仪的签呈提出了两条说明：一、台湾省博物馆、图书馆也有研究人员，他们都是执行"本公署人事集中管理办法"的相关规定，即由本公署审查资格，并核定薪额；二、按照国立编译馆的规定，其编纂、编审亦系由教育部聘任，非由馆长自聘。因此，是否仍按原规定由本公署集中管理或者"特准一律由该馆长自行遴聘定薪之处"，"签请钧核示遵"。最后，陈仪于 9 月 16 日批示："依照'本公署人事集中管理办法'办理"。[63]

陈仪的意见显然否定了许寿裳的要求。细察许寿裳之所以希望能自行遴聘、定薪专业人员，问题都在于编译馆人才尤其是教材编辑人才不易物色，他们往往因为经验积累自成专家，并没有合符教育部门或人事部门规定的学历资历，因此他在《签呈》中特别强调要"依照其学术上的地位，核定薪额"，即不是看学历资历来招揽人才。而人事集中管理制度恰恰是非常刻板的，完全没有弹性，但这是台湾省行政长官公署制的一个要点，陈仪是不会轻易退让的。[64]因而他的所谓"组织不健全"，实指许寿裳没有按公署规定处理人事问题，包括"职务加给"等薪酬待遇。

另一个意见相左的问题是关于编译馆是否自办出版发行。许寿裳在抵台之初，就有由编译馆自行印刷书籍的设想。他在一份标有"注意"的手稿中，第三条"人才"写道："网罗人才，与台大、台师合作。加精印刷，以期出售所得，可作一部分的收入。重学术兼重操守。翻译世界名著，一部分可用特约制。"[65]7 月 3 日，许寿裳将编制完成的《组织大纲》和经费预算呈给陈仪，同时还附了一封信加以说明，信云："预算以事业费为最大，因包括稿费及印刷费，为中心工作之一。"[66]显然，他已经把印刷书籍作为编译馆的一项中心工作来安排。而陈仪于 7 月 4 日的回信则说："预算除（1）购图书费本年先支一百万元，开办费酌减；（2）出版印刷由台湾书店办理，其费用不必列入；（3）征求外稿，缓至明年办理外，其余大致可以照办。"[67]显然，陈仪并不主张由编译馆自行出版印刷书籍，认为此事应由台湾书店办理。

许寿裳对编译馆自行印书是有很多期待的。9 月间，杨云萍主持的台湾研究组拟出版《台湾通志》，计划此书列入"台湾省编译馆丛书"第一种，由台湾书店负责印刷事务，[68]此计划并没有得到许寿裳的批准。10 月，许寿裳亲拟有关编译馆"须自理出版业务"的八条理由，[69]后来又经过修改，于 10 月 15 日形成公文拟正式呈报公署，要求将台湾书店划归编译馆管理。呈文云：

为编译与出版必需联系，拟请将台湾书店划归本馆管理，请示祗遵由。

查本馆奉命成立，邀约人员，陆续到达，编译工作，积极展开，预计不久将来，即有书籍若干种编译完成。惟查出版事宜，与编译工作，原如指臂相连，不可分隔，本馆出版工作，前蒙指示由台湾书店办理，责任既专，自极便利。惟该店现由教育处管辖，隶属不同，联络匪易。为增加效能计，拟请将该店自明年度起划归本馆管理，兹胪举理由如下：

（一）编译机构如与出版机构连络，则编译人员，如受销数之刺激，对于编译工作，格外努力。同时出版部分因受编译部分之督促，对于发行方面，亦可增加效率。

（二）本馆编译工作，有整个之计划，有属于一般性之读物，有属于学术性之读物，前者获利，后者则也许会赔钱，但其重要性则初无二致。如出版部分不受节制，易将学术性之著作，捐不出版，影响编译工作。

（三）现今各书坊及各编译机关，对于稿酬均采取版税制，如出版机构不归本馆管理，则此项制度无法实施。

（四）出版部门由本馆管理，对于印刷之技术及付印时之校对工作等，均可便利不少。

（五）出版物之印刷发行等，尤其如教科书及杂志等，首重时效，如连络失灵，动辄公文往复，则耽误极大。

（六）台湾书店原隶于教育处，乃因教科书供应上之便利。现教科书编辑事宜，已改隶本馆，则台湾书店之管理权自亦有转移之必要。

综上理由，理合呈请钧长察核实情，准予将该书店划归本馆管理，以利工作，实为公便。[70]

其实在此之前，许寿裳考虑编译馆"须自理出版业务"时，仅提出"教科书仍拟交台湾书店出版，其他书籍则由本馆发行"。[71]而这时已前进了一大步，提议将台湾书店从教育处划归编译馆管理，以收"指臂相连"之效。

这份呈文究竟有无上呈查不到佐证材料，因为目前所见只是公文草稿而非正式文件，[72]亦无公署批复等相关记录。不过可以确定的是，陈仪对编译馆办理出版印刷业务一直没有答应。12月16日《许寿裳日记》载："至公署商交通车事，允为询问贸易局及交通处，又商印刷所，公洽坚持台湾书店。"1947年1月10日又载："访公洽，关于印刷事有所商讨，而公洽坚持本馆只负责编译专责，印刷则归台湾书店。"[73]

许寿裳对于自办出版印刷业务是一直很渴求的。一方面，这样做能够达到编译与出版合二为一的效果，不致相互扯皮，影响工作。另一方面，出版的收入对编译馆经费来源也有好处，"以期出售所得，可作一部分的收入"。[74]而陈仪则始终坚持出版印刷是台湾书店的事，不予同意。从中可见，陈仪对他所坚持的事情是不容易改变的。这固然反映陈仪的个性与行事风格（如有人认为他"刚愎自用"[75]），同时也可以看到此事关系机构职能的调整，各种利益牵扯其中，陈仪深知其难不会松口。而从许寿裳处理此事的过程来看，他从1946年6月下旬抵台伊始就在考虑这个问题，10月中旬仍在反复斟酌甚至行文拟报公署，直至1947年1月上旬还在找陈仪商量此事。显然他知道陈仪的态度，但又锲而不舍，耐心以对，一次又一次地找陈仪商量。陈、许两人的关系由此可见一斑。他们之间情感甚好，但对一些具体事情又是有不同看法的。陈仪对许寿裳的工作既予以关照支持，又不是有求必应，在一些关系制度和机构设置问题上一直没有退让。而许寿裳有他对编译馆工作的考虑和要求，希望在他主持下编译馆能有更大空间，可是在得不到支持的情况下仍然会平心应对，调适处理。因此，直至陈仪离开台湾以后，他们两人的关系仍然很好。

四、结　语

台湾省编译馆从许寿裳抵台筹办直至被撤销，时间短促。正如许寿裳于1947年6月25日抵台一周年时写下的感言："来台整整一年矣，筹办馆事，初以房屋狭窄，内地交通阻滞，邀者迟迟始到，工作难以展开。今年一月始得各项开始，而即有二二八之难，停顿一月，而五月十六即受省务会议议决裁撤，如此匆遽，莫解其由，使我表见未遑，曷胜悲愤！馆中工作专案移交者近三十件，现款专案移交者百五十余万。知我罪我，一切听之。"[76]

平心而论，许寿裳在编译馆期间，工作是很辛苦的。此时一切从零做起，事情又急，而人才难聚，对他来说压力肯定很大。从1946年8月至次年初，各种困难接踵而至，好在有陈仪的支持，在馆舍、经费、调人等方面都尽可能提供方便，因此不到半年就有了一定的基础。1947年1月开始详细制订工作计划，按照陈仪的指示重点安排学校教材和参考书的编写，其他各组也都有了详细的计划。至编译馆被撤销时，已经出版教材、"光复文库"等书20余种，此外还有300余万字已成或未完成的手稿。[77]可见编译馆聚合的这批学者工作是有效率的。编译馆被撤销以后，这批短期聚拢而来的学者有的仍留台湾，有的返回大陆，很多人都在学术界作出了不小贡献。[78]而许寿裳提出在编译馆开展台湾研究也有了初步进展，这对于后来继续开展这个领域的研究是起到了承上启下的作用。

许寿裳为编译馆竭尽心力，他怀有很高的期许，而一夜之间该馆被匆遽解散，"莫解其由"。对于一个年逾花甲又希望干成一番事业的老人来说，其悲愤之情容易理解。

（作者单位：福建闽台缘博物馆）

注释：

[1] 参见黄英哲《"去日本化""再中国化"：战后台湾文化重建（1945—1947）》第四章，台北：麦田、城邦文化出版，2007年。

[2] 《台湾接管计划纲要》，中国第二历史档案馆、海峡两岸出版交流中心编《馆藏民国台湾档案汇编》第28册（北京：九州出版社，2007年），页374。

[3] 1946年5月1日《陈仪致许寿裳电报》，编号001，见黄英哲、许雪姬、杨彦杰主编《台湾省编译馆档案》，福州：福建教育出版社，2010年。以下所引档案除特别注明之外，均来自此书，只注该书的档案编号，不再详注。

[4] 1946年5月5日《许寿裳致陈仪电文拟稿》、《许寿裳致陈仪信函拟稿》，编号002、003。按，此电、信5月6日发出，参见《许寿裳日记（1940—1948）》（以下简称《日记》，福州：福建教育出版社，2008年），页772。

[5] 1946年5月13日《陈仪致许寿裳信》，编号004。

[6] 《日记》，页774—776。

[7] 按，许寿裳的女儿许世玮回忆说："一九四六年初夏，父亲从重庆回到上海和家人团聚"（许世玮《忆先父许寿裳》，载《鲁迅研究资料》卷14，天津：天津人民出版社，1984年）。可是据《许寿裳日记》1946年6月18日载，他是乘火车回到上海的，上车地点在"下关"，途中花了约7小时（《日记》，页776）。可见他是从南京回上海的，许世玮的回忆有误。

[8] 《许寿裳关于编译馆工作的设想》，编号006。

[9] 许寿裳经常与学界友人通讯或面谈，请益编译馆有关工作。如抵达上海后，6月20日下午许寿裳"晤似颜，详谈并留晚餐，餐后又谈，不觉时已过九点"。22日下午，"至谢似颜处，又至方光焘处"（《日记》，页777）。谢似颜后来任台湾省编译馆编纂。

[10] 《许寿裳氏来台将任编译馆长》，《工商时报》中华民国三十五年七月二日第二版。

[11] 1946年7月4日《陈仪致许寿裳信》，编号015。

[12] 《台湾省编译馆组织大纲草案》，编号011。

［13］1946 年 7 月 4 日《陈仪致许寿裳信》，编号 015。

［14］《日记》，页 778—780。

［15］参见杨彦杰《日据时期的荷据台湾史研究》，"日据时期台湾殖民地史学术研讨会"论文，大连：中国社科院台湾史研究中心等，2009 年 8 月 21—24 日。

［16］《台湾省编译馆组织规程》，编号 027，参见中国第二历史档案馆、海峡两岸出版交流中心编《馆藏民国台湾档案汇编》第 60 册（北京：九州出版社，2007 年），页 103—105。

［17］《台湾省行政长官公署公报》，春字（1947 年 2 月 10 日），参见黄英哲《"去日本化""再中国化"：战后台湾文化重建（1945—1947）》（台北：麦田、城邦文化出版，2007 年），页 93—94。

［18］1946 年 8 月《台湾省编译馆职员表》，编号 165。按，此表未登入 8 月 28 日任职的编审张常惺（台湾文献馆藏台湾省行政长官公署档案，《编译馆编审张常惺派代案》），可见该表造于张常惺任职之前。

［19］参见 1946 年 8 月《台湾省教育处教材编辑委员会职员名册》，编号 163。

［20］1946 年 6 月 28 日《许寿裳致傅溥、张一清、戴君仁、马孝焱、邹谦、何士骥电》，编号 008。

［21］1946 年 7 月 1 日《许寿裳致罗根泽、吴世昌、唐士毅电》，编号 009。

［22］参见《日记》，页 778—782。

［23］参见 1946 年 9 月 26 日《台湾省编译馆职员动态》，编号 167。

［24］他们是邹谦、李霁野、傅溥、张一清、朱云影、章微颖、谢似颜、周学普。

［25］他们是谢未之、马襆光。

［26］如高光远，参见《台湾省编译馆档案·书信》高光远、莫大元致许寿裳相关信件。

［27］如李焕彬、彭泽源等，参见《台湾省编译馆档案·书信》相关信件。

［28］1946 年 8 月 23 日《傅溥致许寿裳信》，编号 230。

［29］1946 年 9 月 22 日《傅溥致许寿裳信》，编号 240。

［30］《日记》，页 789。

［31］1946 年 10 月 8 日《谢康致许寿裳信》，编号 251。

［32］1946 年 10 月《台湾省编译馆 1947 年度工作计划》，编号 063。

［33］1946 年 9 月 22 日《朱文叔致许寿裳信》，编号 049。

［34］朱文叔在上海购书有大量的书信往来，参见《台湾省编译馆档案·书信》。

［35］参见 1946 年 9 月 26 日《台湾省编译馆职员动态》，编号 167。

［36］1946 年 10 月 13 日《张逊之致许寿裳信》，编号 257。

［37］1946 年 11 月 5 日《王鹤清致许寿裳信》，编号 088。

［38］1946 年 11 月 11 日《王鹤清致许寿裳信》，编号 089。

［39］1946 年 12 月 6 日《傅溥致许寿裳信》，编号 111。

［40］台湾文献馆藏台湾省行政长官公署档案，《台湾省编译馆兼任秘书室主任章微颖杨肃派免案》。

［41］1946 年 9 月 8 日《许寿裳致王肇嘉函》，编号 061。

［42］《台湾省编译馆薪金调整及人事变动拟稿》，编号 197。

［43］1947 年 1 月 17 日《许寿裳致章微颖信》，编号 120。

［44］如资料管理不善，有的人将总督府的书籍私自隐匿于宿舍；有个别编审在公众场合多次辱骂编纂等，见《日记》1946 年 10 月 23 日、1947 年 2 月 3 日、5 月 3 日，页 791、799、805。

［45］1947 年 4 月《台湾省编译馆职员名单》，编号 202。

[46] 1946 年 5 月 13 日《陈仪致许寿裳信》，编号 004。

[47] 许寿裳草拟《台湾省编译馆的设立》，编号 041。

[48] 1946 年 9 月 3 日《陈仪致许寿裳信》，编号 043。

[49] 以上见 1947 年 1 月 18 日《台湾省编译馆工作概况》，编号 121。

[50] 1947 年 1 月 18 日《台湾省编译馆工作概况》，编号 121。

[51]《日记》，页 798。

[52] 1946 年 10 月《许寿裳有关留用日籍人员的请示拟稿》，编号 046。

[53]《日记》，页 787。

[54] 亦作"大崎百合子"（《日记》）、"大崎百白子"（《档案》）。

[55]《日记》，页 801。

[56] 按，这些日籍学者一般都带有家眷，如档案载：宫田金弥带有家眷 5 人、宫田弥太郎带家眷
3 人，连同他们共计 10 人，列于第四批遣送名单，于 1946 年 12 月中旬被遣送回国。见《台
湾省解征日侨遣送名册（第四批）》，中国第二历史档案馆、海峡两岸出版交流中心编《馆
藏民国台湾档案汇编》第 65 册（北京：九州出版社，2007 年），页 310、397—398；《中央
警官学校台干班简史》（台北：中央警官学校台干班互助基金会编印，1987 年），页 96。

[57] 参见 1947 年 4 月《台湾省编译馆职员名单》，编号 202。

[58] 以上见《日记》，页 791。

[59]《日记》，页 792。

[60] 1946 年 7 月 13 日《朱文叔关于编译馆组织及工作意见》，编号 020。

[61] 按，原件误书为 10 月 11 日。

[62] 台湾文献馆藏台湾省行政长官公署档案，《台湾省编译馆人事呈核案》。

[63] 台湾文献馆藏台湾省行政长官公署档案，《台湾省编译馆人事呈核案》。

[64] 关于台湾省行政长官公署制的研究，参见邓孔昭《光复初期台湾的行政长官公署制》，
载《台湾研究集刊》1994 年第 1 期。

[65]《许寿裳有关编译馆建制方针拟稿》，编号 007。

[66] 1946 年 7 月《许寿裳致陈仪函拟稿》，编号 013。

[67] 1946 年 7 月 4 日《陈仪致许寿裳信》，编号 015。

[68] 1946 年 9 月《〈台湾通志〉付印计划纲要》，编号 053。

[69]《许寿裳致陈仪关于编译馆业务的私函拟稿》，编号 065。

[70] 1946 年 10 月 15 日《许寿裳呈请陈仪将台湾书店划归编译馆的呈文》，编号 067。

[71]《许寿裳致陈仪关于编译馆业务的私函拟稿》，编号 065；《台湾省编译馆出版计划说
明》，编号 066。

[72] 目前所见这份呈文草稿写于台湾省行政长官公署公文纸上，上面已有秘书室主任王鹤
清盖章并填写日期，按常理判断，如无特殊情况这应是一份拟上呈的公文。

[73] 以上见《日记》，页 796、797。

[74]《许寿裳有关编译馆建制方针拟稿》，编号 007。

[75] 许雪姬访问、曾金兰记录《柯台山先生访问记录》（台北：中研院近史所，1997 年），页 69。

[76]《日记》，页 810。

[77] 章微颖《36 年 6 月台湾省编译馆结束，赋短章呈翁师座》，参见黄英哲《"去日本化""再中国
化"：战后台湾文化重建（1945–1947）》（台北：麦田、城邦文化出版，2007 年），页 116。

[78] 参见黄英哲、许雪姬《台湾省编译馆关系人物简介》，载《台湾省编译馆档案》。

从"Boutan"到"牡丹社"
——1874 年牡丹社事件前夜的攻击对象特定过程

羽根次郎

序

1874 年在台湾南端恒春半岛上爆发的牡丹社事件，刚成立明治维新的日本新政府借口漂至本半岛的琉球人遇到当地居民的袭击，派侵略之兵，与当地山区居民之间进行打仗。无论何地，已有许多研究者曾做研究，中国大陆的研究观点受到中国外交史研究或日本侵华史研究的影响，不少论文把它看成在洋务运动时期发生的边疆危机之一个事例，或者日本为了转移国内矛盾而引起的侵略行为。日本的研究也几乎共有与中国同样的观点，但是重点在于强调明治新政府的第一次海外派兵这个意义上，以此为一个共同认识展开不同的研究，比如，战斗结束后支配日本经济的商务集团当时如何成功与政府勾结，被新政府雇用的外国人顾问在此事件之中发挥如何作用，或者与明治初年中日外交交涉的脉络有如何关系等等，对新政府建设过程加以广泛的研究。

那么台湾的牡丹社事件研究有哪些脉络或者特征呢？1980 年代之前的相关研究大约限于中国外交史的研究范围之内，在这一点上与大陆研究相当类似，但是经济基础观点的分析，因受时代约束，没有充分的展开和发达。还有一个特点，重视美国因素的气氛较为浓厚，其典型例子就是故黄嘉谟教授所著的《美国与台湾》，[1] 他大量地引用美国的原始资料实证美国在台湾方面的相关近代史事实，后人研究对外关系在台湾展开的历史时，这本书现在仍为必读文献之一。在台湾有关台湾历史的研究上，如此重视实证的研究作风比大陆或日本等较为突出，不少著作为当今的全世界台湾史研究者打下了一个易于整理事实的基础，贡献不少。但是这种实证的重视当然在当时的时代背景中才出现，其负面结果就是研究者在同一个时代背景中不可以提倡研究视角的巨大变动，只能做以实证为主的研究。

90 年代之后，台湾学者对本事件的研究观点发生了重要变化。在美苏两大阵营对立的世界冷战格局开始瓦解的大情况下，这种冷战格局从来掩盖过来的后殖民性问题纷纷出来摆脱冷战的约束，牡丹社研究也或多或少地受些影响，开始主张"原住民"不管是参加那场战斗的当事人，从来也被排斥在研究之外，也表示恢复"原住民"之历史主体的希望。这种氛围把本事件研究也卷入到研究的"本土化"潮流之中，其重点也转换为对"原住民"立场的重视。

由于"原住民"村落缺乏同时代的文献史料，为了研究这期间的历史，人类学和口述历史不得不用以代替原始资料。此种视角的典型例子是高加香与大滨郁子。[2] 2001 年正是牡丹社末裔的高加香在其硕士论文里广泛地采用（被看成）与日军打仗的牡丹社和高士佛社的口述资料，以便摸索以"原住民"为历史主题的叙述方式。按高加香论文讲，在"原住民"眼里出现的牡丹社事件与从来的研究史对本事件的描述有所不同，他们原来没有明确的土地所有权意识，所以以头目战死之后部落成员抛弃其部落导致日军的占领其实并不代表败北。

需要注意的是上述解释的主要根据由口述资料构成，依靠一百年的时光过去之后才采取的口述资料来重新解释历史事实理所当然地留下这资料本身的可靠性问题（本事件 1874 年发生，口述资料不是由同时代的人提供的），所以笔者认为这种论文的价值不在于对事实的实证，而在于认识框架的刷新。而且当时的研究也处于族群意识尖锐化的时代气氛中，所以有关研究观点的上述刷新也多少受到其影响，将自己族群历史的象征性位置安排给本事件。可以说，它突破了扎根于民族主义的"国史"历史观的局限性（即所谓被关闭的历史），但是与此同时也采用了一个以自己族群为主要对象的描述方式，其中的族群中心主义倾向不容否定，从而往往忽略这个东亚少数民族地区族群既多样又复杂的分布。笔者认为对当代的历史学需要的是把多元多样的历史表现寻找在一体性结构里，而不是把新的排他性历史叙述构建在原来的排他性历史叙述的外边，否则历史主体内部恐怕出现少数人群的无限连锁。

在探讨历史之际我们如何开放历史解释以便回避构建历史解释必然招致的排他性问题？笔者的问题认识可以归结为这一点。从这种观点来出发，笔者在本论文里都关注本地平地居民对山区居民的目光给同时代的原始资料留下的影响，尝试撰写对日军侵台过程的重新解释。

一、"牡丹"的意义

1874 年在台湾恒春半岛山区日军与"原住民"之间发生军事冲突，其直接原因在于 1871 年后者杀害一批遭风漂流到恒春半岛沿岸的琉球民。包括近年来流行的"原住民"历史观的研究在内，任何研究都从来具有一个共同前提：因为日方认为（或误会）犯人是牡丹社"原住民"，所以日军攻击以牡丹社为主的"原住民"部落，而且现在成为"牡丹社"的部落就是与日军展开战斗的人的后裔。

但是围绕对牡丹社的界定，原来一直存在难题。比如据"台湾总督府临时台湾旧惯调查会"所编的《番族惯习调查报告书》对牡丹社加以解释，对牡丹社所在的地方的称呼不是"牡丹社"，而是"牡丹群社"。[3] 在其解释里，牡丹群社还分为三种，即"牡丹大社"、"中社"和"女仍社"，而这群社构成一个称为 paliljaliljau 番"原住民"部落群的一部分。原来代表"一端"（即恒春半岛最南端）[4] 的 paliljaliljau 番"是由 seqalu（斯卡洛）及 paiwan（排湾）二番所形成"，而 paiwan 是在恒春半岛定居最早的居民，seqalu 迁来定居的时期比后者晚些，之后分为四大头目家君临于 paiwan 之上。[5] 四大头目家的名称如下：garuljigulj 家（猪朥束社头目家）、mavaliu 家（射麻里社头目家）、tjalingilj 家（猫仔社头目家）、ruvaniau 家（龙銮社头目家）。[6] 至少在 seqalu "原住民"的主观里，当地各个 paiwan 族部落分属这些 seqalu 四大头目家，不仅如此，后来迁居过来的汉人与马卡道平埔族的一些村落也表示服从之意。牡丹群社所属的大头目家是曾经被称为"大股头目"的 garuljigulj 家。但是这种解释当然是只限于 seqalu 的目光里才可说的解释，例如《番族惯习调查报告书》凭当地居民的口述资料留下在汉人村落视野之下他们与 seqalu 大头目家的关系。

兹所谓 seqalu 头目支配其领域内之汉人部落，乃全依该头目家所属，与汉人的观念有异。汉人部落每年向 seqalu 头目纳付水租，或于头目巡视之际充分予以款待。日本领台前，garuljigulj 家巡视汉人部落时，使汉人苦力扛苦轿，率众多部属下威风凛凛地蜂拥而至，各部落的头家们以宛如奉侍主人的态度行送迎，seqalu 头目因此认为汉人向自己执从属之礼，然而据汉人所言，这仅是出于借地人对地主的敬重，绝非表示从属。[7]

中国王朝与朝贡国之间存在一个默契，就是说各方当事人不干涉对方当事人对朝贡关系的解释。[8] 这种默契也表现在 seqalu 与当地居民之间，而 seqalu 与汉人都有对纳贡的不同的解释。因此，我们要看四大头目家的支配结构时，一定需要注意这一点。关于 paiwan 与 seqalu 之间的关系，也有朝贡的不少描述，尤其当时本地居民对 paiawn 的 sabdiq 群社朝贡的口述资料让人感到与汉人村落朝贡的类似性质：

seqalu 先占领此地，后来 paiwan 族到来，向 seqalu 的头目……借地开社，每年纳租，但其后 seqalu 离去，移居到南方时，将土地及地租完全委托给 paiwan 的头目，因此 paiwan 的头目每五年对 seqalu 采取朝贡之礼。[9]

围绕对纳贡的解释，不仅汉人村落还有 "原住民" 村落也有可能算为某种地租，无论 seqalu 的认识如何，（包括汉人和 paiwan 在内的）非 seqalu 村落不一定都认可 seqalu 对他们的支配，在此只能确定的是他们认可 suqalu 的权威，因此有时表示对 seqalu 的尊重。牡丹群社也有习惯向 seqalu 做朝贡：

关于本社头目从属于 seqalu 大头目的由来，本社一老妇述说曰，曾经本地地区一带农作物歉收且猎获物很少，乃到 seqalu 头目家请其祈祷，而后作物颇为丰收，猎获物亦多。从此我 paiwan 的头目们便从属于 seqalu 头目并受其保护。[10]

在此需要注意的是，虽然在《番族惯习调查报告书》的描写里 sabdiq 群社作为 paliljaliljau 部落群之中最北端的部落，属于受 seqalu 支配的 paliljaliljau 部落群，但是据《有关台湾高砂族系统所属的研究》来讲，它们自己就是构成称为 sabdiq 的一个部落群，而不是构成 paliljaliljau 部落群的一部分。因此后者认为 paliljaliljau 部落群的北端不是 sabdiq 群社，而是在其南边与它接壤的牡丹群社。但是笔者认为，基于朝贡关系的政治结构既然是一个相对的关系，这个 "境界问题" 也不是问题，而只是代表 seqalu 权威的渗透程度而已。就是说，权威的渗透程度呈着同心圆状从中向外渐渐连续地变淡，如果从这种角度来看的话，可说的是 sabdiq 和牡丹这两个群社就是位于 paliljaliljau 部落群的边疆了。

那么作为 paliljaliljau 部落群边疆的牡丹群社这种视角会提供哪些思路？边疆具有的暧昧性从 paliljaliljau 部落群的例子里也容易看出来，其象征就不外是 "群社" 这个名称。《番族惯习调查报告书》对每个构成这部落群的部落都做详细的解释，共十四个部落之中冠以 "群社" 的只有位于边疆的两个群社，即 sabdiq 群社和牡丹群社[11]。日本人类学者当时在从事调查的时候如下指出，"本番中居住在平地的如 seqalu 部落便完全汉化，而龟仔角、快仔、蚊蟀山顶、八瑶等接近平地的部落亦然，其他各社也逐渐在汉化中。"[12] 因此，这两个不 "接近平地" 的山区 "群社" 不象 "接近平地的" 的十二个部落那样无法干脆地说 "社"，而只能说 "群社"，其原因就有可能在于对这两个群社的知识的不足，其典型的例子也出现在 19 世纪访台欧美人留下的地图里。

首先参照的【地图 1】是时任美国驻厦门领事的李仙得（Charles W. Le Gendre）在 1872 年访问恒春半岛的时候绘制的一幅当地地图。在地图下边用双重圆圈围上的地方有 "牡丹社" 这个字面，在中间用细长的单圆圈围上的地方还有 "牡丹地 BOUTAN TRIBES" 这个字面，就是说这幅地图上存在两个 "牡丹"。一看就看得出来的是李仙得对本半岛的西岸和南岸加以非常仔细的标记，反过来，山区（本半岛内陆都是山区）、东岸和北边几乎没有什么解释。之前李仙得已经访问过恒春半岛，这次访问是继 1867 年、1869 年和 1870 年之后的第四次访问（但是 1870 年因天气原因未登陆）。据地图右上边附上的解释，这幅地图是在美国海军海图的基础上，根据李仙得从来的四次访问经验与当地居民提供的信息来编辑绘制的[13]。他从来没有机会访问本半岛东岸，而且 "接近平地" 的居民也无法提供仔细的知识，其自然结果就是本地图缺乏对东岸的标记。这种地图不限于李仙得的地图，【地图 2】是同时代另一位欧美人 Thomson 绘制的恒春半岛地图，在这幅地图里也能看到 Bootang Tribes 的字面。从此可见，访问恒春半岛的欧美人从本地平地居民所听到的 "Boutan" 有两种意思，就是说，本地人当时认为 "Boutan" 不但具有 "牡丹（群）社" 的意思，还有笼统地代表 "恒春半岛山区居民" 的意思。

李仙得原来将不少有关恒春半岛的记录留在美国驻厦门领事馆档案之中，其中各个文章里也有不少 "Boutan" 的字面，他所用的 "Boutan" 几乎都不代表作为原住民部落的（即现代意义的）"牡丹社"。他用 "Boutan" 的用法如下：

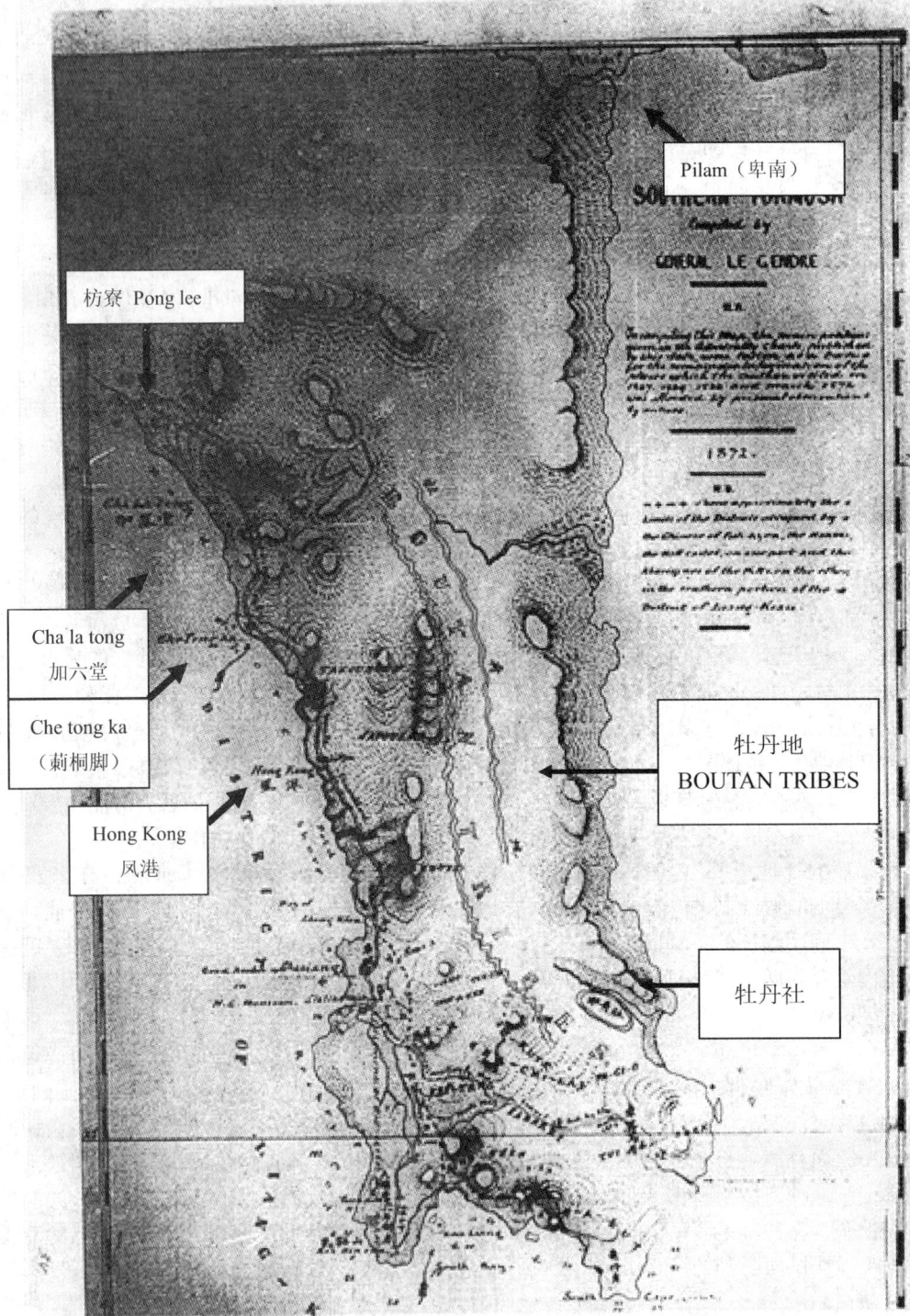

【地图 1】 李仙得 1872 年地图

（出典：USNA：CD，Amoy，100 – 6，Charles W. Le Gendre to

Frederick F. Low，Amoy，Apr. 17，1872）

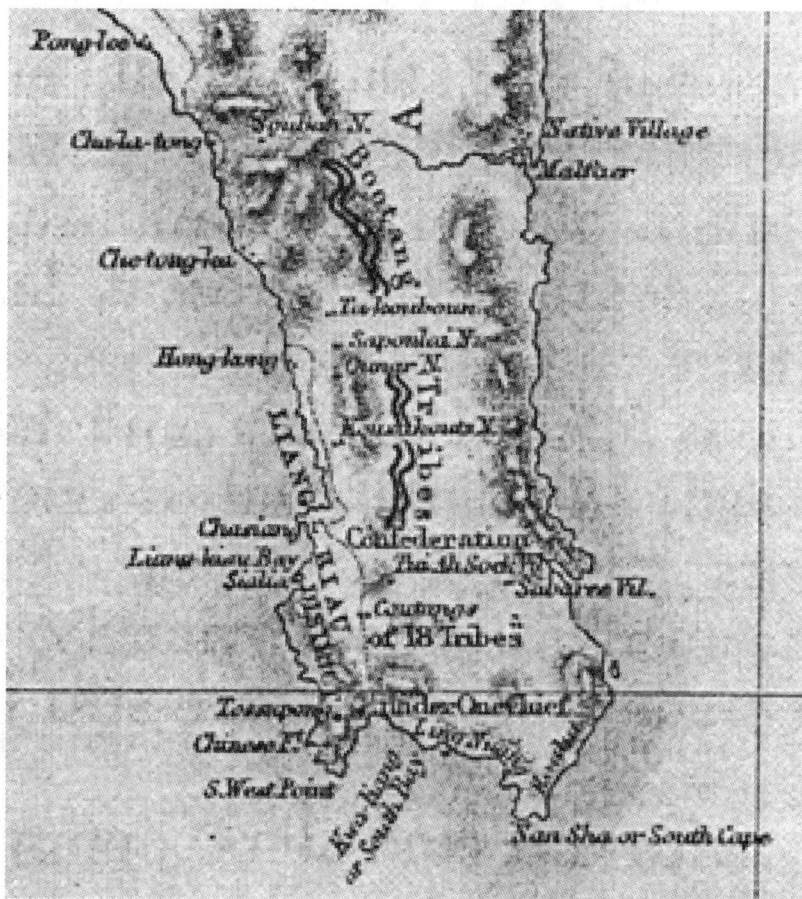

【地图 2】 Thomson1873 年地图

（出典：J. Thomson, Notes of a Journey in Southern Formosa,
Journal of the Royal Geographical Society of London, 43, 1873.）

……莿桐脚是三四百个福佬人与混血儿居民混居的村落。本地居民在 the Boutan tribes 的支配之下，在此地区从西岸到东岸都受 Boutan tribes 的支配。[14]

如果先考虑在【地图 1】里能看见的莿桐脚与"牡丹社"之间的距离，李仙得所说的 Boutan tribes 就完全没有可能等同于"牡丹社"，这"Boutan tribes"是平地居民给山区居民安排的一个符号而已，上面引用的主要意思不外是"山区居民支配莿桐脚，其他的地方也如此"。不同于"牡丹社"意义的"Boutan"这个字样也有以下的用法。

我访问南湾北边的枋寮，在那里遇见 the Bootan tribe 头目们之中的一个人，他信任我对他的保护搭乘军舰 Aroostook 号，也领受一些住在厦门的人拜托我送给他们土著的礼物。[15]

在这里要将"Boutan tribes"算成"牡丹社"，位于本半岛根部的枋寮与半岛南东端的"牡丹社"之间的不短距离就让人感到不现实，因此这个"Boutan tribes"也还是应该代表与平地居民的交流不多的山区居民。清朝时代台湾恒春半岛对少数民族的描写是根据靠近他们的平地居民的目光来形成的，而且欧美人记述也不出其例外。因此在分析同时代的相关资料之际，一定需要考虑不同现代语言环境下的"Boutan"意义。

二、谁杀琉球人？

说到"Boutan"这个词，不得不想起的是"牡丹社事件"的"牡丹（Boutan）"，那么上述观点给牡丹社事件研究提供如何启发？虽说日军侵台的名义就在于对杀害琉球人的牡丹社等部落实行"膺惩"，但是据研究成果讲，杀害者不是牡丹社"原住民"而是与它接壤的高士佛社"原住民"这一点渐渐变为主流认识[16]。那么"牡丹社"为何被算为杀害者？这个问题与上述"Boutan"的两种意思有没有什么关系？

1872年李仙得在第三次访问garuljigulj家头目卓已笃的时候，有一个老妇人如下通知琉球民杀害事件的发生：

一个月或一个多月之前，从外观看出来是日本人的男性漂流至猪朥束社北边，即位于Boutan领域内的一条河川的河口。本地居民将他们看成汉人，除了逃离虎口的12名之外，把他们都杀光。[17]

按上节的内容说，老妇人所说的"Boutan"不是牡丹社的意思，也许她本人没有分清牡丹社与Boutan，可是就是因为本地平地居民对山区的知识不足够，所以以老妇人为首的本地平地居民给"牡丹社"以北地区贴上最北端的"牡丹社"形象，对他们来讲能否分清这个区别不重要，即使老妇人说"牡丹社"杀害琉球人，也不能确定"牡丹社"是杀害者。李仙得在上面引用的资料里说"杀人行为被the Boutan tribes进行"，这就是他对老妇人所用的"Boutan"的解释。[18]同样的牡丹社描述也表现在别人的文章里，比如英国人Horn当陪伴当时出名的英国人翻译必麒麟（Pickering）住在恒春半岛之时留下日记，其中有以下记录。

（1867年）8月10日：听说本村落里有巴坦群岛民，共有九名乘一只独木舟，漂至Formosa东岸。他们当初尝试靠近陆地，然而遇到Boutan tribes的枪击，有一名死亡。他们还往南走，最后在猪朥束社村落附近登陆。[19]

在此引用里牡丹社与Boutan tribes的区别比较明显，刚从巴坦群岛漂流过来的人如何能够知道从陆地进行枪击的是牡丹社？这个"Boutan tribes"并不是特定的一个部落，而是北边的"原住民"，但是信息从巴坦群岛漂流民传至Horn之间，"北边的原住民"被翻译成"Boutan tribes"。当时欧美人询问本地情况时，无论如何也要向本地平地居民问山区的情况，而对平地居民来讲，几乎无法交流的山区"原住民"一律被叫为"Boutan tribes"。那么现在只能确定的是，"boutan tribes"即山区"原住民"杀害琉球民，"牡丹社"是否直接的犯人这一点怎么也确定不了。

那么救琉球人之命的清朝官方对确定杀害者有什么看法？在牡丹社事件的一些原始资料中，时期最早的资料是琉球人生存者从恒春半岛被护送至台湾府的途中给台湾道夏献纶书写的感谢信。但是其中并没有牡丹社的字面，而只有"琅峤内山生番"才是犯人。[20]福州将军兼署闽浙总督文煜与福建巡抚王凯泰联名的上奏就是初次把"牡丹社"看作琉球民杀害者的官方文件，这是，在汇报琉球民遭难过程之中有三个地方标记"牡丹社"之词：

据难夷岛袋供……伊等六十六人凫水登山十一月初七日悮入牡丹社生番乡内初八日生番将伊等身上衣物剥去……由布政使潘霨造册详请具 奏声明牡丹社生番围杀球夷应由台湾文武前往查办等情前来臣等查……至牡丹社生番见人嗜杀殊形化外。[21]

琉球人当向"原住民"部落求助之时，并不会提前知道他们正在进入牡丹社部落里，而且在交给台湾道夏献纶的感谢信里没有"牡丹社"之词，既然如此，也可以说"内山生番"的说法被"牡丹社"的说法取代，最开始琉球人不会提"牡丹社"的名称。值得注意的是

"内山生番"与"Boutan"这两个说法对本地平地居民来说原来代表一个意思。那么应该说护送琉球人的恒春半岛本地人在帮琉球人说明遭难的原委的过程中交换这两个说法，其实这个"牡丹社"原来不代表作为部落名字的牡丹社。

由于上述文煜与王凯泰的联名上奏刊登在 1872 年 5 月 11 日《京报》上，[22] 驻华日方官员也接触到这个信息。在《京报》报道的八天后，即 5 月 19 日，当时以交涉修改中日修好条规为目的而住在天津的外务省少辩务士柳原前光回报在东京的外务卿（外交部部长）副岛种臣做报告如下写道：

关于琉球人于清国领地台湾遇到杀害，我看到京报上有闽浙总督交给中央政府的报告，也不知道这件事情会不会引起鹿儿岛县的注意，特此附上训点寄给您。[23]

从整个语气来讲，柳原当时并不会抱有想要实行侵台出兵的企图（请注意"清国领地台湾"的记述）。他虽然将含有"牡丹社"字面的《京报》报道寄给日本外务省本部，但是其目的只是用以供日方参考之用而已。但是 1872 年 7 月 12 日琉球人生存者归来那霸，就引起了鹿儿岛旧武士阶级对此问题的关注，最后导致他们在东京展开的侵台出兵运动。1872 年 8 月 31 日鹿儿岛县参事〔县长〕大山网良在交给明治天皇的上奏里说"据闽浙总督文煜等寄给北京的报告来讲，（琉球人）惧入牡丹社生番乡内。"[24] 出兵运动以这个"大山上奏"为出发点在东京活跃起来，明治政府领导们也开始摸索出兵的机会，日方大部分相关人员这时很有可能通过"大山上奏"来接触到"牡丹社"这个词。

1872 年 10 月 26 日，副岛种臣与刚刚辞职美国驻厦门领事的李仙得进行会谈。李仙得在席上解释琉球人被杀害的原因，同时也提到"牡丹社"。

牡丹社由于位于荒地难所很多地方难于进入，因此只要与卓己笃充分地商量，才能知道如何进入。牡丹社为人正确，正确地面对他们的话，就并不会挨到他们的暴力。……

这引用部分的"牡丹社"被描述为受到卓己笃在某些程度上的约束，这资料的别的地方还有"卓己笃不是对 Boutan 的哪里都能动用权力"这个解释，[25] 围绕卓己笃权力的有效性，牡丹社与 Boutan 之间既然不同，李仙得在此所说的既朴素又偏僻的"牡丹社"形象也应该说是作为部落名字的牡丹社，而并不代表"Boutan tribes"的意思。可是当时日本政府只有《京报》的报道内容，它表明杀害琉球人的是牡丹社，因此副岛一直向李仙得询问牡丹社，也当然不知道牡丹社与 Boutan 之间有差别。李仙得在 1872 年访问恒春半岛的时候，听到当地老妇人说 Boutan tribes 是犯人，这 Boutan tribes 无法等同于牡丹社。

副岛与李仙得同月 28 日也进行会谈。李仙得就日方所期待的派兵如下表示消极态度：

李仙得：Formosa 只有两千人兵士就能攻略，但是事后难于防守。

副岛：我们易于提供一万左右兵力。

李仙得：无论来多少人，还需巨大开支。

副岛：我在认识您之前认为如先将一万兵至牡丹派遣登陆，再开始与他们交涉，则不会遇到对方的任何异议，即使遇到了也可以动兵直接进行征伐。

李仙得：牡丹地势险阻，难于输送大炮等兵器。[26]

李仙得在这次谈话时并没有提到 Boutan 的具体状况，他给 Boutan 安排的形象就是军事攻击的风险巨大的地域。美方那时企图削弱副岛对出兵的野心，促进日方努力外交解决以便扩大美国的影响力，因此李仙得不管自己没有经历访问恒春半岛山区，但是一直强调军事行动的困难。在此需要注意的是李仙得对 Boutan 的想象与副岛对牡丹社的想象混合在一起，李仙得对 Boutan 的评论对日方来讲马上就等同于评论牡丹社的意思。从而之后原来被李仙得描写为"为人正确"的牡丹社渐渐被连接到牡丹的"生番"形象。

三、关于李仙得备忘录里的 Boutan

李仙得在 10 月 28 日与副岛的会谈上就"着手顺序的打算"说"在归国之前先与 Smith 先生商量再提交包括地理等在内的报告"。Smith 是当时担任日本政府法律顾问的外国人。当初打算回美国的李仙得在会谈结束之后向日本外务省连续提出了三件备忘录。[27]尤其第 1 号备忘录就是同年 11 月 2 日外务省为了处理"台湾问题"而向正院（即当时日本的最高权力机关）提出的报告，此报告的提出加速推动了派兵运动热潮，因此其重要性不可忽略。第 1 号备忘录里全面展开了李仙得对 Boutan 的认识框架。

首先，探讨第 1 号备忘录之前，我们首先需要对他后来提出的第 22 号、第 23 号和第 32 号这三件备忘录加以分析。这三件备忘录现在仍然保有英文原文与同时代的日文译文，有助于研究日方如何解释李仙得对"Boutan"的用法。

表 1　李仙得备忘录（第 22 · 23 · 32 号）里所写的"Boutan"

	英语原文	日语译文
① 1874. 3. 13. 第 22 号	…… the ostensible object of the expedition will be simply to punish the Boutan and prevent the recurrence of their evil practices in the future, while in fact its real object will be the annexation of Aboriginal Formosa.	……虽说远征的真正目的在于吞并 Formosa 岛上土著管辖的一部分，但是表面上的目仅在于向 Boutan 人问罪，以便预防其恶行。 （……遠征ノ眞ノ眼目ハ土人ノ所轄タル"（マ）フヲルモサ島（マ）ノ一部ヲ日本ニ併スニアレトモ其表向ノ眼目ハ唯僅カニ"ボンタン"人ノ罪ヲ問ヒ後來更ニ其恶業ヲ行フヲ防制スル爲メナリ）
② 1874. 3. 13. 第 22 号	To request the Chinese to blockade the anchorage of Pong lee, which lies at the Northwestern portion of the Boutan territory and in within chinese［sic］jurisdiction.	日方应该委托支那人封锁枋寮的停泊地点，但是此停泊地点在 the Boutan 领地的西北部，那里属于支那管辖的范围。 （支那人ニ"ポンセ"字體判然ト致シ不申候ノ碇泊場ヲ封港（ブロケード）スルヲ頼ム可シ但シ此碇泊場ハ"ボンタン"領地ノ北西ノ部分ニ在リテ支那管轄ノ地内ナリ）

	英语原文	日语译文
③ 1874. 3. 13. 第 22 号	For ourselves to blockade and occupy with small detachments of say 30 men each, four small junk ports outside of what we understand to be Chinese possessions and due west of the Boutans from Chalatong to Sialiao, over a space of territory about 15 miles in length.	日方在从加六堂到社寮的 the Boutans 西部可以停泊小船，对这里的四个港口，分别由三十人构成的小分队封锁占领。其港口可算是位于支那管辖之地的外边。 （我國ニ於テ"ボンタン"ノ眞西ニ方リシャラロン字體判然ト致シ不申候ヨリ"シャリアス"同斷ニ至ル迄長サ十五里許ノ地ニ在ル小船ヲ碇泊ス可キ四箇ノ港口ヲ三十人ヅヽノ小分隊ヲ以テ封港シ且之ニ占據ス可シ但シ其港口ハ支那ノ所領ナリト思ヘル地ノ外邊ニ在リ）
④ 1874. 3. 13. 第 22 号	To open negociations［sic］with the aborigines who are under the control of the chief of the Tuillassocks, and with those of the Pilam tribes on the East coast, that they may assist us in reducing the Boutans both with guides and with contingents of warriors.	与猪腊束人酋长统治下的土著和东海岸卑南种族进行谈判，让他们成为我方征服 Boutan 人的带路人或援军。 （チュイラソックス字體判然ト致シ不申候人ノ酋長ノ統制スル土人竝ニ東海岸ノピラム人種ト談判シ我カ"ボンタン"人ヲ征服スルニ方リ我ヲ助ケテ道案内者及ヒ援兵ヲ差出サシム可シ）
⑤ 1874. 3. 13. 第 22 号	We will be able to fairly settle at Sialiao with the corps of expedition, and occupy three points on the East coast before the end of May, so as to be ready to fight the Boutans, if necessary in November next, and complete the annoxation of Aboriginal Formosa in such season ……	在 5 月底之前，应该从远征军之中把一支分队拨到社寮停泊定居，而且占领东海岸三个地点。如果出现不得已的情况，11 月份可以在讨伐 Boutan 人之后当即将 Formosa 之中土著领有之地吞并为日本领土…… （五月ノ末迄ニハ遠征ノ一分隊"シャリアス"ニ碇ト居ヲ定メ且東海岸ニ於ケル三ヶ所ノ地ニ占據スルヲ得テ若シ已ムヲ得サレハ十一月ニ"ボンタン"人ヲ討チ間モナク"フヲルモサ"ノ中土人ノ領スル地ヲ全ク日本ニ併ハセ……）

	英语原文	日语译文
⑥ 1874. 3. 31. 第 23 号	If they will aid those who have already disembarked in punishing the Boutans……	如果以上的种族帮助已经登陆的兵士讨伐 Boutan 人的话…… (……右雑人種既ニ上陸シタル兵士ヲ援ケテ "ボンタン" 人ヲ討セハ……)
⑦ 1874. 3. 31. 第 23 号	A gun boat will be sent to Pong lee, and her commander instructed to put himself in communication with the Chinese authorities there, and request them to prevent their people from aiding the Boutans.	将一艘炮舰派至枋寮,其炮舰指挥官与支那当地官吏进行沟通,要求不许当地人民帮助 Boutan 人…… (砲船ゴンホート一艘ヲ "ポンリー" ニ送リ其船ノ指揮官其地ノ支那官吏ト應接シテ其地方ノ人民 "ボンタン" 人ヲ助ルコトナカラシムベキ旨ヲ右官吏ニ頼ムベク……)
⑧ 1874. 6. 30. 第 32 号	Now the Boutans being ten times stronger than the eighteen tribes under Tanketok……	牡丹人之势力比卓己笃指挥之下的十八个种族全体还要大二十倍…… (偖牡丹人ハ "タンケタツ" ノ指揮スル十八人種ヲ合シタルヨリモ其勢ノ大ナルコト之ニ二十倍シタレハ……)

（资料来源：英语原文：〈第廿二号覺書 生蕃事件見込（第 22 号备忘录 关于生番事件的方案）〉；〈第廿三号覺書 生蕃事件見込（第 23 号备忘录 生番事件方案）〉；〈第三拾二号覺書 支那總理衙門ノ掛合ニ答フベキ議案（第 32 号备忘录 关于对支那总理衙门询问的回答议案）〉，都收于日本国立公文书馆藏《蕃地事务局记录》第一号（另外这些资料都在日本亚洲历史资料中心（日名：アジア歴史資料センター）的网站里可以阅览和下载。（http://www. jacar. go. jp/）。查询号码依次是 A03030001500，A03030001600，A03030002800）。日语译文：〈李仙得覺書第二十二号 生蕃統轄官ヲ置キ政令施行並外國人使用方法等ノ論（李仙得备忘录第 22 号 关于生番统辖官员的设置以及政令的实施与外国人的雇佣方法等）〉；〈李仙得覺書第二十三号 各艦發航順序並外國人着手方法（李仙得第 23 号 关于各舰出航顺序以及外国人着手的方法）〉；〈李仙得覺書第三十二号 總理衙門返翰下案云々ノ儀（李仙得备忘录第 32 号 关于总理衙门返翰下案云云）〉，分别收于日本国立公文书馆藏《处蕃始末》，甲戌春·第四册，同·同，甲戌六月之七·第二十三册（查询号码是 A03030100100、A03030100900、A03030174800）。另外、就〈第二十二号〉日语译文，也参照早稻田大学社会科学研究所编《大隈文书》（早稻田大学社会科学研究所，1958 年 2 月，第 41—47 页）。

从②③⑧的例子可见，这里所用的"Boutan"无法等同于"牡丹社"（按，⑧里的"牡丹"代表 Boutan），否则缺乏位置的妥当性。倘若"Boutan"代表"牡丹社"，比如其北西有枋寮（②），或者其西边相当于从加六堂到社寮的恒春半岛西岸 15 里地带（③），还有其势力比卓己笃支配下的部落群大十倍（⑧），这些解释都没有说服力了。另外有一幅称为"台湾南部之图（台湾南部ノ図）"的地图收于早稻田大学所藏的《大隈重信相关资料（大隈重信关系资料）》里。[28]根据在地图上所附的说明，1872 年 11 月在东京，"李仙得将军从副岛外务卿之命绘制此地图（副岛外務卿ノ命ニ因ッテゼ子ラルリヂヤンドル製之）"。其实这幅地图是李仙得临摹了他自己 1872 年绘制的地图。由于地图上"卑南"附近写着"关于如何去卑南，在第三号备忘录上有仔细的标明"，可以说它可能是详述"卑南"的第 3 号备忘录的资料。[29]与 1872 年的地图一样，这幅地图上从"迦落堂"即加六堂东南东到车城东边的一带，也写着"牡丹地""Boutan 人种（ブウタン人種）"这些字样。由此可见，②③⑧的例子不是狭义的"牡丹社"而是"Boutan"。而且在此分析的第 22·23·32 备忘录都写于 1874 年 3 月至 1874 年 6 月，即强行派兵的前后时期。李仙得的 Boutan 概念从厦门领事时代到牡丹社事件一直没有任何变化。

李仙得一直从 Boutan 的观点来思考恒春半岛的问题。他的这种观点也表现于第 1 号至第 3 号备忘录中，这三件备忘录不仅向日本政府提出建议，也报告了他自己的台湾认识。[30]虽然这三件报告已经散失了英文原文，但是日译版中，"牡丹"的说法频繁地被使用。接下来我们来看下面的表 2。

表 2　李仙得备忘录（第 1·2·3 号）里所用的"Boutan"

① 第 1 号	〔琉球民〕迷失道路，终迷入牡丹生蕃之地。同月〔阴历十二月〕十九日，遭牡丹人剥脱衣裳、劫掠物品，逃离险境逃入他村之际，牡丹人探知而直接包围难民将五十四人全部抓住杀光。（pp. 17 – 18） （〔琉球民〕道路ニ迷ヒ終ニ牡丹生蕃ノ地ニ迷ヒ入タリ同月〔旧暦十二月〕十九日牡丹人ニ出逢ヒ衣服ヲ剥キ取ラレ所持品ヲ奪ハレ辛ク性命ヲ脱シテ他村ニ逃入シニ牡丹人探知シテ直ニ難民ヲ圍繞シテ泄サス五十四人ヲ捉ヘテ是ヲ殺シ）
② 第 1 号	我琉球之民从来于台湾岛毫无犯罪，又自祖先起并未私吞生于牡丹地之一根草一块土，牡丹人何逞凶残而敢害生命……（p. 18） （我琉球ノ民ハ從來臺灣島ニ於テ毫モ犯セル罪ナク又祖先ヨリ牡丹地ニ生セル一根ノ草一塊ノ土ヲモ私セシナキニイカナレハ牡丹人慘刻ヲ逞フシテ敢テ生命ヲ害セルヤ……）
③ 第 1 号	将既锐勇又熟于山战之骁兵遣至牡丹部，将调查杀害始末以问其罪……（p. 18） （……鋭勇ニシテ山戰ニ馴レタル驍兵ヲ遣シ牡丹部ニ至ラシメ殺害ノ顛末ヲ檢査シ其罪ヲ問ワントス……）
④ 第 1 号	我日本属民琉球人去年为牡丹人所害…闻支那政府管辖牡丹人……（p. 19） （我日本從民琉球人去年牡丹人ニ害セラレ…聞支那政府牡丹人ヲ管轄スト……）

⑤ 第1号	今由我日本国直入台湾岛，不借支那政府之助，罚牡丹人而使之赴于开化，此有理与否……（p.20） （今我日本國ヨリ直ニ臺灣島ニ入リ支那政府ノ助ヲ借ラス牡丹人ヲ罰シ而シテ之ヲ開化ニ赴カシムルノ理アリヤ……）＼
⑥ 第2号	闻琉人受害，即普示应以敕旨亟速严罚牡丹人之旨……（p.26） （琉人ノ害ヲ受シヲ聞ヤ否ヤ速カニ勅旨ヲ以テ牡丹人ヲ嚴罰スヘキ旨ヲ普示セシコト……）
⑦ 第3号	于猪腊束射麻里，如前所云开始教化之术后，经海路至卑南，以同样方法制造木架，渐向南地至牡丹之部，由猪腊束射麻里亦进入牡丹之部，两方在此处合流。（p.32） （テュラソックサバリニテ前ニ云ヒシ如ク教化ノ術ヲ始シ后海路ピーラムニ至リ同様ノ手立ヲ以テ木架ヲ構造シテ次第ニ南地ニ向ヒ牡丹ノ部ニ及ヒテュラソックサバクヨリモ次第ニ進ンテ牡丹ノ部ニ入リ両方此處ニテ出會スル様ニスヘシ。）

（资料来源：《大隈文书》，第17—33页。页数表示《大隈文书》里的页数。）

这些引文中的"牡丹"也是"Boutan"的同义词。当时李仙得并没有将攻击对象局限于"牡丹社"的企图。他随便想象未见的敌人，将它看成"膺惩"对象，但是关于敌人是谁这个问题，却只能说"就是Boutan"而已。因此，李仙得在第1号至第3号备忘录里展开的"牡丹（Boutan）"，观念性非常强，他将它彻底看做邪恶的人群。"牡丹社"被他描述为"以正确态度面对他们的话，就不会遭受他们的暴力"，他对"Boutan"与"牡丹社"的态度完全相反。这种意思也体现在②的例子中，其实这引文后面还有下面的内容（以便接到③里的"问罪之师"）："（敢害生命）此悖上天之意，以善为恶，以恶为善，又害人间平宁，此为不能不为报仇之所以。"[31]可见，在李仙得的文章中，派兵理由和派兵目的都极其抽象，具体的最终目标完全不清楚，只能说"彼倘恭顺悔罪，则对之教仁义之道，使无向来不法之行，又倘不觉昏昧顽愚，则速加杀戮，事不成不敢返。"[32]

李仙得为证明上述漠然内容的正当性而使用了国际法。他以澳大利亚与新西兰为例，依据"万国通法"[33]来解释"文明"对"野蕃"（在此代表"野蛮"的意思）的教化义务：

［文明之民对野蕃］自己主宰尽力使得此野蕃之民趋于开化，然而此蕃民等倘若不敢答应开化，又不服从教化，损害其他国家的国民，则以开化之民代替此野蕃之民。[34]

据他指出，当1430年"支那国人"初次到达台湾时，台湾岛已经归于"日本人所有"，因此出现一种状况，就是许多"生蕃"通过与"日本人"的交往和通婚，"羡慕日本风俗，希望向此同化"。[35]日本过去统治台湾这个荒诞无稽的说法，因为被插在"荷兰统治台湾"和"郑成功母亲是"日本人"这些说法之中，所以似乎被李仙得当成了无可置疑的事实。与此相反，"支那人"为"寻找金银"或"得到樟树"而反复暗算歼灭"生蕃"。[36]李仙得将此种"诈术"算成"支那人控制生蕃之术，乃是土蕃嫌恶不服之所以。"[37]因此他认为他们袭击外人的习惯也起因于"支那人"原来对他们的所作所为，"因此土蕃偶见外人来其地，则推见此等之人暴恶如支那人，杀害之如驱虎狼。"[38]一言以蔽之，李仙得的构想基础上不断存在着以下认识：

日本人或荷兰人驭岛民,安以仁义接民,支那人不然,以暴恶率之,害民甚多,竟至今日形势。[39]

不仅"野蕃",还有"日本人"和"荷兰人"原来也都不是"暴恶"的,而"支那人"才是,他们驱使"野蕃"趋于野蛮。李仙得的这种说法里,没有像与副岛进行交谈时对牡丹社采取的那种稳健的态度,个个"何国人"在"文明"或者"野蛮"的意思之间转来转去。另外,他认为"支那人"对开化义务的玩忽态度最后导致当地"趋于空旷如现实未开之地,不论何国人,容易移植之势"[40],但是由于日本政府不欢迎西洋人在自国附近建殖民地,他就不得不下这么个结论:"支那政府不欲有此地,则与其落西人手中宁可由我国领此地。"[41]

根据笔者的研究,例如位于"野蕃"之地的当地汉人的主要村落(如车城)当时也抵抗清朝台湾当局对本社会的直接干预,[42]但是李仙得在这些备忘录里没有提及这个问题。1867年罗妹号事件时时任驻厦门美国领事的李仙得与猪腊束社头目卓杞笃达成"1867年协定(即所谓南岬之盟)",而其背景是当地平地居民由于对清朝远征军的反感而愿意合作的现状。[43]笔者认为,当分析恒春半岛历史时,关键不在于"汉人还是原住民"这种单纯的族群矛盾框架,而在于如何把握18世纪以降社会结构日趋复杂的恒春半岛这个空间的多重秩序。然而李仙得在动用国际法之际,不顾本地域内部的上述复杂性,其结果造成,恒春半岛被他单纯地分为东岸的"原住民"和西岸的"中国人"与"混血者",让问题从地域性问题轻而易举地转移到了族群问题。

第2号备忘录以及第3号备忘录在第1号备忘录的前提下,提出具体行动计划。第2号有些关于军事行动开始前准备阶段的阐释。比如,将战舰派至澎湖群岛,在苏澳、鸡笼(即基隆)和淡水分别地驻扎100名、1500名和1000名兵力等等,提出全岛规模的军事行动计划,其内容过于夸大。[44]第三号备忘录是有关恒春半岛攻略的方案。[45]后者建议将社寮定为据点,通过接触猪腊束社头目卓杞笃与射麻里社头目伊厝来扩大影响力,之后往东岸卑南的方向深入。[46]在进行这些计划之后,如表2⑦所述,他企图从东南两个方向攻击"牡丹之部"。那么"牡丹之部"到底指什么地方?其实在这个备忘录中也没有对此词的具体解释。李仙得尽管没有访问过恒春山区,却仍是坚决拘泥于自己的Boutan空想。

四、土蕃与生蕃

虽然还有其他的李仙得备忘录,但是因为笔者的目的在于分析李仙得的Boutan形象的展开过程,所以第4号到第6号备忘录的历史价值,本文不谈。[47]无论如何,他对"Boutan"的空想在日军实行派兵之前没有任何变动。那么接下来,围绕着日军将攻击对象定为"牡丹社"的原因,我们还有必要探讨日方对李仙得所用的"Boutan"的解释了。

不过从派兵时决定攻击战略的主要史料中,倒是怎么也找不到"牡丹社"这个词。1874年3月末陆军省通过同年2月起草的军事行动方针〈进讨生番时应该逐次处分的条件(生蕃進討ニ付逐次處分スヘキ條件)〉,决定先断绝"生番人"的往来交易使得他们陷于孤立,再进行问罪的攻击。[48]1874年4月5日台湾蕃地事务局开设,西乡从道(即明治维新之元勋西乡隆盛胞弟)前一天被任命为蕃地事务都督,也收到了三条实美太政大臣的勅旨三条以及特谕十款。但这些晓谕中只有"土人"的记载。[49]另外,虽然西乡在强行派兵之前将告谕发给了远征军,但其中只有"生蕃"之词,并没有"牡丹社"的字样。[50]

1873年12月5日外务少辅上野景范向右大臣岩仓具视提出一件由福岛九成呈交的台湾考察报告,其中使用了"牡丹社"一词,与此同时,台湾南部的"原住民"也被分为三种:

蕃人亦不可一概以兽心鬼性而论,故杀琉球人者至凶,宜以兵惩之,然有仅止于南方一隅者，此名生蕃。救备中人者人情得宜，应以恩抚之。凡东方诸部大半此类，此名土蕃，又有熟蕃者。生蕃乃土蕃之为凶暴性者，而熟蕃乃土蕃之向少顺从化者。[51]

福岛根据"原住民"与平地居民的亲近程度将他们分为三种，即熟蕃·土蕃·生蕃。从"余未至蕃地"这个记载可见，他本人对"蕃人"的认识不是基于当地考察而得到的。[52]他与李仙得在缺乏当地访问经历这一点上相同，不过他的"三分法"与李仙得的"Boutan"想象在对当地的空间认识上有很大的不同。在当时的中文文献里，除了最广泛的"熟番－生番"的区别比较普及之外，比如"土番－生番"的区别，或者"归化生番"这种（被清朝官人解释为）向清朝当局纳税的"生番"的纪录等，对"原住民"的分类还存在不少认识框架。[53]虽然不清楚福岛对"归化生番"概念有无关心，但是福岛是将"生番"明确分为"土蕃"和"生蕃"加以分析的。其目的当然在于辨别作为攻击对象的"生蕃"与作为殖民对象的"土蕃"，因而"生蕃"形象不得不承担起极其残忍的印象来。[54]福岛陈述道：

生蕃为深山一带及南方海岸地方，其中称社号之地共有十八，统称为十八社。人种极为残忍，见他国人则必杀之。故此地虽距凤山县仅二日，曾无往来者。往年琉球人五十二人于此地牡丹社被杀。[55]

福岛将牡丹社描述为构成"琅峤十八社"的一个番社，又对这"十八社"赋予负面意义，评为"人种极为残忍，见他国人则必杀之。"福岛的这种十八社认识与李仙得对十八社尤其被称为"十八社大头目"卓杞笃作出的正面评价不同，他过于强调其暴力性。恒春半岛南端一带曾经被称做琅峤，而据中文文献的解释，当地"原住民"部落群的总称就是琅峤十八社，清代知识分子认为琅峤十八社是非常好战的部落群。但是19世纪后半叶当时的琅峤十八社早就失去了古昔的强大权力和战斗力，陷于瓦解危机之中。[56]然而福岛仍然坚持这种残忍的"琅峤十八社"的说法，福岛既然将强暴性的帽子扣在"琅峤十八社"头上，也就不需要作为暴力象征的"Boutan"，"十八社"可以起到象征恒春半岛"原住民"之凶恶性的作用。总之，他以"十八社"为"生蕃"，以（救备中人之命的）"卑南"为"土蕃"，因此李仙得在这两个人群之间空想出的"Boutan"对福岛来讲就没有必要了。

如上所述，李仙得的"Boutan"是弥补无人访问过的空间的一个空想概念，因此从北部的卑南以南到南边的"十八社"以北之间都是"Boutan"，其领域极为广阔。因而，他写的第二十二号备忘录中，可以一边说"目的仅在于问Boutan人的罪"，一边说"与猪腊束人酋长统治下的土著和东海岸卑南种族进行谈判，让他们成为我方征服Boutan人的带路人或援军。"[57]就是因为李仙得的"Boutan"不意味着位于恒春半岛南端的"牡丹社"，所以他可以说让台东周边（即本半岛东南端以北）的卑南"原住民"带路至"Boutan"，如果"Boutan"代表"牡丹社"，卑南人就不会带路了。李仙得的侵台计划之中的攻击对象始终不限于"牡丹社"，而是包括全部恒春半岛山地居民在内的"Boutan"。

与此相反，福岛的"牡丹社"概念完全是从"琅峤十八社"的认识框架构思出来的概念，也没有暗示恒春半岛全体的意思。福岛对"生蕃""土蕃"等概念的了解在1874年2月呈交的〈关于提前处分蕃地的方法〉之中也没有巨大变动。[58]据他说，为进攻"生蕃"起见，首先要在琅峤这个"靠近生蕃的熟蕃之地"驻扎陆军兵力，同时借口通商加深交流，从琅峤居民（"土人"）中选拔"四五个亲切的人"，"遣至生蕃，与头目卓杞笃"会面，取法罗妹号事件的经验向他建议缔结协定，如果遇到拒绝，就开始实施军事行动。反过来，他对"土蕃"抱有好感，他认为只要请商人李成忠安排进入卑南的事情，一切都会顺利。关于军事行动, 他并没有留下任何记述。

另外, 从台湾考察回来的儿玉利国 1874 年 1 月 1 日写的报告也将牡丹社作为 "十八社" 的一部分而非常重视:

> ……平定牡丹社之后, 南北如有蕃社不服, 则遣兵而使二十八人种牡丹社酋长卓杞笃教诲。然不服从而为暴举, 则加以兵威, 待其平定, 暗选牡丹社酋长其外番人中已归服者到东京, 以有助于教人命不杀之道, 使进入开化之域。[59]

此处, "二十八人种" 的 "二十八" 应为 "十八社" 的 "十八" 之误。笔者认为此 "二十八人种" 是对李仙得文献里常见的 "the 18 tribes" 做的直译, 就是 "琅峤十八社"。也许是因为李仙得文献的日译版本的原因, 儿玉误以为卓杞笃是牡丹社酋长。但是最重要的问题不是他误认事实, 而是儿玉认为 "牡丹社" 所属的 "十八社" 恐怕不服从 "教诲" 而趋于 "暴举", 万一如此, 日方应该采取军事措施, 与此同时, 也要使得已经 "归顺" 的 "酋长" 前往东京进入 "开化之域"。[60] 福岛也好, 儿玉也好, 都重视中文文献里的认识框架, 即说牡丹社属于十八社。结果, "牡丹" 被迫承担的 "生蕃" 形象在想象十八社的时候也自动应用进来, 因此日方的重点离开了李仙得的重点, 即转向压制恒春半岛全体山地地区。

结　尾

上面引用的〈进讨生番时应该逐次处分的条件〉中, 关于派遣一批兵力殖民卑南的问题有以下条款。

生蕃东北岸之土蕃卑南, 派遣殖民兵半大队以据之。[61]

"生蕃" 与 "土蕃" 的区别在此十分明显, 这个 "生蕃" 被赋予的意思与其说是中文史料里的 "生番", 毋宁说既是 "琅峤十八社" 又是 "牡丹社"。〈进讨生番时应该逐次处分的条件〉中还有以下条款。

以上处分已定, 又至于生蕃人孤立之势, 则应四方进兵, 问生蕃人罪。

按上述内容, 在此所用的 "生蕃" 也是 "琅峤十八社" 或者 "牡丹社", 而并不代表按一般的文明论观点称为 "生番" 的 "野蛮人"。论述至此, 我们终于明白日军是如何将攻击对象限于 "琅峤十八社" 中拒绝 "归顺" 的 "生蕃" 的。

这种认识框架在西乡同时期发表的〈征蕃方略〉里也被沿用了, 这时只有牡丹社才成为应该被 "问罪" 的敌人。

此举以问台湾牡丹社生蕃既往之罪, 正将来之行, 使基于天地公道为主。

这引用部分的下面还有 "应着手之处限于其南部一区" 这段条款, 由此可见, 这里所用的 "牡丹社生蕃" 不再是形象模糊范围广大的 "牡丹社", 日方有意识地瞄准了狭义的 "牡丹社"。可以说, 这时 "征讨" 的对象从 "Boutan" 明确地转移到 "牡丹社" 了。

如上所述, 李仙得始终坚持以 Boutan 为攻击对象的立场, 但是对日方来讲 "牡丹社" 应该被放在 "琅峤十八社" 框架之中, 而对往北扩大战线 (即进攻 Boutan) 持慎重态度。日方从头到尾无法了解李仙得的 Boutan 概念, 只能按照地方志等中文文献, 即以 "琅峤十八社" 概念为主, 加以了解。让人感到奇怪的是尽管李仙得与日方之间存在围对 "Boutan" 词义的理解差异, 但是双方都没发现其差异而出现了同床异梦的状态。也就是说, 李仙得在实现侵台派兵之后仍然坚持 "Boutan" 形象, 同时日方也坚持 "琅峤十八社牡丹社生蕃" 形象。

"Boutan"原来是本地平地居民为了弥补知识空间的缺乏而创造的一个空想。通过李仙得的"介绍",这个空想居然覆盖到了"牡丹社"的形象上。

将攻击对象限定于牡丹社的过程之中,牡丹社本身始终处于无权干预的"他者"窘境,这一点上牡丹社的确没有适合做当事者的历史主体。但是,为了恢复历史主体而将一个新的族群历史构建起来,就没有问题了吗?通过本文论述得到的答案就是,还有无法解决的问题留了下来。比如,无法界定的族群认同的问题,与此同时存在的描写人的目光问题等等。在这种客观条件下,族群观点不能单独地解释历史。如何能够深入研究族群分布较为复杂的地域的历史,笔者认为其关键是如何将族群观点融化为陈述跨族群的地域历史的观点。

(作者单位:中国社科院近代史研究所台湾史研究室)

注 释:

[1] 黄嘉谟《美国与台湾》,台北:中央研究院近代史研究所,1966年2月。

[2] 高加香(Lianes punanang)〈从 Sinvaujan 看牡丹社事件〉,《史学》(成功大学历史系)第24期,1998年5月;同〈牡丹社群的历史与文化轨迹从排湾族人的视点〉,台南:台南师范学院乡土文化研究所硕士论文,2001年6月;大滨郁子〈加害的元凶不是牡丹社蕃——从"牡丹社事件"来看冲绳与台湾——〉(加害の元凶は牡丹社蕃に非ず——"牡丹社事件"からみる沖縄と台湾——),《二十世纪研究》,2006年12月。

[3] 台湾总督府临时台湾旧惯调查会(中央研究院民族学研究所编译)《番族惯习调查报告书》第五卷,第一册,台北:中央研究院民族学研究所,2003年,第104页。日文原版在1920年3月被出版。

[4] 台北帝国大学土俗人种学研究室《有关台湾高砂族系统所属的研究》(台湾高砂族系統所属の研究),1935年,第298页。

[5] 这种关系从琉球王国时代琉球本岛与先岛群岛(即相当于今日本最西端的地区)之间的关系里也能看见的。滨下武志《近代中国的国际契机》发表以来(正确地说 Mark Mancall 以来),"朝贡体制"这个词汇已经传播至广泛地域,但是笔者要说,"朝贡"不是只针对中国皇帝,而是既普遍又多重的网络性关系概念,应该说中国皇帝在这种概念里不是朝贡的唯一客体,而是在多重的网络之中被赋予其概念中的中心位置的一个当事者。

[6] 台湾总督府临时台湾旧惯调查会(中央研究院民族学研究所编译)《番族惯习调查报告书》第五卷,第一册,第99—100页。

[7] 台湾总督府临时台湾旧惯调查会(中央研究院民族学研究所编译)《番族惯习调查报告书》第五卷,第四册,台北:中央研究院民族学研究所,2004年,第91页。

[8] 关于朝贡概念,参见 Mark Mancall, The Ch'ing Tribute System: An Interpretive Essay, John K. Fairbank Ed., The Chinese World Order, Cambridge (Massachusetts): Harvard University Press, 1968.

[9] 台湾总督府临时台湾旧惯调查会(中央研究院民族学研究所编译)《番族惯习调查报告书》第五卷,第一册,第102页。

[10] 台湾总督府临时台湾旧惯调查会(中央研究院民族学研究所编译)《番族惯习调查报

告书》第五卷，第一册，第 106 页。

[11] 台湾总督府临时台湾旧惯调查会（中央研究院民族学研究所编译）《番族惯习调查报告书》第五卷，第一册，第 33—36 页。

[12] 台湾总督府临时台湾旧惯调查会（中央研究院民族学研究所编译）《番族惯习调查报告书》第五卷，第一册，第 94 页。

[13] USNA：CD, Amoy, 100—6, Charles W. Le Gendre to Frederick F. Low, Amoy, Apr. 17, 1872.

[14] Robert Eskildsen ed. , Foreign Adventurers and the Aborigines of Southern Taiwan, 1867—1874, Western Sources Related to Japan's 1874 Expedition to Taiwan, p. 69.

[15] USNA：CD, Amoy, 100—4, Le Gendre to W. H. Seward, Amoy, Sep. 30, 1867.

[16] 最早探讨杀害者问题的是藤崎济之助《台湾史と桦山大将（台湾史与桦山大将）》（东京：国史刊行会，1926 年 12 月）。之后日本研究者们之中，比如松永正义也指出过牡丹社之负屈含冤（松永正义＜台湾领有论の系谱——1874 年（明治 7）年の台湾出兵を中心に＞（台湾领有论的系谱——以 1874 年（明治 7）年台湾出兵为主），《台湾近现代史研究》第 1 号，东京，1978 年 4 月）。但是这些指出都是时而发生的，也没有出现过任何潮流关注确定杀害者的问题。这是多年来以台湾为中心抬头起来的"原住民"历史观才给这种状况带来新鲜的空气，其代表性论文是高加香＜牡丹社群的历史与文化轨迹从排湾族人的视点＞（台南师范学院乡土文化研究所硕士论文，2001 年 6 月）与华阿财（宫崎圣子译）〈"牡丹社事件"に关する私见（关于"牡丹社事件"的己见）〉（《台湾原住民研究》第 10 号，东京，2006 年 3 月）。这种研究观点也波及到日本，大滨郁子〈加害の元凶は牡丹社蕃に非ず——"牡丹社事件"から见る冲绳と台湾（加害的原凶不是牡丹社蕃——从"牡丹社事件"来看的冲绳与台湾）〉（"二十世纪研究"，京都，2006 年 12 月）就是其代表。

[17] USNA：CD, Amoy, 100—6, Charles W. Le Gendre to Frederick F. Low, Amoy, Apr. 17, 1872.

[18] Ibid.

[19] William A. Pickering, Pioneering in Formosa, London：Hurst and Blackett, 1898, pp. 185—186.

[20] 落合泰藏《明治七年生蕃讨伐回顾录》，东京：非卖品，1920 年 5 月，第 11 页。

[21] 〈四月初五日京报全录〉，《申报》第 26 号，上海，1872 年 5 月 30 日，第 4—5 页。

[22] 同上。

[23] 外务省编纂部日本国际协会《大日本外交文书》第 5 卷，东京：同协会，1936 年 6 月，第 258—259 页。

[24] 西乡都督桦山总督记念事业出版委员会《西乡都督与桦山总督》（西郷都督と桦山総督），东京：西乡都督桦山总督记念事业出版委员会，1936 年 12 月，第 53 页。

[25] 外务省编纂部《大日本外交文书》第 7 卷，第 12 页。

[26] 外务省编纂部《大日本外交文书》第 7 卷，第 14 页。

[27] 第 1 号至第 3 号备忘录都收于早稻田大学社会科学研究所编《大隈文书》（第 17—33 页）。

[28] 〈台湾南部之图〉（台湾南部ノ图），《大隈重信关系资料》，早稻田大学所藏。

[29] 《大隈文书》，第 31—33 页。

[30] 关于写第一备忘录的时期，完全没有记录。但是由于第二备忘录是"壬申十月十五日（1872 年 11 月 15 日）"写的，30 可以推断它是 10 月 28 日至 11 月 15 日之间的备忘录。另外，第三号备忘录也没有日期的记载，但是上述地图既然绘制于 11 月，在内容上与

第二备忘录相当类似的第三号备忘录也应该是在写完第二号备忘录之后马上就写的，具体来讲应是 11 月下旬。总之，日方原来有正式雇用李仙得的意向，12 月 29 日美国驻日本大使德朗（De Long）也答应了其要求，但是李仙得至少把三件备忘录写完了。

[31] 《大隅文书》，第 18 页。

[32] 《大隅文书》，第 18—19 页。

[33] 《大隅文书》，第 20 页。

[34] 同上。

[35] 同上。

[36] 同上。

[37] 《大隅文书》，第 23 页。

[38] 同上。

[39] 《大隅文书》，第 22 页。

[40] 《大隅文书》，第 25 页。

[41] 同上。

[42] 拙论〈关于罗美号事件的解决过程〉（ローバー一号事件の解決過程について），《日本台湾学会报》第 10 号，2008 年 5 月。

[43] 拙论〈"南岬之盟"与琉球漂流民杀害事件〉，若林正丈？松永正义？薛化元主编《跨域青年学者台湾史研究续集》，台北：政治大学台湾史研究所，2009 年 7 月。

[44] 《大隈文書》，第 26—31 页。

[45] 《大隈文書》，第 31—33 页。

[46] 《大隈文書》，第 32 页。

[47] 关于这些备忘录的意义，参见石井孝《明治初期的日本与东亚》（明治初期の日本と東アジア）第一章，有隣堂，1982 年 11 月。

[48] 〈八 进讨生番时应该逐次处分的条件〉（生蕃進討二付逐次處分スヘキ條件）（缺月日），《西乡都督与桦山总督》，第 63—69 页；〈关于主番进讨的处分的条件〉（主蕃進討二付処分ノ条件）[A03030101200]，《处蕃始末》甲戌春（第四册）。

[49] 〈七 赐给西乡都督的勅旨三條〉（西郷都督ヘ勅旨三條）（1874 年 4 月 5 日）、《西乡都督与桦山总督》，第 60—61 页；〈八 赐给西乡都督的特谕十款〉（西郷都督ヘ特諭十款）（1874 年 4 月 5 日）、同書、第 61—62 页。

[50] 〈一○ 由西乡都督发给征台士兵的谕告〉（西郷都督ヨリ征臺軍卒ヘノ諭告）（缺月日），《西乡都督与桦山总督》，第 70—71 页。

[51] 〈由外务省提交清国视察福岛九成台湾见闻录〉（外務省ヨリ清国視察福島九成台湾聞見録上申），《处蕃始末》癸酉下（第三册），[A03030099400：6—7]。这里所用的"备中人"指小田县居民佐藤利八等四名，日方说 1873 年 3 月他们漂至台湾岛东岸卑南地区后遭到掠夺。这个事件也成了日军侵台的理由之一。（《大日本外交文书》第 7 卷，第 21 页？第 30 页参照。）

[52] 〈由外务省提交清国视察福岛九成台湾见闻录〉。

[53] 关于专门论述台湾地方志的文献中出现的台湾"原住民"想象，参见 Emma Jinhua Teng，Taiwan's Imagined Geography，Chinese Colonial Travel Writing and Pictures，1683—1895，Cambridge（Massachusetts）and London：Harvard University Press，2004.

[54] 这种认识框架类似于清朝政府在牡丹社事件后"开山抚番"之中提倡的"良番"与

"凶番"的概念。

[55] 〈由外务省提交清国视察福岛九成台湾见闻录〉。

[56] 拙论〈"南岬之盟"与琉球漂流民杀害事件〉

[57] 〈关于生蕃讨伐以及统治的意见〉（生蕃討伐及ビ統治ニ關スル意見書），"大隈文书"，第 41 页。

[58] 〈预先处分蕃地的方法〉（預メ蕃地ヲ處分スベキ方法），《大隈重信关系资料》，早稻田大学图书馆所藏。

[59] 〈海军省八等出仕儿玉利国对蕃地事务的建议以及开拓、建筑和守兵等诸费用的估算〉（海軍省八等出仕児玉利国蕃地事宜建言並開拓建築守兵等諸費積書）（查询号码：A03030099900），『处蕃始末』甲戌春（第四册）。

[60] 日方当时有一个奇怪的计划，想将"生蕃"居民带至东京"开化"。结果，日方将称为 Otai（オタイ）的 12 岁少女带回了东京。参考山本芳美〈在 paiwan 少女 Otai 眼里的"牡丹社事件"——以当事人的记录与国立公文书馆收藏的档案为中心——〉（パイワン少女オタイからみる"牡丹社事件"——関係者の記録と国立公文書館所蔵の公文書を中心に——），《台湾原住民研究》第 11 号，2007 年 3 月。

[61] 〈八 进讨生番时应该逐次处分的条件〉（生蕃進討ニ付逐次處分スヘキ條件）（缺月日），《西乡都督与桦山总督》，第 63 页。

日据时期的台湾银行与广东

张晓辉

外国银行在华活动是中国近代经济史的重要领域之一，以往学界对日本银行在华活动的研究尚较薄弱，[1]本文试对近代日本台湾银行对广东的侵略与扩张进行具体深入的探讨。台湾银行是日据时期所创办的金融机构，成立于1899年9月，实为日本政府特许的银行，总行设在台北，创立资本为500万日元。这是殖民地最高银行，从一开始就受到日本用武力建立的殖民统治秩序的支持，享受着许多特权，其创办的理由书云："以开发台南之商源，谋经济上之发达，更进而扩张营业范围于中国南方，及南洋群岛，成为此等诸国之商业贸易机关，以调和金融为目的。"[2]它不仅控制全台经济命脉，开发台湾境内的产业，还进而成为对外贸易和投资的机构，活动范围以台湾为主，并扩及日本、华南、南洋等地。由于台粤之间的商贸关系较为密切，台湾银行驻粤机构不仅发行钞票，扶植日商势力，为其投资、贸易提供服务，而且还是对广东地方政府贷款的重要投资机关，迅速扩张了日本在粤的经济势力。抗战时期，台湾银行参与操纵广东沦陷区的金融，日本战败投降后，台湾银行驻粤机构被中国政府接收，终结了其在广东近半个世纪的侵略史。

一、台湾银行驻粤分支机构及其业务

甲午战争后，日、俄、美三国银行势力相继打入中国，以开发殖民地为目标的台湾银行将毗邻台湾的粤港列为其进行经济侵略与扩张的重要对象。台湾银行香港分行设于1903年，汕头分行设于1907年，广州分行设于1910年。[3]在第二次世界大战以前，日本对粤投资虽相对较少，在穗、汕等城市有若干直接的事业投资，以输出入商业、银行、海运业等的附属事业为主，但在与广东联系特别密切的香港，则有巨额的贸易，设立海运、银行等大型机构，若计包括香港在内的整个华南地区，日本的投资额高达7000万元左右。[4]

清末民国前期，在香港、上海、天津、汉口、济南等城市都设有外国银行总行，但广东却没有一家，唯广州曾设有麦加利、汇丰、花旗、台湾、横滨正金、东方汇理和德华等7家外国银行的分行，汕头设有台湾银行分行。[5]台湾银行成立香港分行的目的是"联络南洋华侨的情感，在南中国扩张经济势力"。⑥台湾银行广州分行地处沙面租界内，附有规模颇大的"南洋仓库"，并定期编印《经济报告》，搜集分析广东经济情报，尤其重视物资生产及运销情况，对锡矿特别注意。该行大力扶植日货在华倾销，三井、三菱洋行直接办货到粤批发，大阪商船会社、日本邮船会社、日清汽船会社海运业务，以广州为中心，都以台湾银行为金融支持。台湾银行还吸取广东绅商的大量存款，资助甚至庇护当地官僚政客，以培养"亲日派"。[7]

辛亥年间（1911），台湾银行对广东布政使先后两次借款共达160万元，粤省财政当局由此填补了因废止赌博税而出现的岁入不足，并解了官立银行挤兑事件之急，此举为台湾银行赢得了声誉。[8]台湾银行标榜以日中经济提携为重点，为在华日本人及中国人的各种事业提供贷款，并为援助所谓日中合办事业，于1916年专设华南银行，诱使南洋的华侨资本家和开发华南、南洋方面的产业。[9]

汕头本地银业团体坚固，组织严密，有很大的经济实力对抗外国金融势力，但由于台湾是汕头与日本贸易的主要中转地，故台湾银行汕头分行是唯一能够在该埠站住脚跟的外国银行，一直营业到抗战结束后才撤走。该行在汕头发行"银票"（始于1909年）和"汕票"（始于1913年），券面金额均为1、5、10、50元。[10]前者专为缴纳海关税饷之用，在商场中不能流通；后者按照汕头商场习惯发行，但由于受到本地银庄的集体排挤，数量不多，影响力尤小，故时论称它的业务"着重在扶助其籍民之经济侵略"。[11]

北洋政府统治时期，日本的银行是所有在华外国银行中发展最快的，台湾银行广州分行是日本对粤进行经济侵略的主要据点，它不仅吸收许多当地豪绅巨贾为股东，给予其比银行利息优厚得多的股息，在经营方面，还有不同于其他外资银行的特点，即处理业务非常灵活，不像其他外资银行只以港币作为存放款的记账单位，不收当地通行的货币，而是不论港币、粤币（小洋）、日元等，都可以存纳开户，且特别欢迎当地通行的双毫（角）存款，这就扩大了业务。[12]

近代中国发展实业，资金匮乏是一个严重制约，始终存在对外借款问题。台湾银行不仅对闽粤各地的金融组织提供资金援助，更为广州、汕头的电气、电灯、电话、自来水等公共事业贷款。[13]该行对广东举办了不少企业借债，值得注意的是所谓"中日合办事业"，这是近代中日交涉史上一个固定的名词，成为日本对华资本输出上重要的一个环节。如广东制造皮革公司创办于清末，系缘新军成立，所有全省军服均归其承办。1917年11月改组成为商办福兴皮革公司，原公司所欠官、商各款，由广东实业银行暂垫，代省财政厅向台湾银行息借大洋20万元。[14]1924年5月，广东造币厂订借日款，改用股份公司制。[15]6月7日，该厂正式开铸本省通用双毫（即粤币2角）银币一种。是日，由该厂监督梅光培、总办劳勉等，柬请台湾银行资本家及10余名日人，暨官方郑洪年、陈其瑗、吴铁城等，赴席宴叙，席间讨论该厂今后事宜甚详。[16]此外，民营企业也有不少息借日债的，如1912年汕头自来水厂和开明电灯厂曾分别接受台湾银行投资10万元和4万元。[17]

民初广东中外商拟建的铁路不少，由于种种原因历经波折，最终成为纸上谈兵，其中较重要的有广（州）澳（门）铁路。1913年，台湾银行广州分行总经理吉原推荐日人山本任广澳铁路公司勘路总工程师，经其勘测，该路长52.5英里，估计需资本700万银元，而修通后年入约209万元，除行车费48万元，可溢利160万元。但山本因该路没有动工，遂回国另谋出路。后台湾银行和三井洋行屡欲合资包筑广澳铁路，但广澳铁路公司以当时国人对日本抱有恶感，故未许之。[18]

民国前期，广东历届政府与英国关系较为紧张，故多向日资台湾银行和其他银行借款。据调查，1917—1923年广东省财政厅所借外债中，以日本为最大债主，其中台湾银行为439万日元，华南银行为15万日元，其他如铃木、佐治、三井等洋行约借17万港元；其次为美国五金公司，香港汇丰及渣打银行；再次为美信公司、保庇洋行、公信洋行、实业公司等。[19]这些外债的偿还状况很差，据1928年底广东交涉员呈省政府委员会函称：日本驻广州领事函催偿还台湾银行借款，并附有借款一览表，截至当年底，所欠本息共计日元528万余元、毫银（粤币）240.8万元、港元3.1万余元。省政府会议议决交财政厅办理。[20]

近代列强与中国政府进行财政勾结，其中最重要的项目就是搞公开或秘密的抵押借款。民国初年，台湾银行广州分行与广东历届政府关系密切，据不完全统计，1919至1924年间，日本对粤投资即达39笔（其中12笔是铁路借款）。[21]

民初广东政局动荡，金融货币风潮不断，每当危机降临，商界即将现金存入外资银行以避风险。如1922年4月广东省立银行纸币发生低折，政府和工界为维持纸币，向广州银号施加压力，甚至有过火行为，迫使银业集体罢市。各行商纷纷将现金寄存沙面租界外国银行，以防不测。自当月 5 日起，各国银行接受存款大有应接不暇之势。据某银业中人士谓，一周内仅付存台湾银行、华南银行及汇丰银行之款即达 150 万元，广州各银号多已无现款存贮。[22]

由于经营极为广泛和借贷数额庞大，竟造成了粤省经济社会对台湾银行广州分行的相当依赖性。如 1927 年 4 月 18 日该行宣告停业 2 周，引起各界的很大恐慌，广州总商会致电日本内阁云："敝省群情，颇滋惶惑"，称自该行设立粤分行以来，"深得群情仰信，附存款项，恒达数百万之巨"，希望"迅为设法饬该银行克日复业，以维国信，而慰群望。"同时，并致电各埠华侨请一致电促。[23]同月 29 日，广州市商会亦致电广东省政府和国民党广州政治分会，认为台湾银行停业，"影响商业金融颇大"，要求"迅饬照会该国外交官，转达日本政府，负责维持，饬令该银行克日复业，以免我国人民，蒙受损失。"[24]

直至抗战初期广州沦陷前，台湾银行对粤的投资包括：广东省借款（广东水泥厂及水灾等）；中国银行广东分行、汕头电灯公司、汕头自来水公司、潮汕铁路。华南银行对粤投资包括：粤汉铁路、广（州）三（水）铁路。[25]

二、台湾银行与民初广东军阀政府的外债

民初，广东历届军阀政府对外借债频繁，日本成为最重要的债权国，台湾银行广州分行是日本对粤资本输出的基地。

龙济光统治时期，为弥补财政赤字，将举借外债作为一项重要的财政政策。如 1916 年 4 月，因广东中国银行需款复业兑现，财政当局遂将广州大沙头士敏土厂官产向台湾银行揭借 300 万日元，以码头租税收入作为利息，按年缴交。但 3 年届满时无款还债，又将士敏土厂招商承买，由承商代偿日债本息。[26]当时对日本的抵押借款多不能按期偿还，如乙卯年（1915）广东水灾善后大借款 300 万元、广东造币厂借款六七十万元等。广三铁路抵押借款 200 万元，以该路的收入纳息，直至 1937 年"七七事变"前才赎回。[27]

继龙济光之后，桂系军阀盘踞广东，继续大量举借外债，其中尤以日债为多。见下表：

桂系军阀政府向台湾银行借款表（1917—1920）

单位：日元万元

年份	借款额	担保或抵押品	借款者	借款用途
1917 年 1 月中旬	300	广东士敏土厂	广东省长朱庆澜	—
1917. 5. 11	100	广东盐余	广东中国银行	—
1919 年初	10	广东高师校舍	广东高等师范	补发教职员欠薪
1919 年初	76	广州电话局、广东烟酒税	省财政厅、广东中国银行、广东地方实业银行	维持广东中国银行纸币
1919. 11. 3	10	—	省财政厅	充作"留日学生经费"
1919 年底	23	南海、番禺田赋收入及县衙全部建筑物	广东地方实业银行	—

年份	借款额	担保或抵押品	借款者	借款用途
1920.2.11	10（港元）	铁路公司土地建筑物部分收入价款	粤汉铁路公司广东路段	—
1920.2.24	15（华南银行借）	汉冶萍矿山股票及土地	广东省立银行	支付广东地方实业银行借款余额
1920.3.24	15	广三铁路财产	省财政厅、广三铁路局	—
1920年3月底	15	南海、番禺两县建筑物及财政厅期票	省财政厅	用于"水灾借款、留日学费及高师借款应付本息"
1920年3月底	8（港元）	同上	广东地方实业银行	同上
1920.4.15	90（粤省银毫）	省财政厅官产处官产	省财政厅	
1920.8.27	30（粤省银毫）	—	广三铁路局	
1920.9.13	4（粤省银毫）	广三路及省河航政收入	广三铁路局	
1920.9.17	2（粤省银毫）	福兴皮革公司财产	广东地方实业银行	

资料来源：（1）《粤省新闻》，1919年1月17日《香港华字日报》。（2）《粤省新闻》，1919年3月17日至4月9日《香港华字日报》。（3）广州市文史研究馆编：《广州百年大事记》，第153—154、179—180、190、193、196—206页。

桂系军阀统治期间，广东借外债次数之多，款额之大，其私卖粤省矿产资源尤为严重，在近代史上实为罕见，同时也激起了社会各界的强烈反对，如1919年1月17日，国会参议院粤籍议员邹鲁等20余人，提出"取消广东违法丧权之借款案"。[28]翌年11月，桂系势力被逐，粤军回粤，廖仲恺就任广东财政厅长后，曾出布告痛斥桂系无耻卖国。12月24日，廖拟订《整理广东省财政的计划》，谓："吾粤近年被莫荣新、杨永泰、龚政等多方罗掘，大有破产之虞。如广三路局收入，及烟酒税、南番两县田赋、文明门外公地、财政厅某某衙署等各项公产，均已向台湾、华南、汇丰等银行押借巨款，每隔二三日即有银行前来索债。"次年1月15日，廖仲恺接见广州《时报》记者，被问及桂系主粤时将粤产抵押华洋款项的情况，答云："官产公产抵押殆尽，而官商合资事业，如电灯、自来水之官股，均已押借。其数目共约一千万元，而年限均系短期，今已有多数到期者，惟用途则无非军需而已。华人借款，如广东之中国银行，及本省之各银号，共约四百余万元。而洋人借款，则日本台湾银行、华南银行，共约抵押日金五百万元。"[29]

三、台湾银行与广东国民党政府的外债

向外国银行、商行借款，仍为 20 年代初广东政权财政的重要来源之一。1920 年 11 月，驱逐桂系势力后，孙中山在广州恢复军政府，宣告将废督裁兵。此后几年间，由于经费拮据，仍需大量举借外债。如 1920 年底，省财政厅以旧军械局官地等为担保，向台湾银行借款 30 万元毫银。翌年 5 月，广东省财政厅、广东烟税承包有成公司与华南银行和台湾银行签订《毫银 20 万元借款合同》、《毫银 40 万元借款合同》及《毫银 3 万元借款合同》，作为有成公司股本及支付水灾借款利息，以广州市第一公园土地、烟税等为担保。[30]

广东国民政府存在时间不长，自 1924 年 1 月至 1927 年 1 月共借外债 7 项，款额为 107.5 万港元、2.5 万元毫银、13.8 万银元，债主为美商台维斯等 5 家洋行及英商汇丰银行、日商华南银行。借债用途主要用于购买军械，后于 1946 年 5 月还清，但其他用途款项偿还情况多不详。[31]

1927 年以后，国民党广东当局亦借过不少外债。如 1927 年初，以省金库收入担保，向华南银行借 5.4 万余日元。1934 年 5 月，为扩充水泥厂而向台湾银行借款 446.9 万余日元和 217.9 万余元毫银，以水泥厂及大沙头旧藩署广府衙门电话局等作按。[32]6 月，日本人向广东省财政厅要求偿还华南银行旧债约 15 万元，并欲索偿其他欠债。粤方提出先清理华南银行旧账，然后及于其他旧债，将由财政厅筹集巨款，分期偿付。[33]

陈济棠创办规模宏大的省营企业体系时，其筹集资金的主要手段之一就是举借外债。据方秋苇所著《两广财政问题》一文称：“陈济棠统治时代，举借外债最多，且难统计”。如表：

陈济棠政府外债表（1933 年）

币值	日元	美元	港币	大洋	毫洋
已还	1 367 549	268 854	122 022	4 166	161 700
未还	3 344 717	482 146	503 378	5 834	1 736 841
合计借款	4 712 266	751 000	625 400	10 000	1 898 541

资料来源：肖自力著《陈济棠》，广东人民出版社 2002 年版，第 317—318 页。

民国时期广东的外债极为繁杂，债权国则以日、英、美等为主。广东历届政府大举借债，既是一个政治问题（与当时的政治、军事背景有密切关系），也是一个经济问题（与当时的社会经济发展有密切关系）。应指出的是，尽管粤省外债带有政府和民间利用外资的动机及作用，但在当时的历史环境下，外债一般在实质上都带有帝国主义对粤资本输出的侵略性内涵。民国期间，广东究竟借了多少外债，是一个未知数。据《广东年鉴》记载，1941 年太平洋战争爆发时，广东拖欠的对外债务尚有 75.1 万美元、452.3 万日元、58.6 万港元、246.4 万元毫银、1 万元大洋。债主分别是汇丰银行、美国五金公司、台湾银行暨华南银行以及 7 家洋行。[34]

四、台湾银行参与操纵广东沦陷区的金融

抗日战争期间，日本侵占了广东沿海的富庶地带，日资企业显得非常活跃，如横滨正金银行、台湾银行、华南银行、三井、三菱、日信、石原洋行，广东内河营运组合，广东航业组合，东亚航运株式会社等，垄断了沦陷区的金融、运输及工商各业。1941 年底，日本又发动太平洋战争，占领香港，将英美势力驱逐出去，独占华南沿海地区，建立殖民地经济体系。

首先，建立殖民地金融系统，发行货币

广东沿海地区沦陷后，日本为集中财力、物力服务于侵略战争，执行"以战养战"政策，掠夺资源，操纵工商业，加强了金融控制。1938 年 10 月以后，日本相继侵占了广州、汕头等重要城市，台湾银行和横滨正金银行即以胜利者的姿态广设分店，沦陷区除了日伪银行及德华银行、法兰西银行驻穗分行外，华商银行所存无几。在海口，日本占领当局设立了横滨正金银行、台湾银行的分行，后者还在加积、榆林、北黎等地设立支店。[35] 1940 年后，汪伪广东省银行、中央储备银行广东分行相继成立，与日本在粤金融机构横滨正金银行、台湾银行及华南银行等结合起来，形成殖民地金融体系。[36]

台湾银行和横滨正金银行大量发行军用券，强制流通。沦陷区币制极为混乱，物价暴涨，民不聊生，仅海南日伪银行分支机构就发行了日本军用票、日本银行券、台湾银行券和南方开发券，数额近 2 亿元。[37] 日伪银行分支机构通过发行各种货币，大肆掠夺占领区民众的财富，使人民蒙受了巨大的经济损失。

其次，阴谋截取粤省侨汇

广东是华侨最多的省份，战时侨汇数量仍不少，日本力图吸收华侨侨汇，以削弱中国的抗战力量。广州沦陷后，敌嗾使汉奸浪人假冒或伪组各种会社团体，所谓"辛亥革命同志会"、"五洲洪门华侨联合会"、"侨务委员会"及"惠潮嘉三属同乡会"等组织纷纷成立，煽惑海外华侨，将款交日伪银行汇返。[38] 沿海转汇枢纽相继陷入敌手，尤其是当香港和南洋被日军控制后，侨汇发生阻滞，数量骤减。日本为吸收中国侨汇，对新加坡、马来亚、泰国等施加政治压力，强迫当地华侨将汇款交由日本御用之金融机关汇入，仅 1941 年 3 月至 6 月，经海口邮局流入沦陷区的侨汇即达 296 万元。[39] 潮汕沦陷后，日本在汕头组织侨务局，由台湾拓殖社社长吉野近藏在发动，专门调查南洋华侨家属状况，实行"怀柔"政策。又由台湾银行汕头分行组织侨批公会，强迫原侨批局银庄参加。[40] 为图谋在潮汕掠夺资产及南洋侨胞汇款，日本还实行侨汇统制。规定：（1）凡南洋各属侨胞汇款至潮汕者须由日伪银行汇兑。（2）潮汕商号寄沪办货须一律由台湾银行押汇，每法币 1700 元购军用票 1000 元至沪，向华兴银行支取国币 1100 元。[41]

五、结　语

抗战以前，台湾银行以香港、广州及汕头分行作为在岭南扩张的基地，广泛开展业务，如扶植在粤日资企业、对历届地方政府施以财政贷款、给民间借款、推行所谓中日"合办"企业等，具有资本输出的侵略性质，但在客观上对区域经济发展有一定的现代意义。而在抗战时期，台湾银行在粤建立殖民地金融系统的性质及作用则应全盘否定。

直至抗战时期，广东当局还在不断地偿还外债。不过中日债务问题在日本侵华的炮火中得以彻底解决，国民政府停止支付一切对日债务。太平洋战争爆发的第二天（1941 年 12 月 9 日），国民政府发布了《对日宣战书》，其中指出："兹特正式对日宣战，昭告中外，所有

一切条约、协定、合同，有涉及中日间之关系者，一律废止。"[42]

1945 年日本战败投降后，原中央储备银行、日本横滨正金银行、台湾银行、德华银行在穗分行被国民政府中央银行接管。[43]台湾银行海口分行，以及加积、榆林、北黎等支店则被国民政府中国农民银行接收。[44]台湾银行结束了其在广东近半个世纪的侵略扩张历史。

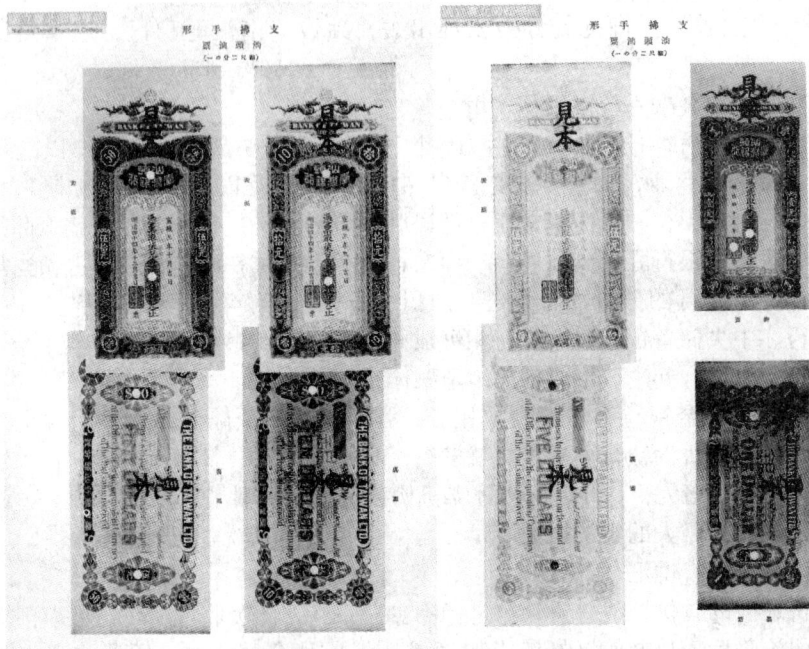

台湾银行在汕头发行的纸币

（作者单位：暨南大学）

注 释：

[1] 寿充一、寿乐英编《外商银行在中国》（中国文史出版社 1996 年版）和汪敬虞著《外国资本在近代中国的金融活动》（人民出版社 1999 年版）等，对近代日本银行在华活动有所涉及。近年较重要的专题性研究，有郭予庆著《近代日本银行在华金融活动——横滨正金银行（1894—1919）》（人民出版社 2007 年版）。

[2] 李絜非：《台湾》，上海：商务印书馆 1947 年第 4 版，第 123 页。

[3] ［日］名仓喜作编纂：《台湾银行四十年志》，东京：大日本印刷株式会社昭和十四年（1939）版，第 221 页。

[4] 陈真、姚洛、逄先知合编：《中国近代工业史资料》第 2 辑，北京，三联书店 1958 年版，第 409 页。

[5] 贾德怀：《民国财政简史》下册，重庆：商务印书馆 1941 年版，第 514 页表。

[6] 《香港商业录》第 21 页，《香港商业年鉴》，香港：香港新闻社 1949 年版。

[7] 杨君厚：《日本侵华企业台湾银行广州支行》，《广州文史资料》第 12 辑，1964 年编印。

[8] ［日］名仓喜作编纂：《台湾银行四十年志》，第 229 页。

[9] ［日］名仓喜作编纂：《台湾银行四十年志》，第 222、234 页。

[10] ［日］名仓喜作编纂：《台湾银行四十年志》，第 227 页。

[11] 陈海忠：《晚清民国时期汕头商会与地方金融研究》，中山大学博士学位论文，2008 年 9 月，第 72 页。

[12] 杜恂诚：《中国金融通史》第 3 卷《北洋政府时期》，北京：中国金融出版社 2002 年版，第 61 页。

[13] ［日］名仓喜作编纂：《台湾银行四十年志》，第 243 页。

[14] 陈真编：《中国近代工业史资料》第 3 辑，北京：三联书店 1961 年版，第 361—362 页。

[15] 静如：《民国十三年币制行政大事记》，《银行周报》第 8 卷第 51 号，1924 年 12 月 30 日，第 27 页。

[16] 《广东造币厂已正式开铸》，《银行周报》第 8 卷第 23 号，1924 年 6 月 17 日，第 31 页。

[17] 汪敬虞编：《中国近代工业史资料》第 2 辑下册，北京：科学出版社 1957 年版，第 1063 页。

[18] 宓汝成编：《中华民国铁路史资料（1912—1949）》，北京：社会科学文献出版社 2002 年版，第 81 - 83 页。

[19] 《专件：财政厅欠负内外债调查表》，1924 年 1 月 4—12 日《广州民国日报》。

[20] 广东省档案馆编：《民国时期广东政府档案史料选编（2）》，1987 年编印，第 104 页。

[21] 程浩编著：《广州港史（近代部分）》，北京：海洋出版社 1984 年版，第 185 页。

[22] 《现金存付沙面之所闻》，1922 年 4 月 10 日《香港华字日报》。

[23] 《本市新闻》，1927 年 4 月 26 日《广州民国日报》。

[24] 《本市新闻》，1927 年 4 月 30 日《广州民国日报》。

[25] 陈真、姚洛、逢先知合编：《中国近代工业史资料》第 2 辑，第 576 页。

[26] 《招商承买大沙头士敏土厂之详情》，1919 年 4 月 18 日《香港华字日报》。

[27] 杨君厚：《日本侵华企业台湾银行广州支行》，《广州文史资料》第 12 辑，1964 年编印。

[28] 《粤省新闻》，1919 年 1 月 17 日《香港华字日报》。

[29] 尚明轩、余炎光编：《双清文集》上卷，北京：人民出版社 1985 年版，第 380、384 页。

[30] 广州市文史研究馆编：《广州百年大事记》，广州：广东人民出版社 1984 年版，第 216、228 页。

[31] 参见财政科学研究所等编：《民国外债档案史料》第 1—12 卷，北京：档案出版社 1990 年版。

[32] 广东省政府秘书处编：《广东年鉴》1941 年版，第 8 编《财政》第 4 章《债务》。

[33] 《财政》，《中行月刊》第 9 卷第 1 期，1934 年 7 月，第 61 页。

[34] 广东省政府秘书处编：《广东年鉴》1941 年版，第 8 编《财政》第 4 章《债务》。

[35] 广东省政协文史资料研究委员会等编：《银海纵横——近代广东金融》，广州：广东人民出版社 1992 年版，第 238 页。

[36] 方忠英：《日军在广州的暴行和广州人民的抗日斗争》，广州市政协文史资料委员会编：《广州文史》第 53 辑，广州：广东人民出版社 1998 年版。

[37] 广东省政协文史资料研究委员会等编：《银海纵横——近代广东金融》，第 238 页。

［38］《沦陷区经济概况》，《广东省银行季刊》第 1 卷第 4 期，1941 年 12 月，第 483 页。

［39］张晓辉：《民国时期广东社会经济史》，广州：广东人民出版社 2005 年版，第 432 页。

［40］任泉：《抗战四年来之广东侨汇》，重庆市档案馆藏《有关经济资料剪报》，档号 0296/14/521。

［41］秦孝仪主编：《中华民国史料初编——抗战时期》，《第六编傀儡组织（三）》，台北：中央文物出版社 1981 年版，第 1121—1122 页。

［42］李宗远：《中日债务——析战前日本财阀对华经济侵略》，《抗日战争研究》2009 年第 2 期，第 95 页。

［43］《广东金融志资料》1986 年第 3 期，第 52 页。

［44］广东省政协文史资料研究委员会等编：《银海纵横——近代广东金融》，［40］。

日据时期在厦台湾籍民的司法管辖

赵国辉

日据时期台湾籍民[1]往来厦门频繁，在厦活动呈现多样化的趋势，一些学界先贤已然对此类问题进行了较为深入的研究，[2]但在当时历史条件下台湾籍民管辖主体、管辖方式之课题至今尚未纳入学界视野之中。由于司法管辖问题是近代厦门社会管理的重要内容之一，在近代中国的特殊背景下，扭曲成领事裁判权，成为日本领事官员的特权，厦门当地生活的人们被人为地分割成异质的司法管辖，给当时社会管理带来诸多矛盾，同时给中国及其厦门当地的法制建设造成了重大障碍，甚至遗患于当代中国法制，故对此问题的探讨不仅具有历史学的学术价值，而且不乏一定的现实意义。

一、异化的司法——司法管辖变成领事裁判

鸦片战争后，厦门设立了英租界和鼓浪屿公共租界。外国传教士、外交官、商人纷纷进入福州和厦门，给这两个城市带来了华洋杂处的人口特点。甲午战争后，日本人人数跃居首位，占外国人口的大多数，其中尤以台湾籍民增加最快。据海关估计，1900年厦门台湾籍民约有3000人。[3]进入民国后，厦门的日本籍人数有了较快增长，其中台湾籍民又占绝大多数。

据日本领事馆调查，1918年在厦门的日籍台民2，833人。[4]1930年，日籍台民3，428人。[5]1934年，厦门警察局统计台湾籍民9，556人。[6]又据福建省政府秘书处统计，到抗战前夕的1936年6月，厦门有日籍台民8，874人。[7]1938年厦门沦陷后，日本人和日籍台民的数量继续增加。据日本人调查，厦门的日本居留民会会员"事变前内地人约400人，1940年会员（主要是户主）有690人，数目激增到事变前的四倍，是前年（1938年）夏季的二倍"。厦门台湾居留民会"事变前登录户数是2，400户，人口称1万，实际更多。1940年3月台湾人在留民户数3，934户。成年男子4，918人，幼年男子875人，成年女子2，531人，幼年女子821人，合计9，145人。"[8]

1918年12月厦门日本领事馆调查，在307名有职业的日本人中，日本领事馆、邮电局、居留民会官吏有62人，中国海关13人，台湾银行、新高银行、川北、大阪商船、铃木商店等职员37人，学校教师6人，医生护士等19人，传教人员5人，律师及其事务员5人，药商2人，杂货商44人，机械商5人，古董商1人，玩具商2人，移民业4人，贸易业5人，旅舍15人，代书业8人，台湾总督府派遣的留学生2人，洗衣店4人，鞋店7人，理发9人，工匠6人，机械工1人，佣人16人，苦力5人，厨师3人，潜水员2人，记者4人，妾7人，视察者1人。[9]日本人和台湾籍民在厦门大多数是从事商业，其次是手工业和娱乐业，这也从一个侧面反映了厦门作为日本及台湾人重要的商业城市和消费城市的特点。[10]台湾籍民如许之多地生活在厦门，便随之衍生出司法管辖之问题。

近代国际法规定主权国家有权对本土上的外籍人士行使司法管辖权，即属地优越权，[11]但是在甲午战争后，日本通过不平等条约在中国攫取了领事裁判权。领事裁判权"即一国通过驻外领事等对处于另一国领土内的本国国民根据其本国法律行使司法管辖权的制度"。[12]"领事裁判权为不平等之权利，以强国对于弱国，先进国对于落后国始有之"。[13]从领事裁判

权本身的性质和含义来看，这是外国在华侨民脱离中国司法管辖的一种特权。1871 年 9 月 13 日，清政府与日本订立《修好条规》，其中第八条是"两国指定各口，彼此均可设理事官，约束己国商民，凡交涉、财产词讼案件、皆归审理，各按己国律例办。两国商民彼此互相控诉，俱用'禀呈'，理事官应先劝息使不成诉，如或不能，则照会地方官会同公平讯断。"[14] 通过这个条款，日本在中国取得了领事裁判权。1872 年 1 月 29 日，近代首个驻华日本领事馆——驻上海日本总领事馆正式设立。[15] 此后，在中国各个重要开港城市相继设立了日本领事馆。1888 年，日本政府公布《驻扎清国及朝鲜领事裁判规则》，规定了日本驻清领事刑事裁判权的一般规则。[16] 1890 年，日本政府又公布了《日本帝国领事规则》，规定了领事职务的一般范围，即在接受国内保护日本政府和商民的利益、依约行使领事裁判权和向外务大臣报告所在地情事等。[17] 1896 年 7 月 21 日，张荫桓与林董在北京签订《通商行船条约》，其中第三款删掉中国领事在日的司法管辖权，而对日本领事的此项权力却格外予以强调，[18] 日本对华获取了片面独惠的领事裁判权。[19]

日本在华行使领事裁判权按照《中日通商行船条约》，以被告主义为原则，主要表现在：一、以日本人为原告和被告的民事事件的管辖，专属日本方面。依据第二十条。二、以第三国人为原告，以日本人为被告的民事事件的管辖，专属日本。依据第二十条。三、以中国人为原告以日本人为被告的民事事件的管辖，专属日本方面。依据第二十一条第一项。四、以日本人为原告，以中国人为被告的民事事件的管辖，专属中国方面。依据第二十一条第二项。五、以日本人为被告的刑事事件，被害人为中国人或第三国人之场合，其管辖归日本人方面。依据第二十二条第一项。六、以中国人为被告的刑事事件，被害者为日本人的场合，其管辖归中国方面。依据第二十二条第二项。七、以日本人为原告、以第三国认为被告的民事事件；以第三国人为被告，被害人为日本人的刑事事件，条约上没有明确规定，但一般以被告主义原则。在中国海关、邮务、盐务等官署服务的日本人，也按领事裁判权之关系处理，与其他日本人的地位并无不同。八、领事裁判权中包含司法警察权，即领事裁判权行使之际，司法警察有搜索、逮捕及追踪权，换言之，日本人作为被告人或犯罪人，逃亡至中国内地，或隐匿于中国人的住居、船舶等处，日本的司法警察可以行使追踪权。依据第二十四条第一项。九、日本臣民有持正当旅券到中国内地旅行权。若旅行者未持旅券或违反法律规定时，须将其引渡给最近的领事官，中国地方官拘禁时，不得有虐待的处分。依据第六条。十、关于日本行使领事裁判权的地域，以中国全土为原则。领事裁判权的机关、组织及权限、适用法规等，条约并无特别规定，由日本国自由决定。[20]

为了行使领事裁判特权，日本在中国配备相应的人员，通过一定程序，实施领事司法管辖。日本近代在华曾经设立过 35 个领事法庭，[21] 厦门领事法庭就位居其中。厦门与台湾的历史与地缘等因素，形成了日本及台湾的日本籍民往来厦门甚为活跃，日本厦门领事法庭及其审判活动相对频繁，对中国法权损害巨大，曾经是中国撤废领事裁判权的顽疾，同时也给闽台社会管理方面带来了诸多问题。1899 年日本政府制订《领事官之职务》，[22] 规定驻华领事官对于在华日本人为被告的民事刑事商事案件，以及关于日本人的非讼案件，得为当然法官，行使裁判权。同年颁布《领事官职务规程》，规定领事职务的一般范围。[23] 于是，日本政府及其总督府开始利用领事法庭，对籍民实施司法管辖的行径。

二、膨胀的司法——日本领事法庭的管辖

厦门日本总领馆下分本馆与警察署两大部分。本馆除总领事外，还有副领事二名，下面又分政务、监理、经济、司法、庶务、会计、文书、电信等八个系；警察署设署长一人（受总领事节制），下分警务、高等、保安、司法四个系和鼓浪屿警察分署，以及各区派出所，全署警官几十人。该馆不雇用华人职员，[24]职员皆由日本外务省派遣，学历水平逐渐提高，多经过日本政府组织的外交官及领事官考试，外交专业程度渐次递增，[25]其中还出现了法律专业人士，总督府外事部门还对领事法庭审判人员进行法律训练及培养。汪精卫政府建立后，台湾总督府为"提高华南领事馆书记官以下职员的法律知识，增进其法律事务能力"，于1941年4月在华南领事馆举办法律讲习所，讲授民刑事诉讼法、法院组织法、执行法、登记条例、司法统计等内容。同时，"为提高领事馆司法职员素质，疏通日华两国人之意见并联络提携"，总督府还开办日语短期讲习所。1942年4月第1期，12人，同年10月，又有厦门法院30名、鼓浪屿会审公堂6名参加学习。[26]此间，总督府还派法官到华南相关部门（参见下表），继续掌控包括厦门在内的华南地区司法事务。

总督府在厦历年司法指导官（1944年2月）

职别	姓名	本籍	摘要
指导官	水元恒八	熊本	厦门司法领事
顾问官	堀田繁胜	熊本	台湾总督府行刑课长、原台湾法院判官
顾问官	小幡勇二郎	东京	检视、原台湾法院检察官
顾问官	丸尾美义	鹿儿岛	大使馆一等书记官、原台湾法院判官
辅佐官	吉武元海	福冈	法院检察署事务辅佐
辅佐官	松偎秀干	福冈	监狱、看守所事务辅佐

资料来源：［日］台湾总督府外事部《南支方面司法事务视察报告书》，台湾总督府外事部调查第一百三十六（政治门第七），第187页。

厦门领事法庭的领事们在日本受过高等外交、法律教育，接受日本外务省的委派，来到中国厦门担当领事法庭的官员，他们既是外交人员，也是法律审判人员。

1895年台湾总督府于民政局设置外务部，1896年改于总务部设置外事课，1897～1898年复于民政局设置外事课，直到1907年才改设官房外事课，成为独立部门。1923年（一说1924年）又废外事课，改于文书课内设置外事系。[27]1934年7月18～22日，台湾总督府在台北召开"华南领事会议"。[28]会议最后达成"台湾总督府恢复设立外事课"的协议。1935年9月2日，台湾总督府正式恢复设立官房外事课，[29]日本外务省派遣的坂本龙起担任课长。1936年小林跻造上台后，1938年8月将外事课升格为外务部，下设5个系，即庶务系、涉外系、南支系、南洋系和通信系。[30]华南及南洋各地日本领事馆与总督府外事部门的联系加强，关系领事馆由1924年的13个扩充到1935年的16个，1938年外务部设置后则达到18个。各领事馆的领事官兼任总督府的事务官或嘱托，分担总督府事务，活动频繁，为日军的华南、南洋作战及战后资源掠夺奠定了基础。

籍由以上材料，台湾总督府的外事部门虽几经演变，但是福建及厦门领事法庭的行政归属于台湾总督府外事部门的情况，基本未曾变化，厦门等福建的领事法庭行政上归属于台湾总督府，是其下属，因此在执行总督府政策及其人员管理组织上必须服从于总督府的支配。

日本驻厦门领事馆于1875年建馆，地址设在鼓浪屿协和礼拜堂附近，1896年3月7日，开始在该馆附近兴建新馆，1897年竣工。楼下为办公室，楼上为领事公馆和会客厅。1915年，复又在该馆内附设警所、监狱和拘留所。1916年11月5日，另在厦门梧桐埕分设警部。1928年，在该馆右侧增建两栋大楼，其中一栋楼是警察署，内有刑讯室、监狱，另一栋两层楼作为领事馆和警察署人员宿舍。1938年5月11日，日本占领厦门，27日重新在厦门鹭江道大楼复馆并设警察总署，原鼓浪屿警察署改为分属。太平洋战争发生后，该馆迁往厦门深田路，厦门领事法庭即设在其领事馆内。

厦门领事法庭拥有民事诉讼与刑事诉讼的预审权。曹大臣教授曾对日本在华领事裁判权进行过宏观性的研究，[31]他认为，一般情况下，凡关于民事诉讼，领事皆可独断行之。日本在华行使领事裁判权的官员，多以领事馆员及警察官吏充任。如上所述，1899年3月20日，日本政府以法律第七十号颁布《关于领事官职务之法律》，次年4月19日又以敕令第一百五十三号颁布《领事官职务规则》。按以上律令，日本驻华领事官得以初审法院的资格，审理判决一切民事案件、破产案件、非诉事件及非重罪之刑事案件。领事官对于重罪刑事案件，如依法得处死刑，或无期监禁，或无期惩役，或一年以上的有期徒刑者，不得判决之。但领事对于此种刑事案件，得行侦查。诉讼案件经领事人员判决后，上诉或最终上告程序与日本各法庭判决后的诉讼程序相同。

厦门领事法庭的一审及其刑事案件的预审，在附设于领事馆的监狱执行。1914年，日本驻厦门总领事"为便于监督取缔居住于厦门的日本人"，在领事馆之外设置"厦门日本总领事馆警察署分署"，并且辩称："日本领事馆警察署乃至分署，为日本总领事馆之一部分，而非他物。既然中日之间已经认定日本领事可以在厦门执行职务，领事馆警察署之存在及领事馆警察分署之设置，则无何等非法之处"。[32]鉴于对厦门等华南日本领事馆管辖内的台湾黑帮势力的治理，1916年9月25日起3天间在台湾总督府，由厦门领事菊池义郎、福州领事斋藤良卫与台湾总督府之间商议领事馆警察事务，总督府决定：第一为加强对岸警察之配置，该府块定派遣警部补2名、巡查15名至华南，配置于对岸4领事馆。并将一切有关指挥、监督警察官之事宜委任于领事。且若总督府拟命令警察官调查某事项时，应照会领事，由领事下令调查。[33]

按相关律令，如厦门领事法庭管辖下被告有犯罪嫌疑，须将被告分别押送管辖法庭审理，最初驻中国中部及南部领事官所侦查之案，送日本长崎地方审判厅。日本对台湾的殖民统治进入民政时期后，台湾总督府鉴于华南和台湾地理上的联系以及社会历史上的密切关系，参照满、鲜、关东州等先例，认为福州、厦门两领事馆的福建的领事裁判权，汕头、广东两领事馆的广东的领事裁判权，应归总督府法院管辖。日本政府征诸华南领事的意见，于1921年3月29日以法律第二十五号公布，《关于南部支那领事官之裁判》（1925年改正），该律令规定：（一）南部支那系指中国福建、广东、云南三省。（二）由驻南部支那帝国领事官预审之公判罪，属台湾总督府台北地方法院管辖之。（三）对于驻南部支那帝国领事官裁判之控诉及抗告，属台湾总督府高等法院复审部管辖之。[34]将华南的领事裁判管辖权由长崎转移到了台北，35由此厦门的领事法庭在审判管辖上开始从属于台湾总督府及其法院体系。

日本在厦领事法庭的司法组织及程序

领事馆驻地及名称	初审	二审	三审
南部：福州、广东总领馆；厦门、汕头、云南领事馆	重罪刑事案件台北地方裁判所	台湾高等法院	台湾最高上告庭

参见（日）日本外务省外交史料馆藏：《在支帝国领事裁判关系杂件》（含满洲国），档案号：D—1—2—0—2

1921 年法律第二十五号公布后，若台湾籍民犯有刑事案件，将被送往台北地方法院审判。籍民若不服裁判，可向台湾高等法院提起控诉和抗告。但由于以上所述台湾总督府法院的上诉方式，导致此类案件并不多见，即使有，也无法得到满意结果，致使罪犯逍遥法外，严重破坏了中国司法主权。

向台湾高等法院提起之控诉抗告事件表（1921～1924 年）

年度别	民　事					刑　事		
	控诉件数	弃却	废弃	和解	未完	控诉件数	取消	未完
1921 年	1				1	1		1
1922 年	2				3			
1923 年			1		2			
1924 年	3	1	1	2	1			

备注：四年间抗告民事刑事均无。资料来源：（日）《在支帝国领事裁判关系杂件·北支领事裁判上诉审移管关系》，外务省外交史料馆藏：D.1.2.0–2–4。

厦门日本领事法庭对于日本籍民的民事案件，基本按照日本及台湾总督府法院的审判原则进行处理。1934－1937 年间厦门日领馆调解的非讼案件有 1935 年 2 件户籍案、1936 年 5 件户籍案。[36]

1934－1937 年间厦门日领馆审理的民事案件

单位：件

	1934 年	1935 年	1936 年	1937 年
人事	2	0	0	0
土地	0	1	4	3
建筑	9	15	23	15
金钱	27	35	49	37
物品	1	0		
其他	52	52	55	44

参照（日）英修道著：《列国在中华民国的条约权益》，1939 年东京丸善株式会社版91—94 页表制成。

1906 年 9 月，台湾籍民商人施范其、殷雪圃、庄有才等人发起组织厦门台湾公会，在布袋街芳记洋行设立临时办事处，呈报驻厦日本领事馆立案。次年春，新任日本驻厦门领事濑川浅之进到任后，修订公会规则，选举职员，广招会员。1910年，领事菊池义郎到任，访查公会内部，延期选举，"有欲改良会务之计划"。公会投票选举时领事到场，当场任命江保生及曾厚坤为公会督察。1918年秋，厦门部分台湾籍民向领事馆提出申请，设立台湾同乡会。1922年1月，藤井领事取消同乡会，同乡会所有事务均归台湾公会继承。

公会设庶务部、财政部、学务部、产业部、调停部委员会。[37]台湾公会调停部创设的目的"实为调和侨胞间之感情，解除台厦间之误会，敦睦日华两国间之邦交"。1925年4月，在议员会上，副会长何戊癸提出改革调停部的意见，如凡侨胞间发生事件时，须先经公会之调停，不得已时，然后提出领事馆裁判；厦人间发生事件，无论何方皆可请本会调停；可以以本会团体名义直接交涉；请领事官付与本会与中国官厅以直接交涉之权嗣。经议员会议决，得到领事官之认可进行。1934年12月1日，台湾公会公布调停条例。从1917年到1935年，受理的调停事件共478件，已调解451件。[38]1936年台湾公会改名为台湾居留民会，仍设有调停部，负责居留民之间以及居留民与当地人之间纷争事件的调停。民间调解符合中国人的传统习惯，对于减少族群矛盾，防止社会矛盾激化发挥了一定作用。日本驻厦门领事井上庚二郎指出：台湾籍民相互间之民事纠纷，或台民与中国人之间的民事纠纷，在当事人之希望下可进行仲裁和解。"此事虽无法律之效力，但据于中国人之旧惯，颇有良好之效果。""领事馆所受理之简单民事纠纷，有时亦先利用此一调解方式。又目前本馆法庭受理之案件中，往往系由此一调解，无法成立者。"[39]

刑事诉讼，惟有轻罪归其裁判，重罪则不得为公判，只能预审。厦门一些日籍台民凭仗日本势力，在日本领事庇护下，以治外法权作为护身符，藐视中国政府，走私贩毒，开设赌场、烟馆、妓院，在市面上横行霸道、为非作歹，甚至公然行劫，杀人越货。"台湾籍民"中有原为大陆公民但得到日本领事承认从而合法获取台湾籍的人，称为"归化"台湾籍民。"归化"籍民，指一些厦门人向日本驻厦门领事馆申请并取得台籍，所以它也另称为厦门籍民之特殊籍民。这些人"大部分是属于当地政界或经济界之有力人士，其资产以万计者不乏其数。"[40]他们中一部分人凭借日籍特殊身份，为所欲为，不受中国法律约束。中国方面欲加管理，但日方不容中方插手，因为利用"归化"台湾籍民进行扩张活动，"正是日本政府和台湾总督府致力追求的重要目标"。[41]如日本领事馆豢养的"十八大哥"无恶不作，多数从事开赌场、走私、贩卖毒品的不法勾当。[42]这些人被称作"台湾浪人"、"台氓"或"台湾呆狗"。

连心豪探讨过台湾籍民在日本对华毒品政策中扮演的角色，指出他们中的一些不法之徒的恶行"完全是台湾总督府和日本领事刻意包庇纵容的有计划、有目的的行动，不啻为日本军方以台湾为基地，进而向华南和南洋侵略扩张的南进政策的前奏。"[43]此外，在日台当局的庇护与纵容下，"台湾籍民在30年代台湾海峡海上走私高潮中充当了先锋和主力的角色。"[44]王学新提出黑帮籍民的三阶段变化过程，即1910年代的"台匪"、1920年代的"武力派"以及1930年代的日籍浪人三时期，其依次代表"形成"、"茁壮"、"蹄属"的意义。同时，日方对黑帮籍民政策亦发生变化，1913年厦门日本领事菊池义太郎的祖护下发生的台纪案，随后日本领事与中国地方当局合作，对黑帮势力进行取缔。但1919年厦门的反日运动兴起之后，如何利用黑帮势力对抗运动成为厦门领事的主要考量。1923年反日运动以及1932年福州水户事件为关键时点。[45]据1936年调查，"细查彼辈所经营事业，开设小押者40多家，开设烟馆者350多家，开妓馆者80多家，开舞场者2家。此外有商人2600余人。其他职业1100余人，无职业及浪人当然不在少数"。[46]从事这些营业的日籍台民往往依仗特权，不受地方政府的管制。这种投资取向和经营活动，也是厦门毒品泛滥、治安问题严重的重要原因之一。

1934－1937 年间厦门日领馆审理的刑事案件

单位：件

年份	1934		1935		1936		1937	
领事馆	刑法犯	特别法犯	刑法犯	特别法犯	刑法犯	特别法犯	刑法犯	特别法犯
厦门	18	0	21	7	23	12	12	8

参照（日）英修道著：《列国在中华民国的条约权益》，1939 年东京丸善株式会社版90—91 页表制成。

日本法学家棚濑孝雄曾经说过，审判制度的首要任务就是纠纷的解决。[47]因此，解决纠纷构成法院制度产生的基础、运作的主要内容和直接任务，亦是其他功能发挥的先决条件。厦门领事法庭这个特殊的审判机构，诞生的目的即是为实施领事裁判特权，在台湾总督府的业务控制，及其日本外交部门的政策驱使下，当时的厦门领事法庭偏离了公正解决纠纷的基本功能和内在要求，出于侵略政策的目的和自利的动机，转而成为庇护籍民和纵容犯罪的机构，导致籍民与当地民众的纠纷迭出，黑恶势力横行乡里的极端后果。

三、回归的司法——司法加外交的艰辛

1903 年（光绪二十九年），福建全省洋务总局在总结历年日籍台民在闽活动及与日本领事交涉经验的基础上，提出了对日籍台民的政策主张，上报外务部，其主要内容如下：台民与中国百姓，籍贯服饰，一切皆同，往来内地，无从辨别，易启影射揽运货物之弊，应请商明嗣后台湾人民已隶日籍，贸易来华，服饰或改西服、或改东洋服式，不能仍照华民服色，如仍穿华服，即视作华民论，不能给照保护，以示区别，而免弊混。[48]福建洋务总局还照会日本驻福州领事，要求其先行停发日籍台民护照，等待彼此间商定章程之后，再行办理。[49]日本反对这种做法，认为是"约外苛求"[50]，并未对此予以配合。洋务总局的这份文件是交由闽浙总督转呈外务部的。闽浙总督在呈文中就此提出了自己不同的看法，认为：台民即隶日本，照约应得保护，未便以是否改易服色，强为区分，如果该民籍照揽运货物，不完厘税，自可随时执约禁阻。[51]

外务部方面对福建洋务总局的报告和闽浙总督的意见，分别作出了回应。在给闽浙总督的咨复文中，同意其不必"改易服色、强为区分"的主张，认为日籍台民如有违犯清廷法令和中外条约精神，尽可随时执约照请日本领事禁止。对于假冒日籍台民问题，外务部的意见是：……该领事（按指日本驻福州领事）照复所称台民游历通商出口，由台湾督抚给照为凭，到地时领事署验明存案，再给与入内地护照，如有中国人携带护照，查系确实冒混，自应由中国按律究办等语。彼己切实声明，即应凭此设法稽察，此等交涉细事洋务，各省分所常有，领事有商办交涉之责，应由局员或地方官径向领事持平商结，未便概由本部照会使臣，转多争执，如果使臣来部哓哓，再当辩驳。[52]对于日籍台民问题，作为穷于应付的具体交涉单位——福建洋务总局倾向于制定限制，依法办事。外务部和闽浙总督部堂的意见则是不预设办法，而是针对所发生的纠纷，分别由涉及的主管单位依个案方式处理。籍民问题出现后，福建方面基本上就是按照这次外务部批复的办法执行的。转型中的司法制度，难免存

在不尽人意之处。

1903 年 10 月 8 日，中日两国专员完成通商条约的续订工作。[53] 其中的第十一款明文："一俟查悉中国法律情形及其审断办法与其他相关之事皆臻妥善，日本国即允弃其治外法权。"有此刺激，复有此契机，晚清司法改革即应声而起。沈家本、伍廷芳等快马加鞭地修订晚清律例，促使晚清法律迅速地向近代化转变，同时，各地近代法院也纷纷建立，为审判制度的近代化提供了基本的机构，为撤废日本在华领事法庭提供了一定的前提。

《大清刑事民事诉讼法》草案，首先打破传统的诸法合体的立法例单独成案。清末通过制定或颁行《大理院审判编制法》、《各级审判厅试办章程》和《法院编制法》等法律，对各级司法审判机关进行了改革。中央由大理寺改为大理院，京师和地方各省设高等审判厅，京师、直隶府和直隶州各设一所地方审判厅，各县设初级审判厅，全国实行四级三审制。1906 年，清政府将刑部改为法部，为司法行政机关；将大理寺改为大理院，并在地方设立了审判衙门，专司审判事务。1907 年和 1910 年，清政府分别颁布了《各级审判厅试办章程》和《法院编制法》两个法律。

中华民国建立以后，南京临时政府和北洋政府都曾发布命令，明确宣布保留和沿用清末的现行法律。从《华洋诉讼判决录》中可以看到，清末民初法院的运作实状与上述《各级审判厅试办章程》和《法院编制法》的规定基本上是一致的。同时，北洋政府在清末《法院编制法》的基础上，于 1913 年 9 月公布《修正各级审判厅试行章程》，1914 年 4 月公布《地方审判厅刑事简易庭暂行规则》，1914 年 4 月 5 日公布《县知事兼理司法事务暂行条例》等，[54] 而这些法律规定的诉讼制度和程序也完全得以贯彻。民国 6 年（1917 年）7 月 7 日，厦门地方审判厅成立，民国 8 年（1919 年），改称思明地方审判厅。民国 22 年（1933 年），改称地方法院。[55] 厦门地方检察厅与审判厅同时成立，民国 8 年，改称思明地方检察厅，16 年，改称思明县检察处，22 年，改称厦门地方法院检察处。[56] 厦门的高等分院始于民国 11 年，最初名为"福建高等审判检察分厅"，民国 16 年，改称福建控诉法院分厅，17 年改称福建高等法院第一分院，37 年，改称福建高等法院厦门分院。[57]

司法管辖权的回归除了中国本身法院的建立之外，日本领事法庭的撤废也是主要内容。领事法庭是领事裁判权的附属物，故领事法庭的撤废必然与领事裁判权的撤废相进退。1919 年巴黎和会上，中国代表明确提出撤废领事裁判权的提案。[58] 虽然中国提案要求低微，承诺明确，但仍然未能列入会议讨论。1921 年华盛顿会议上，中国代表王宠惠再次提出在华领事裁判权撤废办法。会议决定由与会各国组织调查机关，调查中国司法实施情形，然后再决定撤废其在华领事裁判权，对此中国政府非常重视。为此，司法部出台了一系列的改革措施：在各地分设审检分厅；为改变原有县知事兼理司法、违背司法独立的弊端，特仿照美国司法旧例，采用巡回裁判制度，在未设审检厅的各县，增设多名审检官，每日巡回各地，这样既节省了经费，又维护了司法独立的宗旨；为保障人权，改变中国司法"以往只知依法判断，而与人民习惯不时发生阻碍，殊失保障人权之本旨"，而令各省审检厅组织人员进行人民习惯调查会，成立人民习惯调查委员会；对看守所、监狱都做了相应的改革。

北洋政府的司法部通令各省法院筹备兴建改良试点，各县建立司法公署，从关税的 5% 中提出 10% 充作司法改良的专项经费。但各省财政厅则以"现值军事紧急，需款浩繁，各机关原有经费尚不能如期筹发，至各新增款项更属无处罗掘"为由拖延搪塞。由于经费上的无米之炊，司法改革无法顺利进行，北洋政府外交部只得以"因奉直战争，中国司法之改良皆未能进行"为理由，通告各国，请求缓期一年再行调查。因此，国际司法视察团遂决定延至 1923 年 5 月来华视察。后又一推再推，直到 1926 年。

1926 年 1 月 12 日至 9 月 16 日，法权大会在北京召开，时间历时八个月零四日。大会不仅通过 21 次大会了解了中国法制改革基本情况，而且也对各地司法机关进行了实地调查。1926 年 6 月 23 日，法权报告起草委员会开始以日美提出的报告案为基础起草报告书，[59] 报告书分四编，以日本方案为基础的第四编 "劝告案" 中，对撤废外国在华领事法庭的条件，给中国政府提出了所谓的 "劝告"。其中第二款提出了终极目标："中国政府应推广新式法院、监狱及看守所，以期裁撤县知事审判制度与旧式监狱及看守所"。第四款还对领判权撤废之前领事法庭的阶段性变革做出了规定："关系各国于其在华外国法院或领事法庭，应尽实际上之可能，适用所认为应采用的中国法令"，"关系各国之人民为原告，受中国法律支配之人民为被告之诉讼，原则上应为中国新式法院办理，无须外国官吏观审或其他之参与"，"享有治外法权国人民为律师，而在华外国法院或领事法庭，有出庭执行职务之资格者，对于所有华洋诉讼案件，准其代表中外当事人，但除准免考试外，仍须遵守中国关于律师之法令"，"享有治外法权国人民者，由该国在华法院或领事法庭执行，受中国法律支配之人民者，由中国法院执行"。[60]

1930 年 3 月 29 日，中日两国间就法权问题展开交涉，王正廷在提案中要求 "1930 年起内地日侨受中国法庭裁判，在华租界期满后，所有日侨一律受中国法律保护"。[61] 1931 年 3 月 12 日日本代表重光葵来华，提出："中日混合案中国应于各口岸设立特别法院审理之，院中设日籍法官数人，与中国法官会审。日本人在中国内地为民事被告之案，须移送特别法院审讯"。[62] 双方未能通过外交手段解决领事裁判权的撤废问题，5 月 4 日，国民政府公布《管辖在华外人实施条例》，规定 1932 年 1 月 1 日起实行。条例中规定：所有享有领事裁判权的外国人，均应受中国法院管辖；在有关地区设立特别法院，受理涉及外人的民刑案件，外人的逮捕及其房屋或办公式的搜查均应依中国刑法典规定执行。[63] 由于日本发动 "九一八"，1931 年 12 月 29 日，国民政府只得宣布："兹因本年各地天灾变故，所有应行筹备事项，尚未就绪，该项管理外人实施条例，应即暂缓进行"。[64]

1941 年 12 月 8 日，太平洋战争爆发后，中国的抗战成为反法西斯行动的重要一部分，中国政府和人民迎来十分有利的国际环境。12 月 9 日，重庆政府对德意日宣战的同时，也宣布 "所有一切条约协定合同，有涉及中日间之关系者一律废止"。[65] 抗战结束后，台湾回归，当时厦门的日籍台民纷纷申请转回中国国籍，他们大多数回到台湾。至 1946 年底，厦门遣送 4 批共 3330 名籍民，[66] 厦门的司法管辖权正式回归中国。

四、结　语

半殖民地与半封建的社会现实决定了厦门近代司法的性质，本来属于国际法上明文规定的司法管辖问题，应该由当地全权负责属地管辖，但是由于日本从中国获取了领事裁判权，并在甲午战争后将其改写成单方权利，加之中国在法制建设方面的缺失，日据时期厦门对籍民的司法权完全操控于日本股掌之中。中国当地的司法管辖被分割成异质的法权，甚至日本的领事法庭剥夺了当地的司法管辖权力。这种局面的扭转，当然需要中国及其厦门当地司法建设的推进，但是历史的局限，始于清末的法院普设直至 1949 年尚远未完成，[67] 令我们无法完全依靠司法本身的成就获得司法管辖权的回归，不得不借助反法西斯战争及其外交方面的努力助其实现。

（作者单位：中国政法大学人文学院历史研究所）

注释：

[1] 所谓台湾籍民（亦称日籍台民），系指日本统治台湾以前，在清朝统治下居住在台湾的中国大陆人，由于日本占领了台湾因而取得日本国籍者。就广义而言，居住在台湾但无法取得日本国籍者亦涵盖其内。参见《日治时期台湾籍民在海外活动之研究》，2006年7月台湾乐学书局，第2页。

[2] 陈小冲：《日据初期台湾抗日运动与总督府的"对岸经营"（1895年—1904年）》，《台湾研究集刊》1990年第4期、《档案史料所见之清末日籍台民问题》《台湾研究集刊》1991年第3期、《档案史料所见之清末"归化"台湾籍民》，《台湾研究集刊》1992年第1期、《日籍台民与治外法权——以光绪三十一年王协林案为例》，《台湾研究集刊》1992年第2期、《抗战时期的台湾籍民问题》，《台湾研究集刊》2001年第1期。（台湾）戴国辉：《日本の植民地支配と台湾籍民》，台湾近现代史研究创刊号，東京1980年。（日）栗原纯：《台湾籍民和国籍问题》，2000年台湾省文献委员会举办的台湾文献史料整理研究学术研讨会。（台湾）卞凤奎：《中村孝志教授论文集日本南进政策与台湾》，2002年台湾稻乡出版社版、《日治时期台湾籍民在海外活动之研究》，2006年7月台湾乐学书局。（台湾）王学新：《日本对华南进政策与台湾籍民之研究》，2007年厦门大学博士论文。（台湾）钟淑敏：《日治时期南进研究之回顾与展望》，中华民国史专题论文集第四届讨论会（国史馆，1998年12月）。（台湾）林真：《抗战时期福建的台湾籍民问题》，《台湾研究集刊》1994年第2期。

[3] 戴一峰等编译：《近代厦门社会经济概况》，1990年厦门鹭江出版社，第316—326页。

[4] ［日］日本外务省通商局监理，东京商业会议所发行：《福建省事情》，大正十年六月（1921年），第3页。

[5] 厦门市档案局，厦门市档案馆：《近代厦门涉外档案史料》，厦门大学出版社，1997年第121页。

[6] 茅乐楠：《新兴的厦门》厦门棋轩巷萃经堂印务公司印刷，1934年，第9页。

[7] 福建省政府秘书处统计室编．福建省统计年鉴（第一回），1937年第119页。

[8] ［日］别所孝二：《新厦门》，大阪每日新闻社，昭和十五年十一月（1940年），第27—28页。

[9] ［日］日本外务省通商局监理，东京商业会议所发行：《福建省事情》，大正十年六月（1921年），第2—3页。

[10] 厦门台湾居留民会：1936年《厦门台湾居留民会报—三十周年纪念特刊》，第164页。

[11] 王铁崖：《国际法》，2004年1月法律出版社，第128页；（美）惠顿：《万国公法》，上海书店出版社，2002年版，第62页；何勤华主编：《万国公法》，2003年中国政法大学出版社，第107—108页、第116—117页。

[12] 武树臣主编：《中国传统法律文化辞典》，北京大学出版社1999年10月第1版，第228页。

[13] 贺其图：《鸦片战争前的中西司法冲突与领事裁判权的确立》，内蒙古民族师院学报（哲社版），1994年第2期，第53—54页。

[14] 王铁崖编：《中外旧约章汇编》，第一册，第318页。

[15] ［日］《外务省百年》上卷，原书房1969年版，第97页。

[16] ［日］日本外交史料馆藏《外务省警察史·警察关系条约及诸法归类（满洲及支那）

等》，2001 年日本东京不二出版社，第 199 页。

[17] ［日］外务省百年史编纂委员会编：《外务省百年》，1969 年东京原书房，第 178—182 页。

[18] 第三款规定："大日本国大皇帝陛下酌视日本国利益相关情形，可设立总领事、领事、副领事及代理领事，往中国已开及日后约开通商各口岸城镇，各领事等官，中国官员应以相当礼貌接待，并各员应得分位、职权、裁判管辖权及优例、豁免利益，均照现时或日后相待最优之国相等之官，一律享受。大清国大皇帝亦可设立总领事、领事、副领事及代理领事，驻扎日本国现准及日后准别国领事驻扎之处，除管辖在日本之中国人民及财产归日本衙署审判外，各领事等官应得权利及优例，悉照通例，给予相等之官一律享受。"参见〔日〕东亚同文会调查编纂部：《增补支那关系特种条约汇纂》，东京东亚同文会调查编纂部 1922 年版，第 632 页。

[19]《通商行船条约》第六、第二十、第二十一、第二十二、第二十三、第二十四条。参见〔日〕东亚同文会调查编纂部《增补支那关系特种条约汇纂》，东京东亚同文会调查编纂部 1922 年版，第 632 —636 页。

[20] ［日］第六调查委员会学术部委员会编：《关于治外法权惯行调查报告书》，1941 年东京东亚研究所，第 25—27 页。

[21] 潘家德：《近代外国在华法庭论述》，四川师范学院学报（哲学社会科学版），2001 年 3 月，第 15 页。

[22] ［日］国立公文书馆，御署名原本·明治三十二年·法律第七十号·领事官ノ职务二关スル件制定清国并朝鲜国驻在领事裁判规则废止，A03020376599。

[23] 转引自曹大臣《近代日本在华领事制度》，2009 年社科出版社，第 83 页。

[24] 厦门市档案局、厦门市档案馆编：《近代厦门涉外档案史料》，1997 年厦门大学出版社，第 89 页。

[25] 明治三十三年（1900）八月三十日到任的事务代理芳泽谦吉，出身于东京帝国大学英文科，外交官及领事官考试合格。明治四十一年（1908）六月三十日到任的森安三郎，东京帝国大学法学部政治科、外交官及领事官考试合格。大正七年（1918）十二月二十四日到任的事务代理市川信也，毕业于东亚同文书院，外务省留学生考试合格。大正八年（1919）七月十四日到任的藤田荣介领事，也是东京帝国大学法学部法律科、外交官及领事官考试合格。还有大正十年（1921）四月二十日到任的藤井启之助领事东京帝国大学法学部政治科、外交官及领事官考试合格。大正十一年（1922）十二月十二日到任的河野清领事代理毕业于东亚同文书院。大正十二年（1923）五月二十六日到任的佐佐木胜三郎，神户高等商业学校、高等行政科考试合格。大正十三年（1924）八月二十八日到任的井上庚二郎领事，甚至毕业于东京帝国大学法学部政治科、外交官及领事官考试合格。昭和六年（1931）九月七日到任的三浦义秋，也毕业于东京帝国大学法学部政治科、高等考试外交科考试合格。昭和九年（1934）四月十日到任的武藤贞喜事务代理，毕业于东京外国语学校支那语科。昭和十二年（1937）七月二十日到任的高桥茂总领事代理，毕业于高崎中学校，外务省书记生考试合格。昭和十三年（1938）五月二十七日到任的内田五郎总领事，来自于递信官吏练习所外国邮政科，外务省书记生考试合格、高等考试外交科考试合格。参见厦门市档案局、厦门市档案馆编：《近代厦门涉外档案史料》，1997 年厦门大学出版社，第 97 —99 页。

[26] ［日］台湾总督府外事部：《南支方面司法事务视察报告书》，台湾总督府外事部调查第

一百三十六（政治门第七），第 178～179 页。

[27] ［日］"官房外务部官制之沿革"，参见アジア歴史資料センター，公文类·第五十九编·昭和十年·官制十一（台湾总督府一），画像第 33 。

[28] ［日］《对岸领事打合会议议事录》，第 12 页，外务省外交史料馆藏：M. 2. 3. 0－1－4 。

[29] ［日］"1935 年台湾总督府官制中改正之件"，参见アジア歴史資料センター，公文类·第五十九编·昭和十年·官制十一（台湾总督府一），画像第 12 。

[30] ［日］"官房外务部现在定员分掌事务"，参见アジア歴史資料センター公文类·第六十四编·昭和十五年·官制四十（台湾总督府三），画像第 28。

[31] 曹大臣：《近代日本在华领事裁判权述论》，《抗日战争研究》2008 年第一期。

[32] ［日］古贺元吉：《支那及满洲的治外法权和领事裁判权》，1933 年东京日支问题研究会，第 121 页。

[33] JACAR：B03041652400。

[34] ［日］井出季和太编：《台湾治绩志》，成文出版社 1985 年版，第 641 页。

[35] 井出季和太编：《台湾治绩志》，台湾成文出版社 1985 年版，第 641 页。

[36] ［日］英修道著：《列国在中华民国的条约权益》，1939 年东京丸善株式会社版，第 94—96 页。

[37] ［日］厦门台湾居留民会：《厦门台湾居留民会报——三十周年纪念特刊》，1936 年 9 月，第 29—32 页。

[38] ［日］厦门台湾居留民会：《厦门台湾居留民会报——三十周年纪念特刊》，1936 年 9 月，第 38—40 页。

[39] 福建省档案馆等编：《闽台关系档案资料》，鹭江出版社 1993 年，第 16 页。

[40] 井上庚二郎：《厦门的"台湾籍民"问题》，1926 年年 9 月，见《闽台关系档案资料》，鹭江出版社 1993 年版。

[41] 陈小冲：《档案史料所见之清末"归化"台湾籍民》，《台湾研究集刊》1992 年第 1 期。

[42] 厦门市政协：《厦门的日籍浪人》，厦门文史资料（第二辑），1962 年。

[43] 连心豪：《日本据台时期对中国的毒品祸害》，《台湾研究集刊》1994 年第 4 期。

[44] 连心豪：《三十年代台湾海峡海上走私与海关缉私》，《中国社会经济史研究》1997 年第 3 期。

[45] 王学新：《日本对华南进政策与台湾籍民之研究》，2007 年厦门大学博士论文，第 59 页。

[46] 林传沧：《福州厦门实习调查日记（1936 年）》，1977 年成文出版社有限公司，（美国）中文资料中心印行，第 88462 页。

[47] ［日］棚濑孝雄：《纠纷的解决与审判制度》，1994 年北京：中国政法大学出版社，第 1 页。

[48] 外务部档，开埠通商，福建全省洋务总局记名特用道、尽先特用道谨将原拟日本人在闽贸易游历传教应商各节抄录清摺呈送察鉴，光绪贰拾玖年伍月。

[49] 外务部档、开埠通商，福建全省洋务总局记名特用道，尽先特用道谨将商请日本领事印给游历护照如非真正台籍暂行停发照会并奉行原文照录清摺呈送察鉴，光绪贰拾玖年伍月。

[50] 外务部档、开埠通商，咨复闽督洋务局所拟节略应分别办理由，光绪二十九年六月。

[51] 外务部档、开埠通商，署闽督文一件，光绪二十九年十一月二十九日。

［52］外务部档、开埠通商，咨复闽督洋务局所拟节略应分别办理由，光绪二十九年六月。

［53］中华人民共和国海关总署研究室编译：《辛丑和约订立以后的商约谈判》，1994 年中华书局，第 209—253 页。

［54］张晋藩主编：《中国法律史》，法律出版社 1995 年版，第 550 页。

［55］厦门市地方志编纂委员会办公室整理：《民国厦门市志》卷十九《司法志》，1999 年方志出版社版，第 450 页。

［56］厦门市地方志编纂委员会办公室整理：《民国厦门市志》卷十九《司法志》，1999 年方志出版社版，第 451 页。

［57］厦门市地方志编纂委员会办公室整理：《民国厦门市志》卷十九《司法志》，1999 年方志出版社版，第 448 页。

［58］提案的具体内容是：甲、中国请求有约诸国先于一定期间内，俟中国实行下列两条件后，将现行于中国境内领事裁判权之陋制，实行撤废。一、刑法、民法及民刑诉讼法，完全颁布；二、各旧府治所在之地（即实际上外国人普通居住之地）地方审检厅，完全成立。中国允于五年内实行上列两条件，同时要求有约诸国允俟该条件实行后，即将领事裁判权撤废，其中中国境内设有特别法庭者，同时一并裁撤。乙、在领事裁判未实行撤废之前，中国要求有约诸国立为下列两项之许可：一、华洋民刑诉讼被告为中国人，则由中国法院自行讯断，无庸外国领事观审参预；二、中国法院发布之传票拘票判决书，得在租界或外国人居宅内执行，无庸外国领事或司法官预行审查。参见梁敬錞著：《在华领事裁判权论》1930 年商务印书馆，第 165 页。

［59］［日］日本外务省编：《日本外交文书》。1926 年第 2 册下卷，1987 年日本外务省发行，第 951 页。

［60］北京政府外交部编：《外交公报》第 65 期，专件，第 1—5 页。

［61］孙惠荣、侯明主编：《中华民国实录内战烽烟》第 2 卷（上），1997 年吉林人民出版社，第 1407 页。

［62］孙晓楼、赵颐年：《领事裁判权问题》，1936 年商务印书馆，第 269—270 页。

［63］《国民政府公报》，第 764 号，第 1—2 页。

［64］《中国国民党对于废除不平等条约之主张》，载于林泉编：《抗战期间废除不平等条约史料》，1983 年台湾正中书局，第 381 页。

［65］重庆 1941 年 12 月 10 日《中央日报》。

［66］胡可时：《福建善救工作的回顾与展望》，福建善救月刊（第一期），1947 - 02。

［67］欧阳湘：《近代中国普设法院研究：以广东为个案的历史考察》，2007 年知识产权出版社，第 94 页。

宋斐如抗日思想述论

赵一顺

一、宋斐如其人

宋斐如原名宋文瑞，台南县仁德人，1921 年自台北商工学校毕业后即去中国北京，他在台湾同乡的赞助之下创办并主编《少年台湾》，于翌年开始在报刊上发表评论文章。1930年，自北大经济系毕业，留任助教，创办《新东方》杂志，译著《台湾民众的悲哀》一书，并发表《"德化政策"下的台番暴动》，介绍台湾少数民族英勇悲壮的"雾社事件"。1931年，离开北京大学，转任冯玉祥将军的研究室主任；1937 年，担任孙科所主持的中山文化教育馆的研究员，到日本东京大学研究日本国情，旋即赶回中国参加抗战，并为《时事类编》、《民族战线》、《抗战》、《时事月报》、《世界知识》、《中苏文化》等多种刊物写稿，评论日本，剖析战争的发展。1938 年 7 月，宋斐如到汉口创刊《战时日本》；10 月，汉口沦陷，他迁往香港；1941 年 12 月，太平洋战争爆发，香港沦陷，他转往桂林，在《广西日报》工作；1942 年，他到重庆担任"台湾革命同盟会"三位中央常委之一，参与"中苏友好协会"，复刊《战时日本》，又先后在中央训练团的党政训练班和军事委员会的战地党政委员会工作。1945 年 10 月随"前进指挥所"的人员返台，并被派任为教育处副处长，为公署高级官员唯一的台籍人士。12 月，陈仪核准他创办《人民导报》，让他协助传达民情，倡导"台湾新文化运动"。1946 年 6 月，他受聘为法商学院专修科兼任教授。

《人民导报》是一份敢说直言的民间报纸，与林茂生的《民报》都是当时敢于揭露社会黑暗、抨击时弊受瞩目的报纸；宋斐如常勉励它的新闻同仁："新闻从业者的耳朵要灵一点，要多报导民间不受注意的反应和要求。"[1] 由于刊登有关国共和谈的敏感文章，陈仪亲自找宋斐如谈话，提出教育处副处长与《人民导报》社长，二者择其一。最后宋斐如辞去人民导报社长，由王添灯继任社长职务。但因为经常批评陈仪政府，最后还是连副处长一职亦被迫辞掉。宋斐如被免职的六天后，二二八事件爆发，并未从事激烈的"革命"暴动，但在"国军登陆"的传言声中，《人民导报》被封闭了。而宋斐如本人亦以"阴谋叛乱首要"、"利用报纸抨击政府施政"等罪名[2]，于 11 日下午被几个身着便服的宪兵从家中强行带走，从此一去不返，时年未满 45 岁。

宋氏娶广东籍女子区严华为妻，区曾在台湾省政府法制室工作，1947 年 9 月曾经帮助前《人民导报》主笔陈文彬一家逃离台湾，9 月中，区严华被捕，次年 1 月以参加共产党罪名被国民党枪决。

宋斐如先生是从事经济研究和日本问题研究专家，一生著述甚丰，出版有关日本问题的专著 16 本，译著 8 本，此外还有大量的有关日本问题的研究评论文章。台湾著名作家、统一联盟创会主席陈映真先生评价宋斐如为"台湾籍爱国的思想家"[3]。目前学术界对于宋斐如的研究成果，主要有陈映真先生的《<宋斐如文集>序》、曾健民先生的《参加<宋斐如文集>出版会的我感我思》、林德政先生的《宋斐如：为台湾光复运动献身一辈子的半山》、吴仁华先生的《宋斐如的台湾光复初期教育改造主张浅析》、杨益群先生的《杰出的思想家 伟大的爱国者》等。这些文章大多以介绍性为主，深入的研究宋斐如生平及其思想仍有待加强。另一方面，《宋斐如文集》五卷本的出版和一些回忆文章的出现，则为研究宋斐如生平及其思想提供了一定的史料基础。本文就是在前人研究的基础上，以宋斐如先生生平著述为主要史料依据，就宋斐如先生的抗日言论作较详细的介绍，从中对宋斐如的抗日思想作一小结。不妥之处，敬祈方家指正。

二、宋斐如的抗日言论概述

宋斐如先生是中国现代史最杰出的"日本问题"研究者、评论者。著述的大半都是有关日本问题的研究评论。他工作的巅峰期，是抗日战争期间，在武汉组织了"战时日本问题研究会"，并创办了《战时日本》月刊（1938.8.1－1942.1.15），从政治经济、文化和国际关系的多元角度分析、揭发、评论了侵略战争时期的日本，对中国的抗日战争有极大的贡献。不过宋斐如先生抗日言论，并不自抗日战争全面爆发才开始有的。宋斐如出生并生长在全中国受日本帝国主义直接压迫最深的殖民地台湾，因此反抗日本帝国主义成了他生命的原点。宋斐如1923年赴北京大学就读后，在日本逐步侵略中国的历史中，抗日成了全中国共同的使命，也成了宋斐如一生的天命；针对中国的最大的侵略者日本，如何使全中国人民认识它掌握它的本质，自然成了宋斐如一生的工作。从他一生的抗日言论来看，大致可以为两个时期：第一阶段为从《少年台湾》的创刊到1937年全面抗战的爆发，第二阶段为八年抗日战争时期。

（一）第一阶段的抗日言论

《少年台湾》后期由宋斐如任主编，刊物的方向便转向反映日寇殖民统治下的台湾状况和介绍祖国新文化运动进展为主题。这一阶段宋斐如的抗日思想主要表现在两个方面：

第一是积极揭露日本在台湾和东北殖民统治的罪恶，借以唤起国人的抗日意识。

他在《少年台湾》1927年3月创刊号上发表《敬神吗？民族自杀！》一文中揭露日本殖民统治者在台湾大搞迷信活动，"统治台湾的官吏，尤其是总督，竟然肯下贱轻驾，出拜城隍，上供妈祖"。并借着御用新闻报纸的宣传，而使台湾"民众信仰神鬼的心理，愈深切；从而祀神祭鬼的病态，愈濒于危笃"。其本质乃在于"使该殖民地的社会平静，甚至入于病态，使该地的人民稳健至如公猪，永远愚若土块，驯驯然安于现状，以任凭其本国人民宰割，榨取膏血"。文章最后呼吁台湾同胞"自己醒悟，除去各方面的弱点"，也呼吁"先觉者自负的人们，竭力于文化运动的人们，谋民族解放的人们"[4]，来提醒那些受了愚弄的同胞。

依着这一思路，宋斐如在1930年至1932年间，又相继发表了《"德化政策"下的台番暴动》、《东北事件的经济解释》、《东北事件与帝国主义战争》、《国联调查团报告书的批判》等二十多篇文章及近十篇译文，以大量的事实揭露日本帝国主义者侵占我东北及台湾，企图亡我国家、灭我民族的滔天罪行。在《"德化政策"下的台番暴动》一文中，宋斐如揭露台湾少数民族的暴动，乃是日本殖民当局"光明的榨取"与"秘密的积蓄"并行的结果。[5] 在《东北事件的经济解释》一文中，宋斐如指出日本侵略我国东三省的根本原因，就是为了掠夺我东三省的资源，以缓解国内资源的匮乏。[6]《东北事件与帝国主义战争》一文则揭露了日本帝国主义对我东北的疯狂侵略和世界列强相互绥靖纵容日本的侵略，呼吁同胞"不要和当局的一部分人陷于同样不识实务的弊病，专向国联或更有力量的美国哭诉"，而要"睁开眼睛"，"认清我们的敌人！认清我们的朋友！"[7]《国联调查团报告书的批判》逐段驳斥了国联调查团的报告，指出国联调查团的报告"皆非有爱于中国；而实在是一种瓜分中国，共管满洲的张本"，呼吁民众"及早觉醒"。[8]

第二是精心研究日本国内政治、经济、社会各方面情况，暴露日本军国主义的弱点，揭露日本军国主义的侵略本质，以使国人对日本有清醒的认识和防范。

这方面的主要文章有《东北事件与帝国主义战争》、《东北事件的经济解释》、《日本无产政党的研究》、《日本新内阁之前途的暗淡》、《东北事件与日本社会革命》、《日本帝国在远东的情势及其前途》、《日本金解禁与中国》等。前两篇文章已如上述。《日本无产政党的研究》详细考察了日本无产政党的历史和现状，分析了日本无产政党内部各派力量情况，并指出"中国民众和日本无产群众，具有共同的利害关系；中国革命和日本无产政党运动，在某一点，必然地采取共通的进程"[9]。《日本新内阁之前途的暗淡》由日本经济的不景气而得出日本国内政治的不稳定。《东北事件与日本社会革命》揭露了日本资产阶级打着"国家利益"的幌子，利用东北事件而使日本无产政党为其卖命的实质，呼吁日本的无产群众对此要有清醒的认识[10]。《日本帝国在远东的情势及其前途》着重分析了日本帝国兴起的原因及其经济发展遇到的瓶颈，指出要解决这一经济难题，在制度不变情况下有两种方法：一为帝国主义型的向外发展；一为由粗工业向精工业的转变。然而第一种方法，有可能导致日本自取灭亡。第二种方法则因日本资源不足、技术落后、缺乏独占的市场而无法行通。因而指出日本的出路乃在于与中国革命紧密相连的社会主义革命。呼吁中日两国民众共同努力，以避免帝国主义式的向外侵略扩张。[11]《日本金解禁与中国》则从金融的角度分析日本对中国的影响。

（二）第二阶段的抗日言论

这一阶段因为抗战的全面爆发，宋斐如的抗日言论也随着战争的发展和需要而愈形丰富。正如《战时日本》创刊词所指出："在全民抗战的今日，在必须发动民众，以与敌人拼个'你死我活'的今日，一般民众对于敌人的真面目，依然没有深刻的认识；中日两国民众切实携手，打倒共同敌人日本帝国主义的真谛更非一般国人所能了解。经过一年抗战而敌人已经暴露了不少弱点的今日，还有一部分人恐惧日本纸老虎的淫威……这是当前最急切而须努力消除的错误。""要持久抗争争最后的胜利，当以激发民族精神，提高民族的自信心为第一要件，而暴露敌人的弱点，宣传敌人的危机，也是提高民族自信心的重要办法。"这样，也就决定了宋斐如这一阶段的抗战言论主要内容是"有系统地、深入地讨论日本各方面的问题；多方面地、正确地刻画日本帝国主义的真面目；把敌人的弱点和危机，广泛地向国内外宣布；拟议各方面对敌工作的方策和实施办法。"[12]这一时期宋斐如的抗日言论主要表现在以下几个方面：

第一、继续揭露日本帝国主义掠夺资源，残害我同胞的罪行，以激发人们对日寇的深仇大恨，坚定了民众抗日救国意志。主要文章有《日寇在东北的残杀与暴行》、《日本侵略下的东三省农业生产》、《日寇七年来在东北的经济掠夺》、《日本铁蹄下东北同胞的生活惨状》等。其中《日本铁蹄下东北同胞的生活惨状》写于1937年9月，全文分为：日本占领东北六周年、日本狰狞面目的表露、"经济统制"下的掠夺、武装移民强占民田、苛捐杂税、毒化政策等六部分，以大量的实例和精确的数字，控诉日寇对东三省民众的残酷迫害与横征暴敛，以及公开售卖鸦片、广设烟馆妓院、推行奴化教育等手段毒害民众的罪行。

第二、全面深入研究日本国内的政治、军事、经济、社会、文化诸多问题，揭露日本军国主义色厉内荏的虚弱本质，呼唤人民齐心协力抗战。宋斐如对日本问题的研究，涉猎的范围相当广泛，论述全面而深刻。主要文章包括：政治问题，如《日本战时政治的衰落及其展望》、《现代独裁政治的分析》、《战争第四年日本政治的没落》等；军事问题，如《敌寇军事南进的阴谋》、《日本最近军事法西斯论》、《日本最近军事动向》、《日本南侵北攻下的出丑》等；经济问题，如《日本侵略战争所造成的社会危机》、《日寇通货膨胀的新发展》、《日本劳力资源的悲哀》、《日本产业统制的三种制度》等；外交问题，如《日本战时外交及其动向》、《最近日寇的外交动向》、《日本最近对美外交剖析》、《日本军部行动派的外交主张》、《日本对美国软硬并施》等；还有社会、文化及其他问题。对这些问题，宋斐如先生又更细致的研究。以经济问题为例，就分好几个方面：其中包括工业，如《日本战时中小工业的没落》、《日本侵略战争中工业危机的发展》、《日寇最近的钢铁业与造船业》等；农业，如《日本农村经济的特质》、《日本粮食增产的政策的批判》等；金融，如《日本金解禁与中国》、《日本战时金融统制的剖述》、《日本货币的新攻势》等；财政，如《日寇南进的财政状况》、《战争财政论——如何筹划战费》等。这些精心的研究文章不仅对分析当时战局，决定战略多有佐益，时至今日，对研究日本历史及发展仍甚有价值。

第三、实时反映中国抗日战场战况，热情歌颂同胞英勇抗日的战斗精神。这方面的文章有《东北义勇军的母亲——赵老太太》、《冀南豫北游击队英勇抗战的一斑》、《台湾民主国对日抗战》等。在《东北义勇军的母亲——赵老太太》一文中，借赵老太太的口，说出"抗日救国也是一样的，只要大家齐心努力，不分心眼，自己不乱，一致团结对外，国家就没有不好的道理"。文章最后号召大家"都要动员起来，……我们的抗战是一种长期抗战，我们得准备长期和敌人拼"。[13]

第四、鞭挞汪逆投敌诡计，坚持抗战到底。这方面的文章有《汪逆兆铭的悲哀》、《汪逆卖国与我们的觉悟》、《本多与汪逆的魔舞》、《汪伪"参战"前后的乖谬》等。其中，在《汪逆卖国与我们的觉悟》指出六点觉悟：对日本侵略者不要抱有任何"中途和平"的幻想；任何爱护国家民族的人，都不要抱有侥幸的幻想；全国内部精诚团结，一致对日抗战到底，才能避免汉奸的出现；抗战建国应有远大的理想和具体的规划；要抗战到底争取最后的胜利，警戒"行百里者半九十"的失败；警告国际社会不要对日本抱有幻想。这些"觉悟"不仅在当时是坚持抗战夺取最后胜利的一剂强心针，即使在现在也有一定的参考价值。

第五、总结经验教训，精心策划抗战方略。宋斐如撰写了《抗战必胜的理论根据》、《新年·新阶段·新觉悟》、《第二期抗战胜利的剖述》、《七年来的教训与进步》、《第四期抗战的敌我情势》、《对日集中进攻罢！》等文章。在《抗战必胜的理论根据》中，作者指出日本对华战争是侵略战争，其国内的人力和物力不能完全为其反动的侵略战争服务，而我们的战争是进步的战争、民族的战争，必将取得最后的胜利。[14]以此来坚定全国人民抗战到底的决心。在《新年·新阶段·新觉悟》里，作者指出日本侵华战争的目的就是"亡我国家灭我民族"，战争已经是全面的战争，不能有任何的幻想了。因此抗战的策略应该是积极、主动地求战，而不能再单纯地采取"敌来我挡，敌去我停"的纯防御战略。作者同时要求在外交上主动争取反日国家的帮助，特别是苏联的帮助。[15]《第二期抗战胜利的剖述》则介绍了第二期抗战的胜利成果，分析取得胜利的原因及其在国内外的影响，并指出日本侵略者将因失败而发动更疯狂的进攻，"我们应有更沉着更积极应战的办法才可以应付这个更严重的局面"。[16]《七年来的教训与进步》则总结了从九一八事变以来的抗日经验，指出全民族抗日战争已经取得惊人的进步：全民族团结起来一致对外，消除了"恐日病"；抗战力量得到磨炼而变得强大了；抗战的战略战术日益进步了；外交路线的转变取得成功和进展。[17]《第四期抗战的敌我情势》首先强调了中日战争已无调和的余地，必须抗战到底，同时分析了国内外形势，认为客观情势依然对我有利，只要善加运用，则第四期抗战将成为抗战最后胜利的转轴。《对日集中进攻罢！》则是策划对日寇最后总反攻的方略。

第六，精辟分析国际形势，提倡中国的抗战不能孤立于世界之外，必须与全世界反法西斯侵略战争结合起来。这方面的文章有很多，如日德关系有：《德意军事同盟与日本》、《日本军事代表团赴德意》、《日寇欲勾结德国平分世界》等，抨击日本与德国勾搭，欲与德国平分世界；日苏关系有：《苏日渔约纠纷的前前后后》、《日苏最近的纠纷》、《日苏谈判及其问题》、《苏日会马上爆发战争吗?》等，阐述日苏两国鉴于各自的需要，不得不暂时掩盖彼此间的矛盾，缔结"中立条约"，日本不会进攻苏联，所谓的"北进"只是假象，实则蓄意南侵；日美关系有：《美国不能坐失制裁日本的机会》、《日本对美国软硬并施》、《日本最近对美外交剖述》、《日本南侵北攻下的出丑》等，阐述日本对美国所采取的一系列软硬兼施的外交政策，其意在对美国施放烟幕弹，为侵美战争作准备。呼吁美国主动制裁日本，莫让日本坐大，以致自讨苦吃。在中国抗战与世界反法西斯战争的关系上，宋斐如在《中苏英美的共运与协力》一文中指出，苏联与中国抵抗日寇一样"不只为着自身并且为着保卫世界和平及人类文明，实也是为着一切被世界法西斯强盗所侵略或将被侵略的国家及民族的福利"，"苏联的危难，也即中国的危难：中苏的危难，也即英美的危难"，"如果英美不能共同奋斗不加积极援助，则中苏万一失败，世界文明将必倒退三百年。"，"英美即可苟于今日，也不能幸免大祸于将来"，敦促美国当局不要"再对世界侵略暴徒施用姑息主义"。呼吁全国军民继续努力奋战，让"陷入半身不遂"的日本侵略者"早日掉落深谷，粉碎成为血水"，夺取抗日战争的最后胜利。[18] 在《正义的和平与胜利的和平》中，作者强调日寇必须退出所有的占领区，始可以言和平的谈判，反对东方慕尼黑的阴谋。

第七，台湾抗日是祖国的抗日的一环，应在祖国有力的援助下，积极展开。宋斐如在《论台湾的革命战略》中，回顾了台湾抗日的历史及内部存在的问题，呼吁台湾同胞克服过去存在的问题，积极展开抗日斗争，在祖国有力的经济援助和精神援助下，完成台湾的革命任务。[19]

三、宋斐如的抗日思想、抗日理论小结

综观上节所述，宋斐如一生的抗日言论内容十分丰富，几乎涉及抗日活动的方方面面。从中可以看出宋斐如抗日思想、抗日理论的几个方面：

首先，坚持抗日到底，反对妥协投降。也许是出生并生长在全中国受日本帝国主义直接压迫最深的殖民地台湾的缘故，抗日成了他生命的有机组成部分，虽然在殖民地生活并接受教育 20 多年，一旦得到机会离开殖民地台湾来到大陆，即开始从事抗日活动。抗日思想是如此深深殖根在他的心头，以至于他在日本进修期间，都会感到良心的不安[20]。他在进修期间，除了学习专业知识之外，也看到了日本人如何轻视中国人。[21] 也正因如此，他的抗日意志更加坚定，反对任何形式的妥协投降。他无情鞭挞汪精卫的投敌卖国，也反对国际上东方慕尼黑阴谋，呼吁国人甚至还告诫世界各国，不要对日本抱有任何幻想。这些都已如上节所述，这里不再展开。

其次，坚信抗战必胜。1937 年全面抗战爆发后，蓄谋已久的日本侵略者，在绝对优势的军事、经济实力支持下，对我国展开疯狂进攻。一时之间抗战局势会走向哪里成了人们心中的一个疑问，而悲观者早在抗战爆发之前即已认定中国必败。就在这种局势下，宋斐如发表《抗战必胜的理论根据》，从战争性质角度断定，日本虽有雄厚的人力物力，最后的结果却是日本必败，中国必胜。这无疑当时处于迷离惶惑的人们带来指路明灯。对于安定抗战民心，巩固抗战意志起到了积极的作用。《抗战必胜的理论根据》虽然有一部分原因是为因应当时的抗战民心而写作，但更主要的还是来自于《封建的军事性的日本帝国》一书的结论。这也正是宋斐如本人抱持抗战必胜理念的信心来源。通过对日本国内政治、经济、军事进行

深入的研究，给了宋斐如无限的信心。事实上，早在1930年7月发表的《日本帝国在远东的情势及其前途》一文中，宋斐如即通过研究得出日本向外侵略扩张的策略只会自取灭亡。

第三，坚持"知己知彼，百战不殆"的抗日方针，积极从事对日问题的研究。宋斐如共出版有关日本问题专著16本，其中有《战时日本工业的危机》、《九国公约会议与我们应有的斗争》、《日本铁蹄下的东北》、《日本人民的反战运动》、《日本战时外内幕》、《日本亚洲独霸战》、《日本如何决战》等；译著8本，其中包括《日本国家机构略解》、《日本人民统一战线的发展》、《日本资本主义论战》、《太平洋战略论》等。此外还有发表在各种刊物上的论文上百篇。除了自己研究之外，他还创办《战时日本》杂志，以"知己知彼，百战不殆"为宗旨，网罗一大批人从事日本问题的研究。后期刊物移到重庆后，光编委就有16人，包括王乃昌、李纯青、李万居、金长佑、金则人、李岳光、高璘度、张友渔、葛乔、陈乃昌、陈北鸥、关梦觉、谢南光、谢东闵、刘达人、石宝瑚。刊物同时还聘请了众多国内政论家及朝日反战人士60余人作为特约撰述，作者队伍十分强大，国内著名的专家、学者，如郭沫若、张友渔、张铁生、林焕平、许涤新、刘思慕、于毅夫、王芸生、胡风、胡愈之、许德珩、许涤新、陈豹隐等；台湾著名学者李纯青、李友邦、谢南光、谢东闵、李万居等；国民党政要如冯玉祥、孙科、梁寒操、王芃生等；日本、朝鲜等各国的反战人士，如日本反战同盟的鹿地亘、青山和夫、盐见圣策、池田幸子、秋三龙一以及韩国抗日志士李斗山、金若山等均为刊物撰写文章。

第四，主张持久抗战。宋斐如持久抗战的思想最早是在1938年8月出版的《战时日本》创刊词里提到的：要持久抗战争最后的胜利，当以激发民族精神，提高民族的自信心为第一要件。此后在1938年10月发表的《东北义勇军的母亲—赵老太太》里，借老太太的口明确说：我们的抗战是一种长期抗战，我们得准备长期和敌人拼。

第五，在抗战的军事战术上主张积极主动的抗战，反对"敌来我挡，敌去我停"的纯防御战术。

第六，在抗战外交上，提倡中国的抗战不能孤立于世界之外，必须与全世界反法西斯侵略战争结合起来。早在抗战爆发不久的1938年1月，《新年·新阶段·新觉悟》一文即大胆提出积极主动的战略方针还须应用在外交上，认为"苏联和我们的敌人立于对立地位"，"苏联和我们的利害正是一致，我们要赶快地联络苏联"[22]。此外还主张联合世界弱小国家共同对抗日本。此后随着世界反法西斯战争的发展，宋斐如的抗战外交主张也得以实现。详见上节。

第七，在台湾抗日问题上，主张台湾抗日是祖国的抗日的一环，应在祖国有力的援助下，积极展开。具体已如上节所述，不再展开。

四、宋斐如抗日思想的影响

谈到宋斐如抗日思想的影响，首先就得谈《战时日本》杂志的影响。由于体现宋斐如的主要抗日思想的文章大都发表在《战时日本》杂志上，了解《战时日本》杂志在当时社会的影响，自然也就了解宋斐如抗日思想对当时社会的影响。《战时日本》在宋斐如的努力下，从1938年8月创刊，至1942年1月，共出版6卷32期。当时在大陆从事抗日活动的李纯青、谢南光、李万居、李友邦、谢东闵等台湾同胞，有的直接参与《战时日本》杂志编辑工作，有的为《战时日本》撰写文章，扩大了《战时日本》在当时社会的影响。军委会读者陈乃昌在来信中谈到《战时日本》杂志的发展及其影响时，说："想起二年前在武汉时……景象是那么零落、黯淡；然而一年半以来，靠着你的淬砺、奋发，这婴儿在唯一的保姆下茁壮成长了。不可否认，它在抗战中的中国文坛，是唯一研究敌情的定期刊物，千千万万人已经受了它直接间接的影响。"

《战时日本》不但在当时社会一般大众中产生影响，而且还是当时政府抗日决策机关筹划抗战方略的重要参考读物。"《战时日本》这个杂志，并没有在报摊乱摆，也没有往字篓里乱丢，它主要的不但是给一般读者认识各种敌情，而且是给中国各抗日高级机关作重要参考的典籍。……内容很丰富、翔实、泼剌。"时任立法院院长的孙科也赞誉称："细读各期内容，其资料之丰富，观察之透彻，与夫论断之正确，实不愧为抗战中唯一研究敌情之刊物也。《战时日本》主编宋斐如兄研究问题之精博与作事之负责，为我所熟悉，固自策划创办时期即予以相当之赞助。"[23]

除在国内抗日战场得以广泛传播外，《战时日本》在海外亦得到了众多华侨大力襄助，各地侨胞积极投稿、赞助订阅，"只菲律宾一地即有1800多份赞助订户"[24]，赞助金额五圆、十圆、数十、数百圆不等。华侨革命家庄希泉（庄一中）亲自为杂志募捐，筹集出版资金，自1939年第一卷第六期起至1940年第四卷第一期止亲任发行人，迁渝出版后由宋渊源（辛亥革命前辈、福建华侨侨领）任主任、南洋华侨赞助的"民锋出版社"资助督印。使刊物得以坚持出版。在岷（马）尼拉由"新生书报社"、在新加坡由《星洲日报》、在菲律宾由"端文书店"总经售，对宣传、动员华侨抗日起了积极作用。

宋斐如抗日思想的另一个影响渠道是与国民党政府高层人员的交往。从1931年开始，宋斐如担任冯玉祥将军的读书研究室主任，为冯玉祥将军主讲政治经济学、日语等课程。讲学之余，也经常谈到日本社会情况。冯玉祥1937年3月3日的日记写到："宋由日本归来，谈些日本社会之困难情形"，"又谈些日本军阀之罪恶"。3月24日记写到："宋先生端华把在日本见闻说完之后，又说了他的些意见好几点，均甚重要，一、努力抗日；二、同情青年；三、促成政府抗日与人民感情日亲"。3月27日"同宋先生详谈抗日救国的实施办法"。等等。[25]除了与冯玉祥过从甚密之外，宋斐如与孙科也有相当好的关系，并曾进入孙科组织的"中山文化馆"任"日本政治经济研究员"。借着这一身份，宋斐如与馆内其他国民党高层人士也有了往来。从而为他在国民党高层中传播自己的抗日思想提供了有利的条件。

此外，宋斐如也通过在报刊发表文章、在各地讲演来传播自己的抗日思想。抗战期间，宋斐如除了《战时日本》刊物发表大量文章以外，还在《广西日报》、《中苏文化》、《世界知识》、《时事月报》、《新中华》、《半月文萃》、《大公报》、《新生报》、《抗到底》、《战时文化》、《战地党政月刊》、《抗战》、《益世报》、《民族战线》、《三民半月刊》等报纸杂志发表文章，宣传抗战思想。同时，宋斐如以其在日本问题上的精深研究而经常受邀一些单位发表演讲。如1938年在曲江期间，宋斐如受国民党第七战区司令长官余汉谋的邀请，为其长官部高级军官讲演"日本军阀的政治地位"。继而又受"中大、广大、勷大、岭大以及记者公会等团体"的邀请，"前后共作讲演十多次"。[26]由此可见，宋斐如抗日思想在各界的影响。

综上所述，宋斐如的抗日思想不仅在当时的国民党高层有广泛的影响，同时也在当时社会各阶层产生了一定的影响，对于国民党高层制订抗战策略，促进全民抗战，起到了积极的作用。

（作者单位：中国社会科学院近代史研究所）

注 释：

[1] 《宋斐如文集》卷五，台海出版社2005年10月第一版，第1585页。
[2] 《宋斐如文集》卷五，第1590页。

［3］ 陈映真《＜宋斐如文集＞序》，载《宋斐如文集》卷一，第8页。

［4］ 宋斐如《敬神吗？民族自杀!》，载《少年台湾》创刊号，1927年3月。参见《宋斐如文集》卷二，第336—342页。

［5］ 宋斐如《"德化政策"下的台番暴动》，载《新东方》第1卷，1930年11月。参见《宋斐如文集》卷二，第345页。

［6］ 宋斐如《东北事件的经济解释》，载《新东方》第2卷《最近远东问题专号》，1931年12月。参见《宋斐如文集》卷四，第1089—1119页。

［7］ 宋斐如《东北事件与帝国主义战争》，载《新东方》第2卷《最近远东问题专号》，1931年12月。参见《宋斐如文集》卷二，第489—521页。

［8］ 宋斐如《国联调查团报告书的批判》，载《新东方》第3卷附录，1932年11月。参见《宋斐如文集》卷一，第64—99页。

［9］ 宋斐如《日本无产政党的研究》，载《新东方》第1卷第11、12期，1931年11、12月。参见《宋斐如文集》卷三，第753—824页。

［10］ 宋斐如《东北事件与日本社会革命》，载《新东方》最近远东问题专号，1932年12月。参见《宋斐如文集》卷三，第834—868页。

［11］ 宋斐如《日本帝国在远东的情势及其前途》，载《新东方》第1卷第5、6、7期合刊殖民问题专号，1930年7月。参见《宋斐如文集》卷四，第1035—1089页。

［12］《＜战时日本＞创刊词》，载《战时日本》1938年8月第一期。

［13］ 宋斐如《东北义勇军的母亲—赵老太太》，载《战时日本》第一卷第2、3期合刊，1938年10月。参见《宋斐如文集》卷一，第177、179页。

［14］ 宋斐如《抗战必胜的理论根据》，载《时事类编》特刊第4期，1937年11月。参见《宋斐如文集》卷一，第117—121页。

［15］ 宋斐如《新年·新阶段·新觉悟》，载《抗到底》第1期，1938年1月。参见《宋斐如文集》卷一，第122—126页。

［16］ 宋斐如《第二期抗战胜利的剖述》，载《中苏文化》抗战特刊第1卷第12期，1938年5月。参见《宋斐如文集》卷一，第149页。

［17］ 宋斐如《七年来的教训与进步》，载《战时日本》第1卷第2、3期合刊，1938年10月。参见《宋斐如文集》卷一，第154—156页。

［18］ 宋斐如《中苏英美的共运与协力》，载《战时日本》第5卷第4期，1941年8月。参见《宋斐如文集》卷一，第262—274页。

［19］ 宋斐如《论台湾的革命战略》，载《大公报》，1947年4月17、20—22日。参见《宋斐如文集》卷二，第372—383页。

［20］《冯玉祥日记》1935年6月20日。参见《宋斐如文集》卷五，第1566页。

［21］《冯玉祥日记》1937年3月23日。参见《宋斐如文集》卷五，第1568页。

［22］ 宋斐如《新年·新阶段·新觉悟》，载《抗到底》第1期，1940年1月。参见《宋斐如文集》卷一，第124—125页。

［23］ 宋亮《追忆父亲宋斐如》，载《宋斐如文集》，第1580页。

［24］ 宋亮《追忆父亲宋斐如》，载《宋斐如文集》，第1580页。

［25］《宋斐如文集》第五集，第1568—1574页。

［26］《宋斐如致吴铁城函》，1940年7月5日，见国民党党史馆馆藏特17全宗。

日本对台政策策略研究[1]
——以"吉田书简"为中心

郑 毅

吉田茂（1878—1967），日本著名的政治家、外交家。初入仕途时曾长期在华任职，担任过安东、奉天、济南与天津的领事、总领事等职，是日本外务省内知名的中国通。二战结束之后，曾先后五次组阁，成为战后初期日本外交政策体制与军备重建的缔造者。1951 年 9 月 8 日，48 个战胜国同日本签订了《对日和平条约》（通称"旧金山和约"），但因在选择"大陆政权"还是"台湾政权"作为媾和主体时，日本与美国在旧金山会议时并未达成一致。后在美国的压力与主导之下，吉田茂在 1951 年 12 月 24 日发表了著名的"吉田书简"，向美国国会作出承诺，承认媾和的主体是"台湾政权"，对中国大陆政权不予以承认。但通过对此时日本对台政策策略的研究可以发现，这一时期日本对台湾的"国民政府"实行的是"有限媾和"与"限定承认"的外交策略，推行"一中一台"的"两个中国"外交体制，这一点充分体现了商人式外交家吉田茂根深蒂固的帝国意识主导下的外交思维模式。

一、旧金山媾和会议

1945 年 7 月 26 日中美英三国通过了《波茨坦宣言》，主旨是如果日本不投降，就给予毁灭性的打击，督促日本军队解除武装投降。8 月 15 日日本天皇宣读《终战诏书》，日本历史由此转入到由美国主导的"战后处理"与"战后改革"时期。在美国主导之下，1946 年 11 月 3 日，日本公布了新宪法，在新宪法中明确了"放弃战争与否认交战权"[2]。战后日本除进行政治改革之外，还对军事与经济等诸多方面进行改革。1950 年 6 月 25 日朝鲜战争的爆发为美国占领之下的日本形成了"特需景气"，刺激了日本的经济发展，还成为了日本重整军备的催化剂。例如，7 月 8 日盟军总司令麦克阿瑟致函吉田茂，要求日本立即组建一支7500 人的国家警察预备队。而朝鲜战争的爆发，也成为了美国对日媾和的推动力。

1951 年 9 月 4 日，美国邀请与日本交战的 48 个国家在旧金山举行对日本的媾和会议。9 月 8 日签署了《对日和平条约》（通称《旧金山和约》），由于意识形态以及对日占领问题上有异议，苏联、波兰和捷克斯洛伐克三国并没有在和约上签字。和约的签订标志着日本结束了与签字国之间的战争状态，在法律上获得了独立。而此时吉田茂政府以旧金山和约签订为契机，努力确立战后外交的新体制，作为旧金山媾和的一个重要组成部分便是在中国问题的选择权问题。对此问题是选择"台湾政权"还是"大陆政权"作为媾和的主体之时，美国与英国尚存在较大的意见分歧，后就此问题达成了"杜勒斯—默里逊协议"，协议上规定了对日媾和会议上，不邀请中国台湾和大陆的任何一方参加，会后由日本选择中国任何一方政权作为媾和的主体。[3]所以在旧金山媾和会议上，并未有无论是"台湾政权"还是"大陆政权"的中国代表出席。

虽然英美两国达成了协议，但对日本选择媾和主体一事，在朝鲜战争大背景之下，美国已有定论，即希望日本与"台湾政权"进行媾和，对此吉田茂写道："因此媾和独立后的日本在北京和台湾之间究竟选择哪一方为建交对象，便成为美国特别关心的重大问题。万一日本因贸易和其他经济上的利益，而同北京政权之间建立某种友好关系，美国对共产主义国家的政策将不得不发生很大的动摇"[4]。这段话也清晰表明了，吉田茂从经济与政治的视角考察媾和对象问题时，所选取的媾和主体是不同的，最终，美国的政治诉求与需要压倒了日本经济发展的需要，选取了"台湾政权"作为与日媾和的主体。

但在选择"台湾政权"作为媾和主体时，吉田茂则努力为日本争取更多的国际空间，在明知日英同盟不可能存续的前提下，依然顽强地提出了日英协调论，也就意味着有同"大陆政权"作为媾和主体的意向。之所以有这样的考量，是因为中日两国的贸易关系并未因战争的结束而结束，1951 年 3 月何应钦赴日会晤吉田茂首相，何应钦询问吉田茂日本对于缔结包括中国在内的和约意向如何时，吉田茂说日本不能忽视大陆上四亿五千万中国人的感情。[5]然而对于"台湾政权"则自称抱有好感，他认为："从所谓中日事变；到大东亚战争止，日本始终以蒋介石总统领导的国民政府即中华民国为交战的对方。战争结束后，由于蒋总统的宽大处理，日本在中国的军队和侨民才得以安全回国"[6]。

吉田茂政府在战后对新成立的中华人民共和国政府采取怎样的态度与立场，则是一种现实的选择与需要。而为了使美国国会能够早日批准旧金山和约，吉田茂最终选择了以"吉田书简"的形式对美国做出了承诺，即选择"台湾政权"作为媾和的主体，对新成立的"大陆政权"不予承认。吉田茂发表的"吉田书简"对此后中日关系的发展产生了重大的影响，直至 1972 年才使冰冻的两国关系开始解冻。

二、"吉田书简"的出笼

在"台湾政权"和"大陆政权"选择哪一方作为媾和主体时，因为要屈从于美国的压力，另外由于在联合国中"台湾政权"代表中国的合法地位，并拥有表决权，所以日本政府选择"台湾政权"则是一种必然。然而吉田茂却在努力推行一种"等距离外交"模式，英国外交部长默里逊曾说日本应该"自由选择外交政策"，而作为老练的政治家的吉田茂却想在英美两国的夹缝中寻求有限的生存空间，变相推行"两个中国"的政策。[7]

吉田茂的外交思想径路中，存在着理论上选择的两难境地，所以他说："在我来说，同台湾友好，促进彼此经济关系，本来是我宿愿。但是，我也想避免更进一步加深这种关系而否认北京政府。这是由于我认为，中共政权到现在为止虽然看来似乎和苏联保持着亲密关系，但是中国民族在本质上却存在着和苏联人不能相容之处，文化不同、国民性不同、整治情况也不相同的中苏两国，终必形成互不相容的状态。因此，我不希望彻底使日本同中共政权的关系恶化"[8]。美国对这种"等距离"的外交模式深感不满，对此美国参议院曾明确指出，对日媾和条约能否通过，关键问题是取决于日本对待中华人民共和国和"中华民国"的态度。1951 年 12 月 12 日，杜勒斯第四次飞抵日本东京，要求日本外务省次官井口贞夫转达日本配合美国支持台湾当局的政策，随即 13 日杜勒斯同吉田茂首相进行会谈。杜勒斯将美国国内的严峻形势告之吉田茂，他说："国民政府作为中国的合法政权已经被美国所承认，台湾是远东军事战略要地，日本政府同国民政府进行和约谈判，是最符合日本利益的"[9]。

当时日本还并未同各参战国家结束战争的状态，而 1951 年 9 月 8 日签署《对日和平条约》得到美国国会的批准是最为紧要的事情，只有如此，才能实现日本战后的重建与民族的再次复兴。为此日本外务省在杜勒斯与吉田茂会谈的当天，就根据杜勒斯备忘录起草了一个《对处案》，其中说道："鉴于中国所处的情况，现在，日本根据和平条约第 26 条与中国实现全面关系是不可能的。所以，可以根据和平条约的基本原则，在中华民国国民政府事实上的统治范围内，实现两国关系正常化，并就有关未解决的问题进行谈判"[10]。

12 月 18 日杜勒斯转交给吉田茂一封信,最后吉田茂在这封信的基础上形成了所谓的"吉田书简"。"吉田书简"的主要内容有以下几个方面:

1. 中国为日本之近邻,日本政府终愿与之有一全面之政治和平与商务关系,在现时,我方希望能与中华民国国民政府拓展该项关系。这一点清楚表明了吉田茂政府最终选择了国民党的"台湾政权"作为媾和的主体,并不承认中华人民共和国。

2. 明确承认"台湾政权"是中国的正统政权。书简中说依照和平条约内所揭示的原则,与该政府缔结一项将重建两国政府间正常关系的条约。并对国民政府一方作出解释,认为这个条约应该用于现在在"中华民国国民政府"控制下以及将来在其控制之下全部领土。关于此点,笔者认为,吉田茂除了明确"中华民国"是中国的正统政权之外,还制造了"一中一台"的既定事实,同时也是对"台湾政权"做了限定的承认,仍然对大陆政权留有交往的余地。这也充分说明了,吉田茂商人式外交政策的实用主义理念。

3. "至于中国共产党政权,该政权事实上仍被联合国判定为侵略者,(中略)鉴于此等考虑本人可以向阁下保证,日本政府无意与中国共产党政权缔结双边和约。"

吉田茂最终以"吉田书简"的形式向美国作出保证,将"台湾政权"作为媾和的主体对象。就此事同美国的交涉过程,也反映出了战后初期美英两国在东亚政治格局中的矛盾。然而老练的政治家吉田茂,将对"台湾政权"的限定承认作为吉田书简的内容,获取了美国的支持,这也为日后同中国大陆政权改善关系留有一定的空间,然而他所确立的"两个中国"的政策,对此后日本历届内阁所采取的对华政策,都有较大的影响。

三、《日台条约》与对"台湾政权"的限定承认

"吉田书简"出笼之后,美国在 1952 年 1 月开始审议对日和约,3 月 20 日美国参议院顺利批准了对日和约以及美日之间的安保条约。至此,日本政府及吉田茂首相正式确立了"对美一边倒的外交体制",在东亚的政治体制之中,将中华人民共和国排除在外,形成了"美国、日本、台湾的三角形战略关系",但是日本与台湾的关系又是脆弱和可变的。[11]在旧金山和约签字之后即 1951 年 9 月 8 日之后,美、日、台三方便努力致力于解决日台之间的和约问题。

日本与台湾之间就"日台和约"问题的谈判大致可以分为两个阶段,但前后两个阶段的主题都是围绕着未来所签订的"日台条约"的适用范围而进行的。在旧金山会议之前的 1951 年 4 月 27 日,蒋介石就拟定了对日媾和的三原则,即"不能损害中华民国作为联合国一员的国际地位;不能削弱国民政府对台湾的统治权;反攻大陆的基地的台、澎、金与马的巩固"[12]。美国公使兼代办蓝钦负责日台和约的协商,日本、台湾当局与美国三者之间就日台和约问题进行了多次磋商。台湾方面打算获取条约的适用范围是"中华民国政府控制下和今后可能在其控制下的全部领土",这一点意味着迫使日本支持台湾反攻大陆,同时也阻断日本同"大陆政权"之间建立外交关系。为此台湾方面提出了"日本必须承认中华民国对中国全部领土的主权"[13],后经过 2 个多月 18 次非正式会谈与 3 次正式会谈之后,在美国的操纵与主导之下,最终签订了"日台和约",宣布了双方结束战争状态,与"台湾政权"建立有违中华民族利益的"外交关系"。

1952 年 4 月 28 日最终达成了"日台条约",全文共由正文 14 条、议定书、互换照会和同意记录构成。在条约中多次重申:"本条约的各条款,关于中华民国之一方,应适用于中华民国政府控制下或将来在其控制之下的全部领土",[14]这是"吉田书简"有关内容的照搬,清晰体现了"吉田书简"所有表达的意图,也确立了对"台湾政权"是一种有限的承认原

则。在和约之中，关于战争赔款问题，在日本态度日益强硬的前提下，台湾的"中华民国政府"急于取得政治上的有效地位时，便在日方要求台湾放弃一些赔偿要求的情形下放弃。为此台湾的余河清先生在《中日和平条约研究》一书中有这样的评论："对日签订的和平条约可以说是史无前例的宽大行为，就赔偿问题而言，我方放弃了战胜国应有之权利，也放弃了盟国所享有之服务补偿权力"。

从"吉田书简"到"日台和约"，吉田茂在对台"台湾政权"的地位问题上的意见，得到了一贯的继承。最终将媾和的主体选择为"台湾政权"，一方面是迫于美国的政治压力，另外日本也有自己的选择。当时在联合国能够代表中国的合法席位，具有发言权和否决权，同在旧金山媾和的参加国多数保持着外交关系的是台湾当局，所以吉田茂政府更注重这一层面。

吉田茂在对"台湾政权"作出了限定承认，认为其不应包括"大陆政权"在内的"正统政府"，对待这种媾和模式，充其量也只能是有限的媾和。对此吉田茂也表示说："总起来说，这个条约和现在统治台湾及澎湖列岛的国民政府之间的条约，我方虽然希望将来签订全面的条约，但此次签署的条约，并未承认国民政府是代表全中国的政权"。[15]

吉田茂以"吉田书简"为中心，利用与"台湾政权"进行媾和的良机，在美国的主导之下，日本成功实现了对中华民族的媾和，同中国结束了战争状态。但是吉田茂又对"台湾政权"与"大陆政权"推行等距离外交模式，刻意制造"一中一台"的"两个中国"的政策，同时还使"台湾政权"正式承诺放弃了战争赔偿，对战后初期日本的外交而言，无疑是成功的，外交政策的施行也是必要的。但是此举严重侵犯了中华民族的国家利益，对此后二十年间的中日关系造成了不容否认的负面影响。中日之间战争状态的结束以这样一种方式来完成，可以说是朝鲜战争的一种副产品。

（作者单位：北华大学东亚中心）

注 释：

[1] 本文系国家社科基金项目"吉田茂的帝国意识与对华政策观研究（08BSS004）"阶段性成果之一。

[2] 冯昭奎：《战后日本外交史》，中国社会科学出版社，1996年，第75页。

[3] 村川一郎：《杜勒斯与吉田茂》，国书刊行会，1991年，第39—40页。

[4] 吉田茂著：《十年回忆》第3卷，韩润堂等译，世界知识出版社，1965年，第42页。

[5] 顾维钧著：《顾维钧回忆录》第9册，中国社会科学出版社译，中华书局，1989年，第260页。

[6] 吉田茂著：《十年回忆》第3卷，第42页。

[7] 细谷千博：《吉田书简と美英中の構図》，《中央公论》1982年第110号97卷，第78页。

[8] 吉田茂著：《激荡的百年史》，孔凡、张文译，世界知识出版社，1980年，第74—75页。

[9] 拙著：《铁腕首相吉田茂》，世界知识出版社，2009年，第253页。

[10]《外务省外交资料》，B4008，第48页，转引自廉德瑰著：《美国与中日关系的演变》，世界知识出版社，2006年，第67页。杜勒斯备忘录主要有以下几点内容：关于占领的早期结束；关于日本制裁与战争赔偿；国民政府在联合国对日本的加盟有否决权；日

本并不是承认国民政府为中国的唯一合法政府而是承认它为支配台湾、澎湖的一个政府的现实；日本同中国大陆的关系，可以等形势变化后再决定。

［11］拙著《铁腕首相吉田茂》，世界知识出版社，2009 年，第 258 页。

［12］国民党中央党史会：《中华民国重要史料初编——对日抗战时期》第 7 编《战后中国》，台北 1981 年，第 713—714 页，转引自林晓光：《吉田书简、"日台和约"与中日关系》，《抗日战争研究》，2001 年第 1 期。

［13］"中央日报"译印：《蒋总统秘录》第七卷，台北，1985 年，第 3119 页。

［14］顾维钧著：《顾维钧回忆录》第 9 册，中国社会科学出版社译，中华书局，1989 年，第 737 页。

［15］拙著《铁腕首相吉田茂》，第 261 页。

退台初期国民党高层人事纠纷几桩个案的再解读
——侧重从陈诚的角度

左双文

1949 年 1 月初，受蒋介石重托，陈诚出任台湾省主席，年底因故离任，1950 年 3 月初，又被蒋选中出任行政院长。短短几年时间，陈诚为稳定在台湾的局面，提出"人民至上，民生第一"的治台方针，在政治、军事、经济、文教等方面实施了一系列措施，包括土地改革、币制改革、地方自治、生产建设等，取得了明显成效。这些情况，已有一些论著作了阐述，笔者在此不拟再展开讨论，而是想就这几年中发生的与陈诚有关无关的几件事情，提出来略作梳理，使我们可以大致感受一下，陈诚是在一个什么背景之下、什么样的政治氛围、政治处境下，来做那些事，从而了解到，这其中的难度和挑战，甚至超出了做这些事情本身。

一、陈诚是否不欢迎蒋介石来台

1949 年 5 月初国民党军即将撤离上海前夕，蒋介石于 6 日上船，7 日乘蒋经国让招商局准备的轮船"江静轮"离开上海，由蒋经国陪同，一路向南，9 日到舟山群岛定海、普陀一带，巡游数日，盘桓至 17 日午餐后，由江静轮登岸，下午 1 时半自定海机场出发，4 时 50 分飞抵（澎湖）马公降落，驻于马公宾馆。21 日，陈诚、俞鸿钧、蒋鼎文到马公见蒋。26 日，自马公飞台南冈山，转高雄寿山。6 月 14 日，又专程到离高雄 100 多公里的四重溪察看，"此地为恒春之风景区，四面环山，中有温泉，清甘可饮，更可涤身，周围景物，酷似江南。"蒋在此歇宿一晚。蒋介石在台湾南部走走停停前后近一月，于 6 月 21 日下午离开高雄，自冈山飞至桃园，转至大溪镇。"大溪镇有山有溪，风景与气氛很像家乡溪口"。24 日上午，离开大溪，到台北参加东南区军事会议，并于当日迁居台北草山。[1]这时距从上海出发，已近 50 余日了。

这里面有一个问题，蒋为何不直接去台北？主要是出于一种什么考虑？照吴国桢的说法，是因为陈诚未及时表示欢迎态度，引起了蒋的疑心。吴国桢说："上海失守后，蒋乘一艘炮艇离开大陆，他给当时的副总统兼行政院长和台湾省主席陈诚将军打电报说，他正向（台湾）岛驶来，蒋预料陈会马上回电欢迎，但等了 24 小时，陈仍未回电。外界对此事并不知道，蒋不得不让他的炮艇，绕舟山群岛转了 24 小时。我想蒋不会因此而原谅陈，以前他总是很信任陈的，我怀疑他这时是否还信任他。""24 小时以后陈诚的回电来了。蒋决定不在离陈诚的省会台北仅 20 英里的北方海港基隆上陆，而改在台湾的南港高雄。"理由是陈诚的部队在北部，南部主要是孙立人的部队，吴国桢称，"当蒋在高雄上岸时"，蒋还问孙，"你对我在此上岸有何想法？"[2]

吴的回忆有多处不确之处，1. 不是乘的一艘炮艇，而是"江静轮"；[3] 2. 陈诚的职务还只是省主席；3. 蒋在舟山群岛一带不是转了 24 小时，而是前后活动了八、九天；4. 蒋到台湾是乘飞机，而不是乘船"上岸"，也不是先到高雄，而是先到马公。

上述这些漏洞还只是技术上的，在实质内容上，在此之前，陈诚已为蒋去台做了许多前期准备，还发了好几封电报欢迎蒋去台。陈诚回忆，他接任不久，1月21日到杭州见蒋介石，25日返台。"我自京返台后，即在台湾准备八个地方，以供总统选用为临时驻用之所，计澎湖二处，台北、阳明山、大溪、日月潭、高雄、四重溪各一处。于修葺布置完妥后，即迭电请总统莅台。"[4]在当时国民党大批军政高层官员退台，台湾住所极为紧张的情况下，陈诚的这些准备，虽有过事铺张之嫌，但就蒋陈关系言，不正是反映了陈对蒋的忠诚不二吗？蒋离开大陆到台后，这8处地方，蒋至少实地考察了6处，其中就蒋经国对四重溪、大溪两地的评价看，陈诚可谓是用心良苦。3月15日，陈奉代总统李宗仁召到南京述职，17日，再飞溪口见蒋。和谈决裂，解放军渡江后，4月25日，蒋离开溪口到上海。这时，上海之失守也只是时间问题，故4月29日，陈诚即电请蒋介石直接退驻台北："总裁蒋钧鉴：和谈决裂后，大局已告明朗化。今后剿共战事，势必长期奋斗到底。为号召国内外爱国志士，及联合国际上反共势力，钧座为自由中国之旌旗，驻节所在地点，亟宜早日确定。关于马公岛情势（蒋是否提出过要驻马公？——引者），职业已实施勘查，深觉该地交通通讯，颇为不便。职认为台湾，既为吾人革命复兴最后根据地，殊无其他顾虑之必要。拟恳早日驾临台北，长期驻跸，则指挥各方，皆多便利。或于穗沪渝等处，设置行辕，必要时，巡行指挥。除积极布置此间官邸外，谨祈早日命驾，无任企祷之至。职陈诚。卯艳叩。"[5]蒋离开上海乘轮南下后，5月11日，陈诚再有一电致蒋："探呈总裁蒋钧鉴（蒋这时已成惊弓之鸟，连陈诚也不清楚蒋的具体行踪？——引者）：卯艳（即4月29日电——引者）一电计达。职意钧座应即飞台。又钧座行动，似不必秘密，以示自由。且因我国一切组织松懈，与限于法令，亦无法秘密也。"[6]11日正是蒋介石到舟山的第三天，吴国桢指的应该就是这份电报，但因为有十几天前的那份电报存在，吴的说法恐怕就不易成立。15日，陈诚再电蒋介石表示对李宗仁的不满，请蒋迳飞台北，一切不必顾虑："总裁蒋：辰寒（14）电奉悉。读李之谈话，深感领袖受辱，干部之耻也。彼辈只知利害与力量，决不能以理喻与情动。乞钧座迳飞台北，一切不必顾虑。又职决铣日飞穗，最迟巧日回台，谨闻。"[7]18日返台后，21日到马公见蒋。

应当说，从整个蒋陈关系来看，一方面，应当不存在陈故意不回电、使蒋难堪的情况；但另一方面，在当时离心离德的部属数不胜数、整个局势分崩离析那种非常特定的情况下，即使是对陈诚这种过去极为信任的部下，蒋是否也存有戒心，要观察、观望一段时间呢？这也不是完全不可能的，从陈诚任职头几个月蒋经国、宋美龄的往来电报中，似乎能窥见些许端倪。

到1948年底，随着国民党内战形势的越来越恶化，若大陆不保后退居台湾，可说渐渐成为蒋家的共识，1948年12月27日蒋经国电告在美国的宋美龄，蒋介石打算下野返溪口暂住，宋美龄在12月27、28日连发两份电报，认为不妥，建议选择广东或台湾，电称："奉化绝非安全居住之所，免得受人暗算，广东、台湾似较相宜。""汝父在京如不能维持，则须赴台湾或广州，决不能回乡。……如下野回乡，对内不能行使政权，对外不能代表国家，无法继续革命，……故此举余绝对反对。"[8]在此前的12月7日，陈诚也上书蒋介石称"惟默察大局，演变至此，决非枝节所能挽救，必须从战略政略上，作通盘之计划。……目前战略，应以广州为中心，以海南、台湾为后方基地，争取时间，积极部署"。[9]因此，12月28日，蒋介石突然致电在台养病的陈诚，告以"决任弟为台省主席，望速准备为要"。29日即将命令发表，并于1949年1月1日、2日连电催促："为何不速就职？若再延滞，则必夜长梦多，全盘计划，完全破败也。何日就职立复。"[10]与此同时，任命蒋经国为台湾省党部主任委员。可以说，蒋家以台湾为最后庇护所之"全盘计划"主意打定后，对于具体负责实施者，陈诚成为其首屈一指的人选。

到 1949 年 1 月初，宋美龄甚至提议蒋介石为健康与安全起见，可以先到加拿大，22 日，她致电蒋经国，让他"即日赴乡婉劝父亲务必同来加拿大暂住，余当与汝等在加晤面，会商一切"（不是美国——引者）。2 月 7 日，宋又发一电："父安全问题确须顾虑，余亦曾屡电提及倘能出国一行，亲自考察军事科学以备将来改进军队之张本最好，……否则亦以迁往台湾为宜，总之，家乡实非安全之地"。[11]

对蒋而言，1 月底蒋下野之后，局势进一步恶化，蒋氏父子处于越来越强烈的焦虑之中，这在蒋经国致宋美龄的电函中体现得十分清楚：2 月 3 日："时局正在恶变中，内心忧虑万分"；2 月 10 日："对于父亲之安全问题自应严加注意。人心之坏，出人意料，万分寒心。薛（岳）之态度暂无特殊之表示"；2 月 18 日："陈仪曾联络共匪谋和，幸早得发现，未成事实。时局不安，人心大变，前途殊堪忧也"；3 月 8 日："某方（指桂系——引者）正在计划作投降式之和平，""内部不久恐难免分裂，""某方积极发动李之正位运动，并要求父亲出国，""江南军纪不好士气不振，难作坚强之抵抗。"到 3 月 13 日，终于对陈诚都有点失去信心了："（一）李已正式提何（应钦）为行政院长，其目的似在利用何作为工具，而进行夺取全部政权之阴谋；（二）高级官吏多已脱离中央立场，而投向对方，吾人似益孤立；（三）粤薛（岳）之态度近来甚坏；（四）陈在台湾恐亦不能持久"。[12]

此处讲陈诚不能持久，是讲困难太大陈诚会顶不住，还是指对蒋的忠诚方面？从上文意思来看，我觉得指的是后者——是担心陈诚也不再对蒋忠诚！从这个意义上说，吴国桢的说法也不是空穴来风，但其起因可能不是陈诚不欢迎，而是因为蒋介石担心陈诚不欢迎。

还有一种说法称，"在 1949 年 5 月蒋介石到台湾前，美国曾阻止蒋去台湾，但没有成功。"[13]据说，1949 年 3 至 5 月，美国国务院两位著名高级幕僚提出的关于台湾问题"秘密意见说帖"，均有弃蒋考虑，美国国务院政策计划处主持人肯楠提出，"邀请孙立人将军参加（美国）占领军的新政权。如他肯接受此任，则我们分化中国驻台军队之工作即告成功。通知蒋委员长，如伊愿留台湾，当以政治避难者之身份相待"。美国国务院参事莫成德奉艾奇逊之命赴台考察后，主张以孙立人替代陈诚为省主席，密电中说："我们所需要者，乃一干练笃实之人，不必听蒋介石之指挥，亦不必从李宗仁联合政府之命令，而专为台湾谋福利。孙氏经验或有未足，但其他条件，却甚相合。"[14]与之相对应的说法，是蒋此时暂不去台，是顾忌美国："1949 年 1 月蒋介石下野后，对美国多有顾忌，担心在国共内战失利且美国放弃援助的情势下，去台湾会对其不利，故多次对莅台踌躇裹足。"[15]因此，究竟是陈电中"殊无其他顾虑之必要"的话打动了蒋，还是陈未及时复电使蒋犹豫呢？

二、陈诚省主席一职由吴国桢取代的前后

陈诚将省主席职务让出给吴国桢一事，起因于美国方面的一个动作，1949 年 11 月初，曾任驻华大使的司徒雷登，忽然电约时任台湾当局国防部次长的郑介民赴美一行，台湾方面对此邀请寄望甚殷，郑介民乃应约赴美。归时带回一份重要文件，即美国海军上将白吉尔与郑介民的谈话记录，时间为 1949 年 11 月 17 日下午三时半，担任记录与翻译的为国民党政府驻美武官皮宗敢。其中最重要之点为，台湾如果对省政府进行改组，让吴国桢出任省主席，则美国将承诺恢复对台援助。

以下为白吉尔对郑介民谈话记录的相关部分：

关于防御台湾——我人（白氏自称，以下同）有以下之拟议：
（一）希望中国做到者，为改革台湾政治，……希望台湾政府能代表各阶层各党派之利

益，而非国民党一党专政。……吾人认为陈诚将军之行政尚未成功，吴国桢先生在渝市及沪市之成就甚佳，美方认为彼为主持台政之理想人选。……若吴氏主持台政，应给予彼完全之权力，以任用良好之干部。……

（二）以上建议若能获得委员长之批准及支持，则美政府可以进行以下各事：

甲、派遣经济顾问团来台，协助台湾当局，计划办理工业、财政、商务、农业、行政诸事务，人数以不超过三十人为限。

乙、派遣非现役之军官，每军别约二十人及三十人来台，协助台湾海陆空军，策划办理补给计划、军队行政与训练诸项业务。但彼等不参加第一线作战指挥。……

丙、物资方面

（A）陆军 供给台湾孙立人部防卫军六个师之装备。

（B）海军 供给海军巡逻舰十六艘。

（C）空军 供给必要之零件材料及修理设备。

（D）供给少数之雷达站及军用通讯器材。……

本人所以告知阁下者，即欲阁下转达蒋委员长可以于此时向美政府提出类似以上之请求。以上拟议系美国社会知名之士向本人及其他军政负责人所提出，而由我辈向美国当局提出。当局对此已作极友善及极感兴趣之考虑。若再由蒋委员长向当局提出类似之请求，必可收取相当成果。[16]

对于当时惶惶不可终日、且将美国视为唯一救命稻草的蒋政权而言，[17]白吉尔开出的这个条件确实是很有诱惑力的，12月初，郑介民返台，将此上呈时在成都的蒋介石，蒋让王世杰先与陈诚先行商议，陈诚表示，就他个人及整个大局而言，他可以让出省主席一职，因为当前"财政上的负担确是很重，开源节流，均极困难，尤其是要完成反共抗俄大业，势非争取国际同情不可。如美国确能改变态度，对我援助，则凡美方提出的要求，我们都应加以考虑，而予以接受。绝不可为了我个人的进退，而关闭了中美合作之门。"[18]

蒋自成都返台后，蒋陈二人商量，为不失去这一机会，又避免万一"上当"太失脸面，省主席还是陈诚，由吴国桢以省府秘书长的地位代理主席职务，实际上负责处理省政。但次日蒋找王世杰、吴国桢谈话时，吴拒绝接受，蒋又再找陈诚谈，陈"坚决表示愿意将台省主席职务完全辞去，以便吴氏可以单独负责。但总统始终迟疑，又接着连说：'太冒险，太冒险。'商谈至此，遂算大致达到决定阶段，即准我辞去台省主席，而由吴国桢接充。不过总统对于财政方面还是很不放心，对于财政厅长一职，不主张遽易新人，……但吴氏因为预谋已久，故即此亦不惜以去就力争。我也向总统建议，吴氏既不信任严家淦，以后恐难合作，不如由吴氏另找替人"。[19]于是1949年12月15日正式公布了这一改组方案，21日履行了新旧交接仪式。

吴国桢上任后，第一件事自然就是请美国兑现承诺，他会晤美国驻台总领事阿德格，托他转达美政府：台湾省政已依照美方意旨改组，希望美方履行诺言，从速援助。阿德格转电美国务院请示，美国务院"不独没有正面答复，且于23日秘密通令驻外各使领馆人员不得过问台湾内政。"1950年1月5日，美总统及国务卿相继发表声明，强调对华政策并无变更，……并没有考虑对台军援。"一时外电纷传，人心惶恐，恍如大祸即将临头，岌岌不可终日。"[20]

为探明真相，当局乃电驻美"大使"顾维钧，令其就近探明具复。顾维钧将此意向美国务院主管外次提出后，美外次答称，所云已办各项改革"皆贵国当局应作之事。昨闻新任吴省长告美副武官谓美政府所希望各项新政，均已照办云云，不无误会。美政府之关注，只在贵国自动改善一切，俾于保卫台湾，……并无其他意见云云。彼又询台湾军事方面有何改革，归谁统辖，闻海陆空司令各自行动，征用人民房屋物品，骚扰居民，省长无权过问，而孙立人将军拥虚名而无实权，故亦无法控制。长此以往，仍难望所办之改革发生效验。吴省长前任极困难之上海市长，成绩甚佳，但亦因受军事当局之牵制，不能尽量发挥其能力。此次当予以宽大职权"。[21]

按照顾维钧的回忆，顾维钧见美外次，即"负责远东事务的助理国务卿巴特沃思"是在12月23日下午，回忆录的内容比电报详细，但意思基本相同，其中关键的一段是："吴国桢在同美国驻台湾助理武官谈话时曾说，美国政府期待中国进行的一切改革都已经办了。他（巴特沃思）不理解这一点，因为美国政府从未建议中国政府应采取的具体步骤。它所感到关切的是中国政府应该为台湾人民谋幸福，以保证他们的忠诚，从而巩固台湾抵御共产党入侵的防务。"[22] 见国务院的人这样说，12月27日，顾维钧又让皮宗敢去找白吉尔，白吉尔反问他，为什么孙立人将军没有充分的实权，并且还有其他比他职位高的人干预他的工作。也即台湾的政治调整并没有真正到位。1950年1月1日，美国各报登载了一条"显然来自"国务院方面的电讯，大意是杜鲁门总统不会改变其对中国和对台湾的政策；他已裁决不派美国军队占领台湾；在向台湾提供一些政治和经济援助的同时，将不给予军事援助，但不会反对中国政府雇用非官方顾问来帮助台湾。1月4日下午，在皮宗敢为白吉尔夫妇举行的鸡尾酒会上，白吉尔说，他在提出援华问题上已经尽了最大努力。但是由于这个问题已成为一个政治问题，他决定不再介入，以免在同政府的关系中陷于尴尬地位。他暗示障碍在于国务院的反对。[23]

实际上，白吉尔的建议仅代表军方部分人的意见，包括国防部长约翰逊等人，但军方的意见并不能左右政府，而以国务卿艾奇逊为首的国务院及杜鲁门总统以及前国务卿马歇尔等人对蒋介石仍十分反感，并未改变不在军事上援助台湾的政策，他们乐于见到蒋介石、陈诚等强人将权力转移到他们认为较为优秀、开明、清廉的吴国桢、孙立人等人手中，这一点与军方部分将领的意见接近，但一个非常重要的不同点在于：并没有以此作为交换条件恢复对国民党军援的考虑。而且，美国政府一方面根本不承认有所谓承诺，二是包括军方在内对台湾当局政治调整的力度仍不满意，要求继续扩大他们所看好的吴国桢、孙立人的权限，极而言之，是最好能取代蒋介石的地位，以促使台湾政权进一步驶向符合美国人价值观的、也更符合美国的战略利益的轨道。这是一个如意算盘，但其实也是对中国独裁政治本质的认识终究还存在着隔膜的表现。

据美国有关情报机构1949年9月间的判断，陈诚是效忠蒋的，孙立人并不盲目效忠："福摩萨有大约50万人的军队，包括6万人的战斗部队。孙立人是一位能干的将军，并不盲目追随蒋介石，他现在是福摩萨战斗部队的总司令。毫无疑问忠于蒋的台湾省主席陈诚，仍然控制着军事物资的供应，陈孙之间缺少合作的问题并没有得到解决，甚至孙立人也不能从福摩萨的贮备中获取足够的物资供应。"[24] 美国人制作了一份国民党残余武装情况表，其中"效忠对象"一栏，陈诚、胡宗南、张群是"蒋介石"，白崇禧是"李宗仁"，马步芳、马鸿逵是"自己"，卢汉、薛岳、余汉谋是"不确定"。[25] 建立于这种判断之上的、明确说陈不合适、让陈下来，要吴、孙上去的美国人，意图究竟何在呢？他们对蒋的再生能力，对蒋在台改革、从而稳定台湾局势，以抵御共产党攻击的能力毫无信心，而急于要培植一种能制衡蒋、甚至是取代蒋的力量，以防止台湾落入共产党手中，并被苏联所利用，对他们在远东以致西太平洋地区的战略利益构成威胁。

陈诚让出省主席一职，及蒋介石同意此事，并不是因为吴国桢比陈诚更合适，而仅是出于一种权宜之计，是为了让美国愿意向台湾提供援助，这种安排，本来就说明吴国桢缺乏像陈诚一样的权力基础，在实力、权位、资望等许多方面都逊于陈诚，虽然在外有美国人撑腰，但在内应当算是一个相对弱势的省主席，但吴却做得非常强势和张扬，[26]这样，蒋吴决裂是迟早的事。果然，半年之后，朝鲜战争爆发，虽然还不是国民党人所迫切期待的第三次世界大战，但已经足够刺激美国人的神经，原来似乎遥不可及的美援乃应声而至，蒋介石不必再为乞求美援而必须用谁、不用谁了，这样一来，本来蒋也很欣赏但经过美国人这样一闹变得好像是美国人硬塞给蒋、甚至要以之来压蒋的吴国桢、孙立人等人，在台湾政坛还能有什么好的结局吗？

1949年12月是国民党从大陆败退台湾最关键的转折点，这个时候，蒋介石能够接受一个并非正式的美方的提议，不惜将精心策划的退守台湾最为重要的人事布局之一加以更改，反映出其对美援寄望与依赖之殷，也凸显了吴国桢出任此职所肩负的重任，如果美援因吴的出任如期而至，自然皆大欢喜，然而美援并未因此而来，吴却与当时台湾的主流政治游戏规则背道而驰，与当时台湾政坛最核心的蒋介石、陈诚、蒋经国均有分歧，当利用他以钓来美援的作用基本失去时，吴的政治行情必然会低于他获得省主席职位以前，甚至更糟糕得多，正如我们后来所看到的那样。[27]

三、王世杰案是怎么回事

蒋介石下野之后，作为其"私人参谋机构"的核心成员，一直随侍左右的主要是蒋经国、王世杰、吴国桢、黄少谷、张其昀、沈昌焕等，[28]蒋在台复职后，王世杰即出任总统府秘书长，据说行政院长一职先是考虑的他，他不愿接，才选了陈诚，可见蒋介石倚畀之重。但1953年底，却突然传来他被免职的消息，11月18日，蒋介石突然下令："总统府秘书长王世杰蒙混舞弊，不尽职守，着即免职"。18日，消息即已传到美国，美联社的报道称，总统府秘书长王世杰已辞职，大概是因为津贴了陈纳德的民用航空公司的问题。

事情的原委据说是，原国民政府的中国航空公司和中央航空公司1949年在香港起义后，为逃避两航在海外的资产落到共产党手中，由陈纳德在美国成立了一个"民用航空公司"，国民党将两航的股权出卖给这家公司，但此前两航股权中有价值约125万美元的一部分属于"泛美航空公司"，为购回这些股权，须先从中国航空公司在美国的存款划出相应部分由民用航空公司给付，这笔款子已经移交给了民用航空公司，但在美国被冻结了，"泛美航空公司"并未拿到，台湾当局只得又再拿钱出来给"泛美航空"，条件是待原来冻结在美国的钱解冻后，民用航空公司即将之归还给台当局，等于是台当局为赎回"泛美航空"的同一笔股份出了两次钱。[29]可是民用航空公司从美国银行取得这笔款子后，却并未及时归还。蒋介石在责询行政院相关部门未尽其职责，着手调查时，却发现此事的责任在总统府，是总统府秘书长王世杰拟了一个推迟催促民用航空公司归还这笔款子的签呈，由蒋介石亲自批准同意了。事情到这一步，蒋介石责怪是王世杰没有将事情讲清楚，否则他是绝对不会批准的。蒋发现王世杰的建议是根据一位姓端木的人的请求做的，蒋怀疑王世杰通过端木与民用航空公司有什么幕后交易，于是以上述措辞严厉的8个字免除了王世杰的职务。[30]

这里需要对该案的重要牵连者端木作点插叙，据《顾维钧回忆录》中译本，此端木名端木杰，"是和陈纳德做那笔交易时的交通部长（？），后来又是民用航空公司的法律顾问"（陈红民著《蒋介石的后半生》也讲是端木杰）。经查，端木杰，安徽安庆人，陆军军需学校第1期毕业。1933年任少将军需总监，1934年秋任交通部参事，1945年2月任军政部后方勤务总司令部副总司令，1946 年 6 月任粮食部政务次长，同年底辞职。1949 年 3 月任交通部部长兼中航公司董事长。11 月在香港与中共取得联系，在两航起义后的诉讼中，作出不利于台湾方面的证词，1950 年 1 月被免去交通部长职务，1950 年 12 月返回广州。后任全国政协委员。1972 年 1 月 11 日在北京病逝。

但据《徐永昌日记》，此端木名端木恺，1953 年 11 月 19 日"九时许，伯聪（魏道明——引者）来，谈蒋先生因陈纳德民航公司欠政府美金一百二十五万，该公司现因赔累不拟再还一事，怒王雪艇秘书长何以不早催其还，……前日突将陈辞修王雪艇一起叫去，责王腐败官僚与端木恺有勾结（端木现执律师业，似负某造辩护之责，曾有签呈陈总统，王则择由注意见转总统，总统批可。现在总统以其择由有避重就轻、有意蒙蔽云云）王言敢以人格担保其无，并反指长官不应如此出言。陈从旁劝解，蒋责陈无能误事，国家所以至此。……王归即上辞呈，蒋掷地不理，遂下条以不尽职责，着即免职。……余谓，就个人观察，觉王对蒋先生很忠，亦颇顾大局，人亦学者。伯聪谓，不然，王很阴谋揽权，结党贪污。是则出余意料之外"。[31]端木恺，安徽当涂人，上海复旦大学毕业后留美，获纽约大学法学博士学位，1927 年回国后任过法学教授，1934 年任国民政府行政院参事，1941 年任行政院会计长，1947 年 8 月任粮食部政务次长，1949 年 8 月任财政部政务次长，同年去台湾，任总统府顾问，并执行律师业务。1969 年起任东吴大学校长，1987 年逝世。[32]

笔者以为，此端木是端木恺的可能性大，以他留美法学博士、法学教授的资历，容易与王世杰接近，1949 年任总统府顾问，此时王世杰是总统府秘书长，关系也吻合；有留美经历，易与美国人打交道，执律师业，符合陈纳德民用航空公司法律顾问的身份；他去了台湾，而端木杰 1950 年就投向了大陆；徐日记是中文影印本，顾回忆录是英文译本，我怀疑有可能是顾维钧回忆录的译者将"端木恺"译成了"端木杰"，前者似可靠些。

以王世杰在国民党内的历史与贡献，尤其是退台前后在蒋介石身边的地位，就算这 125 万未收回王世杰有责任，蒋介石值得这样大动干戈吗？台湾高层当时即有人议论，此事"前因很多，此次发作之事件恐系表面。"陈诚、吴铁城出面为王说情，蒋或在日记中骂陈诚，或对吴铁城发火。[33]其症结何在呢？一种说法是，王世杰真正被免的原因，是背后谈话不慎，被情治单位的人员监听并上报，蒋一怒之下将其免职："总统府前秘书长王世杰于去年 12 月间，突被免职。……台湾来人告桢谓王之免职，实因其谈话不慎，为特务所密之录音机录出，报告钧座，是以有此结果。特务之在各处，甚至私人住所，密设录音机器，桢固知之。但王案之是否如此，桢不敢必。惟在钧座未宣布王案真情以前，桢不能不认为此种说法，有其相当根据。"[34]如果说，位高如王世杰者，还会受到监听，此时二蒋的手段，实在了得，只是不知蒋经国有没有用这种手段，对付陈诚、彭孟缉等人。[35]

四、吴国桢案与孙立人案

蒋介石退台初期，在高层权力斗争方面，实际上很快即面临一明一暗、前后相续的两个战场，明的是对桂系的李宗仁、白崇禧，随着桂系的实力在大陆丧失，李宗仁由港到美，蒋介石复职，桂系的威胁渐趋消失；暗的却是一文一武、渐成气候的吴国桢、孙立人，成了对蒋介石权威构成挑战的新势力，这两股势力的冒头都离不开美国人的操纵，都有以之取蒋介石而代之的意图。尤其是李宗仁渐渐淡出后，美国政府和军方都在为吴国桢、孙立人向蒋介石要实权，多次通过不同管道传递这类信息，压蒋就范。这时的台湾要生存，唯一的希望是美国，杜鲁门对蒋介石又很不客气，蒋介石不得不耐着性子。但美国人越是抬高吴、孙，蒋的心里就越是嫉忌吴、孙，套用一句中国的老话，爱之，适足以害之。到民主党一下台，进

入艾森豪威尔时代，形势一变，吴国桢、孙立人的好日子就到头了，这是这两个案子发生的背景。（以下具体内容略）

值得注意的是，蒋介石去台后仅仅几年时间，在这几个看似孤立的事件后，蒋下野时所倚重的为数不多的大员中，又有几名要角出局，从此，台湾政坛基本只剩下了两种人，一种是绝对效忠蒋氏父子，尤其是追随蒋经国、对蒋经国的继位不构成任何威胁者，如彭孟缉、俞大维、严家淦之类；一种是地位与实力均较有限的台籍人士，在这种被蒋家日渐净化（恶化）的政治生态下，一人之下万人之上、鹤立鸡群的陈诚，实在是个异数。其实，越到后来，陈诚越是显得突兀，而且，台湾政坛的容量就那么大，要做点事，就要有权，要有权，就难免与别的掌权者发生碰撞，谁还能与陈诚发生碰撞呢？那自然是非蒋经国莫属。（部分具体内容略）在这样的环境下，陈诚能够从从容容做那么些事，除了陈一直对蒋表现忠诚、肯做事敢做事能做事、身有痼疾肯定熬不过蒋经国等因素外，另一个十分重要的原因，是美国人在捧吴、捧孙、压蒋的同时，将他划在蒋的一边一并打压，反终于使他能够在位高权重的情形下得以善终，阿弥陀佛，真不容易。

（作者单位：华南师范大学历史文化学院）

注释：

[1] 此段据蒋经国《危急存亡之秋》日记，1949 年 5 月 5 日至 6 月 24 日。蒋经国著：《风雨中的宁静》，台北，实践出版社 1985 年版第 304—333 页。

[2] 《吴国桢口述回忆》，上海人民出版社 1999 年版，第 82—83 页。

[3] 5 月 8 日蒋经国致宋美龄电所用"总统府文电稿"的信笺左下角就加盖了注明发电位置的"江静轮船"章，这批文电加盖的同类印章有溪口、普陀山、马公岛、高雄、草山等。参见《蒋经国书信集——与宋美龄往来函电》（影印本）（上），台北"国史馆"2009 年版，第 110 页。

[4] 《陈诚先生回忆录——建设台湾（上）》，台北"国史馆"，2005 年版，第 19 页。

[5] 《陈诚先生回忆录——建设台湾（下）》，台北"国史馆"，2005 年版，第 994 页。

[6] 《陈诚先生回忆录——建设台湾（下）》，第 995 页。

[7] 《陈诚先生回忆录——建设台湾（下）》，第 995 页。

[8] 《蒋经国书信集——与宋美龄往来函电》（影印本）（上），台北"国史馆"2009 年版，第 68，70，71 页。

[9] 《陈诚先生书信集——与蒋中正先生往来函电（下）》，台北"国史馆"，2007 年版，第 716 页。

[10] 《陈诚先生书信集——与蒋中正先生往来函电（下）》，第 717 页，719 页。

[11] 《蒋经国书信集——与宋美龄往来函电》（上），第 80，82，86，90，94 页。

[12] 《蒋经国书信集——与宋美龄往来函电》（上），第 78，81 页。

[13] 陶文钊主编：《美国对华政策文件集》第二卷（上），第一编第一目"朝鲜战争爆发之前"的"说明"，世界知识出版社 2004 年版，第 4 页。

[14] 陶百川：《困勉强狷八十年》，台北，东大图书公司 1986 年版，第 280—281 页。

[15] 王丰：《陈诚与蒋氏父子》，《同舟共进》2009 年第 9 期。

[16] 《陈诚先生回忆录——建设台湾（上）》，第 84—85 页。顾维钧回忆则称这次会谈的时

间是 11 月 19 日，白吉尔谈话的内容大致相同，惟个别细节有出入：援助海军的军舰是 12 艘而非 16 艘，并提到援助的先决条件之一是"任命一位新的台湾省主席，替换已经证明为不适应局势的陈诚，人选最好是吴国桢，……要给新的省主席以充分的权力"。（《顾维钧回忆录》，第 7 册，中华书局 1988 年版，第 530—531 页）此处对陈诚否定的意思更明显。

[17] 读这段时间的《徐永昌日记》感到，当时退台的国民党高级军政人员对台湾到底能否守住十分关心，且大多抱悲观态度，1 月 2 日，徐晚饭后访"行政院长"阎锡山，"询其对保守台湾有无把握，谓，毫无。余以为应提供一守台必须之办法请蒋先生执行，不行即辞职，毋恋栈，自败而败国。渠以为应先提辞呈，不准时再提计划。答以更好。"（《徐永昌日记》（手稿本），第 10 册，台北，中研院近代史研究所 1991 年版，第 1 页，1950 年 1 月 2 日）；"美国劝告台湾美侨速撤离台湾。"（7 日）；白崇禧对徐永昌谈及李宗仁"谓渠极不赞成其出国之举，询余李应如何是好。答以最好开诚团结，归做副总统，不然只有待万一台湾失败，期做将来之戴高乐。"（13 日）。

[18]《陈诚先生回忆录——建设台湾（上）》，第 86—87 页。

[19]《陈诚先生回忆录——建设台湾（上）》，第 87—88 页。

[20]《陈诚先生回忆录——建设台湾（上）》，第 90 页。

[21]《陈诚先生回忆录——建设台湾（上）》，第 91 页。

[22]《顾维钧回忆录》，第 7 册，第 542—546 页。

[23]《顾维钧回忆录》，第 7 册，第 546—547 页，第 557—559 页。

[24]《国务院情报研究所关于蒋介石与非中共领导人合作前景的报告》（1949 年 10 月 19 日），沈志华、杨奎松主编：《美国对华情报解密档案》，一，东方出版中心 2009 年版，第 519 页。

[25]《中情局关于中国非共产党政权存在的可能性分析》（1949 年 9 月 19 日），沈志华、杨奎松主编：《美国对华情报解密档案》，一，第 550 页。

[26] 不久，在 1950 年 3 月初蒋拟任用陈诚出任行政院长的问题上，吴国桢竟以辞职来要挟，"吴国桢以辞修出掌行政院，其心不安，坚求辞职"。在陈"组阁"过程中，吴国桢坚持不合作态度，蒋介石再三规劝，有意让其担任副院长兼省主席，吴仍"坚执不允"。蒋又邀吴国桢夫妇聚餐，宋美龄也出面调解"劝告其强勉忍耐，与陈合作"。3 月 11 日，蒋陈最后确定名单后，吴国桢又突然"以财政部长不能与其省府合作，要求其自兼部长相胁"。"余以名单已定，而且已提常会，不能改动告之，而彼仍要求不置，美使馆也间接表示支持国桢，心滋不怿，最后仍照原定名单提案通过，不管美国之态度如何也。"（参见陈红民、赵兴胜等著《蒋介石后半生》，浙江大学出版社 2010 年版，第 29—32 页。引号中内容为蒋介石 1950 年 2 月 22 日、3 月 4 日、3 月 11 日日记）。此处的"财政部长"是严家淦，即吴国桢数月前非要从省财政厅长任上拿下者。另外，美国政府明确其拒绝对台军援的立场已近三个月了，吴国桢的分量并不像此前所传的那样重，用了吴，美援也没有来，不事事迁就吴，美国又能怎样呢？这是蒋介石"不管"的理由。其实，白吉尔"神话"落空之后，蒋介石这样对吴，已是够客气的了。这时，陈诚辞了省主席，摇身一变，又成了行政院长，恐怕也反映了这种微妙的变化，可惜吴氏不察，还沉醉于有美国人撑腰的特殊优势中。

[27] 据吴国桢回忆，在陈诚出任行政院长之前的一次总理纪念周上，就"公开指责我用欺诈手段猎取省主席一职。按他的说法，我在美国掀起了对我的个人宣传，并骗使中央

政府任命我为省主席，借口说任命之后美援就来。他这么说，我当然怒不可遏。""从那以后，尽管他是行政院长，但由于大部分权力都集中在省政府，所以不管我制定什么计划，我就自行其是，不同他商量。"《吴国桢口述回忆》，第131页。

[28] 参见《吴国桢口述回忆》，第83，86，93页。另据1949年11月6日司徒雷登与郑介民在华盛顿谈话的备忘录，郑介民告诉司徒雷登，现在蒋介石身边最信任的是这四个人，即王世杰、吴国桢、唐纵、黄少谷，蒋主要听取他们的意见，CC派已失去影响。与吴国桢回忆录的名单虽有出入，均包括王世杰在内。United States Department of State / Foreign relations of the United States，1949. The Far East：China Volume IX /Washington，D. C. U. S. Government Printing Office，1949. Policy of the United States toward Formosa（Taiwan）. pp412—413.

[29] 参见《顾维钧回忆录》，第10册，中华书局1989年版，第512—514页。

[30] 参见《顾维钧回忆录》，第10册，第514—515页。

[31] 《徐永昌日记》，第11册，第225页，1953年11月19日。

[32] 徐友春主编：《民国人物大辞典》，河北人民出版社1991年版，第1335页。

[33] 参见《徐永昌日记》，第11册，第225页，227页，1953年11月19日，26日。《蒋介石的后半生》，270页。

[34] 吴国桢1954年在美国发表的致蒋介石的公开信，见《陈诚先生回忆录——建设台湾（上）》，第429页。

[35] 吴国桢即说陈诚最信任的一个仆人也被蒋经国收买，"我们所有的电话都被窃听"。《吴国桢口述回忆》，第175页。

臺灣香港部分

臺灣古蹟源大

蘆洲李宅家族[1]變遷史
——兼論歷史的特色與人文精神

卞鳳奎

一、前　言

本文以蘆洲李氏家族與臺灣北部之移民社會為研究重心。往昔類似之研究均以時間之先後為序，分段分期研究，然本文並不採此傳統之方式，而擬選擇專題，以此為中心，連結蘆洲李氏家族與北臺地區之移民社會來討論。擬分別以自然環境、地區開發、早期文教發展、抗日運動等主題，來探討並彰顯出蘆洲李氏家族與該地區歷史發展之密切關係。然在進行本文討論之前，先須對蘆洲地區之自然環境稍做介紹，以為本文之背景說明。

二、閩粵族群來臺的目的及樣態

滿清初入中原時，由於族群的不同，因此受到南明政權的激烈抵抗，清朝為取得政權，對漢人採取血腥的鎮壓手段，其中最著名的就是『揚州十日』的屠殺，總計殺害軍民 80 萬人，整個揚州城，血染街巷，屍骨如山。但經過康熙、雍正、乾隆三朝的經營之後，國家政治業已趨安定，人口也迅速發展。在康熙時期，這位宅心仁厚的皇帝，見到因戰事而死傷人數太多，百姓生活困頓，於是在康熙五十八年時頒發上諭曰：

海內承平日久，戶口日增，地未加廣，應以現在丁冊定為常額，自後所生人丁不徵收錢糧編審時，止將時數查明造報。延議：五十年以後，謂之盛世茲生人丁，永不加賦。仍五歲一編審。[2]

從中可知，康熙是希望全國的稅收定凍結在康熙 50 年的總人口數上，即使人丁增加，稅額並不隨之增加，以減輕人民的負擔。

表1　清朝乾隆年間中國大陸人口數一覽表

年	人口數	人口成長百分比
乾隆六年（1741）	143 411 559	
乾隆七年（1742）	159 801 551	11.43
乾隆八年（1743）	164 454 616	2.91
乾隆九年（1744）	166 808 604	1.43
乾隆十年（1745）	169 922 127	1.87

续表

年	人口数	人口成长百分比
乾隆十一年（1746）	171 896 773	1.16
乾隆十二年（1747）	171 896 773	0
乾隆十三年（1748）	177 495 039	3.26
乾隆十四年（1749）	177 495 039	0
乾隆十五年（1750）	179 538 540	1.15
乾隆十六年（1751）	181 811 359	1.27
乾隆十七年（1752）	182 857 277	0.58
乾隆十八年（1753）	183 678 259	0.45
乾隆十九年（1754）	184 504 493	0.45
乾隆二十年（1755）	185 612 881	0.6
乾隆二十一年（1756）	186 615 514	0.54
乾隆二十二年（1757）	190 348 328	2
乾隆二十三年（1758）	191 672 808	0.7
乾隆二十四年（1759）	194 791 859	1.63
乾隆二十五年（1760）	196 837 977	1.05
乾隆二十六年（1761）	198 214 555	0.7
乾隆二十七年（1762）	200 472 461	1.14
乾隆二十八年（1763）	204 209 828	1.86
乾隆二十九年（1764）	205 591 017	0.68
乾隆三十年（1765）	206 693 224	0.54
乾隆三十一年（1766）	208 095 796	0.68
乾隆三十二年（1767）	209 839 546	0.84
乾隆三十三年（1768）	210 837 502	0.48
乾隆三十四年（1769）	212 023 042	0.56
乾隆三十五年（1770）	213 613 163	0.75

续表

年	人口數	人口成長百分比
乾隆三十六年（1771）	214 600 356	0.46
乾隆三十七年（1772）	216 467 258	0.87
乾隆三十八年（1773）	218 743 315	1.05
乾隆三十九年（1774）	221 027 224	1.04
乾隆四十年（1775）	264 561 355	19.7
乾隆四十一年（1776）	268 238 181	1.39
乾隆四十二年（1777）	270 863 760	0.98

資料來源：根據何炳棣著、葛劍雄譯《明初以降人口及其相關問題1368—1953》（北京：生活·讀書·新知三聯書店，2000年），頁328—329製成。

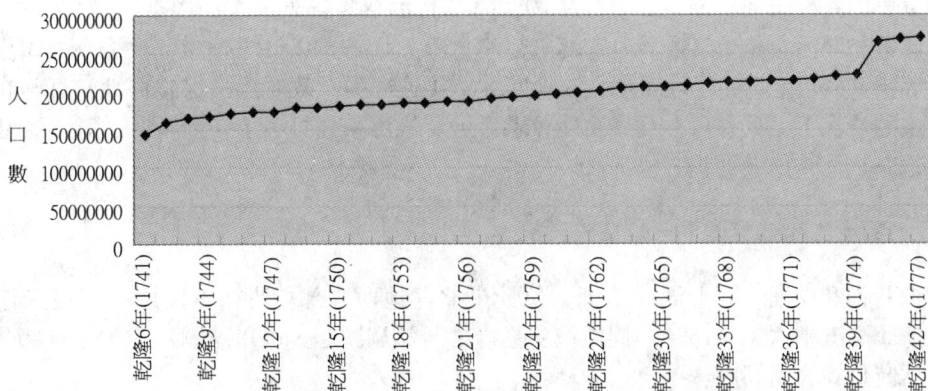

（圖一）乾隆六年至乾隆四十二年人口增長圖

從（表1）及（圖一）表中可看出康熙當時的政策，在乾隆時期才真正顯示出問題。亦即人口問題真正嚴重、突出，造成社會壓力，是從乾隆時期開始的。乾隆在半個世紀中，淨增人口約2億之多。到了乾隆四十二年（1777）[3]人口數增加至270，863，760人，與乾隆六年的（1741）相比，37年之間增加了127，452，201人，增加率高達88.9％。如此大幅度的增長，使得原本地少人多的狀況，惡化的程度，更加迅速。

農民可耕之地迅速縮減的情況，百姓的窮困和煩惱可見一斑。其實當時清朝統治者並非未查覺到人口壓迫的嚴重性，乾隆就曾指出：

康熙四十九年，民數二千三百三十一萬二千二百餘口，因查上年各省奏報民數，共三萬七百四十六萬七千二百餘口，較之康熙年間，計增十五倍有奇。……以一人耕種而十人之食，蓋藏已不如前充裕。且民戶既日益繁多，則廬舍所占田地，不生之者寡，食之者眾，於閭閻生計，誠有關係。[4]

　　說明乾隆認識到，人口日益繁多所帶來的嚴重後果，影響到百姓的生計。雖然清朝政府意識到此問題，但卻無法提出具體的解決對策。值得一提的是，洪亮吉[5]對於人口激增的程度也極為憂心，他指出：

　　閒五十年前，吾祖若父時，米之以升者，錢不過六七，布之以丈者，錢不過三四十，以一人食力，即可養十人，今則不然，以升計者須三四十，以丈計者，又須一二百矣。所入者越微，所出者亦眾。[6]

　　此文可看出當時僅在短短的五十年間，所出現通貨膨脹的嚴重，亦即乾隆所擔憂的『生之者眾，食之者寡』的窘境。

　　洪吉亮也看出日後人口激增後，必會衍生人民因窮困鋌而走險的情況，他指出：

　　游手好閒者更數十倍於前，遇有水旱疾疫，其不能束手待斃明矣，是又甚可慮也。[7]

　　可看出他對不願坐以待斃之遊手好閒者，未來必成為社會禍源因此憂心忡忡，未料，此論點確實被洪亮吉言中。特別是因人口的壓力所引起清代中葉的內亂和外患，也是造成人口外移的重要因素。康熙、雍正、乾隆三朝，是清代的盛世，外患少，內亂也少。但自嘉慶、道光、咸豐、同治、光緒以後，內亂就未曾停止過。[8]而1840年的鴉片戰爭後，中國更形成歐美日等國家的俎上肉，予取予求，割地賠款，接連不斷。政府無法保護百姓，百姓在政府無計可施的情況下，只有自力救濟往外尋求發展。渡海來臺打天下，則是閩、粵二省移民者的新天地。

三、蘆洲之自然環境

　　蘆洲昔稱和尚洲、河上洲或鷺洲，位於臺北盆地西北部。清初本區原在河底未浮出水面，根據康熙五十六年（1694）周鍾瑄所纂修之《諸羅縣志·山川總圖》顯示今日部分蘆洲地區在當時仍在大湖湖底。

　　康熙末年，淡水河之水位初次降低，原陷落在河底的蘆洲才漸離水浮出，經大料崁溪、新店溪、基隆河不斷的沖積沙洲成陸；至雍正十年（1732），蘆洲地區已有漢人墾成之水湳、溪墘、中洲埔等聚落，這些漢人聚落名稱均與之前蘆洲地區原來的地形有關。[9]由乾隆中葉所繪製的〈臺灣番界圖〉觀察，圖上很明顯的可以發現，淡水河河床上之浮洲溪埔中有和尚洲之聚落；至日治時期明治三十七年（1904），臨時臺灣土地調查局測繪《臺灣堡圖》時，和尚洲聚落已發展至與鄰近三重埔、新塭庄等聚落相連接。

　　今日之蘆洲市位於臺北盆地西北部之淡水河下游西岸，東北以淡水河與臺北市士林區相望，東南接三重市，西鄰五股鄉。其狀似一豎立之菱形或河豚狀，東西與南北長均為三公里左右，東西略長，全鄉面積為8.321平方公里，於臺北縣29個鄉鎮中僅略大於永和市。

　　全市地勢低平，地勢由東向西北傾斜，南、北兩邊市區邊緣為洲子尾溝與水湳溝環繞，二溝於全市地勢最低之西北端會合後，西行入塭子川注入淡水河。地區地面標高介於0.5公尺至2.5公尺之間，海拔2.5公尺的等高線自西而東穿過本市中部，將全市劃分為南北二部，北部之地勢較低，地面高度均在海拔2.5公尺以下，南部則介於海拔2.5公尺至4公尺間，全市之地面坡度相當平坦。[10]

　　蘆洲市鬧區位於市南半部中央之處，為全市地勢最高之處，由此向西北有三條較高的地帶，為本區主要聚落與交通要道分佈之處。三條高地帶間有洲子尾溝、水湳溝等平行流向西北匯入淡水河的小河溝，河溝所經之地為本區地勢低窪之處，在防洪工程未完成前，每到颱風季或雨季，稍大的雨勢超過半小時，全區即開始積水。在蘆洲北側之海潮堤防與西側之二重疏洪道堤防未闢建前，平均 0.8 有一次水災，積水有時深達 2.9 公尺。[11]尤其是颱風所造成的海潮倒灌，被海水淹過的耕地，往往因鹽分滲入土壤中而耕作不良，甚至廢耕。[12]

　　本區之地質屬河砂沖積層，地表下兩公尺內為黃色泥質壤土，在地表兩公尺至六公尺間除部分為灰色砂土外，大部分為灰色砂質壤土或灰色泥質壤土，土質鬆軟，容許承載力並不高，然全區地下水位頗高，均在地面下一公尺左右。[13]以農田肥力測定而言，本區之土壤質地屬中細質地與中質地，中細質壤土濕時黏滑，乾時變硬不易碎裂，故在過乾或過濕時不易耕作，但其保水力與養分含量高，分佈以本區之南半部為主。中質地壤土含粉、砂粒，易於耕作，保水力與養分均佳，最宜農業栽培，佔本區土壤質地近四分之一，分佈於本區之北半部。[14]

　　在氣候方面，本區位於臺北盆地西北，氣候與臺北市類似，為亞熱帶氣候，以二月最冷，四月溫度開始上升，以至八、九月，年平均氣溫為攝氏 22 度。[15]長年風向以東北風、東風為主。每年十月至次年三月為雨季，其降雨日數特多，然均為綿綿霪雨，累積降雨量不大；四至十月為乾季，夏季為降雨量集中之高峰期，全年降雨量約為兩千三百公釐。

四、蘆洲李氏家族與蘆洲地區的開發

　　李氏為蘆洲第一大姓，地方宗親人口眾多，蘆洲李氏家族為該地區之首要家族，在地方開發史上，自然佔有相當重要的地位。在討論蘆洲李氏之前，先論蘆洲地區之開發。

　　蘆洲昔日稱和尚洲、河上洲或鷺洲，清初本區原在河底未浮出水面，據康熙三十六年（1697）郁永河所撰之《裨海紀遊》中載：

　　由淡水港入，前望兩山夾峙處，曰甘答門，水道甚隘，入門淺處，水忽廣，漶為大湖，渺無涯涘。……此地高山四繞，周廣百餘里，中為平原，惟一溪流水，麻少翁等三社，緣溪而居。甲戌四月，地動不休，番人恐怖，相率徙去，俄陷為巨浸，距今不三年耳。指淺處猶有竹樹梢出水面，三社舊址可識。[16]

　　由此可知，康熙三十三年（1694），臺灣北部的大地震使地層陷落至少一竹樹高，淡水河河床在臺北盆地地區形成所謂的『康熙臺北湖』。[17]據康熙五十六年（1717）周鍾瑄所纂修之《諸羅縣志·山川總圖》顯示今日蘆洲地區在當時仍在大湖湖底。

　　康熙末年，淡水河之水位初次降低，原陷落在河底的蘆洲才漸離水浮出成陸。雍正五年（1727）二月初八，由彰化縣知縣發給貢生楊道弘興直埔的墾照，其內容如下：

　　特簡州正堂管彰化知縣張，為請墾荒埔，以裕國課事。據貢生楊道弘據稟前事，詞稱：農為民事之本，產乃國用之源。弘查興直埔有荒地一所，東至港，西至八里坌山腳，南至海山山尾，北至干荳山，堪以開墾。此地原來荒蕪，既與番民無礙，又無請墾在先。茲弘願鳩借資本，備辦農具，募佃開墾。爺臺愛民廣土，恤士裕國，恩准給墾單告示，弘得招佃開荒，隨墾陞科，以裕國課等情。據此，飭行鄉保、通事查明取結外，合就給墾。為此，單給

貢生楊道弘即便照所請墾界，招佃墾耕，務使番民相安，隨墾隨報，以憑轉報計畝陞科，供納課粟，不得遺漏，以及欺隱侵佔番界，致生事端，凜之，慎之，須至墾單者。[18]

　　楊道弘呈請官方准許拓墾之地區，包括今日蘆洲、三重、新莊與五股，此為有關淡水河南岸地區最早的開拓文件。

　　雍正十年（1732）前後，八里坌業戶招佃由觀音山山腳向新莊方向拓墾，蘆洲位於漢人拓墾動線之上，遂成庄，因其地適當開拓路線之中，故稱之為『中路庄』，又因該地河水環拱，亦稱『河上洲』。[19]

　　乾隆年間，竹塹城城隍廟廟僧梅福向官方稟請，獲准將蘆洲地區部分產業充作關渡媽祖宮的油香錢。[20] 關渡媽祖宮每年派僧人至本區設宅收穀租，因此鄉人初稱水湳庄為和尚厝，和尚厝之音與河上洲之音相近而相混，遂產生和尚洲之新地名。[21] 乾隆二十九年（1764）余文儀所纂修之《續修臺灣府志》，上即載和尚洲之地名，清代和尚洲設有獅頭渡之渡口。[22] 由廟僧梅福向官方稟請獲准一事可知，蘆洲水湳庄部分地區產權原本屬於官方所有，而陳培桂纂修之《淡水廳志》有關庄之部分載：

　　和尚洲，田每甲租穀四石，園三石，應額徵正供穀二百六十七石一斗四升五合二勺。

　　和尚洲，額徵耗穀七石四斗四升四合九勺，又徵餘租穀七十七石五斗五升九合七勺，又徵天后宮城隍廟耗穀一十四石八斗一升七合三勺，又徵里民陳尚充公田園耗穀六斗三升六合，又徵餘租穀一十七石七斗七升二合三勺。

　　按府志云：淡廳官庄二所，乾隆二十二年新陞。[23]

　　如書所載，和尚洲之官庄為乾隆二十二年（1757）所新陞者，而廟僧梅福向官方稟請獲准的土地，即為官方自官莊中所撥出者。清代官莊之設置，始於雍正初年，原意在未開發的番界拓墾，並以其地之利作為官員養贍之資，後因衍生官員與私人勾結侵佔番界地之流弊而為禁止，[24] 其後係以沒收充公之田園作為官莊而徵其稅。[25] 今另有同治十年（1871）的契約，中載舊港嘴的田園，應繳納番屯大租。[26] 察番屯大租為繳交番屯贍養田之地租，番屯之制為乾隆五十三年（1788）在臺設立之制，為以歸順之臺灣原住民駐守要地防守，並撥近山埔地以資養贍；[27] 贍養埔地實為分給番屯屯丁之界外未墾荒埔，而番屯之原住民，往往將這些贍養埔地轉租給漢人，收取番屯大租。[28]

　　綜上所述，蘆洲部分地區曾為官莊與番屯之贍養埔地，即原先為無主或未開發之地，此與蘆洲地區本身之浮洲沙地性質有關，新浮洲地自然為無主或未開發之地，充為官莊或番屯地極有可能。也因蘆洲的這種特質，開課納貢之土地並不穩定，乾隆二十四年（1759）清廷曾豁免蘆洲地區劃出界外與崩陷無租可徵之田園。[29]

　　乾隆五十一年（1786），林爽文反清起事於大里杙，北臺淡水人王作、林小文響應從之。次年，林小文率眾攻擊和尚洲，為蘆洲地區首遭戰亂之記錄。[30] 嘉慶二十年（1815），蘆洲地區的漢人由中路、水湳向南移墾，於蘆洲地區中南部建庄，因該地近水築屋較高以防水浸，故名樓仔厝庄，形成蘆洲兩處較大的聚落。[31] 蘆洲地區至嘉慶年間，由於水利的興築，土地開發進展更速，已形成五個漢人拓墾地區，分別為水湳、樓仔厝、中路、溪墘、南港子。

　　水湳庄始闢於雍正七年（1729），該地因淡水河氾濫而土地不堅，而稱水湳，[32] 經乾隆年間廟僧梅福招佃開闢，因又有和尚港之稱，嘉慶年間泉人李日春再開墾此地，咸豐年間陳用仲、陳世祥建池府王爺廟（保佑宮）於水湳，地始闢盡，為今蘆洲水河里、水湳里、仁愛里、保新里、保佑里、忠孝里。

樓仔厝庄為嘉慶年間泉州李姓移民所闢，地名由來如前所述，或言初名為綠野厝，後傳訛為樓仔厝，或言本區第一座磚造樓房始建於此而得名。庄內之保和宮祀奉保生大帝，亦帶有李氏宗廟之性質，另有湧蓮寺主祀觀音佛祖，為蘆洲地區之信仰中心，湧蓮寺所在之店仔口街為蘆洲之市集區。樓仔厝庄包括今日之復興里、樓厝里、玉清里、信義里、鷺江里、保和里、得勝里、福安里、民和里。中路庄於嘉慶初年有泉州人張溫來此拓墾，包括今日之中原里、光華里、光明里、中華里、中路里、忠義里、九芎里、延平里、永安里、長安里。

溪墘庄因地處淡水河與五股小溪交界而得名，雍正十年前後，即有八里坌業戶沿觀音山山麓至本區；嘉慶年間，泉州李姓始開闢，為今蘆洲仁復里、仁德里、仁義里、恆德里、溪墘里、樹德里、得仁里。

南港仔庄相傳昔日因其地勢低窪，終年水濕不可行人，故曰湳港子，後傳訛為南港子；[33]或言因其地在淡水河南方之水汊而得名。[34]嘉慶年間，泉籍人士李潘、李秋、李岩、李桃等入墾開闢，為今蘆洲南港、正義、永樂、永康諸里。[35]

同治十三年（1874），蘆洲之和尚洲庄已有居民四十二戶一百七十八人，其中男丁六十三、女口五十六、孩童五十九人，人口數較鄰近之三重埔庄、關渡庄、八里坌庄為多。[36]

日據時期日人將和尚洲改稱鷺洲，因該地為河洲地，有鷺鷥成群棲息之故。日人亦於本區實行保甲制，臺灣地區的保甲制度最早始自雍正十一年（1733），以十戶為牌，十牌為甲，十甲為保，各有牌頭、甲長、保長，維持鄉里治安。明治二十八年（1895）日人割臺，次年舉辦臺北縣義團，嗣改稱聯莊保甲。明治三十一年（1898）公佈臺灣保甲條例，以十戶為一甲，十甲為一保，合數保設一保甲局，翌年開始飭令各地實施，時臺北廳共設有保甲局二十三所。蘆洲地區的保甲局為和尚洲保甲局，設於明治三十三年二月，為臺北廳士林支廳所轄，和尚洲保甲局區內有十二庄，下共有一百二十三甲分屬十三保，[37]為臺北廳地區最早成立的保甲局之一。[38]

日人保甲之制用以配合警政，於明治二十九年（1896）即於蘆洲地區設立臺北警察署和尚洲派出所，設置地點在於和尚洲店仔口街，轄區為芝蘭二堡包括蘆洲地區之店仔口街、樓仔厝庄、王爺宮庄、南港仔庄、溪墘庄、水湳庄、和尚港庄、中路庄、和尚州庄與關渡、北投地區共二十街庄。[39]大正年間設有水湳庄警察官吏派出所，轄水湳庄與中洲埔庄，而以和尚洲警察官吏派出所轄南港子庄、溪墘庄、中路庄與樓子厝庄。[40]昭和初年又改設和尚洲警察官吏派出所於溪墘庄。[41]

昭和七年（1932）日人在蘆洲地區所做之人口調查顯示，蘆洲五庄地區居民共有一萬六千九百九十八人，其詳細各庄人數與庄民結構如下表所示：

表2　蘆洲地區各庄人數與庄民結構一覽表

庄名/類別		戶口數	男	女	合計	人口總計	戶口總計
樓仔厝庄	內地人	8	10	8	18	2345	367
	本島人	355	1165	1128	2293		
	中國人	4	18	12	30		

庄名/類別		戶口數	男	女	合計	人口總計	戶口總計
溪墘庄	內地人	1	1	0	1		
	本島人	304	937	955	1892	1895	305
	中國人	0	1	1	2		
中路庄	內地人	0	0	1	1		
	本島人	189	676	660	1336	1337	189
	中國人	0	0	0	0		
南港子庄	內地人	0	0	0	0		
	本島人	1090	4450	3940	8390	8390	1070
	中國人	0	0	0	0		
水湳庄	內地人	0	0	1	1		
	本島人	413	1549	1481	3030	3031	413
	中國人	0	0	0	0		

資料來源：新莊郡鷺洲庄役場，〈鷺洲庄要覽（昭和七年刊行)〉《臺北街庄要覽輯存》（臺北市：成文出版社，1985 臺一版），頁 5。

日據時期蘆洲地區五個大字庄頭，以南港子庄人口與戶數最多，其次為水湳庄、樓子厝庄、溪墘庄，人口最少者為中路庄。由人口的分佈來看，蘆洲地區靠淡水河沿岸與西半部為人口較多聚集之處，尤其淡水河沿岸之水湳庄、樓仔厝庄為人口密度較高之庄頭。全蘆洲有居民兩千三百六十四戶，人口總數近一萬七千人，日系族裔僅九戶二十一人，漢籍居民佔絕大多數。

明治三十七年（1904），臨時臺灣土地調查局測繪《臺灣堡圖》時，蘆州聚落已發展至與鄰近三重埔、新塭庄等聚落相連接。自清領至戰後，蘆洲地區之行政區域隸屬屢有更動，尤以日據時期變動最繁，其歷來之變遷可由下表見之：

表 3 蘆州行政區域沿革一覽表

年 代		蘆 洲 地 區 之 隸 屬
清領時期	康熙二十三年（1684）	隸屬臺灣府諸羅縣
	雍正元年（1723）	初隸臺灣府淡水廳淡水堡，後改隸興直堡
	光緒元年（1875）	隸臺北府淡水縣芝蘭二堡

年　代		蘆洲地區之隸屬
日治時期	明治二十八年（1895）	隸屬臺北縣直轄
	明治三十年（1897）	隸屬臺北縣士林辦務署
	明治三十一年（1898）	隸屬臺北辦務署
	明治三十四年（1901）	隸屬臺北廳士林支廳
	明治四十二年（1909）	隸屬臺北廳士林支廳和尚洲區
	大正九年（1920）	隸屬臺北州新莊郡鷺洲庄
戰後	民國三十四年（1945）	隸屬臺北縣新莊區鷺洲鄉
	民國三十六年（1947）	隸屬臺北縣新莊區蘆洲鄉
	民國三十九年（1950）	隸屬臺北縣鷺洲鄉

資料來源：蘆洲鄉誌編纂委員會，《蘆洲鄉志·沿革篇》（臺北：蘆洲鄉公所，1993），頁14。

日人據臺之初，因各種法令未齊備，地方官吏皆沿舊制。明治三十年施行辦務署制，將清代原有街庄總理調解民事糾紛之任務，改歸辦務署署長負責。明治四十二年（1909）實施區制以輔助廳之行政，本地於溪墘庄設一和尚洲區長役場，和尚洲區長役場隸屬臺北廳士林支廳，下轄芝蘭二堡內和尚洲之樓子厝庄、水湳庄、中路庄、南港子庄、溪墘庄、中洲埔庄。[42]大正九年實施州、市、街、庄自治，各街庄住民可選舉組織街庄協議會，-同年鷺洲庄選出首任庄長與首屆協議會員十六員。首任庄長蔡雍，於大正十三年（1924）連任，鷺洲庄第一、二、三屆之協議會員名單如下：

表4　蘆州地區協議會歷屆會員一覽表

協議會屆別	會員名單
第一屆	杉浦重照、林清敦、黃倫語、蔡學韜、陳上九、林清、林階吟、黃金印、李士安、李水陀、李火生、陳青山、蔡煙、李鴻甲、蔡枝、李維計
第二屆	長板善作、林清墩、宮內八郎、蔡學韜、陳上九、陳廷藩、黃金印、李水陀、李聲元、蔡煙、李維計、柯毸、楊慶華、李火、李顏成
第三屆	長板善作、宮內八郎、林清墩、蔡學韜、陳種玉、李聲元、李水陀、李維計、陳廷藩、陳上九、楊慶華、李貴選、李顏成、柯毸

資料來源：蘆洲鄉誌編纂委員會，《蘆洲鄉志·政事篇》（臺北：蘆洲鄉公所，1993），頁68－69。

其中李水陀連任三屆協議會員，林清敦、蔡學韜、陳上九、黃金印、蔡枝、李維計均連任一、二屆協議會員。日治時期蘆洲地區之日裔居民極少，然三屆協議會十六位會員中均有日人代表一至二人，顯示當時街庄自治之協議會並未完全由居民選舉產生。

民國三十五年（1946），實行地方自治，鷺洲鄉鄉鎮民代表選舉三十二名，其中蘆洲地區十名，三重地區二十二名。次年，三重地區劃出原鷺洲鄉獨立設鎮，而鷺洲鄉以溪岸蘆葦叢生之故更名為蘆洲鄉，[43]下轄樓厝、保和、得勝、仁復、溪墘、中路、正義、水湳、水河、保佑十村，總人口有兩萬四千餘人。民國七十九年（1990），蘆洲鄉人口突破十萬大關，地區村數增為三十；民國八十七年（1998），蘆洲鄉升格為市，下轄三十六里。蘆洲地區自清代迄今之地域開墾演變，如下表所示：

表 5　年蘆洲行政區劃一覽表

庄頭/年代	1970 年之行政區劃	1997 年之行政區劃	備考
中路庄	中路村	中原里、光華里、光明里、中華里、中路里、忠義里、九芎里、延平里、永安里、長安里	開墾始於嘉慶初年
南港仔庄	正義村	南港里、正義里、永樂里、永康里	開墾始於嘉慶年間
樓仔厝庄	樓厝村、保和村、得勝村	復興里、樓厝里、玉清里、信義里、鷺江里、保和里、得勝里、福安里、民和里	開墾始於嘉慶、同治年間
溪墘庄	仁復村、溪墘村	仁復里、仁德里、仁義里、恆德里、溪墘里、樹德里、得仁里	開墾始於嘉慶年間
水湳庄	水湳村、水河村、保佑村	水河里、水湳里、仁愛里、保新里、保佑里、忠孝里	開墾始於雍正年間

資料來源：謝宗榮等，《蘆洲湧蓮寺丁丑年五朝慶成祈安福醮志》（臺北：臺北縣蘆洲湧蓮寺管理委員會，1998），頁3。

綜上所論，可見蘆洲地區於清代前期即有初步的開發，但較全面的拓墾須待嘉慶年間以後。蘆洲李氏家族渡海來臺於乾隆年間，時蘆洲地區剛開闢未久，蘆洲李氏家族之開臺祖李正一，於乾隆四十二年（1777）自福建同安兌山隨兒長來臺，後定居於蘆洲田仔尾地區。李正一辛勤工作以求生存，至李正一子李學道、李清水時，李家環境已有改善，李氏兄弟開始小規模的購入土地，時為道光中期，為蘆洲地區土地有較全面開拓之時。此時李氏家族所購入之土地在面積與金額上均較小，此可由現存李氏家族早期購地之契約可知，其後蘆洲李氏家族陸續購入土地，面積與金額日益增加，至光緒年間李氏家族於蘆洲地區購入之土地，每次交易金額有達千兩以上者。自光緒年間至日治前期明治、大正年間，為蘆洲李氏家族擴展土地的高峰期。前文曾述及早期蘆洲部分地區之土地產權為官方所有，官方再將部分土地產權撥歸關渡媽祖宮，此種狀況亦可由李氏家族購地的契約書中得到印證，道光三十年（1850）李氏家族購地之契約即載明：

全立杜賣盡根絕契字人楊頭、石、永、牙、寶兄弟等，有承先父遺下合全內得應分旱田一所，坵數不計，自食塭鑿泉水長流灌溉。址在和尚洲瓦厝前，東至陳家園、西至塭港，南至陳家田，北至楊家田，東西四至明白為界，年配隆恩租穀貳門正。今因乏銀別創，願將此田出賣，先問親疏人等不欲承受外，託中引就與李學道、清水出首承買。當場議定盡賣出依時值價銀參佰參拾陸大圓正。銀即日全中交收足訖，隨將此田踏明界址，交付與買主前去起耕掌管□□□納課永為己業，不敢□□阻擋，一賣千休，割藤永斷，四至內並無留寸土，日後頭兄弟及子孫等不敢言找言贖□□□□□滋事。保此田係頭兄弟等承父遺下合全內應份物業，與親疏等人無干，亦無重張典挂他人財物交加來歷不明為礙，如有此情，頭兄弟等出首一力抵擋，不幹買主之事。此系二比甘願，各無反悔，恐口無憑，全立杜賣盡根絕契字一紙並繳上手契一紙、合約字一紙，共三紙付執為照。

即日全中親收過契內佛銀三佰三拾陸大圓足契再炤。

在批明合全系頭自己收留，有開載他所物業，不能粘帶□□聲明再照。

中並代書楊明月

在場知見人母周氏

道光三拾年貳月　日　全立杜賣盡根絕契字人楊頭、石、永、牙、寶[44]

契約中所載之恩隆租穀即說明土地所有權之官有性質。關渡媽祖宮在蘆洲地區的土地產權可由下契約文中見之：

立起耕典園契字人陳佛，有承祖父鬮書內應得買過鍾捷園分得壹段在西勢，坐落土名和尚洲中路頭莊。東到李家園，西至李家園，南至橫路，北到車路，四至界址明白，年配納關渡媽祖大租穀七門正。今因乏銀別創，託中引就向李長利出首承典，三面議定依時值典價銀貳百大圓正。銀即日全交佛親收足訖，園隨即踏明界址交付銀主前去起耕掌管稅抵利，不敢異言阻擋。其園限八年為滿，限滿之日，□贖回原字，當於八月半前先送到定頭銀貳拾圓為憑，各不得刁難。保此園系佛承祖父鬮分應得物業，與別房無干，亦無重張典掛他人及來歷交加不明為礙，如有不明等情，佛出首一力抵擋，不幹銀主之事。此系二比甘願，各無反悔，恐口無憑，立起耕典園契字壹紙並繳鬮書壹紙共二紙付執為炤。

即日全中親收過典字內佛銀貳百大圓完足炤。

一批明其買契系澱收存要用之日取出公看不得刁難炤。

代書人　家順

中人　叔文傳

在場知見人　步祖

光緒六年十一月十七日，立起耕典園契字人　陳佛

蘆洲李氏家族於清末開始在蘆洲地區購買多筆土地，除自耕外亦為一種投資，將無法自耕之土地佃於他人，可增加家族收益對地區的開發亦有正面的助益。前曾論及蘆洲之樓仔厝庄為嘉慶年間泉州李姓移民所闢，庄內之保和宮祀奉保生大帝，亦帶有李氏宗廟之性質。保和宮祀奉之保生大帝金身即為蘆洲李氏開臺祖李正一自大陸原鄉攜帶來臺，最初供奉在其宅中，而日後保和宮之建廟亦為李正一之孫李樹華主其事。蘆洲地區之信仰中心湧蓮寺，為同治十年（1871）李正一之子李清水鳩眾聚資所建。日治初期，李清水之孫、李樹華之子李雲梯曾任蘆洲地方的區、庄長。[45]由上述可知蘆洲李氏家族的發展史正可視為蘆洲地區開發史的縮影，也說明了蘆洲李氏家族對蘆洲地區開發的貢獻功不可沒。

五、蘆洲李氏家族與北部早期的文教發展

清代蘆洲地區並無官學與書院之設制，學官教諭設於縣儒學之中，鄰近地區設有學海、登瀛、明志等書院，地區之科舉人物以秀才李樹華、李聲元最為有名。李樹華為蘆洲李氏家族之第三代，地方人士稱為李老師，其開蘆洲地區科舉人物之先河。李樹華的入仕使蘆洲李家由地方豪族一躍成為官宦之家，也成為地方的領袖仕紳，李樹華之宅第位於田仔尾，現為國家三級古蹟蘆洲李宅。李聲元之子李讚生曾於日據時期擔任海山郡郡守，其故居位於水湳庄，鄉人稱為秀才厝。[46]

日據時期現代教育傳入，明治三十一年（1898）二月，淡水日語傳習所和尚洲分教場設立，[47]規模很小，只有三間教室、兩間宿舍、一間事務室，[48]暫以湧蓮寺之左側廂房做為分教場址，次年九月改稱和尚洲公學校，[49]至明治三十六年（1903）才正式建校舍於湧蓮寺之後，為今蘆洲國民小學校址。昭和十六年（1941），和尚洲公學校改稱和尚洲國民學校。

和尚洲公學校以柑橘葉作為校徽，其規模逐年或有增長，至昭和六年（1931）已有畢業學生一千二百二十一人，其中有女性畢業生一百八十六人，該年度校內設有學級十二，男、女職員十三人，學生人數六百八十九人。[50]昭和九年（1934），和尚洲公學校之學級增為十四，增聘男職員二人，學生人數為九百六十九人。[51]其中女學生人數，由昭和六年的一百六十一人至昭和九年增加為兩百八十五人，顯示女童就學的人數與比例大幅上昇。女性地位提高，社會參與增加，昭和七年（1932）和尚洲女子青年團成立於樓仔厝庄，有團員三十人。[52]

昭和二年（1927）四月一日，和尚洲農業補習學校設於樓子厝庄，[53]後改稱鷺洲農業專修學校。鷺洲農業專修學校修業年限為兩年，有男性職員三人，學生人數年有增加，昭和五年（1930）時為十五人，至昭和九年已增加為五十人。[54]

昭和八年（1933），鷺洲圖書館成立於溪墘庄，藏書五百多冊，其前身為創立於大正十三年（1924）的鷺洲文庫。成立於昭和八年（1933）的新莊郡新慈會鷺洲庄支部，亦與鷺洲圖書館同址。[55]

在社會教育方面，為推行國（日）語，昭和八年於和尚洲公學校內設立和尚洲國語講習所，次年又成立共成會以推展國（日）語與發揚國民精神，共成會之教科目以國（日）語、唱歌、體操為主，同性質之加盟聚落會尚有同榮會、中南共興會、活水會、如水會，其成立時間與組織結構如下：

表6　日據時期蘆洲地區各種協會一覽表

名稱/類別	成立時間	組織範圍	戶數	人口	役員數
共成會	昭和九年十二月二十日	樓子厝庄	382	2559	57
同榮會	昭和九年十二月二十日	溪墘庄	316	2118	45
中南共興會	昭和九年十二月二十一日	中路庄、南港仔庄	326	2184	48
活水會	昭和九年十二月二十四日	水湳庄	180	1197	35
如水會	昭和九年十二月二十六日	水湳庄	274	1876	36

資料來源：新莊郡鷺洲庄役場，＜鷺洲庄要覽（昭和十年刊行）＞《臺北街庄要覽輯存》（臺北市：成文出版社，1985臺一版），頁29。

日治時期蘆洲地區五個大字聚落，均於昭和九年十二月成立相同推廣組織，此呼應官方政策所致。

在蘆洲地區早期的文教發展中李樹華堪稱最重要的人物，李樹華為蘆洲李氏二代李清水之三子，生於道光十七年（1837），同治二年（1863）入淡水廳儒學為邑庠生，光緒十六年（1890）為淡水縣學附貢生，授訓導，歸新海防班遴選候補，加遇缺先補用銜。光緒十九年（1893）正月，委任安平縣儒學教諭後並兼任鳳山縣儒學教諭[56]，光緒二十一年（1895）卸任返鄉，蘆洲父老至大稻埕遠迎。李樹華返鄉後，參與地方事務，門前車馬若市，蘆洲地區文風也因而大振。臺灣割日後，李樹華以鄉紳領袖之身分受聘任為保良總局董事、辦務署參事、廳參事、縣參事等，在推動地方事務與文教事業上有其貢獻，故其謝世之日，執拂者素車白馬，人山人海，足見世論。受李樹華之影響，李氏家族子孫多人從事文教工作，特別在日據時期李氏家族堅持延續漢文教育，時李氏三房李祖武、李新薦與中國領事曾啟明交好，並密從其學漢語，再秘密傳授家人。戰後臺灣光復，李氏族人率先創辦國語補習班，免費教授國語，鄉人聞風從學者約兩百人，分為三班由李祖武、李新薦教授達年餘，[57]是以李氏家族對當地教育之推廣工作，確實貢獻良多。

六、臺灣人民在華南動態——兼論蘆洲李氏家族抗日活動

（一）臺灣籍民之由來

為能瞭解日據時期臺灣人在華南之動態，本節先對華南地區之臺灣籍民之由來及一般籍民在華南之活動作一分析。

1894年中日甲午戰爭爆發後，中國不幸戰敗，並被迫簽訂《馬關條約》（1895年）依據該條約之規定，中國須割讓臺灣全島及附屬島嶼；包括澎湖列島給日本的結果下，住在當地的居民就自然而然地變更國籍，歸屬日本。但又依同條約之規定，自條約批准日起二年內，亦即1897年（明治三十年）5月8日止，當地居民可以自由變賣所有不動產，搬離臺灣，前往希望之住地。倘若年限已到而未離去者，依該條約第5條之規定，得成為日本國民，是以臺灣居民均有選擇權，在2年內決定自己的去留[58]，如果仍居留臺灣，就為日本籍，此即臺灣籍民之由來。

（二）籍民享有之利益
1. 經濟方面

臺灣籍民享有最大之利益即；免港口關卡的厘金稅、落地稅以及其它之稅捐。例如在福州，稽徵機關除福州市內的水亭厘稅總局外，還在上渡、州頭、新橋及其他地方設有分局。萬壽橋的閩安官是屬落地稅關。所謂厘金稅是依『福建通商百貨行商厘金章程』所訂，是課商品稅，稅率不一，大致是商品價格的4~5%左右。落地稅則不到價格的1%。臺灣籍民的免稅，一年小則省下數百元稅金，多則可省下2、3千元。其免稅手續，照規定，須領事館提出的日貨證明。進口或外銷時，日本領事館才會徵收隨件50錢的手續費，平常市內的買賣則僅發證而不收取手續費，是以每天在日本領事館均擠滿大批等待發証件之民眾。

福建全省的厘金局、所共計67處，其稅收約92萬2千零5兩，是該省最重要的稅入來源。但往往實收比預定的金額少，這是因為無法徵收臺灣籍民之稅收所致。是以中國政府，經常為了臺灣籍民之課稅問題，和日本政府交涉。

另外，僅次於厘金的臺灣籍民利益是，依條約之規定，凡外銷本地土產或進口洋貨時，使用子口單或三聯單，即可免去內地厘金。惟真正使用此權利者不多，一個月不過1、2件而已[59]。

2. 司法方面

籍民除經濟上的好處外，在司法上亦獲得相當大的保護。即使在中國被控訴，也是以自國（日本臣民）法律審判，故即無需花費太多費用在訴訟上，亦無含冤被判極刑之慮[60]。反之，由於當時中國法律之不齊備，中國人遭逮補時，上至地方官吏，下至小小獄卒，均得花錢賄賂才有機會贏得官司。而籍民被提起訴訟時，均會一面照會日本領事，一面賄賂中國官吏，以求得適當處分[61]。以往中國政府官員常因各種事件原因逮捕籍民，但因牽涉外交問題，再加上日本方面的抗議，不得不釋放。後來地方官吏為避免遭上級長官叱責，或處理不當而惹事上身，是以大多是大事化小，盡量通容了事[62]。

再者，遇到民事案件，籍民是原告時，需（1）保証人的連署；（2）二份漢文訴狀；及（3）譯文本，向日本領事館提出[63]。倘若日本領事館認定審理無誤時，則會照會中國政府。以廈門地區為例，平均每日有一件訴訟案件，但因日本領事館人手不足，而無法辦理，且如前所述，因為訴訟手續往往需要支付巨額的費用，是以均盡可能私下處理，減少訴訟事件，如此推估，實際上的民事紛爭，遠超過登錄之案件。而假如原告是中國人時，通常需要巨額的金錢賄賂地方官吏；再加上上訴時領事館的手續不熟，故又必須花費另筆費用在聘請律師[64]，再加上除非有正當之理由，日本領事館之法庭不做不利臺灣籍民之判決[65]。所以中國人都有不願和籍民訴訟之傾向。

3. 地位方面

許多臺灣籍民因經商而致富後，為能牟取更豐富的利益，並鞏固其地位，不惜放棄中國籍而加入日本籍，以獲得日本領事館的庇護。例如曾任廈門臺灣公會會長之曾厚坤，其父曾糞掃原籍福建晉江，日本據臺後，從事兩地間的貿易往來而致富，後因方便生意之經營與來臺的方便，不惜『認賊作父，加入日本籍』[66]。再如廈門三大姓之吳姓家族代表吳蘊甫，本為福建同安石潯人，在臺灣總督府與日本領事館的同意下，給予臺灣籍民身分。日本政府所以會授與吳氏籍民身分，其目的不外是借助其在廈門之家族勢力，以抑制廈門地區不法之臺灣籍民。惟吳氏亦利用日本領事館所給予之政治庇護，從事鴉片等不法之營業，並因此『發了不少孽財』[67]。是以，在廈門許多毒梟和富商，均因憑其臺灣籍民身分之特權，才能發橫財，以鞏固其地位。

因此，臺灣籍民由於：（一）經濟上即稅賦方面的利益；（二）司法方面受到日本領事館的保護下，讓臺灣籍民享有到相當大的特權；（三）地位的鞏固，這就是日後臺灣籍民在華南地區人口急遽增加；以及投機者假冒臺灣籍民企圖謀取不法利益之主要原因。

以上是將在華南地區之非法和投機臺灣籍民，為了其自我經濟或是地位的考量下，汲汲營營為取得日本國籍，而衍生之一些問題。以下則是為報效祖國，而願放棄家產，遠赴華南參加抗日活動的『臺灣義勇隊』為例說明。

（三）李氏家族的抗日活動

如前所述，臺灣自 1895 年因中日甲午戰爭失敗，被迫割讓給日本，日本占領臺灣後，為能利於統治臺灣之人民，於是以推動各種殖民式統治途中，企圖杜絕反日思想和抗日活動，更希望將臺灣和中國區分，兩岸人民不允許往來。但此日人『皇民化』之作法並未有如期的效果，蘆洲李氏家族不遺忘故國家園，而維繫系中華文化一脈傳承之忠貞精神，並未因因日本的高壓政策而有改變。例如日本政府強制臺灣人民改姓氏，但李氏全體家族卻誓不順從，可見其愛國之堅持。在日據後期，李祖武、李新蔗與中華民國駐臺領事曾啟明私交甚篤，經常秘至領事館向曾領事學習國文，然後再秘密傳給家人。[68]

李氏全體家族前輩們的忠孝愛國思想，帶給青少年時期的李友邦相當大的影響，日後推動各項抗日活動，以及對中華民族的認同，應均是來自其家族祖、父輩的教導所致。

依李家族譜《蘆洲田野美本支世系族譜》（1974 年 4 月複印）中表示，李友邦本名李肇基，生於 1906 年 2 月 17 日，為臺北郊外蘆洲舊家李復孝的長子。自當地公學校畢業後，入學臺北師範學校。當時臺灣議會設置運動，如燎原的星火般不斷地擴大。終於 1922 年 2 月，臺北師範學校及臺北第二工業學校的學生，在臺灣文化協會的影響下，與警察產生衝突。李友邦及後來的臺灣共產黨幹部林木順等人，因參與『臺北師範學校事件』，而遭退學處分。[69] 退學後西渡中國大陸，1924 年入學黃埔軍官學校。畢業後，他加入廣州的臺灣青年組織『廣東臺灣革命青年團』。臺灣獨立革命黨即 1924 年以李友邦為中心的秘密組織，李自宣稱此是『以三民主義為革命原則，臺灣的獨立與自由』為目標的鬥爭團體。可能是鬥爭惹的禍，導致受中國國民黨的追緝，而被捕於杭州。[70]

對被臺灣總督府及中國國民黨雙面夾攻身心俱疲的李友邦而言，第二次國共合作成立時期，才算稍能喘息。李友邦因西安事件後，國民黨為改善國共關係，依政治犯釋放政策規定而獲准出獄。

雖然李友邦遭到不明的冤屈，但他的愛國熱忱並未改變。1937 年 7 月，抗日戰爭正式暴發。李友邦即著手籌組臺灣義勇隊。1938 年秋，成立臺灣義勇隊於浙江金華，召集臺灣人協助祖國對日抗戰。[71]

由於李友邦曾在國民黨清共時被波及而入獄，義勇隊的籌組自然難以得到國民黨主動協助。臺灣義勇隊是在臺灣獨立革命黨的基礎上號召臺籍人士組成的。根據前國民黨黨史會主委李雲漢先生表示，義勇隊組成後：將建立武裝的經過呈報軍事委員會政治部並請求賦予名義，軍委會政治部遂給予臺灣義勇隊的番號，令其在浙江海岸從事抗日工作，並歸第三戰區指揮部節制。[72] 除了臺灣獨立革命黨及浙江省的臺籍人士外，臺灣義勇隊成員也有其他來源。很諷刺地，其他來源主要是被大陸政府無故或藉故拘留的臺胞。例如，1938 年 3 月，後日二二八的劊子手、當時福建省政府主席陳儀突然下令在一夜之間，凡是臺灣人不分男女老幼，全部抓到崇安縣從事拓荒開墾的苦役，只供給簡單的食宿，生產所得全歸福建省政府所有。當時被抓的臺胞有兩百餘人。李友邦曾為此偕同福建省黨部主委陳肇英向陳儀交涉，自 1939 初至 1942 年陸續放出。被釋放的臺胞，青壯的多半加入臺灣義勇隊，兒童則參加義勇隊轄下的少年團。[73] 保釋被拘臺胞參與臺灣義勇隊的工作崇安縣一案並非孤立的個案。李仲說：

當李友邦得知一些從臺灣逃回大陸的革命青年，被國民黨當作『日本間諜』關在牢裡時。他便想方法把他們從山西太原、福建長泰等地監獄中保釋出來，安插在義勇隊工作。[74]

義勇隊成員結構除在臺灣與福建之文獻單位藏有臺灣義勇隊之名簿外，日本方面對臺灣義勇隊的認識如下：『是兵力等不詳的聯盟勢力，大約有四百至數百名以上』[75]。義勇隊隊員名簿現存有 1943 年 5 月及 6 月二冊[76]，隊員約有 300 名左右。如表 7 所示。

表 7　軍事委員會政治部臺灣義勇隊隊員年齡構成（1943 年 6 月）

年齡	人數	年齡	人數	年齡	人數	年齡	人數	年齡	人數	年齡	人數
59 歲		48 歲		39 歲	7	29 歲	13	19 歲	2	9 歲	21
58		48	1	38	4	28	6	18	5	8	12
57		47		37	9	27	13	17			

年齡	人數	年齡	人數	年齡	人數	年齡	人數	年齡	人數	年齡	人數
56		46		36	8	26	8	16	3		
55		45	1	35	6	25	6	15	17		
54		44	2	34	6	24	11	14	14		
53		43	2	33	6	23	14	13	10		
52	1	42	2	32	5	22	3	12	17		
51		41	2	31	10	21	9	11	7		
50		40	3	30	12	20	5	10	15		
計	1		13		73		88		90		33

* 依『軍事委員會政治部臺灣義勇隊中華民國 32 年 6 月份名冊』製成。『名冊』人數合計為 301 人，但實際為 300 人。年齡不詳者 2 名。

表 8　臺灣義勇隊出身地

籍貫	臺灣	臺南	晉江	雲霄	龍溪	漳浦	浙江	東山	紹南	南靖	紹安	合計
人	278	5	6	2	2	2	1	1	1	1	1	300
%	92.7	1.7	2.0	0.7	0.7	0.7	0.3	0.3	0.3	0.3	0.3	100

* 摘自『軍事委員會政治部臺灣義勇隊中華民國 31 年 6 月份名冊』的『籍貫』欄。

隊員中年齡最長為 52 歲，最少為 8 歲，300 名隊員中，四分之一是女性。

表 9　臺灣義勇隊經歷一欄表

經歷	人數	%	考　備
學生	45	24.5	
醫	33	17.9	
教員	22	12.0	
商	13	7.1	
政	8	4.4	臺灣獨立革命黨主席，臺灣文化協會南部支部長，廈門市黨部執行委員，忠義救國團軍服務團長，臺灣文化協會幹部
軍	8	4.4	
技師	5	2.7	
職員	4	2.2	

续表

經歷	人數	%	考　備
新聞	4	2.2	臺中新聞社，世界新聞社，福建日報社，報社通訊員
農	3	1.6	
其他	3	1.6	站長，會計，保長
工	2	1.1	
無記名	34	18.5	
合計	184	100	

（表9）乃義勇隊入隊前的經歷統計。從表中得知學生、醫生、教員等知識分子約 100 名，在除孩童外的 184 名隊員中，佔約 56%。『工人』『職員』的勞動界人員及農民則不滿 5%。由此可見，臺灣義勇隊是屬於中產階級，是知識分子的集團。當然，這並不表示中國在住的臺灣籍民都屬於中產階級。

把這裡的『經歷表』，與前述有關中國政府強制移住崇安的臺灣人職業相較下，可知參與臺灣義勇隊的人，是屬於中國在住臺灣籍民中的中產階級，屬於知識分子。且知識分子中又以醫生為多，含牙醫約佔義勇隊的 20%，這也是臺灣義勇隊的一大特徵。就如同前所述，處於殖民地社會，備受統治者的壓制下，人民喜好較不受壓抑的職業，而醫生就是其一。而這些醫生也很多如蔣渭水般，亦是社會運動家，他們很多是從臺西渡到中國沿岸地方開業的。

如（表10）所示，臺灣義勇隊中受大專高等學校高等教育的有 23.9%，約佔全體的四分之一。另外，受中學、師範學校、軍校、職業學校中等教育的有 54.3%，佔一半以上。1930 年，臺灣島內的初等教育就讀率是 33%，35 年是 41%，40 年是 57%。但中學的升學率，1931 年 1.6%，35 年才 1.5%。因臺灣人比日本人進升中、高等教育要困難許多。而這臺灣義勇隊的隊員，受高等教育及中等教育的共佔全體的 78.3%，比起受初等教育的14.7%，高學歷明顯的多許多，故可知是一個以知識份子為核心的集團。

表 10　臺灣義勇隊最終學歷統計表

學　歷	人　數		百分率%
大學 專科學校 高等學校	11 32 1	以上計 44	以上 23.9
軍校 職業學校 中學 師範學校	6 13 77 4	以上計 100	以上 54.3

续表

學　歷	人　數	百分率%
小學	21　以上計21	以上11.4
私塾 訓練班	5 1　以上計6	以上3.3
不明 無記名	12 1　以上計13	以上7.1
計	184人	100%

＊學歷別的『不明』欄，是指『學』『工』『商』者依『軍事委員會政治部臺灣義勇隊中華民國32年6月份名冊』製成。

表11　臺灣義勇隊最終學歷所在一覽表

種別	學　校　名	所在地別人數			
		臺	中	日	不明
專科學校 中學 師範學校 小學 私塾	臺南醫院 臺中②，臺中一中②，臺南③，臺南二中，新竹④， 臺北②，臺北女中，淡水②，屏東，屏東女中 臺北師範，臺北女師③ 嘉義②，臺南，高雄，臺中，太平，東瀛，公學③	1 19 4 10 5			
大學 專科學校 軍官學校 中學 職業學校 訓練班	上海法學院，上海復旦大學 浙江醫專，神庇醫學院 中央軍校⑤，軍事教導團 培元②，廈門，三山，上海光華，開智，蘇峰② 福建，泉中②，養正，龍溪，紹安，杭州女中 集美 福建省訓班		2 2 6 15 1 1		
大學 專科學校 高等學校	早大，慶應②，農大，立教，同志社②，東大 專修大學 東京美專，東京音專，日本美專，大阪醫科 一高			9 4 1	

续表

種別	學　校　名	所在地別人數			
		臺	中	日	不明
專科學校	工專，商專，醫專，醫學②，醫校，國醫學院 齒科學院，齒科專校				25
職業學校	石印專科，工校③，電氣學校，商工，商校，農校 針灸專科②，高商，農林學校				12
中學	初中，中學21，女中⑤				43
小學	小學⑩，高小①				11
不明	學⑨，工，商②，無記名				13
合計		39	27	14	104

＊所在地『臺，中，日』是指臺灣，中國，日本；少年團員 116 人不在此內。

　　（表11）是最終學歷所在地區一覽表。其中以臺灣最多有 39 名、中國 27 名、日本 14 名。臺灣畢業者為第一類，中國留學者為第二類，留日後渡中者為第三類。

　　第一類與第二、三類不同，在中學程度多且高學歷的義勇隊中，是屬於較低的初等程度者，這是一大特色。而初等教育中又分為，總督府為臺灣人子弟設立的初等公學校、抗衡的民間傳統私塾，及日本人小學畢業者。從公學校畢業者比私塾還多的情形看來，正意味著受日本教育者較多的事實。另外，從畢業中學及公學校的所在地看來，幾遍佈全島，故排除義勇隊是屬於地方性組織的疑慮。第一類者，在中國從事行業的經歷欄上，多為空白（有 13 人之多）外，有商人 8、教員 6、學生 3、醫生 2、務農 2 等。從中可知，臺灣公學校及私塾畢業者多在大陸行商，而臺灣中學、師範學校畢業者，多在大陸任教。

　　第三類留日組的最大特徵是均受高等教育，數量不多。據上沼八郎研究報告中指出，中日戰爭爆發前，臺灣島內臺灣人中，著名的政治、經濟、教育、實業家之學歷，留中國者 1.2%，留美者 0.3%，而留日者卻佔全體 15% 之多[77]。另外，依陳三郎的研究中指出，臺灣留學以臺中州為最多，而又以留日為多。1925 年有 569 名，32 年有 835 名。而留中者 1929 年才 186 名，32 年 198 名。留中者才約留日者的三分之一而已。聽說這是由於，警察不喜臺灣人與日本人有所接觸，故意在護照申請之際動手腳所致[78]。

　　第二類除非臺灣籍民 6 名（大學 1、中學 4、訓練班 1）外，可謂是留『中國』臺灣人，人數與留日者相差不多。這類的最終學歷以中學、軍校畢業者為多，可謂是在臺灣受完初等教育後，來中國求學者。他們就如上海復旦大學畢業的潘華，及許多中學畢業者一樣，在『經歷』欄中，是『學』字，即表示加入義勇隊前是學生。

　　（四）臺灣義勇隊的抗日奮戰

　　臺灣義勇隊既是為『援助祖國抗戰』目的而成立，其工作情形為何呢？對敵工作有情報戰、游擊戰、心戰三方面。情報工作方面，義勇隊本身自淪陷區的同胞中選擇有領導或調查能力者，指導其情報組織網，調查敵軍部隊、番號、軍種、編制、長官姓名、士兵生活以及與民眾或漢奸的關係等，以為國軍運用。同時，因為臺胞普遍熟悉日語，義勇隊乃分別派隊員至國軍 63 師、67 師及 190 師等部隊協助從事情報搜集的工作[79]；游擊作戰方面，例如

1943 年 6 月至 7 月就曾對廈門發動過三次突襲，破壞日軍一座海軍油庫，造成日軍及廈門偽政府數十人死傷，義勇隊則有隊員紀志能殉職。[80]

至於心戰方面，李友邦在 1938 年、1939 年及 1940 年曾數次接受重慶國際廣播電臺的邀請，對臺灣島上的同胞及日本人民廣播；1940 年那一次題為『臺灣同胞！起來』，廣播中呼籲『在祖國同胞，希望都來浙江金華臺灣義勇隊報名參加義勇隊工作』，又呼籲臺胞『已經被日寇抽去的壯丁，應在日本軍隊裡面鼓動兵變』。[81]

在宣傳上，李友邦將軍先後創刊《臺灣先鋒》、《臺灣青年》兩份雜誌及出版一套《臺灣革命叢書》。

《臺灣先鋒》的內容除了對大陸同胞宣揚臺灣義勇隊的抗日活動以及揭發日本在華侵略罪行外，也介紹臺灣獨立革命黨與與當時中、日、韓、越各政治團體往來，彼此促進聯合，共同為脫離殖民統治政權而努力。

前中央黨部黨史會主任委員李雲漢先生指出『臺灣義勇隊是抗日戰鬥席列中惟一由臺灣人組織而以臺灣為號召的武裝力量』[82]。由此可知李友邦將軍在中國近代史研究者的心目中，占有舉足輕重之地位。

抗日戰爭勝利後，臺灣脫離日本殖民統治重回祖國，出生臺灣的李友邦將軍，對於建設臺灣之工作更是充滿著美好的信心和希望。

然而，李友邦雖對祖國懷有高度的熱忱，更對建設臺灣有著無限的憧憬，但卻無法擺脫命運的捉弄和政爭的迫害。義勇隊返臺後，蔣介石的國民黨政府對這一支基於熱誠為祖國效命、光復後仍可以用於建設的隊伍所做的處置是；沒有資遣費下全部解散。嚴秀峰回憶說：

臺灣光復，臺灣義勇總隊正準備為建設臺灣再出發之際，突然接獲政府當局的命令：臺灣義勇總隊解散。沒有原委、沒有安撫頓時這支曾經為民族國家為臺灣拋頭顱、灑熱血的抗日隊伍，驟然間成為一支失業的隊伍，當時部份同志擁擠一處，樓居在我家的有二、三十人，過著兩餐稀飯一餐米飯裹腹的日子。[83]

李友邦為參加抗日與拯救祖國之活動，犧牲奉獻一切，經過多年的努力終於成功。未料抗戰勝利後，國共內戰又起，李友邦所期望的『真正的和平』和『真正的統一』盡成泡影。1949 年，國民政府遷臺；1950 年，李妻嚴秀峰被捕，以『參加匪邦組織』處刑十五年；1951 年，李友邦被捕，翌年 4 月 22 日，以『參加匪邦掩護匪諜，意圖非法顛覆政府』處死。公佈李友邦處死的《中央日報》（4 月 23 日）標題只是『匪夥李友邦』，而不是『匪諜李友邦』；所謂『參加匪幫』也只是『民國 18 年，參加朱毛匪青年團』，而不是『參加朱毛匪黨』，何況由於李友邦不滿清黨後的國民黨右轉，早已在 1932 年被捕入獄服刑二年。軍法處在沒有李友邦參加『匪黨』是為『匪諜』的証據下，而以『匪夥』處決之[84]，這是臺灣五十年代白色恐怖的悲情。

綜觀李友邦的一生，出生於日本殖民地的臺灣，自幼受異族壓迫而富有民族意識，又成長於第一次世界大戰後民族自決和社會主義彌漫全球的時代，再投身於『聯俄容共』時期的中國國民革命，經過第一次的國共分裂到第二次的國共合作抗戰，又從第二次的國共合作到第三次的國共內戰。蘆洲李氏家族可為臺灣人民參與抗日的最佳代表，而其參與抗日活動之後果，可能也是臺灣人民抗日活動最一般的結果。

七、小　結

1895 年中國因戰敗而被迫簽訂《馬關條約》，臺灣因而受到日本之殖民統治。吾人相信絕大多數的臺灣人民均不願脫離中國，去做日人之奴隸和臣民，但不容諱言，就是有相當多的投機者，利用『臺灣籍』、和『日本籍』等之治外法權，在中國華南一帶從事販毒、走私、開娼館等不法活動。更有甚者，不法之徒為了自身利益，結合日人在華勢力，打擊、欺壓當地人民，釀成兩岸人民彼此間諸多不愉快事件。相對之下，自始自終，為拯救祖國、為建設臺灣而犧牲奉獻一生之李友邦將軍，不知這些高唱日本殖民統治帶給臺灣人民無限幸福者，不知有何感想？

附錄　李清水派下七房人口表：

李清水（生七子）：
長子：士光，諱燈輝（生二子）
　　　長子：榮孝；次子：廉孝
次子：士鑒，諱浴亮（生五子）：
　　　長子：虎孝；次子：邱孝；三子：象孝；四子：壁孝；五子：詠孝
三子：士實，諱佑真，官篆樹華（生六子）：
　　　長子：登孝；次子：織孝；三子：震孝；四子：龍孝；五子：倬孝；
　　　六子：成孝尚未出生
四子：世滾，諱湮泉（生三子）：
　　　長子：復孝、次子仁孝和三子朝孝均未出生
五子：士柄，諱當權（生一子一女）：
　　　長子：金爐（早夭），以三房李士實之四子龍孝和六房李士崑之長子鑿孝為嗣
六子：士崑，諱埔侖（生四子）：
　　　長子：鑿孝；次子：沃孝；三子洋孝和四子科孝尚未出生
七子：士恭，諱神賀（生四子）：
　　　長子：夢孝；次子：克孝；三子：順孝和四子嘉孝尚未出生[85]

位於南普陀寺內李友邦將軍撰寫之石碑

民眾觀賞李友邦將軍所撰石碑一景

筆者與李友邦將軍夫人嚴秀峰女士合影

（作者單位：國立臺灣海洋大學海洋文化研究所）

注 釋：

[1] 有關蘆洲李氏家族之研究，除有以論文方式論述外，並已在本文註解處標示外，另以
陳支平，《民間文書與臺灣社會經濟》（湖南：岳麓書社，2004 年），該書對於蘆洲李
氏家族在臺灣北部地區土地開發情況，有相當完整的敘述。

[2] 《清史稿：食貨志》。

[3] 該年是李氏家族開臺祖李公正來臺之始，是以計算時間止於當年。

[4] 《清高宗實錄》卷 1441。

[5] 洪亮吉（1746—1809），號北江，江蘇陽湖人，乾隆五十五年進士，人口思想主要在乾隆 58 年之著作《治平篇》、《生計篇》中最為近代史學家所稱許。參見吳申元著，《中國人口思想史》，（重慶：中國社會科學出版社，1986 年）。

[6] 林逸，《洪亮吉及其人口論》，（臺北：臺灣商務印書館，民國 68 年），頁 40。

[7] 《洪吉亮及其人口論》，頁 42。

[8] 張玉法，《中國近現代史》（臺北：東華書局，民國 82 年），頁 104—110。

[9] 王世慶，《淡水河流域河港水運史》（臺北市：中央研究院中山人文社會研究所，1998），頁 15。

[10] 陳正祥，《臺灣地誌（下）》（臺北市：敷明產業地理研究所，1961），頁 1056。

[11] 高傳棋，<蘆洲百年來土地利用變遷與其都市化過程之研究>《臺北縣立文化中心季刊》51（臺灣省臺北縣：臺北縣立文化中心，1997 年 1 月），頁 67。

[12] 陳明憲，<臺北市近郊蘆洲鄉之土地利用>《臺灣文獻》25：3（臺灣省臺中市：臺灣省文獻委員會，1974 年 9 月），頁 43。

[13] 蘆洲鄉志編纂委員會，《蘆洲鄉志? 疆域篇》（臺灣省臺北縣：蘆洲鄉公所，1993），頁 4。

[14] 萬良，《臺灣省臺北縣蘆洲鄉鄉土地理學之研究》（未著出版地、出版單位，1971），頁 9。

[15] 萬良，前揭書，頁 6。

[16] 郁永河，《裨海紀遊》（臺北市：臺灣銀行經濟研究室排印，臺灣文獻叢刊第 44 種，1959），頁 23。

[17] 盛清沂總纂、林朝棨主修，《臺北縣志? 地理志》（臺灣省臺北縣：臺北縣文獻委員會，1960），頁 37—38。

[18] 臺灣銀行經濟研究室編，《清代臺灣大租調查書（一）》（臺北市：臺灣銀行經濟研究室，臺灣文獻叢刊第 152 種，1963），頁 5。

[19] 林興文，《臺北縣古今地名釋要》（臺灣省臺北縣：臺北縣文獻委員會，1953），頁 38—39。

[20] 至清末日治初期，蘆洲佃戶仍須向『媽祖業主』繳納租粟。參見陳支平編，《蘆洲李氏家族收藏文書契約彙編》（未刊稿）。

[21] 吉田東伍主編、伊能嘉矩著，《大日本地名辭書續編? 第三臺灣》（東京市：合資會社富山房，1909），頁 17。

[22] 陳培桂，《淡水廳志·建置志》（臺北市：臺灣銀行經濟研究室，臺灣文獻叢刊第 172 種，1963），頁 69。

[23] 陳培桂，前揭書，頁 95。

[24] 伊能嘉矩著、江慶林等譯，《臺灣文化志（上）》（臺灣省南投縣：臺灣省文獻委員會，1999 年再版），頁 244。

[25] 臺灣銀行經濟研究室編，前揭《清代臺灣大租調查書（六）》，頁 975。

[26] 唐羽，<溪尾庄古契彙編>《臺北文獻》直字第 79 期（臺北市：臺北市文獻委員會，1986 年），頁 256。

[27] 伊能嘉矩著、江慶林等譯，前揭書，頁 361。

[28] 伊能嘉矩著、江慶林等譯，前揭書，頁 384。

[29] 臺灣銀行經濟研究室編，前揭書，頁 977。

[30] 盛清沂總纂、張介然編纂，前揭書，頁 41。

[31] 吉田東伍主編、伊能嘉矩著，前揭書，頁 17。

［32］洪敏麟編著，《臺灣舊地名之沿革（一）》（臺灣省南投縣：臺灣省文獻委員會，1999年），頁311。

［33］《臺北縣志·開闢志》中載有乾隆三十二年（1767）之＜南港仔開闢古契＞，其後說明南港子為今臺北市南港。但細讀該契之內容後並無法確定文中之南港仔所指為臺北市之南港，或有可能為蘆洲之南港子。古契參閱盛清沂總纂，前揭《臺北縣志·開闢志》，頁60。

［34］洪敏麟編著，前揭書，頁311。

［35］蘆洲鄉誌編纂委員會，《蘆洲鄉志·沿革篇》（臺灣省臺北縣：蘆洲鄉公所，1993年），頁12—13。

［36］國立臺灣大學編，《淡新檔案》（臺北市：國立臺灣大學，1995年），頁328—350。

［37］十三保之名稱，據臺灣省文獻委員會所作之調查有獅頭、溪墘、水湳、和尚港（水河）、樓仔厝、中路、南港仔、得勝（賭間口）、王爺宮（保佑宮）、土地公厝、過港線（臺北士林）等。參閱臺灣省文獻委員會採集組編校，＜蘆洲鄉分組座談記錄＞《臺北縣鄉土史料（上）》（臺灣省南投縣：臺灣省文獻委員會，1997），頁616。

［38］盛清沂總纂、張介然編纂，前揭《臺北縣志·軍事志》，頁8—10。

［39］吳定葉、黃耀東編譯，《日據初期警察及監獄制度檔案》（臺灣省臺中市：臺灣省文獻委員會，1979），頁62—63。

［40］胡正清等譯，《臺北廳誌》（臺灣省臺北縣：臺北縣立文化中心，1998），頁158。

［41］新莊郡鷺洲庄役場，＜鷺洲庄要覽（昭和七年刊行）＞《臺北街庄要覽輯存》（臺北市：成文出版社，1985臺一版），頁17。

［42］胡正清等譯，前揭《臺北廳誌》，頁51—57。

［43］洪敏麟編著，《臺灣舊地名之沿革（一）》（臺灣省南投縣：臺灣省文獻委員會，1999年四版），頁309。然清代《淡水廳志·古蹟考》已載稱和尚洲即蘆洲，地多蘆葦。參見陳培桂，前揭《淡水廳志》，頁343。蘆洲地區蘆花十里，為泛舟賞月之勝地，為昔日臺北八景之一。參見胡正清等譯，前揭《臺北廳誌》，頁390。

［44］陳支平，＜蘆洲李氏家族收藏契約文書彙編＞（未刊稿），頁24。

［45］見＜斯文及仕宦表彰記錄＞《蘆洲田野美本支世系族譜》。

［46］鄭益州總編輯，《蘆洲故鄉情》（臺北：蘆洲市蘆洲國民小學，1998年），頁153。

［47］盛清沂總纂，《臺北縣志·卷一大事記》（臺北：臺北縣文獻委員會，1960年），頁250。

［48］鄭益州總編輯，前揭《蘆洲故鄉情》，頁88。

［49］新莊郡鷺洲庄役場，＜鷺洲庄要覽（昭和七年刊行）＞《臺北街庄要覽輯存》（臺北市：成文出版社，1985臺一版），頁16。

［50］新莊郡鷺洲庄役場，＜鷺洲庄要覽（昭和七年刊行）＞《臺北街庄要覽輯存》（臺北市：成文出版社，1985臺一版），頁9—10。

［51］蘆洲鄉志編纂委員會，《蘆洲鄉志·文教篇》（臺灣省臺北縣：蘆洲鄉公所，1993），頁238。

［52］新莊郡鷺洲庄役場，＜鷺洲庄要覽（昭和七年刊行）＞《臺北街庄要覽輯存》（臺北市：成文出版社，1985臺一版），頁17。

［53］新莊郡鷺洲庄役場，＜鷺洲庄要覽（昭和七年刊行）＞《臺北街庄要覽輯存》（臺北市：成文出版社，1985臺一版），頁16。

［54］新莊郡鷺洲庄役場，＜鷺洲庄要覽（昭和十年刊行）＞《臺北街庄要覽輯存》（臺北市：成文出版社，1985臺一版），頁22。

［55］新莊郡鷺洲庄役場，＜鷺洲庄要覽（昭和十年刊行）＞《臺北街庄要覽輯存》（臺北市：成文出版社，1985 臺一版），頁 28。

［56］鄉人傳說李樹華為太子老師，實際其為縣儒學教諭。傳說部份參見臺灣省文獻委員會採集組編校，＜蘆洲鄉分組座談記錄＞《臺北縣鄉土史料（上)》（臺灣省南投縣：臺灣省文獻委員會，1997），頁 594。

［57］嚴秀峰，《蘆洲李氏古厝及其精神文化》（打印稿）。

［58］伊能嘉詎，《領臺十年史》，臺北，新高堂，1905 年，頁 71—72。

［59］中村孝志，〈華南における臺灣籍民〉，《南方文化》第 17 輯，1990 年 11 月，頁 144。

［60］中村孝志，〈『臺灣籍民』をめぐる諸問題〉，《東南アジア研究》18 卷 3 號，1980 年 12 月，頁 70。

［61］《閩臺關係檔案》，福建省檔案館、廈門市檔案館編，鷺江出版社出版，1992 年，頁 19。

［62］中村孝志，〈『臺灣籍民』をめぐる諸問題〉，頁 74。

［63］中村孝志，〈『臺灣籍民』をめぐる諸問題〉，頁 74。

［64］中村孝志，〈『臺灣籍民』をめぐる諸問題〉，頁 74。

［65］前揭書，《閩臺關係檔案》，頁 19。

［66］〈廈門日籍浪人記述〉，《廈門文史資料》第二輯，頁 7。

［67］前揭書，《閩臺關係檔案》，頁 16。

［68］陳正平，《李友邦與臺灣抗日》，（福建：福建人民出版社，1998 年），頁 7。

［69］參見向山寬夫，《日本統治における臺灣民族運動史》，中央經濟研究所，1987 年 7 月，頁 1236。

［70］李友邦被國民黨逮捕一事，被稱為『李友邦事件』，參見：〈上海二於ケル臺灣青年團二策動 關ノ件〉（昭和四年 12 月 9 日）。收錄於外務省記錄，〈在支、滿領事館高等警察報告雜纂〉中〈廈門領事館ノ部〉內。

［71］前揭書，《閩臺關係檔案》，頁 44。

［72］李雲漢，《國民革命與臺灣光復的歷史淵源》，（臺北：臺北幼獅文化公司，1980 年三版），頁 112。

［73］嚴秀峰，〈臺灣義勇隊與抗戰〉，《臺灣史研究會會訊》第二期，1987 年 8 月，頁 22。另見中央研究院近史所《口述歷史 -4》〈嚴秀峰女士訪問記錄〉民國八十二年 2 月，頁 114。

［74］李仲，〈臺灣義勇隊隊長李友邦〉，《臺聲雜誌》北京，1986 年第四期，頁 43—44。

［75］外務省東亞局第三課，《赤色抗日戰線二在支逞邦人ノ動向》，1941 年 10 月。

［76］前揭書，李雲漢，《國民革命與臺灣光復的歷史淵源》，頁 112—113。

［77］上沼八郎，〈日本統治下における臺灣留學生〉，《國立教育研究所紀要》第 94 集，1978 年。

［78］陳三郎，《日本時期臺灣的留學生國立教育研究所紀要》，東海大學歷史系碩士論文，1981 年，頁 31。

［79］嚴秀峰〈抗戰時期的臺灣義勇隊‧下〉《中外雜誌》1982 年 7 月號，頁 28。

［80］前揭書，李雲漢，《國民革命與臺灣光復的歷史淵源》，頁 112。

［81］《臺灣先鋒》第三期，民國八十年九月人間出版社臺灣重刊本，頁 6。

［82］前揭書，李雲漢，《國民革命與臺灣光復的歷史淵源》，頁 113。

［83］嚴秀峰，〈臺灣義勇隊與抗戰〉，《臺灣史研究會會訊》第二期，1987 年 8 月，頁 23。

［84］王曉波，《臺灣抗日五十年》，（臺北：正中書局，1997），頁 457。

［85］《蘆洲田野美本支世系族譜》不分卷，第十八世祖，臺灣第二世，濯夫公。

中日戰爭與臺灣工礦業

陳慈玉

一、前 言

中日戰爭是二十世紀中國史的一大悲劇，也是東亞世界蛻變的一大契機，戰後的東亞呈現出與戰前完全不同的風貌，而台灣的命運也因此戰爭而改變。日本在臺灣殖民的時期，著重於發展以米糖為主的農業和農產加工業，以及重要能源的煤礦業，並不重視工業、尤其是軍需工業。直到 1930 年代末期，臺灣成為日本南進的跳板和一些戰略物資的補給站，鹽業乃在『國家』和財閥的合作之下，轉型成為碱氯工業，財閥並設置新興的煉鋁事業，其初級產品皆運往日本，支撐國防工業的發展。

戰爭末期，這些生產事業遭受嚴重的破壞。戰後來臺接收的資源委員會和臺灣省行政長官公署，權衡本身之利害後，取得協調，產生接收日產成為公營事業的模式。其中，臺灣碱業公司、臺灣鋁業公司和臺灣煤礦公司代表三種不同的投資經營型態。前兩者都是大量利用電力的事業，燒碱亦為煉鋁的一種原料，在當時，它們都以中國（尤其是工業發達的上海地區）為主要市場，而且時人認為臺灣鹽、煤、石灰和電力皆極豐富，[1]有利於發展此二產業。

本文主要利用現藏於中央研究院近代史研究所的相關經濟檔案和當時的報刊雜誌等記載，以臺灣碱業公司、臺灣鋁業公司和臺灣煤礦公司中的基隆煤礦為例，探討戰前與戰時的萌芽狀況、戰後初期工礦業被接收的『合理性』與復甦的瓶頸，以論證臺灣產業發展的連續性與斷裂性。

二、戰前概況

日本在臺灣殖民的時期，著重農業和農產加工業，以及重要能源的煤礦業，並不重視工業、尤其是軍需工業。直到 1930 年代末期，臺灣成為日本南進的跳板和一些戰略物資的補給站，才出現以碱氯工業和鋁業為主的重化學工業。

（一）碱氯工業的出現

在中日戰爭爆發前夕，臺灣總督府就規畫大規模生產工業用鹽，1937 年 2 月，於臺南州保留了 6,900 公頃做為鹽田用地。3 月，日本曹達株式會社（日本碱業公司）所掌控的臺灣製鹽株式會社，也完成其苦滷處理工場。[2]

隨著 1937 年侵略戰爭的爆發，日本大藏省於同年 12 月主持『內外地鹽務緊急協議會』，擬訂化學工業用原料鹽的增產計畫，以便自產自給。計畫中，除在所佔領的中國東北和華北開闢鹽田外，並指定臺灣必須於 1941 年度負擔 25 萬公噸（1945 年度增為 40 萬公噸）的產量。[3]為實現此生產擴充計畫，乃在臺灣總督府的主導下，由大日本鹽業株式會社、臺灣拓殖株式會社、日本曹達株式會社共同出資，於 1938 年 6 月創立資本 1 千萬圓的南日本鹽業株式會社，以製鹽、利用苦滷副產品和發展碱業三者的一貫作業為目的。並為了強固南日本鹽業會社的事業基礎，由日本曹達、日本鹽業和臺灣拓殖三會社，於 1939 年另投資 1,500 萬圓創立南日本化學工業株式會社，以分擔副產品利用和碱業的經營，彌補製鹽業所帶來的虧損。亦即南日本化學株式會社從苦滷中提煉鎂時，所產生的副產品為工業鹽，再將之加以處理，則能製成碱氯；而苦滷是生產天日鹽時的產物（1939 年度約 20 萬公噸，1940 年度約 30 萬公噸），以前都廢棄了。[4]故經過此計畫經營後，食鹽、工業鹽、鎂和碱氯的生產作業能一貫完成，臺灣鹽業乃為臺灣製鹽會社和南日本鹽業會社所獨佔，並與南日本化學工業會社相配合，脫胎換骨成為現代化的工業。

到 1941 年 11 月，為呼應日本的『工業振興第二個四年計畫』（1942 年度開始），臺灣乃有『大工業化計畫要綱』以振興工業，而利用工業鹽的工業更是一重點。[5]同年總督府也決定以南日本鹽業會社及臺灣製鹽會社為兩大主幹，合併其他小企業。[6]1942 年 7 月 1 日，總督府將食鹽專賣規則改稱為鹽專賣規則，把工業鹽也納入管理範圍。[7]同時鐘淵曹達工業株式會社（鐘淵碱業公司）成立，擁有資本 1,000 萬圓，建廠於新豐郡安順庄（今臺南市安南區），翌年 4 月溴素工廠首先開工，到 1944 年，也建設完成部分碱氯工廠，該廠主要利用工業鹽生產碱氯。[8]

再者，日本旭電化工業株式會社於 1939 年在高雄籌備設廠製造碱氯，將氯氣供該公司的製鎂工廠，製造金屬鎂；其所產燒碱（NaOH、氫氧化鈉、苛性碱）則供給附近的鋁廠，生產鋁錠，這些都是軍事上所需的輕金屬。該廠於 1941 年 8 月正式開工。[9]

總之，1937 年中日全面作戰以後，日本為求帝國內部鹽的自給自足和減少外匯支出，限制外國鹽的進口，殖民地的鹽愈占優越地位。其後，國際形勢對日本不利，日本為了戰爭需要和不仰賴外國的工業鹽，乃促使臺鹽大大的增產，使臺灣成為工業日本的一重要資源供給地。[10]並進一步成為帝國南進之跳板。但是當時的主要目的是軍需，而且日本並未在臺灣製造純碱，此乃因為臺灣需用的純碱數量極少，日本本國純碱產量足敷需用，不必依賴殖民地的供給。所以僅把製造工業鹽的電解法和 leBlanc 法引進臺灣，其效益遠遜於歐美的Solvay 法。[11]

到了戰爭末期，日本在臺所設立的碱氯工廠都先後遭盟機轟炸，被迫停工。如表 1 所示，其產量在 1944 年達到高峰，共計生產燒碱 8,125 公噸，鹽酸 779 公噸，液氯 100 公噸，漂粉 941 公噸，[12]其中燒碱產量是 1941 年的 12.3 倍，而鹽酸則為 79.7 倍。

表 1　終戰前臺灣碱氯工業產量表（1941—1944）

單位：公噸

產品名稱	1941 年 8 – 12 月	1942 年	1943 年	1944 年
燒　碱（苛性碱）	660.87	4,596.38	6,870.84	8,125.42
鹽酸	9.77	506.19	741.09	779.35
液氯	—	—	3.24	100.28
漂粉	—	—	470.94	940.56

資料來源：周國雄，〈臺灣之碱氯工業〉，載臺灣銀行經濟研究室編，《臺灣之工業論集卷三》（臺北：臺灣銀行，1965），頁 76。

（二）鍊鋁事業

相對於製鹽相關產業，鋁業可以說是當時的新興產業。日本三菱財閥於日月潭水力發電廠完成之後，與三井和臺灣電力公司共同在 1935 年創辦了資本 6 千萬日圓的日本アルミニウム株式會社（日本鋁業公司），在日本本土有黑崎工廠，僅產鋁氧。至於臺灣方面，由德籍工程師設計，先在高雄設廠，翌年即開始作業，生產鋁錠 210 公噸。迄 1941 年，年產鋁氧 3 萬 2 千公噸、鋁錠 1 萬 2 千公噸的設備才完成。另一方面，日本鋁業公司 1939 年又在花蓮興建工廠，並於 1941 年開始作業，該年產鋁錠 290 多公噸，所需鋁氧皆賴黑崎和高雄兩廠供給。日本鋁業公司的高雄廠分別從荷屬東印度的屏坦島（Bintang）和華北進口鋁礬土和礬土頁岩，[13] 來冶煉鋁錠，並全部運回日本加工製造成品，此成品再被運回臺灣販賣。[14] 因此就此意義而言，臺灣確確實實是扮演了提供原料給母國，而且消費母國的工業產品的殖民地角色。

由於鋁可用於飛機的機體，是一重要的國防戰略物資，故戰時對於鋁的需求增加。日本一向仰賴進口，在 1937 年才開始從鋁礬土生產鋁，1939 年成立國策公司性質的日本輕金屬公司，積極生產。但翌年加拿大等國禁止出口鋁，所以日本鋁的供給量頓減，導致機體製造的停滯。[15] 因此日本當局乃針對民需部分（如鍋、便當盒、水壺、熱水瓶等）採取配給統制。臺灣也順應殖民母國的方針，於 1941 年設立臺灣家庭必需品株式會社（資本 65 萬圓），以實施『臺灣鋁製家庭器物配給統制要綱』，使鋁製品的輸入和販賣能夠一元化。[16]

日本鋁業公司高雄廠雖擬擴充設備到生產鋁氧 42，000 公噸，鋁錠 15，000 公噸，但實際上，其前後開工 10 年，總共生產鋁錠 67，546 公噸。而花蓮廠雖以年產鋁錠 12，000 公噸為目標，可是最高產量僅 3，800 公噸。臺灣兩廠的鋁錠產量在 1943 年最多，共計有 14，484 公噸，佔該年『日本帝國』總產量的 10.3% 左右。高雄廠在 1945 年 3 月因遭盟機轟炸而停止作業，花蓮廠則早於 1944 年 6 月因水力發電廠被洪水沖毀而停工。[17]

（三）煤礦業——以基隆炭礦株式會社為例

日治中期臺灣煤礦業界呈現欣欣向榮的景象，不但原有的公司擴充設備，實行大規模的開採計劃，而且出現不少新加入者。此時日本財閥扮演重要的角色，以往由於台煤比日本煤品質粗惡，故日本人誤認為會有自然發火之虞，而不堪長距離輸送，甚至不能充當長途航海的輪船燃料，以致投資風險過大。1917 年以後，因為日本煤的增產有限，乃轉而投資臺灣，或與臺灣人合作，或成立純粹日資的公司，[18] 其中，執往後業界牛耳的『基隆炭礦株式會社』和『臺北炭礦株式會社』皆在 1918 年成立，是基隆顏家分別與三井財閥和藤田組共同投資的。兩年後，藤田組退出臺北炭礦株式會社，該公司改名為臺陽礦業株式會社。[19]

基隆炭礦株式會社的成立頗讓人深思。1918 年 3 月 21 日的《臺灣日日新報》上曾有一段關於該公司成立的記載：[20]

四腳亭炭礦。由三井，顏年雲氏共同經營。妥協已就。二者現已訂結本契約同時變更株式組織。協議一切。其各項準備。亦各整齊。二十三日將于基隆開創立總會。名稱為基隆炭礦株式會社。內容如所聞。該由賀田金三郎氏讓受之四腳亭礦區。估價為二百五十萬圓。金額撥入了為五萬株。三井派得三萬株，以三井礦山及三井物產對半認受。顏年雲派得二萬株。

換言之，三井財閥和顏雲年共同合資成立了基隆炭礦株式會社，各擁有 60% 和 40% 的股權。值得注意的是報導中的『妥協已就』四字所蘊涵的意義。至少表示了該會社是在妥協的氣氛下產生的，那麼，為什麼該會社是在妥協下的產物呢？

日後顏家對三井財閥和藤田組這兩大日本財閥的評價不同，顏雲年之孫顏惠霖曾慨言：

『藤田組是我家的恩人,三井卻強奪了我們的產業』。[21] 而在現存的相關資料和著作中都明確表示三井在台投資事業之一為基隆炭礦,[22] 因此,究竟顏家與三井當時的合作關係如何?這種關係所顯示的時代意義又是什麼呢?

基隆炭礦株式會社的創立關鍵在四腳亭煤礦的開採權。[23] 該礦區的煤質與煤藏量堪稱臺灣第一,因此日本據台初期,禁止一般人民開採,明定為海軍所管轄的煤田,面積約有200多萬坪。直到1908年才部分開放,由日人荒井泰治取得約87萬坪的礦業權,他本人直營一、二坑,顏雲年則承包四腳亭三坑附近的挖掘工作(四坑由王振東承包),所有產出的煤炭委託三井物產會社販賣,但年產量被當局限制在5萬噸以下。荒井因收益不多,所以在1911年將該礦業權讓售給賀田金三郎。賀田曾努力節省經費,擴大經營,適海軍所管轄的煤田於1914年底移交給鐵道部,並在翌年4月廢止年產的限制,故四腳亭煤礦除原有的四礦坑外,又開鑿了兩個礦坑,但直營坑的收益仍不多,所以1917年2月28日,與顏雲年在臺灣簽訂契約,顏氏以6年93萬圓的條件承包全部礦區的採掘。已從金礦得利的顏氏當即付出21萬圓給賀田,並擬投入巨資擴大經營,預訂每月可收3萬圓以上的利潤。

數日後(3月3日),負責銷售煤炭的三井物產會社派遣關係企業三井礦山會社的工程師富田太郎到四腳亭勘查煤田,此時賀年與雲年之間的承租契約業已成立,故在雲年的諒解下,富田調查數日後返國。不久,三井物產會社石炭部退職職員芳川寬治,忽然在東京與賀田簽訂以價格192萬圓承受四腳亭煤礦的契約,並支付訂金15萬圓和部分款項55萬圓。因此芳川向雲年要求移交該礦區。後者峻拒,芳川轉而質問賀田,自知理虧的賀田向芳川提議與顏家共同經營。顏氏知曉強爭實權亦無利,芳川也領悟到排除顏家的不當,又經三井物產石炭部長小林正直斡旋,雙方同意共同出資250萬圓(芳川150萬圓,佔60%)購買該礦,而由顏家以1萬斤煤炭16圓的代價承包採掘工作12年,顏在此之前已出資的權利估計為30萬圓。但正式簽約的前夕(預定10月16日簽約),芳川突然反悔,表示日本礦業法中不承認礦業權的租借事宜,故所有相關契約一概無效,因此不能簽訂四腳亭共同經營契約。

顏雲年遭遇此生最大的挫折後,一時意氣消沉,但旋即想出以『臺灣炭礦株式會社』(社長是芳川)股權牽制芳川的良策。靜觀全局的賀田認為如顏家持股過半,以後四腳亭一帶必定糾紛重重,故和小林再度居間調停,除了解決『臺灣炭礦』的問題外,並『圓滿』解決四腳亭煤礦問題,芳川的權利全部由三井家繼承,日台雙方人士於1918年2月28日在東京簽訂臨時契約,3月12日締結正式契約,規定此會社共有5萬股份,三井礦山和三井物產共擁有3萬股,顏氏2萬股。

同年9月,顏家提供私有的59個礦區合併入該會社,資本金增為500萬圓。翌年7月收買木村礦業株式會社,8月合併臺灣炭礦株式會社,增資為1,000萬圓,三井與顏的持股比例依然為6:4。由三井礦山的牧田環擔任董事長,顏雲年屈就董事,國年為常務董事(另三位常務董都是日本人,其中一位代表顏家),賀田則為代表顏家的監事,於是象徵顏氏和三井財閥合作的企業就此誕生。

基隆炭礦株式會社的成立過程隱約顯示出顏家不得不屈服於日本財閥的無奈,而此日本財閥—三井—又如何介入呢?原來三井自掌握四腳亭煤礦的銷售權後,以在日本經營礦業的成功經驗,[24] 企圖擴大到臺灣煤礦業,故在1914年底鐵道部接管海軍所有的預備煤田時,即促使臺灣總督府於翌年開放四腳亭尚屬管制的礦區和金包里,最後在1917年創設臺灣炭礦株式會社以正式開發煤礦,並以退職職員芳川為首任社長。但經勘查後,發現金包里崁腳地區(面積約400萬坪)的開發價值不大,所以目標轉向三井礦山會社工程師證實蘊藏量豐富、頗具經濟價值的四腳亭煤礦,強迫賀田取消與顏家的約定,而轉讓礦業權。故芳川僅是扮演傀儡的角色而已。

事實並不僅止於此，據顏惠霖言，當初殖民地當局開放部分四腳亭礦區時，雖由荒井泰治取得礦業權，實際上賀田與之共同經營，顏雲年則承包開採，故賀田與顏家關係是事業主和承包人的關係，由於接觸一久，意氣相投，漸漸有合作的意願。當 1911 年荒井有意讓售礦業權時，由於該礦區係為海軍軍備煤田，被統治的臺灣人很難得到礦業權，所以由賀田出名承受，但顏氏負擔對荒井的報酬和此後一切投資資金。而軍部解除對四腳亭礦區的一切限制後，顏家於 1917 年 2 月組織義昌公司，與賀田訂立承包全礦區的契約，以準備該礦權之移轉。[25] 由此可知，在殖民地的大政治環境之下，顏家只得借用日人名義來經營事業，並要付出代價（93 萬圓）來取得自己礦區的承包權；其且被大財閥強奪了 60% 的礦業權以及日後的實際經營權，而這還是顏雲年個人運用睿智努力爭取折衝而來的最佳成果，否則幾乎失去了一切。[26]

1918 年基隆炭礦株式會社成立後，三井不僅掌握經營權和煤炭銷售權，並且兩年後獨占臺陽礦業會社所產煤炭的流通網，換言之，三井藉由顏家在煤礦業的合作，建立了台煤銷售界的穩定地位，1920 年所經手的煤炭高達 83 萬公噸，[27] 為該年總產量的 72% 左右。此後雖有大倉、鈴木商店的競爭，但三井始終掌握臺灣全省 70% 以上的煤炭，供給島內工廠、鐵路、輪船和海外市場，其勢力遠非三菱商事株式會社（1917 年開始介入台煤的流通）或其他小商社所可及。[28]

1923 年雲年過世後國年接掌該企業，他在 1930 年代領導煤業的統制，繼而殖民地政府正式介入。1933 年即已成立的『臺灣炭業組合』的主要目的是為了調節生產和維持煤價，以強化臺灣煤業整體的競爭力，並謀劃礦業之改良，增進及謀求同業之共同利益，類似同業公會的性質。而政府的力量逐漸深入，隨著 1936 年日本本國煤炭的統制，進一步強化臺灣煤炭的統制，制定『臺灣炭業組合』的各基本規則，使其成為名符其實的強化統制的公會，[29] 產銷均在『政府』統制之中。

『七七事變』後，日本政府頒佈『重要礦產增產令』，臺灣亦響應而訂立煤的增產計劃。到 1939 年，軍需重工業的發展和侵略戰爭的進行，使臺煤產量大增，供給日本本土、東南亞和輪船軍艦的數量亦顯著增加。並且在 1941 年成立『臺灣石炭株式會社』（44 年改組為『臺灣石炭統制株式會社』），發揮持續增產、維持適當煤價和『合理』配給的功能，[30] 所以 1938 - 1943 年的產量和銷售量都在 200 萬公噸以上，1944 年亦有 190 萬公噸左右，但該年以後，由於資材、勞工的缺乏，故生產減少，外銷方面則因運輸船舶不足而陷於停頓，再加上美軍的轟炸，礦山和工廠都遭破壞，煤的生產和消費急劇低減，[31] 臺灣煤礦業的發展乃暫告一段落，有待戰後的重建。

三、戰後臺灣工礦業的接收

第二次世界大戰在 1945 年 8 月 15 日結束，日本同時也失去統治臺灣的正當性基礎。半個月之後，中華民國政府於 9 月 1 日和 20 日分別公佈『臺灣省行政長官公署組織大綱』和『組織條例』。臺灣省行政長官公署與臺灣省警備總司令部在 10 月 5 日於臺北設置臺灣省前進指揮所，接著，行政長官公署在 25 日通告任陳儀為行政長官，代表中國戰區最高統帥受降，隨即開始辦理接管工作。[32]

（一）接收機制的建立

為了順利接收臺灣，行政長官公署乃與警備總司令部於 11 月組織接收委員會，內分民政、財政金融會計、教育、農林漁牧糧食、工礦、交通、警務、宣傳、軍事、司法法制和總務等十一組，除軍事係屬於警備總司令部的範圍外，其餘皆由行政長官公署各主管單位負責,在 11 月 1 日展開分組接收日產或派員監理日人公有產業的工作。迨翌年 1 月,開始遣送日僑回國,由於所欲接收的私人財產繁多且複雜,乃於接收委員會之下,設置日產處理委員會,以為處理日產之總樞紐。接收委員會的主任委員由行政長官兼任,而日產處理委員會的正副主任委員則由行政長官遴請行政院簡派,實際負責處理日產事宜。[33]換言之,此會必須在行政院的指揮監督下行動。

由於日人在臺投資的產業分佈區域甚廣,該會為了嚴密控制,乃分別在 17 縣市於 1946年 2 月陸續成立分會。復鑒於接收日產之標售及債權債務清算事務日繁,於是在該會之下,另設日產標售委員會和日產清算委員會,以管理日產的估價標售,以及日臺合資企業與金融機構的清算事宜,兩會皆於 1946 年 7 月 1 日組織成立。到 1947 年 4 月底,除了少數留用的日籍技術人員外,已把所有日僑遣送回國,日產亦經初步處理,日產接收委員會遂呈准結束,未完成的業務,則移交財政部接辦。[34]

其中,工礦事業方面,由臺灣省行政長官公署工礦處與經濟部臺灣區特派員辦公處共同處理,兩機構的主要負責人則為資源委員會(以下簡稱資委會)原工業處幫辦包可永兼任,並按行業性質,分為 19 個接管委員會,各主任接管委員也都是資委會高級職員。[35]他們本為各行業的主任監理委員,這是因為戰後初期,接收人員不能大量及時趕到,所以為了減少混亂,工礦業的接收工作乃分為兩個階段進行,1945 年 11 月至次年 3 月為監理階段。監理期間,工礦處按行業組成監理委員會,派員至日人各主要企業,調查人事、資產、股權、債權和生產狀況等,並計畫恢復生產能力。雖然原有日籍人員仍管理企業的日常事務,但人員進退和經費支配等事宜則由監理人員全權決定。到 1946 年 4 月,結束監理時期,各監理委員會被改為接管委員會,正式接管了所有日資企業。[36]

事實上,資委會在戰時已成為國民政府內經營重工業廠礦的主要機構,並從 1942 年起即著手準備戰後的大規模擴展。到日本投降後,籌畫接收淪陷區的事宜就成了資委會的工作重心。[37]因此,資委會即派出考察團來臺灣,其成員皆為資委會各方面的重要負責人,詳加考察後,原擬接辦臺灣規模最大也最重要的製糖、發電、煉鋁、石油、銅金、食鹽電解(碱業)、化肥、水泥、造紙、機械和造船等大行業。但行政長官公署並不甚贊同,因為這些工業乃臺灣經濟命脈,其中,糖業是臺灣十幾萬民眾賴以為生之業,電力為一切工業發展之基礎,肥料、碱業和水泥等業盈利優厚,是臺灣利源所在。若全歸中央接辦,則臺灣當局甚少利益可得。所以行政長官公署竭力要求分享接收資財,並表示合辦企業須平分股權。省方且不顧行政院命令,自行開始組織經營。[38]

結果,資委會為了取得臺灣省行政長官公署今後在資金、物資和治安等方面的支持,遂決定採納後者的意見,雙方乃於 1946 年 4 月簽訂『合辦臺灣省工礦事業合作大綱』,規定相關事宜如下:

(1)資委會所接收的產業中,除石油(包括產煉)、金銅及煉鋁事業由資委會獨辦外,關於糖業、電力、製碱、肥料、水泥、紙業、機械、造船各項事業由會省合作經營,投資比例由會省雙方商定(後定為會六省四)。

(2)臺灣人民在各事業內原有股本,由長官公署查明情形後,其應承認者即包括在省方股額之內。

(3)各事業以組織公司經營為原則,會省雙方商定各公司董事與監察人的分配額數,但資委會指定董事長,總經理與各重要職員則由董事會任用。

(4)資委會負責技術協助與器材供給,至於各公司所需臺幣流動資金,則臺灣省行政長官公署負責知照臺灣銀行盡量予以借貸便利。

（5）長官公署盡力協助有關各公司的土地收購租用、原料成品的交通運輸與治安維護等項。[39]

換言之，除石油、金銅礦和鋁業由資委會獨辦外，其餘均由雙方合資辦理，一律採公司組織，投資額則按會六省四比例分攤；所接收的資材亦依照比例分配，轉為雙方的投資。

根據『合作大綱』，雙方將原來22個行業的接管委員會在5月分別改組為22家有限及股份有限公司，資委會除獨辦前述三企業外，並與省合營糖業、機械造船、電力、製碱、水泥、肥料和造紙等七家公司，此十大公司接收了日治時期所留下來的60所企業單位。[40]因此，如表2所示，臺灣鋁業公司接收了三個企業單位，而臺灣製碱有限公司則接管4家企業單位。

表2　臺灣省接收日資企業撥歸公營一覽表

單位：舊臺幣（元）

性質	接管機關	撥交企業單位	原資本額
國營	石油公司	12	45,685,290.94
	鋁業公司	3	47,450,662.00
	銅礦公司	3	54,310,621.00
	小計	18	147,446,573.94
國省合營	電力公司	1	96,750,000.00
	肥料公司	4	9,750,000.00
	製碱公司	4	37,944,231.00
	機械造船公司	3	14,098,125.00
	紙業公司	7	36,140,015.00
	糖業公司	13	289,640,025.00
	水泥公司	10	37,942,946.00
	小計	42	522,265,342.00
省營	工礦股份有限公司	121	103,774,962.00
	農林股份有限公司	56	95,127,617.03
	農林處林務局山林管理所	7	4,123,556.45
	臺灣省航業有限公司	8	15,000,000.00
	臺灣省通運公司	37	6,428,000.00
	臺灣銀行	3	37,750,000.00
	臺灣土地銀行	1	—
	臺灣工商銀行	1	2,589,850.00
	彰化商業銀行	1	2,840,000.00
	華南商業銀行	1	3,750,000.00
	臺灣省合作金庫	1	2,600,000.00
	臺灣人民貯金互濟股份有限公司	5	950,000.00
	臺灣信託有限公司	1	2,500,000.00

性質	接管機關	撥交企業單位	原資本額
省營	臺灣物產保險有限公司	12	2,500,000.00
	臺灣人壽保險有限公司	14	—
	臺灣醫療物品公司	18	10,549,152.00
	臺灣營建公司	5	9,027,940.00
	專賣局	31	—
	小計	323	299,511,077.48
縣市營	臺北市政府	2	1,075,000.00
	臺中市政府	7	520,000.00
	臺東縣政府	24	2,103,897.00
	臺南市政府	8	1,545,000.00
	屏東市政府	3	500,000.00
	花蓮縣政府	9	2,375,000.00
	高雄縣政府	2	1,000,000.00
	臺北縣政府	10	1,800,000.00
	高雄市政府	14	8,276,828.00
	臺南縣政府	6	897,717.00
	基隆市政府	2	155,970.00
	臺中縣政府	1	58,900.00
	新竹市政府	4	—
	小計	92	20,308,312.00
黨營	省黨部	19	—
總計		494	989,531,305.42

註:

1. 內 79 單位無資本紀錄,以(一)號表示。

2. 內 41 單位資本紀錄未計及在東京總店者。

3. 專賣局原屬公產未有資本紀錄。

資料來源:臺灣省接收委員會日產處理委員會,《臺灣省接收委員會日產處理委員會結束總報告》(臺北:該會,1947),頁 20–22。

再者,資委會獨營和與省方共同經營的十大公司的主要負責人與經營管理階層,都是由資委會的高級職員擔任,掌握了實際的經營管理權,此十大公司象徵著中央政府在臺灣經濟中的支配力量。而省方則經由資金、物資與治安的協助,在合資企業中取得盈餘的分配權。

(二) 會省合辦企業的模式

臺灣的這種情況在當時並非獨特的,而是國民政府在大中國的架構下的產物,因為戰後收復區日人事業之處理,是由行政院制定法令來規畫實施的,其中關於工礦事業,凡與資委會經營之事業性質相同者,經敵偽產業處理局審議,呈行政院核定後,方得交由資委會接辦。資委會奉命接辦日人所留下的重要工礦事業時,仍隸於經濟部指揮之下,迨 1946 年初,經立法院修正組織法,資委會才從 5 月起改為直隸於行政院。[41] 所以正式接管臺灣重要公營企業的資委會，已經是行政院的代表了，其地位應與經濟部相同。

進而言之，資委會認為臺灣在戰爭時期雖然開始發展基礎工礦業，但一些關鍵性工業部門仍然無法脫離日本而獨立。並且技術和管理事宜皆由日人擔任，所以一旦日籍人員被遣返後，如何移轉這些技術乃成為恢復生產工作的一重大任務。因此針對上述困難，資委會制定了經營臺灣事業的四項原則：

（1）發展臺灣工業，宜以適應當地天然資源及原料供給條件為原則，不必使臺灣自給自足，樹立經濟割據之條件。

（2）接管事業範圍，自當以規模宏大、基礎穩固及需要殷切、破壞不大之工礦為限，不必全部恢復。

（3）為顧及國防關係，並為全國經濟建設事業之平衡發展起見，除必要之破壞修復及所費無多之未竣工程，免致功虧一簣外，不宜對臺灣作巨額投資。

（4）應以糖業及電業為建設核心，由糖業推及有關之副產品化學工業及輔助工業，由電業推及電化電冶工業，再有餘力，始顧及其他工業。[42]

細觀此原則，我們無法窺伺到資委會將如何移轉日人技術的妙方。但可以確知的是資委會所重視的產業與當初日本官方一致，依然是日本殖民時期發展最迅速的糖業和電業，其目標可以說要使臺灣成為全中國米糖的一供應基地；而電力乃工業之原動力，臺灣電力供應充足，既能提供製糖業所需的能源，又可以進一步發展電化和電冶事業，其產品應可流入中國，因此資委會才最重視糖業和電業的重建。就某種意義而言，當時中央政府與臺灣的經濟關係，並無異於日治時期的日本與臺灣的關係，亦即日治時期臺灣工業是『日本帝國』垂直分工結構之一環節，而戰後初期則成為中國經濟體系中的一生產單位。

四、戰後初期的困境

為了能有效地接收處理日人財產，行政長官公署於 1946 年 5 月 17 日電呈『臺灣省接收日人財產處理準則』九條[43]給行政院，行政院於 1946 年 7 月 13 日令准試辦『臺灣省接收日人財產處理辦法』。規定除遵中央法令辦理外，應依該辦法之規定，來處理所接收的日人公私財產。[44]但行政院尚未核准實施之前，行政長官公署又以日產亟須處理為由，於 6 月 29 日電呈接收日資企業、房地產和動產處理實施辦法三種，[45]其中，日資企業的處理辦法引起相關部會的討論，因此行政院指示接收日資企業處理實施辦法俟另案核定。故長官公署在 9 月 12 日再呈報修正辦法。[46]結果經濟部認為應將日資企業中的礦業權和電氣營業權等另行依法辦理；[47]而財政部又有不同的意見。[48]如此，前後斟酌了半年，行政長官公署終於在 1947 年 1 月 18 日公佈施行『臺灣省接收日資企業處理實施辦法』。[49]此時距離終戰日已經有 17 個月了。

其中，對屬於交通、工礦、農林等部門的日資企業，一律以使之能迅速復工為原則，並由日資企業之原接收機關，報經主管機關，會同日產處理委員會，將所接收的企業分為撥歸公營、出售、出租、官商合營等四種性質，呈請行政長官公署轉呈行政院核定處理。[50]

其實，早在 1946 年 5 月行政長官公署電呈行政院核准實施『臺灣省接收日人財產處理準則』時，本文有關的臺灣鹼業公司和臺灣鋁業公司籌備處就已經根據此准則以及資委會和臺灣長官公署簽訂的『合作大綱』，分別成立，並於 6 月設置臺灣煤礦公司籌備處。

（一）臺灣鹼業有限公司

中日戰爭結束以後，經過了三個月，1945 年 11 月資委會在臺灣成立電化業監理委員會，開始監理南日本化學工業株式會社、鐘淵曹達工業株式會社與旭電化工業株式會社等製鹼工廠。監理工作著重於：（1）保管所有資產；（2）檢討過去營運情形；（3）遣送日籍人員；（4）修建被損毀的廠房及運回戰爭中疏散於山地中的器材等。[51]

當時各廠房機件因屢遭轟炸，俱受損害。監理委員會乃分別緩急，編列預算，以為修建裝置工程之需。其中，南日本化學株式會社受損較輕，故先行修建，同時把疏散至偏僻地區的器材運回安裝。而旭電化會社所有的機件大部分被毀損，一時無法修復，因此將可利用的電槽和零星設備拆遷到南日本化學會社，以充實生產。結果，該廠在 1945 年年底即復工。[52]

翌年 4 月上旬電化業接管委員會成立，9 日點收監理之各單位，結束監理時期。資委會與行政長官公署於 1946 年 5 月 1 日合資組織臺灣省製碱有限公司，以接管委員會主任委員為代總經理，所有職員均由接管委員會原有人員充任。當時除酌留必要的日籍技術暨管理人員外，已經分批遣返日籍員工回國。到 1947 年初又改稱臺灣碱業有限公司（以下簡稱臺碱）。[53]

該公司接接收時的賬面資本總額約達 3，800 萬日圓左右，設總管理處於高雄，改組南日本化學高雄工場為第一廠，鐘淵曹達臺南工場為第二廠，南日本化學附設之安平工場為第三廠，旭電化高雄工場為第四廠，並另籌設鹽田工程處接管鐘淵曹達在臺南安順一帶之鹽田。該公司之資本和資產總額經核定為舊臺幣 1 億 5 千萬元。[54]

雖然臺碱的生產設備修復了不少，生產能力也逐漸復原，到 1947 年，其燒碱產量僅為戰時巔峰期（1944 年）的 40.45%，液氯的產量則是巔峰期的 90.75%，但鹽酸產量卻為巔峰期的 3.75 倍，漂粉也比巔峰期倍增。相形之下，同時期公營事業中的紡織、鋼鐵、機械、玻璃等已恢復到日治時期最高產量的 50%，糖業則僅有 26% 的復原程度，而肥料、水泥、電工鑄件和沉澱銅等基本且必需的工業，已恢復到 100%。[55]但是，資委會副委員長吳兆洪認為臺碱的生產設備已陳舊不堪，以致於生產效率太低，浪費不少原料和人工，從而提高了成本。而最令臺碱當局煩惱的是更新設備所需的資金和外匯，當時臺灣外匯奇缺，是任何廠家都面臨的困境，並非臺碱公司所獨有。[56]終於，如後將述，從美國運抵新式製碱機械，可提高生產量，降低相對成本。到 1948 年年底，燒碱和漂粉的產量已是計畫產量的 96.3% 和 95.4%，鹽酸雖僅為 84.4%，而液氯的產出卻是計畫產量的 108.9%。[57]

當時市場上燒碱奇缺，主要的需求者是中國，因為第二次世界大戰期間中國的相關工業遭受損毀，而海運的船隻缺乏，故不易從外國進口，致使大陸燒碱供不應求，上海市場上英國卜內門月牌燒碱的每桶最高價格，曾有過一條黃金難求的傳聞。[58]臺碱公司乃以盈利所得再行投資擴充設備，積極增產以供應需求。三年之間，不但第一廠的燒碱生產能力增進 3 倍，並且修復了第二廠汞極電槽，也重建第四廠，修復西門子式電槽。

此外，臺碱公司從國外購買華式電解槽 96 只，連續式雙效蒸發器 1 套、液氯製造設備 1 套、冷凍設備 2 套、水管式鍋爐 1 座，以及水銀、液氯鋼瓶等應用器材。到 1948 年 4 月，資委會將其為天津化學工業公司在美國所訂購的霍克電解槽 40 只，連續式雙效蒸發器 1 套、日產 30 噸鹽酸合成器材 1 套、電動直流發電機 2 套，和製造液氯的部分器材撥給臺碱公司，所以該公司的生產燒碱之能力較開工初期增加 10 倍。[59]我們從臺碱公司的個案中窺伺到來自日治時期的『遺產』和新添加的源於西方的設備之結合，而此西方的設備原本是擬為中國工廠所用。

終戰後臺灣碱氯工業的復蘇為什麼是曇花一現呢？首先，就此項工業設立的先天條件而言，製碱工業為一種基礎工業，需要鹽、煤、石炭等原料和電力的供給甚多，臺灣鹽產豐富、水電充足、交通便利，頗適合此項工業的興辦。[60]再加上大陸市場的需求殷切，所以不但臺碱公司迅速開工，民間人士亦紛紛投資經營。臺碱的產品中，除了約有三分之二供給島內公營的鋁廠、紙廠、糖廠、肥皂廠、煉油廠和紡織廠，以及民營的食品、紡織廠外，三分之一的產品銷售到上海為主的中國大陸，然而其售價居然是不敷成本的！[61]

臺鹼所以削價出售產品的最大原因是為了競爭。如前所述，戰後初期卜內門牌燒鹼曾一時無法流入中國，造成上海市場燒鹼價格高騰。上海由於輕工業發達，每月需鹼量在1,000公噸以上，戰前一向使用卜內門的化學製品。戰後國產鹼只有范旭東的永利化工廠和吳薀初的天利化工廠（資委會亦有投資）以及臺鹼的產品，前二者的產量比臺鹼較少。此三家的上海銷售量還不足以供給全上海所需之半，因此上海廠商無論在商業習慣上或實際需要上，都不得不依賴卜內門的燒鹼。卜內門以香港為遠東市場的根據地，有計劃的向華南和華中進展。由於國家局勢動盪不安，游資泛濫，走私橫行，國產燒鹼只能不計成本的與卡內門競爭。再者，不僅在上海如此，為了避免商人投機商品，臺鹼在臺灣的售價，並不是根據實際的生產成本，而是追隨卜內門的上海鹼價。[62]

（二）臺灣鋁業股份有限公司

相對於會省聯營臺鹼公司的模式，臺灣鋁業公司則是由資委會單獨經營。1945年12月臺灣電冶業監理委員會派員分赴日本鋁株式會社高雄、花蓮兩工場和臺灣出張所（辦事處）。當時各處曾迭遭轟炸，凌亂不堪，監理人員監督日人整理房屋機器、盤點材料成品，並編造清冊，同時修葺宿舍，使工作員工得以安棲。到1946年4月1日，臺灣電冶業接管委員會成立，奉命接收三處資產。5月1日設置臺灣鋁業股份有限公司（以下簡稱臺鋁）籌備處，於7月1日正式接收。[63]

臺鋁成立後，初步工作是集中力量修復被損毀的煉鋁設備，使其復工生產。第一期計畫為年產鋁氧16,000公噸，鋁錠8,000公噸。[64]其中花蓮工場早於1944年因水力發電設備被大水沖毀而停工，嗣後復遭盟軍轟炸，重要設備悉被破壞，故不可能修復。臺鋁當局乃決定把可利用的設備和物資搬運到高雄工場，集中全力修復該工場。[65]

當時資委會曾嘗試尋求外援以收成效，加拿大鋁業公司和美國雷諾金屬公司（Reynolds Co.）均曾先後派人來華洽談，然而二者或以設備殘破不堪修復，或以時局不穩，不願冒險為辭，拖延甚久。[66]最後臺鋁才決定繼續留用日籍技術人員，[67]來自力修復，惟以財力物力短絀，故直到1952年年底才完成全部修復工作。[68]

但是，在這非常時期，修繕設備與重新開工是同時進行的。首先，在鋁氧製煉設備方面，此部門的設備分貯礦場、粉碎、混合、蒸煮、澄清、析出、煅燒、蒸發等工場與鋁氧貯倉等九個部分，雖然遭受盟機轟炸而致損壞的比例相對不大（20%左右），然停工經年，頗多鏽蝕，且沉積其中的紅泥、氫氧化鋁、氧化鋁等數量龐大，故清理工作遠較修復工作艱鉅。當時限於人力財力，優先修復煅燒工場。在1947年11月底，煅燒爐先行開工，將積存於倉庫受潮的氧化鋁回爐重燒，供給剛修竣的電解工場電解成鋁錠。到翌年2月，鋁氧製煉設備全部恢復，納入正常生產行列，當時的生產能力是年產16,000公噸；但日治時期的目標是42,000公噸，[69]故可以說並未完全復原。

其次，在電解純鋁設備的修復工程方面，高雄工場原有二所電解工場，其中第二電解工場損壞甚多，而供應該廠的變電所亦被炸毀。故臺鋁當局決定先修復第一電解工場，計分電解、熔解、電極、水晶石回收和修整等生產單位。大致而言，自1946年7月開始修繕工作，先進行建築物的整修，二二八事件後始進行改造電解爐；到1947年11月底，第一批電解爐18座開始送電烘爐，12月正式恢復生產。以後逐步修復其餘的電解爐，到1952年底完成了全部152座的整修工作，可年產鋁錠8,000-9,000公噸。[70]

（三）基隆煤礦公司

雖然日本於1945年8月15日投降，但中華民國政府在10月接收臺灣礦山後，所採取的措施仍是延續 1930 年代後半以來的煤業統制政策。[71]負責執行的機構則為經濟部臺灣區特派員辦公處會同臺灣行政長官公署工礦處於 11 月 8 日所成立的『煤業監理委員會』。十天後（11 月 9 日），該會接收『臺灣石炭統制株式會社』，將之改組為『臺灣省石炭調整委員會』（以下簡稱石調會）。

事實上，由於第二次世界大戰期間，被炸毀的工廠不少，故戰後初期對燃料煤的需求並不多，所以甚至石調會以補貼差額的方式，使銷售價格低於收購價格來促銷煤炭。同時力謀外銷，以求補償。[72]

另一方面，煤業監理委員會則陸續監理日人獨資或台日合資之煤礦企業，共計 35 單位。到 1946 年 3 月底，監理委員會結束，另成立煤業接管委員會，於 4 月 1 日開始整頓所監理的煤礦。其中有 11 個單位分別被讓售、清算、發還或移撥，剩餘的 24 個單位則被該會接管，由該會派人主持業務，一面點收資財，一面維持生產。在 24 個單位中，又標售或清算了 8 單位，而將 16 個單位劃歸公營，於 1946 年 6 月成立臺灣煤礦公司籌備處，籌劃接辦此 16 個煤礦。8 月底，接管委員會結束了接收工作而解散。[73]

臺灣煤礦公司籌備處按照前述接收日資企業處理實施辦法，接辦了前述的 16 個煤礦單位。到 1947 年 1 月，臺灣煤礦公司籌備處改稱為臺灣工礦企業股份有限公司煤礦分公司，5 月又更名臺灣工礦股份有限公司（以下簡稱工礦公司）煤礦分公司，調整合併所接辦的煤礦為基隆、永建、七星、定福、海山和三德等 6 煤礦。1949 年底因時局影響了煤炭的滯銷，故煤礦分公司被緊縮編制，於是合併基隆、永建二礦成永基煤礦，海山、三德二礦則被合併為海三煤礦。[74]

其中，基隆煤礦原為基隆顏家和日本三井財閥在 1918 年成立的『基隆炭礦株式會社』，接收時的帳目則為資本 700 萬圓，顏家股權變為 35%。[75]由於三井財閥的股份過半，所以被劃歸為日資企業。並依照接收辦法第七條的規定：『撥歸公營之企業如原有本國人民之股分時仍保障其權益，但有關國防事業及其他必要情形時，得另規定限制之』，省政府以工礦公司的股票來折抵顏家的股權。[76]換言之，日治時期被三井財閥強奪的基隆煤礦公司，戰後則被收歸為公營事業。

不僅如此，顏家於日治時期所興建的宅邸『陋園』在太平洋戰爭時，部分庭院被日本海軍強行徵收作倉庫。戰後被中華民國政府海軍接收。海軍接收部分，在 1981–83 年即改建成五樓公寓大樓，稱『建國新村』。餘留的陋園部分，顏家將其充作光隆商職校地；背後山丘則尚有顏家宗祠等。水榭樓台的名園，只留幾楨照片，可供憑弔了！[77]

在 1946–48 年的這段接收和重整期間，擔任統制煤業大任的石調會似乎未能成功地配銷。首先，由於島內運輸機關遭逢戰火洗禮，產於北部的煤炭不能即時供給南部工廠的需求；而石調會也沒有重新調查各工廠的破壞情形，僅只整理以往的配給資料，故很難估計正確需煤量。其次，石調會力謀台煤外銷以取得較高的利潤，所以輸往上海、香港和廣州等地的煤炭頗多，輸出量自 1946 年的 40 萬噸左右增至 1947 年的約 43 萬噸（各約佔該年度總銷售量的 45.40% 和 38.86%）[78]。但臺灣島內以煤炭為動力資源的各工廠亦逐漸修復，對煤炭的需求日殷。當時煤炭大多儲存在平溪宜蘭鐵路沿線，運往北部容易，而裝運南部時，車輛無法充分配合。所以石調會因運輸條件的限制和求取較高利潤的考量，將煤炭運輸到基隆港口以供應中國，遂難免受到偏重外銷的責難。

五、結 論

二戰期間臺灣軍需產業在殖民母國的主導之下，主要由民間財閥投資設廠，所生產的半成品大多運往殖民母國，作為軍需產業的基材。在此意義上，臺灣為『日本帝國』內軍需產業垂直分工的不可欠缺的一環；尤有甚之，當時的技術依賴日本移轉自歐美，臺灣人工程師和技術工並不多，這些產業技術能否短期內在臺灣生根不無疑問。而煤礦業則由本土資本家與日本財閥合作發展，其產品外銷至華南、東南亞地區，以彌補『日本煤業帝國』不足之處。

經過盟軍炸彈的洗禮後，中國接收了殘破的工廠和設備，中央和地方當局再三角力後，採取國省合營、國營和省營的模式。其中，以國省合營的方式經營鹼業，而鋁業則屬於國營，煤礦公司卻為省營。我們無法適確地解釋造成此結果的各種因素，但可能的主因是由於鹼業的基礎在鹽業，而臺灣鹽田面積廣闊，鹽工甚多，食鹽和工業用鹽在日治時期皆屬專賣，市場固定，乃和砂糖一樣，是臺灣省行政長官公署必爭的資源。相形之下，鋁業是新興產業，資委會為發展煉鋁和鋁金屬加工事業而接收設立臺灣鋁廠。[79] 煤炭雖是當時最重要的能源，但中國煤產豐富，所以由臺灣省自己經營即可。

戰後初期各生產機構中的從業人員大部分是本省人，待遇較低；高級技術或業務人員中，外省籍占大多數，待遇較高，難免引起前者反感。[80] 臺鋁和臺鹼的產品在 1949 年以前都以中國（尤其是上海）為主要銷售市場，就某種意義而言，這兩種臺灣產業是資委會大中國工業發展藍圖和市場供需機制中的一部分；並且在不考慮自國外進口的前提下，以臺灣當時的技術水準和水力、電力、煤炭、蔗糖副產品等資源而言，鹼業與鋁業的確是全中國不容忽視的工業。主事者希望以此為基礎，配合大陸的原料、自然環境和市場，進一步發展有機合成化學工業與航空工業。因此就殖民地型產業分工結構而言，顯示出戰前到戰後臺灣工礦業的連續性；另方面也呈現了企業組織型態從民營轉變為公營的斷裂性。從產業本身的技術層面來說，不可諱言的是自戰前到戰後有所斷裂；但戰後工廠內技術不純熟的臺灣人卻似乎仍延續著戰前的處境。

（作者單位：中央研究院近代史研究所）

注 释：

[1] 陳華洲，《臺灣之工業及其研究》（臺灣：臺灣省工業研究所，1949，法務部調查局共黨研究中心典藏資料），頁 21；姚文林，〈臺灣之鹼氯工業〉，載《臺灣經濟年報 1953年》（臺北：中國新聞出版公司，1953），頁 134；孫景華，〈臺灣的鋁業〉，載《臺灣經濟年報 1953 年》，頁 92。

[2] 楠井隆三，《戰時臺灣經濟論》（臺北：南方人文研究所，1944），頁 73。

[3] 〈內外地鹽務緊急協議會關係事項〉，1937 年 12 月，《昭和十二年鹽田開設二關スル準備工作》，中央研究院近代史研究所蒐藏的臺灣總督府專賣局檔（以下簡稱專賣局檔），編號 017638—0354300。

[4] 臺灣總督府專賣局，〈起業促進二關スル案〉，1937 年 12 月 16 日，《昭和十二年鹽田開設二關スル準備工作》，專賣局檔案，編號 017638—0354300；臺灣總督府專賣局鹽腦課，〈臺灣工業用鹽生產計畫ノ概要〉，《昭和十三年度工業用鹽田開設計畫二關スル經過報告ノ件》，專賣局檔案，編號 017794—0366800；〈南日本鹽業株式會社事業計畫書〉，1941 年 11 月 5 日，鹽務檔，編號 S—03—11—（1）；〈臺灣におけるマグネシユーム及曹達，生產計畫に關スル件〉，1939 年 3 月 2 日，鹽務檔，編號 S—03—13—

（1）；姚文林，〈臺灣的碱氯工業〉，載《臺灣經濟年報 1953 年》，頁 131；日本曹達株式會社企画本部社史編纂室，《日本曹達 70 年史》（東京：日本曹達，1992），頁 69—70。

[5] 楠井隆三，《戰時臺灣經濟論》，頁 111。

[6] 楠井隆三，《戰時臺灣經濟論》，頁 133。

[7] 臺灣經濟年報刊行會編，《臺灣經濟年報》第 3 輯（東京：國際日本協會，1943），頁 3。

[8] 〈鐘淵曹達工業株式會社關係書類〉，1944 年，鹽務檔，編號 S—03—12—（1）；姚文林，〈臺灣的碱氯工業〉，載《臺灣經濟年報 1953 年》，頁 131。

[9] 姚文林，〈臺灣的碱氯工業〉，載《臺灣經濟年報 1953 年》，頁 131。

[10] 昭和 17（1942）年度臺灣工業鹽生產量 145,340 公噸，1943 年的預定產量為 255,500 公噸。參見〈鹽製造（生產）計畫〉，《昭和十八年鹽關係》，專賣局檔，編號 018257—0426300。

[11] 姚文林，〈臺灣的碱氯工業〉，載《臺灣經濟年報 1953 年》，頁 131；曹達株式會社企画本部社史編纂室，《日本曹達 70 年史》，頁 8，69—70。

[12] 周國雄，〈臺灣之碱氯工業〉，載臺灣銀行經濟研究室編，《臺灣之工業論集 卷三》（臺北：臺灣銀行，1965），頁 76。同時期，日本在戰爭末期，碱的生產急速減少，其原因是設備老舊與電力不足，以及原料鹽的輸入量不充分，因此碳酸鈉與苛性碳酸鈉的生產指數，從 1932—36 年的 100，各下降到 1945 年的 15.3% 和 27.3%。見 GHP/SCAP 編，長谷川信解說、譯，《GHQ 占領史 第 48 卷 重工業》（東京：日本圖書センター，1999），頁 105。

[13] 臺灣經濟年報刊行會編，《臺灣經濟年報》第 2 輯（東京：國際日本協會，1942），頁 377—378；孫景華，〈臺灣的鋁業〉，載《臺灣經濟年報 1953 年》，頁 91；中國工程師學會編，《臺灣工業復興史》（臺北：中國工程師學會，1960），頁 207；林鐘雄，〈臺灣之鋁工業〉，載臺灣銀行經濟研究室編，《臺灣之工業論集 卷四》（臺北：臺灣銀行，1968），頁 73—74。

[14] 金成前，〈臺灣鋁業之發展與世界鋁業之趨勢〉，載《臺灣文獻》22：4（臺北，1971 年 12 月），頁 91；臺灣經濟年報刊行會編，《臺灣經濟年報》第 2 輯，頁 182。

[15] 大石嘉一郎編，《日本帝國主義史 3 第二大戰期》（東京：東京大學出版會，1994），頁 188。

[16] 臺灣經濟年報刊行會編，《臺灣經濟年報》第 2 輯，頁 206。

[17] 葉振輝譯，《半世紀前的高雄煉油廠與臺鋁公司—史料選譯》（高雄：高雄市文獻委員會，1995），頁 1；大石嘉一郎編，《日本帝國主義史 3 第二次大戰期》，頁 189 的表 10；中國工程師學會編，《臺灣工業復興史》，頁 207；林鐘雄，〈臺灣之鋁工業〉，載臺灣銀行經濟研究室編，《臺灣之工業論集 卷四》，頁 74。此外，如前所述，日本旭電化工業株式會社的高雄廠亦生產鋁。

[18] 藤田喜市編，《臺灣炭礦誌》（臺北：三井物產株式會社臺北石炭支部，1925），頁 42—53。

[19] 詳見陳慈玉，〈日本殖民時代的基隆顏家與臺灣礦業〉，載《近世家族與政治比較歷史論文集》（臺北：中央研究院近代史研究所，1992），頁 632—633。

[20] 〈基隆炭礦創立〉，載《臺灣日日新報》，第 6372 號（臺北，1918 年 3 月 21 日），頁 5。

[21] 顏惠霖，顏雲年次子顏德潤（欽賢之弟）的長子 其父主持『中台商事』所屬的基隆八
堵煤礦，他亦投入礦業界，幫助父親擴展業務，並於光復後主持『中華民國礦業協進
會』，促進礦業界的交流和礦冶技術的升級。筆者曾於 1991 年 3 月 13 日和 19 日訪談，
此話是 3 月 19 日的感慨。

[22] 例如：高村直助，〈獨占資本主義の確立と中小企業〉，載《講座日本歷史》18（東
京：岩波書店，1975），頁 64 的表中把基隆炭礦和臺灣製糖、臺灣拓殖等並列為三井
財閥的『外地』公司。惜遺，〈日本財閥之臺灣投資〉，載臺灣銀行經濟研究室編，
《臺灣經濟史二集》（臺北：臺灣銀行，1955），頁 129—139，則在三井財閥的投資表
中詳列對基隆炭礦的投資金額為 7 百萬圓，由三井物產和三井礦山株式會社共同投資。

[23] 以下經過詳見友聲會編纂，《顏雲年翁小傳》（基隆：友聲會，1924），頁 39—52；長
濱實編，《顏國年君小傳》（基隆：尚友會，1939），頁 8—16；顏惠霖，〈基隆炭礦株
式會社創立真相〉，載《台煤》，第 563 期（臺北：中華民國礦業協進會，1989 年 6
月），頁 29—35。

[24] 礦山、物產和銀行為三井體制的三大支柱，當 1888 年明治政府開放官營三池煤礦給民
間時，三井經過激烈的競爭，打敗三菱家，取得經營權而開始從事礦業。詳見石井寬
治，《日本經濟史》（東京：東京大學出版會，1982，第 8 刷），頁 81—84、196—197。

[25] 顏惠霖，前引文，頁 33，又，1991 年 3 月 19 日口述記錄。

[26] 當時他曾以詩句詠出自己的鬱懷，足以代表被殖民的一家族企業之心聲：三年九度上
神京，辛苦不辭礦務爭；莫笑少時多失策，老來作幾分精。家事還如國事爭，救韓圍
趙計分明；牛刀卻把雞兔割，不顧旁人笑失聲。橫來勢力重如山，成竹胸中趙璧還；
畢竟強權無所用，仍留公理在人間。炭層濃厚金包里，聲價喧傳四腳亭；得隴癡心還
望蜀，山貓枉自羨魚腥。見友聲會編纂，《顏雲年翁小傳》，頁 44—45。

[27] 藤田喜市編，《臺灣炭礦誌》，頁 282—295。

[28] 藤田喜市編，《臺灣炭礦誌》，頁 295—306。

[29] 《臺陽公司六十年誌》，頁 50；臺灣礦業史編纂委員會，《臺灣礦業史》下冊（臺北：
臺灣省礦業研究會，民國 58 年，1969），頁 839；長濱實編，《顏國年君小傳》（基隆：
尚友會，1939），頁 18—19。

[30] 《臺灣之煤》，頁 9。

[31] 《臺灣之煤》，頁 9；《臺陽公司六十年誌》，頁 52。

[32] 朱匯森主編，《中華民國史事紀要 民國 34 年 10 至 12 月份》（臺北：國史館，1990），
頁 434—451；《戰後臺灣歷史年表 普及版》（臺北：中央研究院網站）。

[33] 臺灣省接收委員會日產處理委員會，《臺灣省接收委員會日產處理委員會結束總報告》
（臺北：該會，1947），頁 2—3；頁 10。

[34] 臺灣省接收委員會日產處理委員會，《臺灣省接收委員會日產處理委員會結束總報告》，
頁 3—4。

[35] 陳思宇，《臺灣區生產事業管理委員會與經濟發展策略（1949—1953）—以公營事業為
中心的探討》（臺北：政治大學歷史學系，2002），頁 63—64。包可永為陳儀在浙江省
主席任內的舊部，後經陳儀的推薦而轉任資委會工業處處長與幫辦多年，陳儀出任臺
灣省行政長官時，召回包，改任長官公署工礦處處長。包並且向資委會借調 1，000 多
人參與接收工作。見同書頁 64 的註 65。至於經濟部臺灣區特派員辦公室的 19 位主任
接管委員名單，可參見何鳳嬌編，《政府接收臺灣史料彙編》（臺北：國史館，1990），

頁 166—169。

[36] 鄭友揆等,《舊中國的資源委員會—史實與評價》（上海：上海社會科學院出版社,
1991）, 頁 212—213。

[37] 鄭友揆等,《舊中國的資源委員會—史實與評價》, 頁 131。

[38] 鄭友揆等,《舊中國的資源委員會—史實與評價》, 頁 213—214。

[39] 鄭友揆等,《舊中國的資源委員會—史實與評價》, 頁 214；資源委員會,〈復員以來資
源委員會工作述要（民國 37 年）〉, 收於薛月順編,《資源委員會檔案史料彙編：光復
初期臺灣經濟建設》（臺北：國史館, 1993）, 頁 427—428；陳思宇,《臺灣區生產事業
管理委員會與經濟發展策略（1949—1953）—以公營事業為中心的探討》, 頁
68—69。

[40] 資源委員會,〈復員以來資源委員會工作述要（民國 37 年）〉, 收於薛月順編,《資源
委員會檔案史料彙編：光復初期臺灣經濟建設》, 頁 428；臺灣省接收委員會日產處理
委員會,《臺灣省接收委員會日產處理委員會結束總報告》, 頁 19—20, 其中, 有 18 個
企業單位撥交資委會（國營）所屬三公司, 而 42 個單位撥交國省合營的七大公司。

[41] 資源委員會,〈復員以來資源委員會工作述要（民國 37 年）〉, 收於薛月順編,《資源
委員會檔案史料彙編：光復初期臺灣經濟建設》, 頁 405、425。

[42] 鄭友揆等,《舊中國的資源委員會—史實與評價》, 頁 217；陳思宇,《臺灣區生產事業
管理委員會與經濟發展策略（1949—1953）—以公營事業為中心的探討》, 頁 65—66。

[43] 〈臺灣省行政長官公署電呈行政院該省接收日人財產準則〉[辰篠（35）署產字第 4993
號], 1946 年 5 月 17 日, 載薛月順編,《臺灣省政府檔案史料彙編：臺灣省行政長官公
署時期（一）》（臺北：國史館, 1996）, 頁 8。

[44] 〈臺灣省接收日人財產處理辦法〉（行政院節京第 5505 號）, 1946 年 7 月 13 日, 載臺灣
省接收委員會日產處理委員會,《臺灣省接收委員會日產處理委員會結束總報告》, 頁
115—116。

[45] 〈臺灣省行政長官公署電呈行政院該省接收日資企業房地產及動產處理實施辦法三種〉
（署產（35）處字第 1154 號）, 1946 年 6 月 29 日, 載薛月順編,《臺灣省政府檔案史
料彙編：臺灣省行政長官公署時期（一）》, 頁 11。

[46] 〈臺灣省行政長官公署呈報行政院該署修正接收日資企業處理實施辦法〉[署產（35）
處字第 2323 號], 1946 年 9 月 12 日, 載薛月順編,《臺灣省政府檔案史料彙編：臺灣
省行政長官公署時期（一）》, 頁 29—32。

[47] 〈經濟部函請行政院秘書處轉陳臺灣省行政長官公署該部審核臺灣省接收日資企業處理
實施辦法〉[（35）京接字第 12221 號], 1946 年 9 月 27 日, 載薛月順編,《臺灣省政府
檔案史料彙編：臺灣省行政長官公署時期（一）》, 頁 33。

[48] 〈財政部函請行政院秘書處轉陳臺灣省行政長官公署該部審核臺灣省接收日資企業處理
實施辦法之意見〉[財庫（一）第 6505 號], 1946 年 12 月 14 日, 載薛月順編,《臺灣
省政府檔案史料彙編：臺灣省行政長官公署時期（一）》, 頁 36—37。

[49] 〈臺灣省行政長官公署修正臺灣省接收日資企業處理實施辦法〉, 1947 年 1 月 18 日, 載
薛月順編,《臺灣省政府檔案史料彙編：臺灣省行政長官公署時期（一）》, 頁
172—175。

[50] 〈臺灣省行政長官公署修正臺灣省接收日資企業處理實施辦法〉, 1947 年 1 月 18 日, 載
薛月順編,《臺灣省政府檔案史料彙編：臺灣省行政長官公署時期（一）》, 頁 172。

[51] 臺灣碱業有限公司，〈臺灣碱業有限公司概況〉，載《臺灣銀行季刊》1：4（臺北：臺灣銀行金融研究室，1948 年 3 月），頁 138—139。

[52] 臺灣碱業有限公司，〈臺灣碱業有限公司概況〉，載《臺灣銀行季刊》1：4（1948 年 3 月），頁 139；中國工程師學會編，《臺灣工業復興史》，頁 277。

[53] 臺灣碱業有限公司，〈臺灣碱業有限公司概況〉，載《臺灣銀行季刊》1：4（1948 年 3 月），頁 139；中國工程師學會編，《臺灣工業復興史》，頁 277。

[54] 臺灣碱業有限公司，〈臺灣碱業有限公司概況〉，載《臺灣銀行季刊》1：4（1948 年 3 月），頁 139；中國工程師學會編，《臺灣工業復興史》，頁 277。

[55] 陳華洲，《光復一年半來臺灣省公營生產事業之總檢討》（臺北，1947 年 4 月，法務部調查局共黨研究中心典藏資料），頁 19。又，陳是臺灣省行政長官公署公營事業委員會常務委員。至於各生產單位的情形請參見附表 1。

[56] 單于越，〈在洋貨的威脅下看臺碱的生產與銷售〉，載《新生報》第 1033 號，1948 年 8 月 29 日，版 7。

[57] 睿之，〈三年來之臺灣碱業〉，載《新生報》，1949 年 5 月 10 日，版 7。

[58] 周國雄，〈臺灣之碱氯工業〉，載臺灣銀行經濟研究室編，《臺灣之工業論集 卷三》，頁 76。

[59] 姚文林，〈臺灣的碱氯工業〉，載《臺灣經濟年報 1953 年》，頁 132；中國工程師學會編，《臺灣工業復興史》，頁 278。

[60] 陳華洲，《臺灣之工業及其研究》，頁 21—22。

[61] 單于越，〈在洋貨的威脅下看臺碱的生產與銷售〉，載《新生報》第 1033 號，1948 年 8 月 29 日，版 7。

[62] 單于越，〈在洋貨的威脅下看臺碱的生產與銷售〉，載《新生報》第 1033 號，1948 年 8 月 29 日，版 7。

[63] 臺灣鋁業有限公司籌備處，〈資源委員會臺灣鋁業有限公司籌備處概況〉，載《臺灣銀行季刊》1：4（臺北，1948 年 3 月），頁 103—104；中國工程師學會編，《臺灣工業復興史》，頁 207。

[64] 臺灣鋁業有限公司籌備處，〈資源委員會臺灣鋁業有限公司籌備處概況〉，載《臺灣銀行季刊》1：4（臺北，1948 年 3 月），頁 104。

[65] 中國工程師學會編，《臺灣工業復興史》，頁 208；林鐘雄，〈臺灣之鋁工業〉，載臺灣銀行經濟研究室編，《臺灣之工業論集 卷四》，頁 74—75。

[66] 中國工程師學會編，《臺灣工業復興史》，頁 208；〈社論 中美合作經營臺灣鋁業〉，載《公論報》，1948 年 2 月 7 日，版 2；臺灣省建設廳，〈臺灣省政府成立以來之建設概況〉，載《臺灣銀行季刊》2：2（臺北，1948 年 12 月），頁 99。

[67] 〈臺灣鋁廠總經理孫景華呈請大會轉呈行政院繼續徵用日籍工作人員一年〉［資（35）收第 1472 號］，1946 年 6 月 22 日，載薛月順編，《資源委員會檔案史料彙編》，頁 3。又，根據〈資委會呈送行政院臺灣工礦事業留用日籍技術人員及眷屬統計表〉［資京（35）人字第 2998 號］，1946 年 8 月 6 日，臺鋁共留用 51 名技術人員。

[68] 林鐘雄，〈臺灣之鋁工業〉，載臺灣銀行經濟研究室編，《臺灣之工業論集 卷四》，頁 75。

[69] 林鐘雄，〈臺灣之鋁工業〉，載臺灣銀行經濟研究室編，《臺灣之工業論集 卷四》，頁 75；中國工程師學會編，《臺灣工業復興史》，頁 208。

[70] 林鐘雄，〈臺灣之鋁工業〉，載臺灣銀行經濟研究室編，《臺灣之工業論集 卷四》，頁75；中國工程師學會編，《臺灣工業復興史》，頁208—209。

[71] 關於日治時期煤業統制，參照陳慈玉，〈日據時期臺灣煤礦業的發展〉，載《日據時期臺灣史國際學術研討會論文集》（臺北：國立臺灣大學歷史學系，1993），頁396—397。

[72] 臺灣銀行金融研究室編，《臺灣之煤》（臺北：臺灣銀行，1950），頁30。

[73] 臺灣銀行金融研究室編，《臺灣之煤》，頁33。

[74] 臺灣銀行金融研究室編，《臺灣之煤》，頁33。

[75] 〈臺灣省行政長官公署呈行政院撥歸公營企業清冊〉，1947年4月30日，載薛月順編，《臺灣省政府檔案史料彙編：臺灣省行政長官公署時期（一）》，頁187；臺陽股份有限公司六十週年慶典籌備委員會編輯組編，《臺陽公司六十年誌》（以下簡稱《六十年誌》，臺北：臺陽公司，1978），頁53。

[76] 《六十年誌》，頁53。至於顏家的另一重要企業臺陽礦業株式會社，則受到不同的待遇。由於在該企業中，顏家僅持有6成的股份，日本人資本高達40%，並非純粹是顏家獨立經營的。所以由經濟部駐台特派員辦事處，和臺灣省行政長官公署，一起派遣王求定、陳百樂、林素行、吳人楷（以上負責煤礦）和袁慧灼（負責金礦）等五位為監理委員，於1945年11月9日接管臺陽會社。經過一年多的整理核算後，根據〈臺灣省接收日資企業處理實施辦法〉第十六條，1946年11月21日成立『臺陽礦業股份有限公司籌備處』，顏欽賢和官方代表的林素行奉派為正副主任，日治時期以來一直襄助顏家企業的周碧仍然扮演輔佐的角色，開始正式恢復生產。到1948年7月17日，已把日人股權價值繳清給政府（原值每股100日圓，繳款時核定為200多日圓），並完成籌備工作，於是成立臺陽礦業股份有限公司，顏欽賢為董事長。

[77] 臺灣省文獻委員會編印，《臺灣地名辭書》卷十七（南投：臺灣省文獻委員會，1996），〈基隆市〉，頁109。

[78] 陳慈玉，〈戰後的臺灣煤礦業（1945—1980）——對於一夕陽產業的觀察〉，《薪火集：傳統與近代變遷中的中國經濟》（臺北：稻鄉出版社，2001年6月），頁271—273的表1。

[79] 資源委員會臺灣鋁廠，〈為檢奉本廠組織規程系統表各一份〉，1950年4月6日發，資委會檔《臺灣鋁廠》，編號24—14—34—1—1。其技術人員最初雖係留用的日本人，但1948年以後大多是畢業自中國各大學乃至留學歐美和日本的大陸籍人士，只有少數臺南工學院（或工業專門學校）、臺北工業學校（或臺灣省立工學院）和臺灣商工學校的畢業生擔任助理工程師。見資源委員會臺灣鋁廠，〈資源委員會臺灣鋁廠職員名冊〉，1950年10月，資委會檔《臺灣鋁廠》，編號24—14—34—3—1。

[80] 陳華洲，《光復一年半來臺灣省公營生產事業之總檢討》，頁20—21。

光復後臺灣國民教育發展狀況之探討

陳妙娟

一、緒　論

台灣義務教育的施行，早於 1900（明治 33）年、1903（明治 36）年及 1920（大正 9）年就被提出討論，但因種種的因素而遭到擱置。直至 1939（昭和 14）年才設置臨時教育調查委員會討論，並於同年 10 月 18 日制定『義務教育實施要綱』。1941（昭和 16）年，臺灣總督府先將『公學校』、『小學校』等上述學校一律改稱『國民學校』，以消除日本人及臺灣人間的差別教育待遇。並於 1943（昭和 18）年度起正式實施 6 年國民義務教育，當時全台共有 1099 所國民學校，小學生有 932，525 人，整體的兒童就學率達 71.3％。此對當時的臺灣而言，在亞洲的教育普及率是僅次於日本，且其教育水平也接近歐美各國。然而，日據時代實施義務教育的理念是肇因於殖民化的落實及皇民化的推動為目的，是統治者強化思想控制的作為，與今日義務教育將受教育視為是國民的權利與義務的理念截然不同。

光復後，由於長期受日本的殖民教化，臺灣人民對中國語言及文化的認識非常有限，甚至多有隔閡。然而回歸祖國懷抱的熱潮，『中國化』的教育政策勢必成為未來教育的主軸。因此台灣省行政長官公署將思想重建視為統治臺灣最重要的工作。而溝通是當時施政最大的障礙，因此由『推行國語運動』開始，強力鏟除日本殖民意識，成為當時教育文化革新的重心。換言之改造臺灣人成為中國人，首要除去日本化、返中國化外，更必須強調精神訓練，培養國民意識及愛國精神。因此依據『台灣接管計畫綱要』進駐各級學校，廢止日據時代的中學校、高等女學校和高等學校等中學教育制度，改行初、高兩級各修業三年的『三三制』學制。冀望直接由教育體制徹底破除日本殖民思維，改變臺灣人的教養文化。

1945 年台灣光復，為落實義務教育之發展，致力促使每一位國民至少能接受 6 年的小學基礎教育，乃於 1947 年頒訂『台灣省學齡兒童強迫入學辦法』，其成效直接反應於 1950—1951 學年 6 至 11 歲學齡兒童高達 80％ 的就學率上，及 1954—1955 學年的 90％，進入 70 年代中期更創造 99％，接近 100％ 的就學率[1]。1955 年更頒訂『發展初級中學教育方案』鼓勵私人辦學，不久私立學校的設置便逐年增多。且其中亦規定『省辦高中、縣市辦初中』的原則。而教育當局自 1961 學年度起，先在台北、台南兩市試辦『省辦高中、縣市辦初中』方案，次年更擴增高雄市及苗栗縣，共四縣市，此為我國高級中學單獨設置的開始。此外，1964 年，"行政院"成立專案小組研擬『國民學校畢業生志願就學方案』，其目的是為促進人力素質的提升、謀求擴大國民學校畢業生的就學機會，同時也以此作為未來義務教育可能延長之準備。1965 年擬定了『台灣省實施國民學校畢業生志願就學方案六年計劃大綱』草案。然而當此方案開始著手推動之際，即因 1968 年 9 月，政府將國民教育從 6 年延長為 9 年而宣告終止。但長期以來規畫的『省辦高中、縣市辦初中』的措施卻因而順勢開始徹底實施。換言之自 1970 學年度起，省立中學一律改制為省立高級中學，從此公立高、初中採分別設立的模式。而以往初中入學考試也因此廢止，高中入學考試成為檢驗義務教育成效的唯一辨識機制。

國民政府遷臺後的義務教育政策，是採取直接且深化的植入模式，其特色是以『反共復國』為首要教條，具體表現在於民族精神教育的實施上。換言之，在『威權性格』的教育建構過程中，義務教育的內容必須特別加強及不斷灌輸『民族精神』之所在。由 1966 至 1993 年教育部歷年的施政報告，便能了解所有的教育措施是直接反應當時教育政策的趨向[2]。而之所以會如此，乃肇因於國民黨檢討大陸的失敗是在於教育得失敗，尤其當時的教育內容是忽視國家觀念、民族思想、道德教育，更欠缺革命精神[3]。因此，由教育部歷年來頒佈的課程標準、全國教育會議和『生活教育實施方案』、『民族精神教育實施方案』的內容，皆顯現民族精神教育是光復後臺灣地區國民教育施政的重點。此乃因政府認為惟有讓『民族精神在教育中生根，屹立不搖，才能使全國人民深知體認「四維」、「八德」之真諦。從而培養篤實踐履之優秀國民，成為堂堂正正忠勇愛國的國人，以國家的國魂為自己的靈魂，以民族的生命為自己的生命。』[4]因此民族精神教育成為台灣國民義務教育的文化思想主流，其不僅表現於學校教育的教學政策中，更直接導入學校的教學課程，藉由融入教育學習與生活相結合，甚至滲透成為潛在的思想課程[5]。當時的社會科教學內容，主要包括傳統導向、反共第一、國家至上、領袖崇拜、漢族中心、男性獨尊等意識型態。此皆是『民族精神』的相關教育。換言之將民族精神教育與軍訓、國父思想和歷史教育相結合，轉化成箝制思想、訓練齊一行為的統制工具，此與啟發人的心思、開拓人的自由空間的教育理念完全背道而馳[6]。這種情形，一直到 1990 年代，臺灣積極推動教育改革以『人本思想』、『教育鬆綁』、『以學生為主體』、『以學生生活經驗為中心』等思潮的興起才逐漸獲得改善[7]。

由於兩岸教育體制類似，歷經的過程雖有先後但終究會匯流同向，因此，本文擬就戰後臺灣接收至施行九年義務教育間的教育發展進行探討，在以古鑑今的思維中，避免『百年樹人』的教育因政治過度干擾而制式化，更期待賦予未來的教育有更寬廣的自由學習空間。

二、去『殖民化』的教育

1945 年 8 月二次大戰結束台灣光復，同年 10 月國民政府任命台灣省行政長官兼警備總司令陳儀抵台，著手進行台灣接收工作，並於台北設立政長官公署，其下設之教育處是專司處理學校等教育接收與訂定教育政策之業務，本持『行政不中斷、工廠不停工、學校不停課』等三原則進行接收工作。此際，台灣教育體制進入另一階段的調整適應期。11 月，行政長官公署公佈『台灣省各級學校及教育機關接收處理暫行辦法』，其中第二條規定：『台北市區內之州立中等學校，由本署直接派員接收整理，而各州廳立之中等學校則由州廳接管委員會先行接收，並且暫就原校或鄰校教職員中，遴選學識能力較優之台人以代理校務、負責保管所有設備及財產，聽後派員接辦。』[8]而學校行政與經費等業務，則由省教育處訂定『省立各校接收須知』、『新任校長接收須知事項』作為接收的法令依據，其中對於校產及經費應確實點交並列冊報核；對尚未返國之日籍教師徵用應依法辦理；學生課業需照常；不合國情的教育環境，諸如神社等需撤除改變[9]。同時將台北和平中學、台北仁愛中學、台北第三、四兩女子中學、台中第二中學、台中第二女子中學、台南第二中學、台南第一女子中學、高雄第二中學、高雄第二女子中學等十校列為暫時收容徵用日籍員工的子女之學校，直至其遣送回國後，才再另行調整。[10]

至於省中學校長則需由省教育處簽請行政長官核派，原則上以大陸籍為之，但受限於交通之不便由中國遴聘並不易，因此拖延甚久，直至 1946 年 2 月才派定完成，但其中仍需由各州廳接管委員會選派代理校長擔任。[11]此外師資問題更是令當局最為頭痛，畢竟學校必須有基本的師資及一定數量的教師才能維持正常營運，因此只能留用尚未遣送回國的日籍教師應急，此舉雖暫時疏紓解師資員額不足，但終非長遠之計。

1945 年 9 月，教育部全國教育善後復原會議決議台灣教育應以『祖國化』為指導原則。因此教育接收工作也於 1945 年 11 月 1 日正式展開，並於翌年 4 月 30 日完成。而臺灣行政長官陳儀也依據『台灣接管計劃綱要』於 12 月 31 日發表『民國 35 年度工作要領』[12]。其內容包括：

1. 接收後改組之學校，須於短期內開課。私立學校及私營化事業如在接管期間能遵守法令，准其繼續辦理。否則，接收、改組或停辦之。

2. 學校接收後，應即實行左各事：

（1）課程及學校行政須照法令規令。

（2）教科書用國定本或審定本。

3. 師範學生［校］接收改組後，應特別注重教師素質及教務訓育之改進。

4. 國民教育及實習應依照法令積極推行。

5. 接管後應確定國語普及計畫，限期逐步實施。中、小學校以國語必修科，公教人員應首先遵用國語。各地方原設之日語講習所應即改為國語講習所，並先訓練國語師資。

6. 各級教員、社教機關人員及其他從事文化事業之人員，除敵國人民（但在專科以上之學校必要時得予留用）及有違法行為者外，均予留用。但教員須舉行甄審，合格者給予證書。

7. 各級學校、博物館、圖書館、廣播電台、電影製片廠、放映場等之設置與經費，接管後以不變動為原則，但須按照分區設校及普及教育原則妥為規畫。

8. 日本占領時強迫服兵役之台籍學生，應依其志願與程度予以復學或轉學之便利。其以公費資送國外之台籍學生，得酌斟情形，使其繼續留學。

9. 日本最近在各地設立之練成所，應一律解散。

10. 派遣人員赴各省參觀，選派中等學校畢業生入各省專科以上之學校肄業，並多聘學者到台講學。

11. 設置省訓練團、縣訓練所，分別訓練公教人員、技術人員及管理人員，並在各級學校開辦成人班、婦女班、普及國民訓練，以灌輸民族意識及本黨主義。

12. 日本占領時印行之書刊、電影片等，其有詆毀本國、本黨或曲解歷史者，概予銷毀。一面專設編譯機關，編輯教科參考及必要之書籍圖表[13]。

此外，為能與大陸學制接軌乃著手進行中等學校之改制，依據『國民學校法』將原先所有 6 年義務教育的學校一律改為國民學校，其目的是去除其各種不平等的限制，尋求教育普及之可能。同時也將日治時期的高等女學校改為女子中學，高等學校與中學校一併改為中學校，兩者皆依據『中學法』實施[14]，並且明訂中等學校包含中學、師範及職業等三種類別。其中，將日制 4 年的中學改編成為初中三年、高中三年的六年兩階段的中學教育。亦即為三三制，將原中學校三年級編入初中三年級，四年級編入高中一年級，四年級畢業後則編入高中二年級[15]，並自頒布起的下一學期開始進行調整。至於高等教育則沿用大陸原有的『大學組織法』與『專科學校法』來處理。此外，日治時期的學年是為三學期制，第一學期由 4 月 1 日起至 8 月 31 日，第二學期自 9 月 1 日至 12 月 31 日，第三學期自翌年的 1 月 1 日自 3 月 31 日，而光復後則改為中華民國的學制，即每學年二學期制，第一學期自 8 月 1 日起至翌年 1 月 31 日，第二學期則由 2 月 1 日起至 7 月 31 日。[16]

因處非常時期，一切事務幾乎由臺灣省行政長官公署決定，州廳權限相對單薄，為便於控管乃將各公立中學改為省辦，故原先州廳立中學皆改為省立中學，州廳立高等女學校改為省立女子中學，並以所在地之地名命名校名，但若同一地有兩間學校以上，則以數字區分。[17]

陳儀更藉由『台灣省行政長官公署施政方針』的提出，明確表達當前臺灣教育應由『心理建設』開始。亦即旨在發揚中華民族精神，增強中華民族意識。當時教育的主要目的是灌輸台灣人具備中國文化思維，進而促進中華民族的意識形成，也就是說要臺灣人建立成為中國人的意識。而為落實此訴求，陳儀更於 1946 年 2 月的『臺灣省中學校長會議』發表『本省過去日本教育方針，旨在推行『皇民化』運動，今後我們就要針對此實施『中國化』運動。[18]換言之，所謂『心理建設』的教育就是中國化運動，是對臺灣人進行文化重建的工作。

然而來台接收的國府官員，因自認為是對日抗戰的勝利者及臺灣解放的功勞者，其行為舉止的傲慢及對臺灣人的偏見，宛如昔日清朝管轄台灣，主國思維的樣態將台灣視為邊陲之境、化外之地。戰後初期的台灣雖熱烈期待回歸中國，但對生活、思考皆以日語文化為中心的臺灣人而言，其心態依然難以調適。尤其在語言表達的層面，以戰前台灣約 600 萬人口，當時日語普及率約為 70%，則使用日語人口保守估計也有 420 萬[19]。反觀戰後初期台灣人的中文能力『30 歲以上的知識分子懂漢文並會寫的，百人之中還可以找出 1、2 個，30 歲以下的就不行了。到了 20 歲以下的連台語都說不完全，還不如說日本語流利。』[20]語言隔閡已如此嚴重，對更深的文化問題則更自不待言。此對不通日語及不解日本文化的中國官員而言，不僅認為是屈辱，因而將日本文化視為一無是處，更將日本長期統治所衍生的一切作為皆視為是一種奴化的表現。因此認為唯有重新改造，注入新的文化方能鏟除毒害，而中國文化便是重塑台灣唯一的新規範。因此陳儀的『民國 35 年度工作要領』、『台灣省行政長官公署施政方針』及葛敬恩的『台灣省施政總報告』皆明確的展現『台灣接管計畫綱要』的規畫內容。同時台灣文化重建工作更靈巧的結合政治宣傳與思想教育的責任，讓宣傳深化成為『活動且速效的教育』。此外，教育工作也依據陳儀談話，配合課程及行政改組來強化教育及進行文化整編。行政長官公署了解唯有盡速將中國的言語秩序納入台灣的生活體系中才能展現立即的成效，其不僅是延續中華民族主義的轉折，更是相互思想溝通的根本。因此當時臺灣教育首要之務便是落實國語、國文教學的推動。如此才能讓法定的接收過程，因『國語』教育的推動而盡速達到實際化的境界。因此，陳儀採取『先著手國語及國文的教授，務期達到使台胞明白了祖國文化之目的』[21]，而執掌當時台灣教育行政的行政長官公署教育處也以『施行國語教育為第一要務』[22]。陳儀乃藉由立法權的行使，發布『台灣省行政長官公署令』，並設立『台灣省國語推行委員會』負責推展戰後台灣的國語運動。因此，立即將日本殖民時期設於臺灣各縣市的『國語講習所』改為『國語推行所』，此外也頒布『臺灣省各縣市推國語實施辦法』及『臺灣省國語運動綱領』來落實國語的推動，同時以強化民族意識、脫離日本支配、掃除奴化思想、教育機會普及與提升文化素質為目標。

三、因應政治環境的教育課程

（一）民族精神教育的強化

1949 年年底，國民政府遷設台北，此時國民黨政權所能控制的地區僅剩台灣、海南、舟山三個海島而已，政府一切的作為皆以反共復國為首要目標。而此時來自大陸的教師越來越多，連帶也牽動學校人事。翌年 5 月海南、舟山等處的撤守，大量的軍伍因無適當的營房，為因應戰時軍事需要，除省立師範學校外，其餘中等學校必須騰出校舍以供軍方使用。而學校教學則採上、下午兩班的二部制，甚至提前放假因應。[23]事實上早於1948年10月因京滬緊急疏散，島內外省人士劇增，流亡學生也日益增加，為此教育廳乃要求各級學校大量增班因應。及至全面撤離遷臺後，校舍已不敷使用。雖然1948年增加四校，但1949年卻反而減少五校，只能在現有的學校內大量增班或加收學生，甚至以開設夜間部的方式來紓解。加上險峻的狀態，困窘的財政應付軍事國防已顯不足，更遑論給予經費改善教育環境。處在擁擠的校舍及不足的設備下，當時臺灣的教育幾乎完全沒有教學品質可言。

1946年以後大量日籍教師遭遣送回日本，頓時導致台灣面臨嚴重教師荒，師資的補充與培養成為當時急待解決的重大課題。且日治時期對於台灣人接受高等教育及從事教育是有所限制，初等教育則因語言的需求，必須讓部分台灣教員擔任外，中等以上的台灣人教員是屈指可數，因此擔任中學教師的大多是日本人，台籍教師數量相當少。[24]而在教學品質方面，因過渡時期各科教員不一定通曉國語導致語言不通的現象屢見不鮮。因此，初期在教學上，是採方言、日語及國語三者並存的方式進行，教學效果嚴重受到影響。[25]況且接收初期大量來自對岸的教師難免有濫竽充數者，品質低落是可想而知。之後為改善師資，乃採取各種方式嚴格選任，尤其對於甄選合格的本省籍教員，更訂定辦法定期舉辦講習或調訓，並逐漸限制代用教員的任用。並自1948學年度起，各校一律禁止聘請代用教師，並逐漸淘汰已任的代用教師。而師資問題直到1948年底以後，外省疏散來台人士增多，素質高的教員較易羅致方告解決。[26]

此外，1947年二二八事件。部分台籍教師排斥外省教師亦是爆發因素之一，外省教師能力不足與傲慢態度，強化本省與外省人間的對立，因此二二八事件有很多的老師及學生參與。此讓人質疑本省籍教師的忠貞度，甚至呼籲不要任用。因此改組後的省政府採取加強改進台籍教師的訓練工作，並自1947年，舉辦中等教師的暑期訓練班，除加強中等學校教師的國語文能力外，更灌輸相關法令規章的知識。亦即藉由對台籍教師施予國家民族的祖國化教育來改造其思想，對祖國有更深的了解與認同。此一改造訓練在當局積極的再教育下，發揮超越預期的成效。[27]

光復初期，就學風氣並不盛行，加上戰後經濟困難，使得能進入中學就讀者並不多。事實上此乃受日治時期限制台灣人接受中等以上教育的影響。光復後在追求教育普及與就學機會均等的政策下，讓就學人數明顯增加。[28]1944年台籍學生有128146人，至1948學年度已70387人，足增四倍之多。然而，男女生就學人數仍有明顯落差，高中的男生就學人數幾為女生的二至三倍，可見當時女子就學風氣並未開。

如前述初等教育是以日據時代所推動的義務教育模式及大陸的教育體制為基礎，在台灣進行學制改革，其主要工作項目包括：課程內容的改訂、教師的甄選及訓練、義務教育的實施、山地教育的推行及民間私塾的登記與管理。但是整體依然是以國民教育為重心，尤其是在國語教育普及的推廣與『中國化』思想灌輸的導入。但1949年後國民政府為尋求築構反共基本國策及法統思維，乃刻意將民族精神教育及科學教育納入國家教育政策的重點。而為落實以思想教育為中心的教育，積極養成民族精神之素養。於1950年，依據台灣省教育廳頒佈『台灣省非常時期教育綱領』，及教育部頒訂的『戡亂建國教育實施綱要』，要求國民小學的教育內容，必須配合『反共抗俄』的基本國策。尤其國語、社會等更應配合政策修訂課程標準。1953年政府將《論語》、《孟子》等中國文化納入中學以上的閱讀課程內容，期待此能與高中教育的民族精神教育相容接軌，並達到學習加成的教育功能。而1954年更根據《民生主義育樂兩篇補述》，正式將在民族精神教育與科學教育整併為臺灣教育的重要政策。

然而在 1967 年，為了配合即將實施的九年國民教育之推動，於 1968 年重新著手編制『國民中小學暫行課程標準』，以九年一貫的精神，讓國民中學教育的教學內容得以因而接續延伸。

此外在 1967 年 11 月，配合中華文化復興運動的推展，以『民族精神教育及生活教育為中心』的教學在學校熱烈展開。此際，延長為 9 年的國民教育也配合整體教育方向積極規劃。1968 年 2 月 10 日，更發佈『革新教育注意事項』明確要求國民小學教育應以倫理教育、生活教育為重；國中教育則應著重思想教育、人格教育、職業教育；高中教育則應強調科學教育、服務教育及管理教育；大學教育則應以科學教育為主軸。但在教育的內容上，仍然應以民族文化的優越性為學習重心。

此後，整體教育政策及教育方向雖然大抵維持不變，但是隨著強人威權體制的逐漸鬆動，引發外界要求教育行政部門進行教育改革的訴求層出不窮，教育開放的衝擊力及影響力日益壯大。然而臺灣教育長期保守化的色彩，導致國家教育政策及目標淪為政治表現的工具。傳統的觀念與軍國教育的思維，迫使教育方向必須維持原本固有的型態。此一時期所謂民族精神教育，是包含思想教育及政策宣導等相關言論的鞏固，且陸續列入高、初中國文、公民與道德、指導活動、童子軍與國小國語、生活與倫理的教材內容中，使得整體的教育目標，完全以強人的政治意向作為教育政策的導向。

（二）充滿政治意識的教育政策

在光復候臺灣教育政策歷經多次的變更，教育目標亦因時代背景而有所改變。1945 年至 1948 年為光復後接收初期，教育處訂定的教育基本方針，是先停止日治時期施行的殖民教育政策，推行國語，同時以日治時期所奠定現代化、科學化的生活為基石，逐漸孕育台灣人對祖國的民族及家國意識。因此行政長官陳儀在 1945 年除夕，發表『心理建設，在發揚民族精神。台灣既然復歸中華民國，台灣同胞必須精通中華民國的語言文字，懂中華民國的歷史。學校既然是中國的學校，應該不要再說日本話，再用日文課本。現在各級學校暫時一律以國語、國文、三民主義、歷史四者為主要科目，增加時間，加緊教學。』[29]

因此省教育處依據上述公佈的五大方針（1）闡揚三民主義，發揚民族精神、（2）培養民族文化、（3）因應國家與本省建設方針的需要培養人才、（4）獎勵學術研究、（5）實施教育機會均等[30]。故中學的課程內容，以國語、國文、三民主義、歷史為重，教學時間多於其他科。而隨中等學校課程的變更廢止原有修身、日語、歷史、地理、武士道等課程，改授三民主義、國語（文）、中國歷史、中國地理等。至於日治時期的算學（即數學）、自然科及技能學科，則繼續保留講授，但必須注意教材的內容是否符合當前的教育方針。[31]

總而言之，國民政府遷台初期，主要的教育政策是以實施民族精神教育為主，不僅在文史地等科課程內容中加入民族意識，更配合軍事訓練增加中學生的生產訓練及勞動服務，以達文武合一的教育目標。而 1947 年二二八事件後，更加強中學生的國語文教育，甚至家事看護與軍事訓練也改授國文，突顯當時對語文推展的迫切性。在教育目標方面，為配合行憲之需，乃依據中學法第一條『中學教育目標』，另訂『中學規程』。其中有關教育目標及與要點，乃以中學課程內容為主體，包含德、智、體、群等教育與校內外各種作業活動之訓練，此外更將『訓育規條』列為公民科教材大綱，強化『教訓合一』之教育內涵；高中外國語之教學分為兩類，一類專教英語，另一類除教英語三小時外，再教第二外國語一種；高中『軍事訓練』取消；『圖畫』科改為『美術』科；『算學』科改稱『數學』。在男女生教育分別注重其要點：女生之『勞作』自初中第二學年起改習『家事』，『公民』科則為初中加入『婦女與家庭』，高中加入『婦女問題』等教材。[32]

為落實反共復國的政治策略乃於 1952 年頒布『修訂中學標準』，各學校依『台灣省各級學校課程調整辦法綱要』將教育目標明確化。其中（1）語文科教材應增選具有高度民族意識及鼓舞青年反共愛國熱情之優良作品為範文。（2）公民除採用審定課本講授外，並力求課文內容與公民訓練密切聯繫。（3）史地特重本國民族文化之理解與愛國觀念之培養。（4）理化應加授有關防空、防毒之補充材料。（5）體育、童子軍、音樂、美術等科，應盡量注重愛國、尚武、反共抗俄、勤勞、服務等各種材料之選取。[33]

此外，也依據『台灣省高級中等學校學生軍訓實施辦法』，增列軍事訓練，於教育課程中。當時將學校軍訓視為是學校教育的一部分，由校長負全責並配合軍訓教官執行。在教育上軍事課程完全等同於一般課程，在人事上軍事教官屬於學校教員編制，其工作是完全參與學校行政業務。軍訓內容包括精神、戰鬥、體能、技能、生活等五大部門，互求配合及均衡發展。中等學校的男生一律實施軍事基本訓練，女生一律實施護理及軍事補助勤務訓練，而屬六年制的中等學校每週二小時軍事訓練，全期共二百五十六個小時。[34]至1955年"教育部"為減輕學生課業負擔，修訂中學教學科目及時數，明訂高級中學每週教學時數不超過三十二小時，另外將『勞作』改為『勞作及生產勞動』，並酌加教學時數，亦為配合國策並實施文武合一教育，增列『三民主義』與『軍事訓練』之教學。[35]

此外，教育當局也以訓導方式管理學生，其目的是期待培養學生具備國家及民族意識。更運用導師制的實施，進行學籍清查、廢除日本姓名及回復原本姓名等工作，並授予學生學號以利管理。[36]至發生二二八事件以前，臺灣整體的教育特色是擁有自由的學風。但因事件前曾有罷課事件，故事件後，教育當局便嚴密管理中學生，加強復課後學生的訓導管理，以及學生生活及行為的管理。換言之當局採行要求強化導師制的落實，及由導師負責管訓學生，學校定期舉行導師會議，隨時檢討及研究管訓方法，以發揮訓導功能。

同時規定學生在校不得自行集會並參加任何校外社團活動，審核學生自治會組織等規定，導致言論自由及集會、社團組成的自由皆受到嚴重的剝奪。而接收初期中學生多留長髮，但在事件後，教育當局規定自1950年起，男生一律光頭、女生一律短髮[37]，從此對頭髮與服裝儀容採取嚴格檢查。

四、九年國民教育的施行

（一）政策的時空背景

國民政府遷臺後，改變臺灣原有的生態，為滿足社會環境變化的需求，在教育上必須有所調整。尤其當時學制混亂、認證困難，流弊所及已影響學歷社會的秩序。因此，要求進行學制改革的議論盡出，甚至擴大至國民義務教育的年限範圍，其中蔣建白便主張延長義務教育受教年限，認為『我國義務教育年限六年，目前已落人後，故應準備延長九年，實為必要』。而陳果夫也認為『國民教育是建立國民基礎的教育，人人必受，時間四年或六年』，蔣夢麟則認為『當時的中小學教育多側重升學，事實上不能升學的學生反而居多』。常道直則認為『中等教育開始之年齡較歐洲多數國家要晚二年，故畢業程度不能與之相比』。而朱繪森也以世界潮流的趨勢、我國國情的需要、蔣介石的教育遠見等三種層面分析實施九年國民教育的時代背景，其中特別指出二次世界大戰後，各國競相延長國民義務教育的年限。而各國之所以會相繼延長國民義務教育年限，乃期待藉由國民教育之實施，達成國民之民族化、生活化、政治化、經濟化及社會化的教育目標。而以臺灣當時的狀態，至1967年，臺灣國民小學學齡兒童就學率已高達97.52%。以聯合國教科文組織議定原則而言，學齡兒童就學率達70%以上的國家，便應開始思考延長義務年限之可能，因此就臺灣當時的能力已具備成熟的基礎。況且金門地區已於1963年依當局指示試行九年制國民教育，其成效頗獲肯定。集結上述促使的建議，臺灣乃於 1967 年積極加速推行九年義務教育的施行。

此外，"國民政府" 1967 年在臺灣實施土地改革成效超越預期，及為能由根本消除惡性補習的病根，實現模範性的教育建設，讓『耕者有其田』與『平均地權』的成果能長久保存乃於同年的 6 月 27 日宣佈加速推動九年國民義務教育的訓示。而除了上述目的外，實施九年國教也有其戰略目的，畢竟欲求富國強兵，非從教育著手不為功。戰爭之勝負，亦完全繫於國民受教育程度之高低。因此，國民義務教育年限之延長，幾有刻不容緩之勢。實施九年國民義務教育，是為消除『惡性補習』的不良作為，讓每一位國小畢業學生勿需考試，便能依學區進入國中就讀。而國民義務教育延長為九年，在當時不僅視為是國民教育水準之提高及擴充的作為，也是整體教育重建及革新的起點。換言之，當時臺灣期待藉由九年國教的推行，來活化教育成為求新求行之張本。同時也能泯除舊有教育政策觀念，由『靜態的教育』轉化為『生動的教育』。而九年國民義務教育是由倫理、民主、科學所構成的教育思想，衍生最終目標的追求民生的理想大計，進而達到和平繁榮的生活境界。

總而言之，國民義務教育之延長，不僅止於提升國民教育水準而已，也應是整體教育革新的開端，更是落實中華文化發展的起點。也就是說教育目的是要求提高知識水平並能盡情發揮，更是要提高公德基準並力求實踐，進而造就成為具備現代思維、崇高品格及辨別群己的國民。

（二）政策實施準則

九年國民教育的推行是包括國民小學以及國民中學兩個階段，將原本的國民學校改稱為國民小學；原本的初中，改稱為國民中學；而其課程是本持九年一貫的精神。因此，兩個階段所重視的教育準則及達成目標並不相同，茲整理如下：

1. 國民小學教育

國民小學教育應以倫理教育、生活教育為主，讓學生了解食、衣、住、行必須合乎於禮義廉恥的規範，進而培養具有良好禮儀的國民；同時以培育身心發展為第一，以維護學生之身心正常與健康為中心。國民小學的主要功能，是在於統一民族文化，建構全體國民具備共同的語言、文字、道德標準、建國理想，以期能一心一德，共同致力於三民主義新中國的建設。國民小學的課程編訂，是採六年一貫制，不再分為初級四年，以免重複。國民小學的教育目標，在於『國民道德的培養，身心健康的訓練，並授以生活必須的基本知識技能，而以發展健全人格，培育健全國民為實施中心』。

2. 國民中學教育

國民中學延續國民小學的教學課程，其教育目標在於『繼續國民小學之基本教育，發展青年身心，陶融公民道德，灌輸民族文化，培育科學精神，實施職業陶冶，充實生活技能，以奠定其學習專業技能或繼續升學之基礎，並養成中擁愛國之健全國民』。國民中學教育是以思想教育、人格教育與職業教育為主，以啟發其立志向上、愛國自強之精神，並強調對國民之基本知識、民族文化之淵源，以及自由及法治、處世與接物之分際，職業技能與一般事務管理之學習，使學生認識責任與義務，並能實踐不欺不妄之準則。由於國民學校教育的後半期，為能擠進初中的窄門，衍生惡性補習之風，因此為防補習惡風漫延乃施行九年國教。因此，國民中學教育其實也同時注重職業技能的培育。事實上此構想於民國 17 年便明確提出『我國之中等教育應重視職業教育』[38]。但當時因初中設立數量不足，才助長國民學校惡性補習的不良風氣。普通中學課程是以升學為前提所設立的教育課程，但因缺乏實用的技能，不能升學者幾乎因無一技之長，而導致就業困難。反觀工職教的育畢業生因人數過少，對當時剛工業起飛的臺灣而言，根本杯水車薪根本無法滿足當時工業發展的需求。基礎知識水準不足的影響，讓 1960 年代臺灣的工業發展常陷欠缺員工的窘境。因此國民政府期望藉由九年國教的施行，推動基本的教育課程，進而落實民主化、生活化、綜合化、活動化、個別化的教育目標。而此也瞬時改善當時職業教育訓練的不足的障礙，讓台灣工業建設得以持續發展，創造令人矚目的經濟奇蹟。

（三）九年國民教育政策的實施過程

九年國民教育政策當局提出後，立即籌辦九年國民教育的有關事宜。而其業務推展分別由中央、地方層面探討臺灣施行九年國民教育政策規劃及實施過程。

1967 年 7 月 6 日依"行政院"第 1026 次會議報告指示自 1967 年度起義務教育延長為九年。政府立即成立了九年義務教育義務小組負責籌畫一切事務。而"教育部"也配合成立策劃小組積極進行實施方案的草擬工作教育部策劃小組於。7 月 14 日提出了『九年義務教育實施綱要草案』。並於 7 月 15 日經"行政院"第一次小組會議決議由教育部提出工作進度表，並由"財政部"著急審核經費預算。此工作進度表共分行政工作、修訂法令、修訂學制課程、師資培養及供應、督導工作及研究工作等六個部分來推動九年國民教育工作。同年 8 月 3 日，"行政院"第 1030 次會議通過了『九年國民教育實施綱要草案』，同時決定制定『九年國民教育實施條例』。8 月 15 日行政院頒布『九年國民教育實施綱要』以作為實施九年國民教育政策的法源依據。至此，中央方面對實施九年國民教育政策已經掌握初步的方向。

九年國民教育政策在省市方面的實施籌畫可以分台灣省以及台北市兩部分來探討。台灣省業務規劃是接奉當局指示後，即命教育廳、財政廳等相關單位進行籌畫。並將實施志願就學方案的『策劃委員會』變更為『台灣省九年國民教育推行委員會』。同時在各縣市成立推行委員會，負責各縣市九年國民教育教育的籌畫準備事宜。配合 1967 年 9 月 4 日『九年國民教育實施綱要』之頒布提出台灣省各項實施要點。並提出『各縣市擬訂九年國民教育計畫內容大綱』、『各縣市擬定九年國民教育計畫疑義之說明事項』等以利各縣市推動。同時配合『辦理九年教育準備工作進度表』將業務明確區分。而台北市部分，因於 1967 年 7 月升格為直轄市，因此在推行九年國民教育政策的工作上與省政府是分開的，其推行的困難度亦相對的提高。既要秉承中央的指示規劃也要兼負執行之責。在『台北市九年國民教育推行委員會』的架構下準備，並成立『實施國民九年教育研究輔導委員會』，期待集思廣益解決問題。

五、結　語

若以 1945 年為臺灣教育的分界點，日據時期臺灣國民教育的就學率便已達到 80%，國民政府從日本殖民政府接收臺灣以後，也以此為努力的基準，積極推動臺灣國民義務教育的延伸。1975 年，就學率已超過 99%，男生的就學率從 1951 年的 93% 提昇至 1986 年的 99.84%，女生則從 68.58% 增加到 99.80%，女生就學率在國民政府遷台後，有大幅度提昇的結果顯示，男女平權、兩性平等的觀念已在基礎教育中紮根。

教育的推動成效取決於師資素質，日本教師的撤退及大陸教師的進駐，其間的空窗、語言隔閡及立場認知的差異，不僅影響臺灣教育的發展，更讓臺灣教育有更多元的思維。而政府為解決立即性師資不足的問題，除了實施各種教師甄選，開放普通師範招收初中畢業生，施以三年修業之外，更藉由設立各種簡易師範科等特殊性質的臨時措施來因應，甚至放寬招收國小畢業生進入師範就讀以擔任教師的方式來解決師資問題。同時在新竹、屏東、台東、花蓮、高雄等地也陸續增設師範學校，使得原本在 1945 年代用教師高達 73% 的情況，到 1959 年僅剩 4% 餘，換言之，義務教育的教師是由師範系統出身者擔任，此對提升教學素質是有正面的意義。

臺灣光復後為清除日本殖民政策的影響，臺灣省行政長官公署採取『祖國化』的思維，以改造臺灣人具備成為中國人的意識為整體的教育目標。其間因生活觀念及要求標準的不同所衍生價值判斷落差，導致發生二二八事件的不幸，也因此讓臺灣人再度淪為『被統治者』的命運。國民政府遷臺後，教育成為統治者宣示其政治思維的工具，也是表現其政治幻想的場所，但隨著社會的進步，與外界接觸的頻繁，讓臺灣萌生民主的念頭。九年國民教育對臺灣而言不僅擴充教育普及的機會，更深化臺灣人民素養的開始。其施行初期，立即展現於經濟發展的動力上，在達到一定程度的經濟水準後，追求教育素質提升的念頭助長探究知識的意欲，而這也孕育臺灣擁有更寬廣的教育發展空間。因此，九年國民教育可視為是國民政府遷台的教育功績，也是影響層面最大的教育政策。由服從國家法統為最高原則，繼以落實反攻復國為終極指導目標。其一切的作為，明確的反應當時台灣與中國『不兩立』的敵對處境。而今兩岸關係平順、交流頻繁，除形式上的緊張外，實際上已是生活共同體。國民教育所依據的法源及政策雖有修正但仍難以反映實際狀態。因此，早日修法調整、革新應是未來教育改革的首要。臺灣已不復為極權時代一人說話便算數的統治，尤其處於開放社會的臺灣，對教育有不同的見解已是司空見慣的現象。教育政策已非絕對的是非作為，應是相對價值判斷的課題。有所成就是每一個人期待的願景，但成就的價值定位卻可能因人而異。教育的作為是孕育孩子具備自由自在的思考能力、擁有判斷是非的道德修為及建構正確的價值觀念。回顧臺灣國民教育的演進歷程，日據時期是藉由教育推展『皇民化』運動，引導台灣人『日本化』以供其用。台灣光復後，國民政府為因應中共的威脅，著重民族精神教育，愛國建國教育。民族精神教育成為台灣國民教育中的主流，教育人民只是為家庭、社會及國家存在的個人而已。總而言之，台灣國民教育自始便是處在政治前導、思想控管的情境中，長期充滿濃厚的政經色彩，光復後臺灣國民教育發展普遍是以『意識型態』作為國民教育的主體。

（作者單位：國家教育研究院）

注 釋：

[1]　孫震（1995）。教育的社會功能與個人功能，教改會第十次委員會議委員報告1995。

[2]　瞿海源（1994）。論評台灣教育問題。收於台灣研究基金會策劃，台灣的教育改革（頁540—566）。台北市：前衛

[3]　歐用生（1990）。我國國民小學社會科『潛在課程』分析。國立台灣師範大學教育研究所博士論文，P182—183。

[4]　教育部（1971）。民族精神教育實施方案

[5]　歐用生（1990）。我國國民小學社會科『潛在課程』分析。國立台灣師範大學教育研究所博士論文，140—156。

[6]　葉啟政（1994）。評論『論評台灣教育問題』。收於台灣研究基金會策劃，台灣的教育改革（頁567—571）。台北市：前衛。

[7]　教育部（1998）。國民教育階段九年一貫課程總綱綱要。

[8]　何清欽，《光復初期之台灣教育》，頁2。

[9]　何清欽，《光復初期之台灣教育》，頁81。

[10]　台灣省教育廳，《十年來的台灣教育》，頁32

[11] 何清欽，《光復初期之台灣教育》，頁 81。

[12] 秦孝儀主編；張瑞成編輯：《光復台灣之籌劃與受降接收》中國現代史史料叢編 第四集，台北市：中國國民黨中央委員會黨史委員會，一九九〇年。

[13] 〈台灣接管計畫綱要—34 年 3 月 14 日侍奉字 15493 號總裁（卅四）寅元侍代電修正核定〉，收入陳鳴鐘、陳興唐主編，《台灣光復和光復後五年省情》上，p53–54。

[14] 何清欽，《光復初期之台灣教育》，頁 9。

[15] 胡茹涵，〈臺灣戰後初期的中學教育（1945～1952 年）〉，頁 95。

[16] 胡茹涵，〈臺灣戰後初期的中學教育（1945～1952 年）〉，頁 95—96。

[17] 何清欽，《光復初期之台灣教育》頁 81。

[18] 《人民導報》，1946 年 2 月 10 日。

[19] 張良澤，〈台灣に生き殘つた日本語——『國語』教育より論ずる〉，《中國語研究》22 號（1983 年 6 月），頁 17。

[20] 《新台灣》創刊號（1946 年 2 月），頁 16。

[21] 《大公報》，1945 年 9 月 2 日。

[22] 台灣省行政長官公署教育處編，『台灣一年來之教育』，台北，台灣省行政長官公署宣傳委員會，1946，p97。

[23] 胡茹涵，〈臺灣戰後初期的中學教育（1945～1952 年）〉，頁 220

[24] 胡茹涵，〈臺灣戰後初期的中學教育（1945～1952 年）〉，頁 116。

[25] 蘇靜華，〈戰後初期臺灣女子中等教育之研究（1945～1949）〉，頁 38。

[26] 何清欽，《光復初期之台灣教育》，頁 108。

[27] 胡茹涵，〈臺灣戰後初期的中學教育（1945～1952 年）〉，頁 208—209。

[28] 何清欽，《光復初期之台灣教育》（高雄市：復文圖書出版社，民 69），頁 16。

[29] 何清欽，《光復初期之台灣教育》，頁 6。

[30] 何清欽，《光復初期之台灣教育》，頁 7。

[31] 台灣省政府教育廳，《十年來的台灣教育》，頁 29。

[32] 台灣省教育廳，《台灣省政府教育廳志—台灣之中學教育》，頁 2418—2419。

[33] 胡茹涵，〈臺灣戰後初期的中學教育（1945～1952 年）〉，頁 299。

[34] 台灣省教育廳，《十年來的台灣教育》，頁 45。

[35] 台灣省教育廳，《台灣省政府教育廳志—台灣之中學教育》，頁 2420。

[36] 台灣省教育廳，《十年來的台灣教育》，頁 32。

[37] 胡茹涵，〈臺灣戰後初期的中學教育（1945～1952 年）〉，頁 216。

[38] 中國教育之改造報告書。

台灣泰雅族大嵙崁後山群（mkgogan）抗日始末（1910 年）

傅琪貽

一、泰雅族大嵙崁群

泰雅語『squliq』是人的意思，『'tayal』是泰雅族人稱呼我群時的稱呼，意為 balay balay na squliq『真正的人』。17 世紀末，漢人稱 'tayal 為『北番』，又因臉部有刺青，故有人稱為『黥面番或王字頭番者』。1898 年德國學者亞伯雷．維爾（A. Wirth）說：『在北緯 24－25 度之間的臺灣中央山脈中，住著泰雅（tayal）人，分成許多支族，而語言大致相同。』[1] 這是泰雅族名稱首次出現在文獻中。『泰雅』這個名稱，乃始於 1899 年，日本學著伊能嘉矩與栗野傳之丞合著的『臺灣蕃人情事』一書，對臺灣原住民有如此分類。[2]

現在桃園縣復興鄉內的泰雅族就是大嵙崁群。『大嵙崁』是現在的『大溪鎮』，這個名稱源於平埔族凱達格蘭族霄裡社。霄裡社稱此地為『takohan』，乃大水之意。後來漳州人取其音稱為『大姑陷』。後又因『陷』字不吉，改為『大姑崁』。清同治初年李金興出仕，月眉里李騰芳高中舉人，又改為『大科崁』，而後福建省臺灣巡撫劉銘傳將『大科崁』改為『大嵙崁』。

不論人類學者如何分類、稱呼居住在大嵙崁流域的泰雅族人，此群泰雅人都自稱為 mkgogan 與 msbtunux。因為居在大嵙崁溪流域，而被統稱為大嵙崁群，就是跨越清到日治時代被入侵的。msbtunux 與 mkgogan 各部落分別組成 qutux phban（攻守同盟），所謂的 qutux phban（攻守同盟）是各部落因為有共同的利害關係，故與鄰近各社組成聯合組織，主要是針對敵社或異族而締結攻守同盟。這些攻守同盟如同時遭受到外族侵略時，再進一步聯合組成 qutux llyung（一個流域的攻守同盟）來應戰[3]。

然大嵙崁後山群於 1910 年遭受日軍警與隘勇線入侵時，發揮更大規模的攻守同盟關係，其範圍擴大到整個中央山脈泰雅族領域。清代劉銘傳曾侵襲過大嵙崁前山群（msbtunux）與東部南澳群，但是後山群（mkgogan）則完全未受到任何外來勢力的入侵，直到日本殖民統治台灣的 1910 年才遭到佐久間左馬太『五年理蕃』政策的武力入侵。當時的大嵙崁後山群共有 17 社、380 餘戶、1,000 餘人。日方原規劃 60 天的征服活動，意外地遭受強力的抵抗而動用軍警等約五千人餘，且花了六、七個月的軍事行動才完成入侵的目標。討伐大嵙崁後山群為 1910 年整年中最大的征服行動。

二、佐久間『五年理蕃』計畫

第五任臺灣總督佐久間左馬太陸軍中將，是歷任臺灣總督當中，任期最長且年齡最高的總督，任期從 1906 年 4 月 11 日到 1915 年 5 月 1 日共達九年一個月，其年齡為 62 歲到 71 歲的老年時代。前任總督兒玉源太郎以『掃蕩土匪』聞名，接任的佐久間左馬太則以『掃蕩生蕃』為重要施政方針。

佐久間曾在 1874 年日本出兵企圖佔領臺灣東部時，率領日軍與排灣族『牡丹社』人在石門打仗，擊敗『生蕃』而殺死牡丹社頭目父子，因此以『生蕃的剋星』馳名[4]。這回日本政府以高齡且沒有行政經歷的武將出任臺灣總督，全是欲藉佐久間擊敗『生蕃』的威武，俾能促進原住民族傳統領域『蕃地』的富源及經濟的開發可奠定基礎。佐久間總督雖然熱心於『理蕃』事業，然實際策劃『理蕃』的，即委任臺灣總督府總督官房秘書課長大津麟平。1901 年起，大津在臺灣總督府出任秘書官，也是警界的最高警官『警視』之一。1910 年大嵙崁後山群事件全程由他來指揮坐陣，也是他所主張的『甘諾』政策[5]完全應用在鎮壓而成功完成任務的一次。

大津警視從 1907 年 1 月 14 日至 30 日考察桃園、新竹、苗栗、臺中等四廳的隘勇線，從 3 月 15 日至 27 日考察深坑和宜蘭二廳的隘勇線後，提出『視察復命書』[6]；首先肯定兒玉時期的『北蕃』泰雅族隘勇線的圍堵政策，因為泰雅族人已經陷入農具、蕃刀等鐵器不足，鹽巴等日常用品無法補給等，物資和精神雙方受到打擊，其窘困的情況已經達到極點。1908 年底為止，日方以隘勇線推進後包圍到『線內』的所謂『線內蕃界』面積達 211 萬多方里，隘勇線延長為 124 里。當時全島面積 2,332 方里，其中稱為『蕃地』的有 1,256 方里，約全臺二分之一的土地。[7]『蕃人』在 1907 年時全臺共有 690 社、2 萬 2,039 戶、11 萬 5,245（男 58,433、女 56,812）人。其中泰雅族有 219 社、5,658 戶、2 萬 6,004（男 1 萬 2,937、女 1 萬 3,067）人。佐久間總督發動『五年理蕃』計畫前夕即 1906 年時被隘勇線包圍在內的『線內收容者』，全島共有 312 戶、1,471（男 756、女 715）人，其中北區（宜蘭、深坑、新竹）有 151 戶、811（男 436、女 375）人[8]。

佐久間總督 1907 年 1 月決定推動『五年理蕃』計畫，除了一般預算裡的『蕃界所屬費用』之外，再加 50 萬日圓經費，從該年起共分五年推行『蕃地經營』。以『北蕃』泰雅族為主，推動『甘諾』政策，促使泰雅人自行遷居到『線內』。然佐久間總督的『五年理蕃』計畫，對外宣稱時是以臺灣深山內部的交通路線來爭取國內的支持[9]，即要以便利交通來制服泰雅人，並從中謀求開發『蕃地』資源。這就是計畫在泰雅族的傳統領域上開鑿十條橫貫道路和一條達 70 里的中央山脈南北縱貫道路，但因這是日本勢力入侵，預期會遇到來自泰雅人的強大抵抗，所以日方非要動用武力。

1910 年台灣總督府獲得全由日本中央政府動用國庫來補助『五年理蕃』所需之 1,539 萬 9,000 日圓，預定動用兩、三萬人警備人員與人伕。其中自 1907 年起三年稱為『前期五年理蕃』，自 1910 年起至 1914 年的日本國庫補助稱為『後期五年理蕃』。前期與後期最大的不同為，後期主以動用軍隊武力攻打中央山脈一帶的後山泰雅族人，也是獲得全為國家預算補助來對泰雅族展開的征服性戰爭。台灣總督府為此後期『理蕃』做萬全的準備，先將『理蕃』機構提升為總督府一級單位而設立『蕃務本署』，由大津警視出任署長。因戰鬥而出現傷亡者，於是特設『救護班』[10]的醫療機構隨軍警入山服務。因警備人手不足，所以與『平地』一般警察單位達成可互助支援的特殊協議[11]。

位於最接近台北首府、與西部縱貫鐵路有交通之便的『蕃地』，桃園境內的大嵙崁群，在此計畫裡首當其衝，自 1900 年起前山群 msbtunux 再三遭受隘勇線前進的侵擾，後在『前期五年理蕃』第一年計畫發動時，也遭到桃園廳隊與深坑廳隊的夾攻，終於在 1907 年失守插天山後向日投降。然而對日方來說，大嵙崁前山群的投降，帶給『理蕃』計畫新的發展契機，如果交通線因此而能規劃到通達後山群 mkgogan，日方有機會在北部獲得可通往東部的一條橫貫道路，甚至於可再開闢中央山脈縱貫道路。

1910 年 4 月大津蕃務總長召請宜蘭廳長小松吉久，共商決定從宜蘭起攻打大嵙崁後山群的計畫。5 月 9 日經總督許可，預定自 5 月 21 日發動至 7 月 29 日為期 60 天完工。這即是『大嵙崁後山群抗日事件』的由來。

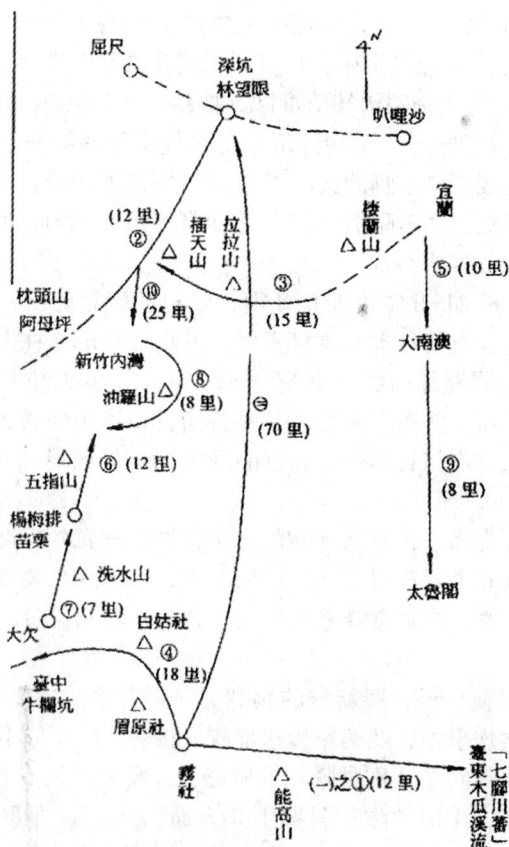

圖一：1907年『五年理蕃』計畫中的北部開闢
縱橫道路意示圖（傅琪貽製作）

三、大嵙崁後山群戰役（1）泰雅勇士對日『宣戰』

日方決定由台灣東北部宜蘭廳攻打大嵙崁後山群，是因受中央山脈地形影響而所做的決定，以及該年初起大嵙崁後山群下山到宜蘭平野『出草』活動頻繁。其中1月29日宜蘭廳叭哩沙支廳九弓湖蕃務官吏駐在所被襲擊，造成八死三傷事件[12]；4月7日日警運送糧食被襲擊，七名人伕被殺害，8日運送隊又被埋伏襲擊，發生砍七隘勇事件[13]。5月2日台北廳南勢溪上流24號腦寮腦丁共五名遭砍頭，造成停工[14]。可見當時大嵙崁後山群已經感受到獵場空間被壓縮而導致雙方緊張關係升高。

宜蘭廳長小松吉久兼隘勇線前進隊長的規劃，再三更改。原先於5月初規劃的人員配置為第一到第四部隊（第四部隊為輸送物資的部隊）及救護班等共1,814人。其中包括警備、電話、鐵絲網、砲隊及一般作業者的各班。隘勇400人、搬運工的人伕975人（日本人275人、台灣『本島人』700人）[15]。

但是到了5月14日大津蕃務本署長獲得最新消息後發出緊急召集令給台北、桃園、台中、南投四廳，命令各廳調派警部以下684人（台北廳84人；桃園廳228人；台中廳101人；南投廳261人）趕來支援宜蘭廳。並再調派台灣總督府理蕃課長中田直溫警視由海路趕來宜蘭擔任統督。中田警視曾任宜蘭廳長，因此抵達後召集宜蘭境內的泰雅族南澳群與溪頭群頭目以下 155 人，傳達佐久間總督『懲罰兇蕃』的命令，並當場獎賞銀幣。兩群人向中田警視表示要有槍彈才能協助日方。於是決定由兩群壯丁組織『別働隊』，接受警部中間市之助的指揮[16]。這是在日方隘勇線隊伍中，首度利用同族泰雅族排上日方戰鬥部隊的先例[17]。

根據 5 月 20 日重編的宜蘭廳隘勇線前進隊，擴編為五個隊伍與輸送隊共 2，372 人，以及中間所指揮的泰雅族『別動隊』。這些隊伍中還見到由軍職轉任蕃務蕃務本署囑託的砲兵大尉山本新太郎，及測量觀測繪地圖的技師[18]，以及電話架設班。前進隊本部設立在宜蘭叭哩沙支廳圓山。當時宜蘭廳評估該隘勇線前進『極為困難』，因此宜蘭守備隊松山中隊長等 92 名在由圓山前進到 banun 原野待命[19]。

日警指揮的隘勇線，於 21 日先攻進梵梵山，順利佔領梵梵山各要地。然而被攻打的大嵙崁後山群人還搞不清楚，為何日本人攻打入侵。因此派 karaho 社人向溪頭群人請託周旋後得知可透過『別動隊』中間警部商談『和解（subarai）』。溪頭群人也願意充當雙方的傳話人，於是約定三天後再見面。然而『別動隊』中間警部根本不願與大嵙崁後山群人接觸，因此大嵙崁後山群人無法探究為何日本攻打入侵的理由，6 月 3 日只好向日『宣戰』，說：

我等幾次請中間警部當媒介向日表達和解之意，但是一直無法獲得消息。

我們的祖傳土地成為日本的隘勇線地，事到如今，我們為何要屈膝哀求向日投降。我不願意與溪頭群人再溝通下去。我們選擇寧死不屈，抵抗到戰死罷了。[20]

自大嵙崁後山群『宣戰』後，與新竹的馬利克灣群等集結成為泰雅千人勇士攻守同盟，合力攻堅日方的水源地與炊事場，並襲擊輸送部隊。接著，出現原本協助日警『別動隊』的動搖。南澳群藉口說要收割而從『別動隊』脫隊離去。溪頭群人一聽到大嵙崁後山群已備妥戰鬥消息後，也紛紛逃離，『別動隊』只剩下 8 人而已[21]。溪頭群與南澳群與大嵙崁後山群，原本就有獵場上的合作與姻親關係。日方雖然再增調巡查訓練所學生 150 人，但隘勇線架設作業人員缺額，影響土木工程進度。無法獲得當地泰雅族人嚮導的協助，如同擁有高科技，卻在險惡的山岳哩，一步也無法前進。

5 月 25 日圓山本部獲得『蕃情不穩』的消息後，27 日再次調整並強化各部隊的戰鬥力。其中第一部隊（部隊長田丸直之警部）與第二部隊（部隊長小島仁三郎警部）為主攻部隊[22]。6 月 6 日當傳來『兇蕃大舉來襲』的消息時，又緊急調動馬式機關槍兩門[23]。泰雅勇士憑靠千年檜樹伏擊，且站在優勢位置正確瞄準敵人，無一虛發子彈，害得日方等到夜晚 10 點後才敢移動收拾死傷者。6 月 10 日至 12 日日警隘勇部隊陷入苦戰，13 日大津警視親赴宜蘭圓山，從此由他以總指揮官身份親自指揮作戰。14 日大津與軍方取得協議，此後隘勇線前進時與軍隊互通協議，再遭受『兇蕃』襲擊而進入戰鬥行為時各隘勇部隊要服從軍官的指揮。因為唯有軍隊協助才能挽救日警隘勇線部隊敗退的局面。當時出現所屬各部隊的隘勇、人伕等，相繼逃亡下山，不聽隊長或班長的相勸，反而這百數十名怒罵說：『難道以少量金錢使我入死地[24]』，也有舉槍威脅者。其中還有棄職逃離的日本人巡查。該連日來日警苦撐的消息，由讀賣新聞報導[25]。梵梵山雖然是要害高地，但原本就缺水源，如今日方再遭受泰雅勇士的攻擊，警察部隊很快就陷入苦於缺水缺糧的窮盡。

泰雅族不殺自己同胞，假使是替敵人從事偵察、密探、嚮導等對己不利的行動，因此面對南澳群、溪頭群者中在『別動隊』活動時，勇士門派人相勸叫他們下山離開日敵營，說：

你們與我同族卻導引日警攻打我，原因就是因為你們力量不足，現今暫時原諒你們的罪惡，因此趕緊離開，不然我們也對你們不客氣。[26]

因為大嵙崁後山群在 5 月底梵梵山戰中打贏日本警察部隊，一時間中央山脈一帶出現泰雅族間更為強大的攻守同盟關係；如溪頭群殺豬準備與日一戰而使其妻小與家具搬運到大嵙崁後山群一帶避難；南澳群也殺兩頭豬來備戰。新竹的馬里克灣群與基納吉群也趕來加入抗日行列[27]。日方對抗日局勢的轉變，一方面強化軍隊間的共守聯繫，同時盡量收容遺留物或屍體，以免被泰雅人擄頭成戰利品，因為泰雅勇士獲戰利品越多，越勇猛，勢力更大。

6 月 12 日日軍方決定出動挽救正被困在梵梵山一帶的警察部隊。川和田宗一大尉率第七中隊來援助田丸第一部隊，久保大隊長也派六中隊一小隊趕赴 bagon 社，另外原駐紮 banun 原野的宜蘭守備隊也趕到下山第三部隊本部，固守輸送路線[28]。13 日上午 7 點，田丸第一部隊與鹿島少尉所率領的第 7 中隊長擊退泰雅勇士隊後，完成與小島第二部隊之間的聯絡[29]。

日方為扭轉被打敗局勢，決定乘泰雅勇士熟睡之際，發動突襲。通常泰雅族人只白天作戰，天黑就撤退休戰，下雨也停止打仗。這種戰法與日軍慣用的摸黑乘虛突襲的戰法完全不同。21 日上午 1 點半起，日軍展開攻勢，解除警察部隊被敵人包圍的局面，因該戰鬥中日軍漆崎中隊長戰亡，故該佔領地取名為漆崎山。

6 月 22 日在前線指揮台灣軍的小泉正保司令官獲得來自東京的佐久間總督的電報，說：

如糧食不足，軍人啃食 gogan 的肉充飢。[30]

由此可見，軍人率領隘勇線而打先鋒時，泰雅族勇士面對的是以殺人為業的軍人，及高科技軍事武器如大砲、機關槍等。警察率領的隘勇部隊則退居後方擔任架設鐵絲網工程與物資輸送等任務。於是大津總指揮官向日軍與警部部隊下達新的進攻令。這就是大嵙崁後山群人相傳的『尖山（sinareq）戰役』[31]。

四、大嵙崁後山群戰役（2）願與祖先地共存亡

7 月 1 日日方採取第二次前進行動時，重整部隊，並從旁利用族群關係取得泰雅戰士方面的內部消息，發揮『操縱』伎倆來分化抗日陣容內部的團結。

這一次由軍隊來替代原警察部隊守備的區域如警察第一、第二、第三部隊退後將該區域轉交給日軍第二大隊、第六中隊一小隊與第七中隊的主力，力守梵梵山則由第五中隊負責。後退的警察隘勇部隊有 2,308 人，隨著軍隊前進後乘機擺設鐵絲網鞏固佔領，並協助軍方架設砲台、架設電話線等後勤任務。大津總指揮官與日軍共商決定，再進一步攻堅到梵梵山西北部通往古魯社與 babou-kuru（古魯社上面的集合地）方向前進。這是為排除位於東南邊溪頭群與南澳群的疑慮，把攻堅方向改為西北方，擺明目標完全鎖定大嵙崁後山群。6 月 23 日『別動隊』有來自台北廳新店屈尺群 36 人的支援[32]後，日方獲得敵方消息方便許多。屈尺群與大嵙崁後山群原為同一祖先來源，又有姻親與交易關係，屈尺群對親戚陷入如此重大困難極表同情，但其加入『別動隊』對日來說獲得更多大嵙崁後山群內部消息。據說，大嵙崁後山群近來死傷很多，影響志氣，頓時喪失打仗意願[33]。日方所獲此消息後，加快佔領古魯社、尖山一帶架設鐵絲網。8 日大津總指揮官與篠原、金澤參謀、中村大尉等從圓山出發，勘查梵梵山至尖山（sinareq）方面的地形後，決定於 11 日佔領尖山[34]。

然泰雅族在尖山防衛森嚴，根據 11 日被派去試探敵情的屈尺群『別動隊』回報，說泰雅人設掩堡成半月形的石壘，非常堅固，且當場被譴責並促使屈尺群人盡早離開，說：

為何替日本引導入侵我領土，這是無禮極點的行為，盡快離去，不然雖與我同族也無寬

待，我們激戰而傷或死，但我子弟將會洗刷怨情。[35]

尖山攻防戰激烈。12 日田丸第一部隊山田分隊在尖山半山位置架設鐵絲網時，雖然受到日軍第二中隊掩護。但是在兩側有埋伏，後又有岡山分隊長馳來支援，但泰雅勇士部隊在前路扼守阻止。另，日軍第三中隊前進山路中也遇到埋伏，槍戰數十回日軍卻無法擊退，只好在現地挖壘採持久戰。此時泰雅勇士已繞過日方後面，打斷其退路[36]。日軍警面對大嵙崁後山群猛烈反擊，陷入無法前進的地步。然而此時派去偵察的屈尺群帶回『好消息』，是大嵙崁後山群中有些人對此戰役深表憂慮，自認為『大勢已去』，因此願與日方『和解』。於是大津總指揮官立刻命令雨田新店支廳長到宜蘭圓山本部[37]，談如何『操縱』屈尺群來促成大嵙崁後山群的投降。大嵙崁後山群管轄原為深坑廳即新店支廳，且在 1909 年初時已經有大嵙崁後山群中三社 75 戶完成『歸順』[38]。

7 月 18 日日方又獲來自西桃園廳長方面所得到的消息，說：宜蘭方面的反抗者為 gihen、butonokan、soro、kuru、piyawai、sarutu、hakawan、teriku、karaho、ibao、kara 等共 11 社 400 人。來自新竹方面的抗日者為馬里克灣群的 takejin、urao、tabaho、urai 等社與其他 2 社及大嵙崁後山群 kauiran 社等共 7 社 300 人，由各頭目、副頭目指揮作戰。然 kara 社頭目 gihen 社副頭目戰死，壯丁 11 人死，傷 30 餘人。13 日 butonokan 社頭目率領壯丁在尖山戰敗後半夜回部落，但時各社志氣不振，因為勝負關鍵在尖山攻防一，一般對未來頗有悲觀。[39]

日警察部隊也在兩個月的戰鬥中呈現了疲憊狀態，而採取輪班休息。加上氣候不佳，患病而下山者漸多。下山時還要防衛泰雅勇士游擊戰的攻擊。尖山鞍部一帶標高 5,200 尺，與梵梵山相連，但尖山地勢極為險峻，山脈多處曲折，峭壁連綿林立，滿山的老檜在濃霧之中而無法觀望詳細地形。雖然日方把水源地以擴狀鐵絲網保護，但還是常遭受泰雅勇士的游擊戰攻擊。22 日日軍小泉司令官巡視尖山，改由梵梵山第一高台地往下山走到西北方（大內台）設立砲台轟炸。7 月 28 日在尖山第一突稜地雙方展開激烈的戰鬥，泰雅勇士迂迴到日軍後面欲打斷其後路。另一批日軍佔領第二突稜地，與警察隊共同保持守住態勢。日軍警的苦戰，由此可見。

然而，對大津總指揮官來說，28 日是又獲得一次重大突破契機的好日子。台北廳勤務大場警部率領大嵙崁後山群 36 人抵達圓山本部。他們是 takasan、hagai、ibao、baron、busiya 共 5 社的大嵙崁後山群人，於 22 日向台北廳管轄新店支廳內的哩茂眼（rimogan）隘勇監督所表明『歸順』。大津欲發揮『操縱』，故意向他們表示『歸順』前提乃為全部族人才行，說：

我無法答應只一小搓人的投降，整個大嵙崁後山群人一起來表示恭順。[40]

於是翌（29）日起，立刻由大嵙崁後山群人親自展開對抗日者的遊說活動。

當天日方派去 takasan 社頭目 bato hetsu 與二壯丁、屈尺 urai 社頭目 masin nomin 與 5 壯丁到尖山中腹抗日泰雅族人的堡壘地。當守衛的 ihen 與 piyasan 兩部落的勇士見到 bato hetsu 替日本來遊說『歸順』的模樣時就嘲笑他。bato hetsu 向勇士們說明出來勸誘投降的理由：

我等因發覺敵不過官兵而到台北向日表示恭順。當時被告知總督府已決定往油羅山方向前進，而我對此發誓絕無他意，且答應出來負責警戒。你們抵抗月餘官兵不但不減反而派更多的兵，我不忍心見到同胞陷入死地，故特來此地向你們勸告投降。請再三思考。

然，Ihen 社勇士回罵他，說：

不必囉說，我等願殉死與祖先故地，自從與官兵打仗以來，流血曝骨犧牲者幾十人，是因為遵守祖先遺訓而力求抵抗，豈有屈膝哀求的道理。戰就要取首級、也要奪槍。和解有何意益，不必再費舌。

又詛咒說：

你等在回途中，被巨石壓死你的頭。

bato hetsu 再說：

不必好強，等到官兵入侵部落時，後悔來不及。[41]

當大津知道此結果之後，決定施展另一招，31 日把 Baron 社外四社願『歸順蕃人』各一人，歸回大嵙崁後山群原部落，欲從內部展開瓦解泰雅人的團結。當這一批人欲回部落時，抗日的 piyasan 社頭目跟他說：

等一下，我向你說明，昨天因與你惡言相對，是因為誤判以為你是受官命來偵察我方動靜，故請不要介意吧。

勸誘『歸順』的 takasan 社頭目 bato hetsu 回答說：

我本來就為你好，雖然受辱罵而心中不悅，隱忍回去。但這就是緊要事情，你們難道還沒有覺悟嗎。

抗日的 Piyasan 社頭目回答說：

雖然我有意要結束戰爭，但是一旦與日和解就被削掉我們的疆圖，又擔心遭受滅社厄運，因此只好打殊死戰、扼守崗位。

勸誘『歸順』的 takasan 社頭目說：

官兵絕不施詭計陷他人危難，現在你我同行回部落後，一起共商投誠之策吧。

抗日的 Piyasan 社頭目又說：

難道你叫我棄守崗位回部落，如此一來，官兵立刻前來入侵，因此絕不能遲緩戒備。

勸誘『歸順』的 takasan 社頭目說：

是到如今，還遲疑不決，這對你不利。可留守幾個勇士後一起回部落，為子孫共商圖謀大計吧。[42]

大津說：『對歸順大嵙崁後山群的操縱一事，絕不能急躁。我方使 takasang 社頭目回部落後繼續留在當地，又讓他把日用品等從部落帶出來，如此往返交通數次逐漸增加，就知道出現良好成效，完成我方目的。[43]』『別動隊』中間警部，在大津操盤誘導時期，扮演著大津直接下達密令從事促成大嵙崁後山群『歸順』投降的情報員角色。

五、大嵙崁後山群戰役（3）乘虛使詐・再勸投降

由於大嵙崁後山群內部出現和戰兩派。主戰派 kuru、kara、piyasan 等社勇士與來自馬利克灣群的 urai 社勇士共同扼守尖山鞍部，雖然日方誘勸投降，但他們堅持『成敗在天，死而無憾』的立場，如再談投降時他們怒罵表示『用刃刀，願意對準同族』。雖然 kuru 社與 kara-ho 社等人，皆以大聲表明拒絕與日對話，寧死不屈的立場，但是主戰派 ehen 社頭目戰死後，大嵙崁後山群的抗日陣容就失去首要領導人。[44]

然而，8 月 6 日日方終於獲得突破雙方對峙僵局的機會，使得局勢一下子扭轉到日方居絕對優勢。當天上午七點，中間警部率領大嵙崁後山群『准歸順蕃』baron 社頭目 iban hiroku、takasan 社頭目 iban nokan 以下 20 壯丁到尖山第二突陵地日軍營。iban nokan 再往前偵察情勢時，遇到抗日的古魯社頭目 bura marai、piyasan 社頭目 watan setsu 與另一勇士，於是在山裡與中間警部展開會談。當時中間警部以責難口氣向抗日的兩頭目提出全部的大嵙崁後山群要投降的條件。然而兩頭目向中間警部提出，有困難：

我可叫扼守要害的勇士後退，但是如果要談和解，還需要與左岸者研商，故請求往後七天中止攻擊。[45]

接招的中間警部，藉著頭目再提『三天不砲轟』的條件時，表示願意為抗日者向日軍上層反應此意，但迴避明確回答停止砲轟的期限。7 日中間警視率領『准歸順蕃』30 人再與古魯社頭目 burai marai 見面，並指派他到日軍山形中隊前面的『左岸』者陣營。burai marai 與『左岸』頭目商談後回報說：

在扼守第三突陵地拒排日官兵的泰雅勇士們，正退到 ehen 部落開會研商中。雖然動向尚未明確，但可望明後天再次商談中得知結果。因此請在此內部進行商談期間，不要砲轟。[46]

此時，Takasan 社頭目駁斥說：

『歸順』是已經確定且不能改變，不必等待其他人的意見如何。由我帶路就行。

Burai marai 說：

kauiran 與 piyawai 兩社自開始起抵抗新竹前進部隊，因此該社頭目與有權勢者在 kauiran 集會商談『歸順』可否，據說馬利克灣群也在明日議定。馬利克灣群 urai 社頭目 mato min，在第三突陵地撿到三枚地雷，故將之埋設在小徑以圖阻止日軍的前進，因為已議定『歸順』，所以我才透露此消息。[47]

據密報消息，8 月 10 日下午 kuru 社與第三突陵地位於中間的 tayak 地方聚集兩百人在開

會。中間警部所派偵察的泰雅人回報說：

『左岸』部落議未定。馬利克灣群頭目 watan marai 怒罵說是因你們氣餒懦弱而導致如此慘狀，如一不戒心而完成隘勇線，舉社立即遭到軍隊的滅殺，盼與我合力先發制人。聽取之後，好戰壯丁欲響應他，局面一時急轉成『如歸順條件不合我意，我等再戰』意見得到支持。[48]

此時，被派去的古魯社頭目，向泰雅勇士們問：

已議定『歸順』嗎。

Karaho 社頭目以昂然口氣回答，說：

當初與你同一個條件下願意『歸順』，不料我社突然遭受前進隘勇線的包圍。據說，等完工就要沒收槍枝，後盡殺老人、犯處女、酷使壯丁苦役，如不肯則行戮。官方要我們『歸順』，先撤回隘勇線，因官方素來長於詐謀。

於是勸誘者 kuru 社頭目，說：

這是詭言，應該與我同澤恩典才對。何苦累罪貽留給後代子孫。

結果遭到反駁，泰雅勇士怒罵說：

據說，官兵先沒收泰雅人的槍枝，如今大嵙崁前山群要打獵，得向官方借槍。又聽說，新竹的隘勇線內居住的泰雅婦女，全被腦丁侮辱。如官方強制我所不欲，則只有誓死抗拒。[49]

抗戰派仍舊佔上風，古魯社頭目勸說投降失敗。

當日方得到族人勸誘投降失敗、『蕃情一變』消息後，『別動隊』中間警部向大津總指揮官提出『左岸[50]』意見不一致之說乃為泰雅族施展『遷期之計』，因此日方反而藉此機會在三天內完成尖山第三突陵地後面的守備[51]。

當時身在日本仙台的佐久間總督致電報給大津，叮嚀說絕不能陷入泰雅人的詭計，步入如清兵後撤之鑑而喪失我威嚴[52]。劉銘傳於光緒十三（1887）年入侵大嵙崁前山群大豹（ncaq）社、光緒十四年再起攻打雪霧鬧（sibunau）社、光緒十七年再推進隘勇線到大嵙崁前山（sbtunuxn）等地，但一直無法征服北泰雅族。

8 月 12 日大津總指揮官與軍方人士密商『乘虛突襲』策略。

13 日中間派屈尺 20 人經尖山鞍部抵達 kuru 社偵察，確認據守者不在後，告知日軍竹內大隊長，由千竈巡查與泰雅人共同前導北川、山井兩日軍中隊前進到鞍部。抵達後在此只見到 20 餘處的草寮，但內無一人固守，於是竹內大隊順利佔領該地。中間警部讓千竈巡查與泰雅人在此留守，遣人回報小松前進隊長。該消息傳到圓山時，大津總指揮官向小泉司令官表明『我成功了』。原來『左岸』社人聚集在 tayak 地方開會商談，因此各要害形成空無一人駐守。

14 日中間『別動隊』長率領日本人巡查與大嵙崁後山群的 takasan 社頭目 yaoi suyan 、piyasan 社頭目 yatan setsu、kuru 社頭目 ibai marai 與壯丁 20 餘人到尖山鞍部，與『左岸』各社代表 butonokan 社頭目 yumin rokun 與勇士 10 餘人見面。

yumin rokunu 以錯愕口氣向中間警部責備，說：

我跟你面談時說明我方尚未談妥歸順事情前，不要進入第三突稜內，這是你答應的事情，而因此左岸各社安心，卻意外地直接進攻佔領我要害地，這豈不是沒信用。

中間警部回答：

我向軍隊照實說明你的意思，但是因用電話時可能出現誤傳吧，如今無法挽救了，何況軍隊受總督之命從事討伐，我等無權干涉，你們也得要表示悔改而向日請求歸順，雖然有天險可靠，但是還是要珍惜保握機會。

yumin rokun 說：

雖然你的話有道理，但還是請求中止隘勇線前進吧。

中間警部說：

事到如今，你們還有什麼話要說，被匪徒蠱惑而持兩邊，如此姑息就知道結局。[53]

yumin rokun 說：

那我與眾頭目再商談，請等待。

後與 kuru 社頭目 ibai marai 一同離去後，回來說：

歸順一事談妥八九成，唯一現今在 gogan 的 tayak 地方聚集者 200 餘人中有陣亡者遺囑不少，其中又有多人提出議論，故議論未定。今晚再次說服勸說，等明天給你回報。[54]

中間也答應了。頭目極力阻止隘勇線前進到他們的部落，但是日方堅持要他投降。

8 月 15 日中間警部受大津的命令，又約 teriku 社與 kuru 社頭目於第三突稜內時，問有無反對『歸順』者。頭目們回答說：

主戰者為喪偶或喪子者，是出自於悲痛之心，然始終不肯歸順者有十餘人，是必須說服的對象，然其等有出奇不意地採取無謀之舉的可能性，故日方請多方戒備。[55]

然中間警部硬要說是，『歸順為確定的，仿傚右岸壯丁該出役，歸順儀式擇日再定』，於是頭目決定留下 butonokan 社 17 人、kuru 社 7 人、hakawan 社 3 人共 23 人。日方就此完成佔領所有第三突稜與尖山方面[56]。

16 日日方所獲情報說明，為何大嵙崁後山群願意與日『和解』。其原因為（1）戰鬥累月勇士疲憊到極點，（2）砲彈亂飛房舍相繼受損，（3）糧食不繼，（4）相繼死傷，（5）官軍善戰且多謀，捍衛不易，（6）聯盟的兩部族（基納吉、馬利克灣）奔走，使其攻守同盟陷入兩難，（7）督戰的兩頭目（ehen 社頭目 hakau yatsu 與 karaho 社頭目 bato marai）陣亡，進退無法統一，（8）大兵壓制泰雅境內時，左右兩岸各社起內訌，頹勢難以收拾而只好與日『和解』。得到此消息後中間警部向大津總指揮官建議，如開出的歸順條件嚴苛也會接受的。17 日古魯社被佔領了。19 日大嵙崁後山群舉行『假（暫訂性）歸順儀式』。中間警部主持泰雅傳統和解的『埋石儀式』。

19 日佐久間總督來電恭賀，說：

佔領古魯社讓我感到愉快。[57]

六、『沒收槍枝』與『台北觀光』

　　從此日軍警在大嵙崁後山區，架設連結宜蘭、新竹、桃園三隘勇線的作業，以及開闢桃園方面的輸送道。桃園廳方面在此隘勇線前進時因無一發子彈完成開闢道路與安撫泰雅人的任務，因此官方最後決定大嵙崁後山群由桃園廳管轄。

　　『台北觀光』與『歸順』是整套的策略，只是先後順序上大津總指揮官與佐久間總督有不同的看法。大津欲頭目們被帶去『台北觀光』時，向部落的族人提出『沒收槍枝』的處分[58]。然佐久間總督覺得不妥，就向大津命令等待頭目們『台北觀光』回來後再處理『歸順』條件中『沒收槍枝』的處分[59]。因為大津的作法太過權謀，無信用。9月23日渡邊囑託率領『右岸』者50人去『台北觀光』，10月12日荻原警部率領大嵙崁後山群『左岸』64人上『台北觀光』，13日中間警部率領『右岸』56人『台北觀光』者出發[60]。其實他們被帶去大嵙崁前山群居住的角板山，觀摩『隘勇線內』者的生活模樣，及乘坐輕便鐵路到大溪街參觀平地漢人的生活。當局安排『觀光』活動的最大的意圖，是讓歸順者了解一般人沒有槍枝也照樣過著安居樂業的生活。10月20日大津在 baron 山警察隊總本部召請『左岸』頭目、副頭目，舉行『歸順條件示達儀式』；10月27日對『右岸』舉行『歸順條件示達儀式』。雖然是服從程度的差異而條件有所不同，但是一律都交出槍枝。baron 山警察隊總本部為砲台陣地設四斤山砲一門、九珊臼砲一門。其他如梵梵山第一高地砲台設三吋速射野砲一門、七珊野砲一門、舊式機關砲三門、十二珊臼砲一門；『佐澤台』砲台設四斤山砲一門、克式七珊山砲兼用砲一門、十二珊臼砲一門；bagon 山砲台設三吋速射野砲一門、克式七珊山砲兼用砲三門、迫擊砲一門、十二珊臼砲一門；kauiran 砲台設七珊山砲三門、克式七珊山砲兼用砲一門；另軍隊設三八式山砲十門。[61]日方欲以大砲壓制泰雅族。

　　『歸順條件示達儀式』場地為 baron 山『別動隊』本部的旁邊。當天在『別動隊』本部右方有警察前進隊排列、左側則軍隊列隊，中間挪開一條由軍警包圍的通路讓泰雅頭目等進場，在其周邊也有多數備槍的軍隊圍繞以防萬一。舉行儀式之前，日方還準備示威式的砲轟動作。等到泰雅頭目全到齊走進到『別動隊』本部前排列後，日軍用以機關槍發射示範做出實彈演習模樣。接著，逼迫頭目們走進會場中央位置後命令起立姿勢待命，到了下午1點舉行『歸順條件示達儀式』，命令頭目們繳交所有槍枝。可說是，准許『歸順』與『繳交槍枝』是配套的。

　　為日方『沒收槍枝』做出合理化解釋，小松前進隊長列舉大嵙崁後山群的『惡行』，並譴責頭目們說：

　　為何日方發動隘勇線前進興師問罪，因泰雅族不可赦，如九芎湖經襲擊蕃務官吏及其家屬出草砍頭事件，溪頭群方面所發生的襲擊道路開批隊並殺害監督的警察等多次行兇暴力，故總督下達命令懲罰行兇部落，結果整個大嵙崁後山群大舉反抗，又與基納吉、馬利克灣兩群相呼應襲擊前進隊，這全都是你們自己造的孽。雖然你們有天險死守，但是總無法抵擋軍隊。因為你們出來請求投降，所以我方暫時停止軍警戰鬥行動。現在你們等待命令吧。但如果今後還作惡端如出草、投彈藥、切斷電話線等，豈不是你們的歸順等同詐謀。如果真有誠心投誠，那就要提出槍彈，表明心中無二心。要服從就聽命，『左岸』部落於21日中午以前繳交槍彈，馬利克灣則22日中午以前交出來，不然立刻開啟砲轟。[62]

　　當時 Teriku 社 umin rokun，代表大嵙崁後山群與馬利克灣群答辭：

歡迎各大官來我部落。原先聽到日本與溪頭群共謀發動討伐，因此我與馬利克灣群共同抵抗。回部落以後我們會傳達命令，叫各自攜帶槍枝。唯部落中無繳槍枝者，這一點請諒解。

當馬利克灣群 urai 社頭目 bato noge 向日方請求『因路途較遠，而請准許緩幾天』時，小松堅持不許而限期交出槍枝。於是頭目改口藉以『有人打獵到新竹而有不在部落者』欲爭取時間時，小松也以斷然語氣說『無新竹方面打獵之事，我很清楚，不要再說虛偽的話』。整個儀式下午三點半結束。[63] 雙方心知肚明，果然繳交槍彈者，寥寥無幾。22 日大津總指揮官向在 baron 集合的各頭目問罪，當日軍正要瞄準砲轟 karatsu 社與 sarutsu 社時，sarutsu 社頭目趕緊交出槍彈。Teriku 社頭目 umin rokun 也立刻表明不要砲轟而親赴部落催促繳交槍彈。umin rokun 還派弟弟到 Sarutsu 社、butonokan 社、ehen 社等，並親赴 hakawan 社、gorosu 社、kara 社去說服，於是『左岸』部落者中交出槍枝者漸多。[64]

再者，『右岸蕃歸順條件示達』儀式，於 10 月 27 日上午 10 點在 baron 山總本部旁邊，即台灣守備軍野島司令官蒞臨舉行。根據大津總指揮官報告給內田嘉吉民政長官書中詳細的記載有關『右岸蕃歸順條件示達』儀式時，Hagai 社與 busiya 社頭目，以『已經全繳了』答覆，當場遭大津的駁斥[65]。

從 28 日起對『左岸』與『右岸』日夜展開砲轟，至 28 日為止日方共收押到 453 支。因收押槍枝進度不理想，於是日軍連續砲轟三天之後即 30 日再要『左岸』與『右岸』各頭目到 baron 山，傳達命令。同時 30 日起連日砲轟，於是交出槍枝者漸多，於 11 月 9 日前共沒收到了 644 支。11 日大津總指揮官命令給日軍山本大尉執行再次傳喚大嵙崁後山群中尚未繳交槍彈者出面到 baron 山，並嚴達命令，於是 19 日再獲 46 支。[66]

總之，11 月 19 日前日方總共沒收了 1，143 支。這與原先中間警部密探過的槍枝量 616 支還超出 537 支。後來因大嵙崁後山群人陸續交出被『出草』而喪命者的骷髏，以表謝罪。因此，11 月 20 日在 baron 山警察隊本部舉行了大嵙崁後山群『左岸』、『右岸』共同『歸順儀式』[67]。

七、結　論

大嵙崁後山群在清代不受外界干擾，光緒年間『開山撫番』的腳步只到南澳群。光緒元年羅大春進攻過南澳群，光緒 15 年劉銘傳親自督軍駐紮在蘇澳，對南澳群展開興師問罪，但是在東部泰雅族區域似乎無產生任何的成效[68]。清代主要藉以開闢與軍事活動，對外宣示『番地』為清朝管轄之意。當時位於通往東部與越過中央山脈通到彰化的道路上，及有航海便利的南澳，是軍事上的樞扭，南澳群首當其衝。

佐久間後期『五年理蕃』計畫，於 1910 年大嵙崁後山群戰役開幕。其特色為藉著警察『隘勇線前進』的形式，實為軍人以軍事行動完全協助警察隊入侵泰雅族傳統領域，並與警察共同完成『歸順儀式』的征服。基於大嵙崁後山群抵抗激烈，後續征服行動時佐久間總督還任用有軍事指揮經驗的預備役軍人來出任『警視』，總指揮官由總督親自出馬擔任，甚至於親赴前線督軍。

大嵙崁後山群戰役，是『理蕃』警察大津麟平的傑作。大津從策劃到隘勇線前進與佈置，一直到『歸順儀式』的所有過程都親自參與。大津一方面利用軍隊的武力征服，但另一方面也利用同為泰雅族人藉以『出役』的義務勞動方式，在戰場上動用在偵察、嚮導、誘降，甚至於欺瞞與詐騙上。雖然屬於不同區域生活而形成不同族群，但是原為同一祖先來源，再加上有姻親關係、交易上的互動等，北泰雅族間的血脈源流感情很深。大津竟然利用泰雅族群間的親密情感，來疏遠、分化、敵對，以增進同族間的仇恨心結。當大嵙崁後山群勇士發動對日戰爭時，還派人去勸在敵營中的泰雅族人離開；泰雅勇士嘲笑怒罵同部落的和談派人來遊說『歸順』後，還很在意而向他道歉；決定與日『和解』時部落頭目還很在意戰死者遺囑的感情，欲化結心中的悲痛與其對日仇恨而願意花一點時間調停等，可說處處表現尊重每一個人的生命與情感，甚至於從長計今後泰雅族與日雙方關係良好如初而努力。和戰之間，大嵙崁後山群表現得應對貼切得體。從整個大嵙崁後山群抗日戰爭中，得知泰雅傳統文化與社會運用的實際例子，這是台灣山河生態與人文共同創造出來的文化。

1911年夏，天皇指派的奧村侍從武官與佐久間總督，分別巡視大嵙崁後山群一帶。佐久間總督8月8日從台北出發，經過大嵙崁後山群kauiran社、lala溪、baron山、第四稜到宜蘭叭哩沙支廳內溪頭群、梵梵山到圓山，接著再回頭經過戰場『小林合流點』、『田丸合流點』及萱原等後，再巡視到角板山。後佐久間叫大嵙崁後山群500人來觀禮，角板山與kaubo兩個蕃務官吏駐在所56名巡查表演射擊演習，再三表示威脅後，於19日回台北[69]。奧村侍從武官於7月27日訪台後巡視各地，特別是對受傷的『理蕃』人員表示慰問，於8月19日結束行動後離台[70]。這象徵著外來政權入侵雪山山脈一帶的泰雅人的生活圈內，大嵙崁後山群與其傳統領域成為被日本統治的殖民地。

（作者單位：台灣政治大學）

注 釋：

[1] 亞雷、維爾著『臺灣之歷史』，該書由臺灣銀行編印於臺灣研究叢刊第54種『臺灣經濟史六集』第7頁，民國46年出版。亞伯雷，為德國史學家，1866年3月出生在緬因河畔的法蘭克夫。

[2] 廖守臣著《泰雅族的文化——部落遷徙與拓展》，（台北，1984年，世界新聞專科學校），頁1。

[3] 小島由道（民族所編譯），『蕃族慣習調查報告書（第一卷）泰雅族』，臺北：中央研究院民所，第241頁。

[4] 小森德治『佐久間左馬太』（臺北，臺灣總督府警務局內財團法人臺灣救濟團，1933年），頁178。

[5] 大津麟平提倡的『甘諾』政策，是盡量不使用武力來完成入侵而得到目的的作法，例如讓日警娶當地頭目女兒而成為頭目女婿後在部落發揮影響力等，發揮『以夷制夷』手段完成『理蕃』目的。

[6] 《理蕃誌稿》第二編，頁506—513，524—534。

[7] 《理蕃誌稿》第三編上，頁1。

[8] 《台灣總督府第十統計書》，（台北，台灣總督府總督官房文書課，1908年），頁73。

[9] 讀賣新聞1910年5月11日朝刊二版＜蕃地開發と道路＞。

[10] 《理蕃誌稿》第三編下，頁678—9。

[11] 《理蕃誌稿》第三編上，頁105—6。

[12] 《理蕃誌稿》第三編上，頁51—2，52—3。

［13］《理蕃誌稿》第三編上，頁63。

［14］《理蕃誌稿》第三編上，頁88。

［15］《理蕃誌稿》第三編下，頁553。

［16］《理蕃誌稿》第三編下，頁553。

［17］泰雅人90人被歸為一支歸順蕃部隊，使其列入戰鬥員。讀賣新聞1910年5月28日第二版＜台灣歸順蕃利用＞。

［18］《理蕃誌稿》第三編下，頁557。

［19］《理蕃誌稿》第三編下，頁562。

［20］《理蕃誌稿》第三編下，頁564。

［21］《理蕃誌稿》第三編下，頁566。

［22］《理蕃誌稿》第三編下，頁562。

［23］《理蕃誌稿》第三編下，頁565。

［24］《理蕃誌稿》第三編下，頁574

［25］讀賣新聞1910年6月8日第二版＜台灣、ガオガン蕃が逆襲か＞。

［26］《理蕃誌稿》第三編下，頁572

［27］《理蕃誌稿》第三編下，頁560

［28］《理蕃誌稿》第三編下，頁576。

［29］《理蕃誌稿》第三編下，頁576

［30］《理蕃誌稿》第三編下，頁590。

［31］現居住巴陵部落的泰雅族陳松明（taya masin）說祖父batu tayas戰此在尖山戰役中。（2011年3月16日口述）

［32］《理蕃誌稿》第三編下，頁591。

［33］《理蕃誌稿》第三編下，頁605。讀賣新聞1910年6月28日，＜蕃社頭目が戰死＞。

［34］《理蕃誌稿》第三編下，頁603—4。

［35］《理蕃誌稿》第三編下，頁604—5。

［36］《理蕃誌稿》第三編下，頁605。

［37］《理蕃誌稿》第三編下，頁605。

［38］《理蕃誌稿》第二編，頁652—4。

［39］《理蕃誌稿》第二編，頁606。

［40］《理蕃誌稿》第三編下，頁609—10。

［41］《理蕃誌稿》第三編下，頁610。

［42］《理蕃誌稿》第三編下，頁611。

［43］《理蕃誌稿》第三編下，頁611。

［44］《理蕃誌稿》第三編下，頁612—3。

［45］《理蕃誌稿》第三編下，頁614。

［46］《理蕃誌稿》第三編下，頁614。

［47］《理蕃誌稿》第三編下，頁615。

［48］《理蕃誌稿》第三編下，頁617。

［49］《理蕃誌稿》第三編下，頁618。

［50］大料崁上流域因兩岸間有峭壁峽谷分斷，故部落可分為『左岸』部落與『右岸』部落。

［51］《理蕃誌稿》第三編下，頁618—9。
［52］《理蕃誌稿》第三編下，頁619。
［53］《理蕃誌稿》第三編下，頁623。
［54］《理蕃誌稿》第三編下，頁624。
［55］《理蕃誌稿》第三編下，頁624。
［56］《理蕃誌稿》第三編下，頁624—5。
［57］《理蕃誌稿》第三編下，頁626。
［58］《理蕃誌稿》第三編下，頁626。
［59］《理蕃誌稿》第三編下，頁642。
［60］《理蕃誌稿》第三編下，頁634—5，642，643。
［61］《理蕃誌稿》第三編下，頁639—940。
［62］《理蕃誌稿》第三編下，頁644—5。
［63］《理蕃誌稿》第三編下，頁645。
［64］《理蕃誌稿》第三編下，頁645—6。
［65］《理蕃誌稿》第三編下，頁646—7。
［66］《理蕃誌稿》第三編下，頁648。
［67］《理蕃誌稿》第三編下，頁648。
［68］伊能嘉矩《台灣番政志》，（台北，台灣總督府民政部殖產局，1904年），頁575—6，584。
［69］《理蕃誌稿》第三編上，頁232。
［70］《理蕃誌稿》第三編上，頁232—3。

戰前臺灣沿山邊區社會生活之考察
——以六重溪庄熟番信仰為例

洪麗完　　陳秀卿

一、前　言

　　1980 年代以來，臺灣歷史研究日趨熱絡，也累積了豐富的研究成果，但就清代『番界』外熟番、漢人遷入後的社會發展或社會生活課題而言，研究成果仍待累積。[1]

　　18 世紀 60 年代清廷確立的土牛新界，[2] 為清代臺灣自南往北陸續劃定、用以區隔生番與漢人、熟番的人文界線，理論上也是清廷版圖的邊界。但熟番、漢人的移墾與進駐活動，未曾或斷。因此，為了釐清臺灣社會發展，有必要針對沿山邊區社會面貌，進行整體考察；而針對沿山地區各族群社會生活的勾勒，則有助於進行界外不同族群社會發展差異的比較。

　　17 世紀中葉，大武壠社人的固有生活領域大約在今臺南縣玉井、楠西、大內等鄉境，並及南化鄉、左鎮鄉。[3] 由於番漢族群、熟番社群間的生存競爭，其生活空間遭到嚴重壓縮，從而在 18 世紀 60 年代（清乾隆中葉）展開原始地理範圍外的移居活動。[4] 其中到達番界外楠仔仙溪（今旗山溪）、荖濃溪流（以上約今甲仙、杉林、六龜等鄉）域的大武壠社人，一般被稱為『四社番』；[5] 19 世紀以來，因遭到來自今高雄縣美濃鎮境客籍勢力的擠壓，[6] 部分族人更越過中央山脈，或從屏東平原南下，再北上移居花東地區，並在今花蓮縣玉里、富里與臺東縣池上等鄉鎮定居。[7] 當四社番進入楠仔仙溪、荖濃溪流域開墾，小部份大武壠社人也在乾隆中葉從故居往北、[8] 沿著灣裡溪（今曾文溪）溯溪而上，到達哆囉嘓族人生活領域[9] 東邊山麓地帶九重溪（今六重溪）附近，成立大武壠派社（今臺南縣白河鎮六溪里）。[10]

　　有關戰前南臺灣平埔族的研究成果，已有一些累積。其中頗多關於信仰方面的討論，除了早期研究者的成果外，[11] 目前如人類學者葉春榮、潘英海、李國銘、John R. Shepherd、陳榮輝[12] 與歷史學者石萬壽、翁佳音等。[13]

　　本文基於筆者過去對大武壠社人的遷徙活動、聚落研究等基礎，[14] 利用清代史料與宗教資料，[15] 輔以田野調查等，針對大武壠派社熟番之太祖信仰、變遷，考察其社會生活暨社會發展。

二、六重溪庄之形成與人口組成

　　『六重溪庄』行政村[16] 成立於明治 35 年（1902），含土名檨仔坑庄、三重溪庄、六重溪庄、九重溪等自然村。除了檨仔坑庄外，主要為乾隆中葉大武壠派社移住形成之熟番村落；人口組成則以閩南漳州居民為主，熟番為次。

　　就地形區而言，行政村六重溪（今白河鎮六溪里）一帶位於緊接中央山區的西部邊緣，即臺灣西部平原至中央山區過渡地帶的集集竹崎丘陵（南段），[17] 為許多河流所截穿，帶有顯著之掘鑿曲流橫斷的地形特徵。[18] 其四面為丘陵所環繞，清代交通不便，與外界幾乎隔絕，人群往來全賴崎嶇的山路。[19] 從嘉慶 16 年（1811），大武壠派社居址北方的『火山碧雲寺』（今白河鎮關嶺里），為了建廟，廟方向大武壠派社番婦斗鵑加弄承購其在七重坑口、[20] 番目京龜勿等在六重溪溪□的荒埔園之記載，說明九重溪一帶的土地以園為主，居民並以種植龍眼、檨仔等旱園

330

作物維生（現多種植菓樹）。[21] 雖然當地交通不便，土質以旱園為主，無法進行水田耕種，十九世紀初，可能已有不少漢人聚居，因此得以合力購地興建碧雲寺。而十八世紀中葉，大武壠社人入墾之初，可能以哆囉嘓社人的佃人身分謀生，進而建立家園，他們也是文獻紀錄上目前所知九重溪當地最早的居民。[22] 從十九世紀初，漢人向社人購地建廟，說明其已成為土地的真正經營者。此後，族人聚集生聚，直到今日仍為六溪里當地主要居民之一。

位於哆囉嘓生活領域東邊山麓的九重溪，先是溪名（康熙末年），後因大武壠社人聚集、形成村落而轉為地名。自然村九重溪乃清代大武壠社人的移住村落之一，（與其他四個小村落）對外可能以『大武壠派社』為集體稱呼。歷經清末清丈時的區域調整，與日本殖民政府廢社改莊、改為大村落制，並於明治 35 年（1898）被納入行政村『六重溪庄』（即併若干小字為大字）。[23]

六重溪庄是沿九重溪河域成立的村落總稱，包括山仔頂、檨子坑、石廟（以上屬今臺南縣白河鎮六溪里 1－2 鄰）、弄仔內（屬六溪里 4 鄰）、南勢仔（屬六溪里 8－9 鄰）、六重溪（屬六溪里 5－6 鄰）、石牌（屬六溪里 7 鄰）、頂埔（屬六溪里 10 鄰）、崁下（屬六溪里 11 鄰）、檳榔腳（即九重溪，屬六溪里 12 鄰）、三重溪（屬六溪里 3 鄰）等村落。其中以六重溪村落的規模最大，因此現在行政區劃也稱六溪里。

明治 38 年（1905），日本殖民政府首度進行的全臺性戶口調查統計，[24] 主要以清末保的行政區劃為基礎。由於行政區劃的限制，無法真正反映本研究區的熟番人口狀況。經過殖民政府幾番行政區劃改革，[25] 大正 4 年（1915）以大字為單位的統計方式，兼有各類人群分布資料。如表 1 所示，1910 年代以後，六重溪庄的人口總數呈遞增趨勢，其中漢與非漢人口均有成長，但以漢人的成長較快，從大正 4 年佔總人口的 58%，增加到昭和 10 年的 68.7%；熟番人口則從 40.3% 減為 30%。[26]

以籍貫分，六重溪庄的居民以漳州系的閩南人[27]、熟番大武壠派社人為主。其中福建籍居民主要分佈於山仔頂、檨子坑、石廟、弄仔內、南勢仔；熟番族裔分佈在六重溪、石牌、頂埔、崁下、檳榔腳等村落。其次，三重溪為埔、漢混居村落。此外，有少數客籍人士[28]、日本人駐足。

若進一步以大武壠派社的五個小村落為中心，呈現六重溪庄的族群空間分佈，在大武壠派社的周緣地帶，除了分佈著無數漢人聚落外，北方不遠處有哆囉嘓社人的村落白水溪、響潭（今白河鎮仙草里）等，東方隔鄰岩前也是哆囉嘓社人的村落所在。[29] 而岩前之東原為阿里山番生活領域的關仔嶺（今白河鎮關領里），[30] 有部分哆囉嘓社人與漢人雜居。西方則有半日腳程可及（原屬哆囉嘓生活空間）的蕭壠社人移住村落吉貝耍（今白河鎮東山鄉東河村）。[31] 換言之，乾隆中葉大武壠派社附近以熟番（包括哆囉嘓社人）為主的族群分佈，隨著嘉南平原地區漢人人口增長，沿山丘陵地帶不斷成為其擴散地，從而形成多元族群混居狀態。其中漢族有閩、客族群，番有熟番原住民哆囉嘓社與武壠派社及來自嘉南平原的蕭壠社（舊址在今臺南縣佳里鎮境），關仔嶺外則有生番阿里山社。可見其族群分佈，具有明顯的地域區隔。[32] 此與各人群移入時間，以及村落形成過程有關。19 世紀末以來，更有來自桃竹苗地區的北客與日本人加入，族群更為複雜、多元。[33]

雖然日治時期六重溪庄各人群中以移入的閩人（漳州籍）最多，熟番大武壠派社居次，但熟番自清中葉以來一直為當地優勢族群。[34] 而且由於大武壠派社人聚族而居、族人聚集的五個小村落相距不遠，在殖民政府修築公路、輕便車（臺車）以前，[35] 其生活空間交通不便，均有助於熟番某些傳統社會因素的維持，如太祖信仰與族內婚的維繫。有關大武壠社裔的婚姻網絡，筆者已在〈婚姻網絡與族群、地域關係之考察：以日治時期大武壠派社裔為例〉討論，[36] 本文第三、四節，將針對傳統太祖信仰，以及長久以來因族群文化交流，引起傳統信仰的變遷進行分析，從而考察六重溪熟番的社會生活暨其社會發展。

表 1　六重溪庄人口組成（1915－1935）

單位：人

年代	內地人		本島人								外國人	
			合計		熟蕃		福建人		廣東人			
大正四年 （1915）	6 0.73%	男 5 女 1	808	男 408 女 400	332 40.3%	男 174 女 158	468 56.9%	男 231 女 237	8 1%	男 3 女 5	9 1.1%	男 9 女 0
昭和七年 （1932）	3 0.28%	男 5 女 1	1,081	男 571 女 510	336 31%	男 180 女 156	686 63.3%	男 360 女 326	59 5.4%	男 31 女 28	0	男 0 女 0
昭和十年 （1935）	25 2.1%	男 16 女 9	1,185	男 630 女 555	366 30%	男 191 女 175	753 63.2%	男 401 女 352	66 5.5%	男 38 女 28	0	男 0 女 0

　　資料來源：參閱臺灣總督府官房臨時戶口調查部，《（大正四年）第二次臨時臺灣戶口調查概覽》；臺灣總督官房統計課編，《昭和七年臺灣現住人口統計》（臺北：臨時臺灣戶口調查部，1933）；臺灣總督官房統計課編，《昭和十年臺灣常住戶口統計》（臺北：臺灣總督官房統計課，1934）。

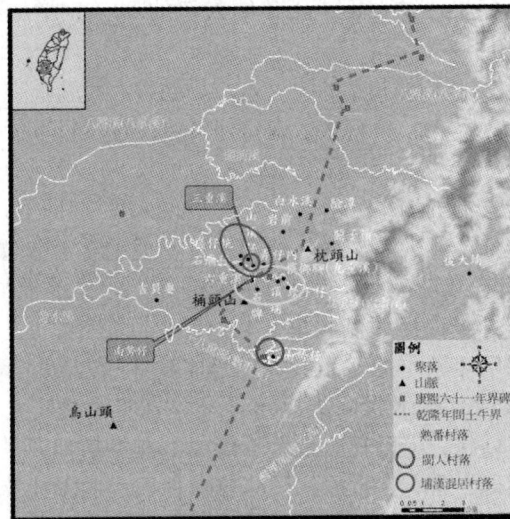

圖 1　戰前六重溪庄位置圖

　　資料來源：洪麗完，〈婚姻網絡與族群、地域關係之考察：以日治時期大武壠派社裔為例〉，圖三。

　　說明：圖中紅線為十八世紀中葉（清乾隆二十五年）臺灣縣、諸羅縣東境沿邊番界示意圖，此一隔絕生熟番與漢人的人文界線，直到清末『開山撫番』始撤除。本圖將清代番界植入，目的在呈現日治時期六重溪庄在清代的界外空間位置與族群分佈現狀。

三、太祖信仰與社會生活

　　依據 17 世紀初（1628），荷蘭首任駐臺牧師 George Candidius（甘治士，1597－1647）的紀錄：

她們有兩個主神，一個是 Tamagisanhch，住在南方，是造人並且使他們好看、漂亮的神。祂的太太稱為 Taxankpada，住在東方。當雷聲從東方傳來，土著認為是女神在跟她的丈夫講話，並且責備祂不下雨；祂聽了這話就開始下雨了。女神和她丈夫是他們奉祀的主要神明，大部分的祭品（主要是女人奉獻的）也是獻給他們。另外一個神住在北方，名字是 Sariafingh，但他們不認為祂很重要；Tamagisanhch 使人漂亮，但是這個神（Sariafingh）使人醜陋……因此他們請求祂（按：Sariafingh）不要傷害他們，也請求 Tamagisanhch……來保護他們……他們還有 Talafula 及 Topalipao 兩個人，是他們出征時祈求的，這兩個神主要是男人膜拜、服侍的。除此之外，他們還奉祀膜拜其他許多神。[37]

Candidius 的描述主要為今台南地區西拉雅人 Siraya[38] 的信仰狀況，指當地居民最主要的神明信仰與方向有關；其多神信仰包括東、北、南三方向神與兩戰神。其中東、南兩方神祇則為夫妻關係。

有關西拉雅人的多神信仰，17 世紀中葉（1671）年抵臺的蘇格蘭人 David Wright，有進一步的描述：

第一位，也是其中階級最高的一位，稱為 Tamagisangak，住在西天。另一位是祂的妻子 Takaroepada，住在東天。祂們被視為最有權威的神明，也因此被虔誠地崇拜。遇到有戰爭毀了他們的村子，或者生病、飢荒侵略時，他們都說是因為沒有好好祭祀這兩位神明。

第三位神明稱為 Tamagisanhak（按：Tamagisanhach 之誤），住在南天，負責塑造美好的人。第四位是祂的妻子 Teckarupada，住在東天，負責賜予穀物和田園水果的成長。這兩位神明掌控人的生命，所以婦女們用種子和植物來祭祀祂們。他們相信打雷是女神 Teckarupada 對祂丈夫的怒吼，責備祂沒有把雨水適時降到地上；於是，祂丈夫一聽到雷聲，就趕緊把大量的雨水降下。

第五位神明稱為 Tugittellageh。第六位是祂太太 Tagisikel，他們負責治病，所以被人們崇拜。

第七位神明稱為 Tiwarakahoeloe，第八位則是 Tamakakamak。祂們主要是受到入森林打獵、捉野獸的人所崇拜。

第九位稱為 Tapaliat。另一位是 Tatawoeli。祂們掌管一切有關戰爭的事宜，大多是戰士們在崇拜。

第十一位，稱為 Takarye；第十二位，稱為 Tamakading。祂們主管年度性的宴會，懲罰沒有遵照習俗的人。

第十三位是 Farikhe，人們說祂住在北天。這個神明脾氣不好，祂的任務是在摧毀天生好看的東西。人們祈禱祂，是為了不想被祂變成難看。據當地人說，這位神明原本是一位新港人，長得凶惡、醜陋，鼻子非常的長，人們因此取笑他。他無法忍受這樣的屈辱，於是祈禱神明讓他也變成神明。後來果然如願以償。在天庭中待了一陣子之後，重返人間頒佈二十七條禁令，並嚴懲沒有遵守戒律的人，把瘟疫降臨給他們。[39]

Wright 的記載說明西拉雅人的多神信仰，至少包括十三位各有所司的神明。有關其對西拉雅神靈世界諸神明的職司，李國銘已進行頗細緻的分析，[40] 指該神明名單與 Candidius 所記多有重疊，但可信度頗高，並非捏造；其中有五對神明夫妻不僅為有秩序的組合，且各有所司。李氏認為該神明名單反映了西拉雅社會的性別分工及男女兩性不平等的關係。如由女人負責祭祀的神祇排名在前，男人負責的在後，以及各神明地位排序的內在法則，視其職司是否貼近人群的基本生存而定。

其次，依據 Candidius 的紀錄，西拉雅部落中的年輕夫妻，各住其原生家庭，直到年老時，再搬到部落外居住。社人的日常生活，反映在神祇的世界，如 David Wright 的資料記載有夫妻關係的神明，都未明確說他們住在一起，其中兩對方向神夫妻，更是各住一方。換言之，西拉雅人對神靈世界的看法，與其現實生活息息相關。而從沒有遵照習俗的族人，會受到第十一、十二位主管年度性宴會的神明懲罰，說明年度性宴會在社人心中的重要性。

有關一年一度的祭典活動，清代文獻也有描述，如黃叔璥《臺海使槎錄》（完成於 1724年）收錄了〈蕭壠社種稻歌〉：

> 呵搭口甬其礁（同伴在此），加朱馬池喇唭麻如（及時播種）。包烏投烏達（要求降雨），符加量其斗逸（保佑好年冬）。知葉搭著礁斗逸（到冬熟後），投滿生唭口迦簽藍（都需備祭品），被離離帶明音免單（到田間謝田神）。[41]

說明稻穀在其日常生活中的重要地位，因此收成後得到田裡向田神道謝。

按 17 世紀初，西拉雅族的農業生產活動主要以女人為主，男人的任務只是為田裡工作的婦女送飯，後來才漸漸地也投入農作勞動。[42]據 Candidius 的描述：

> 女人做苦工，負責大部分農事。他們既無牛馬，也不用鋤犁，所有的農事都用丁字鋤（pickaxes）慢慢的做。而且，秧苗長出來時，因為疏密不均，得要大量的人力來移植。當稻子成熟時，他們並不用鐮刀或大鐮刀割稻，而是用一種形狀像刀子的工具，從距離稻穗約一掌寬的地方逐根割斷。[43]

說明在當時西拉雅社會無牛馬、鋤犁，不用鐮刀的工作環境下，主要由女人辛苦負責農事的情形。而西拉雅族由女子承家、負責大部分農事的傳統，直到 18 世紀中葉，六十七完成《番社采風圖考》（乾隆 10 年，1745 左右[44]）的觀察，仍如此。[45]

圖像 1 會飲圖（陳夢林，《諸羅縣志》，臺文叢 141 種，1962，頁 31）

圖像 2 賽戲圖（陳夢林，《諸羅縣志》，頁 32）

女人除了在農業生產上居重要地位，亦為傳統熟番社會的家長。而在其母系家族中，婚姻上男子入贅於女家，隨妻而居；在家系繼承上，女子繼承家產家系，漢人因而常藉婚姻關係取得土地。[46]換言之，傳統西拉雅社會，女人既是勞動的主力，也是家庭的重心。但收割稻穀時，全社男女都出動；收割前並先以牲酒祭神，收割後則宴請社人，通社歡飲、歌舞作樂。（圖像1、2）直到18世紀中葉仍如此。[47]

以上所述，主要依據17–18世紀中外文獻所見太祖信仰，呈現西拉雅的社會狀況，大武壠派社的太祖信仰大致如此。但17世紀外力介入後，傳統太祖信仰已有所變化，本節將從祭品與祭祀形式的發展，考察大武壠派社的社會發展。

四、太祖信仰變遷與社會發展

究竟二次大戰前，太祖信仰經歷何種變遷？太祖信仰現況又保有多少傳統面貌？有關太祖信仰議題，過去相關研究已有所論述，[48]本文重點除了前述針對文獻紀錄中的『傳統』太祖信仰，究竟呈現何種大武壠派社人的社會生活面貌，進行討論外，並對照今日所見太祖信仰現況，考察其社會發展情形。

（一）太祖信仰現況

如上所述，戰前六重溪庄的住民以閩籍漳州人為主，大武壠派社裔居次。因此，在宗教信仰上兼有埔、漢信仰活動。除了李府千歲、[49]中壇元帥、土地公[50]等漢人信仰外，庄北石牌仔（今台南縣白河鎮六溪里7鄰）有『太祖公廨』，為熟番信仰中心。

按公廨原為部落辦公處所，依陳夢林《諸羅縣志》廬舍載：

社中擇公所為舍，環堵編竹，敞其前，曰公廨（或名社寮）。通事居之，以辦差遣。[51]

臺灣南島語族原皆有公廨之設，俗稱公廨或社寮，為全社公所；平時通事、土目在此辦公，有事則眾人集議於此，並日夜派人守候。清代初中葉，臺灣中部勢力最大的『岸裡公館』除了辦公外，也用於接待官長、吏差，並作為宿站及檢收大租之所。[52]大武壠派社的公廨如何演變成祭祀的場所，因資料限制，無法說明，但推測應與部落組織變遷（特別是日本殖民時期廢社入庄、取消部落組織有關）。[53]

據報導人（大武壠派社裔）潘添財表示，他小時候（1930年代）公廨原在六重溪庄東方，今關嶺里山谷內（已散庄）的『水湖』村落。其祖父輩的社人均需步行至水湖參加祭典。[54]當時水湖是一『香蕉市』，為交易活動熱絡之地。對照前述，無論公廨作為部落辦公處所或因時代變遷演變成祭祀場所，理論上都應位在社人聚居地或附近。日治中期，大武壠派社的公廨『隱藏』在今關嶺里山谷內『水湖』村落，或與日本政府的宗教改革政策有關？按日本統治初期的宗教政策，從日本殖民母國的利益出發，主要依循『舊慣溫存』的原則，以維持臺灣民心安定為主要目的。因此，針對影響臺灣人民日常生活頗深的宗教信仰活動，採取尊重的態度；殖民地的官員如同以往清朝官吏，常參加各地的重要祭典。但日本統治後期（皇民化時期），情況已有不同；1930年代，因官方積極推行寺廟整理運動，不僅漢人民間宗教深受影響，對熟番太祖信仰的維持也有衝擊（其又影響部落集體意識的持續）。

依潘添財表示，後來公廨再遷到石牌仔（今白河鎮六溪里7鄰），大約即1961年陳漢光調查時所見公廨。推測其自山谷被遷徙至石牌仔的時間，應在戰後（日人已離開）。該資料指今白河鎮六溪里地勢頗高，左右、背面均是蔗園的六重溪村落中，有一小小的獨立屋，位在牛車路旁。該小屋前有廣場，屋中排有五個罐子，即崇俸五太祖的公廨。[55]（圖像3、4）目前挺立在石牌的公廨，已被翻建成寬廣的新公廨，共有兩座，供奉太祖五姊妹。[56]

太祖公廨主祀的『太祖五姊妹』，分別以甕代表神體。（圖像5）她們無名號，僅以大太祖、二太祖、三太祖、四太祖、五太祖稱之。據潘英海的研究，『五姊妹』可能是由前舉五個小村落聯盟而來。[57]但據地方上的古老傳說，另有一番解釋：

五姊妹原是手足情深的親姊妹，因戰亂而流離失散，多年後，五人竟在天將亮之際不期而遇，相遇之時正巧公雞初啼，她們的身旁正盛開一種像雞冠的花，於是就將它取名『雞冠花』以資紀念。又因是久別團圓，因此格外喜歡『圓仔花』。日後太祖五姊妹祭典時，族人必用雞冠花和圓仔花編成花環戴在頭上。[58]

戰後五位太祖均配有尪姨：大太祖－陳茂（男）、二太祖－陳明越（男）、三太祖－潘樹娘、四太祖－陳羔、五太祖－李潘陳棗。其中四太祖的尪姨陳羔為潘慶堂母親，大太祖的尪姨陳茂為潘的養父，五太祖的尪姨李潘陳棗則為其岳母。從此一關係說明潘慶堂家族和太祖信仰的關係十分密切；似乎也影射了信仰與收養、婚姻間有一定的社會網絡。[59]

依筆者田野調查所得，第二次世界大戰前後，每年農曆九月十五日，大武壠社人均在公廨舉辦祭典、牽曲，並請外地的親朋前來做客。1949年以後，除了尪姨逐一凋零的因素外，由於五〇年代國民政府的族群身份認定不及熟番族群（熟番從此失去身份），以及熟番族裔隨而產生的認同變遷，不再舉辦盛大祭典。[60]但平日信徒們仍備辦檳榔、米酒、米買、牲禮等祭品祭拜太祖，且有漢人儀式的『繞盒點香』。每月初一、十五也有專人負責換『向水』、『插青』。[61]

圖像3　今臺南縣白河鎮六溪里『太祖公廨』
外觀（洪麗完拍於2010.2.22）

圖像4　今臺南縣白河鎮六溪里『太祖公廨』
內部擺設（洪麗完拍於2010.2.22）

圖像 5　以甕代表『太祖五姊妹』
的神體（洪麗完拍於 2010. 2. 22）

（二）祭品與祭祀型式變化

依 17 世紀中葉 David Wright 的記錄，西拉雅的年中節慶包含 Toepaupoelakkang、Warabo-LangVarolbo、Sickariariang、Lingout、Piniangh、Itaoungang、Karouloutaen 等七節慶。[62]第一個 Toepaupoelakkang 節慶，於陽曆四月初舉行。先由女祭司獻上豬肉、米、masakhaw（酒）、Pi-sang（香蕉）等，然後由她與諸神講話，並聆聽神靈回答。其目的在祭祀眾神、驅邪，向諸神祈求雨水，讓穀類茂盛發芽、種籽不受風災之侵。第二個 WaraboLangVarolbo 節慶，在六月舉行，祭祀 Topoliap 與 Tatauoelie。慶典舉行時，婦女先在屋前及渡橋之處，獻上鐵刀（用來刈除野木雜草），籃內並放置帽子、數瓶小陶罐、手環；男人則獻上小米酒、蒸飯、檳榔、荖葉，以及豬肉，並祈求其與敵人戰鬥時獲得庇佑，並使他們的刀、箭與矛銳利，讓他們的身體強壯，能抵擋敵人射來的鏢與箭。[63]

在七個節慶中，除了第一、二節慶以食物向諸神獻祭外，其餘多半以裸體朝拜、競走賽跑[64]為主。關於裸體朝拜的傳統，依據 Candidius 的紀錄：

他們認為，假如他們不一絲不掛，他們的神不會給他們雨水，稻米也就沒有收成。[65]

又說：

這個民族只有女性的祭司，稱為 Inibs（按：尪姨）。尪姨作的宗教公共儀式有兩種：請神和獻神。獻神一般在公廨舉行，包括殺好的豬、米飯、檳榔、大量的飲料、公鹿或野豬的頭。

奉獻牲禮之後，一或二個尪姨開始唸長咒請神。這時候她們轉動眼珠，倒在地上，可怕的大叫，然後神明附身。尪姨像屍體一樣躺在地上，甚至五、六個人都無法移動她。當她們恢復意識時，她們像是非常痛苦的顫抖，這就是她們所請的神明出現的徵兆。這時後周圍的人哭泣流淚。……這儀式過了約一個小時後，尪姨爬上公廨的屋頂，各站在一角，對神唸長咒。最後她們脫去衣服，光著身體，用手拍打自己的身體，要人拿水來……清洗全身。[66]

家家戶戶都有個地方可以請神或祭拜。如果遭遇到任何困難，他們請尪姨到家神來作法。……預測好壞，是否下雨，甚至天氣好壞，都是尪姨的工作……除穢去邪……驅逐邪靈……[67]

可見 17 世紀西拉雅族人的神職人員，主要由女人擔任；女性尪姨在祭祀上與部落日常生活中擔任極重要的角色。同時，也呈獻當時公眾祭祀的祭品，包括豬、檳榔、煮熟的米與大量原住民所釀製的酒、鹿頭與豬頭等。[68] 各祭品中，除鹿頭因十七世紀以來，鹿隻過渡被漢人獵殺而消失，無法維持外，[69] 其他均見於今日六重溪夜祭中。至於裸體朝拜的傳統，也因社會變遷而消失。

有關神靈祭品，從 David Wright 記載尪姨主持新居落成的儀式，更清楚呈現：

新屋落成——首先，一隻小肥豬被帶到那個地方，頭朝東躺著，然後尪姨用打米的棍子（pestle）以全部的力氣去敲打小豬背部，但不打牠的頭，以免打傷腦部，因為頭部要保持完整，不能有任何的含混不清；如果不小心打斷棍子，他們視為某種訊息，就是那年將有人會死。和豬一起的祭品有檳榔、莒葉（Siri）和煮熟的飯；他們在豬頭澆上酒（Masakhaw），把肚子切成很美的片狀，胸腔則留在房子裡當作裝飾，祈求神在其中填滿有價值的物品。同樣的，他們留另一片在刀和盾上，祈求神賜予他們擊退敵人的力量；不僅如此，他們不留任何一個沒有放一片肉在上面以增加神性的陶罐（Callabash）在房子裡；全部的內臟都獻給眾神，並且說：『這是我們獻給的，我們的眾神，祈求豬隻繁衍並使牠們肥壯。』因為麻煩她，尪姨得到十盒 Pasie、兩碼的彩色布、每隻殺掉的豬的右肩、一片豬肚、一片心臟、肝、腎、腸、和酒作為酬勞。[70]

可見 17 世紀末，部落祭拜神靈的祭品種類，保留頗多 7 世紀初的傳統。而尪姨在祭儀中因主持儀式而獲得部分祭品的情形，則說明其角色頗具份量。

除了豬隻、檳榔、莒葉和米飯用於新居落成的祭祀活動外，依據 Candidius 的記載，祭祀祖先時，需備有清水：『在小屋子裡他們放一碗水，……因為她們相信死者每天回來洗澡和清洗自己』。[71] 可見以水祭祀祖先主要是將水用來沐浴，其功能不在食用。此外，也有一些祭祀上的禁忌：『稻子半熟或還沒有完全成熟時，他們不得飲酒，不能吃糖、Pictang 或任何肥肉』；[72] 因為如此作為，鹿會跑到稻田中踏壞稻子。[73]

以上所述『傳統』，[74] 究竟經歷何種外力介入而有今日所見的信仰面貌？本節將從基督教與漢人俗信的衝擊，進行分析。

（一）基督信仰之衝擊

依據簡文敏的研究，（1）西拉雅人在第一個節慶中出現香蕉祭品，似與 4 月農耕祭儀有關。簡氏指陽曆 4 月約為農曆的 3 月，正是臺灣南部進入春雨農作之時，大武壠派社故居內門丘陵的族人定於農曆 3 月 15 日『禁向』；除了要求族人專心農事，並有祈雨儀式。（2）第二個節慶似在區分現實社會中的男女分工。由於傳統西拉雅社會由女人負責農事，因此祭品多與農業活動有關（包括鐵刀、籃子、帽子、陶罐與手環）；男性主要負責戰爭、狩獵等，故以敬獻酒、飯、檳榔、莒葉、豬肉等，祈神保佑其作戰順利與安全。[75]

然而 1720 年代，統治臺灣的荷蘭人，除了商業活動外，傳教事業為其海外殖民發展重點之一。因此，積極向西拉雅依族傳教。依傳教師 Robertus Junius（尤羅伯，1606－1655）的《大教義問答》，指此地居民不能以豬肉、米食與檳榔等物品祭祀西拉雅人的神靈，因為那是需要破除的偶像；也不能用以祭祀上帝或耶穌基督，而應以身體與靈魂獻給祂上祭品。而牧師給真基督徒聖餐中的酒或受洗的聖水，代表耶穌的『血』，麵包則代表耶穌的『身體』；酒與聖水能消除原罪，使基督徒的身體與靈魂更為強壯。[76]

雖然荷人的傳教活動，對傳統西拉雅的祭祀活動不無影響，已如前述。隨鄭成功的入臺，傳教活動逐漸消失。基督信仰再度傳入臺灣，乃 19 世紀臺灣開港以後之事。但大武壠派社裔主要信仰太祖以及漢人民間俗信，改信人數僅佔總人口的 2.4%。[77] 基督教會無法在大武壠派社亦聚居的村落設立據點、傳播福音，應與前舉社人在九重溪一帶聚族而居，且當地交通不便、地形封閉而易守，有利於其傳統文化的維持有關。

此一現象，以大武壠派社隔鄰熟番村落白水溪與岩前的哆囉嘓社人作為對照，更能具體說明。依筆者過去針對哆囉嘓與大武壠派社接受基督信仰的研究，指嘉南平原沿山邊區大武壠派社、哆囉嘓社的熟番居民，接受基督教的態度不同，而同為哆囉嘓社裔的岩前、白水溪居民，接受基督教的人口比例也不大相同。白水溪的哆囉嘓社人於 19 世紀末率先接受西洋宗教，欲藉教會勢力與仙草埔吳姓漢人族群抗衡；除了少部份族人繼續維持傳統太祖祭祀並接受漢人神明信仰外，大多接受基督教洗禮。與白水溪隔著仙草埔的岩前哆囉嘓社人，以及鄰近九重溪一帶聚族而居的大武壠派社人，改信人數不如白水溪的哆囉嘓社人，推論與其憑藉著地理環境的優勢，尚能與漢人抗衡有關。換言之，19 世紀末熟番改信基督教信仰與否，雖然如吳學明所言與『靠番仔勢』有關，但熟番所處的社會環境（族群關係）、地理空間（安全程度）又是他們需不需要利用教會力量保護自己的重要考量。而從信仰基督教的哆囉嘓社人，與信仰太祖、民間俗信的大武壠派社裔形成的婚姻關係，則說明在嘉南平原沿山邊區熟番的婚姻關係中，族群網絡可以超越宗教信仰的同異。[78]

（二）民間俗信之影響

依報導人（大武壠派社裔）潘千金表示：

> 母親由岩前嫁過來，是虔誠的基督教徒；父親卻信仰觀音佛祖。而祖父母輩既是村中太祖的信徒，家中也供奉觀音佛祖。[79]

如潘氏所言，此種兼有漢人俗信與傳統太祖信仰的現象，並非潘家獨有。依據筆者訪問報導人潘玉杯（大武壠派社裔）所得資料，她為主導太祖祭儀牽曲的要角，家中卻供奉觀音神像。[80]

按 17 世紀以來，在漢人強勢文化衝擊下，大武壠派社也受到漢人民間俗信的影響。有關熟番接受漢人民間信仰的討論，歷來已有不少研究成果，[81] 本文將以節慶活動的祭品變化，進一步勾勒太祖信仰受漢文化影響的情形。關於西拉雅人節慶活動的食物，依據陳夢林的描述：

> 九、十月收穫畢，賽戲過年。……酒漿菜餌魚鮓獸肉鮮碟，席地陳設，互相酬酢。[82]

說明十八世紀初，傳統祭典食物包括酒、漿、菜、魚、獸肉、鮮碟等，相較於今日六重溪公廨（及其他西拉雅）夜祭中的祭品、食物多樣而豐富，顯得十分儉樸。[83]

其次，依據康熙 24 年（1685），林謙光完成《臺灣紀略》的紀錄：

> 無廚竈，以三尺架架鍋於地。粥則環向鍋前，用椰瓢吸食；飯則各以手團之而食。米隨用隨搗。凡穀粒、衣服皆貯葫蘆瓢中。[84]

說明 17 世紀末，西拉雅族的烹飪、食用器具十分簡單，不僅無『廚竈』煮食，也無桌、椅、碗、筷可使用，而是『以手取食、將飯糰之』。如圖像 6、7 所示，日治時期上尚少受到外力影響的高山原住民（生番），吃飯多半蹲坐在地上，傳統熟番社會無桌椅之類（以芭蕉葉鋪地）的飲食，多半如此。此種『席地』而食的習俗，隨著社會變遷而消失，今日僅在祭典中見到以芭蕉葉鋪桌上、再放置祭品的遺俗。[85]（圖像 8）

簡言之，大武壠派社裔的傳統節慶與祭祀形式、祭品內涵，自 17 世紀以來，長時期因族群互動、物質文化交流與社會經濟變遷（生產方式改變）而發生變化。雖然傳統神靈信仰的祭品，包括豬肉、檳榔、米飯、酒等，相較於今日祭典的祭品，較缺乏魚類、貝殼類、水果與蔬菜等。由於受到漢人民間俗信祭品內容的影響，今日太祖祭典的食物兼有以上各種食品。[86] 但從荷治到日治時期，乃至今日大武壠派社裔夜祭的主要祭品豬（肉）、酒、檳榔、米飯類不變，只是食物的食用方式不同，如傳統的（米買）改成粽子、Dupi（似蔴薯）等。[87]

此外，傳統節慶在日治時期六重溪庄的熟番祭典中已發展成一年一度的夜祭；究竟其於夜間舉行祭典為傳統遺留，與日本殖民政府的宗教政策是否有關？一般民間傳言，因熟番不願為人知的身份而在半夜進行祭祀活動，真相如何？值得再探討。

如上所述，六重溪大武壠派社裔的信仰，除了（大多數人）兼有傳統太祖信仰、漢人民間俗信外，少數並接受基督信仰。過去研究者面對以上現象，多半以『漢化』、『西化』觀點視之。筆者認為從族群互動或臺灣多族群社會發展的角度解析，更能瞭解大武壠派社裔此一日常生活面貌形成之歷史脈絡。正如 John Shepherd（邵式伯）對頭社（今台南縣大內鄉頭社村）、吉貝要熟番宗教信仰的觀察：

今日西拉雅人的儀式行為乃是源自他們原先的宗教，也只有由此觀點才可理解。這些儀式……規定了生長季中的禁忌，也標示農耕季與狩獵季的分割。慶典則是慶祝傳統上對兩性分工的規定：女性務農，而男性從事狩獵與獵頭。漢人的文化要素是以各種不同的方式混雜於這些儀式中。[88]

圖像 6　原住民『以手取食、將飯糰之』（國立臺灣歷史博物館提供）

圖像 7　原住民用湯匙吸食（國立臺灣歷史博物館提供）

圖像 8　放在芭蕉葉上的祭品〔四社公廨乩主尤威仁提供〕

表 2　岩前教會之六重溪信徒

親族關係		姓名	受洗時間	受洗牧師	住址	備註
		●蘇麵（1835－1910）	64 歲－1899	甘為霖		夫：潘琴；蘇三旺之姐
潘泉家族成員	父	▲？	22 歲－1894（?）	巴克禮	六重溪	其他成員：潘忠義、潘忠信（啞子）、潘素蓮；潘金丹嫁白水溪沈榮壽。
	母	●陳蘭（戶籍名：陳氏來好）	37 歲－1910	宋忠堅		
	女	●潘金緣	21 歲－1921	林學恭		
	女	●潘金丹	17 歲－1921	林學恭		
	妻	●潘春雨（戶籍名：潘氏春羽）	20 歲－1918	林學恭		
	外孫	▲蕭萬賜	19 歲－1918	林學恭		
		▲蘇角	（幼）－1904			1918 年被革；疑是蘇三旺之子蘇豬角，被六重溪人招贅。

　　資料來源：〈家族簿〉，第 12 號；〈小兒簿〉，第 34、40、69、73、85 號，收入《成人姓名簿（即洗禮簿）》（岩前教會提供）。

表3　六重溪教徒人數與年齡層統計表（清末至日治時期）

時間		性別		計	年齡層	時間	
		男	女			清末	日治
					幼兒及18歲前	0	2
清末	1874 – 1884	0	0	1	18 – 20	0	2
	1885 – 1895	1	0		21 – 30	1	1
日治時期	1896 – 1905	1	1	7	31 – 40	0	1
	1906 – 1915	0	1		41 – 50	0	0
	1916 – 1925	1	3		51 – 60	0	0
	1926 – 1930	0	0		61 – 70	0	1
總計		3	5	8		1	7

資料來源：同表2。

五、結　論

本文利用史料、宗教調查與田野資料等，從聚落發展、地域史與族群關係史的觀點，以宗教信仰為例，針對大武壠社群移住九重溪的社會生活進行考察。

位於哆囉嘓生活領域東邊山麓的九重溪，先是溪名（康熙末年），後因大武壠社人聚集、形成村落而轉為地名。九重溪（莊名）乃清代大武壠社人的移住村落之一，與其他四個小村落對外可能以『大武壠派社』自稱；官方力量介入後，『大武壠派社』乃成為官方對九重溪大武壠社群各關係社的集體稱呼。歷經清末清丈時的區域調整（稱九重溪莊），與日本殖民政府廢社改莊、改為大村落制，而於明治35年（1898）被納入行政村『六重溪庄』（即併若干小字為大字）。

雖然日治時期六重溪庄的人口組成，以移入的閩人（漳州籍）最多，熟番大武壠派社居次，但清代移入以來，大武壠派社一直為當地優勢族群。加以族人聚族而居，在殖民政府修築公路、輕便車（臺車）以前，交通不便，有助於熟番某些傳統社會因素的維持，如太祖信仰與族內婚的維繫。但大武壠派社裔的信仰，不乏兼有傳統太祖信仰、漢人民間俗信與基督信仰；婚姻上也存在熟、漢通婚現象，[89]此乃六重溪庄長久以來，作為沿山邊區多族群社會主要居民之一的熟番後裔日常生活中頗能呈現族群互動面貌的面向，而非單以『漢化』、『西化』可說明。

從宗教活動上看，六重溪的大武壠派社人於每年農曆九月十五日舉行祭典，至今仍為族人共同的祭祀活動。雖然漢人幾乎不參加。但當地漢人宗教已發展成跨地域、跨族群的廟宇碧軒寺與碧雲寺觀音佛祖的祭祀圈範圍。換言之，觀音信仰在今六溪里不分埔、漢族群，此一傳統由來已久。而除了信仰基督、民間信仰與太祖外，六重溪熟番在婚姻上也可超越不同信仰對象的聯姻。如哆囉嘓族人聚居的岩前、白水溪信仰基督教的熟番居民，與信仰太祖、民間俗信的六重溪大武壠派社裔形成婚姻關係，即在六重溪的婚姻網絡中，族群因素可以超越宗教信仰的同異。而六重溪庄信仰民間俗信的漢人，雖不參與太祖祭典，卻可接受大武壠派社裔（信仰太祖或基督教）的配偶，說明不同信仰、不同族群因地緣關係而形成的婚姻網絡。岡田謙針對臺灣北部漢人村落的研究，得出『婚姻圈與祭祀圈大致相重疊的範圍』的結論，[90]並不適用於六重溪沿山地區熟、漢族群間的婚姻網絡。

　　本文分析大武壠派社移住社會生活，限於篇幅，僅針對宗教信仰進行討論，除了筆者已對婚姻網絡進行分析外，有關其日常生活的居住型態、物質生活，以及村際關係發展等，均有助於理解其社會生活的整體面向，值得未來進一步分析。

（作者單位：中央研究院臺灣史研究所，崑山科技大學通識教育中心）

參考文獻

東山碧雲寺資料，下載日期：2010 年 10 月 1 日，網站 http：//www. bixuansi. url. tw/bi-chese/parades2—3. htm。

〈家族簿〉，臺南：岩前教會藏。

〈小兒簿〉，收入《成人姓名簿（即洗禮簿）》。臺南：岩前教會藏。

中央研究院民族學研究所、臺灣史研究所，『中央研究院宗教調查資料庫』，原件編號：237. 232/119、R003. 14342 V. 13、S003. 4 4080、SR237. 232/129，下載日期：2009 年 11 月 15 日，網址 http：//140. 109. 185. 229：8080/religionapp/ start. htm。

臺南縣白河戶政事務所藏的戶籍舊簿，包括《本籍戶口調查簿》（0001—0049）、《本寄籍除戶簿》（0050—0129），共 137 冊。

臺南縣白河鎮戶政事務所提供，《本籍戶口調查簿》，0001—0049、《本籍除戶簿》，0050—0129。

《總督府公文類纂數位化檔案》，〈街庄變更認可（臺南廳）〉，冊 6397 文號 140（1917），頁 113—115。

六十七
1961《番社采風圖考》，臺灣文獻叢刊第 90 種。臺北：臺灣銀行經濟研究室。甘治士著，葉春榮（譯）
1994〈荷據初期的西拉雅平埔族〉，《臺灣風物》44（3）：193—228。

石萬壽
1981〈西拉雅平埔族的阿立祖信仰〉，《成大歷史學報》8：143—181。
1990《台灣的拜壺民族》。台北：臺原出版社。

余文儀
1962《續修臺灣府志》，臺灣文獻叢刊第 121 種。臺北：臺灣銀行經濟研究室。

李國銘
2004〈頭社夜祭與祀壺信仰初探〉，收入氏著，《族群、歷史與祭儀——平埔研究論文集》，頁 129—208。臺北：稻鄉。

杜正勝
1998《番社采風圖題解》。臺北：中央研究院歷史語言研究所。

岡田謙
1937〈村落と家族：臺灣北部の村落生活〉，《社會學》5（1）：38—55。

林清財

1995〈從歌謠看西拉雅族的聚落與族群〉，刊於潘英海、詹素娟主編，《平埔研究論文集》，頁 475—498。臺北：中央研究院臺灣史研究所籌備處。

林謙光

1961《臺灣紀略》，臺灣文獻叢刊第 104 種。臺北：臺灣銀行經濟研究室。

洪麗完

1999〈檔案利用與平埔研究：以日治時期之戶籍舊簿為中心〉，《臺灣文獻》51（1）：17—74。

2007〈清代番界外楠仔仙溪、荖濃溪流域之生、熟番族群關系：以『撫番租』為中心（1760—1888）〉，《臺灣史研究》14（3）：1—71。

2009《熟番社會網絡與集體意識臺灣中部平埔族群歷史變遷（1700—1900）》。臺北：聯經。

2010〈婚姻網絡與族群、地域關係之考察：以日治時期大武壟派社裔為例〉，收入戴文鋒主編，《南瀛歷史、社會與文化Ⅱ》，頁 77—115。臺南：臺南縣政府。

2011〈嘉南平原沿山地區之族群關係（1700—1900）：以『阿里山番租』為例〉，《臺灣史研究》18（1）：41—101，出版中。

2011《臺南縣平埔族群之擴散與遷徙研究（1700—1900）》，臺南：臺南縣文化處，出版中。

2011《臺南縣平埔村落分佈與組成之研究（1900—1950）》，臺南：臺南縣文化處，出版中。

2011〈游移的『族群』：熟番認同再現之歷史考察（1900—1990）〉，《新史學》，審查中。

洪麗完、陳秀卿

2010〈戰前府城邊區熟番社會考察——兼論沿山哆囉嘓社人之信仰變遷〉，發表於『海洋古都：府城文明之形塑』台灣史國際學術研討會，台南：成大歷史系，100 年 11 月 19—20 日。

2011〈嘉南平原沿山邊區熟番社會發展：以大武壟派社為例〉，《歷史人類學刊》，審查中。

洪麗完、簡文敏

2010《西拉雅族日常生活變遷研究（1700—1950）：以飲食為例》。臺南：臺南縣政府委託計畫結案報告。

相良吉哉（編）

1933《臺南州祠廟名鑑》。臺南：臺灣日日新報社臺南支部。

翁佳音

1984〈頭社的阿立祖祭典〉，《臺灣風物》34（2）：98—104。

康培德

2001〈十七世紀的西拉雅人生活〉，收入詹素娟、潘英海主編，《平埔族群與台灣歷史文化》，頁 1—27。臺北：中央研究院臺灣史研究所籌備處。

張隆志

1991《族群關係與鄉村臺灣——一個清代臺灣平埔族群史的重建與理解》，臺灣大學文史叢刊 87 種。臺北：國立臺灣大學出版委員會。

張溪南等（撰）

1998《白河鎮誌》。臺南：白河鎮公所。

莊英章（主編）

1988《臺灣平埔族研究書目彙編》。臺北：中央研究院民族學研究所。

陳正祥

1993《臺灣地誌》，中冊。臺北：南天書局。

陳秀卿

2010〈急水溪中上游平埔聚落之比較研究（1875—1945）——以哆囉嘓社、大武壠派社移住村落為例〉。臺南：成功大學歷史研究所博士論文。

陳夢林

1962（1977）《諸羅縣志》，臺灣文獻叢刊第141種。臺北：臺灣銀行經濟研究室。

陳榮輝

2002〈番仔田阿立祖信仰文化的衝突與融合〉。臺南：國立臺南師範學院鄉土文化研究所碩士論文。

2003〈番仔田尪姨的角色扮演與信仰認同〉，《臺南女子技術學院學報》22（2）：781—804。

陳漢光

1961〈臺南縣六重溪之五太祖崇拜〉，《臺灣文獻》12（4）：146—155。

曾國明

2003〈日治時代楠梓仙溪中游地區的土地開發與區域特色之形塑〉。臺北：國立臺灣師範大學地理研究所碩士論文。

黃典權（輯）

1962《臺灣南部碑文集成》，臺灣文獻叢刊第218種。臺北：臺灣銀行經濟研究室。

黃叔璥

1957（1736）《臺海使槎錄》臺灣文獻叢刊第4種。臺北：臺灣銀行經濟研究室。

黃健庭

2007〈西拉雅族宗教信仰與飲食文化的變遷〉，《稻江學報》2（2）：278—294。

葉春榮

1997〈葫蘆福佬裔漢人的祀壺行為〉，刊於黃應貴、葉春榮編，《從周邊看漢人的社會與文化》，頁91—127。臺北：中央研究院民族學研究所。

1999〈西拉雅平埔族的宗教變遷〉，發表於『臺灣原住民國際研討會』，頁231—257。臺北：中央研究院民族學研究所。

2000〈阿立祖信仰的地方化〉，發表於中央研究院民族學研究所、臺灣史研究所籌備處『平埔族群與臺灣社會國際學術研討會』。

葉春榮、翁佳音

2001《西拉雅宗教、儀式的延續和變遷》，行政院國科會獎助計畫 NSC90—2412—H001—004。

臺灣總督府民政部殖產課編

1985《臺東殖民地豫察報文》。臺北：成文出版社。

臺灣總督府官房統計課編

1910—1933《臺灣現住人口統計》。臺北：臨時臺灣戶口調查部。

1934—1942《臺灣常住戶口統計》。臺北：臺灣總督官房統計課。

1928《臺灣在籍漢民族鄉貫別調查》。臺北：小塚本店印刷工場。

臺北帝國大學土俗人種學研究室

1935《臺灣高砂族系統所屬の研究》。東京：刀江書院。

臺灣總督府官房臨時戶口調查部

2000《（大正四年）第二次臨時臺灣戶口調查概覽表》。東京：文生書院。

潘英海

1994〈文化合成與合成文化：頭社太祖年度祭儀的文化意涵〉，刊於莊英章、潘英海主編，《臺灣與福建社會文化研究論文集》，頁235—256。臺北：中央研院民族學研究所。

1994〈聚落、歷史與意義：頭社村的聚落發展與族群關係〉，《中央研究院民族學研究所集刊》77：89—123。

1995〈在地化與地方文化：以『壺的信仰叢結』為例〉，刊於莊英章、潘英海主編，《臺灣與福建社會文化研究論文集（二）》，頁299—319。臺北：中央研究院民族學研究所。

1995〈祀壺釋疑：從祀壺之村到壺的信仰叢結〉，刊於潘英海、詹素娟主編《平埔研究論文集》，頁445—473。臺北：中研院臺灣史研究所籌備處。

1998〈『文化系』、『文化叢』與『文化圈』：有關『壺的信仰叢結』與西拉雅族群思考的遷徙〉，刊於劉益昌、潘英海主編，《平埔族群的區域研究論文集》，頁163—202。南投：臺灣省文獻委員會。

2000〈文化介面與文化界媒：以『祀壺現象』為例〉。發表於中央研院民族學研究所主辦『平埔族群與臺灣社會國際學術研討會』。

潘繼道

2001〈清代大庄『舊人』臺灣後山發展史〉，《臺灣風物》51（1）：79—109。

臨時臺灣戶口調查部（編）

1907《明治三十八年臨時臺灣戶口調查集計原表（上）地方之部》。臺北：臺灣總督府官房臨時戶口調查部。

藍鼎元

1958《東征集》，臺灣文獻叢刊第12種。臺北：臺灣銀行經濟研究室。

Anthony F. C. Wallace

1999 Jefferson and the Indians：The Tragic Fate of the First Americans . Massachusetts：Belknap Press of Harvard University Press.

N. R. Yetman

1991 Majority and Minority. Boston：Allyn and Bacon.

John R. Shepherd

1986 Sinicized Siraya Worship of A—Li—Tsu,《中研院民族學研究所集刊》58：1—81。

1995 Statecraft and Political Economy on the Taiwan Frontier，1600—1800. 臺北：南天書局

Rev. William Campbell（甘為霖）英譯，李雄揮中譯

Formosa under the Dutch（荷據下的福爾摩莎）. 臺北：前衛出版社。

注 释：

[1]　除了本人曾針對大武壠族人移入楠仔仙溪（今旗山溪）、荖濃溪中游，以及漢人進駐嘉南平原東側的生番生活領域進行研究外，竹苗地區、中投地區、花東地區的開墾歷史、族群關係稍具研究成果，其餘地區相關研究仍有限。

［2］ 有關本研究區土牛界的相關討論，請參閱洪麗完、陳秀卿，〈嘉南平原沿山邊區熟番社會發展：以大武壠派社為例〉，《歷史人類學刊》（審查中），第二節。

［3］ 參閱洪麗完，〈清代番界外楠仔仙溪、荖濃溪流域之生、熟番族群關係：以『撫番租』為中心（1760—1888）〉，《臺灣史研究》14：3（2007），頁2。

［4］ 依據筆者的研究，大武壠社群應於十八世紀六〇年代開始展開移住活動。參閱洪麗完，〈清代番界外楠仔仙溪、荖濃溪流域之生、熟番族群關係〉，頁22—32。所謂原始社域，指十七世紀歷史時期以來，文獻資料所呈現、未遭受漢人土地侵蝕以前的生活領域，但不包括乾隆年間施行番屯制度時清廷所賜的養贍埔地，以及乾隆中葉以後大武壠社群所擴散的生活空間而言。

［5］ 四社番（或四社熟番）指頭社、加苳社、蕭里社與芒仔芒社。參閱洪麗完，〈清代番界外楠仔仙溪、荖濃溪流域之生、熟番族群關係〉，頁32—35。

［6］ 參閱曾國明，〈日治時代楠梓仙溪中游地區的土地開發與區域特色之形塑〉（臺北：國立臺灣師範大學地理研究所碩士論文，2003）。

［7］ 潘繼道，〈清代大庄『舊人』臺灣後山發展史〉，《臺灣風物》51：1（2001），頁79—109；臺灣總督府民政部殖產課編，《臺東殖民地豫察報文》（臺北：成文出版社，1985【原刊1900】），頁66—67。

［8］ 依據明治三十八年（1905）臺灣首度進行全面人口普查的資料，四社番的人口總數共5,823人。對照於同年留居大武壠故居的熟番人口總數，僅為866人，而進入九重溪的大武壠派社裔（含哆囉嘓社裔）為573人，說明清代大武壠社群絕大部分移住楠仔仙溪、荖濃溪一帶。參閱臨時臺灣戶口調查部編，《明治三十八年臨時臺灣戶口調查集計原表（上）地方之部》（臺北：臺灣總督府官房臨時戶口調查部，1907），頁14—19。

［9］ 哆囉嘓族人的原始生活領域，包括今東山、白河與後壁鄉鎮。參閱洪麗完，《臺南縣平埔族群之擴散與遷徙研究（1700—1900）》（臺南：臺南縣文化處，出版中），第五章。

［10］ 關於大武壠派社的形成，請參閱洪麗完、陳秀卿，〈嘉南平原沿山邊區熟番社會發展：以大武壠派社為例〉《歷史人類學刊》（審查中），第二節。

［11］ 參閱莊英章主編，《臺灣平埔族研究書目彙編》（臺北：中研院民族所，1988）。

［12］ John R. Shepherd, Sinicized Siraya Worship of A—Li—Tsu,《中研院民族學研究所集刊》58（1986），頁1—81；李國銘，〈頭社夜祭與祀壺信仰初探〉，收入氏著，《族群、歷史與祭儀——平埔研究論文集》（臺北：稻鄉，2004），頁129—208；潘英海，〈文化合成與合成文化：頭社太祖年度祭儀的文化意涵〉，刊於莊英章、潘英海主編，《臺灣與福建社會文化研究論文集》（臺北：中研院民族所，1994），頁235—256；潘英海，〈在地化與地方文化：以『壺的信仰叢結』為例〉，刊於莊英章、潘英海主編，《臺灣與福建社會文化研究論文集（二）》（臺北：中研院民族所，1995），頁229—319；潘英海，〈祀壺釋疑：從祀壺之村到壺的信仰叢結〉，刊於潘英海、詹素娟主編《平埔研究論文集》（臺北：中研院臺灣史研究所籌備處，1995），頁445—473；潘英海，〈『文化系』、『文化叢』與『文化圈』：有關『壺的信仰叢結』與西拉雅族群思考的遷徙〉，刊於劉益昌、潘英海主編，《平埔族群的區域研究論文集》（南投：臺灣省文獻委員會，1998），頁163—202；潘英海，〈文化介面與文化界媒：以『祀壺現象』為例〉（臺北：中研院民族學研究所主辦『平埔族群與臺灣社會國際學術研討會』，2000）；葉春榮，〈葫蘆福佬裔漢人的祀壺行為〉，刊於黃應貴、葉春榮編，《從周邊看漢人

的社會與文化》（臺北：中研院民族學研究所，1997），頁 91—127；葉春榮，〈西拉雅平埔族的宗教變遷〉，發表於『臺灣原住民國際研討會』（臺北：中研院民族學研究所，1999）；葉春榮，〈阿立祖信仰的地方化〉（臺北：中研院民族學研究所、臺灣史研究所籌備處『平埔族群與臺灣社會國際學術研討會』，2000）；陳榮輝，〈番仔田阿立祖信仰文化的衝突與融合〉（臺南：國立臺南師範學院鄉土文化研究所碩士論文，2002）；陳榮輝，〈番仔田尪姨的角色扮演與信仰認同〉，《臺南女子技術學院學報》22：2（2003），頁 781—804。

[13] 石萬壽，〈西拉雅平埔族的阿立祖信仰〉，《成大歷史學報》8（1981），頁 143—181；翁佳音，〈頭社的阿立祖祭典〉，《臺灣風物》34：2（1984），頁 98—104。

[14] 參閱洪麗完，〈清代番界外楠仔仙溪、荖濃溪流域之生、熟番族群關系〉，頁 1—71；Hung, Li-wan, Reconsidering the Meaning of Han and Its Implication as Seen through the OldHousehold Registration, Paper Presented at the Critical Han Studies Symposium & Workshop, California：Stanford University, 2008. 04. 25—2008. 04. 27, pp. 1—22；洪麗完，〈婚姻網絡與族群、地域關係之考察：以日治時期大武壠派社裔為例〉，收入戴文鋒主編，《南瀛歷史、社會與文化Ⅱ》（臺南：臺南縣政府，2010），頁 77—115。

[15] 包括教會資料。台南：岩前教會藏；『中央研究院宗教調查資料庫』，中央研究院臺灣史研究所 R003. 1 4342V. 13、S003. 4 4080（2001）；『中央研究院宗教調查資料庫』，中央研究院民族學研究所，SR237. 232/129、237. 232/119（2001），以上依據存藏於全臺各鄉鎮公所的宗教調查資料製成。

[16] 關於六重溪行政村的形成，請參閱洪麗完、陳秀卿，〈嘉南平原沿山邊區熟番社會發展：以大武壠派社為例〉，第三節。

[17] 該丘陵北隔大甲溪、連接苗栗臺地，南隔灣裡溪、毗鄰內門丘陵，是一狹長的區域。

[18] 參閱陳正祥，《臺灣地誌》，中冊（臺北：南天書局，1993），頁 840—855、865—867。

[19] 藍鼎元，《東征集》（臺灣文獻叢刊第 12 種，臺北：臺灣銀行經濟研究室，以下簡稱臺文叢，1958，1920 原刊），記十八重溪示諸將弁，頁 83—84：『諸羅邑治出郭南行二十五里，至楓子林皆坦道。稍過則為山蹊。十里至番仔嶺。嶺下為一重溪，庂逕迂迴。連涉十五重溪，則至大埔莊，四面大山環繞，人跡至此止矣。東南有一小路，行二十五里至南寮，可通大武壠，高嶺陡絕。由大山峭壁而上，壁間鑿小洞可容足。如登梯然……。』說明大埔莊四周為大山環繞情形。九重溪位於大埔莊北邊。2010 年 2 月 22—23 日，筆者參與農曆年底東山鄉碧軒寺觀音媽回白河鎮碧雲寺過年，舊曆年初返回本寺（碧軒寺）的遶境活動，即由仙草埔，循山路，進入東山鄉街區。

[20] 在六重溪上游七重溪附近。

[21] 參閱黃典權輯，《臺灣南部碑文集成》（臺灣文獻叢刊第 218 種，1962），第二冊，玉枕山火山碧雲寺募為緣業碑記（嘉慶十六年），頁 193—194。

[22] 參閱洪麗完、陳秀卿，〈嘉南平原沿山邊區熟番社會發展：以大武壠派社為例〉，第二節。

[23] 有關六重溪庄的形成，可參閱洪麗完、陳秀卿，〈嘉南平原沿山邊區熟番社會發展：以大武壠派社為例〉，第三節。

[24] 全臺居民有 3, 039, 751 人，包括（1）『本島人』2, 973, 280 人（佔總人口 97. 8%），其中 95% 為漢人（『福』82%、『廣』13. 06%、『熟』1. 52%、『其他』0. 02%）；（2）『生（生番）』1. 12%；（3）內地人（含朝鮮人）0. 19%；（4）外國人

（清國與其他）0.3%。參閱臨時臺灣戶口調查部，《明治三十八年臨時臺灣戶口調查集計原表（上）地方之部》，頁14—19。

[25] 參閱洪麗完，《臺南縣平埔村落分佈與組成之研究（1900—1950）》（臺南：臺南縣文化處，出版中），第三章第二節。

[26] 以上關於日治時期六重溪庄人口組成與成長情形的說明，主要依據殖民政府的人群分類。由於其戶口登記依父系法則而進行，在舊簿『種族欄』的登錄上，平埔男子與漢人女子婚生子女被登記為『熟番』；平埔女子與漢人男子所生子女則為漢人。換言之，對混血兒身份與埔漢婚姻關係的呈現，官方統計數據採忽略的態度。參閱洪麗完，〈檔案利用與平埔研究：以日治時期之戶籍舊簿為中心〉，《臺灣文獻》51：1，頁17—74。

[27] 臺灣總督府官房調查課編，《臺灣在籍漢民族鄉慣別調查》（臺北：小塚本店印刷工場，1928），頁22。

[28] 指福建省汀州客，以及廣東省潮洲府潮洲等沿海地帶以外地區的客籍。

[29] 相對於其東山鄉的舊社，三者均為哆囉嘓的新社。有關哆囉嘓社人在嘉南平原沿山邊區的發展，可參閱洪麗完，〈婚姻網絡與族群、地域關係之考察：以日治時期大武壠派社裔為例〉，頁102—105；洪麗完、陳秀卿，〈戰前府城邊區熟番社會考察——兼論沿山哆囉嘓社人之信仰變遷〉，第二節相關討論。

[30] 目前的資料顯示移入關仔嶺的漢人需繳交『阿里山番租』。參閱洪麗完，〈嘉南平原沿山地區之族群關係（1700—1900）：以『阿里山番租』為例〉，《臺灣史研究》18：1（2011），第三節相關討論。

[31] 關於蕭壠社人移住活動，請參閱洪麗完，《臺南縣平埔族群之擴散與遷徙研究（1700—1900）》，第四章第一節。

[32] 依大正4年的統計資料，全庄總人口數823人，福建籍居民468人，占56.9%；平埔（熟番）居民332人，占40.3%；廣東籍居民8人，內地人6人。其中熟番聚居於土名六重溪、頂埔約佔九成，石牌、崁下、檳榔腳約佔七成。參閱臺灣總督府官房臨時戶口調查部，《（大正四年）第二次臨時臺灣戶口調查概覽表》（東京：文生書院，2000），頁60—70；張溪南等撰，《白河鎮誌》（台南：白河鎮公所，1998），頁102。

[33] 參閱臺南縣白河鎮戶政事務所提供，《本籍戶口調查簿》，0001—0049、《本籍除戶簿》，0050—0129；陳秀卿，〈急水溪中上游平埔聚落之比較研究（1875—1945）——以哆囉嘓社、大武壠派社移住村落為例〉（臺南：成功大學歷史研究所博士論文，2010），頁133—135。

[34] 清代臺灣，大約在乾隆年間，漢人主流社會逐漸形成時，相對成為少數族群的平埔人，開始受漢族某種壓迫、忽視與剝削、歧視。如乾隆年間以後，各地熟番居址普遍被冠以帶有歧視字眼的『番社』、『番仔田』等。但大武壠派社聚居的九重溪並未出現此一現象。參閱 N. R. Yetman, Majority and Minority（Mass: Allyn and Bacon, 1991）；洪麗完，《熟番社會網絡與集體意識》（台北：聯經，2009），頁103—139。

[35] 明治40年（1907），因臺灣總督佐久間左馬太到關仔嶺養病，開始修築『關仔嶺道路』，為今日白河鎮有計畫開築公路之始。大正元年，關仔嶺軌道株式會社成立，再舖設今後壁鄉到關仔嶺的輕便車軌道。大正末年，又拓築從白河鎮糞箕湖到水湖的輕便鐵路，途經三重溪、六重溪、檳榔腳等平埔村落。大正13年（1924），軌道株式會社開始兼營汽車客運，是白河鎮有汽車之始。此後白河境內四通八達的交通網逐漸形成。參閱張溪南等撰，《白河鎮誌》，頁318。

[36] 洪麗完，〈婚姻網絡與族群、地域關係之考察：以日治時期大武壠派社裔為例〉，頁77—115。

[37] 甘治士著，葉春榮譯，〈荷據初期的西拉雅平埔族〉《臺灣風物》44：3（1994），頁205—206。

[38] 日本殖民時期，為了治理的考慮，對臺灣原住民進行全面性調查並分類。本文主角大武壠派
社與台南、高雄、屏東等地區，被劃入廣義的西拉雅族（Siraya）；可再分為狹義的西拉雅（今台南）、四社熟番（大武壠社群）與馬卡道（今高屏地區）。

[39] 本譯文引自李國銘，〈頭社夜祭與祀壺信仰初探〉，頁138—140。

[40] 請參閱李國銘，〈頭社夜祭與祀壺信仰初探〉，頁136—150。

[41] 黃叔璥，《臺海使槎錄》（臺文叢4種，1957；1724原刊），卷五番俗六考，頁98。

[42] 陳夢林，《諸羅縣志》（臺文叢141種，1962；1717原刊），卷八風俗志，頁164云：
『番婦耕穫，樵汲，唯捕鹿不與焉。』

[43] 甘治士著，葉春榮譯，〈荷據初期的西拉雅平埔族〉，頁224—225。

[44] 依據杜正勝，《番社采風圖題解》（臺北：中央研究院歷史語言研究所，1998），頁6的
考證。

[45] 參閱六十七，《番社采風圖考》（臺文叢90種，1961），耕田，頁2：『番俗以女承家，
凡家務悉以女為主，故女作而男隨焉。番婦耕稼，備嘗辛苦或襁褓負子扶犁，男則僅
供餽餉。』

[46] 陳夢林，《諸羅縣志》，卷八風俗志，番俗，頁169載：『重生女、贅婿於家，不附其
父：故生女謂「有賺」，則喜，生男出贅，謂之「無賺」。無伯叔甥舅，以姨為同胞之
親，叔侄兄弟各出贅雜居，姊妹皆同居共故也。』

[47] 六十七，《番社采風圖考》，頁12，更具體說明收割後全社一起慶祝的情形：『七月成
熟，集通社，規定日期，以次輪穫。及期，各家皆以躅牲酒以祭酒，送率男女同往，
以手擷取，不用鎌銍，歸則相勞以酒，盹陶醼醺，慶豐收焉。』

[48] 參閱本文註11—12。

[49] 位於白河鎮六溪里的重興宮（俗稱石廟仔），建於道光二十四年（1844），主祀李府千
歲，配祀天上聖母。參閱東山碧雲寺網站 http：//www. bixuansi. url. tw/bichese/pa-
rades2—3. htm（參閱日期：2010年10月1日）。

[50] 參閱陳秀卿，〈急水溪中上游平埔聚落之比較研究（1875—1945）〉，頁154。

[51] 陳夢林，《諸羅縣志》，卷八風俗志，頁159。

[52] 岸裡大社轄理眾多社群，由於公務繁瑣，乾隆二十九年（1764）岸裡公館曾擴充為
『東西兩處架設公館二廳，屋三十五間』的規模。參閱張隆志，《族群關係與鄉村臺
灣——一個清代臺灣平埔族群史的重建與理解》（臺灣大學文史叢刊87種，臺北：國
立臺灣大學出版委員會，1991），頁131。

[53] 有關日治時期廢社入庄的情形，請參閱洪麗完、陳秀卿，〈嘉南平原沿山邊區熟番社會
發展：以大武壠派社為例〉，《歷史人類學刊》（審查中），第二節。

[54] 2007年7月，筆者訪問報導人潘添財（1931年生，世居六重溪，從小跟著父祖輩參與
太祖五姐妹祭典）。

[55] 參閱陳漢光，〈臺南縣六重溪之五太祖崇拜〉，《臺灣文獻》12：4（1961），頁146；
張溪南等撰，《白河鎮誌》，頁103。

［56］筆者親訪資料。

［57］潘英海，〈在地化與地方文化〉，頁235—256；潘英海，《祀壺釋疑》，頁445—473。

［58］筆者訪問報導人潘慶堂先生（1929年生，世居六重溪，太祖五姐妹的乩童之l，熟悉當地祭儀與傳說）；報導人潘一先生（假名，1931年生，父祖於噍吧哖事件爆發時，跋山涉水，入贅當地潘姓女子，不僅子孫從母姓，父祖也一併改姓潘）所得資料。

［59］參閱洪麗完、陳秀卿，〈嘉南平原沿山邊區熟番社會發展：以大武壠派社為例〉，第五節。

［60］有關熟番審份認定問題以及1990年代，由於臺灣社會重視本土文化的氛圍，促使熟番後裔推動文化復振運動，近年夜祭又開始舉行的相關討論，請參閱洪麗完，〈游移的『族群』：熟番認同再現之歷史考察（1900—1990）〉，《新史學》（審查中）；筆者親訪所得資料。

［61］筆者親訪所得資料。

［62］洪麗完、簡文敏，《西拉雅族日常生活變遷研究（1700—1950）》（臺南：臺南縣政府委託計畫結案報告，2010），第二章第三節。

［63］洪麗完、簡文敏，《西拉雅族日常生活變遷研究（1700—1950）》，第二章第三節。

［64］今日祭典中還有此活動。

［65］甘治士著，葉春榮譯，〈荷據初期的西拉雅平埔族〉，頁216。

［66］甘治士著，葉春榮譯，〈荷據初期的西拉雅平埔族〉，頁225。

［67］甘治士著，葉春榮譯，〈荷據初期的西拉雅平埔族〉，頁204—205。

［68］關於祭拜鹿頭與豬頭的意義，請參閱李國銘，〈頭社夜祭與祀壺信仰初探〉，頁155—165。

［69］17世紀，在嘉南平原及其東側沿山地帶到處可見的野生鹿群，自然而然成為西拉雅人狩獵的最主要對象。除了基本生活所需之外，族人並不會過度殺戮鹿群。然而十七世紀初、中葉以來，鹿皮成為臺灣土產中最重要的輸出品（後來有白糖運往波斯、日本），燻乾或醃製的鹿肉多銷往中國，甚至鹿茸、鹿鞭均銷到中國作為藥材或補品；到了中葉，鹿肉也成為駐守臺灣的荷蘭部隊重要口糧之一。過渡獵殺的結果，鹿隻不再像從前盛產。參閱康培德，〈十七世紀的西拉雅人生活〉，收入詹素娟、潘英海主編，《平埔族群與台灣歷史文化》，臺北：中央研究院臺灣史研究所籌備處，頁17—18；John R. Shepherd, Statecraft and Political Economy on the Taiwan Frontier, 1600—1800 (Stanford：Stanford University Press，1993)，p. 38。

［70］引自葉春榮、翁佳音，《西拉雅宗教、儀式的延續和變遷》（行政院國科會獎助計畫NSC90—2412—H001—004）。

［71］甘治士著，葉春榮譯，〈荷據初期的西拉雅平埔族〉，頁207。

［72］甘治士著，葉春榮譯，〈荷據初期的西拉雅平埔族〉，頁215。

［73］依據黃健庭的研究，農作物成熟前，對許多動物而言，充滿了吸引力。因此族人必須保持對農作物的高度警戒，不可沉溺於酒、食物的美味，以至放任野獸破壞田園與收成。參閱黃健庭，〈西拉雅族宗教信仰與飲食文化的變遷〉，《稻江學報》2：2（2007），頁288。

［74］此出所謂『傳統』，其實經傳教士的宣教活動，可能已有所變化。

［75］洪麗完、簡文敏，《西拉雅族日常生活變遷研究（1700—1950）》，第二章第三節。

［76］Rev. William Campbell（甘為霖）英譯，李雄揮中譯，Formosa under the Dutch（荷據下

的福爾摩莎）（臺北：前衛出版社，2003），頁 484—490；洪麗完、簡文敏，《西拉雅族日常生活變遷研究（1700—1950）》，第二章第三節。

［77］ 清末到日治時期的改信人數共 8 人，以大正四年的熟番總人口 332 人計算。參閱洪麗完、陳秀卿，〈戰前臺灣邊區熟番社會發展之考察〉，表 1、3。

［78］ 參閱洪麗完、陳秀卿，〈戰前府城邊區熟番社會考察——兼論沿山哆囉嘓社人之信仰變遷〉，發表於『「海洋古都：府城文明之形塑」台灣史國際學術研討會』（台南：成大歷史系，2010 年 11 月 19—20 日），第四節相關討論。

［79］ 2007 年 4 月及 2009 年 9 月，筆者訪問報導人潘千金女士（1916 年，接受佛、道、太祖多信仰）。

［80］ 2007 年 4 月，筆者訪問報導人潘玉杯女士（84 歲，2008 年亡故）。潘氏家中供奉觀音神像，卻是太祖祭儀牽曲的要角。筆者訪談時，她雖已 84 歲高齡，尚能清楚講出牽曲內涵，因平日需避諱，僅在其家中演唱一、兩句。

［81］ 參閱註 10—12。

［82］ 陳夢林，《諸羅縣志》，卷八風俗志，番俗，頁 166—167。

［83］ 洪麗完、簡文敏，《西拉雅族日常生活變遷研究（1700—1950）：以飲食為例》，第三章第三節。

［84］ 林謙光，《臺灣紀略》（臺文叢第 104 種，1961），頁 62。

［85］ 如中部臺灣彰化縣福興鄉境的馬芝遴社後裔，於農曆過年前在門後擺祭品於地上祭拜祖先；臺南縣官田鄉社仔村的四社公廨將祭品放在芭蕉葉上。筆者多年前拜訪馬芝遴社後裔所得資訊，以及 2010.6.15 筆者親訪四社公廨乩主尤威仁（80 年次），感謝他贈送祭品相片。

［86］ 洪麗完、簡文敏，《西拉雅族日常生活變遷研究（1700—1950）》，第二章第三節、第三章第三節。

［87］ 洪麗完、簡文敏，《西拉雅族日常生活變遷研究（1700—1950）》，第三章第二、三節。

［88］ John R. Shepherd, Sinicized Siraya Worship of A—Li—Tsu, p. 81.

［89］ 參閱洪麗完，〈婚姻網絡與族群、地域關係之考察：以日治時期大武壠派社裔為例〉，頁 77—115。

［90］ 岡田謙，〈村落と家族：臺灣北部の村落生活〉《社會學》5：1（1937），頁 38—55。

論 1920 年代的臺灣勞工運動
——以南臺灣工運先鋒盧丙丁為中心

黃信彰

一、臺灣勞工階層及勞工運動的發生

在 19 世紀末以前，臺灣工業環境尚未成熟，全島之生產模式幾乎全屬於傳統農業型態，未生勞工問題。1920 年代中後期具有組織及規模性的勞工運動始發生於臺灣，主要係因西方工業革命之後，伴隨著近代化都市蓬勃發展，且因應勞動市場需求之際所興起的一群社會底層階級已經在這區域悄然茁壯；這群龐大的新興階層，有許多是因遭受殖民者進行土地掠奪之後，自願或非自願性地離開原生農村而進入都市謀職生存者。

自日本政府對臺灣進行殖民統治後，即經由全臺土地的『林野調查』來強佔、破壞臺灣人原有的土地所有權狀態，對傳統農村的穩定性造成巨大衝擊[1]。於是，前述被迫離開農村進入都市地區從事勞動工作的臺籍民眾，在脫離了傳統家居束縛，或者接受了現代思潮和都市時髦觀念之後，同時也面臨著生活壓迫的現實環境，遂對於個人生存權利之要求有所提升，並逐漸形成一股有別於傳統農業世代所雇傭的勞工階層，資本家與勞働者的相對立場於焉形成。然，當『雙方意見不能一致時，就要發生爭議，形成勞資對立。是即勞工對資方之鬥爭運動。鬥爭初期，大多在於要求減少勞動時間，與提高工資。最後目的，則在分配生產品，進而管理工廠[2]』；此外，斯時的臺灣勞工團體亦『受到農民運動的影響，再加上他們學習農民運動的經驗，所以越來越積極推動勞工運動[3]』。

在 1920 年代後期至 1930 年代之間，是臺灣勞工階層膨脹速度極為明顯之時段。以臺灣民眾黨創立（1927）年臺灣總督府殖產局的調查為例[4]，其對於全臺擁有動力系統設備或經常雇用 5 人以上之工廠所做之調查來看，工廠總數為 4757 家，職工數 53749。兩年後，在臺灣勞工運動最為蓬勃的 1929 年間，總工廠數已達到 5870 家，職工人數更到達 62877 人；其企業總類則包含了紡織、金屬器械、窯業、化學、食品、木業、印刷、交通運輸及採礦等各式勞工。

不過，倘若再加上前揭調查所未及之糖業勞工，以及由個人或家庭式操作之傳統勞工（例如水泥工、木工、洋服工、店員、印刷、料理、鞋靴、機械、演藝、理髮、茶葉……與各類臨時工）則為數更鉅。以 1929 年末臺灣總督府警務局之調查為例：『本島勞工總數為五十七萬七千七百餘人，其中七三·三％及四十二萬餘人為流動頻繁的雜役、日薪勞工[5]』。在勞工數量大增之後，勞動環境與工資要求的問題便逐漸浮現[6]。此際因『殖民』與『被殖民』身份所生的同工不同酬現象，亦醞釀了日後勞資結構上的重要爭議點。

觀諸日本與中國的勞工運動之嚆矢，大約均發展於 1910 年代末期至 1920 年代初期之間，其指導原理大致上是來自第二共產國際或工團主義而漸次轉向無政府主義、共產主義之路徑，臺灣則受其影響頗深[7]。臺灣的勞工運動發生較諸農民運動稍晚，根據日本殖民地研究先驅矢內原忠雄在 1920 年代觀察臺灣時，即提出：

農民運動以大正十四年臺中州二林之蔗農合作社為嚆矢。此係發端於為文化運動之農村講座者，遂發生關於林本源製糖公司之甘蔗收買方法及價格之爭議……而反對總督府土地產業政策之全島講演會，為文化協會及農民合作社所共同主辦，從此可見臺灣農民合作社及文化協會之幹部，均受日本之勞働農民黨之指導而轉向於馬克斯主義者。[8]

臺灣社會在 1926 年初已有組織『勞働問題研究會』的風聲[9]，同年底《臺灣民報》亦有〈倡設勞動學校〉[10]的專文呼籲追求勞工的基本知識與權利。於是，就在反殖民運動陣營大肆推行各式講演會俾以鼓吹民權的底蘊下，社會底層的勞農意識也隨著文化啟蒙的概念而被刻意激起。其中尤以臺灣文化協會所辦理的各式文化啟蒙講演會為最，這些活動『竟成為臺灣農民運動、勞動運動的先驅[11]』。此番，終於營造了底層工農意識崛起的合適環境，臺灣社會於是吹起勞工運動發展的號角。

二、以文化運動啟蒙勞工意識

根據日內瓦國際勞工事務局的統計，1927 年間世界各國已經加入勞工組織的勞工數量已經超過 3700 萬人[12]，這是一個令各國政府重視的龐大數字[13]。以斯時臺灣之勞工運動的發展期程來看，正如《臺灣新民報》社論欄於 1927 年 4 月間所謂：『農民的團結卻已有一兩年的歷史了……倒反刺激了工友們的團結……現在臺灣的勞動運動已經是入黎明期，此去的發展自然是有澎湃的形勢[14]』。就指導成員來看，殖民統治者認為是：『勞動組合（工會）運動並非從自然發生的組織運動中漸次擴大發展，而是在臺灣知識階級的民族主義或共產主義的指導機關之下急速發展起來的[15]』。

由是觀之，前揭殖民統治者所明指的『知識階級』者呼之欲出，最主要即為推動臺灣人反殖民運動的諸多臺籍知識菁英群。此際，曾經在臺北就讀於臺灣學子的兩大最高學府之一——臺灣總督府臺北師範學校，並接受了近代化教育和世界潮流思想的盧丙丁，便以其教師身份特有的社會關懷角度，積極投入尚未受到普遍關心的勞工運動，成為南臺灣勞工運動之重要領導人。

盧丙丁（1901.12.5.～?）筆名守民，出生於臺南市港町二町目的富裕大家族中，祖籍係泉州晉江，家族於清朝時期遷居來臺；盧父以販售木材為業發跡，並因該事業之經營順遂致富[16]。盧氏於 1917 年 3 月完成公學校教育，並在同年 4 月考進斯時臺籍學子們誠然嚮往的學府——臺灣總督府國語學校[17]，並在 1921 年 3 月間畢業於甫改制的『臺灣總督府臺北師範學校』。

盧丙丁初入社會運動的介面，是以提升文化與知識水準的文化運動為主，他在國語學校期間接受了新式教育，對於新文化思潮接受度甚高，並和蔣渭水交情深厚，曾於 1921 年間協力創建了臺灣文化協會。該協會創建後，透過發行雜誌會報、設立讀報社、組織文化宣傳隊及舉辦各種講演會等形式，聲言追求內臺公平並取消差別待遇的諸多訴求，逐漸取得廣大臺灣人民的認同，於是便成為日本殖民臺灣以來，最具震撼力的社會改革風潮。

1923 年 12 月 16 日清晨，臺灣發生日本殖民統治中期最大的政治冤案——治警事件[18]，對盧丙丁造成思想上的重大影響，其後遂辭去臺南州內庄公學校副校長職務，全心投入以文化運動為手段，暗藏在啟蒙運動名義內藉以進行臺灣民族自決與民眾解放的社會運動目標[19]，為爭取臺灣人民權利而奮鬥[20]。

1926 年 4 月，盧丙丁、陳新春與郭戊己等 3 人被聘任為臺灣文化協會『活動寫真部』（又名『美臺團』[21]）專屬辯士[22]，受命帶著這套臺灣人甚感新奇的電影設備至各地進行影片放映。據載『該部的影帶，都是有名的角色扮演的，尤其中的曲折，很有裨益於民眾的文化上，所以各地的人士，都爭先恐後的去信聘請[23]』；於是，擔任活動寫真部辯士的盧丙丁自此大受歡迎，更因各式講演邀約不斷而逐漸嶄露頭角。例如在 1926 年 8 月 21 日於彰化舉辦集全臺雄辯家於一堂而發揮雄辯的『全島雄辯大會[24]』中，便邀請盧氏擔任會場講演者，『丙丁仙』之名不脛而走。

此後，在 1928 年至 1930 年間，臺灣民眾黨連續四度舉辦的『東臺灣巡迴講演隊』與『全島巡迴講演隊』，亦是由盧氏擔任負責人和主要講演者；此間，在辯士如林的反殖民陣營中，更見盧氏之便給口才。

除了各式文化講演與播放電影的活動寫真外，文化劇的演出也是臺灣文化協會推動知識啟蒙的重要措施。1920 年代在南臺灣地區最受到矚目的新劇劇團，應屬由臺南安平地區人士協力組織的臺南文化劇團[25]。該劇團在 1927 年間成立時之成員有韓石泉、王受祿、黃金火、盧丙丁、莊松林、蔡培火、林占鰲、梁加升等三十餘人，渠等大多為臺南地區的臺灣文化協會會員。這群臺南文化劇團的主要成員大多為日後在臺南地區指導參與勞工運動的靈魂人物；其後的罷工活動展開時，他們更是舉辦慰勞演劇和幕前演出時的舞臺主角。

由是觀之，當臺南文化劇團成員在戲裡優孟衣冠、諷諫時事的同時，南臺灣的工會領導班底，實已儼然成形；而其念茲在茲的提升人民權力意識，也在一場又一場的劇目演出和講演活動中蔓延，成為臺灣勞工意識抬頭的催化劑。

三、勞工運動正式展開

經過臺灣文化協會於 1927 年初的左傾分裂之後，包括林階堂、蔣渭水、林幼春、盧丙丁、韓石泉、戴旺枝等所謂的『文協舊幹部[26]』們逐一宣告脫離這艘反殖民運動的『新文化母艦[27]』，另於同年 7 月組織臺灣史上第一政黨——臺灣民眾黨。從臺灣文化協會到臺灣民眾黨，盧丙丁的立場均與斯時主張『理想中須待著現實性，現實中也需帶著理想性[28]』的蔣渭水頗為一致，以致盧氏在日後遂成為蔣氏在勞工運動上最為倚重的左右手。

就臺灣社會運動歷史的軌跡來看，蔣渭水在指導創立了臺灣史上第一個全島性工友組織——臺灣工友總聯盟後，盧丙丁即受公推連續二度擔任該聯盟創立（第一次）大會與第全國（第二次）代表大會之議長，盧氏受重於勞工運動之份量可見一斑。尤其新文協勢力於 1928 年間新竹事件當中遭受打擊之後，『許多工人被民眾黨系的工友會陸續吸收為會員[29]』。此際，臺灣民眾黨所輔佐成立的臺灣工友總聯盟，即於一場成功的『大眾爭奪』中，接手全島工運領導權，盧丙丁更是扮演了重要角色。

1927 年初，隨著臺灣文化協會的分裂，盧丙丁結束了他在活動寫真部握雲拿霧的精彩演出，與原文協同志們回到他的家鄉臺南重整旗鼓。4 月 5 日晚間，盧丙丁便與王受祿、黃金火、韓石泉和謝春木等 5 人在臺南公會堂進行政談演說。這個夜裡，公會堂現場湧進一千餘名聽眾，盧氏一本其時勢批判的凜然態度，對政府施政發表了名為〈掩耳盜鈴的政策〉之講演，並博得滿堂喝采。

相較於前文所論之文化運動，盧丙丁正式以組織成員身份參與勞工運動之時程稍晚，這明顯與臺灣地區反殖民運動是由文化啟蒙運動為始，繼而轉向農民運動、勞工運動有著緊密關連。據資料顯示，盧丙丁首次因主導勞工運動而受到殖民政府檢束之事件，是發生於 1927 年 4 月 22 日的臺南機械工友會在明治町會館，針對『臺灣鐵工所罷工事件』之全省同情罷工嚮應聚會問所致。

臺灣鐵工所罷工事件是臺灣勞工運動史上首椿全島響應的罷工事件，其發生緣由為位於高雄地區的臺灣鐵公所，為打壓工友會會長王風而於 1927 年 4 月 3 日以『不良的職工，於會社無益，破壞團體的行動[30]』為由將其免職，隨後引發該鐵工廠一百餘名工人的不滿而群起罷工，隨後資方又將此百餘名員工全部解雇。

一時之間，該罷工事件的風聲傳遍全臺並引起連鎖效應[31]，各地工友會、農民組合與文化協會所屬組織，或派人聲援，或募集金錢後援；同時，在高雄地區召開的應援講演和在臺北召開的後援同情講演也逐一遭到警察機關的命令解散。很明顯的，斯時同情該罷工活動之風潮迅速蔓延，各地的捐款、聲援書及實地響應罷工的情況源源不絕，成為全臺『友誼團體奮起』的廣大串連，聲明共同面對工業資本家的暴橫。

此際，臺灣機械工友會本部乃對資方提出 5 項要求[32]，同屬南部工友團體的盧丙丁，此刻正忙於籌備臺南機械工友會之成立，為了關注這次的工友團體罷工事件，也於同月 22 日銜命與擔任《臺灣民報》記者的謝春木一同前往關注。幾經交涉後，態度強硬的臺南警察署竟仍以『背後煽動，形勢越變越險惡』為名，將盧丙丁和前來採訪的謝春木等 4 人一併檢束至警署，更對其提出『你此去不可出入他們的集會[33]』之命令。另外，在這番大舉檢束之後，臺南警察署不顧輿論和民眾之非議，仍執意藉故封鎖工友們平日聚集的會館，暴露出行政機關強悍頑頇且不斷擴權的處置手段，其『援資壓勞』策略明顯呈現出對資本家之傾斜偏袒態度。

綜觀此次臺灣鐵工所所引發的全島罷工事件，勞方雖未能完全獲得預期效果，甚至被評價為『勞資兩敗俱傷[34]』，但在臺灣的工運史上卻有其重要意義，矢內原忠雄即稱之為：『工業勞働者之爭議，以昭和二年四月，高雄鐵工廠臺灣人職工一百餘人之一齊罷工而入新時期[35]』。尤其相較於更早之前的幾次零星罷工事件，由於活動皆為『苦力頭』所操控，待事發之後，資方再對這些苦力頭以權勢脅迫或金錢收買即煙消雲散，此二者之間有著重大的改變，最主要因素即為此次『臺灣鐵工所罷工事件』出現了足以凝聚工運意識的菁英份子之參與。對此，斯時參與該事件全程報導的《臺灣民報》記者謝春木即指出其對於臺灣勞工運動的正面意義：

> 論其影響，對職工促進團結的組織，養成團體的氣風，使職工感覺全僚意識，和階級意識，喚起互助協鬪的精神。此二點的收穫，於全島的工人，可謂收不少的效果，臺灣也吹了勞工進軍的喇叭了。[36]

值得一提的是，盧丙丁在此役之後的社會運動行誼，明顯地更為用心經營南部勞工運動，一則參與諸多臺南工友同情講演會與政談講演會，再則又於同年 5 月 15 日成立『臺南機械工友會』，並擔任該工友會執行委員長[37]；三則又積極與蔣渭水、韓石泉、王受祿、黃金火⋯⋯等人積極輔助南部地區 13 個工友會之成立[38]；盧氏正猶如『指導者[39]』角色般，在南臺灣地區帶領著基層勞工迎向工運黎明。

發生在 1927 年 9 月間的『川中鐵工所罷工事件』，係由盧丙丁擔任該事件交涉委員會委員長，事件中透過罷工手段，造成當月 15 日場主（資方）接受了委員會所提出包括日後必須定額賞金、提前通知解雇者與發給資遣費等勞方開出的條件[40]，這是盧氏所領銜的勞工運動中一次重要勝利。

1927 年 7 月 10 日臺灣民眾黨正式創設[41]，該黨著力甚深的勞工議題更獲得工人團體的普遍認同，加劇了勞方意義的抬頭[42]，可說是 1920 年代倡導勞工運動最具成效之社會組織[43]。於是乎，整併全臺勞工勢力之議刻以引為從事社會運動者的主要工作目標，而時任該黨第一任勞工部長者，即為中央常務委員盧丙丁，而盧氏也是在黨內提倡勞工運動的『頭兄[44]』，主導了臺灣工友總聯盟的成立及各式活動。

　　經過將近一年時間的醞釀，結合了全臺工會團體勢力的『臺灣工友總聯盟』在臺灣民眾黨之倡議下成立，斯時主要幹部為蔣渭水、盧丙丁、李友三、黃周、張晴川、王鍾麟與謝春木等人[45]，草創之初共有全臺 29 個工會團體加入，總會員數為 6367 名[46]。該聯盟以 1928 年 2 月 19 日為發會式，地點在臺北市大稻埕的蓬萊閣辦理，其繞市遊行活動亦極為盛大，被形容為『到處市民群集大呼萬歲，盛燃放鞭炮，以表歡迎之意，如此意氣沖天的樣子，支配階級與資本家的牙城想可不攻而就動搖罷了[47]』；此外，該聯盟的成立，亦被《臺灣民報》稱為『臺灣勞働史上的一大記錄[48]』。

　　此間，在主要指導成員重疊的組織下，臺灣工友總聯盟發展迅速，與臺灣民眾黨之關係更是不言可喻：

　　　工友總聯盟即在蔣渭水的指導下，與民眾黨亦步亦趨，成為民眾黨屬行其『以農工階級為基礎的民族運動』既定政策的尖兵；可是，該總聯盟的發展神速，不久即成為一個龐大的實力團體……至此，工友總聯盟，遂由民眾黨派生的地位，較變為左右其方向的地位，而成為民眾黨舉有實力的運動母體，故其與民眾黨的關係極為密切。[49]

　　臺灣工友總聯盟的順利創設，如前所述實具斯時相當有利之社會條件支撐，此外，工人間對於工會領袖的信任與依賴也十分明顯；其中，倘以觀察 1928 年間的南部勞工運動發展脈絡便可見其端倪；茲列舉臺灣工友總聯盟創立前之工運情勢為例證之。

　　1928 年元月間，在臺灣北部地區有基隆『木石工友會』為增高工資所提出的協商會務，而在南臺灣地區也有懸宕多時的水泥工工資問題，經過臺南土水工友會（即水泥工工會）的強力支持下，終於以每日固定最低起薪的方式獲得議決。不過，嚴格說起來此番議訂僅為工會內所得到的共識，對於日後的實際執行，仍是有賴社會各界在聘工與預算上的理解方有其意義[50]。

　　同年 2 月 16 日，這是臺灣工友總聯盟創立前 3 日，盧丙丁在臺南市繼續以其臺灣民眾黨中央委員的指導者身份，與韓石泉共同出席慶祝臺南勞工會的創立發會式。在這場發會式中，原為來賓角色的盧丙丁竟意外因眾人之公推而擔任議長；其後，則依序主持審議會則、選舉委員與發表祝辭等。

　　同日晚間 7 時，臺南勞工會舉成立紀念之辦政談講演會，盧氏則又受邀擔任主講人，講演主題則為極具批判力道的〈批判警察政治〉。據載，當日『聽眾將近二千名，全會場幾無立椎的餘地[51]』，適當年年初以來臺南地區最具規模的一次講演會[52]。

　　由是例觀之，這群以盧丙丁為首的南部臺籍工運菁英，藉由關懷勞工們的薪資待遇為出發點，一方面啟發勞動條件意識與認識法律規範，一方面凝聚勞動者間的彼此共識，可說是對工運意識同時進行內外教育，藉以提昇日後對抗資方與官方時的團體實力，因而在日後不斷升高的勞資衝突中逐漸取得有利地位，並被殖民當局視為『在規模、戰術方面展開了本島爭議中未曾有的尖銳鬥爭[53]』。

　　若從更大角度的時代背景來看，盧丙丁等人選擇此揭路線——『社會關懷→發現議題→凝聚共識→正面抗爭→再教育→再抗爭』——則明顯是沿襲過去以文化運動進行社會改革時之軌跡。

四、從社會抗爭到淺野罷工事件

　　除了為工人團體爭取利益之外，只要是對於弱勢者的關懷和發聲，盧丙丁亦向來不落人後，起於 1928 年 3 月間的臺南州新豐郡的『七股庄土地所有權爭議陳請事件』，便是一例。對於這片遭到浸沒近 30 年的四十餘甲土地，盧丙丁也率領 4 名代表以主張舊有契約為有力證明，前往臺南州政府向主管課長遞交陳請書，要求轉陳臺南州知事，俾請政府官員妥善處理。經此番陳請後，主管機關乃同意將『再行詳細調查，如何調查後即善為定奪[54]』，盧氏因而更加獲得基層群眾之信任。

此外，南臺灣知名團體——臺南赤崁勞動青年會[55]，也是盧丙丁在從事勞工運動之外所發展的另一個較具有文藝青年氣息的社會團體。在 1928 年 7 月 2 日的成立大會上及紀念講演會，發起人盧丙丁與《臺灣民報》南部記者謝春木等人均是受到熱烈歡迎的講者[56]。

1928 年 5 月間以『遷塚事件』逼退州政府的抗爭事件中，盧丙丁亦被二度選為該事件宣辦的『有緣者大會』之議長、抗議陳請代表及交涉報告人[57]。該起由臺灣民眾黨臺南支部和文協臺南支部所發起的抗爭事件，連綿多日間，包括臺灣民眾黨、文協、臺南地區各宗親會與商工業協會等 32 個團體超過 2000 人均強力後援，終逼得臺南州知事在同年 6 月 12 日間，召集各郡守及各地仕紳、發起人開立討論會，並於會中宣布：『竊想大典的紀念事業，為得全部人民歡喜樂意，而惹起如此的反對，實為大典的紀念事業，是沒有趣味的。故此不若將在目的建設運動場的事終止，而另考察最善的事業為妙[58]』。在此列諸多陳情抗議案與社會運動中，不難發現盧氏在臺南地區之公信力實已跨越勞、農業別，明顯具有地區間的決定性影響力。

發生在 1928 年 4 月間的高雄淺野洋灰（紅毛土、水泥）工場罷工事件，是 1920 年代引起全臺嚴重關注的重大勞資爭議案，更是臺灣被殖民史上最大宗的工人運動事件。

該案遠因是 1927 年 11 月間，經常為勞工工友成員們爭取權益的高雄機械工友會，即依據日本國內所實行的工場法、職工扶助法與職工就業規則等法令，向該會社提出 4 項要求[59]，以避免本島籍職工繼續遭到職場上的危險威脅與虐待榨取。不過，這項關係到基本工作條件的提案經過了 4 個月仍不見會社善意回應，最後更以經濟不景氣為由拒絕，逐漸引發工友會成員之不滿。

隨後，在 1928 年 3 月 26 日，淺野洋灰工場又因一名臺籍員工吳石定因參與刑事案件調查（後獲判無罪）的缺勤案處理不當，並在幾度出爾反爾下，致使與高雄機械工友會委員長黃賜等員工頻生齟齬，會社幹部更堅持解雇該員工。到了 4 月 6 日，該工場同情此案的職工三百餘人欲披擺誠意，遂共同前往事務所要求幹部會面；不料，該會社支店長原田氏竟大怒而命令『即刻退場』，翌（7）日會社守衛便奉命禁止工人們入場工作，同日下午便有 41 名職工遭到不明原因之解雇，因而引起該工場一千多名職工表達『大憤慨工場之橫暴，工場若不反省，不日中將起總罷工[60]』之意，整個罷工事件大有一觸即發之勢。

該案在各地同情的輿論持續發酵下，同月 14 日淺野洋灰工場所屬三百餘名工人在黃賜的主導下，遂以工友會名義宣告罷工，除了意欲凸顯原先前解雇案的不當處理之外，還要求會社承認去年 11 月提出的 4 項工作條件改善建議。然而，會社態度也極為強硬而不願承認任一部分，勞資雙方均出現互有動作的『各執持久戰』態勢。兩日後，連該場原分配在山上掘土解石的工人們，也因看不慣會社的顢頇而加入罷工行列，整個罷工活動已有七百餘人參與。

斯時，以盧丙丁等人為首的臺灣工友總聯盟[61]，也正式對此罷工案發動援助，致使此罷工活動『聲勢頗為轉佳，又當得聯盟幹部們的指導，對於維持秩序方面四無憂慮的地方[62]』。臺灣工友總聯盟此舉，除了指導整個罷工活動的策略進行外，亦藉此定位該事件為單純的『勞資糾紛』，以杜絕政府官警偏頗資本家而插手干涉之餘地。

　　隨著罷工的擴大與持久戰的消耗，對主持該事件的領導階層們造成不小的經濟壓力，曾任臺灣民眾黨臺南支部委員兼書記與臺灣工友聯盟臺南區主席的梁加升，在淺野石灰罷工事件中擔任罷工團副團長兼糾察隊隊長，他曾回憶，韓石泉、劉明哲與王受祿等都是南臺灣勞工運動中義無反顧的『金主[63]』，而梁氏與盧丙丁則是負責活動中調度資金的主角。

　　荒（案：梁加升之字）向（韓石泉）先生辭行時，先生即將當日所收的藥費，悉數取出交付荒，帶往高雄罷工團接濟，數目記不清了，但是相當數額……斯時，工連臺南區必須的經費，大都是盧丙丁兄和余負責調達，我兩人的對象是先生和劉明哲先生二位，斯時，韓、劉二位有『工聯金庫』的雅號。因淺野洋灰罷工事件，余和四十二位同志同時被捕入獄二百七十餘天，這起事件所有諸費和余等家族生活費，大都是先生和王受祿先生捐助者。[64]

　　由於這段時間資方對於協調一再反悔而致破裂，該『爭議團本部看見會社這種無誠意的辦法，異常憤慨，決定將這個爭議移給工友總聯盟，並打電（報）給日本各無產政黨，暴露會社的黑幕，要求援助[65]』。至此，臺灣工友總聯盟明訂將此事件轉至聯盟下直轄，因而成為淺野洋灰罷工事件的行動主體與指揮中心；同時，該事件也經此而逐漸重大化、國際化。

　　準備長期罷工的臺灣工友總聯盟，於五月七日召開中央執行委員會……即刻在當地設置臺灣工友總聯盟淺野爭議本部選任黃賜和盧丙丁為最高領導人，薛應得為會計，張晴川為對策，湯慶英為救濟，梁加升為糾察，陳來明為調查等各負責人而常駐當地，在高雄市內的田町內維設立糾察隊駐在所。為了對抗，會社將爭議團員一七八名一舉解雇。[66]

　　在長達 78 天的罷工日程裡，一度波及全島約二萬之同情聲援與罷工支持；雖然淺野水泥會社在此事件中損失達三千萬日圓，但近八百名長期罷工者的生計維持還是更為淒涼。是以，在經濟上處於極度弱勢的勞方，面對此一空前未有的大型罷工事件除了『壯烈事蹟』外，也存不少發人深思的軼聞；例如，在罷工團所簽署的成員公約中便設立了『吃飯隊』，以『食飯戰術』對擅自復工者處以負責所有罷工者日常三餐食材的規範即饒富趣味[67]。

　　勞工方面的聲勢雖然曾經一度在全臺的支持下大為看好，資方也幾乎苦無對策；然而就在勞資雙方各有堅持的激烈態度中，罷工活動還是難以長期維持其盛況，其主要原因乃是『資本家與日警當局勾結，用非常手段，以汽車衝撞方式，於五月八日，將糾察隊指揮者莊帝等五名檢舉，十三日搜查爭議團本部及四個所的家宅[68]』。最後，在殖民當局以行政力強勢介入的局勢裡，藉由警察力露骨的鎮壓方式，於 5 月 13 日檢舉了黃賜、張晴川、陳明來、梁加升等 31 名爭議團幹部及成員[69]，整個高雄淺野洋灰工場罷工活動遂在兩敗俱傷的慘痛代價中劃下句點。

　　綜觀 1920 年代末期臺灣勞工運動的過程，殖民政府強勢介入大型勞資爭議，並因經濟考慮而蠻橫偏頗資本家的態度，著實嚴重斲傷了臺灣人民的心靈，也顯現出殖民地勞工運動歷史上明顯的經濟利益剝奪遠遠凌駕勞動條件維護之特殊現象。

　　臺灣工友總聯盟於一九二八年所領導的罷工十九件，歸其共通的傾向，如同淺野水泥會社高雄工廠和臺灣製鹽會社的安平工廠，是日本人經營、規模最大之有力企業的罷工，皆因警方露骨的鎮壓，導致敗北而終，然而如同臺北木工工友會的情形是，日本人經營的小企業和臺灣人經營的企業的罷工，泰半的鬥爭未蒙受警方的鎮壓，正顯示殖民地勞工運動特異傾向之一端。[70]

　　就在與淺野洋灰罷工事件相近的期間，南部地區還發生了兩起因勞資爭議而引發的重大罷工事件，其一為臺南州安平臺灣製鹽會社罷工事件，其二則為基隆地區的三井物產出張所常雇煤炭工人罷工事件。這幾件發生在 1928 年初的勞資爭議都引發臺灣社會的廣大關注，然觀其背景，則都是在社會啟蒙主義下的勞工意識所引導；尤其居間擔任指導者身份的團體（臺灣工友總聯盟）與個人（臺籍知識菁英）更具關鍵角色。

罷工運動的能否持續堅守，團體成員間的相互制約效果甚為重要；諸如，如何主導爭議議題？如何凝聚成員共識？如何支應罷工運動所需的物資援助？以及如何規劃罷工期間諸多事務等等均屬之。

例如：『蔣渭水、謝春木、盧丙丁等人陸續辦理全島性同情演講，並支援資金與米糧或介紹工作，臨時出張所右側還可見到張貼臺南文化劇團公演慰勞罷工團的廣告[71]』。這些多元展現的活動內容，包含了安定罷工成員心理與生理層面的雙重措施。以動員力量最大的淺野洋灰罷工事件來看，便可見到斯時引領運動的社會團體所辦理之『慰安演藝會』之舉即是明例。倘從功能性觀之，這類活動的舉辦一來可以避免勞工們在停工期間遭到資方的『個個擊破』，二來也可繼續凝聚成員間的抗爭共識，具有多重效益。

對盧丙丁來說，除了妻子林氏好也加入社會運動行列之外，長期以來盧氏為了抒解臺灣民眾黨的財務支出，甚至還將自己的居家充當該黨臺南支部及讀報社所在地[72]，此般全心奉獻並毫無保留投入臺灣社會運動的情操，其實與蔣渭水和陳甜之行徑十分雷同；無怪乎，盧氏多年來不但與蔣氏過從甚密且相濡以沫，同時還成為蔣氏在勞工運動聯盟上的左右手；蓋實因氣味相投、英雄相惜之情也。

1928 年對臺灣的勞工運動來說，是豐富而又充滿紀念性的一年，對盧丙丁而言，則更是走遍全臺、橫跨政黨與工運活動的一年[73]。

五、日據時期勞工運動尾聲

1929 年 2 月 11 日，臺灣工友總聯盟在臺南市區的松金樓 4 樓召開創立以來的第二次全島代表大會；出席此次大會的全島代表共 108 人，加盟團體已經達到 41 個，加盟人數更達 1,446 人，是當時僅次於臺灣農民組合的全臺第二大社會運動團體。經由眾人的推薦，盧丙丁在議長選舉中以全數通過連任第二屆議長，此階段可視為盧氏從事工運活動的最高峰，也是臺灣勞工運動發展的最輝煌時期。

根據統計，臺灣工友總聯盟自 1928 年 2 月成立以來，在將近一年的時間內共處理了全臺 15 件重要罷工爭議事件，其中有 9 件獲得勝利、3 件失敗、2 件無分勝負、1 件仍在保留狀態；大體來說，是盛大豐收且極具意義的第一年。不過，在這次的年度大會依然設有警察機關的臨監席，臨監官也罕見地不斷對各地區報告者施以『中止發言』的命令，斯時殖民當局逐漸實施的緊縮言論尺度策略，在這次的全島大代表會中顯得十分強硬[74]。

殖民政府除了講演及會議的臨監動作外，在公開活動當中發表的各式文宣也都得事先經過審查始得散發；例如由蔣渭水撰寫的〈勞働節歌〉，便曾一度因藉口『紅旗』與『強權』之字詞不妥而遭查禁[75]，而後在經過修改始得公開宣傳[76]。〈勞働節歌〉經由臺灣工友總聯盟在五一勞動節慶祝活動中大力提倡後，其簡短平易的歌詞曲調很快地受到勞工團體的喜愛，成為具有凝聚勞動意識價值之重要歌曲。

根據《重修臺灣省通志》所記，盧丙丁在 1929 年底期間曾辭卸臺灣民眾黨黨內職務而前往廈門，並有在廈門指導閩南學生辦理聯合會成立儀式等事件之傳聞[77]。就在盧丙丁前往廈門發展的同時，1929 年 10 月 17 日臺灣民眾黨於新竹公會堂舉行的第三次全島黨員大會中，由於黨內左右兩派意見上的衝突，造成代表著地主與資產階級陣營的楊肇嘉等人由東京返臺推動地方自治改革，致使反殖民陣營再度面臨分裂危機。

1930 年 8 月 3 日和 5 日，楊肇嘉等右派人士分別於臺南市及臺中市舉行『臺灣地方自治聯盟發起人磋商會議[78]』。其後，則在同月 17 日於由林獻堂、楊肇嘉、陳炘、蔡式穀、葉榮鐘和洪元煌等 75 名發起人，假臺中市醉月樓舉行發會式[79]，反殖民陣營宣告正式分裂。此際，自始至終一直站在勞工立場的盧丙丁業已返臺，並幾度在講演會中發表他反對臺灣自治聯盟的立場。

1931 年 2 月間臺灣民眾黨被解散後至同年 8 月初蔣渭水過世這段期間，盧丙丁繼續他在反殖民運動陣營的耕耘。例如他參與一起因為殖民地官員實施加俸減額，致使民眾們所發起的『加俸撤廢運動[80]』；其他關於由臺灣工友總聯盟發起的『反對臺南籼市代行會社設立』事件，以及發表『打倒籼市代行會社[81]』之主張等，亦均可見盧氏穿梭在臺南街頭，對著支持群眾與廣大市民們大聲疾呼的堅定身影。

1931 年 8 月 5 日，反殖民運動領袖蔣渭水因傷寒過世，造成了臺灣社會運動莫大的損失，反殖民同志們則頓失精神依靠，堪稱蔣氏勞工運動左右手的盧丙丁，在蔣氏住院時即立刻北上看護[82]，更親自在蔣氏臨終前一日（8 月 4 日）擔任其遺囑筆錄人[83]。此外，在蔣氏臨終前，盧氏也隨侍在側，念茲在茲皆為袍澤安危，發揮了超乎至親手足的同志之愛。其後，盧丙丁臨危受命為『故蔣渭水氏之臺灣大眾葬儀委員』，討論及決議有關蔣氏告別式之磋商事宜。此外，在同月 23 日『蔣渭水氏之臺灣大眾葬葬儀』時，盧丙丁受膺在葬儀上負責宣讀告別式詞[84]；此間行徑，均明顯地呈現出盧氏在臺灣社會運動史上的重要位置。

伴隨著更專制殖民控制力蔓延的同時，領袖人物的殞落益發造成反殖民陣營組織上的潰縮；於是，『臺灣民眾黨被解散後，臺灣工友總聯盟失去領導主體，翌年蔣雪谷先生因病逝世，工友又失去了導師，自是無形消沈了。各地工友會也煙消雲散了臺灣的工運也可以說壽終正寢了[85]』。在這段出自斯時工運領導份子梁加升回憶中的結論中，為我們解釋了 1931 年以後臺灣勞工運動與政黨運動迅速式微、終至消失無蹤的癥結所在。

是以，從一則 1935 年 5 月 1 日臺南市勞動節活動的新聞報導，亦得看出工運與解放活動在臺灣地區之疲弱狀態：

五月一日之勞働節日，臺南警察署先於三十日夜，以八時為期，於萩谷高等主任指揮下召集全特務及內勤，徹宵亙及全市，實施警戒……而與本島之文協亦潛形匿跡，民眾黨之禁止則工友會、赤崁勞働者青年會亦自然消解。[86]

文中所提遭逢臺灣總督府解散的幾個反殖民運動組織──文協、民眾黨、工友會、赤崁勞働青年會──正是由蔣渭水、盧丙丁等人開創而興隆之團體；此際，因局勢不變致使包括工運活動在內的反對勢力消解之景明顯可見。

六、結語──臺灣工運『頭兄』盧丙丁

在《臺灣新民報》於 1932 年間對斯時臺灣解放運動的概況報導中，舉出幾個最重要的社會團體，其中包括臺灣自治聯盟、臺灣文化協會、臺灣工友總聯盟和臺灣農民組合等；其中，咸認盧丙丁即為工友總聯盟之創立與當今之最重要人物：『盧丙丁是聯盟發會式的議長，又是聯盟的中央委員，同君又是民眾黨的解消派，主張參加於工友總聯盟的頭兄[87]』，足見盧氏在臺灣工運史上具有特殊貢獻。

關於盧丙丁在 1932 年以後的行蹤，目前仍是一個未能完整解開之謎。根據《重修臺灣省通志》的記載，認為盧氏『丙丁後於該黨第三次黨員大會前，辭卸職務，內渡廈門，日據末逝[88]』，對於何以內渡與何以逝世皆未做交代，此情實為史料不足所致。至於同志間的說法，則有梁加升在回憶韓石泉對勞工運動的支援時，曾提及『同志中盧丙丁兄身患不治之症，終年醫藥和家庭生活上諸費，先生終年資濟，毫不吝色（嗇）[89]』。以梁氏與盧氏交情之篤，謂其『身患不治之症』而受到韓石泉資濟一事，其中還牽涉到盧氏之同志兼好友韓石泉的情誼，因此可信度頗高。

然而就在殖民政府嚴厲打壓下，臺灣工友聯盟等勞工組織在臺灣民眾黨遭到解散處分後之發展愈見不利；此外，受到勞工運動環境大不如前以及盧丙丁行蹤幾度成謎的影響，致使所屬成員逐漸離開社運活動，或者加入其他團體，因而該聯盟之績效即幾近於沈靜的狀態[90]。由是觀之，盧丙丁在臺灣勞工運動史上舉足輕重的地位不言可喻。

在就盧氏家人後輩的說法而論，其哲孫林章峰曾提及祖父在 1932 年以後便與家人聚少離多，主因乃是日人經常藉故將盧氏予以拘禁，其為免連累家人遂無奈至行蹤飄忽成謎，甚至前往廈門避難。直至 2005 年間，林章峰方發現盧丙丁在 1935 年 8 月即遭到警察單位拘捕而離家多時；隨後，經由樂生療養院所提供之病患名冊中，則記載了盧丙丁於當年 12 月 5 日在院中治療並遭強制隔離，並罕見地於次（1936）年 1 月間被押送出境至廈門後不知去向[91]；一代臺灣工運領袖至此失去蹤跡，成為臺灣反殖民運動史上另一條英氣振振的反抗靈魂。

（作者單位：臺北市立教育大學中國語文學系，蔣渭水文化基金會）

注 釋：

[1] 例如 1908 年的竹林事件、1909 年林本源製糖會社的土地強力收買事件、1912 年的林圯埔事件即是；甚至到了 1925 年的二林事件，也是農民失去土地自主權後，再度面臨企業主與官憲單位聯合壓迫農人階級的爭議所生。。

[2] 黃旺成纂修、臺灣省文獻委員會編，《臺灣省通志稿·革命志抗日篇》，臺北：海峽學術出版社，2002 年 4 月，頁 161。

[3] 劉寧顏總纂，《重修臺灣省通志卷七·政治志社會篇》，南投：臺灣省文獻委員會，1992 年 7 月，頁 1095。

[4] 林書揚、王乃信等編譯，《臺灣總督府警察沿革誌第二篇領臺以後的治安狀況（中卷）——臺灣社會運動史（1913—1936），第五冊》，臺北：創造出版社，1989 年 6 月，頁 1～9。另，同（1927）年臺灣總督府警務局之調查，全臺工廠總數為 3646 家，其中大多為聘僱職工人數未滿 15 人之小型家庭式工廠，佔全部職工人數約百分之77.5；而聘僱職工超過 100 名之中大型工廠則有 104 家，聘僱職工超過 200 名以上之大型工廠有 58 家。

[5] 同前注，頁 11。

[6] 在殖民統治下，臺籍勞工與日籍勞工間不斷存在著薪資上的差別待遇問題。以薪資給付觀之，在 1929 年間，日人官方所營運的公營工廠日籍男性工人平均日薪為 2.2 元，而臺籍男性工人僅為 1.09 元；在民營工廠內日籍男性工人平均日薪為 1.92 元，而臺籍男性工人則為 0.99 元，大致上兩者間均維持一倍差距。更有甚者，在私營鐵路工資方面，日籍男工月薪為 65 元，而臺籍男工月薪卻僅為 20.86 元，其日人工資竟為臺人之三倍餘，差距更是驚人。陳鵬仁，〈日據下臺灣人民的反抗運動〉，收錄於《臺灣殖

民地史學術研討會論文集》，臺北：海峽學術出版社，2004年2月，頁160。

[7] 依據宮川次郎之分析：『民國十六年為臺灣農工界多事之秋，此導因於民國十六年四月四日，日人經營的臺灣鐵工所突發聯合大罷工。此事刺戟全島工人的大團結，而臺灣的工人運動則深受華南一帶工人運動的影響，其內容及形式幾乎得其衣鉢，但臺灣的農民運動則深受日本的影響。』見宮川次郎，《臺灣の社會運動》，臺北：臺灣實業界社，1929年10月。本譯文摘自簡炯仁，《臺灣民眾黨》，臺北：稻鄉出版社，2001年5月，頁172—173。

[8] 矢內原忠雄著、陳茂源譯，《日本帝國主義下之臺灣》，南投：臺灣省文獻委員會，1952年6月，頁206—207。

[9] 〈臺灣已有組織了 勞働問題研究會〉，《臺灣民報》第90號，臺北：株式會社臺灣民報社，1926年1月31日，第8版。

[10] 〈倡設勞働學校〉，《臺灣民報》第133號，臺北：株式會社臺灣民報社，1926年11月28日，第3版。

[11] 林書揚、王乃信等編譯，《臺灣總督府警察沿革誌第二篇領臺以後的治安狀況（中卷）──臺灣社會運動史（1913—1936），第一冊》，臺北：創造出版社，1989年6月，頁205。

[12] 〈有組織的勞工總數〉，《臺灣民報》第167號，臺北：株式會社臺灣民報社，1927年10月2日，第4版。

[13] 斯時，一場被稱為太平洋地區『勞働組合會議』的跨國性勞工問題事務會議，也正預定於5月1日國際勞働節的同時，在中國廣東一帶召開，與會國包含了英國、俄國、澳洲、印度、美國、日本等世界列強，以及其他環太平洋地區諸國等；其討論的事項則有：『組合之組織、委員會之報告、太平洋問題、國際勞働運動、極東勞働組合情勢、移民問題有色人種種種勞働問題及其他』。〈廣東開太平洋 勞働組合會議〉，《臺南新報》第9042號，臺南：株式會社臺南新報社，1927年4月7日，第6版。

[14] 社說，〈黎明期臺灣勞働運動〉，《臺灣民報》第152號，臺北：株式會社臺灣民報社，1927年4月10日，第2版。

[15] 林書揚、王乃信等編譯，《臺灣總督府警察沿革誌第二篇領臺以後的治安狀況（中卷）──臺灣社會運動史（1913—1936），第五冊》，臺北：創造出版社，1989年6月，頁34。

[16] 筆者於2010年3月至9月間，數度與盧丙丁哲孫林章峰先生透過家居採訪、資料比對及電話聯繫等方式，蒐集整理有關其祖父盧丙丁之生平事蹟，並獲其父（盧丙丁次子）林文哲先生慷慨指導，在此致上誠摯謝意。

[17] 參與《臺灣民報》創立的1920年代臺灣反殖民運動社會運動家黃呈聰，曾在1924年間具體提出：『臺灣文化的建設始於國語學校，和醫學校這兩校皆是領臺後最初創設的……至於在社會上，文化的啟發也是以這兩校的卒業生為指導。劍如（黃呈聰），〈關於臺北師範休校事件的一考察〉，《臺灣民報》，第2卷第26號，1924年12月11日，第4版。盧丙丁在國語學校就學前、後期有多位知名臺籍校友，例如蔡培火、蔡式穀、李友邦、黃呈聰、謝春木、陳植祺、林秋梧、林木順、吳三連、林呈祿、陳炘、陳逢源、王敏川等人，皆是1920年代反殖民運動陣營內之要角。

[18] 在該事件中，殖民政府在1923年12月16日清晨6時實施全島搜索六十餘戶家宅，並有99人遭到拘押、搜索或傳訊，數十名臺籍知識菁英受到政治迫害；一時間，全島在

白色恐怖的警察高壓恐嚇下風聲鶴唳。黃信彰編校，《那些天 蔣渭水在牢裡 合唱交響詩》，臺北：蔣渭水文化基金會，頁 19。

[19] 林書揚、王乃信等編譯，《臺灣總督府警察沿革誌第二篇領臺以後的治安狀況（中卷）——臺灣社會運動史（1913—1936），第一冊》，臺北：創造出版社，1989 年 6 月，頁 198。

[20] 盧丙丁自 1924 至 1926 年的 3 年間即投入臺灣文化協會興辦夏季學校之業務，就在 1925 年 8 月結束第二回校務後，同月 10 日，他便在臺中州的大甲地區展開了他的『文化講演處女秀』。這場夜間講演會聽眾高達三千餘名，將講演現場擠的毫無立錐之地；暖場時由中臺灣名醫彭清靠等人致開會辭後，盧氏即以〈破壞建設〉為題發表講演〈各地文化講演情報 大甲〉，《臺灣民報》第 69 號，臺北：株式會社臺灣民報社，1925 年 9 月 6 日，第 5 版。

[21] 1926 年 3 月間，臺灣文化協會常務理事蔡培火趁著擔任第 7 次至東京議會請願時，購買了放映機及 7 捲影片返臺，並通過臺灣總督府的檢閱核准使用播放。葉榮鐘，《日據下臺灣政治社會運動史》，臺北：晨星出版公司，2000 年 8 月，頁 362。

[22] 由於該時期的影片均為僅具影像的默片，需有人聲在旁講述劇情；為此，亟需訓練影片播放時的辯士（解說員），使他們成為電影巡迴全臺放映時的靈魂人物。

[23] 〈文協活動寫真部出世〉，《臺灣民報》第 101 號，臺北：株式會社臺灣民報社，1926 年 4 月 18 日，第 7 版。

[24] 〈全島雄辯大會的盛況 各地辦識的熱辯 注意中止的濫發〉，《臺灣民報》第 121 號，臺北：株式會社臺灣民報社，1926 年 9 月 5 日，第 5 版。

[25] 〈臺南文化劇大成功〉，《臺灣民報》第 154 號，臺北：株式會社臺灣民報社，1927 年 4 月 24 日，第 9 版。

[26] 臺灣文化協會的主要成員在 1927 年間紛紛宣布脫離該協會，這些人多被稱為『舊幹部』，其中大部分皆為 1921 年時之創會會員；該年 10 月 1 日當天之退會聲勢最為浩大，宣告脫離臺灣文化協會者眾多，《臺灣民報》所列出的名單即有 66 人，包括：林階堂、蔣渭水、林幼春、盧丙丁、洪元煌、李瑞雲、廖進平、林火木、賴金圳、李珪璋、蕭阿乖、謝春木、林麗明、黃金火、王受祿、韓石泉、蔣渭川、黃周、戴旺枝、彭華英等多人。〈脫離文協的署名者〉，《臺灣民報》第 177 號，臺北：株式會社臺灣民報社，1927 年 10 月 9 日，第 4 版。

[27] 黃信彰、蔣朝根著，《臺灣新文化運動特輯》，臺北：臺北市政府文化局，2007 年 2 月，頁 39。

[28] 蔣渭水，〈解放運動的派別〉，《臺灣民報》第 144 號，臺北：株式會社臺灣民報社，1927 年 2 月 13 日，第 2 版。這是蔣渭水在 1927 年初，面對臺灣文化協會分裂後，臺灣反殖民陣營日趨嚴重的左右路線傾辯局勢所提出理性呼籲，並試圖調和兩端的言論之一。

[29] 黃師樵，〈日據時代臺灣工人運動史〉，收錄於《臺灣共產黨秘史》，臺北：海峽學術出版社，1999 年 9 月，頁 140。

[30] 追風（謝春木），〈鐵工罷業的感想〉，《臺灣民報》第 157 號，臺北：株式會社臺灣民報社，1927 年 5 月 15 日，第 12 版。

[31] 根據筆者統計，斯時參與罷工或辦理同情講演會的聲援團體至少有臺南機械工會、嘉義街殖產局營林所修理工場及製材工廠、高雄工友會、臺灣總督府專賣局嘉義支局工

友會、臺灣機械工會、臺北木工工友會、臺北工友協助會、臺灣工人同風會、無產青年會、文化協會支部、日華紡織會、臺灣塗工會、臺灣青年讀書會、大安工場等。

[32] 詳細內容為：一、承認本工會，所以須要取消本會會員的解職。二、須支給罷工中的給料。三、欲解除職工的時須要二個月前豫告。四、不論任何解職，須給解職津貼。五、為會社的便宜休業或定期休業日須對本會會員支給給料。同時工會還發出宣言，全臺通過決議『爭議中誓不為高雄臺灣鐵公所主雇傭，並將採取其他任何有力之援助』等。〈高雄鐵工罷工的情況〉，《臺灣民報》第 155 號，臺北：株式會社臺灣民報社，1927 年 5 月 1 日，第 5 版。

[33] 〈臺南機械工同情罷工 工友被檢束十餘名〉，《臺灣民報》第 156 號，臺北：株式會社臺灣民報社，1927 年 5 月 8 日，第 7 版。

[34] 劉寧顏總纂，《重修臺灣省通志卷七・政治志社會篇》，南投：臺灣省文獻委員會，1992 年 7 月，頁 1097。

[35] 矢內原忠雄著、陳茂源譯，《日本帝國主義下之臺灣》，南投：臺灣省文獻委員會，1952 年 6 月，頁 207。

[36] 謝春木（追風），〈鐵工罷業的感想〉，《臺灣民報》第 157 號，臺北：株式會社臺灣民報社，1927 年 5 月 15 日，第 13 版。

[37] 另推黃賜、謝春木為該工友會顧問。

[38] 有關此揭工友會名稱、活動及各講演會資訊，詳見黃信彰，《工運・歌聲・反殖民——盧丙丁與林氏好的年代》，臺北：臺北市政府文化局，2010 年 10 月，頁 67，以及該書〈盧丙丁與林氏好伉儷大事記〉。本文相關文字資料多處出自該書之節錄，特此說明。

[39] 〈指導者要緊〉，《臺灣民報》第 156 號，臺北：株式會社臺灣民報社，1927 年 5 月 8 日，第 10 版。

[40] 〈川中鐵工所の罷工〉，《臺灣民報》第 174 號，臺北：株式會社臺灣民報社，1927 年 9 月 18 日，第 10 版。

[41] 〈臺灣民眾黨出現 七月十日在臺中舉結黨式〉，《臺灣民報》第 166 號，臺北：株式會社臺灣民報社，1927 年 7 月 22 日，第 4 版。

[42] 臺灣民眾黨綱領揭諸：爭取勞働者農民無產市民及一切被壓迫民眾之政治的自由。擁互勞働者農民無產市民及一切被壓迫民眾之日常的利益。努力勞働者農民無產市民及一切被壓迫民眾之組織擴大化。白成枝編，《蔣渭水遺集・民眾黨綱領》，臺北：蔣先烈遺集刊行委員會，1950 年 8 月，頁 17。此外，該黨經濟政策內文亦處處充滿提升勞働條件與維護勞工權益之主張。

[43] 由是觀之，臺灣民眾黨在成立後選擇以勞工運動為發展主軸之一是有其原因的，李筱峯認為：雖然在農運方面，因為早已有『臺灣農民組合』的全島性組織（成立於一九二五年），使得民眾黨已無插足餘地；不過在工運分面，臺灣民眾黨則大有成就，迄一九二七年底，臺灣民眾黨以獲得二十一個勞工團體（人數達三千多人）的支持。李筱峯，《臺灣革命僧林秋梧》，臺北：自立晚報社，1991 年 2 月，頁 143。

[44] 〈臺灣解放運動界概況〉，《臺灣新民報》第 396 號，臺北：株式會社臺灣新民報社，1932 年 1 月 1 日，第 8 版。

[45] 林書揚、王乃信等編譯，《臺灣總督府警察沿革誌第二篇領臺以後的治安狀況（中卷）——臺灣社會運動史（1913—1936），第五冊》，臺北：創造出版社，1989 年 6 月，頁 71。

[46] 相關工會組織名稱詳見〈臺灣工友總聯盟成立了 舉行盛大發會式 決定勞動節休業〉，《臺灣民報》第197號，臺北：株式會社臺灣民報社，1928年2月26日，第3版。

[47] 〈臺灣工友總聯盟成立了 舉行盛大發會式 決定勞動節休業〉，《臺灣民報》第197號，臺北：株式會社臺灣民報社，1928年2月26日，第3版。不幸的是，臺灣工友總聯盟之創立宣言書前文在開會前即遭到殖民當局下令禁止使用，而《臺灣民報》刊載本文時，其創立宣言主文亦遭刪除。

[48] 同前註。

[49] 簡炯仁，《臺灣民眾黨》，臺北：稻鄉出版社，2001年5月，頁170。

[50] 對此，身為臺南總工會委員長的盧丙丁，乃於同月12日下午7時，假臺南市武廟的佛祖廳召開『臺南土水工工價一定紀念講演會』，目的即在推廣固定工資以避免勞資爭議之信念，希冀在社會民眾間爭取對勞動階層工作生存權爭的具體認識和支持，此舉實具有大眾啟蒙及促進各社會階層彼此瞭解之重要功能。

[51] 〈臺南勞工會舉行發會式 並開紀念政談講演〉，《臺灣民報》第197號，臺北：株式會社臺灣民報社，1928年2月26日，第5版。

[52] 該講演會尚有臺灣民眾黨重要幹部韓石泉講演〈對於臺南市政府的批評〉，以及王受祿講演〈假自治制改革期到了〉。

[53] 林書揚、王乃信等編譯，《臺灣總督府警察沿革誌第二篇領臺以後的治安狀況（中卷）——臺灣社會運動史（1913—1936），第五冊》，臺北：創造出版社，1989年6月，頁76。

[54] 〈再浮起土地所有者 陳請勿拂下庄方面〉，《臺灣民報》第199號，臺北：株式會社臺灣民報社，1928年3月11日，第3版。

[55] 〈赤崁勞動青年會 入會者已超過百名〉，《臺灣民報》第199號，臺北：株式會社臺灣民報社，1928年3月11日，第7版。

[56] 〈各團體近況 勞働青年紀念講演〉，《臺灣民報》第216號，臺北：株式會社臺灣民報社，1928年7月8日，第7版。

[57] 〈反對強制遷塚 開有緣者大會〉，《臺灣民報》第212號，臺北：株式會社臺灣民報社，1928年6月10日，第2版。

[58] 〈臺南遷塚問題終歸中止 州知事發表中止意見 實行派要求反對者諒解〉，《臺灣民報》第213號，臺北：株式會社臺灣民報社，1928年6月17日，第4版。

[59] 此四項要求分別為：一、出勤簿制訂。二、設置職工宿舍。三、最低工資制訂。四、時間外勤務增分。〈機械工友會對洋灰工場提出要求〉，《臺灣民報》第201號，臺北：株式會社臺灣民報社，1928年3月25日，第7版。

[60] 〈淺野紅毛塗工場壓迫職工的暴狀 不日中將起罷工〉，《臺灣民報》第204號，臺北：株式會社臺灣民報社，1928年4月15日，第4版。

[61] 盧丙丁為斯時臺灣工友總聯盟爭議部長，主導聯盟在淺野洋灰罷工事件中之指揮調度事宜；後因罷工團長黃賜遭到警方檢束，盧氏又接任罷工團團長職務。

[62] 〈淺野罷工仍各對峙 工友總聯盟應援 市民抗議降灰問題〉，《臺灣民報》第207號，臺北：株式會社臺灣民報社，1928年5月6日，第3版。

[63] 杜聰明曾言：「韓先生是革命志士，具有時代觀念之先覺者。最初與黃金火先生在臺南市共創『共和醫院』，為南部臺灣政治文化活動基地，參加臺灣議會期成同盟會、文化協會及民眾黨等，犧牲不少金錢和勢力，抵抗日本殖民政治及促進臺灣文化之發展。」

杜聰明,〈追念韓石泉先生〉,收錄於韓石泉原著、韓良俊編註,《六十回憶——韓石泉醫師自傳》,臺北:望春風文化事業公司,2009 年 2 月,頁 271。

[64] 莊永明,《臺灣先賢先烈專輯——韓石泉傳》,南投:臺灣省文獻會,1993 年 11 月,頁 122。

[65] 〈爭議愈形重大化 淺野洋灰工場停業了 罷工事務由總聯盟引繼〉,《臺灣民報》第 208 號,臺北:株式會社臺灣民報社,1928 年 5 月 13 日,第 5 版。另外,在該期的《臺灣民報》廣告欄內,還有幾則頗具興味的廣告;例如一首打油詩〈打狗大罷工〉所提,即可在某種程度上描寫出淺野罷工的實際情況:打狗大罷工 工人走空空 煙筒無火煙 機器未震動 會社用計策 四處騙工人 社員做看守 工場準監房 大家着注意 被騙先不通。

[66] 向山寬夫著、楊鴻儒等譯,《日本統治下的臺灣民族運動史》,臺北:福祿壽興業股份有限公司,1999 年 12 月,頁 979。

[67] 公約中明訂:「據情報發現有工友擅自復工者,罷工團組織食飯隊。每隊一、二十人、三十餘人不等,領罷工團食飯隊旗幟到該工人家;先以禮貌上向該家主婦說:『因肚子的飢餓,特來請您給我們飯食,某某嫂,好、不好!』以臺灣習慣大都說好,那麼自己洗米煮飯,飯熟就食,繼續再炊,輪流不離,食到柴完米糧盡才休。」梁加升,《日治時期臺灣民族革命運動興起與沿革略述》,少滄遺稿影本,1965 年 6 月,頁 15。

[68] 黃師樵,〈臺灣工友總聯盟的工會活動〉,收錄於《臺灣共產黨秘史》,臺北:海峽學術出版社,1999 年 9 月,頁 184。

[69] 該次罷工事件過程中曾經發生工人間因為復工與否引發的糾紛,一些成員遂『組織了糾察隊去取締擅自上班,背叛團體的人,如果不聽勸阻,不惜加以修理,於是工廠再告停擺……淺野水泥工廠老羞成怒,控告黃賜等三十七名糾察隊人員施暴』。該控告按在 1929 年 6 月 27 日於臺南地方法院舉行公判『八月一日,渡邊裁判長宣告判決:沈春成等七名判刑三個月;張春榮等四名,罰金各五十圓;黃賜、梁加升等二十六名無罪』。莊永明,《臺灣紀事——臺灣歷史上的今天(上)》,臺北:時報文化出版公司,1998 年 10 月,頁 538。

[70] 向山寬夫著、楊鴻儒等譯,《日本統治下的臺灣民族運動史》,臺北:福祿壽興業股份有限公司,1999 年 12 月,頁 982。

[71] 蔣朝根編著、黃信彰編校,《在最不可能的時刻——蔣渭水留真集》,臺北:臺北市文獻會,2006 年 12 月,頁 129。

[72] 〈民眾黨支部移轉〉,《臺灣民報》第 242 號,臺北:株式會社臺灣民報社,1929 年 1 月 8 日,第 7 版。

[73] 盧丙丁於 1928 年 9 月間承臺灣民眾黨黨部之命,組成『東臺灣巡迴講演隊』專責前往臺灣東部地區進行民眾講演工作。〈民眾黨組織巡迴講演隊 一個月間巡迴全島〉,《臺灣民報》第 230 號,臺北:株式會社臺灣民報社,1928 年 10 月 14 日,第 3 版。1929 年 1 月 6 日起,由北而南辦理為期兩週的全島各地『巡迴大講演』,盧丙丁、王受祿與蔣渭水等 3 名則受命為隨時增補馳援的重量級辯士。〈工友總聯盟將開巡迴講演〉,《臺灣民報》第 239 號,臺北:株式會社臺灣民報社,1928 年 12 月 16 日,第 6 版。

[74] 〈工友總聯盟第二次代表大會 加盟團體四十一個 出席代表百餘名〉,《臺灣民報》第 248 號,臺北:株式會社臺灣民報社,1929 年 2 月 17 日,第 3 版。

[75] 〈勞働歌被禁原因〉,《臺灣民報》第 206 號,臺北:株式會社臺灣民報社,1928 年 4

月 29 日，第 2 版。

[76] 蔣渭水創作之〈勞働節歌〉歌詞如下：（一）美哉自由世界明星 拼我熱血為他犧牲 要把非理制度一切消除盡清 記取五月一日良辰（二）旌旗飛舞走上光明路 各盡所能各取所需 不分貧賤富貴責任依一互助 願大家努力一齊猛進。〈勞働節歌〉，《臺灣民報》第 258 號，臺北：株式會社臺灣民報社，1929 年 4 月 28 日，第 5 版。

[77] 黃典權等編纂，《重修臺灣省通志卷九·人物志人物傳篇人物表篇》，南投：臺灣省文獻委員會，1998 年 6 月，頁 378。

[78] 〈臺灣地方自治聯盟中南部發起人磋商會 發會式決定十七日〉，《臺灣新民報》第 32 號，臺北：株式會社臺灣新民報社，1930 年 8 月 9 日，第 4 版。

[79] 〈地方自治聯盟舉行盛大發會式 午前中發起人總會 議事皆照原案通過〉，《臺灣新民報》第 327 號，臺北：株式會社臺灣新民報社，1930 年 8 月 23 日，第 3 版。

[80] 〈加俸減額聲中的加俸全廢運動〉，《臺灣新民報》第 370 號，臺北：株式會社臺灣新民報社，1931 年 6 月 27 日，第 2 版。

[81] 〈打倒籼市代行會社 工總聯開講演會 恐怕其死灰復燃〉，《臺灣新民報》第 375 號，臺北：株式會社臺灣新民報社，1931 年 8 月 1 日，第 3 版。

[82] 〈舊臺灣民眾黨領袖 工友總聯盟的顧問 蔣渭水氏逝世〉，《臺灣新民報》第 376 號，臺北：株式會社臺灣新民報社，1931 年 8 月 8 日，第 4 版。

[83] 蔣朝根編著、黃信彰編校，《在最不可能的時刻——蔣渭水留真集》，臺北：臺北市文獻會，2006 年 12 月，頁 215 圖影。

[84] 〈故蔣渭水氏的臺灣大眾葬 送葬者五千餘人 臺灣空前的葬式 遺骨埋在大直山上〉，《臺灣新民報》第 379 號，臺北：株式會社臺灣新民報社，1931 年 8 月 29 日，第 4 版。

[85] 梁加升，《日治時期臺灣民族革命運動興起與沿革略述》，少滄遺稿影本，1965 年 6 月，頁 15。

[86] 〈臺南之勞働節日 極平穩之無事乎〉，《臺南新報》第 1968 號，臺南：株式會社臺南新報社，1935 年 5 月 2 日，第 4 版。

[87] 〈臺灣解放運動界概況〉，《臺灣新民報》第 396 號，臺北：株式會社臺灣新民報社，1932 年 1 月 1 日，第 8 版。

[88] 黃典權等編纂，《重修臺灣省通志卷九·人物志人物傳篇人物表篇》，南投：臺灣省文獻委員會，1998 年 6 月，頁 378。

[89] 此為莊永明採錄梁加升之回憶所記。莊永明，《臺灣先賢先烈專輯——韓石泉傳》，南投：臺灣省文獻會，1993 年 11 月，頁 122。

[90] 〈臺灣解放運動界概況〉，《臺灣新民報》第 396 號，臺北：株式會社臺灣新民報社，1932 年 1 月 1 日，第 8 版。

[91] 林章峰指出，在 1990 年代末期他曾經實地造訪該院，並由一年約 90 歲之老員工得知，該老者自日據時期即服務於樂生院，而該院在日據末期確實曾用來拘禁、隔離政治犯，以遂行殖民政府打壓異議份子之目的。

光復前的臺灣政治、經濟、社會的歷史演變

黃麗雲

一、前　言

　　歷史的演變無非是研究歷史的主題。過去的歷史記錄主為官方撰述，唯有野史才正面披露史實。因此，研究歷史的演變有二門途徑。一為史料、二為資料。

　　本文注重＜台湾日日新報＞史料、《黃旺成先生日記》資料的実証論述。但集焦日帝国植民期的文化元素呈現。認識隣國治理下的臺灣日治期，並了解日本文化在台種下的深刻影響，是研究戦前臺灣史的重要課題。＜台湾日日新報＞扒龍船記事史料散発当局的政策施行及社会的経済営運與倫理秩序的維持之道。且借《黃旺成先生日記》為資料研究時，從中明白臺灣史的生活文化元素，一直存在於台灣人身邊的日常生活中；即使到了現代未曾有大改變。日殖民政府對於臺灣的精神與物質文化皆有莫大的史實貢献，特別是促進臺灣的近代化；而雙方的文化也確實產生了交集與交流。

二、扒龍船記事看政治・経済・社会演變

　　下面揭櫫扒龍船記事，準備探討日據時期位置国家・地域間的臺灣史，並論述其間的政治・経済籌碼與社会變相。這是不爭的事實，明治、大正、昭和三時期的台湾国家政策，一一表現出時代条件下釀造的差異性。明治期初為了新政策施行的効果，首從台湾的固有宗教維持下手。先是明治二十九年1月18日《臺湾大年表》廟宮保存諭示之項便記有：

本島在来の廟宮寺院等保存に関する諭示を発す

　　以示新政府的仁政愛民。根據明治憲法第二十八条規定：給予本島人信教自由的保証。但明治三十一（1898）年，總督府為土地調查而頒佈寺廟管理人制度的法令。及後大正四年、昭和年間又進行宗教調查。可以説日治初期宗教政策上雖採取放任態度，却在行政制度上首借納入地方菁英為保正或保甲役員，再利用寺廟管理人制度，將寺廟納入其管理範囲之内。如此達到統治之効用。除外，日本官員也曾参与或出席寺廟活動，進而干涉台湾地方社会的民間事務。蔡錦堂＜日據時期台湾之宗教政策＞的研究，總督府的宗教政策三分法有：放任期（1895～1914）、宗教調查期（1915～1930）、皇民化時期（1931～1945）。遂帰納日殖民政治考量在於利用民間信仰為統治手段，而扒龍船的龍神信仰便是最主要的政治、経済籌碼與社會變相的核心。

　　作者曾為文〈日治時期研究資料中的扒龍船：『地方』與『官方』、『主流』與『非主流』〉，釋明大正期的臺灣『地方扒龍船』發揮了多元的社會功能；並述及『半官方扒龍船』起於大正期，是官方組織結合端午主流『地方扒龍船』而形成的。大多是為慶祝始政記念日或舉行臺灣神社光榮祭典之類而出發的政權表徵。至於大正期以來、昭和期為主的『御（禦）臺覽扒龍船』更見國家國民的皇權主張意識。議題中的『地方』與『官方』、『主流』與『非主流』的轉變實反射臺灣『端午扒龍船』於日據時期的社會秩序與社會脈絡。也是政

權擴張與地域生活共同體的維持之分而已。

眾所周知，日帝國時代曾將臺灣視為經濟穀倉。且政策上重視淡水河流域的物產收穫並經濟發展。扒龍船記事多有報導淡水河端午龍舟競渡事項，證明治台時期尊重本島人的龍神信仰，並鼓勵擴大活動。淡水河的支流基隆河上，舉行的扒龍船都是與日政府官方的活動有關。當時的台北橋在淡水河上，明治橋在基隆河上。似乎訴說本島人、內地人的分野。而這也是漢式端午扒龍船與日式端艇競漕的分界線。

淡水河流域自清朝開始，即是農・漁經濟的交流地域，直至日據時代依然不改其重要位置。明治三十二年起的扒龍船記事，有報導淡水河上的通商貿易點[1]及基隆河等經常是北部古曆端午扒龍船的開辦地點。當時臺灣第一富豪板橋林本源各房，每遇淡水河扒龍船盛會皆有結彩船以金牌・現金・麦酒為賞的記錄，相當於奪標提供者，亦即民營扒龍船的地方指導者。然此地方指導者的演變，從清代的『遊人＝富人』→『好事者＝地方上有力人士，或頭人』→郊商，進展至日治期以『商人有志＝地方團體』為主導。故說扒龍船的舉行顯示『rich』和『power』在社會地域的領導運作和秩序的維持、經濟的產出等社會價值。同樣地，在官方則以金權・政權的力量監督加控扒龍船的舉行，象徵王權時代的水權分配。知名畫家蔡雪溪於 1930 年完成的〈扒龍船〉圖，呈現日據期淡水河競渡的風光。

〈扒龍船〉圖（蔡雪溪，1930，秋江記念館藏）

回顧前述扒龍船在臺的歷史演變，不難發現龍神信仰在臺運作的政治意涵、社會價值與經濟影響。然影響經濟成長的主體者，可謂都是扒龍船的參與者或提供者。換句話說，端午扒龍船的競渡活動是臺灣經濟主體者展示其成果的舞臺。諸如製造龍船、龍船厝、『龍船會』的帷幄運籌、賞金賞品的提供，以及事前的競渡練習、『龍王祭』儀式的準備等等，皆為經濟投資；它也帶動周邊商業行為、招來觀光熱潮、形成地方集團經濟圈。每一次的地域活動經費，皆出自上年度經濟活絡的成果驗收。

三、扒龍船記事的歷史演變

此處按照明治・大正・昭和時期的地方・官方行事，表式整理扒龍船記事的演變。同時羅列新聞番号・年代・標題・内容・場所・期間・目的等項目以為分門別類。『内容』一欄，重点整理記事全文。『期間』一欄，記錄實際舉行的期日・非指報導日期。另『目的』一欄，加上筆者的解読、或摘要内容中的目的取向。筆者認為『目的』一欄可洞悉當時扒龍船活動蘊含的社會價值。至於政治意涵，『内容』一欄能掌握梗概。『場所』一欄，能清楚活動的核心地域。他往々指標地域社会的宗教和生活共同体秩序。如第 343 号『滬尾媽祖宮口港』的場所・第 3957 号『艋舺崁庄嘴渡船場』付近各代表了前者和後者的意涵。号外的『淡水税関監視部の構内』及第 3563 号『土木部事務所両側空地』，皆指標核心地域與造船、港口生業的密切関係。（　）符号代表筆者加注的部分。由於篇幅関係、欄表中原日文記述的部分、概由作者直接以中訳的文字代之。標題除外。

　　I 明治期

　　十件的記事，場所大致集中在淡水河流域。少部在基隆河上，唯有一例在今日的高雄。『官方扒龍船』，顯示舉行期間在三、五、十一月的春、秋二季。且以淡水或基隆的官方機関：如鉄道部、工事支部、税関支署等，並融合商船、銀行、郵船会社為主辦単位。参加団体亦多是金融企業界或学校、地方団体、相関主辦機関的專売局、財務局、土木部等。

　　（1）『地方扒龍船』

新聞番号・版次	年代・標題	内容	場所	期間（新曆）	目的
第 343 号 6 月 25 日（六）	明治三十二年大鬧龍舟	一則宮内平、一則宮外。新店街約定大鬧七日。	滬尾媽祖宮口港	旧五月十四日～二十日	以分優絀
第 343 号 6 月 25 日（六）	明治三十二年龍舟競渡	在牧之一流人、攜妓取酒。駕扁舟而来遊、則錦標奪帰。其楽更當如何。	稲江材隙街	端午期間	競渡数天
第 2454 号 7 月 6 日（五）	明治三十九年鬧龍船と迷信	拠説闘龍船是本島人最在意的清俗。	淡水河	旧五月五日前後	為悅服水鬼的手段。
第 2759 号 7 月 16 日（五）	明治四十年淡水河の競漕	有一、二大商於競渡時懸賞三百円、致河岸每日人山人海、為領台以來史無前例。婦女亦出観。船上演劇有二座、三座。屋形船小舟載著土人歌妓徘徊其間。	大稲埕建昌街河岸與大龍峒二箇競渡場。	原予定舊曆五月上旬挙行、因天候関係、改在七月。	有慰屈原之霊、又行超度溺死者的除厄意味。
第 3957 号 5 月 30 日（七）	明治四十四年闘龍船の練習	本島人盛行闘龍船、本年場所雖未定、但出漕者日々勤奮練習。	艋舺崁庄嘴渡船場付近	六月一日	每年旧曆五月五日為祭屈原之霊。

（2）『官方扒龍船』

第 3168 号 11 月 21 日 （五）	明治四十一年明日の端艇競漕	佐久間総督亦曾親臨現場、鉄道部増加了三次臺北、淡水発的臨時列車、且発行二十五銭的來回票折価券、尤以鉄道旅館及吾妻、税関酒保等推出二、三賣店、供応午餐、飲料及其他。	淡水	十一月二十二日	除鉄道旅館、林本源家、其他諸団體亦寄贈金銭以外的賞品。
第 3302 号 5 月 4 日 （五）	明治四十二年基隆の競漕会	由基隆工事支部春風會主弁、予定十戰勝負外、三次的跳水表演増添了趣味。	海港検疫所和外柚洞及社寮島之間的海上。	五月四日	春風會主弁
第 3306 号 5 月 8 日 （五）	明治四十二年競漕雑観	基隆競漕會雑観記：優於臺北競漕會除提供競漕者粥食外、亦提供観衆握飯团。是日休假日、従臺北來了許多漕狂者。	基隆	五月八日	如往例春季大會結束。俟九月岸壁工事之一部竣工後、將開辦秋季大會。
第 3455 号	明治四十二年秋季競漕大会	代表北臺灣的端艇界健児數百餘名各自組成一団。又有無數小艇満載各団體的聲援群隊。部署之処観覧者早挤満長堤。各団體包括台銀、三井、専売局、財務局、土木部、中學校、中學會、基隆税関、基隆工事部、基隆鉄工場、船員、學士會、台日団等。	淡水江上	十一月三十日	為了與春季大會相抗衡。

| 第 3563 号 3 月 18 号 （五） | 明治四十三年打狗短艇競漕会 | 松木庁長擔任會長、與幹事諸氏正忙於準備。會場施設約可容納千五百人。還有會場両側設有二処三十餘坪的売店。 | 土木部事務所両側空地 | 三月二十日 | 當日一等至三等的賞品由佐久間総督寄贈、特賞則是其他婦女會、財団委員及有志者的寄贈品。 |

黄麗雲整理 2010.1

　　3957、2759 及 2454 号的『目的』欄，透露明治期古曆端午競渡為弔屈原霊。『地方扒龍船』的社會價值實有維持宗教習俗以図生活共同体的秩序良好。相対地，日本政府機関為主的短・端艇競漕会，猶言『官方扒龍船』的社會價值。不諦是政権控制下的地域生活共同体的親睦秩序及促進地域経済之活絡化為主。

　　總括来説，不論『地方扒龍船』或『官方扒龍船』，其位於明治期的政治意涵即在演化皇権加水権的支配上。此処水権亦可解読為公、私両方的水利組織，包括生活用水及生産用水。台湾目前有類似七星水利会、或宜蘭県水利会的組織。相信水権的問題起於清朝的開墾，而以自治組織形態之発生為先，有規模的官僚系統導入則是後期才形成。王世慶先生亦曾提出：清社会的台湾，直至清末前，水利灌漑路線才告完成。日治後，過去的水土川組織転為公共水利組合。経過戰後再改為農田水利会。

Ⅱ大正期

　　挙行場所大致集中在淡水河流域的艋舺大渓口、或基隆河圓山明治橋下、並有三例各在今日的台南市港町、高雄街、東港街港内。主流『地方扒龍船』與明治期不変，仍在古曆端午節時挙行。又見各地角頭因当局及一般商人有志的鼓舞而奮発行動。如東港街為新建護岸完峻、街衆熱心計画挙行闘龍舟之例。或『官方扒龍船』為①慶祝始政記念日②台湾神社等光榮祭典③供奉皇太子殿下台覧之目的而挙行。

　　（1）『地方扒龍船』

新聞番号・版次	年代・標題	内容	場所	期間（新曆）	目的
第 4673 号 6 月 8 日 （四）	大正二年龍舟競渡	両艘龍舟競渡渓中、観衆頗為不少。又円山公園明治橋邊。亦自同日競渡。至旧曆端午日止云。	艋舺大渓口岸	六月六日	為迎接舊曆端午節。

新聞番号·版次	年代·標題	内容	場所	期間（新暦）	目的
第 6104 号 6 月 26 日（六）	大正六年艋舺龍舟競渡	▲ 内地人对於本島人之競渡。恒有不足者。一為距離大近。二為競渡之時間不正確。紀律繚乱。三為練習之時間不足。及其余一切設備。不能如基隆競漕大会之堂々。四為漕手皆村民。趣味単純。以上論調蓋以四處之本島人競渡。類皆如是。本不足論。艋舺今番之競渡直非尋常可比。故对之不能不報上記希望。以促其改良云。	起点在大渓口河中。決勝点在土地後街西折之水門下	自端午日起前後十日間	為迎接舊暦端午節。
	艋舺競渡後報	▲ 三峡庄計第一第二両日。林本源各房。結彩船。以金牌現金麦酒。平野水為賞。第二日稲江金融公司。亦結彩船。賞與亦豊。			
第 8305 号 7 月 6 日（七）	大正十二年台南の扒龍船	両岸堤防連日観衆多如黒山、市内各商店寄贈的優勝旗達三百枝、頗有盛會之況。	二重橋（台南市港町）和税関派出所前運河	七月四日	台南西國殿主弁台南对抗安平的競漕。

新聞番号·版次	年代·標題	内容	場所	期間（新曆）	目的
第 8682 号 7 月 17 日（四）夕刊	大正十三年淡水河扒龍船	自去十四日起舉行扒龍船。每晚夕陽西下遊人如魚即。呼紅唱白之声不絶於耳。	大稻埕淡水河	七月十四日～十七日	淡水河扒龍船之一。
第 9376 号 6 月 11 日（四）	大正十五年東港街籌備龍舟競渡－五月三日起五日間。	東港街新建護岸完竣。街衆熱心計画。舉行鬪龍舟。此地自数年來此舉久絶跡。本年值此盛舉、各角頭均見奮發。期奪錦標。当局及一般商人有志。亦力為鼓舞。特製金牌錦旗以為懸賞。	東港街港内	六月十二日	為迎接舊曆端午節。

（2）『官方扒龍船』

| 第 6085 号 6 月 7 日（六） | 大正六年始政記念及艋舺－恭迎北港媽祖継以龍舟競渡。 | 龍舟競渡則於行列後。翌日糾合各庄之善於斯途者。在大渓口競渡。選舉艋舺下崁保正全部四十人及其他紳商重要十五人。任為準備委員總理其事。並募寄付金。前後計十日間。加福庁長亦要賞品。 | 艋舺大渓口岸 | 六月十七日 | 慶祝始政紀念 |
| 第 6223 号 10 月 23 日（七） | 大正六年劍潭の扒龍船 | 28 日 34 名台湾神社大祭午後一時開始円山明治橋下扒龍船大競漕。 | 基隆河劍潭寺 | 十月二十三日～二十八日 | 為光栄的祭典。 |

第 6223 号 12 月 23 日 (七)	大正六年 劍潭の扒 龍船	選手由士林管内 壯俊中選出、分 成紅組、青組。	円山明治 橋下	十月二十 八日	為臺灣神社 的大祭。
第 6827 号 6 月 19 日 (七)	大正八年 各街の催 し-淡水 河には扒 龍船	驟雨過後甚清涼、 夜晚各街活動熱 鬧、淡水河有扒 龍船之外、艋舺 船夫數十名，從 午後五時至六時 亦行扒龍船競渡 等、全市民熱誠 祝賀之狀。	艋舺第二水 門前	六月十七日	十七日始政 紀念祝賀 余興
第 8229 号 4 月 21 日 (七)	大正十二 年高雄街 の数々の 催物-火 の街、火 の海を現 出せん-	三隻扒龍船各持 白、紅、藍三種 旗區別、每一隻 船乘坐本島人學 童選手三十六人。	起点在海浜 萩原造船所 前、決勝点 在海員倶楽 部前	四月二十 一日	供奉皇太子 殿下御 台覧。

黃麗雲整理 2010. 1

　　大正期的扒龍船社會價值可摘出三点與明治期相異之处：

①　舉行六月十七日的始政記念祝賀余興

②　為迎接台湾神社的大祭

③　供奉皇太子殿下御台覧之用

　　其政治意涵與明治期不見差異。6827 号記事伝達了大正 8 年淡水河各街為祝賀始政記念 而有扒龍船余興。艋舺船夫數十名的部分参与説明淡水河流域労働者的社会関係受到注目。 第 6085 号艋舺-恭迎北港媽祖継以龍舟競渡-的記事表白『半官方扒龍船』於日本統治期 的存在必要。保正及重要紳商被任命為準備委員総理其事。並募寄付金。是時的加福庁長亦 有提供賞品。日治期的『半官方扒龍船』可説是台湾龍舟競渡的一大特色，具政治、経済、 社会的文化元素。

　　Ⅲ、昭和期

　　此時期的舉行場所有多元化情形。除淡水河、基隆河之外、三峡、宜蘭、新営、新竹 港、築港、高雄港等皆是。還有主流『地方扒龍船』添加体育奨励之意味、非主流『地方扒 龍船』則有為①街況繁栄策（商工会主催）②祝賀開幕③訓練海兵等目的而施行。至於『官 方扒龍船』比大正期更見向南躍進。

（1）『地方扒龍船』

新聞番号·版次	年代·標題	內容	場所	期間（新曆）	目的
第 10484 号 6 月 26 日（四）	昭和四年三峽扒龍船	◆三峽扒龍船廿七日謝工	祖師廟前三峽川	台北州海山郡三峽庄	獎勵体育
第 10488 号 6 月 30 日（四）	謝工延期	是日有青年団、学校団対庄役場団。各団体主開龍船競技。連日演唱梨園。是日雖遇雨師而過午開賽。頗呈盛況。27 日謝工云。◆三峽扒龍船謝工延期前報三峽扒龍船一節。其後因承各方好意且為獎励体育起見。乃再延三日。決於三十日謝工。青年団対三井団。暨各団体競渡。其他桜麦酒会社。三峽製材業者等於三日間。各有所寄付。助長余興。頗呈熱鬧。		有志於去二十一日起一週間	扒龍船謝工
第 10825 号 6 月 5 日（五）夕刊	昭和五年宜蘭の扒龍船競漕	由蘭陽自動車公司、及其他業者的発起、開弁扒龍船大競漕會。因是夏日取向的活動、予測必定引起大騒動。	宜蘭濁水渓凱旋川	六月六日起五天	夏日取向的活動。

新聞番号·版次	年代·標題	内容	場所	期間（新曆）	目的
第 12402 号 10 月 11 日（八）	昭和九年 塩水街納涼市及第一回扒龍船訂15日起三天舉行	由新営塩水街商工会主催。設納涼市及舉行第一回扒龍船。現由陳会長、伊藤街長、鈴木商銀支店長、窪寺郵便局長、及街協保正紳商各界人士、分担準備。	新営塩水街港	定十月十五日起三天舉行	為街況繁栄策。
第 13018 号 6 月 24 日（五）	昭和十一年 頭前渓河口の扒龍船競漕-稀有の人気を呼んでふから開始-	大正七年以来二度目	頭前渓河口	六月二十三日	海水浴場開幕祝賀。

(2)『官方扒龍船』

第 10475 号 6 月 17 日（七）	昭和四年 士林の扒龍船競漕	二隻扒龍船、各乗坐三十四名選手、紅白両軍相互爭覇七回合。	基隆河	六月十五日	士林青年会為中心、主要奖励体育。
第 12402 号 10 月 28 日（七）	昭和十年 台北橋付近で扒龍船競漕-けふから三日間-	台博分場南方館在助成會興部、計畫舉行臺灣獨特的扒龍船。従28日起連続三天、午後三時至五時、乗組員百餘名。	淡水河台北橋	十月二十八日起三天	因是台博開弁的活動、予期会招來人潮。

| 第 13149 号 11 月 3 日（四）夕刊 | 昭和十一年南部短艇競漕大賽 | 第二十八日南部短艇競漕大会。去一日午前八時。在高雄港舉行。其時新岸壁。及苓雅寮間競漕線路沿岸。観衆数千。定刻参加 33 团入場。因前回優勝团州庁团、吉田艇長奉還優勝旗、同八時半開始競漕。帰高雄港团優勝而番外有駆逐艦对抗競漕。沖之刽船競漕壯丁团與藝妲团扒龍船等大博好評。是日有駆逐艦五隻。撃留千岸壁上空有飛機六架祝賀飛行云。 | 高雄港 | 十一月一日 | 高雄港築港 |
| 第 13259 号 3 月 30 日（九） | 昭和十二年藝妲の扒龍船競漕 | 躍進譜奏楽中、『高雄港祭』閉幕。藝妲扒龍船競漕達至最後的大勝利。為目賭海上勇壯運動、観衆殺到岸壁一帶。盛況躍然紙上。 | 高雄河大橋 | 三月二十九日 | 『高雄港祭』閉幕西子湾海水浴場功労者表彰式祝高雄港繁栄 |

第 14466 号 6 月 21 日 （六）	昭和十五年三峽街扒龍船	臺北州海山郡三峽街、為慶祝光輝的皇紀二千六百年始政紀念日、於佳日午前十一時、在街役場會議室舉行街昇格祝賀式。三峽街公會堂、行官民有志合同祝賀會、首先每日有競漕、煙火並活動寫真等的餘興、連日盛況非凡。	三峽（大漢溪）	六月十六日～二十三日	舉行街昇格祝賀式。
第 15592 号 7 月 30 日 （四）	昭和十八年海の兵目差して大溪郡扒龍船に代る短艇競漕	為供資海洋訓練及魚類增産、龍潭坡同莊内誇耀家戸通曉的伝統、以推出海洋訓練的扒龍船為先鞭、欲借舊式扒龍船鍛練青少年成為將來的海兵、並為推動一般的住民運動、予定8月15日於同坡開弁競漕、時局下期待成果。	新竹州大溪郡龍潭庄	八月十五日	以訓練成海兵為目標。

黄麗雲整理 2010.1

　　昭和期的扒龍船社會價值與明治期和大正期不相上下。唯致力於①体育奨励②地域的経济発展方面有所不同。除主流『地方扒龍船』外，非主流亦多見。從政治意涵來看，侭管昭和中期以後皇民化運動被大力推進，但本島人一本龍神信仰精神，從未廃止伝統龍舟競渡。2009 年 12 月 30 日筆者在宜蘭礁溪二龍村訪問現任林村長。林村長謂二龍村的競渡於二次的戰爭中，因生活共同体所需未嘗間斷過。説不定還有許多類似二龍村的例子，可以証明台湾的扒龍船競渡是不能被政府、戰爭禁止的，因他是地方精神依頼的表徵，更是社會地域的生活共同体象徵。

明治四十二年 3 月 28 日 今日競漕大會會場図（大稻埕付近）
（引自 "中央図書館" 台湾分館電子檔資料）

四、日記中的台湾史演变

因日本政府的政策考量，臺灣除保留清舊慣俗信外；又曾施行內地延長計畫。日本祝祭的在臺施行，便是其中的策畫之一。雖多是日本皇室的祭典儀禮，但由官方主其事；臺灣方面官方利用學校進行，給與本島教育分子學習的機會。頗有直接教育，間接宣導至地方的二重作用。下面主要介紹黃旺成 1912～1917 年在新竹公學校的親身體驗。

（一）元始祭（1 月 3 日）

臺灣於日殖時代每年 1 月 3 日訂為元始祭，祭拜日本民族的祖先皇靈。1912 年，黃旺成記述的元始祭正好是舊曆的 11 月 15 日。家中晚餐食用豚肝、豚腸等豐盛祭品為菜肴。此中透露元始祭雖為皇室專利的祭日，一般臺民並無實際參與的義務。相反的清舊慣依然施行民間，偶有教育單位舉行同窗會或官方指派的會長歡迎會等以為應景。見 1914 年：

明日午後四時より新しき阿部會長の歡迎燕會あり 今朝長衫，押仔にて登校 十時頃より同窓會始まりて十二時過ぎに閉會

或如 1922 年黃旺成與好友鄭元璧至新竹神社參詣之私人活動：

訪古月　在　乃與元璧攜手仝登松　神社前新置神馬一雙　活々欲動再至御　營仝向親王戲禱福分　嬉笑下山

臺灣現存日治時期『法律實務家』之誉的孫江淮曾描述，日治期除了為官者，臺灣籍居民幾乎不上神社的。可見社会生活共同体是不被政治影響的。

（二）新年宴（燕）（1 月 5 日）

新年宴會乃日本皇室宮中儀式，為招待皇族或高官、外國使臣等。室町末年，皇室衰微之際曾遭廢絕。明治時期再度被恢復，但因元日宮中的行事繁多，從 1872（明治五）年開始移至 1 月 5 日舉行，並更名『新年宴會』。

根據 1912、1913 年日記記述，明白新年宴會與元始祭同樣地，臺民並非強制性參與。不過 1914 年的日記中，顯示新年宴會的次日，有新竹公學校阿部光平校長於學校講堂開宴本島紳士、學務委員[2]等的描述：

阿部先生内地人及本島紳士　学務委員等を講堂に於いて宴會せり

除外，1915 年阿部校長，於新年宴會的前日舉行始業典禮，命令全校師生今後不能使用臺灣話，並於午後四時半開始宴會招待學校老師、參事、委員等。當時的公學校是日治時代施行的臺灣義務教育機關。成立於 1898 年。戰前的殖民地教育，乃至皇民化教育，臺灣人和日本人並非處在對等的立場，而是一種支配關係的強迫教育。

黃旺成卒業於新竹公學校（1903－1907），後進入南門大學[3]師範部（1907－1911），卒業後以臺灣人教師身分，教導新竹臺人子弟日本語。黃服務教職3年後，公學校實施禁用臺灣話。如此殖民地言語上的控制應視為先期皇民化運動的準備計畫。孫江淮接受訪問時曾回憶：

日治時期的日本新年從12月28日開始，是一年中最後勤務日，稱為『御用納』。接著元月初一至初五所有機關單位和商家都公休。且年假期間無論關係有無皆會相互拜年。初五街莊舉行新年宴會的團體拜年活動。

可見日據時代地方與官方行事有分類舉行的現象。黃於31歲（大正8年）辭去公學校之前，記錄的新年宴會乃是教育機關的官方行事。孫江淮回憶的則是身邊街莊地方行事。大正11（1922）年，依勅令第407號第15條的規定廟要登記廟籍，成為人民團體的法人寺廟。當時各州廳有『寺廟名鑑』，記錄在籍的寺廟。孫江淮提供的情報有可能是指法人寺廟的團體拜年。

（三）紀元節（2月11日）

紀元二字原意為建設國家最初之年。以紀念神武天皇登基而有的祝日。目前更名為『建國紀念日』。是日由政府機關安排全天的節目，諸如花燈遊行、各種表演、集會等。但依賴當地機關的設計，偶有敬老活動的節目。

黃於1912年曾在學校參加了『紀元節式』，之後與學生代表同赴新竹州廳瞻養天皇御照。1913年因皇室舉行明治天皇御葬式，遂無祝賀式。1914年恢復紀元節式，黃一反長衫，押仔的身裝，帶了肩章・長劍・靴等參加當日的學校祝賀式；及天皇玉照瞻養活動。1915年紀元節祝賀式由阿部校長在學校講堂面對集合的學生訓話；並講演紀元節由來。1916年的祝賀式大致與1914年以後的同式。但該年有比往年慎重舉行之情。

來賓有學務委員數名、式畢、全職員、生徒總代登廳、拜御真影

除外，1920年黃開始服務於臺中名人蔡蓮舫[4]家。1922年2月11日的『紀元節』兼上元節，臺中公會堂舉行擊鉢大會的慶祝大會，黃於日記書寫：

北斗殷榮先生來寓 為赴下午公會堂之擊鉢大會也 本日為紀元節兼上元節 夜飲幾杯有酒意

（四）春季皇靈祭（3月21日）・秋季皇靈祭（9月24日）

明治11（1878）年日本皇室曾將過去的歷代天皇或主要皇族的忌日統籌於春秋二季奉祀。現在則根據日本國民祝日相關法律訂定為春分之日、秋分之日。最早春秋二日原是以〔戊之日〕為社日，由氏子至氏神所在的神社參詣，這就是春分祈禱五穀豐穰，秋分感謝作物豐收的慣習由來。追本溯源乃古代中國祭祀祖廟的日子。秋季皇靈祭如前所述祭儀內容同春季皇靈祭。因1916年的秋季皇靈祭連同孔子祭前後舉行，遂一起並列。

1914年3月21日：春季皇靈祭

穿著西裝到城裡。今天雖然是春季皇靈祭，但因為校長阿部光平的任性，所以只好遵從通告到學校。將第三學期的出缺席數寫在成績單上。沒有其他要事。十二點離開學校。

1916年9月23日：秋季皇靈祭

……午前登校看新聞 阿部先生亦・校 欲・明天孔子祭之會議 言・日有職員身體檢查之舉 今方思案 其時順開打合會。

1916年9月24日：豫記 孔子祭

官民合同在大成殿舉行孔子祭。十時起。附近小公學校生徒亦參列唱勸學歌。主祭。兩副。判任官以上皆禮裝、長劍、肩章。將十二時式方畢。本校職員並樹林頭職員在事務室吃茶餅。

（五）始政紀念日

明治末五（1895）年起開始制定、是日本接收臺灣後的成果慶祝日。1914 年 6 月 17 日記：始政紀念日和服を店にて着たり。1915 年正逢廿週年之際，黃特書其內容。但本島人教師、島紳參列祝賀會不多。當日午晚並有青年會發會式與提燈行列。每年的節目似有變化。

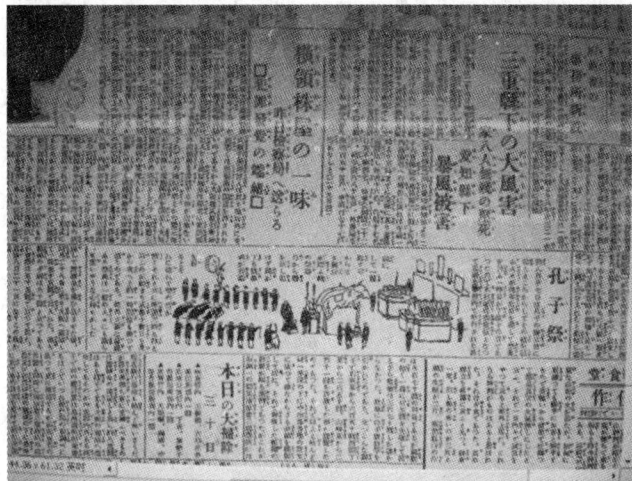

孔子祭（引自同上電子檔資料）

1915 年 6 月 17 日：豫記 廿週年始政紀念日

朝穿夏制服　使黃乞攜黑服、長劍、肩章往校 八時半舉式　賓上有島紳數名　式後……即時往市場赴祝賀會 本校本島人只有余一人　幸逢樹公之本島　故不寂寞　歸晝食　攜歸白鶴二本　……四時開青年會發會式　攝影　一同在講堂晚餐後　青年陸軍假裝　在本校生提燈行列之後　……九時半再往校　一同宴會

1916 年 6 月 17 日：豫記　〇始政紀念日　〇與臺北諸前輩由南蕹〇夜開詩會

朝七時長劍、肩章登校 八時舉式 學務委員臨場 將九時式畢 生徒各分與鉛筆一枝

1917 年 6 月 17 日：

七時登校　八時始政紀念式　學務委員四人臨場　男子式後女子舉式　生徒各分與祝餅 男教師不參加女子式　女子式畢　男子三年以上開國語小演習會

1922 年 6 月 17 日：

本日為二十七回臺灣始政記念日 市內雖有各種餘興 為雨所阻 殊殺風景

（七）臺灣神社祭（10 月 28 日）及立太子禮式（11 月 3 日）

明治期開始每年 10 月 28 日的『臺灣神社祭』被定為臺灣祝祭日之一，全島放假一天。神社建於 1901 年，主要祭祀北白川宮能久親王。原址位於臺北市劍潭附近的山頂。戰爭末期升格為臺灣神宮，但在 1944 年毀於火災。戰後在原地建圓山大飯店。

1916 年 11 月 3 日，裕仁經立太子禮成為皇太子，當時日本全國各地舉行奉祝慶典、是為立太子禮式。臺灣的各學校單位、蕃童數校特別成為參與的對象。甚至式後有由訓導為二年以下學生開幻燈會說明數節。低年級雖不練習旗行列，卻講堂練習唱『君代歌』。夜六時半起官民數萬提燈行列，可知盛大之極。

1916 年 10 月 28 日：

本日為臺灣神社祭日　因雨在講堂遙拜式　校長訓話甚詳　十時退校　換服往李家樹林頭諸同人已先集　午前一唱『明妃墓』午後一唱『楓紅』　五時散歸

1916 年 11 月 3 日：豫記　立太子禮式

朝八時男女生徒一同往講堂舉行立太子奉祝禮式　學務委員臨場　官民在大成殿前舉式三唱萬歲　九時半登廳　御真影參拜　十一時在大成殿前開祝賀會　午後時起直轄六校及廳下蕃童數校集於運動場　向東京敬禮　唱君代歌　三唱萬歲　然後一同旗行列　樂隊三陣本校乃用鄭惟乞會中之樂器　甚雅觀　夜六時半起官民數萬提燈行列熱鬧非常　本校在講堂開幻燈會　三年以上得觀

（八）御大典

御大典乃指 1915 年 11 月 10 日在京都御所舉行的大正天皇『御大典』登基典禮。

下面省略部分 11 月 1 日至 11 月 19 日結束的『御大典』行程。『御大典』與前述的其他祝日活動並無兩樣。唯地方為同時慶祝，有各類的餘興推出。弄獅、演藝、藝旦唱、煙火、及廟口演戲等。學校亦練習唱歌外，多有學生成果展覽。

1915 年 11 月 8 日：

第一時限進行奉祝歌和樂隊練習　第二時限至第四時限與生徒製造行進國旗　午後全校生徒出巡　學校周圍練習行進唱歌樂隊　署甚歸校　一年再練習行進　三年以上練習大典唱歌……三時半退校

1915 年 11 月 10 日：

大成殿前及周圍為官民祝場勉強登校　一時起職員一同以式穀君為總代向校長述祝詞一時半集生徒於運動場入講堂舉式　待十五分間至二時半三唱萬歲　式畢　男生一同攜旗出巡東西南北四門四時外歸校　運動兩週　三唱萬歲　然後於登校門分祝餅[5] 與各生徒　余回事務室時面青氣喘弱不甚言　職員各分祝餅四包

1915 年 11 月 14 日：大嘗祭

朝肩章、長劍登校八時半集生徒於大成殿前一場訓話　二年以下放歸　三年以上一同往小學校臺灣神社遙拜式[6]

1915 年 11 月 16 日：

夜御大典提燈先烈[7]曠古之盛況　麟書先生来店觀

大正六年十月二十九日光栄あるお祭典
（引自同上電子檔資料）

1915 年 11 月 17 日：

朝八時登校　九時展覽會縱覽　與鄭君在廊下守至十時外　視祝員會。[8]『大成殿前』將起　二人因無入場券即歸……與李君出看新公園之熱鬧　有弄獅有演藝　藝旦唱不一　四時歸……來新公園逢胡、式共觀本地煙火　花火亂跳甚壯觀 看城隍廟口戲仔

1915 年 11 月 19 日：

朝男女合同大成殿前朝會　授業休止　收拾展覽會場之物

六、後　言

日據期的官方祝祭運用了臺灣地域組織去推行其內地延長計劃。如學務委員、島紳團體、帝國公營事業團體、青年會、俱樂部、詩社等。而當時的刑事及員警擔當了地方與官方媒介的重責大任。

1917 年 12 月 28 日的日記、記有：

八時半起終業式　上原校長以本島人不奉國曆之遺憾而訓示之。

顯示日本政府當局的棘手管理，以及島民的堅持傳統習慣，不配合的頑抗。1916 年 12 月 4 日久保僧正講演，黃記：四人同往俱樂部聽久保僧正講演『團體生活卜宗教』大博喝采。可見當局明白島民的管理之妙在於保護團體生活和宗教的牽連。

然而由 1913 年 1 月 11 日討伐隊祭典的描寫：

講堂舉行停課、祭主由新築廳長擔任、從臺北來三位神官、來賓有警視和高い官吏等数人。日本人と臺灣人合起來不下百人。臺灣人後面。

知道大正期學校發揮了內地祝祭在臺施行的場域機能，神官的參與等於是證明內地延長計畫的真實存在。警視的受邀說明殖民期的危機意識未除，控管是施政必然措置。臺灣成為日本的殖民地後，日本政府沿用清代的保甲制度，聘請當地仕紳出任保正、甲長，達到『以臺制臺』的目的。大正期的臺灣文化生活同時進行『漢式』與『日式』，是兩條平行線沒有交集。唯有半官方的活動，如慶祝始政記念日曾伴同迎媽祖等；但官方並不支援地方，而由地方仕紳設計出資。故說日治的內地祝祭的在臺施行是地域政策、也是國家國民的社會秩序維持之道。

黃旺成先生的日記，其年代貫穿清末、日據、民國的臺灣三個世代。尤以大正期公學校訓導任職初年為日記起始。將近 7 年的公學校生涯，記錄了難得的官方史料。直至 1973 年為止，其日記達 49 年之久；是臺灣唯一逐日記的日記。號稱臺灣四大日記之一。因其日記內容包羅萬象，特別是大正期的竹塹城鄉生活描述有本島、內地二重文化的記憶；故對殖民地時代的國家、地域之政治・經済・社會研究的貢獻價值甚高。

不論清旧慣習俗的延续或日治期的在台內地延長計畫，無一不是台湾社会背景下與政治經济考量上的臺灣史所走過的痕跡。希望本文從還元日據時期臺灣史的過程中，使読者記憶光復前的臺灣政治、經濟、社會的歷史演變。

（作者單位：世新大学）

參考文献

蔡錦堂 ＜日拠時期台湾之宗教政策＞《台湾風物》42：4.1992。

許雪姬主編《黃旺成先生日記》臺灣史料叢刊（10）（臺北：中研院臺史所・中正大學，2008 – 2010）。

林玉茹等訪問《代書筆、商人風—百歲人瑞孫江淮先生訪問記錄》（臺北：曹永和文教基金會・中研院臺史所，遠流，2008）。

王世慶〈黃旺成先生訪問記錄〉《近現代臺灣口述歷史》林本源基金會叢書，1967。

〈從清代台湾農田水利開発看農村社会関係〉《清代臺灣社会経済》聯経，1994。

森田明《山陝の民衆と水の暮らし—その歷史と民俗》（東京：汲古書院，2009）。

黃麗雲〈日治時期研究資料中的扒龍船：『地方』與『官方』、『主流』與『非主流』〉（台湾史料研究）35 号（台北：吳三連台湾史料基金会，2010）。

〈臺灣における端午扒龍船の研究－長崎ペーロン及び沖縄ハーリーとの比較を通じて－〉（博士論文）兵庫教育大學連合大學院 2008。

〈日治大正期的臺灣俗信與內地祝祭的在臺施行：日記情境的摸索與解析〉《日記與台湾研究》中興大學，2010・8・19，発表。投稿中国社科院台湾史研究中心〈『台湾日々新報』扒龍船記事—時代意義と社会価値—〉《現代台湾研究》関西大學 2010・9・4，発表。投稿『第六回嘉義研究学術研討会』。

　　泉史生〈戦前臺湾の公学校における『話し方』の研究授業：新屋公学校『教育研究綴』から〉《専門家研究報告》（高雄：日本交流協會，2008）。

注 释：

[1]　①大稻埕建昌街河岸②大龍峒近河処②艋舺崁庄嘴渡船場④滬尾媽祖宮口港⑤艋舺大溪口岸⑥稻江材隙街⑦艋舺第二水門前⑧淡水河台北橋⑨新荘等。

[2]　學務委員：町村學校組合設置的職員，以管理公立小、公學校的教育事務為主要目的。

[3]　臺灣總督府國語學校（即今臺北女子師範專科學校）、因在臺北南門、故世人稱南門大學。

[4]　蔡蓮舫號雪橋、臺中人。日本人領臺後歷任臺中庁参事、学務委員、ショウ化銀行監事等。1914 年與林獻堂等人設立臺中中學校（今臺中一中）。

[5]　可能是指紅白饅頭。

[6]　在新竹小學校內的式場舉行。參見《臺灣日日新報》，一九一五年十一月十六日，第二版。

[7]　為了慶祝禦大典奉祝紀念，十六日晚上六點起新竹街舉行奉祝提燈行列。參見《臺灣日日新報》，一九一五年丁一月十七日，第一版。

[8]　參見《臺灣日日新報》，一九一五年十一月十八日，第二版。

台灣研究『二二八事件』的一些盲點

黃萍瑛[*]、賴澤涵^{**}

前　言

『二二八事件』為台灣四百年史上，可說影響台灣人民最深遠的一件大事，事件發生至今已超過六十三年，可是當人們討論這一不幸事件時，很多人還是相當的情緒性，朋友間可能因而有紛爭，可見這是件影響台灣人民如此深遠，輿論至今還是相當的重視，故均有大篇幅的報導，[1] 遑論不同政黨對此事見看法的歧異了。[2] 因此學者在作此一研究時，多少還是很難持平，甚至說要獲學者及一般人民認同也相當的不容易。何以會如此？除因歷史的因素之外，實因研究者都有一些盲點，這些盲點或來自意識型態，或來自要為人民說話的使命等等，原因不一而足，以致不能綜覽全事件的始末，以下略作分析與觀察。

一、全部責任歸之於當時的執政者

『二二八事件』發生的原因如眾所知，是許多錯綜複雜的因素造成，既然錯綜複雜，要把所有罪過歸之於一人或一黨本來就有其偏限性。事件發生的原因有文化因素，有政治因素，社會因素，也有制度性，甚至心理性（對祖國的高度期待）的因素等等，加上當時中國在二戰慘勝，國共鬥爭以及整個世界處於百廢待舉之時。因此，互不瞭解，以致制度設計不良，加上交通因素（包括通信設備），及參與分子的複雜性（過去不願討論的皇民化問題，不良份子、野心家、理想家，以及參與熱門者）等，使事件複雜化。所以，除我們所知當時執政團隊的貪污腐化結黨營私外，我們對當時接收，有些部門還是相當的奉公守法相當清廉的往往略而不論，例如台電及工礦部門等，我們不能全部打入貪污腐化的一群人。同時也不能一味將所有來台接收者，都是騎在台人背上的人，更不是族群的問題（那是事後），因之為了使當時執政者承擔所有責任，只好把一切殺人、傷人甚至放火屠殺的事一律歸之於當時的執政黨或執政者，事實上，事變後的六十多年，應該讓研究者心平氣和理清責任的時候，不能再像早期只含混的歸之於單方面的錯誤罷！

有的研究者往往對元兇或傷亡人數抱有高度的興趣，因此花不少人力物力在追究元兇。可是目前為止卻缺乏強有力的證據，這種研究事實上也缺乏理性的推理，蓋一個掌握政權二、三十年的蔣介石（到 1947 年時）要殺人還會留下證據？因此這一研究事實上是白費力氣，因為這可能永遠找不到證據的歷史之謎，下面我們也將討論到。

二、死亡數字不易研究

有的作者推論傷亡人數達 10 萬人或 25,000～30,000 人，至於有些作者懷疑人數不可能如此之高，乃採信當時來台調查的軍政大員的說法，從 3,000 人至 8,000 多人，可是同樣也提不出證據，然而也有更極端的學者認為既然提不出證據，那麼『財團法人二二八事件紀念基金會』申請補償的紀錄就應該可信的了，因根據該基金會 2010 年董事會的資料記載『截至目前為止，經董事暨監察人會議審核通過並完成公告之賠償金申請案共 2,266 件，實際應該核發金額為 71 億 7598 萬 8,316 元，應受領人數為 9,709 人；至 99 年（2010）5 月 31 日止，以受領人數為 9,601 人，未受領人數為 108 人，以發放金額合計 71 億 4,737 萬 8,995 元，未受領金額計 2,848 萬 4,321 元』，[3]以基金會領取補償金作為正確傷亡及受害的精確人數，未免太過天真，因為事實上還有不少受難人因事業相當有成就不去領取，或遠離台灣而定居海外甚或有些家族已倒房無後代，或遺忘此事等等，情況不一而足，故『二二八事件』死亡、受傷、入獄人數等等很難釐清它，可能永遠是一個無解的謎題。

當然有些人執意要研究傷亡人數，而且堅持上萬的傷亡人數，可是他們並未想到這短短一、二十天的城市暴動，被殺上萬人，這是短時間難以掩埋且不為人知的事，何況暴動嚴重的地方也不過是基隆、台北、台中、嘉義、台南和高雄等地，如這些地方每地傷亡成百上千，那見過屍體滿地血流成河的人必不在少數人，但至今所有口述歷史均甚少言及過或談過？何況當時交通、通訊設備還不夠發達（例如台北二二七發生事件，消息傳到台中已是 3 月 2～3 日，高雄亦同）但記載，往往有人見過屍體十多具，即推論滿街屍體的也有。事實上事件之後如能當時清查戶口，也許有較為可靠的數字，目前只能靠推估，此所以賴澤涵教授主持『行政院研究二二八事件小組』時，雖請學者專家就人口學做推估，但因缺乏力證，此所以在正式出版《『二二八事件』研究報告》時未列入報告的原因。[4]

當然傷亡人數在當時就有不同的看法，如《觀察週刊》有位署名君君的〈台灣暴動紀實〉，該文就說在 2 月 28 日他在台北市巡視時『外省人被毆傷者達 2,000 餘人以上』、『馬路上，鐵路上、無不死屍橫陳，血流滿地，尤以受傷後，回家斃命者居多數，總計是日死傷者在 3 千餘以上』。[5]要看到這麼多的受傷、死亡而不會有危險性，不是令人不解嗎？此外，許柏棣的〈台灣的公務人員〉一文也說『這次外省的公務人員在台灣暴動中，白白犧牲了幾千人，有冤莫伸。』[6]而（施）純青的〈台灣民變真相鉤沈〉一文則認為『死傷人數不如所傳之多』，[7]可見在當時所見或所聞，都有很大的區別，後人要求較可靠的傷亡人數更不容易了。另外，亦有『除立即毆斃者不計外，重傷入院即斃者極夥，雙方死亡估計，就台北一市言，為數恐不下百人』。[8]在事件初起時可能有些傷亡，但不數日即有不少民意代表呼籲不能把所有外省人都視為壞人，因而殺人、傷人者銳減，故傷亡人數列成千上萬可能會有些誇張。

三、事件的主要人物功過

陳儀為事變的要角，一些著作把他寫成貪污腐化的軍閥，因此加之於他身上的名詞可說全無一正面的評價，似乎是一無是處的軍人，可是事實上是否如此？他的生活如何？他是否有聚斂財產？留給他的遺孀？他用的人是否均一無是處？批評他的人似乎並未深入的瞭解，這真是令人像起古人所說『紂之不善，不如是也』，這句話是否也映在陳儀身上？

陳儀在福建省主席時，他有一些班底，到台灣他任用了嚴家淦、李惟果、許壽棠等人，這些人在當時或現在來看都不失為標準公務員，因此，把陳儀所任用的人都打成貪污腐化，這未免就是太過了。

再者，當時在台灣的公務人員，雖有貪污之人，然大部分還是相當的安貧樂道，例如當時在南京上海公務員每月薪水所得 50 萬以上，台灣僅得法幣 21 萬元左右，差別甚大，而台灣當時的一切日用百貨，一般物價據說比上海南京高，而台灣『每月之伙食，亦需用去五、六千元法幣，無論高級職員及低級職員，無不叫苦連天。其維持生活之辦法，一為點賣自己之用具，一為借支下個月之薪餉，有家眷者更苦……』[9]

　　另外南部的高雄要塞司令彭孟緝將軍在事變中的角色也引起相當大的爭議，不少台灣南部的人認為他是殺人魔王，因此，他有『高雄屠夫』之號，但是到底高雄傷亡多少？為何彭孟緝為唯一事變後升官的人？如果拋開事後升官不說，他的作為使台灣南部亂事不致擴大，是有功？抑有過？如果再以大局來看，他在事變中有功抑有過？過大於功？抑功大於過？此外，我們也應該注意他在此亂事中是否從事變開始即決定以武力對付百姓？亦或別有主張？武力解決有無正當性？[10]

　　蔣介石在此事件的角色，很多反蔣及反國民黨者，把他列為元凶，[11]但是把蔣介石定為元凶等於證據是確切不容懷疑的，可是截至目前為止，台灣經歷李登輝、陳水扁、和馬英九三位總統對『二二八事件』的傷亡人數及責任問題都想瞭解，尤其陳水扁時代的國史館花很長時間在尋找此方面的資料，但似乎無所得，後來張炎憲館長還參與『財團法人二二八事件紀念基金會』所組成的『二二八事件』責任歸屬小組的研究成員，最後由基金會出版的書，即《二二八事件責任歸屬研究報告》，將蔣介石定為元凶，但卻提不出證據，讓讀者認為這是一種預設的政治觀點，而非客觀中立的研究報告，有枉費人力財力之評。

　　要定蔣介石在事件中的責任，須知蔣介石在中國政治上掌權到1947年已近四分之一世紀，他要殺人是否會有文字的證據？他對台灣人的態度又是怎樣？他對事變後的訓令有無確實的被貫徹？這些都有待大家來驗證。

　　事實上，情治人員例如沈醉，曾任雲南調查站站長，他曾在戴笠引導下見蔣介石，根據沈醉的回憶，他是受命去暗殺李宗仁的。但他見蔣介石時，並沒說什麼或指示，沈醉事後說：『蔣介石始終沒有說出他叫我殺的對象是誰，這是他一貫用的狡猾手段。軍統局替他殺過這麼多的人，卻從來沒有看到他寫過這一個字條給軍統指明殺什麼人，所以我們談談都是心照不宣的。』[12]在此情形況下，要有蔣介石下令屠殺的手諭，不是不可能嗎？

　　至於以意識型態作研究者，更是不足取，此種意識型態的研究不論是完全站在全民立場或站在執政者立場者，各據資料相互批判甚或攻擊，有的學者其偏見之深更讓人懷疑其用心。這些人的著作一律不提，當然更不會引用與他們立場相反者，不論這些著作被認為客觀或比他們稍為客觀的著作或論文，形成各是其是各非其非的現象，此不僅違背學術研究態度，亦有違一般人想要瞭解的真相的渴望。

　　此外，由於具意識型態，一方努力維護反政府的人民，認為所有反政府者的傷、亡是全然的無辜，他們被殺或被關純係統治者的報復；另一方則指責不少反政府者被人利用而不自知，大有咎由自取之意，因而認為『財團法人二二八事件紀念基金會』的董事應全部加以改組，甚或停發補償金甚或應取消二二八紀念日的聲音。

　　四、被忽略的重要性事件人員

　　『二二八事件』研究至今，可說其來龍去脈與事變後對台灣的影響，大體已相當的清楚，惟讓人有些不解者為情治人員及『CC派』在此事件中的角色。[13]在台灣情治人員有保密局、軍事人員、國民黨的台灣省黨部（即『CC派』）等，事變發生後，各有報告至有關單位，然均未詳細點名何人煽動指揮？他們很多混入群眾中，何人事後發令逮捕重要精英份子？當時台灣有多少特務人員？黨部的角色與派系的鬥爭情況？雖然這些有的論文涉及，但也缺乏充分證據，況目前尚未有情治人員作有系統的口述或有系統的回憶錄，或目睹或參與者較具體且有證據的報告。[14]至於國民黨內『CC派』與『政學系』的鬥爭均有人提及，但缺乏證據，此兩者均為雙方研究者所想知，故應摒棄成見，挖掘此一較為重要的問題。另外，事件中有些縣市選出首長，彼等有何作為？如何應付後來的鎮壓？他們的結局又是如何？這些也有待大家的探討。

五、客觀的『二二八事件』研究應待何時？

『二二八事件』至今已過了六十三年多，資料不斷的湧現，國史館、中央研究院近代史研究所、廈門大學台灣研究院、台灣人間出版社、李敖出版社、台灣海峽學術出版社等都出過不少資料文集。最近彰化縣警察局的檔案出版也相當可貴，這是多年來所發現『二二八事件』地方文件最具體的寶貴資料。[15]而中央研究院台灣史研究所也蒐購了一些過去未被知的一些情治人員的資料，目前也積極在整理，因此『二二八事件』的相關重要資料相信也會慢慢出土。

學者對『二二八事件』有關資料一直在挖掘，希望能對研究該悲劇有所貢獻。而監察院於 2001 年 2 月因接受『美國加州二二八事件受難者家屬返鄉團』要求調查二二八事件受難之郭章垣、李瑞峰、李瑞漢、王平水、王育霖、吳鴻麒、林光前，及施江南等八人之死因、日期並恢復其名譽等事。監察院人權保障委員會於 2001 年 3 月 23 日第十四次會議通過趙昌平八監委每人調查一位受難人，為達成使命監察院成立了『監察院二二八事件受難家屬陳訴案調查小組』，這些委員亦相當認真的對史料、負責保管二二八事件有關檔案之情治及軍事機關調閱資料並訪談重要負責人，其認真負態亦令人感佩，惟似乎未新資料發現。[16]

至於『二二八事件』是民變抑或是革命？以當時的情況來看，應該是民變而非革命，蓋當時要求『民主自治，並向政府交涉談判』，以『二二八事件處理委員會』成員之一的李萬居就說：『據悉，上海及其他若干方面謂本省人暴動係要求託治，諸多誤解，不知此次事件的發生純粹在要求今後政治的改進而起，並無其他企圖。』[17]但因事起匆促，並無有計劃的組織，因此軍隊一登陸台灣不久，立即被平定。如果是革命，那台灣可能將陷入長期的鬥爭中。因此，當時官方以『奸人』、『奸黨』來形容這些參與事件者，應是不恰當的字眼。[18]

當然在事件中也有少數人在國旗上大書『台灣獨立』四字或要求託管等事，但這些應是少數人的情緒行為，並不可能代表為全部當時台灣人的心聲。總之，要寫完整的台灣『二二八事件』民眾全史，應全面的考量上述的諸問題，這樣也許再過數十年我們才可見到一部客觀的『二二八事件』研究著作。

（作者單位：台灣中央大學）

注釋：

* 台灣中央大學客家研究中心助理研究員（助理教授）。

** 台灣中央大學榮譽教授。

[1] 例如今年 10 月 21 日及 22 日的《聯合晚報》和《自由時報》都有報導〈二二八受害文教機構將可申請賠償〉《聯合晚報》2010 年 10 月 21 日，第 A12 版；《自由時報》載『228 受害文教機構，可申請賠償，復辦』該報，2010 年 10 月 22 日 A10 版。

[2] 例如楊渡總策劃《還原二二八》，台北：巴札赫出版社，2005 年；業餘歷史研究者武之璋，《策馬入林》，台北：風雲時代出版股份有限公司，2007 年。

[3] 參 99 年（2010 年）8 月 9 日〈財團法人二二八事件紀念基金會開會通知資料〉，頁 5。

[4] 行政院研究二二八事件小組，召集人陳重光、葉明勳，總主筆賴澤涵，《『二二八事件』研究報告》，台北：時報文化出版事業有限公司，1995 年。

［５］ 君君，〈台灣暴動紀實〉，儲安平等著，《二二八事件後的台灣：《觀察周刊》的報導》，台北：一橋出版社，2004 年，頁 76—77。

［６］ 許柏棣，〈台灣的公務人員〉，《二二八事件後的台灣：《觀察周刊》的報導》，頁 86。

［７］（施）純青，〈台灣民變真相鈎沈〉，《二二八事件後的台灣：《觀察周刊》的報導》，頁 61。

［８］ 同上，頁 82。

［９］ 陳柏棣，〈台灣的公務人員〉，《二二八事件後的台灣》，頁 87。

［10］ 黃彰健，《二二八事件真相考證稿》，台北：中央研究院、聯經出版事業股份有限公司，2007 年，自序。

［11］ 張炎憲等著，《二二八事件責任歸屬研究報告》，台北：財團法人二二八事件紀念基金會，2006 年。

［12］ 羅翼群等著，《政治暗殺實錄》，台北：出版者不詳，年代亦不詳，頁 17。

［13］ 國民黨派系中以陳果夫、陳立夫兄弟為主，因陳姓英文書寫是以 C 字母為開頭，故稱二陳為『CC 派』或有作他們組 Central Club 的『CC』縮寫。

［14］ 陳翠蓮，《派系鬥爭與權謀政治：二二八悲劇的另一個面相》，台北：時報文化出版事業有限公司，1995 年。

［15］ 呂興忠，《彰化縣二二事件檔案彙編》，彰化：彰化縣文化局，2004 年。

［16］ 監察院二二八事件受難家屬陳訴案調查小組，《二二八事件受難家屬陳訴案調查調查報告》，台北：監察院 2004 年。

［17］（施）純青，〈台灣民變真相鈎沈〉，《二二八事件後的台灣：《觀察周刊》的報導》，頁 62—63。

［18］ 同上，頁 64。

台灣航空決戰與戰後空軍在台灣的接收

金　智[*]

一、前　言

　　一八九四年中日爆發甲午戰爭，清朝海、陸軍全敗，波濤洶險的台灣海峽，終究抵擋不了日本帝國主義的擴張野心，一紙馬關條約將台、澎割讓予日本，台灣成為日本基於其近代殖民資本主義國家所獲得的第一個殖民地。[1] 日本人佔據台後，施行高壓的殖民統治，徹底執行土地、林野調查與重劃分配，以方便其統治與剝削掠奪。凡土地登記在非個人名義下者，如學校公業、宗廟共業或原住民保留地，一律遭『所屬不明』的理由充公，並將大量耕地與林地宣告為『無主』並編為『官有』，嗣及轉手以提供其本國資本家，扶助其殖民『資本主義』。

　　一九一九年在屏北飛行基地開工，並於次年完工，成為台灣第一座軍民兩用之飛行場，其後日本人全島以軍事用途為名強徵民地與加速修築飛行基地、飛行場、飛行跑道、水上機泊地等計71處，密度極高。[2]

表一　日治時期所興建的台灣飛行場（71座）

陸軍航空隊機場：49 座							
號	機場	記錄者	情況	號	機場	記錄者	情況
01	台北（北）	劉、警、空	松山機場，36年空軍保留	26	鳳山	空	36 年空軍撤廢
02	台北（南）	劉、警、空	36 年空軍保留	27	小港（東）	劉、空	警備總部記小港僅有一處。劉記接收時即撤廢。36 年空軍保留
03	樹林（林口）	劉、警、空	36 年空軍撤廢	28	小港（西）	劉	接收後情況不明
04	桃園	劉、警、空	36 年空軍保留	29	平頂山（犁頭鏢）	劉、警、空	36 年空軍撤廢
05	八塊	劉、警、空	36 年空軍撤廢。39 年修復使用。	30	旗山（南）	劉	接收時即撤廢。
06	龍潭	劉、警、空	36 年空軍保留。39 年修復使用。	31	旗山（北）	劉	接收時即撤廢
07	湖口	劉、警、空	36 年空軍撤廢	32	里港（九塊）	劉、警	接收後情況不明

號	機場	記錄者	情況	號	機場	記錄者	情況
08	台中（東）	劉、警、空	36年空軍保留	33	屏東（北）	劉、警、空	36年空軍保留
09	台中（西）	劉、警、空	公館機場，36年空軍保留。39年修復使用。	34	屏東（南）	劉、警、空	劉記接收時即撤廢。36年空軍保留
10	彰化（大肚山）	劉、空	36年空軍撤廢	35	潮州（東）	劉	警備總部記潮州僅有一處。空軍亦同，36年撤廢
11	（大肚山）	空	彰化、大肚山，空軍年鑑記為兩座機場。36年空軍撤廢	36	潮州（西）	劉	接收時即撤廢。
12	梧棲	劉、警	接收後情況不明	37	佳冬	劉、警、空	36年空軍撤廢
13	鹿港（東）	劉	接收時即撤廢。	38	恆春	劉、警、空	36年空軍保留
14	鹿港（西）	劉	接收後情況不明	39	宜蘭（北）	劉、警、空	36年空軍保留
15	草屯	劉、警、空	36年空軍保留	40	宜蘭（南）	劉、警、空	36年空軍保留
16	埔里	劉、警、空	36年空軍撤廢	41	宜蘭（西）	劉、警、空	36年空軍保留
17	北斗	劉、警、空	36年空軍撤廢	42	花蓮港（北）	劉、警	接收後情況不明
18	大林	空	36年空軍撤廢	43	花蓮港（南）	劉、警、空	36年空軍保留
19	北港（西）	劉	警備總部記北港僅有一處	44	大和	劉、警、空	警、空記為上大和。36年空軍撤廢
20	北港（東）	劉、空	劉記接收時即撤廢。36年空軍撤廢	45	台東（北）	劉、空	警備總部記台東僅有一處。36年空軍保留
21	嘉義	劉、警、空	36年空軍保留	46	台東（南）	劉、空	劉記接收時即撤廢。36年空軍保留
22	鹽水（南）	劉	警備總部記鹽水僅有一處	47	池上	劉、警、空	36年空軍撤廢

23	鹽水（西）	空	36 年空軍撤廢	48	馬公（北）	劉	接收時即撤廢。
24	鹽水（北）	劉	接收時即撤廢	49	馬公（南）	劉	警備總部記馬公僅有一處。接收後情況不明。
25	新化	劉	接收時即撤廢				

海軍航空隊機場：21 座

50	台北	劉、警	接收後情況不明	61	永康	空	36 年空軍撤廢
51	淡水（水上）	劉、警、空	36 年空軍保留	62	歸仁	空	36 年空軍撤廢
52	紅毛	劉、警、空	36 年空軍撤廢	63	台南	劉、警、空	36 年空軍保留
53	新竹	劉、警、空	36 年空軍保留	64	仁德	劉、警、空	36 年空軍保留
54	後龍	劉、警、空	36 年空軍撤廢	65	關廟	劉、警	接收後情況不明
55	台中	劉、警、空	36 年空軍保留	66	阿蓮（大岡山）	劉、警、空	36 年空軍保留
56	新社	劉、警、空	36 年空軍撤廢。39 年修復使用。	67	岡山	劉、警、空	36 年空軍保留
57	虎尾	劉、警、空	36 年空軍保留	68	高雄	劉、警、空	36 年空軍撤廢
58	西螺	劉、警	接收後情況不明	69	東港	劉、警、空	36 年空軍保留
59	麻豆	劉、警、空	36 年空軍撤廢	70	馬公	劉、警、空	36 年空軍保留
60	二重港	劉、警	接收後情況不明	71	燕巢	空	36 年空軍撤廢

參考資料說明：

（1）劉：劉鳳翰依據《日軍佔領台灣期間之軍事設施史實》，所整理之 65 座機場名單。見劉鳳翰，〈台灣日陸海軍機場簡圖〉，《日軍在台灣：1895 年至 1945 年的軍事措施與主要活動》，（台北：國史館，1997），頁 224 - 226。

（2）警：警備總部接收總部告書所整理之 54 座機場名單。見台灣省警備總司令部編印，〈台灣日陸海軍飛機場一覽圖〉，《台灣警備總司令部軍事接收總報告》，（台北：警備總司令部，1946），收入陳雲林主編，《館藏民國台灣檔案匯編》，第 56 冊（北京：九州出版社，2006），頁 138。

（3）空：《空軍年鑑，民國 36 年》，〈全國保留機場地名表〉（台灣 29 座）、〈全國撤廢機場地名表〉，（台灣 25 座），頁 425、427 - 428。

（4）空：《空軍年鑑，民國 37 年》，〈37 年度台灣空軍指揮部機場狀況表〉，頁 277 - 280。

（5）空：《空軍年鑑，民國 38 年》，〈機構及機地之轉移與基地之復建〉，頁 123 - 124。

（6）空：《空軍年鑑，民國 38 年》，〈38 年度各地區機場狀況表—6 台灣區〉，頁 273 - 277。

（7）空：《空軍年鑑，民國 39 年》，〈建築工程〉，頁 426。

（金智、杜正宇製表）

一九三六年，台灣在歷經九任文官總督後，日本重新派任備役海軍大將小林躋造出任第十七任台灣總督。[3] 小林總督到任後隨即發布治台三大基本方針：南進基地化、台胞皇民化、全島工業化。依日本軍國主義指導原則，無論是北進（奪取滿洲）、西進（佔領華北）或南進（攻掠南洋），台灣都是理想的航空兵訓練、整備與轉場基地。一九三七年七月，蘆溝橋事變爆發後，台灣進入所謂的『戰爭時期』。[4] 日本航空部隊迅速擴充，陸軍航空部隊轄 142 個飛行中隊，海軍航空部隊轄 54 個飛行隊，各型飛機共 2000 架。在侵略中國戰場之前，部分先轉場至台灣，加強飛行戰訓始跨越海峽深入大陸作戰；論調至後方的飛行部隊，則轉場至台灣整訓補充。因此，台灣各飛行基地忙碌於飛行部隊的轉場、整備、補充、訓練、維修、輪調，各型飛機頻繁進出台灣空域。

日本將南方作戰目標由切斷援華路線修改為奪取南洋地區，挑戰美國在東南亞的地位。於是台灣扮演的角色面臨重大轉變，由之前的米、糖等原料供應地被規劃為南進基地。日本統治者除在各方面動員台灣提供戰爭需要，加強對台經濟管制，提升台灣農、工產業生產能力外，也積極進行防衛設施，以便將台灣建造成一艘不沉的航空母艦。[5] 在此期間，加強軍事設施，強租或強徵民地進行軍事工程之用，或是為了減少美軍空襲之損害，在台灣各大城市設立防空都市與防空地帶。

一九四〇年十二月，日本就在台灣軍司令部內創設台灣軍研究部，針對熱帶性的太平洋作戰擬定作戰策略，並試驗下列事項：

一、團營以下各兵種在南方作戰的戰鬥方法。

二、南方各地的軍事情報與兵要地理調查。

三、南方作戰的兵器、經理、給養與衛生防疫事項，並編撰《戰務須知》，讓南方作戰部隊人手一冊。[6]

日本陸軍航空隊的行政編制是以行團為主，分駐四大軍區，團下設有五飛行聯隊，每個飛行聯隊又有三至四個中隊，每中隊配有 12 到 18 架飛機，此一制度是參照美國的飛行編組而來。

海軍的航空隊則是以航空母艦及陸上基地命名，[7] 在台灣的海軍航空隊，則是以邊訓邊戰、以戰練兵的方式實際參加戰鬥。這支部隊曾先後參加華南掃蕩、登陸大亞灣、佔領汕頭與襲擊福州等海、陸、空聯合戰役；這些實際的作戰經驗，提供了日本發動南太平洋兩棲登陸作戰的經驗。

二、太平洋戰爭下的台灣航空決戰

日本的絕對國防圈，係以日本本土為中心，菲律賓、台灣、沖繩及小笠原群島為馬蹄形防衛圈的內緣；國防圈內的日本海、陸軍積極建軍備戰，到了太平洋戰爭末期已可相互支援，台灣也就成為日本本土絕對國防圈的鎖鑰。[8]

日本進攻菲律賓，就是以台灣為攻擊發起線而拉開序幕。一九四一年八月，日本將駐於中國福州的第四十八師團台灣混合旅改隸為台灣軍，秘密在九月二日從福州撤至台灣高雄，為入侵菲律賓做準備。新成立的第四飛行團，則將所有飛機集結屏東、東港和高雄機場。原駐防在中國東北的滿洲第五飛行團，則由東北轉場飛行，進駐台南、岡山機場。十一月中旬，更從哈爾濱調來陸軍第五飛行團，進駐義、台南、潮州與恆春基地，數百架日本零式戰鬥機漫天降落在南台灣各機場，積極訓練各種戰鬥技能。經過四個月的集結整備，計有 500 多架在台灣的飛機，分別至台南、高雄、屏東、佳冬、恆春、東港、澎湖等基地升空於『珍珠港事變』同日拂曉攻擊菲律賓呂宋島。[9] 一九四二年一月，未經戰鬥日軍即攻佔菲律賓馬尼拉。

　　隨著戰線與佔領區的擴大與拉長，日軍漸顯不支，一九四三年六月，美日雙方在馬里亞納群島激戰，日本航空兵力蒙受巨大的戰損，航空母艦艦載飛行部隊遭美軍殲滅，幾潰不成軍。玉碎塞班之後，展望下期作戰，勢必在絕對國防圈內開打，日本遂將殘存的海軍航空兵力及毫無海面戰鬥經驗的陸軍飛行部隊，匆促混編以期投入下一期絕對防衛作戰。一九四三年九月，美軍捲襲馬里亞納群島，攻克了關島、塞班島及帝尼安島，等於在馬蹄形日本絕對國防圈外建立了一連串的前哨站。儘管美軍下一波攻勢為先取菲律賓，日本仍不敢掉以輕心，在硫磺島、沖繩、台灣及菲律賓處處設防，擔心美軍會同時對國防圈各點實施攻擊。事實上，美軍在登陸菲島雷伊泰的前夕，就同時對台灣及沖繩發動牽制性航空殲擊戰。

　　同年十月，美軍航空母艦艦載機自花東海岸外蜂擁而至，與日機在台灣空域激烈交戰，雙方在五天內共出動 4320 架次纏鬥，稱為『台灣空戰』，也是太平洋戰爭中最浩大、最慘烈之空戰，美日兩方的戰損，亦高達 600 架之多！自此役之後，日軍航空兵一蹶不振，美軍穩握台海空優。[10]

　　絕對防衛作戰中，日本航空兵力居明顯的劣勢。但即使在如此劣勢防衛態勢下，日本企圖在絕對防衛作戰中作最後一搏，與美軍進行航空主力決戰。由於南洋軍需物資回運日本因美軍的狙擊將益形艱困，一旦婆羅州及蘇門答臘的原油回運被切斷，日本本土的戰備貯油僅能再撐四個月。因此，為確保南北海上交通的安全，維護南洋航道的通暢，大本營認為反封鎖的航空決戰應在戰略地位險要的台灣空域實施。

　　一九四四年八月，美軍在收復鞏固關島之後，即開始準備進攻菲律賓雷伊泰。為了牽制阻絕日軍經由台灣增援菲島，美軍調撥了龐大的航空母艦特遣艦隊，擬於雷伊泰登陸之前先將台灣夷平，以孤立在菲律賓的日軍。

　　美軍以兩天的時間，飽和轟炸台灣全島各地，包括各飛行基地、港口泊地、車站橋樑、煉油廠、糖廠等戰略目標，並要求陸軍的戰略轟炸部隊自四川成都出擊，配合轟炸台灣全島。由駐華美陸軍第十四航空軍長年以來所執行偵照任務，已判讀標定出台灣全島的轟炸目標計 1600 處，其中 487 處為軍事基地設施。

　　由於台灣是日軍南進的基地，也是盟軍反攻日本的芒刺，即使在太平洋戰爭末期，盟軍部隊進攻軸線繞過了台灣，奪取鄰近的菲律賓和沖繩而沒有登陸佔領台灣，但盟軍對要塞堡壘化的寶島仍不敢掉以輕心。特別是遍佈全島、密如蛛網的飛行基地又是神風特攻隊的根據地，各地糖廠的酒精工場又源源不斷地產製酒精代用航空燃料，岡山航空工廠仍然生產飛機供日軍持久作戰；這些威脅盟軍進攻軸線側翼的因素，迫使美軍必須對台灣執行長期性、制壓性的炸射。

　　航空母艦戰鬥群固然三度襲擊台灣，然均遭日軍飛行部隊頑強的抵抗，甚至出海追擊美軍艦艇，造成艦上官兵重大傷亡。尤其是駐台的神風特攻隊，只要美艦接近海岸百浬，即瘋狂出擊衝撞。距台灣最近的美國陸軍飛行部隊，當推駐防中國大陸的美軍航空兵。然受限於印度駝峰的運補能量，成都的第廿轟指部 B－29 戰略轟炸部隊及雲梯昆明陳納德將軍的第十四航空軍，僅能對台灣執行有限度的轟炸，最後仍因補給困難而取消對台的跨海攻擊。第廿轟指部甚至因油彈均缺，而於一九四五年一月底撤出成都，轉赴印度整補。轟炸制壓台灣的任務，很自然就丟給剛剛進佔菲律賓的美國陸軍第五航空軍就近解決。

　　為防制神風特攻機自台灣起飛執行自殺式攻擊，美國第五航空軍從菲律賓跨海北上，開始對台灣不分晝夜全面空襲；除遍炸軍事目標外，更對非軍事目標如市區民宅濫炸。至太平洋戰爭結束為止，美國第五航空軍總計出動各型飛機 7709 架次襲台，投彈 16014 噸，台灣軍民死傷慘重。

　　三、台灣光復與國軍接收

　　陳少白《興中會革命史》一書記載，一八九五年孫中山在美國夏威夷的檀香山創立興中會時，即提出『恢復台灣，還我故土人民』的主張。一九三八年四月一日，中國國民黨在湖北武昌召開臨時全國代表大會，蔣介石總裁於演說時首次表達了他對台灣的主張，他說：

　　台灣是我們中國的領土，……是我們中國安危存亡的生命線，……為要達成我們國民革命的使命，遏止野心國家擾亂東亞的企圖，必須針對著日本積極侵略的陰謀，以解放高麗、台灣的人民為我們的職志，這是總理生前所常常對一般同志講的。總理的意思，以為我們必須使高、台的同胞能夠恢復獨立和自由，才能夠鞏固中華民國的國防，奠定束亞和平的基礎……[11]

　　一九四三年，中、美、英三國高峰的『開羅會議』，決定了戰後台灣重回中國版圖的命運。[12]開羅會議在經過五天的會期（1943.11.22～26），中、美、英三國的領袖於會後發表宣言，對於戰後領土主張如下：『三國的宗旨，在剝奪日本自一九一四年第一次世界大戰開始後，在太平洋上所奪得或佔領之一切島嶼，及使日本在中國所竊取之領土，如東北四省、台灣、澎湖列島等歸還中華民國。』[13]會後開始積極著手規劃光復台灣工作，一九四四年四月十七日，國防最高委員會中央設計局成立『台灣調查委員會』，做為收復台灣的籌備機構。[14]

　　一九四五年八月十五日日本投降後不久，國民政府主席蔣中正就在二十七日特任戰時規劃收復台灣的台灣調查委員會主任委員陳儀為台灣省行政長官，[15]接著指派他為台灣警備總司令。不久，台灣省行政長官公署於八月二十九日成立，警備總司令部也於九月十日相繼成立，兩者乃於九月二十八日在重慶合組『前進指揮所』。十月五日前進指揮所官兵71名分乘美國運輸機5架來台佈置國軍登陸之各種應行準備事宜，[16]二十四日陳儀飛台，二十五日在台北中山堂舉行受降儀式。

　　陳儀接任台灣行政長官後，就馬上找人籌組行政團隊，準備前來接收台灣，先後徵詢過去的舊屬僚友，如葛敬恩、沈仲九等人。但對台灣認識的不足，令他們不知如何著手。如後來被陳儀倚重為左右手的葛敬恩（日後出任長官公署秘書長）就坦言他對台灣的情況一點也不了解，已經要來接收了，事先卻無準備，也心裡也沒個底。[17]其他人員就不用說了，而軍事人員也是如此。在事後回憶起來台灣接收的一幕，他們都認為勝利來得太快，導致事先對於勝利後應做的事，諸如：受降、遣俘、接收、復員等工作，都沒有詳密的計畫、周到的準備，以致無法做得盡善盡美。一切措施都是因利乘便，以致發生許多不應有的弊竇。[18]陳儀為了對台灣實施黨政軍全面的接收，由長官公署與警備總部合組接收委員會，統攝一切接收事宜。[19]

　　為了劃分中國戰區的接收區域，一九四五年九月十日負責中國戰區軍事接收工作的陸軍總司令何應欽上將對南京日軍駐華最高指揮官岡村寧次大將下達寧字第2號命令，規定：（一）日本駐華艦隊及越南北緯十六度以北地區（漁港除外）暨台灣、澎湖列島日本艦隊之艦船、兵器、器材、一切基地設備及基地守備隊、陸戰隊暨一切附屬設備等，洽定中國海軍總司令部參謀長海軍中將曾以鼎負責統一接收；（二）各海岸及島嶼之基地由中國陸軍各受降主管派員接替守備。[20]接著十三日又以軍補字第3號命令致岡村寧次，指派空軍第一路司令張廷孟負責接收台灣有關日本之航空器及設施：『在中國戰區（東三省除外）越南北緯十六度以北地區及台灣、澎湖列島地區之日本航空、陸軍航空、海軍航空（除艦上機）、民航

（即商航）各部門及一切配屬設施，已令空軍第一路司令張廷孟負責接收，凡接收人員已到達者，著自即日起開始交接……』[21]分別針對在台之日軍下達接收指令。

　　一九四五年十月五日中國戰區台灣省警備總司令陳儀致日本第十方面軍司令安藤利吉將軍台軍字第1號『中國戰區台灣省警備總司令部備忘錄』，命令日軍第十方面軍司令官安藤利吉將軍負責日軍在台灣地區的軍事投降工作，要其切實遵守警備總司令陳儀之命令及規定，確保在台日軍不可輕舉妄動，聽候指示，不准有任何敵對行為，並將一切在台的軍事力量、設施、武器、物質等迅速調製各式報告書及圖表清冊送呈，以備投降工作的進行。[22]接著十月三十日發出台灣省警備總司令部軍字第1號命令，指定各部隊接收範圍。[23]

　　軍事方面的接收，則由警備總部負責。[24]該部為了統一台灣地區軍事接收步驟，俾接收實施順利起見，特組台灣地區軍事接收委員會戰後台灣軍事的接收工作，由警備總司令部（以下簡稱『警備總部』）負責。[25]由其統一指揮，分組進行。依據警備總部頒布之軍字第一號命令，以日軍團體為對手，[26]劃分接收原則與範圍，且在日本第十方面軍安藤利吉將軍的協助下，[27]在台日軍都遵令解除武裝，等待接收。由陳儀擔任主任委員，警總參謀長柯遠芬為副主任委員，委員包括七十軍軍長陳孔達、六十二軍軍長黃濤、海軍第二艦隊司令李世甲、空軍第廿二、廿三區司令張柏壽、林文奎、警總副參謀長范誦堯、警總各處處長及憲兵團團長高維民人。[28]因此，戰後台灣的軍事接收工作相當迅速，自一九四五年十一月一日開始，至一九四六年二月底，就由軍事接收委員會宣告接收完畢。[29]

　　軍事用地的接管事宜，按照警備總部頒布之軍字第一號規定，是由軍政部特派員李進德負責接收，[30]但軍政部特派員辦公處卻無相關機構設置。[31]軍政部雖然另外設有後勤總部台灣供應局，由特派員李進德兼任供應局局長，[32]但其職掌僅限補給業務，而且人少事繁，根本無法兼理。[33]加上軍事接收時，軍政部負責人李進德尚在上海，而軍政部特派員辦公室工作人員也遲至十一月十九日才抵台北，[34]使得各軍面臨軍事用地接收後無法彙整轉交軍政部的窘態，只好各自保管負責。

　　隨著軍事接收的結束，警備總部第三處[35]為了解決軍事用地接管問題，在一九四六年二月二十三日台灣地區軍事接收結束會議時，提議由該部、軍政部派員辦公處、後勤總部台灣供應局、海、空軍司令部、台灣省行政長官公署農林處、地政局合組營產管理所，統一接收處理，以免荒蕪，並利復員。[36]對此提議，軍事接收委員會決定海、空軍接收的土地由海、空軍自行辦理，其餘由警備總部經理處主辦。在此決議下，海、空軍營產土地分別由海軍及空軍自行保管利用，其餘軍事用地就由警備總部經理處主辦。[37]一九四六年三月一日，警備總部組織『軍用營產管理委員會』，派陳紹咸負責，[38]規定台灣一切軍用營產一律交由該會統一處理，已由各軍政機關接收者，亦一律移交該會管理。[39]七月，『軍用營產管理委員會』結束業務，由新成立的『聯合後勤總司令部台灣省軍用營產管理所』（以下簡稱『營產管理所』）接辦全台軍用營產之管理工作。[40]

　　至於廢置軍事用地的接收，警備總部早在一九四五年十二月十九日以軍字第七十九號規定由軍政部特派員李進德會同台灣省行政長官公署的民政、農林兩處及法制委員會依法擬具方案來處理。[41]但未見具體處理方案，直到營產管理所成立後，才飭由該所統一接管廢置軍事用地，並會同台灣省行政長官公署民政處地政局處理。[42]

　　對於台灣軍事方面的接收，警備總部遵照蔣介石委員長申魚一令亨代電[43]及陸軍總司令何應欽頒發的『接收委員會通則』，由該部負責。[44]警備總部為統一台灣地區軍事接收之步驟及因應台灣複雜之軍事環境，十一月一日特別組織台灣地區軍事接收委員會，依業務區分，下設陸軍第一、第二、第三及海軍、空軍第一、第二及軍政、憲兵等八個接收組，承警備總司令之命令，分擔在台軍事接收業務。[45]而空軍兩組人員則負責日本陸、海軍所有航空部隊、飛機、場廠、倉庫、器材等的接收事宜。

　　戰後這些軍事用地，不論是日本國有、台灣總督府所有，或是被日軍強徵使用的民間私有土地，包括日軍原有的軍事設備，都移交給國軍接收。根據統計，國軍接收自日軍的營產計有 23292.4529 甲；其中陸軍接收 7771 筆，7948.9230 甲；海軍接收 6999 筆，3491.6251甲；空軍最多，共接收 27216 筆，11851.9048 甲。[46]主要是因為日軍在戰爭後期建造許多機場，以戰後國府空軍接收的營產最多，特別機場用地就有 5801.5722 甲，其中 4664.5319 甲為飛機場附屬用地，其餘則為營舍基地等。[47]

　　關於上述接收範圍，擔任空軍接收工作的空軍第二十二、二十三地區司令部認為日本海陸空軍組織系統與中國迥異，補給系統亦不同，若由海、陸、空軍分別接管所有物資，除了物質分明者可以如此接收外，其餘共同性物質則有進一步劃分接收範圍之必要，否則各軍事接收組在接收相互有關之兵器、物質、財產時，可能發生糾紛，所另行擬有『台灣區軍事接收範圍劃分意見書』主張對海、空軍或陸、空軍雙方有關物質之接收範圍劃分原則如下：1.按戰俘人數及呈繳兵器之多寡，依比例劃分之；2.按日方原補給量之多寡，依比例劃分之；3.就各該機關所在地域及其原擔任補給之性質劃分之。[48]但警備總部認為空軍司令部所提意見並未具體說明接收範圍之原則事項，且軍字第一號命令已有明白規定，所以最後決定還是以軍字第一號命令為接收依據。[49]而海、陸、空軍為使接收工作更順利，警備總部組成的軍事接收委員會在此接收原則下，隨時召集相關接收機關開會討論，以便解決各種有關的軍事接收問題。[50]

四、國府空軍[51]的接收

　　抗戰結束，為辦理接收日軍留下的航空裝備，空軍於民國三十四年十月一日，在台灣分設空軍第二十二、二十三地區司令部於台南和台北。不久，撤銷第二十三地區司令部。

　　空軍第二十二地區司令部，以張柏壽為司令，民國三十五年八月一日，改為台灣地區司令部，直屬空軍總部，部址改在台北，以郝中和為司令。

　　終戰時的日本海軍航空隊，依據警備總部的記載，其兵力共有 21,583 人。其中，第 29航空戰隊有 794 人。29 航戰司令部設置於公館飛行場（233 人），下轄 205 空（公館）90 人、132 空（虎尾）194 人以及 765 空（岡山）277 人[52]。高雄警備府與基地航空隊 20,789 人、警備府附屬飛行隊（新社）123 人、南台空及各派遣隊 9,878 人、北台空及各派遣隊 10,788 人：

表 2　南台空與北台空的兵力編組

南台海軍航空隊及各派遣隊兵力 (9，878 人)					
單位	軍人及軍屬	單位	軍人及軍屬	單位	軍人及軍屬
虎尾派遣隊	2，184	高雄（岡山）派遣隊	3，332	恆春派遣隊	15
大林派遣隊	984	東港派遣隊	573	台東派遣隊	63
歸仁基地	2，727				

　　資料來源：《台灣警備總司令部軍事接收總報告》，頁 132—134。

北台海軍航空隊及各派遣隊兵力（10,788人）					
單位	軍人及軍屬	單位	軍人及軍屬	單位	軍人及軍屬
台北派遣隊	470	台中派遣隊	3,115	高警隊基防（花蓮）	55
淡水派遣隊	120	新高派遣隊	1,994	石垣派遣隊	288
新竹基地	2,997	新社派遣隊	788	宮古派遣隊	494
宜蘭派遣隊	467				

資料來源：《台灣警備總司令部軍事接收總報告》，頁131—133、134—135。

空軍在台所接收的各類戰機，總數高達938架，是國軍各接收區數量最多者。比例上超過一半。海軍戰機中，以零式戰鬥機與九三中級練教練機最多。正好印證了29戰隊（作戰）與基地航空隊（訓練）的主要使用機種。國軍接收這些日本戰機後，選擇性能較佳、數量較多之機種，如一式三型戰鬥機、四型戰鬥機、九九式二型輕轟炸機、一式及九九式教練機等，成立空軍第六大隊。但由於日機經常故障，機種太多不易修護與駕駛；且空軍自1946年3月至4月間所接收的美軍戰機已達616架[53]，足供使用。遂決定停用日機，並頒布《日機處理辦法》，將完善者暫存保管，餘一律報廢[54]。

表3　空軍接收日本戰機各地統計表

	總計	南京	上海	杭州	漢口	廣州	衡陽	新鄉	濟南	北平	越南	錦州	台灣
戰鬥機	834	86	62	0	13	20	1	5	1	57	10	118	461
轟炸機	181	5	8	0	4	6	0	3	35	1	2	3	105
偵察機	151	8	14	11	6	3	0	6	6	4	1	0	92
教練機	517	30	85	30	1	7	0	1	23	55	12	23	250
運輸機	69	11	6	0	0	0	0	0	0	20	1	0	30
其他	45	1	12	0	2	24	0	0	0	0	7	0	0
合計	1797	141	187	41	26	60	1	15	65	146	33	144	938

資料來源：空軍年鑑，民國三十五年，頁246。

表4　空軍自台灣接收之日本各式戰機

戰鬥機：461架		轟炸機：105架		偵察機：92架		教練機：250架		運輸機：30架	
型號	架	型號	架	型號	架	型號	架	型號	架
一式	52	九七（輕）	2	九九	41	一式（高）	6	零式	8
二式	23	九九（輕）	35	百式三型司二型	14	二式（高）	35	百式二型	1
三式	59	九七（重）	18	九八（直協）	6	九0	1	郵便（軍偵）	3

四式	82	四式（重）	11	零式（水偵）	5	九九（高）	23	郵便（司偵）	3
五式	11	九九（艦爆）	6	九四（水偵）	6	九三（中）	168	21 型	4
九七式	49	九六（艦爆）	6	彩雲（陸偵）	8	零式	7	高練	5
九六（艦鬥）	4	彗星（艦爆）	6	零觀	11	二式	4	67 型	6
零式（艦鬥）	66	銀河（陸爆）	21	九五（水偵）	1	九六	1		
紫電	8					儀表操控機	5		
雷電	2								
戰鬥機：461 架		轟炸機：105 架		偵察機：92 架		教練機：250 架		運輸機：30 架	
型號	架	型號	架	型號	架	型號	架	型號	架
月光（夜戰）	3								
一式三型	89								
九六（陸攻）	1								
天山（艦攻）	4								
九七（艦攻）	8								

資料來源：空軍年鑑，民國三十五年，頁 256—260。

表5　終戰時的台灣地區日本海軍戰機

型號	數量	型號	數量	型號	數量
九六（艦鬥）	11（3 待修）	九六（艦爆）	18（待修6）	一式（陸攻）	12（待修8）
零戰（艦鬥）	78（39 待修）	彗星（艦爆）	8（待修8）	零式（水觀）	8
雷電（地鬥）	2	九六（艦攻）	9（待修2）	九四（水偵）	4（待修4）
紫電（地鬥）	9（3 待修）	天山（艦攻）	7（待修3）	零式（水偵）	3（待修3）
月光（夜戰）	3	銀河（陸爆）	22（待修2）	零式（運輸）	5（待修2）
彩雲（陸偵）	8	九六（陸攻）	1	九三（中練）	181（待修17）

資料來源：台灣省警備總司令部編，《台灣警備總司令部軍事接收總報告》，（台北：台灣省警備總司令部，1946 年），頁 141—142。

　　戰後空軍為了先行佈置前進指揮所人員來台接收事宜，早在一九四五年九月中旬，由空軍第二十二、二十三兩地區司令部先遣人員前後飛抵台南、台北，按照計畫分別接管台南、台北兩基地，以利空運工作。[55]日本受降後，十一月一日起，以南濁水溪迄秀姑巒溪之線為界，分由空軍第二十三、二十二地區司令部為空軍第一組、第二組，擔任接收。

　　十二月一日起，第一組取消，併入第二十二地區司令部，該司令部自一九四五年十二月底由台南移駐台北，並於一九四六年一月一日起主持台灣日本陸海軍航空部隊及民航之接收工作。[56]

空軍接收的轄區遼闊，派遣來台的兵力不敷分配，所以分區設立小組，負責各該區之日軍兵器、物資及航空部隊、圖表書類等集中點交等業務。惟部分散在各處的武器、器材與營舍等，因無法集中，且地點也過於分散，看管困難，故採嚴加查封方式。但空軍看管人數仍然不足，或是職責範圍不明，致疏忽遺漏未予看管，導致飛機、器材等棄置偏遠地區，發生機上值錢零件被人民偷拆販賣情事。[57]為防止此現象，除要求加派部隊人力協助接管外，空軍也請求長官公署所屬各級行政機關暨地方團隊、民眾協同保護。[58]

但軍事接收委員會對空軍採取分散保管的方式不甚贊同，主張應迅速清理運用。所以命令空軍第二十二地區司令部應將有用之器材集中保管，無用者擬訂計畫呈報廢棄，並將全台所有日軍飛機場按照接收場站性質、位置、面積、設備、營建器材等情形、數目，繪具圖表呈報軍事接收委員會及國府軍事委員航空委員會[59]擇要保留，其餘的歸還人民，以利生產。[60]

因此機場接收後，空軍接收人員遵照軍事接收委員會會議決定，就日軍在台灣修建的54座大小機場，詳細勘察後，由於機場品質差別甚大，所以決定淘汰27座，保留27座。進而對擬予保留的機場狀況、能夠停降機種也先行作了調查與評估：[61]

現況良好，排水容易：松山、岡山、桃園、台中、公館、宜蘭（南）。

跑道可用者：樹林口、新竹、小港（東）。

機場跑道為泥地者：彰化、花蓮（南）、恒春、台東。

機場附近有障礙或排水不易者：虎尾、花蓮（北）、嘉義（西南有糖廠）、屏東機場（北有大河）、大崗山、台北（南機場）。

機場跑道簡單者：龍潭、北斗。

水上機場：淡水。

其他未記載狀況：東港水上機場、台南仁德、台南歸仁、永康、草屯。

但這只是空軍第二十二地區司令部的評估而已，尚未呈請中央定案。至於日軍徵租日本人及台灣人私產的處置，空軍組則訓令各組接收人員先行接收，待日產處理委員會公布辦法後再予實施。[62]

十一月一日起，空軍第廿二、廿三地區司令部即按照軍事接收原則軍字第一號之規定，接收日本在台灣陸、海軍航空隊及民用機場及附屬設備。[63]一九四六年二月二十二日召開之中國戰區台灣地區軍事接收結束會議，再次賦予空軍接收日本在台灣所有航空隊及民有機場、附屬設備之權限。[64]因此，空軍就根據上項接收原則，接收全台機場。至於來台接收的地勤中隊，《空軍年鑑》並無記載。幸好國史館收藏了61份軍事用地調查處理的相關公文與檔案，爬梳各檔案之記載，來台接收的單位共有第2地勤中隊（台東一帶）、第22地勤中隊（台東一帶）、第25地勤中隊（台南一帶）、第26地勤中隊（新竹市、台東一帶）、第29地勤中隊（嘉義、雲林一帶）、第30地勤中隊（桃園、新竹縣、苗栗、彰化、南投一帶）等6個中隊[65]。

至一九四六年，負責接收之各地區司令部至七月底前大部均完成相關工作。到了年底，只有第六（廣州）、第八（新鄉）、第二十二（台灣）等三個地區尚未完成[66]。不過，由於接收已接近尾聲，故空軍將各部隊改組，並於上海成立供應司令部。

當時，台灣被劃歸第四戰區。負責接收台灣的空軍第二十二地區司令部，改組為空運一大隊與空運二大隊，大隊長分別為衣復恩與汪治隆。[67]但第二十五地勤中隊則是在接收完全結束後，一九四七年才撤廢[68]。同年，空軍新設台灣指揮部，共有官佐77、士兵101以及台灣通信中隊：官佐36、士兵70[69]。台灣通信中隊的單位可分為無線與有線通訊兩種。而當時的通訊所均擔任配屬場站與飛行部隊間之政務、氣象、導航與交通控管等對空通信之勤務[70]。後勤補給方面，應是空軍在台營產以台南最多[71]，故在二月一日於台南成立空軍第七供應處[72]。此外，位於上海的空軍供應總處，在台南地區亦有部分倉庫。

空軍因接收人員缺乏，而接收的機場散布台灣各地，所以接管工作在三軍中最為敷衍。[73]空軍接管後，由於部分機場並無存放重要物資，所以這些面積廣大的機場並未派人管理。至於其他機場雖有派兵駐守，但接收人員對各地機場之範圍、位置也只是書面數字資料，實際如何並不清楚，無法做有效管理。

台灣行政長官陳儀對於空軍擁有龐大面積的機場用地遲遲未作處理，造成農業生產上的重大損失，要求警備總部訓令軍事機關迅作協調清理。[74]並於一九四六年五月以署民地字第4135號電令將前日本陸、海軍戰時徵用民地房產移交各縣市政府接收。[75]但長官公署前項令，各軍事機關並未遵照，既未移交給各縣市政府，也未償付租金。[76]而此國軍的做法普遍埋下人民的不滿。

五、結　語

自一八九五年馬關條約割讓台灣、澎湖起至一九四五年對日抗戰勝利為止，台灣人民遭受日本異族殖民統治。初期武力抗爭失敗後，在『農業台灣，工業日本』的治台政策下，台灣總督府完成土地、林野調查與整理，確定振興糖業政策，設立農業研究機構等，並完成台灣資本主義化的基礎，開啟日本企業家經濟剝削與入侵之道。一九三〇年代起，為配合日本經濟發展與軍事侵略擴張之需，台灣總督府接續推動工業化，以作為日本軍需品的生產基地與南進的補給基地。另一方面，日本據台後期，台灣成為日本軍國主義南進最重要的基地，日人在台灣由北至南一共興築多處飛行基地、飛行場、飛行跑道，水上機泊地等，成為日本各飛行部隊進攻中國或侵略東南亞轉場、整備、補充、訓練、維修、輪調的重要基地，各型飛機頻繁進出台灣空域。台灣成為不沈的航空母艦，屏衛著由東南亞戰略物資運回日本的海上生命線，也是日本絕對國防圈不可或缺的一環。太平洋戰爭末期，台灣慘遭盟軍轟炸，處處斷垣殘壁，滿目瘡痍，台灣人民生命、財產損失至為慘重。

台灣光復後，台灣重回祖國懷抱，台灣人莫不歡欣鼓舞。但是由於勝利來的過於突然，遠在四川重慶的國民政府在復員、接收上準備與處理不當，失去民心，間接造成數年後因國共內戰失利而倉皇辭廟，痛失政權。以台灣光復後國府空軍的接收而言，空軍接收的飛行場、庫轄區遼闊且散布台灣各地，派遣來台的兵力根本不敷分配，所以接管工作在三軍中最為敷衍。而戰後普遍性蕭條，失業嚴重，台灣人世代賴以維生的土地遭日本人強制佔有徵收成為軍事用地，在戰後祖國軍隊來台後原以為可以發還或至少補償，然幾經交涉、陳情，均不得要領。甚至以前日軍付有租金的土地，國軍接收後，反而不付租金，致生民怨，官民對立，造成人民不滿和對政府與軍方怨懟。

（作者單位：空軍航空技術學院通識教育中心）

注 釋：

［1］ 黃靜嘉，《春帆樓下晚濤急——日本對台灣殖民統治及其影響》，（台北：台灣商務印書館，2002 年 4 月），頁21。

［2］ 金智、杜正宇，〈台南縣歷史建築：永康市飛雁新村傳原通訊所〉歷史調查期中報告，

2010 年 9 月。另據鍾堅的調查，認為當時台灣機場共有 65 處，密度為世界第一，參見鍾堅，《台灣航空決戰》，（台北：麥田出版社，1998 年 5 月初版二刷），頁 65。

[3] 日本據台時期，台灣總督可區分三個時期：1895—1919 為武官總督時期，1919—1936 為文官總督時期，1936—1945 因應中日衝突升高，再度恢復武官總督。參見黃昭堂，《台灣總督府》，（台北：自由時代出版社，1989 年），頁 72、114、165。另見黃靜嘉，《春帆樓下晚濤急——日本對台灣殖民統治及其影響》，（台北：台灣商務印書館，2002 年 4 月），頁 513。

[4] 楠井隆三，《戰時台灣的經濟論》，（台北：南方人文研究所，1944 年 11 月），頁 40。

[5] 高戶顯榮，《海軍と台灣青年》，（台北：台灣公論社，1944 年 6 月），頁 136。

[6] 由此可知，台灣是發動南太平洋戰爭的重要基地，這些戰略構想是根據現實的政、經、軍建設所擬定的，日本陸軍航空隊於是特別將台灣的機場定位為轉場、輪訓、維修與補給的飛行基地，只要是前往或來自華南地區，都要轉場至台灣進行訓練與整補，才能轉飛至目的地。周晶生，《台灣百年飛行錄》，（台北：玉山社，2005 年 10 月出版），頁 27。

[7] 例如駐防在台南就稱為台南航空隊（簡稱台南空），駐防在岡山就稱之為岡山航空隊（簡稱岡山空），兵力相當於一個飛行聯隊。參見周晶生，《台灣百年飛行錄》，（台北：玉山社，2005 年 10 月出版），頁 28。

[8] 鍾堅，《台灣航空決戰》，（台北：麥田出版社，1998 年 5 月初版二刷），頁 159。

[9] 周晶生，《台灣百年飛行錄》，（台北：玉山社，2005 年 10 月出版），頁 29。

[10] 鍾堅，《台灣航空決戰》，（台北：麥田出版社，1998 年 5 月初版二刷），頁 159—160。

[11] 張瑞成編輯，《抗戰時期收復台灣的重要言論》，（台北：中國國民黨中央委員會黨史委員會，1990），頁 2。

[12] 鄭梓，《戰後台灣的接收與重建》，（台北：新化圖書有限公司，1994 年），頁 2。

[13] 梁敬錞，《開羅會議》，（台北：台灣商務印書館，1973 年），頁 51—53。

[14] 張瑞成編，《光復台灣之籌劃與受降接收》，（台北：中國國民黨中央委員會黨史委員會，1990 年 6 月），導言，頁 3。

[15] 張瑞成編，《台灣光復之籌劃與受降接收》，（台北：中國國民黨中央委員會黨史委員會，1990 年 6 月），頁 149。

[16] 台灣省警備總司令部編，《台灣省警備總司令部軍事接收總報告》，（台北：台灣省警備總司令部，1946 年），頁 3。

[17] 葛敬恩，〈接收台灣紀略〉，（李敖編著，《二二八研究三集》，1990 年），頁 165。

[18] 彭孟緝，〈台灣省二二八事件回憶錄〉，台灣省文獻委員會編，《二二八事件文獻續編》，頁 583。

[19] 台灣省接收委員會日產處理委員會編，《台灣省接收委員會日產處理委員會結束總報告》，頁 2。

[20] 『台灣省警備總司令部代電』，〈台灣光復案專輯〉，《國軍檔案》，國防部史政編譯局藏，檔號：002.6/4010.2。

[21] 中國陸軍總司令部編，《中國戰區中國陸軍總司令部處理日本投降文件彙編》下卷，（南京：中國陸軍總司令部，1946 年 4 月），頁 26。

[22] 台灣省警備總司令部編，《台灣省警備總司令部軍事接收總報告》，（台北：台灣省警備總司令部，1946 年），頁 6—8。

[23] 張瑞成編，《台灣光復之籌劃與受降接收》，（台北：中國國民黨中央委員會黨史委員會，1990 年 6 月），頁 246—250。

[24] 何鳳嬌編，《政府接收台灣史料彙編》上冊，（台北：國史館，1990 年），頁 123。

[25] 何鳳嬌編，《政府接收台灣史料彙編》，（台北：國史館，1990 年 6 月），頁 125。

[26] 中華民國重要史料初編編輯委員會編，《中華民國重要史料初編——對日抗戰時期 第七編 戰時中國》，（台北：中國國民黨中央委員會黨史委員會，1981 年 9 月），頁 31。

[27] 鹽見俊二，《秘錄．終戰直後の台灣——私の終戰日記》，高知：高印刷株式會社，昭和五十四年 12 月，頁 111。

[28] 台灣省警備總司令部編，《台灣警備總司令部軍事接收總報告》，（台北：台灣省警備總司令部，1946 年），頁 19—21。

[29] 台灣省警備總司令部編，《台灣警備總司令部軍事接收總報告》，（台北：台灣省警備總司令部，1946 年），頁 20。

[30] 台灣省警備總司令部編，《台灣警備總司令部軍事接收總報告》，（台北：台灣省警備總司令部，1946 年），頁 71。

[31] 『台灣省警備總司令部軍用營產管理委員會第一次會議紀錄』，〈台灣區日本物資接收處理案〉，《國軍檔案》，國防部部長辦公處藏，檔號：701.1/4010.2。

[32] 台灣省警總司令部編，《台灣警備總司令部軍事接收總報告》，（台北：台灣省警備總司令部，1946 年），頁 20。

[33] 『台灣省警備總司令部軍用營產管理委員會第一次會議紀錄』，〈台灣區日本物資接收處理案〉，《國軍檔案》，國防部部長辦公處藏，檔號：701.1/4010.2。

[34] 台灣省警備總司令部編，《台灣警備總司令部軍事接收總報告》，（台北：台灣省警備總司令部，1946 年），頁 209。

[35] 台灣省警備總司令部下分三室：機要、調查與會計三室，七處：第一、第二、第三、第四、副官、經理及軍法等，另外有通信連、特務團及軍樂隊等織。第三處包括第一課（作戰）、第二課（教育）、第三課（外事）及海軍組、空軍組。台灣新生報社編，《台灣年鑑》，（台北：台灣新生社，1947 年），頁 G1。

[36] 『中國戰區台灣地區軍事接收結束會議』，〈台灣區日本資接收處理案〉，《國軍檔案》，國防部部長辦公處藏，檔號：701.1/4010.2

[37] 『海軍總司令部代電』，〈海軍營產清查案〉，《國軍檔案》，國防部部長辦公處藏，檔號：903.9/3815.5。海軍設有服務總社，陸軍則有農業管理委員會負責營產生產事宜。

[38] 『台灣省警備部代電』，〈台北縣日產產權處理〉，《財政部國有財產局檔案》，國史館藏，檔號：153—4，目錄號：275—6。

[39] 何鳳嬌編，《台灣土地資料彙編 第一輯——光復初期土地之接收與處（一）》，（台北：國史館，1993 年 11 月），頁 317。

[40] 〈軍用營產管理委員會公告〉、〈聯合後聯總司令軍用營產管理所公告〉，《台灣新生報》，民國 35 年 7 月 3 日，版 8。

[41] 『台灣省警備總司令部代電』，〈台灣光復案專輯〉，《國軍檔案》，國防部部長辦公室藏，檔號：002.6/4010.2。

[42] 『台灣省警備總司令部代電』，〈台灣區廢置機場處理案〉，《國軍檔案》，國防部部長辦公室藏，檔號：913/4010。

[43] 中國陸軍總司令部編，《中國戰區中國陸軍總司令部處理日本投降文件彙編》上卷，

（南京：中國陸軍總司令部，1946 年 10 月），頁 2。

[44] 台灣省警備總司令部編，《台灣省警備總司令部軍事接收總報告》，（台北：台灣省警備總司令部，1946 年），頁 16。

[45] 趙良驤纂修：《台灣省通志稿》，卷三，政事志防戍篇（台北：台灣省文獻委員會，1959 年），頁 250。

[46] 『行政院軍用土地清厘小組代電』〈行政院用土地清案〉，《國軍檔案》，國防部史政編譯局藏，檔號：903.7/2122。

[47] 台灣省行政長官公署民政處地政局編，《台灣地政統計》，（台北：台灣省行政長官公署民政處地政局，1947 年 4 月），頁 27。

[48] 『台灣地區第一次軍事接收會議議節錄』，〈台灣光復案專輯〉，《國軍檔案》，國防部史政編譯局藏，檔號：002.6/4010.2。

[49] 『台灣省警備總司令部代電』，〈台灣光復案專輯〉，《國軍檔案》，國防部史政編譯局藏，檔號：002.6/4010.2。

[50] 『答覆日方『關於國有財產如何處理之請示及建議事項』小組討論紀錄』，〈台灣光復案專輯〉，《國軍檔案》，國防部史政編譯局藏，檔號：002.6/4010.2。

[51] 一九四六年六月一日，軍事委員會撤銷，行政院下設置國防部，轄陸、海、空三軍，空軍為配合國軍軍事機構調整，於是將航空委員會改組成空軍總司令部，以周至柔中將為總司令，總計編制列有一一七個單位，空軍組織規模大備。參見空軍總司令部編《空軍年鑑》民國 35 年本，附件十～六。

[52] 台灣省警備總司令部編，《台灣警備總司令部軍事接收總報告》，（台北：警備總司令部，1946）。收入陳雲林主編，《館藏民國台灣檔案匯編》，第 56 冊，（北京：九州出版社，2006），頁 132—133。

[53] 《空軍年鑑：民國三十五年》，頁 251。

[54] 《空軍年鑑：民國三十五年》，頁 288。

[55] 台灣省警備總司令部編，《台灣省警備總司令部軍事接收總報告》，（台北：台灣省警備總司令部，1946 年），頁 14。

[56] 台灣省警備總司令部編，《台灣省警備總司令部軍事接收總報告》，（台北：台灣省警備總司令部，1946 年），頁 253—254。

[57] 『陸軍第六十二軍軍司令部代電』，〈日本移交殘留飛機處理案〉，《國軍檔案》，國防部史政編譯局藏，檔號：701.8/6010。

[58] 台灣省行政長官公署編，『台灣省行政長官公署訓令』，《台灣省行政長官公署公報》，35 年春字第 8 期，民國三十五年 3 月 1 日，頁 131。

[59] 國民政府成立後，於一九二六年七月北伐總司令部設航空處，奠定中國空軍基礎。一九二八年十一月航空處改組為軍政部航空署，一九三三年八月航空署改隸軍事委員會，確定空軍為統一指揮之獨立軍種。一九三四年剿共戰爭時，在南昌成立航空委員會，隸屬軍事委員會，由蔣委員長自兼航委會委員長，航空署則併入航委會。中日發生戰爭，一九三八年二月蔣委員長下令改組航委會，分設三路司令部，協助前線陸軍作戰。至一九四五年八月日本投降，空軍為配合受降，於全國各地設十八個空軍地區司令部，分別處理有關日本空軍投降事宜。一九四六年六月裁撤軍委會及所屬部會，並將行政院之軍政部改組為國防部，下設陸軍、海軍、空軍及聯合後勤四個總司令部，航委會改組為空軍總司令部，以周至柔為總司令，毛邦初、王叔銘為副總司令。空軍總司令

部情報署編，《空軍沿革史初稿》，第 2 輯，第 1 冊，（台北：空軍總司令部情報署，1957 年 7 月），頁 1—6 頁。

[60] 『台灣地區第三次軍事接收委員會議紀錄節錄』，〈台灣區日本物資接收處理案〉，《國軍檔案》，國防部史政編譯局藏，檔號：701.1/4010.2。

[61] 空軍總司令部編，《空軍年鑑》，（台北：空軍總司令部，1946 年），附件十之六。

[62] 台灣省警備總司令部編，《台灣省警備總司令部軍事接收總報告》，（台北：台灣省警備總司令部，1946 年），頁 266。

[63] 張瑞成編，《台灣光復之籌劃與受降接收》，（台北：中國國民黨中央委員會黨史委員會，1990 年 6 月），頁 246—250。

[64] 『中國戰區台灣地區軍事接收結束會議』，〈台灣區日本物資接收處理案〉，《國軍檔案》，國防部部長辦公室藏，檔號：701.1/4010.2。

[65] 各原始檔案收入何鳳嬌編，《台灣土地資料彙編—光復初期土地之接收與處理（一）》，（新店：國史館，1993），頁 187—581。

[66] 《空軍年鑑：民國三十五年》，頁 287。

[67] 原二十二地區司令張柏壽中校，則升為上校，擔任空軍總司令部統計室主任。見〈卅五年度空軍各單位主官一覽〉《空軍年鑑：民國三十五年》，頁 48、52。

[68] 《空軍年鑑：民國三十五年》，頁 266。

[69] 《空軍年鑑：民國三十五年》，頁 245、248。

[70] 〈通信單位之分類與業務系統〉，《空軍年鑑：民國三十五年》，頁 391。

[71] 《空軍年鑑：民國三十七年》，頁 393。

[72] 《空軍年鑑：民國三十七年》，頁 249、《空軍年鑑：民國三十八年》，頁 253。

[73] 遷台初期的飛行員或官校生普遍有台灣各機場、棚廠或基地一片斷垣殘壁、滿目瘡痍、蛛網塵封、殘破不堪的印象。參見衣復恩，《我的回憶》，（台北：立青文教基金會，2000 年）；王立楨，《回首來時路——陳燊齡將軍一生戎馬回顧》，（台北：上優文化事業有限公司，2009 年）；祖凌雲，《風雲際會——一位退役飛將軍的回憶錄》，（台北：麥田出版社，2003 年）；劉超凡主訪紀錄，〈訪談林文禮上將〉收入劉超凡主編，《虎賁鷹揚——空軍高階將領訪問紀錄》，（台北：國防部史政編譯室，2009 年）。〈台灣光復案專輯〉，《國軍檔案》，國防部史政編譯局藏，檔號：002.6/4010.2。戰後接收的機場多達 71 個，空軍人員並未一一到各地機移交監守，僅是作清冊上數字的接收而已；加上部分機場是戰爭末期臨時趕造的，多不具有機場的規模，有的荒地遍野，蔓草雜生。參見何鳳嬌，《戰後初期台灣土地的接收與處理（1945—1952）》，政大歷史所博士論文，2003 年，頁 275。

[74] 〈台灣區廢置機場處理案〉，《國軍檔案》，國防部史政編譯局藏，檔號：913/4010。

[75] 台灣省行政長官公署編，『台灣省行政長官公署訓令』，《台灣省行政長官公署公報》，35 年夏字第 38 期，民國三十五年 6 月 13 日，頁 607。

[76] 〈地政卷〉，《台灣省縣市政府檔案》，檔號 051，目錄號 407，國史館藏。

燃燒的靈魂不銹的青春

—— 熱血男兒蔣渭水[1]

蔣朝根

前　言

熱血男兒有爲正義獻身的熾烈熱情，與惡勢力鬥爭的過人勇氣，爲弱勢犧牲的義俠精神，在狂風怒濤之中，鼓棹直前，[3]屹立在反抗强權的第一綫，徹底不妥協[4]，能量充沛行動力十足，敢言，敢寫，敢爲，敢當，能忍。

蔣渭水創立及領導的團體多達 60 餘個，[5]舉凡文化、政治、學運、工運、農運、婦運……幾乎是無所不在，無役不與，被時人視爲反抗殖民政府的代名詞[6]；日人河原功編＜臺灣社會運動史（人名索引）＞《成蹊論叢》統計《臺灣總督府警察沿革志Ⅲ》，書中姓名出現頻率蔣渭水以 149 次高居第一，蔡培火 88 次第二，林獻堂 87 次第三。[7]

1920 年代，正值日本殖民統治臺灣 50 年的中間點，對臺灣來説是一個由封建思想進入近代思想的關鍵的年代，是反殖民運動反帝國主義最磅礴的年代，也是英雄輩出的年代，其中以蔣渭水最爲秀出，他以悲天憫人的胸懷，爲造就社會公義而散盡家財，以 41 歲壯年病逝。

當時與臺灣人反殖民運動相反立場的《經世新報》却以“熱血男兒，渭水之後更無渭水其人”評價蔣渭水。[8]昔日同志鐵骨生林糊（戰後第一任員林郡守），也以“一世奔馳，熱血終激破俠腸”的悼詩紀念，這位反殖民運動的急先鋒[9]。“寧願燒盡，不願銹壞”，熱血男兒爲理想犧牲的人格特質在蔣渭水身上充分印証。

一、青春熱血第一期革命

曾到臺灣考察，批判日本殖民統治的學者矢内原忠雄，以 1914 年私立臺中中學的倡設爲臺灣民族運動的第一聲。[10]文史學家王詩琅則認爲 1914 年臺灣同化會的創立是受過近代思想洗禮後臺灣抗日運動史的開端，臺中中學的倡設是萌芽同化會的運動，臺人有意識無意識的躲在倡設者正在閒居中的明治維新大臣板垣退助的聲望下，表白要求平等，藉以唤起同胞覺醒。[11]蔣渭水學生運動的伙伴杜聰明，則以 1910 年，蔣渭水進入臺灣醫學校後所從事的反殖民運動，是“蔣渭水君之實際民族運動之最初出發點”，亦可稱爲是“臺灣學生革命運動之第一期”。[12]

蔣渭水性格豪邁，浪漫理想，常有異於常人的壯舉，醫學校時期，年輕氣盛就已經染上“政治病”，[13]孕育濟世救心更勝行醫救人的情懷。

1911 年，孫中山領導的中國革命成功，蔣渭水深深受到刺激，秉着“上醫醫國、中醫醫人，下醫醫病”的信念，“在學中就不滿臺灣之施政，好談政治，志氣宏大，膽略過人，頗受諸學友尊崇，在學時未嘗一日忘却臺灣解放運動”不但在學校内鼓吹民族運動，還跨校聯合臺灣總督府國語學校、農事試驗場學生，秘密組織學生團體“復元會”[14]，鼓吹易世革命思想，並在榮町成立販賣文具的“東瀛商會”掩護活動，以經營商業的利潤，在校内及家鄉宜蘭設立讀報社，置内外報紙數十種，使人自由閱讀，藉以啓發民智[15]。

1. 初生之犢不畏虎，現代荆軻

1913 年，蔣渭水發起"國民捐"，募款支持孫中山討伐袁世凱的二次革命，又异想天開的策劃以霍亂菌投入北京水源地毒殺袁世凱，行動没有成功，仍不氣餒，轉移目標，再以傷寒菌注射到呈獻給日本天皇的文旦，此事也功敗垂成，幸事迹並未敗露，保住身家性命。[16]

年少輕狂，蔣渭水以天下公義爲己任，以生命作爲賭注，跨越地域解救蒼生的理想，堪稱一代熱血青年。

2. 民族熱血反對"同化會"

1914 年 12 月，日本明治維新功臣，自由民權運動家板垣退助與霧峰仕紳林獻堂發起"臺灣同化會"，宗旨是以同化主義，行博愛平等，做敦親睦族之交誼，"使臺灣三百萬島民悦服於王化，終歸於渾然一體，成爲忠良國民"，飽受不平等待遇之苦的臺人趨之若鶩，共計招收會員 3178 人（其中日人 44 人）。[17]蔣渭水認爲同化主義是亡族滅種政策，持反對的態度，率領一群學生到林獻堂下榻的"鯤溟旅館"（臺北市建成町二丁目，今天水路）詰問，才知是一時的方便，於是暫時守着沉默的態度。[18]

蔣渭水反對同化主義立場始終一貫，在治警事件的法庭上，針對檢察官"反對同化主義是叛逆"的論告，大義凛然滔滔雄辯：同化不是人爲的，是無爲而成的，而且不是單方面的限在治者同化被治者，支配民族同化被支配民族，征服民族同化被征服民族；被治者也會同化治者，被支配民族也會同化支配民族，被征服也會民族同化征服民族。個中的結果端視文化的質龢民族的數，文化的質優秀，就會同化劣文化的民族，民族的數多，就會同化少數民族。[19]

自治主義與同化主義是統治殖民地的兩大主義，蔣渭水奉行的是民族自決思想的自治主義。蔣渭水認爲臺灣人即使因殖民統治而成爲日本國民，仍然是中華民族即漢民族，這是無法否定的。

二、滔滔熱血動摇時代

1901 年加拿大、澳大利亞成立自治政府；1911 年，辛亥革命成功，中華民國成立：1916年，日本東京大學法學博士吉野作造宣揚民本主義；1917 年 10 月，列寧發起革命，俄羅斯成爲全世界第一個無産階級的共産國家。1918 年第一次世界大戰末，美國總統威爾遜提出"民族自決"的主張，戰後英、法殖民地展開獨立抗争，備受種族歧視的印度，在甘地的領導下，展開要求獨立的非暴力抗争：愛爾蘭自組國民大會，1919 年宣佈獨立：與臺灣相距不遠同屬日本殖民地的朝鮮，也爆發"獨立萬歲運動"的"三一事件"，組織韓國臨時政府，共發生 847 次暴動。

在這民族革命狂卷世界的大風潮中，總督府雖然極力防堵，然而位於東西南北交會口臺灣海峽的臺灣，民族自決浪潮終在 1920 年代匯流而入，殖民地臺灣邁入非武裝反殖民運動的"動摇時代"。

"動摇時代"也是"過渡時代"，蔣渭水認爲"動摇的時代對人類而言是最幸福的時代，有了今日的動摇，才能有明日的進步，即動摇終究會導向進步，實乃進步之母。"、"在動摇時代裏，横暴掠奪的帝國主義即將崩潰。另一方面亦意味被侵虐的弱者得獲解放。但是强國不但不乘此機會自我省察，反而頑冥執拗，以各種曲喻附説，力圖挽回自己正在崩解的頹勢，類此自我擁護，垂死挣扎的情形，可謂比比皆是。在此，吾人必須徹底瞭解此種態度。即使吾人欲循和平之道前進，亦不得不與彼等之頑冥執拗奮戰到底，不得不爲脱離彼等之不公平待遇而戰。然則何以戰，何以脱，終其極究，無非闡明自己的立場，以順應世界澎湃的潮流。"[20]

政治是廣義的衛生

習醫的蔣渭水更能洞悉殖民統治的病兆，認爲凡保衛生命之事項皆是衛生，故政治亦是廣義衛生之一。醫治與政治同樣帶有"治"字，醫治與政治皆衛生之道。世人往往只想到衛生是醫事衛生，而忽略政治是更上的衛生法。醫者與治者，並非全能的神。因爲人治療人，人治理人，其間難免有愚不肖之流，難免有活生不成，反而殺生者。臺灣的醫事衛生已經相當發達，政治衛生思想總是發達不起來，實是必須研究的問題。[21]

《動搖時代的臺灣》、《廣義的衛生論》這兩篇演説，是蔣渭水在臺灣第一個政治結社"新臺灣聯盟"發表的[22]，宣示將以"急起乎干坤一擲復幾時何不決心大勇爲"的決心，醫治殖民統治政治上的不衛生。[23]

三、熱血奔騰的先行者

蔣渭水不但是行動派的熱血男兒，而且思想前瞻，引領社會運動的風潮。

1. 創立啓蒙運動的指導團體"臺灣文化協會"

熱情的蔣渭水極富感染力，時人張深切形容：素性倜儻不羈，外貌仿佛白麵書生，胸中卻藏有無限的愛國熱情，説話温醇可親，凡接觸過他的青年，無不受其熱情所感召。[24]

1920年10月，蔣渭水運用臺灣第一位飛行員謝文達鄉土飛行的契機，團結臺灣精英學生就讀的臺北醫學專門學校、臺北師範學校的學生，[25]并聯合工業學校、農林專門、商工等學校的學生共1200人，[26]形成一股臺灣人超越本島日本人的氣勢，以臺灣人爲中心歡迎臺灣人的主體意識，[27]舉辦謝文達的歡迎會，[28]並成立購機應援會，感召了在臺日人也紛紛加入。[29]

11月，蔣渭水趁這股提昇民族氣勢所掀起的熱潮，開本島人風氣之先，在大稻埕設立進口圖書、報章雜誌的"文化公司"，進行戰後的思想研究，[30]啓迪青年，點燃創立"臺灣文化協會"的火花。文化協會以蔣渭水擬定的十項文化運動方針，包括設義塾、幼兒園、讀報社、圖書館、補習機關，發行會報、報紙，舉辦文化講演、學術講座，演出文化劇、活動寫真，成立漢文研究所，體育訓練機關，啓蒙民眾，改造臺灣人的身心靈，挽救殖民地統治下的民族沉淪。[31]蔣渭水長於組織，熱情的感召參與文化協會創會的學弟林麗明、吳海水，分別在臺中、臺南開設"大安醫院"，揭揚文化運動的大旗。林麗明因忙於社會運動，無法專心在臺中的大安醫院醫院事業，轉到綫西鄉當公醫（衛生所醫生），1926年，林麗明又遷至北港，開設同名的大安醫院，並提供醫院做爲社會運動的場所，成立讀書會、讀報社，醫病又醫世。[32]吳海水從醫學專門學校熱帶醫學專攻科畢業後，申請到家鄉臺南醫院服務，當局卻以脱離文化協會爲條件，吳海水不願接受，乃在臺北追隨内科界的泰門吉田先生。1923年3月，吳海水加入"臺灣議會設置期成同盟會"，5月，吳海水回臺南開設"大安醫院"[33]。12月，吳海水因"治警事件"被捕。[34]

三家大安醫院的建構，印証與蔣渭水日夕親交同住醫學校學寮4年的杜聰明形容蔣渭水"頭腦明晰、果斷、具有組織之性格。"[35]文化協會在蔣渭水的建構開啓臺灣本島新文化運動的年代，文化協會也成爲本島各項社會運動的指導團體及母體。

2. 推動臺灣第一個政黨"臺灣民眾黨"成立

文化協會因思想對立分裂後，蔣渭水企圖政治結社，建立爲臺灣人爭取立憲自治的政黨，1927年2月，提出"臺灣自治會"的結社，主張自治主義，被令中止；再更名"臺灣同盟會"，又被傳喚審問仍不棄不餒，雖然總督府欲讓蔣渭水成爲組黨的障礙，以製造反殖民運動陣營的分裂，反而塑造了蔣渭水的英雄形象，成爲臺灣民衆黨的實際領導者。[36]

民衆黨要求普選，施行立憲政治、内臺人平等、廢除保甲制度、禁止屋外集會等殖民地惡法、制定國家賠償法、陪審制度、行政裁判法等保障人權的法令，批判秕政，並拍發電報將發放鴉片吸食鑒札（許可证）、霧社起義毒氣殘殺原住民等惡行訴諸國際聯盟，導致總督府以誣告，反母國，民族自決，妨礙治臺統治方針，1931 年 2 月 18 日將該黨解散。

民衆黨是蔣渭水政治理念的貫徹，也是精神的合體。研究蔣渭水的黄煌雄先生以“蔣氏不僅是民衆黨的主要催生者，也是總督府分化政策下臨盆的主要障礙者，又是既生之後民衆黨的主要指導者，以及被禁止時的主要關鍵者。”來定義蔣渭水在民衆黨的地位。[37]

3. 接生臺灣第一個總工會“臺灣工友總聯盟”

文化協會巡迴全臺演講，設立農村講座，組織蔗農組合，啓蒙農民爭取自身的權益，1925 年 10 月 22 日發生“二林蔗農事件”，成爲臺灣農民運動的里程碑，因文化協會中南部的成員以地主階層爲主力，對農民運動有所遲疑，致使文化協會坐失掌握農民運動的主導權的契機。

然而悲天憫人的蔣渭水始終與弱勢者站在同一陣線。民衆黨成立前，蔣渭水已經積極推動各地工友會的成立，取得主導勞工運動的先機。民衆黨成立後，蔣渭水基於“援助農民運動、勞動運動及社會團體之發達”的政策，陸續指導各地成立工友會。[38]1928 年 2 月 19 日，臺灣第一個全島性的勞動者組織“臺灣工友總聯盟”成立，統一工農運動的戰線，“同胞須團結，團結真有力”，“以農工階級爲基礎的民族運動”，成爲最高指導原則，掀起臺灣勞農運動的風潮。占全島人口百分之八十的工農群衆的加入，奠定了廣泛群衆基礎。

臺灣文化協會、臺灣民衆黨、臺灣工友總聯盟、臺灣農民組合被稱爲四大非武裝抗日的主體，前三者是蔣渭水所開創及領導，後者則受文化協會的啓蒙。蔣渭水締造臺灣近代史上諸多的第一。

四、滿腔熱血支持臺灣議會設置請願

蔣渭水決不與壓迫者妥協，徹底反抗强權的性格，在臺灣議會設置請願運動的歷程中展現無遺。

1896 年，日本統治臺灣的第二年，帝國議會以六三號法令賦予臺灣總督委任立法權，此法有效期限三年。只要經過總督府評議會和拓殖大臣呈請敕裁，法律可不須經帝國議會通過，然而總督府評議會評議員由總督指定，評議會僅是橡皮圖章而已。

雖然抵觸日本憲政體制，卻成爲“匪徒刑罰令”、“犯罪即決令”、“保甲制度”、“浮浪者取締規則”等這些專爲替臺灣人量身打造惡法的法源。總督食髓知味，以臺灣情况特殊延長二次之後，1906 年帝國議會以法律第三一號取代，有效期限五年，換湯而不換藥的承續“六三法”的體系，1911 年及 1916 年又 2 次延長。

因施行期限即將屆滿，1920 年 11 月，東京臺灣留學生組成的新民會發起“撤廢六三法”的運動。當時明治大學法科畢業的林呈禄認爲這否定臺灣的特殊性，反而認同田健治郎總督所提倡的“内地延長主義”，應中止此運動，改爲設置强調臺灣特殊性的臺灣議會。[39]

臺灣議會賦予臺灣住民特別立法的參政權，預算的議決權，又蘊含獨立自治體與民族自決的主張，遂成爲當時島内外臺灣人的共識。[40]1921 年，帝國議會以“内地延長主義”爲原則，改以第三號法律取代“三一法”。並自 1922 年元旦起生效。“法三號”雖然盡量以日本内地法律施行於臺灣，削弱總督制定律令的權力，但是總督擁有律令制定權的本質依然不變。

1921 年春，經由林瑞騰的介紹，蔣渭水得知林獻堂正要上東京從事臺灣議會設置請願運動，認爲這是"臺灣人唯一無二的活路"。因此，全力支持林獻堂。

當時有偵探對蔣渭水説："稻江人士濟濟，人人都不敢表示贊成臺灣議會請願的意思，獨你一個人，大呼特呼極力贊成。"

蔣渭水回答説："人人都是怕着政府的威嚴、壓迫，不敢多言，設使能將全島臺灣人，一一施以催眠術，使其脫離政府的協威，我想人人都現出真情，來表示贊成啦。"偵探語塞辭去。[41]

蔣渭水熱烈支持，將經營的春風得意樓提供爲請願委員送往迎來，講演批評時政，品嚐"精神料理"的會所。[42]

1. 東京空中撒傳單，臺北向太子請願

1922 年，第二次議會設置請願後林獻堂返臺，蔣渭水糾合青年學生及有志者，計劃開洗塵會兼請願狀況報告會，臺中方面也準備宛若迎接凱旋將軍的花車遊行，林獻堂却接到奪取性命的威嚇信函。田健治郎總督又透過臺中州知事常吉德德策動，召見林獻堂、楊吉臣等 8 位，威脅償還臺灣銀行巨額貸款，訓諭停止請願運動，[43]此事被謝星樓以柳棠君爲筆名撰寫小説《犬羊禍》發表在《臺灣》雜誌第 4 年第 7 號，被譏諷爲"八駿事件"。[44]《犬羊禍》前篇在第 4 年第 8 號又重刊，但是頁數由 24 頁減爲 11 頁。[45]1923 年 9 月，《臺灣》因關東大地震休刊，1924 年 4 月復刊，然續篇終究未在第 5 年第 1 號之後出現，編輯兼發行人林呈禄也換成王鐘麟，顯然在各方壓力之下《臺灣》停止刊載《犬羊禍》續篇。[46]

蔣渭水認爲必需成立一個常設組織，持續推動請願。1923 年 1 月，向臺北北警察署申請成立"臺灣議會期成同盟會"，遭到禁止。[47]因爲林獻堂的退出，蔣渭水、蔡培火、陳逢源 3 人挺身而出擔任赴東京向帝國議會提出請願書的代表。此行總督府的嚴峻打壓，形勢險惡，海南才子文化協會協理林幼春特別賦詩壯行："一往情深是此行，中流擊楫意難平。風吹易水衝冠發，人唱陽關勸酒聲。意外鯤鵬多變化，眼中人獸漫縱橫。臨岐一掬男兒泪，願爲同胞倒海傾。"[48]

蔣渭水趁請願之便，運用法域的不同，同年 2 月，早稻田警察署核准"臺灣議會期成同盟會"成立，請願委員遂以此會名義在東京大肆活動，策劃謝文達在空中，[49]撒下 5 色 20 萬張的反對總督專制政治，違反人道主義，給臺灣人特別參政權的傳單，顯示出歷年未見的活潑示威行動，在渾沌光景中現出一道光明。[50]

"現在臺灣統治，臺灣總督一手掌握立法司法行政三權，施行極端專制政治，因之官權專橫秕政百出，陷臺灣島民於涂炭之苦…"[51]宣傳單上的正義人道之聲，震撼殖民國的國都。

4 月 12 日，攝政宮皇太子裕仁（日後的昭和天皇）行啓被稱爲"天皇之島"的臺灣。在皇太子渡臺前以及滯留臺灣中，警察二人一組對臺灣議會請願者尾行跟監，以免皇太子受到驚擾[52]。然而蔣渭水並沒有被總督府"造神運動"及威嚇的氣勢所阻，反而趁機爲議會設置請願造勢。

田總督與御用紳士營造"奉迎"氣氛，在主要街道搭建奉迎牌樓、白天發動群衆揮舞歡迎旗、晚上提燈放烟火，桃園街長簡朗山大獻殷勤，在御用報紙《臺灣日日新報》賦詩讚頌"盛德洪恩深感泣"。該報更刊登了一則"竹塹之風也静鳴，空前榮光，滿街人人如微醉，拜見如親御英姿感動泣下"[53]皇太子訪問新竹小學校，日籍學生對着皇太子"御足迹"膜拜，女學生用白手帕包裹"御足迹"沙塵做紀念的"光榮事迹"。[54]

4 月 18 日，當皇太子乘豪華的敞篷禮車，由騎兵開道，前往太平町的太平公學校參觀，途經文化協會本部。在層層重重歡迎人群之中，蔣渭水以迅雷不及掩耳的速度，高高竪起書寫 "恭迎鶴駕 臺灣議會請願團" 的大旗，且蓄意將 "恭迎鶴駕" 的字體寫得比 "臺灣議會請願團" 還小[55]，被臺北北警察署以 "假歡迎真請願" 及 "有窩藏韓國刺客，欲謀害太子" 爲名，羅織入罪。[56]此事件，《臺灣民報》大爲不平，爲蔣渭水伸張正義："我臺人爲公事受拘引者，實以蔣氏爲嚆矢，做個臺灣民權運動史上的新新好的紀錄，而蔣氏自身也可謂得了好的經驗了！而蔣氏將來也不得不加一番的覺悟了，印度顏智（甘地）爲民權運動被禁，聞獄官待顏好，不知道蔣氏這番如何呢？"[57]

因爲議會設置請願示威，蔣渭水被捕入監，謝文達奉迎太子的飛行表演也被取消，謝文達的飛行士免狀（執照）、島民捐贈的 "臺北號" 飛機、飛行基金、都被迫繳回。謝文達也黯然離開日本，到北滿州的長春，開創新的自由天地。[58]

2. "治警事件" ——臺灣志士 "獅子狩"

甫於 1923 年 9 月 6 日就任的第九任總督内田嘉吉，先秘密調查議會期成同盟會中心人物的經歷及思想言動之後，[59]於 12 月 16 日，凌晨 6 時，以 "違反治安警察法" 全島搜索家宅六十餘處，受嫌疑的人達一百十餘名，[60]大舉逮捕鎮壓期成同盟會成員。蔣渭水稱此是總督府對臺灣獅子（志士）的狩獵。[61]歷經 64 天的預審，1924 年 2 月 18 日，假釋出獄，保釋期間，蔣渭水仍無懼司法迫害擔任第五次臺灣議會設置請願委員，此行却激起辜顯榮等御用紳士組織 "公益會"，並召開 "有力者大會" 抨擊議會請願非臺灣人的心聲。

同年 8 月 18 日，"治警事件" 一審公判，堀田裁判長深信被告人格，認爲：被告所説的話，是三百六十萬島民嚮日本帝國表達的心聲，欲加尊重，以期内臺人融合，全部判決無罪。蔣渭水等隨即發表聲明：我們自初即自信無罪，今得裁判，更明檢事（檢察官）的起訴是事實無根，我們所主張，已爲世人所共認，政府爲此，對運動壓迫，事已判然。[62]在總督府的司法官干預下，第二審，第三審推翻第一審無罪判決，蔣渭水被判刑 4 個月，續服刑 80 天。

議會設置請願運動雖然屢遭打壓，但治警事件激起民氣，及日本、國際媒體的報導，也收到向海内外宣示殖民地住民反專制，取得參政權的熱烈期盼的效果。

五、熾紅熱血溶化鐵窗

監獄是殖民統治下异議分子的修煉場，蔣渭水認爲 "臺灣從來没有文明的政治運動場所"，監獄是殖民政府强迫治療犯了 "政治病" 异議分子的 "醫院"，被不照學術良心診病的 "庸醫" 治療。[63]

1. 福住町逍遥游，獄中批判總督

熱情的人比較豁達樂觀，蔣渭水把入獄當做福氣，將監獄視爲 "悦同胞之情意，樂詩書以養心"，修身養性寫作明志的 "政治別莊"，探討殖民統治的 "社會問題研究所"，精神與思想重新武裝的修煉道場。

第一次住進古亭莊福住町的臺北監獄，度過新歷及舊歷兩個新年，蔣渭水在獄中創作《入獄日記》、《入獄感想》，刊載於《臺灣民報》，唤起民氣，也開啓臺灣監獄報導文學的新頁，并且俏皮的仿作＜前赤壁賦＞作＜入獄賦＞，嘲諷前任田健治郎總督："西望内閣，東望大臣" 無安身立命於臺灣之心，斥責現任内田嘉吉總督："借一朝之權勢，舉暴威相戕，行惡虐於此地，負蒼生之希望"，其氣魄與膽識不愧爲臺灣第一熱血男子漢！[64]

2. 石頭也是營養品

獄中伙食按照勞動力分配，白麵書生蔣渭水被分配吃最差的六等飯，飯量不足，"連秕粟都吞落去"，又沒有肉類恐石灰質不足，"飯中的小石也哺破吞下，到此時，石頭也是營養品了"。枯腐變黑的臭米飯粒，是比粟粒更好的食物，"有時偶然一見是臭米飯粒，及至嚙破的時，却是鳥鼠屎，臭氣逼人，甚是厭惡，只因若要吐出，又恐連好的飯粒並去，所以不得不硬着喉强吞落去"。[65] 蔣渭水時常在夢見在江山樓和東薈芳宴會，正在狼吞虎咽時，忽然醒來，覺得有些悵然。[66] 然而蔣渭水逆來順受獄中增胖第一名，反而肥得臉險些認不出來。[67]

第二次入獄，蔣渭水雇車携帶書籍百數十本，與書中人物對談神遊，幾乎忘却身在踞天踦地的監獄之中，飽讀政治、社會、經濟的書籍，有如"早稻田大學"畢業。[68] 這次入獄，獄方沒收紙筆禁止獄中寫作，出獄後蔣渭水仍憑記憶創作《獄中隨筆》。

1925 年 5 月 10 日，天皇銀婚獲假釋，蔣渭水雇兩部人力車載書回家。出獄後，繼續參加還不清的"講演債"，致力於《臺灣民報》推廣。

3. 周遊羈留所

"悟已往之不入，知來者猶如仙"，[69] 蔣渭水經常入獄，除古亭村大旅館（臺北監獄）外，還周遊日新旅館（臺北北警察署）、汐止亭（七星郡汐止警察分室）、基隆ホテル（基隆警察署）……不憂不懼的浩然正氣，熾熱的血溶化鐵窗，再大再粗的鐵窗，再高再厚的牢墙，都關不住蔣渭水爲臺灣人坐牢的決心。[70]

六、熱血慷慨舌端噴火

蔣渭水直言無諱，爲臺灣人發聲，《臺灣民報》以"熱血慷慨，舌端幾乎出火"形容他的講演。

《警察沿革志》中收錄講演的摘錄，以窺文化協會主要幹部思想傾向及反殖民意識，共計 9 人次 11 篇的講稿，蔣渭水占 3 篇，是辯士中的第一位。蔣渭水在臺北讀報社《政治哲學概論》的講演，指出專制的國家，使用絕對的權力，不給予言論和出版絲毫的自由，但是如有多數民衆起來反抗，再大的權力也沒有用，就像永久的天皇秦始皇也被推翻一樣。在另一場松山莊文化講座，講演《群衆運動的原理》，論述漢民族有漢民族的特性，形成文化的中心，强制的同化是不可取的政策，自治政策才能發揮個民族的特性，而臺灣的政治非立憲政治不可，採三權分立的自由主義，應把權力還給各民族。另一場《明治維新》的講演更是明白的指出只，因臺灣人太溫馴，發動治警事件的內田嘉吉總督，才沒有如打壓明治維新的江戶幕府伊井直弼大老被暗殺。[71]

1. 知名"講古先"

總督府立法禁止戶外講演，治安警察法更規定臨時講演場所，需有六尺以上墻壁圈繞，並由警察臨監，在種種剝奪言論自由的政策之下，舌燦蓮花的蔣渭水，仍贏得"講古先"的美名。《英國勞動黨史》、《加俸需廢止，官有地要拂下（放領）給農民》、《王道與霸道》、《日本對臺灣的殖民政策是用帝國主義》、《法蘭西革命史》、《政治理想與現實》《印度的解放》……，這些敏感的講題直接挑動到總督府的神經，雖然講演常遭被中止或解散，但是常有數百名的觀衆堵列於道路，拍掌相送的精神復興現象[72]。總督府甚至禁止蔣渭水講演《同胞須團結，團結真有力》，認爲這是煽動民族的反感。

2. 蘇秦、張儀亦不多讓

1926 年 1 月 2 日，蔣渭水在豐原聖王廟演講《政治理想與其實現方法》，水竹居主人張麗俊日記記載"蔣先生在臺上侃侃高談，津津樂道，旁征曲遠，証近稽説，到中傾處，撲掌之聲如連響爆竹，旁若無人。雖古川刑事、警部在此旁聽，彼絕無介意，後致與古川數言衝突，彼依然大言不慚，來聽者千餘人，庭除爲之滿，亦安座靜聽絕無騷動，直講到 11 時方告閉會而散。吁！戰國時有蘇秦、張儀俱稱説士，今觀蔣先生之膽智，單獨來此講演，與秦、儀亦不多讓矣。"會場中彌漫着一股高昂的民族正氣。[73]

3. 二百餘位警察臨監

蔣渭水講演總督府如臨大敵，大肆臨監。1927 年 4 月，在鶯歌的講演，辯士只有蔣渭水一人，竟然出動警官二十餘人臨監，依法臨監棹只有一塊，當天却動用三塊。[74]另一場木工工友會在臺北新舞臺的勞動節紀念講演會，蔣渭水講〈勞動節的意義及由來〉，聽衆超過6000 人，竟有二百餘位警察臨監[75]。對聽衆，警察也是極盡恫嚇之能事，9 月 29 日，民衆黨艋舺民衆講座啓用，舉辦政談講演會，南警署在艋舺每隔數步就安置警吏，未開會前就將囚車放在會場門口示威，又在講座門口排大棹，棹上堆滿捕繩，對聽衆一一訊問住所，強記姓名，民衆仍然勇敢入場，而此次講演蔣渭水、陳甜夫婦都成了南警署的座上客。[76]

1929 年 1 月 7 日，蔣渭水在大安醫院前的黑板上揭示要舉行反對評議會政談大講演會，講題爲《帝國主義的麻醉劑》，臺北北警察署大起恐慌，強制拭除。[77]翌日，蔣渭水至基隆，立即被羈留，讓講演會無疾而終，連入獄也要對社會運動有貢獻的蔣渭水，特地寫了一篇《基隆ホテル與日新館的比較》發表在《民報》。[78]

4. 聽衆無立錐之地

蔣渭水的講演，吸引遠處各地的人前來聽講，會場經常大爆滿，有些人只得"掛"在窗户上聽講，致使屋内非常悶熱。民衆黨幹部樑加昇曾回憶在臺南的一場講演，蔣渭水先穿白綢長衫，後改穿短衣，連換三次都汗水淋漓。

蔣渭水辛辣的批判與充滿反抗意識的言詞，堪稱"反逆兒"之首。有一場在和尚洲（蘆洲）的講演，特高警察忍無可忍，竟唆使流氓向蔣渭水丟泥巴。蔣渭水還特別爲此"泥巴勛章"當場"寫真"存証。[79]

蔣渭水不畏總督府極力打壓，積極舉辦臺灣人紀念孫中山的活動。1927 年 3 月 12 日，上午臺北華僑在蓬萊閣舉行孫中山先生逝世二週年紀念會詳述先生的履歷及三民主義；夜晚在臺北市文化講座主持紀念大會，演説孫中山歷史及主義，並希望出席的人深深接納和平、奮鬥、救中國的最後呼聲。聽衆有五千餘人。同日，在大稻埕民衆講座孫文追悼大會講"孫先生之特點"，公私分得清、責任擔得專、讎恨忘得快。[80]

蔣渭水南來北往，東奔西走於臺灣島上講演，播下民主的種子，爲黑闇的島嶼照亮民主的天光。

七、正義之筆熱血竄流

民報總批發處設在大安醫院，蔣渭水是與《臺灣民報》因緣最深的人[81]，拉拔民報長大的"褓母"，1925 年 8 月，民報發行 10000 份，是僅次於總督府的御用報紙《臺灣日日新報》18970 份、《臺南新聞》15026 份的臺灣第三大報，[82]1926 年民報發行量達 2 萬份，已經發展成爲臺灣全盤社會運動的指導機關型態。[83]

蔣渭水是民報最多產的作家之一，也是社説的主筆，以正義之筆，批評秕政，戳破殖民統治假象，喚醒民族自覺。總督府不但不許臺灣人辦學，還針對文化協會的學術講座公佈取締講習規則，蔣渭水在〈急宜撤廢取締講習會的惡法〉的社論中指出：在今日的臺灣，若尚有取締講習規則，實在是臺灣惡政的證據，臺灣文化的恥辱[84]；〈迎臺灣的新新年〉指出：

臺灣改隸 30 年，造就臺灣閥的特權階級，堪稱臺灣的德川幕府，臺灣維新的志士同胞和島民同胞要快起來，做維新的大事業。[85]〈豈有不許言論自由的善政嗎？〉指出：言論的自由和束縛，是善政與惡政的分歧點；行惡政的必先束縛民衆的言論，不準民衆的言論機關存立於島內，是惡政中的第一惡政。臺灣人並不是願意默默無言的，而是喉舌被壅塞了的。[86]

蔣渭水筆力萬鈞，字字刻畫出臺灣人反殖民運動的大無畏精神，爲"失聲"的臺灣人發出正義的怒吼。

八、滾滾熱血對抗總督專制與警察王國

臺灣之政治，是警察之政治[87]，警察作威作福，被敬畏爲"大人"。"犯罪即決例"、"臺灣違警例"，給予警察司法裁判權，不經法院審判就能定罪，致使警察官署的犯罪即決案件，竟遠多於法院的刑事案件，加上只針對臺灣人實施特有的保甲制度，相互監控，專門對付社會運動，無怪乎自稱無所不管的"南無警察大菩薩"，作威作福。

1923 年 1 月 1 日，總督府公布施行"治安警察法"，鎮壓日益昇高的文化運動氣勢；1925 年改施行"治安維持法"〈又稱爲危險思想法〉，設置特務高等警察（即"特高"）專司監控政治思想活動，可處以 10 年以下之懲役或禁錮。1928 年修訂〈治安維持法〉，對主張變更國體或取消私有財産制之言論者，可處死刑、無期徒刑、最輕五年以上的懲役若或禁錮。隨着臺灣社會運動的多元化，法令越趨嚴峻，成爲日後臺灣反殖民運動分裂的因子之一。[88]

1. 特高警察川流不息如影隨形

蔣渭水不畏森嚴法令及警察全面監控，將家宅大安醫院提供爲臺灣文化協會本部、《臺灣民報》總批發處、《臺灣》雜誌臺灣支部、文化協會《會報》發行所、臺灣民衆黨臺北支部、臺北勞動青年會本部，又在此開設臺灣新文化介紹機關文化書局。

文化書局特別引進孫中山思想、中國革命、殖民地運動的書籍，傳播民族運動思想。書店開幕當天，州、署和憲兵隊的高等特務，川流不息地做不購書的顧客，成爲"便當"自帶而不必支"薪"預防小偷的保鏢，書局中每天都至少有兩位高等特務，佯裝看書跟監，因此膽小的人竟因而不敢入店，常在店外看"鬧熱"。[89]

蔣渭水義女蔣碧玉，當時就讀蓬萊公學校，最喜歡和警察玩捉迷藏，下雨天時，車夫林寶財將遮雨簾放下，蔣碧玉溜進人力車裏，林寶財拉着人力車往外跑，警察不明就裏，跟着車子猛追，這時蔣渭水從容不迫的出門從事政治活動。蔣碧玉說："父親和他的同志們時常晚上去演講，但到半夜時却是另一批人回來給他們拿衣服，説是又被日本鬼子給捉去了，這種事是家常便飯。"

2. 反對總督專制，努力獲得普選政權

1930 年 1 月 3 日，民衆黨中央常務委員會在蔣渭水的大安醫院舉行。發表三大目標口號：改除政治、經濟、社會的束縛；擁護伸張民衆日常的利益；反對總督專制，努力獲得政權。

民衆黨擬將此目標口號印在宣傳特刊上，遭到查禁。蔣渭水、陳其昌二人，前往總督府向保安課長抗議，經過二次的修訂，改爲"反對特權政治，獲得普選政權。"才獲通過，雖然在沒有選舉的殖民體制下，中央之政權之獲得前途尚屬遙遠，但是民衆黨這樣的訴求，儼然已經以革命政黨之姿向總督府的專制宣戰。[90]

3. 特立獨行的异類

《臺灣新民報》曾報導臺灣民衆黨被禁後，跟監特務增加爲四位；由此可見總督府的戒

慎恐懼。

特高警察如影隨形[91]，蔣渭水從不感覺驚惶害怕，大安醫院成爲臺灣反殖民運動的大本營，臺灣人的發聲基地，醫院樓上的 10 間病房，是异議人士的免費宿舍，春風得意樓則是免費的餐廳。曾投稿《臺灣民報》，與蔣渭水有忘年之交的楊雲萍曾如此形容“在臺灣民衆中間，‘蔣渭水’三字，就是意味反抗日人，尤其反抗日本警察的語彙”，蔣渭水成爲被壓迫者反抗威權統治的象徵。[92]

蔣渭水在臺北讀報社講演曾指出“專制的國家，使用絕對的權利，不給予言論和出版絲毫的自由。世界的興論都指稱俄國爲世界第一的警察國家，其次便是日本”，在這人人對警察官憲唯恐避之不及的時代，蔣渭水將所有家產提供作爲反殖民運動的根據地，堪稱是個特立獨行的异議份子。

九、熱血沸騰致力破除偶像迷失

爲了將臺灣人教育成統治者的順民，殖民政府灌輸君權神授的思想，營造御用紳士、走狗、傀儡、迎合階級、特權階級、鄉愿成爲被崇拜的偶像，以利愚民政策推行。

蔣渭水指責戴着這些頭衔的人，是極不生產，又是極大消費的寄生蟲。脅肩諂笑，奔走於權勢之門，鑽營私利，以迎合私圖利權，只顧自己私利，不顧同胞死活，甚至妨害同胞的進路，以作進身榮耀得利發財的手段。這些偶像都是文化大路上的障礙物，臺灣人要總動員，合力打倒掃除偶像。

蔣渭水指出以前三十年來的臺灣，可說是偶像全盛的時代，經過文化運動之後，臺灣已經進入“人的發現了”後的時代了，發現着“人是人不是神的奴隸”、“發現人是人不是人之奴隸和不是偶像的愚弄物”、“人非人的偶像”。[93]

以蔣渭水爲主軸的多元社會運動，伸張人民當家做主的自由思想，也建立臺灣人的主體意識，“一個民族不是另一個民族的奴隸”，經過人文主義思想的啓蒙，民衆紛紛覺醒。

十、熱血放盡解救殖民地臺灣人於倒懸

民衆黨將臺灣殖民地問題國際化，訴諸國際聯盟，造成臺灣總督石冢英藏下臺，成爲國際間知名的政黨，[94]就在臺灣反殖民運動最高峰之際，新任總督太田政弘以民衆黨修改黨章走向民族自決、階級鬥爭爲藉口強制解散[95]。對民衆黨遭總督有計劃的絞殺，蔣渭水以“臺灣民衆黨已死，臺灣人民依然存在。官方如不改變原來的專制政治，解放運動不會消滅”。“有此民心，不怕無黨”，繼續以臺灣工友總聯盟、臺北維新會進行反殖民運動。[96]

1. 清貧乃社會運動家之本色

蔣渭水原是一位錦衣玉食的名醫，春風得意樓的老闆，宜蘭甘泉老紅酒的代理人，《臺灣民報》的董事及總經銷，因“醫民醫病兩忙頻”，疏於注意自己的健康，染上傷寒，於生命中最璀璨光華的壯年，將能量燃燒殆盡，家財耗盡，於 1931 年 8 月 5 日遺恨而終，“剩得蕭條半卷書，兒女遺孤猶在讀”，電話也被拿去抵債，其人溺己溺、無私無我的精神，贏得壓迫者與被壓迫者的尊敬。

蔣渭水的辭世，百花齊放臺灣社會運動也趨於沉寂。對這位“臺灣社會運動家首腦”的逝世[97]，張麗俊在日記中以惋惜的心情寫着“夕刊《臺灣新聞》載臺北州宇賀知事對訪客語曰：“民族運動之先驅者故蔣渭水氏，人多推度渠平生反抗官界，故官界必切齒痛恨其人，其實不然，蔣氏之逝，吏僚中同情者不少。若臺北州知事宇賀氏語訪客曰蔣君之運動主張主旨，吾人雖不能一一贊許，然就中可加者不少，且渠亦志在改良社會而非圖一身幸福也，故

可目爲社會改良家，而未可謂之革命家也，聞身後清貧，而清貧乃社會運動家之本色，淌有餘財則不值一文錢雲雲"[98]殖民統治者也不禁流露出對蔣渭水英雄本色的推崇，張麗俊也不吝稱許"知事持論之正，不拘泥内臺人，不憎忌反抗官吏者，可知其雅量也"。

2. 最高尊崇"臺灣人救主"

總督府的代言人《臺灣日日新報》，平素對蔣渭水的攻訐不遺餘力，但是對蔣渭水的辭世也流露尊崇之情，"不僅是前民衆黨的創立人，亦爲臺灣民黨的指導者，很早就在報紙上從事筆戰。回顧一生，堪稱异議份子而受人矚目"、"從他於大正九年創設臺灣文化協會，直到病倒前，經常挑戰臺灣總督政治"[99]蘊藏對蔣渭水堅毅性格的贊許。

日人經營的《新高新報》以"臺灣人救主蔣渭水先生長逝，廿年辛苦争平等，半世紀奔馳倡自由"，報導蔣渭水解放臺灣人於倒懸的事迹。[100]

臺灣人的喉舌《臺灣新民報》評論蔣渭水的人品，"他之從事臺灣的解放運動，純然以犧牲義俠的精神，絕不是一種無誠意的運動家先顧自己口腹以後，即肯從事社會運動，蔣氏身後不留一文，即是證據"。[101]

3. 大衆葬儀師法孫中山國民葬

感念蔣渭水一生奉獻給臺灣，舊同志師法孫中山先生的國民葬，舉行"蔣渭水氏之臺灣大衆葬葬儀"，號召壓迫的平民百姓參加，並在其靈柩上覆以二面不同的黨旗，一面是被禁止的上青下紅中白日黨旗，另一面是經過核準的三星白日滿地紅黨旗。[102]五千餘人從各地涌入大稻埕參加大衆葬儀，將所有街巷擠得水泄不通，[103]平民化的簡葬風格，超越國葬的實質意義，這場葬禮被史學家譽爲臺灣史上最偉大的葬禮，有80位武裝警察嚴加戒備防範騷動，並由臺北北警察署長親自坐鎮。[104]

4. 渭水之後更無渭水其人

同志黄師以詩"七尺昂藏爲七鯤革命元勛關心黔首，廿奮鬥作廿世紀普羅救主賫志黄泉"敬悼，[105]張晴川則以"解放菩薩空罷手，劇憐風雨葬先生"表達心中的沉痛[106]。同志的黄旺成盛贊"蔣渭水才是真正的唯一偉大的臺灣政治社會運動之領導者。"[107]；莊太岳推崇爲"誠吾臺三百年來唯一志士"；[108]白成枝稱之"爲我中華民族之英雄，實鄭延平之後所僅見"；陳其昌贊爲"先知先覺的革命先烈"。[109]葉榮鐘則認爲"革命家最大的必備條件，就是始終不渝的反抗精神，國父如此，甘地也是如此。渭水先生這一點可以説是够水準的領袖"。[110]

與蔣渭水同時代的文化鬥士張深切、王白淵都極爲推崇蔣渭水的人格，自認是特殊的"孤立主義"者，不參加任何黨派的張深切認爲蔣渭水是富貴不能淫，威武不能屈的純潔的革命志士；[111]特別欽服蔣渭水的爲人，然不加入結社的王白淵稱贊蔣渭水是：民族的先覺者，絕對决是臺灣民族的英雄。[112]

近代的文史學家也給予蔣渭水極高的評價：莊永明先生尊崇蔣渭水是"臺灣第一位政治社會運動家"，[113]葉蕓蕓評價1920年代民族運動的領導者中，蔣渭水最有群衆魅力，不負他的時代是永不僕倒的臺灣近代史塑造者。[114]文化醫師林衡哲贊許蔣渭水是創造臺灣近代史具有最純潔的理想主義精神者[115]。領導公義二二八運動的陳永興醫生，稱許爲蔣渭水用自己的自由與生命在印証，政治不一定是權術與陰謀的代言，政治也可以是一種純潔的無私奉獻，是日治時期最重要的政治社會文化運動家。[116]《臺灣文化協會滄桑》作者林柏維肯定蔣渭水是臺灣社會運動的主軸，興文化啓蒙的風雲，做政黨政治的先鋒，建農工運動的生機，開社會改良的風氣堪稱臺灣革命之父，永不屈服的民族運動家。[117]作家也是歷史學家的東年認爲，蔣渭水是臺灣各種社會運動進入實踐階段的先驅者，不僅是位文化啓蒙者，也是政黨組織者、街頭運動家、是勞工運動指導者和社會運動家[118]。

在 1920 年代，波瀾壯闊、風起雲涌的自覺年代，蔣渭水稱職地扮演着新時代啓蒙者的角色，留下了追求理想和志業的真實腳印。

（作者單位：蔣渭水文化基金會）

參考書目

蔣渭水編，《臺灣文化叢書》，臺灣文化協會本部，1922 年。

蔣渭水編，《臺灣之文化》，臺灣文化協會本部，1922 年。

林呈祿、王鐘麟編，《臺灣》，1922 年～1924 年。

《臺灣民報》、《臺灣新民報》，1923 年～1932 年。

《新高新報》，1931 年。

《臺灣日日新報》，1921 年及 1931 年。

楊肇嘉着，〈臺灣新民報小史〉。

蔣渭水烈士大衆葬儀委員會，蔣氏遺集刊行會編纂，《蔣渭水全集》，1931 年。

白成枝編，《蔣渭水遺集》，蔣先烈遺集刊行委員會發行，臺北，文化出版社，1952 年。

林書揚、劉昭勇、藍博洲編，《臺灣總督府警察沿革志》，臺北，創造出版社，1989 年。

王詩琅譯着，《臺灣社會運動史》，臺北，稻香出版社，1995 年。

楊雲萍着，《臺灣歷史上的人物》，臺北，成文出版社。

張深切着，《里程碑》，聖工出版社，1961 年。

游鑒明、吳美慧着，《走過兩個時代的臺灣職業婦女訪問紀錄》，臺北，中央研究院，2001 年。

林忠勝着，《陳逸鬆回憶錄日據時代篇——太陽旗下風滿臺》，臺北，前衛出版社，1997 年。

張德南編，《蔡式谷行迹錄》，新竹市立文化中心，1998 年。

黃煌雄着，《蔣渭水傳——臺灣的孫中山》，臺北，時報出版，2006 年。

矢内原忠雄着，周憲文譯，《日本帝國主義下之臺灣》，臺北，海峽學術出版社，2002 年。

杜聰明，〈蔣渭水君之學生時代及臨終病狀——蔣渭水先生逝世十五週年紀念會講稿〉，1952 年。

蔣朝根編，《蔣渭水紀念文集》，臺北，臺灣研究基金會，2006 年。

蔣朝根，《蔣渭水歷史影像紀實》，臺北，國父紀念館出版，2009 年。

蔣朝根着，《蔣渭水留真集》，臺北市文獻委員會，2006 年。

簡炯仁編，《蔣渭水逝世六十週年紀念暨臺灣史學術研討會》，高雄，1991 年。

葉榮鐘着，《臺灣人物群像》，臺中，晨星出版社，2000 年。

臺北市文獻委員會編，《臺北文物》。

張麗俊，水竹居主人日記，臺北，中央研究院，2004 年。

莊永明着，《臺灣百人傳》，臺北，時報出版，2001 年。

白成枝編，《蔣渭水遺集》，蔣先烈遺集刊行委員會發行，文化出版社，1952 年。

王白淵，《荆棘的道路》，彰化縣立文化中心。

林衡哲，《廿世紀臺灣代表性人物》，臺北，望春風出版社，2002 年。
陳永興，《臺灣醫界人物誌》，臺北，望春風出版社，2004 年。
林柏維，《狂飆的年代 近代臺灣社會精英群像》，臺北，秀威信息科技，2007 年。
東年編，《歷史月刊》，2004 年 7 月號。

注 釋：

[1]　《渭水春風》音樂劇，以"動盪時代，普羅救主，臺灣第一熱血男子漢"詮釋蔣渭水，2010 年 9 月 10 日至 12 日臺北國家劇院演出，預計明年全臺巡演，"音樂時代"製作。

[2]　"日據時代的臺北州，畢竟是小市民和雜役眾多的都會和工業區，產生了'臺灣第一反'"，引自東年，〈臺北街頭的社會運動和思潮〉，《歷史月刊》，2004 年 7 月號。

[3]　"文化協會成立，餘被推爲總理，而君任專務理事，奔走呼號，糾合同志，於狂風怒濤之中，鼓棹直前，不辭難辛？雖經屢次座礁，而志不稍怯，意爲彼岸可登，苦海可出"引自林獻堂，〈蔣君哀辭〉，《臺灣民報》，第 376 號，1931 年 8 月 8 日，頁 4。

[4]　"爲社會運動家最要緊的條件，就是有徹底的性質和不妥協的精神，我所知道的同志中，具有這兩條件的人，實在很少，惟有渭水兄不但能合這性質和這精神，且有比這特點更徹底"，引自楊肇嘉，〈悼渭水兄逝世〉，《臺灣民報》第 376 號，1931 年 8 月 8 日，頁 4，

[5]　1928 年總督府的統計，民衆黨有 42 個勞動團體、4 個農民團體、8 個青年團體、10 個其他團體，合計 64 個社會運動團體。林書揚、劉昭勇、藍博洲編，《警察沿革志》第 2 冊政治運動，臺北，創造出版社，1989 年 6 月，頁 180～頁 184。

[6]　林忠勝，《陳逸鬆回憶録日據時代篇——太陽旗下風滿臺》，臺北，前衛出版社，1997 年 11 月 30 日，頁 74。

[7]　〈臺灣社會運動史（人名索引）〉日本成蹊大學雜誌《成蹊論叢》，高頻率第 4 名連嘴 84，之後依序是王萬得 73，翁澤生 71，王敏川 71，謝氏阿女 63，蔡式谷 62，簡吉 57。引自戴國輝〈代序〉，《蔡式穀行迹録》，張德南編，新竹市立文化中心，1998 年 7 月，頁 11。

[8]　黃煌雄着，《蔣渭水傳——臺灣的孫中山》，臺北，時報出版，2006 年 3 月 20 日，頁 199。

[9]　"結合同志，發乎文章，奔走呼號，積極抗爭，不畏強權，不懼入獄，聲勢凌駕乎林獻堂之上，成爲反抗日本統治的急先鋒"，林忠勝《陳逸鬆回憶録日據時代篇——太陽旗下風滿臺》，臺北，前衛出版社，1997 年 11 月 30 日，頁 74。

[10]　矢内原忠雄着，周憲文譯，《日本帝國主義下之臺灣》，海峽學術出版社，2002 年 1 月，頁 213。

[11]　王詩琅譯着，《臺灣社會運動史》，臺北，稻香出版社，1995 年 11 月，頁 357。

[12]　杜聰明，〈蔣渭水君之學生時代及臨終病狀 — 蔣渭水先生逝世十五週年紀念會講稿〉，《蔣渭水紀念文集》，臺北，臺灣研究基金會，2006 年 8 月，頁 69。

[13]　"我的政治煩悶的魔病，是自醫校時代便發生來的了。再這學窗時代，做出了種種事項，什麼艋舺金和盛酒館的學生大會、和尚洲水湳莊的柑園會議、冰店的開業、東瀛商會的創設 —冰店和東瀛商會，雖是商業，却都帶着公務的使命…"引自蔣渭水，〈五個年中的我〉，《臺灣民報》第 67 號，1925 年 8 月 26 日，頁 44。

［14］ "1911 年臺灣總督府醫學校的學生社團'復元會'，取義於醫生醫療病人的肉體，恢復健康之義"，林瑞明，〈感慨悲歌皆爲鯤島 蔣渭水與臺灣文學〉，《蔣渭水紀念文集》，臺北，臺灣研究基金會，2006 年 8 月，頁 237。

［15］ 《臺灣新民報》第 67 號，1925 年 8 月 26 日，頁 4。

［16］ 分見蔣渭水，〈五個年中的我〉，《臺灣民報》第 67 號，1925 年 8 月 26 日，頁 44；葉榮鐘，〈革命家蔣渭水〉《臺灣人物群像》，臺中，晨星出版社，2000 年 8 月 30 日，頁 247～249。

［17］ 《警察沿革志》第 2 冊，文化運動，臺北，創造出版社，1989 年 6 月，頁 3—頁 17。

［18］ 蔣渭水，〈五個年中的我〉，《臺灣民報》第 67 號，1925 年 8 月 26 日，頁 45。

［19］ 〈治警事件法庭辯論〉，《臺灣民報》第 2 卷第 16 號，1924 年 9 月 1 日，頁 19。

［20］ 蔣渭水，〈動搖時代的臺灣〉，《臺灣》第 3 年第 9 號，1922 年 12 月 1 日，頁 47。

［21］ 蔣渭水，〈廣義的衛生論〉，《臺灣》第 4 年第 2 號，1923 年 2 月 1 日，頁 46～50。

［22］ "到了 11 年，什麼犬羊禍出現了，形勢太壞了，我以爲非加一層的決心去做事不可了，遂組織新臺灣聯盟，這是本島政治結社的嚆始"，蔣渭水，〈五個年中的我〉，《臺灣民報》第 67 號，1925 年 8 月 26 日，頁 45。

［23］ 蔣渭水，〈快入來辭〉，《臺灣民報》第 2 卷第 3 號，1924 年 2 月 21 日，頁 8。

［24］ 張深切，〈蔣渭水〉，《里程碑》，臺中，聖工出版社，1961 年 12 月，頁 339。

［25］ "雜誌臺灣青年在臺北中等學校間造成騷動，激發鮮明的自覺，對學課外的思想問題熱心的研究。例如臺北師範學校，每冊都有數十部流入，避開舍監的監視，分配於各室輪讀，一年中從未被發現，這個機運的點燃是謝文達的鄉里飛行訪問，這個機會使各學校舍棄向來的嫌隙，相互提携開歡迎會，以此做爲促進學生運動的手段。此運動醫學專門學校以李應章、吳海水、何禮棟爲主，師範學校這方，以謝春木、盧丙丁、蔡撲（樸）生爲主，蔣渭水在醫學生的背後聯絡指導。"引自謝春木，《臺灣人の要求》，新民報社，1931 年 1 月，頁 14—16。

［26］ 〈謝文達氏歡迎會〉，《臺灣日日新報》，1920 年 9 月 25 日。

［27］ 連溫卿認爲 1920 年夏季，爲歡迎臺灣人最初之飛行家謝文達回臺，在醫學專門學校大禮堂舉行的歡迎會，可以看做是民族運動思想的具體反應，公然以臺灣人爲中心來歡迎臺灣人，證明臺灣人不是文化的落伍者，促成臺灣文化協會的誕生。引自連溫卿着，《臺灣政治運動史》，頁 352。

［28］ "稻江商界熱心應援，三十日午後一時，裝飾 3 臺自動車載醫學專門學校之樂隊，以及稻江應援團。並載大花環二個，一爲稻江應援團所贈，一爲在北本島人學生團所贈，遊行市內，乃赴練兵場。當時風力甚強，飛行中止，謝氏爲學生説明機體，又行劃（滑）走法，學生團遠飛機，高唱應援歌。乃由何皆亨氏令娘呈上花環。攝影紀念，三呼萬歲而散。以該裝飾之自動車，載謝氏賢喬梓遊行市內，沿途燃爆竹，以祝其成功。稻江應援團定本日午後六時，爲開歡迎會於春風得意樓，會費三圓，希望加入者可告知大安醫院，電話一八二五番雲"引自〈謝氏飛行之應援〉，《臺灣日日新報》，1920 年 11 月 5 日。

［29］ "既報稻艋本島人有志，去三日下午七時，會場假大稻埕春風得意樓旗亭，爲本島人唯一飛行家謝文達君父子，大開祝賀之筵。川崎警務局長、相賀知事、武藤市尹，及總督府州廳高官重要者，民間則木村、小鬆兩氏，及其它多數列席，席定，首由發起人吳昌才氏，起立叙禮，其次謝文達君答禮。次則由川崎警長、木村匡兩氏交起祝詞，

極力鼓舞有志人士，爲謝飛行家後援，木村匡氏且雲，今夜之宴會費，可當做一種前金，此後還望組織後援會也。又小鬆吉久氏座談中，則雲久邇宮兩殿下臺臨中天長節當日夜會，曾於鐵道旅館餘興場上，開演吳鳳殺身成仁歌劇，今觀謝文達君之從事干坤一擲飛行事業，置身家事業於度外，孰謂本島人多貪生怕死之徒哉，孰謂本島人無舍身奉公之觀念哉雲雲，大爲本島人吐氣。會員總數百三十餘名，廣大之春風得意樓會場，爲之滿座，足見謝氏人氣之如何集中也。"，引自〈謝飛行家祝宴〉，《臺灣日日新報》，1920 年 11 月 1 日。

[30] 《警察沿革志》第 2 冊文化運動，臺北，創造出版社，1989 年 6 月，頁 188。

[31] 蔣渭水，〈文化協會創立經過報告〉，《蔣渭水遺集》，蔣渭水烈士大衆葬儀委員會，蔣氏遺集刊行會編纂，1931 年 10 月，頁 375。

[32] 游鑒明、吳美慧《走過兩個時代的臺灣職業婦女訪問紀錄》，〈林蔡素女女士訪問紀錄〉，臺北，中央研究院近代史研究所，2001 年 3 月，頁 132，133。

[33] 《臺灣》，第 4 年第 5 號，1923 年 5 月，頁 74。

[34] 《警察沿革志——臺灣社會運動史》，第二冊政治運動，創造出版社，1989 年 6 月，頁 61。

[35] 黃煌雄《革命家——蔣渭水》，臺北，長橋出版社，1978 年 9 月，頁 30。

[36] 分見：本山警務局長聲明〈關於禁止臺灣民黨〉：其中不能忽略有極端的民族主義者，有作爲帝國臣民所不應有的思想、言行的人。《警察沿革志》第 2 冊政治運動，臺北，創造出版社，1989 年 6 月，頁 145；《臺灣民報》第 165 號，2007 年 7 月 10 日，頁 3。

[37] 黃煌雄，《臺灣孫中山——蔣渭水》，臺北，時報出版，2006 年 6 月 1 日，頁 119。

[38] 根據《臺灣民報》報導：1927 年 4 月，蔣渭水催生臺北木工工友會；5 月 1 日，發表〈以農工階級爲基礎的民族運動〉，指出將來的路綫，陸續指導臺北的石工工友會、勞動青年會、船鐵工友會、店員會的成立。

[39] 《警察沿革志》第 2 冊政治運動，臺北，創造出版社，1989 年 6 月，頁 5。

[40] 臺灣議會設置請願運動與民族主義的啓蒙運動並行，同爲本島社會運動勃興期的主要運動，請願運動使本島人確信民族自決、殖民地解放的思想。《警察沿革志》第 2 冊政治運動。臺北，創造出版社，1989 年 6 月，頁 19。

[41] 蔣渭水，〈五個年中的我〉，《臺灣民報》第 67 號，1925 年 8 月 26 日，頁 44。

[42] 蔣朝根，《蔣渭水留真集》，臺北市文獻委員會，2006 年 12 月，頁 49。

[43] 《警察沿革志》第 2 冊政治運動，頁 40—頁 53。

[44] 柳棠君，〈犬羊禍〉前篇，《臺灣》第 4 年第 7 號，1923 年 7 月 10 日，頁 62—頁 85，共 24 頁。

[45] 《臺灣》第 4 年第 8 號，1923 年 7 月 10 日，頁 68—頁 78，共 11 頁，

[46] 《臺灣》第 5 年第 1 號，1924 年 4 月，封底頁。

[47] 1923 年 1 月 29 日，臺北州警務部長諭告總幹事石煥長及蔣渭水中止組織臺灣義會期成同盟會。《警察沿革志》第 2 冊政治運動，頁 54。

[48] 林幼春，〈送蔡培火、蔣渭水、陳逢源三君之京〉《臺灣》第 4 年第 3 號，1923 年 3 月 10 日，頁 24。

[49] 蔣渭水成立稻江應援會於大安醫院，在春風得意樓舉辦爲謝文達購買飛機的募款餐會，謝文達是蔣渭水發起的社會問題研究會會員、文化協會的主力會員，並曾在蔣渭水主編的文化協會會報發表〈飛機的和平使命及其對文化帶來的影響〉顯見與謝文達關係

匪淺。分見：《臺灣日日新報》，1920 年 11 月 1 日及 5 日；臺灣文化協會會報第 3 號 《臺灣文化叢書》，1922 年 4 月；第 4 號《臺灣之文化》1922 年 5 月。

[50]《警察沿革志》第 2 冊政治運動，頁 62。

[51]"現在の臺灣統治は立法司法行政の三權を臺灣總督に一任して極端なる專制政治を行って居る。之ガためには官權專橫秕政百出臺灣島民は涂炭の苦に陷って居る…"，臺灣議會期成同盟會第三次臺灣議會設置請願宣傳單。

[52]《臺灣》第 4 年第 5 號，1923 年 5 月 7 日，頁 73。

[53]〈竹塹風も静を鳴め，空前の榮光に，滿街の人人微醉へるが如く，親しく御英姿を拜し感泣す〉，《臺灣日日新報》，第 8228 號，頁 9。

[54]〈御足迹の砂を包んで歸る〉，《臺灣日日新報》，第 8228 號，頁 9

[55]《臺灣民報》第 2 卷第 23 號，1924 年 11 月 11 日，頁 2。

[56]"巷間推測或是與不逞朝鮮人潛入臺灣事件有相關聯"，《東京朝日新聞》1923 年 4 月 22 日。

[57]《臺灣民報》第 3 號，1923 年 5 月 15 日，頁 9。

[58]《臺灣》第 4 年第 6 號，1923 年 6 月 10 日，頁 90。

[59]蔣朝根，《蔣渭水留真集》，臺北市文獻委員會，2006 年 12 月，頁 62，63。

[60]《臺灣民報》第 2 卷第 16 號，1924 年 9 月 1 日，頁 6。

[61]蔣渭水，〈入獄日記〉，寫於 1923 年 12 月 16 日，發表於《臺灣民報》第 2 卷第 6 號，1924 年 4 月 11 日，頁 15。

[62]《臺灣民報》第 2 卷第 16 號，1924 年 9 月 1 日，頁 22。

[63]蔣渭水，〈入獄感想〉，《臺灣民報》第 2 卷第 8 號，1924 年 5 月 11 日，頁 10。

[64]〈入獄賦〉、〈春日集監獄署序〉、〈牢舍銘〉等獄中所作仿古文三篇，刊登《臺灣民報》第 3 卷第 4 號，1925 年 2 月 1 日，頁 16。

[65]蔣渭水，〈獄中隨筆〉，《臺灣民報》第 60 號，1925 年 7 月 12 日，頁 9。

[66]蔣渭水，〈獄中隨筆〉，《臺灣民報》第 62 號，1925 年 7 月 26 日，頁 11。

[67]蔣渭水，〈入獄日記〉，《臺灣民報》第 2 卷第 13 號，1924 年 7 月 21 日，頁 16。

[68]蔣渭水，〈獄中隨筆〉，《臺灣民報》第 61 號，1927 年 7 月 19 日，頁 12。

[69]蔣渭水，〈快入來辭〉，《臺灣民報》第 2 卷第 3 號，1924 年 2 月 21 日，頁 8。

[70]分見：蔣渭水，〈基隆ホテル與日新館的比較〉，《臺灣民報》第 244 號，1929 年 1 月 20 日，頁 7；〈清一色的汐止亭——民眾黨大舉避暑，汐止亭全部貸切〉，《臺灣民報》272 號，1929 年 8 月 4 日，頁 7。

[71]《警察沿革志》，第 1 冊文化運動，1989 年 6 月，創造出版社，頁 209。

[72]1924 年 9 月 25 日，蔣渭水在臺北萬華勵學會講演〈英國勞動黨史〉當局以會場過於狹隘有礙交通連三夜於開會辭未完即命解散。《臺灣民報》第 2 卷第 21 號，1924 年 10 月 21 日，頁 3。

[73]張麗俊，《水竹居主人日記六》，頁 437，臺北，中央研究院近代史研究所，2002 年 12 月。

[74]《臺灣民報》第 156 號，1927 年 5 月 8 日，頁 10。

[75]《臺灣民報》第 157 號，1927 年 5 月 15 日，頁 5。

[76]〈南署大檢束的前因後果〉，《臺灣民報》第 177 號，1927 年 10 月 9 日，頁 18。

[77]《臺灣民報》第 243 號，1929 年 1 月 13 日，頁 3。

[78] 蔣渭水，〈基隆ホテル與日新館的比較〉，《臺灣民報》第 244 號，1929 年 1 月 20 日，頁 7。

[79] 蔣朝根，《蔣渭水留真集》，2006 年 12 月，頁 54。

[80] 《臺灣民報》第 150 號，1927 年 3 月 27 日，頁 6。

[81] 楊肇嘉，〈臺灣新民報小史〉，頁 25。

[82] 蔣渭水，〈五個年中的我〉，《臺灣民報》第 67 號，1925 年 8 月 26 日，頁 45。

[83] 《警察沿革志》第 1 冊文化運動，創造出版社，1989 年 6 月，頁 29。

[84] 《臺灣民報》第 2 卷第 24 號，1924 年 11 月 21 日，頁 1。

[85] 《臺灣民報》第 3 卷第 1 號，1925 年 1 月 1 日，頁 1。

[86] 《臺灣民報》第 3 卷第 3 號，1925 年 1 月 21 日，頁 1。

[87] 林獻堂、黃呈聰〈呈總督的建白書〉，《臺灣民報》第 2 卷第 24 號，1924 年 11 月 21 日，頁 9。

[88] 張深切，《里程碑》，聖工出版社，1961 年 12 月，頁 335。

[89] 王詩琅（苗丞），〈日據時期之中文書局〉，《臺北文物》，臺北市文獻委員會。

[90] 《警察沿革志》，第 2 冊政治運動，1989 年 6 月，創造出版社，頁 222。

[91] 當時的社會運動家都有被跟監的經驗，"臺灣世界語的幹事臺北連溫卿君，自神戶至東京車中尾行刑事一路護衛至東京間連換十三個，及至東京驛又有東京的刑事迎接幫帶行李至本社期後日日有人引導"，引自《臺灣民報》第 2 卷第 8 號，1924 年 5 月 11 日，頁 16。

[92] 楊雲萍，〈蔣渭水先生之追憶〉，《臺灣歷史上的人物》，成文出版社，頁 295。

[93] 〈今年要做什麼？請大家合力來打掃偶像!〉，《臺灣民報》第 86 號，1926 年 1 月 1 日。

[94] "本黨自創立以來經過三年的奮鬥，在政治經濟社會各方面收了不少成效，不但島內民眾已有信賴本黨之力量，而且日本、中國以及國際間亦已認識了本黨之存在，此乃值得四百萬同胞可共慶的"，引自〈臺灣民眾黨本部落成通知書〉，蔣朝根着《蔣渭水留真集》，頁 164。

[95] 〈臺灣民眾黨禁止理由〉，《警察沿革志》第 2 冊政治運動，頁 263—265。

[96] 臺灣民眾黨〈共同聲明書〉，《警察沿革志》第 2 冊政治運動，頁 267，268。

[97] 水竹居主人日記（八），臺北，中央研究院，2004 年 1 月，頁 409。

[98] 水竹居主人日記（八），頁 412，中央研究院，2004 年 1 月。

[99] 《臺灣日日新報》，第 11249 號。

[100] 《新高新報》，第 264 號，1931 年 8 月 13 日，頁 13。

[101] 《臺灣新民報》，第 376 號，1931 年 8 月 8 日，頁 4。

[102] 真開利三郎拍攝《蔣渭水臺灣大衆葬葬儀紀錄片》，臺北市文化局，2005 年 12 月 1 日。

[103] 〈蔣氏的臺灣大衆葬詳報 會葬者五千餘人未曾有之大葬儀〉，《新高新報》，1931 年 9 月 13 日。

[104] 《臺灣新民報》第 379 號，1931 年 8 月 29 日，頁 4。

[105] 《新高新報》第 285 號，1931 年 8 月 20 日。

[106] 《臺灣新民報》，第 381 號，1931 年 9 月 12 日，頁 11。

[107] 莊永明着，〈熱言冷語縱橫大時代黃旺成〉，《臺灣百人傳》，臺北，時報出版，2001 年 3 月 1 日，頁 96。

[108] 蔣朝根，《蔣渭水曆史影像紀實》，臺北，國父紀念館出版，2009 年 12 月，頁 96。

[109] 白成枝，〈先烈蔣渭水傳略〉，《蔣渭水遺集》，蔣先烈遺集刊行委員會發行，臺北，文化出版社，頁 3。

[110] 葉榮鐘，《臺灣人物群像》〈革命家蔣渭水〉，臺中，晨星出版社，2000 年 8 月 30 日，頁 252。

[111] 張深切，〈蔣渭水〉，《里程碑》，臺中，聖工出版社，1961 年 12 月，頁 338。

[112] 王白淵，〈我的回憶錄〉，《王白淵 荊棘的道路》，彰化縣立文化中心，頁 258。

[113] 莊永明，《臺灣第一》，臺北，時報出版。

[114] 葉雲雲，〈永不僕倒的臺灣近代史塑造者——悼蔣渭水逝世一甲子〉，《中國論壇》371 期，1991 年 8 月。

[115] 林衡哲，〈民族革命家蔣渭水——臺灣現代政治史上的唐·吉訶德〉，《廿世紀臺灣代表性人物》，臺北，望春風出版社，2002 年 2 月，頁 412。

[116] 陳永興，〈爲臺灣前途開診斷書的革命家〉，《臺灣醫界人物誌》，臺北，望春風出版社，2004 年 2 月，頁 67。

[117] 林柏維，〈蔣渭水 同胞須團結 團結真有力——臺灣社會運動的主軸〉，《狂飆的年代 近代臺灣社會精英群像》，臺北，秀威信息科技，2007 年 9 月，頁 19。

[118] "蔣渭水；這位醫生是臺灣各種社會運動進入實踐階段的先驅者。由於蔣渭水的促成和發起，臺北也是'臺灣文化協會'的發源地和運動中心之一"東年，〈臺北街頭的社會運動和思潮〉，《歷史月刊》，2004 年 7 月號。

光復前後台灣社會形態的變遷

賴連金

　　光復前的台灣，經歷晚清劉銘傳的洋務建設及日治時期的五十年，社會變遷由傳統社會進入現代社會，日治時期的變遷主要是來自於總督府政策的主導。其後受到歐美民主政治體制的影響，政權來自人民選舉，台灣民主化奠定至今。

　　首先總督府改變了台灣社會的劣習：吸食鴉片、纏足。總督府同時建立現代的衛生醫療觀念、醫療制度、公共衛生制度，並且開辦自來水、設立城市下水道，實施防疫制度，配合警察、保甲制度去要求清潔環境、撲殺傳染病媒。以往台灣是傳染病流行之區，由於總督府的主導，鼠疫、瘧疾、霍亂、天花、傷寒等各式傳染病，一一消失，降低了台灣人的死亡率。

　　在生活型態方面，總督府引進星期制，並將星期日訂為假日，加上國定假日，台灣社會有了餘暇生活，開始有了旅遊、藝術欣賞等休閒活動。經過日本五十年的統治，台灣在經濟及社會已經漸趨穩定，但第二次世界大戰期間，台灣產業遭受重創，建設也受到戰火嚴重破壞，債券成廢紙，造成金融與物價秩序混亂。光復後初期，原有的日本高層職位，多改由來自國民政府遷台的所謂外省人擔任，素質良莠不齊，貪污情事時有所傳，偶有與民眾衝突，國民政府接管之後又大量印製鈔票，並將民生物資運往中國以資助國共內戰，造成嚴重的通貨膨脹，物價一日三漲，民生困苦，致使民怨沸騰，也是發生二二八事件的原因之一。二二八事件後，因蔣經國執政白色恐怖不再，台灣有志之士為民主政治奮鬥，才有後來的黨外民主運動，但也確也造成許多知識份子不再談論或涉足政治。

一、九年國民教育的普及提高了國民的素質

　　1949 年 5 日 20 日起台灣省全境實施戒嚴，至解嚴為止共持續了 38 年，戒嚴的實施為台灣的經濟發展提供了相對穩定的政治與社會基礎。在戒嚴時期內，台灣在政府主導下，先後完成了『耕者有其田』與『三七五減租』、『幣制改革』、『十大建設』等一系列重大經濟政策與基礎設施建設，台灣的產業形態也由以農漁業為主順利轉型為以輕工業、製造業為主，人民的所得與生活水準顯著提升。政府遷台初期，義務教育僅限於國小的 6 年，自 1968 年起，毅然推動九年國民教育，九年國民教育的普及，提高了國民的素質，加上赴國外留學的海歸派知識分子，造就了許多人才。1987 年終止戒嚴體制，台灣社會的政治熱情、傳播媒體、宗教，社會多元化，開放大陸探親使兩岸也開始交流，台灣又邁向另一個變遷。

二、族群的多樣化與文化的融合

　　戰後滯留於台灣的日本人，約 48 萬人，其中約有 16 萬人具有軍人身份，通稱為『日僑』。依據 1956 年戶口普查中，非本土籍人口約 93 萬人，加上未設籍軍人 27 萬人，共約 121 萬人，約佔當時台灣人口 937 萬人中的 13%。1949 年隨著國民政府來台群聚，辦理集合式的『眷村』，由軍、公、教、中央民代按職等之不同，抽籤安排各種等級不同的無產權宿舍。大致分為五大階層的眷屬宿舍，散佈於台灣各地，眷村附近設有日用品及傳統市場，形成台灣特殊文化的眷村，但也有一些外省人分佈在眷村之外。目前在台北市，籍貫為中國大陸的人口的比例者約有

80 萬人，占台北市人口將近 30%，是台灣外省人人數最多的行政區，亦為外省人比例最高的縣市。外省人為原本在中國大陸各省市的居民，飲食習慣多元化，來到台灣後基本上飲食習慣維持不變，因此許多中國各地的美食小吃，都隨著這些移民來台而出現在台灣，後來經流傳而融入台灣社會。像川菜、湘菜、浙菜、上海菜、粵菜在台灣都有一定的市場，而台灣傳統飲食中較少的麵食類，包括水餃、饅頭、包子等都已經成為台灣普遍的食物，其中牛肉麵更是從眷村中改良發展出來，變成了台灣特色美食之一。

三、住戶情感聯絡頻繁 形成共同社區的意識

由於眷村獨特的生活空間和居民形態，形成半封閉的體系，可說是台灣社會現象中相當特殊的族群與人文現象。在國民政府來台初期，語言、習慣、文化鮮少受眷村以外的環境影響，不過隨著在台日久落地生根，眷村與村外的互動往來也日益頻繁，台灣本土文化進入眷村而眷村外省文化也向外傳播，形成新的融合。而眷村第二代漸趨搬離，但在生活環境、社區意識、國家認同上的感受，與其他台灣人有較大不同，使部分遷出者仍懷念過去的眷村生活。2000 年民進黨執政後，加速推動眷村拆除改建政策。目前眷村文化已較淡薄，混住情況越加普遍。

四、不再有富者田連阡陌 貧者無立錐之地

戰後初期，台灣農村最重要的新發展就是自耕農階層的形成與佃農的銳減，這是土地改革所導致最直接的結果之一。自耕農階層在戰後台灣的發展，徹底改變了中國歷史上『富者田連阡陌，貧者無立錐之地』的傳統，由於實施『耕者有其田』，使得農民經濟得以獨立，社會地位得以平等，而且農民擁有自己的土地，提高了生產的意願，生產力大增，農民經濟能力也隨之提高。

五、經濟的轉型與發展

隨著經濟的轉型與發展，台灣教育的推廣工作，也因為 1968—1969 學年度『九年國民教育』的施行而逐漸普及。6 歲以上的文盲佔全國人口的比率，從 1952 年的 42% 遞降到 1989 年 7.1%，而受過中等教育的人口佔全國人口的比率，也從 1952 年的 8.8% 提昇到 1989 年的 44.9%。教育普及化的發展，已使台灣人口結構中的知識水平，有了相當程度的改觀，在中產階級形成的同時，台灣社會的中智階級也日漸壯大。

這三個主要的社會變遷現象，都環繞『從農業社會到工業社會』這個主軸而展開。從發生的先後順序來看，這三個歷史現象之中，以自耕農階層的形成為時最早。1960 年代以後中產階層與中智階層的茁壯，都與自耕農階層的形成有直接或間接的關係。1972 年作為分水嶺，分為 2 個階段。第 1 個階段涵蓋時間起自 1945 台灣光復，從 1949 年開始實施『三七五減租』、『公地放領』、『耕者有其田』等一系列土地改革政策，止於 1972 年；1972 年 9 月，國民政府頒布『加速農村建設九大措施』以至今日。在農業政策的引導之下，戰後的台灣在中國人的歷史上第 1 次從農業社會轉化成為工商社會，創造了許多人所謂的『經濟奇蹟』，但是由於這種社會經濟結構的根本改變，在短短 30 年左右時間之內完成，這在社會變遷史上市相當特別的現象。

六、以農業培養工業 以工業發展農業

土地改革的實施對台灣農村社會產生了可觀的影響，它改革了舊有的租佃制度，扶植自耕農，轉移土地投資於工商業，並間接地促進農業生產量的提高，為工業的發展奠定了良好

的基礎。所以，從 1953 年開始，台灣農業政策的擬定就以『以農業培養工業，以工業發展農業』為最高指導原則。從 1895 至 1960 年，台灣農業部門一直有大量的資本流入非農業部門，促成 1960 年代中期以後工業的起飛。戰後台灣『從農業到工業』這一個變遷的基本方向，帶動了許多社會變遷現象，諸如都市化的快速發展、人口的成長與遷移、社會階層間流動的趨於活潑、教育的擴張以及婦女的興起等，都是突出的社會現象。這些現象也正是當前人文社會科學界研究的課題。

教育的發展與社會階層的變動，戰後台灣教育在數量上的急遽擴充，是社會階層變動的重要因素之一。另外，學校數目的增加，也加速了教育的普及化。在 1950 至 1951 學年度，全省各級學校總數為 1504 所，平均每一千平方公里只有 41.8 所學校，到了 1988 至 1989 學年度，全省學校總數增至 6940 所，平均每平方公里有 186.3 所學校。

台灣教育的內容雖然問題重重，但是教育的擴張本身就是重要的社會變遷現象，而且也加速了社會階層的變動。中產階級在戰後台灣社會的興起，涉及許多歷史背景。蕭新煌（1948 – ）的研究告訴我們，在日本統治時期非農業的中產階級並沒有發展空間，而在光復初期，尤其是二二八事變期間城市中產階級人士受害最重。一直到了 1950 年代，當土地改革以後工業化逐漸發展，由過去的大地主轉化而成的中產階級才逐漸形成。但是值得注意的是，戰後的台灣並不是一般所謂的『階級社會』（class society），而是一種『階級分化的社會』（class-devided society）。台灣的許多所謂『中產階級』實際是生活在一個『多階級的家庭』中。

七、價值取向與民間文化的轉變

戰後台灣社會經濟變遷的基本方向是從農業社會向輕工業社會的轉變。戰後台灣的宗教發展大致以 1960 年代中期作為分水嶺。在此之前，西方宗教在台灣發展現象，反應出西方文化藉著宗教漸次滲透到台灣，使台灣進入多元文化的開始。整體而言，台灣社會的變遷是在世俗化的過程裏，各種宗教本身的世俗化程度與普遍化程度略有不同。各宗教在台灣的發展是社會變遷中的元素之一，異文化能共存共榮融合，不同於其他國家，因宗教信仰的不同而產生衝突，激化社會對立，使社會動盪不安，這是台灣最寶貴的文化資產。

八、日治初期宗教 是安定社會重要因素之一

1980 年代的台灣社會及民間各寺廟以扶鸞批判社會風氣，作為傳統社會教化的功能。大眾所關心的是他周遭的社會問題，這些社會問題是會隨著社會經濟環境的變化而有所不同。比較新舊善書之間的差異，中央研究院宋光宇發現：家庭人倫在傳統社會是相當重要的，但是因時代的變遷，它的重要性卻已經降低了很多；色情淫佚在傳統社會裡，並不成為嚴重的社會問題，可是在今天的台灣社會中，卻是首要的社會問題。這些民間的鸞堂或其它教派，不僅藉飛鸞的『神跡顯化』來達到教化人心的目的；同時，更有『講師』或『宣講生』負責把這些乩文講給一般社會大眾聽，以達到共同身體力行的目的。

日治初期，台灣社會的安定許多來自宗教的力量，台灣總督府藉深植台灣民心的佛教，治理殖民地的宗教感化思維模式，讓原住民與漢人居多的台灣，加速同化的進程。

日本統治當局以鄭成功統治過台灣又有日本血統關係，以此解釋日本統治台灣是繼承並合理化日本對台灣的統治。當時台灣公學校還教授台灣學童傳唱鄭成功之歌。台南的延平郡王祠被改為日式之『開山神社』，並整修為神社。

為因應現實環境，台灣漢人不得不與在台日人合作，並以傳統道教寺廟改建、增設日人所熟悉的佛像；如地藏王菩薩等。日人統治者，更於台灣各地設立許多寺院及佈教所。

九、中華文化為本位的教育政策

國民政府接管台灣之初，致力去除日本殖民教育的影響，推動以中華文化為本位的教育政策，在日常教學中灌輸中華傳統文化，並推行髮禁等規範學生日常行為的措施。1968年，政府開始實施九年國民義務教育，該計劃對台灣的社會具有跨時代的重要意義，伴隨著更多人進入國民中學接受教育，勞動者的素質得到有效提升。解嚴之後，教育政策日益寬鬆，校園風氣日益自由自主，教科書由過去之一綱一本變為一綱多本，各縣市可自立高中大學，入學管道亦多元化，九年一貫亦開始推行。在教學內容上，加強鄉土教育之教學比例與在地語言之教學，課堂上開始出現閩南語、客家話及南島語族語言教育。1990年代以來一連串的教育改革措施，不論是法令、師資、課程、教學、教科書、財政等方面，均有重大的變革，2002年廢除大學聯考後，開始實施大學入學指定科目考試測驗，堪稱台灣教育史上變動最劇烈的階段。同時，教育部推動十二年國教也成為了教育界的焦點。

十、教育普及與中產階級興起

解嚴前，台灣人的結社、遊行、言論、出版、新聞自由都沒有保障，加上片面重視經濟效益，底層人民權益卻橫遭剝奪，維權意識與社會發展皆不健全。1970年代後，伴隨著教育普及與中產階級興起，自主意識開始抬頭。1980年，消費者文教基金會成立，標志著消費者維權意識的興起。1980年代，隨著民主運動的蓬勃展開，街頭抗爭也成為台灣社會的常見現象。著名的如五一九綠色運動、三月學運、鹿港居民反杜邦設廠事件、五二〇農運、無殼蝸牛運動等。各個少數族群亦注意維護自己的權益，如台灣原住民族權力促進會發起之『還我姓名』『還我土地』等訴求；外省人返鄉探親促進會成功實現開放赴大陸探親之政治訴求；客家權益促進會發起之『還我母語』運動等。男女平等亦獲得社會的重視，在立法院已有女性保障名額，女性地位顯著提升。同志團體亦時有遊行示威要求同志人權。立法院陸續通過勞基法等法令，勞工地位得到保障。

國民政府遷台之初，大力推行去日本化，強力推行國語教育，並更改街道名稱，以灌輸台灣人對中國的認同和對領袖的崇拜。戒嚴時期，政府以官方力量推動文化發展，推動中華文化復興運動，在教育內涵上，以孔子的儒家思想為中心和反共，而在1970年代後，伴隨著經濟的起飛，本土文化日漸興起，加上外國文化湧入台灣，台灣的文化趨向多元。如今，由於美軍駐台期間，駐軍將美國文化融入台灣社會後，陸續有台灣學生留美，進而改變台灣人民有親美傾向，隨之，社會的多元化。現今台灣民主政治體制媲美歐美，人權伸張已為國計矚目與肯定，同時科技產業蓬勃發展，諸如竹科、中科、南科的特區，皆為提昇國家生產力、國際競爭力而設，這些科技產能，促使台灣更可立足國際，傲視寰球。

本會理事長應中國社會科學院邀請，於四川重慶《第一屆台灣史研究論壇—台灣光復六十五週年暨抗戰史實學術研討會》中發表。

參考資料

『社會型態的轉變』曾韋禎
『由農業走向工商業』黃俊傑

（作者單位：中華資深記者協會）

台灣光復後基督教高等教育的創辦

——以東海大學為個案[1]

彭淑敏

一、引言

台灣脫離日本五十年的殖民統治（1895—1945）後，經濟落後，財政匱乏，同時面對著種種政治、社會問題，百事待興。國民黨於 1949 年遷台後，以政治、國防與外交建設為重，高等教育的發展明顯不足。由 1949—1953 年期間，台灣只維持抗戰勝利後的四所大專院校，因此從 1945—1953 年間的台灣高等教育已有九年沒有增長。[2]台灣基督教在日治時期久經『皇民化運動』的逼迫，於戰後重新進入蓬勃發展的階段。[3]同時因應二十世紀五十年代，中國大陸進行高等院校調整，基督教大學被迫結束，不少教會辦學資源轉移至台灣。[4]

興辦教育是基督教來華傳道的重要間接方法，在此政治、經濟、社會的情勢下，光復後在台成立的基督教高等院校，計有三所，分別是在蘇州創辦的東吳大學於 1954 年在台北復校，於 1955 年在台中成立的東海大學和台灣桃園縣的中原理工學院（1980 年改制為中原大學），正好滿足當時社會對教育的需求，對於人才培訓貢獻顯著，相關研究為中國基督教史研究學者所關注。[5]

其中以東海大學的創辦極具特色，該校成為五十年代中國大陸進行高等院校調整後，第一所在台創辦的基督教高等院校，延續了中國基督教大學在華的教育事業。[6]其辦學本著基督教精神，以育才為目標，對於培育本土精英，貢獻重大。近年相關著述，以《東海大學校史》為首，記述創校經過（1952—1955）、開創時期（1955—1957）、成長時期（1957—1966）、爭議時期（1966—1972）、轉型時期（1972—1978）、擴展時期（1978—1980）等重要歷史事跡，進行回顧與展望。[7]其後，周聯華等著《基督教大學的角色與任務：東海大學校慶四十週年記念文集》，由校牧室把東海基督徒學生所編《葡萄園》雜誌中，探討該校的本質、理想與目標等相關文章集結成書，提出反省與檢討。[8]

然而閩台兩省接近，交通頻繁，福建於台灣光復前後已給予不少的支援。[9]東海大學在籌備與創校（1951—1955）期間，即與十三所中國基督教大學之一的福建協和大學有密切關係，尚未被充分注意。本文就此進行研究，討論當時美國基督教高等教育的辦學資源，由中國大陸轉移至台灣的情況，以及福建協和大學對該校創辦的影響，特別關注辦學經費和人事安排。[10]

二、東海大學的籌備與創校資金

二十世紀五十年代至六十年代中期，台灣經濟在農業改良與土地改革等措施下，成功將大量剩餘資金轉移至工業，加上美援、大陸人才與資金相繼轉至台灣，形成經濟起飛的良好環境，亦有利推行教育改革，提升人才培訓的質素。東海大學的籌備與創校始於五十年代，台灣政治已趨穩定，經濟生產逐漸恢復。[11]美國基督教教育團體與政要均重視東海大學的成立，被評為『精心策劃、財力充裕』，[12]見證了中國基督教的辦學資源轉移至台灣的歷程。

1951 年年中，美國紐約中國基督教大學聯合董事會（The United Board for Christian Colleges in China，以下簡稱聯合董事會）建議在台開辦基督教高等教育。[13]翌年，聯合董事會執行秘書芳衛廉（William P. Fenn, 1902—1993）赴台考察。他在中國長大，在美畢業後出任金陵大學英語教授，抗戰期間擔任聯合董事會在華的聯絡人，對制定戰後基督教教育計劃扮演重要角色。[14]1953 年聯合董事會從二十五人當中選任美國奧柏林學院（Oberlin College）前神學院院長葛蘭翰（Thomas W. Graham）為駐台代表，任期為 1953 年 6 月 1 日至 1954 年 1 月 31 日。葛氏其後更出任籌備處委員及第一屆董事會董事，協助籌辦台灣基督教大學。[15]

聯合董事會為東海大學的創校提供了充裕的資金，1951—1952 年聯合董事會建議撥款 25 萬美元為東海大學的籌建資金，其中 20 萬美元撥為建築費用，其餘 5 萬美元則為早期到台考察人員的薪金和其他行政費用。[16]於 1953—1954 年的預算中，計有 3 萬美元預備費、20 萬美元建築和設備費，以及 1 萬 5 千美元經常支出，合共 245，000 美元。[17]1954—1955 年的預算中大幅度增加了資本支出（建築經費）與經常支出，最主要的原因是由於台灣的建築成本在這段期間內上漲了一倍。預算中包括 75 萬美元的資本支出、2 萬 5 千美元預備費及 4 萬美元經常支出及 1 萬美元緊急支出（表一）。根據 1954—1955 年聯合董事會總體計劃的支出，東海大學的籌辦資金約佔 47%（表二），成為計劃中最重要的項目。聯合董事會為配合戰後海外撥款的基本原則，在該校開辦後將由台灣本土的經濟支持，而無須承擔長遠的財務資助。[18]其後亨利魯斯義基金會（Henry Luce Foundation）捐助 5 萬美元作為路思義教堂的興建費用。[19]美國哈佛大學燕京學社（Harvard‑Yenching Institution）及燕普基金社（Princeton‑Yenching Foundation）分別資助 1 萬美元和 5 千美元購買中文及公共關係科的書籍。[20]

表一　東海大學財政預算，1954—1955（單位：美元）[21]

資本支出		$ 750，000
建築及設備	$ 738，000	
監督人員	$ 12，000	
籌建資金		$ 25，000
台灣辦公室及聯合董事會	$ 7，000	
諮詢人員	$ 8，000	
職員赴台支出	$ 10，000	
經常支出		$ 40，000
在台支出	$ 30，000	
聯合董事會人員	$ 10，000	
緊急支出		$ 10，000
總計		$ 825，000

表二：聯合董事會計劃的支出，
1954 年 7 月 1 日至 1955 年 6 月 30 日（單位：美元）[22]

崇基學院 – 香港	$ 44, 527, 09
朝鮮基督教大學	$ 8, 092.36
亞洲獎學金	$ 3, 233.30
東吳學校	$ 1, 075.40
東海大學 – 台灣	$ 335, 798.49
印尼基督教大學	$ 10, 105.39
英語語言學院	$ 359.52
文學課程	$ 23, 200.03
學生與校友服務	$ 44, 320.94
研究與出版	$ 8, 446.58
華美協進社	$ 4, 000.00
基督教醫務委員會海外工作	$ 600.00
委員會對外國留學生之間的友好關係	$ 1, 000.00
雜項	$ 1, 246.19
北美獎學金	$ 62, 327.81
美國基督教聯會	$ 350.00
	$ 548, 683.10
行政開支及託管費用	$ 119, 863.88
學院賬戶的付款	$ 39, 018.83
合同年金的支出	$ 2, 134.77
超額收益支付暫記項目	$ 3, 714.61
按揭減值	$ 2, 511.05
雜項	$ 771.28
總支出	$ 716, 697.52

　　東海大學於 1953 年 10 月獲台灣教育部正式註冊。[23] 11 月 11 日，由當時美國副總統尼克森（Richard M. Nixon, 1913—1994）主持大學奠基破土典禮，[24] 美國駐華大使藍欽（Karl L. Rankin, 1898—1991）及台灣政要均有出席。此外，由台灣前教育部長杭立武（1903—1911）出任籌備處和第一屆至第四屆（1953—1956）董事會主席，蔣介石（1887—1975）與夫人宋美齡（1897—2003）也曾於 1954 年到達台中召見了杭氏，以瞭解東海大學的籌備情況，足見該校的創辦備受中美兩國的重視。[25]

三、東海大學的籌備與人事安排

（一）創校校長首任人選

　　近人特別重視芳衛廉對於創辦東海大學提出的本土化主張，『他認為這是一所為台灣人（Formosans）而建的基督教大學，大陸人與西方人佔著重要但又是次要的部分』。[26] 然而，不能忽略的是該校的創辦受著中國基督教大學的影響，尤以福建協和大學至為明顯。關於人事安排，當中以大學校長的選任至為重要。於籌辦初年，幾經紐約聯合董事會的討論，仍未能落實創校校長人選。[27] 聯合董事會的校長人選是前福建協和大學第四任校長陳錫恩（1902-1991），即當時聯合董事會駐台第二任代表（1954年2月-8月）。陳氏為當時著名中國基督徒教育家，擁有高學歷、國內外高等教育的行政與教學經驗，成為聯合董事會眼中最理想的人選。[28]

陳錫恩，福建閩侯人，1902年生於基督教家庭，為家中長子。父親陳開政是福州格致書院的英語教師，母親也是永泰縣的小學教師，對他的英語和古文均嚴加教導。陳錫恩自少受雙親薰陶，一生致力於教育事工。1918年於福州格致中學畢業，四年後畢業於福建協和大學教育學系，隨即出任福州英華書院英語教員，學養俱佳。於1928年獲美國哥倫比亞大學（Columbia University）教育學碩士，再於1937年赴美，兩年後獲美國南加州大學（University of Southern California）教育學哲學博士，[29] 又獲該校頒授法學榮譽博士。期間陳氏曾於1929年返回福建協和大學服務前後八年，相繼出任教務長、教育學院院長、教育學和心理學教授，任內開辦師範專修科，講授『教育史』、『教育哲學』、『比較教育』等課程。[30]

陳錫恩於1937—1947年間在南加州大學進修和參與教學，建立學術地位。1947年3月應邀出任福建協和大學第四任校長，因抗戰後國內物資短缺，通貨膨脹嚴重，他終日勞碌奔波為學校籌募辦學經費。在任期間又極力保護學生免受政治迫害，福建省主席劉建緒（1892—1978）曾拘捕參與學運的學生，陳氏挺身而出替他們保釋。最終因受政治影響，他於同年6月辭去校長一職，[31] 這些經歷很可能是他日後推辭出任東海大學校長的原因。

陳氏離開了中國後，重返美國南加州大學，負責行政和教育工作長達二十七年，成為該校首位非白人教授，在美國學術界和華僑社會均具聲望。曾出任教育學院教授、亞洲研究學系主任及東亞研究中心主任等。在學術參與方面，曾出任南加州中國學會會長，積極宣揚中國文化，推動中美文化交流。由五十年代至七十年代，除了在台參與創辦東海大學外，也兼任南加州大學暑期學校主任及中國文化暑期研究所教務長，領導學生赴台學習中國文化。[32]

陳氏於1954年2月至8月出任聯合董事會第二任駐台代表，這是該會有意選擇一位較年青的教會人士，代替葛蘭翰出任該會的代表，[33] 同時亦代表著華人協助籌辦東海大學，給予董事會良好的印象。[34] 他於3月10日到達台灣，積極參與東海大學的籌辦工作，同年5月出任校務委員會主席，從事校舍興建、院系規劃、人事任聘與訂定待遇等。[35] 根據陳錫恩向聯合董事會提交的報告，特別指出籌辦東海大學的困難，必然是受到國民黨的政治監控。因而在籌組董事會、任命訓導長和校長時，建議以基督徒為首要考慮的條件，以保持該校基督教信仰的獨特性，免受政治影響。他還提出東海大學將會是一所反映獨特的基督教和教育理念的大學，以通才教育為其辦學主張，著重實踐而非功利的目標，強調高學術水平，並指明來自美國的辦學資金不是無限的，因而必須謹慎地運用。[36] 在《東海大學校史》中，肯定了他對建校的貢獻：『陳錫恩博士上述工作的總結與未來建校原則的提示，決定了東海日後的發展方向。就此觀之，陳錫恩博士在台雖僅半年，然對東海建校的籌備及各項制度的奠立，貢獻頗鉅。』[37]

就陳錫恩的學術造詣與行政經驗而言，自然容易獲得教會的信任和師生的敬仰。聯合董事會曾於1954年5月8日議決由陳氏出任代理校長，至8月16日正式提議聘請他為創校校長。[38] 至於他未有答允出任校長一職，除了因為他必須完成南加州大學教職的承諾及個人健康問題外，在《東海大學校史》中提及台灣教育部的反對，『因教育主管當局以陳氏為美方代表，最好另行物色，而陳氏亦竭力謙辭，此議遂予擱置』，[39] 這是由於他擁有美國國籍而無法出任校長一職，『蓋部方認為陳博士具有美國國籍，如果擔任我國〔台灣〕大學校長，於法不合』，卻成為聯合董事會擔憂台灣政府干涉校政的先例，校長一職因而避免了『政治意識較濃』和『從政時間過久』等人選。[40]

最後由東海大學董事會推舉曾約農（1893—1986，1955—1957 在任）出任東海大學創校校長。[41]他是中國近代政治家、清朝『中興名臣』曾國藩（1811—1872）嫡系曾孫，第一屆庚子賠款留英學人，博通經史，學貫中西，為中國著名的教育家。曾氏的堂姊曾寶蓀（1893—1978）亦為東海大學校董會董事，她憶述曾約農雖是未受洗的基督徒，但再根據杭立武所言，曾氏於接聘後曾為東海大學『跪地祈禱』，具信仰基督教的誠意。曾約農也曾言『希望以基督教的精神，實現三民主義的教育，作育英才，為國家為社會服務，並注重發揚中國固有的文化與道德，教會大學，決不是教育中國人變成了西洋人』，遂以基督教與西學的配合拯救中國。[42]日後東海大學校園內的主要道路命名為『約農路』，以紀念他的貢獻。[43]

現時的學術討論較少注意的是，陳錫恩妻子鍾文惠所著《陳錫恩傳》。當中談及東海大學創校校長一職的人事糾紛。根據鍾文惠憶述，陳錫恩一直表示不會出任校長，可是仍被反對者以『反共不徹底』為由加以攻擊，然而聯合董事會沒有理會，繼續邀請陳氏出任創校校長。當時因他只向南加州大學請假半年，基於個人信用關係，必須履行承諾回美。[44]再者，陳錫恩以教育事業為其終身職志，自出任亞洲研究學系主任起，專注中國文化與教育學的研究，著述宏富。在其博士論文的基礎上，出版專著《美國大學課程的改造》（Developing Patterns of the College Curriculum in the United States），反映他關注大學課程的改進。[45]此後，他集中研究當代中國，出版內容涉及中共的宣傳機構、[46]中共的統治[47]及中共與無產階級社會革命[48]等。他一生致力中外高等院校的教研工作，更擴展至中國高等教育的探析，其著作先後由南加州大學出版。[49]

（二）創校校牧

東海大學作為一所基督教大學，以宣揚基督教信仰為目的，在校設立校牧室，創校校牧穆藹仁（Donald McInnes, 1920—2005），也曾是福建協和大學的教員。他是美國美以美會傳教士，美國加州大學（University of California）畢業生，曾於 1940—1941 年間在福州英華中學任教。第二次世界大戰期間，曾任美國援華空軍飛虎隊中尉。退役後考獲美國斯坦福大學國際關係碩士，即與夫人穆海倫（Helen McInnes）來閩，於 1948—1949 年間出任福建協和大學英語教師。[50]穆藹仁於 1955 年出任東海大學創校校牧，協助處理基督教教育和信仰事務。同年 11 月 2 日主持創校奉獻典禮，並定為校慶日。[51]其後出任該校第三屆至第六屆（1955—1958）、第十屆至第十四屆（1962—1966）董事會董事。[52]

穆藹仁一生與中國結下不解之緣。他曾於 2004—2005 年間以 85 歲高齡重返中國，任教於閩北武夷學院，回美不久後即逝世，一生為中國教育付出的努力和貢獻，為人所感動。其兒子、媳婦及兩名孫女兒愛華、愛中也在中國成長、生活和工作，兒孫們都根扎在中國，把中國視為他們的故鄉。兒子穆彼得為哈佛大學畢業生，1988 年來華出任美國康明斯公司（Cummins Inc.）在重慶合資企業的總經理，是當時在重慶第一批拿到『中國綠卡』的五名外籍人士的其中一人，現為上海跨國網絡企業總裁。媳婦吉靈是《希望英語》的節目主持人，孫女兒穆愛華則在中央電視台工作。[53]

（三）主任建築師

東海大學建校於台中市西郊的大度山，原名『大肚山』，由曾約農改稱為較優雅的『大度山』。[54]雖然地處偏僻，選址在較荒涼的山坡上，遍地黃沙雜草，但遠離市中心，遠眺中央山脈，環境清靜。[55]跟福建協和大學的福州魁岐永久校園有些相近，環境寧靜，景色優美，大學校園提供一個獨立的生活圈，並提供良好的教學環境。校園的建設主要由著名美籍華人建築師貝聿銘及其助手陳其寬（1921—2007）負責，貝氏是上海聖約翰大學畢業生，由他在紐約主理的威奈公司（Webb & Knapp）提供免費顧問服務。[56]

當中最為人所忽略的是東海大學主任建築師范哲民（Paul P. Wiant，中文名字亦稱范哲明）。他是美國美以美會教友，獲美國威斯理大學（Wesleyan University）學士和星新納他大學建築學學士，曾任職福建協和大學校園建築師長達十二年（1926—1938），主力負責福州魁歧校園的建設。曾於抗日戰爭期間返美，直到戰事結束後回閩，出任董事會英文書記。[57] 此外，來華的傳教士均重視學習華文，是宣揚福音的基本需要。由於閩省方言語系獨特，范哲民與友人合著《中國語言：福州方言指南》（Chinese Language：Manual of the Foochow Dialect），關注福建方言的運用，成為傳教士瞭解福建文化的重要途徑。[58]

范哲民早於 1954 年初即在紐約參與貝聿銘的建築籌備工作，7 月到達台灣，因健康理由服務至 1955 年 10 月。[59]他代表了董事會參加校地接收事宜，並展開了艱鉅的建校工程：『當時的工作確是相當艱鉅，沒有路，沒有水，最近的村落離校址也在三英里以上，所以工程的進行相當緩慢』，東海大學對范哲民開拓荒山的功績，深表謝意。[60]

四、總結

東海大學於二十世紀五十年代成立，延續了中國教會大學的傳統，成為美國在華創辦的最後一所大學。[61]其重要意義也在於成為台灣光復後創辦的基督教高等教育，在政治、經濟漸趨穩定的情況下，配合社會發展需要，設立文、理兩院，創校時的入學生除了台灣本土學生外，從國內來台的學生幾佔半數，對於作育英才貢獻重大。從該校籌備與創校時期的主要經費和領導人物，反映了教會辦學資源於戰後由中國大陸轉移至台灣，並且與福建協和大學之關係最為密切。除了美國紐約中國基督教大學聯合董事會提供經費外，由福建協和大學的前任校長、美國南加州大學東亞研究中心主任陳錫恩，出任聯合董事會駐台第二任代表及校務委員會主席。東海大學董事會曾邀請陳氏出任創校校長，然雖未能成事，其於籌辦東海大學期間，主持及策劃大學的發展方向，貢獻良多。同時，由美國美以美會傳教士、前福建協和大學英語教師穆藹仁出任創校校牧，以及前福建協和大學校園建築師范哲民出任主任建築師等，對該校的開創產生重要意義，促使東海大學在台延續了中國十三所基督教大學之教育事業，成為教會大學在中國大陸結束後，得到『復活』和『重生』的機遇。[62]

（作者單位：香港浸會大學）

注釋：

[1] 一般而言，基督宗教（Christianity）的三大派別包括天主教（Catholicism）、東正教（Orthodox Church）與基督教（Protestantism），基督教亦稱新教，就是相對舊教天主教而言，參閱卓新平、許志偉主編：《基督宗教研究》，第 1 輯（北京：社會科學文獻出版社，1999），頁 2。本文提及的基督教所指為新教，故有關台灣基督教大學的討論未有包括天主教輔仁大學。

[2] 陳舜芬：〈光復後台灣地區高等教育設校政策之探討〉，賴澤涵、黃俊傑主編：《光復後台灣地區發展經驗》（台北：南港，1991），頁 208—209，230。

[3] 關於皇民化運動下的宗教政策，參閱陳玲蓉：《日據時期神道統制下的台灣宗教政策》（台北：自立晚報，1992），頁 229—245。根據基督教史專家查時傑關於基督教在台

發展的研究，分為四階段，即百廢待舉時期（1945—1949）、基督教會發展時期（1950—1965）、基督教會停滯時期（1965—1979）、基督教會緩慢復甦時期（1979—1990）。氏著：〈四十年來的台灣基督教會〉，林治平主編：《基督教與台灣》（台北：財團法人基督教宇宙光傳播中心出版社，1996），頁157—182。

[４] Jessie Gregory Lutz, China and the Christian Colleges, 1850—1950 (Ithaca: Cornell University Press, 1971), 484—489。中國基督教大學的發展，於二十世紀上半葉構成了中國教育體系重要的一環，在高等教育的發展過程中，扮演舉足輕重的角色。尤以十三所基督教大學最為著稱，分別為燕京大學、齊魯大學、之江大學、東吳大學、聖約翰大學、滬江大學、金陵大學、金陵女子大學、華中大學、華西協合大學、嶺南大學、華南女子文理學院及福建協和大學，中外學者先後投身研究，遂成為中國基督教史的重要研究課題。美國差會於1922年在紐約成立以聯繫在華教會大學為主要目的之協調組織，至1937年十三所中國基督教大學中，除聖約翰大學外，相繼加入了該組織。1945年中國基督教大學聯合董事會（The United Board for Christian Colleges in China）正式成立，加入的包括福建協和大學、金陵女子大學、華南女子文理學院、金陵大學、華西協合大學及燕京大學，至1950年只有滬江大學和嶺南大學未有加入。1956年改稱亞洲基督教高等教育聯合董事會（United Board for Christian Higher Education in Asia）。參閱吳梓明、梁元生主編：《中國教會大學文獻目錄》第1輯至第5輯（香港：中文大學崇基學院宗教與中國社會研究中心，1996—1998）。

[５] 除了校史和紀念刊物的出版外，台灣學者王成勉以東吳大學、東海大學和中原大學為例，檢討基督教高等教育在台灣的發展；林治平則從基督教教育理念著手，對中原大學的『全人教育』進行研究。參閱王成勉：〈台灣基督教大學教育的檢討〉；林治平：〈中原大學實施全人教育之理念與實踐之研究〉，林治平主編：《基督教與台灣》，頁205—227，229—278。中國福建師範大學林金水基於台灣學者的研究成果，成為少數對台灣光復後基督教大學進行介紹的中國大陸學者，林金水主編：《台灣基督教史》（北京：九州出版社，6 2003），頁392—401。

[６] 南伊利諾大學的博士論文討論東海大學在成立的初期，深受聯合董事會的財務影響，直到1970年代從『家長式的態度』（paternalistic attitude）轉至『兄弟般的關係』（fraternal relationship），探討了該校逐漸獨立發展的本土化過程，參閱 Chang Chung-ping, The United Board for Christian Higher Education in Asia in the Development of Tunghai University in Taiwan, 1955—1980 (Ph. D. Thesis, Southern Illinois University, 1982), 37—38, 97—113。

[７] 東海大學優秀的畢業生眾多，如美國哈佛大學（Harvard University）燕京學社前執行長及東亞文明學系教授杜維明、美國普林斯頓大學（Princeton University）東亞系教授周質平、東海大學與中原大學前校長阮大年、東海大學前校長及物理系教授王亢沛、著名民國史美籍華裔學者齊錫生，以及香港浸會大學協理副校長及文學院院長鍾玲等。〈歷屆榮譽畢業生〉，東海大學校史編纂委員會：《東海大學校史：民國四十四年至六十九年》（台中：東海大學出版社，1981），頁515—516。

[８] 周聯華等著：《基督教大學的角色與任務：東海大學校慶四十週年紀念文集》（台北：雅歌，1995），頁7—8。學者關注東海大學辦學的開創性特色，包括勞作教育、通識教育和福音事工，重視制度建設與校園文化的關聯，參閱曾曉虹：〈台灣東海大學勞作教育制度介評〉，《南京審計學院學報》，4卷1期（2007），頁106—108；洪銘水：

〈東海大學的『通才教育』與『勞作制度』〉，《中國高等教育評估》，2 期（2002），頁56—58；古鴻廷：〈東海大學之通識教育課程：理念與實踐〉；李春旺：〈從組織發展觀點看基督教大學校園福音事工——以東海大學為例〉，Proceedings：International Conference on the Challenges of Asian Christian Universities in the 21st Century（Hong Kong：Chung Chi College, Chinese University of Hong Kong, 2001），42—63, 97—109。

［9］ 台灣光復時期大批閩籍人才如行政幹部、中小學教師和技術人員，對於恢復行政建制和教育制度發揮了重要作用，參閱林仁川：〈台灣光復前後福建對台灣的支援與幫助〉，李祖基主編：《台灣研究新跨越. 歷史研究》（北京：九州出版社，2010），頁197—206。

［10］ 二十世紀五十年代中國基督教大學聯合董事會也將資源轉至香港，籌辦基督教高等教育，參閱吳梓明：〈五十年來崇基學院的基督教教育〉，《基督宗教與中國大學教育》（北京：中國社會科學出版社，2003），頁108—134。此外，關於福建協和大學的發展歷史，參閱筆者的博士論文，彭淑敏：〈師資與財務：民國時期福建協和大學之研究（1916—1949）〉（香港：香港浸會大學歷史學系博士論文，2010）。

［11］ 許智偉：〈台灣近三十年來的教育發展〉，中華文化復興運動推行委員會主編：《中國近代現代史論集》，35 冊《復興基地建設》（台北：商務印書館，1986），頁349—356。

［12］ 林金水主編：《台灣基督教史》，頁399。

［13］ William P. Fenn, "Minutes of Meeting Committee on Services in Asia, June 7, 1951," in Committee on Services in Asia, 1951—1955, United Board for Christian Higher Education in Asia, Archives of the United Board for Christian Higher Education, 1882—1974, Yale University Divinity School Library Special Collections, Manuscript Group No. 11, Series III: New File, 1912—1974, Box 92, Folder 2272。本檔案屬於亞洲區基督教高等教育董事會所藏檔案，以下簡稱為 UBCHEA Series III。

［14］ 芳衛廉著，劉家峰譯：《基督教高等教育在變革中的中國，1880—1950》（珠海：珠海出版社，2005），頁235—241。

［15］ Mary E. Ferguson, "Formosa Christian College in Recommendation of the Committee on Services in Asia, Minutes of Stated Meeting, Board of Trustees, United Board for Christian Colleges in China, June 20, 1952," in Board of Trustees, 1945—1956, Box 90, Folder 2246, UBCHEA Series III.

［16］ "Formosa Christian College, Recommendations of Committee on Program and Budget, 1951—1952," in Board of Trustees, 1945—1956, Box 90, Folder 2246, UBCHEA Series III.

［17］ Mary E. Ferguson, "Minutes of United Board for Christian Colleges in China, Committee on the College in Formosa, April 7, 1953," in Committee on the College in Formosa, 1952—1953, Box 92, Folder 2276, UBCHEA Series III.

［18］ Mary E. Ferguson, "Minutes of United Board for Christian Colleges in China, Board of Trustees Stated Meeting, September 21, 1951," in Board of Trustees, 1945—1956, Box 90, Folder 2245, UBCHEA Series III。

［19］ Mary E. Ferguson, "Minutes of United Board for Christian Colleges in China, Board of Trustees, Stated Meeting, January 15, 1954," in Board of Trustees, 1945—1956, Box 90, Folder 2248, UBCHEA Series III.

［20］ Mary E. Ferguson, "Minutes of United Board for Christian Colleges in China, Committee on Tunghai University, June 18, 1954," in Committee on Tunghai University, 1953—1955, Box

93，Folder 2277，UBCHEA Series III.

［21］Mary E. Ferguson, "Minutes of United Board for Christian Colleges in China, Board of Trustees, Stated Meeting, January 15, 1954," in Board of Trustees, 1945—1956, Box 90, Folder 2248, UBCHEA Series III; Mary E. Ferguson, "Minutes of United Board for Christian Colleges in China, Committee on Tunghai University, April 1, 1954," in Committee on Tunghai University, 1953—1955, Box 93, Folder 2277, UBCHEA Series III.

［22］Mary E. Ferguson, in "United Board for Christian Colleges in China, Consolidated Statement of Receipts and Disbursements, July 1, 1954 to June 30, 1955," in Board of Trustees, 1945—1956, Box 90, Folder 2250, UBCHEA Series III.

［23］"The Aims and Purposes of Tunghai University," in Committee on Tunghai University, 1953—1955, Box 93, Folder 2278, UBCHEA Series III.

［24］Mary E. Ferguson, "Minutes of United Board for Christian Colleges in China, Committee on Tunghai University, December 17, 1953," in Committee on Tunghai University, 1953—1955, Box 93, Folder 2277, UBCHEA Series III。

［25］Mary E. Ferguson, "Minutes of United Board for Christian Colleges in China, Committee on Tunghai University, November 19, 1953," in Committee on Tunghai University, 1953—1955, Box 93, Folder 2277, UBCHEA Series III。杭立武是台灣著名政治家、教育家。1923 年畢業於金陵大學後，獲得安徽省公費留學資格，赴英國倫敦大學（University of London）深造，其間曾出任美國威斯康辛大學（University of Wisconsin）名譽研究員，獲碩士學位後回英，於 1929 年考獲英國倫敦大學政治學博士。遷台期間，出任國立中央博物院籌備處主任。四九後就任教育部長及籌組國立故宮中央博物院（後為國立故宮博物院）聯合管理處。東海大學校史編纂委員會：《東海大學校史：民國四十四年至六十九年》，頁 10、505、512。關於杭氏對籌辦東海大學之回顧，參閱杭立武口述，王萍訪問：《杭立武先生訪問紀錄》（台北：中央研究院近代史研究所，1990），頁 47—48。

［26］王成勉：〈台灣基督教大學教育的檢討〉，頁 212。參閱聯合董事會根據芳衛廉提出的〈我所欲見設於台灣之基督教大學的形態備忘錄〉（"Memorandum to the Trustees on the Kind of Christian College I Would Like to See on Formosa," April 2, 1952），所擬定的〈計劃中的基督教大學之方針與目的說明〉（"A Statement on the Aims and Purpose of the Proposed Christian College," August 13, 1953），William P. Fenn, "The Aims and Purpose of the Taiwan Christian University As Proposed by the Preparatory Committee, August 13, 1953," in Committee on the College in Formosa, 1952—1953, Box 92, Folder 2276, UBCHEA Series III。中譯本參閱東海大學校史編纂委員會：《東海大學校史：民國四十四年至六十九年》，頁 4—9。

［27］Mary E. Ferguson, "Minutes of United Board for Christian Colleges in China, Committee on Tunghai University, June 18, 1954," in Committee on Tunghai University, 1953—1955, Box 93, Folder 2277, UBCHEA Series III.

［28］Mary E. Ferguson, "Minutes of United Board for Christian Colleges in China, Committee on Tunghai University, February 11, 1954," in Committee on Tunghai University, 1953—1955, Box 93, Folder 2277, UBCHEA Series III.

［29］Theodore Hsi—en Chen, "Developing Patterns of the College Curriculum in the United States" (Ph. D. Thesis, University of Southern California, 1939).

［30］《協大校刊》，30 卷 3 期（1948），頁 5—6。

［31］ 陳鍾文惠：《陳錫恩傳》（編者，1992），頁55—69。

［32］ 陳錫恩：〈中國的教育〉，薛光前：《艱苦建國的十年》（台灣：正中書局，1971），頁313—314。

［33］ Mary E. Ferguson, "Minutes of United Board for Christian Colleges in China, Circulation Vote, Board of Trustees Stated Meeting, February 25, 1953," in Board of Trustees, 1945—1956, Box 90, Folder 2247, UBCHEA Series III.

［34］ Mary E. Ferguson, "Minutes of United Board for Christian Colleges in China, Board of Trustees, Stated Meeting, March 19, 1954," in Board of Trustees, 1945—1956, Box 90, Folder 2248, UBCHEA Series III.

［35］ Theodore His—en Chen, "A Progress Report on Tunghai University," in Mary E. Ferguson, "Report on Tunghai University by Dr. Theodore H. E. Chen," in "Minutes of United Board for Christian Colleges in China, Board of Trustees, August 9, 1954," in Board of Trustees, 1945—1956, Box 90, Folder 2248, UBCHEA Series III.

［36］ Mary E. Ferguson, "Report on Tunghai University by Dr. Theodore H. E. Chen," in "Minutes of United Board for Christian Colleges in China, Board of Trustees, September 17, 1954," in Board of Trustees, 1945—1956, Box 90, Folder 2248, UBCHEA Series III.

［37］ 東海大學校史編纂委員會：《東海大學校史：民國四十四年至六十九年》，頁40。

［38］ Mary E. Ferguson, "Minutes of United Board for Christian Colleges in China, Board of Trustees, September 17, 1954," in Board of Trustees, 1945—1956, Box 90, Folder 2248, UBCHEA Series III.

［39］ 東海大學校史編纂委員會：《東海大學校史：民國四十四年至六十九年》，頁50。

［40］ 張振義撰作，杭立武修訂：〈東海大學創校經過〉，第36卷第6期《傳記文學》（1980），頁32。

［41］ Mary E. Ferguson, "Minutes of United Board for Christian Colleges in China, Committee on Tunghai University, May 27, 1955," in Committee on Tunghai University, 1953—1955, Box 93, Folder 2277, UBCHEA Series III.

［42］ 張振義撰作，杭立武修訂：〈東海大學創校經過〉，頁33；李爾康：〈『東海大學創校經過』補遺〉，第37卷第1期《傳記文學》（1980），頁41。曾寶蓀是近代中國基督徒教育家，留英學人，其後影響曾約農接受基督信仰，二人備受蔣介石和宋美齡所推崇，在台灣學術和文化界聲望甚高。回國後與曾約農創辦長沙藝芳女校，同為終身未婚，畢生從事教育事工。曾寶蓀：《曾寶蓀回憶錄》（台北：龍文，1989），頁172—173。

［43］ 關於曾約農出任首任校長的事跡和貢獻，參閱東海大學校史編纂委員會：《東海大學校史：民國四十四年至六十九年》，頁50—54，124—133。

［44］ 鍾文惠是陳錫恩的妻子，燕京大學畢業生，並獲南加州大學博士。陳鍾文惠：《陳錫恩傳》，頁80—82。

［45］ Theodore Hsi—en Chen, "Developing Patterns of the College Curriculum in the United States" (Ph. D. Thesis, University of Southern California, 1939); Theodore Hsi—en Chen, Developing Patterns of the College Curriculum in the United States (Los Angeles, California, University of Southern California Press, 1940); 陳錫恩著，檀仁梅、廖漢譯：《美國大學課程的改造》（上海：商務印書館，1948）。

［46］ Theodore Hsi—en Chen and Frederick T. C. Yu, The Propaganda Machine in Communist China (Los Angeles: University of Southern California, Department of Asiatic Studies, 1952).

［47］ Theodore Hsi—en Chen, The Chinese Communist Regime, A Documentary Study 2 Vols.（Los Angeles：Asian—Slavic Studies Center, University of Southern California, 1953, 1965）.

［48］ Theodore Hsi—en Chen, Chinese Communism and the Proletarian—Socialist Revolution（Los Angeles：University of Southern California Press, 1955）.

［49］ Theodore Hsi—en Chen, Education and Nation Building in China, 1929—1937（1960）；Education and Indoctrination in Red China（1961）；Elementary Education in Communist China（1961, 1962）；Education and the Economic Failures in Communist China（1963）；Government Encouragement and Control of International Education in Communist China（1965）.

［50］ Roderick Scott, Fukien Christian University：A Historical Sketch（New York：United Board for Christian Colleges in China, 1954）, 125—126. 51 "Education：The Pioneers," Time（November 14, 1955）.

［52］〈東海大學歷年校牧姓名及任期〉，李春旺：〈從組織發展觀點看基督教大學校園福音事工——以東海大學為例〉，頁102；東海大學校史編纂委員會：《東海大學校史：民國四十四年至六十九年》，頁505—507。《東海大學校史》中卻把穆藹仁的中文名稱譯作麥克納斯。

［53］ 黃旭輝、徐樹才：〈穆藹仁：一個美國飛虎隊員的中國情結〉，《福建日報》（2005年8月18日）。穆藹仁的另一個中文譯名是唐邁克，一家三代的事跡已被天津電視台的《泊客中國》拍攝為紀錄片進行回顧（2009年11月12日）。

［54］ 李爾康：〈『東海大學創校經過』補遺〉，頁41。

［55］ 沈紛緞：〈奉獻於東海大學的任賜瑞牧師——訪劉益充主任〉，鄭仰恩主編：《信仰的記憶與傳承：台灣教會人物檔案》（台南：人光出版社，2001），頁88；東海大學校史編纂委員會：《東海大學校史：民國四十四年至六十九年》，頁46。

［56］ Mary E. Ferguson, "Minutes of United Board for Christian Colleges in China, Committee on Tunghai University, February 11, 1954," in Committee on Tunghai University, 1953—1955, Box 93, Folder 2277, UBCHEA Series III。陳其寬是國際著名建築師與畫家。1944年畢業於重慶國立中央大學建築系，曾任教於美國麻省理工學院（Massachusetts Institute of Technology）建築系。1958年返台參與東海大學的建校，兩年後創辦東海大學建築系及出任系主任，再於1980年出任該校工學院院長。參閱陳格理、東海大學建築系編：《建築之心——陳其寬與東海建築》（台北：田園城市文化事業有限公司，2003），160—162。

［57］ Scott, Fukien Christian University：A Historical Sketch, 125—126；私立福建協和大學：《私立福建協和大學二十五周年紀念冊》（福州：該校，1941），頁48。

［58］ Paul P. Wiant and Hermenegildo Corbató, Chinese Language：Manual of the Foochow Dialect（Berkeley, California：California College, 1945）.

［59］ Mary E. Ferguson, "Minutes of United Board for Christian Colleges in China, Committee on Tunghai University, October 19, 1955," in Committee on Tunghai University, 1953—1955, Box 93, Folder 2277, UBCHEA Series III.

［60］ 東海大學校史編纂委員會：《東海大學校史：民國四十四年至六十九年》，頁43—44，47—48。

［61］ 李爾康：〈『東海大學創校經過』補遺〉，頁39。

［62］ 梁元生：〈死亡與復活：中國近代教會大學的發展歷史〉，《十字蓮花：基督教與中國歷史文化論集》（香港：基督教中國宗教文化研究社，2004），頁106—112。

國府接收台灣失敗之研究
——兼論其在未來對台工作之啓示

戚嘉林

1945 年 8 月 15 日，日本投降，此時遭殖民奴役五十年的台灣人民，萬眾一心歡騰慶光復，熱烈盼望台灣回歸祖國懷抱。但國民政府接收台灣，僅一年四個月就爆發了二二八事件的慘劇。解嚴迄今，有關二二八事件的著作或研究論文，充斥台灣。惟相關的重要專著，幾乎均以事發當時為主軸，研討事件緣由、過程與得失[1]。在此，筆者分別從縱深時空的宏觀視野和治理技術的微觀角度，分析國府接收台灣失敗的緣由，尤其是盼從中汲取歷史經驗，兼論其在未來兩岸工作之啓示。

一、宏觀（Macro）：綜合國力慘弱

自歷史長河俯視，1683 年 10 月清廷自明鄭手中接收台灣與 1945 年 10 月國府自日本殖民政府手中接收台灣對比，前者能平穩過度地接收台灣，但後者卻釀成巨禍。就宏觀的視野探究緣由，發現後者綜合國力慘弱，其接受能力甚至遠遜清初古人，也因綜合國力慘弱，無力抵擋日人離台前的"最後一擊"。

（一）接收能力遜於清初

1683 年 7 月 8 日，清廷福建水師提督總兵官施琅率官兵二萬餘人，乘大小戰船約 240 艘，航抵澎湖[2]，7 月 16 日澎湖血戰明鄭守軍，一鼓平南。

1.1. 清軍乘自製船艦抵台 vs 國軍乘外國軍艦（與帆船）抵台

是時，施琅令水陸官兵三千餘人及大小船隻 30 餘艘留守澎湖，親率一萬名以上官兵，分乘百艘左右的船艦，於 10 月 3 日航抵台灣台南鹿耳門受降[3]。

1945 年 8 月 15 日，日本投降，台灣光復。10 月，國府派赴接收台灣的陸軍第 62 軍與第 70 軍（約 12,000 人），搭乘美國第七艦隊分抵台灣基隆與高雄[4]。此外，1,500 名海軍官兵的接收部隊，則是分乘 20 艘僱用的大帆船，於 10 月 28 日抵達基隆[5]，平均每艘帆船僅載運 75 名官兵。然而，清初施琅所率渡海澎湖大軍的二萬餘人，則是分乘大小戰船約 240 艘，平均每艘船隻載運 84 名官兵，故無論就載運總數規模或各船平均載運人數，國府海軍官兵接收部隊可謂連 262 年前的清初古人都不如。

1.2. 清軍補給充裕軍紀嚴明 vs 國軍裝備落後軍紀渙散

1683 年 7 月清鄭大軍澎湖之役，福建總督姚啟聖積極催趲糧食、修造船隻、捐資捐膳。清軍啟航前，姚啟聖並千方百計地湊足大軍所需預付糧餉與犒賞銀十七萬餘兩。澎湖攻克後，姚啟聖為修葺船隻與補充器械的損失，及時派出匠作攜帶木材油鐵前往澎湖，同時又解付犒賞銀二萬五千兩、火柴六萬擔、以及角弓、戰箭、火藥、火罐、噴筒、火箭、黑鉛、大小鐵子、袍掛靴帽等物資至施琅軍前。此外，又應施琅要求解足秋季兵餉十萬兩、月米一萬石、及安置投誠糧米一萬二千石到澎湖。姚啟聖甚至還四出佈告，招民覓載蔬菜食物前去售賣，以滿足澎湖軍民生活日用的需求[6]；10 月 3 日，施琅率軍萬人與船艦百餘艘抵台南鹿耳門，旋於 10 日公佈安定民生告示，曉諭台人；不許官兵佔住民房、嚴禁兵丁混折糖蔗民間

物業。是時，抵台隨征官兵糧餉，由內地船隻載運，足給兵食有餘，並以市場民價採購大軍日用蔬菜，斷不許藉稱官辦所需而侵取民間一絲一毫[7]。又恐鄉社保甲沿襲故套，各自派辦勞軍之費，致擾民生，施琅續於是（10）月 19 日下令嚴禁勞軍，各鄉社保甲長如有敢藉端派辦勞軍之費者，一經檢舉，定行嚴拿重究不貸[8]。

1945 年 10 月 15 日乘美國船艦抵台接收的國府國軍，是挑鍋背傘、扛爐揹米、衣衫襤褸、腳穿草鞋、軍紀渙散[9]。此外，在國軍抵台前，擬來台接收的中國戰區台灣省警備總司令部已先要求受降的在台日軍，於國軍抵台前之 10 月 12 日以前，在臺北準備大米三十萬公斤、淡水準備十萬公斤、台南準備十萬公斤、高雄準備十萬公斤、台東及花蓮各準備五萬公斤、馬公準備二萬公斤大米[10]；然而前述清軍官兵出征攻克澎湖所需糧餉，都是由官方撥船過洋，往來載運澎湖發給[11]，及其航抵台灣接收，隨征官兵糧餉也是由內地船艘載運，足給兵食有餘[12]。故清軍不侵取民間一絲一毫的嚴明軍紀，實是體現清初軍需補給的充裕，同時也展現清初祖國處於常態的開國盛世，物阜民康的物資條件。

（二）無力抵擋日人將台灣歸還中國前的最後一擊

台灣於 1946 年發生三百年來從未有的大饑荒災難，殘酷統治台灣五十年的近代化日本殖民政府，當然知道 1945 年台灣將面臨大饑荒災難。台灣總督府在 1945 年日本投降前所出版的《台灣統治概要》乙書中，就客觀分析影響 1945 年稻作的各項原因，並預估第一期稻作生產將全島普遍欠收"全島通ジ著シキ減收トナレリ"、第二期稻作生產將是大欠收"本期（第二期）ノ收穫モ亦相當ノ大減收トナルベク"，亦即日本殖民當局精準地預測到 1945 年的糧荒嚴重，並稱今後食糧的需求問題，令人憂慮[13]。再者，1945 年 10 月中旬陳儀抵台之前，日本殖民當局已辦妥當年八月份繳納米穀的分配[14]。也就是說，日本殖民當局不但精準預知 1945 年的嚴重糧荒，事實上他們在 1945 年夏，已經確切知道是（1945）年上半年米穀收成的悲慘情況。

2.1. 日本控制臺灣肥料

日據末期台灣米穀最高產量是 1938 年的 140.2 萬公噸，是（1938）年全台施用肥料計 38.9 萬公噸[15]，台灣本島所生產的肥料僅約 3.4 萬公噸（也是日據時期台灣本島肥料的最高產量）[16]，僅及當時台灣島內所需肥料的 9.1%，其餘仰賴自日本的進口。換言之，日本雖然在台灣發展現代農業，但卻又緊緊控制非高科技的肥料生產，以利其控制臺灣。1945 年，因美軍的大肆轟炸，是（1945）年台灣僅生產肥料 400 公噸[17]。台灣農地因長期使用肥料，故農地好似吸食鴉片上癮一樣，若無肥料，則收穫可能減少三分之一，甚至一半。台灣每年約需肥料，戰前約百分之九十是自日本進口。但戰時台日海上運輸斷絕，肥料進口中止，故台灣極度缺乏肥料。1945 年，全台肥料施用量為 1，958 公噸，僅及 1938 年所施肥料 389，334 公噸的 0.5%，致使台灣米糧大幅減產。

2.2. 日人在台蓄意放棄米糧管制

日本戰敗前的二、三年，日本本土的糧食配給嚴重不足，人民身陷飢餓之苦[18]。戰爭結束時（1945）的 7 月夏天，糧食缺乏的在車站或店舖裡都買不到東西，甚至在長途火車上也買不到食物[19]。1946 年春時，日本已成為糧食的地獄[20]。也就是說，日本本土在面對戰後嚴重缺糧的情況下，日本政府也是勒緊褲帶，嚴厲地管制米糧，實行糧食配給不足的糧米配給。直至 1947 年秋季，日本糧食豐收，方幫助了日本[21]。

然而在台灣，日本殖民當局於戰前 1944、43、42 年糧米收成狀況遠較 1945 年為佳的情況下，日人是在台實施嚴厲的米糧配給，甚至是實施配給量不足正常食用三分之一的嚴酷配給。在 1945 年春夏早已完全掌握台灣即將面臨糧荒大災難的資訊下，就在要將台灣歸還我國前的九月上旬，居然連續頒布命令，解散台灣纖維製品、台灣更生物資、台灣橡膠製品、台灣皮革、台灣雜貨、台灣紙文具統制等各種統制會社，廢止鮮魚、乾魚、蔬菜、牛乳、藥品、水泥、玻璃、金屬、木材、木炭等各項配給統制規則[22]，蓄意放棄對米糧等各項物資的管制，不但米糧的供出機關喪失機能，食糧營團各級機關大都停止了配給工作，使配給機關喪失其功能[23]。

　　原先緊繃的米穀管制一旦失效，就個別百姓而言，社會上不但突然糧米充裕，使得各地的餐廳（料理店和飲食店）如雨後春筍，而且米粉與酒的製造大增，不計其數[24]，米糧消耗驟增。陳儀抵台前9月22日《台灣新報》就報導稱，臺北到了夜晚，好像是披上了色彩般的朝氣與活力，從萬華車站到龍山寺間馬路兩旁的店家內，都高高地堆著牛、豬、雞、鴨等肉在販售，市民們可以買到他們想要的商品[25]。就整體社會而言，據估計，日人投降後一、二個月民間所大肆浪費的糧食，可維持台灣半年份的食用[26]。雖然，陳儀抵台一個月後的十二月初，立即禁止米穀釀酒製粉，臺北市也又開始配給食米[27]，但為時已晚。米穀專家們估計，依當時台灣現存米穀與第二期的收穫量，到了明（1946）年的二、三月，台灣社會就將進入饑餓狀態[28]。翌（1946）年1月15日，聯合國善後救濟總署台省分署長錢宗起提及，他在台灣南部視察時，見恆春一帶貧民，就因米糧不足而以檳榔止饑[29]。接著，1946年不但仍極度缺乏肥料，其第一期稻作逢遇旱災，第二期稻作又於9月25日遭遇十四年來台灣最大的颱風。在全年稻作收成勢必銳減的預期心理下，致米價又再次大肆飛漲[30]。

　　2.3. 美國同意日本秘密在台發放超額貨幣

　　日據末期二戰結束前，即使在日人嚴酷的物價管制下，台灣物價早已飛漲。但日據末期曾任台灣總督府主計課長的鹽見俊二，經美方麥克亞瑟司令部的許可（未經我國許可），攜帶大量由日本銀行印刷的台幣，於1945年9月9日搭乘專機（水上飛機）抵台，發給在台日本官吏（包括國策公司和一般公司）的薪水，並預付至的翌年的三月份，且包括至翌年三月止的退休金[31]。至於鹽見俊二專機究竟載了多少貨幣呢？台大教授王曉波查閱，斯時（1947年4月）出版的《台灣年鑑》稱，台灣銀行台幣發行額在日本投降的1945年8月截止，有16.5億日圓（1，651，738，029），至同年10月接收開始，乃累進至28.9億日圓（2，897，837，519），即兩個月中發行額增加一倍半[32]。日本學者阿部賢介的研究，1945年9、10兩月台灣銀行的貨幣發行量連續突然增加35.2%和34.3%（11月時僅增加5.7%）。

　　日人乘我國官員尚未抵台正式接收前，突然在台發放如此巨量的超額貨幣，使在台日人手中持有充裕的貨幣，有能力大肆採購市場上本已極度缺乏的米糧等各項物資，這對當時台灣的通貨膨脹，無異雪上加霜又加雪。果其不然，僅一個月後的十月中旬始，台灣的通貨膨脹更加激烈[33]。當時，我方以為是"日人由琉球偷輸入多量日銀銀券來台灣"[34]，另也發現台灣人購買力減退，但日本人購買力反而擴大的怪現象[35]；次（1946）年1月，中國國民黨台灣省黨部在其上呈中央的 <台灣現狀報告書> 中，提及日人使用台幣在市場收購物品，"因而刺激黑（市）市場物價，最近物價飛漲，乃日人手中之臺幣無法控制所造成之後果"[36]。

　　是時，曾將裝滿一飛機鈔票運到台灣發放予日人的鹽見俊二，當然深知台灣世紀糧荒的嚴重性。故鹽見俊二並早在1946年1月17日，即陳儀抵台才二個月，就預言"糧食不足狀態可決定台灣今後數年之命運，也可能發生將決定在台日本人命運的重大事態。治安混亂乃起因於糧食不足""今後的治安混亂將是非常可怕的""中國的員警力尚未能防止如此事態之發生"[37]。也就是說，鹽見俊二已經精準地預見了台灣未來將會發生類似二二八影響往後台灣命運的重大社會事件。

二、微觀（Micro）：治理能力不足

就微觀的治理而言，如果與清初盛世施琅相較，陳儀治理之績效可說也遠遜於施琅。當然，其中也涉及國府綜合國力相對遠遜清初盛世所致，例如清廷妥善安置前明鄭官兵，但國府則限於自身的慘境，即使有心也無力照顧台籍前日本官兵。至於清軍不妄殺變民並依律審訊變民，則是盛世國力社會秩序正常的具體反映。

（一）治理能力遜於清初

1683 年 10 月清領臺地，施琅以台灣為海疆要地，外國（紅毛荷蘭）無時不在涎貪，建請留置一萬大軍駐守台灣。清廷旋即採納施琅建議，留置一萬大軍，俾以固守台澎。

1.1. 施琅置重軍駐守台灣 vs 陳儀抽調軍隊回內地

1680 年代中期時，計共一萬名兵士駐防台澎，其中水師五千（澎湖協鎮二千名、台灣協鎮三千名）、陸營五千（台灣鎮兵三千名、南北二路各營兵一千名）。然而當時在台漢人僅約三萬人（男 16,274 人、女 13,955 人），也集中於以台南為中心的狹小台灣縣（台灣縣 15,465 人、鳳山縣 6,910 人、諸羅縣 7,853 人）[38]。也就是說，當時清廷與施琅雖以兵克澎湖之威，卻仍不敢掉以輕心，留置重兵駐防台澎，其派駐台灣本島的水陸兩軍官兵多達 8,000 人，與在台漢人男性 16,274 人之比率為 1:2。

反觀國府於光復初的 1945 年秋，美軍曾協助運送 48,000 名國府軍隊前往台灣[39]。當時，進駐台灣的國府軍隊，主要是陸軍第 70 軍、第 62 軍、第 95 師、特務團、通信連、及憲兵第 4 團等部。次年 6 月，駐台國軍遵照國府中央的整軍計劃，將 62 軍整編為 62 師、95 師整編為 95 旅。斯時，因華北局勢緊張，東北需兵火急，故陸軍整編第 62 師與第 95 旅旋即內調[40]。陳儀復於接防的第 21 師尚未全部抵台前，就同意原 70 軍改編的陸軍整編第 70 師於 1946 年 12 月底，調赴中國大陸，致 1947 年初駐防台灣的國軍，只有新近抵台接防的陸軍第 21 師的一個獨立團何軍章部，散佈全省守衛倉庫，其團部駐在鳳山[41]；當時陳儀之所以於接防的第 21 師尚未完全抵台，即同意將陸軍整編第 70 師於 1946 年 12 月調離台灣往赴內地，是為使軍民關係能處得好些，將軍風紀律欠佳的原駐軍調走。

當時，駐台整編第 21 師獨立團及該師工兵營與三個要塞守備大隊的總兵力不過 5,251 人，其中三個要塞守備大隊 1,532 名擔任各該區警備。2 月 1 日甫抵台灣的工兵營 517 人，負責台中以北的監護勤務，獨立團主力 2,500 人則負責嘉義以南的監護勤務，故台灣省警備總司令部臺北本部所控制兵力，卻僅獨立團的一個營約七百人而已。是時，供應局有倉庫 121 所（大小五百餘座）、空軍倉庫 447 座分散於全台各地，海軍則有八個大倉庫分散在 26 個處所，復以電台醫院等均須分兵監護，以致備多力分，例如海軍每一倉庫區守兵僅約 50 人、供應局最大最重要軍械倉庫守兵，居然不過 10 餘人[42]。

僅約二個月後，二二八緝煙意外事件發生時，陳儀就幾無可用之兵，只得將所有部屬連同家眷等盡可能集中於公署大樓，別無他法[43]，以致坐視暴動蔓延擴大而無法收拾[44]。復由於軍備不足，軍械倉庫多缺足夠兵力，遂使原本無武器的群眾暴徒獲奪武器彈藥。屋漏偏逢連夜雨，當時台省員警約 8,500 人，其中 90% 以上均為台籍，二二八事發後，彼等多或棄械逃匿、或協助群眾收繳警械、甚或相率參加起事行列，致使情勢急遽惡化[45]。

1.2. 清廷安置流民 vs 國府集訓流氓、大赦罪犯

1683 年 10 月，清廷納台灣入版圖，明鄭文武官員丁卒難民相率回歸大陸，一年間近有其半[46]。斯時，在台漢人離台者眾，其強有力者歸故土，所留者瑣尾殘黎耳，致井里蕭條，哀鴻未復[47]，台灣西部的廣闊平原，一望蓁茅，民雜而貧，地疏而曠[48]。首任台灣知府蔣

毓英與各知縣乃大力招集流民開墾。1685年時，全台三縣招集流民計3,500餘人[49]。

1.2.1. 國府集訓流氓、大赦罪犯

1945年夏台灣光復前後，日人將原拘禁於火燒島（今綠島）及台東的流氓悉予釋放，而其他原在廈門、汕頭、福州等地的台籍流氓浪人也先後返台，故在警務處接收台灣時，僅臺北一地就有流氓一萬餘人[50]。為對流氓滋事防患未然，警備總部乃於次（1946）年6月1日開設勞働訓導營，逮捕全省無業流氓並將其解送臺北集中管訓，先後計共二千餘人，以六個月為一期，授以職業訓練，期能自立為良民，期滿結業後釋回原籍。惟未料回籍後，他們組織更為嚴密，各地更有聯繫，二二八事件時各縣市前述受訓流氓即均普遍參與，以為報復[51]。

國府為慶祝中華民國憲法公佈，於1947年元旦頒行大赦，是月臺灣計共三千餘名在監犯人因大赦出獄。即使在太平盛世，一般出獄人犯即因易遭社會歧視而難於求職，更何況當時是戰後滿目蒼夷，百廢待舉。此外，在上（1946）年10月前，自海外返台的台人就高達八萬八千餘人，如此勢必更增加大赦出獄者求職的困難，或可能幾盡失業。他們在日據時期殖民政府的嚴刑竣法下，尚敢犯罪，如今無以為生，倘社會一旦有亂，則其嚴重性自是可想而知。當時，法學專家盧鴻飛就曾撰文，在二二八事變前不到一個月的2月2日，刊載於《人民導報》，表達其憂慮之情，謂此次大赦是"愚蠢而可怕的一件事"[52]。

1.2.2. 流氓藉二二八滋事

1947年2月6日，本省報紙《人民導報》社論時勢雜感中，也稱當時是"流氓到處亂打，流氓打流氓，流氓打員警，流氓打老百姓""眼看著流氓作惡員警都視若無睹不敢出聲"[53]。

二十天後的2月27日晚七時許，緝私人員毆擊煙販婦人，遭致圍觀民眾公憤追打，其中查緝員傅學通於奔逃中突被人抱住，萬分情急下鳴槍一發，期抱者釋手，惟擊中剛自屋裡跨出的陳文溪（其二哥陳木榮為流氓老大人稱頭兄[54]）。28日大早，流氓頭密婆吉林秉足，獲悉死黨好友陳茂己的三叔陳文溪遇害（27日當晚十一時左右陳文溪因傷重不治身亡），即出面找"大頭鼓亭"的負責人陳財（綽號"大頭仔"），請他派人打獅鼓、吹嗩吶，並要立即出發上路，所需花費由林秉足負擔。陳財因臨時找人不易，僅答應提供大鼓與鐃鈸。後流氓頭"密婆吉"林秉足找獲獅鼓後，即與流氓角頭陳戊己、"提松朝仔"莊傳生三人率眾，自舊市場江山樓（當時為臺北市著名的娼妓聚集地）一帶出發，豎抗議標語白布條，隊伍約百來人，向臺北專賣分局（現重慶南路一段27號彰化銀行處）前進。時鐃鈸手為流氓角頭陳戊己、擊鼓手有大稻埕一帶流氓頭之一的周清波及"提松朝仔"莊傳生。遊行隊伍沿街有人加入，群眾一路重覆巨大橫幅上所書"嚴懲兇手殺人償命"的口號[55]，終至局勢發展失控，情勢不斷惡化而釀成大禍。

如果當時鳴槍誤傷擊斃者是一尋常百姓良民，其兄友親人何能於如此短短數小時內，弄到獅鼓鐃鈸等器具、負擔費用雇得擊鼓手鐃鈸手、且能立即會集百人，復敢率他們上街遊行抗議？故二二八事起之初，流氓勢力實扮演其中一重要角色。後二二八事件爆發，社會陷於動亂的無政府狀態，各地流氓即躍出滋事，甚至把持治安[56]，他們勇猛大膽，接收警察局，搶奪槍枝，毆打外省人[57]。在高雄市，一些流氓則頭上綁著布條，手上拿著日本刀，在街上晃來晃去[58]，另並有些流氓結夥搶奪楠梓警察局的槍枝，甚至三番二次欲衝擊高雄左營煉油廠（原日本海軍第六燃料廠）[59]。

1.3. 清廷妥善安置前明鄭軍兵 vs 國府未予照顧台籍前日本軍兵

清廷大軍萬人於1683年10月3日在台灣台南鹿耳門登陸後，施琅即以審慎而和善的方

法進行接管工作，一面令明鄭當局交出武器與船舶[60]，一面暫給前明鄭軍兵糧食，以安新附之心[61]。旋對前明鄭軍官給以俸，兵則給以餉，且將其兵將漸次分離，無一兵復聽管束。又一面派撥船隻，將各官陸續載入內地。至於士兵，願歸農者聽其歸農，願逐伍者則暫撥在營。然而從前投誠官兵，依往例皆應送往外省安插以防反側，但施琅卻獨奏入告，懇請康熙皇帝廣開仁恩，將前明鄭各官就福建本省按插。施琅雖明知此奏必啟群議，但為國家久遠善後計，仍一力擔當，從而使前明鄭投誠諸閩籍將士，得以還首丘而保墳墓，永無出疆之慘[62]。

1.3.1. 國府未予照顧台籍前日本軍兵

陳儀於 1945 年 10 月 24 日抵台後，立即對日軍展開軍事接收與遣返日軍日僑的工作，並於次年 4 月大體完成約 16 萬日軍及近 30 萬日僑的遣返[63]。然而另一方面，日據末期有 20.7 萬台灣青年被徵召從軍，除 9.2 萬人留在台灣、1 萬餘人送往日本外，餘者分遣赴中國大陸及南洋等地，戰爭結束後死亡及生死不明者約 5.3 萬餘人，亦即約有 5 萬名有戰地經驗的台籍前日兵，於光復後陸續自海外返台[64]，但當時台灣陷於前所未有的糧荒困境，陳儀忽略原在台灣及自海外返台等台籍前日軍兵士動態。

1.3.2. 台籍前流落海南日本兵乘勢起事

1946 年 7 月與 10 月，雖先後有四批計共四千餘名臺胞自海南島返台[65]。惟是（1946）年 11 月在海南島碼頭上日軍修建的寬敞貨倉，仍集居著近千名的台人，彼等蓬頭垢面，衣不蔽體，每人一張破蓆子，或橫豎坐臥在地，或燃火為炊，煙霧迷漫。庫倉一邊還飼養著馬，右邊空曠地方則盡是糞便—人便、黴臭、馬糞的各種氣味，病者痛苦呻吟，飢者長籲短嘆。他們都是以前駐於海南地方日軍第 16 警備隊暨橫須賀第四特別陸戰隊的士兵，及一部分僑居的台民。當時集中在榆林待遣者至少尚有六千餘人。一年來，他們依然身著上（1946）年投降時的黴爛單衣，每天平均領不到半斤糙米，甚至還一連數天不發，病者則任其死亡。如此日復一日，望穿海水，卻望不見迎載他們返台的船影，其間技術人員等知識份子感觸較敏。一名在 19 旅野戰醫院任上尉軍醫的台灣青年，就悽然地表示，想不到今天中國待我們比日本人還不如[66]；海南島台籍前日本軍兵在島上悽慘境遇的經歷，使得他們對外省國人深懷仇視，一旦有事，乘勢起事報復[67]。例如 3 月 1 日在台中地方，前海南島吳振武部隊通辯長黃演廣，就招募弟兄，乘機報復在海南島（遭國軍扣剋米糧副食）之仇。次（2）日，從南洋返台有實際作戰經驗的青年，就攜帶所接收武器，三五成群陸續聚集於台中師範學校者，就達三百人之多[68]。

1.4. 清軍不妄殺變民並依律審訊變民 vs 國府逕行殺戮

清軍在鎮壓民變的戰鬥過程中，曾禁濫殺無辜。1721 年水師提督施世驃（施琅第六子）率 12,000 餘名清軍，東征平定台灣朱一貴亂事時，於進攻安平前，即下令於大軍於鹿耳門登岸之際，不得妄殺，變民來降者悉縱還家，門戶旗幟書 "大清良民" 者即為良民，僅拒敵者乃斬之[69]。也就是實施予參亂變民以生路，及不擾百姓的寬大政策；然而二百二十餘年後，抵援基隆進赴臺北平亂的國軍，卻因本省暴徒曾殺害外省人，在臺北施行帶有報復性質的鎮壓。

前清台灣曾發生兩次最嚴重的民變，朱一貴事件（1721）與林爽事件（1787），清廷雖調動大軍鎮壓，然而事畢後對其所捕主從各犯，是依大清律法押赴北京偵訊，故如朱一貴、林爽文、莊大田及其他諸犯，還因此留下他們詳盡口供[70]，然後分別依律判刑、處決、或監禁，從而至少予案犯申辯機會；同樣百餘年後的二二八事件，陳儀政府對各地首要份子，尤其是對許多本省（也包括外省）的菁英份子（無論是實際參與、或是平日對政府表達不滿者）均大肆逮捕，未依法審訊，即逕予殺害，這是連清朝古人也不如。

（二）現代標準檢視陳儀治理

倘不以人廢言，回視光復後國府陳儀那時的施政，即使以今日標準檢視，不乏多所良政，許多也是頗具前瞻性者，例如陳儀的本土化舉措（警官員警、縣市行政首長、宣傳機器首長和各級民意代表）。但陳儀困於其對西方民主的偏好與理解不足，故其整體結果是以悲劇收場。

2.1. 陳儀任延攬優秀人材

光復後，祖國除了派出孫運璿、李達海等這樣在台灣較為人知外省官員來台外，長官陳儀也延攬了如黃朝琴般學經歷俱優的本省人材來台出任要職，例如

黃朝琴	台灣台南	美國伊利諾大學碩士，出任臺北市市長
遊彌堅	台灣臺北	法國巴黎大學深造，出任第二任臺北市市長
連震東	台灣台南	日本慶應大學畢業、出任臺北縣縣長
謝東閔	台灣彰化	廣州國立中山大學法學院畢業、出任高雄縣縣長
胡福相	浙江寧海	浙江警官學校、外國留學警政、出任台灣省警務處長
張振漢	福建福州	日本東京帝國大學畢業，出任臺北市警察局長
李萬居	台灣雲林	法國巴黎大學畢業、出任新生報社長
林　忠	台灣南投	曾就讀日本京都帝國大學、出任電灣廣播電台
許壽裳	浙江紹興	日本東京高等師範學校畢業、出任編譯館館長
劉晉鈺		法國巴黎大學畢業、出任台灣電力公司總經理
湯元吉	江蘇南通	德國明興大學化學博士、出任台灣肥料公司總經理
李國柱	浙江	美國麻省大學化學博士、出任台灣肥料公司協理
夏之驊	安徽六安	美國沃海渥大學碩士、出任台灣肥料公司協理
謝明山	浙江鄞縣	英國倫敦大學化工博士、出任台灣鹼業公司協理
朱頌偉	浙江嘉善	美國國麻省理工大學機械碩士、出任台灣鹼業公司協理

前述許多人甚至是留學日本、美國、德國、法國、俄國者，且不乏獲博士或碩士學位。他們的學經歷，即使是以 65 年後今日的標準視之，也可說是優秀人才，此與一般以為當初來台接收的官員，均屬無甚知識或不學無術的認知，似有相當差距。此外，就當時祖國慘勝落後一窮二白的國情，陳儀能物色如此優異的人才來台工作，實也體現陳儀的治台善意與心切。

2.2. 陳儀行政團隊外省化

當時陳儀在高層人事佈局上是不但重用本省人，甚至還派本省台南人黃朝琴出任臺北市長、雲林人李萬居出任全台宣傳媒體報社與電台的首長，其影響之廣、權力之大，當不亞於"處長"之職。在地方行政首長方面，當時台灣的臺北、新竹、台中、台南、高雄、花蓮、台東七個縣中，有三個縣的縣長是由本省人出任，例如臺北縣縣長是台灣台南人連震東（1946 年 1 月 16 日）、新竹縣縣長是台灣嘉義人劉啟光（1945 年 12 月 26 日）、高雄縣縣長是台灣彰化人謝東閔（1945 年 12 月 26 日）。但無可諱言，長官公署所屬行政一級八名主管全是外省人，雖然他們都是長期追隨陳儀者、或其在福建主政時的班底，但畢竟仍是外省人；

秘書長葛敬恩	陳儀留日陸大同學，陳儀任浙江第一師師長的參謀長
民政處處長周一鶚	陳儀主閩省府委員、省糧食管理局局長
教育處處長范壽康	陳儀主閩時的秘書與顧問

財政處處長張延哲　　　陳儀主政浙江時的秘書長
農林處處長趙連芳　　　周一鶚推薦，中央訓練團台訓班農林組主任
工礦處處長包可永　　　陳儀主閩建設廳主任秘書、廳長
交通處處長嚴家淦　　　陳儀主閩時建設及財政廳長
警務處處長胡福相　　　陳儀提拔、曾任台灣員警幹部講習班主任

2.3. 陳儀之民主迷思

陳儀在施政思維上，似受西方影響，對民主多所期待，主張開放言論。故自光復後至 1946 年 11 月止的一年間，正式登記的報紙雜誌達 36 家之多，為了吸引廣大訂戶讀者的興趣，各家報紙勢必只有大肆攻擊政府施政缺失，或暴露社會的黑暗面，否則在強烈的競爭下，報紙雜誌實很難以生存，此乃人之常情。例如新生報，即因為帶有機關報色彩，致銷售量由 18 萬份降至僅 4 萬餘份[71]。

2.3.1. 陳儀尊重輿論自由迷思

在二二八事變前一個月的 1947 年 1 月，長官陳儀在行政會議致詞上稱"對於新聞界，我到台灣以後，亦尊重輿論自由，採取放任政策，培養民主作風。台灣的報紙，甚麼話都可以自由發表，批評政府的話，對的我自然接受。不對的，能解釋的我予以解釋，不能解釋的我就聽過了事，甚至各種謾罵我亦不加絲毫的干涉""但我認為最重要的宣傳是事實，所謂事實勝於雄辯。輿論即使偶有歪曲事實，顛倒是非的，亦不必過分的顧慮，公道自在人心，真理終究存在"[72]。然而，政治理想與政治現實總是有差距的，陳儀似未慮及當時的社會現實，是台灣正逢大荒災、物資匱乏、物價飛漲，處於四百年來前所未有的社會動盪狀態，且人民群眾不知日人將台灣歸還我國前，曾發動一場致台灣於百年大饑荒死地的經濟戰……

在斯時戰後經濟衰敗百廢待舉的社會條件下，前述報紙雜誌無休止地專肆報導攻訐陳儀當局施政與社會黑暗面，且此類攻擊政府輿論為台灣人五十年來所未見（日據時期日人嚴屬控制輿論），台人初則引為怪事，續則信為正確，並漸啟輕視政府，以及不信任政府的心理[73]，終至超出當時整個社會的負荷程度。

2.3.2. 陳儀未能斷然制止遊行頻仍

在二二八事變前半年間（1946 年 5 月—1947 年 2 月），台灣首善之區的臺北市居然發生四次大規模反政府的群眾遊行，即五四學生遊行、一二一二反美學生遊行、一九反美學生大遊行及臺北市民反饑餓遊行等。

上述這一系列的大遊行，不但更加抹黑了陳儀政府的形象，同時也為民間反政府力量蓄積了快速動員黑白兩道與學生，舉行大規模遊行的能力、經驗與對抗政府膽識。此外，由於陳儀政府對前述遊行無力強制驅離，此也勢必增加民間反政府力量，動輒以舉行遊行為能事。故倘台灣一旦有警，勢必釀成巨變。

2.3.3. 陳儀未能斷然控制電台廣播

二二八事件時，不知陳儀是出於其對尊重輿論自由的理念、或不瞭解廣播電台的重要性、亦或由於兵力過於薄弱（時陳儀當局台灣省警備總司令部臺北本部所控兵力，僅獨立團的一個營約七百人而已[74]），當時陳儀政府未派軍強行控制廣播電台。

斯時，臺北廣播電台台長是台灣南投人林忠，雖然長官陳儀與參謀長柯遠芬均先後在該台廣播，但群眾代表等所撰不滿政府講稿也代為播出。當時，王添燈至電台欲強行播出處委會所通過的三十二條，台長林忠妻江蘇人錢韻女士及在場的本省人劉啟光等勸阻未果，而仍播出[75]，終釀大禍。

對聽眾而言，斯時台灣各地廣播電台均似是而非，忽像政府之聲、又似叛逆之聲、忽而長

官公署廣播、忽而台灣新華民政府王添燈總統廣播、忽而援台海陸軍即將抵達、忽而山地同志會幾萬人攻克某地、忽而長官陳儀播音要政治解決下令軍隊即日返營[76]、忽而迭次廣播徵召全台曾服務於日本海陸空軍的人員於某處集合[77]，甚至報導政府在台外省籍公務人員如何虐待臺胞，國軍如何地屠殺臺胞，飛機如何轟炸平民，以激動台民感情提高臺胞的排外怒潮。

三、二二八事件對未來對台工作之啓示

就兩岸關係的劃時代意義而言，如果說 1945 年台灣回歸是台灣割日後的第一次接觸，1987 年台灣開放探親可說是第二次接觸，2010 年 "後 ECFA 時代" 則是第三次接觸。後者特徵是兩岸大交流與深度交流，而且是內地經六十年建設，綜合國力初盛。換言之，日後兩岸在統一的接合過程中，在治理能力上，中央必定有能力完成兩岸順利接軌。

惟無可諱言，未來兩岸統一亦有其特殊困難之處，其核心在於中華民國實體存在、台獨群眾及其論述等所衍生的諸多問題，超級強國美國傾力介入等不測因素的特殊性，或許二二八事件對未來對台工作亦有其參考之處。

（四）二二八事件是起義

"二二八事件" 可說影響深遠，即使六十年後的今天依舊，尤其是有關二二八的定性，不但事涉統一的論述，也是統一過程中無法廻避的論述。如果台灣統派不提出論述，則獨派永遠佔領二二八事件的話語權陣地，將 "二二八事件" 曲解成是台灣人民反抗外來政權，將祖國與外來政權連結，從而成為其建構台獨論述的核心史觀之一，欺瞞台灣人民；此外，如果從台北中樞長官公署與台灣人民的不同角度切入，前者就國府的立場而言，是時其公私文書稱為 "民變"。後者從台灣人民遭日人離台前慘烈 "最後一擊" 陳儀執政貪污腐敗等的角度切入，其本質是起義，這是天經地義的事。

歷史真相是，日人在將台灣歸還我國前，陰謀發動 "最後一擊" 的經濟戰，致使當時台灣社會處於大飢荒與超級通貨膨脹的經濟崩潰狀態（此事台獨二二八論述完全為日人隱瞞不提），外加陳儀政府的官員程度低落貪污腐敗，故就當時台灣人民反陳儀政府失政及其經濟崩潰之認知所衍生的起義革命，是正確的。例如謝雪紅就在台中發動武裝起義，目地僅是打倒貪污的國府與爭取民主。中部地區，未發生如台北 2 月 28 日的大肆毆殺外省人事件。陳儀鎮壓平變後，謝雪紅及其眾多的台籍同志，並未流亡日本，而是自香港北上回歸祖國，謝雪紅本人還在天安門城樓上參加了中華人民共和國的開國大典。因此，誠如曾參與該事件最後埔里戰役陳明忠君的分析，如果二二八是台獨運動的開始，那 "二二八事件" 後台灣青年（政治意識強者）應該是走向台灣獨立，而非走向左傾。那 1950 年代白色恐怖下的政治鬥爭訴求應該是台灣獨立才對，但是那時候坐牢的政治犯，幾乎清一色的是親中共的紅帽子，故 "二二八事件" 不是反抗外來政權的台獨事件。

（二）事前應察納雅言

就微觀的治理角度，檢視陳儀的諸多施政，不乏可圈可點者。例如陳儀在那個全中國 80% 以上的人都是文盲的情況下，能延攬許多非常傑出優秀的人材來台，為建設回歸祖國的台灣盡力，也體現斯時其欲完成台灣平穩過渡回歸祖國的時代使命。

然而陳儀執政，亦不乏剛愎自用之處。在二二八事變後兩個月的 5 月 4 日，陳儀在其親筆致函時任台灣台南曾文區區長之甥丁名楠，附件百感攢胸所作之詩云：

無題

事業平生悲劇多　循環歷史究如何
癡心愛國渾忘老　愛到癡心即是魔

然而，以陳儀豐富的人生經驗與政治經歷，犯下一個致命的錯誤，那就是將政治過於理想化，自認為一切施政是出於愛國，故其施政理應有善果。諸不知政治乃眾人之事，實際政治操作應察納雅言，集合眾人智慧，尤其是政治事涉各種政治勢力複雜的角力與利益分配，其間甚至可分頂尖菁英團體、次級菁英團體、甚至底層黑道團體等，各團體勢力相互激盪，相互妥協。做為台灣島上的最高政治仲裁者，處理如此大動盪的戰後社會巨變，平日必須積極變通處理好與前三種團體的關係。二二八事變之初，陳儀即因事前平日未能顧及白道次級政治團體菁英利益，與之保持良好互動關係，併掌控黑道動態，錯失第一時間，27日深夜短短幾個鐘頭，讓白道次級政治菁英團體"台灣省政治建設協會"與黑道苦主串連，深夜幾個鐘頭，動員群眾遊行，次日擦槍走火，風雲變色，釀成巨案，致使良好的施政目的，卻導致悲劇的結果。換言之，施政不能徒憑愛國熱忱，也要有治理能力，尤其是在大動盪的社會巨變之際，尤需高度的治理能力，此點後人當引以為戒。

（三）事發應立即控制通訊

在那個時代，陳儀未能掌握台灣社會脈絡，未能深刻體認報紙、電台廣播的重要性（台灣當時無線電廣播已經甚為普及，1943年時全台無線電廣播收音機的收聽戶數高達十萬戶、其中台人4.6萬戶、日人5.4萬戶[78]）。此外，陳儀於事前大荒之年的社會動盪狀態下，居然偏信美式民主，搞了一年"言論自由"，任由報紙、電台等傳媒大肆抹黑政府，未能利用媒體宣導各級政府也曾日日努力籌糧的困境，日人臨行前撤消一切糧食管制及發放超額貨幣的惡毒用心，致使民怨民恨集於一身（陳儀不知，美國對重大攸關國家安全事件，也是進行新聞控制，例如美軍攻打伊拉克時，美國國防部就管制所有相關新聞）。

事發後居然不全力控制電台，放任台北總台及各地電台整日播放不實消息，致使各地方民意代表與士紳串連，迅速組建"二二八事件處理委員會"，使二二八動盪迅速蔓延，社會秩序解體，處於甚至有個別知名學者與外國情治單位掛勾。

（四）事後應依法審理

事後，陳儀未能依法行事，大肆密裁台籍菁英，故二二八事件最慘痛的影響，是其留下族群裂痕與矛盾。就以林茂生案為例，陳儀在其致國府文官長吳鼎昌電，也提及台獨活動的種種情形與臺灣人"七次向英、美領館運動托治"。就陳儀而言，3月6日，他與蔣渭川單獨會談，蔣渭川承諾台灣永為中國的一省，與台灣不共產化兩抽象條件，陳儀立即同意了蔣渭川所提的種種具體要求。

陳儀，堂堂鎮守我國南天的封疆大吏，最後落得要以許多實質條件，去換取蔣渭川口頭承諾的兩個抽象條件，其情想必是何等的悲憤。日後陳儀欲行投共，雖然未果，但可佐證蔣渭川所提台灣不可共產化的條件是虛，是做給周遭非心腹其他派系情治人員看，以免遭人誣陷親共。前者條件是實，也就是說陳儀的紅線只有一條，就是確保我中國對台灣領土主權的完整，越此紅線，即意味著災難。陳儀戎馬一生，一方大員，深知當時我國慘弱國力與國際局勢。陳儀也是全台最高行政首長，能閱悉各單位所呈報的相關情報資訊，對當時台灣的內外嚴峻情勢，驚心動魄。合理推斷，陳儀最可慮者，就是台灣獨立或台灣由聯合國託管問題遭美國放話浮出枱面國際化。一旦台灣分離問題浮出枱面國際化，以當時我國綜合國力的慘弱與處於內戰的國情，其結局難以想像，故陳儀以迅雷不及掩耳之勢逮捕處決林茂生，使美國勢力措手不及，即使欲干預相救，也為時已晚。

然而，無論林茂生當時是否從事台獨，或官方情報有誤，在未經調查證實及司法審判程序即予密裁，不但不符合今日法治人權標準，即使是連清朝也不如。1787年林爽文起事逾時一年，兵災殃及全台，但清廷仍將林爽文押赴北京，依律審理，走完法律程序。故清廷在事後敢理直氣壯地撰文、立碑、刻石、建祠，昭告海疆民人。以史為鏡，日後在兩岸統一的接軌過程中，務必作萬全準備，倘一旦有事，絕不可犯下國府陳儀的錯誤，絕不可連古人清朝都不如。

（五）實行"台人治台"的中國特色民主政治

陳儀治理台灣失敗的致命錯誤，就是錯誤處理"民主"與"本土"關係，尤其是行政部門與議會部門之間的本土化、民主化運作、和新聞言論自由平台的拿捏未能配套，未能併行接軌。

陳儀深信美式民主，其在台施政優先項目之一居然是搞選舉，將省與地方各縣市的民意代表全面本土化（行政長官公署於1946年4月在台灣舉辦選舉，首屆30名省參議員與30名候補省參議員全為本省人），享有質詢權；但相對被質詢的長官公署民政、財政、教育、農林、工礦、交通、警務等處長全為外省人，其結果是形成擁有質詢權的議員全為本省人、被質詢的行政官員全為外省人。俗話說，看人挑水不費力，"質詢"肯定比"執政"容易，更何況質詢的免責權更授予議員非常大的言論幅度，而當時在曾慘遭美軍大肆轟炸，全台斷瓦殘垣百廢待舉併大糧荒經濟解體的情況下，行政部門很難在短期內扭轉經濟形勢，更何況還有當時國府軍公人員素質低落貪污腐敗的因素，更是成為議員們激烈質詢的題材。更要命的是陳儀偏好美式民主"言論自由"，對新聞不加管制，致使議會質詢焦點成為抹黑政府的最佳宣傳題材，社會充斥對政府的致命怨恨。例如在當時的民主"言論自由"下，民眾咸認為是因內戰缺糧，陳儀政府將大批糧食運往內地，致使台灣發生大饑荒。當時因綜合國力與治理能力均落後美日，故民眾不知這是日人離台前精心策劃（美國亦從中配合）一場欲置台灣於死地的經濟戰，……致使台胞對政府痛心疾首，……終於釀成不可收拾的悲劇；此一在綜合國力治理能力落後美日的現實政治下，"言論自由"與"抗衡日人最後一擊能力"不配套所導致的悲劇經典案例（日本菁英鹽見俊二經可客觀分析一年前就預知二二八式的社會災難，但我國地方首長陳儀卻昧於美式"言論自由"民主渾然不覺災難之將至，治理能力高下立判），值得今日吾人深思。

1997年香港回歸，內地成功地實行了"港人治港"，其運作核心就是港人議員質詢港人行政官員首長，地方公共議題止於地方，香港行政缺失的抨擊、責任與改正，止於香港。香港回歸成功，但與處理香港回歸的涉港事務幹部相較，未來涉台事務幹部是二代，其間經驗不同，可能使後者在未來兩岸統一的過程中掉以輕心。但涉台事務幹部因係處理涉台事務，對近代台灣歷史自是較易知道，盼渠等記取1945年祖國的接收台灣教訓。本文結尾，提出此一台灣經驗的慘痛歷史教訓，期盼日後統合過程中，千萬記取1945—1947年諸多台灣經驗，實行"台人治台"的中國特色民主政治，願國族興盛。

（作者單位：世新大學）

注 釋：

[1] 例如戴國煇、葉芸芸著，愛憎二二八，1992年2月。黃彰健，二二八事件真相考證稿，臺北：中央研究院，聯經出版公司，2007年2月。褚靜濤，二二八事件實錄（上、下），臺北：海峽學術出版社，2007年6月。曾健民，台灣1949動盪的曙光，臺北：人間出版社，2007年3月。. 賴澤涵、馬若孟與魏萼合著，羅珞珈譯，悲劇性的開端，1993年2月。行政院二二八事件小組（總主筆/賴澤涵），二二八事件研究報告，1994

年 3 月。陳翠蓮，派系鬥爭與權謀政治，1995 年 2 月，等二二八事件相關著作，均係以二二八事件彼時為著眼，研討事件緣由。

[2] 施琅，靖海紀事，文叢 13，臺北，台灣銀行，民國四十七年 2 月，pp. 19：23：27—29。見舟師北上疏、海逆形勢疏、飛報大捷疏。關於施琅所率東征大軍人數，雖在其 1683 年 7 月 20 日所奏飛報大捷疏中未提及，但在其 1683 年 2 月 17 日所奏海逆形勢疏中，則稱其所統官兵計 2 萬有奇，大小戰船 200 餘號，而 1682 年 12 月 23 日所奏舟師北上疏中，亦謂其於是月所率東征大軍總計官兵約 21，000 名，大小船隻 238 艘（後雖於 1683 年 1 月下旬兩度開駕親征但均因風向改變而中止）。施琅在飛報大捷疏中，謂總計其所率大小戰船計共約 240 艘，與前述 238 艘幾乎完全相近，故吾人可推論施琅 1683 年 7 月東征時，所率大軍官兵計約 20，000 餘人。

[3] a. 施琅，靖海紀事，文叢 13，p. 51. 。見『舟師抵台灣疏』
b. 施偉青，施琅評傳，福建，廈門大學出版社，1987 年 7 月，p. 27.
c. 周學普譯，十七世紀台灣英國貿易史料，研叢 57，民國四十八年 11 月，p. 42.

[4] a. George Kerr 著，陳榮傑譯，被出賣的台灣，臺北，前衛出版社，1991 年 3 月，p. 94.
b. 陳鳴鐘、陳興唐主編，台灣光復和光復後五年省情（上），pp. 159—160. 見台灣省警備總司令部接收總報告。

[5] 海軍司令部近代中國海軍編輯部，近代中國海軍，北京，海潮出版社，1994 年 8 月，p. 1003.

[6] 鄧孔昭、孔立、陳在，『論姚啟聖在統一台灣過程中的作用』，清代台灣史研究，廈門，廈門大學出版社，1986 年 4 月，pp. 146—147.

[7] 施琅，靖海紀事，文叢 13，p. 54. 見『論台灣安民生示』。

[8] 施琅，靖海紀事，文叢 13，p. 55. 見『嚴禁犒師示』。

[9] a. 彭孟緝，『台灣省二二八事件回憶錄』，中央研究院近代史研究所編，二二八事件資料選輯（一），臺北，南港，中央研究院近代史研究所，1992 年 2 月，p. 47.
b. 口述歷史，第 3 期，pp. 48：76：147. 分見林山生、陳玉樹及王振華等君之訪問紀錄。
c. 口述歷史，第 4 期，pp. 141：256：264：278：312. 分見黃瑞峰、李文卿、周秋金、林金春、陳重光等君之訪問紀錄。

[10] 陳鳴鐘、陳興唐主編，台灣光復和光復後五年省情（上），p. 138. 見中國戰區台灣省警備總司令部備忘錄，台軍字第 2 號。

[11] 施琅，靖海紀事，文叢 13，p. 49. 見『報入台灣疏』。

[12] 施琅，靖海紀事，文叢 13，p. 54. 見『論台灣安民生示』。

[13] 台灣總督府編，台灣統治概要，臺北：台灣總督府，1945 年，pp. 245—246.

[14] 鹽見俊二著，財團法人日本文教基金會編譯，秘錄？終戰前後的台灣，臺北：文英堂出版社，2001 年 11 月，p. 53.

[15] 李連春，『十年來的台灣糧政』，謝然之，台灣十年，臺北：台灣新生報社，1955 年 10 月，p. 160.

[16] 湯元吉，『十年來的台灣肥料工業』，謝然之，台灣十年，臺北：台灣新生報社，1955 年 10 月 25 日，pp. 177—178.

[17] 湯元吉，『十年來的台灣肥料工業』，謝然之，台灣十年，臺北：台灣新生報社，1955 年 10 月 25 日，p. 177.

[18] 家永三郎著，何欣泰譯，太平洋戰爭，臺北：台灣商務印書館股份有限公司，2006 年 11 月，pp. 252—253.

[19] 鹽見俊二，（財）日本文教基金會編譯，秘錄? 終戰前後の台灣，台北：文英堂出版社，2001 年 11 月，p. 3.

[20] 鹽見俊二，（財）日本文教基金會編譯，秘錄? 終戰前後の台灣，台北：文英堂出版社，2001 年 11 月，p. 72.

[21] 吉田茂著，陳鵬仁譯，決定日本的一百年，臺北：致良出版社有限公司，2006 年 1 月，p. 70.

[22] 台灣銀行金融研究室，『台灣光復後之經濟日誌』，台灣銀行季刊（創刊號），臺北：台灣銀行金融研究室編，1947 年 6 月，p. 229.

[23] 蘇新，永遠的望鄉，臺北：時報文化出版公司，1994 年 9 月，pp. 273—274. 『政治經濟研究會第一次討論會記錄』，政經報，1（2），（1945 年 11 月 10 日）。

[24] 蘇新，永遠的望鄉，臺北：時報文化出版企業有限公司，1994 年 9 月，pp. 269—273. 見『政治經濟研究會第一次討論會記錄』，政經報，1（2），（1945 年 11 月 10 日）。

[25] 楊渡，激動一九四五，臺北：巴爾赫出版社，2005 年 9 月，pp. 34—35.

[26] 蘇新，永遠的望鄉，臺北：時報文化出版企業有限公司，1994 年 9 月 20 日，p. 275. 見『政治經濟研究會第一次討論會記錄』，政經報，1（2），（1945 年 11 月 10 日）。

[27] 台灣銀行金融研究室，『台灣光復後之經濟日誌』，台灣銀行季刊（創刊號），臺北：台灣銀行金融研究室編，1947 年 6 月，p. 230.

[28] 蘇新，永遠的望鄉，臺北：時報文化出版企業有限公司，1994 年 9 月 20 日，p. 270. 見『政治經濟研究會第一次討論會記錄』，政經報，1（2），（1945 年 11 月 10 日）。

[29] 許介鱗，戰後台灣史記，台北：文英堂出版社，1996 年 9 月，p. 115. 見世本武治、川野重任編，台灣經濟綜合研究（資料篇），東京：アジア經濟研究所，1969 年，p. 904.

[30] 顏清海，『光復初期台灣米荒問題初探』，賴澤涵主編，台灣光復初期歷史，pp. 89—90. 見台灣省糧食局，台灣糧食統計要覽，1948.

[31] 鹽見俊二著，財團法人日本文教基金會編譯，秘錄・終戰前後的台灣，臺北：文英堂出版社，2001 年 11 月，pp.（1）：19—25.

[32] 王曉波，『「二二八」前夕的台灣—戰後台灣社會經濟之分析』，海峽兩岸二二八事件學術研討會論文，p. 4. 原引自黃玉齋主編，台灣年鑑（5），臺北：海峽學術出版社，2001 年 3 月，pp. 1474—1475.

[33] 鹽見俊二著，財團法人日本文教基金會編譯，秘錄? 終戰前後的台灣，臺北：文英堂出版社，2001 年 11 月，p. 44.

[34] 蘇新，永遠的望鄉，臺北：時報文化出版企業有限公司，1994 年 9 月 20 日，p. 279. 見『政治經濟研究會第二回討論會記錄』，政經報，1（3），（1945 年 11 月 18 日）。

[35] 蘇新，永遠的望鄉，臺北：時報文化出版企業有限公司，1994 年 9 月 20 日，pp. 312—313. 懷青，『光復後台灣的物價問題（1945 年 10 月 30 日）』。

[36] 陳興唐主編，『台灣現狀報告書』，台灣二二八事件檔案史料（上卷），臺北：人間出版社，1992 年 2 月，p. 51.

[37] 鹽見俊二著，財團法人日本文教基金會編譯，秘錄? 終戰前後的台灣，臺北：文英堂出版社，2001 年 11 月，p. 71.

[38] a. 施琅，靖海紀事，文叢 13，pp. 61：67. 見恭陳台灣棄留疏與壞地初闢疏。

b. 蔣毓英，『台灣府志』，台灣府志三種，北京，中華書局，1985 年 5 月，pp. 139—142：210. 見卷之 7 戶口及卷之 8 武衛。

[39] 賴澤涵、馬若孟與魏萼合著，羅珞珈譯，悲劇性的開端，1993 年 2 月，p. 163. 見唐賢龍，台灣事變內幕記，南京，中國新聞社出版部，1947 年，pp. 97—98：及 "Formosa Current Conditions" March 15, 1946 in Formosa：Internal Affairs, 1945 1949, Reel 1, p. 2 (Enclosure no. 1206)。

[40] a. 陳翠蓮，派系鬥爭與權謀政治，pp. 108—109. 原見台灣省警備總司令部週年工作概況報告書，臺北，台灣省警備總司令部，1946 年 10 月，p. 53.

b. 賴澤涵、馬若孟、魏萼著，羅珞珈譯，悲劇性的開端，p. 118. 見唐賢龍，台灣事變內幕記，南京，中國新聞社出版，1947 年，pp. 97—98。及 "Formosa Current Conditions" March 15, 1946 in Formosa：Internal Affairs, 1945—1949, Reel 1, P. 2 (Enclosure no. 1206)。日本投降後，美軍協助運送四萬八千名中國軍隊前往臺灣。一九四六年八月卅日，臺北領事館官員 Ralph J. Blake 報告，六十二軍派往華北，島內只留下七十軍的官兵約兩萬人。同上，頁二 (Enclosure no. 13)。

[41] a. 彭孟緝，『台灣省二二八事件回憶錄』，中央研究院近代史研究所編，二二八事件資料選輯 (一)，p. 55.

b. 於百溪，『陳儀治台的經濟措施』，李敖編著，二二八研究，三集，p. 176.

c. 台灣新生報社叢書編纂委員會，民國 36 年台灣年鑑，臺北，台灣新生報社，民國三十六年 6 月版，p. 22. 見附錄一，光復後大事年表。

[42] 國防部史政局秘密稿本，『台灣二二八事變紀言』，李敖編著，二二八研究，臺北，李敖出版社，1991 年 1 月 10 日 3 版，pp. 14—15.

[43] 於百溪，『陳儀治台的經濟措施』，李敖編著，二二八研究，三集 p. 176.

[44] 楊亮功、何漢文，『呈報調查台灣事件情形及建議善後辦法』，二二八事件資料選輯 (二)，臺北、南港，中央研究院近代史研究所，民國八十一年 5 月，p. 309.

[45] a. 不著撰人，『二二八事變之平亂』，中央研究院近代史研究所編，二二八事件資料選輯 (一)，p. 138.

b. 陳純瑩，K 光復初期台灣警政的接收與重建：以行政長官公署時期為中心的探討 L，賴澤涵主編，台灣光復初期歷史，臺北，中央研究院中山人文社會科學研究所，民國八十二年 11 月，p. 60.

c. 陳儀於三十六年 3 月 13 日呈蔣主席文，中央研究院近代史研究所編，二二八事件資料選輯 (二)，p. 168.

d. 楊亮力、何漢文，『呈報調查台灣事件情形及建議善後辦法』，二二八事件資料選輯 (二)，p. 309.

[46] a. 施琅在其『壞地初闢疏 (1684 年 11 月 6 日)』一文中稱：『自臣去歲奉旨蕩平偽藩，偽文武官員、丁卒與各省難民相率還藉，近有其半，人去業荒，勢所必有』見施琅，靖海紀事，文叢 13，p. 67.

b. 據諸羅縣首任知縣季麟光報稱；『偽額 21，320 丁，年徵銀 18，320 兩。計算歸順後，海道線清查丁數，已報逃亡 7，717 丁，開除難民回籍 8，596 丁，原存留 12，724 丁』，依上述季氏所報資料計算，其所留下之漢人僅及原數額 21，320 丁之 59.7 ％。見季麟光，『康熙中諸羅縣季麟光覆議 24 年餉稅文』，福建通志台灣府，文叢 84，

pp. 165—166.

[47] a. 福建通志台灣府，文叢 84，p. 168. 見卷 50.『康熙中諸羅縣知縣季麒光覆議 24 年 (1685) 餉稅文』。

b. 高拱乾，台灣府志，文叢 65，p. 269. 見卷 10 藝文志，李光地,『台灣郡侯蔣公去思碑記』。

c. 劉良璧，重修福建台灣府志，文叢 74，p. 423. 見卷 15『名宦』。

[48] 福建通志台灣府，文叢 84，p. 494. 見卷 144。

[49] a. 陳文達，台灣縣志，(103)，p. 228. 見卷 10 藝文志，季麒光，『條陳台灣事宜文』。

b. 劉良璧，重修福建台灣府志，文叢 74，p. 423. 見卷 15『名宦』。

c. 福建通志台灣府，文叢 (84)，p. 166. 見卷 50『康熙中諸羅縣知縣季麒光覆議 24 年 (1685) 餉稅文』。

[50] a. 陳翠蓮，派系鬥爭與權謀政治，p. 113. 原見台灣省通志，卷首下，大事記，p. 161.

b. 楊亮功、何漢文，『呈報調查台灣事件情形及建議善後辦法』，二二八事件資料選輯 (二)，臺北南港，中央研究院近代史研究所，民國八十一年 5 月，p. 312.

[51] a. 陳純瑩，『光復初期台灣警政的接收與重建，以行政長官公署時期為中心的探討』，台灣光復初期歷史，p. 58. 原見台灣省行政長官公署警務處，台灣一年來之警務，臺北，1946，pp. 48：51. 至 1946 年 6 月底止，各縣市員警機關送訓者計 565 名。

b. 楊亮功、何漢文，『呈報調查台灣事件情形及建議善後辦法』，二二八事件資料選輯 (二)，臺北南港，中央研究院近代史研究所，民國八十一年 5 月，p. 311.

c. 台灣新生報社叢書編纂委員會，民國三十六年台灣年鑑，p. 11. 見附錄一，光復後大事年表。

d. 陳翠蓮、派系鬥爭與權謀政治，p. 113. 原見台灣省警備總司令部，台灣省警備總司令部週年工作概況報告書，臺北，台灣省警備總司令部，1946 年 10 月，p. 66.

[52] a. 陳儀深，『論台灣二二八事件的原因』，二二八學術研討會論文集，臺北，二二八民間研究小組等，1992 年 3 月，p. 37. 原見盧鴻飛，『大赦與司法保護 (三) 一向當局呼籲』，臺北人民導報 1947 年 2 月 2 日第 1 版。

b. 陳翠蓮，派系鬥爭與權謀政治，p. 113. 原見 (1) 施卓群，『二二八前夕』，自由時報，1991 年 2 月 26 日，第 18 版。(2) 台灣歷史年表終戰篇 I (1945—1965)，p. 26.

c. 台灣新生報社叢書編纂委員會，民國 36 年台灣年鑑，p. 14. 及 p. 16. 見 (附錄一) 光復後大事年表。

[53] 陳儀深，『論台灣二二八事件的原因』，二二八學術研討會論文集，p. 37. 原見社論標題『時事雜感』，臺北，人民導報第 2 版，1947 年 2 月 6 日。

[54] 朱浤源，『王雲青先生訪問紀錄』，口述歷史，第 4 期，pp. 19—21.

[55] a. 朱浤源，『王雲青先生訪問紀錄』，口述歷史，第 4 期，pp. 19—21.

b. 戴國輝、葉芸芸著，愛憎二二八，pp. 203—204.，原見中外日報記者台人周傳枝手稿。

c. 另據記者王康所見，28 日上午 8 時 30 分有一約 200 人左右之遊行隊伍在今忠孝西路上正自西向東緩慢前進。見屠申虹，『介紹二二八事變親歷記』，李敖編著，二二八研究，續集，p. 374. 原文係王康，『二二八事變親歷記』，原載於美國『加州論壇報』。

[56] 黃秀政，『尤世景 (台灣台中梧棲人) 先生訪問紀錄』，口述歷史，第 4 期，p. 217.

[57] 黃富三，『鄧進益 (台灣臺北新莊人) 先生訪問紀錄』，口述歷史，第 4 期，p. 97.

［58］許雪姬，『郭萬枝先生（台灣高雄人）訪問紀錄』，口述歷史，第 3 期，p. 202.

［59］許雪姬、方惠芳訪問，高雄市二二八相關人物訪問紀錄（中），臺北南港，中央研究院近代史研究所，民國八十四年 2 月，pp. 14：29：47. 見周石（台灣高雄人）先生訪問紀錄、簡奢兌（台灣高雄人）先生訪問紀錄、朱子敏（台灣高雄人）先生訪問紀錄。

［60］岩生成一摘錄，周學普譯，十七世紀台灣英國貿易史，研叢 57，p. 44. 見台灣商行，1683 年 12 月 20 日。

［61］施琅，靖海紀事，文叢 13，p. 52. 見『舟師抵台灣疏』。

［62］施琅，靖海紀事，文叢 13，pp. 9：63—66. 見曾予、及移動不如安靜疏。

［63］a. 陳鳴鐘、陳興唐主編，台灣光復和光復後五年省情（上），pp. 197：208—209：255—256.

　　　b. 王輔，日軍侵華戰爭，遼寧，遼寧人民出版社，1990 年 11 月，p. 2805.

［64］a. 黃昭堂著，黃英哲譯，台灣總督府，臺北，自由時代出版社，1985 年 5 月，pp. 186：253. 原見日本厚生省發表，1973. 4. 14。

　　　b. 林照真，『台籍日本兵權益誰聞問』，中國時報，1994 年 6 月 6 日，第 17 版。

［65］台灣新生報社叢書編纂委員會，民國 36 年台灣年鑑，pp. 14：17. 附錄一，光復後大事年表。

［66］陳翠蓮，派系鬥爭與權謀政治，p. 48. 原見『海南島的台灣人』，觀察（週刊），第 1 卷第 16 期，1946 年 12 月 14 日，pp. 15—16.

［67］a. 黃秀政，『楊子榮先生訪問紀錄』，口述歷史，pp. 203—204.

　　　b. 楊亮功、何漢文，『呈報調查台灣事件情形及建議善後辦法』，二二八事件資料選輯（二），臺北南港，中央研究院近代史研究所，民國八十一年 5 月，p. 312.

［68］黃秀政，『楊子榮先生訪問紀錄』，口述歷史，第 4 期，pp204—205.

［69］藍鼎元，平臺紀略，文叢（14），pp. 11. 12.

［70］a. 台案彙錄己集，文叢（191），pp. 2—31.

　　　b. 張葳，『林爽文案諸犯供詞』，台灣人文，第 3 期，臺北，台灣人文雜誌社，民國 67 年 4 月 25 日，pp. 98—114.

［71］佚名，『陳洽公與台灣』，李敖編著，二二八研究 p. 247.

［72］賴澤涵、馬若孟、魏萼著，羅珞珈譯，悲劇性的開端，p. 33. 見附錄三，陳長官在行政會議致詞，原見台灣新生報，民國三十六年 1 月 10 日，第 2 版。

［73］楊亮功、何漢文，『呈報調查台灣事件情形及建議善後辦法』，二二八事件資料選輯（二），p. 306.

［74］國防部史政局秘稿本，『台灣二二八事變紀言』，李敖編著，二二八研究，p. 14.

［75］賴澤涵等訪問，『林忠（台灣南投人）先生訪問紀錄』，口述歷史，第 4 期，pp. 33—34.

［76］彭孟緝，『台灣省二二八事件回憶錄』，二二八事件資料選輯（一），p. 77.

［77］台灣省行政長官公署編，『台灣省二二八暴動事件報告』，陳芳明編，台灣戰後史資料選，p. 159.

［78］台灣省行政長官公署統計室，台灣省 51 年來統計提要，p. 1146.

中華蘇維埃與臺灣（1930—1931）

——從蘇新的"兩岸蘇維埃統一論"談起[1]

邱士杰[2]

引　言

　　爲了脱離日本帝國主義的殖民統治，一九二八年四月十五日成立於上海法租界的臺灣共產黨在其"一九二八年綱領"中提出了一系列明確的反殖民口號，但由於臺灣在光復之後在國共內戰以及國際冷戰之下所經歷的一系列復雜變遷，使得臺共當年的政治主張往往被鑲嵌在某種人爲、人造的臺灣分離主義運動的歷史脈絡之中。這不但取消了臺共的馬克思主義政黨性質，更掩蓋了臺共當年反帝、反日、反殖民主張的本質，特別是臺共當年爲了脱離日本殖民統治所提出的種種政治設想。

　　在臺共的種種政治設想中，除了"一九二八年綱領"強調臺灣同日本的分離之外，臺共改組後的"一九三一年綱領"——根據歷史當事人老臺共蘇新（1907－1981）的提示——更進一步提出兩岸在蘇維埃的基礎上實現統一的新設想。由於歷來的研究完全不對"一九三一年綱領"的新設想進行討論，因此本文將針對蘇新所提示的這個新設想進行理論與史實上的檢討，期望藉以揭示臺灣共產黨在其短暫生命中所做的多樣性努力。

　　本文以下的篇幅按順序將安排如下。本文將先從臺共"一九二八年綱領"內在的理論矛盾，説明臺共爲何必然以主張建立工農民主專政的蘇維埃政權之"一九三一年綱領"去取代主張臺灣"民族獨立"之臺灣共和國的"一九二八年綱領"（以上爲第一節）。又由於臺共在"一九三一年綱領"中提出了"臺灣蘇維埃"的口號，因此本文將經由臺共與中華蘇維埃之聯繫的探討，以檢討／驗証蘇新的提示（以上第二至三節）。其中，第二節將從中共中央與共產國際執行委員會遠東局之間的衝突，説明臺灣如何在中華蘇維埃準備運動之中被納入設想；第三節則將以共產國際臺灣檔案爲主要史料，披露一九三〇年之初幾乎成行的、從臺灣派遣代表參加中華蘇維埃建國的計劃。

　　一、從臺共的兩份綱領以及蘇新的提示談起

　　由於臺灣共產黨"一九二八年綱領"所提出了的"民族獨立"與臺灣共和國口號在日後引起爭議，老臺共蘇新爲此寫下專文《關於"臺獨"問題》分析了這個問題。對於蘇新而言，這兩份綱領值得注意的地方，在於下列幾條"具體提法"：[3]
第一綱領（即臺共成立時的綱領）的提法是：

第一條：打倒總督專制政治，打倒日本帝國主義。
第二條：臺灣民族獨立萬歲。
第三條：建立臺灣共和國。

第二個綱領（即一九三一年的新綱領）的提法是：

第一條：顛覆帝國主義統治，臺灣獨立。
第七條：建立工農民主獨裁的蘇維埃政權。
第八條：國內民族一律平等。

蘇新把這些提法的關鍵差异放在如何解釋"民族"與"獨立"上：[4]
兩個綱領提法不同之處是"臺灣民族獨立"和"臺灣獨立"（少了"民族"二字）。

本來這兩句話並沒有實際的意義差別，只是用詞的差別而已。

我們這裏說的"臺灣民族"，指的是居住在臺灣的"漢民族"和"高山族"，並不是指別的什麼"臺灣民族"。因爲世界各民族中，不論是政治學上，或人類學上，從來沒有聽說過有什麼"臺灣民族"這個名詞。

但是，"臺灣民族獨立"這個詞，嚴格推敲起來，在字義上可能會引起誤解，被誤認爲是指一種民族叫做"臺灣民族"的獨立。所以我們第二次（一九三一）討論這個綱領的時候，做了一些修改，把"臺灣民族獨立"改爲"臺灣獨立"，刪去"民族"二字。

同樣，"臺灣民族獨立運動"，字義上也做二種解釋。一種解釋是："臺灣"的"民族獨立運動"；另一種解釋是："臺灣民族"的"獨立運動"。我們這裏指的是第一種解釋。
……

當時的所謂"獨立"，當然是指"脫離日本帝國主義的統治"，自己成爲"獨立的國家"。當年第三國際領導下的任何殖民地的革命鬥爭都是采取這種方針的。……

之所以蘇新把兩份綱領的詮釋的聚焦於"民族"與"獨立"問題，可能是爲了反擊對此最感興趣的並任意發揮的戰後"海外分離主義"運動。但當蘇新把問題聚焦在與分離主義運動同樣狹窄的問題之時，也就同時忽略了其他可能同樣需要解釋的問題。實際上，如果從國際共產主義運動的理論傳統去考察這兩份綱領，更能説明"一九三一年綱領"取代"一九二八年綱領"的必然性。這可以從國際共運理論傳統中的"專政"、"統一戰綫"，以及"革命性質"問題談起。

在國際共運的理論傳統中，"專政"與各階級間的"統一戰綫"是一體兩面的問題。因爲，如果要使當下的統一戰綫成爲可能，就必須以未來的專政作爲號召。又因爲未來的專政性質決定了當下的統一戰綫到底由哪些階級所組成，便進而決定了革命性質，也就是一九二〇年代在托洛茨基反對派以及共產國際主流派之間各執一詞的"社會主義革命"及"民主主義革命"的選擇問題。如果主張無產階級一階級專政，當然就沒有統一戰綫問題，或者只剩下工人階級統一戰綫的問題；而此時的革命性質，就是社會主義革命。[5]但若主張兩階級專政（比方工農民主專政）或者多階級專政（比方人民民主專政），專政就直接成爲了統一戰綫；而此時的革命性質則是民主主義革命。[6]

臺灣共產黨"一九二八年綱領"中的"政治大綱"，[7]是臺灣"運動"史上最出名的"民主主義革命"綱領（該綱領並將民主主義革命別稱爲"國民革命"）。雖然該綱領提出兩種政權設想，而這兩種設想同時也代表革命要分兩步走，但是"民主主義革命"的專政性質卻沒有被這份綱領所提及：

（1）第一步設想："共和國"口號。這個口號同該綱領的"臺灣民族"概念有一定關係，同時也與該綱領認爲"進步的資產階級"可以爭取有關。

（2）第二步設想：“無產階級專政”口號與“工農政府”口號。“一九二八年綱領”將二者視爲在將來的“一定的時期”才要提出的口號。

雖然“工農政府”字面上長得很像“工農民主專政”，從而像是在表述“民主主義革命”的政權。但當時國際共運中的“工農政府”定義有歧義。有人將之視爲“工農民主專政”的同義語，有人則視之爲“無產階級專政”的代名詞。[8] 由於“一九二八年綱領”將“無產階級專政”與“工農政府”並稱，因此臺共比較可能將兩個口號視爲同義。也因此，“一九二八年綱領”顯然只談“共和國”而不涉及“共和國”與專政的關係。然而這是很有問題的提法。

日本共産黨“一九二七年綱領”是考察臺共“一九二八年綱領”問題之重要參照係。[9] 共產國際爲日共設計的這份綱領也規定日本的革命性質爲民主主義革命。又由於該綱領認爲日本的革命性質可以在民主主義革命勝利後直接轉變爲社會主義革命，因此只提出了社會主義革命的政權應當是“無產階級專政”，並同樣以“工農政府”稱之。

由於臺共也認爲臺灣的革命性質有直接轉變的可能，因此，他們之所以不談民主主義革命的專政問題，其理由可能與日共相同。但既然革命性質的轉變有直接性，被臺共列爲民主主義革命範疇的“共和國”就沒有提出的必要，或應該把“共和國”口號同樣列屬於將來“一定的時期”——即革命轉變爲社會主義革命之時——才要提出的口號。正因爲“共和國”口號有上述矛盾，就不難理解臺共爲何在後來的“一九三一年綱領”中廢止這個口號，並另外提出精確度更高的“工農民主專政的蘇維埃政權”口號。[10]

不過，“一九三一年綱領”的“蘇維埃”口號其實還蘊含着臺共當時更復雜的估計。根據蘇新的説法，“一九三一年綱領”的“蘇維埃”口號與當年中國各地的“蘇維埃區域”行將匯合爲“中華蘇維埃”的局勢有關：[11]

> 至於“獨立”以後，怎麼辦？第一個綱領是提出“建立臺灣共和國”。第二個綱領是提出“建立工農民主獨裁的蘇維埃政權”（此時，大陸瑞金已有中央蘇區）。其他，我們就很少去考慮了。因爲我們是現實的“革命者”，而不是脱離實際的“幻想家”。當年，我們只能考慮到這一點，至於以後怎麼辦？那就要看全世界尤其中國革命的發展來決定了。
>
> ……
>
> 打倒日本帝國主義以後，臺灣應不應該歸還中國，舊臺共的人並不是沒有考慮過。問題是，臺灣要歸還什麼樣的中國？
>
> ……
>
> 當時，整個中國正由地主買辦資産階級和帝國主義代理人蔣介石統治着，中國人民正在進行“打倒國民黨”的人民革命戰爭。在那樣的情況下，在臺灣的共産黨人能提出，“臺灣歸還地主資産階級統治的舊中國”嗎？當時，舊臺共只能提出“擁護中國革命”。
>
> 至於臺灣能不能歸還中國，什麼時候歸還中國，那是中國革命成功以後的事情。但思想上是有“臺灣歸還中國”的準備。因此，建立政權時就考慮到采取和“中國蘇維埃政府”同樣建制（第二個綱領），這一點非常重要。

按蘇新上述見解，臺共當年爲“一九三一年綱領”制定的“蘇維埃”口號其實蘊含着臺灣合併於中華蘇維埃的估計。

蘇新的説法可以有多種的理解方式：（一）如果認爲蘇新作爲當事人的詮釋完全是政治性的後見之明，自然可以棄之爲敝屣；但與此同時，對於其他非當事人的詮釋，自然必須要有更高的保留。（二）如果認爲蘇新的詮釋有道理，則還必須考慮到擁有實際的統治區的“中華蘇維埃”在當時還具有“東方蘇維埃”的性格，因此，如果兩岸在當時的條件下實現“蘇維埃”的統一，也將是把“民族再統一”包攝在内却又同時超越“民族再統一”的統一。（三）更重要的是，就算“一九三一年綱領”的“蘇維埃”主張確實有蘇新所說的那種打算，這種打算是否真的得到實踐？

對於上述問題的回答，是肯定的。但時間還得先從“一九三一年綱領”拉到更早的一九三〇年中華蘇維埃準備運動，才能詳細説明這個問題。

二、一九三〇年中華蘇維埃準備運動與“臺灣”問題的浮現

中華蘇維埃準備運動在一九三〇年的大致過程如下——

由於共産國際的指示，一九三〇年之初的中共中央決定推動全國性的蘇維埃運動。[12]二月四日，中共中央發佈《中央通告第六十八號——關於召開全國蘇維埃區域代表大會》，宣布同年五月將召開“全國蘇維埃區域代表大會”（以下簡稱“區代會”）：“大會的布置將由發起者通知各地，中央擬定各蘇維埃區域及紅軍中的重要代表，將先集一地開一預備會議，討論並起草一切議案，然後再開大會於某一被指定的蘇維埃區域，同時舉行全國擁護中國蘇維埃與紅軍的示威運動。”[13]而“區代會”的具體召開時間實際上是五月二十日至二十三日之間，地點在上海。[14]

“區代會”之後，曾有一時間以擁護“區代會”爲主要號召，[15]但旋即以召開“全國蘇維埃代表大會”（以下簡稱“一蘇大”）替代之。[16]此外，爲了順利召開“一蘇大”，中共中央決定成立籌備機關。七月十八發佈的〈中央通告第八十三號——爲蘇維埃政權而鬥爭〉指出：“區代會”主席團決定邀請代表參與組建“全國蘇維埃第一次代表大會中央準備委員會”（當時稱中準會或蘇準會，以下簡稱“蘇準會”），以籌備“一蘇大”的召開。[17]

同年九月起，“一蘇大”的“準備運動”顯着提上日程。中共中央指出：“最近黨的具體任務就是要領導起極廣大的中國工農兵會議（蘇維埃）第一次全國代表大會的準備運動。”[18]然而“一蘇大”的召開日期却在此時發生轉變。原先中共各項文件與通告都指出“一蘇大”的召開日期爲同年十一月七日的十月革命紀念日；[19]但從九月開始，“一蘇大”的時間推延至十二月十一日的廣州暴動紀念日。[20]原來的十月革命紀念日改爲各地召開地區性代表大會的底線日期。[21]

從十月起，雖然中共仍打算以廣暴紀念日爲開會日期，盼“使廣暴紀念節的全國蘇維埃大會能開得成功”，却也坦言：“假使因爲發動群衆的緣故，各特區的蘇維埃政府與派赴全國大會的代表不能趕在廣暴紀念節前選出，則全國大會可依照實際情形延長到明年開幕”。[22]最後，大會確實沒有在廣暴紀念日開成，因此“蘇準會”決定“一蘇大”延期至一九三一年二月七日（京漢大罷工紀念日），在赤色區域舉行開幕式。[23]但到會議真正召開之時，已經是一九三一年的十月革命紀念日了。

綜上所述，一九三〇年的蘇維埃準備運動大致以該年五月的“區代會”爲起點、以“蘇準會”中繼，並由“蘇準會”籌備最終不斷延期的“一蘇大”。

如果從共産國際的中國革命檔案來看這個由“區代會”、“蘇準會”，以及“一蘇大”所構成的過程，將會發現這一漫長過程中其實存在着許多衝突與争論。衆所周知，一九三〇年的六至八月是立三盲動主義路綫取得支配地位的時期。當時的向忠發—李立三中央不顧共産國際執行委員會遠東局（駐上海）的反對，在全國進行了最終慘遭失敗的總暴動。然而中共中央與遠東局之間的衝突並不只表現在總暴動問題之上，而還同時表現在蘇維埃準備運動

上——這是既有研究尚未深入討論的問題[24]——而臺灣與中華蘇維埃的關係，就是在這些爭論與衝突中首次出現的。

一九三〇年五月底召開的"區代會"是爭論與衝突的中心點：

（一）中共中央認爲：依據遠東局的指示，應先召開"區代會"的"預備會議"，然後才接着召開"區代會"的正式會議；又由於中共中央考慮到許多代表未能到會出席，因此臨時決定直接將這場會議從"預備會議"改爲正式會議。[25]

（二）遠東局則與《中央通告第六十八號——關於召開全國蘇維埃區域代表大會》的設想一致。遠東局指出：所謂的"預備會議"乃是指"區代會"爲"一蘇大"的"預備會議"，因此這場會議召開之後便應接着召開"一蘇大"。[26]

由於兩方對於"區代會"的性質有不同的理解，遠東局與中共中央之間就發生了衝突：

（一）遠東局認爲：由於中共中央的做法相當於以"區代會"取代"一蘇大"本身，因此要求中共中央必須以"預備會議"（即"區代會"）的名義在三個月後召開"一蘇大"。[27]

（二）中共中央則辯稱：他們召開的確實只是"區代會"，不是"一蘇大"，因此從"區代會"的"預備會議"轉變爲"區代會"的"正式會議"並不會犯任何政治錯誤。[28]

如果仔細觀察當時中共中央的言論，可以發現遠東局對中共中央的批評並非沒有根據：

（一）中共中央在"區代會"結束之後所做的公開宣傳，確實是把五月底的召開的"區代會"當成"一蘇大"在宣傳。因此宣稱"區代會"結束之後，中國就出現了兩個對立的全國性政權。[29]

（二）雖然中共中央的公開報刊宣稱"蘇準會"與"一蘇大"乃是"區代會"閉幕之際便已有規劃的任務。但從"區代會"閉幕到"蘇準會"與"一蘇大"得到公開宣傳的這段期間，沒有任何文件提到要再開"蘇準會"與"一蘇大"，這一空白恰恰反映當時的中共中央把五月的"區代會"當成"一蘇大"在宣傳。[30]

（三）最後，只需看日後的許多文件非得不斷重申"區代會"不是"一蘇大"、不斷重申"區代會"並未使中國出現兩個政權之對立，[31]便可看出端倪。恰恰是因爲中共中央確實把五月的"區代會"當成"一蘇大"在宣傳，而對此提出批評的遠東局最終取得了上風，[32]所以中共中央才需要不斷在文件上"亡羊補牢"。[33]（因此，所謂"區代會"閉幕之際已有"蘇準會"與"一蘇大"之規劃的説法，可能也是事後的補救説法，未必是歷史之真實。[34]）

總的來看：在"區代會→蘇準會→一蘇大"的階段性發展中，由於"蘇準會"得到組建並開始積極推動"一蘇大"的實現，因此"區代會"迅速在中共中央機關報刊之中消失；"蘇準會"以及預計召開的"一蘇大"成爲宣傳上的最大主題。這一階段性發展的三次變化並不容易得到注意，以楊奎鬆（1991）爲例，由於他將〈中華工農兵會議（蘇維埃）第一次全國代表大會各級準備委員會組織大綱〉（《紅旗日報》，1930年9月20日，第4版）的日期搞錯，遂錯認一九三〇年曾出現從"區代會"變"一蘇大"再變成"區代會"，最終在五月底召開的"區代會"中直接自我轉變爲"一蘇大"的過程。不過，楊奎鬆有一個觀點頗有洞見。他指出，立三路綫時期的中共中央曾打算從"奪取一省與幾省政權的勝利"的角度考慮"一蘇大"的召開條件。因爲他們當時認爲"一蘇大"必須在城市（而非農村）召開。

在批評中共中央的過程中，"臺灣"被遠東局提了出來。一份遠東局批判中共中央意圖以它們所召開的"區代會"替代"一蘇大"的文件指出：爲了參與"一蘇大"，已有"二十名中國人，三名安南人日内動身，五名菲律賓人按計劃應於二十四日離開菲律賓。關於臺灣、新加坡等地的代表還很不清楚。"[35]遠東局之所以提及包括臺灣在内的各殖民地"代表"，可能確有其事，但也可能遠東局希望借此作爲批評中共中央的論據。但無論這一論據是虛是實，都顯示"臺灣"已經納入遠東局的視線之中，而非偶發之舉：

（一）同年五月一日，遠東局致信中共中央：[36]

你們不應該熱衷於對革命做出預言，説什麽革命應該首先在中國"爆發"（第一頁第二段）。我們應該振奮群衆的情緒，向他們指出必須與印度、朝鮮、菲律賓、安南、臺灣等地的工人和農民密切合作，印度的革命形勢正在迅速成熟。你們的決議對這種密切合作的必要性却只字不提。

（二）同年五月十八日——即"區代會"召開前夕——遠東局致信共產國際執行委員會東方書記處：[37]

八、關於大學生問題。……我們還請求確定東方勞動者共產主義大學的學生名額，而從其他國家（印度支那、菲律賓、臺灣等）彙出爲此目的所需的經費，因爲現在我們有找到學生的一些可能性，而這個問題從爲遠東培養骨幹的角度看是極其重要的。

……

十二、總的組織問題。……我們應該在遠東工作。但如果我們需要經費，例如赴新加坡的旅費（200 美元）却遭到拒絶，對菲律賓、臺灣等地撥款同樣如此。或許這不是國際聯絡處的過錯。或者它有這方面的正式命令。但你們設想一下，在這種情況下怎麽工作呢？……

臺共截至一九三〇年爲止的發展形勢可以進一步説明遠東局對臺灣的關注。自臺共建黨以來，便因各地官憲的鎮壓而隨着地域上的不同而分割爲三大塊。其中，由於地處日本的臺共東京特別支部因爲日本共產黨遭到檢舉而連帶覆滅，因此臺共很快就失去從日共取得指示的條件。直到一九三〇年上半年，島內臺共機關先後派遣林日高與陳德興前往上海，才透過翁澤生而與共產國際執行委員會遠東局人員接上線，而島內臺共機關因此重新獲得從島外取得指示的條件。[38]值得注意的是：林日高與翁澤生聯袂向遠東局提交報告的時間，正是遠東局屢屢提到臺灣的五月份。[39]又由於滯留在上海的臺共成員（如翁澤生、林木順）仍在上海積極活動、糾集臺灣青年組成臺灣青年團（或稱臺灣革命青年團、臺灣青年會），並與中共、遠東局保持密切聯繫，因此翁澤生才有條件成爲上海與臺灣的溝通媒介，而上海與臺灣之間也纔可能透過翁澤生產生聯繫。更重要的是，由於島內在一九三〇年下半年爆發霧社事件，因此臺灣的革命形勢更成爲上海方面不得不注目的焦點。

三、臺灣與中華蘇維埃準備運動的聯繫

除了遠東局開始關注臺灣問題之外，中共中央所領導的中華蘇維埃準備運動也開始關注臺灣。當整個準備運動經過遠東局的糾正而公開打出"蘇準會"與"一蘇大"的旗號後，中華蘇維埃更爲臺灣打開了參與的大門。

雖然——如前所述——遠東局在"區代會"與"蘇準會"之間已經考慮從臺灣找"一蘇大"代表，但"區代會"所重視的是蘇區、紅軍，以及工會等革命團體。[40]直到"蘇準會"才特別强調蘇區與非蘇區、乃至國民黨軍隊都必須（或可以）派遣代表參加"一蘇大"，並特別提出一套"區代會"所不重視的選舉辦法，要求透過過程繁冗的"初選"及"復選"來完成選舉並達成群衆宣傳效果。[41]可以説，直到"蘇準會"開始運動，作爲非蘇區的臺灣才真正擁有參加"一蘇大"的文字依據。不過"蘇準會"最初的思考方向還不是把臺灣當成"非蘇區"並從中選拔"一蘇大"代表，因爲"蘇準會"最先注意到的是上海這個"非蘇區"的臺灣共産主義者，特別是上海臺共黨員所領導的臺灣青年團。

由於臺灣青年團爲上海反帝大同盟（簡稱上反）的下屬組織，因此臺灣青年團與整個中華蘇維埃準備運動的聯係是透過"上反"而實現的。依據〈中國工農兵會議（蘇維埃）第一次全國代表大會選舉條例〉，"反帝同盟"應選代表一人，[42]各區域的具體選舉條例由蘇準會另訂。[43]但當"一蘇大"的召開日期改訂爲一九三一年"二七"，"蘇準會"則決定上海的所有革命團體必須各自選出初選代表之後前往蘇準會報到，然後從中"復選"出四名"一蘇大"正式代表，並要求在一九三一年一月三日之前去蘇區參加"一蘇大"。

根據《紅旗日報》，當初選舉的細節如下：

（一）十二月二十三日的報導：[44]

各革命團體，由蘇準會負責召集初選代表開會復選。現蘇準會已通告各團體，進行復選的準備。自昨日起各團體初選代表紛紛報到，計有韓國獨立革命同盟會一人，社聯一人，劇聯一人。

（二）十二月二十四日的報導：[45]

蘇準會預備日内召集各革命團體蘇大會初選代表復選，前天報到者四個團體，代表四人，昨日繼續報到者又有：臺灣青年團代表一人，自由大同盟代表三人，左翼作家聯盟代表二人雲。

（三）十二月二十六日的報導：[46]

蘇準會於昨日召集各團體初選代表，舉行復選，到有臺灣青年團、韓國革命團體同盟會、社會科學家聯盟，社會科學研究會，美術家聯盟，劇聯等各一人；自由大同盟，左翼作家聯盟各到二人，蘇準會代表一人，紅旗報記者一人列席。開會經過如下：

（一）首由蘇準會代表報告蘇維埃運動的意義及大會改期在二月七號的理由，並説明初選代表與復選代表的任務。

（二）選舉：選舉結果臺灣青年團左翼作家聯盟各一人當選，爲出席蘇代會正式代表。

（三）提案：蘇準會代表提出意見，要各團體把自己群衆的要求及意見提出交代表帶往大會。結果決定由各團體在四天内召集群衆集會討論向蘇大會的意見書和提案，及各部群衆實際生活狀況的報告，交代表帶到大會去。

（四）其他問題；（1）由各代表提出，可否由各初選代表及革命群衆領袖，組織參觀團到蘇區參觀並出席大會旁聽，議決提交蘇準會決定後通告各團體，參觀團旅費自己擔負。（2）募捐：各團體在群衆中舉行募捐，以便購日用品贈前線上的戰士。並募集代表的旅費，以擴大蘇維埃宣傳工作。

從上面的報導來看，當選爲正式代表的臺灣青年團以獨立姿態參與選舉，似乎與"上反"無關；而且，正式代表只選出兩名，而不是早先所説的四名；也就是少了兩名。然而翁澤生於一九三一年一月五日寫給遠東局的信透露出一些細節。首先，臺灣青年團乃是代表"上反"參與選舉；其次，"蘇準會"希望能從島内的臺灣總工會、農民組合，以及臺灣文化協會之中選出兩名代表參加"一蘇大"；換言之，臺灣直接作爲"非蘇區"而躍入"蘇準

會"的視線之中：[47]

上海"臺灣青年會"（the "Formosan Youth Association"）被選爲上海反帝大同盟（the Shanghai Anti‐imperialist League）參加全國蘇維埃代表大會的代表。經由臺灣青年會的代表，全蘇大會中央準備會（preparatory Committee of the Soviet Congress）與我洽談關於派選臺灣代表參加全蘇大會的事宜。結果，蘇準會決定派選兩名臺灣代表（一名工人一名農民）前往中國參與會議。代表將首先從工會、農組，以及文協的核心中選出，然後將從工會、農組，以及文協方面的預選代表中各自再選出兩名。最後，再從這六名代表中選出兩名代表參加全蘇大會。與此同時，必須將這次選舉的重大意義深入解釋給各組織的群眾。群眾應該被要求發表他們的意見以讓代表將他們的意見帶到全蘇大會上。代表的旅費應該從公開捐款中取得，并且應該組織考察團前往中國蘇區考察。而且應該透過公開捐款來購買一些慰勞紅軍的東西。蘇準會的代表已經同文協執行委員會委員碰面，而後者被要求將這些訊息帶回臺灣。

由於"蘇準會"仍然要求以繁複的"初選—復選"模式選拔代表，因此翁澤生緊接着提出簡化選舉程序的請求：

但就我的意見來說，這裏有一些值得我們重新考量的問題。我的看法是：由於時間的壓力以及臺灣的客觀環境，預選代表應該共同（jointly）從各地的工會、農組，以及文協之中選舉出來，然後從這些預選代表中復選出一名工人與一名農民作爲最終的代表。蘇準會決定的程序似乎太復雜了。時間與環境都不允許我們這麽做。

關於這個問題，希望你能給予指示！

同年一月二十八日，翁澤生寫給遠東局的信中則指出：[48]

關於將代表送往參加全蘇大會的問題，最終由蘇準會以及臺灣文化協會中央執行委員會一名代表決定派遣一名工人與農民前往中國。現在這名文協成員已經返回臺灣很長時間，而這兩名代表或許也已選舉出來，臺灣的方言與福建相同，應該將不會有技術上的困難。因此，我想，沒有必要再提醒他們不要再選代表了。不知你們的意見爲何？

從結果來看，由於"一蘇大"最終未能在一九三一年的"二七"召開，而是拖延至同年的十月革命紀念日，因此臺灣青年團與翁澤生此時的努力終究流於未果，無法從島內的總工會、農組，以及文協派選代表去參加。盡管如此，擁護中華蘇維埃的運動却恰恰因爲總工會、農組，以及文協而出現在島內。

從文協左轉以來，"支持中國革命"或"支持中國工農革命"便經常是島內左翼團體的常備口號（甚至連臺灣民眾黨也不例外）。但隨着中華蘇維埃準備運動得到開展，也開始有島內左翼團體將支持"中華蘇維埃"納入口號之中。一九三〇年十一月二十日起，農民組合擴大中央常委會在高雄召開。這次會議特別決議"支持中國蘇維埃大會"。[49]

農民組合可能是島內團體中留下最多關於支持中華蘇維埃之史料的團體。農民組合在一九三一年還指出：[50]

我們確信，中國的工農革命如果早一天成功，我們臺灣的工農大眾就能早一天迎接快樂。換句話說，中國革命勝利的同時，可以打倒日本帝國主義，送它上西天，是很顯然的。對於關係如此重大的中國革命，我們豈可只是旁觀？不可。臺灣被壓迫工農群眾也負有重大的階級任務。因此應該支持中國共產黨，互相呼應，展開進攻。各位須喚起一決生死的努力，嚮日本帝國主義鬥爭。爲此，臺灣的全體工農兄弟應以犧牲精神，鞏固各自陣營的組織，不斷訓練，以高唱支持中國工農革命的右列口號：

一、決定支持共產黨！

一、擁護中國蘇維埃政府！

一、打倒日本帝國主義！

一、反對日本帝國主義侵略滿洲！

一、中國境內日本兵應即時撤退！

一、臺灣與中國的革命工農應密切聯繫！

更重要的是，就在不久之後，臺灣共產黨直接領導下的臺灣總工會（籌備會）[51]、農組，以及文化協會，向"一蘇大"發出支持的公開信：[52]

公開信

致中華蘇維埃全國代表大會：——

親愛的代表與弟兄們！

資本主義的矛盾發展已經撼動了國際資本主義的穩定。經濟危機伴隨着世界性的失業潮而普遍發展着。

資本主義正在其崩潰的第三期！

帝國主義列強對於殖民地與半殖民地的重新瓜分已經造成了下一場帝國主義戰爭的迫切危機。各國資產階級透過引入產業合理化以及血腥剝削其國家及其殖民地廣大群眾而狂熱地準備戰爭。在國際上，已經產生了反蘇集團（an Anti-Soviet block）以對抗蘇維埃聯盟的社會主義改造。而五年計劃的飛速發展不但對資本主義各國形成威脅，也已展現出了世界無產階級革命指導部（the General of staff）的偉大存在。在此環境下，我們的中國弟兄在中國共產黨的旗幟下英雄地同帝國主義與國民黨戰鬥，並建立起遠東第一個蘇維埃政權。這不僅僅是中國革命的一個勝利，同時還是世界革命取得勝利的信號。特別重要的是，當帝國主義者與國民黨密切關注廣州暴動即將兩週年的此刻，中華蘇維埃全國代表大會將召開了。

因此，超過四百萬的臺灣被壓迫群眾不但爲此而大受鼓舞，我們還要獻給你們最偉大的階級的敬禮！

親愛的代表與弟兄們！

這僅僅是我們勝利的第一步。在明日的鬥爭中，還將有更多的困難與障礙需要我們的解決。無疑，這需要蘇維埃聯盟與共產國際的支援與指導。唯有借此，我們才能鞏固我們的革命力量（revolutionary power）。我們確信，我們革命的中國弟兄們，在中國共產黨的領導下，必然能夠經由推翻所有反革命的力量和殖民地被壓迫諸民族（peoples）完全獨立的支持來鞏固他們的革命政權，從而能夠取得我們最後的勝利！

親愛的代表們！

我們，超過四百萬的被壓迫人民已經在日本帝國主義壓迫下超過三十年了。現在我們不再忍受奴隸般的生活，並已經在過去數十年間起而同日本帝國主義鬥爭。一九二八年四月，日本帝國主義者逮捕了許多［臺灣］共產黨員，一九二九年二月十二日，許多臺灣的革命領袖也遭了逮捕。但即便在這樣的壓制狀態中，我們廣大的工農群眾仍然同日本帝國主義與臺灣民眾黨（Formosa Mass party）以及最近形成的自治聯盟戰鬥，以獲得臺灣的完全獨立！我們的獨立運動無疑必須得到我們中國弟兄與日本無產階級的援助與指導。

　　親愛的代表們，

　　我們代表四百萬被剝削的臺灣民眾，誠摯地希望你們能够最好地鞏固並擴大你們的政權，不但要成爲東方與全世界被壓迫被剝削諸民族（peoples）的一座偉大燈塔，更要建立起我們世界性的無產階級專政——推翻資本主義世界的世界性蘇維埃大聯盟！

　　最後，讓我們高呼：——

1. 打倒一切反革命的影響——帝國主義列强、國民黨、改組派與取消派！
2. 反對帝國主義戰争！將帝國主義戰争轉變爲國内戰争！
3. 支持世界無產階級唯一的祖國——蘇維埃聯盟！蘇聯的進步萬歲！
4. 中國蘇維埃革命的先進力量中國紅軍萬歲！
5. 中國的全國蘇維埃政權（the national Soviet power）勝利萬歲！
6. 中國蘇維埃政權唯一的締造者中國共產黨萬歲
7. 世界無產階級指導部共產國際萬歲！
8. 臺灣與中國無產階級緊密聯合起來！臺灣獨立勝利萬歲！
9. 中華蘇維埃全國代表大會萬歲！

一九三〇年十二月十一日

署名：臺灣總工會籌備會、臺灣農民組合中央委員會、臺灣文化協會

　　這封公開信有幾個需要注意的特點：（一）這封信顯然以爲"一蘇大"要在十二月十一日廣暴紀念日召開，因此，至少從"一蘇大"的預定召開日期從十一月七日改爲十二月十一日後，這封信的撰稿者就知道了後一日期。問題只在於，這封信的撰稿者並不知道"一蘇大"最後還是没有在十二月十一日召開。（二）這封信特別提到了臺共檢舉事件，由此可反映出臺共對此三團體的重要性。（三）這封信提到了"臺灣獨立"，但這一口號必須理解爲"臺灣脱離日本而獨立"，只有從日本對臺灣的殖民支配才能正確理解這個口號。誠如蘇新所言："要根據當時的歷史背景來分析，看是從那一宗主國分離出去，分離出去以後要干什麽，才能正確判斷……"[53]

四、結　論

　　本文認爲：雖然"蘇準會"與翁澤生爲臺灣派遣代表出席"一蘇大"而做的規劃未能得到落實，"蘇準會"爲臺灣所提出的特別邀請却可能恰恰顯示出臺灣的不同地位，同時還可能驗証蘇新的"兩岸蘇維埃統一論"。而"區代會→蘇準會→一蘇大"之間的變遷與衝突，有兩點意義：（1）應該將中華蘇維埃的建國過程視爲一個復雜的、不斷改變設想與組織方式的過程。即便這個過程可能反映了許多無效的努力，[54]也不能僅僅把1931年正式召開"一蘇大"的中華蘇維埃視爲唯一的中華蘇維埃。方法上，應該把"區代會→蘇準會→一蘇大"這整個過程視爲中華蘇維埃本身的變遷過程之一。從這種角度出發，那末，即便曾經被選出來的正式臺灣代表未能參與"一蘇大"，也不能否認這些代表的合法性與歷史意義。（2）中國新民主主義革命史完全有可能成爲解釋臺灣社會運動史的媒介。當然，如果可以找到更多的史料，也需進一步比較同時期的其他殖民地革命運動是否也可鑲嵌在"區代會→蘇準會→一

蘇大"的階段性發展中解釋。但至少本文研究顯示，臺灣社會運動史與中國新民主主義革命史之間的密切關係不一般。

臺灣與大陸之間"不一般"的密切關係，不能不從歷史上臺灣因爲甲午戰敗而從中國被割讓出去的歷史來考慮。如果能够充分考慮兩岸之間慘遭分割的這段淵源，就不會輕易地將蘇新的"兩岸蘇維埃統一論"視爲一個事後的建構、事後的論述，或者一種話語。但有兩點需要注意。首先——正如本文前面所指出的——蘇新是歷史當事人，如果他的解釋沒有公信力，對其解釋的質疑則無疑更需展現其質疑的公信力之所在。其次，不能僅僅從"中國統一"的角度看待"兩岸蘇維埃統一論"。中華蘇維埃作爲世界殖民地半殖民地第一個蘇維埃共和國，意義並不只屬於中國。她可視爲一個"東方蘇維埃"，既是前述引文所説的"遠東第一個蘇維埃政權"，也是基於工農民主專政這一特殊的建國理想而成立的新型國家。這使當時許多越南、朝鮮等中國前藩屬地革命者得以加入其中，更使殖民地臺灣的人民也得到重新參與"中國"政治的條件。在這個意義上，中華蘇維埃與臺灣之間的關係，乃是借由一個比單純的中國統一還要更廣博、更深刻的社會變革理想，使（東方）被壓迫民族實現大聯合，而使遭到分隔的兩岸能够借由包容其中來實現再統一，從而也超越了一般意義上的中國統一。

具體的例子還可參見中華蘇維埃基於"蘇區"與"非蘇區"的差別而提出的建國代表選舉辦法。在當時中國四分五裂的狀況下，這種差別不僅僅是（各種日常理解的）中國疆域之内的劃分，而更是"東方"殖民地半殖民地内部的第一個"蘇維埃"區域與"非蘇維埃"區域的差別。這就爲當時慘遭分裂的兩岸提供了超越一般民族主義的、新的聯合的可能。就算這種聯合可能仍然表現爲民族主義，其本質也發生了轉變。誠如林書揚在 1986 年的一篇手稿所指出的，那是一種"以社會主義爲内容的中國新民族主義"，[55]這種新民族主義將使人民之間產生階級與民族的雙重認同的"韌帶作用"。而當我們進一步回顧二十世紀歷史，也將發現到，這種"韌帶作用"確實在二十世紀的兩岸對峙的狀況裏不斷起到積極彌合裂痕的作用。

當然，僅僅考慮臺灣與中華蘇維埃之間的關係並不充分，關鍵還是要逐個梳理當時的中華蘇維埃與各個弱小民族或少數民族之間的關係。才能正確定置中華蘇維埃的"對臺"政策是否具有特殊性，或者只是中華蘇維埃在普遍性的意義上對其"民族政策"之一運用。但從臺灣與中華蘇維埃之間的關係入手，無疑也能爲近一步的梳理開個頭。

雖然臺灣人並未因爲一九三〇年的中華蘇維埃準備運動而真正參與後來召開的"一蘇大"，但陸陸續續都有臺灣人進入蘇區。比方有這樣一則記載：一九三〇年的長汀群衆大會"除了朱德、毛澤東，和一臺灣共產黨的代表外，其餘都是工農份子。"[56]再接下來，就是一九三二年蔡孝干、施至善等人在紅軍攻克漳州之後進入中央蘇區的故事。[57]而這批臺灣人，參加了"二蘇大"。

總的來説，就歷史的實際發展而言，兩岸並沒有在"蘇維埃"的基礎上實現統一。然而臺灣光復所帶來的民族再統一卻使兩岸的革命運動得到整合、使臺灣的運動成爲中國革命的一部分。歷史這般的辯證發展，也許正是只有在海峽兩岸之間才能出現的獨特產物吧。

（作者單位：臺灣大學歷史學研究所）

徵引書目

К. М. Тертщкий，А. Э. Б.（2005）. Тайваньское коммунистическое движение и

Коминтерн（1924 – 1932гг.）. Moscow：AST, Vostok-Zapad.

村田陽一（編譯）.（1993）.《資料集. 初期日本共産黨とコミンテルン》. 東京：大月書店。

胡毓秀（1980），〈"蘇準會"秘密機關〉《黨史資料叢刊》，1980 年第 3 輯（總第 04 輯）（上海），33 – 37。

邱士杰（2009a）.〈一九二〇年代臺灣社會運動中的"大眾黨"問題〉. 收錄於：若林正丈、鬆永正義、薛化元（編），《跨域青年學者臺灣史研究續集》（頁 129 – 184）. 臺北：稻鄉出版社。

邱士杰（2009b）.《一九二四年以前臺灣社會主義運動的萌芽》. 臺北：海峽學術出版社。

邱士杰（2010）.〈《臺灣共產主義運動與共產國際（1924 – 1932）》若干考訂之辨析——以翁澤生新見逸文《日本帝國主義鐵蹄下的臺灣》爲中心的討論〉.《史原》，第 22 期（臺北），259 – 292。

山辺健太郎（編）.（1977）.《社會主義運動》（一）. 東京：みすず書房。

蘇新（1993）.《未歸的臺共鬥魂》. 臺北：時報文化出版企業有限公司。

臺灣總督府警務局（編）.（1989a）.《臺灣社會運動史》"共産主義運動"（警察沿革志出版委員會譯）. 臺北：創造出版社。

臺灣總督府警務局（編）.（1989b）.《臺灣社會運動史》"無政府主義運動、民族革命運動、農民運動"（警察沿革志出版委員會譯）. 臺北：創造出版社。

外務省記錄（1932，6/3）.〈共産軍二加入セル要注意臺灣人ノ動靜二關スル件〉. JACAR（アジア歷史資料センター）Ref. B04013185700（第 47 畫像目から）.《日本共産黨関係雑件/臺灣共産黨関係》（I. 4）（外務省外交史料館）。

楊奎鬆（1991）.〈"立三路綫"的形成及中共中央與共產國際和遠東局的爭論〉.《近代史研究》，1991 年第 1 期（北京），196 – 220。

餘伯流、凌步機（2001）.《中央蘇區史》. 江西：江西人民出版社。

章夷白（1985），〈我參加"蘇準會"工作及被捕入獄的有關情況〉，《黨史資料叢刊》，1985 年第 3 輯（總第 24 輯）（上海），34 – 38。

中共中央黨史研究室第一研究部（編譯）.（2002a）.《聯共（布）、共產國際與中國蘇維埃運動》（第 9 卷"1927 – 1931"）. 北京：中央文獻出版社。

中央檔案館（編）.（1989）.《中共中央文件選集（公開本）》（第 6 卷）. 北京：中共中央黨校出版社。

中央統戰部與中央檔案館（編）.（1990）.《中共中央土地革命前期統一戰綫文件選編》. 北京：檔案出版社。

注釋：

[1] 本文原宣讀於中國社會科學院近代史研究所主辦的"第一屆臺灣史研究論壇——臺灣光復六十五週年暨抗戰史實學術研討會"（重慶，2010 年）。

[2] 臺灣大學歷史學研究所博士班學生。電子郵件：d97123006@ ntu. edu. tw

[3] 蘇新，〈關於臺獨問題〉（1980. 5. 5），收錄於蘇新（1993：263—267）。

[4] 蘇新，〈關於臺獨問題〉（1980. 5. 5），收錄於蘇新（1993：263—267）。

[5]　由於二十世紀初期國際共產主義運動的分裂，導致一部分工人階級支持社會民主黨，另一部分工人階級則支持共產黨。這種分裂形勢促使工人階級統一戰線變成顯着的問題。

[6]　關於專政與統一戰線的關係，近者可着重參考毛澤東〈目前抗日統一戰線中的策略問題〉、〈抗日根據地的政權問題〉、〈團結到底〉這三則依據延安經驗而完成的論述。研究方面則請參見邱士杰（2009a，b）的討論。

[7]　臺灣總督府警務局（1989a：24—38）。

[8]　一次世界大戰的爆發以及十月革命的勝利，促使國際共產主義運動發生劇變。傳統上構成"第二國際"主體的西歐各國社會民主黨與1919年成立的"第三國際"所率領的各國新興共產黨分道揚鑣，彼此打擊。但在歐洲革命形勢屢遭打擊的情況下，共產國際開始思考如何爭取各國社會民主黨影響下的工人階級。對此，1921年的共產國際"三大"與《十二月提綱》提出了"工人統一戰線"戰略。1922年的共產國際"四大"再次肯定這一戰略並提出了"工人政府"與"工農政府"口號，但主要是"工人政府"。德國共產黨的實踐經驗是"工人政府"口號提出的關鍵，而共產國際對於這個口號的肯定促使了德共得以在1923年同社民黨共同在地方議會中組成聯合政權。但是，由於社會民主主義運動中的兩個國際組織——偏右的第二國際與偏左的"第二半國際"——於同年宣佈合併（1923年5月），共產國際內部便出現反對與社民黨共組"工人政府"的聲音。共產國際從1923年6月開始着重宣傳"工農政府"口號並放棄"工人政府"口號。這種變化乍看之下是強調工人與農民的聯合，實際上卻是由於不再爭取同樣由工人所支持的社會民主黨，所以要着重爭取農民。無論是哪種"政府"（government）都能體現共產黨把"奪取政權"視爲最重要任務的理論認識。但在這兩個圍遶着"政府"而提出的口號之前，馬克思主義者對於"奪取政權"的設想是圍遶着"專政"（dictatorship）而產生的。巴黎公社失敗之後，馬克思得出了工人階級必須先奪取政權（＝工人階級專政）的結論。俄國馬克思主義者則在十九世紀末期從工人階級專政延伸出工人與農民聯合專政（＝工農民主專政）的想法，並引起長久的論戰。因此，當"工人政府"與"工農政府"口號提出之後，馬上就面臨到如何解釋這兩個新興的"政府"口號與古典的"專政"論述之間的關係。左傾的解釋通常是強調"政府"就是"專政"，右傾的解釋則是強調"政府"是通向"專政"之前的步驟。當"工人政府"口號被放棄之後，"政府"與"專政"之間的關係急遽轉向左傾的解釋。1924年的共產國際"五大"將"工農政府"解釋爲"無產階級專政"。此後，由於革命形勢在歐洲與中國出現空前挫敗，遂使共產國際日趨左傾。1928年7—9月的"六大"不但繼續強調反對社會民主黨，更開始把社民黨視爲資產階級的左翼，而不再是工人階級內部的右翼。總體來說，"六大"的戰略意圖是把各國的階級關係簡單化，因此要求各國共產黨打擊同樣也有工人階級基礎的社民黨，並要求各國共產黨放棄因爲各種因素而產生的"兩黨論"，以避免產生任何可能同社民黨混同的政黨並削弱共產黨的力量。自此之後，共產國際從統一戰線時期進入了所謂"（工人）階級對（資產）階級"的左傾時代。以上，關於"工農政府"與"專政"問題的相關書目以及相關問題與臺灣的關係，請詳見邱士杰（2009b）的介紹。

[9]　此綱領全文及其版本與傳播過程可參見山辺健太郎（1977：xxix-xxx、lxi；84—95）所編資料集。該資料集所收之"一九二七年綱領"是綱領定案後於1928年發表於《マルクス主義》3月號的版本，發表時內容多伏字，並有部分文字遭竄改。可另見村田

陽一（1993：194—225、375—378）編譯的全文考證版。

[10] 臺灣總督府警務局（1989a：171—177）。

[11] 蘇新，〈關於臺獨問題〉（1980.5.5），收錄於蘇新（1993：263—267）。

[12] 餘伯流、凌步機（2001：329—330）。

[13] 中國共產黨中央委員會，〈關於召開全國蘇維埃區域代表大會——中央通告第六十八號〉（1930.2.4），《紅旗》，1930 年 2 月 12 日，第 3—4 版。

[14] 餘伯流、凌步機（2001：331—333）。

[15] 借由"區代會"而發出的號召大多强調"區代會"使中國出現了兩個中央政權（全國性蘇維埃政權與國民黨政權）之間的對立，因此呼吁民衆支持"區代會"及其通過的各項文件。見：〈全國蘇維埃區域代表大會宣言〉，《紅旗》，1930 年 6 月 4 日"全國蘇維埃區域代表大會特別號"，第 1—2 版；立三，〈［社論］兩個政權的對立〉，《紅旗》，1930 年 6 月 7 日，第 1 版；〈［社論］全國蘇維埃區域代表大會的意義〉，《紅旗》，1930 年 6 月 11 日，第 1 版；中國共產黨中央委員會，〈擴大全國蘇維埃區域代表大會的宣傳活動——中共中央通告第八十一號〉，《紅旗》，1930 年 6 月 18 日，第 1 版；〈全國第一次蘇維埃區域代表大會宣傳綱要〉，《紅旗》，1930 年 6 月 21 日，第 3 版；中國共產黨中央委員會，〈組織全國反對軍閥戰爭與擁護蘇維埃代表大會的示威運動——中共中央通告第八十二號〉（1930.6.18），《紅旗》，1930 年 6 月 25 日，第 3—4 版。

[16] 號召"一蘇大"的第一份公開文件是：中國蘇維埃區域代表大會主席團，〈號召第一次全國工農兵貧民蘇維埃大會宣言〉，《紅旗》，1930 年 7 月 16 日，第 1—2 版。

[17] 中國共產黨中央委員會，〈爲蘇維埃政權而鬥爭——中央通告第八十三號〉（1930.7.18），《紅旗》，1930 年 7 月 23 日，第 4 版。關於"蘇準會"的日常運作，還可參見胡毓秀（1980）與章夷白（1985）的回憶。

[18] 中國共產黨三中全會擴大會，〈關於政治狀況和黨的總任務議決案〉（1930.9），收錄於中央檔案館（1989：274—306）。直到同年十月底，瞿秋白仍指出："目前具體的問題，就是綜合全國一切鬥爭，組織群衆。革命的力量的中國工農兵會議（蘇維埃）第一次全國代表大會的召集問題就是根據於群衆和紅軍鬥爭力量之上，來建立蘇維埃的臨時中央政府的問題。"見：秋白，〈［社論］中國共產黨三中全會的意義〉，《實話》，1930 年 10 月 30 日，第 1 版。

[19] 以十一月七日爲"一蘇大"召開日期的第一份公開文件是：中國蘇維埃區域代表大會主席團，〈號召第一次全國工農兵貧民蘇維埃大會宣言〉，《紅旗》，1930 年 7 月 16 日，第 1—2 版。

[20] 宣佈日期改訂爲十二月十一日的公開文件首見於：〈全國蘇維埃大會中央準備委員會全體會議經過〉，《紅旗日報》，1930 年 9 月 19 日，第 1 版。這份文件宣稱，日期乃是依據九月十二日首次召開的"蘇準會"決議而改定。

[21] 〈中國工農兵會議（蘇維埃）第一次全國代表大會中央準備委員會布告〉（1930.9），《紅旗日報》，1930 年 10 月 08 日，第 1 版。

[22] 〈中央政治局關於蘇維埃區域目前工作計劃〉（1930.10.24），收錄於中央檔案館（1989：437—438）。

[23] 見：〈蘇準會召集上海個革命團體代表大會追記〉，《紅旗日報》，1930 年 12 月 20 日，第 2 版。

[24] 楊奎鬆（1991）是最早發現這種衝突的研究者，因此他的研究將是本文的主要對話對象。

[25] 向忠髮指出：根據遠東局的建議應該是召開"全國各蘇區的代表大會，這不是指召開全國蘇維埃代表大會（具有全國政權性質）。"根據初步計劃擬於五月一日召開預備會議，而五月三十日正式召開蘇維埃代表大會。但是五月十六日代表抵達之後才發現多數蘇區代表没到。基於種種原因，甚至没有區分預備會議與正式會議，中央決定宣佈預備會議爲正式會議，"因爲否則就無法通過決議並加以貫徹。"此間與遠東局失聯，至恢復聯繫之時，"蘇維埃代表大會已經開幕"。以上見：〈［檔案245］向忠發給周恩來的信〉（1930.6.25），收録於中共中央黨史研究室第一研究部（2002：201—203）。

[26] 遠東局在"區代會"召開前夕即認爲"區代會"是"一蘇大"的"預備會議"："再過幾天將舉行預備會議［《聯共（布）、共產國際與中國蘇維埃運動》編者注：指蘇區代表會議，五月二十至二十三日舉行於上海］。因爲這一延期，代表大會本身也不能在五月三十日舉行，大約要推後一個月。政治上和技術上的準備工作做得還不充分，尤其在企業中更是如此。"以上見：〈［檔案229］共產國際執行委員會遠東局給共產國際執行委員會東方書記處的信〉（1930.5.18），收録於中共中央黨史研究室第一研究部（2002：151）。後來遠東局的埃斯勒向東方書記處指出：雖然"一蘇大"準備會議順利於五月二十日在上海召開，但"會後李［立三］向我們通報説，他們把會議改稱爲蘇區代表大會，這次會議等於是第一次全國蘇維埃代表大會。他們似乎放棄了召開第一次全國蘇維埃代表大會的想法。"見：〈［檔案244］埃斯勒給共產國際執行委員會東方書記處的信〉（1930.6.23—25），收録於中共中央黨史研究室第一研究部（2002：188—190）。

[27] 遠東局的埃斯勒於六月二十二日致信中共中央政治局，要求立即以籌備會議［即"區代會"］的名義具體號召在三個月後召開全蘇大會，認爲"如果我們集中全力開展這一活動，我們就能糾正籌備會議所犯的錯誤。"見：〈［檔案243］共產國際執行委員會遠東局給中共中央政治局的信〉（1930.6.22），收録於中共中央黨史研究室第一研究部（2002：186—187）。

[28] 關於"區代會"的"預備會議"轉變爲"區代會"的"正式會議"，向忠髮指出："以蘇區正式會議的名義這樣做要比以全國蘇區代表會議預備會議的名義召開全國蘇維埃代表大會方便得多。我們還説，如果中央把具有最高政權性質的蘇維埃代表大會改名，那無疑就是犯嚴重的政治錯誤；蘇區代表會議具有完全不同的性質，把它的預備會議改稱爲正式會議不是什麼政治錯誤。但是他［遠東局的埃斯勒］堅持自己原來的觀點，認爲中央在召開蘇維埃代表大會問題上犯了十分嚴重的政治錯誤。"文中黑體字爲原文所有。以上見：〈［檔案245］向忠發給周恩來的信〉（1930.6.25），收録於中共中央黨史研究室第一研究部（2002：201—203）。後來向忠發在中共黨內進行檢討時，則把會議性質發生"轉變"的責任推到李立三身上："立三路線的領導，對於蘇區工作的布置，也發生極蠢的錯誤。……他不去注意建立蘇維埃政府，反而將在上海秘密開的蘇維埃區域準備會硬變成蘇區代表大會，宣佈一些過早辦法的法令。"見：忠發［向忠發］，〈中央政治局報告〉（1931.1.7），收録於中央統戰部與中央檔案館（1990：571）。

[29] 兩個政權對立論的文件可見：〈全國蘇維埃區域代表大會宣言〉，《紅旗》，1930年6月4日"全國蘇維埃區域代表大會特別號"，第1-2版；立三，〈［社論］兩個政權的對立〉，《紅旗》，1930年6月7日，第1版；〈［社論］全國蘇維埃區域代表大會的意

義〉，《紅旗》，1930 年 6 月 11 日，第 1 版；中國共產黨中央委員會，〈擴大全國蘇維埃區域代表大會的宣傳活動——中共中央通告第八十一號〉，《紅旗》，1930 年 6 月 18 日，第 1 版；〈全國第一次蘇維埃區域代表大會宣傳綱要〉，《紅旗》，1930 年 6 月 21 日，第 3 版。

[30] 可具體參見前一注釋所引文件，這些文件全都沒有提到"區代會"之後還要召開"蘇準會"與"一蘇大"。

[31] 如：中國共產黨中央委員會，〈爲蘇維埃政權而鬥爭——中央通告第八十三號〉（1930.7.18），《紅旗》，1930 年 7 月 23 日，第 4 版；向忠發，〈［社論］爲建立全中國中央蘇維埃政權而鬥爭〉，《紅旗》，1930 年 8 月 25 日，第 2 版。

[32] 後來遠東局的說法獲得共產國際認可，因此中共中央遭批評"把預備會議改爲第一次蘇維埃代表大會"。分見：〈［檔案258］共產國際執行委員會政治書記處政治委員會關於中共中央政治局與共產國際執行委員會遠東局之間分歧問題的決議〉（1930.7.29）以及〈［檔案259］共產國際執行委員會政治書記處政治委員會"關於遠東局與中共［中央］政治局之間在一九三零年二月十七日至八月期間接連發生的分歧"的決議〉（1930.7.29），收錄於中共中央黨史研究室第一研究部（2002：222—236）。

[33] 遠東局曾以"亡羊補牢"的口吻指出："八月政策"（即立三路線時期）的全國暴動口號曾使非蘇維埃區域的黨無所作爲，並在"論述當前中國革命時反對建立蘇維埃根據地并且取消了蘇維埃代表大會。"不過，"支持召開蘇維埃代表大會的運動現在真正認真地開展起來了。它能否像計畫的那樣於十二月十一日舉行還是個問題。會期可能推遲一點。這將取決於群眾對代表大會的準備程度。"以上見：〈［檔案312］共產國際執行委員會遠東局給共產國際執行委員會的信〉（1930.10.20），收錄於中共中央黨史研究室第一研究部（2002：390—396）。

[34] 這種說法可見：中國蘇維埃區域代表大會主席團，〈號召第一次全國工農兵貧民蘇維埃大會宣言〉，《紅旗》，1930 年 7 月 16 日，第 1—2 版；中國共產黨中央委員會，〈爲蘇維埃政權而鬥爭——中央通告第八十三號〉（1930.7.18），《紅旗》，1930 年 7 月 23 日，第 4 版；〈蘇維埃代表大會中央準備臨時常委會報告〉，《紅旗日報》，1930 年 9 月 12 日，第 4 版。

[35] 〈［檔案244］埃斯勒給共產國際執行委員會東方書記處的信〉（1930.6.23—25），收錄於中共中央黨史研究室第一研究部（2002：188—196）。

[36] 〈［檔案225］共產國際執行委員會遠東局給中共中央政治局的信〉（1930.5.1），收錄於中共中央黨史研究室第一研究部（2002：140）。

[37] 〈［檔案229］共產國際執行委員會遠東局給共產國際執行委員會東方書記處的信〉（1930.5.18），收錄於中共中央黨史研究室第一研究部（2002：152—154）。

[38] 請見邱士杰（2010）的近期討論。

[39] 即如下檔案："Док. No. 4. Доклад Линь Жигао（май 1930 г.），""Док. No. 5. Дополнительные замечания Вэн Цзэшэна（12 мая 1930 г.），""Док. No. 6. Доклад Линь Жигао（май 1930 г.）. Русский перевод," and "Док. No. 7. Дополнительные замечания Вэн Цзэшэна（12 мая 1930 г.）. Русский перевод," in К. М. Тертцкий, А. Э. Б.（2005：276—337）.

[40] 見：中國共產黨中央委員會，〈關於召開全國蘇維埃區域代表大會——中央通告第六十八號〉（1930.2.4），《紅旗》，1930 年 2 月 12 日，第 3—4 版；中國共產黨中央委員會、中華全國總工會中央執行委員會，〈召集蘇維埃區域代表大會宣言〉

（1930.2.15），《紅旗》，1930 年 2 月 26 日，第 1 版。

[41] 關於蘇區與非蘇區的劃分與相關選舉辦法可見：〈中華工農兵會議（蘇維埃）第一次全國代表大會各級準備委員會組織大綱〉，《紅旗日報》，1930 年 9 月 20 日，第 4 版；〈加緊準備全國蘇維埃代表大會的工作——中共中央通告〉，《紅旗日報》，1930 年 9 月 23 日，第 2 版；〈中國工農兵會議（蘇維埃）第一次全國代表大會選舉條例（二續）〉，《紅旗日報》，1930 年 10 月 10 日，第 2 版。以下這篇文章更特別指出這種區分兩種區域的選舉辦法，可以體現了政權的全國性：〈［社論］爲全國蘇維埃政權而鬥爭——節錄中共中央通告〉，《紅旗日報》，1930 年 10 月 11 日，第 1 版。

[42]〈中國工農兵會議（蘇維埃）第一次全國代表大會選舉條例（二續）〉，《紅旗日報》，1930 年 10 月 10 日，第 2 版。

[43]〈中國工農兵會議（蘇維埃）第一次全國代表大會選舉條例（三續）〉，《紅旗日報》，1930 年 10 月 11 日，第 2 版。

[44]〈全國蘇維埃準備委員會積極進行復選工作〉，《紅旗日報》，1930 年 12 月 23 日，第 2 版。

[45]〈蘇準會籌備選舉，續有革命團體代表報到〉，《紅旗日報》，1930 年 12 月 24 日，第 2 版。

[46]〈各團體赴蘇大會代表，昨日開會舉行復選〉，《紅旗日報》，1930 年 12 月 26 日，第 2 版。

[47] "Док. No. 14. Письмо Вэн Цзэшэна в Дальбюро（5 января 1931 г.），" in К. М. Тертщкий, А. Э. Б.（2005：395—396）.

[48] "Док. No. 22. Письмо Вэн Цзэшэна в Дальбюро（28 января 1931 г.），" in К. М. Тертщкий, А. Э. Б.（2005：418—419）.

[49] 臺灣總督府警務局（1989b：225）。

[50] 臺灣總督府警務局（1989b：263—264）。

[51] 關於臺灣總工會問題，請見邱士杰（2009a）的研究。

[52] "Док. No. 33. Открытое письмо Подготовительного комитета по созданию Общетайваньской федерации труда, ЦК Крестьянского союза Тайваня и ЦК Культурной ассоциации Тайваня к делегатам Всекитайского съезда советов（11 декабря 1930 г.），" in К. М. Тертщкий, А. Э. Б.（2005：449—451）.

[53] 蘇新，〈關於臺獨問題〉（1980.5.5），收錄於蘇新（1993：263—267）。

[54] 比方中共中央曾描述過當時出現的一種説法："右傾機會主義的估量説：我們的蘇維埃運動被立三運動妨礙到不能有最低限度的發展，至今還没有成爲一種真正的群衆運動（蘇準會工作人員會議的公函），於是便有人要求改變爲蘇維埃政權而鬥爭在全國的口號（郭妙根同志）。"對於郭妙根的這種説法，中共中央批評其"顯然是退却的路綫"。見：中共中央，〈中央通告第××號（四中全會後第一號）——目前政治形勢及黨的中心任務〉（1931.1），收錄於中央統戰部與中央檔案館（1990：585）。引文黑體字爲引者所加。

[55] 林書揚，〈有關反壟斷同盟的幾點意見〉，手稿，1986。

[56]〈另一個世界的閩西〉，《紅旗日報》，1930 年 8 月 28 日，第 4 版。

[57] 蔡孝干等人在紅軍打入漳州之後，與妻子（劉月蟾）參與了"閩南工農革命委員會"。蔡擔任政治部主任，施至善三子施懷清則擔任宣傳部主任。此外還有包含侯朝宗在内的臺灣人參與該組織。（外務省記録，1932）

光復初期台灣經濟發展的制約因素分析

翁嘉禧[*]、陳世岳[**]

一、前　言

　　雖然近年來，有關台灣經濟研究受到高度關切，可是對於光復初期經濟面的相關研究，仍未見普遍與深入。觀察光復後的初期階段，由於台灣經濟所具有的處境，不論構成因素、發展階段、對外經貿網路與相關政策之探討等，深具特殊性。其實，此一時期的經濟發展歷程，與 1950 年代以後的台灣經濟絕非無關，從另一角度看，反而具有非常重要的關連。由於戰後國民政府接收日本獨佔資本而將其全面國有化，加上中國大陸的動亂，其所引起的海峽兩岸惡性通貨膨脹連動關係，及台灣後來的一連串土地、金融與外貿改革，皆為台灣社會經濟結構帶來劃時代的變化。因此，此一時期重組後的社會經濟構造，可視為戰後經濟的起點，並且制約了以後台灣的經濟發展。

　　回顧 1945 年 8 月二次大戰結束，台灣剛重回中國經濟圈，戰後各國經濟問題叢生，中國之困境更值得我們關切。歸納當時中國的經濟難題主要包括：（一）、生產更加疲蔽：觀察 1946 年及 1947 年的主要農作物產量皆比戰前的年平均量減少。此乃戰爭造成田地荒蕪及水利失修，另外 1946 及 1947 年的水災、旱災、雹災與蝗害亦是主因。再就整個工業而言，收復區的工業復員，大多數之產量均少於日據時期，主要產業復員率，還不到一半。（二）、財政赤字擴大：在總支出中，軍費之暴增，更使政府財政不堪負荷。1946 年軍費所佔比率 59.9%，至 1948 年則高達 68.5%。[1]軍費的鉅額超支，是導致收支無法平衡與濫發通貨的原因。（三）、通貨膨脹嚴重：對日抗戰勝利後，物價曾經出現短暫的平穩。[2]唯從 1946 年起，物價呈現快速上漲，1946 年起全中國物價已較勝利時上漲二倍多，到了 1947 年物價則出現飆漲狀況。[3]

　　無可諱言，由於戰爭結束得太突然，對於台灣的接收，客觀而言，國民政府可謂在『措手不及』下接收台灣，故顯得紊亂。又因光復後台灣經濟，可說千瘡百孔，急待補漏與調養。當時在大量日本資金、人才、技術撤離下，台灣經濟而臨空前的困境。在此情景下，政策的制定，亦偏向應急化，自然缺乏穩定性與一貫性。檢視台灣光復後，由陳儀所掌權的行政長官公署，因高度的權力集中，和接收人員素質參差不齊，加上頗多資訊掌握的不精確，不但使這個被韋伯（Max Weber）批評為『鐵盒子』（iron box）的官僚系統，無視於外界反應而加速腐化，更使得政府與民間誤會加深，以至於釀成了歷史的大悲劇—『二二八事件』。鑑於光復初期，台灣的企業發展剛起步，民間社會仍呈現弱勢狀態，追求發展的希望頗為殷切，因此，本文旨在觀察當時經濟發展的概況，以釐清有關經濟的複雜網路，亦藉此了解台灣與大陸經濟關係的依存性與癥結點，希望能從糧食、物價、金融、貿易等面向來探討，盼對解析當時台灣經濟發展問題的深度與廣度能有所助益。

二、糧食問題的制約

　　日本在戰爭末期為確保戰時糧食供應，雖曾極力推行米穀增產，並以低廉之公定價格強制收購，惟以當時農村之青壯者均被徵調參加作戰，農村勞力極端缺乏，而化學肥料供應不繼，各地水利工程年久失修，加以農產品之低價強制收購，農民對米穀增產已失去興趣，故米穀生產一落千丈。至1945年，全島產米僅638,829噸（折合447萬石），不及盛產期年產量140萬噸之半數，估計當時全台消費量約需88萬6千噸，不足約24萬7千噸。[4]因台灣光復導致人民存有樂觀之心理，故大戰末期私存的糧食，一時有傾銷市面的狀況，故未爆發嚴重危機。但隨即因戰爭與接收之破壞太甚，政府財政又未能平衡，致令人民希望破滅，再度囤積糧食，此舉使糧食局可登錄之稻米量大幅降低。因此，糧食遂成為戰後初期最嚴重的問題。

觀察戰後初期，農業發展的重心在於迅速恢復生產，其目的在於解決糧食短缺，緩和惡性通貨膨脹及滿足人民的基本需求。惟因主事者忽視台灣人民久經戰亂，急需調養。加上中國大陸內戰轉劇，國民政府又再進行糧食、金銀及外幣之強制徵收。自從台灣行政長官公署成立後，國民政府便於1945年10月31日發布『糧食管理臨時辦法』，並於11月1日成立『台灣省糧食局』，積極推動糧食統制政策。這個臨時辦法，顧名思義，乃是暫時沿用日據末期的戰時糧食統制機構與分配制度，並且結合國民政府在大戰期間所實行的『地租物納』（田賦徵實）及一連串的糧食政策。[5]

此外，台灣行政長官公署既無有效率的征收機構，又無足夠警力配合統制經濟的實施，當時警察人員中，以臺籍人士居多，他們並未切實奉行命令，征收米糧；至於繼續留任的日本警察，則抱著『不在其位，不謀其政』的態度。因產區米穀征收的成效不彰，致使銷售區缺乏米糧，且農民之多餘米糧多半流入黑市，在奸商乘機任意抬高價格情況下，又逢生產量的不足，黑市米價不斷上升。針對此一問題，長官公署沿用日據末期的征購配給制度，惟因執行效果不佳，遂於1946年1月廢止征購配給制，依民意調查結果（贊成配給者24,404票，反對者32,656票），只好順從民意，准許糧食自由買賣流通。[6]

1946年第一期稻作遭遇旱災，第二期又遇台灣數十年未有的大颱風之影響。其後，米價即居高不下。考其原因，概受到1. 一般物價上漲的影響，2. 大糧富戶閉藏不售，3. 游資作祟，奸商收購囤積等之影響。當時全省大糧戶有1998戶，握有糧食（稻穀）約二成。走私稻米運到省外的為數不少，足見越是缺糧，囤積居奇以牟私利者越多。[7]按1946年稻米生產達89萬4千噸，同時期之甘藷產量亦有所增加。照理說，糧荒應不致惡化。配合糧食調劑委員會之成立，該會是聯合黨政軍及社會力量組成，從事調劑民食，平抑糧價，暢通糧運工作。加上一連串的獎勵措施，從二期作開始實施責任內的穀物量交糧完成者，剩餘的米可以自由處置。因為政府農務當局期望穀物能緊急增產，以及繳交公糧的措施能徹底實施，所以決定了『穀物的生產及交糧確保政策』的緊急措施。這樣的獎勵，可以增加農民的生產意願。[8]籌購外來米，以及舉辦平糶等措施，米價到1946年底大致還能撐住，但到1947年初，糧荒危機卻爆發了。

自1947年以來，物價飛漲，國民政府雖於2月14日頒佈《金融緊急措施方案》，仍無法遏止市場投機，嚴重影響農業資金的投入。不久『二二八事件』爆發，各地社會秩序失控，交通受阻。導致肥料、存穀皆無法正常輸運。但6月13日起，台灣各地雷雨不斷，各地水位暴漲沖毀堤防。不料，12月初原本水患較輕之宜蘭、羅東一帶，再發生颱風襲擊，致使1948年之稻米產量落入戰後的最低點。[9]

依據經濟學的預期心理作用，民眾預期幣值趨貶，物價益高，追漲心理更趨強烈，致囤積情形更加嚴重，糧荒與米價暴漲更難控制。糧商預期市場缺糧，價格必定攀高，在厚利可圖下，大量採購囤積，更使問題惡化。1947年2月初，上海爆發『黃金風潮』，黃金每兩由二萬元勁升到近六萬元，造成法幣大跌，物價劇升，台灣亦受此風潮波及，。台灣之物價隨之波動，久受抑制之米價，亦如脫韁之野馬，更是取黃金而代之，成為經濟風暴的中心。[10] 依據當時旅滬台灣各團體致各報社文中提到：『台灣向有米倉之稱，今則米價……躍居全國第一，即京滬粵一帶向來缺糧之處，亦不至有此離奇現象也。[11] 各地皆出現嚴重米荒，以台南為例，若依 1945 年 10 月 31 日公布『糧食管理臨時辦法』，規定食米零售價格每百公斤不得超過 166 元，換算為每台斤 1.03 元，至 1946 年 10 月漲至每台斤 11 元，1947 年 2 月 12 日每斤則漲為 30 元，而且米店拒售或一日三市情形非常普遍。[12]

由於米價的高低因關係著百姓的生計，其漲跌直接影響到人民最起碼的生活。蓋米糧的缺乏，不僅造成生理的，而且造成心理的壓力，因而往往某種不利的消息傳出，糧價就直線上昇，不易抑制。光復初期的米荒問題，涉及政治、經濟、及社會等各個層面，實為當時台灣社會動亂的重要因素之一，[13] 1947 年 2 月下旬，台北市出現『台灣民眾反對抬高米價行動團』，此一組織在元宵節散發傳單，內容是：『……本省為產米巨區，全省所產米量，不僅供全台消費有餘，且可輸出外地，絕非糧荒之因，純乃各地奸商巨賈地主囤戶操縱之故。……既可痛恨，又極該殺。本團為生活之驅使，為全台民眾之生命爭鬥，……決定於三日後，率領民眾實行搶米運動，並制裁囤積魁首，以申正義。特先警告三點：一、自即日起，限囤戶以囤糧出售；二、米價最高不得超過二十元；三、奸商應以擎財捐獻，救濟餓死者之遺孤及失業民眾』。[14] 當時台灣的危機四伏，已陷入瀕臨爆發變亂的邊緣。

三、物價問題的制約

二次大戰末期，日本處境已居劣勢，由於物資大量消耗，軍需浩繁，生產劇減，導致供需失調，財政危機嚴重，行政效率日趨低落，社會風氣亦見敗壞，凡此皆使得物價管制機能喪失，政府實際上無法控制市場，再加上通貨發行之失控，終於使台灣經濟掉入惡性通貨膨脹的泥淖中。1944 年以後，通貨發行及物價出現飆漲情形，1945 年物價為 1937 年的 22 倍，通貨發行則達 24 倍。[15]

當時物價上漲之嚴重，根據《台灣物價統計月報》所載，自 1946 年 1 月到 1947 年 2 月，台北市民生主要日用品的物價，以米為例，1946 年 1 月的米價，1 斤只要 8.84 元，但到了翌年 2 月 1 斤米要價 42.67 元；最驚人的是，白糖 1 斤 2.70 元，短短一年之間，上漲到 60.28 元，相差竟高達 22.33 倍（參閱表 1）。特別是，當時台灣的物價可以說是全中國最高的，各種日用品如布匹、肥皂、襯衫、襪子、玻璃、皮鞋、牙刷、牙膏等，平均都比上海貴 1~2 倍。當然，這中間雖然必須考量台幣與法幣匯率兌換問題，但也反應出台灣物價暴漲之嚴重。[16]

表 1　光復初期台北市主要民生日用品物價表

單位：舊台幣元

時間 種類	1946 年 1 月	1947 年 2 月	上漲倍數
米（斤）	8.84	42.67	4.83
麵粉（斤）	11.11	59.72	5.38

時間 種類	1946 年 1 月	1947 年 2 月	上漲倍數
豬肉（斤）	31.95	102.78	3.21
雞蛋（個）	2.67	9.17	3.43
花生油（斤）	27.67	106.39	3.84
鹽（斤）	1.33	9.44	7.10
白糖（斤）	2.70	60.28	22.33
茶葉（斤）	6.70	61.11	9.12
香菸（十支）	3.00	9.67	3.22
陰丹布（尺）	15.40	92.40	6.00

資料來源：台灣省行政長官公署統計室，《台灣物價統計月報》，1946～1947 年。

當 1945 年 8 月日本宣告戰敗投降，為求生存並著手儘速撤離返日，故對於台灣的物資供需、租稅政策及金融信用等，自然無暇過問，物價管制頓時消失，配給制度亦蕩然無存；加上戰時被壓抑的民間消費，突然解放，社會購買力顯著擴大，在生產劇減，供需完全不平衡下，戰時被壓抑的物價，則如脫韁野馬，狂奔亂竄，物價呈現巨幅狂飆現象。[17]1945 年底漲幅尚溫和，這時候，因為廢除了戰時經濟統制，又逢和平時刻的來臨，致使原本囤藏的物資資源不斷地從各處流出，到了泛濫的程度，使物價暫時維持穩定的狀況；由於物價安定，也使治安、社會秩序不致陷入混亂。[18]

台灣在第二次世界大戰發生後，工廠遭到破壞，生產萎縮，貨幣的基礎本已不甚鞏固；加以台灣自接收後，恢復生產建設的各項費用又復大量增加，故在維持台幣價格穩定、抑制物價高漲的政策方面，自難得心應手。所以接收台灣後不到半年，生活必需品就有大幅度的波動。當時台灣因米價高漲，其他物價亦隨之上升，台幣價格亦相應地貶值，陳儀的善良願望亦隨之而破滅，他所主張的台灣銀行貨幣自成體系的辦法，也無助於台灣生活之安定了。[19]

通貨膨脹原因之探討，應是多面向的。由於許多公營企業不僅已無生產資金，且所擴充的生產設備、購買原料、週轉等所需資金，均以銀行貸款是賴。故台灣銀行放款對象，一向以各種公營企業及交通事業單位為主，而該項放款數額，竟佔該放款總放款額的 50% 以上。這項貸款的膨脹，係促成通貨膨脹之重要因素。通貨增加，刺激物價上漲，反過來又增加公營企業對資金之需求，此為光復初期台灣通貨膨脹之主要循環特徵。然而當企業經營不善，銀行為填補缺口，乃大量發行貨幣，兩相影響即造成惡性循環，通貨膨脹日漸嚴重，而物價問題亦相形惡化。[20]

光復初期的台灣，通貨膨脹問題，一直是揮之不去的陰影，帶給人民很大的痛苦。觀之當時通貨膨脹之原因與嚴重程度，略可分成下列幾點來說明：

（一）台幣發行暴增

台幣在 1945 年底發行額為 23 億 1 千萬，至 1946 年增為 53 億 3 千萬元，約為 2.31 倍，至 1947 年底則為 171 億 3 千萬，為 1945 年的 7.42 倍。此種通貨發行之快速增加，當然與物價上漲互為因果關係。而隨著台幣流通數量增加，其貶值愈嚴重。例如 1937 年 6 月中日戰爭前夕，台幣發行額為 7 千 5 百萬元，約值美金 2 千 1 百萬元，1947 年底發行 171 億 34 萬，約值美金 1 千 8 百萬元。此種趨勢有擴大傾向，到了 1948 年底台幣發行達 1 千 4 百億元，約值美金 660 萬元。[21]

通貨膨脹的通俗定義，即是：『過多的貨幣在追逐較少的財貨』（Too many dollars chasing too few goods）。戰後，由於日本軍事復員，國庫支出劇增，使得台灣銀行券發行數字大幅增長，一般物價之波動亦見增速，而當政府接收大量公營事業，其所需要短期週轉資金和長期的資本支出，皆賴銀行的信用創造。而對於鐵公路等公共建設的復建，亦需大量的財政支援，加上軍政費用浩繁，皆靠銀行貸款墊支，貨幣供給與銀行貸款每月皆呈快速成長。從表 2 可看出，從 1945 年到 1947 年 12 月，短期內通貨發行增加達十倍以上。貨幣的增發，刺激物價的上漲，反過來又加重公營事業及政府對資金的需求，此便引發光復初期通貨膨脹的惡性循環。

由於敗戰後日本政府還印製大批紙幣，載到台灣來濫發給在台灣的日軍。這大批日銀券的流入，急速助長了台灣的通貨膨漲。八月十五日日本投降時，台灣的通貨發行總額有 13 億，但是到了十月卻暴漲到 28 億，短短兩個月間暴增了 15 億元，這是十分異常的現象。而台幣的貶值，加上公營事業與政府的借貸，台幣的發行更大幅增長，對通貨膨脹而言，更是火上加油了。

表 2　光復初期台幣發行額之變化

單位：舊臺幣百萬元

日　　期	發　行　額	指　　數
1945 年 8 月	1,652	100
1945 年 12 月	2,312	140
1946 年 1 月	2,456	149
1946 年 12 月	5,331	323
1947 年 12 月	17,133	1,037
1948 年 12 月	142,040	8,598

資料來源：1. 臺灣銀行經濟研究室，《臺灣之金融史》，表 2，第 3 頁。
　　　　　2. 臺灣省文獻委員會，《臺灣省通誌》（36），1970，第 129—130 頁。

（二）生產低落，導致供需不平衡

在生產方面，戰爭期間也受到了嚴重的破壞，而發生急速的衰退。據《台灣省通誌》記載：例如在電力供應方面，在 1941 年前後最高曾達 32 萬瓩左右，但至戰爭末期因受轟炸及颱風災害之破壞，損失奇重，供電能力最低時已降至 4 萬 2 千瓩，不及最高供電能力七分之一。此種生產低落，其原因如戰時之轟炸、日本管理與技術人才撤離、缺乏綜合計畫、全台各地各工廠各自為政、經濟不安定、資金凍結、融資不易、通貨膨脹、技術不足、資材取得不充分、運輸極為困難等，各種因素之衝擊，生產低落是一時難以扭轉的局面。在需求大幅增漲下，供需顯得很不平衡，物價亦快速的彈升。[22]

二次大戰末期，台灣受到盟軍猛烈轟炸，損失極為慘重，各類生產量，急劇下降。由於台灣當時仍是典型的農業經濟社會，因此，農業生產的良窳，攸關整個經濟的榮枯。光復時，因肥料與農藥的缺乏，工程水利失修，灌溉不濟，生產未見恢復，根據資料可看出，1946 年的生產指數最低，日後雖見增產，但與 1937 時仍有一段差距。另外就水產、畜牧業而言，亦見光復初期的慘狀。再觀察工業與礦業生產，由於各種機器設備、原材料等損失慘重，管理效能低落，加上日本技術人員的撤離，致使各項生產陷於停頓或低潮期。從資料亦可看出，1946 年及 1947 年的工業生產指數，只有 17 左右，礦業生產亦只佔戰前最高產量的四分之一。[23]在供給不足，但需求卻大量增加下，必然引發通貨膨脹。

（三）外貿的剝削與抵制

台灣重回中國經濟圈後，雙方之貿易產品結構，台灣偏向輸出農礦產品，而從大陸進口民生用品，由於產品反映物價之敏感度有別，台灣農礦產品顯得較吃虧，加上政府的強力介入，在台灣省貿易局的掌控下，台灣的米、糖、鹽、煤等物資，廉價大量輸往大陸，不公平的交易，使得台灣本地缺貨，價格高漲。又因行政長官公署為減少中國大陸經濟危機之衝擊，台灣的行政特殊化與隔離政策，拒絕四行二局或任何私立銀行到台灣設立分行，此導致大陸的公營銀行以『通匯問題』，來反制台灣的封鎖政策。此種對峙，使得台灣與大陸間的船票、機票不能出售，海關無法課稅，船不准出口，台灣貨運無法暢通，加上其他因素之糾結，使得外貨不能到台灣，而台灣貨物亦難以出口的自我封鎖。[24]在此情況下，搶購風潮不斷興起，物價亦被人為炒作起來。

（四）公營事業效率低又率先漲價

陳儀強調『發達國家資本』的政策，因此主張公營事業規模愈大愈好。由於當時國共內戰正殷，中央政府本身財政陷於短絀，戰後台灣的經濟重建，財源上需自給自足，此使得賺取盈利的公營事業，成為行政長官公署的重要財源。在經濟統制下，陳儀透過專賣局、貿易局、金融體系及公營事業，積極籌措經費，查 1946 與 1947 二個年度的預算中，營業盈餘及事業收入，分列占總歲入 40 ％及 42 ％，由此可知公營事業盈餘與事業收入對於省財政之重要性。惟事常與願違，公營事業的利益收入，以 1948 年為例，僅達預算額的 22.5 ％，而佔總收額的比率為 14.2 ％，與原先預算數差距很大，此可看出公營事業收入之極不理想。[25]為了應付不斷增加的政府支出，在公營事業經營效率未能提昇下，唯有提高價格來彌補收入之差距。由於公營事業價格的不斷調漲，在連鎖效應下，帶動其他產品價格上升，更使通貨膨脹加速。

（五）人口激增

戰後雖然日僑撤退大約 50 萬人，但台灣人口仍是呈現快速增加，全台灣 1946 年約624 萬人，1947 年為 652 萬人，估計到了 1949 年則超越 750 萬人。這增加人口除了從南洋回來約十萬人，另外自然增加及大陸遷居者亦相當可觀。[26]由於戰後初期物資供應已相當緊張，而人口的激增，必然加重物資供應的困難。因此，在對外貿易尚未完全恢復，無法補充台灣所缺乏物資，而在人口大量增加下，物資供應相對顯得缺乏，當然通貨膨脹就蔓延了。

（六）中國大陸經濟情勢之影響

光復後，台灣對外經濟關係由日本經濟圈轉成中國經濟圈，接收伊始，特准許台灣繼續使用台幣，旨在避免大陸經濟混亂對台灣的衝擊，藉以安定民生，並穩定物價。當時便有人感嘆：『台灣與祖國隔絕半世紀，頭一次發生連繫，竟是由物價騰漲開始。』[27]惟台幣與法幣兩種貨幣體系的連繫，並不僅限於貨幣的表象，而是決定於兩地區間經濟的與非經濟的各種關係。戰後的台灣，既成為中國經濟的一環，自受制於戰後中國經濟的諸要素，並不因為不同的通貨形成而完全隔絕；而此種因素滲透作用的力量，必然又反映於台灣的物價水準。[28]

我們亦可就貿易對象觀察，光復後台灣的貿易主要對象從日本轉移到中國，尤其是以工商業最發達的上海地區，形成對這一地區出口以米糖為中心的農產品，並進口日用的工商產品。從表3，即可明瞭台海兩岸經貿關係的進展及台灣對大陸的經濟依賴關係。由於戰後台灣繼續實行米、糖的統制經濟，米由台灣省糧食局壟斷收購出口，砂糖則由官營台糖公司一手包辦。進口產品主要來自上海地區，由於該地通貨膨脹特別激烈，故進口的產品價格扶搖直上，米糖出口的收入雖歸政府，但因採用大陸通貨，即以法幣來兌換，並將其作為台幣發行準備金，而存入中央銀行，此種兌換機制遂造成通貨膨脹的惡化。而為了減少大陸經濟對台灣的衝擊，便透過匯率調整來控制兩地貿易收支和物價，以求經濟穩定。但因此套匯兌制度並未達到預期效果，反而造成外匯調整跟不上實際情勢的變化，台幣的購買力常被低估，大陸的通貨膨脹亦藉此種匯率關係而影響台灣，緊接著大陸動亂加劇，巨額避難資金湧向台灣，更使得台灣的通貨膨脹益形激烈。

表3　光復初期台灣進出口貿易值統計

單位：舊臺幣百萬元

	貿　易　總　值		進　口　值		出　口　值	
	對大陸	對外國	對大陸	對外國	對大陸	對外國
1946	3，555 （94％）	211 （6％）	1，046 （96％）	38 （4％）	2，308 （93％）	173 （7％）
1947	54，179 （93％）	5，461 （7％）	20，738 （88％）	2，758 （12％）	33，441 （93％）	2，702 （7％）
1948	357，885 （96％）	55，898 （4％）	170，761 （91％）	16，751 （9％）	187，120 （83％）	39，147 （17％）

資料來源：臺灣省政府主計處編：《臺灣貿易五十三年報》。

轉引自：潘志奇，《光復初期臺灣的通貨膨脹》，表3－18，1980，第72頁。

四、金融問題的制約

從資金的流向，略可窺知經濟發展的脈絡。日據末期由於戰爭擴大，隨著軍事負擔與南洋的開發，需款孔急。為了籌措財源，只好增加稅收大量發行公債，鼓勵儲蓄並增加貨幣發行量。戰爭末期，台灣銀行的貸款額呈現快速增加，其存款額平均只勉強達到貸款數的三分之一，[29]此使得貸款須依賴發行鈔票。當時金融體系，大致分為台灣銀行的中心金融系統、農業金融系統、合作金融系統、商業金融系統、平民金融系統、台灣保險事業等六大系統，各依其業務性質開展業務。還有非金融機構但亦辦理金融業務；如台糖公司，辦理蔗作及鳳梨農貸；台灣糧食局，辦理各項農貸。[30]另外，全台的金融機構，每年亦須認購大量日本國債，由於一部分國債被允許作為銀行準備發行鈔票的保証，遂導致隨著鈔票發行增加，日本國債亦累積增長，此對通貨膨脹當然具有催化作用。

　　台灣光復以後，因國際方面的種種限制，政府又無能力予以必要的照顧，導致工廠倒閉，農田荒蕪，生產下降，加上收支差額也日益加大，動搖了台幣的地位。中國的四大銀行也不甘心被排於門外，接二連三地派人來疏通。相關團體向中央請願，希望禁止台灣銀行發行台幣，並阻遏其壟斷金融，而以中央發行的流通券換回台幣，並以台省當局開放金融市場，蓋因接收之後，台灣銀行濫發鈔票，造成台灣物價飛漲。再者，他們呼籲取消專賣制度及官營貿易企業制度，因為統制的貿易局、運銷局等機構獨佔生產事業，壟斷市場，包辦進出口，舉凡有利可圖的事業，均不容商人插足，遂至工廠停業，商業關門，造成廣大的失業量，而物價在其操縱之下，日日飛漲。[31]

　　另外，奸商買辦與台灣商人合夥走私經營，礙於種種規定的限制，就千方百計地破壞台灣金融，勾結美國的特務、流氓搞美鈔、台幣的黑市交易，使台幣每況愈下，終於造成經濟上的混亂。[32]當時金融秩序相當紊亂，市面上流行的貨幣包括：台灣銀行券、日本銀行券、台銀背書之日本銀行券、日本政府發行的硬幣及輔幣等。因所需重建資金相當龐大，加上日資大量撤退、軍事費用浩繁，通貨之發行乃快速而大量，導致通貨膨脹惡化、幣值相當不穩。

　　另一方面，台幣對法幣的黑市匯率，卻隨金價的暴漲而慘跌，從一比二十八跌到一比十八，台幣對法幣跌價的最大原因，是台灣對外匯兌的不通，因為台幣和法幣的匯兌和台灣與內陸的貿易狀況是有絕對性的關係，台灣對內陸的貿易一年來一直在入超中。台灣即沒有大宗的出口貨，臺灣銀行自無法取得上海方面的法幣頭寸，因此在台灣的內陸商人即無法將台幣按官價（一比三五）兌取法幣，只好將台幣貶值來換取黃金、美鈔、法幣上。不管法幣本身如何的膨脹和貶值，台幣處于不利的地位，於是台灣的黃金、美鈔的價格也常比上海市為高。[33]

　　光復初期台灣正面臨空前的金融危機。因此，貨幣政策之採行，格外慎重。1945年11月，行政長官公署宣布凍結日本銀行券，改其為特種定期存款。1946年5月20日改革幣制，發行新版台幣（即舊台幣）。[34]因光復初期台灣的經濟體制，是以公營事業為主，故經濟的重建，可說是著重在公營事業上。而對公營企業的融資任務，則集中在台灣銀行身上，台灣銀行是戰後中央銀行的代理銀行，同時兼負國家銀行與地方銀行的雙重任務，當時的地位，可謂『銀行中的銀行』。[35]從資料可看出，為了保持幣值鞏固幣信，台銀對於通貨之發行，極其審慎，在1947年12月前，發行量的增加較1946年5月接收改組時，約增加五倍左右，而存款數亦約相同幅度之增長，但是放款數則增加非常快速，顯現有過度貸款（overloan）現象。[36]而放款的資金，明顯地仰賴於貨幣發行的增加，此亦導致通貨膨脹之加速惡化。

　　五、貿易問題的制約

　　台灣是海島型經濟，本身資源有限，必須拓展對外貿易，以解決人民的需要，並藉以促進經濟的發展。在日據後期，台灣對外貿易明顯出現依賴的特性，例如：1.從台灣輸至日本的，是種類單純的農產品，反之，從日本輸至台灣的，則為各種工業品，充分表現隸屬於日本的地位。2.對日本貿易佔絕大部分，1930年代後，兩地之貿易額佔總貿易額90％左右。3.當時的台灣對外貿易是出超，以對日本出超佔最大比重。4.台灣的對外貿易，包括金融、運輸，完全為日本獨佔資本所壟斷，而少數的土著資本，則扮演『買辦』角色，替日本獨占資本收買原料或推銷商品。5.日本一面由台灣輸出大量貨物，又同時以台灣的貿易所得在台灣從事生產，美其名為開發，實則發揮再剝削的作用。6.台灣貨物輸往日本之所得，日本政府亦透過『存款』、『公債』等方式來吸收。7. 日本資本亦透過政治力量的推動，例如專賣制度的實施，使得樟腦、鴉片及菸酒的販賣權，轉入日本商人之手，再配合關稅制度的運用，使得台灣主要貿易路線，由大陸轉向日本。8. 金融資本的發展，對於日本資本獨佔台灣對外貿易，亦大有幫助，例如台灣銀行對於日本商人的支援，不僅金融的援助，而且予以各種計劃、獎勵與擔保。[37]

再就鹽、糖、煤、米四項大宗物資來看：台灣光復後，國民政府將台灣糖公司向日人接收的十五萬噸的白糖無償的搬出台灣，致使台灣公司缺乏再生產的資本。因此台糖公司的復興款項及其生產資金，可以說全靠台灣銀行的放款，總額超過四十億元台幣。台灣銀行的錢那裡來的？推測應該是靠發行紙幣。隨著戰爭加劇，戰時統制益趨嚴密，不僅對外貿易遭受重重限制，加上各種重要物質不斷列入統制，使其分配對象完全以供應有關軍事、國防上之需要為優先，並極力限制民間消費，導致人民對各種重要物資的需要，無法獲得充分供應。同時，對於各種與國防軍需無關的農工企業生產，亦多由於原料器材之供應不繼，而遭受嚴重打擊。[38]此種景象延續至戰後初期，當然窘相更趨明顯。因此，光復初期的外貿情勢，主要有下列幾點值得一提：

第一、因日本及東南亞各國都欠缺外匯，加上中國大陸情勢動盪，台灣產品失去國外市場，更因納入外匯貿易管制，導致欠缺貿易經驗的台灣貿易商一時難以適應，遂使得台灣對外民間貿易幾乎陷於停頓。戰後重要輸出品之生產均停滯在最低水準上，而向來最大的輸出市場——日本——因為敗戰元氣大傷，且因盟軍總部的法令限制，不能對外通商，緣此台灣遂失掉了最重要的日本市場。台灣過去的國外貿易均由日本獨佔資本所壟斷，戰事結束以後，其地位由本省貿易商所取代，但因缺乏經濟知識和資力，不能夠與國際市場直接取得連繫。再則台灣主要的特產外銷品，如砂糖、樟腦、水泥、鹽等，均在政府手中，尤其是首屈一指的砂糖，在光復當時的存糖全部由行政院自日人手中接收處理，致無貨可以出口，直至 1947 年 6 月，尚無法拓展國外銷售，僅能在上海一地拋售而已。至於其他不屬於公營事業所經營之外銷品，如水菓等則囿於政府之禁令及交通工具之缺乏，商人對國際貿易自無法染指，1945 年 8 月戰爭結束迄 1947 年 6 月，台灣可以說全無直接國外貿易。迨至 1947 年 7 月，中國銀行委託台灣銀行辦理台灣外銷物資之結匯事宜，台灣的國際貿易才逐漸開展。[39]

第二、對外貿易已成為台灣經濟的命脈，蓋因為光復時，台灣由於天然資源與工業化程度之限制，一方面雖有糖、米、茶、煤、樟腦、香蕉、鳳梨與香茅油特產可以外銷，但另方面卻也有許多物資，如肥料、五金、紡織品、工業原料與器材，化學製品、中西藥材與藥品、豆類及其製品等，必須自國外進口，方能滿足民生需要。光復時，因外銷出問題，不僅進口所需之外匯無從挹注，直接間接仰賴出口貿易為生的商人，以及佔全省生產事業重要地位的公營機構，亦受不利的影響。而進口原料，工業器材等重要民生物資，亦發生供不應求現象，不但影響生產，亦造成通貨膨脹。

光復初期對外貿易，比起日據全盛時期貿易總值呈現大幅萎縮，考其原因，主要為：1. 受戰爭摧殘，許多工業停頓，生產尚未恢復；農業缺乏肥料，水產缺乏漁具，礦業缺乏炸藥，以及電力不足，遂使生產劇減；2. 戰後因聯軍規定日本暫不能對外正式通商，使台灣失卻多年來唯一的貿易大伙伴；3. 台灣對外貿易向來為日本政府及商社所壟斷，光復後因一時無貿易設施與外銷拓展經驗，故未能爭取國際市場；4. 戰爭甫告結束，全國各省忙於復員，繼因國共爭鬥轉劇，政經局勢動盪不安。[40]台灣盛產蔗糖，日本統治時期，年產量曾達一百四十萬噸。第二次世界大戰末期，日本的軍艦、商船被美空軍炸沉，台灣與外界交通形同斷絕。曾有資料顯示，在光復後初期，台灣各地到處是糖，而售價僅及上海的十分之一。利之所在，暗中偷運糖出口者，比比皆是。[41]

第三、戰後初期的貿易額逐年增加，從資料中可發現，進出口總值由 1946 年的 35.7 億，增加到 1948 年的 4137.8 億，增加約百餘倍，惟當時物價亦漲三十餘倍，故實質上約增加三倍多。而在總值中，約有九成係以中國內地各省為對象，純然對外國的貿易，不到一成，而對國外的貿易中，約有三分之一係以日本為主。[42]

第四、陳儀到台灣之後，即著手實行經濟的統制，目的在於：（一）是要使台灣的重要進出口物資掌握在政府手中，避免奸商操縱，牟取暴利；（二）是要把貿易所獲的盈餘全部投到經濟建設上來。雖然他知道這會引起商人的反對，但陳儀認為他是為公不是為私，他所要追求的不是要肥少數人的腰包，而是要使台灣人民的食、穿、用等民生問題逐步獲得解決。這種態度顯示其頗嚮往社會主義思想，加上他剛毅固執的個性，使得他的經濟政策受到極大的批評與反彈，而成為後來『二二八事件』的導火線之一。[43]

六、結　論

戰後中國，隨著內戰加劇，與財經情勢的惡化，皆使台灣的政經情勢受到嚴重波及，人民經濟生活當然亦受到很大影響。尤其貨幣的匯兌與通貨膨漲的衝擊，益形複雜。本文從糧食、物價、金融、貿易等四方面來解析光復初期台灣經濟發展的制約問題，歸納光復後台灣重回中國經濟圈後，雙方之貿易產品結構，台灣偏向輸出農礦產品，而從大陸進口民生用品，由於產品反映物價之敏感度有別，台灣農礦產品顯得較吃虧，加上政府的強力介入，在台灣省貿易局的掌控下，台灣的米、糖、鹽、煤等物資，廉價大量輸往大陸，不公平的交易，使得台灣本地缺貨，價格高漲。而為了減少大陸經濟對台灣的衝擊，便透過匯率調整來控制兩地貿易收支和物價，以求經濟穩定。但因此套匯兌制度並未達到預期效果，反而造成外匯調整跟不上實際情勢的變化，台幣的購買力被低估，大陸的通貨膨漲亦藉此種匯率關係而影響台灣，緊接著大陸動亂加劇，巨額避難資金湧向台灣，原先為減輕大陸情勢對台灣經濟的衝擊，便透過匯率調整來控制兩地貿易收支和物價，以求經濟穩定。但因匯率調整與實際市場脫節，造成投機炒作風行，大陸通貨膨脹反藉著匯率關係而影響台灣，使得台灣通貨膨脹問題更加惡化。

光復初期，由於金融秩序相當紊亂，台灣陷於空前的金融危機，因此，貨幣政策的採行，則顯得格外慎重。當時，台灣形式上維持獨立的貨幣制度，而當時的台灣銀行，被賦予扮演代理中央銀行的角色，其對同業放款與貨幣政策有密切關係；而隨著兩岸投資與貿易關係加強，以及物價變化，匯率的調整更加頻繁而加劇，此使得貨幣政策呈現高度不穩定性。套匯問題極嚴重，因官價無法反映市場價格，加上每次匯率調整幅度不足以反映購買力平價，而美元兌換卻呈飆漲，台幣顯然被剝了二次皮。又因實施戰時經濟管制的物價，一旦解放，則出現狂飆現象。總結當時通貨膨脹，主要原因包括生產銳減、人口激增、貨幣增加發行、大陸經濟情勢惡化影響等。而對通貨膨脹的棘手問題，當時所採行政策主要為幣制改革、利率政策、外匯政策、所得政策、農產品與公營事業的價格政策等，因各項政策之搭配缺乏整體性與一貫性，故其效果亦大打折扣。

（作者單位：中山大學）

參考文獻

1. 台灣銀行季刊調查室（1947），〈長官公署時期之台灣經濟〉，《台灣銀行季刊》，一卷二期，第 149—189 頁。

2. 台灣省文獻委員會（1970），《臺灣省通誌》（34），卷四經濟志，綜說篇，台北：眾文圖書公司。

3. 台灣省文獻委員會編（1970），《台灣省通誌》（35），卷四經濟志，金融篇，台北：眾文圖書公司。

4. 台灣省文獻委員會編（1970），《台灣省通誌》（36），卷四經濟志，物價篇，台北：眾文圖書公司。

5. 台灣省文獻委員會編（1971），《台灣省通誌》（32），卷四經濟志，工業篇，台北：眾文圖書公司。

6. 台灣省行政長官公署（1946），《台灣省五十一年來統計提要》。

7. 二二八事件研究小組（1996），《二二八事件研究報告》，台北：時報文化公司。

8. 王曉波編（2004），《陳儀與二二八事件》，台北：海峽學術出版社。

9. 朱高影（1992），〈行政長官公署時期台灣經濟之探討〉，《台灣風物》，42 卷 1 期，第 53—85 頁。

10. 周憲文（1980），《台灣經濟史》，台北：台灣開明書店。

11. 秦孝儀主編（1983），《中華民國經濟發展史》（第三冊），台北：近代中國出版社。

12. 涂照彥著，李明俊譯（1992），《日本帝國主義下的台灣》，台北：人間出版社。

13. 張瑞成編（1990），《光復台灣之籌劃與接收》，台北：中國國民黨黨史委員會。

14. 張炎憲等（2006），《二二八事件責任歸屬研究報告》，台北：二二八事件基金會。

15. 許登源（1993），〈二二八前夕的台灣經濟〉，收錄於葉芸芸編，《証言二二八》，第 204—222 頁。

16. 陳鳴鐘、陳興唐主編（1989），《台灣光復和光復後五年省情》（上、下），南京：南京出版社。

17. 陳芳明編（1988），《二二八事件學術論文集》，台北：前衛出版社。

18. 曾健民（2005），《1945 破曉時刻的台灣》，台北：聯經。

19. 陳興唐主編（1992），《台灣『二二八』事件檔案史料》（上、下），台北：人間出版社。

20. 楊渡（2005），《激動一九四五》，台北：巴札赫出版社。

21. 劉士永（1996），《光復初期台灣經濟政策的檢討》，台北：稻鄉出版社。

22. 劉進慶著，王宏仁等譯（1992），《台灣戰後經濟分析》，台北：人間出版社。

23. 潘志奇（1980），《光復初期台灣通貨膨脹之分析》，台北：聯經出版社。

24. 鄧孔昭（1991），《二二八事件資料集》，台北：稻鄉出版社。

25. 賴澤涵主編（1993），《台灣光復初期歷史》，台北：中央研究院。

注释：

＊ 台灣．中國與亞太區域研究所副教授。

＊＊ 臺灣．中山大學．通識教育中心助理教授。

[1] 秦孝儀主編，《中華民國經濟發展史》，台北：近代中國出版社，1983，第 936 頁。

[2] 此乃因勝利帶給國人強烈的樂觀心理，國民政府重回較富庶的沿海區，而東北、台灣的收復將使物資供應大量增加，另外和平亦使得交通恢復，物資通暢。此種樂觀心理，造成囤積貨物大量流入市場，加上日本待遣軍僑拋售物資，使得各地物價紛紛下跌。

[3] 當時物價之暴升原因是複雜的，就需求面而言，包括政府赤字的惡化，貨幣數量及貨幣流通速度增加所致；而供給面，主要包括：（1）法幣對偽幣收兌率與法幣對美金匯率偏高；（2）戰後經濟復員速度緩慢；（3）工資及中間原料價格不斷隨物價調高；（4）戰局逆轉，國民政府控制區縮小；（5）交通受破壞，運輸成本提高等因素。

[4] 王曉波編，《陳儀與二二八事件》，台北：海峽學術出版社，2004，第 14 頁。

[5] 二次大戰期間，中國面對：1. 軍糧需求增加，糧食徵收日漸困難；2. 將土地稅的徵收增長與物價上升隔絕；3. 業者惜售、囤積，故有必要防止其投機。國民政府遂在 1941 年 6 月的全國財政會議中，決議實行『田賦酌徵實物』及『發行糧食庫券』等兩法案。所謂『田賦徵實』是以低廉的糧食價格來獲取糧食。而『發行糧食庫券』則是先行收取土地物，是一種具有公債形式的糧食徵收辦法。兩者卻是強制性的糧食徵收，表面上雖然顯得合理，但本質上不外是榨取制度。

[6] 賴澤涵主編，《台灣光復初期歷史》，台北：中央研究院，1993，第 86—87 頁。

[7] 二二八事件研究小組，《二二八事件研究報告》，台北：時報出版公司，1994，第 24 頁。

[8] 楊渡，《激動一九四五》，台北：巴札赫出版社，2005，第 13 頁。

[9] 劉士永，《光復初期台灣經濟政策的檢討》，1996，第 85—86 頁。

[10] 許登源，〈二·二八前夕的台灣經濟〉，收錄於葉芸芸編，《証言·二二八》，1993，第 215 頁。

[11] 陳興唐主編，《台灣『二二八』事件檔案史料》（上、下），台北：人間出版社，1992，第 63 頁。

[12] 朱高影，〈行政長官公署時期台灣經濟之探討〉，《台灣風物》，42 卷 1 期，1992.，第 67 頁。

[13] 賴澤涵主編，《台灣光復初期歷史》，台北：中央研究院，1993，第 80 頁。

[14] 鄧孔昭，《二二八事件資料集》，台北：稻鄉出版社，1991，第 12 頁。

[15] 潘志奇，《光復初期台灣通貨膨脹之分析》，台北：聯經出版社，1980，第 19 頁。

[16] 張炎憲等，《二二八事件責任歸屬研究報告》，台北：二二八事件基金會，2006，第 32—33 頁。

[17] 上述統計數字，乃根據日本官方發表者，至於一般商品的黑市交易，則未包括在內，故實際物價之上漲率，當遠較上述之指數為高，殆無疑義。

[18] 曾健民，《1945 破曉時刻的台灣》，台北：聯經出版社，2005，第 79 頁。

[19] 王曉波編，《陳儀與二二八事件》，台北：海峽學術出版社，2004，第 107—108 頁。

[20] 張炎憲等，前揭書，2006，第 31 頁。

[21] 吳耀輝，〈民國 37 年之台灣金融〉，《台灣銀行季刊》，2 卷 3 期，1949，第 40 頁。

[22] 楊渡，前揭書，2005，第 102－103 頁。

[23] 夏齊成，〈論發行，物價，生產〉，《財政經濟月刊》，一卷八期，1951，第 59 頁。

[24] 二二八事件研究小組，《二二八事件研究報告》，台北：時報出版社，1994，第 25 頁。

[25] 台灣省主計處，1971，第 692－696 頁。

[26] 潘志奇，《光復初期台灣通貨膨脹之分析》，台北：聯經出版社，1980，第 51 頁。

[27] 賴澤涵主編，《台灣光復初期歷史》，台北：中央研究院，1993，第 80 頁。

[28] 台灣省文獻委員會編，《台灣省通誌》（36），卷四經濟志，物價篇，台北：眾文圖書公司，1970，第 131 頁。

[29] 涂照彥著，李明俊譯，《日本帝國主義下的台灣》，台北：人間出版社，1992，第 132 頁。

[30] 劉進慶、涂照彥、隅谷三喜男著，雷慧英等譯，《台灣之經濟——典型 NIES 之成就與問題》，台北：人間出版社，1993，第 203 頁。

[31] 二二八事件研究小組，《二二八事件研究報告》，1994，第 11 頁。

[32] 王曉波編，《陳儀與二二八事件》，台北：海峽學術出版社，2004，第 125—126 頁。

[33] 王曉波編，同前註，第 343 頁。

[34] 光復初期，鑑於台灣當時情況特殊，故暫時維持原有幣制，並依據財政部公布『台灣省當地銀行鈔票及金融機關處理辦法』，准許日本銀行券暫行流通。然在接收前，台灣銀行券大量出籠，促使通貨膨脹。因此，政府乃宣布凍結日本銀行券及台灣銀行券，並著手幣制改革。1946 年 5 月 20 日台灣銀行改組成立，並發行台幣。遂規定自 9 月 1 日起與舊台灣銀行券等值收兌，收兌數額達 34 億 4 千 3 百 70 餘萬元，尚有 4 億 6 千 7 百餘萬元未兌換。為維護人民權益，另訂『逾期未收兌舊台幣登記辦法』，由於日據末期台灣銀行券急劇膨脹，故此種收兌政策乃種下舊台幣制度崩潰的種子。

[35] 當時台灣銀行的角色，觀察其業務範圍便可明瞭，主要的業務如：（1）代表政府發行台幣，負有發行通貨特權。（2）依照台灣進出口及匯兌金銀管理辦法，辦理國際匯兌及進出口貨品簽證。（3）辦理黃金儲蓄存款，鞏固幣信穩定金融。（4）代理國庫、省庫、縣庫及鄉鎮公庫。（5）對其他各行庫融通資金，承做重貼現轉抵押。（6）收受其他行庫之同業存款。（7）承受其他行庫優利存款準備金。

[36] 秦孝儀主編，《中華民國經濟發展史》，第三冊，表 8–1，1983，第 1148—49 頁。

[37] 周憲文，《台灣經濟史》，台北：台灣開明書店，1980，第 632—633 頁。

[38] 台灣省文獻委員會編，《台灣省通誌》（26），卷四經濟志，綜說篇，台北：眾文圖書，1971，第 138 頁。

[39] 葉榮鐘，《近代台灣金融經濟發展史》，2002，第 163—164 頁。

[40] 台灣省文獻委員會編，《台灣省通誌》（34），卷四經濟志，商業篇，台北：眾文圖書，1970，第 284 頁。

[41] 王曉波編，前揭書，第 131 頁。

[42] 臺灣省文獻委員會，《台灣省通誌》（34），1970，第 283 頁—284 頁。

[43] 二二八事件研究小組，《二二八事件研究報告》，1994，第 7 頁。

一九四〇年代的興南客運：日治到戰後初期的轉折

謝國興

一、前　言

　　『興南客運』的全稱是『興南汽車客運股份有限公司』，目前是台灣台南縣、市區域範圍內的最主要公共交通（汽車）服務業者，以台南市區為發車中心，行駛除了台南市區中心之外的大部分台南縣、市間公共汽車客運路線。興南客運的前身是 1942 年（昭和 17 年）7 月 29 日創立，由當時的『台灣輕鐵株式會社』（以下簡稱台灣輕鐵）、『新化軌道株式會社』（以下簡稱新化軌道）、『佳里交通公司』（以下簡稱佳里交通）三家交通業者合併而成的『興南乘合自動車株式會社』（以下簡稱『興南自動車』）。日治台灣末期台灣總督府為因應戰爭時期的統制需要，要求重要行業的公司行號採合併方式，便於控制管理。『興南自動車』之外，同一時期台南縣市地區另有一家也是合併組成的『台南乘合自動車株式會社』（以下簡稱台南自動車）。[1]

　　『興南自動車』雖是三家公司合併而成，但主體是『台灣輕鐵株式會社』，『台灣輕鐵』是日治時期台南市區名紳辛西淮邀集地方紳商共同投資設立，創立於 1912 年，故興南客運經營歷史已近百年。台灣輕鐵的設立，是台灣人在日本差別待遇統治形勢下設法突圍的經濟性『抗日』（競爭）作為，顯現台灣工商業經營者的企業家精神與積極開創性格。戰爭時期的統制政策下，日本統治者干預性的介入台灣人企業，但許多企業的經營主導性仍為台灣股東所掌握。戰爭結束後，『興南自動車』如何重組過渡到『興南客運』，反映了戰後初期台灣人企業面對新的政治、經濟與社會文化（生活）變遷，如何調適與應變的過程。

二、1942 年合併前的台灣輕鐵與新化軌道

　　興南自動車雖然由台灣輕鐵、新化軌道、佳里交通公司共同組成，合併前三家公司的基本資料理應做一說明，但因佳里交通公司的相關資料極少，因此只能就前兩者的早期創立與經營情況稍加介紹。

　　日本開始統治台灣初期，在民事、商事、刑事案件的處理上，基本上以依照台灣從清代傳承下來的『舊慣』為原則。1898 年 8 月 16 日台灣總督府公佈律令第八號，規定跟『本島人及清國人有關之民事商事案件、本島人及清國人之刑事案件』，不依日本現行的民法、商法、刑法、民事訴訟法、刑事訴訟法及其附屬法律辦理，而是『暫從現行之例』（舊慣）。[2]1908 年 8 月 28 日公佈『台灣民事令』（律令第 11 號），再度重申涉及『本島人及清國人之民事，除下列規定外，不依民商、商法及其附屬法律、而依舊慣』。[3]1912 年 2 月 25 日發布府令第 16 號，規定台灣人、中國人或台灣人與中國人共同設立的商號不能使用『會社』作為名稱。[4]因此，一直到 1923 年（大正十二年）在『內地延長主義』政策下，在台灣同時實行日本『內地』的民商法之前，全數股東由台灣人組成所設立具現代企業組織形式的『株式會社』（股份有限公司）或會社（公司），基本上是不被允許的。[5]

　　股份有限公司制度是西方近代企業經營史上主要的組織變革，不同於傳統合夥制股東需

負無限責任，有限責任的股份公司股東在公司經營虧損或破產時，僅需就其出資額負賠償責任，有利於集資與擴大事業規模。1923 年以前，雖然日本統治當局明令禁止台灣人單獨設立『會社』，但並不限制台灣人與日本人合作共同組織公司。台灣自清代就是一個商業傳統濃厚的社會、商貿一向發達，工商業者極富企業冒險精神，日本統治時期，除了依舊慣繼續發展的各式商業活動外，二十世紀初已開始從日本學習瞭解現代企業的組織經營，不少資本家遂利用邀集少數日人入股或合作，在明治、大正交會期間開始組織株式會社，台灣輕鐵與新化軌道皆是代表性的例證。

台灣輕鐵的『輕鐵』指『輕便軌道』，日本在明治 23 年（1890）首度使用，又稱『人車鐵道』或『手押軌道』，即靠人力推動軌道上的簡易車輛前進的一種交通運輸設施。1895 年日本開始統治台灣，該年年底首度在台南與打狗（高雄）間鋪設輕便軌道，作為運輸軍事人員與物資之用。當時軌道寬度一呎七吋半，上置台車（每車可載 300 至 450 公斤），平路由兩人推動前進，上坡路需三人。1898 年 2 月，輕便軌道貫穿新竹與高雄之間（基隆－新竹間有清代已修築的鐵路），台灣南北第一次有鐵道貫穿，除供軍事用途外，也支援一般貨物運輸。[6] 1908 年台灣縱貫鐵路通車，原鋪設的軍用輕便軌道功成身退，緊接著民間開始接收購買這些輕軌，組織商號申請設立輕便軌道營運，之後陸續新製輕軌、臺車，1909 年有 19 家商號參與新設軌道的經營，營業路程 169.57 哩，臺車數 1902 台，兼營貨運與客運。[7]

在汽車大量使用於公路運輸之前，輕便軌道是台灣在二十世紀第一個十年中最重要的陸上交通工具。1930 年前後是台灣民間經營軌道運輸的高峰期，經營者一度高達 66 家，路線最長時共達 1367 公里，年載客量 530 萬人，貨運量 833 公噸。[8]

台灣輕鐵是台南地區主要的臺車軌道業者之l，明治 44 年（1911）台南府城（清代台南是台灣府治所在，故習慣稱府城）的商紳辛西淮、謝群我、郭清淵、劉神嶽等人，邀集在台南市區（寶町）經營『木村精乳舍』（販賣牛奶）的木村丁吉共同投資經營台南市區至郊區佳里（當時稱蕭壠庄）之間的輕便軌道，之後再加上楊鵬搏、黃深淵、陳鴻鳴等台南地區的其他商紳，於明治 45 年（大正元年，1912）7 月 30 日成立台灣輕鐵株式會社，初定股本 20 萬圓（分期繳付，計分 4000 股，每股 50 元，至 1924 年共繳交股款 112,000 元，之後似未收足 20 萬圓）。[9] 成立之初的股東共有多少人，出資情況如何，因缺乏資料，不得其詳。可以確認的是，為了符合『株式會社』的規定，成立時至少已知有日本股東一人（木村丁吉），另外，特別聘請當時在台南開業的日本人律師（辯護士）片山昂，從大正元年（1912 年）7 月起擔任公司的顧問（相談役），一直任職到昭和四年 7 月止（18 年）。[10] 木村丁吉後來同時擔任『台灣製皮株式會社』的取締役（董事），另外也擔任『台灣弘仁株式會社』（葬儀社）的監察役（監察人）。[11] 片山昂出身日本鹿兒島縣，早稻田大學畢業，專攻民、刑法，明治 24 年（1891）通過律師資格考試，明治 30 年（1897）來台灣，先在鳳山開業，後移至台南，明治 42 年一度轉往台北執業，大正元年（1912）復回台南開設律師事務所，是台南地區的名律師，大正 9 年（1920）被選任為台南市協議會員。[12]

根據台灣輕鐵的章程（定款），公司設董事（取締役）七名，三年改選一次，監察人（監察役）3 名，兩年改選一次，持股 50 股以上的股東才有被選舉資格，連選得連任；董事互推一人為社長（董事長），[13] 一人為執行董事（專務取締役）；董事會認為必要時可聘任顧問（相談役）。[14] 從 1912 年 7 月 31 日正式成立，至 1942 年 7 月 29 日改組併入興南乘合自動車為止，台灣輕鐵三十年中均由辛西淮擔任社長，擔任過董事（取締役）的日本股東只有和田二三松一人（1930 年 10 月就任，至 1942 年台灣輕鐵改組，共 12 年），擔任過監察人的日本股東有兩位：木村丁吉（1915 年 10 月至 1917 年 10 月）與長島紀一（1928 年 11 月至

1935 年 11 月）；擔任顧問的日人除了前述片山昂外，另有木村丁吉（1917 年 10 月 – 1928 年 9 月）、荒卷鐵之助（1928 年 9 月 – 1934 年 7 月）、長島紀一（1935 年 11 月 – 1942 年 6 月）、佐藤三之助（1929 年 7 月 – 1935 年 7 月）。[15]

和田二三松為日本石川縣人，明治 18 年（1885）生，明治 41 年（1908）來台灣，擔任台南廳『警部』（警官），後辭職入明治大學攻讀法律科，大正 9 年（1920）畢業，並即考上辯護士（律師），翌年一月先在東京擔任律師，6 月來台南自營律師事務所。和田二三松因曾在台灣警界服務多年，精通台語（閩南語），為人仁厚，富同情心，服務不計酬報，甚得地方人望，1924 年任台南市協議會員，1931 年當選台南州協議會員，1936 年任台南州會議員，後任台南州政府參事，同時也擔任台南地區律師公會副會長，及多家企業的董、監事。[16]

荒卷鐵之助出生於 1865 年，為日本福岡縣士族之後，原在福岡縣任警察官吏，明治 29 年（1896）來台擔任台北縣警部，之後調任台灣各地警界，1918 年擔任台南廳警務課長，1920 年 2 月離開警界調任宜蘭廳長，4 月轉任台南市尹（市長），直到 1926 年年底卸任離職，轉往商界發展，1927 年起擔任台灣製鹽株式會社（位於台南安平）社長，並被聘為台灣總督府評議會評議員。[17] 荒卷鐵之助任台灣輕鐵顧問時期，正是他被聘任為總督府評議員之後，可見辛西淮善於經營人脈網絡。

佐藤三之助為日本宮城縣人，在台南開設律師事務所，為台南州協議會員，同時也擔任台南地區多家企業的董監事，顧問職務。[18]

長年擔任台灣輕鐵社長的辛西淮是日治時期台南地區的重要士紳。活躍於政商兩界。辛家祖籍福建同安，辛西淮的父親在清末同治年間攜妻女來台謀生，光緒 5 年（1879）辛西淮在台南府城馬公廟街出生，幼年曾習漢文，16 歲時台灣成為日本殖民地，辛西淮 17 歲起入日本僧侶所設『開導學校』學日語，隔年即能擔任憲兵隊通譯，1904 年轉任台南廳巡查補（警察）。[19] 日本統治台灣初期，基於治安理由，實施警察統治，支廳長及其以下行政人員多由警察充任，1912 年台灣輕鐵成立，辛西淮任社長，當時他同時以警察身份擔任台南廳外武定區區長，1915 年才辭去警察職務，但區長工作則持續。區長並無固定俸給，僅支事務費，主要功能為協助廳長執行行政事務。1919 年田健治郎任台灣總督，以同化政策治理台灣，改革地方行政制度，1920 年台灣改設五州二廳，州下設郡、市，郡之下設街、庄，辛西淮於 1920 年改任台南州北門郡下所轄西港庄庄長，一年後辭職，專致於事業經營。此後台灣輕鐵增闢路線，經營軌道臺車之外，1927 年之後購買汽車加入營運，提升客、貨運輸能力。[20]

根據昭和 15 年（1940）9 月台灣輕鐵的股東名簿，當時共有股東 146 人，持股 50 股以上者共 29 人（含法人代表），11—49 股者 19 人，10 股者 56 人，9 股以下者 42 人（其中僅持一股者 29 人，佔 19.86%）；最大股東是辛西淮家族，共持 1,533 股，佔 38.33%。146 位股東中，日人僅 8 名，其中和田二三松持股 53 股，其餘均為投資 10 股（含）以下的小股東，八位日本股東合計持有 116 股，佔 2.9%。[21]

新化軌道株式會社經營台南州新化郡附近及新化與台南市之間的軌道運輸，它的前身是 1909 年即已成立的大目降（新化舊名）共同輕便鐵道組合，經營新市（庄）至新化街之間的台車。1924 年新化街道仁醫院的院長梁道（1888 年生，1912 年台灣總督府醫學專門學校畢業）成立新化軌道株式會社，除收買舊有大目降輕鐵的路線外，大力拓展新路線，從事新化郡下玉井庄、新化街、新市庄與台南市區之間的軌道與汽車運輸業務。[22] 新化軌道的資本額 86,000 圓，分為 4,300 股（每股 20 圓），根據昭和 16 年（1941）的資料，當年共有股東 190 名，持有 50 股以上股東 26 人，10—49 股者 28 人，其餘 136 名持股在 9 股以下（僅持一股者 73 名，但 38.42%）。[23] 股東中有四位日本人，分別是中島與市（100 股）、松尾權吉（104 股）、石川友市（118 股）、太田良一（7 股），四人共持有 329 股，佔 7.65%。[24]

中島與市為日本新潟縣人氏，機械科畢業，大正 3 年（1914）來台進入橋子頭糖廠機械科工作，後奉派籌建灣裡製糖所（位於今台南縣善化鎮），中島與氏擔任所長，主持糖廠籌建與營運，同時擔任新化郡善化庄協議會員。[25] 松尾權吉在新化郡玉井庄開設日用雜貨商店，同時是玉井庄協議會員。[26] 石川友市與太田良一都在新化郡楠西庄從事農業墾殖（種植鳳梨）與造林事業，石川友市還組有『台南農林株式會社』，太田良一是楠西庄協議會員。[27] 中島與市、松島權吉在新化軌道成立後一直擔任董事，監察人由日人擔任者早期有中村敬孝[28]、河谷千代藏，[29] 昭和 15 年（1940）前後則是石川友市。新化軌道的日本人股東大多是持股不少的重要股東，也擔任董監事。

以台南市為中心，向東連絡新化郡各庄（鄉鎮）的交通路線主要由新化軌道經營，向北走的方向到佳里（北門郡的中心點）及沿途分支往東北方向的麻豆庄、善化庄路線則由台灣輕鐵經營；1920 年代後期，隨著汽車的使用，台灣輕鐵與新化軌道也都同時經營台車與汽車（日文稱『自動車』）。佳里街往北門郡其他各庄（學甲、七股、北門等）的交通，則是佳里地區的高添旺家族以佳里商會名義主導經營。[30] 1930 年代初，經營汽車客運的小型公司行號不少，一時因景氣不佳紛傳經營困難，其中在台南往佳里方向必經的新豐郡安順庄範圍內經營台南─土城子路線的股南自動車商會，與經營台南─新寮路線的榮和自動車商會，在 1931 年及 1932 年先後併入台灣輕鐵，[31] 當時也發生經營困難的佳里商會一度也要併入台灣輕鐵，後因雙方收買價格談不攏而合併未成。到了 1941 年，台灣總督府基於戰時統制的考量，要求新化軌道、台灣輕鐵及佳里交通公司（原佳里商會所營路線改以佳里交通公司的名義經營，代表人高添旺）合併為一家公司。[32]

在 1941 年開始籌劃合併事宜時，這三家公司的經營概況如下：

	資本額(圓)	資產(圓)	收入(圓)	支出(圓)	盈餘(圓)	年期
台灣輕鐵株式會社	112,000（實收）	371,227	210,667	160,131	50,536	1938.10 - 1939.9
		483,293	321,990	261,691	60,299	1939.10 - 1940.9
新化軌道株式會社	86,000	204,034	265,725	230,744	34,981	1939.5 - 1940.4
		247,634	303,930	242,822	61,108	1940.5 - 1941.4
佳里交通公司			78,705	69,036	9,669	1939.1 - 1939.12
			105,304	93,982	11,322	1940.1 - 1940.12

資料來源：〈台灣輕鐵株式會社第 27、28 期營業報告書〉、〈新化軌道株式會社第 18、19 期營業報告書〉、〈佳里交通公司昭和 14、15 年全期營業報告書〉，興南客運公司檔案。

三、興南乘合自動車株式會社

1930 年代以台南州治所在的台南市為中心，經營向四周輻射路線的主要汽車客貨運交通業者除上述三家之外，還包括：

台灣軌道株式會社：公司設於苗栗，在新竹州、台中州、台南州等擁有經營路線，台南州主要為安平線、灣裡線、關廟線。[33]

台灣自動車會社：大正 8 年設立，社長宮本一學，董監事有田中政太郎、富地近思、山本壽太郎等人，資本額 1.5 萬圓。[34]

台南タクシー株式會社：昭和 4 年（1929）設立，資本額 7.5 萬圓，社長鹿沼留吉，董監事包括：久代求、村上初太郎、蘇丙辰、遠藤彦四郎、柴田稔，顧問為和田二三松、佐藤三之助。[35]

合同自動車株式會社：昭和 12 年（1937）9 月設立，資本額 20 萬圓，專營『貸切自動車』（包車），社長藤川寅三，董監事上平末藏、藤川ヒロー、佐伯寬一等。[36]

這四家『自動車』投資者與經營者均以日本人為主，1940 年台南塩埕的林姓家族入股台南タクシー株式會社，林家兄弟林全福擔任『專務取締役』（執行董事），林全金任董事，林全義與林全祿進入管理層（營業部長、人事兼調查部長）任職。[37]1941 年公司改名『台南乘合自動車株式會社』，1942 年合併『台南自動車』與台灣軌道的台南地區路線，資本額增為 19.5 萬圓，林家四兄弟均擔任董監事，其中全義、全祿仍兼管理層職務，[38]社長仍為鹿沼留吉，日籍董監事包括出澤鬼之太、川中忠五郎、遠藤彦四郎等。

汽車公司合併是當時的既定政策，台灣輕鐵、新化軌道、佳里交通公司等三家業者的合併從昭和 16 年（1941）開始籌劃，主要作業由台灣輕鐵負責，主其事者是辛西淮的長子辛文炳，當時係台灣輕鐵的『專務』。

合併時三家公司資產以『現物出資』方式折算為新公司資本額的一部份，其明細如下：

台灣輕鐵有四條固定路線的『旅客自動車運輸事業權利金』（路線權利金）及台南市、新豐郡、北門郡、新化郡、曾文郡等地的『團體旅客自動車運送事業營業權利金』，共計 27，000 元，汽車 19 輛估值 31，700 元，各種庫存機件設備值 6，540 元，合計現物出資 65，240 元。[39]

新化軌道擁有 14 條行車路線的權利金及團體旅客運送營業權利金共 24，000 元，各式汽車 23 輛估值 35，900 元，各類機件物資值 6，600 元，合計現物出資 66，500 元。[40]

佳里交通公司有 5 條汽車路線及三條馬車路線，加上團體旅客運送營業權利金，值 9，000 元，汽車 8 輛、馬車兩輛，加上四匹馬，共值 16，000 元，其他物件值 3，260 元，合計現物出資 28，260 元。[41]

以上三家公司現物出資共 16 萬元，另外現金增資 3 萬元，加上土地、建築物，庫存物品等，合計新公司『興南乘合自動車株式會社』資本額 60 萬元，分為 3 萬股，每股 20 元。[42]昭和 17 年（1942）7 月 29 日，興南自動車在台南公會堂召開成立大會，選舉董事與監察人，會議中『滿場一致』（全體無異議）贊成由列席『指導』的台南州警務部長從股東中指派，[43]結果辛西淮，梁川範道（梁道）、高添旺、辛文炳、梁川文雄（梁炳文）、辛文蘭、辛文恭、平山亮一、德安樂道（蘇江燈）、松尾權吉、高錦德出任董事，和田二三松、國江南鳴（黃欣）、石川友市、張大松、高文宗出任監察人，公司管理層包括社長辛西淮、副社長梁川範道、執行董事高添旺、常務董事辛文炳、梁川文雄，支配人（經理人）平山亮一。[44]

根據昭和 18 年（1943）3 月的資料，興南自動車只有股東 17 名，出任董監事者就有 16 名。其中辛文炳、辛文蘭、辛文恭為辛西淮的兒子，[45]高錦德為高添旺之弟，日籍董監事共四人。梁道等人改名係因 1940 年之後台灣總督府積極推動皇民化，要求台灣人（尤其是士紳階層）改換日本式姓名，少部份人因各種考量而改姓名。

興南自動車成立尚不及一年，台南自動車的林氏家族於昭和 18 年 5 月透過收買梁道、高添旺等原屬新化軌道、佳里交通公司舊股東的大部分持股，成為與辛家持股相當的大股東，因股東結構改變，興南自動車（1943）需召開股東大會，改組董監事。根據 1943 年 6 月 15 日的股東名簿所載，林家入股後，辛家的股份也同時析分，股東人數由初成立時的 17 名增加為 47 名，股份數仍為 3 萬股（60 萬元），新化軌道舊股東梁道、蘇江燈、梁炳文、石川友市、松尾權吉、張大松各僅留一百股（共600股，佔2%），辛氏家族持股者包括：辛西淮（100股）、毛昭癸（辛西淮次女婿，100股）、洪碧梧（辛文恭妻，100股）、[46]翁梅（辛文炳妻，100股）、辛文恭（100股），洪榮華（辛西淮長女婿，100股），[47]鄭添貴（辛文蘭妻，100股），以及辛家主導的『關係企業』株式會社興濟物產商會（300股），台灣產業株式會社（300股）、台灣機械工業株式會社（300股）、台灣輕鐵株式會社（社長辛文炳，10,381股），[48]合計12,581股，佔41.94%。

林氏家族的股份包括：博愛病院林全忠（1,850股）、朝日商事合資會社代表林全金（1,850股）、台南乘合自動車株式會社（1,850股）、台東物產商會林全成（1,850股）、林全祿（1,155股）、台南飲料水製造株式會社林全福（1,850股）、林全藻（582股）、林全義（582股），共11,569股，佔38.56%。

日籍股東中，和田二三松1,100股，出澤鬼久太500股，[49]小山政太郎100股、半田七郎100股、平山亮一100股、石川友市100股、川中忠五郎150股、川崎二三100股、宮川芳夫100股、松尾權吉100股、山本壽太郎100股、遠藤彥四郎150股、加藤豬三治100股，合計日本股東持股數2,800股，佔9.33%。不過戰後初期公司重新登記清查股份時，宣稱13位日籍股東中，只有石川友市、松尾權吉、小山政太郎三人的股份是其本人所有，另外10位係人頭戶，股金實際上為台灣人所有。[50]

上述10位日籍人頭戶股東中，和田二三松與辛氏、林氏家族關係均稱友好，也都在兩個家族的企業中擔任董監事或顧問；加藤豬三治為台灣工業株式會社的工場長，與辛家關係密切；出澤鬼九太、半田七郎、平山亮一、川中忠五郎、川崎二三、宮川芳夫、山本壽太郎、遠藤彥四郎等七人與辛氏家族較無淵源，這七人共持有1,300股，假設為林氏家族所有，則其持股數為12,869股，佔42.90%。由於辛、林兩家在改組後的興南自動車中股權相當，因此1943年7月3日召開股東大會（定期會）時，改組董監事及管理階層，名單如下：[51]

取締役社長：和田二三松
取締役副社長：辛西淮
常務取締役：辛文炳（兼總務課長）、林全祿（兼運輸課長）[52]
取締役：林全福、川中忠五郎、山本壽太郎
監查役：出澤鬼久太、小山政太郎、國江南鳴（黃欣）

這份名單名義上是股東會上由台南州保安課長金丸繁治所指定，實際上可看出是事先由辛、林兩家族基於共治原則擬就的人選，辛、林家族各有兩名代表，監察人黃欣是辛西淮摯友，也是台灣輕鐵時代就參予辛家企業的舊伙伴，辛、黃兩人可稱是當時台南市區資望較高的商紳（先後被選任為總督府評議員）。十位董監事中日本人就佔了五名，與其持有股份數不成比例，顯示的是在當時戰時體制下，殖民政府透過地方上的日本商界人士控制社會的動員體制。川中忠五郎在台南經營川中鐵工所，生產機械器具、鐵道、製糖機具，同時也是台灣製鹽株式會社、株式會社台南煉瓦製造所、台南乘合自動車株式會社的董事、台南市會議員。[53]山本壽太郎來自日本福岡，明治29年隨軍隊來台，早期在台南大井頭（市區中心）經營家具、漆器、日用品等，後投資台灣自動車株式會社、南部無盡株式會社、台灣皮鞋株式會社等任監察人，同時擔任台南信用組合友信會監事、台南實業組合貯蓄會理事、台南新報社監察人等；[54]辛西淮擔任台南建築信用購買利用組合理事時，山本壽太郎為監事，黃欣為組合長。[55]昭和17年（1942）辛西淮與和田二三松任台南州參事會員時，山本壽太郎是台南州會議員。[56]小山政太郎原來在台南州新營郡任警察課長，[57]後轉入商界，擔任台南庶民信用組合理事、台南州購買組合副組合長，同時在辛氏家族經營的台南自動車工業株式會社（昭和 14 年成立）任董事，台灣機械工業株式會社（昭和 15 年設立）任監察人。[58] 遠藤彥四郎為日本香川縣人氏，在台南經營『合名會社丸三組運送店』，並擔任台南タクシー株式會社董事，在林氏家族入股台南タクシー株式會社並改組為台南乘合自動車株式會社時，遠藤先後擔任過董事與監察人，[59] 與林氏家族關係密切。

根據 1940 年出版的《台南商工會議所會員名簿》，『會頭』是宮本一學，副會頭兩名：栗山新造（南部無盡株式會社代表人）、辛西淮，參事五名中包括出澤鬼久太、川崎二三（興南自動車股東）、山本壽太郎，[60] 換句話說，八名領導層人物中，與興南自動車會社有關者就佔了四名，可見興南自動車在台南地區商界之地位。

四、戰後改組為興南客運

興南自動車成立後的第一個營業年度（1942 年 9 月 3 日—1943 年 3 月 31 日）因改組不久，營業利益只有 1,698.7 元，第二期（1943 年 4 月 1 日—1944 年 3 月 31 日）營業利益增為 34,115.35 元，第三期（1944 年 4 月 10 日—1945 年 3 月 31 日）為 74,473.27 元，[61] 雖值戰爭期間，營業表現仍然不惡。1945 年 8 月 15 日戰爭結束，日本對台灣的殖民統治也將結束，台灣又將進入政權更迭的時代。依照過去慣例，公司每年五月底召開股東大會，議決（承認）上年度營業報告書，1945 年 5 月正值戰爭末期，台灣地區遭受盟軍飛機猛烈空襲，第三次股東會議遂延至該年 9 月 15 日才召開，通過『第三回營業報告書』，同時因監察人任滿需改選，會中通過三位監察人出澤鬼久太、小山政三郎、國江南鳴續任案。[62]

不過隨著 10 月 25 日台灣行政長官公署正式接收台灣之後，因留用日人以政府機關為主，加上日本人所有之公私產業一概沒收歸為公有，原活躍於民間各種產業界的日本人留在台灣幾無生路，勢需遣送回國。因此，1945 年 11 月 6 日興南自動車召開臨時『重役會』（董監事會議），五位日籍董監事除山本壽太郎缺席外，其他四位均到場，不勝歔欷，一致表示將主動辭職，會中並決定召開臨時股東會補選新的董監事。[63]

1945 年 11 月 25 日，興南自動車在公司召開臨時股東會，當時股東共 48 名，41 名出席了這次臨時會。原董事長和田二三松出席會議，當場辭職，接著辛西淮提議推舉林全福主持這次股東會，得到大家的贊同。會中對選舉新任董監事人選，辛西淮建議由主席林全福指派（這應該只是形式，辛、林兩大股東事先當已談妥），結果安排黃百祿擔任『取締役社長』，辛文炳為取締役副社長，林全祿為專務取締役，辛西淮、林全福、林全成、辛文恭為取締役、林全義、辛文蘭為監察役。[64] 雖然日本統治時期已經結束，但台灣甫經光復，中文的使用尚不熟練，這次改選，『取締役』仍未改成『董事』。這次臨時股東會也針對公司舊章程中有關社長、副社長、專務取締役等選出後，需經州知事認可（才生效）的規定加以刪除。此次會議紀錄分別以日文及中文作成（參見附錄一、二），中文會議記錄文字生硬，日文中譯的性質濃厚，應是為了準備變更公司登記之用。

黃百祿 1903 年生，為台南市人，昭和八年（1933）東京中央大學法學部畢業，同年日本高等考試行政科及格，翌年通過司法科高等考試，取得律師資格，後返台在台南市區執業。[65] 在辛、林兩家族共治興南自動車的情況下，黃百祿先成為股東（持有當董監事的最低門檻股票 100 股），接著出任社長，類似過去和田二三松所扮演的角色，具象徵性作用，並非實際的經營者。黃百祿在戰後初期（1945 年 10 月）臺灣三民主義青年團台南分團籌備時期，擔任分團總務股長，[66] 這個特殊身分，可能也是他得以出任興南自動車社長的部分原因。蓋在政權轉移時期，地方縉紳（尤其是商界人士）對於設法與新政權互動及營造政商關係，特別講求。

1946 年 1 月 20 日，興南自動車再度召開臨時股東會，議決公司名稱更改為『株式會社興南公共汽車股份有限公司』。[67]這一次的股東會議仍以日文作成紀錄，台灣光復重回祖國懷抱還不到半年，雖然大家熱切的在學國語、讀中文，畢竟語言文字的轉換不是那麼容易，所以才會出現把『株式會社』跟『股份有限公司』兩個相同意義的名詞（一為日文，一為中文）重覆作為公司名稱的一部份（參見附錄三）。不過這個錯誤很快得到糾正，1 月 29 日公司將會議記錄正式發給全體股東時，已將『株式會社』四個字剔除，『取締役社長』也改為『董事長』，公司發出的正式公文書中不再使用日文，雖然日本式的名詞與文法仍經常出現，但在概念上已自我規範應該使用中文體裁。這一次股東會議之後，公司整理好中文文本的公司章程、董事監察人名簿、營業概況書、股東名簿等資料，準備向臺灣省行政長官公署申請登記，後來似未正式提出。在這一份股東名簿中，注明其中屬於日本人實際持有之股份為 300 股（帳面資料為 2800 股），後來臺灣省公路局核定的日股為 500 股，1948 年 3 月分配由台灣舊股東認購。[68]

1946 年 5 月 1 日興南客運召開董監事聯席會議，從這一次開始，公司各種會議紀錄均以中文撰寫。過去日文使用的是『重役會』，此時雖不知『聯席會』之說法，但會議紀錄已改稱『董事監事會議事錄』（參見附錄四）。會中通過（承認）的第四屆營業報告書也以中文書寫，雖然其中仍夾雜不少日文式名詞與語法。

1946 年 5 月 23 日召開股東常會（會議記錄參見附件五），通過第四屆營業報告書（1945 年 4 月 10 日—1946 年 3 月 31 日），其中所附股東名冊，計股東 50 名，原日本股東名義都還保留未變更，雖然日人當時正陸續被遣送回國（1948 年 3 月才解決日股配售問題）。當日本股東與董監事不再出席公司內部各種會議時，可以想見這些臺灣人股東開會時主要使用的語言是台語（閩南語）與日語，但作成的會議記錄卻又是中文，附錄五所見的非常拗口甚至不通順的中文會議記錄，正是時代轉換過程的見證。

1947 年 1 月 25 日接連召開董、監事會及臨時股東會，根據公司法規定議決通過修改公司章程的部分條文：股東可自由更名過戶，不必董事會同意；執行董事改稱常務董事，公司存在期間無限期（日治時期公司存在期可自定，如三十年、四十年等）；『役員會』改稱『董事會』，監察人員出席董監事聯席會，但（監察人）無表決權等。另外因戰後復原期間物價波動過於激烈，公司資本額以資產重估方式，由 60 萬元提高為 300 萬元。[69]

1947 年 4 月 26 日，第五屆股東常會中通過：遵照台灣省公路局指示，公司名稱改為『興南汽車客運股份有限公司』。[70]至此，『興南乘合自動車株式會社』的一切權利由『興南汽車客運股份有限公司』繼承，重新登記，過去一年多的『興南公共汽車股份有限公司』名義只是過渡，此後公司的『中國化』改組才算正式完成，1947 年度的營業報告書又從『第一屆』起算。

台灣光復之初的幾年，因戰爭破壞，加上繼起的國共內戰，時局不安，物資缺乏，物價飛騰，復舊與建設的過程緩慢。當時的通貨膨漲之速，可由興南客運副董事長辛文炳的月薪看出：1946 年 1 月薪給 1,500 元，一年後（1947 年 1 月）調為一萬元，1947 年 8 月調為二萬元，再過一年（1948 年 8 月）月支 10 萬元，兩個月後又調一次，月入 20 萬元。[71]1946 年公司資本額原為 60 萬元，至 1949 年 2 月調為 600 萬元，該年 6 月台幣改制，舊台幣 4 萬元兌新台幣 1 元，公司資本在資產重估並配合物價計算後，在 1949 年 11 月改為 9 萬元，股數仍為 3 萬股，每股三元。[72]

1949 年 11 月 5 日興南客運公司召開股東臨時會，蒞會的監督官是『戒嚴司令部台南指揮所民事組副組長』張鐵爐，張監督官在會中確實也對公司營運有一番訓勉的談話。[73]此情景令人回想起大戰末期公司每次開會，台南州的高等警察官吏必與會的畫面。1949 年下半年正值國民黨軍隊從大陸全面退敗，中央政府流離播遷準備『轉進』台灣的緊張時刻。

1950 年 3 月 10 日公司召開第三屆股東常會，台海局勢比前一年底稍微穩定。蒞會的監督官是當地派出所的一位警員，會中也未見他講話。此次股東會通過（承認）的 1949 年度營業報告書中所述『營業概況報告』，頗可描繪戰爭結束至國民黨退守台灣，局勢粗定的這四年多期間，台灣一家交通客運業者的艱難恢復與維持情形，特抄錄如下（原文無標點，此處標點符號為本文所加，其中文流暢度，較之光復初期，已大有進步）：

竊以為地方繁榮，以生產為要素，而生產又靠交通為命脈，交通之便利與否，而農工商之盛衰係（繫）焉。乃敝公司諸全人等於民國卅一年八月創辦以來，目的為擁護農工生產，及利便客運起見，其常川各路線往來轉退迄今日，以推進交通為事，以冀輔助生產，平均物價，與夫充裕民生等，猶樂義務，從事以來，皆以道德與信譽自守，弗專利計，而各派業員亦能體本公司之意旨，克（刻）苦耐勞，為地方之發展而努為，故能博得沿鄉人士之愛戴與同情。至甚（甚至）有從前尚未恢復通車，及新路線各站，近因農務之勃興，有若善化、將軍、七股路線以外各鄉村，前後皆派代表前來交涉通車，如此情形，農村復興，交通至感需要，同人等盡量工作，以圖應付，自知名利不能兩兼，致有現狀營業。猶憶前因本公司由四年前合併以來所疑車輛運用至今，大半早不堪用，雖有輒經修理及補充機件材料外，如引擎之易鈍，輪胎之夭折，附屬品之消耗，皆由道路崎嶇，路面惡劣，關係損失至深且巨，而車損路壞時有不虞之感，常懷戒懼之憂，為圖安全之計，不顧犧牲一切，極力補充，依將舊保存車輛之效，光復以返，各地運轉日繁，乘客日眾，而不應要求非難之聲，亦既有聞，是以該車是不敵惡路，明利暗虧之故，是以打開難關，要添購新車，以圖業績向上，幸得今期些有之利，以冀來期營業良好進展之待望。[74]

五、結　語

台灣在日本統治時期，最大型的企業主要為日本資金所投資，台灣人即使也參與投資，所佔資金極少，這些企業戰後被國民政府接收，成為國營或國、省合營及省營企業；其次中型企業有不少是台灣人與日本人共同投資經營，有的以日本資金為主，也有不少是台灣人主導經營，日本人參與資金不多，但擔任董監事，具有象徵性意義，或者在政商關係的營造上能產生實質效益。興南自動車前身的台灣輕鐵與新化軌道，都十分懂得利用公司中只居少數的日本股東與董監事、顧問，在殖民統治體系中求取最大利益。1940 年代前期開始，無論是辛、林兩家族合作經營的興南自動車，或林氏家族為主經營的台南自動車，經營管理階層多數是受過高等教育，在地方上屬於社會領導階層的專業人士，公司的組織與管理也稱得上是市場經濟體系中的健全企業。在戰後初期政權轉移的過渡階段中，要把日本公司法體制下經營的株式會社，調整為中國式經營規範下的股份企業，除了初期語言文字上的轉換較為辛苦之外，其他公司組織與管理經營並無困難，說明即使是在殖民地經濟體制下，台灣人主導經營的企業仍有健全發展的機會。1950 年代起，國民黨在台灣實施地方自治，興南客運公司的董監事辛文炳、林全義、林全祿先後當選過多任台南市議員、台灣省議員，建構興南客運在地方上的另一種微妙的保護傘。一定形式與某種程度的政商關係，不分政權也不分時代，都是營商的必要功課。

附　錄

1. 臨時株主總會議事錄（日文版）

一、會場　台南市明治町三丁目三十六番地　本社三階

一、日時　中華民國三十四年十一月二十五日午后三時

一、出席株主員數及權利株數

　　總株主四十八名總權利株數參萬株の內出席株主四十一名此權利株數貳萬九千壹
　　百株

一、開會に先ち國民儀禮を行ふ

一、議長推舉

　　和田二三松氏

　　議事に入ル前に私に一言述べさせて載き度いと存います此度時局の急轉により興
　　南乘合自動車株式會社の經營にも根本から改革せねばならぬ事と相成りました私
　　も別に止めて〇れと云はれたから辭めたのでなくこて時勢を顧み今度当職を辭退
　　し今日の臨時總會となった譯であります

　　辛西淮先生

　　林全福先生に議長を御願ひし度いと思ひますが如何で御座いますか

　　一同　賛成致します

一、林全福議長席に就く

　　林全福氏

　　只今辛西淮先生の推舉に願いましたが拙才にも拘らず議長を勤めさせて載きます
　　今日の臨時總會は公會堂に於ける自治會に株主中數名が出席した為め時刻に大部
　　遲れまして皆樣に申訳御座いませんでした本日の出席株主四十一名其株數二万九
　　千壹百株を以ちまして總會成立確定しましたから早速それより議事進行して參り
　　度いと思ひます

一、議事

　　第一號議案役員補缺選舉之件

　　第二號議案退職役員慰勞金之件

　　第三號議案定款變更之件

　　議長

　　先づ先日辭任された役員に合せ國江南鳴先生の辭表に接しました結局今日不足取
　　締役三名監查役二名選舉した存じますが如何致しませんか

　　辛西淮氏

　　それは議長の指名に一任したいと思ひますが如何致しませうか

　　一同　賛成

　　議長

　　それでは指名致します

　　取締役社長　　黃百祿先生

　　仝　副社長　　辛文炳先生

　　專務取締役　　林全祿先生

　　取締役　　　　辛西淮先生

　全　　　　　　林全福先生
取締役　　　　　林全成先生
　全　　　　　　辛文恭先生
常務監査役　　　林全義先生
　全　　　　　　辛文蘭先生
右の指名に付異議の有無を諮りしに異議なく決定各出席の受指名者は各就任を承
諾したり
一同　賛成
議長
次ぎは退職役員の慰勞金贈呈の件に付き議事を進行したいと思ひます
辛西淮氏
慰勞金問題は此次の役員會に決定して貰ふ事にしたらどうでせうか
一同　賛成
議長
それから今新任命の役員の報酬は時勢に相應してどの程度に決めませうか尚別に
顧問囑託依頼したい思ひますか如何で御座いますか
辛西淮氏　次回の役員會に一任したらどうでせうか
一同　賛成します
議長
次ぎは定款変更ですが
先日御配布しました通りに変更したらどうでせうか
一同　承諾
議長
では今日の議事は此れで全部皆様の御賛同を得まして難有う御座いました
従来我会社の運営は余り円滑に参りませんでした以后は必らず好機會を得る事が
出来るものと確信します
それでは新社長に御話を伺ふ事にします
黄百祿氏
皆様の御好意により本社の社長を命ぜられました自分としては辞退すべきではあ
るが我社も今日の台湾の光復を迎え誠に緊要の時機にあるので自分の不才をも顧
り見ず就任を承諾した次第で御座います
在来本社の経営については余り円滑に参りませんでしたが誠実を以て勤め大いに
会社の為めにやって行き度いと存じます私は誠実が一番大事だと思ひ以後は此の
一点に力を入れたい存じますどうぞ皆様の御協力を願ひます
議長　では今日の総会はこれを以て閉會する事に致します
一、閉會
右終了同五時拾分仍而出席役員署名捺印す
民國三十四年十一月二十五日
取締役社長　黄百祿先生
　全　副社長　辛文炳先生
專務取締役　林全祿先生

取締役　　　辛西淮先生

仝　　　　　林全福先生

仝　　　　　林全成先生

仝　　　　　辛文恭先生

常務監查役　　林全義先生

仝　　　　　辛文蘭先生

定款變更の內容

舊

第五條　當會社ノ公告ハ臺灣新報紙上ヲ以テ之ヲ為ス

第二十三條　取締役及監查役ハ壹百株以上持株ヲ有スル株主中ヨリ株主總會二於テ選任シ社長、副社長、專務取締役、常務取締役、ハ取締役員中ヨリ互選シ何レモ州知事ノ承認ヲ受クルコトヲ要ス

新

第五條　當會社ノ公告ハ臺灣新生報紙上ヲ以テ之ヲ為ス

第二十三條　取締役及監查役ハ壹百株以上持株ヲ有スル株主中ヨリ株主總會二於テ選任シ社長、副社長、專務取締役、常務取締役、ハ取締役員中ヨリ互選ス

2. 臨時株主總會議事錄（中文版）

一、會場　台南市明治町三丁目三六番地本社三階

一、時日　民國卅四年十一月二十五日下午三點鐘

一、出席株主人數及權利株數

　　總株主四十八名總權利株數三万株之內出席株主四十一名此權利株數二万九千壹百株

一、開會前舉行國民儀禮

一、議長推舉

　　和田二三松先生

　　議事以前鄙人先言今般時局急變緣故對於興南乘合自動車株式會社經營根本欲改革鄙人今般辭職不是受他人勸告是時局變遷親身提出辭退所以今日招集臨時總會

　　辛西淮先生　今日議長欲推舉林全福先生未知諸位先生尊意如何

　　一同　　贊成

一、林全福先生就任議長席

　　議長

　　今日臨時總會因為株主中數名出席公會堂自治會所以時間延遲對於列位望希勿怪鄙人受辛西淮先生推舉及列位諸先生贊成為議長不拘鄙人劣才望諸位先生指教本日出席株主四十一名其株數二万九千壹百株所以總會確定成立自今欲議事進行

一、議事

　　第一號議案役員補缺選舉之事

　　第二號議案退職役員慰勞金之事

　　第三號議案定款變更之事

　　議長

　　因為前日辭任役員並接國江先生辭表結果今日不足取締役三名監查役三名自今施行選舉意見如何

辛西淮先生　委任議長指名

一同　承諾

議長

自今要指名

取締役社長　黃百祿先生

仝　副社長　辛文炳先生

專務取締役　林全祿先生

取締役　辛西淮先生

仝　　　　林全福先生

仝　　　　林全成先生

仝　　　　辛文恭先生

常務監查役　林全義先生

仝　　　　辛文蘭先生

對右指名異議有無

一同　贊成承諾

受指名者一同　就任承諾

議長　次去進行議事對於第二號議案退職役員慰勞金贈呈之事

辛西淮先生　對於慰勞金的問題一任次回役員會決議如何

一同　贊成

議長　第三號議案定款變更之事照前日通知的內容變更意見如何

一同　變更贊成

議長

列位諸先生全部無異議所以照原案可決

今日的議事受諸先生贊成完了不勝感謝之至從前我們興南會社的運營不得圓滑不拘次去以后能得好機會專望新社長以下諸先生協力一致

今敢煩新社長言明數句

黃百祿先生

鄙人受列位諸先生好意命我社長合皆鄙人拙才辭退照合理不拘我們會社遇臺灣光復不至緊要的時機所以無想拙才來就任在來我們會社的經營不　得圓滑不拘鄙人決意對會社誠實盡力在我想誠實二字真要緊次去對一點盡力所以望諸位先生協力援助

議長　今日總會已經完了自今來閉會列位請

一、閉會

右終了同五點拾分閉會仍而出席役員會署名連印

民國三十四年十一月二十五日

取締役社長　黃百祿先生

仝　副社長　辛文炳先生

專務取締役　林全祿先生

取締役　辛西淮先生

仝　　　　林全福先生

仝　　　　林全成先生

仝　　　　辛文恭先生

常務監査役　　林全義先生

仝　　　　　　　辛文蘭先生

3. 臨時株主總會議事錄

一、會場 台南市明治町三丁目三十六番地本社三階

一、日時 中華民國三十五年一月二十日午後三時

一、出席株主員數及權利株數

總株主五十名總權利株數三万株の內出席株主三十七名此權利株數二万壹千五百拾八株

一、開會に先ち國民儀禮を行ふ

一、議長致詞

本日の総会に御多忙中の処にも拘らずわざわざ御出席被下いました事に付きましては厚く御礼申上げます昨年八月十五日の祖國光復以來自動車運輸事業の任務は益々其の重大性を加へ来たり我社の従業員も此旨をよく認識し努力奮闘、經營狀態も日一日と活発化して参りました処が最近燃料酒精の入手難及諸物價の暴騰による従業員の生活難は益々深刻となりそれが為め我社の経営にも一大難関に逢著する処になりました自分も以後は特に留意し難関切抜策に邁進したいと思います本日の出席株主は二十七名此株數は二万一千五百十八株を以ちまして本日の総会は成立確定しましたから早速議事進行して参り度いとおもいます

一、議事進行

第一號議案商號變更之事

第二號議案定款變更之事

第三號議案役員報酬之事

第四號議案監査役任期滿了に付き再選之事

議長　第一號議案は商號の變更で御座いますが皆様何にか良い名稱でも御座いましたら遠慮なく御發表を御願います

辛西淮氏　議長に其考察を一任したいえと思ひますが如何で御座いますか

一　同　賛成す

議長　自分の案としては株式會社興南公共汽車股份有限公司と改稱したいと思ひますが如何ございませうか

一　同　賛成します

議長　賛成して下さいまして難有御座いました然らば商號は株式會社興南公共汽車股份有限公司に確定致します

第二號議案は定款の變更で御座いますが第一條『当社は興南乘合自動車株式會社と稱す』とあるを『当社は株式會社興南公共汽車股份有限公司と稱す』と變更することに致すべきではありませんか

一　同　賛成

議長　其次は定款第二十四條『監査役中常任監査役を置く必要を認めたるときは取締役及監査役會議の上一名を選任する事を得』とあるを『監査役中常任監査役を置く必要を認ためるときは取締役及監査役会議の上二名を選任することを得』と變更したいと思ひますが如何ですか

一　同　賛成す

議長　それから定款第三十四條中
一、法定積立金　　百分ノ五以上
一、別途積立金　　若干
一、退職基金　　　若干
一、役員賞與金　　若干
一、株主配当金　　若干
一、次期繰越金　　若干
とあるを左の通り変更したいと思ひます
一、公積金　　　　若干
二、股息　　　　　若干
三、殘額再分派如左　　若干
1. 紅利　　　　　若干
2. 職員分紅　　　若干
3. 次期繰越金　　若干
一　同　賛成
議長　第三號議案は役員の報酬についてですが今日の諸物價暴騰に依り従来の報
酬では余りにも僅少なる故左記の範囲内にて臨時辦法として支給する事にしたら
如何でございませうか
役員報酬壹個月壹万五千円以内とす辛西淮、林全福兩氏賛成と提言すれば一同も
賛成と同意す
議長　第四號議案は監事任期満了したるに付き再選挙したいと思ひますがどう云
ふ方法に居たしましたら如何で御座いませうか
辛西淮氏　前任林全義、辛文蘭兩氏に連任して貰ったら如何ですか
一　同　賛成します
林全義、辛文蘭兩氏連任と承諾す
議長　それでは監事は林全義、辛文蘭兩氏に連任して貰ふ事に決定しましたから
御承知願ひます
今日の議事は此れで全部皆様の御賛同を得まして難有う御座いましたでは本日の
臨時総会はこれで閉會する事に致します
一、閉會　時に同四時二十分
右議事の經過の要領並に其結果を明確にする為め本議事録を作成し議長並出席し
たる取締役、監査役左に記名調印す
中華民國三十五年一月二十日
興南公共汽車股份有限公司
代表取締役社長　　黃百祿
取締役副社長　　　辛文炳
專務取締役　　　　林全祿
取締役　　　　　　辛西淮
仝　　　　　　　　林全福
常務監査役　　　　林全義
仝　　　　　　　　辛文蘭

定款變更內容

民國卅五年一月二十日

舊

第一條 當會社八興南乘合自動車株式會社卜稱ス

新

第一條 當會社八株式會社興南公共汽車股份有限公司卜稱ス

4. 1946 年 5 月 1 日董事、監事會議事錄

中華民國三十五年五月一日下午四點鐘於公司本店開董事、監事會

董監事中林全成先生缺席以外全部出席到刻時董事長黃百祿先生主席決議左記事項

決議經過

一、第四屆營業報告之事

林全祿先生說明全期中的營業大要及來期預想之業務並披瀝今後對於運營業務上之覺悟

議長

本日的議案是第四屆營業報告之事外二件最初對於第四屆營業報告書中貸借對照表、財產目錄、損益計算書、及利益金處分案等伏祈諸位先生檢討審議若有不審者不明瞭者請勿遠慮若質問時則以股員詳細說明之

林全福先生

對於此營業報告書內容別無異議

辛西淮先生　表明同意

一同　贊成

議長　受諸位先生承認感謝感謝

二、決算年度變更之事

議長

現在本公司每年三月末日決算一次不拘最近時局變遷甚急，其他種種事由對於民國卅五年度起決算期欲變更每年六月末日、十二月末日分為兩次，列位諸先生尊意如何

一同　贊成同意

三、資本金額提高之事

議長

鄙人參酌現今種種情形本公司之資本金額要即應時勢對於公司資產再評價提高以應對策現狀伏望董監事諸位先生慎重檢討賜教

辛西淮先生　登記方面關係如何

林全祿先生

對於財政處數次派本公司股員調查結果現今施行中的公司登記規則勿論既設新設之分別皆一率照新設公司之辦理同樣資本金額的提高或減少全然無差別

林全福先生

資本金額異動登記問題者此公司最重大案件所以照此案提出股東常會檢討諮問股東全體意見，如何

議長　鄙人亦同意林全福先生提出意見此案承繼常會而決定如何

一同　贊成

議長　本日案件審議全部完畢以左記案提出第四屆股東常會如何

一同　贊成

右議事終了　時六點半閉會仍而出席董事監事簽名蓋章

中華民國卅五年五月一日

興南公共汽車股份有限公司

董事長　　　　黃百祿

副董事長　　　辛文炳

執行董事　　　林全祿

董事　　　　　辛西淮

董事　　　　　林全福

董事　　　　　辛文恭

常務監事　　　林全義

常務監事　　　辛文蘭

5. 第四屆股東常會議事錄

一、會場　台南市光復路三段三十六號本店三階

一、時日　中華民國三十五年五月二十三日下午四時

一、出席股東人數及權利股數

總股東五十人總權利股數參万股內出席股東拾六人此權利股數式万四百拾八股

一、開會前向總理遺像行禮三鞠躬

一、議長致詞　董事長黃百祿先生為議長宣言開會

一、議事

第一號議案　營業報告、貸借對照表、財產目錄、損益計算書、利益金處分案承認之事

議長　曩前分給列位的第四屆報告書中對於此案審議前請監事報告事務監查情形及其結果

林全義監事

前日鄙人與辛文蘭監事到了咱公司本店辦事處監查第四屆營業之結果帳簿、證據文件其他整理情形別無不合理的個所不至明瞭而且事事處理很公正妥當我等事務監查情形茲報告之

議長　茲今林監事的事務監查報告以經明白請列位先生承認此案如何

辛文恭先生　呼籲贊成

一同　無異議

議長　若無異議者認為該件承諾所以照原案可決

第二號議案　決算年度變更之事

議長　在來咱公司的決算年度都是四月一日起翌年三月三十一日至壹年分決算一次不拘我等重還祖國之今日要順從現政府的移風入俗狀態，每年六月末日及十二月末日分作兩次結算尊意如何

一同　贊成

議長　別無異議所以照原案可決

第三號議案資本金額提高之事

議長　對於本案商議前欲請林執行董事詳細說明最近的情況

林全祿先生

因為現今的物價比較戰爭前暴騰幾十倍譬如咱公司所有的不動產及動產比較公司創立當初的價格差之天淵所以現今本公司的資本金額較前是很無意義的存在

依上月初一日公告之新公司法內容有表示勿論新設或既設之公司要對於長官公署財政處提出登記其中資本金額亦能照時價換算提高登記不拘對於提高之資本金額的稅金關係不知當局如何辦法全島同業者等不勝掛念此點以至當今不敢登記呼起同業公會對於當局善後對策折衝中，大概近日其消息能得達此之預定

議長　本案照林執行董事說明者不至難問題所以本案漸時保留至公會有確定的回答時再開會一次如何

一同　贊成

議長　次去請列位先生若有臨時動議者不望勿吝客氣討論高見運籌三策

林全祿先生

鄙人前日與副董事長參加出席台灣省汽車商業同業公會的成立大會該會始終情況一應開陳報告列位先生作參考順望列位先生指教名案為本公司甚願竭力也

公會成立大會時所提出議案很多其中對於同業者最重大的死活問題都是燃料酒精大幅的昇價在來一立僅四角六十三錢的物件一躍昇起十六角七十三錢若是該價的酒精來經營者敢無收入不計所出同業者的經營困難敢是過言乎就是明明白白之事

因為我等那是要打開此難關者結局從運賃的加升或人員的節減以外別無辦法不拘運賃再加昇者恐乘客人數不知致出如何之變動也，而且縣政府業經移轉新營了后至於今日本公司乘客較前大大收入減少甚多因此問題鄙人甚然抱歉無法可施万望各東俯念苦衷務乞陶朱之妙計來領導

因念減員及本公司過渡期之難關打破之起見亦圖謀別個公司以為副業未知各東意見如何

一同　贊成

議長　其他若無動議者今日全部的議件以此終至

今日的議件受諸位先生贊成或不勝感謝之至 列位請

一、閉會　時六時五分

右議事的經過要領並其結果要為明確作成本議事錄議長並出席董事監事如左連名蓋章

中華民國卅五年五月二十三日

董事長　　　黃百祿

副董事長　　辛文炳

執行董事　　林全祿

董事　　　　林全福

仝　　　　　辛文恭

監事　　　　林全義

仝　　　　　辛文蘭

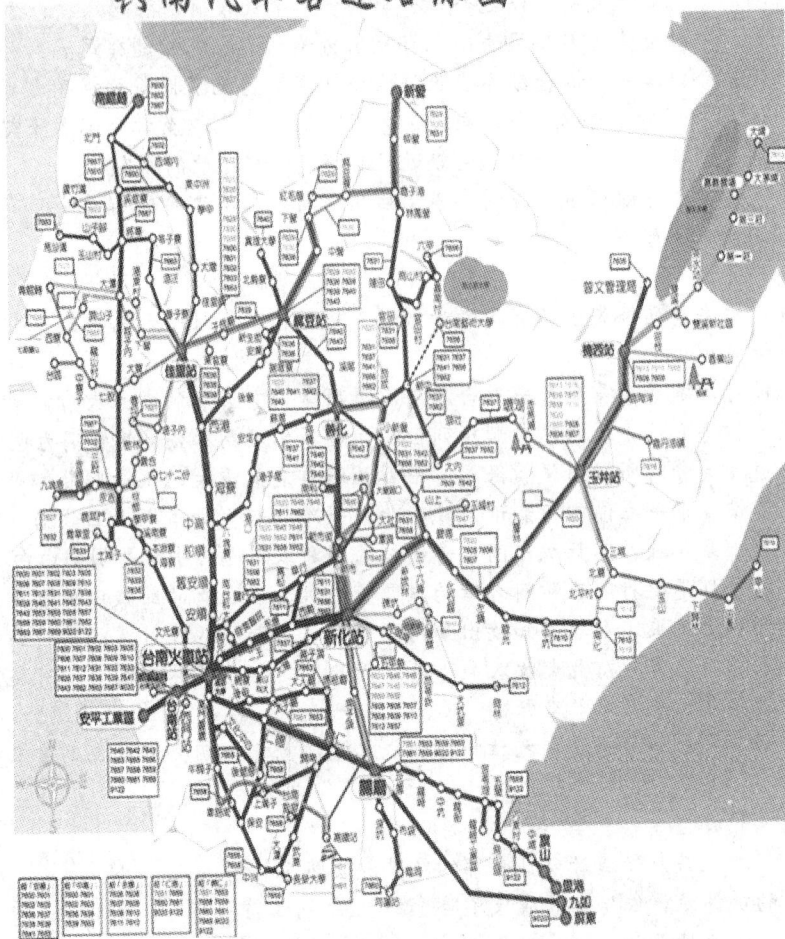

2010 年興南汽車客運公司營業路線圖

（作者单位：中研院台灣史研究所）

注释：

[1] 2010 年 12 月 25 日台南縣、市將合併為『台南市』，成為台灣五個直轄市之l，舊台南市市區公車原由台南乘合自動車株式會社改組的『台南客運』經營，2003 年 9 月起台南客運因財務困難無力繼續經營市區公車，改由高雄客運公司接替經營台南市區公車。

[2] 〈律令〉，《台灣總督府府報》，第 343 號（明治三十一年 7 月 16 日），頁 55。

[3] 〈律令第 11 號台灣民事令及府令第 48 號台灣民事令第一條ノ附屬法律〉，台灣總督府公文類纂，明治四十一年 9 月，第 1375 冊，第 5 號。

[4] 《台灣總督府府報》，第 1450 號（明治四十五年 2 月 25 日），頁 76。

[5] 在 1904 年之前，仍有極少數完全由台灣人資本設立的『株式會社』，總督府對之採取

既不承認也不勒令解散的政策，參見黃紹恆，〈從糖業資本看日俄戰爭前後台灣人資本的動向〉，《台灣社會研究季刊》，第 23 號（1996 年 9 月），頁 136；高淑媛，〈日治前期台灣總督府之企業管理政策（1895－1923）〉，《台灣史研究》，12 卷 1 期（2005 年 6 月），頁 53—55。事實上 1923 年以前仍有少數因各種不同背景組成的台灣人株式會社存在。

[6] 謝國興，〈日治時期台灣的鐵公路運輸—兼及與朝鮮的初步比較〉，收在堀和生、中村哲編，《日本資本主義與台灣、朝鮮—帝國主義下的變動》（台北：博揚文化事業公司，2010 年 1 月），頁 266。

[7] 《台灣總督府鐵道部第 11 年報》（明治四十三年 12 月），頁 189。

[8] 謝國興，前引文，頁 266。

[9] 《台灣輕鐵株式會社參拾年誌》（台灣輕鐵株式會社印行，1942 年），頁 3—5。

[10] 同上，頁 15。

[11] 《大正八年台灣民間職員錄》（鈴木辰三編印發行，大正八年），頁 233；清水留吉編，《昭和八年台灣總職員錄》（編者印行，昭和八年 9 月 8 日），頁 469。

[12] 內藤素生編，《南國之人士》（編者印行，大正十一年 10 月 10 日），頁 270；山川岩吉，《最近の南部台灣》（台南：台灣大觀社，大正十二年 4 月），頁 17。

[13] 日本的較大型企業一般稱董事長為會長，總經理為社長，只有社長者，基本上為董事長兼總經理性質。

[14] 《台灣輕鐵株式會社參拾年誌》，頁 64。

[15] 《台灣輕鐵株式會社參拾年誌》，頁 13—15。

[16] 大圓市藏，《台湾の中心人物》（台北：日本植民地批判社，昭和十年 5 月），頁 14；唐澤幸夫，《台湾紳士名鑑》（台北：新高新報社，昭和十二年 6 月），頁 95；大圓市藏，《台湾人事勢態と事業界》（台北：新時代社台灣支社，昭和十七年 12 月），頁 41。

[17] 原幹洲編，《自治制度改正十周年紀念人物史》（台北：勤勞と富源社，昭和六年 7 月），台南州，頁 2。

[18] 林進發編，《台湾官紳年鑑》（台北：民眾公論社，昭和八年 12 月），台南州，頁 3。

[19] 臺灣的日本警察分『警部』、『巡查』，巡查補為巡查之副手，1920 年後巡查補改稱乙種巡查。

[20] 參見謝國興，《府城紳士：辛文炳和他的時代，1912—1999》（台南：南天書局，2000 年 5 月），頁 13—25。

[21] 〈台灣輕鐵株式會社第 28 期營業報告書，昭和十四年 10 月 1 日—昭和十五年 9 月 30 日〉，台灣輕鐵株式會社檔案。（本檔案複製自興南客運汽車股份有限公司，檔案無編號、頁碼）。股東人數及投資比例係本文計算。

[22] 謝國興，〈日治時期台灣的鐵公路交通運輸業〉，頁 283。

[23] 〈新化軌道株式會社第 18 期營業報告書，昭和十四年 5 月 1 日—昭和十五年 4 月 30 日〉，興南汽車客運公司檔案。

[24] 同上。

[25] 林進發，《台湾官紳年鑑》，頁 42—43。

[26] 鳥居兼文，《昭和 11 年台灣總職員錄》（台北：南方文化普及會，昭和十一年 12 月），頁 924；林進發，《台湾人物評》（台北：赤陽社，昭和四年 9 月再版），頁 245。

[27] 林進發，《台湾官紳年鑑》，頁 39—41；林進發，《台湾人物評》，頁 245。

[28] 在新化郡玉井庄開設中村醫院，曾任玉井庄長。原幹洲編，《自治制度改正十周年紀念人物史》，台南州，頁 19。

[29] 杉浦和作，《第八版台灣會社銀行錄》（台北：台灣實業興信所，昭和二年 3 月），頁 30。

[30] 高添旺，台南州北門郡佳里庄番仔寮人，1892 年生，1917 年總督府醫學校畢業，隨即在佳里街開業行醫，1921 年擔任北門郡佳里街公醫，先後任台南州協議會員、台南州會議員。《臺灣人士鑑》（台北：興南新聞社，昭和十八年 3 月），頁 148。

[31] 《台灣輕鐵株式會社參拾年誌》，頁 57。

[32] 佳里交通公司的『公司』，是傳統中國商家習慣合股的一種形式與名稱，非等同於台灣當時稱『株式會社』的股份有限公司。

[33] 謝國興，〈日治時期台灣的鐵公路交通運輸業〉，頁 277。

[34] 千草默仙編，《會社銀行商工業者名鑑》（台北：圖南協會，昭和七年 11 月），頁 47。

[35] 同上

[36] 千草默仙編，《昭和十五年版會社銀行商工業者名鑑》（台北：圖南協會，昭和十五年 9 月），頁 321。

[37] 同上，頁 322。林全金（老大）兄弟八人，其父林老火從事鹽業，為台南塩埕『名望家』，林全金為總督府專賣局鹽業代理商；老二林全福營商，創立澎湖製冰會社，投資台南朝日合名製冰會社，台南冷藏製冰會社；老三林全忠為京都大學醫學博士，後返台南自營博愛醫院；老四林全義，臺灣商工學校畢業，戰後曾任省議員，老五林全成，台北工業學校畢業，從事營造業與製糖業，老六林全祿日本明治大學畢業，戰後任台灣省議員，老七林全藻，東京青山學院商科畢業，經營冷凍事業，老么林全興，早稻田大學土木科畢業，從事營造業。參見林進發，《台湾官紳年鑑》，頁 8；《臺灣人士鑑》，頁 458；《昭和 11 年台灣總職員錄》，頁 824；陳仁德編，《漳浦衍派台南塩埕林氏族譜》(1971 年版)，頁 3—16。

[38] 《昭和 18 年版會社銀行商工業者名鑑》，頁 233。

[39] 〈台灣輕鐵現物出資內譯書〉，興南客運公司檔案。

[40] 〈新化軌道現物出資內譯書〉，興南客運公司檔案。

[41] 〈佳里交通公司現物出資內譯書〉，興南客運公司檔案。

[42] 〈興業費概算書〉、〈第一期營業報告書〉，興南客運公司檔案。

[43] 台南州警務部長為『台南州自動車協會』會長，警部保安課為副會長。

[44] 〈興南乘合自動車株式會社第一期營業報告書〉（昭和十七年 9 月 3 日—昭和十八年 3 月 31 日），興南客運公司檔案。

[45] 辛家三兄弟均受高等教育，辛文炳為日本明治大學法學部畢業，辛文蘭，日本大學工學部畢業，辛文恭，臺灣大學政治系畢業。

[46] 股東名簿載『辛氏碧梧』，乃日治時期依日本習慣，女子結婚後改易夫姓。

[47] 洪榮華當時改名『宗村榮二』，高雄人，東京帝大農學經濟科畢業，曾任台灣總督府技師，戰後任高雄縣建設局長，第一任民選高雄縣長。參見辛子惠編，《台灣時人誌》（台北：國光出版社，1947 年 3 月），頁 68。

[48] 〈株主名簿（昭和十八年 6 月 15 日現在）〉，興南客運公司檔案。

[49] 出澤鬼久太係日本長野縣人，1912 年來台灣任專賣局書記，後歷任花蓮港支局長、台

南支局長、台中支局長，昭和十二年辭官轉任台灣製鹽會社董事、支配人，台南飲料水株式會社監察人、台南乘合自動車董事等職，《臺灣人士鑑》，頁274。

[50] 《臨時株主總會議事錄（中華民國三十五年1月20日）》，興南客運公司檔案。

[51] 〈興南乘合自動車株式會社第一期定時株主總會議事錄（昭和十八年7月3日）〉，興南客運公司檔案。

[52] 〈役員會議事錄（昭和十八年7月7日）〉，興南客運公司檔案。

[53] 《昭和11年台灣總職員錄》，頁826；《台南市商工人名錄》（台南市役所，昭和十四年），頁69。

[54] 岩崎潔治編，《台灣實業家名鑑》（台灣雜誌社發行，明治四十五年6月），頁507；《昭和8年台灣總職員錄》，頁468；《大正八年台灣民間職員錄》，頁243。

[55] 《昭和11年台灣總督府職員錄》，頁842。

[56] 大園市藏，《台灣人勢態と事業界》，頁31—32。

[57] 《最近の南部台灣》，附錄頁28。

[58] 《昭和8年台灣總職員錄》，頁475；《台灣輕鐵株式會社參拾年誌》，頁120。

[59] 《台南市商工人名錄》（台南市役所，昭和十五年4月），頁57；《昭和7年會社銀行商工業者名鑑》，頁47；《昭和十五年會社銀行商工業者名鑑》，頁322；《昭和十八年會社銀行商工業者名鑑》，頁210。

[60] 《台南商工會議所會員名簿》（台南商工會議所，昭和十五年1月），頁54。

[61] 參見各回營業報告書，興南客運公司檔案。

[62] 〈第三回株主總會決議錄〉，興南客運公司檔案。

[63] 〈第七回重役會決議錄〉，興南客運公司檔案。

[64] 〈臨時株主總會議事錄（中華民國三十四年11月25日）〉，興南客運公司檔案。

[65] 《臺灣人士鑑》，頁158。

[66] 蘇寶藏，《我的回憶錄》（台北：作者印行，1998年9月），頁140。

[67] 〈臨時株主總會議事錄（中華民國三十五年1月20日）〉，興南客運公司檔案。

[68] 〈第一屆股東常會議事錄（中華民國三十七年2月29日）〉，興南客運公司檔案。

[69] 〈第13屆董事監察人會議事錄（中華民國三十六年1月25日）〉，興南客運公司檔案。

[70] 〈第五屆定期股東總會議事錄〉，興南客運公司檔案。

[71] 參見興南客運公司歷次董事會議事錄。

[72] 〈股東臨時會議事錄（中華民國三十八年11月5日）〉，興南客運公司檔案。

[73] 〈股東臨時會議事錄（中華民國三十八年11月5日）〉，興南客運公司檔案。

[74] 〈第三屆營業報告書（中華民國三十八年1月1日—12月31日）〉，興南客運公司檔案。

一個現代化都市的描述

——1945—1949 年《旅行雜誌》報導下的臺北[*]

許毓良[**]

一、前　言

臺灣觀光業發展，起始於日據時期，已經是一般大眾的印象。[1]不過現代觀光事業的推動，還需要諸多條件共同配合才行，包括：旅行、交通、風景、古迹、保險、治安等，均是缺一不可的要素。[2]雖然日據半世紀的歷史（1895－1945），使當時臺灣的觀光事業呈現出"現代觀光"趨勢，但過程中卻有兩個重點值得注意。其一，旅遊活動的制度化。特別是政府專司旅遊機構與民營業者的出現，以及風景名勝地點的指定與導覽。[3]其二，臺灣人受到殖民者推動觀光事業的影響，學習觀光作爲休閒旅遊的經過。特別是這項發展，還深化到農村；使得農民在進行觀光時，帶有節慶性格的心態（非去不可/趕集湊熱鬧）。[4]由於日據所遺留下來的觀光史料甚多，因此許多學者開始注意到觀光帶給殖民地臺灣，有哪些重要的歷史記憶，並值得從中探討臺灣社會的變遷。而整理當今的研究成果，以"旅遊書寫"與"風景圖像"的討論最爲重要。

在前者方面，主要是透過 1945 年以前日本文學家來臺灣旅行的遊記，或者旅程中所得的靈感，創作出來的小説作爲對象。例如：阮斐娜（Faye Yuan Kleeman）研究明治維新以後的日本，其國民在海外旅遊心態帶有文化的二元性—城市與鄉村、自然與人類、核心與邊陲。她以在臺作家西川滿（1908－1999），以及偵探小説家日影丈吉（1908－1991）爲例，驗証前述的説法。[5]另外，邱雅芳以詩人兼小説家佐藤春夫（1892－1964）爲對象，探討作爲日本來臺旅行文學的擘建者。佐藤的作品不僅開啓許多日本人的殖民想象，也引發後輩作家的南方憧憬，甚至成爲日人作家在臺書寫的典範。[6]

在後者方面，有別於文字叙述的記錄，透過圖像也可以達到相同的意涵。廖新田研究日據臺灣的寫生繪畫，發現畫作的主題充滿殖民地的地方色彩與熱帶表征—椰子樹、香蕉的入圖。甚至於在畫作的主題上，也不忘展示現代化之後的臺灣，在人文景觀上重大的變化—橫跨淡水河上臺北橋的"鐵橋夕照"。[7]顏娟英則是透過對石川欽一郎（1871－1945）的研究，説明這位對日據臺灣美術發展有重大貢獻之人，事實上在臺灣推廣水彩畫藝術時，也建立起浪漫懷舊的畫風。故只有在熱帶臺灣纔可以取景的漢人聚落、原住民活動的山林，都成爲取材的主題。[8]有趣的是這種對日據臺灣風景的討論，仍有其他不同的思考。顏杏如有別於前二者的觀點，從在臺日人的角度，探討櫻花對遠離他鄉的日本人來説，究竟屬於什麼意義？原來櫻花具有故鄉風物的表征，故在臺廣植櫻花所建構的圖像，亦是要保護在臺灣這塊"外地"中，也有相同日本"内地"的風景。[9]最後在旅遊景觀的研究上，陳衍秀從《臺灣鐵道旅行案内》一書，探討自 1927 年臺灣"八景十二勝"（還有二"別格"）確定後，島上風景類型化的框架已經完成。此框架將引導日本觀光客如何采取合宜的位置與視角，來欣賞臺灣的風景。最重要的是透過旅行案内，來描述臺灣風景的過程，臺灣在日本帝國疆域中成爲一個清晰的指認對象，呈現出日本對殖民地的收編與運作的過程。[10]

然上述所提到的研究成果，跟本文討論的時代有何關係？原來在臺灣史的發展過程中，1945 年至 1949 年是一個特殊的階段。前述所提到日據臺灣觀光、旅遊的發展，在步入 1945 年以後，遂逐漸淡化或整個中斷。取而代之的是民國以後，也在大陸行之有年的旅遊業。只不過這樣的發展，如何與臺灣"接軌"？特別是"八景十二勝與二別格"的 22 處風景，繼續受到青睞的程度如何？因此本文以民國時期，最暢銷也是最具代表性的《旅行雜誌》，作爲討論的對象。[11]

《旅行雜誌》創立於 1927 年，創辦人爲上海商業儲蓄銀行總經理陳光甫。（1881－1976/原名輝祖，之後改名渾德，字光甫，卒於臺灣）。1915 年陳氏集資創立上海商業儲蓄銀行，成爲民國初年在上海的第八家民營銀行。爾後上海商銀業務日漸興盛，1923 年遂在行中成立旅行部，代售鐵路、輪船客票。1924 年該銀行發行旅行支票，成爲中國本土銀行最早的創舉。1930 年以後又陸續在江蘇、江西、陝西等地，興建招待所與旅館。[12]故從旅行事業經營的角度來看，日後《旅行雜誌》的出刊，可謂上海商銀跨足旅遊事業的一環。該雜誌創立時由朱成章、莊鑄九負責，並聘請《申報》編輯趙君豪（1903－1966/1948 年當選國大代表，來年來臺，任臺灣新生報總經理，卒於臺灣）主持編務。[13]創刊之初以季刊的形式出版，1929 年改爲月刊。[14]陳光甫在《旅行雜誌·發刊詞》開宗明義指出：

今者匯編旅行雜誌，借供社會之參考，對於國內外交通之狀況，商業之情形，及民情風俗悉加調查而載錄之。東鱗西爪固不足以稱商旅之南針，然冀由此引起國人對旅行上之觀感，以推求其益之普及。此爲蔽行服務社會之微旨也。[15]

由此可見，《旅行雜誌》的宗旨是本着以服務社會爲前提，透過對國、內外的交通、商業、民情風俗的調查，介紹給讀者。目的是引起國人對旅遊的重視，並培養其興趣。當然該雜誌在出刊後，從上海的發行所擴展到全中國 38 個分社，證明的確受到歡迎。[16]不過雜誌的內容既是以"調查"爲主，換句話說就表示以往對這些旅遊景點或异地不太熟悉，故借由此法來達到"認識"的目的。有趣的是在該雜誌的發行過程中，幾次社務與編輯的調整也值得注意。例如：創刊號發行時，編輯單位掛名是上海銀行旅行部編輯科，但從下一期開始到 1949 年爲止，編輯單位已改成中國旅行社。[17]再者，《旅行雜誌》的社址一向都在上海市租界內（四川路 420 號，屬於公共租界，1945 年收回租界改名爲黃浦區，此路今名四川中路）。然而 1942 年 9 月雜誌社鑒於時局不穩，遂遷址於廣西省桂林市。[18]1944 年 6 月雜誌社奉政府疏散命令，又遷往四川省重慶市。[19]直到 1945 年 8 月中日戰爭結束後，12 月再遷回上海市四川路舊址。[20]1949 年以後《旅行雜誌》又面臨社務發展重大變革，同年 5 月上海被解放軍攻佔，總發所遷往香港。發行單位也從中國旅行社，改爲旅行雜誌社，並陸續設立包括臺北在內的 8 個發行所。[21]而留在上海的原旅行雜誌社，則被人民政府接管，繼續發行"中華人民共和國版"的《旅行雜誌》。不過 1952 年上海的旅行雜誌社遷往北京，1955 年更名爲《旅行家》。[22]1966 年"文化大革命"發生後，旅行家雜誌社被迫停刊，直到 1980 年才復刊。[23]至於暫時遷往香港的"中華民國版"旅行雜誌社，則是在 1950 年 3 月撤往臺北，但也是抵臺後才發行一期，就結束營業。[24]

本文討論的對象，也是視爲解讀的史料，正是 1945 至 1949 年"中華民國版"的《旅行雜誌》。該雜誌對臺灣旅遊的介紹，最早從 1945 年 5 月第 19 卷第 5 期開始，到 1949 年 12 月第 23 卷第 12 期結束。在這四年半的時間中，所刊登跟臺灣相關的文章近 60 篇。平均來說差不多每個月、每一期都有一篇，足以證明《旅行雜誌》對臺灣的重視。也因此可以透過此不問斷的報導，來探討戰後初期來臺的中國大陸人士，如何觀察與認識臺灣這塊土地。

二、臺灣地理歷史與當代社會風貌綜述

1945 年 6 月《旅行雜誌》刊登一篇文章，提到當時的歐洲人已開始熱烈討論，歐洲戰場勝利後要如何出國旅行。原來同年 4 月，盟軍攻佔納粹德國首都柏林，代表二戰的歐洲戰場已經結束。現在只剩亞洲戰場的日本，還在負隅頑抗。不過該雜誌的編輯們，已經注意到如何以什麼方法，吸引歐美人士前來中國旅行？[25]事實上《旅行雜誌》所關心者，除了前述問題之外，對於國內旅行的推動亦不遺餘力。也是在同年 4 月，它刊登一則啓事，針對大學生舉行獎學金徵文，借此鼓勵青年進行學術旅行。[26]而《旅行雜誌》的熱心，也可以從自詡的 "十大特色" 窺見一二（如下）。[27]

一、闡揚中國名勝	二、刻畫山水人物	三、介紹海外風光
四、提供古迹考證	五、狀述邊疆風俗	六、提倡學述旅行
七、刊佈交通消息	八、報導各地旅程	九、迻譯世界名著
十、選載小品散文		

可見得上文提到的 "學術旅行"，已是本雜誌社一向追尋的目標。只是在這二戰末期，可能有感於青年救國的重要（十萬青年十萬軍），也開始把這種專業旅行年齡層，向下延伸到大學生身上。然而更重要的是十大特色之首—闡揚中國名勝。其實自創刊號以來，《旅行雜誌》所介紹者，從文章的數量來看，仍以中國的國內風光最多。不過在 1945 年 5 月，該雜誌第一次刊登有關臺灣的文章，可能就受到政治上的影響—收回臺灣。[28]當時臺灣還屬於日本的殖民地，因此從十大特色的分類來看，應屬於 "介紹海外風光"。但是臺灣對當時的中國來說，實在是太陌生了。故首篇在《旅行雜誌》出現的臺灣專文，副標題竟爲 "臺灣調查"，介紹的對象即是臺灣少數民族。作者陳純仁指出：

> 臺灣的番人人口算是不多，但臺灣戰後歸本還原了，我們爲便於撫教，使他們趨向漢化，就不得不於事先有一個徹底瞭解……

陳氏背景已無可知悉，但從日後出版臺灣專書來看，應是當時大陸少數的 "臺灣通" 之一。[29]他在這篇文章開宗明義指出，報導臺灣的目的是跟戰後歸還有關。至於選題爲少數民族的動機，則是比島上漢人而言，少數民族更是一無所知。然受教於孫文主張中國境內各民族一律平等的理念，陳氏主張漢化臺灣少數民族。至於所謂的 "漢化"，具體的措施有三——發展番人教育、開闢番區交通、經營番區產業。然而值得注意的是，除了從政治角度看待少數民族外，陳氏對臺灣少數民族的認識大致是正確。如：稱臺灣最古的原始民族——土番與野番、也叫熟番與生番；熟番容易教化，又稱平埔族；生番又稱高砂族。[30]

1946 年 1 月旅行雜誌社已從四川遷回上海，在 "二十週年紀念特大號" 的小啓中，該雜誌社提到在日本投降（1945.8.15）後的一星期，在重慶就準備編纂這本專號。在分函全國作家的徵文中，有所謂六大主題—東北山河、臺灣瑣記、西北游踪、故都畫面、巴山夜話、還鄉記趣。文中提到尤側重東北與臺灣兩地區，蓋失地初復，國人缺乏深度認識，故借此機會，作全貌之介紹。[31]

1946 年上半年《旅行雜誌》對臺灣的綜述，事實上並沒有從歷史發展的脈絡開始，反

而先從地理的角度介紹。地理學者、1949 年後擔任南京師範地理系教授的鞠孝銘（1912
－?），曾從國防地理的觀點討論臺灣。[32]鞠氏的看法認爲，鑒於二戰時日軍轟炸中國東南沿
海各地的飛機，大多從臺灣起飛，現臺灣回收正可以做爲國防的前哨。而臺灣目前居民以閩
粵人爲主，屬馬來族的"番人"文化落後，散佈於東半部的山地中。臺灣雖四面環海，可是
海岸線卻單調平直。由於缺乏良港，都市位置多遠離海濱，故影響經濟發展。不過靠着水、
陸交通的發達，臺灣對外貿易熱絡。主要出口產品爲蔗糖、稻米、茶葉、樟腦、水果，并且
有90%輸往日本，6%輸往中國。主要進口產品爲棉貨、豆餅、金屬品、石油與木材，當中
有75%來自日本，15%來自中國。島內最重要的城市有九座——臺北、基隆、淡水、臺中、嘉
義、臺南、高雄、花蓮、臺東。最後結語時，鞠孝銘以 16 世紀末葡萄牙人稱呼臺灣爲 For-
mosa 作爲腳注，推銷臺灣濱海沙灘展佈，可設立許多海濱浴場。臺灣北部既有火山遺迹，復
多溫泉；臺南爲故都所在，史迹繁多足資憑弔。北回歸綫恒貫臺灣中央，故棕櫚、翠竹、芭
蕉遍佈，充滿熱帶情調。證明臺灣全島風光綺麗，誠一遊覽勝地。[33]

鞠孝銘的文章，可謂替光復初期，臺灣對中國的旅遊事業，傳遞出優質的訊息。而他的
意見，或許可以成爲時論的代表。因爲隔月即有筆名開明者，亦投稿至《旅行雜誌》。其撰
文内容在"大同"處，可視爲大陸人士逐漸成形的印象；但在"小異"處，提到許多大陸與
臺灣的差異性。在國防地理上，提到澎湖有名的海軍要港馬公、基隆爲前日本海軍要塞。在
產業上，重要者爲農業（米、甘蔗、茶、甘蔗、香蕉與柑橘）、林業（樟樹）、畜產（牛馬
羊豬與家禽）、水產（漁業鹽業）、礦業（石油、石炭與金礦）、工業（樟腦、制糖、酒精工
業）。交通上，水陸之外近年空路亦逐漸發達。但是飛機是貴族化的交通工具，因體積不大，
僅只於載客運郵而已。最後在旅遊上，作者的結論也是臺灣四季常春，山林如畫、風景佳
絕，是一個值得觀光遊覽的地方。

不過他另提出一些臺灣景點與觀光路綫，倒是值得注意。開明認爲臺北爲首善之區，附
近的大屯山匯，有溫泉與火山噴火口，至少要花費十天的時間遊覽。中部以日月潭與霧社爲
最重要，特別是霧社的櫻花非日本移植，完全是本地品種十分珍貴。最特別的是他在《旅行
雜誌》中，最早介紹承襲日據以來的八景十二勝。八景—基隆旭丘（今基隆市中正區正砂
裏）、臺北淡水、臺中八仙山、南投日月潭、嘉義阿裏山、高雄壽山、屏東鵝鑾鼻、花蓮大
托魯閣（今名太魯閣）。十二勝：臺北草山（今名陽明山）與北投的溫泉、臺北新店的碧潭、
桃園大溪河景、桃園角板山（今桃園縣復興鄉）的番社、新竹五指山（今新竹縣北埔鄉）的
山景、苗栗獅頭山的寺廟、彰化八卦山的山景、南投霧社的番社與櫻花、臺南虎頭埤（今臺
南縣新化鎮）、高雄旗山的山水風景、宜蘭大裏簡（今宜蘭縣頭城鎮）的海岸風景、宜蘭太
平山的森林。[34]

有趣的是在一片看好臺灣的風光美景，可以提供大陸遊客新鮮感受時，另有筆名德群的
讀者投稿。他在文章中從頭到尾，都認爲臺灣并不是先前所描述的那麼好。他以一個月的時
間探索，認爲臺灣風景的質素不十分秀，況且歷史近沒有太多古迹可尋。若把臺灣跟天生麗
質的西子湖，以及故都北平相比當然遜色得多。[35]看來大陸人士來臺觀光者，對於本島的風
光體驗均有不同。但是對於臺灣採負面評價者，在《旅行雜誌》所刊登的文章中，僅有此唯
一一篇而已。同年 9 月，在臺灣被國民政府接收快屆滿一年時，又有一篇綜述性的文章出
現。不同前三篇爲遊歷過臺灣人士的投稿，這一篇是《旅行雜誌》首次任命特派員陳其英來
臺采訪。陳氏的特稿，也是第一篇從歷史脈絡來介紹臺灣。文中把臺灣與中國歷史的淵源，
從殷商時代傳說中的"岱員"、"方壺"二島談起，並認爲是臺灣與澎湖的訛音。之後三國的
夷州、隋代的夷州（應爲琉求）、南宋與元代的琉球國都爲古代的臺灣。特別是澎湖在元末

（應爲南宋），設立巡檢司於澎湖，故陳氏認爲此時臺灣應該歸入中國版圖。公元17世紀荷、西相繼佔領臺灣，文中認爲是外族以武力佔據臺灣開始。爾後在1661年荷蘭人被鄭延平逐出，1683年清廷派施琅攻臺，1887年臺灣改爲行省。1895年臺灣依馬關條約規定割予日本，1945年8月10日（應爲15日）日本投降，臺灣遂脫離日本統治，重歸祖國懷抱。此外臺灣省行政長官公署對臺施政，也是文中介紹的重點。光復初期改昔日的"五州三廳"爲"八縣九市"。然而二戰期間，臺灣被轟炸最嚴重的都市是高雄與基隆，市容受損70%以上。其次是新竹、彰化、嘉義，市容受損60%以上。再次是臺北、臺南，市容受損前者20%、後者30%。[36]

　　至於在民族文化上，漢人是勤樸耐勞多優秀，高山同胞覺得國人應要重新認識。陳氏花了不少篇幅來介紹原住民，並對高山族是臺省最早的民族説法完全正確。不過剩下的內容，大多強調日據時期原住民壯烈抗日，現臺灣光復要本着孫中山之民族主義精神，謀求高山族最大的福利。最後陳其英指出以臺灣豐富的旅遊資源—便捷交通與日據塑造的"八景十二勝"，的確是一個適當進行學術研究與旅行的地方。特別是在這光復初期，臺省人士認識祖國有未深切，內地人士瞭解臺灣也欠透徹。如果二地之人可以透過旅遊，進而互相瞭解對彼此的互動是有幫助。[37]

　　至於光復之初臺灣完善的交通設施，則是大陸來臺人士共同的印象。在鐵路部分，除405公里的縱貫綫之外，另有十條支綫—22公里的淡水綫、98公里的宜蘭綫、12公里的平淡綫（今名平溪綫）、91公里的臺中綫（今名海綫）、79公里的集集綫、71公里的潮州綫、175公里的臺東縣、71公里的阿里山綫、37公里的太平山鐵道、39公里的八仙山鐵道。公路部分全長15,376公里，其路綫之暢達、柏油路質量之佳，比起大陸不知好若干倍。航空部分，全島軍用機場11處，民用機場3處—臺北松山、臺中、臺南。海運部分，主要港口是基隆與高雄，次要港口是澎湖馬公、宜蘭蘇澳與花蓮港，更次要港口是臺北淡水、嘉義布袋嘴、恒春大坂埒（今恒春鎮南灣）。郵電部分，全臺郵便所151所、普遍電訊局1所、無綫電訊局1所、各大小鄉鎮均有完善電話設備。[38]透過上述背景式的瞭解，得知《旅行雜誌》的投稿人，對於臺灣的觀察已很入微。因此本文再縮小議題討論臺北，并且以臺北市區、臺北郊區、臺灣北部三個區域，瞭解這座現代化城市與周遭發展，帶給光復初期來臺的旅人哪些觀感。

三、臺北市區的介紹

1. 臺北交通

　　若以《旅行雜誌》所介紹爲例來看，臺灣北部熱門"排行榜"前五名分別是臺北市區、北投溫泉、草山溫泉、圓山、淡水。另外依序爲新店碧潭、烏來、板橋（林家花園）、木柵（指南宮）、螢橋（新店溪夜景）、基隆、宜蘭、獅頭山、新竹、金瓜石、三貂嶺（參閱表一）。

表一　戰後初期《旅行雜誌》所刊載臺灣北部景點一覽

編號	卷期	作者	臺灣北部景點地名															
			臺北市區	草山溫泉	北投溫泉	新店碧潭	烏來	圓山	淡水	板橋	木柵	螢橋	新竹	基隆	金瓜石	宜蘭	獅頭山	三貂嶺
1	v. 20：n. 7	予風	*															
2	v. 20：n. 8	陳松明			*													

續表

編號	卷期	作者	臺灣北部景點地名															
---	---	---	臺北市區	草山溫泉	北投溫泉	新店碧潭	烏來	圓山	淡水	板橋	木柵	螢橋	新竹	基隆	金瓜石	宜蘭	獅頭山	三貂嶺
3	v. 21：n. 4	蔡禹門	*	*	*		*	*	*									
4	v. 21：n. 10	郭祝崧	*		*					*								
5	v. 22：n. 3	張契渠	*	*	*			*						*				
6	v. 22：n. 3	張士超	*											*		*		
7	v. 22：n. 5	徐蔭祥	*	*	*	*	*	*	*	*	*							
8	v. 22：n. 9	吳沈釔	*	*	*					*			*			*		
9	v. 22：n. 10	秦瘦鷗													*			
10	v. 22：n. 11	盛 成															*	
11	v. 23：n. 1	徐忍寒	*	*		*		*				*	*					
12	v. 23：n. 4	牧兆堂												*				
13	v. 23：n. 4	許穀人		*	*		*		*			*						
14	v. 23：n. 6	許穀人	*															
15	v. 23：n. 6	張士超							*									
16	v. 23：n. 7	編輯科	*															
17	v. 23：n. 7	易君者		*	*													
18	v. 23：n. 7	張 韶	*	*	*			*	*			*						
19	v. 23：n. 7	荷 音	*									*						
20	v. 23：n. 7	李蕓生				*												
21	v. 23：n. 7	凌 雲						*										
22	v. 23：n. 7	徐蔭祥															*	*
23	v. 23：n. 7	趙定明																
24	v. 23：n. 8	琅 玕	*															
25	v. 23：n. 9	趙定明	*											*				
26	v. 23：n. 9	潘毅明					*											
27	v. 23：n. 9	張禮大													*			
28	v. 23：n. 11	葉又枚	*															

編號	卷期	作者	臺灣北部景點地名															
			臺北市區	草山溫泉	北投溫泉	新店碧潭	烏來	圓山	淡水	板橋	木栅	螢橋	新竹	基隆	金瓜石	宜蘭	獅頭山	三貂嶺
29	v. 23：n. 12	蓀 篠							*									
30	v. 24：n. 1	丁作韶	*	*	*												*	
31	v. 24：n. 2	晚 蘋																*	
32	v. 24：n. 3	巨 淵				*												
33	v. 24：n. 3	程其恒				*												
	合計景點數目		16	9	11	5	5	6	6	3	3	3	2	3	2	3	3	1

　　《旅行雜誌》最早對臺北市所作的專題，則是在1946年7月由特約記者筆名予風的一篇特稿。他認爲當時大陸對臺灣所做的報導，均是不太可靠。在臺北一個禮拜以來，作者被富有東洋與熱帶風味、新奇的臺北市所吸引。臺北市是一個完全現代化的都市，在市容上有點像是上海，然上海還比不上臺北市。原因是上海沒有寬廣的馬路與夾道成蔭的棕櫚。臺北市的幽静恬淡也有點像蘇州、杭州，但號稱天堂的蘇杭，亦比不上有健全圖書館、博物館和大學的臺北市。1948年5月，爾後在臺灣成爲作家的徐蔭祥[40]，向該雜誌所投的一篇文稿，算是較完整的一篇。[41]不過根據其他文章所述，當時從大陸來臺北旅行的人，路綫有二：一是搭乘飛機降落在臺北松山機場，另一是搭乘輪船從基隆港上岸。[42]從《旅行雜誌》投稿的作者來看，似乎是搭乘飛機來臺者較多。當時知名唐宋史學者、1949年後擔任四川師範大學教授郭祝崧（1918－）[43]，曾在1947年7月造訪臺灣。他詳細描述飛機從上海龍華機場起飛後，降落臺北松山機場，以及回程時的情形。

　　（去程）……eh Formosa！飛機正橫渡海峽，一位西人尖叫起來。我的臉緊貼着玻窗，吃力的向前望去，在一堆積雲之下，看到一列暗黑的山脈。……平地上密密散佈着數不清的房屋，全是白壁紅頂，或是紅壁紅頂。…河口還有不少帆船，聚在江的左岸，飛機順此河向上游而去。又在河口的右岸，看到一座相當大的市鎮（河港），我當時確設以此爲基隆。不過這一錯設，也還附有保留……

　　（回程）……飛機低飛過臺北橋，在劍潭山的上空急劇昇空。越過北投，側面就是草山同紗帽山。飛機依然是從來路出海的，淡水安閒的静坐在下面。除開淡水河中有十只帆船外，海上則不見一點帆影……[44]

　　由於郭氏是首次來臺，因此去程從高空往下看，並不知道飛機準備從淡水河口，直飛松山機場來降落。故他第一次看到"河口右岸"有一座相當大的市鎮，推測可能是基隆。但實際上筆者判斷，此河應該是基隆河；而所謂相當大市鎮的河港，應是今臺北市士林老街一帶。不過郭祝崧的觀察仍然仔細，因爲回程時對景物地名的描述，完全正確。文中提到臺北橋，此橋就是今臺北市美術館旁的中山橋，至於劍潭山、草山、紗帽山、北投的位置亦無誤。本文之所以不厭其煩，道出這段描述，則是要說明對外省遊客來說，從空中鳥瞰臺北的風景，就已經很漂亮了。同樣的叙述到了 1949 年 8 月仍然如此。當時筆名琅玕的作者，從臺北搭乘飛機要前香港，也提到中山北路大橋、臺北大鐵橋。[45]前者與郭祝崧所描述的橋樑相同。後者即是日據時期所興建橫跨淡水河，連接三重與臺北市的鐵橋；但今天已經拆毀，改修築由鋼筋水泥共構的臺北大橋。

再者，搭乘輪船從上海前往基隆的路綫，也值得留意。二戰結束後曾在上海擔任《文潮月刊》主編的張契渠[46]，即是在 1947 年 11 月透過海路來臺。他乘坐中興輪（1947 年交通部長俞飛鵬、1949 年戰車團團長蔣緯國亦搭乘過），從吳淞口出航，歷經一晝二夜的旅程抵達基隆。然而不管是空路，或者海路，下飛機與下船第一個印象，就是平坦清潔的馬路。張契渠描述基隆到臺北市之路面，都是質量很好的水門汀面（cement/水泥）。故二地行車時間，半個小時可達。[47]1946 年 11 月上海名中醫蔡禹門游臺時[48]，稱贊臺北市馬路寬闊平坦如上海中山路，其他普通馬路也比上海南京路爲寬。[49]1948 年 5 月當時還在美國密西根大學留學，但中華人民共和國建立後出任上海同濟大學教授、上海市政協委員吳沈釔（1914 – ）[50]，也曾來臺灣一游。吳氏認爲臺北的市容完全是有計劃的建設，馬路全是混凝土的底，再鋪上瀝青的面。兩旁夾道有秩序地種着熱帶樹木，勝過上海的街道許多。只是大部分的馬路二旁，都開挖明溝，以致晚上蚊蟲很多。不過當地人告訴吳沈釔，日據時期清潔程度非常好，有蚊蟲是最近二年的事。[51]

2. 植物園、臺北博物館、臺北公園

至於光復初期的臺北市範圍，以今天臺北市行政區來看，僅是中正區、大安區、萬華區、大同區、中山區一帶。[52]本文統計《旅行雜誌》介紹臺北市區的景點，若按文章篇數排名，依序爲植物園、臺北博物館、臺北公園、臺灣大學、其他建築物、其他街區。在植物園方面，最早介紹的文章亦是 1946 年 11 月蔡禹門游臺時所作。不過蔡氏描述內容不多，只稱它位於南門町，面積頗廣，園中有植物一千數百種。內有林業試驗所一座，其標本室有陳列品 3 萬多件；亦有民衆教育館（今爲南海藝廊小天壇），以及（臺灣省行政長官公署）宣傳部電影場各一座。[53]曾任《申報》編輯、後創辦上海民智中學並擔任校長的徐忍寒（1897 – 1983）[54]，也在 1948 年 10 月來臺作一個月的參訪。徐氏對植物園的美景贊賞不已，他稱入園後一路所見奇木珍草，富有熱帶情趣。凡編織、藥用、染料、香料、油脂等應用植物，及樹木花艸可供欣賞者應有盡有。繼至農林試驗所，得觀紅檜大樹斷片，其年輪時代與日本歷史配合，光復後改配國史。[55]1949 年 8 月臺灣省立林業試驗所在所辦的植物園內，舉辦第三屆曇花展覽會。“曇花一現”被譽爲難得的奇景，中日戰爭爆發之初在淞滬會戰拍攝記錄片的名攝影師趙定明[56]，因在上海園藝館無緣看到曇花綻放而深以爲憾，没想到在臺北的植物園竟然目睹美景。[57]有趣的是大部分的遊客，對於植物園的美景稱道時，還是有遊客以“平常心”看待。法國巴黎大學博士、先前爲廈門大學教授的丁作韶[58]，1949 底第二次來臺，對於植物園的評價也稱應有盡有。但結論是入園後除矗立的椰子樹外，僅叢林一片而已，没什麼可供欣賞的地方。[59]丁氏之言可能非虛假，或許是他曾任教於廈大，相較於從華中、華北來臺旅行者，對於熱帶植物見長的臺北植物園没有稀奇感覺。也或許是 1949 年底至 1950 年初，國民政府撤退來臺，在此兵荒馬亂之中，也没有多餘的心力與經費維持園中景觀，故才有“叢林一片”的記錄。

在臺北博物館與臺北公園方面，前者現稱臺灣博物館，後者現稱二二八紀念公園。1946 年 11 月上海名中醫蔡禹門游臺時的記錄，則是在《旅行雜誌》中，對這一帶景點最早的描述。對於蔡氏來說，遊歷完臺北博物館之後，什麼館藏對他印象最深刻？原來是唐景崧擔任臨時總統的旗幟（臺灣民主國藍地黃虎旗）、劉銘傳討倭文告（應爲劉永福）、鄭成功像與860年紅檜木的斷片。[60]臺北公園的景色對來自大陸的遊客，興致可能没那麼高。歷史學者郭祝崧認爲此園面積，尚不及上海外灘公園之大。可看處在於布置得法，極盡玲瓏曲折；園中遍植椰子，並有噴水壇與水池呼應。還有一座仿美國"好萊塢碗"的音樂臺，頗爲新鮮。不過郭氏對臺北博物館却贊賞有加，他稱道此建築以大理石與鋼骨水泥建成的宏偉；像這種建築全臺並不罕見，但在上海不易找到可以匹敵。博物館的下層就是圖書館，館內大廳兩側一是書庫，另一是閱覽室。館中陳列都是臺灣史的文物，一半是實物，一半是照片。實物中雖有一些贗品，但讓郭氏感到喫驚的是竟有清末成都書法家郭尚先（1785—1832）的墨寶。郭祝崧説郭尚先的字畫在重慶常見，但以外地區就很難得了（其實郭尚先是福建莆田人）。郭氏還提及館藏"臺灣三寶"—鄭成功畫像、臺灣總督的印信與戰刀。[61]1949年還是南京國立音專的學生，爾後成爲中央音樂學院教授與知名二胡演奏者張韶（1927—）[62]，也在《旅行雜誌》發表臺北博物館參觀心得。他提到每日使用館內圖書資源者數以千計，可惜藏書部門中文書太少。至於館藏文物一萬三千二百餘件，分爲歷史、南洋、高砂、地質、礦物、動物、高山與什類八大部門，有充分的藝術與學術價值。[63]

3. 臺灣大學與其他建築

對於臺大校園最早的描述，則是1947年11月《文潮月刊》主編張契渠的投稿。張氏稱善臺大校園極廣，接收之後共分6院28係，其中以農、醫科最著名。其中最讓他驚訝的是農業化學係，內有各種研究室9所，每室有儀器二、三百件不等。當中的制糖化學研究室還附有工廠，一切設備與大糖廠相同，還能日產精糖1噸。此外該校之醫學院與附設醫院亦很著名，上海盛傳臺灣山中產有專治肺病的特效藥，即是在臺大醫學院臨床試驗的藥品。只是價值未確定，故没有大量生產。[64]對於臺大醫院的介紹，蔡禹門一文更爲詳盡。雖然據蔡氏表示，他們一行參觀的是"臺北醫學院"；但綜觀全文，指的應是臺大醫院才對。而他們似乎要前去拜訪院長杜聰明（1893—1986），然杜氏不在改由他人接待。蔡禹門對臺大醫院有所好評，提及院內外科有三部、內科二部；兒科、眼科、婦產科、耳鼻喉科、皮膚泌尿科、牙科、精神病科各一部。每部都有專屬的診療室、手術室、圖書室、研究室與病理細菌室。院內還有愛克司光機7臺，其中4臺診療用，另3臺深部治療用。日治時期有醫師195人、護士350人、病房可容納七百餘人。蔡氏還感慨説，臺大醫院迄今成積不壞，特别是收費低廉，與上海流風迥异。[65]

至於其他建築物，女子師範也有特色。該校在光復接收之初，稱爲臺灣省立臺北女子師範學校，即今日臺北教育大學。[66]張契渠提及該校在二戰時，遭受轟炸略有損失。不過已由省府撥款整修，並添建幼兒園與食堂、廚房。廚房保持清潔衛生，並用電氣作爲鍋竈能源，還附有碗筷消毒設備。民衆教育館在植物園旁邊，日據時期的舊址是建功神社，專門奉祀日人在臺戰死或因公殉職者的靈位。光復接收改爲民教館，即是今天植物園內的南海藝廊小天壇。[67]或許是在接收之初，雖已改爲民衆教育館，但神社擺設的遺迹仍在。如：沿途燈塔林立（日式石燈籠）、土砲數尊（疑爲乙未戰爭遺物）、（日俄戰爭）日本海戰勝紀念碑一座、漆有青天白日徽驅逐機殘骸一架（應爲中日戰爭遺物）。另外官方建築還有勵志社與臺北貴賓館。勵志社是1929年蔣宋美齡（1897—2003）設立的團體，旨在以文化活動聯絡國民黨的軍官。[68]臺北勵志社的舊址，原是日本海軍俱樂部。光復由勵志社接收，作爲招待外賓與盟軍之用（這座建築，座落在仁愛路、信義路、中山南路口，爾後成爲中國國民黨的中央黨部，1994年拆除改建大樓，現爲財團法人張榮發基金會所有）。[69]臺北貴賓館在今日稱臺北賓館，此建築在日據時期是臺灣總督官邸。可是二戰期間被炸毀，僅留旁邊西式小屋極爲雄偉，內部陳設奢侈，附帶的庭園頗爲遼闊（事實上臺灣總督官邸就是蔡氏所稱的"小屋"，所以蔡氏所説總督官邸被炸毀僅留小屋，實爲鄰近總務長官官邸被炸全毀之誤）。[70]

最後在其他街區方面，《旅行雜誌》對臺北市"夜色"專題的描述也很特別。甚至有七言絶句詩來形容："緑鬢婆娑椰樹舞，青瞳熠耀瓦燈明，夜樑漫步東門路，三綫縱横似砥平。"[71]筆名荷音的人，也爲臺北的夜晚，椰子樹的月影最具特色。南門附近的公賣局與樟腦局（前者即今南昌路臺灣烟酒股份有限公司，後者已拆毀），夜晚時這二座巨大建築跟南門聯合起來，好像上海市江西路、漢口路的建業大樓、漢彌登大廈與都城飯店的三角對立情景（都城飯店 Metropole Hotel，1934 年建成，今改名新城飯店；漢彌登大廈 Hamilton House，1933 年建成，今改名福州大樓；建業大樓 Development Building，此三棟建物迄今仍在黄浦區）。[72]由此再往南行則到南昌路、福州路一帶，當時那裏全是擺地攤的，賣着日常用品、香菸、小喫、水果，有着平民風趣。大稻埕在北門之東，是本市古老商業區，（臺北）大橋附近與永樂町，被市府允許開設特種酒家。夜市相當熱鬧，但流於混雜。圓環也是夜市區，但多是賣吃的攤子，好似南京的夫子廟、北平的天橋。萬華也是臺北之夜不能忘懷之地，最著名的寺廟是龍山寺。善男信女喜歡來此求神問卜，佛前有木制神牌一對，若小魚狀。天面凸形，地面平形。祈禱時將這對神牌在佛前一擲，若兩牌皆天面，稱天牌；若兩牌皆地面，稱地牌。一面天、一面地，稱合牌。僅合牌惟神明示意爲"是"，故廟中摔牌聲不絶（原來是擲筊）。[73]

四、臺北郊區的介紹

1. 北投與草山

這兩個地方都是臺北近郊的温泉勝地，不過被《旅行雜誌》先行報導者，則是北投温泉。1946 年 8 月該雜誌社駐臺特派員陳松明特別一游，陳氏是搭乘淡水綫火車前往北投。抵達北投後，他看到山石峥嶸，四周傍山都是温泉旅館。其景色仿佛杭州的九溪十八澗，但北投温泉的景致又遠勝之。陳松明對温泉旅館平民化的價格—每名舊臺幣 5 角，即可進入公共温泉澡堂最感滿意。唯一美中不足，就是"下女"不會説普通話，只能筆談纔可以溝通。不過温泉旅館所附餐點，也能讓他們有酒足飯飽之感，而回程搭乘晚上八時的火車返回臺北。[74]

有趣的是這種"平民化"的享受，在其他遊客的體驗中却不見得一樣。1946 年 11 月上海名中醫蔡禹門游臺時，即全程受到臺灣省行政長官公署工礦處處長包可永的招待。故當時蔡氏一行前往北投温泉時，即從市區搭乘汽車，並下榻公署在北投的招待所—昔時南方會館。稍做停留後，又驅車前往草山（今陽明山後山公路—陽投公路，此路爲日治修築）。蔡禹門認爲草山温泉之硫磺味，較北投爲濃。不過二地温泉用來治療皮膚病、痛風、腺病（甲狀腺腫）很有療效。由於草山温泉區也久負盛名，因此日據時期臺電、糖業公司，已在此處廣建俱樂部。1945 年後這些單位全被接收，舊日臺灣總督在草山興建的二處貴賓館—草山御貴賓館（今北市新園街 1 號）、新館（今稱舊金山總督温泉，位於北縣金山鄉），現也成爲臺灣省行政長官陳儀（1883—1950），在星期日時前往休閒的處所。[75]

如此高級旅遊的情形，1947 年 10 月歷史學者郭祝崧也經歷過，而接待他的是臺灣省防空司令部司令官高彦明。值得注意的是當時光復已滿二年，故對北投温泉的描述更加深入。郭祝崧提到當地人以爲，夜晚與雨天游北投氣氛最好，因此有"夜北投、雨北投"的稱呼。再者，北投鎮區域甚廣，温泉區是在新北投或頂北投之地，北投鎮中心並無温泉，而鎮中號稱的温泉旅館，泉水全接自新北投。新北投最大的温泉旅館是新薈芳（已拆除今不在）、新樂園（舊址是今水美會館）[76]，但是旅客繁雜、闔囂過甚，除宴會外不適合休憩。北投溫泉水質分爲三類：一爲土類泉，無色無味無臭，水溫 60 度，可治神經痛、糖尿病、痔瘡，各旅社皆有。二爲酸性泉，無色無臭但有酸位，水溫 68 度，可治皮膚病、腺病，只在掬翠園。三爲硫磺泉，有乳白色沉澱物、强烈磺臭味，水溫 45 度，可治貧血與婦女病，只在逸邨。不過最讓郭祝崧厭惡的是北投溫泉，以成爲當時狎妓者的大本營，臺灣省警務處有時會來這清查。至於草山溫泉，郭氏只提到衆樂園，並稱該園興建的動機，原是要給昭和太子游臺時所居住。然太子登基之後，總督府就把此園改爲公共浴池。[77]

不同於前述幾位的方式，1947 年 11 月《文潮月刊》主編張契渠是與上海記者訪問團來臺。該團受臺灣省新聞處接待，訪臺第一站就是前往北投與草山溫泉。文中張氏也清楚地區分舊北投與新北投的差別，然他特別指出一事。當時北投溫旅的客房，價錢最貴者一日舊臺幣 1，000 元，其餘 400 至 800 元不等，而黨政軍警人員一律九折優惠。不過按照北投溫旅付費習慣，每名需先付 300 元押金；但旅館館主絕不會先索取所有費用，要等旅客退房時再結清賬目。故從日據以來約定成俗的習慣，主客雙方未曾發生揩油或溜走情事。然而張契渠認爲接收後，此風恐不易維持。另外該溫泉區，還有二事也讓旅客大開眼界：其一，另有女子可隨時應召“侍浴”；其二，在臺盲人政府不準從事算命與沿街乞討，故只有投身按摩行業。所以晚上盲人外出招攬生意時，會以一小孩作向導，並吹着口笛若鷹隼之聲，這也是大陸旅客前所未見。張氏對草山溫泉描述甚少，原因是途中正逢大雨，無法遊覽山中美景，只能在國際飯店（今名國際大旅社）小憩。有趣的是讓張氏感到新奇，在於北投前往草山公交車上的票務小姐，在車行途中閱讀日文文藝書籍，手不釋卷之風讓他印象深刻。[78]

特別的是日後出現在《旅行雜誌》的報導，只要介紹到北投溫泉，大多會提到色情一事。曾任廈大教授丁作韶直接說北投充滿低級的趣味，草山富有高尚的趣味。[79]往後成爲上海同濟大學教授的吳沈鈺，提及當時的北投溫泉旅館總共有二百家之多。規模雖然可觀，但不少旅館藏着侑酒伴眠的妓女，而且夜半山間還會傳來日本歌曲之聲，當局不加以導化令人不解？[80]1949 年甘肅省蘭州《和平日報》社長易君左（1898—1972）首次來臺旅遊[81]，對於北投溫泉鶯鶯燕燕之狀，他以“楊貴妃”一詞形容。易氏如此之作，原來是與安徽黃山溫泉、南京湯山溫泉、陝西西安華清池溫泉做比較，這是在光復初期臺灣與大陸景點比擬的少見作品。此外草山的風景與溫泉，易氏也以重慶老鷹岩、蘭州安寧堡的桃林一比，結果是臺北草山櫻花的風景更美。[82]可以下此結論，時至 1949 年，在大陸遊人的眼中，草山溫旅的地位比北投來的高。除了北投溫泉被聲色所染之外，最重要的是光復後草山另有“八景”形成之説—奇嶺瀑布、礦泉玉霧、仙人奇迹、帽山銜翠、別有洞天、屯峰積雪、三石頭陀、關渡分潮。[83]

2. 圓山與淡水

北投、草山、圓山、淡水四處景點，爲何會在《旅行雜誌》文章報導數目上，排名前五名呢？主因是交通路綫的關係—鐵路，故在臺北市區遊玩後，只要搭乘淡水綫火車，即可前往上述四個地方。圓山的景點最重要者爲動物園（1986 年遷往木柵），不過旁邊的中山橋（舊稱明治橋）、臺北招待所也值得攝影。1946 年 11 月名中醫蔡禹門游臺時所作，是爲《旅行雜誌》對圓山動物園最早的介紹。蔡氏筆下的園中動物有猨猴、大水鼠、小獅、大象與熱帶禽獸多種。然動物房舍具有匠心的設計爲鶴圃，其造型是以工字鐵爲骨，鐵絲做網形成大圓罩，高十餘公尺，周圍約六十公尺，成覆碗狀。[84]來年 11 月《文潮月刊》主編張契渠介紹該園動物時，描述更爲戲劇性。他説日治時期園中原本有鱷魚數頭，二戰時期被溜走二頭，藏匿在山下塘中（基隆河旁？），今已繁衍子孫數十矣。惟無害人之意，所以園方也無積極捕捉。[85]1948 年 10 月上海民智中學校長徐忍寒（1897—1983），爲參觀臺灣博覽會，遂報名旅行團特來臺灣一游，也對園中動物有生動地描述。園中"臺柱"爲大象與獅子，日據時期經過日人訓練，仍可以做給食之表演，但必緒跟牠説日語才行。大象的食物爲甘蔗，獅子不喫水果，只吃鮮牛肉數斤才肯表演。另外園中駝鳥也難得一見，飼以香蕉。[86]1949 年 7 月音樂家的張韶（1927—），對於"臺柱"的描寫不一，他稱爲獅子與熊。因爲在留日馴獸師的調教下，獅、熊竟能相戲。孔雀、駱駝、猴、鷄、犬皆有所述，但張氏認爲駱駝是遊客最少感到興趣的動物。雖然張韶對對園中環境布置，以及搜集珍禽數量有很高的評價，但當他知道二戰時期，日人害怕盟軍空襲毀壞獸欄，園中野獸逸出肇事，只能把部分動物屠殺而惋惜不已（筆者按：例如一只婆羅洲的紅毛猩猩）。[87]

　　同年筆名凌雲的人，對圓山的綜述可謂集大成之作。他稱圓山是距離臺北市區，路途最近的一個風景區。動物園固然此地必游景點，但旁邊的風景也不少。如：他下榻的地方—臺北招待所、圓山鐵索橋（舊士林吊橋）、圓山貝冢、"明治神宮"（應爲臺灣神社，舊址改建成今日的圓山大飯店）、大龍峒孔廟。最值得留意的是臺北招待所，該單位原址就是在今臺北市立美術館。凌雲記載這片土地日據時期原本屬於板橋林家所有，二戰時期總督府征收土地修建"南方資料館"，典藏在東南亞所搜集的情報與學術數據（這批數據戰後與臺灣總督府圖書館圖書合併，現藏於中央圖書館臺灣分館）。這一棟西洋式建築（非今日的臺北故事館）[88]，光復後先充當臺灣省行政長官公署秘書長葛敬恩（1889—1979）的官邸，之後又成爲臺灣省行政長官陳儀（1883—1950）暫時的官邸。不過陳儀有感於臺灣省需要一個專門招待外賓的旅館，就電邀中國旅行社社長唐渭濱來臺規劃。之後唐氏選中這裏，又再建一棟西洋式建築，並於 1947 年 1 月元旦正式開幕。[89]

　　另外在淡水景點介紹上，1946 年 11 月蔡禹門所作，仍爲該雜誌報導首篇。可是蔡氏的行文簡單，只提到前往淡水高爾夫球場，並眺望紅毛城與淡水港。同時指出臺灣的河川中，有舟楫之利僅有這條淡水河。[90]然而淡水真正吸引大陸遊客，恐怕還是海水浴場。因爲日後描述淡水的三篇文章—1949 年 6 月張士超的投稿[91]、1949 年 7 月張韶的投稿[92]、1949 年 12 月蓀篠的投詩[93]，主題全都是淡水海水浴場。

3. 碧潭與烏來

　　大凡到過臺北的旅客，都知道臺北一帶附近可以遊玩的地方，主要是淡水、北投、草山、碧潭、烏來等處。[94]從《旅行雜誌》刊載文章篇數的排名，也映证了此點。值得注意的是如同前三處景點，有淡水綫火車可以串連；當時的碧潭與烏來，也有新店綫火車可以搭乘再換車前往。有趣的是雖然烏來比新店，更局限於内山，而且山路迁迴，來往不如新店方便，但在雜誌中對烏來的介紹，比新店碧潭更早。也是蔡禹門在 1946 年 11 月所作，蔡氏是搭乘汽車從臺北直抵烏來。到達目的地後，入住臺電公司（招待所）小憩。屋内有温泉浴池，烏來温泉屬於碳酸泉，可以治療胃病。此外搭乘臺車的新鮮感，對初至此地觀光客也有吸引力。由於他們一行是由臺電公司招待，故宴席間還請化番女子 6 名表演歌舞。總結蔡禹門對烏來的評語是如入仙境，至於推薦的景點是烏來温泉與水力發電廠。[95]

　　1948 年 5 月作家徐蔭祥，在雜誌中最早對碧潭做描述。根據徐氏的形容，新店是溪河拐彎處（新店溪），山巒重叠、秀色可餐。在碧潭駕起小艇，來去盪漾、仰首雲天、氣概非凡。他還附帶一提碧潭也有鐵索橋（吊橋），雖然長度僅（臺北）士林鐵索橋長度的 2/3，但仍可通行車輛。另外徐氏也順道前往烏來一游，他深感烏來山路開鑿難度之高，並對日據時期不幸開路、搭橋殉職的工人表示感佩。温泉與巨大水利設施，同蔡禹門的叙述相同。但徐蔭祥還提到烏來是重要林業區，多出產檜柏之材；而泰耶爾族（泰雅族）婦女的臉部刺青，也是對初到此地的他來説，有驚奇的感覺。[96]

很難比較當時候的人，較熱衷前往碧潭還是烏來旅遊。就如同徐蔭祥只去烏來，而不去碧潭一樣；1948 年 10 月上海民智中學校長徐忍寒（1897－1983），也只去碧潭，不去烏來。而徐忍寒還在遊記裏補充，碧潭亦有小赤壁的美譽。[97]1949 年以後《旅行雜誌》對於碧潭、烏來，各有幾篇專論報導。1949 年 7 月來臺旅遊的李蕓生，詳述從起點萬華火車站，抵達終點新店火車站的經過情形，文中提到從萬華到新店站，全長 10.4 公里。行車時間總共 45 分鐘，每天來回各 12 車次，每 1 小時有車一班。火車經過水源地後（今臺北市公館自來水園區），可見文山一帶山崗連連。此地盛產文山包種茶、文山烏龍茶，暢銷中外、名聞遐邇。車行至新店，正逢新店迎神賽會。完全没有看過臺灣廟會活動，最常出現的大型神明偶－七爺、八爺，李蕓生與他的妻子目睹後，覺得有趣。但結論是日據時期日本人禁止臺灣的廟會（皇民化運動），不料光復後還是恢復民俗舊觀，可見得征服者的新機是白費。最後他們徒步至碧潭，對以往"十二勝"之一的美名，似乎對吊橋最感興趣。因爲此等高聳的鋼筋橋架，完全没有橋墩支撐；但幾噸重的卡車可以安全駛過，這在内地是非常少見。[98]

1949 年春第四次來臺的旅行家潘毅華[99]，趁着 8 月避暑時節，與友人從臺北市區搭乘公共汽車直奔烏來。根據潘氏的形容，行離市郊後（景美?），雖無柏油路面，但沙石混合之路，亦稱平坦，無顛簸之苦。行經碧潭，看到吊橋工程技術之優異，橋面可承受重量之巨，以令人咋舌稱贊之，並附帶説明臺省有此橋甚多。另外公交車行經龜山（今新店市龜山裏），即在此稍作停留。當地有臺車軌道，可以搭乘行至烏來，車程約 40 分鐘，來回車資每人約舊臺幣 5 萬元。潘氏一行搭乘臺車前往，然抵達烏來時，必須要換"入山証"才能進入。烏來也有市集，可是潘氏並没有提到温泉勝景，反倒是花費不少筆墨，描述所見泰雅族美女，以及孩童學習簡單國語的情形。[100]

4. 板橋、木柵、螢橋

光復初期的臺北縣板橋鎮，並没有著名的風景旅遊區，但有一棟全臺著名的古宅－林本源宅第，成爲有興趣尋幽探訪之人必去處所。不過它屬於私人宅第，要進去參觀，需要熟人介紹。1947 年 10 月歷史學者郭祝崧在臺北縣總務科饒科長的陪同下，驅車前往參觀。他描述建於道光末年的庭園，面積並没有很大（或許有 25 畝），但設計的奇巧曲折。全園有四、五處地方，布置得很好；特別是一座有太湖石的假山，山形是仿林氏祖籍山脈小而成。園中有座汲古書院，聽説從前藏有中國典籍二、三十萬卷，惜已散佚。屋後有座戲臺，戲臺與看臺的型式，略同於北平清宮。[101]不過 1948 年 5 月作家徐蔭祥，前去林園一游時，記道"旅行的人莫不接踵而至，都以一游這林園勝景爲快"。看似板橋林家花園，在當時已經開放觀光，故徐氏稱贊此園不讓蘇州獅子林專美於前，反覺有獅子林不及之處。[102]其他地方若有讓大陸遊客，印象深刻的景象，就是板橋西行快要離開臺北縣時（今臺北縣板橋市、樹林市、鶯歌鎮），這一帶工廠極多，有識者知曉幕後的功臣就是充沛的電力。[103]

臺北縣木柵鄉地處偏僻，然而當地却有一處知名景點－仙公廟（指南宮）。前往仙公廟路徑有二：一爲從臺北縣景尾鎮搭乘臺車抵達木柵（老街/今木柵路三段），然後徒步走上仙公廟。[104]另一爲從臺北市區搭乘公共汽車前往，也是在木柵站下車，徒步走上山。在上山處，竪立着許多日治遺留下來的石燈籠，並鑄刻有"文山郡指南宮道"，據聞上山石階有二千之多。[105]拾階高昇的程度，上海民智中學校長徐忍寒（1897－1983）認爲，浙江杭州至皇山、江蘇南京中山陵、江西廬山好漢坡、山東泰山南天門，均有小巫見大巫之嘆。[106]

螢橋在光復初期屬於臺北市，依照行政區劃分應在"臺北市區"介紹。但本文考慮臺北市區的景點，全都是人工建築居多，按照螢橋夜色觀賞新店溪的美景，屬於自然景色當另闢一段單獨探討。徐忍寒在《旅行雜誌》，最早報導螢橋的景色，不過他着重從新店搭船游至螢橋，水光之色可以媲美浙江奉化亭下、廣西桂林灕江，洵屬臺北之清游勝地。[107]日後成名的二胡演奏家張韶（1927—），也在 1949 年來過螢橋。他形容此處夜景"點點螢火飛馳於竹林間"，沿岸都有船隻可供買舟，其影相非一枝禿筆可以寫得出萬一。[108]同年筆名荷音的人也投稿，描述昔年七巧之夜，全臺北市之人都來螢橋放河燈、捉螢火，極呈盛況（七夕放河燈是中國傳統習俗，昔年指的應是光復以後的事）。[109]

五、臺灣北部其他景點介紹

1. 基隆、宜蘭、獅頭山

基隆市在戰後如同臺北市般，都是臺灣省轄下的省轄市。一般搭船初到基隆的大陸遊客，都會被當地多雨的天氣所苦。不過過了隧道之後（今省道臺 5 綫之八堵隧道），天氣晴朗迥異於基隆，這在冬天的雨季中似以隧道，作爲臺北、基隆二地之界綫。基隆至臺北公路的優質已不在話下，不過群山環抱的景色，讓 1947 年 11 月《文潮月刊》主編張契渠比擬爲四川重慶北碚的風景。[110]雖然基隆是北部最重要的港口，但《旅行雜誌》的介紹却不多。直到 1949 年 4 月，才有筆名牧兆堂的人，專文報導基隆的美景。在牧兆堂眼中，多雨的基隆可以與貴州貴陽相比；而市區馬路兩旁的騎樓，有如香港之德輔道、皇后道，或者與上海法租界的大馬路。味美水吃攤、餐廳、商店、旅館、酒家、船行、保險公司林立，則是該市最常見的景象。基隆市的中心以火車站做輻射狀分佈，作者還不忘一提基隆最早的鐵路，是由清末原淞滬鐵路鐵軌，因不爲地方人士所贊許，才改鋪臺灣建設而成。中國旅行社基隆分社、公路局基隆總站、國營招商局大樓（今爲陽明海洋文化藝術館）、海港大樓（有五層樓高，是日據時期基隆建築，今仍保留）環建火車站之旁。[111]日據所修築到國民政府接收的基隆港，港區遼闊總共有 18 個碼頭。1 號碼頭由香港怡和（Jardine Matheson Limited）、太古公司（Swire）船舶停靠，船隻航行香港、基隆、上海。2、3 號碼頭由來自大陸的客輪停靠，4 號碼頭由運運公司基隆分公司使用，5 至 13 號碼頭爲貨運碼頭，14 至 18 號碼頭爲外港碼頭。其他基隆的景點還有仙洞、海水浴場（日據稱孤拔海濱，今屬中正區真砂裏，1966 年港務局修建碼頭海濱消失）[112]、旭岡（今名旭丘山，丘頂現已夷平新建海軍醫院）、和平島。[113]

光復初期的宜蘭，隸屬於臺北縣之下。雖然跟其他臺灣知名景點比較，當時的宜蘭不是觀光客的首選。但是 1948 年 3 月，自我表示已在臺灣生活一年半的張士超，特別撰文介紹蘭陽的美景給《旅行雜誌》的讀者。張氏前往宜蘭的路綫，事先從臺北市區搭乘公共汽車到八堵火車站，然後再轉乘宜蘭綫鐵路的火車。這段火車旅程，最讓他印象深刻是沿途隧道之多——18 個，特別是三貂嶺隧道，當時爲全臺"第一大"隧道[114]，以及周遭的產煤區。從澳底站（福隆火車站的舊名）開始至頭圍站，都可以看到壯麗的太平洋。抵達宜蘭市，作者認爲市區街道甚爲平滑，不過商業並不發達。古迹可以稱道者爲孔廟、五穀廟、天後宮，可惜有些已毀損，亟待修理。宜蘭市周遭的景點，往南還有羅東鎮的森林鐵道、員山鐵綫橋、濁水溪檜林、羅東制紙廠；往北是礁溪溫泉，其中有一家名爲"樂園"的溫旅最著名，因爲昭和太子游臺時，曾於此經過。[115]有趣的是張士超沒有提到宜蘭也是一個多雨的地方，但日後擔任上海同濟大學教授的吳沈釓（1914 –），在 1948 年 5 月旅遊蘭陽時，特別記下"竹風蘭雨"的地方俗諺。[116]

苗栗獅頭山在戰後初期，隸屬新竹縣管轄。本文討論到《旅行雜誌》所載臺灣北部的景點，絕大多數都是在當時的臺北縣、市與基隆市。而遠離這三處地方，還能讓大陸遊客感興趣的，就只有獅頭山。曾任北京大學法語系教授，後任臺灣大學教授的盛成（1899—

1996)[117]，他在 1948 年 7 月與杭州靈隱寺僧巨贊、友人蘇漢鈞共游此山。盛成也稱贊登山之柏油路，平坦异常。他們一行從頭份（鎮）入山，沿途記下被視爲日據與光復初期，臺灣最重要佛教聖地—獅頭山的重要廟宇。[118]不過如此的規模與歷史，跟大陸一些也是佛教聖地的名勝，諸如：四川峨眉山、安徽九華山、山西五臺山、浙江普陀山比較起來，臺灣苗栗的獅頭山恐怕還略遜一籌。1950 年連續二期《旅行雜誌》的文章，都提到了獅頭山的情況。曾任厦大教授丁作韶，總對臺灣風景提出批評式的意見，現對獅頭山也不例外。丁氏指出獅頭山雖號稱臺灣十二風景之一，但他不認爲山石有像獅子的地方。再者，他覺得此山如同草山、阿裹山一樣没有眼界、没有遠景；進到山裹，如同進了井一樣，怎麼繞總出不去。獅頭山最高處開善寺，遠眺風景也很美麗；但近望看到許多日本式建築。其掛名佛寺的洞、宮、庵，都是女和尚；一片叢林，幾點廟宇。風景都談不上，竟列入十二風景之一，不知何故？[119]相反地筆名晚蘋的作者，在介紹上就十分客觀。他指出臺灣每年二月爲櫻花盛開的季節，北部想要賞櫻者近處可至草山，其次是獅頭山，最遠要去阿裹山。由此得知，去獅頭山也未必一定要抱着禮佛的心，春天的櫻花盛景也是獅頭山吸引人的地方。[120]

　　2. 新竹、金瓜石、三貂嶺

　　戰後初期新竹縣縣府所在地是桃園市，此處盛産楊桃。在臺灣省之下與新竹縣同級的新竹市，當地以大風出名，這使得空氣中的細菌，都被風所刮跑。因此對羅患氣管炎、氣喘病的人来説，新竹市是一個理想的療養地方。[121]《旅行雜誌》唯一對新竹的專欄，則是 1949 年 7 月名攝影師趙定明的投稿。趙氏前往新竹縣關西鎮參加摘茶大會，在會長李志陶、副會長羅享錦的陪同下，才瞭解臺灣茶的歷史與制茶過程。當時茶葉分爲四種：完全不發酵的綠茶、完全發酵的紅茶、一部分發酵但接近綠茶的包種茶、一部分發酵但接近紅茶的烏龍茶。雖然臺灣四種皆産，但綠茶産量很少，因此後三種才是主力。臺灣最早産制的茶是烏龍茶，公元 1860 年就開始出口（1865 年海關始有出口記録），自 1869 年運銷到北美大受歡迎。當天舉行的摘茶比賽，二十分鐘内摘茶最多的選手，摘採茶葉 2 斤 3 兩，最少也有 12 兩。[122]

　　金瓜石是臺北縣一個"小地方"，雖然它在日據時期是臺灣重要的黄金産地，但就純旅遊的觀點來説，當地並没有值得大書特書之處。可是《旅行雜誌》却有兩篇特稿，專門介紹金瓜石。1948 年 7 月知名小説家秦瘦鷗[123]，也來臺灣一游。同時聽從臺灣金銅礦務局局長施家福的意見，前往金瓜石避暑。秦氏一行從臺北市區開着吉普車前往，他認爲臺北到基隆的公路，是全中國質量最好的公路；但基隆到金瓜石的碎石子路，又讓他不敢領教。此次金瓜石之行，由臺銅副局長袁慧灼接待。先前根據浙江杭州《東南日報》記者形容，金瓜石場區是遠東"第一破落户"，原因是生産精銅、電解銅和純金很少。然而他們前往礦區與礦場參觀後，秦氏認爲資源委員會接收礦區時，礦苗已經枯竭，故以有限的經費和少數人員還能維持，也勉强可以説没有給中國丢臉。《臺灣新生報》先前的報導，對局長施家福也没有好感，稱他是金瓜石的"沙皇"。原因是臺銅控制金瓜石一半的土地，當地又有一半的人任職於臺銅。但是秦瘦鷗還是認爲資源委員會各單位是很民主，施局長也是没有架子的人。秦氏最後做了結論，金瓜石不是國府要員喜歡的避暑勝地，因爲没有舞場、咖啡廳，也没有高級的中、西餐館。但是可以讓月收入 200 元金圓券的窮公務員度假，倒是很合適的。[124]

　　六、結　語

　　1945 至 1949 年臺灣光復之初可謂百廢待舉，現今學界對這段歷史的研究，大多偏重政治層面。不過回到當時，或許有比政治更讓人感到有興趣的事。而旅遊應該是少數可以列舉，又值得研究的個案。很幸運地《旅行雜誌》爲我們留下大量的歷史記録，并且經過整理還可以分爲"承先"與"啓後"二個發展。首先在"承先"方面，日據時期臺灣總督府所塑造的"八景十二勝與二別格"，這22個觀光景點在光復以後有繼續受到青睞嗎？本文以北部爲例，整理出它們是基隆旭丘、臺北淡水、臺北草山、北投的溫泉、新店碧潭、桃園大溪河景、桃園角板山的番社、新竹五指山的山景、苗栗獅頭山的寺廟、宜蘭大裏簡的海岸風景、宜蘭太平山的森林、臺北圓山的臺灣神社。結果12處景點中，有半數在《旅行雜誌》沒有被介紹。這些景點包括：大溪、角板山、五指山、大裏簡、太平山、臺灣神社。可見得日據以來的觀光景點，進入1945年以後是沒有被延續的。

其次，前言所提到日據時期以來，作爲臺灣熱帶地區表征的椰子樹、香蕉，有無延續以往的風景想象，繼續發揮在戰後旅行報導的作品中？事實上從文字的介紹來看，"多少"還是有延續的脈絡。例如在熱帶植物的表征方面，1946年就報導臺北之所以吸引人之處，除了東洋風之外就是熱帶風（注39）。臺北市植物園能成爲景點，也是園內的拜熱帶風情之賜（注55）。而這些植物中，以椰子樹最具代表性（注59、61、71）。

其三，橋樑能成爲現代化景觀的指標嗎？雖然《旅行雜誌》不討論繪畫，但橋樑却成爲旅遊過程中，重要的地標而被廣泛介紹。它們包括：臺北市臺北大橋、中山北路大橋（注45、84）、圓山鐵索橋（注88）、碧潭吊橋（注96、100）。這一點不管是日據還是光復，兩個不同時期是很相似。

其四，少數民族的角色。雖然《旅行雜誌》不一定介紹少數民族居地的山光水色，但是少數民族現況一直都是撰文的重點。甚至於在1945年5月，該雜誌第一次報導臺灣時，就是介紹臺灣的少數民族（注30）。當然，投稿人有的承襲日治用法稱"番人"，有的使用新名詞"高山同胞"。不過少數民族特有的習俗，也讓這些大陸遊客印象深刻，其中最好奇的就是臉部刺青（注96）。

其五，櫻花的表征。光復後臺灣已經沒有日據所謂"內地"、"外地"的區別，故也沒有日據時期的特殊意義。但是已經成爲單純欣賞植物的櫻花，還是在《旅行雜誌》中不忘被提及。當時北部賞櫻的地點有二——草山（注82）、獅頭山（注120）。

至於在"啓後"的方面。光復後臺灣景點的介紹，可以分成三大重點，讓讀者閱讀後，強烈吸引他們來臺灣一游的魅力。它們包括：

第一，對於日據時期建設的正面評價。其焦點可謂對交通的描述居多（注38）。例如：臺北市區整潔而優質的馬路，以及基隆到臺北的優質馬路，則是所有投稿人的共識（注47）。另外烏來山路（上篇注96）、獅頭山的柏油路（注118）品質亦佳。除了馬路之外，建築物也是介紹的重點。如：用大理石與鋼骨水泥的大樓（注61）、臺灣北部大港—基隆（注115）。良好的學術與教育風氣，也是讓大陸遊客所稱道。如：臺北博物館（注63）、臺灣大學（注64）、臺大醫院（注65）。這說明臺北，甚至整個臺灣基礎設施的發達，可以成爲安全旅遊的必要保証。

第二，醫療保健訊息的提供。《旅行雜誌》介紹臺灣多處景點，經過歸納有一有趣的現象，即是非常重視溫泉的訊息。這個可以從北部溫泉介紹之詳盡，透露出重點。筆者推測《旅行雜誌》的讀者群，在當時的中國都是經濟程度頗佳的中產階級，或者大商人與資本家。所以"醫療保健"的訊息對他們來說，很具吸引力。同理在介紹新竹市時，也稱這個地方空氣乾净，最適合肺與氣管不好的人居住，恐怕也是這個道理（注121）。

第三，比較臺灣與大陸景點的特色。表二是本文整理投稿人的描述，結果發覺與內地大城市相較，臺北在評價上都略勝一籌。例如：上海是當時大陸最進步的城市，但臺北市的市容、交通、衛生、醫療、建築都比較完善。蘇州獅子林已是遠近馳名的花園景點，但臺北板橋林家花園竟然可以超越它。至於臺北的溫泉，以及近郊的山區景色，跟大陸互相媲美之處更多，包括：南京、浙江、安徽、陝西、重慶、甘肅、北平、江西、山東等。

表二　旅行雜誌投稿人對比臺灣與大陸景點內容

編號	臺灣景點	比擬大陸景點結果	數據源
1	臺北市	市容有點像上海，但上海比不上臺北市。原因是上海沒有寬廣的馬路與夾道的棕櫚。臺北市幽靜恬淡像蘇杭，但蘇杭比不上臺北市有博物館、圖書館	注 39
2	臺北市馬路	如同上海中山路	注 49
3	臺北博物館	大理石加上鋼骨水泥建築，在上海不易找到匹敵	注 61
4	臺大醫院	收費低廉，這一點與上海流迥异	注 65
5	臺北南門	與上海江西路、漢口路相仿	注 72
6	臺北圓環	多是賣吃的攤子，好似南京夫子廟	注 73
7	北投溫泉	其景色仿佛浙江杭州的九溪十八澗	注 74
8	北投溫泉	相似於安徽黃山溫泉、南京湯山溫泉、陝西華清池溫泉	注 82
9	草山	重慶老鷹岩、蘭州安寧堡	注 82
10	林家花園戲臺	略同於北平清宮戲臺	注 101
11	板橋林家花園	蘇州獅子林不及於它	注 102
12	木柵指南宮	浙江杭州至皇山、江蘇南京中山陵、江西廬山好漢坡、山東泰山南天門，均有小巫見大巫之嘆	注 106
13	臺北市螢橋	媲美浙江奉化亭下、廣西桂林灕江	注 107
14	基隆至臺北公路風景	比擬四川重慶北碚風景	注 110
15	基隆	多雨的環境可以與貴陽相比	注 111
16	獅頭山	四川峨眉山、安徽九華山、山西五臺山、浙江普陀山	注 119

　　2002 年 1 月 1 日臺灣公佈 "大陸地區人民來臺從事觀光活動許可辦法"，2005 年 5 月 3 日大陸國務院臺辦主任陳雲林宣佈大陸將開放大陸居民赴臺旅遊。直到 2008 年 7 月 4 日，總計 753 人的大陸 "首發團"，分別從北京、上海、廣州、南京、廈門五地，飛抵臺北、臺中、桃園、高雄、花蓮、馬公，正式開啓大陸民眾（直航）來臺旅遊的序幕。[125] 看待近年兩岸關係的發展，再回顧一甲子以前光復初期大陸人士來臺旅遊，總有歷史循環而走的感覺。不過在這 60 年的階段中，《旅行雜誌》在最早的時期，所扮演介紹者的角色卻不能不注意。這或

許是這本雜誌，最大的史料價值吧！

　　本文所使用的《旅行雜誌》，主要以"中央研究院"近代史研究所郭廷以圖書館典藏數據爲主。這套雜誌是 2001 年 8 月，近史所向浙江圖書館古籍部接洽影印取得。該館典藏雜誌的起訖年代，爲 1927 年春創刊號至 1949 年 4 月。不過 1945 年出刊的第 19 卷缺漏甚多，館藏只有當年度的第 2、4 至 6 期。即便 2009 年 9 月作者前往中國社會科學院近代史研究所圖書館、北京國家圖書館、北京大學圖書館，仍找不到 1945 年份缺漏的期刊。另外 1949 年 4 月《旅行雜誌》仍繼續出刊，然郭廷以圖書館已無典藏；幸而"中央圖書館"臺灣分館有同年度—第 23 卷第 7 至 9 期、11 至 12 期。雖然 1949 年出刊的第 23 卷，在臺灣無法搜集到完整的 12 期；但是第 23 卷第 12 期後頁，附有整卷的文章索引。故缺漏的篇章，由索引內容補上。

（作者單位：臺灣輔仁大學）

注釋：

[1]　張世倫，〈日治時代：臺灣觀光業的起點〉，《臺灣光華雜誌》，第 31 卷第 3 期，2006 年 3 月，頁 46—47。

[2]　葉龍彥，〈臺灣戰後初期旅遊業的復蘇（1945—1955）〉，《臺北文獻》，直字第 163 期，2008 年 3 月，頁 34。

[3]　呂紹理，〈日治時期臺灣旅遊活動與地理景象的建構〉，《畫中有話：近代中國的視覺表述與文化構圖》（臺北：中央研究院近代史研究所，2003 年 12 月），頁 290—291。

[4]　蘇碩斌，〈觀光／被觀光：日治臺灣旅遊活動的社會學考察〉，《臺灣社會學刊》，第 36 期，2006 年 6 月，頁 192—200。

[5]　阮斐娜，〈目的地臺灣！——日本殖民時期旅行書寫中的臺灣建構〉，《臺灣文學學報》，第 10 期，2007 年 6 月，頁 61—75。

[6]　邱雅芳，〈殖民地的隱喻：以佐藤春夫的臺灣旅行書寫爲中心〉，《中外文學》，第 34 卷第 11 期，2006 年 4 月，頁 103—131。

[7]　廖新田，〈從自然的臺灣到文化的臺灣——日據時代臺灣風景圖像的文化表征探釋〉，《歷史文物》，第 14 卷第 1 期，2004 年 1 月，頁 16—36。

[8]　顏娟英，〈近代臺灣風景觀的建構〉，《臺灣大學美術史研究集刊》，第 9 期，2000 年 9 月，頁 179—206。

[9]　顏杏如，〈日治時期在臺日人的植櫻與櫻花意象："內地"風景的發現、移植與櫻花論述〉，《臺灣史研究》，第 14 卷第 3 期，2007 年 9 月，頁 97—138。

[10]　陳衍秀，《日治時期"臺灣鐵道旅行案內"的風景論述：一個考古學的閱讀》，國立交通大學語言與文化研究所碩士論文，2005 年 8 月。

[11]　對於旅行雜誌的研究，臺灣學界甚少人注意，僅有一碩士論文利用 1927 至 1937 年數據做探討。不過大陸學界，已注意到其價值，並有博、碩士論文進行研究。請參閱張慧真，《近代中國避暑地的形成與發展》，國立臺灣師範大學歷史學係碩士論文，2004 年 6 月；黃芳，《中國第一本旅行類刊物——"旅行雜誌"研究》，湖南師範大學博士論文，2005 年 3 月；靳慶然，《"旅行雜誌"研究初探》，北京師範大學歷史學係碩士論文，2005 年 5 月。

[12] 朱如堂，《陳光甫先生傳略》（臺北：上海商業儲蓄銀行，1977 年 7 月），頁 1、20—27、60—63。

[13] 徐友春主編，《民國人物大辭典（下）增訂版》（石家莊：河北人民出版社，2007 年 1 月），頁 2274。

[14] 人民鐵道 New—http：www. rmtd. com. cn/Article/2009—01—014/20090114091723. html；參閱徐友春主編，《民國人物大辭典（下）》（石家莊：河北人民出版社，2007 年 1 月），頁 2274—2275。

[15] 陳光甫，〈發刊詞〉，《旅行雜誌》，第 1 卷春季號，1927 年 3 月。

[16] 中國旅行社，《旅行雜誌》，第 11 卷第 7 號，1937 年 7 月。

[17] 中國旅行社，《旅行雜誌》，第 1 卷夏季號，1927 年 6 月；中國旅行社，《旅行雜誌》，第 23 卷第 12 期，1949 年 12 月。

[18] 中國旅行社，《旅行雜誌》，第 16 卷第 9 期，1942 年 9 月。

[19] 中國旅行社，〈旅行雜誌啓事〉，《旅行雜誌》，第 18 卷第 6 期，1944 年 6 月。

[20] 唐渭濱，〈二十週年獻詞〉，《旅行雜誌》，第 20 卷第 1 期，1946 年 1 月，頁 47。

[21] 中國旅行社，《旅行雜誌》，第 23 卷 7 月號，1949 年 7 月；旅行雜誌社，《旅行雜誌》，第 23 卷 11 月號，1949 年 11 月。

[22] 收藏家：民國時期雜誌的範例——追述《旅行家》的前身《旅行雜誌》www. laoditu. com. cn/w—laoditu/n2154. html

[23] 中國出版網出版參考雜誌社—旅遊雜誌？天地廣闊智者得 www. chinapublish. com. cn/cbckzzs/qkzx/20

[24] 旅行雜誌社，《旅行雜誌》，第 24 卷 3 月號，1950 年 3 月。

[25] 編輯科，〈編者與讀者〉，《旅行雜誌》，第 19 卷第 6 期，1945 年 6 月，頁 1。

[26] 編輯科，〈中國旅行社啓事〉，《旅行雜誌》，第 19 卷第 4 期，1945 年 4 月，頁 1。

[27] 編輯科，〈本志十大特色〉，《旅行雜誌》，第 19 卷第 5 期，1945 年 5 月，頁 98。

[28] 二戰中最早對臺灣在戰後問題的處理，可以視 1943 年 12 月 1 日，以新聞公報形式發表的《開羅宣言》首發其端。1944 年 4 月中華民國行政院成立"臺灣調查委員會"，爲中華民國政府最早對臺灣事務的專責機構。1945 年 3 月臺調會提出《臺灣接管計劃綱要》，遂準備在日本戰敗後接管臺灣。參閱中國第二歷史檔案館編，《臺灣"二二八"事件檔案史料》（北京：檔案出版社，1991 年 12 月），頁 1—31。

[29] 參閱陳純仁，《近年來的臺灣》（上海：新夏圖書公司，1948 年）。

[30] 陳純仁，〈臺灣番人種類及其習俗〉，《旅行雜誌》，第 19 卷第 5 期，1945 年 5 月，頁 61—63。

[31] 編輯科，〈旅行雜誌徵文特輯〉，《旅行雜誌》，第 20 卷第 1 期，1946 年 1 月，頁 1。

[32] 徐友春主編，《民國人物大辭典（下）增訂版》，頁 2664—2665。

[33] 鞠孝銘，〈臺灣地志〉，《旅行雜誌》，第 20 卷第 1 期，1946 年 1 月，頁 13—18。

[34] 開明，〈臺灣專著—臺灣的輪廓〉，《旅行雜誌》，第 20 卷第 2 期，1946 年 2 月，頁 53—56。

[35] 德羣，〈臺灣一月〉，《旅行雜誌》，第 20 卷第 5 期，1946 年 5 月，頁 51。

[36] 陳其英，〈臺灣環遊記（上）〉，《旅行雜誌》，第 20 卷第 9 期，1946 年 9 月，頁 5—9。

[37] 陳其英，〈臺灣環遊記（下）〉，《旅行雜誌》，第 20 卷第 10 期，1946 年 10 月，頁 21—28。

［38］資料室，〈臺灣的交通建設（補白）〉，《旅行雜誌》，第 20 卷第 2 期，1946 年 2 月，頁 59。

［39］予風，〈夾道濃蔭中游賞臺北市〉，《旅行雜誌》，第 20 卷第 7 期，1946 年 7 月，頁 43—45。

［40］徐蔭祥曾着有《荊齋八十年》，享譽文壇多年；參閱徐蔭祥着、劉興堯譯，《紫陀蘿花開的時候》，雲天出版社，1970 年 12 月。

［41］徐蔭祥，〈風光旖旎的臺北〉，《旅行雜誌》，第 22 卷第 5 期，1948 年 5 月，頁 1—6。

［42］章士超，〈臺北到宜蘭〉，《旅行雜誌》，第 22 卷第 3 期，1948 年 3 月，頁 1。

［43］成都大學人文社科網學報——浣花遨頭瑣談 http：//221.10.254.25/chinacddb/News_View.asp？N

［44］郭祝崧，〈走訪臺灣（上篇）〉，《旅行雜誌》，第 21 卷第 10 期，1947 年 10 月，頁 1—3。

［45］琅玕，〈從寶島到香島〉，《旅行雜誌》，第 23 卷第 8 期，1949 年 8 月，頁 19。

［46］華程網 www.huachengnz.com/article/view_13890.h

［47］張契渠，〈臺灣游騁記（上篇）〉，《旅行雜誌》，第 22 卷第 3 期，1948 年 3 月，頁 1。

［48］人物 ABC—王紹鏊 rwabc.com/diqurenwu/diqudanyirenwu.asp

［49］蔡禹門，〈臺灣展痕記〉，《旅行雜誌》，第 21 卷第 4 期，1947 年 4 月，頁 43。

［50］同濟大學暖通空調及燃氣研究所—吳沈釪 www.xl—cfd.com/tongjihvac/teachersnew/w

［51］吳沈釪，〈臺灣游屑〉，《旅行雜誌》，第 22 卷第 9 期，1948 年 9 月，頁 22。

［52］洪敏麟，《臺灣舊地名之沿革（第一冊）》，頁 195—196。

［53］蔡禹門，〈臺灣展痕記〉，頁 48。

［54］嘉興市圖書館—名人簡介徐忍寒 www.jxlib.com/mrdb/show_name.php name

［55］徐忍寒，〈臺游觀感〉，《旅行雜誌》，第 23 卷第 1 期，1949 年 1 月，頁 67—68。

［56］中國攝影博物館—活躍的記者群 www.cpanet.cn/gcms/end.php news_id=6322？

［57］趙定明，〈曇花一現記〉，《旅行雜誌》，第 23 卷第 9 期，1949 年 9 月，頁 36—37。

［58］中國廈門市集美區官方網站—9·18 前後的集美抗日救國會 www.jimei.gov.cn/myoffice/document；天津市河北區政務網—天津解放前夕"天津談判"的兩個問題 www.tjhbq.gov.cn/ReadNews.asp

［59］丁作韶，〈外省人看臺灣——縱譚臺灣的風景〉，《旅行雜誌》，第 24 卷第 1 期，1950 年 1 月，頁 43。

［60］蔡禹門，〈臺灣展痕記〉，頁 44。

［61］郭祝崧，〈走訪臺灣（上篇）〉，頁 3—4。

［62］百度百科—張韶 baike.baidu.com/view/1306313.htm

［63］張韶，〈臺北游展〉，《旅行雜誌》，第 23 卷第 7 期，1949 年 7 月，頁 7—8。

［64］張契渠，〈臺灣游騁記（上篇）〉，頁 3。

［65］蔡禹門，〈臺灣展痕記〉，頁 48。

［66］臺北教育大學—校史 w3.tmue.edu.tw

［67］Jeannike's Blog—建功神社—臺灣教育資料館 jeannike.pixnet.net/blog/post/22301187

［68］啟文古玩字畫播報—宋美齡一生財富知多少 club.china.alibaba.com/forum/thread/vie

［69］張契渠，〈臺灣游騁記（上篇）〉，頁 3。

［70］蔡禹門，〈臺灣展痕記〉，頁 48。

[71] 葉又枚，〈旅臺吟什〉，《旅行雜誌》，第 23 卷第 11 期，1949 年 11 月，頁 8。

[72] 個人圖書館 360doc—上海散步（組圖）七十一（轉載）www.360doc.com/content/090301/08/14381

[73] 荷音，〈臺北夜色〉，《旅行雜誌》，第 23 卷第 7 期，1949 年 7 月，頁 8—9。

[74] 陳松明，〈北投溫泉試浴記〉，《旅行雜誌》，第 20 卷第 8 期，1946 年 8 月，頁 37—39。

[75] 蔡禹門，〈臺灣屐痕記〉，頁 43。

[76] 北投虹燁工作室—來吧！來吧！北投溫泉歡樂地 www.wretch.cc/blog/yehzi59/

[77] 郭祝崧，〈走訪臺灣（上篇）〉，頁 4—6。

[78] 張契渠，〈臺灣游騁記（上篇）〉，頁 2。

[79] 丁作韶，〈外省人看臺灣—縱譚臺灣的風景〉，頁 43。

[80] 吳沈釔，〈臺灣游屑〉，頁 23。

[81] 易君左爲易順鼎（1858—1920）之子，易順鼎在 1895 年臺灣民主國成立時，在大陸擔任河南後補道之職。他奉南洋大臣劉坤一命令，來臺支持劉永福，爾後失敗乃作《魂南記》一書記事。不料其子易君左，日後與臺灣竟有淵源，有如胡傳與胡適父子境遇一般。1949 年底國民政府撤退臺灣，易君左旋前往香港暫居，1967 年再遷居臺灣。參閱〔清〕易順鼎，《魂南記》（臺北，臺灣銀行經濟研究室，1965 年 8 月）；上海歷史博物館—國民政府御用文人介紹之易君左 http://www.historymuseum.sh.cn/bbs/viewthread；思語文—易君左探姦 www.chinese—thought.org/ddpl/00521

[82] 易君左，〈北投與草山〉，《旅行雜誌》，第 23 卷第 7 期，1949 年 7 月，頁 7。

[83] 張韶，〈臺北游屐〉，頁 8—9。

[84] 蔡禹門，〈臺灣屐痕記〉，頁 43。

[85] 張契渠，〈臺灣游騁記（上篇）〉，頁 3。

[86] 徐忍寒，〈臺游觀感〉，頁 68。

[87] 張韶，〈臺北游屐〉，頁 8。

[88] 臺北故事館的歷史，經筆者請教臺灣史前輩王世慶教授，原來在日治時期該建築物稱爲しじみや，是一個有名的西餐廳。再根據維基百科的説明，它建於 1913 年，爲仿英國都鐸式建築。原爲大稻程茶商陳朝駿所有，初建完成命名爲"圓山別莊"；但陳氏過逝後，該屋乏人管理，日治末期甚至被總督府，充當監獄使用。由於凌雲的撰文附有照片，因此筆者清楚辨別臺北招待所，不是今臺北故事館。亦可參閱維基百科—臺北故事館 zh.wikipedia.org/wiki/圓山別莊—50k

[89] 凌雲，〈圓山風景綫——介紹臺北招待所〉，《旅行雜誌》，第 23 卷第 7 期，1949 年 7 月，頁 43—35。

[90] 蔡禹門，〈臺灣屐痕記〉，頁 48。

[91] 跟《旅行雜誌》報導臺灣景點的作者們，最後在 1949 年多選擇留在中國相較，張士超是少數幾個隨着國民政府來臺的人，爾後著作還被收入近代中國史料叢刊。參閱張士超，〈淡水漫步海水浴場〉，《旅行雜誌》，第 23 卷第 6 期，1949 年 6 月，頁 15—16；張士超，《國民大會錄》（臺北：文海出版社，1973 年 12 月）。

[92] 張韶，〈臺北游屐〉，頁 9。

[93] 蘧篨，〈漁家傲——淡水浴場〉，《旅行雜誌》，第 23 卷第 12 期，1949 年 12 月，頁 36。

[94] 許穀人，〈臺北指南宮〉，《旅行雜誌》，第 23 卷第 4 期，1949 年 4 月，頁 49。

[95] 蔡禹門，〈臺灣屐痕記〉，頁 49。

[96] 徐蔭祥，〈風光綺旎的臺北〉，頁 6。

[97] 徐忍寒，〈臺游觀感〉，頁 68。

[98] 李蕘生，〈新店碧潭印痕〉，《旅行雜誌》，第 23 卷第 7 期，1949 年 7 月，頁 10。

[99] 潘毅華生平難以考證，現可找得到僅有的數據，則是在 1925 年 8 月於上海創刊的《中國畫報》上，有"菲島見聞錄"的連載投稿，可知應是一位海外旅行人士。參閱 CH-KI 概念知識元庫—中國畫報 define. cnki. net/WebForms/WebDefines. asp

[100] 潘毅華，〈烏來一日游〉，《旅行雜誌》，第 23 卷第 9 期，1949 年 9 月，頁 48—49。

[101] 郭祝崧，〈走訪臺灣（上篇）〉，頁 8—9。

[102] 徐蔭祥，〈風光綺旎的臺北〉，頁 6。

[103] 吳沈釔，〈臺灣游屑〉，頁 23。

[104] 徐蔭祥，〈風光綺旎的臺北〉，頁 5。

[105] 許榖人，〈臺北指南宮〉，頁 49。

[106] 徐忍寒，〈臺游觀感〉，頁 68。

[107] 徐忍寒，〈臺游觀感〉，頁 68。

[108] 張韶，〈臺北游屐〉，頁 9。

[109] 荷音，〈臺北夜色〉，頁 9。

[110] 張契渠，〈臺灣游騁記（上篇）〉，頁 3。

[111] 基隆市仁愛區文昌小區發展協會 tw. myblog. yahoo. com/jw! 3q4xWyaYGgTmcE

[112] 基隆市鄉土教育資源網 www. syjh. kl. edu. tw/ ~ klhometown/new_ page_ 16. htm

[113] 牧兆堂，〈基隆港漫步〉，《旅行雜誌》，第 23 卷第 4 期，1949 年 4 月，45—48。

[114] 張士超所謂"第一大"，若按原文叙述"三貂嶺到武丹坑"之間的一段，計有 7, 180 尺長（約 1, 852 公里），應該指的是"第一長"之意。可是若把三貂嶺隧道，指爲當時全臺最長的隧道是錯誤的。因爲當時最長的隧道，也是在宜蘭線鐵路上，爲臺北縣外隆林街—宜蘭線大澳段的草嶺隧道，全長 2, 166 公尺。想必當時張士超搭乘火車去宜蘭時，都途經這二個隧道，但誤以爲三貂嶺隧道爲全臺最長的隧道。

[115] 張士超，〈臺北到宜蘭〉，《旅行雜誌》，第 22 卷第 3 期，1948 年 3 月，頁 67—68。

[116] 吳沈釔，〈臺灣游屑〉，頁 23。

[117] 人民網—徐悲鴻的送別詩 http: //www. people. com. cn/BIG5/paper39/741/90247. html；儀徵風情—又見盛成 http: //www. 0514. net/shengsheng/youjian. shtml

[118] 盛成，〈獅頭山記游〉，《旅行雜誌》，第 22 卷第 11 期，1948 年 11 月，頁 40—41。

[119] 丁作韶，〈外省人看臺灣—縱譚臺灣的風景〉，頁 42。

[120] 晚蘋，〈臺灣的佛國獅頭山〉，《旅行雜誌》，第 24 卷第 2 期，1950 年 2 月，頁 29—30。

[121] 吳沈釔，〈臺灣游屑〉，頁 24。

[122] 趙定明，〈新竹採茶賽〉，《旅行雜誌》，第 23 卷第 7 期，1949 年 7 月，頁 56—57。

[123] 秦瘦鷗的作品有《梨園世家第一部—秋海棠》、《梨園世家第二部—梅寶》、《孽海濤》等，但最膾炙人口之作，還是翻譯清末德齡郡主用英文所寫的回憶錄—《御香飄渺錄》。

[124] 秦瘦鷗，〈臺灣一瞥——金瓜石避暑記〉，《旅行雜誌》，第 22 卷第 10 期，1948 年 10 月，頁 33—36。

[125] 林則宏，〈大陸觀光客正式來臺〉，《交流》，第 100 期，2008 年 8 月，頁 8。

從接收到裁撤

——1945—1951 中國鹽業公司的變遷[*]

顏義芳

一、前　言

據悉於黃帝之時夙沙氏開始製鹽起，便知中國已用鹽佐味，故中國製鹽起源其來久遠。《尚書・說命》：『若作和羹，爾惟鹽梅』更知中國在商代就有用鹽調味的記載。《尚書・禹貢》：記載青州『厥貢鹽絺』，青州即今山東省地方，其產出供作貢鹽。中國有關食鹽的記載，可溯推至夏代。至周代，更將鹹味納為『五味』（酸、苦、辛、鹹、甘）之一，並運用於醫學治病上。《周禮・天官塚宰》的『以鹹養脈』，是周代人對鹽醫療功能的新認識。《呂氏春秋》：『調合之事，必以甘酸苦辛鹹，先後多少，其齊甚微，皆有自起』、『鹹而不減』更具體探討鹹味的調理方法。而後，鹽調味的作用愈受到中國人的重視，漢代王莽稱鹽為『食餚之將』，更突顯鹽在飲食烹飪的重要性。

而中國的鹽政則始於春秋齊國管仲所作之『管子海王篇』，其法是以民製為主，官製為輔，而民製之鹽亦必須繳交官府統一收購。總而言之中國歷朝以來對於鹽業的管理皆受政府掌控，其方式不外採取專賣或徵稅等兩種，但自明末創行綱法後[1]，專商制度便一直延續至民國。所謂專商制乃係指鹽之收購與運銷，政府將此相關業務完全授與專商行之。由於其中所牽涉的利益甚大，故常易起弊端與紛爭，而這也是民國初立，政府極欲改革鹽政的動機。但民國二（1913）年，北洋政府與英、法、德、俄、日五國銀行團簽訂善後借款，以鹽稅抵押，列強介入干涉中國鹽務，政府僅能使用鹽稅收入抵債後的餘款（即所謂鹽餘）[2]。由於當時國內軍閥割據各自為政，導致政令推動常受牽制。但北洋政府為尋求鹽稅之增收，乃籌議改良，卻遭鹽商群起阻撓並廣行賄賂，導致鹽制積弊日漸加深。同年 12 月 23 日，北洋政府頒佈《鹽稅條例》[3]，規定每百斤徵稅 2.5 元（後增加為 3 元）[4]，同時規定不得再以其他名目額外徵稅。從此鹽的稅率便得以逐漸趨於劃一。據鹽務稽核所統計全國鹽稅收入在民國三（1914）年總金額為 6848 萬 3 千元，但至民國八（1919）年則擴增為 9005 萬 2 千元[5]。嗣後因內戰頻繁各省花費浩繁，籌集軍需乃遂相繼截留鹽稅留存自用，更紛起擴增鹽稅之附加，導致中國鹽政積弊更陷嚴重深淵。民國十六（1927）年南京國民政府成立後也立即著手規劃改革鹽政，並於民國二十（1931）年 5 月 30 日頒布新《鹽法》，對食鹽的產銷、儲存採取嚴格管制，明令禁止運送、私賣，採取"就場徵稅，讓人民自由買賣"之原則，並規定每百公斤徵稅 5 元，漁鹽徵稅 0.3 元，工業、農業用鹽則完全免徵。期望藉由此舉能破除專商引岸的壟斷，更希望能減輕人民的生活負擔。但因當時國家尚處於分裂的狀態，財政當局恐冒然實施改革可能會造成稅收短缺，加上專商從中阻撓而遲遲無法施行。其後更因時勢變化及對日抗戰而從未實現，僅部分地區在場產整理及稅徵制度上勉能推動，但鹽稅收入的增加卻有相當的助益。民國十六（1927）年全國鹽稅收入為 11、963 萬 8 千元，至民國二十六（1937）年抗戰前，全國（不含東北及臺灣）鹽稅收入便已達 21、770 萬 5 千元，佔當時財政總收入之 22.9%[6]。抗戰初期陷於膠著的戰況是直接影響鹽的生產，但也因此改變鹽業經營的局面，長期沿用的專商引岸制度幾近於名存實亡的狀態。國民政府為了籌措軍費乃宣佈於民國三十一（1942）年 1 月 1 日起停徵鹽稅，試行以官收模式介入管理，繼而再正式廢止專商引岸的舊制，並適時導入施行鹽專賣制[7]。後因績效不佳，乃於民國三十四（1945）年再改專賣為徵稅制。換言之抗戰期間，中國的鹽業經營僅能因時制宜、順勢而為。抗戰勝利後配合接收日本據有之東北、華北及臺灣鹽田及所屬工廠之管理，政府重申取消專商引岸之前令，改採就場或就倉課稅的模式，尋行自由貿易之可能。因此對於鄂、湘、皖、贛的票商；冀、魯、豫的綱商；兩浙、松江之引商；以及兩淮之專商等徹底解除其職權，同時也廢除施行近三百餘年的鹽政制度。民國三十五（1946）年 2 月通過鹽政綱領，明訂鹽業的經營是在政府的監督體制下，採行民製、民運、民銷的自由貿易制度[8]，此舉是期望給予鹽業擁有更寬廣的發展空間。並自民國三十六（1947）年起依據鹽政綱領之精神，管理場產及建設鹽場，以利防緝藏私。同時也採行裁併整合的手段，廢除產力不彰績效不佳之鹽場，以利經濟生產之發展。更為落實企業經營之發展於民國三十六（1947）年 5 月 1 日成立中國鹽業公司。

然而 1945 年對中國鹽業的發展而言，除必須在極短的期間完成接收日本所遺留下的龐大鹽田及生產工廠、同時也要思考如何因應日本人撤離後技術承接的後續問題，更應在混亂的政局中規劃鹽的產銷運送及業務調配，以安定民生。原本期待復員後鴻圖大展的作為，卻因國共內戰導致業務推動甚至被迫縮減、中止，甚至最後於民國四十（1951）年在臺灣遭到裁撤的命運，其轉變之迅速幾乎令人感到措手不及，其過程之無奈更是值得回顧與探討。因此本文擬運用國史館臺灣文獻館所典藏之『臺灣鹽業檔案』，由中國鹽業公司成立前後的鹽業鹽政架構，以接收日本所遺留之鹽務產業為研究中心，思考中國鹽業變遷的概況，進而探討戰後到國民政府遷臺期間對中國鹽業公司發展過程的影響。

二、中國鹽產地及販賣

中國生產鹽的區域幅員遼闊，東起遼寧、南迄兩廣海南、西至西藏、北及蒙古，幾乎涵蓋整個中國全土。其中山東地方專門生產煎熬鹽，山西、陝西除了煎熬鹽以外，也生產天然鹽及天日鹽，亦即所謂的日晒鹽。據悉此地方鹹池的周圍不僅有天然鹽滲出結晶，亦盛行仰賴太陽的製鹽方式。而被廣泛使用的所謂新式天日製鹽法則是起自於十世紀左右，係由西西里島修道院的僧侶所發明，爾後傳播至世界各地。而導入中國則是在清初康熙年間，是由天主教宣教師引進，當時先於直隸省沿岸示範開設鹽田後，因成效良好便擴展至全國各地的合適海岸。各地鹽產地及製法整理如表 1 所示[9]：

表 1　中國各鹽產地及製鹽法

鹽產地	製法	鹽場	摘要
臺灣	天日製法	鹿港、布袋、北門、七股、臺南、烏樹林	在臺灣西南部的海岸線
長蘆（直隸）	天日製法	豐財、蘆台、大清河、口北	

续表

鹽產地	製法	鹽場	摘要
東北	天日製法	興綏、營蓋、金州、復縣莊河、錦西、綏豐、盤山	此地方降雨少，故不僅荒野產鹽，其他地方也產鹽，但倉存的方式略有差異。淮北即黃河舊河道以北的鹽場原淮南即黃河舊河道以南地方，縱使同樣採取煎熬法，也於清末宣統左右轉移為天日製鹽法，產量頓時增加。
山東	天日製法	魯北（永利、王官、萊州）、膠東（威寧、石島、金口）及膠州灣之膠澳	
兩淮　淮北（江蘇）淮南	天日製法	濟南、中正、板浦、青口	在淮南鹽場今尚海邊（間斷海岸退去五、六里，遠達十里以上進入內地）蘆沼中的鹽分多，在每處撒佈蘆炭或砂吸收鹽分，將此搔集採鹹水焚蘆草煎熬。處處皆為鹽場不僅管理困難，且製鹽費用高漸次被廢止。
	煎熬法	灣廟、新伍、草安、掘餘、安豐、富安、拼茶、豐利、角斜、呂四、餘東	
兩浙（浙江）	天日製鹽或煎熬法	浙西、寧屬、錢清、餘姚、定岱、玉泉、黃岩、長林、北監、雙穗、南監	兩浙地方的天日製法是搔集吸收鹽分的海砂，採取鹹水後置入板造淺桶自然結晶，因此能降低生產費。
福建	天日製法	蒲田、山腰、蓮潯、東詔	
兩廣	天日製法	東場（潮橋、海陸豐、惠陽）西場（雙恩、電博、雷州、白石、瓊崖）	
河東（山西）	天日製法	解池、晉北晉中土鹽	由稱為解池之鹽湖製出，而土鹽因產地遼闊故以產縣為產地
四川	煎熬法	自流井、貢井、犍為、樂山、井仁、資中、大足、彭水、忠縣、鹽源、雲陽、大寧、開縣、奉陽、隆昌	由鹽地或鹽井採取鹹水，以天然瓦斯煎熬

鹽產地	製法	鹽場	摘要
雲南	煎熬法	滇中（元永、墨井、阿陋井、琅井）、迆西（喬后、喇雞、雲龍井、彌沙井）、迆南（磨黑井、按板井、香鹽井、石膏井、益香井、鳳崗井）、白井（白鹽井）、昭通（汪家坪）、安寧井	由井水採取鹹水煎熬
甘陵	天日製法 煎熬法	漳縣鹽井、臨夏土鹽池、小紅溝土鹽池、哈家嘴土土池、金溝口及八盤鹽池、鹽關鹽井、惠安堡土鹽池等	皆由鹽池或鹽井製成
	天然產		鹽池周圍滲出結晶。
蒙古	天日製法 天然產		由鹽池製成。 由鹽池中及周圍採取。

抗戰勝利後，為方便場產的管理乃將上述產區重新劃分，當時全國共分東北、長蘆、山東、兩淮、上海、兩浙、福建、兩廣、川康、川北、雲南、西北、陝西、山西及臺灣等 15 區。民國三十六（1947）年 9 月更因業務接管的需要，將兩淮再區分為淮南及淮北二區，但至翌年 11 月始再併整為兩淮。此外三十七（1948）年 2 月受國共內戰的影響暫將山西併入陝西統稱為陝晉區，翌年 2 月再將陝晉併入西北區。此際全國產鹽區域僅有 13 區[10]。由於中國幅員廣大，基本上各鹽產地所生產鹽皆有其各自固有的行銷區域，亦即每一鹽場各有其鹽販賣的區域，其狀態整理如表 2[11]：

表 2　中國各鹽產地的販賣區域

鹽產地	販賣區域
臺灣	臺灣
長蘆	直隸省之大部份及山西、河南兩省之一部份
盛京	盛京、吉林兩省之一部份，黑龍江之大部份
山東	山東省之大部份，河南、江蘇、安徽各省之一部份
兩淮	江蘇、安徽、江西、湖南各省之大部份，湖北省之一半
兩浙	浙江省之全部，安徽、江西、江蘇各省之一部份
福建	福建省之大部份
廣東	廣東、廣西兩省之全部，湖南、江西、福建、貴州、雲南各省之一部份
河東	山西、陝西兩省之大部份，河南省之一部份

续表

鹽產地	販賣區域
四川	四川省之全部，貴州之大部份，湖北省之一半，雲南省之一部份
雲南	雲南省之大部份
甘肅、陝西	甘肅省之大部份，陝西省之一部份
內蒙古	內蒙古地方，甘肅、陝西、山西、直隸、黑龍江各省之一部份

鹽由生產至消費的販賣過程，運送調配是影響產銷平衡的重要因素。而近代中國的運鹽方式不外乎商運及官運兩種[12]。

其中商運是鹽商於繳納定額的稅金後，由生產者購買鹽運往各地方販賣。其中部分稅金是必須在鹽運送過程，交付給通過地的管理單位。官方認為此法若普遍施行，則便能輕易的坐收稅金，而在廣東地區則是採取委任鹽商團體納稅的方式。鹽商每年繳交官方定額的稅金後獲取所謂『引』或『票』的證明，是顯示定額販賣數量的特許證明（分為無期限及限定期間二種）。而此類的鹽商，一般是具有資產的殷富。官方發予鹽商『引』或『票』的制度是源自於宋或元，其目的是讓中央政府能在各產地確實課稅，以作為國家歲入的財源。故引票是由中央戶部發行，再交由地方鹽務官交付[13]。基本上是採一引一票的稅配鹽額，由發行量便能有效掌握當年的歲收。然而因襲久遠，導致法規混亂，為便於管理，中央政府乃將鹽政總括權轉移歸地方，引票因此成為是地方呈報中央形式上的收入證明資料，而中央對地方則是設定一年應繳稅收的金額標準。至清末，除鹽稅之外包括厘金及附加稅的徵收皆由地方任意決定，此舉讓中央幾乎無法預估實際的收入。鹽政的形成如前所述，長久以來已在中國各地施行，各地雖為因應時勢而有所變易，但中央卻未曾嘗試將其統一，僅以引票訂定稅額作為中央收入之準則，清末雖有統一之議起但卻未能達成。及至民國仰賴外國人之監政，漸漸呈現統一之實，始知有鹽稅之實際收入。

而官運是官方由鹽產地購買鹽，直接或暫時搬運至官方的倉庫儲藏，再出售給鹽商販賣，因此除能收取原本的鹽稅以外，尚能獲取販賣的利益盈餘。其中以清末吉黑榷運局收購盛京省沿岸的製鹽，再由滿鐵以一定的價格運送，在吉林及黑龍江兩省販賣來達成官運之整頓最具代表[14]。而福建省的專賣制度則是官運表現最為完備之處，亦即該省於民國二年1月發行180餘萬的省債，收購鹽商的引票及所持有的鹽，利用此舉將產鹽完全歸為官有[15]。此也樹立先由官方收納鹽後，再將其運送至需求地消費的販賣制度。初期成績雖然頗為良好，但歷經一段時間後，鹽稅收入反而漸漸減少，此乃其中利益甚巨驅使私製私售猖獗盛行，導致政府緝私費用大幅增加所致，故於民國九（1920）年開始便規劃廢止，並於翌（十）年3月全部轉改為商運。此外傳統上皆為官運之江西省建昌一府，安徽省之徐安及全椒的三縣，山西鹽的河南進入，四川鹽的雲南、貴州的進入，四川鹽的成都附近、廣東的一部分等產地鹽運因距離遙遠而導致收益降低。鹽商是以利潤為優先考量，自然是厭棄而不願為，所以上述地區初始多依附官運。然而因鹽販賣商常滯欠納金，衍生為欠款導致鹽商損失龐大，更因官吏貪瀆腐敗誘致頗多，故自民國三、四年以後便漸漸停止運送而改依附商運，換言之在此際中國幾乎已無官運之處。此乃因中國鹽政主要是採取徵稅方式，官方除於鹽產地或通過地徵稅及取締私鹽外，幾乎完全委託特許鹽商自由販賣。

三、抗戰勝利前的鹽業概況

民國建立以來，百廢待舉，北洋政府為確實掌握財政，集權於中央，乃於民國二年（1913）設立鹽務稽核總所力圖改革並統籌中國鹽稅收入，此為民國整頓鹽務之始。及至民國十五（1926）年國民政府成立，屢有改革鹽政之議，為求落實乃先於廣州設立鹽務總處，後更於行政院下設立鹽政改革委員會，專職鹽政興革之計畫。民國二十（1931）年頒布新鹽法，但因受國家處境所限，至對日抗戰皆未能真正實施，僅就場產整理及促進稅收方面勉能推動，但終究成效有限。蘆溝橋事變後，全國一致對日抗戰，局面的改變也影響國內鹽業的生態，尤其是長年的專商引岸制度因戰局混沌而名存實亡。加上時勢急遽變化，乃先試行政府官收，再頒布行政命令逐步取消專商引岸之舊制，施行鹽專賣以利民生。繼於民國二十五（1936）年在財政部下設鹽務總局，負起全國鹽稅征收業務，並收回產、運、銷、稅、緝等一切鹽政要務統籌辦理，讓鹽務管理法制化及現代化。但引岸專商在淪陷區依然控制薹售之利，影響鹽業整體發展。

九一八事變後，東北地區的舊有鹽場被日本人設立滿州鹽業株式會社開拓為新式鹽田，其利用電力汲潮引滷而產量激增，更利用滿州鐵路搬運場之產鹽而大幅降低成本。年產量甚至達到 150 萬公噸以上[16]。本區產鹽集中於遼寧、安東兩省，綿延海岸鹽灘毗連，加上日本處心精營，故產鹽之盛幾冠全國。

上述日資鹽業會社，其資本在民國二十六（1937）年總計 8000 萬元[17]，加上日本人對於鹽場規劃周全、設計完善及監督嚴謹，故在短期間便具鹽業生產規模，達成鹽業工業化的初步基礎，而鹽的產量也因此有顯著增加的成長。民國以來至抗戰勝利前的中國鹽業，因國家長期處於分裂、外侵及戰爭的混亂狀態，在鹽政上必須採取因地因時制宜的方式施行。簡而言之在民國成立至北伐統一的重點乃在建立人事制度，鏟除獨佔特權的架構，分區分期淘汰排除專商。而後至全面抗日前則是歸併整合鹽務機構尋求事權統一，積極建設鹽田整頓稅制根除陋規。及至抗戰勝利前，則配合戰時民生需求，努力增產加強運銷，並因應時局之變化改以配銷方式試行專賣之可能。

七七事變後，華北淪陷，大陸沿海區域也幾乎為日本佔領。日本為彌補其國內產鹽之不足，乃於華北地區積極開發原鹽資源的生產，更於民國二十八（1939）年投入 2500 萬元的資金，成立華北鹽業株式會社[18]，負責執行華北地區的鹽務統制業務。其主要的作為除了整頓改造舊有鹽田外，也積極開闢新式鹽田以提升產能。同時為確實掌握鹽的產銷通路的順暢，亦積極參與國內外運銷業務的經營。而華北地區鹽之運銷，數百年來皆採專商引岸制度，抗戰期間國民政府雖明令廢止，但華北的鹽務組織仍沿舊制至日本戰敗，始取消蘆綱引地改由鹽商自由營運。此外更為精鹽製造分別在塘沽及唐坊設廠。另為配合鹼業等以鹽為主要原料的化學工業經營，更有計畫開展鹽產業的生產架構。由於日方資本雄厚，設備完善及技術新穎，經營未久便顯成效。尤其在大沽、大清河、大神堂、蟶頭沽等地開闢鹽田面積達40 萬畝，更屬空前之壯舉[19]。同時配合品質提升之要求，分別於漢沽設立洗滌鹽工廠及苦汁工廠在大沽成立電解及苦汁工廠。此外也以鹽及其副產品為原料設廠製造精鹽及化學品。而至民國三十（1941）年的產量已較原先規模擴大近三倍。

此外，山東海岸線綿長達千餘里，北接長蘆、南通兩淮。在魯北有永利、王官及萊州；在膠東有威甯、石島及金口；在膠州灣有膠澳，其面積遼闊鹽產豐富，主要是供應日本、香港及朝鮮。此地區之產鹽質優本輕，是極為適合的鹽田。惟長期迭遭戰亂，經濟蕭條難以更生。而日本佔領山東後，立即組織山東鹽業株式會社著手修復鹽田、改進生產流程、擴大建設規模以利晒製。在短期間便顯宏效，鹽民經濟亦獲改善。此可由承運灘鹽轉坨千餘艘的帆船便可想像當時鹽盛產的景況。

四、跨越戰爭的臺灣鹽場

臺灣因甲午戰爭後簽訂馬關條約後淪為日本殖民地。日本統治之初便以施行鹽自由買賣政策為由，廢止源自於劉銘傳以來的鹽專賣制度。後因弊端叢生紊亂不堪，乃於明治三十一（1899）年復行鹽專賣，然鹽田僅存 300 餘甲而已。為促進增產以利民生需求，乃獎勵民間積極參與鹽田修復，同時也致力改良鹽的生產製程，並於大正八（1919）年成立臺灣製鹽株式會社，在官民同心協力下，至大正十二（1923）年鹽田便擴增為 2348 甲[20]，而鹽產量也持續成長。

日據時期，散佈於臺灣西南部海岸線的鹽田，由北至南分別是鹿港、布袋、北門、七股、臺南、烏樹林等 6 處。總面積 7470 甲，開晒面積 4408 甲，其中瓦盤鹽田 1406 甲，土盤鹽田 3002 甲。各鹽場狀況整理如表 3 所示：

鹽場	位置	摘要
鹿港	彰化縣鹿港鎮西	創闢於大正十三（1924）年分 3 區共 128 甲皆為瓦盤，年產 6000 公噸，因自然條件不足，生產力低。於 1951 年改墾為農田。
布袋	嘉義縣布袋鎮及東石鄉	為臺灣傳統鹽田所在，包括掌潭、布袋、新塭及虎尾寮，分 10 區計有瓦盤 590 甲（年產 5 萬噸，屬個人或小組織所開發，品質參差）；土盤 1162 甲年產 6 萬噸，昭和十四（1939）年繼由南日本製鹽開闢
北門	臺南縣北門鄉	創於嘉慶二十三（1818）年包括王爺港、蚵寮、洲北、中洲及井仔腳等五區，共 374 甲，年產 3 萬 6 千噸，皆為瓦盤
七股	臺南縣北門鄉及將軍鄉	昭和十四（1939）年開闢完成，為近代化集中式，共分八區，面積 1393 甲（其中 266 甲屬臺鹽會社；1127 甲屬南鹽會社）皆為土盤，年產 7 萬噸。
臺南	臺南市安南區	為鄭成功時期開闢，為臺灣最古老之鹽田，包括安順、鹽埕、灣裡 360 甲（瓦盤 221 甲、土盤 139 甲）及安平試驗鹽田 123 甲，共分四區，年產 25000 噸
烏樹林	高雄縣永安鄉及湖內鄉	明治四十一（1907）年開闢，包括竹滬、彌陀，分三區面積 401 甲（瓦盤 93 甲為臺灣人開闢，土盤 308 甲為南鹽之工業鹽田），年產 27000 噸。

臺灣總督府將臺灣定位為日本南進的基地，因此在尋求工業化的進程中，鹽業政策是必須配合軍事行動需求的產業。為落實上述的目標，乃於昭和十（1935）年在七股建闢鹽田，後因整體計畫變更而停止開發[21]。但為尋求食鹽品質之提升，分別於鹿港、布袋、北門及烏樹林建設分碎鹽工廠。並運用安順的採鹹鹽田滷水煎鹽，在安平建設煎熬鹽廠。昭和十二（1937）年為擴展工業鹽的生產，分別在臺南及高雄縣境，徵地 5 千甲，再配合公有地預定

開闢工業鹽田 4 千 5 百甲，以供建造鹼廠及苦滷廠之原料使用。但因進入太平洋戰爭期，各種器材資源缺乏，加上物價暴漲等因素導致資金調度陷入困難，最後僅由南日本鹽業株式會社完成土盤鹽田 3 千 7 百餘甲、布袋採鹼鹽田 350 甲及溴素廠、鹼廠等化學工廠。此外昭和十七（1942）年由日本資本設立之『鐘淵曹達株式會社』，收購安順媽祖宮附近及海尾寮部分共 748 甲的土地。昭和十九（1944）年開闢竣工鹽田面積為 667 甲。日據時期稱為『鐘淵鹽田』。是配合日本海軍製造氯氣需要而興建，是採取波美 20 度左右滷水為原料，滷水取氯後再濃縮以製造苛性鹼。具備苛性鹼 13000 噸、液態氯 3400 噸、鹽酸 17000 噸的年產能。但開始生產即遭到美軍飛機轟炸受到嚴重損壞。因鹽田欠缺管理而逐漸荒蕪。此外鐘淵曹達亦在安順設廠並開設鹽田生產[22]。

臺灣鹽的運銷是由商人組成官鹽承銷合作社統辦，其下設總館、支館負責島內配銷。而外銷則由臺灣總督府收購後委託專商輸出。明治三十九（1905）年取消合作社改設食鹽承銷總館，並將 4 級制[23]改為 3 級制[24]。大正十（1921）年增設再製鹽總承銷商，由臺灣製鹽株式會社負責，而其銷售則委由支館及零售商兼辦。輸日鹽由專商承運價交日本專賣局配售。而工業用鹽除部分由臺鹽株式會社自行輸出及需要者來臺採購外，皆由各地專商訂約售出。大正十五（1926）年承銷商由 3 級制改為批發商及零售商 2 級制。原有之總承銷商（元賣捌人）則轉為食鹽及特殊鹽運送人。其後島內銷鹽統由丸通公司承辦，而外銷則統由臺灣鹽荷役會社辦理。然而至第二次世界大戰末期，因鹽是重要的工業原料，故臺灣的鹽田及製鹽工廠多數毀於盟機空襲。

五、光復後的鹽業概況

（一）在動亂中接收

抗戰勝利復員初期，即施行『民製、民運、民銷』的制度，但生產運輸皆非屬正常狀態，除近場區域及產鹽省區由商人自由運銷外，其他不產鹽地區則由鹽務總局依實際需求通盤配給。然而對幅員廣闊的中國而言，鹽的運銷區域在欠缺運輸交通的條件狀況下，若擬藉由籌運供銷則勢必端緒紛繁。而抗戰勝利後的鹽務接收工程是起自於民國三十四（1945）年 10 月 29 日，並於民國三十五（1946）年 1 月 11 日陸續以一等局的鹽務組織模式，恢復淪陷區鹽務管理局的機能。對於鹽的銷售，除臺灣因民風已習慣專賣外[25]，中國境內幾乎是全改採自由貿易政策，亦即任何的商民皆可繳費赴場領運，再自由銷售。但為避免新舊鹽商過度競爭，政府乃以適宜對策規範。況且復員之初物流通路並不順暢，各省民生需鹽極為迫切，但政策未定導致商運觀望不前，連帶影響整體供需之因應。國民政府為解決民生用鹽，乃於民國三十五（1946）年 1 月由鹽政總局在上海成立『閩浙淮魯場鹽督運處』負責統籌配運，督導各產區官商並運以濟鹽荒。當時辦運係採兩段辦理，其中場區至上海由公家或招商代運，而上海至四岸各段則委託商運。而後商鹽亦只需繳足稅額便予放運[26]。但淮南少數城市因甫經接收，管控制度未盡完備，導致當地的鹽行或鹽店多銷售未稅鹽（私鹽）以謀暴利。此外鹽務機關也視各地銷需的狀況及周邊環境的變化，擇要設置據點倉庫以籌運足量鹽屯儲來彌補商鹽之不及以控鹽價穩定。對東北地區的鹽場而言，雖然抗戰勝利但受到戰爭摧毀的影響，整體遭到嚴重的破壞。故此區域的鹽務重整，原則上是由場商組織的建構開始以便管理。民國三十五（1946）年 3 月政府開始接收遼西四場[27]之民灘，為求業務展開以供民需乃先以舊法嘗試晒製，而營盖、金州、復縣及莊河等各場則扼要興修。

但隨著國內政局混亂惡化，民國三十六（1947）年 2 月起物價開始蠢動，政府為平衡鹽價乃要求鹽商墊本販賣，但長期賠本銷售，勢必引發資金運用緊縮，連帶也會影響鹽之籌運。此時產區銷區間之交通時虞梗阻，為免鹽供需失調導致價高量少的民食荒缺危機，乃依鹽政條例規定開常平鹽應急。同年5月更因國共內戰的擴大，東北地區的金州、復縣及莊河等三大鹽場相繼撤守，而其他各場也因氣候失常、雨水氾濫成災而無法生產。當時的中國，各地方秩序不寧，整體局勢風聲鶴涙，導致各地場鹽的鹽民不能安心生產。在供不應求的狀況下，連帶造成鹽價節節高漲。其中位於華南地區的廣東就因生產量不敷供應民生所需，於11月經中國鹽業公司緊急折衝調配，由臺灣區辦運6000公擔至廣州濟銷方能暫時渡過難關[28]。

（二）中國鹽業公司的成立及業務

抗戰勝利之餘，百廢待舉及復員安置等支出浩繁，國民政府為改進鹽業，將東北、華北、臺灣等各地大規模的鹽業劃歸鹽政總局接管。其中華北鹽田面積廣闊，且工廠設備完善，乃先成立華北鹽業公司整備復舊以促生產。而東北及臺灣當時對於鹽業經營意見分歧，或主歸國營以應建國政策；或主撥交民營以符鹽政綱領；或主官商合營以裕資力。國民政府幾經權衡認為惟有專設機構統籌營運方能再創鹽業新契機。因此依據鹽政綱領於民國三十五（1946）年11月整併東北、華北及臺灣等接收於日本的鹽田及其附屬工廠為中國鹽業公司。除致力於復舊外，並積極修復鹽田及工廠，尋求運銷業務之發展。此外為因應民國三十六（1947）年2月17日頒布『經濟緊急措施方案』之國營事業依狀況緩急，公開發行股票出售或轉型民營化以裕財政收入。而中國鹽業公司乃依據決策進行官商合營之規劃[29]。歷經募股及註冊等程序，民營化的中國鹽業股份有限公司於民國三十六（1947）年11月25日正式在上海創立[30]。其附屬機關與國營時期無甚變動，僅上海、漢口及鄭州改為辦事處，其餘改為營業處。

然而對於中國鹽業公司的資產清算，則歷經官股及民股雙方董事數度研討，擬訂[31]（1）官股民股維持45.811對54.189的比例。（2）資本額為國幣1000億。（3）接管資產估價待時局安定再另行清算，資產餘額部份視為公司對政府之負債。（4）上述之負債以臺灣鹽場價折算。（5）負債由公司分15年繳還政府。其中（1）（2）兩項基本上是維持原先的規劃內容。（3）則係因華北及東北兩分公司的資產受時局混亂的影響，國民政府雖然有接收之名但卻無掌控之實，僅能就其可掌握的臺灣資產進行估算，並依照當時物價指數換算。結果讓原本擁有293億元資產的臺灣鹽業，反而因通貨膨脹必須背負近1590億元的政府債。

中國鹽業股份有限公司於民國三十六（1947）年5月1日正式成立，總公司設於天津，下設生產、營業、財務、總務四部及工程總廠。另於錦州、天津及臺灣設立東北分公司、華北分公司及臺灣分公司。除此之外也在南京設辦事處，在上海、下關、蚌埠、蕪湖、漢口、南昌、長沙、鄭州、開封及漯河等銷售據點設銷區事務所。其業務範圍是涵蓋全國鹽業及其各項附屬事業[32]，其中再製鹽得自由運銷，洗滌鹽在政府指定範圍內自由銷售，而原鹽則是配合鹽政機關之政策運銷。而海外輸出則自民國三十六（1947）年起委由中信局與東京盟軍總部洽辦，分別由臺灣（947、500公擔[33]）、山東青島（630、000公擔）、天津長蘆（208、500公擔）及福建（115、810公擔）裝運日本交換建設物質，而所有價款概行記帳方式，稅款則奉令免徵。

然而隨著國內經濟狀況的惡化，於民國三十七（1948）年8月隨著幣制改革所推行金圓券的失敗，導致10月下旬各地物價波動更為加劇，政府為求市場穩定以安民生，乃擴大民生用品配售範圍。因此鹽也轉為配給販賣，但因通貨膨脹產運成本高漲，不僅造成龐大的虧損，更難以滿足民生需求。而此時輸日鹽也因時局劇變，國民政府喪失北方港口的掌控權，僅能由臺灣出口，但數量卻大幅下降，只有 319、500 公擔[34]。民國三十八（1949）年初華中戰事告緊，影響整體鹽運的推動，原本由淮魯蘆臺等各區供應的食鹽，因淮魯蘆先後為共軍所佔領，在長江航運受阻的狀況下，臺鹽的運送僅能假道粵漢鐵路運送湘北。其中於 2 月，有二船臺灣鹽被誤認為惡意侵銷而引發當地群起罷卸。民國三十八（1949）年秋華中盡陷，為應付緊急局面的撤離需要，乃於各地拋售儲鹽以套回官本充作疏散之費用。及至民國三十九（1950）年初，共軍氣勢更為旺盛，華南時局也日告緊張，隨著廣東的雙恩、電博、雷州、白石等四鹽場及海南島的瓊崖先後失守，中國鹽業公司最後僅能終止大陸業務撤退至臺灣。

（三）臺灣鹽業的接收

臺灣光復後，因回歸祖國而鼓舞歡騰，但整體經濟卻因戰爭耗損而幾無餘力復興。尤其鹽業設備歷經盟軍空襲摧殘，可謂精華盡失。民國三十五（1946）年 1 月，鹽與樟腦、煙酒等皆併由臺灣省行政長官公署專賣局接收，並續行專賣業務。而臺灣總督府專賣局所轄之臺灣製鹽株式會社及南日本鹽業株式會社，也同時合併為臺南鹽業公司繼續負責鹽的產製業務。負責運送的臺灣鹽荷役會社則改組為臺南鹽運公司。當時臺灣省行政長官公署接收日本殖民政府遺留的鹽場有布袋場（掌潭鹽田、布袋鹽田、新塩鹽田、虎尾寮鹽田、壽島鹽田、中區鹽田、北港鹽田）、臺南場（安順鹽田、鹽埕鹽田、灣裡鹽田）、北門場（蚵寮鹽田、王爺港鹽田、井仔腳鹽田、北門鹽田〔包括中洲鹽田〕、鹿港場（鹿港鹽田）、七股場（台區鹽田、中寮鹽田、后港鹽田、馬沙溝鹽田、青鯤鯓鹽田）、烏樹林場（烏樹林鹽田〔永安鹽田〕、竹滬鹽田）等六個鹽場，其包括土、瓦盤鹽灘及採鹹鹽灘等共計 4408 甲[35]。

臺灣鹽業因具有極高的產值，故國民政府各部基於本身的權益，對接收見解有甚大的差異。其中經濟部認為鹽是國家重要工業資源，主張由其所屬之資源委員會接管。但財政部鹽務總局認為鹽田生產是國家重要稅源，更是鹽政管理的權責範圍，故理當由其接管。財經二部對鹽業的接管，各有堅持且多存歧異。雙方幾經協商折衷定案並呈報行政院核准，凡鹽田及其相關附屬工廠等以產鹽為主者，歸財政部鹽務總局接管。而製造工業原料為主者，則歸經濟部資源委員會接管，並組設臺灣鹼業公司經營。

而財政部為落實臺灣鹽政管理事權之統一，由鹽務總局於民國三十五（1946）年 4 月成立臺灣鹽務管理局，並自翌月起接管專賣局的鹽務部門，由此際起鹽業、鹽運公司也皆隸屬於其管轄。而後配合組織改造，鹽運公司編納入臺灣鹽務管理局內部成為運輸處。至於南日本化學工業及鐘淵曹達之工廠及附屬鹽田，則由經濟部資源委員會接管，成立臺灣鹼業公司。當時中國大陸各地已依據鹽政綱領施行自由買賣，但臺灣因長年實施專賣，人民相沿成習若冒然改制恐生弊端及造成人民無所適從乃仍暫用舊制，但隨時為實施新制而準備。但民國三十六（1947）年 1 月臺灣便與大陸一樣開始實施鹽的自由買賣，運輸處改稱為運輸室。此外配由鹽務總局劃出之中國鹽業公司的成立[36]，原屬臺灣鹽務管理局的臺南鹽業公司也奉令移交給中國鹽業公司接辦，並改為中國鹽業公司臺灣分公司，同時裁撤運輸室。此時除出口鹽運業務歸分公司辦理外，島內運輸業務則併入臺灣鹽務管理局產銷科掌理。

事實上自民國三十六（1947）年起中國各地金融失調，物價躍漲趨勢，鹽價也因墊本增高而波動漸起。加上東北、華北地區因戰事關係於民國三十七（1948）年起相繼遭到隔絕，中鹽公司在大陸銷售區也陸續喪失。國民政府為補充即將面臨破滅的財政，乃由財政部要求臺灣省政府先將全年度所需的食鹽量稅款一次繳清統購交糧食局配銷。而內銷運輸及農漁工業用鹽之核配則仍由臺灣鹽務管理局負責辦理。至民國三十八（1949）年初隨著局勢的惡化，將總公司遷移至臺灣，換言之自此際起中國鹽業公司也僅剩臺灣分公司可受其管轄而已。為因應時局變遷，節省經費支出，乃於民國三十九（1950）年1月1日名目上將臺灣分公司併整於總公司，但實際上是其依附於臺灣分公司。換言之，從此一時點中國鹽業公司已是名存實亡的軀殼。同年2月1日臺灣鹽務管理局奉准暫行改隸臺灣省政府一年，並改稱臺灣省鹽務管理局，元徵收鹽稅亦改稱為鹽專賣利益。初期食鹽專賣利益每公擔新台幣四角八分，漁鹽專賣利益每公擔新台幣九角2分均逐繳省庫[37]。其後因財政負擔加重而數次調高，至民國三十九（1950）年6月14日起全省食鹽零售價調整為每台斤（600公克）售新台幣4角。食鹽專賣利益率每公擔徵新台幣34元，漁鹽為18元。全年鹽稅收入總計為新台幣10、398、353.62元[38]。而此鹽稅再由臺灣省政府按月繳交國庫，以充作國庫財需所用。

然而不斷的支應內戰的軍需，造成龐大虧損的問題是遷臺後中國鹽業公司營運最大的困難，蓋以當時臺灣的法令運銷是另有機構承辦，若僅單靠產製的薄利實難支應龐大的經費開銷。況且賴以為計的臺灣輸日鹽於民國三十八（1949）年創空前記錄，高達237、422公噸[39]，此乃中國大陸的東北、華北局勢已非國民政府所能掌控，必須完全由臺灣供應所致。但因民國三十九（1950）年國際鹽價下跌及日本存鹽充沛等影響，連續停運日本達7個月之久。最後在渴需營運資金及爭取外匯的雙重壓力下，不得不認賠訂約交運。同年11月行政院權衡事實狀態及國家法制之需要開始著手機構之簡化。其中有關鹽業部分，臺灣鹽務管理局於民國40（1951）年1月歸建中央併入總局，島內鹽的轉運配銷，仍委託糧食局辦理。總局的業務除農漁工業用鹽的配給外，也僅各場運至縱貫鐵路等三據點的內銷運輸而已。此外同年4月解散國商合營之中國鹽業股份有限公司，退還商股改為完全官股國營，而商股得照股權領取鹽田或場鹽[40]，名稱亦改為臺灣製鹽廠，隸屬於經濟部資源委員會。

六、結　語

鹽是生活珍貴資源為用甚廣，因此對鹽業之重視由來已久，歷代皆以治鹽為要政。初始尚止於食用，在鹽證也僅徵鹽稅而已。故謂鹽務皆以裕國便民為宗旨，以財政政策為目的。政抗戰勝利後，隨著民國三十五（1946）年2月鹽政綱領之頒布通過實施，將中國的鹽政改訂為『民製、民運、民銷』的自由貿易制，但基本上仍受政府強制的管理與掌控。由於鹽稅收入佔當時國家整體財政收入比例甚高，國民政府也冀望藉由接收日本佔據之我國東北、華北及臺灣的鹽業原有基礎，在民生上保障全國之食需無缺；在經濟上調節農、漁、工等用鹽不虞匱乏；在社會上活化鹽業提供並改善鹽工生活；在財政上，積極營運擴大效益，以求擴增鹽稅來豐裕國家財政的歲收。

當時適值抗戰勝利，舉國歡騰，故計劃自民國三十六（1947）年起，本持著鹽政綱領的政策理想，尋求介入產區管理場產之可能。更以恢復鹽場的建設工程為首要業務，配合管理的強化以利防緝及以杜貪瀆。然而復員以後，馬上面臨現實的挑戰，民生食需用鹽激增。加上沿海區域或因遭戰火摧殘而敗壞荒廢、或因國共內戰的影響而人心惶惶，導致產量短絀而顯現整體供需失衡。這種現象也正是當時中國經濟狀況的寫照。當人民由沉醉抗戰勝利興奮之餘驚醒，發現艱苦的生活依然存在。而政府為因應龐大的國家財政需求，已左支右絀而焦頭爛額，更遑論包括鹽業在內的經濟發展。鹽是生活不可欠缺的物質，充分供應是政府的責任，也是人民維持生活最基本的要求。雖然中國產鹽區域廣泛且收穫亦豐盛，但因長期承受戰爭的蹂躪，故復員、復工到復甦是需要耐性的等待。尤其當時的政局並未因勝利而舒緩，反而因蕭條的經濟擴大緊張的程度。加上復員及接收繁瑣的程序，磨滅人民對未來等待的耐性。這種現象也直接反應在鹽業恢復生產及銷售的過程上。貪贓枉法的官員私下盜賣的惡行，增添人民對現況不滿的怨氣，民不聊生的環境擴大背離的趨勢。尤其『一日三價』的市場物價行情，更讓人民對往後的生活絕望。而此一現象也正反應出國民政府已陷於『當家卻不能作主』的悲慘困境。

中國鹽業公司的成立過程可視為是國民政府接收日本的雛形表現，其經營的作為是寄望以企業化的模式發展鹽業。於促進鹽業工業化的過程中，尋求達到鹽政改革的終極目標。但其先決條件是擁有充沛的資源，若供應不足是難以維持自由貿易利益競爭的基本需求，甚至淪為造成市場失序黑市猖獗的元兇。況且處於時不我予局勢下的國民政府，所接收的鹽田及相關製鹽工廠，除了臺灣能完全掌控以外，其他區域幾乎是陷入混亂的戰火紛爭中。在欠缺民情掌握的資訊下依然大放闕詞的提出不切實際的鹽業擴張計畫，結果是一事無成的落敗。而此也直接影響臺灣鹽業發展，除必須供應島內用鹽外，更必須竭盡全力配合國民政府的軍需供應大陸用鹽，甚至輸出日本以鹽易貨，交換物資來支應國共內戰耗費的需求。

抗戰勝利後的鹽政發展規劃是以機構的簡化、鹽稅的復徵、自由貿易的施行、經濟生產的屬行及製鹽技術的改良為主，而上述的措施皆是以促鹽業邁向現代化為目的。1945 年對中國鹽政而言是新的開始，中國鹽業公司於 1946 年初配合政府鹽營運之需要而設立，雖掌握全國鹽業之生產、運輸及銷售等業務，但事實上只是鹽務總局的外圍機構。尤其因國內烽煙蔓延，其業務深受阻礙，導致原擬經營計劃難以依照預定實施。及至 1951 年因配合鹽務改造而結束，其間歷經鹽務接收、鹽政改革、戰亂調配、戰敗撤離及最後因業務緊縮而淪為裁撤結束的命運。其過程似乎是國民政府在抗日戰爭勝利後的縮影。由意氣風發滿懷理想到處處受挫最後落荒而逃的轉變，似乎說明 1945 年至 1951 年中國的局勢。

（作者單位：國史館臺灣文獻館）

注 釋：

[1]　萬曆四十五 (1617) 年，為輸銷積引，採用鹽法道袁世振之議廢開中法立綱法，其法是將各商所領鹽引分為 10 綱，編成綱冊，每年以 1 綱行積引，9 綱行新引。冊上所載引數允許各商『永永百年，據為窩本』，每年依冊舊數派行新引，冊中無名商人不得加入鹽業營運。

徐泓 (1976)，明代後期的鹽政改革與商專賣制度的建立，國立臺灣大學歷史系學報第四期，第 299 頁。

[2]　松下芳三郎 (1922)，支那鹽政現狀，臺灣總督府專賣局公文類纂，國史館臺灣文獻館，南投。

[3]　郭廷以 (1979)，中華民國二年癸丑《中華民國史事日誌》，中央研究院近代史研究所，南港。

[4]　三宅恒、岡本賢一 (1922)，南支那鹽業調查復命書，臺灣總督府專賣局公文類纂，國史館臺灣文獻館，南投。

［5］ 財政部鹽務總局（1954），《中國鹽政實錄第五輯》，歷年各區鹽稅收入統計表，臺北。

［6］ 財政部鹽務總局（1954），《中國鹽政實錄第五輯》，歷年各區鹽稅收入統計表，臺北。

［7］ 中國租稅研究會（2001），《中華民國稅務通鑑》，臺北。

［8］ 財政部鹽務總局（1954），《中國鹽政實錄第五輯》，第一章總敘，臺北，p1。

［9］ 松下芳三郎（1922），支那鹽政現狀，臺灣總督府專賣局公文類纂，國史館臺灣文獻館，南投。

［10］ 財政部鹽務總局（1954），《中國鹽政實錄第五輯》，業務概況，臺北，p2。

［11］ 松下芳三郎（1922），支那鹽政現狀，臺灣總督府專賣局公文類纂，國史館臺灣文獻館，南投。

［12］ 松下方三郎（1922），支那鹽政現狀，臺灣總督府專賣局公文類纂，國史館臺灣文獻館，南投。

［13］ 徐泓（1976），明代後期的鹽政改革與商專賣制度的建立，國立臺灣大學歷史系學報第四期，第299頁。

［14］ 松下方三郎（1922），支那鹽政現狀，臺灣總督府專賣局公文類纂，國史館臺灣文獻館，南投。

［15］ 松下方三郎（1922）支那鹽政現狀，臺灣總督府專賣局公文類纂，國史館臺灣文獻館，臺灣南投。

［16］ 新聞記事文庫，滿州日日新報，『有望視されて居る関東州塩業』1927、11、18。

［17］ 財政部鹽務總局（1954），《中國鹽政實錄第五輯》，第一章鹽業總敘第一節沿革，臺北，p2。

［18］ 財政部鹽務總局（1954），《中國鹽政實錄第五輯》，總敘第二節業務概況，臺北，p2。

［19］ 財政部鹽務總局（1954），《中國鹽政實錄第五輯》，第十章長蘆第一節概述，臺北，p1。

［20］ 臺灣總督府專賣局（1923），大正12年製鹽試驗關係，臺灣總督府專賣局公文類纂，國史館臺灣文獻館，臺灣南投。

［21］ 台湾総督府専売局（1942），『布袋食塩専売史』，臺北，p. 203。

［22］ 『鐘淵曹達工業株式会社台南工場建設計画書』、塩係『塩田開設関係（鐘曹）』台塩档案 H1、國史館台湾文献館所蔵。

［23］ 政府－官鹽承銷組合－鹽務總館或鹽務支館－食鹽承銷者－消費者或食鹽發賣者。松下芳三郎（1924），（臺灣鹽專賣誌），台灣總督府專賣局，臺北。

［24］ 政府－官鹽承銷總館（天日鹽）或再製鹽總承銷人－鹽務支館－食鹽發賣者或消費者。同上。

［25］ 臺灣於1947年1月實施鹽自由貿易。

［26］ 財政部鹽務總局（1954），中國鹽政實錄第五輯，分目八，兩淮篇，臺北，p24。

［27］ 包括興綏場、錦西場、綏豐場、盤山場。

［28］ 財政部鹽務總局（1954），中國鹽政實錄第五輯，分目四，兩廣篇，臺北，p17。

［29］ 依據國營生產事業酌售民營辦法第三條規定。

［30］ 建設鹽業就接管敵偽鹽田工廠設立中國鹽業公司並招收商股股利進行由，【創設中國鹽業公司案】（1946年10月至1947年9月24日），『臺灣鹽業檔案』。國史館臺灣文獻館，南投。

［31］ 台鹽實業（2005），『臺灣鹽業實錄』，台南，P176。

［32］ 中國鹽業股份有限公司章程（1947）、營業計畫書，1947 年 7 月 22 日訂立，1947 年 11 月 25 日創立大會修正通過。臺鹽檔案，國史館臺灣文獻館，南投。

［33］ 一公擔為 100 公斤。對日輸出鹽統計書（1948），臺鹽檔案，國史館臺灣文獻館，南投。

［34］ 對日輸出鹽統計書（1948），『臺鹽檔案』，國史館臺灣文獻館，南投。

［35］ 鹽場區域與概況（1954），中國鹽政實錄第五輯，分目六，臺灣篇，臺北，p4。

［36］ 接管敵偽鹽田工廠設立中國鹽業公司一案奉部院令原則，【組織中國鹽業公司案卷第壹冊】，（1946 年 11 月至 1947 年 10 月 15 日）。『臺灣鹽業檔案』，國史館臺灣文獻館，南投。

［37］ 臺灣區鹽稅徵率變動表（1954），中國鹽政實錄第五輯，分目六，臺灣篇，臺北，p47。

［38］ 臺灣區 39 年鹽稅（鹽專賣利益）收入數目表，中國鹽政實錄第五輯，分目六，臺灣篇，臺北，p50。

［39］ 中鹽公司自 37 年至 40 年產鹽數量表，臺鹽檔案，國史館臺灣文獻館，南投。

［40］ 鹽務改進辦法第三節改造辦法甲項第三條，1950 年 11 月 24 日頒行。

帝國的師範規訓
——以殖民地時期的臺南師範學校為例

鄭政誠[*]

一、前　言

　　教師素質良莠對學生學習成效影響甚大，尤其是肩負初等師資養成之師範學校，更無法規避此一課題。日治時期臺灣總督府為訓練師範生畢業後能在杏壇成為公學校學童典範，並積極向下一代傳輸皇國精神思想與教育，遂對師範生的入學條件與在校學習生活訂定諸多要求與規範以畢其功。本文即利用相關教育史料與時人研究，並配合臺南師範學校（以下簡稱南師）典藏之內部出版品與校友口述訪問紀錄等，以實證研究方法，檢視總督府如何利用入學考核、集體住宿、祝祭日活動與軍事訓練等各種方式來規訓殖民地時期的師範生，藉以求得皇國教育的優秀『傳道者』。

二、入學考核

　　由於日治時期臺灣升學制度與管道多受阻礙，雖然小、公學校等初等教育機構隨統治策略調整並因應入學子弟人數而多有增設，但作為培訓初等師資來源的師範學校一開始卻僅有臺北、臺南二所。此後，總督府雖在1923年增設臺中師範學校，1927年又將臺北師範學校分成第一、第二臺北師範學校，1940年再增設新竹與屏東師範學校，[1] 然六所師範學校所能提供之就學名額與實際需求仍呈現嚴重失衡，在僧多粥少，競爭激烈的情況下，能入學師範學校者可謂不易。

　　南師在1919年臺灣總督府所頒佈的『臺灣教育令』中，設修業一年之『預科』及修業四年之『本科』，預科生資格需為修業六年之公學校畢業生或同等以上學歷者，本科生則需為師範學校預科修了或同等以上學歷者。[2] 欲入學者需繳交志願書及其他相關文件（如保證書、戶籍證明等），經國語、算術等學科考試通過，再經口試及身體檢查通過者方可入學，[3] 由於此時尚未開放日臺共學，故預科生率皆為公學校畢業之臺人子弟。[4] 迨至1922年，總督府為提供並保障日人子弟就學機會，頒佈新臺灣教育令，取消臺日人差別待遇，實施共學，其中師範學校除增設專供日人子弟報考之小學師範部普通科外，原僅供臺人子弟就讀之公學師範部『普通科』與新設之三年制『講習科』，皆實施臺日共學。[5]

　　由於南師專為培養公學校師資，故無小學師範部的設立，但因日人假一視同仁之名，故南師亦陸續出現日籍學生。其中普通科報考資格為尋常小學校畢業或經總督府認可之同等以上學歷者，至於高等小學校畢業者則可報考三年制的講習科。由於日人常將師範學校入學試題出自小學校教科書，致多由公學校畢業的臺籍子弟需額外補習方能應對；而入學考試對日臺學生試卷批改的寬嚴不一，加以不顧臺日學生人數的懸殊比例，以各錄取半數方式保護日人子弟，[6] 是以在強調日臺共學、取消差別待遇的政策下，臺人子弟之入學反倒愈顯困難。

　　至於入學的考核，在1919年3月臺灣總督府所頒佈之『臺灣總督府師範學校規則』中，已要求師範生之入學條件需為身體健全、品行方正者，[7] 若有性行不良、學力劣等或身體虛弱難見其成業者，校長可命其休學或退學。[8]而伴隨 1922 年新臺灣教育令所修訂之師範學校規則中，則特別標舉『德性涵養』、『國語練達』及『國民性格確立』為師範學校教養師範生應注意之事項。[9]至 1933 年 3 月所改訂之師範學校規則中，更明示師範學校以教養學生富忠君愛國志氣，鍛鍊精神、磨礪德操，平時崇尚規律、自重、禮讓、親切等諸德性，藉以養成為人師表之品位。[10]可見師範生的身體健全、道德品性、忠君愛國思想、學業與日語能力，無論在入學資格抑或在求學過程中，均為師範學校所特重。

如此的要求，幾乎完全吻合 1926 年第二屆講習科畢業校友楊媽得的回憶，楊氏說南師所收容者北自臺中，南自恆春，西自澎湖，東自臺東，特選五官俱全，身體健康，風姿相貌英爽秀氣、學業優異、品行方正、衣冠整齊、言行活潑敏捷者。[11]顯見外貌、身體、服裝與語言能力，確實是南師擇才之要件。而其中在言行活潑敏捷方面，由於在公學校傳輸國語（日語）為總督府教育政策中之首要目標，故將為人師的師範生，其日語能力當有一定水平，是以戰後曾在臺擔任國民大會代表的謝報（1915）先生曾說，當時他自公學校畢業後，原有意為人師表，不料參加師範學校入學考試時，雖以高分通過筆試，但卻因口才不好（日文た、だ、ら的發音不清楚）而在口試中被刷下來。[12]可見日語能力佳的確是師範學校要求的項目之一。

除外貌、身體、品行、日語的要求外，師範學校為強化學生人格養成，在學校正式課程中亦加入『修身』一門，無論在舊制預科、本科或依臺灣教育令改制後之普通科、演習科，抑或是新增之講習科，各科每學年每週均排定有一至二節的『修身課』。[13]在 1919 年所頒佈之師範學校規則中，日人曾對修身課程有如下之解釋，謂修身課乃『基（教育）勅語之旨趣，養成道德上之思想及情操，勸獎其實踐躬行，而使具師表之威儀。……修身乃教授（學生）國民道德要旨，特別使其知悉對社會及國家之責務，助成遵國法、尚公德、盡公益之風氣。』[14]

而在 1933 年 3 月所修訂之師範學校規則中，更加上『國家主義』內容於修身課程中，謂修身課乃『授其道德要領，就中悟我國民道德之由來及特質，明建國體制及國體本義，並使其知悉對國家社會及家之責務及有關人格修養之必要事項。』[15]要之，師範學校對師範生之品性道德、國家責任與人格涵養確有較高之要求，此亦師範學校名為『師範』之因。

除修身科的規範外，南師為增進學生對皇國民精神教育的學習，所以即便在實務操作的手工課程中也積極強化，如手工科第二學期的上課內容與作業就是製作日本神道教的祭拜裝置——『神棚』。且自 1934 年開始，南師校方還規定每名學生在畢業前均需製作完成一座神棚，其目的即是希望學生透過實際製作神棚而能清楚瞭解其清靜、潔白、肅穆之感，並對該建築式樣得以有效理解，甚至每天皆須朝禮並奉齋神宮大麻，藉此呈現神棚製作之深遠意義並習得皇國民之精神。[16]

三、集體住宿與學習

為訓練師範生達成學校規則所訂，校方也常藉由各種身體規訓以為因應，由於師範學校規定學生需一律住校，且採軍事化管理，故除課堂外，寄宿生活的規範與管理，也成為學校訓練師範生人格養成之所。南師校址原在臺南古蹟赤崁樓與鄰接之蓬壺書院內，學生宿舍亦設於此，[17]惟隨入學新生漸多，校舍與宿舍不敷使用，南師校方經多處擇地，終選定臺南第一公學校舊城壁外之桶盤淺七番地為新校區[18]（即今臺南大學校址），並積極開始進行整地與校舍興建事宜，唯桶盤淺附近在日治時期多為墓地，是以南師學生在校地整建時還得掘墓挖骨。

據時任書記之金成茂生所言，當時新校地上無一草一木，因是沙地，故經風吹即成小丘，有滿目蕭條之感，而學生課後活動即是與老師共同挖地、除墓與種樹。[19]也因此，南師獨立設校後的前幾屆畢業生對校地的從無至有感受最深，也常是彼等回憶校園生活最難忘之事，如 1922 年第一屆本科畢業的黃木邑就回憶，謂當時不可思議之廢墟與廢墓地，在他們被鍛鍊成的『鐵腕』下，從掘墓、植樹而成今日包括三層樓餐廳與二層樓宿舍之美麗校舍。[20]而於翌年畢業之學弟張守良也說，為獲得農業實習地，他們汗流浹背曝曬於太陽下，拿起鐵鍬掘起墓地而備嘗艱辛。[21]另 1925 年本科畢業之王焜也提及當時校舍、宿舍皆為開挖墓地而得，常挖個二、三尺深時就發現棺木與骨骸，除取出安置外並從附近小丘取來草樹植物加以栽種，[22]可見闢地整地之困難。

關於南師整地情形，時任校長之志保田鉎吉最後則總結地說，當時南師的運動場、宿舍及餐廳原皆荒涼墓地，要建成校舍實非易事，而要學生整理墓地也多少有些無理，但藉此卻可使學生認知學校建築在自己手上的精神，進而理解學校作法。[23]可見獨立創校伊始的整地工作，除是另種形式教育的心性鍛鍊外，可謂使師生對學校產生認同的極佳方式。

至 1926 年 3 月位於新校地上的宿舍完工後，南師學生終於結束五年從赤崁樓到南師的通學行程，遷入校園內三棟木造宿舍。宿舍共有二層樓高，一樓為學生自習室，二樓是寢室。每棟宿舍有六間寢室，為和室樣式，地板鋪滿榻榻米，周圍有櫃子收納棉被、枕頭等寢具，[24]一間寢室約有 20 到 25 個學生住宿，由演習科學生一名擔任室長，另由演習科生或普通科五年級生共三名擔任副室長。[25]

三棟宿舍依排列位置被稱為第一、二、三『學寮』，一、二年級新生住第三學寮，升三年級後才分到一、二學寮，如此安排，據畢業於 1935 年演習科許鐘麒的說詞為：『那是學校對學生生活要求嚴格，先培養一、二年級新生有良好的規矩，有個很好的基礎後，往後的生活才有好的習慣，畢業後才有良好的行為給學生看，所以才將新生獨立出來住在第三學寮的。』[26]可見南師為培養重倫理、守秩序之初等教育師資，特地將新生與舊生區隔，施以嚴格規範控制，藉此養成良好生活習性。

學校生活約莫從早上 5 點半起床開始，據 1922 年本科畢業之葉昭彬所云，當時校內風紀為全臺中等學校之冠，尤其學生宿舍秩序更為驚人，即便起床時於榻榻米床板移動時亦未發出任何聲響，且亦無任何一人講話。[27]在整理好寢室的蚊帳與棉被後，學生魚貫至一樓盥洗，開始打掃環境，接著做早操，而後升旗。升旗後，較特殊的活動是學生需上臺練習對全校師生講話，藉此訓練膽量，畢業於 1940 年演習科的涂免強曾回憶道：

……七點升旗。升旗也沒什麼啦！唱唱日本國歌，向校長敬個禮，就結束了。但是我們每天都要有人上去演講，按照號碼輪流。你就站在司令臺上，看你要講什麼都可以。主要是要訓練你的膽量，因為以後要當老師的人，就要有膽子站在臺上講話。[28]

1929 年入學普通科一年級的鈴木重俊也說，早上升旗典禮後在校長、全校教職員與學生面前，依照號碼順序進行 5 分鐘的談話，越接近自己的號碼時，每天都要設想、推敲、背誦原稿內容，並要避開同學人群，自己私下於他處進行發聲與口語抑揚頓挫之練習，甚是辛苦。[29]

升旗典禮結束後，全校學生到餐廳端正禮儀的集體用餐，接著準備上課。課程安排為上午 4 節課，下午 2 節課，一天共 6 堂課。下課後，學生可至社團或從事各種運動，後至公共大澡堂沐浴。下午 5 時半，全校學生在大食堂共進晚餐，6 時半或 7 時開始在自習室自修，一直到晚上 9 時結束。就寢前需在寢室召開反省會，相互反省、檢討一日所學所為，並遙拜日本皇室及父母，至 9 時半方正式熄燈就寢。若遇例假日之際，作息時間則會提早一小時，在晚上 8 時半熄燈。此外，在週三晚間 6 時有約 30 分鐘的『週三談話會』，輪到學生需練習向大家談話，事後聽眾需向發言者提出批評與建議。此外，學校還定期邀請教職員或知名人士演講有關教育者必要之修養及常識養成等相關議題。[30]

依校方規定，學生週一至週六中午前需在學校，有要事須先請假方可外出，不過在下午 5 時前定要返校。畢業於 1919 年本科的陳源泉曾回憶在南師就學時，一週僅可出去 4 天，時間是下午 3 時半至 5 時（應指請假外出者），星期六吃完午飯後可自由活動，星期日則可上街買東西，但皆規定需在下午 5 時前回到學校。[31]有關請假外出的程序，1941 年演習科畢業的朱文泰曾有如下描繪：

平時都不可以出校門，就像在軍隊一樣，只有週六下午及週日上午才可以自由出去活動，平時要出去的時候要先和級主任報告，然後再向舍監報告後才可以出校門，而且不只如此，在前門的守衛室裡有每一個學生的名牌，正面黑色，反面紅色，平時學生在校內的時候是黑的，當有事要外出的時候就要去守衛室把名牌反過來變成紅色的，等回來後再把它翻回來變成黑色的，而且要按時回來，不然太晚回來被抓到要寫悔過書呢！[32]

由於南師採集體住宿，故遠道者送子弟入學總覺離情依依，是以有『負笈南州去，離家別故人』[33]、『從師千里下臺南，無限離情不可堪』[34]的感嘆，而即使家居學校附近者亦需住宿，不可回家團聚。雖然南師的住宿生活管控嚴格，但畢業校友卻始終難以忘懷當時集體住宿生活與經歷其中之心性養成。如 1925 年本科畢業的黃丁元就說，當時在路上看見學長未打招呼即被學長打耳光，除默默忍受外，還得說謝謝教誨。又謂當時生活起居完全日本化，連飲食坐姿都被要求正坐，生活管理比起軍隊有過之而無不及，偷一枝筆就得退學，所以在經歷兩個星期左右的訓練後就完全變了一個人，變得彬彬有理、不再散漫，做事積極負責，現在回想起，那時辛苦歸辛苦，卻絕對是值得的。[35]日治時期最後一屆畢業校友木原清明也回憶說，當時宿舍生活嚴格而有規律，由最高年級生擔任室長、副室長，高一年之上級生則指導日常起居規範，有時夜間自習打盹，就被會上級生強制帶往盥洗室洗冷水提神。因為是全體住宿，面對問題需自己設法解決，甚或求助上級學長，於人生的試煉確實有一臂之力。[36]

雖然這些校友對集體住宿生活持正面看法，但持負面看法的校友亦不乏，如 1934 年即在普通科一年級就讀的塩川屋三郎就說道，其從普通科 5 年以迄演習科 2 年畢業，在校共 7 年的生活可謂千篇一律，毫無變化，當時師範生全部住校，不准通學，這樣對於陶鑄標準畫一的人才雖有幫助，但卻缺乏青少年成長階段所需的親情愛育與兄弟愛，因此在畢業時常感到欠缺某種情感。[37]

無獨有偶，《臺灣日日新報》在 1924 年 11 月臺北師範學校學生因修學旅行地點問題而與校方產生爭執後，也舉該校住宿生活為例，檢討事件發生之因，認為北師雖有千餘名學生住宿卻只有 10 餘名舍監，缺乏家庭狀態亦少溫暖，宿舍管理又流於軍事化的監督，且休閒娛樂缺乏，這對朝夕處在嚴厲校規求學的學生而言，必定會有或多或少血氣方剛的執拗，是以師範教育不能無視於此。[38]

對於師範生集體住宿問題，日本國內亦有學者為文認為負面影響甚多，作者透過訪查師範畢業生，總結集體住宿為『無益』，一是無法認真讀書，二是無法與朋友交往，三是缺乏家庭生活，四是團體生活不等於軍隊生活。另方面學生管理亦是一大問題，舍監人數不足，且舍監多為教師兼任，平均授課時數超過 10 小時，一方面要嚴肅認真授課，另方面又要對住宿學生進行較親切的生活指導，二者實無法平衡。[39]

雖然師範學校的規訓多所缺失，但為了能有效執行，讓學生瞭解並遵守宿舍與學校的各種規範，南師學生還是人手一冊《臺灣總督府臺南師範學校生徒必攜》，在該手冊中除刊載教育勅語、當代皇族、臺灣教育令、學校沿革與學費、服務等各種規則外，最重要者即是學生在校需遵守之各種規範，舉凡教室內的學習態度，每日自修課的時間，自修室與寢室的管理，班級與寢室幹部的任務，學習的要領，考試規則，敬禮的動作、地點、對象與姿勢，日語的使用，應對進退，與朋友的交往，服裝儀容的規定，金錢及物品的使用與保管，用餐禮節，運動場地與器具的使用，個人衛生及醫療，缺席缺課遲到早退，外出會面通信，返鄉及雜項等，均詳細規範。[40]

四、祝祭日活動

在集體住宿生活外，總督府認為讓各級學生（尤其是臺籍子弟）參加日人的各種祝賀或祭儀活動乃規訓與教育方法之一，也是灌輸愛國教育的極佳方式，是以南師學生的求學生涯中，也需參與各種日本皇國風味的祭典活動。在 1919 年因臺灣教育令而改訂之師範學校規則中，已明訂一年中之紀元節（2 月 11 日）、天長節（4 月 29 日）、始政紀念日（6 月 17 日）與明治節（11 月 3 日）等節日，各校均需舉辦祝賀儀式，並由校長對全校師生進行演講訓話，以為慶祝。[41]此外，因地緣關係，10 月 28 日之臺南神社例祭日與 2 月 15 日之開山神社例祭日，南師學生也需群起至該等神社參拜。[42]

再則，為培養皇國民素質與灌輸捨身為國意識，舉凡日本皇室成員來臺或離臺之歡送與歡迎、皇太子誕生祝賀、皇室成員喪儀、軍功將帥喪禮、戰歿軍人之慰靈祭等，南師學生均需參加，審視下表一所列之 1933 與 1934 年度之各項祭儀活動內容，可知南師學生平均每個月就需參與 1 至 2 個重大祭儀活動，除固定的祝祭日活動外，還需參加臨時性如日本皇族成員來臺的迎送或皇室成員婚喪喜慶的祝賀或遙祭等，而其中對已故大將或戰爭中陣亡將士的追悼會，更是將軍國思想推向極致。總督府藉如此頻繁之祭儀參拜活動，除灌輸南師學生遵從皇室與忠君愛國之思想外，也易使學生身染氛圍而產生對日本的認同。

表一　南師學生於 1933、1934 年所參加之各種祭儀參拜活動一覽

年度	1933 年		1934 年	
日期	活動內容	日期	活動內容	
4.29	舉行天長節拜賀式	1.15	師生參加大麻奉齋式	
4.30	舉行建功神社祭之遙拜式	2.1	芝山巖祭典，校長訓話	
6.17	舉行始政紀念祝賀式	2.11	舉行紀元節拜賀式、參加建國祭	
7.9	師生奉迎至臺南的伏見宮博義王殿下	2.15	參拜開山神社祭	
7.13	奉送從臺南出發之伏見宮殿上船艦	4.27	靖國神社臨時大祭，於校園舉行遙拜式	

续表

年度	1933 年		1934 年
9.18	演習科學生參加中日事變（918事件）戰歿者慰靈祭	4.29	舉行天長節拜賀式
9.23	秋季皇靈祭舉行已故師生追悼會	4.30	舉行建功神社祭之遙拜式
9.28	演習科及講習科三年級學生參加孔廟祭典	6.5	故東鄉平八郎元帥國葬之儀，於校園舉行遙弔式
10.23	參拜陸軍墓地祭	8.31	教師及居住市內學生出迎臺灣軍司令官寺內壽一至臺南巡視
10.28	參拜臺南神社祭	9.18	參拜中日事變（918事件）戰歿者慰靈祭
10.29	參拜招魂祭	9.24	秋季皇靈祭舉行已故師生追悼會
11.3	明治節拜賀式，校長訓話	9.26	奉迎伏見宮殿下至臺南，參加奉迎之提燈行列
11.10	臺南神社參拜	9.27	奉送伏見宮殿下歸艦
11.12	故朝香宮妃允子內親王殿下葬儀日，於校內舉行遙拜式	10.26	奉迎梨本宮至臺南並奉送
12.23	皇太子誕生，師生同集校庭遙拜宮城奉祝，三唱萬歲	10.23	演習科一年級學生參拜陸軍墓地祭
12.28	舉行皇太子殿下誕生奉祝會	10.28	參拜臺南神社及臺南神社例祭
12.29	師生參加皇太子殿下誕生奉祝之提燈遊行	11.3	舉行明治節拜賀式

資料來源：梶原龍編，《校友會誌》，號5（1936年3月），頁115—121。

在各項祝祭活動中，南師學生非僅止於參加，有時亦需加入表演行列，如1930年4月29日的天長節，時《臺灣日日新報》即報導，臺南步兵第二聯隊依例會於當天上午9時於臺南公園廣場進行軍事操演，歡迎各界前往參觀，而其中臺南各中等學校，含南師與南一中、南二中等約800名學生，也會在當中表演分列式。[43]可見，隨國家重要祭儀的出現，為灌輸皇國思想，強化學生身心，南師學生也需同軍隊進行類同軍事化之操演。

面對各種祝祭活動，影響力最深遠者無疑是神社參拜，因神社參拜非僅在10月28日臺南神社祭當日舉行，舉凡各種重要節日，如每月初一『興亞奉公日』的宮城遙拜，4月30日建功神社祭的遙拜，南師學生均需至臺南神社參拜。此外，如學校舉行的運動會、校慶會，甚至連修學旅行等，都會安排神社的參拜活動。[44]

由於總督府非僅在官公立學校進行『強制性』的神社參拜活動，即便屬外籍人士創辦的私立基督長老教會學校亦不可倖免，如臺南長榮中學原本認為神社參拜乃神道儀節，具有宗教因素難以接受，故雖可在校內進行祈禱或請日籍教師進行演講，但仍不允校內教職員與學生至神社參拜。[45]唯隨總督府的強力制約與干預，自1930年後，長榮中學每年已在臺南神社例祭日中舉行校內的『禮拜式』，且在典禮後，教職員與學生還可自由前往神社參拜。至

1934 年後，例祭日前往神社參拜更成為學校固定的例行儀式之一。[46] 可見即連私立學校對於神社參拜問題，最終還是得完全屈服在日本政府的規範內，更不用說屬總督府下轄的南師。

五、軍事訓練與動員

若論及對師範生規訓的極致表現，則軍事訓練可謂重要一環。早在 1925 年為因應日本大規模裁軍而施行『陸軍現役將校學校配屬令』後，[47] 南師校園內便開始出現配屬將校，教授學生各種軍事課程，是以如基本教練、軍事操練（包含演習、模擬戰、持槍戰鬥教練等）、行軍與國防體育競賽（如荷槍馬拉松賽跑、實彈射擊比賽等），在中日戰爭前已是南師學生的重要學習活動。

進入到 1930 年代，隨九一八事變的爆發，日本軍國主義氣焰更增，南師學生的軍事訓練也更趨嚴格，除戰鬥教練、長行軍與射擊演練外，校際間的聯合軍事演習更是一項重頭戲，此種演習通常由配屬將校帶領學生進行為期數天的軍事對抗，並以四、五年級之高年級生為主，如 1938 年底臺南州各中等學校（含南師、南一中、南二中、嘉中、嘉農、臺南高工）的聯合演習，謂鼓舞戰時體制下學生的士氣，並體會前線戰士的辛勞，所以將六所學校分成南北兩軍進行對抗，舉凡正面交鋒、拂曉戰、追擊、轉進之演習皆類同實戰進行。而為求逼真與實效，在聯合演習前半個月，各學校配屬將校與教練教師都還得參加關於此回演習的說明會。[48]

此外，各種與軍事相關的活動，如國威宣揚祈年祭、靖國神社臨時大祭、滿州事變紀念會、戰局演說、防空防護演習、神社參拜、祭祀日本軍功將領，追悼參戰陣亡校友、拜讀天皇勅語詔書等，在戰時體制下也更趨頻繁，南師學生需隨總督府的各項政令頒佈而遭動員參與或演練，可說隨戰局的演變，南師校園內的軍事教育已被高唱。

而為檢視軍事訓練的成效，日本陸軍省每年還會派遣高級將校到各中等以上學校校閱評比。[49] 臺灣文學作家鍾筆政以自身背景所寫的長篇小說《八角塔下》曾提到為推行軍國主義，中等學校所實施的教練課，每年都舉辦軍訓總檢閱，以考核教練成果。而在檢閱完畢後會由軍方派來的高級官員直接公布成績，分為『優秀』、『優良』、『良好』、『可』等四個等級，即使多屬臺人就讀的教會學校——私立淡水中學校亦不可倖免。在該小說中，鍾筆政如此述說：

> 配屬將校來後，我們也要接受一年一次的『查閱』了，那就是教練成績的一種檢閱。為了那一天，我們足足準備了整整三個月，全校上下都為這而奔忙。我們的項目是戰鬥教練，每週三堂的教練課時，祇要不是下雨，我們便被驅遣到高爾夫球場去操練。因時局緊張起來，高爾夫球已經沒有人打了，草也長長了，那麼寬敞的草原，處處又有起伏的斜坡，正式最恰當的操練場地，於是我們就苦了，匍匐前進，奔跑、衝刺，每堂課都要都要使大家弄得筋疲力竭，喘不過氣來。[50]

至於南師的軍事教練檢閱也有校友為文回憶，1944 年畢業於新制本科的森義宣曾謂軍事檢閱前，同學每天下課後便是接受嚴格的軍事教練與射擊練習，查閱當天上午還進行校內大掃除、作物栽種與奉公隊訓練，晚間 6 時由本科三年級生接受夜間查閱，全體學生步行至忠靈塔廣場前等候，查閱官臺灣軍兵務部長藤岡武雄少將於 7 時進場檢閱，演習由小喇叭吹奏開始，不一會，友軍步哨發射的大砲聲瞬間劃破寂靜，指揮官命第二分隊發射輕機槍，正式進行攻擊。不久，夜間查閱完畢，但認定表現僅為『良好』。翌日清晨 9 時 40 分，藤岡少將再進行全校學生閱兵分列式的檢閱，10 時進行射擊檢閱，至下午 5 時半方全部檢閱完畢，最後以『好評』終結。[51]

　　日本政府設計此種軍事課程與檢閱的目的，在 1942 年 5 月中等學校教練教授要目規則修正中已被清楚標示，謂體鍊科以增進學生軍事基礎教練，培養至誠盡忠之精神，進行身心一體之實踐鍛鍊，藉此增進國防之能力。為達此目的需依綱要執行，其內容則為：（一）為透徹國體本意，遵照國民皆兵的真義，應該陶冶重視禮節、服從之習性，並培養節操、廉恥之精神，孕育樸質剛健氣度，規律節制、責任觀念、堅忍持久，闊達敢為和協同團結等德行；（二）鍛鍊精力十足、鞏固意志、強健身體；（三）培養身為皇國臣民應具有之軍事基礎能力。[52]要之，培養強健身體、皇國思想與軍事能力就是師範生在戰時體制下應接受的規訓。

　　1941 年 12 月 7 日，隨日軍偷襲美軍珍珠港基地，日美英相互宣戰，太平洋戰爭爆發，東亞局勢更趨緊張。南師為因應日軍的決戰態勢，率先將該校既存的『勤行報國隊』加以改組，依學級別編成小隊，學年別編成中隊，由本田乙之進校長擔任隊長，中隊長由教職員擔任，小隊長則由學生擔任。1941 年 12 月 10 日上午 9 時，在南師校園內，由本田隊長率全體教職員及學生參加改組結隊式，接著於 11 時至臺南神社參拜，展現堅定學徒報國的決心。時報謂如此編組在當時各種報國運動推展之際，可謂率先致力於強化學生的報國態勢。[53]

　　隨戰局的擴展，日本政府一方面為補充兵員，另方面也為防止盟軍的轟炸攻擊，遂要求臺灣總督府依指示於 1942 年 1 月 3 日以訓令第 1 號發佈『學徒奉公隊規程』，將臺灣中等以上學校的學生編入『學徒奉公隊』，參與戰技及防空訓練、糧食增產、陣地構築、軍事服務、神社清掃、探視病患及各種勞務工作，達到盡忠報國的目的。[54]由於總督府還規定一年內需有三分之一的時間從事以上各種活動，[55]故南師學生忙於軍事訓練與生產勞動，正式課程多受耽擱，學習時間也大受影響。

　　為防止臺南地區受到盟軍攻擊，日本軍部特將原駐守中國東北滿州的第 12 師團移駐臺南，歸臺灣防衛之第 10 方面軍（代號：灣）所轄，第 12 師團（代號：劍）的司令部設於臺南市東南方 13.8 公里外之關廟，而其轄下的劍 8707 部隊則進駐南師校舍。南師紅樓二樓中央之會議室充作連隊長安置軍旗之所，並有衛兵站崗守護，至於大禮堂則充作軍需物資的囤放處，校區周邊則散佈彈藥儲藏地，軍用卡車往返頻繁，著卡其服的士兵則穿梭其間，南師至此可謂已成為軍事營區而非過往平靜的黌舍校園。[56]

　　進入到最後決戰體制，至 1945 年 3 月 20 日，南師依上級命令編成特設警備隊第 508 大隊（通稱臺灣第 13872 部隊）第二中隊，該校及所有附屬學校的師生幾乎全數納入。該大隊共編納臺南州下所有男子中等學校以上之機構，大隊長為時任南師配屬將校陸軍大尉田中文吉，下設四中隊，第一中隊由臺南工業專門學校所組成，第二中隊即為南師，第三中隊由南一中及南二中師生組成，第四中隊則由臺南工業學校、農業學校及長老教中學所組成。[57]由於第二中隊的中隊長恰為南師另一配屬將校綱島竹治中尉，所以該隊又稱為『綱島隊』，據綱島事後的回憶，謂是日所有學生離開校長之手全歸其部下，就軍隊而言，中隊即是戰鬥單位，所以學生成為士兵，也成為與其生死相共的戰友。[58]

　　綱島隊的主要成員為南師本科一年級生，兼有二、三年級體弱未被徵召之學生，其任務一為構築陣地，二為街巷戰的戰備設防。在構築陣地部分，隊員除本部、指揮班、補給、看護等各種勤務外，每天上午八時均需至忠靈塔、賽馬場與位於潮見丘陵（臺南安平附近）的聯隊本部等地構築防禦工事，夜以繼日。由於時值盛夏且位居南臺灣，所以這些學生在烈陽下可謂被曬得汗流浹背，十分辛苦。至於街巷戰的防備工作，主要是在市內各重要道路據點，挖掘壕溝阻止盟軍戰車的前進，此外也依各戰略需求，在重要處所或民宅磚牆上挖鑿洞孔以為槍眼。在當時各項器材極端不足的情況下，這些學生仍設法克服萬難達成使命。[59]

無獨有偶，其他各校學生被動員防衛的情景亦有人為文抒發，如臺中一中的校友林榮渠就曾提到，在升上四年級後全校學生被編組，駐守在清水國小地區佈海防之陣，且每天都在山腰掘壕洞，準備與登陸之美軍作一次肉搏戰。[60]同校第 10 期的畢業校友陳逸雄也說：『我們幾乎每天都上山挖塹壕，據說是要準備迎擊美軍登陸。』[61]

由於戰況危急，補充兵員迫在眉睫，師範學校的修業年限也被迫大幅調降，1943 年 3 月，為因應戰時環境下可行的教育狀況與戰鬥人員的快速補充，總督府修訂師範教育規則，將原『普通科』五年與『演習科』二年，合計七年的修業學制縮短成『預科』二年與『本科』三年，共五年的修業年限，並於當年 4 月 1 日實施。[62]同年 10 月 12 日，日本內閣通過有關戰時非常措置方案，取消原理工科及教師養成機構學生可緩徵之規定，12 月 24 日，總督府又公布徵兵適齡臨時條例，將原 20 歲的徵兵役齡調降一歲，滿 19 歲即徵召入伍，[63]翌年（1944）10 月 18 日再頒佈『陸軍省兵役法施行規則改正』，規定滿 17 歲以上者則為役男需編入兵役，並於 11 月 1 日實施。[64]換言之，南師學生原可因在學而享有緩徵權利，但因各種新法的頒佈，可謂提早將學生送入軍營。而原應於戰前最後一屆畢業（1945 年 3 月）之本科三年級生，總督府還是修改規則，縮短其修業年限，提前半年讓其畢業（1944 年 9 月）並應召入伍。[65]至 1945 年 3 月，日本內閣會議還通過『決戰教育措置要綱』，除國民學校初等科外，其他學校原則上自 1945 年 4 月起至翌年 3 月 31 日停止上課。[66]

雖然日軍在戰爭末期已呈敗退之姿，但為防備盟軍可能登陸臺灣，除國民學校高等科及中學低年級學生被動員負責上述學徒奉公的工作外，其他如中學高年級、專門學校及大學學生，更需入伍服役，從事第二線防衛陣地、軍事基地及海岸地帶的警備防衛工作，稱之為『學徒出陣』。關於學徒兵徵召備戰情景，1945 年畢業於南師的校友曾合著過一本《同期生史》，詳載每位同學在部隊的工作情況，試舉幾例：『每天皆在山腰從事陣地挖掘工作』（田端二郎）[67]、『每日至機場從事防空壕的挖掘工作』（澤井昇）[68]、『陣地構築作戰、戰車攻擊演習』（村岡祐喜）[69]、『練習野戰高射砲對敵機的攻擊』（木原清明）[70]、『飼養軍馬，於市內道路挖戰車壕』（磯松雄）[71]。可見受徵召學長的戰備防衛工作雖與校內學弟的學徒奉公任務並無太大差別。

但無論學徒出陣或學徒奉公，由於此時日軍已是夕陽餘暉，雖然日本政府明知這些被分配到臺灣各地的『學徒兵』無法與美軍正規部隊對抗，武器亦不如敵國，誠如臺北一中畢業校友林燕卿醫師所言，即便『對抗敵軍戰車營的部隊只有兩座明治時代出產的戰車砲，而士兵所用者則是每扣一次扳機即需裝填一次子彈的三八式步槍，身著將校制服的軍官讓人感覺像個商人，一心只在意如何探詢逃生之路』[72]，但挖壕溝、佈海防的體能與精神教育，還是在日人強力規訓下被徹底要求執行。

六、結　語

南師學生從入學考試開始即經校方嚴格篩選，在身體、精神、品行、外貌、日語與學科能力俱佳的情形下，加以身家清白與父兄族人的保證下，方可進入學校就讀，此後便依學校規訓過宛如軍隊之生活。在校方刻意的安排下，除授業教師可供人格學習之典範外，無論是課程、行動或作息都被有效制約並納入德行與軍國思想養成範疇，如修身、手工課程，集體住宿與通學，新生宿舍獨立於舊生外，升旗臺之講話練習，週三談話會，外出時間與請假程序等，凡此，皆可看出南師欲藉此養成學生服從規定、重倫理秩序之目的。總督府亦認為，唯有受過此種規範之公學校教師，方能使初受學校教育之學童學習模仿，進而成為奉公守法、忠君愛國、舉止合宜之少國民。

另方面，為求皇國精神思想的體現與傳承，師範學校每年的祝祭日活動均被大大強化，舉凡日本皇室成員來臺或離臺之歡送與歡迎、皇太子誕生祝賀、皇室成員喪儀、軍功將帥喪禮、戰歿軍人之慰靈祭等，南師學生均需參加或演出，尤其學校鄰近臺南神社與開山神社，神社參拜更成為南師學生的『充要』活動。進入到戰時體制，師範生的各種規訓與動員也漸趨頻繁，舉凡陣地構築、防空訓練、糧食增產等各種防衛任務施作，更被嚴格執行與強化。日人在戰時體制下對南師學生所實施的軍事訓練，其目的除培養忠良臣民與灌輸愛國思想外，最重要者即是使學生能成為日本母國對外發動戰爭的協力者，並共同擔負起戰爭責任。由於此時學校教育在極端國家主義政策的主導下，並透過嚴格軍事管理，是以在精神上多能培養出學生愛國精神及報國意念，雖然最終日本敗戰，但此等受過日治時期嚴格規訓的師範生，終其一生多難以丟卻帝國的師範規訓。

（作者單位：中央大學歷史研究所）

注 釋:

* 國立中央大學歷史研究所副教授
[1] 佐藤源治，《臺灣教育の進展》（臺北：臺灣出版文化株式會社，1943 年 7 月），頁 134。
[2] 臺灣教育會編，《臺灣教育沿革誌（下）》（臺北：古亭書屋印行，1939 年 9 月），頁 628—629。
[3] 〈師範學生募集 臺北及び臺南師範學校〉，《臺灣日日新報》，號 6750（1919 年 4 月 3 日），版 7；〈師範學生募集／臺北臺南師範學校〉，《臺灣日日新報》漢文版，號 6751（1919 年 4 月 4 日），版 4。
[4] 臺灣省立臺南師範學校，《補報卅五年二月以前臺灣總督府臺南師範學校歷年畢業生名冊》，『舊制本科』（臺南：臺灣省立臺南師範學校，1955 年）。
[5] 1922 年新臺灣教育令將師範學校既有的『預科、『本科』改稱為『普通科』與『演習科』，修業年限各為 5 年及 1 年，以共 6 年的修業時間藉此與日本國內師範學校學制相接軌。見臺灣教育會編，《臺灣教育沿革誌（下）》，頁 642。
[6] 吳文星，《日據時期臺灣師範教育之研究》（臺北：國立臺灣師範大學歷史研究所，1983 年 1 月），頁 100。
[7] 臺灣教育會編，《臺灣教育沿革誌（下）》，頁 637。
[8] 臺灣教育會編，《臺灣教育沿革誌（下）》，頁 638。
[9] 臺灣教育會編，《臺灣教育沿革誌（下）》，頁 644。
[10] 臺灣教育會編，《臺灣教育沿革誌（下）》，頁 674、675。
[11] 楊成裕主編，《南師赤崁會同學畢業五十週年紀念誌》（臺中：明光堂印書局，1978 年 7 月），頁 117。
[12] 許雪姬，〈謝報先生訪問記錄〉，收錄於中央研究院近代史研究所『口述歷史』編輯委員會，《口述歷史：日據時期臺灣人赴大陸經驗》，期 5（臺北：中央研究院近代史研究所，1994 年 6 月），頁 195。
[13] 臺灣教育會編，《臺灣教育沿革誌（下）》，頁 639—640。

[14] 臺灣教育會編，《臺灣教育沿革誌（下）》，頁 632。

[15] 臺灣教育會編，《臺灣教育沿革誌（下）》，頁 676。

[16] 梶原龍編，《校友會誌》，號 5（臺南：臺灣總督府臺南師範學校，1936 年 4 月），頁 217。

[17] 臺南師範同窗校史會編輯委員會，《ああわが母校臺南師範（下）》（日本：臺南師範同窗會，1980 年 9 月），頁 336。

[18]〈臺南師範學校用地〉，《臺灣日日新報》，號 6719（1919 年 3 月 3 日），版 3。

[19] 臺南師範同窗校史會編輯委員會，《ああわが母校臺南師範（上）》（日本：臺南師範同窗會，1980 年 9 月），頁 185—186。

[20] 黃木邑，〈思ひ出〉，收錄於臺南師範學校，《臺南師範學校創立十週年記念誌》（臺南：臺南師範學校，1928 年 10 月），頁 61；黃木邑，〈南師開校の思ひ出〉，收錄於臺南師範同窗校史會編輯委員會，《ああわが母校臺南師範（下）》，頁 389—390。

[21] 張守良〈母校創立滿十週年を祝す〉，收錄於臺南師範學校，《臺南師範學校創立十週年記念誌》，頁 63。

[22] 王焜，〈思ひ出〉，收錄於臺南師範學校，《臺南師範學校創立十週年記念誌》，頁 67。

[23] 志保田鉎吉，〈思ひ出〉，收錄於臺南師範學校，《臺南師範學校創立十週年記念誌》，頁 49—50。

[24] 臺南師範同窗校史會編輯委員會，《ああわが母校臺南師範（上）》，頁 184—185。

[25]〈寄宿舍の狀況〉，收錄於臺灣總督府臺南師範學校校友會，《校友會誌》，號 1（臺南：臺灣總督府臺南師範學校，1931 年 7 月），頁 90。

[26]〈許鐘麒校友訪問錄〉，收錄於張清榮主編，《南師壹百年》，（臺南：國立臺南師範學院，1998 年 12 月），頁 206。

[27] 葉昭彬，〈入學當時の母校の思ひ出〉，收錄於《臺南師範學校創立十週年紀念誌》，頁 61。

[28]〈涂免強校友訪問錄〉，收錄於張清榮主編，《南師壹百年》，頁 215—216。

[29] 鈴木重俊，《回顧錄》（無出版地，1998 年 3 月），頁 32。

[30]〈寄宿舍の狀況〉，收錄於臺灣總督府臺南師範學校校友會，《校友會誌》，號 1，頁 89—90。

[31]〈陳源泉校友訪談錄〉，收錄於張清榮主編，《南師壹百年》，頁 191。

[32]〈朱文泰校友訪問錄〉，收錄於張清榮主編，《南師壹百年》，頁 218。

[33] 蕭先呼，〈送長姪長清入臺南師範肄學〉，《臺灣教育會雜誌》，『文藝』，號 233（1921 年 10 月 1 日），頁 3。

[34] 蔡如生，〈送蔡君長清萬物兩君之臺南〉，《臺灣教育會雜誌》，『文藝』，號 233（1921 年 10 月 1 日），頁 3。

[35]〈黃丁元校友訪談錄〉，收錄於張清榮主編，《南師壹百年》，頁 193。

[36]〈木原清明校友訪談錄〉，收錄於張清榮主編，《南師壹百年》，頁 386。

[37]〈30 級校友塩川屋三郎 巍峨南師〉，收錄於南師九十年編輯委員會，《南師九十年》（臺南：省立臺南師範學院，1988 年 12 月），頁 83。

[38]〈臺北師範學校の紛擾 過つてゐた今迄の師範〉，《臺灣日日新報》，號 8116（1924 年 11 月 28 日），版 2。

[39] 林健一，〈師範學校改革に對する要望（二）〉，《教育》，卷 8 號 8（1940 年 8 月），頁

901—905。

［40］臺南師範學校，《臺灣總督府臺南師範學校生徒必攜》（臺南：臺南師範學校，1922 年 4 月）。

［41］臺南師範同窗校史會編輯委員會，《ああわが母校臺南師範（上）》，頁 265。

［42］臺南師範學校校友會編，《校友會誌》，號 1，頁 91—94。

［43］〈臺南聯隊の觀兵式 天長節當日 學生も參加〉，《臺灣日日新報》，號 10777（1930 年 4 月 18 日），版 5；〈臺南聯隊 訂二九日天長節 舉觀兵式〉，《臺灣日日新報》，號 10784（1930 年 4 月 25 日），版 4。

［44］相關討論可參閱許佩賢，《殖民地臺灣的近代學校》（臺北：遠流出版公司，2005 年 3 月）。

［45］吳學明，〈終戰前臺南『長老教中學』的歷史觀察〉，《南師學報：人文與社會類》，卷 38 期 1（2004 年 4 月），頁 14。

［46］張厚基，《長榮中學百年史》（臺南：私立長榮高級中學，1991 年 7 月），頁 164、234—239。

［47］關於校園配屬『將校』（戰鬥科軍官）政策的頒佈乃因是年宇垣一成（1868—1956）大將擔任日本陸軍大臣，實施大規模裁軍改革所致。日本政府怕此『宇垣軍縮』讓遭裁軍後的職業軍人變成攤販或流浪漢，打擊到帝國軍人的士氣與形象，因而頒佈該法。依配屬令規定，中等學校以上校園開始配屬現役將校，教授學生軍事課程，稱之為『軍事教練』。就配置而言，基本上大學配屬將校，高等學校與專門學校則配屬大佐或中佐，至於中學則配置少佐或大尉。見寺田近雄著、廖為智譯，《日本軍隊用語集》（臺北：麥田出版社，1999 年 6 月），頁 160—161。

［48］〈嘉南大平野で學生の大演習 廿三、四兩日開戰〉，《臺灣日日新報》，號 13908，（1938 年 12 月 6 日），版 5。

［49］向山寬夫編，《臺灣臺北州立臺北第一中學校の沿革（年表）》（東京：八光印刷株式會社發行，1991 年 7 月），頁 30。

［50］鍾肇政，《八角塔下》（臺北：草根出版事業公司，1998 年 4 月），頁 349。

［51］森義宣，〈決戰下の查閱〉，收錄於臺南師範同窗校史會編輯委員會，《ああわが母校臺南師範（下）》，頁 402。

［52］臺灣總督府，《臺灣總督府官報》，號 31（1942 年 5 月 9 日），頁 37。

［53］〈南師報國隊を改組 きのふ結成式〉，《臺灣日日新報》，號 15000（1941 年 12 月 11 日），版 4。

［54］佐藤源治，《臺灣教育の進展》，頁 182—186。

［55］尾形裕康，《日本教育通史》（東京：早稻田大學出版部，1980 年 1 月），頁 298—299。

［56］臺南師範同窗校史會編輯委員會，《ああわが母校臺南師範（上）》，頁 314。

［57］臺南師範同窗校史會編輯委員會，《ああわが母校臺南師範（上）》，頁 315—316。

［58］綱島竹治，〈學校と軍隊生活に 明れ暮けた台湾時代〉，收錄於臺灣總督府臺南師範學校同窗會，《南師同窗會會報》，號 31（1986 年 5 月）頁 4。

［59］臺南師範同窗校史會編輯委員會，《ああわが母校臺南師範（上）》，頁 319。

［60］林榮渠，〈希望〉，收錄於臺中一中校友會編，《臺中一中校友通訊》，期 11（1996 年 5 月），頁 16。

［61］陳逸雄，〈八十年來的世界 八十年來的臺灣與一中〉，收錄於臺中一中校友會編，《臺中一中校友通訊》，期 10（1995 年 5 月），頁 60。

［62］臺灣教育會編，《臺灣學事法規》（東京：帝國地方行政會，1943 年 9 月），頁 579—580。

［63］〈徵兵適齡一年引下げ滿十九歲壯丁の檢查を明年實行〉，《朝日新聞》，1943 年 12 月 24 日，版 1。

［64］臺南師範同窗校史會編輯委員會，《ああわが母校臺南師範（下）》，頁 624。

［65］臺南師範同窗校史會編輯委員會，《ああわが母校臺南師範（上）》，頁 312。

［66］日本文部省，《學制八十年史》（東京：文部省，1954 年 3 月），頁 401。

［67］中村健樹編，《昭和 20 年卒業同期生史》（臺南：臺南師範學校，1987 年 10 月），頁 2。

［68］中村健樹編，《昭和 20 年卒業同期生史》，頁 48。

［69］中村健樹編，《昭和 20 年卒業同期生史》，頁 67。

［70］中村健樹編，《昭和 20 年卒業同期生史》，頁 90。

［71］中村健樹編，《昭和 20 年卒業同期生史》，頁 95、96。

［72］林彥卿，《無情的山地》（臺北：作者自印，2003 年 2 月），頁 429。

日本部分

帝国日本の植民地社会事業創設期の理論的検討
－台湾・朝鮮－

大友昌子

この報告は、2007 年に発表した拙著『帝国日本の植民地社会事業政策研究－台湾・朝鮮－』（ミネルヴァ書房）の比較歴史研究のなかから、追加、再編して行うものであることをお断りしておきたい。

1．問題の所在

15 世紀から20 世紀にかけて世界的な規模で展開された帝国主義国家による世界分割は、21 世紀の現代世界にも依然として大きな影響を及ぼしている。いまなお政治的な主権が制限され、半植民地的な性格をもつ国や地域はアフリカや太平洋諸島、またアジアなどに集中的に存在しており、500 年以上におよぶ世界分割と植民地の時代は今日も継続していると考えてよいだろう。

帝国主義国家による『支配の大義』は被植民地の『文明化』『近代化』にあった。これは『文明化』『近代化』において先行する『宗主国』が『未開』の遅れた地域を植民地化によってリードするという論理である。植民地支配の大義が被植民地の『文明化』『近代化』にあったことは、欧米の列強諸国をはじめ帝国主義的海外侵略を行った国々に共通する『いいわけ』であった。15 世紀に始まるヨーロッパの国々による世界大航海の開始、それにつづく帝国主義的侵略のなかで、世界はヨーロッパを基準とする『文明』と『野蛮』の2つの範疇に分けられ、『文明化』したヨーロッパが遅れたアフリカ、アジア、南アメリカ、太平洋諸島を支配しかつ『文明』をもたらす、という考え方は『日本』の東アジア侵略の際にも用いられた論理であった。すなわち欧米に遅れてはいたが、東アジアにおいて『近代化』に一歩先んじた『日本』は、ヨーロッパ列強の帝国主義的侵略の論理をそのまま借用して、植民地支配の正当化を図るバックボーンとしたのである。

それでは帝国日本の植民地統治は、被植民地に実際に『文明化』『近代化』をもたらしたのであろうか。本報告はこうした問題を台湾と朝鮮の社会事業政策を例に比較検討しようとするものである。

ここで、『文明化』『近代化』が何を意味するのかについて簡単に検討しておこう。『文化』が精神と物質の両方を含んだ生活形成の様式と内容をさすのに対して、『文明』は技術的な発展をさすニュアンスで使われることが多い。植民地支配との関連では、『文明』ということばが多く使われたことは、被植民地に技術的な側面を移転することを重視することを意味していたと思われる。しかしながら技術と精神を単純に分離して移転することは難しい。とくに帝国日本による被植民地の『近代化』ではインフラストレーション関係の技術移転のほかに、法制度、社会制度などの移転もあったことから、理念、規範、考え方などの精神的活動も同時に移転したのである。さらに帝国日本は植民地統治の方法として被植民地の日本社会への同化政策も行った。台湾での同化政策は1930 年代後半の戦時体制の推進とともに明確化し、朝鮮では1910年の統治初期から同化の方針が明確であった。

　このように帝国日本の『近代化』政策は精神と物質の両面を含んでいたが、これを被植民地の住民がどのように受けとめたのかについては、台湾、朝鮮など各被植民地社会の歴史的、文化的、社会的、経済的状況の相違によって異なる様相を示したのである。そこで、この研究では、各社会が長い歴史のなかで形成し、当該社会に深く埋め込まれた相互扶助や伝統的な社会事業活動などを『福祉文化的基盤』とよんで概念化し、被植民地において行われた実際の植民地社会事業は、この『福祉文化的基盤』と帝国日本が上から行った社会事業の『近代化』政策との間の拮抗作用のなかから形成されたと考えるに至った。

　以下では、台湾と朝鮮の植民地社会事業の創設期をとりあげ、この『福祉文化的基盤』と『近代化』作用のなかで形成された植民地社会事業の特質を検討しよう。

2. 台湾の福祉文化的基盤——清朝時代の救済事業

　中国では紀元前500年頃から儒教の流れがあり、その後興った道教、仏教とがこれに融合して人びとの心性を形成し、すべての時代をつうじて救済事業が奨励され、『救済』は国家理想にまで高められていた。その種類は①院内・院外の窮民救助、②行旅病死人救助、③義塚・寄棺などの助葬、④路傍に休息所を設ける行旅保護、⑤義倉、社倉などの救荒、⑥水難救護、⑦軍事救護、⑧嬰児・棄児保護、⑨地域隣保（保甲制度）、⑩動物保護と多様かつ広範囲にわたる『救済』が時代による盛衰はあるものの行われてきた。こうしたなかで、官民双方の窮民救済事業が発展し、明代の14世紀には各州県に官立養済院を設ける政策が行われ、養済院、普済堂、済善堂、棲流所、留養局、孤老院、丐院とよばれる諸施設が設けられた。民間では明代末から清朝時代をつうじて慈善、公益事業を目的とする結社『善会』とその施設、事務所である『善堂』が各地、特に華南地方に普及した。これらは主に捨て子の養育を行う育嬰会、救貧を行う普済堂、寡婦の救済を行う清節堂などとよばれ、都市部を中心に郷紳層、紳商らによって運営展開された。

（1）養済院

　台湾においては清国が領有した翌年の1684年、貧窮者を救済するための官立の養済院が現在の台南にあたる台湾県、嘉義にあたる諸羅県、高雄の鳳山県に創建されて以降、彰化県、台北府、新竹県、澎湖庁の7府県庁に1カ所ずつ設けられた。その分布は台東地域を除く台湾島の西部に集中している。台湾の事情を記す最も古い書物は康熙時代、17世紀の後半に記された『台湾府誌』であるが、その巻二に4カ所の養済院と1カ所の普済堂が記録されている。

　　　　　　　卹　政
　台灣縣　養濟院　在鎮北坊康熙二十三年知縣沈朝聘建（筆者注：1684年）
　　　　　普濟堂　在縣治城隍廟側計二十間内有藥王廟棲流所乾隆十二年知縣李閶權置計贍
　　　　　　　　　園二十五甲六分又租銀一兩六錢（筆者注：1747年）
　鳳山縣　養濟院　在土墼埕保康熙二十三年知縣楊芳遠建（筆者注：1684年）
　諸羅縣　養濟院　在善化里東保康熙二十三年知縣李麒光建（筆者注：1684年）
　彰化縣　養濟院　在縣治東距城里許乾隆元年建（筆者注：1736年）
　　　　　（注『台湾府誌』巻二，1922年覆刻版　179～181頁、原文中文。）

　これらを含めた官設養済院は日本の占領まで各県庁によって運営され、各地域の中枢的救済機関として機能していたが、日本占領と同時に運営経費が絶たれて中絶したのであった。民間でも中国南部に普及したという善会、善堂が設けられ、また祭祀公業による各種救済事業があった。一方、各地には天災、飢饉など非常時の窮民救済を目的とした備荒制度の義倉が設けられていた。台湾は対岸の福建、広東などから移り住む移民社会としての特質をもち、清朝時代には男性単身者のみが渡航を許される時期があるなど、移民者の生活困難に対応する救済事業として棲流所などが設けられた。また遺棄される女児のための育嬰堂や寡婦、母子のための救済事業として卹嫠局や清節堂も各地に設けられたが、これらは女児を軽視する慣習の矯正や寡婦の再婚を儒教道徳の観点から禁忌する目的をもった施設としての性格も有していた。

（2）清朝時代における救済事業の動向

日本占領まで機能していた台湾の救済事業、慈善事業については台湾総督府が占領初期の1899年から1900年にかけて地方行政官をつうじて行った調査がある。この調査は『前政府時代ニ於ケル地方経済ニ属スル事業費調査ノ件』としてまとめられており、表1にみるように台東県を除く8つの県庁ごとに報告されている。

表1　清朝時代『公共事業』調査から救済事業の動向（1897 – 1898）

県庁名	堡、街庄名	救済事業・慈善事業など	財源・運営の方法・その他
宜蘭庁		義倉・済貧卹救	管内乞丐100余人、救恤を仰ぐもの毎年30~40人。経費は不入則地租より200余円を支出。自然災害には政府の救恤費あるいは紳士総理等の義捐で負担。
澎湖庁		育嬰堂・義倉・普済堂	育嬰堂には毎月番銀50両、普済堂には毎年小船舩征銭19,800文を支出。董事は選挙により決定。
鳳山県		義倉・済善堂	義倉は凶作の折り、貧民に1人1日米5合を支給。済善堂は極貧者を収容し紳士富商の寄付、義捐により、1カ年約200円を要す。
台北県		義倉・義渡・義塚・済貧卹救	
	擺接堡	育嬰局・済貧所	育嬰局は救助金を実母に1ヵ月1円分娩後4ヵ月間支給。済貧所は極貧者に施設提供と終身1ヵ月1円20銭支給。経費は林本源並に各庄有志が負担。
	興直堡		
	文山堡		
	海山堡	義渡	義渡費は14庄の農家から租谷30石、商家より10余円を負担。
	三貂堡		

続表

県庁名	堡、街庄名	救済事業・慈善事業など	財源・運営の方法・その他
台北県	基隆堡	棲流所	棲流所は市街行き倒れ貧民救恤を行う。義捐と勧捐により経費負担。
	台北県内各街		
元新竹県		育児院・養済堂	育児院は貧者の子弟を救育、管理人・使丁に年152円支出。養済堂は鰥寡孤独者80人を救養、支給1年2石4斗と1石2斗の二種類ある。費用は官より負担額を定めて富戸に出金せしめる題捐、官より勧誘する捐金、人民より進んでする義捐にて負担。行旅病死人は付近戸の義捐で負担。
台中県		済養局・育嬰堂・養済院	済養局は鰥寡孤独を収養、育嬰堂は貧家の子女を養育、養済院は疾病無告の貧民を救恤。経費は留養田・育嬰田・その他付属の田園で維持並に救恤資に充用。
嘉義県		義倉・育嬰堂・義渡	経費は紳士の寄付による金穀、田園を基本財産としその収入により充当。義倉も付属の田園があり年200石余の収穀あり、義渡にも義渡田が付属しこの収入で充当す。
台南県		育嬰堂・卹嫠局・義倉・義塚	育嬰堂は遺棄される嬰女を養育する、経費は小船舶の入港税、寄付による付属田園、義捐、洋薬税などにより基本金1800余円にのぼる。卹嫠局は赤貧の寡婦児女で節操守るものに福建巡撫が1,000円を寄付、これに紳士紳商が勧捐し9,000余円で創設。義倉は官吏、有志者の寄付で5万石を常備。義塚は赤貧で墓地を有せざるものの為に設けたもの、付属田園の収入により維持。

注　この表は『明治三三年台湾総督府公文類纂二〇　永久乙種　第一三門租税』の四〇に綴られる『前政府時代ニ於ケル地方経済ニ属スル事業費調査ノ件』（第五〇六文書－四〇）から作成した。この史料は大友昌子『清朝時代における台湾地方経済に関する調査報告書――「旧慣調査」前史として――』『台湾総督府文書目録』第5巻、1998年、ゆまに書房で翻刻。

この調査によれば、各地域に普済堂、済善堂、済貧所、棲流所、養済堂、養済院とよばれる貧民救済のための施設、育嬰堂、育嬰局、育児院とよばれる養育を放棄された児女を養育する育児施設、夫に死なれた寡婦をその子どもとともに収容救済する岬蔞局、また凶作や兵事に窮民を救済する義倉や公共交通の要所である渡し場の運営を行う義渡、そして行き倒れの行旅病人や死亡人救済、行旅死亡者への葬儀と墓を提供する義塚があった。これらの救済事業の成立の背景は既に行われている杵渕、夫馬らの研究にゆずるが、台湾では17世紀に清朝の統治下に組み込まれて以降各地に設けられてきたもので、その事業の目的や名称また運営方法も中国大陸の特に南部地方を中心に発展していた事業活動と共通するものである。

これら施設事業の運営方法は一律に定まったものではないが、基本的には官の指導と地域の郷紳層および紳商との共済であったことが資料からうかがえる。こうした救済事業に特徴的なのは、義捐金や義捐穀米のほかに田畑、田園を寄付するものがあって、これらを基本財産とし、その土地からあがる収入を運営費にあてたり、また澎湖庁や台南県のように、港に入船する小船に税金を課して、この経費をもって運営費にあてるなどの方法によって財源確保と事業の継続性をはかっていたことである。これらの活動を支えていたのは各地域の郷紳層や紳商等とその組織であり、彼等の経済力と指導力を中心とした地域の自治的基盤がこれら救済事業の運営活動を支えていたことが認められる。

つぎに、これらの事業の実際を鳳山県の済善堂を例にみると、同地（鳳山街鳳山字縣□（判読不能）259番地）にある済善堂は創設者、また創設年代はもはや判明しないが、1875年に修繕を行った際には、その修繕金を城内豪商2名が300円を負担した。済善堂設置の目的は廃疾孤老者や貧難無告者のために施設を設け起臥養息の場所とし、救助費に1カ年200余円必要であるが、これは城内富商の義捐と、不足の場合には富商の一人郭維が負担するとしている。また、台湾では死後の丁重な葬送が重要な信仰儀礼として広く尊重されるが、済善堂に起居する無縁者の葬儀に棺材一具を寄附する2家があり、毎年200～300円を義捐して棺材を造りおく。また別の商家よりは薬餌、米、炭なども寄付される。堂内の病者の湯薬、看護あるいは無縁仏をまつる灯火番烟を扱うための人夫を1カ月3円で雇用していたことが、記述に伺える。

済貧恤救ニ関スル件

鳳山城内ニ在ル何レノ時代ニ誰人ノ創造セシ者ナルヤ之ヲ土地ノ父老ニ質スモ稽フヘキ無シト雖モ免ニ角民間慈善家ノ創設タルコトハ疑フヘカラス（中略）

当初該堂設立ノ目的ヲ繹スルニ台南府ノ如キ廃疾孤老ノ無告者若クハ乞丐ノ篤疾ニ罹リ死ニ瀕セントスル者ノ為メニ棲流所ナル者ヲ官設シ之ヲ救済シタルモ鳳山ノ如キハ此等官設ニ係ルモノナシ故ニ土地ノ慈善家進テ該徒貧難無告者ノ為メニ一舎ヲ建造シ起臥養息ノ場所トナシ救助費トシテ一ヶ年約二百余円ヲ要セリ這ハ何レモ城内富商ノ義捐ニ成レリ其不足セル場合ハ隆益号主人郭維一名ニテ負担セリト云フ又タ渠等ノ堂内ニ在テ斃ルルや棺材ハ打狗ノ張怡記及苓仔リヨウノ陳忠和ノ両家ニ於テ毎年二三百円ツツヲ義捐シ預メ棺材ヲ造リ置キ之ヲ施与シタルナリ此ノ他各慈善ノ商戸ヨリ薬餌米炭等ヲモ寄付シタリ又タ堂内病難者湯薬看護若クハ灯火番烟ノコトヲ（堂内無縁亡者ノ位牌）扱フ為メ人夫壱名一ヶ月三円ヲ給シ雇ヒ置ケリト云フ

（『明治三三年台湾総督府公文類纂二〇 永久乙種 第一三門租税』の四〇に綴られる『前政府時代ニ於ケル地方経済ニ属スル事業費調査ノ件』（第五〇六文書−四〇）、大友昌子『清朝時代における台湾地方経済に関する調査報告書——『旧慣調査』前史として——』『台湾総督府文書目録』第5巻、1998年、ゆまに書房、364頁）。

　　済善堂の沿革と運営の特質は、個人の施設運営ではなく、資金面、運営面ともに数人の富戸あるいは富商の共同運営であること、財源提供の中心となる人物ないし家はあるが、同一地域である城内の富戸、富商が義捐して財源確保を行っていることである。これらから済善堂の運営を介して城内の富戸、富商間にかなり緊密な連携が成立していたことが明らかで、救済事業をつうじて地域の安定性や自治的まとまり、また富戸、富商の階層が地域住民に対して指導性を発揮していたことがうかがわれ、このような特質は他の各種救済事業にも見ることができる。済善堂は民間人のみによる設立運営であったと記述されているが、他の救済事業の例では、官からの呼びかけに郷紳層、紳商等が義捐をし、官の高位役人もまた義捐を行って事業を開始し、その後運営を民間人が行うという形態が多く見られる。

　　済善堂は領台後も林静観が発起人となって事業を継承し、1916年に鳳山街火房に移転、1923年12月に総代林静観によって建物および現金1305円99銭が高雄慈恵院に寄附された。済善堂が高雄慈恵院へと統合された経緯は不明ではあるが、史料から児玉総督時代の助成金500円をめぐる済善堂の財産管理上の問題が発生し、これが高雄慈恵院への統合につながったものと推量される。統合後の済善堂は高雄慈恵院附属済善堂と名称を改め、無料宿泊所として事業の継承がはかられている。

　　台湾における救済事業にはその他架橋、道路修理、廟の修繕、自主警備費用など、住民に共通するいわゆる公共的事業があり、この財源確保および実施には官民共同で行う場合と民間のみで行う場合の2種類があり、公共的事業の財源は以上のような特定事業を行う必要が生じた折りに、その都度各種の寄付を募って財源確保を行っていた。寄付の形態には数種類があって、それらは派捐、勘捐、題捐、義捐と分類される。派捐は貧民に強いず、富民にのみ賦課するもので商に重く、農に軽くする。勘捐は官が勧誘して寄付を促し、題捐は官が各戸に賦課額を定めて課し、多くの場合季節ごとにまとめて徴収する。義捐は人民がすすんで寄付することをいう。

　　こうした寄付のシステムあるいは寄付文化ともいえる寄付行為と盛んな救済事業を支えたことはたびたび言及しているように郷紳層また紳士富商等であった。郷紳はおもに地主、紳士は科挙試験の合格者を輩出した家柄をいい、また富商は資産をもつ商人であるが、家柄や紳士の称号は金銭によっても入手できるようになっていたから、紳士と富商はわかちがたい結合状況にあったとみることができる。台湾の地方自治は清朝時代以来これら郷紳層また紳商等を中心とした体制にあり、救済事業もまたこれらの人々が担っていた。台湾の郷紳層、紳商等は資産の豊かさに裏付けされ、宗族内のまた同一階層内のネットワークによって結ばれ、各地域ごとに有力者層を形成し、祭祀公業やその他の民間公益事業を運営した。祭祀公業は台湾に独自の先祖祭祀を核とした諸事業を運営する宗族を母体とした団体である。朝鮮の救済事業が次に述べるように還米制度などの隣保制度を中心に行われ、伝統的に官主導の傾向にあったのに対して、台湾では義倉や救済事業はともに官よりはむしろ民間人が担う特質を有していた。台湾がこのような民間人による自治や社会的共同性を基盤とした福祉文化的基盤を築き上げていたことは、清朝統治以降の台湾の地理的、政治的位置が中央政府からは遠く、自治的政治がまかされる比較的緩やかな統治体制のもとにあり、地域住民が自律的な政治的、社会的システムを築いてきた経緯ともわかちがたく結びついていると考えることができる。

　(3)　保甲制度

　台湾では地域における警察的機能を中核に地域住民間の相互検察を促す制度として保甲制度がある。台湾には義倉などの備荒制度、養済院、卹嫠局、育嬰堂などの救済事業、そして警察的機能を有する保甲制度がそれぞれ自律的に成立、機能していたことから、保甲制度が福祉文化的基盤に隣保制度としてしめる役割は、朝鮮や日本ほどに大きくはない。朝鮮や日本では備荒制度や救済事業の発達が台湾に比較して十分ではなかったことから、これに代わるシステムとして『統の制度』また『郷約制度』や日本の『五人組制度』が隣保制度の始原として語られるのであって、これは備荒制度や救済事業が完備されなかった状況を反映しているともいえる。

　保甲制度は先に述べたように中央政府に対応する州県管下の下級行政機関である各自治機関に設けられた。保甲は州県城郷の下級自治的行政単位内で10戸に1牌頭、10牌に1甲長、10甲に1保正を置く組織で、居住者の生死、出入りを届け出、盗賊、賭博を取り締まり、失火の際に救護を行い、通行の安全を確保するなどの役割が課せられていた。こうした役割からも保甲は、義倉による救恤や救済事業とは異なる、いわゆる行政警察と司法警察の両機能をもつ制度であったと考えてよい。保甲制度を編成運営するのもまたその担い手は地域の紳商や郷紳層であり、備荒のための義倉の制や各種救済事業と同様の性格を有していた。

　以上述べてきたように、日本占領初期の台湾には義倉や各種救済事業が、地域社会の窮民や生活困難者の受け皿となって機能し、その分布状況は台湾島内の台東地域を除くすべての地域に行われ、おもに郷紳層、紳商等の義捐や働きによって維持、運営されていた実態が明らかとなった。杵渕も指摘するように、その水準は日本はもちろん、世界の水準に比較しても抜きんでたシステムを確立していたと評価し得る。

　以上の検討から、台湾に特徴的な福祉文化的基盤とはこれら貧窮民の救済事業のみならず、地域住民の生活の利便性をはかる事業、現在の用語を用いれば公共性のある事業活動が民間人を主力に、官民をわかたず維持運営されていたこと、すなわち紳士富商や郷紳層を中心とした民間人の活動が活発であり、官民が一体となって公共事業に取り組む傾向をもっていたことがあげられよう。この高水準の中華モデルの福祉システムが、日本の占領と社会事業の『近代化』政策によって変容せしめられ、日本による統治終結の1945年には、日本に比してその到達点が低位に抑えられていくことになる。

3.　朝鮮における福祉文化的基盤

　朝鮮の救済制度は西暦28年の新羅の時代からその記録をみることができ、①救荒、②救貧、③救療、④婚姻・葬送補助、⑤地域隣保（郷約）の制度が行われてきた。備荒として常平倉、義倉および還穀、交済倉、済民倉、社倉が各時代に設けられ、救荒として蠲減、賑貸、賑恤、施食、軽徭および防穀、救荒方、願納などが設置されたが、その管理と運営はもっぱら官もしくは国家事業として行われてきた経緯がある。次いで鰥寡孤独の保養についてはこれもまた官の事業によるもので親族扶養を柱に、留養、収養、養老があり、医療救済事業としては1036年に大悲院が設けられて以来、1392年には漢城（ソウル）に東西活人署が、1398年には済生院が設けられ、1715年には済生院に代えて恵民署が、1883年には恵民署を廃して広済院が設けられて貧民の施療を柱に救療機関として機能してきた。そのほか婚姻、葬送の費用を国庫補助する顧助、そして、隣保の制として16世紀頃に成立した郷約制度がある。つぎに韓国併合前後の朝鮮の社還米制度、救済および慈善事業そして最後に隣保の制についてみておこう。

（1）併合初期の社還米制度

朝鮮における凶年賑貸の目的を持った社還米制度は、義倉として高麗の897年に各州郡に設置された。その後盛衰を経て李朝にはいり、国庫の穀物を備荒の資にあてるところとなり、穀物の半数は据え置き、半数は民間に貸し付けして、翌年の秋に還納させる制度が成立し、これを還穀と称した。租税として国庫に納められる米穀類は軍事費、地方政治の必要経費、凶年の際の済民の資などとなったが、この制度が数百年の長きにわたり、また還穀賑貸が普遍化したため弊害を生じ再び行き詰まりの状況となった。こうした長い経緯の後、朝鮮における還穀制度は、1895年、社還米制度として再興された。従来穀類は国有で、かつ地方官の直接管理するところであったから、還米を各面に下付し、面を共同団体として社倉を経営管理せしめ、社還条例を発布して地方における面ごとの還米制度の復活を意図したのである。『社還條令例』の内容は①社穀を面の公穀とし、貧民に賑貸する、②社還管理は面里の公議によって処理する、③社倉には社首、守倉をおく、④賑貸穀は米1石に5升の利剰を付す、など19条からなる条例であった。

社還條令

開国五百四年〔筆者注：『開国』は朝鮮歴〕　度支部令第三號（明治二十八年　西暦一八九五年）

第一條　社穀は従来の還穀を各面に分付して該面の公穀と為し、窮節（主として春夏の交）に於て貧民に賑貸を為すものとす。

第二条　社倉は面内に於て交通運搬の便利なる地点を選び、其の面里協議費を以て倉舍を築造すべし。

第三條　社還管理に関する事項にして本條令に規定なきものは、其の面里の公議に従ひ処理すべし。

面内の徳望家五人を選挙し、其の中より議員を定むべし。

第四條　社倉には社首一人、守倉一人を置き、面民の公議により選任し、郡守に報告すべし。

社首の印章は郡守に於て製造し下附するものとす。

社首、守倉は社倉の帳簿と鎖鑰を各別に保管し、増減を許ざゝるものとす。

第五條　社首及守倉には面公議に依り相当の報酬を支給することを得。

第六條　社穀は左の方法に依り出納するものとす。

一、歉荒又は不慮（水、旱、風、蟲の災害、疾病の類を云ふ。）の歳には貧困者に貸付し、年賦又は一年を以て償還せしむ。但面民の公議によるべし。

二、平年は一般面民の志願により春之を貸出し秋之を回収す。

第七條　賑貸穀には米一石に付五升の利剰を付す。

利剰の収入は給料雑費及鼠損補足に充つるものとす。

第八條　郡守は社倉を監督す。

郡守は時々吏員を派遣して之を監査し、又社首より必要の報告を徴すべし。

第九條　社首は毎年三月社穀の計算書を作り、公議を経て各里民に回覧すべし。

第十條　面民は社民の処理に付き郡守、観察使に意見を開申することを得。

第十一條　社穀の出納は必ず豫め期日を定め、収納の時は近方の者を先にし、交付の時は遠方の者を先 にして人民の便宜を図るべし。

第十二條　各里に保正一人を置き、社民に関し其の里民の保正に任するものとす。貸付を受けたる者逃 亡したる時は、保正に於て其の里民に排分して之を補充すべし。

第十三條　面経営の社倉の外退職中の官吏又は土民、其の居村の為め穀倉を私設して賑貸を為す者ある 時は、本條令は之を妨げず。

第十四条　社穀は毎年三月上旬新穀未出の時に貸出し、十月下旬之を収納するものとす。

斗量は面民をして之を為さしめ、計量の不正なからしむべし。

貸出の期日は社首之を定め、各里の保正に通告し、保正より里民に告示するものとす。

第十五條　倉舎及所属什器は守倉之を保管し、擅に毀損し又は他に使用することを許さず。若し損失し たる時は直ちに辨償すべし。

倉舎の修繕は其の面内各里輪番を以て之を負担すべし。

第十六條　地方官は毎年倉穀出納の状況を調査し度支部に報告すべし。

第十七條　里民の保証負担排分の方式左の如し。

（略）

第十八條　社還米の貸付を受けむとする時は請米状を提出すべし。

（略）

第十九條　本條令は開国五百四年十月一日より施行す。

（李覚鐘『朝鮮に於ける救済制度の沿革』『朝鮮』第八十一号　1921 年）85～87 頁参照）

　　農民救済のこの制度もまた、李朝末期の国家多難のおり未整理のまま、残存の米穀は面里所有の財産となり社倉の制度は終了したとされる。

　　朝鮮では1392 年から対外的には朝鮮国と称する李王朝が27 代519 年間にわたって続いたが、1904 年には武力をともなう日本による保護国化がはじまり、1910 年の韓国併合によって李王朝は実質的に滅んだ。李王朝はその末期には、1876 年の日本をはじめとして、米国、英国、清国、ロシア、フランス、イタリア、ドイツ、オーストリアなどと不平等条約の締結を余儀なくされ、19 世紀末には朝鮮半島は諸列強による覇権分割の危機に直面していた。長く続いた王朝制度のなかで政治的な統治力は弱体化し、社会制度や行政力が円滑に機能しない状況となるなかで、住民は疲弊し、生活の困窮化がすすんだ。こうした状況下で李朝期に発展した伝統的な福祉文化もその末期には充分に機能し得ない状況となっていた。

　　日本が韓国併合を行った1910 年12 月末日の『朝鮮総督府統計年報』によれば、社還米が各道に保有されていたこと、そして1910 年政令第3 号『地税等ノ特別免除ニ関スル件』によって、社還米の還納免除が行われたことが記されている。この統計によれば韓国併合後の1910 年には社還米は各面里に保有されていたことになるわけで、米、籾、麦、大豆、粟の穀物、豆類の残高は合計23,763 石、地域では全羅北道、全羅南道、忠清南道の原保有高が高かったことが判明する（表2）。社還米制度が日本の占領初期に実質的にどの程度機能していたのかは推量の域を出ないが、還納免除によって貸付を棒引きにする措置が行われているところから、併合直前まで制度としては存続していたと考えてよいだろう。

表2　社還米還納免除及現在高

	米			籾			麦			大豆			粟			現金		
	原総高	還納免除高	現在高	原総高	還納免除高	現在高	原総高	還納免除高	現在高	原総高	還納免除高	現在高	原総高	還納免除高	現在高	原総高円	還納免除高	現在高円
京幾道	2972	2589	382	203	683	135	813	316	497	362	121	497	350	350	—	20	20	—
忠清北道	3830	3066	764	7	134	4				2		2	85	27	58			
忠清南道	11482	6076	5406	317	—	183												
全羅北道	13201	7394	5807	—	3					17	14	3						
全羅南道	12150	5788	6363	6		3	205		205									
慶尚北道	5636	5287	349	—	188		3		3	38	38							
慶尚南道	17	17	—	188	1													
黄海道	2555	2555	61	1									7140	7140				
江原道	2153	2092								158	158	—	4070	3845	225	2	2	
咸鏡南道	—	—	—				—	206	—									
総計	53996	34865	19131				221	523	14	577	331	246	11645	11362	283	22	22	—
				—	270	153	308		256									
				424	2	9	7		4									
				1														

注：『朝鮮総督府統計年報』（明治43年）1910年771〜772頁より作成。

（2）併合初期の郷約制度

　　台湾の保甲制度が警察機能を行う行政制度であったのに対し、朝鮮の郷約制度は行政制度ではなく地域構成員の教化を行う自治的教化団体であった。もともと隣保制度は中国周の時代に司法と教化を一体化した制度として成立したが、司法が警察機能として特化したものが保甲制度であり、郷約制度は教化をその目的とするものであった。台湾における郷約制度についてはその実施を勧めるものもあったが、実現にはいたらず、杵渕によればこうした教化の志向性は、その後『聖諭広訓』として冊子を頒布する官の宣講や善書などを配布する民設の講善書の事業の発達につながっていったという。

　　一方、朝鮮においては16世紀になって、郷約制度の施行が識者によってしばしば主張されたが、統一的な制度としては成立せず、各地方ごとに設置された。宮嶋博史によれば、広く知られている16世紀末に成立した『安東の郷約』は①徳業相勧、②過失相規、③礼俗相交、④患難相恤の四大項目があげられ、郷約に背いた者にはその行為の内容にしたがって課すべき罰則が定められていた。『安東の郷約』は在地両班層の内部的規律をこえて、両班層以外の一般民衆をも含めた地域全体の規約として作成されたという。（『両班（ヤンバン）─李朝社会の特権階層』中公新書）しかし、郷約制度は両班層を中心とした階層制を背景に成立したこと、そしてこの郷約制度が両班、良民、奴婢からなる朝鮮社会の階層制を強固ならしめる作用をもったことなど、多くの弊害ももたらしたとする文献もあると杵渕の記述にあり、郷約制度についてはその役割や機能、またその評価も難しい。しかし、この郷約制度が朝鮮における相互扶助の福祉文化的基盤となったことは、その弊害面も含めて明らかである。また窮民救済の仕事は両班層ではなく、両班と常民の間に位置付く中人（チュンイン）とよばれる官僚階級で医術、通訳、天文学など専門的な役割を担った階層が行ったともいわれ、今後さらなる検証が必要である。

　台湾、朝鮮の隣保制度に比すると、日本における徳川時代の五人組制度はこれらの制度と淵源は同じであるが、警察機能を主な柱とし、これに教化機能を合体した制度として成立をみたと理解することができる。朝鮮には備荒制度、救済事業、隣保事業などの福祉文化的基盤の柱となる事業が長い歴史の中で培われてきたものの、備荒制度、救済事業ともに官の事業として行われてきており、台湾における郷紳層や紳商等に対応する民間人、ことに地域の有力者である両班層が救済事業に積極的に関与することはなく、約内や地域の教化と相互扶助の範囲での活動にその主力をおいたことは台湾の福祉文化的基盤の主要な担い手である郷紳層、紳商等とは異なる性格をもっていたと考えられる。在地両班層が資産を有していた階層というよりは地域における倫理的、文化的リーダーとしての性格が強く、社会性と経済力の双方が備わっていなかったこともその要因の一つであろう。

4. 小 結

　以上、台湾、朝鮮における植民地社会事業創設期の救済事業、隣保制度、罹災救助などの既存の救済システムを福祉文化的基盤として検討した。植民地社会事業は各地域において独自に発展してきた福祉文化的基盤のうえに、『宗主国』が新たなシステムを導入することによって形成される。それゆえ従来の福祉文化的基盤の特徴、水準を検証し、植民地社会事業『近代化』の初期条件を明らかにしておくことが必要である。

　本研究では、被植民地となった台湾、朝鮮と『宗主国』となった『日本』とが同じ中華文化圏として共通する福祉文化的基盤の特徴を示していること、一方共通性の高い福祉文化的基盤を共有するものの、台湾、朝鮮、日本は中華モデルの導入のあり方に相違があり、それぞれに異なる特徴の福祉文化的基盤を形成し、また歴史的、政治的、社会的および経済的状況の相違が福祉文化の水準に格差を生ぜしめたことが明らかとなった。これまでの検討で明らかになった諸点をあげると次のようである。なお本報告では日本の前近代の救済事業について十分な検討を加えていないが、『宗主国』としていかなる特徴をもっていたのかに言及する必要があり、台湾、朝鮮との比較との関連で日本の特徴を簡単にまとめた。

　1）中国南部および台湾の前近代末期には①院内？院外の窮民救助、②行旅病死人救助、③義塚・寄棺などの助葬、④路傍に休息所を設ける行旅保護、⑤天災などの救荒、⑥水難救護、⑦軍事救護、⑧嬰児・棄児保護、⑨地域隣保（保甲制度）、⑩動物保護と多様かつ広範囲にわたる救済事業が設けられ、これを漢族社会に発展した紳士富商らによる寄付文化がささえ、また官と民が共済して事業を展開してきた。これに対し朝鮮は①救荒、②救貧、③救療、④婚姻・葬送補助、⑤地域隣保（郷約）の制度が発展し、その経費、運営はおもに国や地方行政によって担われてきた歴史を有している。朝鮮は中華福祉モデルの救済事業のなかからその一部を導入し、また独自の制度も成立させてきたことから、両地域の救済システムには共通性と独自性の両面が認められる。

　2）台湾では多様な救済事業が設置され、救済事業数も多く日本占領まで活発な活動が行われていた。一方、朝鮮では李王朝末期、日本占領直前には、その救済システムは大きく衰退していた。

　3）台湾における紳商、郷紳層、朝鮮における両班、儒生層など、地域の支配層による救済事業への関与が両地域で異なり、台湾において高く、朝鮮において低かった。

　4）日本の前近代においても、①救荒、②救貧、③救療、④地域隣保（五人組）など、中華福祉モデルの救済事業の一部が導入された。しかし朝鮮が国の制度として救荒、救貧、救療の事業を制度化し、システム化したことに比べ、日本は制度化、システム化の度合いは低い。ただし朝鮮の地域隣保である郷約制度の設置が地域における任意の行為であったのに対し、日本の五人組制度は幕藩体制下の末端行政単位としてシステム化されたことに朝鮮と日本の相違がみられる。また朝鮮の両班、儒生層、日本の郷士、地主など地域の支配層による救済事業への関与が低い点で、また台湾において盛んな紳士富商らによる寄付の文化が低迷している点で朝鮮と日本は共通性がある。

　5）朝鮮と日本に共通する傾向は、官の主導が強いことで、台湾においてみられるような紳士富商ら民間人の積極的働きが小さい。

　以上検討してきたように、台湾はもとより、朝鮮もまた、その機能は衰退したとはいえ、福祉文化的基盤は日本に比較して格段に整備された歴史を有していたといってよい。ことに台湾占領の1895年当時の日本の社会事業水準は未だ、『近代化』を開始する以前の状態であった。したがって、日本よりむしろ台湾のほうが、清朝時代の『前近代』に属する性格を有する救済制度ではあるものの、はるかに充実した事業内容をもっていたのである。

　一方、朝鮮の場合は前体制末期の救済システムとして還米制度が残っていたけれども、全体としてはその機能は著しく衰退しており、また韓国併合とほほ同時期の日本の社会事業状況は、日露戦争後の財政引き締め策にもとづいた日本の救貧法（恤救規則）の制限的救済基準を堅持しつつ、防貧策としての地方改良事業や感化救済事業政策が展開されようとする時期であった。したがって朝鮮では衰退していた福祉文化状況に、防貧理念を含んだ、しかし非常に制限的な日本の社会事業政策の影響を受け、朝鮮の社会事業水準は日本と同様もしくは日本の水準以下の抑制的な施策が行われたにすぎなかった。

　以上、日本占領初期の台湾、朝鮮の各福祉文化的基盤の水準が台湾に高く朝鮮に低いという較差を胚胎していたという結論を、検討の結果、検証し得たと考えている。

（作者単位：中京大学）

台湾総督府の敗戦処理に関する史料学的問題について

東山京子

はじめに

　日本の台湾統治は、一九四五（昭和二〇）年八月一五日の敗戦とともに終わりを告げた。突然、終戦を迎えた台湾総督府はどのような戦後処理を行ったのであろうか。

　当時の台湾総督府にとっては、台湾における日本の統治が終焉を迎えることは想定外の出来事であった。それは、中華民国台湾省行政長官公署に引き継がれた台湾総督府文書課が保存管理していた公文書の残され方から見ることが出来る。

　この中華民国政府に引き渡された文書を含む台湾における戦後処理については、接収に関する文書や文献の調査研究により資料の全貌が明らかになった[1]。さらに、台湾の接収状況や台湾人および日本人の引き揚げおよび日本人の資産及び財産の処理方については、台湾協会が所蔵する台湾引揚と留用記録などの関係資料や報告書から全体的なものについて把握することができる[2]。

　このような研究成果によって、台湾における終戦から敗戦処理、引き揚げまでの概観はかなり明らかになってきた。しかし、台湾総督府は八月一五日から一〇月二五日までの期間、全てが接収引渡業務だけを行っていたわけではない。八月一五日も一六日も、一般行政業務はそのまま行われ、続けられていたからであった。しかし、八月一五日から一〇月二五日までの七十一日間、台湾総督府とその官吏から学校の教員？鉄道の職員などのライフラインなどに係わっていた日本人が具体的・実際的には何をしていたのかについては、聞き取り調査などによって断片的には知られているが、公文書等の公式記録からは余り知ることはできていない。それは、この七十一日間にかかわる文書がほとんど現用文書として現課に引き渡されていたため、戦後の中華民国政府の行政機関などによって多くの文書が破棄されたからにほかならない[3]。

　ここに、台湾総督府の終戦処理に関する史料学的問題があった。しかし、組織的な文書の破棄という問題はとても大きなものであるが、それだけではなく、部分的なものとして史料は存在するが、その所在が明らかになっていないという点がある。ここでは、台湾霧峰在住の郭双富氏による台南州の文書である『終戦処理ニ関スル書類』（以降『終戦処理文書』と称す）の発見により、これまであまり知られていなかった台湾総督府の終戦処理の一端を明らかにすることができよう。

一、台湾総督府の終戦処理

　台湾を統治していた行政機関である台湾総督府にとって、日本の敗戦に伴う無条件降伏によるすべての放棄は、突然訪れた出来事であり、そのため、台湾総督府が保管していたすべての文書は、当時そのままの状態で、戦利品として中華民国政府に引き渡された。

　このことは、現存する『台湾総督府文書』が、公文書のライフサイクルにあわせた公文書としての原則に従って歴史資料となった公文書ではなく、敗戦という歴史的大きな事件の結果として偶然残ってしまった公文書であることを示していよう。

このような事態は、廃棄される前の有期保存文書たる五年保存や一年保存の文書および終戦当時まで使用していた現用文書もそのまま引き渡されたことを意味している。したがって、現在、台湾総督府文書を所蔵している国史館台湾文献館には、文書保存規則によって分類整理された文書、つまり、編綴されて簿冊化された永久保存文書と一五年保存文書と、突然の敗戦により、行政機関の解体とともに処理がストップした文書としての文書課担当者により纏められ使用されていた現用の文書との二つの文書群を保管していることになる。

このことから、この台湾総督府文書が文書課において管理される過程で、行政的に体系的に保存された文書群と、編綴される前にまた廃棄される前に接収された現用そのままの文書群とで構成されていることから、この二つの異なる文書群が保存された、今までに類を見ない文書形態が残された行政文書と考えられよう。

終戦処理に関する文書としては、この文書群のなかに、一件書類の形で簿冊化された中華民国政府の文書簿冊である『法務部冊籍』と『徴用日籍職員誓書』の二冊が混在していた。二冊の内、『法務部冊籍』は、『台湾総督官房文書課審議係ノ職員、事務、簿冊及諸財産一切ハ本冊ノ通相違ナク貴官ニ引渡シ申候』[4]として官房文書課長鈴木信太郎より法制委員会主任委員方学李（代表接収人願洪幹）に敗戦直後に整理した審議係に関する書類と財産が行政長官公署に引き継がれた。審議係は、『台湾省行政長官公署法制委員会接収一覧』[5]として法務部の職員一覧表・事務概要・簿冊目録・財産目録、並びに『原台湾総督府法務部所管事務暨事務用簿冊並備品書類以及職員等一切自当照左開目録呈交閲下辦理』[6]として原台湾総督府法務部職員名簿・原台湾総督府法務部事務引継書・事務用簿冊目録・備品目録・書籍目録・消耗品目録・所属官衙職員名簿・未済事項が記された簿冊、原台湾総督府法務部長村上達より法制委員会主任委員方学李（代表接収人黄鎮荃）に引き継がれ、民国三四年一一月一日にはすべての財産と業務文書書類が引き渡されていた。

一方、『徴用日籍職員誓書』は、台湾総督官房文書課審議係の履歴書と誓書[7]が綴られていることから、台湾総督官房文書課審議係の職員が業務遂行のためにこの法制委員会に徴用されたことが判る。この二つの簿冊は、接収に係わる文書であるため、中華民国政府の文書として中華民国の簿冊単位である『宗 巻』が印刷された表紙が付されて編纂されたものと思われる。

さらに、『台湾総督府公文類纂』簿冊番号一一五一三[8]を見ると、民国三四（一九四五）年一一月一日の徴用日籍職員誓書が綴られており、この添付された文書課職員事務担任一覧表には、名前が記されている審議係の中原武夫・河村尚平・川入渡・衛藤恒夫・吉田勝一・森一衛の六名と、法令台帳係二名の内の菊池クラと吉村久子及び庶務係一一名の内、浅沼福治郎と森田節郎と劉茂成の履歴書があり、衛藤・吉田・菊池・吉村・浅沼・森田に関しては、台湾省行政長官公署法制委員会の公印が押印された中華民国三四年一一月一〇日付の徴用日籍職員の居住の証明書と、河村・川入・衛藤・吉田・吉村・浅沼・森田・劉についての誓書も一緒に綴られている。なお、この簿冊の最後に至っては、『元官房審議室ヨリ法制委員会ニ転入セル者ノ住所一覧』があり、事務官中原武夫の備考には、終戦連絡事務局企画課兼務（自己所有家屋）と、属の森一衛の備考にも終戦連絡事務局企画課兼務（疎開住宅）と記され、書記官岸田実・事務官河村尚平・属の長山秀夫と中村孝明の備考には文書課兼務（借家）と記されている。

　また、二二名の履歴書の中には、昭和二〇（一九四五）年五月一一日総督官房文書課長審議室兼務に任命された鈴木信太郎の履歴書も綴られており、そのなかには九州帝国大学法文学部法科出身の鈴木信太郎が昭和五（一九三〇）年四月二五日に台湾総督府属に任命され、総督官房審議室勤務を命じられ、その後昇進して昭和一六（一九四一）年九月三〇日に高等官三等に叙せられ敗戦の年の五月一一日に総督官房文書課長を命ぜられ、昭和二〇年九月三〇日に二級俸下賜されていたことが記録されている。さらに、岸田実・中原武夫・坂本国夫・川人渡・衛藤恒夫・荒谷元八郎・吉田勝一・森一衛は総督官房文書課勤務を昭和二〇年七月二七日に任命され、河原尚平は、七月三一日に同課勤務を任命されている。このような官吏の進退に関わる人事記録が綴られていることから、戦後、日本人関係現用文書として旧台湾総督府吏員の日本人からの問い合わせ（恩給などの関係）の際に活用されていくことになり、台湾政府においても廃棄できない事情ともなっていく。公文書というのは、決して歴史史料的価値だけではないことが判る。

　ついで、『台湾総督府公文類纂』簿冊番号一一五一二[9]を見ると、左記の台湾省行政長官公署法制委員会接収一覧表が綴られ、被接収部分及移交人台湾総督府審議室鈴木信太郎から、台湾総督官房文書課審議係の職員・事務・簿冊及諸財産一切の引渡書がある。

　台湾省行政長官公署法制委員会が接収した台湾総督府審議室の職員一覧表には、職員の氏名官職以外に官等俸給・出身学校・勤続年数そして現在の職務まで備考に記されており、前述した終戦連絡事務局には四名が兼務し、審議係の職員が中心となって終戦連絡事務局での事務処理を行っていた。また長谷部清一については東京出張所勤務中と記されており、一九四五年一一月台湾総督府東京出張所において、残務処理をしていたと考えられる。また、審議係保管簿冊と図書の大部分が一九四五年五月三一日総督府庁舎爆撃の際に焼失したが、残された簿冊のうち評議会関係書類綴のみ『民政処第一課ニ引継ケリ』と中華民国政府民政処第一課に渡った。ほか民国政府に引き継がれた簿冊は、法令台帳・官制台帳・評議会々議録・訴願関係書類綴・訴願裁決台帳・普通試験及銓衡関係綴・人事及庶務関係書類綴で、図書は、法令全書・台湾法令輯覧・参考図書・議会議事録・官報綴で、財産としては、自転車・椅子・戸棚および非常袋など、そして炭酸紙・鉛筆・謄写板印肉および起案用紙などの消耗品の数量まで記載した詳細な目録を添付した上で引き渡し

ている。このように、敗戦後の残務処理のために総督府員は徴用され、中華民国政府に台湾総督府文書を含む日産を引き渡すための引継書および各目録書類を作成していた。

　　二、台南州の終戦処理

　台湾総督府の職員は、敗戦処理という中華民国政府への譲渡引渡と内地への引き揚げのほかに、通常業務の継続が行われることによって日常性の回復がなされ、住民の日常生活が営まれるようになるなかで、さまざまな問題に直面することになる。それが、敗戦処理後、新体制へ移行するための台湾人の再雇用と就職の斡旋や戦時下の動員者と徴用者の帰還・帰郷・復員といった後始末業務であった。この後始末業務を知ることができるのが、ここで取り上げる『終戦処理文書』である。この文書には、台湾総督府が行った台湾を接収するために上陸してくる連合国軍への対応や、総督府などの組織機関などに雇用され日本の敗戦によって失職する台湾人の就職斡旋さらには志願兵や徴用された台湾人の帰還に係わる書類が綴られていた。

　　まず、職業課[10]などの部課が、接収の際に行ったあらゆる処理から見ていく。この職業課とは、『終戦ニ伴ヒ勤労動員関係法令廃止サレタルヲ以テ勤労動員、徴用等ニ関スル事務ハ一切之ヲ中止』して、『専ラ徴用解除労務者帰還及賃金未払ノ処理等ニ当リ来リシガ時局ノ推移ニ対処スル為』に、『国民動員課ヲ職業課ニ改称シ主トシテ職業紹介、勤労管理ノ事務ヲ管掌スベク目下事務機構改正手続中ナリ』とするもので、従って『職業課』とは、『国民動員課』が、終戦という大激変による時局の推移に対処する為に改称したものであった[11]。この職業課の業務は、主に日本統治期に日本人であった台湾人を戦地や日本国内（内地）から故郷である台湾へ帰還させるために、日本の本国政府や海軍への交渉を行ったり、総督府の各機関が雇用していた台湾人職員に職業を紹介することなどであった。

　　一般的には地方庁の接収は一一月八日に始まったとされているが、その実態はあまり判っていない。まず、当該文書にはどのような文書が綴られているのかを見ると、この簿冊は、第一に終戦事務処理に関する文書、第二が連合国接収委員への対応（接遇）に関する文書、第三に台湾人の帰還に関する文書の三点に関する文書で構成されている。また、発信または受信日からみると、これらの文書は、昭和二〇年九月七日から一一月一八日までの約二ヶ月の間に取扱われた案件のものであった。まさに、敗戦から降伏、接収、引揚という、歴史的大転換の三ヶ月の公文書による記録といえよう。

　　ここで、第一の終戦事務処理に関する文書および第二の連合国接収委員接遇に関する文書の担当者をみると、総務長官・台南州知事・台南州総務部長・財務部長・産業部長・理事官・国民動員課長・会計課長・総務課長・職業課長であることから、本府と台南州庁の一部局に係わったものであることが判る。これらの文書は、台湾総督府に通達された接収処理事項が、そのまま同府から台南州にも同様に発令されていることを示していることから、この文書より終戦直後の戦後処理の実情を詳しく知ることができよう。

　　次いで、第三の台湾人帰還に関する文書は、戦時中に動員および徴用された台湾人に直接的に係わる事案であることから、内務次官・総務長官・高雄警備府参謀長・佐世保鎮守府参謀長・台湾軍管区参謀長・支那派遣軍南方総軍総参謀長・軍務局長・台南州教育会長・斗六郡教育会長・北門郡守・東石郡守・鉱工局長・北清郡守台湾地区日本官兵善後連絡部代行副部長・職業課長など、主に、動員および徴用された家族を持つ村の郡守並びに軍関係から発信されたものであった。

　　三、連合軍の接収

　　昭和二〇年一〇月二五日の連合国軍として台湾を接収するために来る陳儀行政長官麾下の接収軍に対応するため、台湾総督府はその譲渡の準備を開始する。台南州では、一〇月一八日に、台南州総務部長小沢太郎から台南州国民動員課長に、①昭和二〇年一〇月一五日に中華民国台湾省行政長官公署前進指揮所が設置されたこと、②安藤総督に対し台湾接収に関する各種の命令が出されていること、③日本財産を差押えされることから、国費州費の現在高を含む経理処理に万全を期すること、④如何なる資料を要求されようともすべて応じられるような態勢を整えること、といったことが指示された[12]

　　次いで、さらに事務徹底を強化するために、宮尾台南州知事は、①接収に関する調査報告等の事務については条約の履行に関連する重要性を有するため特に慎重に期することとし、②接収事務処理のために各主管毎に配置する職員を勘案して、必要あらば重点的に職員の配置を考慮すること（これに関して発令権がない場合は内申を行うか、応召帰還者の活用を図ること）、③電話呼出等の際には絶対不在等のことがないように宿直員の服務を厳にすること、④退庁時職員は常に居所を明確にして臨機的態勢にあることを国民動員課長へ命じていた[13]。

　台湾総督府の解体に伴い、その後の体制を整えておく必要性から、一〇月二〇日に、台南州は訓令第二五号を以て台南州に終戦連絡事務所を設置し、小沢総務部長は、『交渉接遇上遺憾ナキヲ期セラレ度[14]』として国民動員課に指示をした。この『終戦連絡事務所設置要綱』の方針は、接衝事務を円滑に執り行うように相手方からの交渉受入の統一を図り、軍および各部課間の連絡を迅速確実に期するように注意を促すことであった。そして、終戦連絡事務所が組織され、各課事務分掌が定められた。さらに、州庁下の市における地方終戦連絡事務所も併置されたが、その組織機構については州庁連絡事務所に準じるとされ、編成に当たっては所在の関係地方官公郷より所要の要員を配置し円滑なる折衝事務を遂行するようにと徹底させた。

　このように、『接収相手方ニ対スル交渉接遇便宜供与其ノ他ノ接衝事務ヲ円滑ナラシムル為』に各州各市郡において、終戦連絡事務所を構え接収相手との接遇に万全を期するように組織されたのである。

　送迎の手配については、乗り物・護衛・通訳・招宴・宿泊所・娯楽などのすべての連合国委員接遇に要する経費は、国庫負担で行うことと定められ、所要経費の概要は、①各国委員の台湾における接収委員としての任務完了に至る間の宿泊料（賄費を含む）とし、ただし、倶楽部における遊興と飲食費については各自の負担、②経営代行者の代行に要する所要経費、③宿泊所倶楽部等における使用人・接待婦等の給料と被服費其の他雑費、④通訳其の他臨時雇傭者に対する諸給与、⑤招宴其の他接遇に関する所要諸経費、などで、あらゆる接遇方を鑑みて用意周到に準備を行ったのである。

　終戦事務処理における経費の経理については、一〇月二五日、財務部長根井洗より台南州知事に、『接遇関係其ノ他諸費ハ従来終戦連絡事務局総務課ニ於テ一元的ニ経理シ来リタル処之カ経費ノ支出ハ今後益々複雑多岐ニ亘ルヲ予想セラルルヲ以テ爾今左記ノ通取扱フコトト可致ニ付御了知相成度右通牒ス』[15]として、接遇関係や其の他の諸費は、従来、終戦連絡事務局総務課において一元的に経理してきたが、経費の支出は今後益々複雑多岐に亘ると予想されることから、これからは次のように取り扱うとして、①予算は各主管局部（地方官衙は夫々の主管局部を経由）より財務局（主計課）に要求すること、②金銭経理（物品の出納含）は各支出官府内は主管局部の前渡官吏（物品会計官吏）をして取扱うこと、③他局部に属せる部門（例として秘書・情報等）は終戦事務連絡局総務課の主管とすること、④差当り必要と認められる支出官に対しては一〇月二五日付で別途所要資金を令達することとして経理方法が定められていた。

　このようにして、八月一五日の戦争終結後、一〇月までの接収処理や接遇準備を経て、一一月に入り、台湾人の内地派遣海軍工員および海外派遣軍属の帰還および現況について明らかになっていった。

四、台湾人の帰還

　台湾総督府は、戦中内地に送り込んだ台湾人や徴用などによって軍属軍夫として南方占領地などに派遣した台湾人を早期に帰還させるため最大限の努力を行っていった。その直接的きっかけは、『九州ヨリ機帆船ニテ帰台セル連絡員ノ報告[16]』と題した中国新聞台湾新生報の記事にあった。それは、『彼等ノ困苦欠乏ノ状況ヲ誇張シ且其ノ帰還輸送ニ関シ佐世保鎮守府ニ於テ何等ノ誠意ヲ示サズ此島向空船ニスラ言ヲ左右ニ託シテ乗船ニ応ゼザル』との記事を読んだ台湾の住民に大きな衝動を与え、実情聴取のためと家族多数が当司令部武官府等に殺到したのであった。さらに、このままこの状態を放置すれば在台内地人に対する報復的暴動に至る虞があるため、早急に対策を講じる必要性が生じていた。

また、一〇月三〇日に、陸軍関係の南方派遣留守宅渡に関する長官名を以て台湾軍参謀長および高雄海軍警備府参謀長宛に、①各地派遣団体別派遣地名、②帰還に関する方針および予定期日、③既に内地に帰還せる本島関係軍属の種別、④留守宅渡来年一月以後の俸給支給の有無についての照会[17]を行っていた。そして一一月一日に、①派遣各軍について照会すると共に連合国側に対し速やかに帰還せしむるように電請したこと、②留守宅渡は打切の予定のため、これについては至急照会の上、州庁に連絡するように申入れたこと、③留守宅渡関係書類の保存（総督府において保存）などの回答がなされた。さらに、『陸軍側ニ於テモ南方派遣各軍夫軍属帰還方ニ関シ夫々関係方面ニ電報ヲ以テ連絡中ナルガ特ニ現地部隊ニ対シテモ一日左記ノ通電照セリ』として、台湾軍管区参謀長より支那派遣軍南方総軍総参謀長宛に、『台湾ニ本籍ヲ有スル軍人軍属及台湾ニ家族ヲ有スル内地人タル軍人軍属ヲ其ノ区分毎ニ調査ノ上現在人員及帰還予定時期及揚陸予定港等通報相成度[18]』との照会電報を送っている。

ここで、台湾人の工員および軍属の帰還について、なぜ停滞しているのかについては、台南州が残した次の満富課長の談話[19]記録によって知ることができる。

その談話とは、東石郡守外東石郡代表四名と台南州より松本理事官が、一〇月三〇日に総督府の満富課長を訪問した際の満富課長の談話である。そこには、マッカーサー司令部が許可しなかったためであり、その理由として挙げられたものは、第一に『日本教育ヲ受ケタル者』であり、第二に『戦捷国民トシテ云々』と記されているが、これは、戦捷国民としてはふさわしくない、一五日までは敵国民であったということを示しているのだろうか。いずれにしても日本政府よりの申入に対しての回答はこの二つであり、兎も角、戦捷国民といえども敗戦国の教育を受けた危険人物であるということであろう。

では、このような状況において総督府側はどのような危機感を抱き、元日本人である台湾人をどのように保護し、台湾住民を安心させようとしたのだろうか。それは、海軍側の打合せ[20]のなかで総督府側が示した意思・意向からみることができる。それは、①日本人以下の生活をさせないこと、②呉の針尾に集結せしめ充分な保護をすること、③死者の氏名を至急調査し報告のこと、しかし、この申し入れについては、目下現地部隊と接渉調査中につき通信機関の極めて困難なる現状のため早急にはいかないこと、④南方派遣軍属についても至急調査方および帰還手配方を申し入れていたからであった。

一〇月三一日に、安藤日本官兵善後連絡部長より要望した陳儀総司令官より何応欽総司令に『海外同胞 陳儀総司令官ヨリ電報ヲ以テ何応欽総司令宛優遇方優先的台湾帰還ヲ依頼日本官兵善後連絡部長安藤利吉（一〇.三一）[21]』という電報が発せられた。

次いで、同日、北門郡守五藤勇は、敗戦後の日本の混乱状況が伝聞されるなかで、高座海軍工廠[22]に徴用された同郡出身の台湾人学徒の行方を心配する父兄などからの問い合わせを受けて、同工廠の工員の動静についての調査方を小沢太郎台南州総務部長に依頼している。この要請を受けて、台南州教育会長宮尾五郎は、一一月八日、『本件ニ関シテハ各市郡共ニ父兄ハ相当動揺致居模様ニ付何分ノ連絡方御取計相成度申添候』と、父兄が子息の帰還が実現しない現状に相当動揺しているとして、高座海軍工廠工員動静調査方を国民動員課長満富俊美に要請していた[23]。

　　住民の動揺が激しくなった台湾島内の状況を危惧した日本政府は、昭和二〇年一一月一三日に、内務次官から須田総務長官代理に

　　日本在住台湾人送還ニ関スル現在迄ノ経違ハ左記ノ通ニシテ要スルニ我方ニ於テハ極力台湾人ノ帰国ニ盡力シツツアルモ拘ラズ連合軍乃至中国軍側ニ於テ之ヲ容認セザルタメ其ノ実現ヲ充ルニ至ラザルモノナル処貴地民衆デ右ノ真相ヲ解セズシテ却ツテ恰モ我方ニ於テ台湾人ヲ圧迫シ其ノ帰還ヲ抑制シアル如ク誤聞シ騒擾ヲ惹起シアルハ遺憾ニ堪ヘズ依テ速ニ右ノ実情ヲ一般ニ周知徹底セシメラルルト共ニ陳儀行政長官ニ対シ事情説明ノ上台湾人帰国ニ協力方懇請セラレ度シ[24]

　　として次のように、①約三〇,〇〇〇名に及ぶ日本在住台湾人にして希望する者については、充分保護していること、②約八,四〇〇名の海軍工員中より逐次引揚を行うため、比島部長収容のためマニラへ出港すべき海軍艦艇を利用して台湾人を一部便乗させることを米第五艦隊司令部の了解を得たこと、そのために佐世保・舞鶴地区に工員の集結を開始した処、現地受入態勢や食糧事情などの関係により中国側の了解を得る必要があるとして工員の乗船を差し止めたままであること、その後も海軍側に再三催促したにもかかわらず回答すらも為されずに今日に至っていること、③終戦連絡中央事務局を通じて連合軍総司令部へ台湾人の帰国を懇請したが延期するとの明示があったこと、④日本政府としても今度とも折衝を継続していくが総督府においても直接陳儀長官に折衝催促に努めてほしい、と直接陳儀長官への催促の努力をするようにとの指示をも出していたのである。

　　しかし、台湾総督府および日本政府のこのような再三にわたる依頼は、なかなか聞き届けられなかったようだ。その模様は、敗戦後の台中州通霄庄において、一二月になっても徴用された家族が戻ってこない留守宅家族が善後救済署台湾分署署長銭宗起に対して、戦地では台湾人も日本人捕虜とみなされ一端日本へ送られており、そこでは大変な侮辱をうけ冷遇されているとの新聞報道などを知り心痛に堪えないため直接台湾へ帰還させてほしい、などといった陳情書を送っている[25]ことからも判る。

　　このように、敗戦前の戦争状況悪化による台湾人の徴用、戦後において徴用された家族が帰還できない状況、これらの状況が、新聞報道によってさらに不安感や不信感をあおることになっていった。しかし、これまでに見てきた台南州の文書から、台湾総督府が台湾人の帰還に対して積極的に動いていたことが判った。

　　おわりに

　　この『終戦処理文書』は、今までほとんど知られていなかった終戦直後の台湾がどのような状況であったのかを公文書の記録から見ることのできる稀少な非常に重要な史料である。この文書史料により、台湾総督府の官吏は終戦、敗戦という事態をどのように対処していこうとしたのか。日本統治の後始末の仕方は、実態はどのようなものであったのか。台湾接収のために台湾に上陸してきた連合国軍に台湾総督府はどのように対応していったのかといった、終戦時の台湾の実情と総督府の内部の事情を見ることで、実際の敗戦直後がどのようなものであったのかという終戦直後の台湾の様子を垣間見ることができた。

　　また、台湾総督府文書に残存する二冊の文書からは、終戦処理を実施するために留用された総督府員がどのように、終戦処理を行ってきたのかについても明らかにすることができた。

　　これまで見てきたように、文書史料について、組織的には残存していないが、部分的には残っているものがあることから、史料調査の必要性を示しており、史料調査については、さらに今後の課題としていきたい。

（作者単位：中京大学社会科学研究所）

注 釈:

[1]　別枝行夫氏が研究代表を務めた『戦後処理政策と地域秩序の再編―日本，中国，台湾，香港，マカオの場合―』の共同研究史料調査によるもので、この一部として『台湾・国史館典蔵行政院賠償委員会目録』別枝行夫・貴志俊彦・川島真編が二〇〇二年に刊行されている。

[2]　河原功監修『台湾協会所蔵台湾引揚・留用記録』（全一〇巻、ゆまに書房・一九九七年）、や関係資料として、加藤聖文編『海外引揚関係史料集成（国外篇・補遺篇）』（第三一巻・台湾篇、ゆまに書房・二〇〇二年）があり、さらに塩見俊二の『秘録・終戦前後の台湾―私の終戦日記』（高知新聞社・一九七九年）により昭和二〇年八月一五日から翌年一二月二〇日までの台湾の情勢について知ることができるほか、鄭梓『戦後台湾的接収與重建―台湾現代史研究論集―』（新化図書有限公司・清民国八三（一九九四年）による台湾の接収における各行政機関の引継の研究、加藤聖文『台湾引揚と戦後日本人の台湾観』（『台湾の近代と日本』中京大学社会科学研究所・二〇〇三年、一二一頁~一四七頁）による日本人の台湾引揚と引揚者団体の研究、楊子震『帝国解体の中の人的移動―戦後初期台湾における日本人の引揚及び留用を中心に』（『東アジア地域研究』第13号、二〇〇六年）による台湾接収の経過と終戦直後の台湾の状況および日本人の引揚と留用の研究などがある。

[3]　檜山幸夫『台湾植民地統治関係史料』（『一九四〇年代の東アジア』アジア経済研究所、一九九七年）参照。

[4]　拙稿『台湾総督府の文書管理と文書取扱に関する一考察』（『現代の公文書史料学への視座』、中京大学社会科学研究所・二〇〇六年、二一九頁~二二〇頁）を参照。

[5]　同上、二二一頁~二三七頁を参照。

[6]　同上、二三七頁~二三九頁を参照。

[7]　同上、二一四頁~二一八頁を参照。

[8]　『一宗 徴用日籍職員誓書』、簿冊番号一一五一三。

[9]　『法務部冊籍』、簿冊番号一一五一二。

[10]　黒い綴じ紐で綴じられた『終戦処理ニ関スル書類 職業課』と題した簿冊は、台南州知事官邸の倉庫に保管されていたものである。一五年ほど前に、日本統治時代に建築された旧台南州庁長（現台南県知事）官邸倉庫が取り壊される前に、該文書のことを知った台中県文化推広協会理事長の郭双富氏が購入した、台南州の文書の内の一冊である。これらの文書は、台南州における終戦処理に関する書類を纏めたもの

であった。この文書については、歴史史料としても重要なものであることから、全文書を翻刻して提供するのでそれを参照されたい（中京大学社会科学研究所紀要『社会科学研究』第三一巻第一号に掲載予定）。

[11] 『終戦に伴う事務機構改正の件』『終戦処理ニ関スル書類』、第一〇文書。

[12] 『終戦事務に対する予算経理の措置に関する件』『終戦処理ニ関スル書類』、第一文書。

[13] 『接収事務執行に対処する官公吏の服務に関する件』『終戦処理ニ関スル書類』、第二文書。

[14] 『終戦連絡事務に関する件』『終戦処理ニ関スル書類』、第五文書。

[15] 『終戦事務処理に関する経費の経理に関する件』『終戦処理ニ関スル書類』、第一四文書。

[16] 『台湾人の帰還に関する件』『終戦処理ニ関スル書類』第一七文書。

[17] 『南方派遣留守宅渡の件』『終戦処理ニ関スル書類』、第一九文書。

[18] 『軍夫軍属の帰還に関する件』『終戦処理ニ関スル書類』、第二〇文書。

[19] 『満富課長の談話の件』『終戦処理ニ関スル書類』、第二一文書。

[20] 『海軍側の打ち合わせ』『終戦処理ニ関スル書類』、第二二文書。

[21] 『被徴用者報告の件』『終戦処理ニ関スル書類』、第二六文書。

[22] 神奈川県大和市にあった高座海軍工廠。野口毅編著『台湾少年工と第二の故郷』、展転社・平成一一年七月、参照。

[23] 『高座海軍工廠工員動静調査方依頼の件』『終戦処理ニ関スル書類』、第三〇文書。

[24] 高雄県美濃鎮の竹仔門電廠所蔵。

[25] 『省外台胞被徴召者送還設法陳情事』（台南新竹州代表楊長城等為被日征召在海外之台胞子弟事到善后救済総署台湾分署等函電（1945年10月―1946年2月）、『館蔵民国台湾档案滙編』第四〇冊、中国第二歴史档案館海峡両岸出版交流中心、九州出版社・二〇〇七年）。

なお、この問い合わせ後の一九四六年一月一日の西日本新聞の三頁には、『台湾人三百七十名を乗せた日昌丸は三十一日午後博多港を出帆基隆に向つた、なほ同船は一月中旬台湾からの第一回引揚邦人約三千五百名を乗せ浦賀港に入港する』との記事が掲載されている。『新聞集成 昭和編年史 昭和21年版』1（明治大正昭和新聞研究会編集製作・一月一日分・新聞集成昭和編年史/平野清介編）。

領台期における台湾での戦争について

檜山幸夫

序論 – 問題の所在

　日本の日清戦争史研究では、一八九五年の台湾における戦争（以下『台湾での戦争』又は『日台戦争』と略す）を研究対象にして論じたのは、藤村道生の研究[1]が嚆矢であった。

　それは、信夫清三郎や田保橋潔などに代表される日本における伝統的な日清戦争の研究が朝鮮問題に対する日清間の紛争であるという日清韓外交論や日清戦争開戦外交論、さらには陸奥外交論などの、日清関係史・日朝関係史・日本外交史といった国際関係史的研究が中心であった[2]ことによる。このため、研究の主題は、なぜ日清開戦となったのかや開戦は避けられなかったのかといった開戦論と、日清戦後経営論や三国干渉後の国家戦略論が主流となっていく。したがって、日清講和後に起こった台湾島内における紛擾は飽く迄も内政問題でしかないことから、日清戦争史研究の範疇から外されていった。そのなかで、日清戦争を日本近代史というグローバルな視点から捉え直した藤村は、日清戦争も戦争の原因と結果を横軸に、国内法と国際法を縦軸にしてその構造を解明しようとした。それが、朝鮮国との戦争・清国との国際法上の戦争・台湾での戦争という三局面重層論[3]である。

　だが、この藤村の研究も、飽く迄も日清戦争史研究に対する歴史理論的な視点からの方法論を示すなかでの台湾での戦争に対する論究でしかなく、台湾での戦争についての実証的な分析は充分にはなされていなかった。それは、研究方法論が政治？外交？国際法が中心で、社会史・軍事史と台湾統治史が抜け落ちていたからにほかならない。一方、台湾史研究の領域も同様で、台湾史研究が盛んであった戦前期においてすら台湾史の著述では代表作である井出季和太の研究[4]においてすら、詳細が語られることはなかった。それは、井出の著作は台湾統治史ではあっても日本近代史としての社会史と軍事史ではなかったからであった。この領域は、そもそもが軍事史的側面が強く、台湾史という視点からだけでは取り組めきれないという事情があった。したがって、日本近代史という視点からも台湾史という視点からも、この研究領域が両者の狭間に挟まれてしまい、その結果として研究上の空白地帯が生まれた。一方、被害者的立場に立っている台湾と中国の研究者による研究では、この戦争が漢族系台湾居住民が台湾民主国を建国し清国から独立して日本への併合を拒否するための武装抵抗戦争であったという甲午戦争の範疇又はそれとの関連性のなかで捉えることから、多くの研究が行われてきた[5]。

　このように、日本近代史研究のなかにおいて台湾における戦争についての研究がかなり遅れている原因の一つは、研究対象の史料が軍事に偏っていることにあるが、より大きな原因は日本近代史研究のなかで異民族支配に対する被支配民族住民の抵抗に対する視点が充分ではないことにある。勿論、それは必ずしも日本帝国主義に限ったことではなく、世界史的普遍性的なものとして位置づけて論じるべきであることはいうまでもない。

　以上の点から、本報告では従来の広義の日清戦争史研究及び台湾統治史研究という日本近代史研究において充分に解明されてこなかった台湾での戦争について、近代日本が最初に経験した異民族支配に対する広範囲におよぶ抗日武力抵抗という視点から、その戦争が日本軍にとってどのようなものであったのか、それが日本帝国と日本軍にどのような影響を及ぼしていったのか、さらにこれが歴史的は如何なる意味を持っているのかについて明らかにしていくものである。

　一、台湾における戦争の性格

　明治二七年七月二五日の豊島沖海戦によって開始された日清戦争は、翌二八年四月一七日の日清講和条約[6]によって国際法上の戦時は終結し、五月八日に芝罘で行われた日本全権弁理大臣伊東巳代治と清国換約全権大臣伍廷芳・聯芳との間で批准書交換により講和条が発効し、条約第二条第二号及び第三号により台湾本全島及び附属島嶼と澎湖列島の領有権が日本に移譲されることになった。

　しかし、条約により定められた台湾の領有権の移譲は円滑には進まず、歴史的に大きな傷跡を残すことになるものの、その主たる原因は台湾の日本割譲に対して、台湾に居住していた漢族系移住民が台湾民主国を建国[7]して清国からの独立を図りながらも強く反対していたことにあった。このため、条約で定められた台湾の領有権に対する移譲が円滑に行われなかったことについて、日清両国政府はその法的責任を追求することはなかった。

　それは、明治二八（一八九五）年四月一五日に藤野楼（春帆楼）で行われた第六回下関講和会談の際に李鴻章清国全権が『既ニ台湾ニ於テハ同地ノ日本ニ割譲セラルヘシトノ風説電布セラレ為ニ住民ノ激昂甚シク彼等ハ割譲ノ風説万一ニモ事実トナラハ仮令枕ヲ並ヘテ日兵ノ殺戮ヲ得セシメスト聲言セリ』と述べた際に、伊藤博文日本全権は『其ノ如キ電報ハ余等亦接受ス然レトモ我自ラ策アリ割譲後何等紛擾ヲ生スルモ決シテ貴国ヲ煩累セサレハ介意スル勿レ[8]』と、割譲後は領有権が日本政府に移譲されることから日本の国内政治の問題になるだけで清国政府の政治的責任問題は生じないとの法的解釈を示していたことにあるが、さらに樺山資紀台湾総督が李経方委員との会同のために広島の宇品港を出港し台湾の淡水に向かった直後の五月二九日午後六時に、天津の李鴻章から伊藤首相に、『台湾ノ紳民ハ同島ヲ以テ独立国ト宣言シタタル由ナレハ同島人ハ最早清国政府ノ命令ニ従ハサルヘク……台湾ノ人民ハ既ニ独立ヲ宣言シタルニ付キ清国政府ハ該人民ニ対シテハ最早管轄権ヲ有セサルヲ以テ清国委員ハ単ニ条約ノ明文ニ従ヒ儀式的ノ引渡手続ヲ為シ得ルノミナリ』と李経方へ電訓したる旨を伝えてきていた[9]からでもあった。このため、台湾に赴任した樺山台湾総督が五月三一日に台湾事務局総裁でもあった伊藤首相へ、清国政府官吏が条約で定めた条項を遵守せずに却って漢族系台湾住民に反抗挙動の煽動などを行っているとし、彼ら官吏が台湾各地に配布した日本帝国と日本軍への武力抵抗を促す告諭文などを証拠物件を添付して清国政府の責任を追求すべきであるとした上申書を送っている[10]が、政府はこれを取り上げることはなかった。こうして、法的には台湾における戦争は国内における戦争として扱われることにはなるが、政戦略的には異民族・異国民との戦争として理解され例外的なものとして措置されていくことになる。

　まず、最初の抵抗主体となった台湾民主国は台湾巡撫唐景崧を大統領に、副総統邱逢甲、台湾承宣布政使総理内務衙門督弁兪明震、台湾総理各国事務衙門督弁陳季同、台湾軍務衛門督弁李秉瑞、大将軍劉永福、議院議長林維源などにより、藍地に黄虎の旗を国旗として、清国からの独立を宣言して建国されたが、唐大統領が遁走し台北が陥落し崩壊した後の六月下旬に台南で組織された政府機構に引き継がれていくが、この台南の政府機構は、台湾防務幫辦の劉永福大将軍が総統となり、籌防局局長陳鳴鏘、統領許南英、糧台陳鳴鏘、台湾民主国海関税務司Ｇ・マタラム、議院議長許献琛などによって構成されていった。だが、これらの政治組織や軍事組織が国家としての実態を伴ってたとはいえず、したがって、ここでの戦争の構造を大日本帝国と台湾民主国との戦争として単純に図式化することは出来ない。それは、ここでの交戦主体が飽く迄も残留していた清国官吏と清国軍兵と民末から清朝期に大陸から植民者として移住してきた漢族系台湾植民地住民であって、台湾原住民は含まれていなかったからにほかならない。

　だからといって、これを平時下の鎮定事件として扱うことは適当ではない。彼らは、法的にも実質的にも未だ日本帝国に組み込まれていないからで、実際的にはここにおける状態は異国間での異民族との関係でしかなかった。それ故、政府も大本営もかかる事態に警察力に拠るのではなく飽く迄も軍事的に対処していったのであった。確かに、藤村が『台湾独立運動』により日本と清国への『台湾民主国独立宣言』によって誕生した台湾民主国という国家[11]乃至はその旗印の下に漢族系住民が結集し異民族である日本軍と熾烈な戦いを演じていたことから、その限りでは台湾民主国は大きな役割を果たしていたとはいえる。だが、それは国家としての組織体としてのものではなく、台湾民主国という名称を名乗った漢族系台湾植民地義勇住民による抗日組織としての戦いでしかなかった。ましてや、この台湾民主国は周婉窈のいうように『アジアで初めての共和国[12]』であるということにはならない。それは、国家としての成立過程と要件、国家としての実効支配の事実、民主主義国家としての実態において、その全てが満たされておらず、辛亥革命によって成立した東アジア世界における最初の民主主義国家としての中華民国とはまったく異なる。

　このように、一八九五年五月二九日の近衛師団の三貂湾上陸作戦から開始される台湾での戦争は、日清戦争の結果としてその延長線上に位置する台湾の北部及び中南部を戦域として起こった日本軍と台湾民主国軍兵及び漢族系台湾植民地住民との戦争に準じる武力抗争という、極めて複雑な事件であった。では、この戦争がどのように展開されていったのかを見ていくことにしよう。

　　二、日台戦争の経緯

　講和条約第二条に基づき台湾本島と澎湖諸島が『我帝国ノ主権ニ帰スルコトヽ為[13]』りたるがため、その授受のため、日本政府は五月一〇日に海軍大将に昇任した樺山を台湾総督に補し特命全権委員とし、清国政府は李経方を特命全権委員に任じ、台湾において受渡の手続きを踏むことになった。台湾の授受は、異例にも六月二日に横浜丸船上において樺山全権委員と李全権委員とが会商して行われた[14]。

　それより前の四月二三日、大本営は旅順の征清大総督府に『台湾駐屯軍トシテ一個師団簡派ノ準備ヲ為スヘキ旨ヲ内牒[15]』した。五月七日に台湾派遣団隊が内定されるが、大本営には台湾に内情にかかわる詳細な情報は伝えられていなかった。そのなかで大本営が手にしていた確実な情報は、遼東半島や山東半島での戦闘と、澎湖島作戦における経験での清国軍の実態と清国人住民の反応でしかなかった[16]。その限りでは、大本営も近衛師団司令部もかなり楽観視していたのではなかろうか[17]。

　台湾の領有を講和条件に求めたのは海軍であったことと、明治七年台湾出兵事件において台湾に潜入して台湾原住民の懐柔工作を行った経験から唯一の台湾通軍人と評されていたことから、樺山が初代の台湾総督に任じられたのは当然の成り行きであった。その二日後の一二日、日本政府は清国政府に二週間以内に授受完了を照会したが、清国政府は却って一五日の返信で樺山の出発延期を要請し、さらに二〇日を以て台湾巡撫以下文武諸官へ本国への帰還を命じたとの通報してきたのであった。これにより、台湾はまさに無政府状態に陥っていることが了知された。

　五月二二日夕から二三日朝に、近衛師団第一次輸送部隊は大連湾及び旅順口を出港し集結地の沖縄県の中城湾に向かい、二二日に司令官東郷平八郎少将が浪速艦と高千穂艦を率いて長崎を出港し、二四日には台湾総督府吏員の編制と台湾総督府仮条例をはじめとする法制度をはじめとする組織制度造りをしていた樺山総督が台湾総督府の主要人員を率いて横浜丸に乗船して宇品港から中城湾を経て淡水港に向かった。

　五月二九日、横浜丸と近衛師団の各部隊を載せた輸送船一二隻、そして護衛の浪速艦？松島艦が尖閣諸島南五浬に集合し、直ちに台湾に向かい三貂湾沖に達し、薩摩丸に乗船していた北白川宮能久親王近衛師団長はまず揚陸地偵察のために運輸通信支部長今橋知勝歩兵中佐と師団参謀明石元二郎歩兵大尉などを上陸させ、次いで午後二時過ぎ第一回揚陸隊が上陸を開始し[18]、ここに日本軍上陸の第一歩が記されることになる。

　次いで、師団首力の上陸掩護のために前衛司令官歩兵第二聯隊第二大隊長須永武義少佐が三貂大嶺を占領すべく二中隊を率いて前衛となして前進し、午後二時五〇分に第一大隊本部並に第一中隊の一部が『旧社東方ノ沙浜ニ上陸』し、二分隊が旧社西北高地に進み『山脚ノ森林及附近ニ散在セル約一百ノ賊ヲ駆逐シテ之ヲ占領』した[19]。この日の上陸部隊の兵力は、『概ネ歩兵三大隊ト二中隊、機関砲四隊[20]』で前衛本隊は塩寮仔山に露営した。翌三〇日に、三貂大嶺を占領するとともに、掩護隊本隊が頂双渓に向かい露営し、六月一日には須永少佐率いる部隊が九份を超え激戦のすえに占領し、翌二日に三貂角沖にて樺山総督と李全権が台湾の授受を行い、六月三日に基隆攻撃が開始され、六日に台湾総督府が基隆に上陸し、六月七日に台北を占領した。そして、六月一四日に台湾総督府が台北入城をはたした。既に、唐紹儀は台湾から逃れて台湾民主国は事実上崩壊していたが、形式的には首都制圧と統治機関の設置によって日本の台湾統治が開始されたことになる。

　しかし、開墾して築き上げた自らの生活圏を護ろうとする漢族系住民の抵抗は却って激化していく。六月二一日に楊梅壢附近の戦闘が行われ、二二日には新竹を占領したものの抵抗は熾烈化するばかりで、二五日には広背庄附近の小闘や新竹の防戦がおこる。二七日、第一聯隊長代理三木一歩兵少佐は『土民ノ報ニ依リ賊ノ根拠安平鎮庄ニ在ルコトヲ知リ之ヲ勦討スルニ決シ[21]』、二八日に駐屯していた中壢から安平鎮庄への攻撃を開始したものの抵抗が強く、兵卒二名の戦死と四名の負傷者を出したことから撤退し[22]、改めて七月一日に再度安平鎮庄を攻撃しが、ここにおいても激しい抵抗を受けて歩兵六名と工兵の六名が戦死し一八名の負傷者を出しながら[23]も占領できず、再び撤退せざるを得なかった。尤も、安平鎮庄に拠た抵抗民軍はその後同地を撤去して龍潭坡に移動していた。

　七月二日、近衛師団第二次輸送部隊が基隆に上陸し台北新竹間における掃蕩作戦に投入されていくが、民軍の抵抗は激しく容易に鎮定できなかった。ここでの主たる戦闘を列記すると、七月一〇日の新竹防戦、一三日の二甲九庄及占山附近の戦闘と大嵙崁附近の戦闘、一四日に龍潭坡附近の戦闘と桂子坑及埤角附近の戦闘、一六日大嵙崁附近における増援隊の戦闘、二一日・二二日の横坑仔庄附近の戦闘、二三日福徳坑庄附近の戦闘と太平庄附近の戦闘、三一日の龍潭坡附近の戦闘と涼傘頂附近の戦闘、八月一日の銅羅圏庄附近の戦闘、二日新埔街附近の戦闘、六日金山面庄附近の戦闘と枚挙にいとまがないほどであった。

このような台湾の情況から、樺山総督は七月中旬に参謀伊藤祐義砲兵中佐を大本営に遣り増援を請求し、大本営も直ちに増派を決定し、第二・第四両師団に属する後備隊（歩兵二八中隊）と奉天半島にあった第二師団（長乃木希典中将）を派遣した。八月上旬、台湾総督府の陸軍部機関を軍司令部と同一の編制に拡張して軍衙組織とされ、台湾北部の戡定も纔かでしかも『庶政未タ其緒ニ就カス総督躬ラ此ヲ離レ遠ク南進セハ死灰再燃ノ虞アル』ことから、大本営は『南部進剿ノ諸団隊ヲ統督』するために副総督を新たに任命することにし、八月二〇日に予備役で枢密顧問官の高嶋鞆之助陸軍中将を副総督に任じた。その際に、さらに治安回復を図るために警察官七〇〇余名を増派させた[24]。高嶋副総督は、九月一一日に台北に入り、一六日に『南進軍ヲ指揮シ常備艦隊ト協同シ本島南部ノ平定ヲ速ニスルコトヲ勉ムヘシ』とする総督命令を受け、ここに南進作戦が実施されることになる[25]。

それより前、近衛師団は占領地域の拡大を図り、南下を続け、八月一三日に後土＋龍附近の戦闘、一四日には苗栗を占領した。二四日・二五日に大甲及び大安港附近に兵力を集中させ、二五日・二六日に溝倍庄附近の戦闘、二六日に三十張犁庄附近の戦闘を経て、遂に八月二八日に鹿港と彰化を占領して、南進作戦の態勢を整え、南進軍が編成された[26]。

九月一七日、軍司令部は、西螺渓左岸から嘉義附近に北部の敗兵と福字軍の黒旗兵を核に民兵と相合した六、七〇〇〇人の兵力と、劉永福が統帯する台南から鳳山にある一万乃至一万二、三〇〇〇の兵力の凡そ二万に程度の兵力と予想し、これを勦討し全島を鎮圧するための『最後ノ作戦計画[27]』を決め常備艦隊の協力を得て、南進作戦が実施されることになる。二二日、軍司令部は近衛師団に二九日以降の進撃開始と首力を以て嘉義附近に達し下茄苳庄及び塩水港汎附近一帯を制圧して、混成第四旅団の布袋口附近への上陸作戦を容易ならしむよう命令し、同師団は二九日から運動を開始した[28]。

一〇月五日に嘉義に向け前進を始めた近衛師団は、六日に西螺街附近、七日に土庫街及び施瓜寮庄・牛厄湾庄附近、八日には双渓口庄附近や内林庄附近を経て、九日に嘉義を攻略した。一方、混成第四旅団が一〇日に布袋口附近の上陸を開始し、他方一一日に第二師団が枋寮への上陸を開始し、ここに南北から台南・打狗を攻撃する態勢が整えられた。戦闘は、一一日の茄苳脚附近、一二日の頭竹為庄附近と杜仔頭庄附近、一三日に東石港附近や頭溝水庄附近で行われ、杜仔頭庄附近では民軍が襲来した。第二師団を援護するため、一五日に海軍艦艇が打狗の砲台を砲撃し、一六日には鳳山城を占領した。だが、一七日には鉄線橋に民軍が襲来し五間厝附近で交戦し、一八日の大埔口附近と竹橋寮及び下湾庄附近で戦闘があった。黒旗軍が劣勢に陥った一九日、劉永福が逃走し、ここに台湾民主国は名実共に崩壊した。しかし、その後も戦闘は続き、二〇日に湾裡附近で小闘が、曽文渓附近・蕭龍街附近・二層行渓附近でそれぞれ激しい戦闘があったが、ついに一〇月二一日に第二師団の一部が台南入城し、二二日に南進軍司令部も台南入城を果たし中南部での戦争はほぼ収束し、さらに一一月一日に恒春城を占領し、ここに概ね台湾西側の平野部が平定されて台湾総督府の統治下に置くことができ、台湾鎮定は第一段階を終えた。

だが、これによって台湾本島の完全掌握が完了したのではなかった。一一月一七日に蕉坑庄附近の賊徒掃蕩が、一一月二五日乃至一二月九日に火焼庄附近の残賊討伐が、一二月三一日に瑞芳附近の賊徒討伐、明治二九年一月一日には宜蘭附近賊徒討伐が行われているなかで、芝山巌事件を含む明治二九年一月一日の義兵による台北城襲来が起こり、台湾本島内の完全掌握は困難を極めていった。かかる事態に、樺山総督は一月一日及び同二日付を以て大本営に増兵を請求し、五日大本営は第四師団長に命じて大久保春野少将麾下の混成第七旅団を編成させ一月一一日に基隆に送っている。台湾本島内の治安状況は、益々悪化し混沌としていく。このため、大本営は依然として解散できずに存置され、結局、六三法の制定と台湾総督府条例による正式な統治体制が開始された四月一日になって大本営は解散閉鎖されて平時に復すことになる。このように、台湾統治の最大の政策課題は、政治政策論的にも軍事戦略的にも、台湾本島全域の完全支配の達成となっていく。

三、日台戦争の軍事史的特徴

この台湾での戦争で、日台双方とも多くの犠牲者を出している。清国軍と台湾島民の犠牲者については清国側に詳細な公式記録が残されていないためによく分かっていないが、一般的には清国兵や漢族系台湾住民をはじめとする台湾民軍の犠牲者は一万人余[29]又は一万四〇〇〇人[30]といわれている。一方、日本軍及び台湾総督府吏員や軍属軍夫などの犠牲者については詳細な公式記録が残されており、そこに記録されている記録が日台戦争の実態を細部にわたって明らかにする手掛かりになっていることから、これを基に分析せざるを得ない。ここで記録されている公式記録とは、陸軍参謀本部が作成した『明治二十七八年日清戦史』（以下『日清戦史』と略す、明治四〇年）と『明治二十七八年戦役統計』（上下巻、以下、『戦役統計』と略す）である。これを基に詳細に分析していくこととする。

台湾での戦争に動員されたのは、台湾総督府とその直属部隊六七二二人、近衛師団一四五六九人、第二師団一六五六三人、混成第七旅団二七一一人、混成支隊二八九七人、台湾兵站部六四〇四人の、軍人四万九八六六人と備役軍夫二万六七八五人の七万六六五一人であった[31]。そもそも、日清戦争における犠牲者（一八九四年七月二五日から九五年一一月一八日で集計）は、死亡者が軍人一三一六四人、軍属三二四人で、戦傷と戦病によって服役免除となった軍人は三七五八人（刑罰処分者三六人）であった。このなかで、軍人の死因の割合をみると、戦闘死が一一一六人で死因の八.四八％、戦傷死が二八五人の二.一六％に比して、戦病死が一一五八七人の八八.〇二％、自殺など変死が一七六人の一.三四％であった[32]。

『日清戦史』では、台湾での戦争をも含めて叙述しているが、それは同書編纂にあたって基となった資料が『明治二十七八年戦役統計』に依拠していたことにある。その編纂者の明治二十七八年戦役統計編纂委員長村木雅美が、この戦役統計を纏めるに当たって『編纂上本戦役中ノ附帯作戦タル台湾賊徒討伐ニ係ル事実ハ之ヲ区別シテ編纂セムトスルノ企図ナリシモ彼是関連シテ材料分割シ能ハサルモノ其ノ大部ヲ占ムルヲ以テ一表中ニ掲載スルコトトセリ[33]』と記しているように、現実に日清戦争と日台戦争とを明確に区分けすることができなかったことにあった。このため、『日清戦史』で載せられている統計数字で台湾での戦争による犠牲者だけを抽出することは技術的に困難であることから全体数から類推するしかない。このため、次の第1表から師団別損耗表からみることにする。

第1表　師団別減耗総数集計表

	戦　死	戦　傷	病　死	変　死	合　計
近衛師団	198(17.9)	35(12.3)	2,093(17.6)	19(10.7)	2,345(17.9)
第二師団	121(10.7)	13(4.6)	2,670(22.5)	19(10.7)	2,823(20.9)
第四師団	0(0)	0(0)	1,469(12.4)	11(6.2)	1,480(11.0)
部隊官衙	2(0.2)	0(0)	139(1.2)	2(1.1)	143(1.1)
総　計	1,132	285	11,894	177	13,488(100)

　　註1：総計は、表中以外の第一・第三・第五・第六各師団と臨時特設部隊の合計数。
　　註2：部隊官衙は『常設部隊及官衙』を略したもので台湾総督府を含む。
　　出典：『明治二十七八年日清戦史』第八巻、前掲、附録第一二一『減耗人員師団別一覧表』。

　　この表から、台湾戦線に投入された近衛師団と第二師団の損耗度をみると、台湾戦線の特徴がよく判る。戦死者の割合をみると、近衛師団が一九八人の一七．九％、第二師団が一二一人の一〇．七％で、近衛師団の損耗度は第一軍として先陣を切って出征した第五師団の三一一人、二七．五％と第三師団の二七〇人の二三．九％に次いで三番目に高かった。第二師団は五番目であることから戦死者は少ないことが判るが、それは台湾戦線への参加が後半の台南攻略作戦であったことにある。だが、一〇月二八日に近衛師団長の北白川宮能久親王がマラリアに罹り薨去していた[34]ことでも判るように、台湾の過酷さは疾病であり、なかでもマラリアが深刻であった。近衛師団における死亡者のなかで最も高い死因は病死で、二〇九三人と同師団の死因の八九．三％をも占めていた。さらに、第二師団ではより深刻で、病死者は二六七〇人と同師団中の九四．六％をも占めていたのである。この病死者の数は、近衛・第二両師団の合計が四七六三人で四〇．一％であるのに比し両師団を除いた戦病死者七一三一人、五九．九％であることからみても、両師団の戦病死者の数が異常に高いことが判る。まさに、台湾島は『悪疫の島』であった。
　　ここで靖国神社に合祀されている祭神数をみると、日清戦争では八三八八柱、日台戦争が四六一三人であった[35]ことから、日台戦争での祭神数は『明治二十七八年戦役』での祭神数一三〇〇一柱中の三五．五パーセントも占めていたことになる。台湾での戦死者の多くが戦病死であったが、そのなかで伝染病での死亡者を『戦役統計』からみると六〇六七人（但し、この数値は『日清戦史』編纂の統計の取り方の違いから若干の違いがある）と全死亡者数の四六．七％を占めていた[36]。ここで、統計数値のある『戦役統計』に依拠せざるをえないので、ここから戦地入院患者を纏めると第2表のようになる。

第2表　日清戦争における戦地入院患者病類別数

	患者数	死亡者数	治癒者数	その他
虎列拉	8,481(7.3)	5,211(39.4)	1,913(8.2)	1,357(1.7)
麻刺里亜	10,511(9.1)	542(4.1)	3,218(13.7)	6,751(8.6)
赤痢	11,164(9.7)	1,611(12.2)	2,675(11.4)	6,878(8.8)
脚気	30,126(26.1)	1,860(14.1)	1,549(6.6)	26,717(33.9)
その他	55,137(47.8)	3,992(30.2)	14,109(60.1)	37,036(47.0)
合　計	115,419(100)	13,216(11.5)	23,464(20.3)	78,739(68.2)

註：その他には、腸窒扶斯・胸膜炎・急性胃腸カタル・花柳病がある。
出典『明治二十七八年戦役統計』上巻、前掲、754頁～758頁。

　この表によると、脚気・赤痢・マラリア・コレラが全体の五二.二％を占めていた。しかし、死亡者でみるとコレラが三九.四％、脚気一四.一％、赤痢一二.二％、マラリア四.一％の順になり、これで全死亡者の六九.八％を占めていた。マラリアは死亡の割合は少ないものの、それでも五四六人もの死亡者を出していた。それにしても、コレラと脚気と赤痢が如何に脅威であったかが判る。これを、戦地別にみると、第3表のようになる。

第3表　戦地別患者数

	患者数	死亡者数	治癒者数	その他
朝鮮国	12,143(10.5)	1,244(9.4)	3,766(16.1)	9,993(12.4)
清　国	53,568(46.4)	4,619(35.0)	10,969(46.7)	38,006(47.1)
台　湾	49,708(43.1)	7,353(55.6)	8,729(37.2)	32,626(40.5)
合　計	115,419(100)	13,216(100)	23,464(100)	80,625(100)

出典『明治二十七八年戦役統計』上巻、前掲、752頁。

　この表から、期間と派遣人員数からすると、台湾が際だって高い数値を示していることが判る。台湾に派遣された人員は、七万六〇〇〇余人であることから、そのなかで入院治療を受けた者が四万九七〇八人と一.五三人に一人の割合で入院患者が出ていたことになる。しかも、その数は戦地入院患者全体の四三.一％も占めており、清国領内ですら五万三五六八人、四六.四％という数値からしても台湾の状態は最悪であったことになる。しかも、患者数に比べてさらに死亡率は際だって高く、朝鮮が九.七六に一人の割合、清国でも一一.六に一人であったが、台湾では六.七六に一人と高率を占めていた。したがって、戦地入院患者数における台湾での死亡者の割合も、五五.六％と高い。その病名は、

第4表　台湾入院患者の病類別数

	患者数	死亡者数	治癒者数	その他
虎列拉	5,409(10.9)	3,689(50.2)	1,040(11.9)	680(2.0)
麻剌里亜	8,804(17.7)	472(6.4)	2,645(30.3)	5,687(16.9)
赤痢	3,632(7.3)	783(10.6)	742(8.5)	2,107(6.3)
脚気	16,886(34.0)	1,040(14.1)	957(11.0)	14,889(44.3)
その他	14,977(30.1)	1,369(18.6)	3,345(38.3)	10,263(30.5)
合計	49,708(100)	7,353(14.8)	8,729(17.6)	33,626(67.6)

出典『明治二十七八年戦役統計』上巻、前掲、786頁～789頁。

　であった。台湾では、脚気がもっとも多く、その発症率は日本軍全体の平均値より八ポイントも高くなっていた。次に多いのは、マラリアで、それは赤痢と同様に台湾統治の最重要的政策課題（衛生政策）となっていくが、マラリア患者は八，八〇四人、一七.七％と高率を占めていた。尤も、マラリアでの死亡率は六.四％とコレラに比べて遙かに低く致命的ではなかったが、副作用があり非常にやっかいな病気であった。

　さて、最後に日清戦争における戦闘の特徴についてみていくことにする。この戦闘での損耗度はその戦闘の実態を顕著に表現してもいる。これを考える前提として考慮しなければならない問題がある。そもそも封建制国家であった李王朝で閔氏一族等による閥族支配の朝鮮国や、封建国家で征服王朝であった大清帝国の国家であった清国において、現代のような国家観念や民族観念、国民意識や民族意識が果たしてどれだけ存在したのであろうか。その素朴な疑問を解くものの一つが、進攻していった日本軍との戦闘によって日本軍将兵などに与えた人員犠牲者数といった客観的数値となろう。

　ここで、戦場ごとの戦闘の熾烈さをみることによりその戦闘の特徴が判るため、一つの戦闘地で一〇人以上の死傷者が出た戦闘を集計すると第7表のようになる。先ず、戦場地への参与人員であるが、朝鮮国へは全参与人員の六.二％が、清国では七一.六％、台湾は二二.三％であった。殆どが戦後の接収であった台湾戦線での参与兵員数は、多すぎる。

第5表　戦場地別戦闘死傷者数

	参与人員	死者	傷者	計	死者千分比
朝鮮国	20,309(6.2)	221(26.8)	565(15.3)	786(17.4)	10.88
清国	236,128(71.6)	454(55.0)	2,590(70.1)	3,044(67.4)	1.92
台湾	73,510(22.3)	151(18.3)	538(14.6)	689(15.2)	2.05
総計	329,947(100)	826(100)	3,693(100)	4,519	2.50

出典『明治二十七八年戦役統計』上巻、前掲、811頁～812頁。

　戦闘による死傷者をみると、朝鮮国での戦闘がかなりの高率で、死者が二二一人で全体の死者の二六．八％を占め、傷者でも五六五人と一五．三％であった。朝鮮国における死傷率の高さは、清国軍の朝鮮派遣部隊が精鋭であったことと、成歓役・平壌会戦がかなり熾烈な戦闘であったことを示している。それは、死者の千分比一〇．八八という非常な高率さからも伺える。それだけに、朝鮮戦線での清国軍の敗退は、清国政府にとって大きな衝撃であったろう。次に清国での戦闘であるが、全投入兵力の七割以上が参加したものの、損害は死者が四五四人で傷者が二五九〇人であった。割合的に見ると、死者が五五．〇％、傷者が七〇．一％と多くを占めているものの、死者の千分比でみると一．九二でしかなく、しかも旅順と威海衛という強力な防禦施設と近代的な武器を備えていた要塞での防戦であったことと、広大な占領地を抱えながら兵站線を含めて損害率が低かったということを踏まえるならば、清国領内においては意外にも清国軍の抵抗が弱かったととこと清国住民の抵抗が殆どなかったこととを示したものと言えよう。これに比して台湾では、朝鮮国ほどではなかったものの激しい戦闘が行われていた。台湾には、七万三〇〇〇余人もの兵員が投入されたが、死者は一五一人と一八．三％、傷者も五三八人と一四．六％と高く、しかも死者の千分比では二．〇五とかなり高い。しかも、ここでの死傷者の大半は日清戦後であったことと、主たる抗敵者が正規兵ではなく住民であったこと、さらに武器も貧弱なもので軍事的には圧倒的に劣勢での戦闘であったことからすると、死傷率の高さはそれだけに抵抗の激しさをものがたっている。この地上戦闘の模様をより詳しくみるために、次の第6表の一覧から激戦となった戦闘をみることにする。

第6表　戦闘死傷者の主たる戦闘地及び死傷者数一覧

	参与人員	死者	傷者	計
1. 成歓附近（朝鮮国、27. 7. 27）	3,547	30/8. 46	54/15. 22	84/23. 68
2. 平壌附近（朝鮮国、27. 9. 15）	11,707	190/16. 23	498/42. 54	688/58. 77
3. 虎山附近（清国、27. 10. 25）	15,035	32/2. 13	121/8. 05	153/10. 18
4. 金州附近（清国、27. 11. 6）	10,719	0/0	13/1. 21	13/1. 21
5. 土城子（清国、27. 11. 18）	1,121	5/4. 46	49/43. 71	54/48. 17
6. 董家溝（清国、27. 11. 19）	157	14/89. 17	1/6. 37	15/95. 54
7. 金州（清国、27. 11. 21）	1,756	11/6. 26	46/26. 20	57/32. 46
8. 旅順口（清国、27. 11. 21～22）	15,660	30/1. 92	235/15. 01	265/16. 92
9. 金州附近（清国、27. 11. 22）	1,696	3/1. 77	15/8. 84	18/10. 61
10. 草河口附近（清国、27. 11. 25）	1,604	6/3. 74	36/22. 44	42/26. 28
11. 樊家台附近（清国、27. 12. 10）	2,247	11/4. 90	47/20. 92	58/25. 81
12. 草河沿附近（清国、27. 12. 12～14）	2,595	11/4. 24	65/25. 05	76/29. 29
13. 紅瓦塞附近（清国、27. 12. 19）	3,902	54/13. 84	353/90. 47	407/104. 31

	参与人员	死者	傷者	計
14. 蓋平(清国、28.1.10)	5,522	36/6.52	308/55.78	344/62.30
15. 海城(清国、28.1.17)	7,186	3/0.42	43/5.98	46/6.40
16. 海城(清国、28.1.22)	6,988	5/0.72	30/4.29	35/5.01
17. 後亭子附近(清国、28.1.29)	2,682	4/1.49	14/5.22	18/6.71
18. 鳳林集及百尺崖附近(清国、28.1.30)	17,547	58/3.31	179/10.20	237/13.51
19. 羊亭集附近(清国、28.2.1)	5,367	4/0.75	42/7.83	46/8.57
20. 海城(清国、28.2.16)	6,144	3/0.49	16/2.60	19/3.09
21. 太平山及七里溝附近(清国、28.2.24)	11,905	27/2.27	285/23.94	312/26.21
22. 寬甸県(清国、28.2.26)	165	19/115.15	13/78.79	32/193.94
23. 海城附近(清国、28.2.28)	12,360	15/1.21	109/8.82	124/10.03
24. 牛莊(清国、28.3.4)	11,595	97/8.37	319/27.51	483/41.66
25. 田庄台(清国、28.3.9)	18,682	11/0.59	144/7.71	155/8.30
26. 澎湖島(清国、28.3.23~24)	2,724	6/2.20	26/9.54	32/11.74
27. 金山及び瑞芳附近(台湾、28.6.1)	900	2/2.22	11/12.22	13/14.44
28. 瑞芳(台湾、28.6.2)	1,384	3/2.17	20/14.45	23/16.62
29. 基隆(台湾、28.6.3)	4,046	3/0.74	29/7.17	32/7.91
30. 頭亭渓附近(台湾、28.6.25)	215	3/13.95	8/37.21	11/51.16
31. 安平鎮(台湾、28.7.1)	585	12/20.51	23/39.32	35/59.82
32. 新竹(台湾、28.7.10)	1,168	4/3.42	6/5.14	10/8.56
33. 二甲九庄(台湾、28.7.13)	217	4/18.43	18/82.95	22/101.38
34. 亀崙附近(台湾、28.7.13)	621	5/8.05	20/32.21	25/40.26
35. 龍潭坡及銅鑼鑽附近(台湾、28.7.14)	1,204	1/0.83	10/8.31	11/9.14
36. 大料崁附近(台湾、28.7.13~16)	892	12/13.45	23/25.78	35/39.24
37. 三角湧及二甲九庄附近(台湾、28.7.22~23)	1541	0/0	16/10.38	16/10.38
38. 龍潭坡及凉傘頂附近(台湾、28.7.31)	2,216	3/1.35	12/5.42	15/6.77
39. 新埔附近(台湾、28.8.2)	2,163	2/0.92	8/3.70	10/4.62
40. 頭家廟附近(台湾、28.8.25~26)	894	4/4.47	8/8.95	12/13.422

	参与人員	死者	傷者	計
41. 他里霧(台湾、28.10.7)	1,479	4/2.70	11/7.44	15/10.14
42. 雲林附近(台湾、28.10.7)	1,071	5/4.67	11/10.27	16/14.94
43. 大莆林(台湾、28.10.8)	1,587	0/0	10/6.30	10/6.30
44. 嘉義(台湾、28.10.9)	3,967	0/0	12/3.02	12/3.02
45. 茄苳脚及埔頭(台湾、28.10.11)	805	16/19.88	58/72.05	74/91.93
46. 校仔頭(台湾、28.10.12)	392	13/33.16	7/17.86	20/51.02
47. 東石(台湾、28.10.13)	182	9/49.45	4/21.98	13/71.43
48. 王爺頭(台湾、28.10.18)	1,579	3/1.90	18/11.40	21/13.30
49. 曽文渓附近(台湾、28.10.20)	1,963	3/1.53	13/6.62	16/8.15
50. 蕭瓏(台湾、28.10.20)	861	10/11.61	36/41.81	46/53.47
51. その他	117,392	50/0.43	243/2.07	293/2.50
総　　計	329,947	826/2.50	3,693/11.19	4,519/13.70

註：各欄の数字は、実数と参与人員における千分比を表している。

出典『明治二十七八年戦役統計』、上巻、前掲、805頁～808頁。

　　この表を基に戦闘の激しさを、日本軍の死傷者数でみてみると、戦争の第一目的であった朝鮮半島での軍事的権力を達成するための（2）の平壌会戦では、一一七〇七人が戦闘に参加し、一九〇人が死亡し四九八人が負傷し、損害率は一七．一であった。つまり、日本軍は一七．一人に一人の割合で死傷していたことになる。だが、清国領内に入ると清国軍の抵抗は比較的弱まっていく。（8）の清国内での戦況を決定付けた旅順攻略ですら五九．〇と低い。尤も、満洲や直隷平野の入口となる紅瓦塞の戦闘では九．六と極めて高くなっていた。この傾向は続き、（24）の牛荘の戦いでは二四．〇の値を占めていた。一方、威海衛と劉公島を守る要衝でもあった栄城湾の（18）の鳳林集及百尺崖附近での戦闘では、七四．〇の値であった。このことは、満洲族の王朝である大清帝国の戦争と清朝末期という歴史的？時代的特徴が背景にあったのではなかろうか。

　　このような傾向は台湾でもみられる。近衛師団が上陸しそこを守備していた清国軍兵と交戦となった（28）の瑞芳の戦いでは、損害率は六〇．二であり、（29）の基隆の戦いでも一二六．四であった。しかし、漢族系住民による抵抗戦となるそれ以降の戦闘では、そう簡単ではなかった。住民は、清国軍兵に比べても遙かに劣る兵器で果敢な抵抗戦を闘うが、（40）の頭家庴附近の戦闘では、七四．五、（41）の他里霧では九八．六、（42）の雲林附近でも六六．九もの損害を与えていたが、南部戦線になると抵抗はさらに激しくなり、（45）の茄苳脚及埔頭で一〇．九、（46）の校仔頭の戦いでは一九．六、最後の決戦ともなった（50）の蕭土＋龍でも一八．七もの損害を与えていたからである。

　　これらのことを踏まえながら、この表にある数値から近代の戦争の軍事史的な特徴が見えてくる。その第一が、陸上戦闘の戦場地は、朝鮮国が（1）と（2）の二箇所、清国が（3）から（26）の二四箇所であったのに比して、台湾が（27）から（50）の二四箇所もあり台湾での戦闘は清国領内での戦闘と同じであったこと、第二は戦闘の単純な日数でも、朝鮮国が二日、清国が二七日であったが台湾は二九日もあったこと、第三は、参与人員が二〇〇〇人以上の戦闘は、朝鮮国が二回、清国も一八回であったが、台湾では四回で、その割合は朝鮮国が一〇〇％、清国が七五％だが、台湾は一六.七％でしかなく、それらは朝鮮国と清国での戦争は正規軍による軍事作戦行動による戦闘であったが台湾では非正規軍兵との戦闘であったこと、第四は損害率が高かった戦闘（激戦）を参与人員の五パーセント以上を出した戦闘での死傷者を合算したものでみると、朝鮮国が一回、清国が四回であったが、台湾では（30）（31）（33）（45）（46）（47）（50）の七回と台湾戦線での損害率が極めて高かった。しかも、その中で死者数が多かった戦闘について死者が参与人員の二％を超えた激戦でみると、清国が二回であったのに比し台湾では（31）（46）（47）の三回と四割強にもなっていた。また、死傷者中における死者の割合が二五％以上のものをみると、朝鮮国では（1）が三四.七一％、（2）が二七.六二％、清国では（6）が九九.三三％、（22）が五九.三八％でしかなかった。だが、台湾は（31）が三四.二九％、（46）が六五.〇〇％、（47）は六九.二三％と高率であった。尤も、死傷者の割合は戦闘の規模と性格とにかかわっていることから、単純にこれをもって抗敵相手の抵抗の強弱を推し量ることはできない。清国の場合は、（6）が一五七人、（22）が一六五人と何れも小部隊による戦闘であったことから、遭遇戦という性格であったことに原因していたからであるが、台湾での戦闘では、（31）が五八五人、（46）が三九二人と参与人員の規模としては小さいものの、そもそも抗敵相手の多くが正規軍ではなく住民抵抗組織などであったことからすると両者の規模は決して小さくはない。その意味でも、清国と台湾における損害率の大きな違いは、清国本土では清国正規軍が交戦し、台湾では主に漢族系住民の義勇軍が抗敵の中心であったという、交戦主体の相違にあった。つまり、清国本土での戦争は、飽く迄も前近代的な伝統的な戦争の形態であったのに比し、台湾では後の日中戦争にみられる侵略してきた外国軍隊に対する人民の抵抗という近代的戦争の形態をとっていた、まさに市民的戦争や愛国主義的戦争の様相をもった近代的・現代的戦争であったといえよう。第五は、清国領内での戦闘では、金州半島と盛京省での戦闘では激戦が続いたが威海衛という軍事的拠点に限定した戦闘であったこともあったが山東半島では比較的激しい戦闘はなかったという諸点である。

　　結　論

　以上のように、台湾での戦争は、台湾史における個別特殊的問題（漢族の植民地台湾での植民地住民の抵抗戦争という歴史的性格）を表面化させただけではなく、日本近代史にとっての最初の異民族支配に対する抵抗戦争の経験であったことと、近代的戦争の特徴である市民的抵抗戦争の熾烈さと、大量破壊兵器による身体的損傷と近代医療によるケアとによる傷痍軍人の増加、さらに伝染病・風土病などによる大量の戦病死者を生み出していった。それは、日台戦争が終結した以降においても長期間にわたって継続していく、台湾原住民の武力抵抗を暗示させるものでもあった。

　日本という異民族の支配に対する抵抗と日本軍という異民族軍隊に対して行われた漢族系移民である植民地住民による抵抗戦争は、台湾民主国の建国という近代国際政治と近代国際法を取り入れた近代思想により武装した漢族系指導者層により組織化された武力抵抗であり、それはまさに市民的抵抗乃至国民的抵抗という近代の戦争の特徴を持った戦争であった。そのような抵抗戦争においては、徴兵や徴発、動員によって集められた正規軍兵士よる軍団との戦闘よりも、より熾烈な戦闘が展開されていく。それ故、台湾戦線での日本軍兵士の人的損害は、戦闘の規模に比して朝鮮戦線での戦闘や清国領土内での戦闘よりも遥かに損害率は高くなったのである。

　だが、かかる日台戦争が詳細に分析されることなく、且つ、日本近代史研究や台湾統治史研究で積極的に取り上げられなかったのは、それが日清戦争に起因していながらも日清戦後に起こった台湾統治期における戦争という両者の狭間にあったことと直接的には内容が軍事史であったこととによるが、基本的にはこの戦争の本質が充分に理解されてこなかったことに原因していよう。それは、日本近代史という領域の問題だけではなく、世界史的視点においても、日台戦争という一九世紀末期乃至二〇世紀の幕開けの時期に起こった民族抵抗戦争に象徴されるように、近代の時代において異民族を支配することは、如何に多大の犠牲を要する極めて困難なものであるかを示唆していよう。

（作者単位：中京大学）

注 釈：

[1]　藤村は、先ずこれを戦争の期間という時間軸の問題として捉えていた。藤村は、『日清戦争は、まず朝鮮国にたいする戦争からはじまったが、終結もまた日清講和条約によるものではなかった』とし、『台湾における戦闘』は、国際法上は『自国領内の反乱にたいする鎮圧であり、したがって内戦であった』が『日本への割譲に反対した台湾島民』は『五月二三日に台湾民主国を設立し、独立国であることを宣言し……その国旗のもとに、台湾に侵入した日本軍にたいする島民の抵抗を組織することに成功』したため『日本軍は武力で台湾民主国を破摧し、無差別的な殲滅で台湾島民の抵抗意志をうちくだかねばそれを領土化できなかった』とし、それ故、ここでの戦争は『台湾鎮定作戦も、やはり台湾民主国にたいする『戦争ならざる戦争』であった』（藤村道生『日清戦争』－『岩波講座日本歴史』一六、岩波書店、一九七六年、六頁）とする。つまり、藤村によると、日清戦争は『華夷秩序秩序を打破し、朝鮮における支配権を清国と争う局面、朝鮮および台湾の領有を掠奪する局面および帝国主義列国と中国・朝鮮の分割を争う局面の重層化によって構成されていた』（同上、一一頁）と言うことになる。

[2]　巽来治郎『日清戦役外交史』（東京専門学校出版部、一九〇二年）、田保橋潔『近代日支鮮関係の研究－天津条約より日支開戦に至る－』（京城帝国大学、一九三〇年。なお、この著作は一九七九年に原書房より復刻され『明治百年史叢書第二八三巻』に収められている）・同『日清戦役外交史の研究』（刀水書院、一九五一年）、信夫清三郎『陸奥外交』（叢文閣、一九三五年）・信夫清三郎著・藤村道生校訂『増補日清戦争』（南窓社、一九七〇年）、渡辺幾治郎『陸奥宗光伝』（改造社、一九三四年）・同『日本戦時外交史話』（千倉書房、一九三七年）・同『日清・日露戦争史話』（千倉書房、一九三七年）、中塚明『日清戦争の研究』（青木書店、一九六六

年)、朴宗根『日清戦争と朝鮮』（青木書店、一九六八年）、藤村道生『日清戦争』（岩波書店、一九七三年）、喜安幸夫『台湾島抗日秘史』、原書房、一九七九年。

[3]　藤村、『日清戦争』、前掲、一一頁。

[4]　井出季和太『台湾治績志』、台湾日日新報社、一九三七年。

[5]　黄昭堂『台湾民主国の研究』（東京大学出版会、一九七〇年）・同『台湾総督府』（教育社、一九八一年）。戴国煇『台湾』（岩波書店、一九八八年）、呉密察『台湾近代史研究』（稲郷出版社、民国七九年、台北県板橋市）・同『日清戦争と台湾』（東アジア近代史学会編『日清戦争と東アジア世界の変容』上巻、ゆまに書房、一九九七年）・呉密察『乙未台湾史事探析』（『甲午戦争一百週年紀念学術研討会論文集』国立台湾師範大学歴史研究所・歴史学系、台北、民国八四年）、王国璠『台湾抗日史（甲篇）』（台北市文献委員会、一九八一年）、黄秀政『台湾割譲与乙未抗日運動』（台湾商務印書館股份有限公司、台北、一九九二年）、同『劉永福与乙未反割台運動』（『甲午戦争一百週年紀念学術研討会論文集』、前掲）、周婉窈『図説台湾の歴史』（平凡社、二〇〇七年）、許佩賢『攻台戦紀《日清戦史・台湾編》附冊日軍攻台戦門地図集』（台湾叢書一、遠流出版公司、台北、一九九五年）、陳小冲『日本殖民統治台湾五十年史』（中国社会科学院中日歴史研究中心文庫、社会科学文献出版社、北京、二〇〇五年）、関捷・唐功春・郭富純・劉恩格総主編『中日甲午戦争全史』第四巻戦后篇（吉林人民出版社、長春、二〇〇五年）、戚其章『論乙未割台的歴史背景』（『甲午戦争与近代中国和世界–甲午戦争100周年国際学術討論会文集』、人民出版社、北京、一九九五年）。

[6]　『日本外交文書』明治第二八巻第二冊、国際連合協会・一九五三年、第一〇八九文書附記一。

[7]　この台湾民主国については、黄昭堂『台湾民主国の研究』（前掲）に詳しい。

[8]　『日本外交文書』第二八巻第二冊、前掲、第一〇八九文書附記二・会見要録中第六回会見要録。

[9]　伊藤博文文書『秘書類纂 台湾一』所収、宮内庁書陵部蔵。なお、この文書は『伊藤博文文書秘書類纂第二三巻 台湾一』としてゆまに書房から影印版として出版されているので参照されたい。

[10]　内閣総理大臣伊藤博文宛明治二八年五月三一日付台湾総督樺山資紀上申書–（同上）。

[11]　藤村、『日清戦争』、前掲、一九五頁。

[12]　周、『図説台湾の歴史』、前掲、九七頁。

[13]　参謀本部編纂『明治二十七八年日清戦史』第七巻、東京印刷株式会社、明治四〇年、一頁。

[14]　西園寺公望外務大臣臨時代理文部大臣宛明治二八年七月一〇日付台湾事務局総裁伊藤博文台湾受渡公文回付書（『日本外交文書』第二八巻第二冊、前掲、第一二五二文書附属書）。

[15]　『明治二十七八年日清戦史』第七巻、前掲、二頁。

[16]　日清戦争における清国軍兵士と清国人住民に対する認識については、拙著『近代日本の形成と日清戦争』中の第一章第三節三異国観（二）清国観（雄山閣、二〇〇一年、八一頁～八六頁）に出征兵士の記録をもとに具体的に論じているので参照され

たい。

［17］大本営は、明治二八年五月中旬に大総督府陸軍参謀部が調べた情報に基づき、台湾における清国軍の兵力を、常備軍と平日は散隊し警報にて集合するものも含め三三〇〇〇人余と予想していた（『明治二十七八年日清戦史』第七巻、前掲、附録第一〇九）。

［18］『明治二十七八年日清戦史』第七巻、前掲、一一頁。

［19］同上、一三頁。

［20］同上、一六頁。

［21］同上、六五頁。

［22］同上、六六頁。

［23］同上、七〇頁。

［24］同上、二〇一頁～二〇三頁。

［25］同上、二〇八頁。

［26］同上、附録第一一二。南進軍の編制は次の通り。

［27］同上、二一〇頁。

［28］同上、二一五頁～二一六頁。

［29］伊能嘉矩『台湾文化志』（刀江書院、下巻、九八〇頁）。なお、ここで伊能は『台湾兵民の従軍死傷は之を詳にするを得ざるも、台湾総督の発せし台湾平定の告示中、『賊徒斃るゝ者一万余人、降ヲ乞ふ者八千余人』と称す』（九八〇頁）と記している。

［30］黄昭堂『台湾総督府』、教育社、一九八一年、四三頁。

［31］『明治二十七八年日清戦史』第七巻、前掲、附録第一〇八『台湾討伐参与人馬概数』。

［32］同上、第八巻、前掲、附録第一二〇。

［33］『明治二十七八年戦役統計』上巻、陸軍参謀本部、緒言、四頁。

［34］『能久親王殿下御事蹟記草案』（東京偕行社内棠陰会、一九〇七年、二六〇頁）。同書中に、『七時十五分病革になりて、幾ならぬに薨ぜさせ給ふ』と記されている。

［35］大濱徹也『民衆の記録8兵士』、新人物往来社、昭和五三年、五七〇頁。

［36］『明治二十七八年戦役統計』上巻、七六一頁～七六四頁。

台湾・朝鮮植民地教科書の比較
——大正・昭和初期の国語読本をめぐって

酒井恵美子[*]

1. はじめに

　日本では大正時代から昭和にかけての時期、欧米の影響を受けてはじまった『新教育運動』が盛んであった。日本は明治に入って公教育を開始し、欧米の教育を模範としつつ、日本の教育を切り開いてきたが、形式的で、画一的なものであったことは否めない。そのような教育の偏りを学習者中心の新しい教育を変革するべく、『新教育運動』は始まった。それは単一の運動と言うよりは、大正デモクラシーを時代背景に教育者のみならず、多くの人々の百家争鳴の教育論が飛び交う多様な教育運動であったと言われている。

　当時は国定制であった教科書もこのような運動の例外ではなく、それまでの教科書に変わり、斬新なものが編纂された。唐沢（1960）によればこの期の教科書は視点を海外に向けた国際的教材や児童の好みそうな文学教材がもっとも多く、ナショナリズムや軍国主義的な教材のもっとも少ない教科書だという。国定読本の中ではこの時代の雰囲気を反映した児童中心主義の教科書といえよう。

　その流れは内地のみならず植民地にも波及していた。板倉（1968）はこの時期の台湾などの理科教科書が内地の教科書よりも子どもたちに興味を呼び起こさせるべく表現を書き改めていることを指摘している。そればかりでなく、子ども自身の積極的な活動をよびおこすために作られた南満州教育会・教科書編集部編纂『満州理科学習帖』や朝鮮総督府編纂『初等理科書』（1931年より使用）は内地よりも先進性なものであったと述べている。そして『＜台湾や朝鮮などの植民地では自然条件その他が著しく違うこと＞を考慮して、本国とは別の教科書を作成させていた』が、『それら植民地では自然条件の違いを考慮するだけでなく、本国では文部省にうけいれられなかった理科教育改革運動の考え方を広範に受け入れて、それを教科書の中にもりこんだ』とその経緯を説明している。理科教科書は内地では教科書編纂が難しく、改訂が行われなかったという事情もあり、植民地では内地より一歩進んだ教科書編纂が可能だったのである。その結果紆余曲折を経て1939年に作成された内地の新教科書の『題目/内容配当表』は朝鮮総督府の『初等理科書』にそっくりだったという逆転現象も起きているという[1]。

　しかし、国語教科書は理科教科書と異なり、児童中心と言うことで言えば、はるかに編纂が困難である。内地の教材には多かれ少なかれ日本的な文化や社会現象が含まれ、児童にとっては宗主国という反感を感じる領域に属するものであるということを除いたとしても文化的な違いからなじみが薄く、反対に学習者にとって身近な現地の教材は、植民地統治という観点からは不必要な民族意識を喚起し、望ましいものではない。

　国語教科書では、新教育運動の時期に活躍し、のちの生活綴り方運動の基礎を築いた芦田恵之助が朝鮮読本第Ⅱ期（全8巻）[2]を編纂している。その経緯は芦田（1962）に詳しいが、それによるとこの教科書のすべての巻について執筆したことが記されている。まさに彼の教育観がよく表れた国語読本と言える。その彼を編修官として抜擢できたのは朝鮮が植民地であったからであるというのも推測できる事情であり、板倉の言うような事情が国語教科書でも存在したことは想像に難くない。

　本稿ではこの芦田恵之助編纂の朝鮮読本第Ⅱ期を手がかりに学習者中心の教科書が編纂されたのかどうか、特に先に述べたような学習者にとって身近な現地由来の教材をどのように教科書に取り込んだかについて台湾の国語教科書との比較を試みたい。紙面の関係上、人物教材を中心に教材採択のあり方について見ていくことにする。

　2. 朝鮮第Ⅱ期について

　では、まず、朝鮮読本第Ⅱ期についてみてみよう。

　先に述べたように朝鮮読本第Ⅱ期を実際に執筆したのは新教育運動の著名な実践家の一人芦田恵之助である。芦田は大正10年より3年をかけて朝鮮に赴き、教材にとりあげた各地方を調査しつつ、執筆を行った。芦田（1962）によると彼がこの教科書を執筆する際に『（教科書の）内容が、民族意識を高めて、その幸福を将来するものでなければならぬ』と思い、『この読本によって、平和を翹望する民族たらしめたい』と考えたことを書き残している。朝鮮民族には『日本民族に対して、先学者であるという根の深い誇り』があり、『この誇りをやぶらないで、流転のやむなきことを知らせ、いたずらに固執しないこと』を『児童の生活にちかきもの、又は生活によって解せらるゝ事実を通して』理解させるというものである。自尊心を守りつつ、植民地となった現実を受け入れることは一見矛盾する考え方であるが、植民地で自由主義的な教育を行うに当たっての彼の教育者としての現実的な考え方がよく出ている。彼は日本の植民地となったことはやむを得ないことなので、これを受け入れ、しかし、民族意識は高めて、誇りを堅持するということを主張する。彼にとって大切なことは闘争を避けることであり、それにより、平和を得ることである。現状の受容という現実的な道をとりながらも、民族としての誇りを失わず、平和で幸福であることを希求する。そのような考え方を児童の身近な材料を通じて納得させるというのである。この子どもたちの自尊心を尊重し、子どもたち自身の活動を喚起すること、そして、そのために理解しやすい身近な興味の持てる材料を選択することは新教育運動の共通する考え方であるが、そのような道が当時の朝鮮人たちにとってよいものであったかどうかは別として、芦田は子どもたちに興味のある教材として朝鮮で現地に多く取材を行っている。

　では、次に彼の編纂した教科書の人物教材について見ていこう。

　以下にあげる表1は朝鮮読本第Ⅱ期で取り上げられた人物教材である。取り上げた人物は課の中心的な人物としてその業績がテーマになっている人物であり、且つ氏名を挙げるなど、実在の人物として教えられたと考えられるものに限った。この実在というのは歴史的な事実として実在したかどうかではなく、実在だと児童に思わせるように書かれているかどうかが重要である。もし、歴史的には実在しないものでも児童たちがそう受け取っていれば、印象は大変強いものとなる。

表1

巻	課	課名	備考
3	10	花のにおい	新羅王女徳曼
4	13	扇のまと	那須与一
4	24	雪舟	
5	9	仁徳天皇	
6	5	昔脱解	
6	7	虎狩	三宅巡査
6	10	弓流し	源義経
6	14	万寿	
6	21	七里和尚	
7	6	李坦之	
8	6	呉鳳	
8	16	乃木大将	
8	20	皇太子殿下の海外御巡遊	
8	25	菅原道真	
8	26	大空に迷ふ	小沢軍曹

　　朝鮮読本第Ⅱ期で実在人物として描かれているのは17人である。巻六の昔脱解は卵で生まれるなどで創世神話的な記述があり、実話とは思えない面があるが、新羅草創期の王として、描かれていることから、ここでは実在の人物として扱った。朝鮮では誰もが知っている人物である。

　　これらの人物は実在の人として名前を挙げて、その事績を記述しているが、その描き方は事実の説明ではなく、物語として児童が関心をもたれるような書き方になっている。例として第二学年配当の巻三『花のにおい』を見てみよう。

　　むかし新羅の王女にとくまんというかたがありました。たいそうかしこくて又お心の美しいかたでした。

　　ある日唐の天子からとくまんのおとうさまのところへりっぱなぼたんの花のえとぼたんのたねがとどきました。おとうさまはたいそうおよろこびになってさっそくとくまんをよんでそのえをお見せになりました。

　　とくまんはおお美しい花とながめていらっしゃいましたが、しばらくしておとうさまこの花は美しうございますが、おしいことにはよいにおいがありませんとおっしゃいました。

　　おとうさまはそれがどうしてわかるかとおたずねになりますと、これほど美しくさいている花にはちもちょうちょうも来ていません。この花には虫がしたって来るようなよいにおいがないのでしょうとおこたえになりました。そのたねをうえてみると花はりっぱにさきましたがよいにおいはありませんでした[3]。

　この『花のにおい』は新羅のとくまん（徳曼）王女の幼い頃の逸話である。彼女はのちに朝鮮で初めての女王になるが、現在でも学校の教科書に登場し、ドラマ化されるほどの人気の高い歴史上の人物である。王女は唐から送られた『りっぱな花』の匂いがないという見えない性質をただ一人見抜く。王女の利発さもさることながら、新羅の後の歴史的な発展を考えるとテーマには深いものがあるが、全体としては童話のような親しみやすい教材である。芦田はこの教材を『三国史記』より採ったとしており、史実として考えていたことが伺える。しかし、彼はこの課で徳曼の奇智を描くことが目的ではなく、すべての奇智は『真面目な観察』に基づくものであり、自分の目で見ることの態度を養うことをこの課の目的としている。伝説でありながら、ただの物語ではなく、教訓として描かれているのである。

　次にこれら人物の出自を見てみると、うち最も多いのは日本人で11名、朝鮮人（太字）4名、中国人（下線）2名である。この期に内地で多く採択されたアメリカやヨーロッパの人物は教材として出てこない。朝鮮の子供たちの教材として全体の4分の1しか、朝鮮人教材が採用されなかったのは大変少ないと言わざるを得ない。

3. 台湾読本第Ⅲ期について

　台湾読本第Ⅲ期は年から使用が開始された。朝鮮読本第Ⅱ期には少し遅れるが、

　大正から昭和にかけての時期に使用された教科書である。ただ、朝鮮の普通学校とは異なり、台湾公学校は当初より6年制であったため、全12巻が編纂されている。表2は取り上げられた人物教材であるが、ここでは、比較のためにまず、第8巻までを対象とし、2重線以下は参考として挙げる。

表2

巻	課	課名	備考
3	12	ヲノノタウフウ	
5	1	天の岩や	天照大神
5	19	をろちたいぢ	素戔嗚尊
6	4	画かきと王さま	ブートン
6	8	熊襲せいばつ	日本武尊
6	13	仁徳天皇	
7	10	澳底の御上陸	北白川宮
8	2	新井白石	
8	9	井上でん	

续表

巻	課	課名	備考
8	16	伊藤公の幼時	
8	18	塙保己一	
8	23	小話	ニュートン
8	25	呉鳳	
9	11	石田梅巌	
9	20	汽船・汽車の発明	フルトン・スチブンソン
9	23	鄭成功	
9	26	空の勇士	小沢軍曹
10	5	アレクサンドル大王と医師フィリップ	
10	13	公慶と奈良の大仏	
10	22	広瀬中佐	
10	26	皇太子殿下外遊記の一節	
11	8	楠公父子	
11	12	税所敦子	
11	16	円山応挙（一）	
11	17	円山応挙（二）	
11	22	乃木大将	
11	26	孔子	
12	3	チャールス、ダーウィン	
12	6	ノーベル賞金	
12	10	金原明善	
12	15	児玉大将	
12	19	諸葛孔明	

　　台湾読本第Ⅲ期では巻八までに13人の人物がその業績をテーマとして取り上げられている。そのうち、日本は10人、ヨーロッパは2人、中国・台湾は1名である。この1名は呉鳳であるが、この人物は台湾の伝承によるものではなく、架空の人物、日本により、創作された人物とされる。巻一二まで広げても鄭成功と孔子がいるだけある。

　　台湾読本第Ⅲ期にはじつは朝鮮読本と同じく、利発な機転の利く子どもの話がある。『カシコイ子ドモ』（台Ⅲ-4-5）である。配当も『花のにおい』と同じく第2学年の配当である。

　　昔アルトコロニ、五六人ノ子ドモガアツマツテ、大キナ水ガメノソバデ、アソンデヰマシタ。

　　一人ノイタヅラナ子ドモガ、カメノフチヘ上リマシタ。グルグルマハツテヰル中ニ、足ヲフミハヅシテ、水ノ中ヘオチコミマシタ。ミンナオドロイテウロウロシテヰマシタ。

　　ソノ時一人ノ子ドモガ大キナ石ヲトツテ、イキナリ水ガメニナゲツケマシタ。スルト水ガメニ大キナ穴ガアイテ、水ガドツト流レ出マシタノデオチタ子ドモハタスカリマシタ。

　　タスケタ子ドモハ大キクナツテカラ、名高イ人ニナツタトイフコトデス。

　　こちらも瓶の中に子供が入ってしまうという事件が起きた時のとっさの子供の奇智が描かれている。もとの伝説は司馬光の7歳の時の逸話である。日本でもよく知られていている逸話で、内地の読本にもしばしば登場するし、台湾では第一期から教材に採択されている。ただ、朝鮮読本ではとくまんが新羅の王女であることがきちんと描かれているのに対し、台湾読本の『カシコイ子ドモ』では匿名の利発な男児として描かれている。確かに教材では実在の人物がしばしば実在かどうかわからないような描かれ方をする。この教材も実名が挙がることはあまりない。しかし、芦田がとくまんを実在の人物としたのは、子どもたちの民族意識を高めることと無関係ではないだろう。そのことを考えると、台湾読本でも、実在の先人として描くことも出来たのではないかと思われる。それをしなかったのはなぜなのであろうか。実名を記さなかった従来からある内地の教材に従ったとも考えられるが、そこには台湾読本第Ⅰ期からの編纂方針があるのではないかと思う。

4. 植民地固有の教材採択の問題点

　　植民地において植民地固有の現地に採集した教材を教科書に載せるにはいくつかの問題点があると思われる。台湾読本第Ⅰ期においても台湾の現地教材を採用する必要はあった。編纂方針として児童にとって理解しやすい教材を選ぶことを掲げているからである。

　　台湾協会会報第十六号に国語学校校長町田則文の『台湾総督府国語学校』という一文が掲載されている。これは一般になじみのない国語学校を紹介する目的で書かれたものであるが、第四として『台湾に行はるゝ古談』として橋本武の調査した説話や伝承が載っている。この調査は『其家庭の教育が如何程まで正当なる教育（支那人の所謂経学的教育）の応用を為し居る』かを実証するため学生たちに書かせたもので、92件の古談を教訓的か愛笑的かにより分類している。先の『カシコイ子ドモ』の話も『韓公の頓智水甕に陥りしを救ひし話（案するに韓公といふは蓋し温公の誤りなるべし）』として収集している。この調査は教材のための採集ではなかったが、先に述べるように橋本武は採訪冊に言及しており、このような現地の伝承の採集はこの後も行われていたと見るべきだろう。また、国語学校は台湾の日本語教育の中心的な研究機関で、このような調査について編纂者が知らなかったとは考えにくい。それなのに台湾読本第Ⅰ期には台湾に由来する物語は1話も採用されなかった。

　　台湾総督府文書には台湾読本第Ⅰ期の台湾教科用図書審査会において審査された稿本が残されているが、その巻十には当初台湾由来の二つの物語が検討されたことが記されている。

その一つは以下の『三人ノ貞女』である。

第十七課　三人ノ貞女

昔、彰化ニ劉天章ト云ウ、人ガアリマシタ。ソノ妻ガ二人ノ子オ生ンデカラワ、病気デシニマシタ。

ソノトキ、妻ノ簡ワ、年ガ二十五デアリマシタ。朝夕カナシンデ、シマイニワ、夫ニシタガッテ、シノオト思イマシタ。トコロガ、天章ノ弟ガイロイロナグサメタカラ、其ノ心オカエテ、二人ノ子オソダテマシタ。

ソノ二人ノ子ワ成長シテカラ、父ノ書オ読ンデドチラモ学者ニナリマシタ。簡ワ、二人ノ子ニ妻オトリマシタガ、久シクタ丶ナイデ、長子ガシニマシタ。其ノ妻ムノ儋@ワ二十四歳デアリマシタガ、マタカナシンデ生キテイルコトオコノミマセヌ。ソレユエ、簡ガサトシマスト、儋@ワ孝行ナ人デアッタカラ、カンガエナオシテヨク姑ノセワオシマシタ。

ソノ後久シクタ丶ナイデ次子モマタシニマシタ。ソノ妻ノ黄ワネ十七歳デ、コノ家エ来テカラ夫オス丶メテ、学問オ勉強サセネ自分ワメシツカイノ用オシテ、一心ニ家ノ名オアゲヨオトシタノデアリマス。トコロガ、夫ガシニマシタユエ、ヨク姑ノセワオシタリ、子供オソダテタリシマシタ。

姑ノ簡ワ、九十歳デシニマシタ。ソノ後、儋@ト黄ワ、二人トモ七十歳バカリマデイキテイマシタ。コノヨオニ一家ニ三人ノ貞女ガ出タノワ、メズラシイコトダトイウテ、人ガミナホメタトイ丶マス。

　　　　　　　　　（『儋@』は人偏のない旁のみの漢字、中国の姓）

　前述の国語学校教授橋本武は図書審査委員でもあったが、この教材の夫に死なれた妻が子供を残して死のうとする姿に『夫に従って死のうと思ふなどは不了見の甚だしきものなり模範とすべき行為にあらす』という意見を残している。また、最後の一家に三人の貞女が出たという件では、『一家に三人の貞女とは台湾のごとき婦徳の腐敗したる所では珍しいかも知れぬが文明人の徳義としては教て賞すべき程の事にもあらず』とし、『台湾の採訪冊などにある鄭婦貞女の例ハ今日文明世界の道徳の模範とすべきものハなし却て支那語の変な気風を養成する恐れがありはしまひかと思ふ。』と『文明国日本』の倫理観を前面に出して台湾の物語を一刀両断にする所などは傲慢とさえいえる。ただ、子供を残して夫の後を追うという点に関しては多くの日本人にとって違和感の多い部分ではないだろうか。日本と台湾の倫理観の違いを感じる。日本の教科書としては採録が難しかったのは想像に難くない。

　次に取り上げられたのが『朱山の恩』である。

第十六課　朱山の恩

　昔、彰化の県令に朱山という人がありました。あるとき、この人が盗人おとらえてしらべると、その顔になみだのあとがありましたから、そのわけおきくと、盗人のいうに、『きっと殺されるだろおと思って、今朝母にわかれおつげて泣いた』と答えました。

　その時、山がかれわ孝行の心があるから、盗人おやめるだろお』といって、金お十円あたえてゆるしてやりました。

　その後山が県令おやめて帰るとき人民がおおぜい舟まで送って来ました。その中に、金お持って来て、山にあげる男がありました。山が『おまえわ何者だ』ときくと『前に盗人おしてとらえられたもので今わ魚屋おしています。母が昔の御恩おかえすためにこの金おもたせてよこした』と答えました。

　山わ、その心にわ感心したが、金わうけとりませぬ。すると、その男が『この金おうけてくださらないのわ、まだわたしお盗人と思っているのでありましょお。それてわ、家えかえって老母にあうことができませぬ。』といって海えとびこみました。人がすくいあげてよおよおいきかえりましたから、山がそのよい人になったことおほめて帰したといゝます。

　今度は図書審査委員田中敬一が、朱山が泥棒に金を与えて許してやるときに『訓誨はせぬのか』と記し、教え諭さなかったことに異義を唱えている。また、朱山が金を受け取らなかったとき、泥棒が自分をまだ泥棒だと思っているのかといったことに対して『不自然の推量であると述べ』自殺を図ったことについては『余り感心の出来ぬ挙動と思ふ』と述べている。そしてこれには橋本武も賛同している。訓戒しなかったことについては異論はあるかもしれないが、他の二点についてはこの物語を読む多くの日本人に共通したものがあるのではないだろうか。

　だが、中国人の目から見たら、この結末には仕方のないところもある。朱山が一度やった金は受け取れないのもその通りなら、返そうと持ってきた金を受け取ってもらえないのでは泥棒も面子がたたないであろう。そこの双方をうまく納めるにはこのような結末も仕方ないのかもしれない。

　このようにして、第一の台湾読本では台湾の在来の物語が採録されなかったのであるが、その理由は台湾と日本の倫理観・道徳観の違いによるものである。これは第Ⅱ期も同じで、採択されなかった理由を同期の編纂趣意書には『国民的童話伝説ハ適宜之ヲ採録シタレドモ、台湾固有のモノニ至リテハ一モ採ラズ。是レ敢テ其ノ必要ヲ認メザルニアラザルモ、其ノ多クハ淫猥・虚偽・悪徳ヲ含ミテ、教育上殆ド採用スベキ価値ナキガ為ナリ』と記されていることから、第Ⅰ期と同じく、掲載の努力はしたが、日本人である編集者にとっての適当なものはなかったと言うことであろう。それは第Ⅲ期も同じである。それは翻して考えれば、台湾の固有の物語を採録するということに積極的ではないが、『台湾人にあった教科書』を標榜しているのであるから、後に非難の出ることを考えて、とりあえず、探して見たという態度を繕ったものか、あるいは台湾人の倫理観を理解し、そのもっと奥の深い人間性まで透徹する眼差しで本質にたどり着く力を持った編集者がいなかったということになるのではないだろうか。

　では、芦田にはこのような倫理観、道徳観の不一致はなかったのであろうか。

　芦田（1962）には孝子に関し、朝鮮人編輯書記と交わした興味深いエピソードがある。朝鮮の孝子たちのいまわの際に親に血を飲ませるという行為に対してこれを当然とする書記たちに芦田はそれを行き過ぎだとし、『子としての真情は勿論あると思うが、血をすゝめても、それを飲むような不徹底な親がないのさ』と答えている。朝鮮人の親孝行に理解はするが、子供の血を啜る親の気持ちだけは日本人として理解できないのだ。親は子供のことを思わないのであろうか。

　これに対して芦田の結論は李坦之というそのシーンの出てこない孝子物語を採用するということだった。そして、孝行を重視する風潮に対しては、親の子を思う真情をテーマとした『親心』（朝Ⅱ-5-12）を取り上げ、児童に親の愛情を理解させようとした。これは朝鮮の伝承ではない。朝鮮に類似の彼の眼鏡に叶うものがなかったのかも知れない。中国営口の望児山の故事を採集したその教材は、子供を案じつつ、狂人となる母の物語で、結末は謡曲『隅田川』にも似て日本人である彼の心情に沿うものだったに違いない。それを子の行き過ぎた行為に対する答えとして読本の中に採用したのだと考えられるのである。

　台湾でも、是非台湾由来の物語を載せたいと考えたのであれば、多くの物語から、双方に違和感のないものを選ぶことは可能だったはずである。そうでなくてもこの時期の国語教科書は採録と言っても執筆者の書き下ろしなのであるから、必ずしも原作に忠実である必要はない。『朱山の恩』の前半部は十分教材としてアレンジすることが出来たのではないだろうか。

　このような台湾読本の消極的な姿勢を裏付けるものが、台湾読本第Ⅱ期に採用された清代の潅漑事業について取材した『曹公圳』（台Ⅱ-9-17）である。

　台湾ニハ到ル処ニ埤圳ガアッテ、田や畑ニ水ヲ引クノニ大層便利ニナッテヰマス。南部デ一番大キクテ名高イ圳ハ曹公圳デス。コレハ昔鳳山ノ知県ヲシテキタ曹謹トイフ人ガ、下淡水渓ノ水ヲ引ク為ニ掘ッタモノデ、其ノ水門ハ九曲堂ニアリマス。此ノ圳ハ前後二度ニ出来タノデ、前ノヲ旧圳、後ノヲ新圳トイヒマス。此ノ二圳ガウルホシテヰル田畑ハ、今デハ九千甲モアルトイフコトデス。

　曹公ハコンナ大キナ事業ヲシテ、後ノ世マデモ其ノ徳ヲノコシマシタガ、マダ此ノ外ニモ人民ノ為ヲ思ッテ、色々ヨイ政治ヲ行ヒマシタ。アタリノ人民ハ其ノ恩ヲアリガタク思ッテ、鳳山ニ祠ヲ立テテ曹公ヲ祀リマシタ。教育ニ関スル勅語ニ、『公益ヲ広メ世務ヲ開キ』トイフコトガ仰セラレテゴザイマスガ、曹公ノヤウナ人ハ、ヨク此ノ勅語ノ御趣意ニカナッタ人トイッテヨイデセウ。

　本文の描写はあっさりとしたものだが、この曹謹の行為は課中にも『勅語ノ御趣旨ニカナッタ』とあるとおり、台湾の人ばかりでなく、日本人にとっても共感できるものである。日本人の母を持つ鄭成功にしても内地の教科書にも載った君が代少年孫徳坤にしてもそこには日本の影が感じられる。それがこの物語にはないという点で台湾読本に採択された唯一といってもいい純粋な台湾由来の偉人の物語である。

　ところが、これが第Ⅲ期になると、『埤圳の話』（台Ⅱ-9-7）として次のような内容になる。

　私のうちは農家で、水田を五甲ばかり作つてゐますが、大抵は埤圳が通つてゐます。只一甲足らずの田は水がかりの悪い所にあるので、毎年雨の降るのを待つて植附をします。…中略…

　昨日学校で農業の時間に、先生が埤圳について、次のやうなお話をなさいました。

　『台湾には今大きな埤圳工事が、北と南で二つ始つてゐます。北部のは桃園大圳で、南部のは嘉南大圳といふのです。桃園大圳は桃園の海岸地方およそ二万甲の田畑に給水するため、大正五年工事に着手したもので、もう大部分は出来て水を通してゐます。これがすつかり出来上ると、このあたりで二十万石以上も多く米がとれるといふことです。嘉南大圳は一そう大仕掛な工事で嘉義？ 台南附近の平野に灌漑する計画です。其の水路をずつと一すちにつなぐと、台湾の周囲を一まはりするほどもあるさうです。』

　かへつてからおとうさんに此のお話をしたら、『そんな大きな埤圳が出来たら、其の地方の人はどんなに仕合せなことでせう。』とおつしやいました。

　変更点は2点ある。一つは記述の主体が子供に変わったことである。この時期の教材は児童に親近感を出すために多くの教材でこのような書き替えが行われている。この教材もそのようなものの一つと言えよう。もう一つは、台湾の先人の業績をたどる教材であったものが、台湾総督府の事業を紹介し、賞賛する内容に変わった点である。台湾の人々の登場する教材と言う点では後退と言わざるを得ない。本当に台湾由来の伝承を探していたのだとするとこのような変更は理解しがたい。むしろ公学校規則に掲げられている『国民性の涵養』[4]を優先した結果だと考えられるのである。

5. 終わりに

以上見てきたように、朝鮮読本第Ⅱ期での朝鮮由来の人物教材は量的に多いとは言えないが、異文化の彼我の相違を超えて、学習者に身近な教材を入れるべく芦田恵之助が各地に取材するなど努力した形跡が見られる。それは朝鮮総督府の方針ではなく、新教育運動時代の教育者として児童の自尊心を高めることが教育にとって重要であることを信じ、そしてそれが植民地の教科書であっても必要であることを施政側に立つものとしてではなく一人の教育者として信念を貫いた一人の教科書編纂者よって行われたものであった。としても、このような編纂方針は朝鮮第Ⅲ期にも引き継がれ、朝鮮に採集した教材が数多く見られるのである。決して『初等理科書』のみが、優れた教育者の実践の賜物であったのではないのである。

一方、台湾読本は新しい教育運動を受け、言語表現などに工夫はあったものの、台湾固有の材料は少なく、しかもそれに対し教育的ではないという否定的な考え方が継続していた。それは全体的な流れから考えるとそのような材料に出会えなかったというよりは、台湾固有のものを過小評価する第Ⅰ期からの編纂方針と、植民地政策として教育に国民性の涵養を求める姿勢を優先するためであると考えられる。

（作者単位：中京大学）

参考文献

町田則文（1990）『台湾国語学校』台湾協会会報第十六号

唐沢富太郎（1960）『教科書の歴史』創文社

芦田恵之助（1962）『恵雨自伝』

板倉聖宣（1968）『日本理科教育史』仮説社

上田崇仁（1999）『植民地朝鮮における言語政策と『国語』普及に関する研究』広島大学院博士課程後期広島大学審査学位論文

酒井恵美子（2000）台湾公学校用教科用図書審査会報告『国民読本』巻十『社会科学研究』第20 第2号

久保田優子（2005）『植民地朝鮮の日本語教育 – 日本語による『同化教育』の成立過程 –』九州大学出版会

北川知子（2007）『国語教育と植民地：芦田恵之助と『朝鮮読本』』植民地教育史年報第9号

酒井恵美子（2008）『植民地編纂教科書の中の隠されたカリキュラム』『社会科学研究』第28巻第Ⅰ号

注 释:

[1] この教科書は国民学校の発足決定により、編纂途中で終わった。

[2] 本稿ではこれらの教科書を国定読本第Ⅰ期、台湾読本第Ⅰ期、朝鮮読本第Ⅰ期のように記す。朝鮮読本については上田(2000)の期別に従った。また、教材の所在については台湾読本第Ⅰ期巻六第2課を『台Ⅰ-6-2』のように略記する。

[3] 本文は分かち書きされているが、煩雑なため、空白を取り除き、句読点を適宜加えた。以下、教科書本文には同様の加工を行うこととする。

[4] 国民性の涵養に留意することについては朝鮮も同じである。朝鮮総督府学務課(1921)『現行教科書編纂方針』にも『品性の陶冶国民性の涵養に資すべき教材を選択』したことが期されている。

1949 年蔣介石『運用日本』政策的籌劃與實施
——關於『聯合參謀團』與『中日義勇軍』的一個考察

鹿錫俊

　　蔣介石到臺灣後，曾招聘舊日本軍官赴臺充當軍事教官和作戰顧問。這件事現在已經不是新聞了[1]。但關於此事的出版物或影視報導，很長時期幾乎都是以個別當事者事後發表的零碎的回憶錄爲材料。其叙事與議論，在體裁上大多屬於報告文學，不具注釋，不示根據，與學術研究的規範頗有差距；在内容上，則都集中於描寫日本教官與顧問 1950 年代以『白團』名義所作的活動，而對其起源，即 1949 年蔣介石『運用日本』政策的籌劃與實施過程這一關鍵性的問題，則幾乎毫不提及。近年，有研究者開始引用蔣介石日記論及此事，但内容上仍然只注重 1950 年代，而對 1949 年一筆帶過[2]。總之，從整體上來看，本文的研究課題雖然是冷戰時期中日臺三邊關係中的一個重要問題，却至今尚無實証性的成果。

　　有鑒於此，數年前，筆者給自己提出兩個目標：其一，以實証性的研究填補 1949 年的這個空白；其二，致力於尋找原始檔案，在分析和辨別的基礎上，用第一手史料來再現史實。經過一段較長時間的努力，筆者自認基本達到了這兩個目標，故不揣淺陋，寫成此文，以求教於各位學界先進。

一、背景：『另起爐竈』與『對日親善』

　　1949 年元旦，在人民解放軍的猛烈進攻中衆叛親離、四面楚歌的蔣介石，在新年伊始就不得不再次考慮『引退』，並在日記中寫下了三條『退之原由』：『甲、痛惡現在黨政軍積重難返，非退無法改造，更不得整頓；乙、打破半死不活之環境；丙、另起爐竈，重定革命基礎』[3]。

　　1 月 14 日，毛澤東發表《關於時局的聲明》，提出以『懲辦戰爭罪犯』爲首的八項條件作爲國共和談的基礎[4]。早在 1948 年 12 月 25 日就被中共宣佈爲頭號戰犯的蔣介石，被迫進一步考慮下野。關於『下野最大原由』，他在 1 月 17 日的日記中列出了 5 條，其中頭兩條是：『一、打破現狀，打破環境，行動比較自由。二、可以從容籌策，積極準備，培植幹部，重組黨軍，消滅叛徒，改造制度，非此無法復興革命，重奠基礎。』[5]翌日，蔣介石獲悉蘇聯以不干涉他國内政爲由，拒絕爲國共作調停，蔣最後的一絲希望破滅，遂正式『決定引退』[6]。在即將離開南京時，他看到一片亂象：『各部公務員要脅政院，以加發遣散費等名目包圍各院部，甚至毆擊當局。社會上各種窮兇極惡，軍憲衝突，遊勇散兵打車劫物，擅捕居民，敲詐威脅，政府至此威信掃地，綱紀盪然，人心背離，道德淪亡，尤其本黨老者亦乘機壓迫，舊惡圖報，形勢至此，無以爲國，雖欲救民負責亦不可得矣』[7]。

　　蔣介石在日記中的這些自白表明：他之所以決定下野，既是出於無奈，也是由於對國民黨政權的現狀感到絕望，而決心另起爐竈，從頭開始。如何另起爐竈呢？1 月 22 日，即下野的第 2 天，他寫道，『今後立國建軍剿共，制度之確立最爲重要。此次之失敗，最大原因乃在於新制度未能適合現在之國情與需要，而且並未成熟與確立，而舊制度先已放棄崩潰。在此新舊交接之緊要危急之一刻，而所恃以建國救民之基本條件完全失去，是無异失去其靈魂，焉得而不爲之失敗？至於現代之制度不外三種：甲、以黨統政、統軍（俄）；乙、以軍統政而黨在幕內主持（戰前之日德）（軍國主義）；丙、以政統軍而黨從中爲之指導（英美）。今後之中國在剿共未平以前，惟有軍法之治，以軍統政，而黨只可在幕後主持，不能顯露，免爲民主國家所誤會』[8]。很顯然，蔣介石認爲另起爐竈要從制度着手，而在制度選擇上，他認定在現有的三類制度中，蘇聯式的和英美式的都不行，唯有戰前日德式的『軍法之治，以軍統政』才是真諦[9]。

蔣介石排斥蘇、英、美這抗日戰爭時期中國三大盟國的制度，與他對這些國家戰後在國共內戰中的表現深惡痛絕，也有很深的關係。1 月 31 日，他寫道，『此次革命剿匪失敗並非失敗於共匪，而乃失敗於俄史；亦非失敗於俄史，而實失敗於美馬冥頑不靈，任聽俄共之宣傳與英國之中傷，對於其本國之利害，與中國之關係，以及太平洋之安危，皆爲其個人一時之愛惡，專泄其私憤，而置人類之禍福及其民族之榮辱存亡置而不問，今後第三次世界大戰之悲劇慘境，已不能免。馬歇爾實應負其全責，而餘之外交運用無方，過信美國之能，急公好義，致有今日之慘敗，亦應引咎自責。然而俄國外交絕無運用之餘地，決不能運用權術以交惡美英，否則徒授俄國以離間中傷之隙』[10]。

與蘇美英這些曾經的盟國相比，不久前的敵國──日本此時對落難之中的蔣介石所呈現的感恩、同情與力圖回報的動向，則使蔣在無以名狀的感慨中，重新考慮日本的作用。

在蔣介石下野前後，不少日本人用各種形式向蔣介石表示支持並獻計獻策。譬如，在蔣介石檔案中有一份落款爲 1 月 21 日的日本人的『報告』稱：

『查二次大戰以後，中日兩國不幸同罹厄運，茲中國慘遭匪禍荼毒，日本備受戰敗苦痛，東亞前途已瀕臨危境，此有志之士無不扼腕，而戒懼者也，撫今追昔益感中日兩國親愛精誠提攜互濟之必要，蓋非如此不能救亡圖存以達共存共榮之目的。員等有鑒如斯，極願參加東亞反共工作以求中日之復興與自救。惟以戰後日本對外和約未訂，一切活動均有阻滯，爰擬密組‘中國國民黨日本支部’以奉行三民主義爲宗旨，共同反共爲職志，秘密吸收大量日本有志之士爲黨員，從事各種活動以發展中日共同反共之力量，該支部目前之最急切任務，可招致臺灣緬越及長白山地區所匿教師團日軍，以參加對匪戰鬥，密派海空陸籍兵工技術人員來華擔任修理或戰鬥工作，此外關於經濟資源之開發研究，亦可大量供給資源或人材至該支部，擬參加之日本主要人員爲日皇弟三笠宮、犬養健、石原莞爾、堀內干城、山田順三郎、鬆井太九郎、新榮幸雄等，其所屬幹部共約三萬餘人，均爲日本政軍學各界之名流或學者，頗具潛在勢力及領道力[11]』。

不難想像，在當時那種境遇中讀到這一類文字時的蔣介石，是怎樣一種心情。

綜上所述，一是決心另起爐竈和傚法戰前日本的制度，二是英美蘇對蔣介石的抛棄及蔣介石對它們的痛恨絕望，三是一些日本人對蔣介石的支持和絕境中的蔣介石類似病急亂投醫的心情，在這三大因素的綜合作用下，蔣介石下野後在思考從頭開始時，更多地把眼光轉向了日本。這在他的日記中有很多表露：

1 月 31 日，蔣介石在寫下前述那些對美英法的非難的同時，把『對日聯繫之進行』列入預定事項。

2 月 26 日，蔣介石在構想整頓軍隊的計劃時，決定要招聘日本陸軍大學畢業生來幫助『建立參謀系統與教育基礎之人才』[12]。

3 月 5 日，蔣介石和吳忠信等人檢討過去外交得失，一致認爲『此次失敗以外交失敗爲總因』，而且，『美國幼稚，爲英玩弄，而不知其在遠東之外交，以餘之失敗、俄共勝利即爲美國根本之失敗。彼馬猶未覺悟也』。在再次譴責美英後，蔣介石緊接着寫道：『餘認我國外交應以印度與日本之聯繫、親善爲惟一之根本政策也』[13]。當日，在下野後仍然一手掌握最高權力的蔣介石命令中國駐日代表團團長商震免職，而特派朱世明爲中國駐日代表團團長[14]，以着手對日工作。

3 月下旬，日本人酒匂景映致函蔣介石，建議雇用日本兵，對中共采取積極攻勢。其謂：『當今危急之時，救濟國民政府之道僅此而已，即曰雇用日本兵采取積極攻勢。美國軍事援助有望，而日本現在聯合國佔領之下，以優良之軍備配以優越之兵士，何等效果之產生，想爲閣下所熟知者也。日本國內現有對中共具有作戰經驗而可復員之軍人十數萬。'有恩必報，有仇必報' 之標言今滿布國內，對閣下寬大之恩德早在吾人之思念中也』。信函接着還開列了 13 條大綱：（1）爲對中共作戰實施日籍雇兵制度；（2）雇兵數目以十萬人爲計；（3）雇兵自戰犯及親中國軍人中選定之；（4）雇兵出國須得聯合國司令官之默認；（5）行動須極端秘密，以免日本政府及聯合國司令部引負責任；（6）對蘇俄方面應加特別注意；（7）雇兵以中國船舶運輸；（8）上陸地點以臺灣廣東海南島爲宜；（9）上陸後加以短期訓練，然後編爲正規軍；（10）應給最優待遇，對陣亡負傷者另加撫恤；（11）和平後中國之責任爲遣送雇兵返日；（12）關於雇兵之預算、配備、給與、服務規律等應有切實準備；（13）兵種以步兵、戰車兵、飛行員、野砲兵、通信兵、輜重兵、衛生兵等爲限[15]。

這封信雖含有『美國軍事援助有望』一類不合事實之言，但所提出的建議整體上與蔣介石的構想不謀而合，顯然引起了蔣介石的很大興趣。3 月 27 日，蔣開始在日記的預定表中列出『太平洋反共同盟之注重與參加之準備計劃』[16]。4 月，蔣介石命令方治等人開始對日研究[17]。同月 17 日，蔣召見朱世明，『談回日本代表團工作與對日聯絡計劃』[18]。19 日，蔣介石再約王世杰與朱世明，『談印度與日本及韓國最近情狀』。在此次談話中，蔣介石獲知印度對他所呼吁的反共聯盟態度冷淡，深感意外[19]。從此，他在痛恨印度『忘恩負義』之餘，更加致力於對日聯繫與親善。5 月 1 日，朱世明正式取代商震任中國駐日代表團團長[20]。同月，蔣介石又派日本士官學校出身的曹士澂到駐日代表團任第一組（軍事組）組長，配合朱世明從事對日聯繫。6 月中旬，蔣介石大致安排好了『臺灣軍事機構方案與守備區域』及『東南整軍計劃』。在正式展開其『復興計劃』之際，蔣介石再次確定，在軍事方面要以發揚『德日精神』爲路綫[21]。

二、『運用日本』方案的出臺

當蔣介石在臺灣着手另起爐竈的各項準備時，朱世明和曹士澂也在日本積極貫徹蔣介石的指示，全力展開工作。6 月下旬，在以岡村寧次爲首的多名舊日本軍官的熱心參與下，朱、曹分工完成了關於如何『運用日本』的兩份機密方案，直接呈送給蔣介石。

朱世明的方案，主旨是選送日本軍官回中國工作。它分『報告』和『計劃』兩大部分。『報告』的內容如下：

（一）意見 選用日本軍人必先確立最高目的，統一計劃，統籌辦理，經費獨立。否則，如各別策動恐反遭中共之攻擊、美方之阻礙與日本浪人之假借名義招搖撞騙。

（二）最高目的與統一計劃 選擇日本優秀軍官協助我國訓練部隊及參謀策畫，其目的爲將來大規模聯合組織東亞反共國際聯軍，配合全面反共作戰，實施反攻，消滅共產，以謀世界之和平及東亞之復興。

（三）爲實施所擬計劃，所必須具備之條件如左：

1. 國內應設一統一專責機構，指定專人統籌此事。在日本方面由代表團團長負全責主辦之。

2. 經費必須由國內設法負擔，確立信用。否則真優秀而正派者不願合作，而浪人等借機招謠。

3. 設專用電臺連絡及確定秘密交通工具。

4. 嚴守機密[22]。

『計劃』的主要內容爲：

第一，目的：中日兩國應互相協力，阻止赤化侵略遠東，保衛民主陣線，爭取人類自由，極力支持長期反共鬥爭，以期確立中日將來永久合作之基礎，而謀東亞之復興，以求建立世界之和平。

第二，方針：爲達成共同防衛之目的計，應先結合兩國之反共勢力，並使其強化，故在目前，中國應爲遠東民主陣線之前衛，確保持久抗戰之態勢，俾使日本能有參加保衛反共鬥爭之機會。日本應積極擴大反共之組織，早日獲得獨立自主之地位，俾能與中國協力保衛遠東民主陣線，同時極力策動美國反共與援助。

第三，中日合作之具體內容

（一）要領

1. 日本應協力中國反共戰爭，尤項協助軍備再建爲主，先選拔一部分優秀軍人前往我國協力我國鬥爭，其次在日本國內結合反共勢力爲中國抗戰之支援，並組成大量義勇軍前往參戰。

2. 中國應協力日本組成反共集團，促進早日達到獨立自由之國家爲主，應與日本反共團體及有力人士密取連係，並使其參加反共鬥爭。

（二）合作之進度

1. 第一年度（1949 年 7 月至 1950 年 6 月止）

日本方面：a. 選拔優秀軍人前往中國

　　　　　b. 交換情報：日本情況；各種教訓等資料。

　　　　　c. 搜集必要之軍需品及建軍資料

中國方面：a. 負責給養前往中國參戰之軍人及其家屬之生活費用

　　　　　b. 強化宣傳資料及反共之報導

　　　　　c. 援助日本反共團體並與其密取連係

2. 第二年度

日本方面：a. 日本反共團體應全面援助中國反共抗戰

　　　　　b. 組成義勇軍前往參戰

　　　　　c. 策動反共之空氣與宣傳

中國方面：a. 充實駐日代表團機構，負責處理義勇軍之一切事實

　　　　　b. 支援日本反共團體

　　　　　c. 促進日本獨立

第四 實施要領

（一）要旨

1. 在盟軍諒解之下取秘密活動方式爲有利，對日本共產黨尤項特別警戒，以免被破壞。

2. 最初運用日本反共團體及有利人士選拔優秀參戰人員前往中國參加反共鬥爭，駐日代表團擔任連絡處理事務之責。

3. 俟業務之進展，利用中日文化經濟團體名義，羅致日本有力人士組成有力之機構，負責選拔義勇軍等之事宜。

4. 情報交換及搜集軍需品等均由小組負責。

（二）人員之選定

第一次前往中國之人員應選擇素質優良品格卓越爲主，暫定爲陸軍十六名，空軍二至六名，海軍二名。

（三）經費

1. 參謀人員之費用：a. 每人安家費 8 萬日元（陸軍 16 名計 128 萬日元）（空海軍 8 名計 64 萬日元）。b. 每人家屬每月生活費 3 萬日元（陸軍 16 名計算，每月 48 萬日元，空海軍 8 名計 24 萬日元）。

2. 選擇連絡費：選擇連絡費每月暫定爲 24 萬日元

（四）交通連絡

1. 前往中國之人員交通工具應由駐日代表團負責。

2. 前往參謀人員每三個月內準其一人返日擔任連絡

每一年內準其有一次休假之機會。

3. 通信一切事宜由駐日代表團負責。[23]

曹士澂的方案，主題是『組織東亞國際聯軍』。它也分爲兩個部分。首先是『報告』，內容如下：

一、世界反共陣綫業已形成，遠東方面因美國對遠東政策之消極關係而無反共聯合組織之成立。然爲東亞各國本身計，應以自救自覺方式聯合一致，組成反共陣綫，集中力量，以備爾後對共總攻時之配合。

二、東亞各國，對於反共組織，均感需要。即麥克阿瑟在美國矛盾政策之下，亦極欲確保遠東，實地反共。我國應乘機發動反共同盟，組織國際軍隊，對亞洲之共産實行長期作戰，爭取最後勝利。

三、日本東京係東亞各國代表會集之所，在麥克阿瑟反共精神之下，發動聯合較其他各處爲便利。

四、謹擬具擴大反共鬥爭促成東亞反共大同盟，組織東亞國際反共聯軍建議如附件，敬請鑒核示遵。[24]

作爲該報告之附件提交蔣介石的第二份文件，題目是《擴大反共鬥爭促成東亞反共大同盟組織東亞國際聯軍實施對共反攻》。內容爲：

一、方針：聯合東亞反共國家，成立反共大同盟，組織東亞國際反共聯軍，配合世界民主國家之反共作戰，對東亞共軍實施反攻，消滅亞洲共産組織，使迅速達成世界之和平與遠東之復興。

二、實施要點

1. 國內內部之團結一致，革新軍事政治經濟，成立戰體政府，使政治經濟政治一元化，以軍事爲第一，集中力量，確保反攻基地，達到最後勝利。

2. 改訂外交方針，以積極而主動方式策動東亞反共大同盟，以日本東京爲發動點，以其他有關國家之本國使館爲配合。

3. 爲建立東亞國際反共聯軍，先成立東亞反共情報局。局設日本東京，分局設馬尼剌或新加坡。其次組織聯合參謀團，設於臺灣或菲律賓。

4. 爲達到聯軍反攻之成功，對於各國援華之策動及與東亞同盟諸國對於軍事經濟宣傳上之協調與合作。[25]

三、蔣介石的指示與基本方針的確定

收到朱世明和曹士澂報來的方案後，蔣介石深感興趣。7 月 13 日，他一天内兩次召見專程從日本趕回請旨的曹士澂，與之詳商『駐日代表團内容及運用日人辦法』[26]。由於在日本的工作必須有國内的配合，蔣介石還命令曹立即趕赴廣州，向國防部第二廳廳長侯騰傳達其對日計劃，並作進一步檢討。

7 月 22 日，侯騰報告蔣介石：他認爲曹士澂傳達的計劃中，目的與方針可適用，但實施要領中關於利用日本顧問協助建軍，再創軍事制度一點，則有待進一步考慮。因爲，『日本戰前軍事制度必須有其天皇思想之配合，目前日本爲美國所控制，爾後遠東方面對共反攻亦不可缺少美國之軍事支援，將來如美國一旦再度軍事援華，恐將更趨復雜』。

據此理由，侯騰向蔣介石建議：『第一步先在日本方面由駐日代表團第一組選擇優秀日本軍官成立一幕僚團，其任務有二：（1）匯集蘇聯日本韓國及中國東北華北之情報調查統計，備作爾後組織東亞國際反共聯軍時聯合參謀團之用。（2）助成日本反共力量抵消日共勢力之膨脹，爾後利用反共團體人員組成反共軍隊。該幕僚團由駐日代表團第一組組長指揮監督，所需經費與通信器材均由第二廳供給』。[27]

接到侯騰的報告後，蔣介石於 7 月 30 日再次召見曹士澂，作了新的指示[28]。據曹士澂的記錄與整理，蔣介石 7 月 13 日與 30 日兩次指示的内容如下：

一、使用日本軍官主要目的

1. 軍事教育訓練爲主（對一般兵科之訓練及中國陸大之教育）

2. 研究創立各種軍事制度（軍事人事制度及後勤等制度）

3. 必要時先以一部直接參加中國部隊工作（計劃作戰及參入登陸戰部隊作戰）

二、指示之要點

1. 教育訓練所需之日本軍官必須日本或其他國家陸大畢業。

2. 日本軍官年齡須輕而體力強壯者。

3. 舉辦各種短期訓練班，分將官、校官、尉官

a. 將官班 50–100 人，訓練期間半年。

b. 校官班 200–300 人，訓練期間三個月至半年。

c. 尉官班，人數可多，時間可短。

4. 擔任中國陸大教官並改善陸大教育，建立爾後陸大之基礎。

5. 登陸戰訓練須特別注重，可選派日本優秀海軍陸戰隊軍官至中國陸戰部 隊之連爲止，預爲準備一個師之需要量。

6. 宣傳、情報、特工等人才之選用，創立制度並訓練人才。

7. 密碼破譯須選優秀者，並配成一組來華工作。

8. 選用日本優秀憲兵制度及技術人才來華，建議制度及訓練人才。

9. 選擇對軍事人事制度及法令有經驗人員來華，研究並建議各種軍事制度 與法規。

10. 挑選有關後勤制度人才及後勤管理人員，衛生人員等。

11. 選用優秀作戰參謀，直接參加作戰之研究與建議。

12. 挑選優秀海軍軍官來華，研究建議海軍事宜。

三、實施步驟

第一步：先組成一日本軍官幕僚團，由日本來華工作。第一批其人數暫定爲 24 員，策畫以上各要點之具體實施。

第二步：計劃核定後如再需要必要之日本軍官時，再由日本調選來華。

第三步：策畫爾後東亞國際反共聯軍反攻計劃及召集日本義勇軍事宜。

四、負責人及工作地點

中國方面：由湯恩伯將軍負責，地點在廈門或定海。

日本方面：由曹組長士澂會同岡村寧次大將辦理，地點在日本東京。

五、開列留日中國軍官之名單，及預爲準備日文翻譯人員。[29]

7 月 31 日，蔣介石再次召見曹士澂等日本留學生八人，將招募日本人的方針最終確定了下來。其全文爲：

一、綱領　爲改進中國之陸軍及策畫東亞國際反共聯軍計，選用日本優秀軍官來華工作，特別注重於教育訓練及建立制度，必要時直接參加反共作戰。

二、組織　中國方面成立一幕僚團，定名爲『聯合參謀團』。

1. 日本軍官人數第一步爲 25 名，第二步視計劃需要而增加之。

2. 中國方面除軍官由各處調用外，事務人員另擬編制，但應盡量減少。

3. 挑選優秀中國軍官 25 名分擔各組組員，日本軍官擔任各組顧問。

4. 日本方面成立一連絡組，定名爲『日本連絡組』。

三、經費

（一）日本方面

第一步　25 名

1. 一次支出 5000 美金，一次安家費 5000 美金（每名 200 美金合日幣 8 萬元）。

2. 每月支出 2875 美金：每月生活費 1875 美金（每名 75 美金，合日幣 3 萬元）。

每月連絡費 1000 美金（合日幣 40 萬元）

第二步 根據實施計劃宜另行編造。

（二）中國方面

日本軍官照階級與中國軍人受同等待遇外，另發給服裝及副食津貼。

（三）傷病死亡撫恤金

傷病者由中國軍醫院負責醫治

殘廢及因公死亡者其恤金另定之。

四、注意事項

（一）招待與合作人員須明了日本人心理及其國民性，事先將此批人員預爲講話或訓練。

（二）爲建立新陸軍必須另行覓地練兵，脫離老環境，建立新制度。

（三）注意防諜保密，在未公開之前用各種手段保密之。日本軍官所著服裝、姓名、稱呼、通信連絡均須研究之。[30]

四、『聯合參謀團』的招聘

8 月 1 日，蔣介石設在臺灣的『總裁辦公室』正式開始辦公，擬由日本軍官任教官的

『革命實踐研究院』地點雖尚未決定，但在蔣介石的親自督促下也開始了積極的籌備[31]。然而，8月5日美國國務院發表對華關係白皮書，將國民政府自身的腐敗列爲其失敗的根本原因之一。此舉使蔣介石痛上加痛，因之深受刺激。6日，他在日記中寫道，『甚嘆我國處境一面受俄國之侵略，一面又受美國無故之侮辱，此皆受英國陰謀之所賜也。若不求自強，何以爲人，何以立國，而今日實爲中國最大之國恥，深信其亦爲最後之國恥，既可由我受之，亦可由我湔雪也』[32]。

對美英蘇的痛恨，更加激發了蔣介石在『運用日本』上的努力。8月11日，蔣又一次召見曹士徵[33]。17日，蔣復函專托訪日歸來的吳鐵城帶信致敬的日本名人山田純三郎，稱『今日赤貨橫流，東亞爲浸，中日脣齒相依，利害與共，必須合力抵禦，爲億萬蒼生爭取生存，大勢所趨，東亞及共產國際侵略之力量，必將匯爲一流，而中日兩國，尤爲重要柱石。同志耆年碩德，英邁之氣未減，當祈多方倡道，爲共同目標而努力』[34]。21日，蔣介石還召見同爲日本留學出身的彭孟緝，令其準備招待日人事務[35]。

在蔣介石加緊『運用日本』之時，曹士徵等人也沒有辜負蔣的期待。在曹士徵等人的主導下，『運用日本』的第一步，即招募聯合參謀團的計劃，此時正分以下幾個方面在日本緊鑼密鼓地秘密展開：

第一，由日本政府復員局中的『同志』，先從全部日本軍人名單中選出約五百名，再從五百名中，按五個條件（體壯優秀，陸大畢業，有作戰經驗，正派而有人格，有堅定反共意志）精選出二十五名。

第二，由岡村寧次成立小組，與澄田睞四郎中將（前第一軍司令官）、十川次郎中將（前駐杭州第六軍司令官）、小笠源清中佐（前中國派遣軍總部作戰主任）組合，分頭出發，接頭選人。被選中者與岡村訂立契約而受聘爲在臺工作的軍事顧問。

第三，就聘請日本軍事顧問事取得美國佔領軍當局的諒解，並成立反共團體，會集親蔣分子，打擊日共，開展反共宣傳，搜集建軍資料，研究如何防衛臺灣及如何利用日本漁船巡防海面等問題。

第四，爲躲避中共和日共的追究，假冒名義成立商社或技術工廠，『使來臺之日人，作爲公司所聘之技術人員或公司職員，以之掩護彼等家屬安心，及預備返國後之安全，將來借此機構，作爲擴大募召及反共機關』[36]

通過上述做法，至1950年1月初，已有17名舊日本軍官分三批偷渡到了臺灣。按照蔣介石嚴格保密的指示，他們都取了中文化名。具體如下表：

批　　次	日本名	中文化名	日本名	中文化名
第一批	富田直亮	白鴻亮	荒武國光	林光
	杉田敏三	鄒敏三		
第二批	酒井忠雄	鄭忠	藤本治毅	黃治毅
第三批	岡本覺次郎	溫星	鈴木勇雄	王雄民
	內藤進	曹士進	佐佐木伊吉郎	林吉新
	伊井義正	鄭義正	酒卷益次郎	謝人春

續表

批　　次	日本名	中文化名	日本名	中文化名
	岩上三郎	李德三	守田正之	曾正之
	坂牛哲	張金先	市坂信義	周祖蔭
	本鄉健	範健	河野太郎	陳鬆生

（根據中村祐悅著《白團──臺灣軍をつくった日本軍將校たち》整理）

由於擔任團長的富田直亮少將（前第 23 軍參謀長）中文化名是白鴻亮，再加上『以白抗赤』之意，這些舊日本軍官後來被稱爲『白團』。

據曹士澂於 1950 年 1 月給蔣介石的報告，在招聘白團的費用方面，『因局勢之變化，日共之妨礙，及對於密運經驗之缺乏，致一再遲延，且費用超出預算頗巨』。具體情況爲：

1. 偷渡費用　原預算每名由日本至臺灣爲 200 美元，17 名顧問總預算數爲 3400 美元。但實際是，17 人分 3 批偷運，每批另加押運員 1 名任翻譯保密等工作，在總費用上，包括上船前後的食宿及繞道香港等費用，共計支出美金 11823.25 元。其中，美金爲 9198 元，日幣爲 1050100 元（折合美金爲 2625.25 元）。也就是説，比預算額多花費了 8423.25 美元。

2. 連絡費用　如前所述，原來的預算爲每月 1000 美元，但後來被減去一半。至 1949 年底，在日本成立了三個反共小組，每月支出日幣約 20 萬元，加上每月另支付岡村寧次日幣 15 萬元及其他應酬、送禮等，費用不菲。因此曹在報告中要求，『此數不能再減，懇請准予照預算數發給，每月仍爲一千美元』。

3. 其他相關費用　額外人員津貼每月美金 200 元；爲特別保密而僱用之電務兼總務人員一名（王亮），月貼 150 美元；臨時出差費 1062 美元。[37]

在 1949 年的日本，城市工薪階層每月的家庭總收入平均才 1 萬日元左右，據此換算，可知當時中方爲吸引舊日本軍官，提供了較好的待遇，其中岡村寧次僅『聯絡費』就達每月 15 萬日元。加上上述偷渡費用等等，可謂不惜工本。正因如此，蔣介石對白團特別重視。從蔣在日記中的親筆記録看，在富田直亮剛剛抵達之際，蔣介石就予以接見，『指示其工作與慰勉之』[38]。1949 年 11 月，是蔣介石在臺灣和四川等地奔波不停，忙碌不堪的時候，但他仍在一個月內五次召見富田，或與之飲茶，或與之研究對中共的作戰方針。富田的意見贏得了蔣的極大信任。譬如，蔣在日記中稱讚富田『對西南作戰敵情與地形之判斷甚爲正確』[39]。

五、『中日義勇軍』的夭折

按前述蔣介石的構想，『運用日本』的第 2 步是招募日本人組建中日義勇軍。在這一方面，1949 年 8 月底，在岡村寧次等舊日本軍官的參與下，完成了詳細的計劃書。其內容如下：

第一　建立方針

爲適應中國之急迫需要，確保東南反攻基地，反守爲攻，擊破匪軍攻勢起見，應速選拔中日兩國軍人中意志堅決果敢有爲之青年，組成一個軍，作爲東南正面反攻核心力量。爾後隨形勢之進展，逐次加強擴大，練成精兵十萬，編成數個軍，組成一強有力之義勇軍，成爲擊滅共軍之骨幹兵團。

第二　建立要領

一、由於中共勢力之日益擴展，東亞各國無不感受威脅，日本處境尤有唇亡齒寒之感，其中有識之青年士兵無不期望中國政府予以領導，均能以純誠之精神踴躍從征，共挽危局。本義勇軍鑒於東亞局勢之急烈變動，尤以勇敢之日本軍人與意志堅強之中國軍人携手合作，站在同一反共陣線上所蔚成之建軍精神，定能完成未來使命。

二、義勇軍以三個師（一個師約一萬人）編成一個軍，以三個軍爲目標，總額十萬人。爲適應目前緊急需要，先編成一個師作基幹，俾能適應時機，使用於東南正面，爾後依據編成經驗，逐步完成其全部計劃。緊急編之師（以下簡稱新編師）以臺灣青年9千名日本軍人1千名混合編成之。排長以上幹部技術人員指導教育人員均以日本軍人充任之。如因其他困難不能使用臺灣青年時，即以中國士兵編成之。

三、新編師因須攻略匪軍政經據點與戰略要地，其任務至爲重要，對裝備方面須優良裝備之，雖難達到機械化，但對火力裝備須特加重視。新編師以湯恩伯將軍負編成管理之責，其他細節設施事項，除下列者外，應俟勤務人員到達後再行決定。

四、新編師之編成地點最好在臺灣或澎湖列島，不得已時金門亦可。應募員兵限本年十月中旬到達，其使用時機最少須經兩個月或三個月之訓練，至民國卅九年春季方能使用。

五、新編師之編制及教育仍以中國現行制度爲準，必要時參酌日本軍之特性，組成堅強兵團。新編師之師長遴選，以經驗豐富智勇兼備之中國將領充任之，其必要之中國幹部亦須選拔能力優良者充任之。其他幹部（班長級在內）主用日本軍人，爲使兩者之連係密切，從副師長以至副班長可采用副級制中日配合任用。

六、新編師之編成業務，在湯恩伯將軍之指揮監督下設置建設工作組（與練編處相同），掌管編練業務。建設工作組設置於湯恩伯將軍總司令部內，其分處設置於東京駐日代表團內，必要時在臺灣設分處。建設工作組之工作要領，遵照湯恩伯將軍之命令，策定全般計劃。其他細節業務如兵員編成、武器裝備、器材整備、宿營給養、兵員征募等均由該組負責籌劃。東京分處則擔任日本兵員之征募與日本領海脫離之輸送業務等。

七、日本兵員之征募應利用日本復員局（舊陸軍部）之秘密機構，先征募一千名，區分爲四梯團分途輸送至九州南端島嶼，由中國派遣船舶接運到達目的地。集結待機之島嶼預定爲五島列島，如情狀不許可，變更至屋久島或下甑島均可。兵員征募在美國佔領軍之默許下秘密進行，對共黨方面尤應嚴守秘密。對於應徵兵應慎重人選，嚴密考核。

八、日本軍人之應募雖出於共同防衛之精神，因目前未受國家之優遇，其個人經濟均非良好。中國政府應對其從軍將士之家屬酌於補助，平均每月美金30元，先付3個月。對於陣亡或因公病故者，須給以300美元之恤金。戰傷因而殘廢，按其輕重給予30美元至300美元之恤金。日本軍人之級職，應依據其個人之能力經驗與中國軍之關係而定。部隊編成後，對於軍律賞罰給養等悉參照中國現行辦法另定之。

九、新編師之編成如能達到預期效果，其他兩個師應立即着手組編，預定在卅九年春季先建立一個軍，爾後逐步按照計劃完成之。

十、新編師之司令部應盡先編成，俾能指導各級幹部將所屬部隊迅速編成，施以嚴格訓練，養成其戰斗力，並選擇各兵科對戰術有研究技術練達之人員編成教育團，附屬於師司令部。

十一、爲研究爾後建軍要領與運用，將來對反攻策略之策定必要之政治經濟等事項，可特設研究部，選擇學能俱備之人員充任之，研究改善以達成建立優良軍隊之目的。師司令部附屬之教育團必要時得與研究部互相研討，隨時改進。

十二、訓練中日義勇軍所需之書籍與教育設施上必備之器材，可由師司令部或建設工作組準備之。

十三、為維持中日義勇軍之戰力，使之能發揚擴大，達成其最終目的起見，應確立產業及經濟合作之方策。其計劃另定之。

十四、中日義勇軍之建立，由於兩國崇高之民族精神所結合，對於姦商、政治浪人之混入須極力防止，並不能使之作政爭工具。

十五、備考 從日本所徵募之兵員，其中應有十名翻譯官。其他如軍醫官經理人員沿海作戰指導之船舶人員海軍將校等均應列入[40]。

這封計劃洋洋灑灑，似乎照顧到了各個方面。但是，與蔣介石等人的願望相反，在實際貫徹時，行動剛一開始，就深陷困境。而其起因，則是由於根本博的『不請自來』。

根本博中將是前日軍『北支那方面軍』司令官，戰敗遣返回日後，對蔣介石深懷感恩之心。在蔣介石被迫下野，國民黨政權面臨崩潰之際，根本博急欲前往救援，結果誤信一自稱『蔣介石使者』的臺灣人的口信，在前述蔣介石的招聘行動尚在計劃階段還未正式開始之前的 6 月下旬，就率領一行 7 人出發，在蔣介石毫不知情的狀況下，於 7 月 10 日偷渡到基隆[41]，結果一上岸就被臺灣警方關押了一個月。由於當時臺灣各界極其混亂，蔣介石很晚才獲悉此事，並立即在 8 月 14 日接見了根本博[42]。前述中日義勇軍計劃出爐後，蔣介石於 9 月 2 日、3 日連續召見根本博，『討論組織反共義勇軍事』和『決定組織新軍方案』[43]。沒料到，正在此時，因為與根本博同來臺灣的一行人中，有幾個先行返日者，在抵日後發生金錢糾紛，結果，根本博偷渡臺灣援蔣打仗和蔣介石欲在日本招募義勇軍的事被媒體曝光，在日本引起軒然大波[44]。日本共產黨在國會嚴厲追究，本來一直被視為對蔣介石的計劃取默認態度的美國佔領軍及日本官方，不得不為此『公開宣佈反對意見，並謂彼等回國時，當於懲處』[45]。對此消息，香港的新聞也大加報導。美國支加哥郵報記者還專赴臺灣，調查其募集日本義勇軍的實情及根本博在臺活動真相[46]。這樣，以高度保密和美日當局的配合為前提的招募義勇軍的計劃，剛剛問世就失去了其生存條件。蔣介石開頭還想等待事態平靜下來後再行嘗試，但由於日共緊追不放，至 12 月，日本當局的處罰矛頭已開始觸及核心人物岡村寧次[47]，蔣介石招募日本義勇軍的計劃就此完全夭折。

岡村寧次在其 1949 年底呈送蔣介石的親筆信中，總結了導致夭折的三大原因：

第一，作為戰敗國的國民和被佔領中的國民，倘無佔領當局之許可，即毫無自由。目前政府當局已嚴厲聲明凡私赴臺灣者回國後必予嚴懲，本具赴臺願望者，不得不自行拋棄其願望。

第二，日本在新憲法中已放棄戰爭與廢除軍備，而標榜絕對和平。故國內充滿絕對和平論調，稍與武力有關的言行即遭排斥。如此，即使是反共的言論機關，也反對公然介入中國內戰，日共之猛烈暴露與夸張性的批判更不待言。

第三，香港和外國電訊在涉及臺灣命運問題時，不是主張不出半年即淪落中共之手，就是認為不遠的將來即因島內民眾之反感而內部自我崩潰，故日本國民大多對臺灣前途感到悲觀。[48]

岡村寧次所總結的這三大原因，基本點明瞭招募義勇軍計劃夭折的關鍵所在。其後，蔣介石拋棄了組建 10 萬反共義勇軍的幻想，而將其『運用日本』的方策集中於由舊日本軍官在臺灣從事軍事訓練和作戰顧問工作。對已經暴露的根本博本人，蔣介石也只得讓其在白團以外另行活動，並於 1952 年讓其提前單獨返日[49]。

六、結　語

正文的論述顯示，1949 年蔣介石『運用日本』政策的籌劃與實施，在蔣介石留下的原始檔案中，有相當完整的記錄及非常清楚的反映。在結束本文之際，筆者想據此再重申三個要點：

1. 『運用日本』的政策，自始即由蔣介石自己提出，並在他的掌控下成型，而並非如既有出版物或報導所説的那樣，是出自曹士澂等人的建議。事實上，曹士澂等人主要是遵循蔣的方針，在日方人士的積極協作下，制訂具體的貫徹方案。

2. 蔣介石推行『運用日本』政策的背景，除了他自己的留日經歷及對日本愛憎交加的特殊情感這些遠因以外，還有 1949 年前後相互作用的三個近因，即：決心傚法戰前日本的制度另起爐竈；對蘇聯的憎惡與對美英的怨恨、絕望；出於報恩和反共心理的日本人對蔣介石的同情及支持。

3. 1949 年的『運用日本』政策，包括招聘聯合參謀團和創建中日義勇軍兩大部分，且前者還含有爲後者作準備的成分。後來只是因爲中日義勇軍計劃早早夭折，蔣介石才把重點集中到了比較具有可行性的聯合參謀團計劃之上。『白團』因此而受今人矚目，但人們不應忘記，它背後本來還有一個更大的招募 10 萬義勇軍的目標。

（作者單位：日本大東文化大學）

注　釋：

[1] 早在 1981 年，白團的參與者小笠原清即在日本《文藝春秋》雜誌發表題爲《蔣介石を救った日本將校團》的回憶錄，但未引起反響。1992 年，日本 NHK 播出獨家紀錄片《秘密機關『白團』——臺灣に渡った舊日本軍人たち》，翌年，臺灣華視將其譯成中文在臺灣重播，日本舊軍人團體的雜誌《偕行》亦開始長期連載日本當事者的回憶錄，白團的秘密由此受到注目。在此基礎上，日方的出版物有中村祐悅著《白團——臺灣軍をつくった日本軍將校たち》（東京：芙蓉書房，1995 年）；臺灣的出版物有林照真著《覆面部隊：日本白團在臺秘史》（臺北：時報文化出版社，1996 年），楊碧川著《蔣介石的影子兵團——白團物語》（臺北：前衛出版社，2000 年）。由於這些書都是以日方當事者的回憶錄爲主要資料，故內容大同小異，楊著則更是大段翻譯中村之書。

[2] 譬如，陳紅民等著《蔣介石的後半生》（杭州：浙江大學出版社，2010 年）；門田隆將著《臺灣を救った陸軍中將根本博の奇跡 この命、義に捧ぐ》（東京：集英社，2010 年）。另外，劉維開著《蔣中正的 1949——從下野到復行視事》（臺北：時英出版社，2009 年）是研究 1949 年的蔣介石的重要著作，但可能因爲作者重在論述蔣之『從下野到復行視事』，故未提及本文的研究對象。

[3] 美國斯坦福大學胡佛研究院藏蔣介石日記手稿本，1949 年 1 月 1 日。以下凡蔣介石日記手稿本均不另注收藏處。

[4] 《毛澤東選集》第 4 卷，第 1380 頁，人民出版社，1966 年版。

[5] 蔣介石日記手稿本，1949 年 1 月 17 日（雜録）。

[6] 蔣介石日記手稿本，1949 年 1 月 19 日。

[7] 蔣介石日記手稿本，1949 年 1 月 19 日。

[8] 蔣介石日記手稿本，1949 年 1 月 22 日。

[9] 蔣介石日記手稿本，1949 年 1 月 31 日（本月反省録）。

[10] 蔣介石日記手稿本，1949 年 1 月 31 日。

[11] 《和智英雄呈蔣中正函》，1949 年 1 月 19 日，臺北國史館藏『蔣中正總統檔案』：002080106066001。

[12] 蔣介石日記手稿本，1949 年 2 月 26 日。筆者注：蔣介石在此日的日記中以『其』代替了國名，但從前後幾天的相關日記不難判斷這個『其』是指的日本。

[13] 蔣介石日記手稿本，1949 年 3 月 5 日。

[14] 《商震致蔣中正電》，1949 年 5 月 1 日，臺北國史館藏『蔣中正總統檔案』：002020400052158。

[15] 《酒匂景映呈蔣中正建議雇用日本兵對中共采取積極攻勢等建議案》，1949 年 3 月 25 日，臺北國史館藏『蔣中正總統檔案』：002080106064001。

[16] 蔣介石日記手稿本，1949 年 3 月 27 日。

[17] 參見《方治呈蔣介石報告》，1949 年 11 月 10 日，臺北國史館藏『蔣中正總統檔案』：002080106066008。

[18] 蔣介石日記手稿本，1949 年 4 月 17 日。

[19] 蔣介石日記手稿本，1949 年 4 月 19 日。

[20] 《商震致蔣介石電》，1949 年 5 月 1 日，臺北國史館藏『蔣中正總統檔案』：002020400052158。

[21] 蔣介石日記手稿本，1949 年 6 月 11 日、6 月 14 日（雜録）。

[22] 《朱世明呈蔣中正擬具選送日本軍官返國工作之意見及計畫》，1949 年 6 月，臺北國史館藏『蔣中正總統檔案』：002080106064004。

[23] 《朱世明呈蔣中正擬具選送日本軍官返國工作之意見及計畫》，1949 年 6 月，臺北國史館藏『蔣中正總統檔案』：002080106064004。

[24] 《曹士澂呈蔣中正擴大反共鬥爭促成東亞反共大同盟組織東亞國際聯軍實施對共反攻方案》，1949 年 6 月 30 日，臺北國史館藏『蔣中正總統檔案』：002080106064003。

[25] 《曹士澂呈蔣中正擴大反共鬥爭促成東亞反共大同盟組織東亞國際聯軍實施對共反攻方案》，1949 年 6 月 30 日，臺北國史館藏『蔣中正總統檔案』：002080106064003。

[26] 蔣介石日記手稿本，1949 年 7 月 13 日。

[27] 《侯騰曹士澂呈蔣中正依據使用日本軍官計畫指示報告研討結果並擬具計畫綱領》，1949 年 7 月 22 日。臺北國史館藏『蔣中正總統檔案』：002080106064005。

[28] 蔣介石日記手稿本，1949 年 7 月 30 日。

[29] 《總統蔣於 7 月 13 日及 7 月 30 日對所建議之使用日本軍官計劃之指示》，曹士澂謹録，1949 年 7 月 31 日，臺北國史館藏『蔣中正總統檔案』：002080106064005。

[30] 蔣介石日記手稿本，1949 年 7 月 31 日；《曹士澂致蔣中正報告》，1949 年 7 月 31 日，臺北國史館藏『蔣中正總統檔案』：002080106064005。

[31] 蔣介石日記手稿本，1949 年 8 月 1 日。

[32] 蔣介石日記手稿本，1949 年 8 月 6 日。

[33] 蔣介石日記手稿本，1949 年 8 月 11 日。

[34]《蔣中正覆函山田純三郎一件》，1949 年 8 月 17 日，臺北國史館藏『蔣中正總統檔案』：002080106066006。

[35] 蔣介石日記手稿本，1949 年 8 月 21 日。

[36]《曹士澂呈蔣中正報告》，1950 年 1 月 17 日，臺北國史館藏『蔣中正總統檔案』：00208010600066013。

[37]《曹士澂呈蔣中正報告》，1950 年 1 月 12 日，臺北國史館藏『蔣中正總統檔案』：00208010600066013。

[38] 蔣介石日記手稿本，1949 年 11 月 3 日。

[39] 詳見蔣介石日記手稿本，1949 年 11 月 3 日，13 日，18 日，24 日，27 日。

[40]《中日義勇軍建立計劃書》，1949 年 8 月 29 日，臺北國史館藏『蔣中正總統檔案』：002080106064008。

[41] 日本內閣總理大臣吉田茂答辯書第 19 號，內閣參甲第 146 號，1949 年 11 月 25 日。

[42] 蔣介石日記手稿本，1949 年 8 月 14 日。

[43] 蔣介石日記手稿本，1949 年 9 月 2 日，3 日。

[44] 參見日本內閣總理大臣吉田茂答辯書第 19 號，內閣參甲第 146 號，1949 年 11 月 25 日。

[45] 1949 年 11 月 10 日方治呈蔣中正報告的附記，臺北國史館藏『蔣中正總統檔案』：00208010600066008。

[46]《朱世明致蔣中正電》38 亥三十，臺北國史館藏『蔣中正總統檔案』：00208010600066010。

[47]《岡村寧次函蔣中正陳述編組義勇軍困難原因及所擬對策與實施要領》，1949 年 12 月 31 日，臺北國史館藏『蔣中正總統檔案』：002080106064012。

[48]《岡村寧次函蔣中正陳述編組義勇軍困難原因及所擬對策與實施要領》，1949 年 12 月 31 日，臺北國史館藏『蔣中正總統檔案』：002080106064012。

[49] 詳見臺北國史館藏『蔣中正總統檔案』：00208010600065006。

真宗大谷派臺北別院之『戰後』
——有關在臺灣對於日本佛教的印象形成

鬆金公正

序　言

　　日本殖民時期，許多渡海來臺的日本佛教各宗派、以臺北作爲在臺灣傳教的根據地、修建作爲傳教中心的寺院、傳教所，其中也在臺灣各地設置了爲了傳教管理與統籌事務的監督部等。現在的西門町周邊是從前日本佛教各宗派爲了監督臺灣傳教而設立的宗教設施的集中區域，從圖1可看出，弘法寺（真言宗）、西本願寺（净土真宗本願寺派）、東本願寺（真宗大谷派）、法華寺（日蓮宗）等。

　　伴隨著第二次世界大戰的戰敗，這些在寺院進行活動的日本人僧侶，也與其他的日本人一樣，都引渡回日本國內。那些寺院，在此走向怎樣的變遷呢？

　　闞正宗在『臺灣佛教淨土宗的概況』[闞 1999：221－239] 中敍述到：『日本淨土真宗在日據時代就隨著日本統治者而傳入臺灣，但這些宗派在日本戰敗離臺之後也消失了，僅留下少數寺院硬體設備，一些被當作『敵產』處理而一並拆除。』[闞 1999：235] 也就是説，從這裏可以看出，日本佛教所修建的寺院，在戰後除了一部分以外，其他的都被撤除了。

　　同時，對於日本淨土真宗有計畫性的傳教活動，開始於戰後戒嚴令解除之後的論點，闞正宗提到『基本上臺灣光復後迅速進入戒嚴令時期，非中國傳統宗教想要在臺灣地區發展是非常困難的』[闞 1999：235]，因此，戰後日本佛教無法繼續在臺灣進行傳教活動的原因之一，是受到臺灣政治體制的影響。

　　另一方面，研究朝鮮半島和中國本土淨土真宗的菱木政晴提出，『殖民地的傳教，作爲日本帝國主義侵略的先驅而開始，也與殖民地的撤退一起終結』，他與闞正宗同樣強調，隨著日本的戰敗日本佛教在殖民地的傳教也隨之終結。但是，尋求其中原因，在見解上可以看出兩者有若干的差異。菱木説『以政治的、軍事爲目的侵略和殖民地支配的文化活動只有『傳教』一個』[菱木 1998；130]，因此，日本佛教的殖民地的傳教上，日本佛教傳教的意圖是主要的問題點。而以這種想法爲依據，『『傳教』所帶來的教會、寺院、傳教所等設施，除了轉用成公寓和人民解放軍的設施等，在經過被殖民地統治者驅逐的民眾之手破壞後，幾乎沒留下任何設施，信徒也幾乎不存在』。

　　這個見解，在臺灣是否有效姑且不做判斷。但是，戰後有多少設施受到包括『民眾的手』的破壞，而破壞和轉利用是以什麼方式進行的，前述問題到至今尚未充分的被討論過，所以今後，需要再進一步的研討。

　　例如，前述臺灣西門町附近的四所舊日本寺院現狀來説，弘法寺院和法華寺院的遺跡，各別成爲『天後宮』、『法華寺』，變成與日本佛教沒有直接的關係的宗教設施。另外，西本願寺［正式名稱爲淨土真宗本願寺派臺灣別院］遺跡地，長期被當作爲中國傳來的宗教理教之本部，以及普通住所利用，但二〇〇五年七月以後，那些建築物被拆卸、撤除，只剩下正殿的基礎部分和僧侶的住所和鐘樓等一部分的建物，轉用爲公園使用。并且，東本願寺［正式名稱爲真宗大谷派臺北別院、以下皆稱大谷派臺北別院〕遺跡地，聳立在獅子林商業大樓等商業設施中，已看不出分院時代的面貌了。也就是說，雖然同樣是日本佛教修建的寺院，但在戰後這些遺跡的變遷可說存在著多樣的形態。

其中，大谷派臺北別院遺跡的最大特徵是，戰後，在前述四者中唯一和宗教沒有任何關係的地方。同時，大谷派也常被說爲在東亞地區進行海外傳教的日本佛教勢力中，與國家權力或殖民支配有著最親近的關係。因此，如後述一樣，在戰後的臺灣，大谷派被認爲跟殖民地統治機關或特務機關有密切關聯。但是在渡臺傳教的日本佛教各宗派中，大谷派卻絕不是積極地推進傳教活動的宗派〔鬆金2006〕。

在本稿中，把大谷派臺北別院作爲焦點，戰後那些土地和建築物如何被民間售與，成爲現在的商業設施，特別是，有關政府當局與宗教界等，於一九六〇年代在中華民國各勢力之間展開的土地轉用問題的爭議，與其處理的概略。[1]并且，解明在其過程中大谷派的臺灣傳教受到誰的評價，給予大谷派臺北別院怎樣的地位。透過這些，能知道戰後的中華民國各勢力對日本佛教的目光，使之浮顯出在臺灣對於日本佛教的印象形成的一面。

一、戰敗直後的大谷派臺北別院

1. 大谷派僧侶的留用

雖然日本對臺灣的殖民地統治是在一九四五（昭和二〇）年終結，但是仍留有戰爭剛結束時期的大谷派僧侶足跡的資料。那就是『臺灣引揚・留用記錄』。[2]從這裏可以知道，大谷派及日蓮宗的僧侶們，隨著許多技術人員和學者等一起被留任，沒有馬上撤回留在臺灣。可是，留任僧侶並不是爲了對臺灣人進行傳教活動，而是爲了留下來的日本人的婚冠葬祭等祭祀或籌備成立宗教圖書館之等事被留在臺灣。〔鬆金2002：358－361〕

同時，在同一史料中記載，法華寺院被選爲活動據點，其實與所屬宗派無關，〔鬆金2002：359〕。換言之，此時大谷派的僧侶們，已經不把大谷派臺北別院當爲活動的據點。那麼，在那之後，臺北別院又有怎樣的命運呢？

2. 從大谷派臺北別院到保安處

大谷派臺北別院，在戰敗後立即交由臺北市政府教育局所管理，在一九四六年被軍隊借用，之後被臺灣省警備總司令部〔以下，皆稱警備總部〕保安處來使用。[3]這個保安處因收容二二八事件和很多白色恐怖活動有關的『政治犯』而馳名。可是，作爲保安處來使用的這段期間，建築物的外表等也是與別院時代一樣，雖然已經不作爲日本佛教的寺院所使用，但周圍的居民卻認爲它是『東本願寺』。在有關大谷派臺北別院出售的公文中，也主要通稱爲『東本願寺』。

二、有關保安處土地變賣政府與宗教界的爭議

到了一九六〇年代，隨著保安處的遷移而企圖將土地變賣出售。一九五九（民國四八）年一月，成立了有關『臺灣省接收日人寺廟財產清結處理辦法』，日本人所建的寺院等宗教設施在財產處理上有了法律依據，也引發政府和宗教界之間，是變賣出售給民間，或者是贈與宗教界等問題爭議。

1. 臺灣省道教會對大谷派臺北別院的贈與要求

首先，在討論政府當局和中國佛教會的爭議之前，先舉出關於臺灣省道教會對於贈與大谷派臺北別院的要求，可得知關注這筆土地變賣的不只有佛教會。在土地變賣表面化之前，道教會就已經注意到大谷派臺北別院了。一九五九（民國四八）年二月十九日，當時的臺灣

省道教會理事長趙家焯，就已向臺灣省政府要求贈與該土地、建築物等。[4]下列就是該文書的一部分。文書中詳細記載著道教會方面爲何要求贈與的理由，并且在史料中稱大谷派臺北別院爲『東本願寺』。所以，在下面引用史料時，就將大谷派臺北別院通稱爲『東本願寺』。

第二，聞該辦法已經核定，刻正著手實施中。復查該辦法之立法精神，重在由政府酌量捐贈，對本國固有宗教，實含有重視之意義，似已接受本會之建議，而予鈞府以鄭重攷慮之機會。今臺北善道寺，如已贈給佛教會，則佛教已有集會地點。東本願寺捐贈道教會，則使本國宗教，亦有發揚機會。立於國家民族之觀點，此爲公平合理之措置，亦本會之願望也。

擬懇：將該寺廟，提早完成捐贈手續，毋任感禱，如須經過審議，他日審議委員會開會時，可否通知本會列席說明之處，並候核示只遵！

第三，又查日人建立之神社，有屬宗教性者，即爲神道教之寺廟。神道教即爲道教之海外支派。亦即合於國人固有之信仰者。並請依照該辦法之規定，捐贈本教管理，是爲教便！

依照『臺灣省接收日人寺廟財產清結處理辦法』而成立的臺灣省道教會，對臺灣省政府提出，希望把大谷派臺北別院的土地、建築物及日本殖民地時期修建的神社寄贈給道教會的要求。當時，道教會沒有專用的集會設施，另外，佛教和回教皆得到政府的援助，皆有集會設施。因此道教會爲了獲得自己專用的集會場，主張政府應該保護中國固有的宗教，但道教卻沒有受到重視。所以借此機會希望將大谷派臺北別院的建築物及土地捐贈給道教會，必須給予道教發展的機會。

可是，臺灣省政府，沒有提出具體變賣・贈與計畫，並回覆表示：『東本願寺原爲佛教寺院，絕非道壇宮觀』[5]，撤回了道教會的提議。同時，有趣的是，道教會對於神道的理解。聲稱日本人修建的神社爲『神道教之寺廟』，而且神道是道教的海外支派，與中國固有的信仰符合，據此觀點要求給道教會寄贈、管理。

2. 保安處的變賣轉用

被保安處所使用過的大谷派臺北別院，在進入一九六〇年代後半，開始正式的進行土地處分。因爲建築物老舊狹小，同時在鬧區附近有不適合有警備軍事設施是的情況下，積極地進行遷移。

起因是一九六〇（民國四九）年十二月二十四日，當時的總統蔣介石指示『警備總部等遷建可分期逐步擬訂五年計畫』，而因此開始遷移警備總部。加上同年，副總統陳誠指示，出售臺北市街的監獄和軍事設施，以出售所得資金將設施遷至近郊。保安處也隸屬警備總部的機關之一，因而包含在內。於一九六四（民國五三）年八月四日，根據行政院公佈的修正國有財產處理辦法，隔年一九六五（民國五四）年八月三〇日決定變賣出售保安處即大谷派臺北別院。

但是，之後大谷派臺北別院的轉賣，發生各種困難，必須解決的問題相當多。

首先，最初發生的問題是，在植民時期有條連接大谷派臺北別院到總督府的地下通道，要如何平復當時日本人的高官利用過此設施的傳言。警備總部花費將近十個月時間，實地進行地面挖掘的確認工事。但是『實際試挖了幾處，雖有可疑之部分，但無法判斷有無地下道。加上地上有建築物，工事困難並耗損龐大經費』[6]此點爲考量，認爲『傳言並非屬實』[7]。加上行政院秘書處以『根據初步的調查，東本願寺與總統府相通的地下道傳言，可能僅是傳言並非事實』[8]爲結論，將此問題大致了結。

3. 根據修正國有財產處理辦法的處分

雖然還有其他許多問題，但是其中成爲轉賣最大難題的是，中國佛教會始終將保安處認定爲『東本願寺』，認爲那只不過是一時做爲軍事設施的轉用，對變賣抱持反對。

中國佛教會的主張是，規畫爲保安處的建築物是大谷派臺北別院的遺跡，寺廟本原爲佛教會所有，進而擁有管理權，不該轉賣於民間，因而希望贈與，換言之歸還給佛教會。當時，佛教會依據的是下列『修正國有財産處理辦法』第二十五條。[9]

第廿五條　原屬接收日人寺廟財産尚未處理者，依左列規定辦理：

一、凡合於國人固有信仰之宗教寺廟、及崇奉先賢之祠宇，應予保存。其主要房屋土地及佛像、神像、法器等物，應層報行政院處理國有財産審議委員會核定捐贈政府指定之財團法人。

二、前款寺廟祠宇不必要之附屬房地産及不合於國人固有信仰之寺廟，及非崇奉先賢之祠宇毋須保存之房地産，或因實施都市建設計劃，應予拆除之寺廟祠宇，經行政院處理國有財産審議委員會核定後，悉依本辦法有關各條規定處理。

在第一項中，雖然原是日本人的財産，但基於必須保存中國固有信仰的寺廟，祭祀先賢的廟宇，而其中主要的建築物、土地、佛像、法器等，根據行政院處理國有財産審議委員會的決定，規定必須捐贈給政府所指定的財團法人。此外，在第二項，非中國固有信仰的寺廟及非祭祀先賢的廟宇則不在此限。

總之，佛教會與政府在此産生對立點，佛教會方面認爲大谷派臺北別院雖以日本人爲中心，但也受到臺灣人們幫助才建造而成。反之，政府方面認爲此別院是專爲日本人而建的宗教設施，主張別院非『符合固有信仰寺廟』。因此，雙方的對立爭論的焦點是該如何定位戰前的大谷派臺北別院。

三、政府方面對大谷派臺北別院的見解

關於大谷派臺北別院的土地處理，政府內部也幾度議論。以下是別院的沿革及特性相關討論。

1. 正殿再建

首先被議論的是，大谷派臺北別院正殿建造時哪些人以及參與程度的問題。第一代的別院正殿建於一九二八（昭和三）年一一月，但是在一九三〇（昭和五）年因火災燒毀。之後，一九三六（昭和一一）年再建新正殿，並舉行了入佛式安置佛像。照片1是新正殿照片。而照片2爲一九三二（昭和七）年建立的庫裏（僧侶居室）。圖2－1、2－2是一樓、二樓部份的各房間構造圖。二樓爲佛堂，一樓是舉行法事的大小房間和納骨靈堂。

根據警備總部保安處的調查資料〈東本願寺沿革説明書〉，從以下的可看出，關於政府當局對植民時期的正殿再建主體的想法。

東本願寺原係木造民國14年12月毀於火，後以殉身老僧頭骨爲號召，由日人佛教徒主持募捐重建，臺胞有無捐募，已無紀録可查，興建時即由日本佛教會把持，故承包工程廠商，甚至小工，均日人充任，竣工後由日僧及日憲兵駐守。除部份供日本高級人員吊祭誦經外，大殿下層並列爲禁地。[10]

關於正殿再建的捐款中，無清楚記録是否包含臺灣人在内。并且參與建設的全爲日本人，加上完成後派有憲兵駐守，顯示大谷派與軍隊有關係。換言之，強調此別院出自日本人之手專爲日本人建造的。

此外，雖然史料中記載舊正殿的火災發生於一九二五（民國一四、大正一四）年，而根據《臺灣全臺寺院齋堂名跡寶鑑》[11]和大谷青年會發行的雜誌《ひかり》記載，火災卻是發生於一九三〇（民國一九、昭和五年）。但是，這一連串土地轉賣相關文書裏，舊正殿燒毀記録全是『民國一四年』。可見當時植民時期對日本佛教的理解不足。

還有一點值得注意的是，正好在提出此史料一個月前，同年一○月二一日提出〈保安工作簡報〉〈營區概況〉中的〈歷史沿革與近駐經過〉，與前述文章記載幾乎相同，但是關於募款部份『以殉身老僧頭骨爲號召，由臺胞及日人佛教徒募捐重建，興建時即由日本佛教會把持』（下線筆者），此文裏明確地記載著透過臺灣人和日本人教徒的募款來重建正殿。[12]但是，這個部份在前述的資料裏卻不存在。

2. 對戰後大谷派臺北別院的理解

接下來被討論的點是，戰後日本人撤退後，大谷派臺北別院就沒有被作爲宗教設施所使用。

光復後軍方進駐使用之情形：

臺灣光復該寺原駐有之日僧與日憲兵，均遣返，乃由前臺灣省警備總司令部調查室進駐迄今。[13]

關於戰前的討議，強調別院內憲兵駐守，禁止進入等。并且指出，戰後日本人僧侶和憲兵撤回之後，由於警備總部的進駐，失去了宗教設施功能，戰後到現在，佛像等代表佛教設施的物品已遺失，只剩老僧侶的遺骨。

現東本願寺並非寺廟性質：

該寺於光復前已駐有日憲兵，且部份並列爲禁區，自光復迄今，既無佛像，亦無法器等物，僅有老僧頭顱骨一個，是可證明自非寺廟性質。[14]

因此，在這些論據下結論出，此別院無法證明原來有寺廟的功能。并且，前述所提的留任僧侶也無法看出有任何相關記載。

3. 大谷派臺北別院的寺廟功能

以上，戰前正殿重建的原委和憲兵的留駐、建築物內部的存疑點、戰後別院與佛教相關跡象等問題無法證明，警備總部將大谷派臺北別院的寺廟功能做出以下結論。

依國有財產處理法第二十五條之規定，東本願寺既非國人固有信仰之寺廟，亦非崇奉先賢之祠宇，國有財産審議委員會自有權核定處理。[15]

總之，大谷派臺北別院非中國固有信仰寺廟，也不屬於先賢祠宇，根據國有財産審議委員會的決議做處理是較好的。之後，這成爲政府方面基本的處理方針，因在一九五八（民國四七）年完成國有登記，政府認爲依法轉賣大谷派臺北別院並無任何問題。一九六六（民國五五）年一二月二八日，財政部長向行政院秘書處提出『奉交議臺北市東本願寺房地處理一案復請查照轉陳由』[16]，其中記載著如下的協議結果。并且在這個時間點，將佛教會、道教會方面的主張全部給與退回。

案經與 鈞院主計處國防部、內政部、司法行政部、及警備總司令部等單位會商結果：

一、本案臺北市西寧南路三二至三六號原日人東本願寺寺廟房地根警備總部調查資料，已非寺廟性質並依院頒國有財產處理辦法及寺廟財產審查程式，經國產局北區辦事處會同臺北市政府調查報經行政院處理國有財產審議委員會第二十五次會議決議『不合保留條件，應交國產局依法專案處理』在案，本案房地似可依照上項決議專案核定處理。

二、……

三、對於宗教團體請求捐贈及補助問題，因本案原日人寺廟房地既不合捐贈條件，自無法辦理捐贈，至補助問題，不應與本案房地處理混爲一談，故亦未便一並考慮。

四、中國佛教會對大谷派臺北別院的見解

對於政府方面的見解，中國佛教會更加反彈。一九六六（民國五五）年十二月二九日中國佛教會理事長釋道源對內政部提出『懇轉請依法令捐贈接收日人佛寺六十六所以保政信由』。[17]

內容中對政府轉賣寺廟極爲譴責，開頭則以『我國歷史上政府造寺施與僧人者有之，尚無以佛寺作國有財產出賣者。如謂由戰爭取得，即可不顧固有文化歷史之良規，然人類文明進至十八世紀以來，國際上亦無收敵教產出賣之例』[18]，對賣掉寺院和敵國財產，歷史上及國際上都是不可思議的行爲。而針對大谷派臺北別院，對政府方面的見解，做出以下的反駁。

1. 正殿再建

關於火災燒毀的正殿再建，提出在臺灣的其他日本佛教所建立的寺院，同樣由日本和臺灣僧侶、臺灣人共同出資，提出募款時建立的捐獻記錄等，以此當作證據。同時，雖然戰爭時建築物的一部分曾被政府借用，用途爲空襲避難處，決沒有影響到宗教活動。

謹就臺北市東本願寺而論：該寺與其他上述各寺[19]情形大致相同，即原係中日僧倡道臺胞參加出資所建，原信徒現存者尚多，其中保有寄付金冊據者不少，確爲最具規模之正式佛寺。抗戰末期，雖有日本機關借該寺一部份堅固房屋底層作避空襲之所，然未影響正常之宗教活動。[20]

2. 對於戰後的大谷派臺北別院的理解

關於戰後的接收，並非馬上做爲軍用地，強調最初是由臺北市政府和佛教會管理，并且提出記述著接收當時，佛像、法器及大藏經等佛教相關圖書皆存在寺內。

光復時由市政府教育局遵令接收，法令士並不認爲一般敵產而爲佛教寺產，已可證明。至三十五年三月因車隊遽增，需要借用，乃由當時市長游彌賢、教育局長黃啓瑞、社會科長王承道等商請本會臺灣省分會派常務理事修振法師向市府員工往該寺搬取佛教圖書（包括現存佛教分會之大藏經等），佛像、法器等物後，軍隊代表於承諾妥善保存，旋即進入，當時之市、局、科長及修振法師現均可證明。二十年來該寺之佛像、法器等物雖不知現成何狀，但大殿中所供日僧完整頭骨尚存。[21]

3. 大谷派臺北別院的寺廟功能

由於上述，佛教會與政府方面各有正反結論，換言之，從植民時期到戰敗不久，大谷派臺北別院仍是寺院並非軍用地。

基此事實，故該寺在日據時期即非軍事用地，接收之初，亦非軍事用地，實斑斑可考，而與政府答覆立法院藉口，顯不相符。[22]

并且如下述，要求政府停止出售，贈與給佛教會。

照現行法令規定自應捐贈，由教會選派住持依監督寺廟條例之規定管理之，殆已毫無疑義，爲免因執行機關仍未停止標賣，道致不法事端，尤應呈請提前辦理捐贈，卑得於繁華市區揚佛教，化道人心。[23]

4. 佛教會對大谷派臺北別院的理解

雖然佛教會對大谷派臺北別院別有一套理論，但另一方面，也從以下史料可知，當時中國佛教會對日本佛教的理解度確實有限。稍爲回溯時間到一九六六（民國五五年）一〇月一四日，中國佛教會秘書長吳仲行與國有財產局局長李立柏就針對大谷派臺北別院問題留有談論的概要記錄。

一、東本願寺之淵源：中國佛教會前理事長白聖法師於數年前去日本時，曾受到日本佛教會盛大歡迎，並得悉日本佛教有本願寺派，下分東本願寺及西本願寺，其主持人爲日本昭和天皇夫人之妹[24]，由此可見臺灣東本願寺爲日本皇家寺廟財產，二次大戰期間，日本參謀本部利用此寺廟爲情報機關，但仍有主持，該寺之已故日本和尚頭骨供存寺內。

二、聯合國舊金山宣言曾有保護宗教條款，政府若出售東本願寺，將不免有迫害宗教之嫌，幾年前佛教會請願時即曾提出，以當時政府尚無意處理東本願寺而未進一步提出。[25]

當時，吳仲行秘書長本是爲了向國有財產局傳達中國佛教會對『東本願寺』所決定的四項解決辦法而前來，但是卻先談及真宗大谷派本山相關的新資訊及日本的講和條約。而討論的內容裏，卻將原本應爲淨土真宗的地方，誤爲『本願寺派』等，含有許多與事實不符的錯誤，完全無討論到正題。在此想說明的是，吳秘書長在被告知，大谷派臺北別院被認定是皇室的財產，第二次世界大戰期間曾爲日本政府的軍事情報機關，在此之後從政府當局的文書上也顯示出『臺北別院』＝『情報機關』的論點，將大谷派臺北別院作了定位。

五、政府和佛教會的調整

在政府和佛教會的主張彼此對立的情形下，政府也收到信奉佛教的立法委員及監察委員對此問題的質問和疑義，政府一方面爲說服各立法、監察委員，另一方面尋找與佛教會的妥協點，在一九六七年（民國五六年）三月一五日，徐慶鐘內政部長、謝耿民行政院秘書長、馬紀壯國防部副部長、陳大慶警備總司令部總司令、陳慶瑜財政部長等相關部會人士爲作交涉召開『臺北市西寧南路三二－三六號警備總部保安處現址（即原日人寺廟東本願寺）房地處理案有關單位高階長官商談』，進行問題處理方法商議。并且，在無特殊條件下與佛教會進行協調，由中央政策委員會秘書長負責立法委員及監察委員的餐會，由內政部長、行政院主計處長、中央黨部第五組主任等負責準備佛教會的餐會，以圖順利進行決議。[26]後來，在四月七日與立法委員和監察委員進行了懇談，也獲得了所有出席者的全面支持。[27]

一方面，在四月一三日與中國佛教會理事、監事進行懇談，前理事長白聖主張『臺灣佛教界立場，因考量東本願寺是由臺灣同胞的捐獻所建立，盡可能希望不要變賣』，其他僧侶也表示『希望歸還佛教界』、『希望政府和佛教徒不要揹負變賣寺廟的惡名』，這些意見均讓政府處境爲難。此時，也有樂觀意見表示『中國佛教會成立至今已有十八年，卻無本會總部。期望政府出資幫助佛教會建立本部』。[28]這與先前所提，吳仲行與國有財產局局長李立柏商議時的提案，和佛教會提出的解決方法之一相似，[29]之後政府和佛教會的調整則朝這方向進行。

有鑑於此，一九六七年（民國五六年）四月二一日、又召開第二回的『臺北市西寧南路三六號警備總部保安處現址（即原日人寺廟東本願寺）房地處理案有關單位高階長官商談』，決定了以下方向。

一、本案房地係屬日人寺廟，爲已由政府接收之國有財產，應照原定計劃依法處理，公告時不用東本願寺之名稱。

二、佛教方面，請詹主任出面商談，原則以興建佛教會館會址及招待國際佛教界人士之招待所，補助疑項以一百萬至二百萬元爲度，但以二百萬元爲限，列入遷建費內開支，將來由黨方出面辦理，另佛教方面對善道寺內兵役科等單位元暨眷屬使用部分多年之困擾問題，請國防部會同警備總部協調臺北市政府盡速遷出騰空交佛教使用

……

五、道教會方面，可不予置理。[30]

一如前述，政府的變賣基本主張不變，認定大谷派臺北別院爲國有財產，之後，公告時決定不使用『東本願寺』讓人有寺院連想。此外，與佛教會的調整上，以兩百萬元爲限度，補助佛教會館和招待所建設，并且撤除駐留在中國佛教會善道寺的軍方人士，由國防部和警備總部負責執行，以此作爲交涉條件。因此，與佛教會的協議結果，最後由政府所決定的補助金，即是當初預定的全額兩百萬元。[31]而道教會則無獲得任何優惠措施，另一方面，佛教會完全放棄大谷派臺北別院，可能將總部集中在過去是淨土宗臺北別院的善道寺。此時，大谷派臺北別院的僧侶遺骨，也決定全權交由佛教會處理，移至善道寺。

六、作爲外交用途的特務機關之證據

1. 面對來自日本的質疑

政府和宗教界之間的爭議得到解決，投標也宣告終止，但是問題並沒有就此結束。一九六七年（民國五六年）十月九日，一封來自外交部的文件發往財政部。

來自駐中華民國日本國大使館的電話所通達的照會事項揭開了事件起端。照會內容如下：東本願寺院原本歸日本佛教協會所有，但是最近聽傳遭到處分，權利已轉交給商人手中。爲了通達該協會，請告知其處分的法律依據何在。[32]鑒於此照會，外交部向財政部諮詢了以下兩點：

二、查依照中日和約同意記錄第四項及金山和約第十四條甲項第二款第二目規定我政府對於日方在臺澎純爲宗教或慈善目的使用之財產，並無加以處分之權；故此等財產我政府如能證明其並『純爲宗教或慈善目的使用』者，則似不在此限。

三、本案事關日方國民財產產（ママ）權，並涉及中日和約第三條規定，若處理不慎，勢將引起日方交涉。擬請 貴部就上述『東本願寺』在第二次大戰期間是否純爲宗教或慈善目的使用，抑或被征作他用一節，惠示卓見，惝有證據並請惠賜。[33]

即使是依照舊金山條約或是日華和平條約，也可以證明大谷派臺北別院的變賣是完全合理的財產處分，而絕不是中華民國在恣意不當處分日本人的財產。來自外交部的照會正是爲了搜集明確的證據而發出的。外交部還特別的聲明『純爲宗教或慈善目的使用』的財產這一點。因此連帶著財政部以及國防部，爲證明已決定變賣的大谷派臺北別院在殖民地時代並非純粹作爲宗教設施所使用一事而展開證據搜索。另一方面，已經調整好土地問題的中國佛教會，這一次沒有參與此事。

財政部一直以來主張，本殿重建的費用捐贈以及建設等皆由日本人所爲，并且在憲兵入駐的情形下，建築物中的一部分禁止對外開放等，因而認定該別院不含有寺廟性質，並非是依照中國原有信仰所成立的寺廟或是祭奠先祖聖賢的祠堂，故依照《國有財產處理辦法》第二五條之規定來處理，並回覆予外交部。[34]但是，外交部的答覆卻是將來在同日方進行交涉之際，必須備有客觀且有力的証；至今的答覆皆無法認定本財產之使用目的並非宗教或慈善目的。[35]因此，財政部準備了三件警備總部調查出的有力證據。

2. 物証

首先舉出的物証是電線。

根據警備總部所作成的《查証東本願寺房地案調查表》[36]調查該寺的電線回路得知，該處電線皆由瓦管與磚塊所覆蓋，直徑爲 12 釐米。從該別院正殿地下通往寺外建築，但其用途不明。同時，設計地下電線回路，其容量卻超出寺廟所使用的照明設備，故推道出該別院並非一般寺廟，有可能是曾用於軍事或特務機構。

3. 證詞

順便聽取了兩位人証，得到了證詞。

首先一位是戰後參與接收該別院的監察委員陳達元。據陳的證詞，別院地下室可以作爲拘留所使用是轉移的原因，但有關日本人僧侶是否就是特務人員一事卻沒有清楚地説明。

查前臺灣警備總部調查室，奉令辦理肅姦，原總部位址，不敷使用，適東本頭（ママ）寺日僧，奉命遣返日本；且該寺地下室，可供拘留所之用，故報奉核准進駐其處。至於日僧，是否日本特務人員，不得而詳，當時，亦未發現寺內有何特種設施及禁區…[37]

另一份證言是出自大谷派臺北別院附近的居民之口。該居民生於一九一八年（民國七年），當時五十歲。至今爲止沒有搬過家，距西寧南路的『東本願寺』僅一區之隔。

二、於幼時常聞長輩談及『東本願寺』和尚（均爲日人）係日軍特務，該『東本願寺』即係特務機關，當日軍尚未侵佔臺灣前，有大批日僧來臺灣各地，以化緣爲名，實際測繪重要地圖，斯時目前臺北市成都路口新世界戲院地址，乃富商吳江山之巨大住宅，飼有狼犬數頭看守住宅，間有日僧至吳宅化緣，爲狼犬所傷，當日軍侵佔臺灣後，該日僧親率日軍將吳江山全家殺害，並將住宅充公，後拆除建爲戲院，故有日僧係日軍特務印象。

三、民在孩童時代，曾到『東本願寺』大殿遊玩，惟大殿右側一排建築則禁止進入，因此曾爲長輩嚴重告誡，不準再度進入『東本願寺』遊玩，否則屍骨無處找尋，嗣後則不敢再進入。[38]

警備總部在綜合以上報告的基礎上，在《查証東本願寺房地案調查表》[39]中作出瞭如下總結日本人建立的東西本願寺在日本以及在國外都擁有很大的勢力，並擔任特務工作。該寺大谷派臺北別院毫無疑問的是特務機關。

4. 作爲特務機關的大谷派臺北別院

財政部把以上三點作爲有力證據報告給外交部。標注日期爲一九六八年（民國五七年）八月一〇日的文書中，得到了該寺從第二次世界大戰開始，即未使用於宗教或慈善目的這樣一個結論。[40]根據此結論，將大谷派臺北別院的轉賣相關問題就此解決。

終　章

針對作爲戰後保安處加以利用的大谷派臺北別院的建築和設備，在 60 年代爲了轉移而轉賣給民間此過程中，中華民國的政府、政治家、佛教、道教以及日本等各方勢力所展開的爭論，本文進行了以上探討。得出了大谷派臺北別院被定位爲不是依照中國原有的信仰，而是由日本人所建造，并且並非出自『純爲宗教或慈善的目的的使用』，故轉賣給民間。同時該處別院又帶有與總督府和軍部有著密切聯繫的印象。

另一方面，上述的印象與殖民地時期的大谷派在臺灣的布教活動相比較，實有值得玩味之處。殖民地時期大谷派在臺灣的布教活動，當初是以臺灣的居民爲中心，再加上對岸的福建，廣東等地成爲一個大布教區，而擴大大谷派的影響。從中我們可以看到在總督府的統治政策上佛教應當如何貢獻這一課題。但是，其結果卻是沒能成功，之後的大谷派布教活動就變成以移居到臺灣的日本內地人爲中心。另外，與本願寺派爲首的其他各宗派相比，大谷派在臺灣的擴張教線的嘗試可以説是消極的。從大正末年到昭和初期，雖然其勢力成功的逐漸擴大，但卻仍是以極有限地區中的內地人爲中心。［鬆金 2006］

在這之中，好不容易才建立起二年的正殿就燒毀，接著又不得不建設新的正殿。新的正殿在啓用不到 10 年又迎接敗戰。隨後便作爲保安處使用。其實作爲保安處使用的時期，要比作爲寺院使用的時期長得多。對此我們應當如何看待呢。

面對成了保安處的大谷派臺北別院，政府/佛教會/道教會等由於各擁立場，在土地轉賣一事的爭議中彼此日漸生隙。簡言之，堅持主張別院爲宗教設施的佛教會，與必須強調其爲非宗教設施的政府當局，雙方的同一目標就是如何獲得『敵産』這一點。正因如此，盡管從不同的角度對大谷派臺北別院作了報告，但雙方對於日本佛教的理解卻未必深刻，關於日本佛教實際上在臺灣做了什麼也不去深究，甚至似乎連調查的對象也不做琢磨。這也是想當然的。

只是，最終在政府的主張下土地被轉賣處理掉，在戰後的臺灣，過去殖民地時代大谷派的『殖民地支配下佛教該如何貢獻』等課題仿彿不曾存在過，在與政府強力的聯結下，過去協助支配殖民地的佛教形象反而被強調。諷刺的是，在光復後似乎終於達成了當初的目的。

在日本殖民地時期建設的寺院，布教所的土地和建築等在現今仍然作爲宗教相關設施來使用的絕非多數。比如大谷派，在一九四五年（昭和二〇年）的時點上至少有二十五座寺院和布教所。但是，作爲宗教設施而使用至今的僅爲其中一座。現今，重新探討在戰後被改爲商業設施，住居，停車場，以及政府的相關設施來使用的一座座寺院和布教所，就是爲了瞭解在戰後的臺灣，日本及日本佛教是如何被看待的線索之一。

另外，選擇這一題材作爲研究對象的原因是，當討論在臺灣的『日本』時往往都把注意力匯集在殖民地時期的史料上，這是目前普遍的傾向。我認爲若把戰前和戰後串連起來探討，可望呈現一個新的研究方向。也就是説，思考戰後的史料中對於日本佛教的觀點，或許可以發現一些線索，有助於瞭解日本佛教在殖民地時期發揮了何種作用。

本稿中，把問題的焦點只匯集在大谷派臺北別院的戰後這一部分，但是如前所述，該地區中另外還有本願寺派、真言宗、日蓮宗等派別作爲根據地的寺院。針對這些寺院，將與接收和留用等問題一並探討，請容日後撰稿另述。

附 記

本文自〈真宗大谷派臺灣布教の『戰後』－臺灣における日本仏教イメージ形成に関する一考察〉（五十嵐真子・三尾裕子編《戰後臺灣における〈日本〉植民地経験の連続・変貌・利用》（風響社），加以增刪、修正而成。

參考文獻

闞正宗
1999《臺灣佛教一百年》臺北東大圖書股份公司
菱木政晴
1998〈日本仏教による植民地布教－東西本願寺教団の場合－〉、《解放の宗教へ》129－153 頁、綠風出版（原載 1993〈東西本願寺教団の植民地布教〉、大江志乃夫等編《岩波講座 近代日本と植民地》4〈統合と支配の論理〉、157－175 頁、岩波書店）
鬆金公正

1998〈植民地時期臺灣における日本仏教寺院及び説教所の設立と展開〉、《臺灣史研究》16、18－33頁、臺灣史研究會。

2002〈戰後日臺仏教交流の変遷－日華仏教文化交流協會の成立と展開〉、野口鐵郎先生古稀記念論集刊行委員會編《中華世界の歷史的展開》、357－387頁、汲古書院

2006〈真宗大谷派による臺灣布教の変遷－植民地統治開始直後から臺北別院の成立までの時期を中心に〉、《アジア、アフリカ言語文化研究》71、57－111頁、東京外國語大學アジア、アフリカ言語文化研究所。

（作者單位：宇都宮大學國際學部）

注釋：

[1]　國防部史政檔案〈東本願寺房地處理案〉（33243、33244、33245）、國防部史政編譯室圖書資料室。

[2]　河原功監修編集、ゆまに書房、一卷～五卷、1997年、六卷～十卷、1998年。

[3]　國防部史政檔案〈（五五）中佛五秘字一二二七〉（1966年12月29日）（33244/12）、國防部史政編譯室圖書資料室。

[4]　臺灣省政府財政廳檔案〈有關日人寺廟產權處理問題案（275－5/01492）〉、1959年2月19日、臺焯總字第（四八）〇〇三四、國史館。

[5]　臺灣省政府財政廳檔案〈有關日人寺廟產權處理問題案（275－5/01492）〉、1959年3月21日、府財產字第一五五五八號、國史館。

[6]　國防部史政檔案〈函覆《東本願寺有地道通總統府》（1966年5月27日）〉、國防部（五五）資修字〇一八六、（33243/37）、國防部史政編譯室圖書資料室。

[7]　國防部史政檔案〈再函覆《東本願寺有地道通總統府》（1966年5月28日）〉、國防部（五五）資修字〇一八六、（33243/39）、國防部史政編譯室圖書資料室。

[8]　國防部史政檔案〈臺五十五內六四〇四（1966年8月31日）〉、（33244/1）、國防部史政編譯室圖書資料室。

[9]　國防部史政檔案〈國有財產處理辦法〉（1964年8月4日行政院臺五三財字第五四〇六號令修正公布施行）、（33244/1）、國防部史政編譯室圖書資料室。

[10]　國防部史政檔案〈臺灣省警備總司令部（五五）華立字八五三六〉（1966年11月21日）、（33244/6）、國防部史政編譯室圖書資料室。

[11]　徐壽編著、國清寫真館、1932年。

[12]　國防部史政檔案〈保安工作簡報〉（1966年10月21日）、（33244/4）、國防部史政編譯室圖書資料室。

[13]　國防部史政檔案〈臺灣省警備總司令部（五五）華立字八五三六〉（1966年11月21日）、（33244/6）、國防部史政編譯室圖書資料室。

[14]　國防部史政檔案〈臺灣省警備總司令部（五五）華立字八五三六〉（1966年11月21日）、（33244/6）、國防部史政編譯室圖書資料室。

[15]　國防部史政檔案〈臺灣省警備總司令部（五五）華立字八五三六〉（1966年11月21日）、（33244/6）、國防部史政編譯室圖書資料室。

[16]　國防部史政檔案〈（五五）（一二）（二八）臺財產（二）字九五四七〉（1966年12月

28 日)、(33244/12)、國防部史政編譯室圖書資料室。

[17] 國防部史政檔案〈(五五)中佛五秘字一二二七〉(1966 年 12 月 29 日)、(33244/12)、國防部史政編譯室圖書資料室。

[18] 國防部史政檔案〈(五五)中佛五秘字一二二七〉(1966 年 12 月 29 日)、(33244/12)、國防部史政編譯室圖書資料室。

[19] 西本願寺、十普寺、善道寺、臨濟護國禪寺、東和禪寺等、66 所寺廟。

[20] 國防部史政檔案〈(五五)中佛五秘字一二二七〉(1966 年 12 月 29 日)、(33244/12)、國防部史政編譯室圖書資料室。

[21] 國防部史政檔案〈(五五)中佛五秘字一二二七〉(1966 年 12 月 29 日)、(33244/12)、國防部史政編譯室圖書資料室。

[22] 國防部史政檔案〈(五五)中佛五秘字一二二七〉(1966 年 12 月 29 日)、(33244/12)、國防部史政編譯室圖書資料室。

[23] 國防部史政檔案〈(五五)中佛五秘字一二二七〉(1966 年 12 月 29 日)、(33244/12)、國防部史政編譯室圖書資料室。

[24] 大谷智子。

[25] 國防部史政檔案〈(五五)(一二)(二八)臺財産(二)字九五四七〉(1966 年 12 月 28 日)、(33244/12)、國防部史政編譯室圖書資料室。

[26] 國防部史政檔案〈臺北市西寧南路三二-三六號警備總部保安處現址(即原日人寺廟東本願寺)房地處理案有關單位高階層長官商談紀錄〉(1967 年 3 月 15 日)、(33245/3)、國防部史政編譯室圖書資料室。

[27] 國防部史政檔案〈臺北市西寧南路三二號(原日人東本願寺)房地處理案中央政策委員會張秘書長邀宴佛教方面立監委員談話摘要〉(1967 年 4 月 7 日)、(33245/3)、國防部史政編譯室圖書資料室。

[28] 國防部史政檔案〈臺北市西寧南路三二號(原日人東本願寺)房地處理案中央黨部第五組せん詹主任純鑑邀請佛教會理監事黨員疏道談話摘要〉(1967 年 4 月 13 日)、(33245/3)、國防部史政編譯室圖書資料室。

[29] 國防部史政檔案〈(五五)(一二)(二八)臺財産(二)字九五四七〉(1966 年 12 月 28 日)、(33244/12)、國防部史政編譯室圖書資料室。

[30] 國防部史政檔案〈臺北市西寧南路三六號警備總部保安處現址(即原日人寺廟東本願寺)房地處理案有關單位高階層長官第二次商談紀錄〉(1967 年 4 月 21 日)、(33245/3)、國防部史政編譯室圖書資料室。

[31] 國防部史政檔案〈臺北市西寧南路三六號房地處理案有關單位商談紀錄〉(1967 年 6 月 1 日)、(33245/3)、國防部史政編譯室圖書資料室。

[32] 國防部史政檔案〈外(五六)亞太一字一八四一九〉(1967 年 10 月 9 日)、(33244/28)、國防部史政編譯室圖書資料室。

[33] 國防部史政檔案〈外(五六)亞太一字一八四一九〉(1967 年 10 月 9 日)、(33244/28)、國防部史政編譯室圖書資料室。

[34] 國防部史政檔案〈(五六)臺財産(二)字八六七八〉(1967 年 11 月 11 日)、(33245/14)、國防部史政編譯室圖書資料室。

[35] 國防部史政檔案〈外(五六)亞太一字二二二二一〉(1967 年 12 月 6 日)、(33245/14)、國防部史政編譯室圖書資料室。

［36］ 國防部史政檔案〈（五七）詢忠字八二八四附屬〉（1968 年 7 月 5 日）、（33245/25）、國防部史政編譯室圖書資料室。日期 1968 年 7 月 4 日。

［37］ 國防部史政檔案〈（五七）詢忠字八二八四附屬〉（1968 年 7 月 5 日）、（33245/25）、國防部史政編譯室圖書資料室。日期 1968 年 5 月 26 日。

［38］ 國防部史政檔案〈（五七）詢忠字八二八四附屬〉（1968 年 7 月 5 日）、（33245/25）、國防部史政編譯室圖書資料室。日期 1968 年 6 月 20 日。

［39］ 國防部史政檔案〈（五七）詢忠字八二八四附屬〉（1968 年 7 月 5 日）、（33245/25）、國防部史政編譯室圖書資料室。日期 1968 年 7 月 4 日。

［40］ 國防部史政檔案〈（五七）（八）（一〇）臺財産（二）字第六二七二〉（1968 年 8 月 10 日）、（33245/32）、國防部史政編譯室圖書資料室。

戴季陶的拓殖论与殖民地观

——以韩国、台湾为例

张玉萍

序 言

国民党理论家戴季陶（1891－1949）清末留学日本，归国后担任孙中山的机要秘书兼日语翻译，并成其心腹，后在国民党政权由孙中山向蒋介石的转换过程中起到了不可或缺的作用。另外，戴季陶还是近代中国第一流的日本问题专家，他的日本观对同时代中国人的对日认识产生了重大影响，且对国民党政权的建立、强化及国民政府对日政策的决定发挥了重要作用。在中国近现代史上，戴季陶是一个与多方面政治团体发生关系，经历了众多的历史事件，且又发挥了自己独特影响力的重要人物。戴季陶通过日本将马克思主义介绍到中国，将三民主义与传统儒教结合起来进行诠释，其政治活动多姿多彩。因此"新右派"、"共产党"、"国民党反动派"、"反共理论家"、"三民主义正统派"等等，这些在1920年代根据各派的政治意图而被贴到戴季陶头上的各种政治性标签，一直持续到20世纪结束为止。故而，摆在我们面前的戴季陶像具有两种极端性。至今为止，在中国（大陆、台湾）及海外对戴季陶的研究，尚不充分[1]。近年来有关著作渐增，但仍多以国民党元老角度考察其政治思想，而对其日本观的研究，大多关注于五四运动时期，特别是国民革命期，对其早期日本观的形成、发展、变化的探讨不多[2]。

戴季陶一生著述恢宏，字数多达三百余万，涉及中国的内政、外交、教育、边政以及国际大势等各个方面。笔者在分析这些论述时发现其在辛亥革命时期曾强烈地主张过在今日看来不合时宜的拓殖论。他极力强调中国应拓殖南洋，扩张国力，以此挽救中国之衰亡。那么，他的拓殖论具有何种特征？因其拓殖的观点源于日本，那么其对日本的殖民地韩国、台湾是怎样认识的？笔者管见，迄今为止，对此问题的相关研究尚未发现。因此，笔者想仅此做些初步论述，以达抛砖引玉之目的，期待日后出现更多深层次的研究。

一、拓殖论

辛亥时期，戴季陶大力倡导拓殖论，希望中华民国大力开拓南洋。戴季陶之所以注目于南洋，与其曾在1911年流亡南洋有关。1911年春，时任上海《天铎报》总编辑的戴季陶，因大量发表抨击清政府的文章，发生"天铎报笔祸事件"，遭到通缉。戴季陶逃往长崎，两周后秘密回到上海，但因政治形势越发危险，遂逃到浙江省吴兴县的云雀山道观隐居。后来得到友人雷铁崖的介绍来到槟榔屿，担任同盟会南洋支部机关报《光华日报》的编辑。由于他的参加，《光华日报》声威大振，发行部数大增，致使保守派的《槟城新报》失去威势[3]。在这里戴季陶由陈新政介绍、黄金庆主盟加入了中国同盟会[4]。当戴季陶得知10月10日以武昌起义开始的辛亥革命爆发后，旋即回国参加革命运动，在战斗最激烈的时期，奔赴武汉、上海、大连等战斗最前线[5]。1912年3月，戴季陶作为《民权报》总编辑，大量发表了抨击时政、振兴实业、开启民智的文章，其中还有希望中华民国大力开拓南洋的论述，表达了其强烈的富国兴民的愿望。

戴季陶在南洋逃亡时，感受到移居于南洋各地的中国人颇多，而产业之发达亦盛，因此认为"非急经营而扩张之，则以至良美之殖民地，坐令利权悉落外人，实失策之尤者。"戴季陶认为世界交通日益方便，进取之心日益强盛，但因人口繁殖，地域有限，因此"探险、殖民二事，几为世界文明人类之天赋"。然而，当他看到中华民国虽已出现于世界，但政府的方针，对于拓殖事业，仍毫不注意，再观察政府各部组织，农林、工商各部均已具备，"独于此至要之拓殖事业，乃漫然置之"，对此深感遗憾。戴季陶认为拓殖之事，并非只是发展农林、工商而已。"彼新辟之地，教育之设备，警察之配置，法庭之建设，自治机关之组织，法规法令之统系"，"地方之治安秩序，人民之知识学术，皆不能分类而经营之。"因此，他以清朝尚有理藩院专管各属为例，建议政府设置拓殖部，专门管理拓殖事业，这样即方便又能专业化[6]。

为此，戴季陶考察了各国的殖民政策，他注意到各国对于殖民地，多持极端干涉主义，其中尤以荷兰、日本二国为甚。他认为日本对于台湾、韩国，以及满洲沿岸之租借地，皆持强硬手段。他继而批判说："盖彼等眼光之视殖民地，纯为一己私物，要能为其本国添一分财产，则虽置殖民地之侨民于死地，亦所不顾。"但是，"压制愈深，积怨愈众"，他指出这正是导致殖民地不能发达的原因[7]。

那么，戴季陶认为哪国的殖民政策是理想的呢？他指出"英国之发达，在今日世界中，实无匹伦者"。对英国的殖民主义政策加以推崇，并分析其特点。"远者吾不论，即以马来半岛之新加坡、槟榔屿等处论之，其殖民之方策，纯用自由贸易主义，进口登岸等事，亦纯任自由。虽曰表面上之敷设，然而侨民之感激既多，来聚自众，人聚则财聚，其发达盖有由也。"他认为日益发达的美国，原为英国的子国，英国之殖民地占世界一半以上。对于英国为何能臻此极盛，他分析说"实由英国之政治，注重商业自由所致！其国民所至之地，则其国权所至之地，而又不甚滥用国权，势力之进退，纯视其国商业经营之大小为率，苟其国民能发达生计，于经济之世界中占一位置，则其地之虚权，固非所力争者"。他还举例说明英国对于印度、澳大利亚的殖民手段，都是注重扩张英国的国民生计。也就是说英国实行"间接统治"，设法令殖民地在政治上与经济上达到独立。当然，英国这么做，绝对不是完全的利他主义行为，而是充分考虑到自身利益基础上的行为[8]。

因此，戴季陶总结说："故吾国而不欲扩张殖民地则已矣，苟欲之，则舍英国外，实无第二好模范也。至于政治则取自治，法律则重惯习，社会事业，则力营慈善，经营殖民地，则先注力于宗教、教育、扩张语言，其自然发达，盖又为世界各国之所不及者也。彼荷日等小国，以侵略手段为殖民主义者，固已失之敷浅。一但外国之国力稍强，以利权回收，为国民报复，则积怨之余，势在必败，其失远矣。"对于经营南洋的方法，他提出四项，即提高侨民知识水平、发展教育、经营商业、组织工党。他认为如果此四项能够极力进行的话，"十年以就，内则南洋可称一中国之外府，兼可握欧亚经济交通之枢纽，然后再以十年扩充科学、艺术、文学，则可以南洋而组成一世界唯一之岛国。……则南洋岂特中国之天府哉，盖世界之天府也"[9]。最后，他断言道："南洋者，中国之外府也，侨民者，中国商战之健将也。……侨民之发展，即中国国力之发展也"[10]。

总之，此时期的戴季陶大力主张拓殖论，但是他反对日本那种对殖民地持极端干涉主义的做法，而是推崇英国式的"间接统治"方式，重视国民生计，亦即重视经济发展，而非土地的略侵，同时他还主张尊重当地的宗教、风俗，发展当地的教育、商业、工党等，以期达到殖民国家与被殖民国家双方的发展。戴季陶的殖民主义政策观，用现代观点论之，似有侵占他国之嫌，但在当时弱肉强食的时代背景下，亦或可说是一种民族主义意识的极端表现。而其在自国获利的同时，不忘致力于当地国民水平的提高，此亦体现出一种人道主义精神。

二、源于日本之殖民地认识

戴季陶之所以积极主张拓殖论，与其个人的经历有关。戴季陶自幼熟读经书，十岁时因在传统中国知识分子的必经之路科举考试中失败，进入为日本留学而设立的预备学校，又因在受到开除学籍处分时得到日本教习小西三七的帮助，开始憧憬日本先进的近代文明。日本留学成为其唯一的接受教育及出人头地的机会，必然地从很早就开始对日本产生兴趣。1905年14岁的戴季陶在感受性最强的时期东渡日本，留日期间阅读了大量的日文报纸，并利用少年时期学习"国语"的经验以及养成的国学功底，在日本古典文化的学习上苦下工夫。1907年秋考入日本大学，此大学主要教授法律学、政治学、经济学、商业学、文学等学术知识，设有大学部、大学预科、专门部、高等专攻科、高等师范部、大学部商科附属殖民科、大学附属外国语专修部[11]。戴季陶属于专门部法律科的学生[12]。在大学期间，戴季陶运用其超群的日语能力致力于法学专业的学习，同时还与日本社会各方面人士深入接触，为其理解日本打下了坚实的基础[13]。日本明治维新后，励精图治，甲午战争、日俄战争两次战胜，一跃而进入列强行列。在国力扩充过程中，不断向外扩张，先将琉球纳入日本，后又占据台湾，继而吞并韩国。戴季陶于1905至1909年留学日本，此时期正是日本加紧吞并韩国的阶段，这会给他带来一定的感性认识；而日本大学设置殖民科的教育方式同样也会对其产生一定的影响。那么他对日本的殖民地是怎样认识的呢？首先分析一下他与韩国的渊源。

在留学期间，戴季陶积极参加组织中国留学生学友会的活动，直接与大学及清国公使馆方面交涉，锻炼了他的领导能力，并由此增加了与韩国人交流的机会，这种交流使其能从第三国立场上观察中日两国问题。据戴季陶的同学、好友谢健回忆，戴季陶和朝鲜复国志士交往中认识了一位李姓女子留学生。她是大韩帝国皇帝叔辈的女儿。朝鲜留日学生中，有很多爱国革命志士秘密从事反对日本帝国主义的斗争。因此，日本政府对韩国学生严加防范，限制其自由活动。在日韩合邦前，如果是公主身份在东京留学的话，对日本政府来说其政治性价值很高，不可能无视其行动。戴季陶与李公主的交往最初是秘密进行的，后来深深相爱的两人相约订婚，并举行了订婚宴，到场的友人都衷心地祝福他们。最后感慨万千的戴季陶放声哭道："人生遇合，不过如此"。但是，数日后李公主却突然不知去向。据谢健回忆，"对方可能因政治上的关系，似受威胁，不三日，交往遂绝。"完全沉浸在幸福之中的戴季陶突然遭此打击，意志完全消沉下来，在异国纯洁的初恋成为政治牺牲品。以后戴季陶对此事绝口不提，知者甚少[14]。只有一次，在1926年戴季陶曾说："兄弟对于世界革命的人物，也颇有往来，对于世界各国革命的事情，实是常常放在心头的，而我对于高丽的革命，特别关心。这或是因为我第一次订婚的系高丽人吧"[15]。经过17年的岁月，戴季陶对此事依然记忆犹新。

以前的相关论述只认为在日本留学的戴季陶因经济困难不得已退学归国。但笔者通过调查日本大学的史料得知，当时日本大学有特待生、贷费生、休学、早期毕业以及通过翻译或文笔活动获得报酬等好几项救济措施，但他均未选择。不难想象在异国他乡的纯洁婚约以这种形式告终，对于一个18岁正值青春期的青年来说，打击是何等之大。或许正是由于这场纯洁婚姻的彻底失败，使得感情丰富、富于浪漫色彩的戴季陶意志消沉，失去了在异国继续努力奋斗的动力。这也是戴季陶在归国后的辛亥革命期对日本失望、反感的原因之一。而当时对他来说，最直接的影响就是留学的中断。另外，此种屈辱又是使一生留下浩瀚文字的戴季陶，却对自己的留学经验谈之甚少的原因。

戴季陶通过自己的切身体验感受到了日本帝国主义的残酷，沦落为殖民地的朝鲜的悲惨，以及因唇亡齿寒而导致的中国存亡危机。回国后，戴季陶对国际形势非常关心，对被日本吞并的朝鲜深表同情，并积极协助朝鲜独立运动[16]。戴季陶回国后，作为《中外日报》记者，发表的第一篇文章即为论述日韩合邦性质与中国存亡关系的《日韩合邦与中国之关系》（1910 年 8 月 5 日）[17]，之后他大量发表了论述日本的政治外交的文章。由此可知，戴季陶对日本外交的关心首先是从日韩关系上开始的。在这些文章中，戴季陶运用在留学期间养成的国际见解，从国际视角对日中韩关系进行了剖析。

三、唇亡齿寒之危机感——韩国观

辛亥时期戴季陶对韩国的认识与当时的中国人无大差别，仍停留在韩国为中国附属国的层次上。他说："韩国者，吾国三千余年之属国也，其地则属吾国疆宇，其人则与吾国同族，其文字则吾国之国风，其政治风俗则吾国之遗范"。因此韩国的存亡问题即"吾国国权之消长问题，亦即吾国实力之增减问题"[18]，由此可知他认为中国与韩国的命运具有连带性。

戴季陶出于对韩国问题的关心，将日本的"北进政策"分为三个阶段进行分析。第一阶段即从保全韩国发展到日韩合邦的过程。他指出当时日本打着"保全韩国"的旗号与清国之间发生战争，胜利后又从"保全韩国"变为今日之"并吞"。在他看来日韩合邦"非合邦也，灭国而已，亡国而已"[19]。第二阶段是从日韩合邦到满洲灭亡的过程。他说日本在日清、日露战争中"洒数十百万之热血，耗亿万之国费"，其目的"盖欲并吞韩国，而后更举其势以图满洲而已"。另外他认为从东京迁都到汉城的议论，"盖出于就近为治之意，且以作他日并满之根据者"[20]。由此日韩合邦不仅使中国丧失了韩国这一属国，实际上还是关系"满洲生死存亡之一大问题"，"直接蒙最大多数之损害者，实吾中国也"[21]。第三阶段为从满洲灭亡到中国全土灭亡的过程。戴季陶指出日韩合邦一旦成立，满洲将不属中国所有，而且日本人在中国之势力，不仅止于满洲，且在长江一带及闽、浙两省，也将成为中国工商经济界之大敌。[22]他慨叹道："是合邦成局之日，即满洲毙命之日，亦即吾国全部大敌接近之日也"，"韩亡则满洲亡，满洲亡则内地之日本势力益盛，大好神州恐将变为岛夷之殖民地矣"[23]。

对于韩国灭亡的原因，戴季陶认为不仅是韩国人自身有问题，而且作为宗主国的中国亦有责任。他说 1905 年日俄协约的缔结是日本人实现日韩合邦的原因，中国未能在日俄协约、日韩合邦实现之前与美国联合因而导致失去韩国，这是中国外交上最大的失败。他指出如果中国早与美国联盟，以东三省之一部分利益给予美国，则美国人因在东三省有利害关系，必不承认之。"三韩之名义可以稍延岁月，将来图恢复计，亦必易与。"但是，他感叹如今名义既迁，情形大异，即使中国将来改造政府，整兴军备，革新政治之后，"欲恢复昔日之附庸旧邦，亦难也矣"[24]。戴季陶对永远不能收回作为附属国的韩国甚表遗憾，并以此批判清政府之无能。在此需注意的是此时期戴季陶虽为具有新思想、新知识的留洋归国者，但同时仍具有传统的中华思想倾向，并由此表现出对作为中国附属国韩国命运的关心。对他来说韩国问题即是中国问题的一部分，日韩关系亦是日中关系中的一环。

因此，他由论述韩国继而论述自国命运，表露出强烈的危机意识。他说："日人之主义，所谓东进、西进、南进、北进。吾国之现状，所谓东亡、西亡、南亡、北亡"[25]。"若〔日本〕逞其席卷之势以谋我，将何以御之耶"[26]。他对中国全境有可能成为日本之殖民地，而全国人竟毫不关心，感叹道："何麻木不仁之一致于斯也"[27]。

综上所述，戴季陶通过留日体验，开始关注成为日本殖民地之韩国命运。他从日本保全韩国到吞并韩国的过程中，分析出日本继而会消灭满洲，侵略全中国。他由此开始对日本表示出强烈的不信任感，继而批判甚至敌视日本，从中韩两方面究其原因，号召中国人、韩国人奋发图强，以御外侮。

四、中国半殖民地化之始——台湾观

戴季陶通过对韩国命运的关注，开始对日本的对外侵略及其殖民地政策进行思考，进而论及早已成为日本殖民地的台湾。此时期戴季陶作为《天铎报》记者，撰写了大量的批判日本的文章，其日本观最大的特点是"日本敌视论"，即认为日本是侵略中国的第一大敌。他指出"日本自古，即抱有侵略中国的思想"，"征韩即为侵略中国之第一步"，"而吞灭朝鲜，是其第一步目的已达"。他希望国人注意的是，"在日本人心目中，一直以为中国为砧上肥肉，苟不急速吞噬，则西洋各国必且捷足先登矣。"但是，"乃察之事实，则适相反。当日本未割据我台湾之前，西洋各国亦未尝亟亟谋我；甲午而后，外患乃相逼而来"。因此，他指出中国之外患，而其开端即为日本对台湾的占领，日本是导致中国沦为半殖民地的罪魁祸首[28]。

他分析日本对中国的侵略方针，称之为"蝎形的侵略"。即"以辽东半岛为右钳，以山东半岛为左钳，而台湾岛则其尾针也。仰右钳，则满蒙皆在其势力之下；伸左钳，则黄河以北各地皆在其囊括之中。而据有辽东及山东两半岛，已完全将渤海湾封锁，再伸其尾针之势力，以扫及南洋一带诸要港，则其蝎形之势力，乃能完成[29]。戴季陶的这些判断，后来不幸均成为事实，由此可见其洞察力之敏锐及分析之深刻。

戴季陶忧患意识极强，对国内外问题的论述颇多，国际问题有对日、韩、俄、英、美、德、法等各国的论述，国内问题有关于满洲、西藏、新疆、蒙古、云南等各地问题的评论，这些大多是当时中国所面临的危机及急待解决的问题，亦即均与当时中国的存亡有关。但他对于台湾问题的分析文章却并不多见。究其原因，笔者认为这或许是因为1895年甲午战败，中国割地（台湾）赔款，当时戴只4岁，而到辛亥时期，他开始评论时政时，台湾作为日本殖民地已达15年之久，作为既定事实，无需多论。加之当时中国政局不稳，自保尚难，无力要求收复台湾，因此台湾问题在当时中国存亡危机问题上，似乎处于次要地位。戴季陶一生从未踏上过台湾的土地，只是在1918年5月第一次广东军政府失败后，曾跟随孙中山欲经台湾赴日。孙中山希望向台湾同胞发表政见，宣传三民主义，以唤起台湾人的民族意识，鼓舞他们的爱国精神。但是，日本政府——台湾总统府拒绝孙中山一行与台湾民众的接触，阻止他们上陆。一行虽然到达台北，但未能与台湾人民接触，旋即离台赴日[30]。

1927年，已成为中山大学校长的戴季陶对前来广州的台湾青年讲话时说，见到他们的心情是即悲痛，又欢喜。悲痛的原因是因为"台湾民族是我们中国的民族，台湾的领土也就是中国的领土，日本以强制和武力夺取了我们的土地，拿我们的同胞当作奴隶，这是使我怀抱悲痛的情感"。而欢喜的原因则是"今天能够和台湾同胞们见面，觉得有一种说不出来的亲爱的情感。这是看见你们这么热烈的精神和勇敢诚挚的气氛所使然的"[31]。这种既悲痛又亲爱的情感可以说是戴季陶常年来对台湾人抱有的真实心情的表露。

戴季陶向台湾青年介绍了孙中山与台湾的关系，他说在孙中山逝世前，其在北京侍疾时，孙对他谈及的与日本有关的二三件重要事项。孙中山说："我们对日本应该主张的问题，最少限度有三项，一是废除日本和中国所缔结的一切不平等条约，二是使台湾和高丽最低限度获得自治，三是日本不得阻止苏联和台湾、高丽的接触。在台湾的革命运动，我们应采取

的第一目标，是设置议会及自治政府"[32]。

此外，他还对台湾青年说他今天看到《台湾痛史》与《毋忘台湾》这些小册子，知道台湾已有议会设置的运动，这是民族运动的第一步方法。但是日本政府善于欺骗，例如对于朝鲜，初以独立为饵，继即吞并其国，不可不妨。台湾同胞如要获得完全的解放，最好与朝鲜及东亚被压迫民族站在共同战线，联合起来打倒日本帝国主义，希望台湾的同胞和革命的同志倍加努力，完成这一使命[33]。

戴季陶终其生为中国国民党及蒋介石政府呕心沥血，国民政府历经"抗日"及"剿共"之痛，最终难逃败走台湾的结果。1948 年底前后，戴季陶曾多次写信给已经逃往台湾且怀有身孕的女儿家祥，介绍了台湾人的习性及外省人到台湾后应注意的事项。他写道：

"若台人习性，余深知其诚而有礼，过于江南，两三年来，或略受外感，非复当年，然以礼待之，余信其依然如故。尤其医生护士，余信其学问道德，应良于内地，即令三数年中略有退步，乃至因反感而生奇习，若待之以诚，必然一画天开。须知中华民国之前，便有台湾民国，满清入关之后，郑成功退守台湾者三世，因赐朱姓，故民间称国姓爷。台湾之历史有如此者，吾人应尊而敬之，其不妥善之性行，应谅而恕之。今日避乱至台，食者住者与台湾同胞同，多一外来之客，则本地人民须多出一份享受，此非物价高低，而实为生活必需品之多少，是以吾人更应感谢本地人民之高情，不只百事应忍耐节省而已也"[34]。

戴季陶对台湾的一片深情，还可通过其为外孙的命名中得知。戴生前的最后一封信，是在他逝世半个月前写给女儿家祥的，信中写到"汝新生外孙，余越分为之命名熙台者，一者熙乐之意，一者喜台之意。为此儿祝，为尊府祝，亦为国家祝也"[35]。"熙"字有光明及兴起、兴盛之意，"熙台"或许意味着戴季陶希望逃到台湾后的国民党政权，宛如一个新生命的诞生，由失败中汲取教训，从而走向光明，重新兴盛起来。不过戴季陶自己却已身心俱惫，重病缠身，且早已对蒋介石政权失去信心，誓死不去台湾，一心希望回归四川故里（现成都北部之广汉县），但蒋不允，严令其赴台。1949 年 2 月 12 日，亦即孙中山的命日（去世日期），戴季陶长眠于广州，一说是自杀，一说是误服过量安眠药导致死亡。无论何种说法，如此结果终使戴季陶未曾留下仰望大陆何时归乡之长憾。

综上所述，戴季陶早期虽对台湾论述不多，但他通过批判日本的殖民地政策，呼吁给予台湾自治。而到晚年，国民党政权逃亡台湾时，虽未选择台湾为其归宿，但还是对台湾寄托了其对自己家族及国家（中华民国）的期望。

结　语

留日归国后的戴季陶，作为一名新闻记者，大力倡导拓殖论，甚至希望中华民国也去南洋殖民，以扩展国力。他推崇的是英国式的殖民政策，即以发展国民生计为主，而不是以获得土地为要，这样能给被殖民国一定的自主权，在本国获利的同时，也能在某种程度上促进被殖民国的发展。但是戴季陶批判了与此不同的日本及荷兰的殖民政策，他认为日本对韩国、台湾所进行的殖民政策与荷兰在南洋的殖民政策相似，都是对殖民地完全采取侵略、压迫、掠夺的做法，不仅不给予任何自由，而且还压制殖民地的发展。

在留学日本期间戴季陶曾与韩国公主订过婚约，因日本帝国主义的干预而以失败告终。回国后他对韩国命运甚为关心，对日本吞并韩国进行了彻底的批判，认为日韩合邦是日本侵略中国的第一步。通过韩国沦为日本的殖民地，戴季陶开始思考台湾在日本的对外侵略政策中所占据的位置，即"蝎形政策"中的尾针，认识到日本对台湾的占领，是导致中国沦为半殖民地之始。戴季陶一直视台湾为同跑，呼吁日本应给与台湾一定程度的自治权力。而在国民党政权土崩瓦解，纷纷逃离大陆，奔赴台湾之时，戴季陶一方面告诫子女对台湾人民要尊敬、感谢、谦让，一方面却誓死不去台湾。不过，由其给外孙命名为"熙台"，饱含对台湾人民的一片深情中可知，其并非厌恶、鄙视台湾，甚至希望移台后的国民党政权能够重新兴盛起来。但因其自身早以对蒋介石政权失去信心，心衰力竭，以身殉国。

清末民初，正值西方列强大力扩张在中国的势力范围之时，弱肉强食、适者生存的进化论，给当时的中国人带来极大影响。戴季陶积极主张拓殖论，而当时的中国内忧外患，自保尚难，岂有国力向外发展？因此他的倡议似有不切实际之感。而在辛亥时期以后，随着日本对中国侵略危机的加大，戴季陶不再主张拓殖，而是在护法运动期以后极力强调"整理内治"[36]，且一贯持续下去，成为"攘外必先安内"政策的前奏。但是，通过分析戴季陶早期的拓殖论及其对日本殖民地——韩国、台湾的认识，可以看出其殖民主义政策观中，体现出其强烈的兴国富民的愿望，但亦不难看出，自少年时期东渡日本，饱学近代先进思想，且加入同盟会后，以革命者自居的戴季陶，尚未脱离传统的华夷观念的束缚。

（作者单位：东京大学）

注 释：

[1]　关于在中国近代史上，与戴季陶的重要性相比，戴季陶研究是如何不够充分的问题，桑兵：《〈戴季陶文集〉与戴季陶研究》，桑兵：《孙中山的活动与思想》，中山大学出版社，2001 年，进行了详细分析。

[2]　关于戴季陶日本观的研究论著有：黄福庆：《论中国人的日本观——以戴季陶的〈日本论〉为中心》《中央研究院近代史研究所集刊》第 9 期，1980 年 7 月；徐冰：《戴季陶的日本观》《日本问题研究》1994 年第 3 期；俞慰刚：《戴季陶『日本论』的研究》，新潟大学大学院现代社会文化研究科博士论文，1997 年 11 月；贺渊：《戴季陶的日本观——1913—1931》梅屋庄吉关系资料研究会编《近代日中关系史研究の课题と方法——梅屋庄吉とその时代》报告集，1999 年；李洪河：《五四时期戴季陶的日本观》《辽宁师范大学学报（社会科学版）》2002 年第 2 期；嵯峨隆：《戴季陶の对日观と中国革命》，东方书店，2003 年；董世奎：《戴季陶〈日本论〉の构造および文体》，《中国研究月报》总第 670 号，2003 年 12 月；张玉萍：《五? 四运动期における戴季陶の日本观》，《中国研究月报》总第 751 号，2010 年 9 月。此外，笔者尚探讨了其他时期戴之日本观。张玉萍：《戴季陶と近代日本》，法政大学出版社，预定 2011 年 1 月出版。张玉萍：《辛亥期における戴季陶の日本认识（1909～1912 年）》，《中国研究月报》总第 610 号，1998 年 12 月；张玉萍：《讨袁运动期における戴季陶の日本认识（1913～1916 年）》《近きに在りて》第 36 号、1999 年 12 月；张玉萍：《护法运动期における戴季陶の日本观（1917—1918 年）》，《历史学研究》总第 811 号，2006 年 2 月号；张玉萍：《戴季陶の日本留学》，《中国研究月报》总第 737 号，2009 年 7 月；张玉萍：《日中战争期の戴季陶と日本》和光大学《表现学部纪要》10 号，2010 年度；张玉萍：《留日时期的戴季陶——其日本观形成与留学经历的关系》，《江海学刊》，2010 年第 2 期，2010 年 4 月。

[3]　刘洪钟：《光华日报七十年》，钟城芳主编《光华日报七十周年纪念刊》，光华日报有限公司，1981 年，116 页。此时期的《光华日报》未能得到保存，因此未能找到当时

戴季陶发表的文章。

[4] 戴季陶：《解除政治职责宣言》1925 年 12 月 13 日，陈天锡编：《戴季陶先生文存》第 3 卷，中国国民党中央委员会，1959 年，978 页。

[5] 戴季陶 1911 年 10 月 20 日左右来到武汉，直接参加了战斗。详情参照范小方、包东波、李娟丽《国民党理论家戴季陶》，河南人民出版社，1992 年，48—59 页。

[6] 戴季陶：《拓殖论》，桑兵等：《戴季陶辛亥文集》上册，香港中文大学出版社，1991 年，763、764 页。

[7] 戴季陶：《海外天府论》，桑兵等：《戴季陶辛亥文集》上册，785 页。

[8] 戴季陶：《海外天府论》，桑兵等：《戴季陶辛亥文集》上册，785、786 页。

[9] 戴季陶：《海外天府论》，桑兵等：《戴季陶辛亥文集》上册，786—787，788 页。

[10] 戴季陶：《南洋之教育》，桑兵等：《戴季陶辛亥文集》上册，953 页。

[11] 《日本大学九十年史》上卷，日本大学，1982 年，217、295、297 页。作道好男、江藤武人编：《日本大学创基八十五年》，财界评论新社，1977 年，135、137、138 页。《日本大学七十年略史》，日本大学，1959 年，113 页。

[12] 兴亚院政务部：《日本留学中华民国人名调》，兴亚院，1940 年，579 页。谢健：《谢铸陈回忆录》，文海出版社，1973 年，28 页。《会员名簿》上，日本大学学友会，1942 年，45—55 页。

[13] 有关戴季陶的日本留学，详细参照张玉萍：《留日时期的戴季陶——其日本观形成与留学经历的关系》，《江海学刊》，2010 年第 2 期，2010 年 4 月。

[14] 谢健说："惜此公主芳名偏忘却，不无遗憾"。谢健：《谢铸陈回忆录》，文海出版社，1973 年，26 页。另外，据说戴季陶得到韩王女婿、锦陵尉朴泳孝的信赖，与"小公主"（母亲为永惠翁主）恋爱、结婚。徐鳌润：《戴传贤对"民族国际"的推行与贡献》，《第一届民国史专题讨论文集》，国史馆，1992 年，256 页。但是哲宗的王女永惠翁主（1859—1872 年 7 月 4 日），1872 年 4 月与朴泳孝结婚，仅三个月后去世，不可能成为"小公主"的母亲。而朴泳孝（1861—1939 年）确有一女，名为朴妙玉，为 1886 年其在长崎亡命时与李姓韩国女性所生。1907 年 6 月末朴泳孝获得特赦，妙玉随父归国。姜健荣：《开化派领袖们的日本亡命——追寻金玉均·朴泳孝·徐载弼的足迹》，朱鸟社，2006 年，168—170 页。至 1909 年戴季陶归国前为止，父女二人好像未再来日本。因此我认为在 1908 年至 1909 年期间，其与戴季陶并无可能在东京相识相爱。笔者将继续调查李公主的身份。

[15] 戴季陶：《革命的知识与革命的工作讲辞》1926 年 11—12 月，《革命先烈先进诗文选集》第 4 册《戴传贤选集》，"中华民国"各界纪念国父百年诞辰筹备委员会，1965 年，527 页。

[16] 胡春惠：《韩国独立运动在中国》，"中华民国"史料研究中心，1976 年，39 页。

[17] 戴季陶：《日韩合邦与中国之关系》，《中外日报》1910 年 8 月 5 日，桑兵等：《戴季陶辛亥文集》上册，30—32 页。

[18] 戴季陶：《日韩合邦与中国之关系》，桑兵等：《戴季陶辛亥文集》上册，30 页。

[19] 戴季陶：《哭庚戌》，《天铎报》1911 年 1 月 21—25 日，桑兵等：《戴季陶辛亥文集》上册，502 页。

[20] 戴季陶：《日韩合邦与中国之关系》，桑兵等：《戴季陶辛亥文集》上册，31—32 页。

[21] 戴季陶：《短评》，《中外日报》1910 年 8 月 5 日，桑兵等：《戴季陶辛亥文集》上册，

29 页。戴季陶：《日韩合邦与中国之关系》，桑兵等：《戴季陶辛亥文集》上册，31 页。

[22] 戴季陶：《短评》，桑兵等：《戴季陶辛亥文集》上册，29 页。

[23] 戴季陶：《日韩合邦与中国之关系》，桑兵等：《戴季陶辛亥文集》上册，30、32 页。

[24] 戴季陶：《哭庚戌》，桑兵等：《戴季陶辛亥文集》上册，501—503 页。

[25] 戴季陶：《珠玑砂砾》，《天铎报》1911 年 1 月 22 日，桑兵等：《戴季陶辛亥文集》上册，510 页。

[26] 戴季陶：《短评》，桑兵等：《戴季陶辛亥文集》上册，29 页。

[27] 戴季陶：《日韩合邦与中国之关系》，桑兵等：《戴季陶辛亥文集》上册，32 页。

[28] 戴季陶：《日本问题之过去与将来——在报界联合会之演说词》，《黑潮》第 1 卷第 3 号，1920 年 1 月，唐文权、桑兵编：《戴季陶集》，华中师范大学出版社，1990 年，1115—1117 页。

[29] 戴季陶：《日本问题之过去与将来——在报界联合会之演说词》，唐文权、桑兵编编：《戴季陶集》，1116 页。

[30] 戴季陶：《总理孙中山先生与台湾讲词》（1927 年），陈天锡编：《戴季陶先生文存》续编，中国国民党中央委员会党史史料编纂委员会，1967 年，221 页。

[31] 戴季陶：《总理孙中山先生与台湾讲词》，陈天锡编：《戴季陶先生文存》续编，221 页。

[32] 戴季陶：《总理孙中山先生与台湾讲词》，陈天锡编：《戴季陶先生文存》续编，222 页。

[33] 戴季陶：《总理孙中山先生与台湾讲词》，陈天锡编：《戴季陶先生文存》续编，222—223 页。

[34] 戴季陶：《覆家祥儿书》（1949 年 1 月 15 日），陈天锡编：《戴季陶先生文存》续编，421 页。

[35] 戴季陶：《覆家祥儿书》（1949 年 1 月 25 日），陈天锡编：《戴季陶先生文存》续编，422 页。

[36] 戴季陶：《最近之日本政局及其对华政策》，唐文权、桑兵编：《戴季陶集》，857 页。